T0413209

Klinisch-forensische Medizin

Martin Grassberger

Elisabeth Türk

Kathrin Yen (Hrsg.)

Klinisch-forensische Medizin

Interdisziplinärer Praxisleitfaden für Ärzte, Pflegekräfte, Juristen und Betreuer von Gewaltopfern

Priv.-Doz. DDr. Martin Grassberger
Pathologisch-Bakteriologisches Institut, Krankenanstalt Rudolfstiftung, Wien, Österreich

Priv.-Doz. Dr. Elisabeth E. Türk
I. Medizinische Abteilung, Asklepios Klinik Harburg, Hamburg, Deutschland

Prof. Dr. Kathrin Yen
Institut für Rechts- und Verkehrsmedizin, Universität Heidelberg, Heidelberg, Deutschland

UniversitätsKlinikum Heidelberg

In Kooperation mit dem Institut für Rechts- und Verkehrsmedizin der Universität Heidelberg

© 2013 Springer-Verlag/Wien
Printed in Austria

SpringerWienNewYork ist ein Unternehmen von
Springer Science + Business Media
springer.at

Umschlagbilder: © Bernhard Bergmann
Lektorat: Dr. Kathrin Feyl
Satz: le-tex publishing services GmbH, 04229 Leipzig, Deutschland
Druck: Holzhausen Druck GmbH, 1140 Wien, Österreich

Gedruckt auf säurefreiem, chlorfrei gebleichtem Papier
SPIN 12651252

Mit 274 (großteils farbigen) Abbildungen

Bibliografische Information der Deutschen Nationalbibliothek
Die Deutsche Nationalbibliothek verzeichnet diese Publikation in der Deutschen Nationalbibliografie; detaillierte bibliografische Daten sind im Internet über http://dnb.d-nb.de abrufbar.

ISBN 978-3-211-99467-2 SpringerWienNewYork

Geleitwort I

Schon im vor mehr als 3000 Jahren verfassten *Codex Hammurabi* hatte unsere Medicina Forensis den Auftrag, Verletzungen lebender Personen zu begutachten. Im Mittelalter, 1449, erließ der Rat in Basel eine strafprozessrechtliche Bestimmung, die sogenannte „Wundschau". Es handelte sich dabei um eine gerichtliche Ärztekommission zur Identifizierung, d. h. Qualifizierung von Verletzungen. Knapp hundert Jahre später wurde dieser klinisch-rechtsmedizinische Auftrag auch in der von Karl V erlassenen *Constitutio criminalis* Carolina institutionalisiert. Schließlich soll auch die Gründung der weltweit ersten Lehrkanzel für gerichtliche Medizin an der Universität Wien 1804 mit dem Erlass neuer strafrechtlicher Bestimmungen bei Körperverletzungen in Zusammenhang stehen. Diese kurzen fachgeschichtlichen Aspekte unterstreichen die frühe Bedeutung der klinisch-forensischen Medizin, der „Rechtsmedizin für Lebende". Und wenn einer der Altmeister unseres Faches, nämlich Julius Kratter, auch noch meinte, „dass sich die gerichtsärztliche Beurteilung der nicht tödlichen Verletzungen viel schwieriger gestalte als die Beurteilung der von vornherein ziemlich klar liegenden tödlichen Verletzungen", dann ist das Erscheinen dieses interdisziplinären Praxisleitfadens nur zu begrüßen.

Dies auch vor dem Hintergrund einer modernen Gesetzgebung, die den Stellenwert gutachterlicher Stellungnahmen zu Fragen der sexuellen Gewalt, der körperlichen und psychischen Misshandlung und Vernachlässigung von Kindern sowie der immer mehr zu beachtenden Gewalt gegen alte, oft hilflose Menschen beträchtlich erhöht hat. Dementsprechend nehmen die gutachterlichen Aufträge dieses forensischen Gebietes exponentiell zu, damit verbunden auch die Implementierung zahlreicher Kompetenzzentren für die klinisch-rechtsmedizinische Untersuchung von Opfern von Gewalt.

Der transdisziplinäre Ansatz dieses Werks garantiert nicht nur wertvolle fachliche Orientierung für Sachverständige in dieser verantwortungsvollen Tätigkeit, sondern wird auch die – häufig kooperativ eingebundenen – klinisch tätigen Ärzte, das Pflegepersonal und auch die Organe der Rechtspflege einschließlich der Polizei für diese heute oft immer noch tabuisierte Thematik in unserer Gesellschaft sensibilisieren. Die moderne klinisch-forensische Bildgebung unterstützt dabei nicht nur die objektive Dokumentation der Befunde, sondern auch deren Interpretation positiv. Nicht zuletzt wird dieser für die Bewältigung der täglichen Herausforderungen gedachte „Praxisleitfaden" auch das wissenschaftliche Problembewusstsein schärfen und zur Grundlage fruchtbarer forensischer Forschung in diesem wichtigen und umfangreichen rechtsmedizinischen Feld werden.

Gründe genug also, dem Werk eine große Verbreitung zu wünschen; verbunden natürlich mit einem Erfolg, wie er sich am besten mit dem Titel des alten chinesischen forensisch-medizinischen Lehrbuchs von Sung Tzu *The washing away of wrongs* ausdrücken lässt; das soll heißen, dieses Buch wird auch die Irrtumsrate auf diesem schwierigen Begutachtungsfeld reduzieren. Denn nur dann lässt sich unser berufliches Leitbild: „Ein richtiges Gutachten kann ebensoviel wert sein wie ein richtiges Medikament" (Leithoff) realisieren.

em. Prof. Dr. Richard Dirnhofer
Universität Bern, Schweiz

Geleitwort II

Wer als Beobachter in Strafprozessen sitzt, merkt rasch, wie sehr die Klärung eines Kriminalfalls und die Herstellung von Gerechtigkeit von der Fachkompetenz der Richter und Staatsanwälte, der Gutachter und der sachverständigen Zeugen abhängt. Ich habe in den vergangenen Jahren immer wieder erlebt, dass Sachverständige immenses Unheil heraufbeschworen, weil sie von ihrer Sache eben nicht genug verstehen. Und es gibt Richter und Staatsanwälte, die solche Defizite nicht einmal bemerken und sich auf die Aussagen unkundiger Gutachter verlassen. Die Folgen trägt oft genug der Angeklagte.

Durch Fehleinschätzungen von Juristen und Experten entgehen Schuldige ihrer verdienten Strafe, oder – noch schlimmer – werden Unschuldige verurteilt. Ein Richter mag sich im Strafrecht und der Strafprozessordnung auskennen – von Rechtsmedizin versteht er nicht mehr als jeder Laie. Weder im Studium noch im Vorbereitungsdienst wird Juristen viel von dem beigebracht, was sie als »Hilfswissenschaften« bezeichnen. Und schon gar nicht lernt der Richter einen Sachverständigen von jemandem zu unterscheiden, der sich nur dafür hält. Ein Richter muss sich das nötige Wissen – oft auf Kosten der Angeklagten – im Laufe seiner Berufsjahre selbst erwerben. Mitunter gelingt es ihm nicht, ein Gutachten minderer Güte als ein solches zu erkennen.

Ein Rechtsmediziner, der die Spuren eines Tötungsdelikts nicht erkennt, trägt dazu bei, dass der Täter nicht aus dem Verkehr gezogen wird, und womöglich weitere Taten begeht. Ein Arzt, der die Selbstverletzungen einer Frau als Zeichen einer Vergewaltigung missdeutet, macht sich mitschuldig an einem Fehlurteil und an der Zerstörung eines Menschenlebens. Die Verantwortung ist gewaltig.

Aber nicht nur Richtern und Sachverständigen können gravierende Fehler passieren, oft werden die Weichen schon viel früher falsch gestellt – von Ärzten und Krankenschwestern, Polizeibeamten und von Mitarbeitern in Beratungsstellen. So erkennen Ärzte immer wieder die Zeichen von Misshandlung oder Vernachlässigung am kindlichen Körper nicht. Allzu bereitwillig glauben sie die übliche Geschichte vom Sturz aus dem Hochstuhl oder der chronischen Appetitlosigkeit und schicken ein Kleinkind nach medizinischer Versorgung zurück in die Familienhölle. Bei fast allen Fällen tödlicher Kindesmisshandlung stellt sich im Strafprozess später heraus, dass mindestens ein, oft mehrere Ärzte im Vorfeld mit Hämatomen, Knochenbrüchen oder Zeichen massiver Unterversorgung des Kindes konfrontiert waren - das Erscheinungsbild aber nicht richtig eingeordnet hatten.

Andersherum stellt sich bei der Aufdeckung von Fehlurteilen wegen vermeintlicher Vergewaltigung regelmäßig heraus, dass Polizeibeamte sich vorzeitig zum Nachteil eines Beschuldigten festlegen und auf das nähere Hinsehen verzichten. Aus Unkenntnis akzeptieren sie die vorgezeigten Verletzungen einer Zeugin als Vergewaltigungsfolgen und verließen sich auf den ersten oberflächlichen Eindruck. Auch hier kann sich der Bürger mehr Kompetenz beim ersten Zugriff nur wünschen.

Wer mit Gewalt und Kriminalität zu tun hat oder zu tun bekommt, muss Entscheidungen treffen und diese Entscheidungen müssen schnell fallen und sie müssen richtig sein, andernfalls droht eine Katastrophe. Deshalb sind Leitfäden für Laien auf diesem Feld so hilfreich.

Auch dieses Buch ist verdienstvoll und wichtig. Möge es der Aufklärung und Ausbildung all jener dienen, die Entscheidungen treffen müssen. Und möge es verhindern, dass Unrecht geschieht.

Sabine Rückert
Gerichts- und Kriminalreporterin
DIE ZEIT

Vorwort der Herausgeber

Das Aufgabengebiet der sog. „**Klinischen Rechtsmedizin**", wobei das Adjektiv „klinisch" bedeutet, dass lebende Personen im Mittelpunkt stehen, hat sich in den letzten Jahren als logische Konsequenz einer über hundertjährigen Begutachtungspraxis durch Ärzte der Fachrichtung Rechtsmedizin (auch als Gerichtsmedizin oder gerichtliche Medizin bezeichnet) herausgebildet, um den neuen gesellschaftlichen Anforderungen gerecht zu werden (siehe dazu auch Kapitel 1 „Geschichte und Aufgabenfelder der klinischen Rechtsmedizin" von Prof. Pollak). Die Inhalte wurden bislang beinahe ausschließlich in den Lehrbüchern der Rechtsmedizin kommuniziert. In vorliegendem Buch wurde der etwas weiter gefasste Begriff „**klinisch-forensische Medizin**" benutzt, um vor allem all jene Berufsgruppen (v. a. Ärzte unterschiedlicher Fachrichtungen, Juristen, Polizeibeamte und mit der Betreuung von Gewaltopfern betraute Disziplinen) einzuschließen, welche gemeinsam mit Ärzten der Rechtsmedizin Sachverhalte mit klinisch-forensischer Relevanz bearbeiten.

In der Praxis ergibt sich vor allem eine gewisse Kluft zwischen zwei Gruppen: Auf der einen Seite die Vertreter des Rechtes, allen voran Staatsanwälte und Richter, die sich täglich mit der Beauftragung von Untersuchungen sowie mit der Rechtsprechung in einer Materie konfrontiert sehen, in der sie häufig nur unzureichend ausgebildet wurden. Auf der anderen Seite alle Vertreter der kurativ ausgerichteten medizinischen und sozialen Dienste, die sich im Alltag mit der für viele verwirrenden gesetzlichen Lage auseinandersetzen müssen. Unkenntnis in dieser Materie führt leider allzu häufig zu diagnostischem und „therapeutischem" Nihilismus, mit allen nachteiligen Konsequenzen für Betroffene und auch für die, die letztlich darüber urteilen sollen.

Die diversen Aspekte der klinisch-forensischen Medizin von Kindesmisshandlung und -missbrauch, Gewalt gegen alte Menschen, häuslicher und sexualisierter Gewalt, Folter, Selbstbeschädigung bis hin zur forensischen Altersdiagnostik am Lebenden werden in den gegenwärtigen Curricula des Medizin- als auch des Jurastudiums nicht oder nur ungenügend berücksichtigt. Im Gegensatz dazu stellen aber gerade juristische Fragestellungen, die nur mit ärztlichen Vorkenntnissen beantwortet werden können (das Kerngebiet der klinisch-forensischen Medizin) einen wesentlichen Teil des gerichtlichen Alltags dar. Diese komplexe Materie wurde im deutschen Sprachraum bisher noch nicht in einem allgemein verständlichen interdisziplinären Übersichtswerk dargestellt. Um die heterogene Materie vollständig zu erfassen, wurden auch Kapitel zu den Themen klinisch-forensische Fotodokumentation, weibliche Genitalverstümmelung, forensische Psychiatrie, Alkohologie, Toxikologie, Spurenkunde, medizinische Aspekte polizeilicher Zwangsmaßnahmen etc. mit in das Buch aufgenommen.

Aufgrund der zahlreichen Themenbereiche und der Vielzahl der beitragenden Autoren waren trotz Bearbeitung der verschiedenen Kapitel durch die Herausgeber manche inhaltlichen Redundanzen unvermeidbar. Rechtsmedizin ist ein vielschichtiges Feld, und in diesem Sinn muss die Sichtweise der einzelnen Autoren nicht immer vollständig mit der der Herausgeber übereinstimmen. Das Zulassen unterschiedlicher Auffassungen und Begrifflichkeiten wurde bewusst gewählt, um die immense Breite des Fachgebiets und die Bedeutung des interdisziplinären Austauschs und der Zusammenarbeit aufzuzeigen. Dass die Beiträge ganz unterschiedlich gewichtet sind, liegt bereits in der Tatsache begründet, dass es sich um ein großes multiprofessionelles Autorenteam aus drei Ländern handelt. Dies zeigt aber auch den unterschiedlichen Zugang der verschiedenen Fachrichtungen zu einer vielseitigen Materie, die eines ganz wesentlich vereint: es handelt sich in der Regel um alltägliche Phänomene, von denen menschliche Schicksale abhängen, deren Erkennung und „Behandlung" im weitesten Sinne aber vom Engagement und Sachverstand einzelner Personen lebt.

Das vorliegende Buch beleuchtet daher alle wichtigen Aspekte zu klinisch-forensischen Themen, vermittelt die aktuellen Standards und unterstützt Kontaktpersonen dabei, bereits in der Phase des Erstkontakts ihren optimalen Beitrag zu einer adäquaten Vorgehensweise im Sinne der Opfer zu leisten. Es vermittelt dem in der Regel kurativ tätigen Arzt die Grundlagen der Verletzungsdokumentation und Beweismittelsicherung. Den mit derartigen Fällen befassten Juristen und Angehörigen von Opferschutzeinrichtungen werden die zur Verfügung stehenden Untersuchungsmöglichkeiten und deren Aussagekraft näher gebracht. Die Themen werden, ganz im Sinne der dem Fachgebiet der Rechtsmedizin eigenen „Übersetzerfunktion", allgemein verständlich und didaktisch gut aufbereitet dargestellt.

Die Untersuchung von Geschädigten bzw. Opfern von Gewalt im weitesten Sinne in einem technisch und personell gut ausgestatteten Institut für Rechtsmedizin stellt zwar gewissermaßen den „Goldstandard" dar, ist aber dennoch vielerorts mangels Infrastruktur gänzlich illusorisch. Da sich viele juristische Fragen häufig erst sehr viel später ergeben, ist es überdies zwingend notwendig, frühzeitig die entsprechende Dokumentation vorzunehmen. Die Herausgeber und die Autoren hoffen mit dieser ersten deutschsprachigen Übersicht einen Grundstein für eine zukünftige engere interdisziplinäre Betrachtungsweise geschaffen zu haben.

Da der Tätigkeitsbereich der „Klinisch-Forensischen Medizin" abhängig von wissenschaftlichem Fortschritt, sich ändernden gesetzlichen Rahmenbedingungen und politischen Initiativen hinsichtlich Inhalt und Methodik auch in Zukunft Änderungen unterworfen sein wird, sind wir zuversichtlich, Ihnen diesen Leitfaden auch in zukünftigen Auflagen, angepasst an neue Entwicklungen und Erfordernisse, vorlegen zu können. Rückmeldungen an die Herausgeber sind daher in diesem Zusammenhang stets willkommen.

Aus Gründen der leichteren Lesbarkeit wird auf eine geschlechtsspezifische Differenzierung, wie z. B. Patient/Patientin, verzichtet. Entsprechende Begriffe gelten im Sinne der Gleichbehandlung für beide Geschlechter.

Die Herausgeber,
Martin Grassberger
Elisabeth Türk
Kathrin Yen
Wien, Hamburg, Heidelberg im Oktober 2012

Danksagung

Für ihre freundliche Unterstützung sind die Herausgeber neben allen Autoren folgenden Personen zu besonderem Dank verpflichtet: Dr. Magdalena Pilz (Medizinische Universität Wien), Prof. Dr. Harald Herz und Dr. Josef Jurkowitsch (Unfallkrankenhaus Lorenz Böhler Wien), Dr. Fortuna Ghebremeskel (HNO Universitätsklinikum Gießen), Doz. Dr. Barbara Binder (Medizinische Universität Graz), Prof. Dr. Klemens Rappersberger (Krankenanstalt Rudolfstiftung, Wien), Prof. Dr. Klaus Püschel, Dr. Nadine Wilke, Dr. Ann Sophie Schröder und PD Dr. Jan Sperhake (Institut für Rechtsmedizin Hamburg). Herrn Dr. Ulrich Marcus und dem Robert Koch-Institut danken wir für die freundliche Genehmigung zum Abdruck des PEP-Dokumentationsbogens. Für die Hilfe beim Korrekturlesen bedanken wir uns bei Frau Dr. Heidrun Grassberger, Frau Dr. Maria Loewe-Grgurin und Herrn Robert Kunov. Frau Dr. Daniela Dörfler (Medizinische Universität Wien) und Herrn Dr. Wolfgang Nowak (Donauspital Wien) danken wir für die kritische Durchsicht der Übersetzung des aktuellen „Adams-Schemas". Nicht zuletzt sind die Herausgeber dem Springer-Verlag Wien für die Möglichkeit der großzügigen Ausstattung mit zahlreichen Farbabbildungen besonderen Dank schuldig.

Inhaltsverzeichnis

I Grundlagen der klinisch-forensischen Medizin 1

1 Geschichte und Aufgabenfelder der klinischen Rechtsmedizin 3
S. Pollak
1.1 Historischer Rückblick 4
1.2 Entwicklung der klinischen Rechtsmedizin 5
1.3 Aufgaben der klinischen Rechtsmedizin 6
1.4 Spezielle Fallgruppen 8
1.4.1 Forensische Altersdiagnostik 8
1.4.2 Rechtsmedizinische Aspekte der Kindesmisshandlung 9
1.4.3 Rechtsmedizinische Untersuchungen nach Sexualdelikten 10
1.4.4 Selbstverletzungen 10
1.4.5 Überlebende Verkehrsunfallopfer 11
1.5 Allgemeine Aspekte der Verletzungsbegutachtung 12

2 Phänomen Gewalt 15
C. Grafl
2.1 Definition 16
2.2 Datenquellen und Umfang der Gewaltkriminalität 18
2.3 Gewaltkriminalität in Österreich im Vergleich zu Deutschland und der Schweiz 19
2.4 Entwicklung der Gewaltkriminalität 21
2.5 Wegen Gewaltkriminalität Verurteilte 21
2.6 Opfer von Gewaltdelikten 23
2.7 Resümee 24

3 Grundzüge der Verletzungsbegutachtung aus rechtsmedizinischer Sicht (vor dem Hintergrund der Deutschen Gesetzgebung) 27
H. Bratzke
3.1 Ablehnung der Gutachtenübernahme 28
3.2 Gutachtenauftrag 28
3.3 „Sachverständiger Zeuge" oder „Sachverständiger"? 28
3.4 Abfassung des Gutachtens 29
3.5 Kausalität 29
3.6 Tatrekonstruktion 30
3.7 Verletzungsfolgen und Lebensgefährlichkeit 30
3.8 Differenzialdiagnose 31

4 Klinisch-forensische Begutachtung im Deutschen Strafrecht aus juristischer Sicht 33
R. Dettmeyer
4.1 Hintergrund 34
4.2 Anzeige- und Meldepflichten bei Körperverletzungsdelikten 34
4.2.1 Erwachsene Gewaltopfer 34
4.2.2 Minderjährige Gewaltopfer 35

4.3   Rechtliche Vorgaben für die Praxis der klinisch-rechtsmedizinischen
       Untersuchung und Begutachtung 36

5   Klinisch-forensische Begutachtung im Deutschen Zivilprozess aus
       juristischer Sicht 43
       J. Laux, M. Parzeller
5.1   Einleitung 44
5.2   Die rechtliche Stellung des Sachverständigen im deutschen Zivilprozess 44
5.2.1 Der Begriff des Sachverständigen, Aufgaben und Abgrenzungen 44
5.2.2 Freie Beweiswürdigung gem. § 286 ZPO 45
5.2.3 Die Auswahl des Sachverständigen gem. § 404 ZPO 46
5.2.4 Leitung der Tätigkeit des Sachverständigen gem. § 404a ZPO 47
5.2.5 Die Ablehnung eines Sachverständigen gem. § 406 ZPO. 49
5.2.6 Pflichten und Rechte des Sachverständigen. 51
5.2.7 Beeidigung des Sachverständigen. 54
5.2.8 Haftung des Sachverständigen. 55
5.2.9 Vergütung des Sachverständigen, § 413 ZPO 56
5.3   Fazit. 57

6   Klinisch-forensische Begutachtung im Österreichischen Strafrecht aus
       juristischer Sicht 59
       R. Riener-Hofer, P. Schick
6.1   Rechtliche Grundlagen Österreich. 60
6.1.1 Strafrechtliche Tatbestände, die klinisch-forensische Untersuchungen notwendig machen . 60
6.1.2 Die rechtsmedizinische Untersuchung möglicher Verletzungs-, Misshandlungs- und
       Missbrauchsopfer bzw. Täter 61
6.2   Strafprozessuale Grundlagen der körperlichen Untersuchung. 63
6.2.1 Einleitung und Themenabgrenzung 63
6.2.2 Die körperliche Untersuchung 65
6.2.3 Der Sachverständige im Strafverfahren 68

7   Klinisch-forensische Begutachtung im Österreichischen Zivilprozess
       aus juristischer Sicht 73
       H. Schumacher
7.1   Einleitung 74
7.2   Die prozessuale Stellung des Sachverständigen im österreichischen Zivilprozess 74
7.2.1 Der Begriff des Sachverständigen 74
7.2.2 Die Befangenheit des Sachverständigen 75
7.2.3 Der Gutachtensauftrag 76
7.2.4 Die Aufgaben des medizinischen Sachverständigen 77
7.2.5 Die Beweisaufnahme durch den Sachverständigen 79
7.2.6 Die mündliche Erörterung des Gutachtens. 80
7.3   Zusammenfassung 82

8   Opferschutzeinrichtungen in Österreich und deren Aufgaben 83
       M. Sorgo
8.1   Zur Notwendigkeit des Opferschutzes. 84
8.2   Zur Notwendigkeit der Kooperation von staatlichen und nichtstaatlichen
       Organisationen bei Gewalt im sozialen Nahraum. 84

8.3   Opferschutz durch staatliche Einrichtungen 85
8.4   Opferschutz und Opferhilfe durch nichtstaatliche Einrichtungen 85
8.4.1 Gewaltschutzzentren und Interventionsstelle Wien – gesetzlich verankerte
       nichtstaatliche Opferschutzeinrichtungen in Österreich 86
8.4.2 Frauenhäuser 90
8.4.3 Kinderschutzzentren 91

9   **Aufbau und Konzept von Kinderschutzgruppen an Krankenanstalten in
       Österreich** 93
       F. Horak
9.1   **Gesetzliche Grundlagen für Kinderschutzgruppen in Österreich** 94
9.2   **Kinderschutzgruppen an Krankenanstalten in Österreich** 94
9.3   **Aufgaben einer Kinderschutzgruppe** 95
9.4   **Konzept der Kinderschutzgruppe an der Universitätsklinik für Kinder- und
       Jugendheilkunde Wien** 95
9.4.1 Aufgaben der einzelnen Berufsgruppen 95
9.4.2 Das Kernteam 96
9.4.3 Die Kleinteams 96
9.5   **Praktischer Alltag einer Kinderschutzgruppe** 96
9.5.1 Einsatzplan der Kinderschutzgruppe (Vorgehen im Verdachtsfall) 97
9.5.2 Das Konfrontationsgespräch 97
9.5.3 Vorgehen bei Fremdunterbringung 97
9.6   **Dokumentation** 98
9.7   **Zusammenfassung** 98

10   **Aufgaben und Nutzen klinisch-forensischer Ambulanzen** 99
       K. Yen
10.1   **Zielsetzung** 100
10.2   **Organisation** 100
10.3   **Zuweisungswege** 101
10.4   **Leistungen einer klinisch-forensischen Ambulanz** 102
10.4.1 Rechtsmedizinische Begutachtung und Berichtswesen 102
10.4.2 Weiterführende Untersuchungen 104

II   **Spezielle klinisch-forensische Medizin** 105

11   **Anamneseerhebung – Ärztliche Gesprächsführung in der klinischen
       Rechtsmedizin** 109
       E. E. Türk
11.1   **Einführung** 110
11.2   **Praktisches Vorgehen** 110

12   **Die gerichtsverwertbare Dokumentation von Verletzungen** 113
       M. Grassberger, E. E. Türk
12.1   **Hintergrund** 114
12.2   **Praktisches Vorgehen** 114

13 **Die körperliche Untersuchung von Tatverdächtigen im Rahmen des Strafverfahrens** 119
M. Grassberger, E. E. Türk

13.1 **Hintergrund** 120
13.2 **Ablauf der körperlichen Untersuchung** 120
13.3 **DNA-Spurensicherung** 123
13.4 **Sonstige Spuren am Täter** 124

14 **Klinisch-forensische Fotodokumentation** 127
M. Grassberger, M. A. Verhoff

14.1 **Grundlagen und Begriffsbestimmungen** 128
14.2 **Vor- und Nachteile der digitalen Fotografie** 134
14.3 **Grundausrüstung für die klinisch-forensische Fotodokumentation** 135
14.4 **Anforderungen an die klinisch-forensische Fotodokumentation** 135
14.5 **Zusammenfassung** 138

15 **Klinisch-forensische Spurenkunde und Beweismittelsicherung** 139
M. Grassberger, E. E. Türk

15.1 **Begriffsbestimmungen** 140
15.2 **Spurenkategorien** 140
15.3 **Vorproben** 141
15.4 **Spurensicherung (Asservierung)** 142
15.5 **Besonderheiten wichtiger klinisch-forensisch relevanter Spuren** 143
15.5.1 DNA-Spuren 143
15.5.2 Blutspuren 145
15.5.3 Haare 145
15.5.4 Faserspuren 145
15.5.5 Erde/Bodenschmutz 146
15.5.6 Botanische Spuren 146
15.5.7 Entomologische Spuren 147
15.5.8 Schmauchspuren 147
15.6 **Zusammenfassung** 147

16 **Klinisch-forensische Bildgebung** 149
K. Yen, E. Hassler, E. Scheurer

16.1 **Hintergrund** 150
16.2 **Radiologische Verfahren und praktische Durchführung** 150
16.3 **Zusammenfassung** 155

17 **Aspekte der Tatortbesichtigung in der klinischen Rechtsmedizin** 157
E. E. Türk, M. Grassberger

17.1 **Hintergrund** 158
17.2 **Praktisches Vorgehen** 158
17.3 **Schlussfolgerungen** 161

18 **Blutspurenmuster-Verteilungsanalyse – Aspekte für die klinisch-forensische Praxis** 163
E. Mützel, S. Kunz, O. Peschel

18.1 **Einleitung** 164

18.2   Biophysikalische Grundlagen   164
18.2.1   Viskosität   164
18.2.2   Adhäsionsfähigkeit   164
18.2.3   Oberflächenspannung   164
18.2.4   Luftwiderstand und Gravitation   164
18.2.5   Auftreffphasen   165
18.3   Oberflächen   166
18.4   Blutspurenbilder   166
18.4.1   Passive Spuren   166
18.4.2   Transferspuren   168
18.4.3   Projezierte Blutspuren   169
18.4.4   Verschiedenes/sekundäre Veränderungen   171
18.5   Konvergenz und Ursprung   172
18.6   Tatortarbeit   173
18.7   Dokumentation und Interpretation   174
18.8   Blutspuren an Bekleidungsgegenständen   174
18.9   Luminol   175
18.10   Beweismittelsicherung   177

19   Allgemeine klinisch-forensische Traumatologie   179
             M. Grassberger, K. Yen
19.1   Gewaltsame Gesundheitsschädigung   181
19.1.1   Verletzungen allgemein   181
19.1.2   Verletzungen nach ihrer Entstehung   182
19.2   Verletzungen durch stumpfe oder stumpfkantige Werkzeuge (sog. „stumpfe Gewalt")   182
19.2.1   Hautabschürfungen (Exkoriationen)   183
19.2.2   Blutunterlaufungen   185
19.2.3   Hauteinblutungen (sog. Intrakutanblutungen)   189
19.2.4   Quetschwunden, Quetsch-Riss- und Riss-Quetsch-Wunden   190
19.2.5   Spezielle Formen der stumpfen Gewalteinwirkung   192
19.3   Verletzungen durch scharfe und halbscharfe Gewalteinwirkung   199
19.3.1   Stichwunden   199
19.3.2   Schnitt- und Hiebwunden   201
19.4   Abwehrverletzungen   202
19.5   Extragenitale Verletzungsmuster im Rahmen sexualisierter Gewalt   203
19.6   Schussverletzungen   206
19.7   Verbrennung und Verbrühung (thermische Gewalt)   208
19.8   Erfrierungen   211
19.9   Verätzungen   211
19.10   Elektrischer Strom (elektrothermische Gewalt)   211
19.11   Narbenbildung nach Verletzungen   212
19.12   Gewalt gegen den Hals   214
19.12.1   Strangulation   214
19.12.2   Verschluss von Mund und Nasenöffnungen   220
19.13   Verletzungen bei Verkehrsunfällen   221
19.13.1   Der Fußgängerunfall   221
19.13.2   Überfahren und Überrollen   223

19.13.3 Der Insassenunfall 224

19.13.4 Zweiradunfall 225

20 **Häusliche Gewalt** 227
K. Gerlach

20.1 **Definition** 228

20.2 **Formen häuslicher Gewalt** 228

20.3 **Opfer und Täter häuslicher Gewalt** 228

20.3.1 Risikofaktoren für die Entstehung von häuslicher Gewalt 230

20.3.2 Der Kreislauf der Gewalt 230

20.3.3 Kinder und familiäre Gewalt 231

20.4 **Der Umgang mit häuslicher Gewalt im Gesundheitswesen** 231

20.5 **Besonderheit bei der Begutachtung von Fällen häuslicher Gewalt** 234

20.5.1 Anamneseerhebung 235

20.5.2 Befunderhebung 235

20.5.3 Diagnose von Einzelverletzungen 236

20.5.4 Interpretation von Verletzungsbildern 239

20.5.5 Überprüfung von Einlassungen/Aussagen 239

20.5.6 Das ärztliche Attest/Gutachten 239

20.5.7 Problemstellungen 240

20.6 **Gesundheitliche Folgen und Kosten häuslicher Gewalt** 241

20.7 **Verfassungsrechtliche Situation** 241

20.8 **Handlungsempfehlungen/Interventionsschritte** 241

21 **Forensische Gerontologie – Gewalt und alte Menschen** 243
M. Grassberger, K. Püschel

21.1 **Gesellschaftlicher und demografischer Hintergrund** 244

21.2 **Formen der Gewalt** 244

21.3 **Spezielle Viktimologie** 245

21.4 **Frühwarnsignale** 246

21.5 **Körperliche Gewalt** 247

21.6 **Freiheitsentziehende Maßnahmen** 250

21.7 **Sexueller Missbrauch und sexualisierte Gewalt** 253

21.8 **Vernachlässigung** 253

21.9 **Untersuchungsmaßnahmen** 257

21.10 **Differenzialdiagnostische Überlegungen** 257

21.11 **Probleme, Fazit und Ausblick** 261

22 **Kindesmisshandlung** 265
J. P. Sperhake, J. Matschke

22.1 **Wahrnehmen von Misshandlungszeichen** 266

22.1.1 Verhaltensauffälligkeiten 266

22.1.2 Verhalten und Äußerungen von Betreuungspersonen 267

22.1.3 Äußerungen des Kindes 267

22.2 **Misshandlungstypische Verletzungsmuster** 268

22.3 **Rechtliche Rahmenbedingungen in Deutschland** 276

23   Kindesvernachlässigung 279
K. Schweitzer, M. Gross
23.1   Einteilung der Vernachlässigung (gemäß AWMF-Leitlinien 2008) 280
23.2   Ätiologie und Risikofaktoren 281
23.3   Diagnostik 281

24   Münchhausen-by-proxy-Syndrom 283
M. Krupinski
24.1   Einleitung und Historik 284
24.2   Münchhausen-by-proxy-Syndrom: Begriffsklärung 284
24.3   Täuschungsmethoden und Symptomatik 285
24.4   Mütter als Täterinnen 286
24.5   Väter 286
24.6   Diagnose 287
24.6.1   Klinische Warnhinweise 287
24.6.2   Rechtsmedizinischer Nachweis 288
24.7   Erklärungsansätze 288
24.8   Epidemiologie 289
24.9   Prognose 289
24.9.1   Klinischer Verlauf 289
24.9.2   Tödlicher Verlauf 290
24.10   Was tun bei Münchhausen-by-proxy-Syndrom-Verdacht 290

25   Bildgebende Diagnostik bei Verdacht auf Kindesmisshandlung 293
E. Sorantin, S. Weissensteiner
25.1   Einleitung 294
25.2   Aufgaben der Radiologie 294
25.3   Verletzungsmechanismen 294
25.4   Typische Verletzungsmuster 296
25.4.1   Extremitäten 296
25.4.2   Körperstamm 297
25.4.3   Kopfverletzungen 298
25.5   Bildgebung bei nicht-akzidentellen Verletzungen 301
25.5.1   Skelett 301
25.5.2   ZNS 302
25.6   Radiologischer Diagnosepfad bei nicht-akzidentellen Verletzungen 302
25.7   Untersuchungstechnik 303
25.7.1   Projektionsradiographie 303
25.7.2   Computertomographie 306

26   Verdacht auf sexuellen Missbrauch von Kindern 307
E. Mützel, A. S. Debertin, S. Banaschak
26.1   Definition und deutsche Rechtslage 308
26.2   Epidemiologie 308
26.2.1   Opfer 308
26.2.2   Täter 308
26.3   Formen des sexuellen Missbrauchs 309

26.4 **Anamnese und Befunderhebung** 309
26.4.1 Anamnese 309
26.4.2 Befunderhebung 310
26.5 **Spurensicherung** 314
26.5.1 Samenflüssigkeit 314
26.5.2 Speichelspuren 314
26.5.3 Sonstige Spuren 315
26.6 **Dokumentation** 315
26.7 **Psychische Folgen** 315
26.8 **Arztrechtliche Aspekte (Deutschland)** 316

27 **Sexualisierte Gewalt** 317
 S. Banaschak, A. S. Debertin, P. Klemm, E. Mützel
27.1 **Hintergrund** 318
27.2 **Anamnese, körperliche Untersuchung und Spurensicherung bei Sexualdelikten** 319
27.2.1 Anamnese 319
27.2.2 Körperliche Untersuchung und Spurensicherung 320
27.2.3 Apparative Untersuchungsmethoden 322
27.3 **Typische Verletzungsmuster** 322
27.3.1 Extragenitale Verletzungen 322
27.3.2 Anogenitale Verletzungen 322
27.4 **Untersuchung eines Tatverdächtigen** 323
27.5 **Klinische Aspekte** 324

28 **Vorgetäuschte Sexualdelikte** 327
 M. Grassberger, K. Yen
28.1 **Hintergrund** 328
28.2 **Motive** 328
28.3 **Befunde** 329
28.4 **Zusammenfassung** 330

29 **Standardisierte Untersuchung und Spurensicherung nach Sexualdelikt** 333
 M. Grassberger, C. Neudecker
29.1 **Bedeutung der ärztlichen Untersuchung** 334
29.2 **Biologische Spuren** 334
29.3 **Verletzungsbefunde** 334
29.4 **Standardisierte Untersuchung und Spurensicherung** 336
29.4.1 Bestandteile eines Spurensicherungssets 337
29.5 **Ablauf der Betreuung und Untersuchung** 337
29.5.1 Der erste Kontakt 338
29.5.2 Anamnese 339
29.5.3 Schrittweise Untersuchung und Spurensicherung 340
29.6 **Untersuchung männlicher Opfer sexueller Gewalt** 348
29.7 **Weitergabe der sichergestellten Beweismittel** 348
29.8 **Zusammenfassung** 349

**30   Das männliche Opfer sexueller Gewalt – Befunde nach Vergewaltigung
und homosexuellen Praktiken** 351

A. Krauskopf, R. Bux, K. Yen

30.1   **Einleitung** 352

30.2   **Empfehlungen für das Vorgehen bei männlichen Missbrauchsopfern** 352

30.2.1   Anamnese 352

30.2.2   Körperliche Befunde. 353

30.3   **Spurensicherung und Asservate** 356

30.4   **Untersuchung von Tatverdächtigen** 356

31   Medizinische Versorgung von Opfern sexualisierter Gewalt 357

A. S. Schröder, S. Hertling

31.1   **Versorgung von körperlichen Verletzungen und Tetanusprophylaxe** 358

31.2   **Prophylaxe von sexuell übertragbaren Erkrankungen** 358

31.2.1   Sexuell übertragbare Erkrankungen 359

31.2.2   Hepatitis B (HBV) 360

31.2.3   Hepatitis C (HCV) 361

31.2.4   HIV-Postexpositionsprophylaxe 361

31.3   **Beratung und Behandlung bezüglich einer unerwünschten Schwangerschaft** 365

31.4   **Psychosoziale Versorgung** 366

**32   Weibliche Genitalverstümmelung – Hintergründe, Rechtslage
und Empfehlungen für die medizinische Praxis** 367

H. Wolf, U. Eljelede

32.1   **Einleitung** 369

32.2   **Definition und Formen von weiblicher Genitalverstümmelung** 369

32.3   **Prävalenz von weiblicher Genitalverstümmelung** 370

32.4   **Zur historischen Entwicklung der Praxis der Genitalverstümmelung** 371

32.4.1   Erklärungsmodelle für die Verstümmelung weiblicher Genitalien 371

32.5   **Gesundheitliche Folgen von Genitalverstümmelung** 372

32.5.1   Akute Komplikationen der Genitalverstümmelung 373

32.5.2   Chronische Komplikationen der Genitalverstümmelung. 373

32.5.3   Psychische Folgen der Genitalverstümmelung 373

32.5.4   Konsequenzen für die Sexualität 374

32.6   **Weibliche Genitalverstümmelung und Gesetzgebung** 374

32.6.1   Rechtliche Regelungen in Österreich 375

32.6.2   Rechtliche Regelungen in Deutschland. 375

32.6.3   Rechtliche Regelungen in der Schweiz. 376

32.7   **Empfehlungen für den Umgang mit betroffenen Frauen.** 376

32.7.1   Tipps für das Gespräch mit einer Patientin 377

32.7.2   Prävention 377

33   Folter – Praxiserfahrung aus Sicht des UNO-Sonderberichterstatters 379

M. Nowak

33.1   **Was ist Folter?** 380

33.2   **UNO-Sonderberichterstatter über Folter** 380

33.3   **Untersuchung und Dokumentation von Folter** 381

33.3.1   Rahmenbedingungen von Fact-Finding-Missionen 381

33.3.2 Unangekündigte Besuche von Haftorten 383
33.3.3 Vertrauliche Gespräche mit Häftlingen 385
33.3.4 Schutz vor Repressalien.. 387

34 **Folter – Methoden und Befunde**... 389
D. Pounder, B. Vennemann
34.1 **Hintergrund**... 390
34.2 **Misshandlungsformen** 390
34.3 **Befragung von mutmaßlichen Folteropfern** 391
34.3.1 Untersuchungsbedingungen 391
34.3.2 Anamnese 392
34.4 **Körperliche Befunde** 392
34.5 **Spezielle Methoden der Folter** 394
34.5.1 Verbrennungen 394
34.5.2 Gewalteinwirkung gegen die Fußsohle (*„Falaka"*)........................... 394
34.5.3 Aufhängen (*„Strappado"*) 396
34.5.4 Erzwungene Körperhaltungen 398
34.5.5 Elektrofolter... 398
34.5.6 Folter durch Sauerstoffmangel 400
34.6 **Abschließende Bewertung** 401

35 **Selbstverletzung und Selbstschädigung** 403
M. Grassberger, K. Püschel
35.1 **Selbstverletzung zur Erlangung eines psychischen Gewinns**................... 404
35.1.1 Artifizielle Störungen... 407
35.1.2 Selbstverletzendes Verhalten als Begleiterscheinung organischer Erkrankungen.......... 412
35.2 **Selbstverletzung zur Erlangung eines rechtlichen Vorteils**................... 412
35.2.1 Ursachen und Motive... 412
35.2.2 Typische Befunde 414
35.2.3 Vorgehen bei Verdacht auf Selbstbeschädigung............................ 416
35.3 **Selbstverletzung zur Erlangung eines materiellen Gewinns** 416
35.3.1 Fallkonstellationen 417
35.3.2 Ausgangssituation 417
35.3.3 Der Arzt als medizinischer Sachverständiger 418
35.3.4 Spezielle Aspekte bei Selbstverstümmelung 419
35.4 **Zusammenfassung** 423

36 **Der überlebte medizinische Behandlungsfehler**............................. 425
E. E. Türk
36.1 **Hintergrund und Definition** 426
36.2 **Praktisches Vorgehen** 426

37 **Aggression und Gewalt gegen Angehörige medizinischer Berufe** 429
H. Stefan
37.1 **Einleitung**... 430
37.2 **Ursachen von Aggression im medizinischen Umfeld**......................... 431
37.3 **Arten von Aggression** 431
37.4 **Aggression – Phasenverlauf** 433

37.5   Instrumente zur Risikoeinschätzung 434

37.6   Daten zum Thema „Aggression in Gesundheitsberufen" 434

37.7   Auswirkungen von Aggression und Gewalt auf das Gesundheitspersonal 436

37.8   Strategien zur Bewältigung des Phänomens „Aggression und Gewalt in
       Gesundheitseinrichtungen" 436

37.9   Empfehlungen für die Praxis 437

38   **Medizinische Aspekte polizeilicher Zwangsmaßnahmen** 439
       N. Wilke, M. Grassberger

38.1   Begriffsdefinition 440

38.2   Grundsätze 440

38.3   Fixierungstechniken 441

38.3.1 Armhebel 441

38.3.2 Handhebel 441

38.3.3 Fixierung in Bauchlage 442

38.3.4 Fixierung in Bauchlage mittels Armstreckhebel 442

38.3.5 Fixierung in Bauchlage mittels Beinhebel 443

38.3.6 Anbringen von Handfesseln in Bauchlage zu zweit 444

38.3.7 Fixierung des Kopfes bzw. des Oberkörpers 444

38.4   Positionelle Asphyxie 445

38.5   Excited Delirium Syndrome 448

38.6   Technische Hilfsmittel (Mehrzweckeinsatzstock, Reizstoff-Sprühgeräte,
       Elektroimpulswaffen) 449

38.6.1 Der „Tonfa" 449

38.6.2 Reizstoff-Sprühgeräte (RSG, „Pfefferspray") 450

38.6.3 Elektroimpulswaffen vom Typ TASER® X26 452

39   **Bodypacking** 457
       K. Püschel

39.1   Einleitung 458

39.2   Epidemiologie und Kriminologie 458

39.3   Polizeiliche und medizinische Maßnahmen 461

40   **Forensische Altersdiagnostik bei Lebenden in Deutschland** 467
       A. Schmeling

40.1   Einleitung 468

40.2   Altersdiagnostik bei Jugendlichen und jungen Erwachsenen 468

40.2.1 Rechtsgrundlagen 468

40.2.2 Methodik 470

40.3   Altersdiagnostik bei kindlichen Opfern auf kinderpornografischen Bilddokumenten . 474

40.3.1 Rechtsgrundlagen 474

40.3.2 Methodik 474

40.4   Altersdiagnostik bei älteren Erwachsenen zur Klärung von Rentenansprüchen 475

40.4.1 Rechtsgrundlagen 475

40.4.2 Methodik 475

40.5   Fallbeispiele 476

40.5.1 Fall 1 476

40.5.2 Fall 2 477

40.6   Fazit 480

41 **Forensische Altersdiagnostik bei Lebenden in Österreich** 483
S. Kainz, F. Fischer, E. Scheurer
41.1 **Rechtliche Rahmenbedingungen** 484
41.1.1 Rechtlich relevante Altersgrenzen 484
41.1.2 Fremdenpolizeirecht und Asylrecht 484
41.1.3 Weitere rechtliche Bestimmungen 484
41.2 **Methodik und Untersuchungsablauf** 485
41.2.1 Allgemeines 485
41.2.2 Untersuchungsablauf 485

42 **Forensische Altersdiagnostik bei Lebenden in der Schweiz** 487
M. T. Mund
42.1 **Einleitung** 488
42.2 **Auftraggeber** 488
42.3 **Rechtliche Grundlagen** 488
42.3.1 Strafrecht 488
42.3.2 Asylrecht 489
42.4 **Praktisches Vorgehen bei der Altersschätzung** 490

43 **Insektenbefall lebender Menschen – Zeichen der Vernachlässigung** 493
J. Amendt
43.1 **Myiasis** 494
43.2 **Erreger** 494
43.3 **Klinik** 494
43.4 **Analyse und Interpretation** 495
43.5 **Fallbeispiele** 495
43.6 **Asservierung und Zucht** 496
43.7 **Fazit** 497

44 **Forensische Alkohologie – Grundlagen und Deutsche Gegebenheiten** 499
T. Gilg
44.1 **Einleitung und Hintergrund** 501
44.1.1 Klinisch-forensische Bedeutung von Alkohol 501
44.1.2 Alkohol im Straßenverkehr – Zahlen und Grundlagen 501
44.2 **Alkoholgehalte** 502
44.3 **Alkoholnachweis** 504
44.3.1 Blutentnahme zu forensischen Zwecken in Deutschland (vgl. Fieseler 2010) 504
44.3.2 Entnahme von (forensischen) Blutproben bei stationären (schwerer) verletzten Personen . 505
44.3.3 Forensische Alkoholanalysen 505
44.3.4 Atemalkoholmessung/Atemalkoholkonzentration (AAK) 507
44.4 **Alkoholstoffwechsel – Resorption (Absorption), Distribution, Elimination** 508
44.4.1 BAK-Berechnung aus einer Trinkmenge 509
44.4.2 Alkoholunverträglichkeit („Antabussyndrom") 509
44.5 **Intoxikationen** 510
44.5.1 Tödliche Alkoholspiegel 510
44.5.2 Methanol-, Äthylenglykol- oder 1,4-Butandiolvergiftungen 511
44.6 **Alkohol und Sexualdelikte** 511
44.6.1 Sexueller Missbrauch Widerstandsunfähiger 511
44.7 **Alkohol und Schuldfähigkeit** 512

44.8   Rauschformen, psychopathologische Diagnostik   512

44.9   Alkoholkonsummarker   513

45   **Forensische Alkohologie – Österreichische Gegebenheiten**   515
        M. Pavlic, W. Rabl

45.1   **Einführung**   516

45.2   **Alkoholphysiologie**   516

45.2.1   Blutalkoholkonzentration (BAK)   516

45.2.2   Atemalkoholkonzentration (AAK)   517

45.3   **Alkohol im Straßenverkehr**   517

45.3.1   Alkoholgrenzwerte   517

45.3.2   Messung der AAK im Straßenverkehr   517

45.3.3   Blutabnahme im Straßenverkehr   518

45.3.4   Forensische Bestimmung der BAK   519

45.4   **Alkohol im Strafrecht**   520

45.4.1   Relevante Bestimmungen bei alkoholbedingter Beeinträchtigung   520

45.5   **Der alkoholisierte Patient**   520

45.5.1   Klinische Bestimmung der Alkoholkonzentration   521

45.5.2   Ärztliche Schweigepflicht   521

46   **Toxikologische Untersuchungen im Rahmen der klinisch-forensischen
        Medizin**   523
        T. Stimpfl

46.1   **Forensische Toxikologie in der klinisch-forensischen Medizin**   524

46.2   **Mögliche Fragestellungen**   524

46.3   **Anamnestische Angaben und „Leitsymptome"**   525

46.4   **Untersuchungsmaterialien**   525

46.5   **Untersuchungslabor**   529

46.6   **Untersuchungsmethoden**   529

47   **Fähigkeitsbeurteilungen aus medizinischer Sicht unter
        Berücksichtigung der deutschen Gesetzgebung**   533
        H. Bratzke

47.1   **Hintergrund**   534

47.2   **Verwahrfähigkeit**   534

47.3   **Reisefähigkeit (Transportfähigkeit, Terminfähigkeit)**   535

47.4   **Verhandlungsfähigkeit**   535

47.5   **Haftfähigkeit (Vollzugstauglichkeit bzw. Vollzugsfähigkeit)**   536

47.6   **Schuldfähigkeit im Strafverfahren**   536

48   **Grundzüge der forensischen Psychiatrie**   539
        R. Haller

48.1   **Einleitung**   541

48.2   **Prinzipien der psychiatrischen Begutachtung**   541

48.2.1   Durchführung der Begutachtung   543

48.2.2   Aufbau des Gutachtens   544

48.3   **Beurteilung der Schuldfähigkeit**   545

48.3.1   Straftaten im Zustand voller Berauschung   546

48.4   Gefährlichkeitsprognose 547

48.4.1 Prognosebereiche.. 547

48.4.2 Prognoseverfahren... 548

48.4.3 Moderne Prognoseinstrumente und Risikolisten 548

48.5   Glaubwürdigkeit 549

48.6   Weitere strafrechtliche Gutachtensaufgaben 550

48.6.1 Sucht-/Betäubungsmittelgewöhnung 551

48.6.2 Beurteilung der jugendlichen Reife.. 551

48.6.3 Vernehmungs- und Verhandlungsfähigkeit 553

48.6.4 Haftfähigkeit (Vollzugstauglichkeit) 554

48.7   Zivilrechtliche Fragestellungen.. 555

48.8   Arbeits- und sozialrechtliche Fragestellungen.................................... 557

48.8.1 Berufsunfähigkeit und Invalidität.. 557

48.8.2 Begutachtung „seelischer" Schmerzen.. 558

48.9   Qualitätsstandards bei psychiatrischen Gutachten 560

48.10   Fehlerquellen psychiatrischer Gutachten.. 561

49   Die Bedeutung rechtsmedizinischer Befunde für die Rechtspsychologie
        am Beispiel von Prognoseinstrumenten für Sexual- und Gewaltstraftäter... 565
        N. C. Habermann

49.1   Hintergrund... 566

49.2   Prognoseinstrumente 567

49.3   Konfrontation mit rechtsmedizinischen Befunden.................................. 569

49.4   Weitere Anwendungsfelder 569

49.5   Fazit... 570

III   Anhang 571

        Verwendete und weiterführende Literatur... 572

        Anhang A 593
        Untersuchungsbogen für die erweiterte Verletzungsdokumentation.................. 593
        Untersuchungsbogen für Opfer nach Sexualdelikt 597
        PEP-Dokumentationsbogen... 601

        Anhang B 603
        Zuweisung an die Kinderschutzgruppe... 603
        Meldung an den Jugendwohlfahrtsträger
        über Gewalt an einem Kind oder Jugendlichen..................................... 605
        Dokumentation der Kinderschutzgruppe.. 607
        Zusammenfassende Beurteilung der Kinderschutzgruppe 610

        Anhang C 612
        Orientierungshilfe zur Interpretation medizinischer Befunde
        in Verdachtsfällen von sexuellem Kindesmissbrauch (sog. „Adams-Schema") 612

Anhang D 615
Körperschema Kopf 615
Körperschema Frau 616
Körperschema Mann 617
Körperschema Mädchen 618
Körperschema Junge 619
Körperschema Hände 620
Körperschema Füße 621
Körperschema Fußsohlen 622
Körperschema weibliches Genitale 623
Körperschema männliches Genitale 623

Sachverzeichnis 625

Autorenverzeichnis 639

Grundlagen der klinisch-forensischen Medizin

Kapitel 1 Geschichte und Aufgabenfelder der
klinischen Rechtsmedizin – 3
S. Pollak

Kapitel 2 Phänomen Gewalt – 15
C. Grafl

Kapitel 3 Grundzüge der Verletzungsbegutachtung aus
rechtsmedizinischer Sicht (vor dem Hintergrund
der Deutschen Gesetzgebung) – 27
H. Bratzke

Kapitel 4 Klinisch-forensische Begutachtung im Deutschen
Strafrecht aus juristischer Sicht – 33
R. Dettmeyer

Kapitel 5 Klinisch-forensische Begutachtung im Deutschen
Zivilprozess aus juristischer Sicht – 43
J. Laux, M. Parzeller

Kapitel 6 Klinisch-forensische Begutachtung
im Österreichischen Strafrecht aus
juristischer Sicht – 59
R. Riener-Hofer, P. Schick

Kapitel 7 Klinisch-forensische Begutachtung
im Österreichischen Zivilprozess
aus juristischer Sicht – 73
H. Schumacher

Kapitel 8   **Opferschutzeinrichtungen in Österreich**
und deren Aufgaben   – 83
M. Sorgo

Kapitel 9   **Aufbau und Konzept von Kinderschutzgruppen**
an Krankenanstalten in Österreich   – 93
F. Horak

Kapitel 10   **Aufgaben und Nutzen klinisch-**
forensischer Ambulanzen   – 99
K. Yen

Geschichte und Aufgabenfelder der klinischen Rechtsmedizin

S. Pollak

1.1   Historischer Rückblick   – 4

1.2   Entwicklung der klinischen Rechtsmedizin   – 5

1.3   Aufgaben der klinischen Rechtsmedizin   – 6

1.4   Spezielle Fallgruppen   – 8

1.4.1   Forensische Altersdiagnostik   – 8

1.4.2   Rechtsmedizinische Aspekte der Kindesmisshandlung   – 9

1.4.3   Rechtsmedizinische Untersuchungen nach Sexualdelikten   – 10

1.4.4   Selbstverletzungen   – 10

1.4.5   Überlebende Verkehrsunfallopfer   – 11

1.5   Allgemeine Aspekte der Verletzungsbegutachtung   – 12

M. Grassberger, E. Türk, K. Yen, Klinisch-forensische Medizin,
DOI 10.1007/978-3-211-99468-9_1, © Springer-Verlag Berlin Heidelberg 2013

1

Eine kurze und prägnante Definition des Begriffs „*Rechtsmedizin*" (in Österreich „*Gerichtliche Medizin*") stammt von Julius Kratter (1848–1926); er gehörte zu den Gründungsvätern der Deutschen Gesellschaft für Gerichtliche Medizin und war in den Jahren 1892–1919 Fachvertreter an der Universität Graz. Kratter formulierte 1912 in seinem Lehrbuch: „Gerichtliche Medizin ist die Anwendung medizinischer Kenntnisse für Zwecke der Rechtspflege."

Unter „*Klinischer Rechtsmedizin*" versteht man die Anwendung gerichtsärztlichen Wissens und medizinischer Fertigkeiten auf lebende Personen nach den speziellen Erfordernissen und Vorgaben der jeweiligen Rechtsordnung (Pollak u. Saukko, 2000a).

1.1   Historischer Rückblick

Im deutschen Sprachraum reichen die Ursprünge der Gerichtlichen Medizin bis in die Zeit der frühgermanischen Rechte zurück (Schmidt, 1953). Im Spätmittelalter spielte die medizinische Sachverständigentätigkeit in den Stadtrechten eine wichtige Rolle, wenn es um die Untersuchung und Beurteilung von Verletzungen ging (v. Neureiter, 1935).

1532 wurde die nach Kaiser Karl V. benannte „Constitutio Criminalis Carolina" („Peinliche Halsgerichtsordnung") als kodifiziertes Strafrecht verabschiedet. Diese sog. Carolina sah vor, dass ärztliche Sachverständige zur Klärung von medizinischen Beweisfragen angehört werden (Mallach, 1996).

In der Folgezeit befassten sich bedeutende Persönlichkeiten, wie der Basler Stadtarzt und Anatom Felix Platter (1536–1614) und der päpstliche Leibarzt Paolo Zacchia (1584–1659), mit den damaligen gerichtsmedizinischen Themen, zu denen neben den Körperverletzungen auch ärztliche Behandlungsfehler und die Beurteilung forensisch-gynäkologischer Befunde gehörten (Händel, 2003).

1769 wurde in der Regierungszeit Maria Theresias für die habsburgischen Territorien die „Constitutio Criminalis Theresiana" erlassen (◘ Abb. 1.1). Darin fanden sich bereits detaillierte Anweisungen an die „Leib- und Wundärzte" hinsichtlich der Abfassung von Attesten und der Beschreibung von Verletzungen.

Im 19. Jahrhundert etablierte sich die gerichtliche Medizin als universitäre Spezialdisziplin. 1804 wurde von Kaiser Franz II. an der Wiener Universität die erste Lehrkanzel für „Gerichtliche Arzneikunde und Medizinische Polizeiwissenschaft" errichtet. Wenig später wurden auch in Prag (1807) und in Berlin (1820) Lehrstühle für Staatsarzneikunde eingerichtet. Eduard von Hofmann (1837–1897), der im Jahr 1875 den Wiener Lehrstuhl übernahm, trennte sich als Erster von der „Medizinischen Polizei" (öffentliches Gesundheitswesen einschließlich

◘ **Abb. 1.1** Kaiserin Maria Theresia (1717–1780) und Titelblatt der „Constitutio Criminalis Theresiana"

Hygiene) und widmete sich ausschließlich der gerichtlichen Medizin (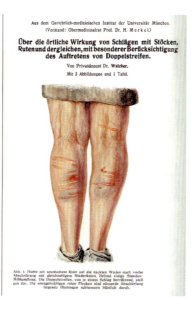 Abb. 1.2).

1904 konstituierte sich die „Deutsche Gesellschaft für Gerichtliche Medizin" (jetzt „Deutsche Gesellschaft für Rechtsmedizin"), deren wichtigste Aufgabe die Förderung der rechtsmedizinischen Forschung war und ist (Strassmann, 1906; Pollak, 2004a). In den folgenden Jahrzehnten kam es zu einer fortschreitenden Spezialisierung und Ausdifferenzierung von Subdisziplinen (forensische Toxikologie, Blutalkoholkunde, Blutgruppenserologie, forensische Psychiatrie).

1.2 Entwicklung der klinischen Rechtsmedizin

Wie erwähnt, reicht die ärztliche Beurteilung von deliktisch zugefügten **Körperverletzungen** bis in das Mittelalter zurück. Einen weiteren Themenschwerpunkt bildete bis in die erste Hälfte des 20. Jahrhunderts die **forensische Sexualmedizin**, wobei die behandelten Fragen von der Virginitätsdiagnostik bis zum kriminellen Abort reichten (Hofmann u. Haberda, 1927). Eine Sonderstellung nahm und nimmt die **forensische Psychiatrie** ein, die noch im 20. Jahrhundert von manchen Fachvertretern als integraler Bestandteil der gerichtlichen Medizin betrachtet wurde.

Abb. 1.2 Eduard von Hofmann (1837–1897)

Abb. 1.3 Wiedergabe einer Illustration aus der Erstbeschreibung doppelstreifiger Hämatome von Walcher (1932)

◻ Tab. 1.1 Wichtige Fallgruppen in der klinischen Rechtsmedizin

1. Untersuchung lebender Opfer (Geschädigter)
   a) Deliktische Körperverletzungen (z. B. nach Aggressionshandlungen oder versuchten Tötungsdelikten)
   b) Vergewaltigung und andere Sexualdelikte an Jugendlichen und Erwachsenen
   c) Misshandlung, Vernachlässigung, sexueller Missbrauch von Kindern
   d) Partnermisshandlung und andere Formen häuslicher Gewalt
   e) Misshandlung und Vernachlässigung alter/pflegebedürftiger Menschen
   f) Folter

2. Untersuchung von Tatverdächtigen (Beschuldigten)

3. Untersuchung von Selbstverletzungen und -beschädigungen

4. Untersuchung von Verletzten/Beteiligten nach Verkehrsunfällen (Fußgänger/Fahrer/Insassen)

5. Untersuchung auf Fahrtüchtigkeit (bei Verdacht auf Alkohol-, Drogen- und/oder Medikamenteneinwirkung)

6. Beurteilung hinsichtlich des Vorliegens einer Minderung/Aufhebung der Schuldfähigkeit (Zurechnungsfähigkeit) durch Alkohol-, Drogen- und/oder Medikamenteneinwirkung

7. Forensisch-psychiatrische Untersuchungen und Begutachtungen

8. Medizinische Beurteilung der Gewahrsams-, Haft- und Verhandlungsfähigkeit

9. Medizinische Beurteilung der Arbeitsfähigkeit

10. Erstattung von Untersuchungsberichten, Attesten und Gutachten: Dokumentation und Interpretation von verfahrensgegenständlichen Befunden

11. Mitwirkung im Beweisverfahren als Zeuge, sachverständiger Zeuge oder Sachverständiger

12. Medizinische Überwachung/Betreuung von Personen im Polizeigewahrsam, in der Untersuchungs- und Strafhaft

13. Gesundheitliche Betreuung von Polizeibeamten

14. Forensische Altersdiagnostik

15. Untersuchung und medizinische Beurteilung bei Verdacht auf Behandlungsfehler

Die Beurteilung von erwiesenen und fraglichen **Kindesmisshandlungen** gehört seit langem zu den Kernaufgaben der klinischen Rechtsmedizin. Schon 1928 hatte der Kieler Fachvertreter Ernst Ziemke (1867–1935) bei der 17. Tagung der Deutschen Gesellschaft für Gerichtliche und Soziale Medizin ein Grundsatzreferat über Kindesmisshandlungen in ihrer rechtlichen und sozialen Bedeutung gehalten (Ziemke, 1929). 1932 beschrieb der Münchner Gerichtsmediziner Kurt Walcher (1891–1973) als Erster die doppelstreifige Konfiguration von Hämatomen nach Stockschlägen (Walcher, 1932; ◻ Abb. 1.3).

Seit den 60er Jahren des vorigen Jahrhunderts hat sich die Düsseldorfer Rechtsmedizinerin Elisabeth Trube-Becker in zahlreichen Vorträgen und Publikationen mit Kindesmisshandlung und -missbrauch auseinander gesetzt (Trube-Becker, 1964, 1987, 1992). Im Jahr 2007 wurde innerhalb der Deutschen Gesellschaft für Rechtsmedizin neben dem bereits bestehenden Arbeitskreis „Forensischpädiatrische Diagnostik" die Arbeitsgemeinschaft „Klinische Rechtsmedizin" gegründet.

1.3   Aufgaben der klinischen Rechtsmedizin

Die Rechtsmedizin insgesamt und speziell jene Tätigkeitsbereiche, die sich mit der Untersuchung und Begutachtung lebender Personen befassen, unterliegen einer steten Änderung in Abhängigkeit von den gesellschaftlichen Gegebenheiten sowie den rechtlichen und organisatorischen Rahmenbedingungen.

In ◘ Tab. 1.1 sind die **wichtigsten Fallgruppen** aufgelistet.

Im Mittelpunkt der rechtsmedizinischen Begutachtung stehen – neben der sachkundigen Befunderhebung und Dokumentation – vor allem Fragen nach der **Entstehungsweise** (z. B. die „Bestimmung des verletzenden Werkzeugs" aus dem Wundbefund) und nach dem Verletzungshergang. Dabei kann der Gutachter häufig „aus dem Reservoir der Obduktionskenntnisse" schöpfen (Pollak, 2004c). Im Strafverfahren gehört es überdies zu den Aufgaben des ärztlichen Sachverständigen, die medizinischen Grundlagen für die rechtliche Qualifikation von Verletzungen darzulegen.

Die Vermittlung der „rechtsmedizinischen Verletzungslehre" bildet einen wichtigen Bestandteil des studentischen Unterrichts. Außerdem ergeben sich aus ungewöhnlichen Einzelbeobachtungen immer wieder Fragen, die zum Ausgangspunkt von systematischen wissenschaftlichen Untersuchungen werden. Die Einbindung der gerichtsärztlichen Praxis in die universitäre Rechtsmedizin ist daher ein Garant für die wünschenswerte Interaktion von Lehre, Forschung und forensischer Dienstleistung.

Ein immer wichtiger werdendes Arbeitsgebiet der klinischen Rechtsmedizin ist deren Einsatz im Dienst der Menschenrechte, z. B. durch den Nachweis von Misshandlungsspuren bei **Folteropfern** (Oehmichen, 1998). Das Untersuchungsgut des klinisch tätigen Rechtsmediziners umfasst auch (und an manchen Orten vor allem) die Opfer der „alltäglichen Gewalt", zu denen vornehmlich die Schwachen der Gesellschaft gehören. Neben misshandelten Kindern und vergewaltigten Frauen spielt auch die „**häusliche Gewalt**" eine zunehmende Rolle. Man versteht darunter physische und psychische Traumatisierungen im sozialen Nahbereich, und zwar in der Regel zwischen Erwachsenen, die in einer intimen Partnerbeziehung zueinander stehen oder standen. Durch niederschwellige Unterstützungsangebote soll auch dieser Personengruppe ermöglicht werden, den grundrechtlichen Anspruch auf ein gewaltfreies Leben zu realisieren (Pollak, 2000). Zu den „Schwachen in der Gesellschaft" zählen schließlich auch die hilfsbedürftigen **Senioren**, die durch pflegerische Vernachlässigung oder Misshandlung gefährdet sein können (Wagner, 2000).

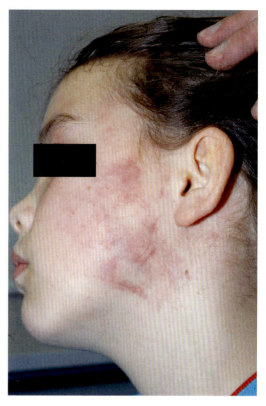

◘ **Abb. 1.4** Hautrötungen nach Schlägen mit der flachen Hand

Die Opfer von Körperverletzungsdelikten können überaus vielfältige Befunde aus dem gesamten Spektrum der forensischen Traumatologie aufweisen. In der Praxis sind die Folgen stumpfer

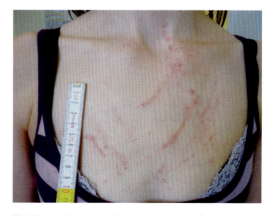

◘ **Abb. 1.5** Fingernagelkratzspuren im Dekolletébereich (Selbstverletzung)

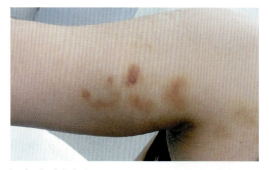

◻ Abb. 1.6 Gruppierte Hämatome am Oberarm (von Festhaltegriffen)

und scharfer Gewalteinwirkung am häufigsten vertreten. Vom Gutachter wird erwartet, dass er Verletzungen nach ihrer Art, Lage, Intensität und Gefährlichkeit beurteilt, aber auch hinsichtlich der Entstehungsweise. In diesem Zusammenhang wird zu Recht davor gewarnt, aus dem morphologischen Erscheinungsbild allzu weit reichende Schlussfolgerungen zu ziehen, da dies mit der Gefahr einer Überinterpretation verbunden wäre. Trotz des meist unspezifischen Aussehens gibt es hin und wieder **geformte** und/oder **typisch angeordnete Verletzungsspuren**, die als solche erkannt und richtig gedeutet werden müssen (◻ Tab. 1.2).

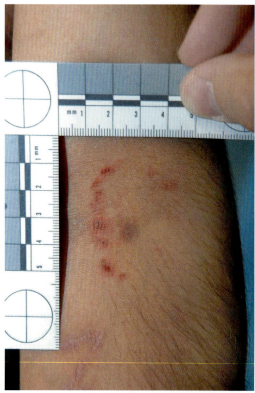

◻ Abb. 1.8 Menschenbissverletzung (Sexualdelikt)

1.4 Spezielle Fallgruppen

1.4.1 Forensische Altersdiagnostik

Seit Beginn der 90er Jahre des 20. Jahrhunderts werden an rechtsmedizinischen Instituten vermehrt Altersschätzungen bei Lebenden durchgeführt. Mehrheitlich handelt es sich um Ausländer ohne gültige Personaldokumente, die ihr Alter entweder nicht kennen oder mutmaßlich falsch angeben und deren chronologisches Alter im Straf- oder Zivilverfahren von rechtlicher Bedeutung ist. Im Jahr 2000 hat sich in Berlin die Arbeitsgemeinschaft für Forensische Altersdiagnostik der Deutschen Gesellschaft für Rechtsmedizin konstituiert (AGFAD). Im Kreis dieser Arbeitsgemeinschaft wurden und werden Qualitätsrichtlinien erstellt, Empfehlungen erarbeitet und Forschungsvorhaben koordiniert (Geserick u. Schmeling, 2011; Schmeling u. Püschel, 2011). Seit 2001 werden von der AGFAD jährliche Ringversu-

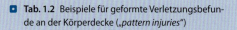

◻ Tab. 1.2 Beispiele für geformte Verletzungsbefunde an der Körperdecke („*pattern injuries*")

– typisch konfigurierte Hautrötungen (z. B. nach Schlägen mit der flachen Hand; ◻ Abb. 1.4)

– parallelstreifige Fingernagelkratzspuren (◻ Abb. 1.5)

– gruppierte Hämatome durch den Druck benachbarter Fingerkuppen bei Festhaltegriff an den Armen (◻ Abb. 1.6)

– Doppelstreifige und striemenartige Hämatome (vgl. ◻ Abb. 1.3)

– musterartige Schürfungen und/oder Intrakutanblutungen nach Einwirkung reliefartig strukturierter Oberflächen (◻ Abb. 1.7)

– typisch angeordnete Hämatome, Schürfungen und/oder Hautdurchtrennungen durch Menschenbiss (◻ Abb. 1.8)

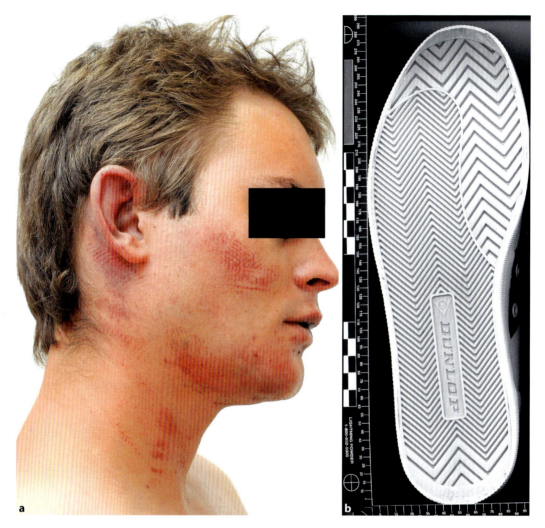

che zur forensischen Altersdiagnostik bei lebenden Personen organisiert. Die bisher verabschiedeten Empfehlungen beziehen sich auf die Altersdiagnostik im Strafverfahren, im Rentenverfahren und bei Jugendlichen sowie jungen Erwachsenen außerhalb des Strafverfahrens.

1.4.2 Rechtsmedizinische Aspekte der Kindesmisshandlung

Wie erwähnt, engagiert sich die deutschsprachige Rechtsmedizin *sive* Gerichtliche Medizin seit vie-
len Jahrzehnten für die frühzeitige Erkennung von Kindesmisshandlung und -missbrauch, da nur auf Basis einer gesicherten Diagnose zielgerichtete Interventionen und prophylaktische Maßnahmen zur Abwendung künftiger Kindeswohlgefährdungen möglich sind. Dementsprechend haben zahlreiche Rechtsmediziner differenzialdiagnostische Kriterien zur Unterscheidung von misshandlungs- und unfallbedingten Verletzungen erarbeitet (Püschel, 2004; Herrmann et al., 2010). Sie beziehen sich auf Art und Lokalisation der Verletzungen, auf die ein- oder mehrzeitige Entstehung, die Vereinbarkeit von Verletzungsbild und behaupteter Entstehungsweise,

die An- oder Abwesenheit charakteristisch geformter Verletzungen (z. B. striemenförmige Hämatome, Bissringe, Verbrennungen durch Zigarettenglut) sowie auf Symptomenkomplexe und typische Befundkonstellationen („*Battered-child-Syndrom*", Schütteltrauma, „*Münchausen syndrome by proxy*").

1.4.3 Rechtsmedizinische Untersuchungen nach Sexualdelikten

Die körperliche Untersuchung bei Verdacht eines Sexualdeliktes gehört seit den Anfängen der Rechtsmedizin zu den Kernaufgaben in der forensischen Praxis. Das Spektrum der rechtsmedizinischen Beiträge zu diesem Spezialgebiet reicht von der Beurteilung des Genitalbefundes über die Dokumentation extragenitaler Verletzungen bis zur spurenkundlichen Befundauswertung (Pollak, 2004b).

Der Stellenwert der gerichtsärztlichen Untersuchung ergibt sich schon daraus, dass Sexualstraftaten üblicherweise in Abwesenheit von unbeteiligten Zeugen verübt werden. Der Ausgang eines Strafverfahrens hängt daher ganz wesentlich von der Qualität der Beweissicherung ab. Neben der körperlichen Untersuchung und der sorgfältigen Dokumentation etwaiger Verletzungen muss auch Spurenmaterial sachgerecht asserviert werden.

Bezüglich der Einzelbefunde und ihrer Interpretation wird auf die entsprechenden Spezialkapitel verwiesen. Von nicht rechtsmedizinisch geschulten Ärzten wird oft die diagnostische Bedeutung der **extragenitalen Begleitverletzungen** verkannt. Deren Erscheinungsbild spiegelt den Tatablauf und die Tatumstände bei der körperlichen Überwältigung wider. Auch wenn solche Begleitverletzungen aus kurativer Sicht nur Nebenbefunde darstellen, können sie als objektive Beweisanzeichen verfahrensentscheidende Bedeutung erlangen. Exemplarisch seien Kratzspuren durch gewaltsame Entkleidung, Fixierverletzungen nach Festhaltegriffen, Fesselungsspuren, Bissmarken und Widerlagerverletzungen genannt. Selbstverständlich können Begleitverletzungen geringfügig sein oder fehlen, wenn die Tathandlung nicht so sehr durch Gewaltanwendung als vielmehr durch Drohung verwirklicht wurde. Auch bei Widerstandsunfähigkeit des Opfers sind Spuren einer Gegenwehr nicht zu erwarten. Nicht selten erfolgt die körperliche Überwältigung in Verbindung mit einem komprimierenden Angriff gegen den Hals (Würgen und/oder Drosseln) (Pollak u. Saukko, 2000a, 2003).

1.4.4 Selbstverletzungen

Nichtakzidentelle Selbstverletzungen sind häufig Gegenstand von rechtsmedizinischen Begutachtungen. In Abhängigkeit von den zugrunde liegenden Motiven bzw. Persönlichkeitsstörungen werden folgende **Hauptkategorien** unterschieden (Pollak u. Saukko, 2000c; Pollak, 2004d):

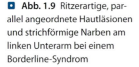

Abb. 1.9 Ritzerartige, parallel angeordnete Hautläsionen und strichförmige Narben am linken Unterarm bei einem Borderline-Syndrom

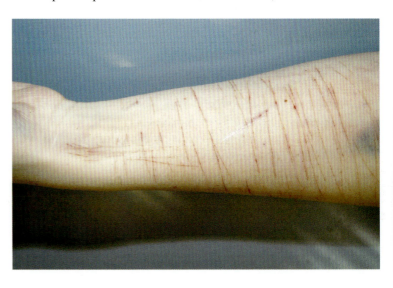

- Deliktsvortäuschungen
- Selbstbeschädigungen zum Zwecke des Versicherungsbetruges
- Selbstbeschädigungen und -verstümmelungen beim Militärdienst und im Strafvollzug
- Hautartefakte, Selbstverstümmelungen und andere Formen selbst(be)schädigenden Verhaltens bei psychiatrischen Patienten
- suizidale Handlungen.

In der Gruppe der **Deliktsvortäuschungen** in Verbindung mit Selbstverletzungen werden folgende Fallgruppen beobachtet (Pollak, 2004e):
- Vortäuschung von Delikten als Appell an das Mitgefühl und aus dem Wunsch heraus, Zuwendung und Aufmerksamkeit zu erfahren
- Selbstverletzungen, die von eigenem Fehlverhalten (z. B. Unterschlagung) ablenken sollen
- Deliktsvortäuschungen zur Rechtfertigung einer unerlaubten Abwesenheit
- Deliktsvortäuschung aus Rache an Personen oder Institutionen
- Vortäuschung eines Sittlichkeitsdelikts, um (Verletzungs-)Folgen nach autoerotischen Handlungen erklären zu können
- Selbstverletzung, um eine Notwehrsituation glaubhaft zu machen (nach eigener Verletzungs- oder Tötungshandlung)
- Selbstverletzungen, die den Anzeiger als Opfer einer politisch motivierten Straftat erscheinen lassen sollen
- Behauptung eines Überfalls zur nachträglichen Dissimulation eines unvollendet gebliebenen Suizidversuches.

Das Phänomen der Selbstverletzung ist nicht neu: Schon 1910 hat Strassmann über die „Merkmale der behufs Vortäuschung fremden Angriffs bewirkten Selbstverletzungen" berichtet. 1911 referierte Fritz Reuter über verstümmelnde Fingerverletzungen durch eigene Hand, 1912 stellte Theodor Lochte Selbstverletzungen zwecks betrügerischer Inanspruchnahme von Versicherungsleistungen vor. Weitere Artefakte kommen bei Patienten mit Persönlichkeitsstörungen (z. B. Borderline-Syndrom; ◘ Abb. 1.9) und bei anderen psychiatrischen Krankheiten vor.

Die **Befundmuster** bei vorgetäuschten Delikten sind meist sehr charakteristisch. Üblicherweise handelt es sich um Schnitt-, Ritz- oder Schürfläsionen von geringer Intensität, wobei in der Regel eine Mehrzahl von Einzelverletzungen vorliegt. Die Hautläsionen zeichnen sich durch gleichmäßig geringe Tiefe, Uniformität, Langstreckigkeit, Gruppierung und häufig parallele Anordnung aus (◘ Abb. 1.10). Diese Merkmale stehen mit dem vorgegebenen Tathergang in auffallendem Widerspruch. Auch Diskrepanzen zwischen den Verletzungsbefunden an der Haut und nicht damit übereinstimmenden Kleiderbefunden sprechen gegen eine Fremdbeibringung. Besonders empfindliche Körperpartien werden zumeist verschont.

1.4.5 Überlebende Verkehrsunfallopfer

In vielen rechtsmedizinischen Instituten gehört die Begutachtung überlebender Verkehrsunfallopfer zur täglichen Routine, wobei sich die Fragestellungen

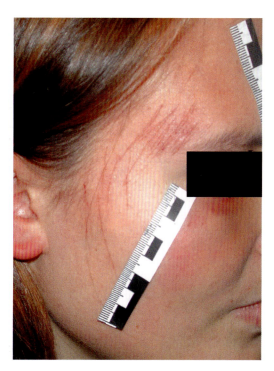

◘ **Abb. 1.10** Selbst beigebrachte oberflächliche Ritzverletzungen (gruppiert, parallel, langstreckig, „wie gezeichnet")

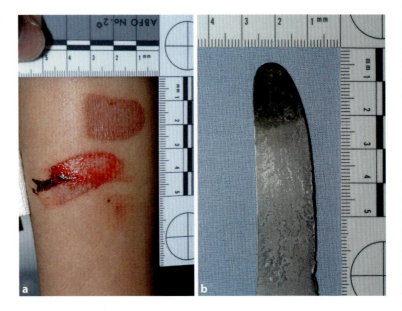

Abb. 1.11 Selbst zugefügte Verbrennungen (**a**) durch Anpressen einer erhitzten Messerklinge (**b**)

an den Rechtsvorschriften des jeweiligen Landes orientieren. Bei unklarer Sachlage können rekonstruktive Gesichtspunkte im Vordergrund stehen (z. B. Sitzordnung, Bestimmung der Gehrichtung bei verletzten Fußgängern). In zivilrechtlichen Verfahren geht es meist um die Unfallursächlichkeit der vorgebrachten Beschwerden sowie um Intensität und Dauer der posttraumatischen Beeinträchtigungen (z. B. bei Distorsionen der Halswirbelsäule nach Auffahrunfällen; Du Chesne, 2003).

1.5 Allgemeine Aspekte der Verletzungsbegutachtung

Ein großer Teil der körperlichen Untersuchungen entfällt auf erwachsene Opfer von Aggressionshandlungen. Das häufigste Tatmittel ist die unmittelbar ausgeübte Körperkraft (Schläge mit der Faust oder flachen Hand, Stöße, Fußtritte etc.). Dementsprechend dominieren die Verletzungen durch **stumpfe Gewalt**. Die Erkennung und richtige Deutung vorhandener **Formspuren** ist dabei besonders wichtig (z. B. musterartige Intrakutanhämatome als Negativabdruck eines Schuhsohlenreliefs bei Trittverletzungen, vgl. ◘ Abb. 1.7). Bei der **Alterseingrenzung** von Hämatomen überlebender Verletzter ist große Zurückhaltung geboten, da die zeitabhängigen Farbveränderungen eine erhebliche Variabilität zeigen

(Klein et al., 1995). Bei Riss-Quetsch-Wunden können manchmal die Wundränder charakteristische Konturen des zur Einwirkung gekommenen Gegenstandes wiedergeben (Werkgartner, 1938).

Der Informationsgehalt von **Stich- und Schnittwunden** reicht nur selten aus, die Eigenschaften des Tatwerkzeuges so genau zu beschreiben, dass eine zweifelsfreie Zuordnung gelingt.

Kontaktverbrennungen und **Verbrühungen** spielen bei Kindesmisshandlungen und bei Folteropfern eine wichtige Rolle. Mitunter findet man auch gewollt herbeigeführte Selbstverbrennungen (◘ Abb. 1.11). Brandstifter weisen häufig thermische Läsionen auf, wenn ein flüssiger Brandbeschleuniger wie Benzin zur Anwendung kam (Verpuffung mit potenzieller Verbrennung exponierter Körperteile und Versengung von Augenbrauen, Wimpern [◘ Abb. 1.12], Bart-, Kopf- und Körperhaaren).

Überlebte **Strangulationen** gelangen nach Sexualdelikten, tätlichen Auseinandersetzungen, versuchten Tötungsdelikten oder nach Raubüberfällen zur Untersuchung (Pollak, 2004c). Zahlenmäßig dominieren die Würgeakte gegenüber den Drosselungen. Ein hoher Prozentsatz der Strangulationsopfer zeigt nicht nur Lokalbefunde am Hals (◘ Abb. 1.13), sondern überdies Begleitverletzungen am übrigen Körper. Stauungsblutaustritte haben nach überlebten Halsangriffen große diagnostische Bedeutung,

Abb. 1.12 Versengung von Wimpern durch Verpuffung nach Brandlegung mittels Brandbeschleuniger

wenngleich es sich um kein spezifisches Zeichen der Asphyxie handelt.

Den **Deckungs- und Abwehrverletzungen** kommt aus forensischer Sicht eine Sonderstellung zu, da sie eine Fremdtäterschaft anzeigen und zu der Annahme berechtigen, dass die angegriffene Person zumindest anfänglich bei Bewusstsein und in der Lage war, die Gliedmaßen zu gebrauchen (Pollak u. Saukko, 2000b). Außerdem muss das Opfer den Angriff vorhergesehen haben und zu schützenden Handlungen befähigt gewesen sein. Am häufigsten werden Deckungs- und Abwehrverletzungen nach Messerangriffen (■ Abb. 1.14) und stumpfer Gewalteinwirkung an den Unterarmen und Händen beobachtet.

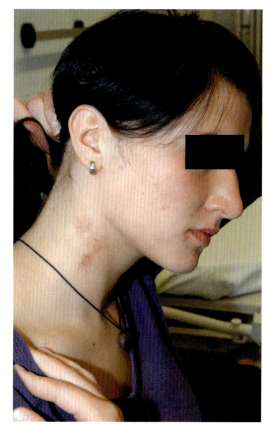

Abb. 1.13 Würgemale nach überlebtem Halsangriff

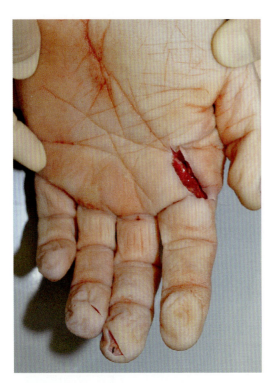

■ **Abb. 1.14** Abwehrgreifverletzungen an der Palmarseite der linken Hand

Phänomen Gewalt

C. Grafl

2.1   Definition – 16

2.2   Datenquellen und Umfang der Gewaltkriminalität – 18

2.3   Gewaltkriminalität in Österreich im Vergleich
zu Deutschland und der Schweiz – 19

2.4   Entwicklung der Gewaltkriminalität – 21

2.5   Wegen Gewaltkriminalität Verurteilte – 21

2.6   Opfer von Gewaltdelikten – 23

2.7   Resümee – 24

M. Grassberger, E. Türk, K. Yen, Klinisch-forensische Medizin,
DOI 10.1007/978-3-211-99468-9_2, © Springer-Verlag Berlin Heidelberg 2013

2.1   Definition

Gewalt unter Menschen ist so alt wie die Menschheitsgeschichte selbst. Bereits das Alte Testament berichtet, dass Kain seinen Bruder Abel erschlagen hat, weil dessen Opfer Gott wohlgefälliger war. Heutzutage sind die Medien voll mit Informationen über eine (angeblich) gestiegene Gewaltbereitschaft vor allem von Jugendlichen. Beklagt wird einerseits die steigende Zahl von Gewaltdelikten und andererseits die zunehmende Brutalität. Nach Meinung von Experten fehlt heute der früher geltende „Ehrenkodex", wonach ein Nachtreten auf am Boden liegende Kontrahenten verboten sei.

In diesem kleinen Beitrag soll anhand statistischer Daten besonders zu Österreich, Deutschland und der Schweiz ein Überblick über registrierte Gewaltkriminalität gegeben werden, wobei Zahlen für Österreich im Vordergrund stehen.

Bevor diese Daten abgebildet und interpretiert werden können, muss zuerst die **Begrifflichkeit** klargestellt werden. Gewalt ist ein vielschichtiges Phänomen, das von mehreren Seiten betrachtet werden kann und verschiedene Menschen durchaus unterschiedlich empfinden und verstehen (Harrendorf, 2007, 9ff). Einige Beispiele sollen das Gesagte illustrieren:

Personale Gewalt kann von **struktureller** Gewalt unterschieden werden, wobei letztere auf ungleichen Machtverhältnissen beruht, die als gesellschaftliche Rahmenbedingungen individuelle Entfaltungsmöglichkeiten einzelner Menschen einschränken.

Gewalt wird weiters aus der Sicht des Täters unter Umständen anders eingeordnet als aus Sicht des Opfers. Während beispielsweise bestimmte Verhaltensweisen aus Sicht der Eltern als notwendige und legitime Erziehungsmaßnahme begriffen werden, sehen sich die betroffenen Kinder möglicherweise Maßnahmen ausgesetzt, die sie als gewalttätig einordnen.

Eine gängige Unterscheidung betrifft **physische** und **psychische** Gewalt. In den letzten Jahren lässt sich eine verstärkte öffentliche Aufmerksamkeit gegenüber psychischer Gewalt feststellen, die den traditionellen Bereich der physischen, körperlichen Gewalt stark erweitert und auch gesetzgeberische Maßnahmen hervorgerufen hat (vgl. z. B. § 107a StGB, der Stalking seit 2006 als „beharrliche Verfolgung" in Österreich pönalisiert, oder § 238 dStGB, der Stalking seit 2007 in Deutschland unter dem Begriff „Nachstellung" unter Strafe stellt).

Sowohl physische als auch psychische Gewalt umfasst in sich wiederum ein breites Spektrum an Handlungen. So kann körperliche Gewalt von einem Wegstoßen oder intensivem Festhalten bis zu Mord reichen, sexuelle Gewalt kann eine unzulässige Belästigung, aber auch eine Vergewaltigung sein, und psychische Gewalt kann sich in einer einmaligen Beschimpfung oder Herabwürdigung ebenso ausdrücken wie in einem lang anhaltenden Mobbing oder Psychoterror.

Fraglich ist zudem, ob unter „Gewalt" nur ein aktives Tun oder auch das Unterlassen einer gebotenen Handlung (z. B. die Vernachlässigung einer Person durch die Nichterfüllung von Fürsorgepflichten) zu verstehen ist.

Schließlich soll noch auf die Unterscheidung zwischen Gewalt **gegen Personen** und Gewalt **gegen Sachen** hingewiesen werden. Vielfach wird unter „Gewaltkriminalität" nur Gewalt gegen Personen verstanden und beispielsweise Sachbeschädigung ausgeklammert. So hat die Regierungskommission zur Verhinderung und Bekämpfung von Gewalt („Gewaltkommission") in Deutschland Gewalt als „zielgerichtete, direkte physische Schädigung von Menschen durch Menschen" bezeichnet (Schwind et al., 1990, S. 36).

Das Gesagte zeigt sehr deutlich, dass es **keinen eindeutigen und verbindlichen Begriff** der Gewalt gibt. Deshalb ist es für eine sinnvolle und korrekte Interpretation entsprechender Zahlen oder Studien unumgänglich, den zugrunde liegenden Gewaltbegriff zu kennen. Dies gilt vor allem dann, wenn internationale Vergleiche angestellt werden, um nicht unbeabsichtigt Unvergleichbares miteinander in Beziehung zu setzen.

Wie wichtig diese Klärung der Begrifflichkeit in der Praxis ist, zeigen anschaulich die folgenden Vergleiche polizeilich registrierter Daten:

In der deutschen Polizeilichen Kriminalstatistik (dPKS) werden folgende Delikte unter „Gewaltkriminalität" subsumiert:

- Mord, Totschlag und Tötung auf Verlangen
- Vergewaltigung und sexuelle Nötigung
- Raub, räuberische Erpressung und räuberischer Angriff auf Kraftfahrer

– gefährliche und schwere Körperverletzung sowie Körperverletzung mit Todesfolge
– erpresserischer Menschenraub
– Geiselnahme
– Angriff auf den Luft- und Seeverkehr.

Im Jahr 2009 wurden in Deutschland rund 208.000 Straftaten registriert, die unter diesen Begriff der Gewaltkriminalität fallen. Dies entsprach 3 % aller polizeilich erfassten Fälle. Nicht zur Gewaltkriminalität werden vorsätzliche leichte Körperverletzungen gezählt, die 2009 rund 370.000 Fälle umfassten. Allein die Miteinbeziehung dieses einen Tatbestandes würde somit den Anteil der dann neu definierten Gewaltkriminalität in Deutschland an der Gesamtkriminalität auf 10 % steigern.

Auch die Polizeiliche Kriminalstatistik der Schweiz (chPKS) kennt den Begriff der „Gewaltstraftaten", wobei zwischen schwerer angewendeter Gewalt und minderschwerer Gewalt unterschieden wird. Unter Gewaltstraftaten werden in der Schweiz unter anderem subsumiert:
– Tötungsdelikte
– Vergewaltigung
– Raub
– einfache und schwere Körperverletzungen
– Tätlichkeiten
– Nötigung
– Drohung.

Im Jahr 2009 wurden rund 49.000 derartige Gewaltstraftaten registriert, das sind 7 % aller in der Schweiz polizeilich erfassten Fälle.

In Österreich gibt es keine statistische Erfassung der „Gewaltkriminalität" unter diesem Begriff. Die österreichische Polizeiliche Kriminalstatistik (PKS) listet einerseits Einzeldelikte des Kernstrafrechts auf und fasst diese anderseits zu den wichtigsten Deliktsgruppen zusammen, wobei sie dem nach Rechtsgüterverletzungen gruppierten Schema des Strafgesetzbuches folgt. ◨ Abb. 2.1 gibt die Kriminalitätsstruktur nach den quantitativ wichtigsten Deliktsgruppen für Österreich 2009 wieder.

Die Abbildung zeigt sehr deutlich die bekannte Dominanz der Vermögensdelikte, die wiederum zum Großteil die verschiedenen Diebstahlsformen umfassen. Ein nicht zu vernachlässigender Anteil registrierter strafbarer Handlungen entfällt bei den Vermögensdelikten auf Sachbeschädigungen, die im Jahr 2009 14 % aller Delikte stellten. Der zweitgrößte Teil der Gesamtdelikte sind strafbare Handlungen gegen Leib und Leben, wobei darin in Österreich auch Fahrlässigkeitsdelikte, großteils im Straßenverkehr begangen, enthalten sind. 4 % aller polizeilich bekannt gewordenen strafbaren Handlungen waren im Jahr 2009 Verstöße gegen das Suchtmittelgesetz, 3 % Delikte gegen die Freiheit (großteils Nötigungen und gefährliche Drohungen) und 1 % Delikte gegen die sexuelle Integrität und Selbstbestimmung.

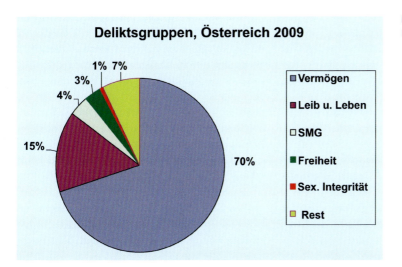

◨ **Abb. 2.1** Deliktsgruppen, PKS, Österreich 2009

2

2.2 Datenquellen und Umfang der Gewaltkriminalität

Als Datenquellen zur Registrierung von Kriminalität sind in erster Linie **Polizei- und Justizstatistiken** zu nennen. Sie erfassen Fälle und/oder Personen, die wegen einer strafbaren Handlung angezeigt bzw. verurteilt werden. Der Vorteil statistischer Daten liegt bei all ihren Schwächen in der Möglichkeit, quantitativ bedeutsame und einigermaßen exakt definierte Mengen in ihrer regionalen und demografischen Verteilung über einen längeren Zeitraum beobachten und miteinander vergleichen zu können.

Eine wichtige internationale Datenquelle für registrierte Kriminalität stellt das European Sourcebook of Crime and Criminal Justice Statistics dar, das 2010 in bereits 4. Auflage erschienen ist (Aebi et al., 2010). Darin sind u. a. Zahlen der polizeilichen Statistiken aller europäischen Länder enthalten, wobei zur besseren Vergleichbarkeit sog. Häufigkeitszahlen gebildet werden. Diese werden berechnet, indem die Zahl der bekanntgewordenen Delikte auf 100.000 Einwohner bezogen wird.

Unter Berücksichtigung der Definitionsprobleme, die ein länderübergreifender Vergleich einzelner Tatbestände aufwirft, soll hier aus diesem Sourcebook für einige Länder die Häufigkeitszahl für „bodily injury – assault" dargestellt werden, was sich am ehesten mit vorsätzlicher Körperverletzung übersetzen lässt. Die Häufigkeitszahl bezieht sich auf das Jahr 2007, die prozentuelle Veränderung ist von 2003 auf 2007 angegeben (◘ Tab. 2.1).

Die Tabelle vermittelt sehr anschaulich die großen Unterschiede zwischen den einzelnen Ländern. Der Median für die Häufigkeitszahl bei vorsätzlicher Körperverletzung im Jahr 2007 von allen im Sourcebook aufgenommenen Staaten lag bei 81 mit Werten, die von 3 bis 1.546 reichten. Vergleiche dazu auch die Schwankungsbreite für Gewaltdelikte (Tatverdächtige und Verurteilte) in europäischen Ländern bei Walter, 2007, S. 568f.

Aussagen über **qualitative Veränderungen** sind Statistiken hingegen nur sehr begrenzt zu entnehmen. Zwar gibt es bei einzelnen Tatbeständen – wie beispielsweise der vorsätzlichen Körperverletzung – Qualifikationen, wenn die Tatschwere, sei es in der Begehungsform, sei es bei den Verletzungsfolgen, zunimmt. Innerhalb der einzelnen Tatbestände gibt

◘ **Tab. 2.1** Delikte pro 100.000 Einwohner für vorsätzliche Körperverletzungen, European Sourcebook of Crime and Criminal Justice Statistics

	2007	Veränderung 2003–2007
Österreich	479	+16 %
Deutschland	642	+18 %
Schweiz	128	+39 %
Finnland	647	+17 %
Schweden	911	+25 %
Niederlande	366	+16 %
England und Wales	28	–25 %
Frankreich	348	+26 %
Griechenland	72	+4 %
Ungarn	112	–1 %
Russland	70	+4 %

es aber eine relativ hohe Bandbreite der individuellen Handlung und der Folgen. Will man zuverlässige Informationen über die Schwere der Gewalttaten, ist eine Aktenanalyse unumgänglich. Mit Einschränkungen können auch Expertenbefragungen Hinweise zur Qualität gewalttätigen Handelns geben.

Der Nachteil aller statistischen Daten besteht in ihrer Beschränkung auf das sog. Hellfeld. Vorkommnisse, die nicht angezeigt oder auf andere Weise öffentlich registriert werden, verbleiben im sog. **Dunkelfeld** (vgl. zum Dunkelfeld und den Methoden der Dunkelfeldforschung Schwind, 2010, § 2 Rn 33ff). Valide Informationen über das Dunkelfeld lassen sich nur durch regelmäßige und repräsentative Studien (Befragungen zur Opferwerdung bzw. über eigenes Täterverhalten) gewinnen. Während diese Befragungen z. B. in den USA, in Großbritannien und auch in Skandinavien bereits seit längerer Zeit durchgeführt werden, fehlt eine regelmäßige statistikbegleitende und -ergänzende Dunkelfeldforschung in Deutschland und in Österreich.

Einzelne Dunkelfeldstudien (Schülerbefragungen) in Deutschland ergaben, dass bei Gewaltdelikten (Körperverletzungen) eine gegenüber früher erhöhte Anzeigeneigung festzustellen ist, die tatsächliche Anzahl von Gewalthandlungen aber nicht gestiegen ist (zusammenfassend Heinz, 2010, S. 64ff). Demgegenüber lassen Studien in der Schweiz den Schluss zu, dass dort nicht die Anzeigeneigung, sondern tatsächlich die Gewaltkriminalität gestiegen ist (Haymoz et al., 2008).

Angemerkt sei an dieser Stelle, dass auch Befragungen keine vollständige Aufhellung des Dunkelfeldes erreichen. Gerade bei sexueller Gewalt oder auch Gewalt im häuslichen Bereich wird ein sehr hohes Dunkelfeld angenommen (Walter, 2007, S. 570). Bei diesen Delikten ist die Anzeigeneigung trotz steigender Tendenz in den letzten Jahren noch immer relativ gering. Darüber hinaus ist davon auszugehen, dass Täter und auch Opfer – aus Scham oder Angst – selbst bei vertraulichen Befragungen zur Aufhellung des Dunkelfeldes darüber nicht oder nicht vollständig berichten.

2.3 Gewaltkriminalität in Österreich im Vergleich zu Deutschland und der Schweiz

Bevor detaillierte Zahlen zur Gewaltkriminalität in Österreich vorgestellt und zur Gewaltkriminalität in Deutschland und der Schweiz in Beziehung gesetzt werden können, muss definiert werden, welche Erscheinungsformen unter diesem Begriff zu verstehen sind. Wie oben festgestellt, gibt es in Österreich keine statistische Erfassung von „Gewaltkriminalität".

Eine erste Annäherung könnten die Delikte gegen Leib und Leben sein. Im Jahr 2009 wurden 89.151 derartige Delikte registriert, was einem Anteil von 15 % an allen bekannt gewordenen strafbaren Handlungen entspricht. Der Nachteil dieser Definition liegt darin, dass in den Delikten gegen Leib und Leben auch Fahrlässigkeitsdelikte (also beispielsweise alle Verkehrsunfälle mit Verletzten) enthalten sind, die Definition „Gewaltkriminalität" also zu weit gefasst wäre.

Auf der anderen Seite fehlen auch bei Reduktion der Delikte gegen Leib und Leben auf Vorsatzdelikte einzelne Begehungsformen, die international durchaus zur Gewaltkriminalität gezählt werden, wie Raub oder gewaltsame Sexualdelikte.

Im Bewusstsein, dass über die Auswahl diskutiert werden kann, werden in diesem Beitrag vorsätzliche

Tab. 2.2 Gewaltdelikte Österreich, PKS 2009

	2009	Anteil an Gesamtdelikten
vorsätzliche Tötungen	146	0,02 %
vorsätzliche Körperverletzungen	41.271	6,98 %
Raub	4.041	0,68 %
gewaltsame Sexualdelikte	1.039	0,18 %

Tötungen (§§ 75–79 StGB), vorsätzliche Körperverletzungen (§§ 83–87 StGB), Raub (§§ 142, 143 StGB) und gewaltsame Sexualdelikte (§§ 201, 202 StGB) als „Gewaltkriminalität" zusammengefasst. Tab. 2.2 gibt die Anzahl der Delikte und ihren Anteil an der Gesamtkriminalität für Österreich 2009 wieder.

Insgesamt waren 2009 somit 46.497 Gewaltdelikte nach der gewählten Definition zu verzeichnen; das entsprach einem Anteil von 8 % an allen polizeilich registrierten strafbaren Handlungen. Anzumerken ist noch, dass von den 146 verzeichneten Tötungsdelikten 103 im Versuchsstadium geblieben sind und die große Mehrheit, nämlich 90 % aller vorsätzlichen Körperverletzungen auf § 83 StGB (also nicht qualifizierte leichte Körperverletzungen) entfiel.

Die **Aufklärungsquote** für Gewaltdelikte war 2009 in Österreich angesichts einer Gesamtaufklärungsquote von 40 % mit 75 % sehr hoch, wobei die Bandbreite von 31 % bei Raub bis 93 % bei Mord reichte. Insgesamt wurden wegen Gewaltdelikten 41.114 Tatverdächtige ermittelt, was einem Anteil von 17 % an allen tatverdächtigen Personen entsprach.

Im Vergleich dazu lag die Aufklärungsquote für Gewaltdelikte in Deutschland im Jahr 2009 (bei anderer Definition!) ebenfalls bei 75 % und reichte von 53 % (Raub) bis 96 % (Totschlag). Die Gesamtaufklärungsquote betrug 2009 in Deutschland 56 %. Der Anteil der wegen Gewaltdelikten ermittelten 204.265 Tatverdächtigen an allen Tatverdächtigen lag in Deutschland 2009 bei 9 % und war damit – angesichts der höheren Gesamtaufklärungsrate in Deutschland nicht verwunderlich – deutlich niedriger als in Österreich.

In der Schweiz wurde 2009 die Aufklärungsquote für Gewaltstraftaten mit 79 % angegeben, wobei eine Bandbreite von 37 % (Raub) bis 100 % (spezielle Tötungsdelikte) zu verzeichnen war. Die Gesamtaufklärungsquote lag in der Schweiz im Jahr 2009 für Straftaten gegen das Strafgesetzbuch bei lediglich 28 %, wobei zu bedenken ist, dass strafbare Handlungen mit einer hohen Aufklärungsquote wie Straßenverkehrsdelikte und Suchtmitteldelikte in der Schweiz in eigenen Gesetzen erfasst werden. Insgesamt wurden in der Schweiz im Jahr 2009 28.971 wegen Gewaltstraftaten ermittelte Tatverdächtige (dort Beschuldigte genannt) gezählt, was einem Anteil an allen Tatverdächtigen von 21 % entsprach.

Nicht weiter erstaunlich ist die Tatsache, dass der **Anteil männlicher Tatverdächtiger** sehr hoch ist. Sichtbare physische Gewalthandlungen von Mädchen und Frauen sind in unserer Gesellschaft nach wie vor trotz einer ansteigenden Tendenz absoluter Vorfälle in den letzten Jahren die Ausnahme. 2009 lag der Anteil männlicher an allen wegen Gewaltdelikten registrierten Tatverdächtigen in Österreich und Deutschland bei 86 %, in der Schweiz bei 84 %.

Der **Anteil ausländischer** an allen wegen Gewaltstraftaten registrierten Tatverdächtigen betrug im Jahr 2009 in Österreich 22 %, in Deutschland 24 % und in der Schweiz 49 %. Der Ausländeranteil bei allen Delikten lag 2009 in Österreich bei 28 %, in Deutschland bei 21 % und in der Schweiz bei 36 %. Während somit der Anteil fremder Tatverdächtiger bei Gewaltdelikten in Österreich unterdurchschnittlich war, lag er in Deutschland und vor allem in der Schweiz über dem Gesamtdurchschnitt.

Ausländerkriminalität ist ein Thema, das in der Öffentlichkeit meist emotional und kontroversiell diskutiert wird. Die Frage der tatsächlichen Belastung von Ausländern mit Kriminalität ist jedoch kaum zu beantworten, da einerseits verschiedene Verzerrungsfaktoren zu einer erhöhten Registrierung führen und anderseits Bezugszahlen fehlen. Der meist angestellte Vergleich mit der Wohnbevölkerung hinkt, da er all jene Ausländer nicht umfasst, die sich in einem Land (legal oder illegal) aufhalten und nicht Teil der Wohnbevölkerung sind. Auch die in Deutschland zuletzt durchgeführten Dunkelfeldstudien sind nicht eindeutig, wenngleich einige Befragungen eine Höherbelastung ausländischer Jugendlicher bei Gewaltdelikten aufzeigen (näher dazu Heinz, 2010, S. 47ff). Vielfach zeigt sich, dass nicht die Staatsbürgerschaft als Kriterium für eine höhere Delinquenzbelastung ausschlaggebend ist, sondern unabhängig davon sozioökonomische und demographische Faktoren eine Rolle spielen, ob vermehrt Kriminalität von „Ausländern" registriert wird.

Gewalt, jedenfalls physische Gewaltanwendung, ist ein Phänomen, das vor allem mit jüngeren Menschen assoziiert wird. Mit zunehmendem Alter sinkt auch tatsächlich der Anteil wegen Gewaltdelikten Ermittelter an allen Tatverdächtigen. In Österreich betrug er 2009 bei Jugendlichen (14- bis unter 18-Jährige) 19 %, bei jungen Erwachsenen (18- bis unter 21-Jährige) 18 % und bei 40-Jährigen und Älteren 14 %.

Der Anteil unter 18-jähriger Tatverdächtiger an allen wegen Gewaltdelikten ermittelten Tatverdächtigen lag 2009 in Österreich bei 19 %, in Deutschland bei 25 % und in der Schweiz bei 15 %. Da es sich bei den Gewaltdelikten in den angeführten Ländern um unterschiedliche Gruppen handelt, soll zur besseren Vergleichbarkeit auch noch ein einzelnes Delikt herausgegriffen werden, nämlich der Raub. Hier betrug 2009 der Anteil von Kindern und Jugendlichen (bis zum vollendeten 18. Lebensjahr) in Österreich 48 %, in Deutschland 32 % und in der Schweiz 41 %.

◪ Abb. 2.2 gibt für Österreich noch die sog. Besondere Kriminalitätsbelastungszahl (BKBZ) für einzelne Altersgruppen wieder. Es handelt sich bei dieser Kennzahl um die absolute Zahl aller Tatverdächtigen einer bestimmten Altersgruppe, die auf je 100.000 Personen der Wohnbevölkerung dieser Altersgruppe bezogen werden.

Der Abbildung ist ohne Schwierigkeiten zu entnehmen, dass vor allem Jugendliche und junge Erwachsene eine hohe Kriminalitätsbelastung aufweisen. Dies gilt für Gewaltkriminalität wie auch für die Gesamtkriminalität. Die Kriminalitätsbelastung junger Erwachsener ist mehr als 6-mal so hoch wie jene der 40-Jährigen und Älteren. Im Bereich der Gewaltkriminalität ist die BKBZ der jungen Erwachsenen sogar 8-mal so hoch wie die BKBZ der 40-Jährigen und Älteren.

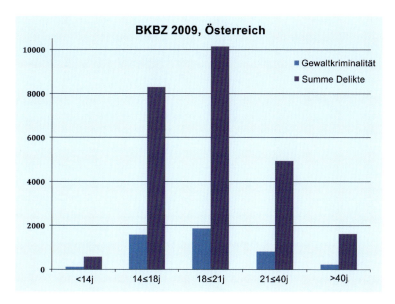

◘ **Abb. 2.2** BKBZ für einzelne Altersgruppen, Gewaltdelikte und Summe Delikte, Österreich 2009

2.4 Entwicklung der Gewaltkriminalität

In Österreich ist die Zahl der polizeilich registrierten Gewaltdelikte zwischen 2002 und 2009 um 29 % gestiegen, während die Zahl der strafbaren Handlungen insgesamt in diesem Zeitraum gleich geblieben ist. 2002 wurde deshalb als Ausgangsjahr gewählt, da in diesem Jahr eine Umstellung der Zählweise bei Tatverdächtigen wirksam geworden ist.

◘ Abb. 2.3 gibt die Entwicklung getrennt für die einzelnen Deliktgruppen wieder, wobei die absoluten Zahlen für vorsätzliche Tötungen, gewaltsame Sexualdelikte und Raub auf der linken vertikalen Skala abzulesen sind, jene für vorsätzliche Körperverletzungen auf der rechten vertikalen Skala.

Die Abbildung veranschaulicht, dass der Gesamtanstieg der Gewaltkriminalität in erster Linie auf einem steten Anstieg der vorsätzlichen Körperverletzungen beruht und in zweiter Linie auf einem über den gesamten Zeitraum zu verzeichnenden Anstieg der Raubkriminalität, wobei die Zahl der ermittelten Raube seit 2006 wieder zurückgegangen ist. Vorsätzliche Körperverletzungen, in der überwiegenden Mehrheit wie erwähnt nicht qualifizierte leichte Körperverletzungen, sind zwischen 2002 und 2009 um fast ein Drittel (31 %) gestiegen und prä-

gen damit aufgrund ihrer zahlenmäßigen Dominanz auch die Gesamtentwicklung der Gewaltdelikte.

Im Vergleich zu Österreich ist in Deutschland die Zahl der erfassten Fälle von Gewaltkriminalität zwischen 2002 und 2009 nur um 6 % (von 197.492 auf 208.446 Fälle) gestiegen. Dabei ist aber zu berücksichtigen, dass in Deutschland vorsätzliche leichte Körperverletzungen nicht zur Gewaltkriminalität gezählt werden. Diese sind im selben Zeitraum um 25 %, also in einem zu Österreich durchaus vergleichbaren Ausmaß, gestiegen.

2.5 Wegen Gewaltkriminalität Verurteilte

In Österreich wurden im Jahr 2009 laut Gerichtlicher Kriminalstatistik (GKS) insgesamt 6.991 Personen wegen eines Gewaltdelikts nach der oben gewählten Definition rechtskräftig verurteilt. Dies entspricht einem Anteil von 18 % an allen **verurteilten Personen**. Der Prozentsatz ist geringfügig höher als der Anteil wegen Gewaltdelikten registrierter Tatverdächtiger, der 2009 17 % betrug. Als Begründung kann eine bei Gewaltdelikten leicht erhöhte Verurteilungsquote (das ist die Zahl der Verurteilten bezogen auf die Zahl der Tatverdächtigen) herangezogen werden. Sie

◻ **Abb. 2.3** Entwicklung der Gewaltdelikte, Österreich 2002 bis 2009

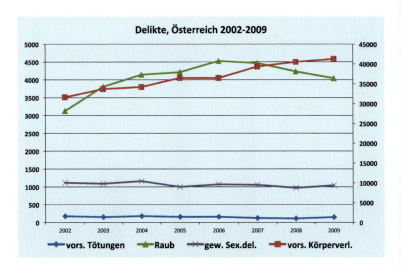

lag bei allen Gewaltdelikten im Jahr 2009 in Österreich bei 17 %, während die Gesamtverurteilungsquote 15 % betrug.

◻ Tab. 2.3 zeigt, dass die **Verurteilungsquoten** je nach Deliktsgruppe unterschiedlich sind. Für eine Interpretation der Anteile ist einerseits zu beachten, dass der rechnerische Bezug Verurteilte auf Tatverdächtige für dasselbe Kalenderjahr nur teilweise der Realität entspricht. Vielfach dauern Gerichtsverfahren länger als ein Jahr bzw. erstrecken sich über einen Jahreswechsel, weshalb Verurteilte des Jahres X Tatverdächtige des Jahres X-1 oder X-n sind.

Andererseits hängen Verurteilungsquoten auch von der Art und Schwere des Delikts ab. Die relativ geringe Quote bei vorsätzlichen Körperverletzungen ist wohl damit erklärbar, dass gerade leichte Formen in einem hohen Ausmaß diversionell und nicht durch ein Strafurteil erledigt werden. Konkrete Zahlen dazu können nicht angegeben werden, da die Diversionsstatistik – jedenfalls bis 2009 – keine deliktsspezifische Aufgliederung aufweist.

Die vergleichsweise geringe Verurteilungsquote bei gewaltsamen Sexualdelikten ist wahrscheinlich mit Beweisschwierigkeiten erklärbar, die für viele Gerichtsprozesse in diesem Bereich typisch sind, und gemäß dem Grundsatz „in dubio pro reo" zu einem Freispruch des Angeklagten führen.

Die Zahl der wegen Gewaltkriminalität verurteilten Personen ist zwischen 2002 und 2009 um 18 % gestiegen. Im gleichen Zeitraum ist die Gesamtzahl der Verurteilten in Österreich um 8 %

zurückgegangen. Dieser Anstieg bei den wegen Gewaltkriminalität Verurteilten ist geringfügig höher als die Steigerung bei den wegen Gewaltdelikten ermittelten polizeilichen Tatverdächtigen, die für denselben Zeitraum 15 % betrug.

Wie bei den strafbaren Handlungen und Tatverdächtigen ist auch die **Steigerung** der wegen Gewaltdelikten Verurteilten in erster Linie auf einen Anstieg bei vorsätzlichen Körperverletzungen und – angesichts geringer absoluter Zahlen nur in zweiter Linie – bei Raub zurückzuführen, wobei der Anstieg bei wegen vorsätzlicher Körperverletzungen verurteilten Personen für den Zeitraum 2002 bis 2009 17 % betrug. Die Zahl der wegen vorsätzlicher Körperverletzung ermittelten Tatverdächtigen ist im selben Zeitraum um 14 % gestiegen. Diese unterschiedliche Steigerungsrate ist auch bei der leichten Körperverletzung gemäß § 83 StGB festzustellen. Die Zahl der ermittelten Tatverdächtigen hat sich zwischen 2002 und 2009 um 15 % erhöht, die Zahl der rechtskräftig Verurteilten um 21 %.

Wenn man davon ausgeht, dass sich die vor Gericht gebrachten Fälle leichter Körperverletzungen nicht grundlegend geändert haben, reagiert die Justiz in Österreich offenbar auf die in den letzten Jahren steigende und auch öffentlich registrierte sowie medial diskutierte Gewaltkriminalität mit vermehrten Verurteilungen. Ein Teil des erhöhten Anstiegs bei den wegen § 83 StGB Verurteilten ist möglicherweise auch auf eine verschärfte Anzeigepraxis bei schweren vorsätzlichen Körperverletzungen wegen § 84 StGB

Tab. 2.3 Verurteilungsquote bei Gewaltdelikten in Österreich, GKS 2009

	Verurtei-lungsquote
vorsätzliche Tötungen	30 %
vorsätzliche Körperverletzungen	16 %
Raub	31 %
gewaltsame Sexualdelikte	15 %
alle Gewaltdelikte	17 %

In Deutschland wurde für den Beobachtungszeitraum 2004 bis 2007 bei einer allgemeinen Wiederverurteilungsrate von 34 % für Körperverletzungsdelikte eine Wiederverurteilungsrate von 41 %, für Raub und Erpressungsdelikte eine Rate von 55 % und für sexuelle Gewaltdelikte eine Quote von 31 % beobachtet (Jehle et al., 2010). Bei allen bestehenden Unterschieden in der Datenerfassung und Datenauswertung zwischen den beiden Ländern ist somit eine bemerkenswerte Übereinstimmung der Wiederverurteilungsraten festzustellen.

zurückzuführen. Die Zahl der ermittelten Tatverdächtigen hat sich bei diesem Delikt zwischen 2002 und 2009 um 7 % erhöht, die Zahl der Verurteilten ist aber in diesem Zeitraum um 2 % gesunken. Es ist deshalb denkbar, dass 2009 vergleichsweise mehr wegen § 84 StGB Angezeigte tatsächlich „nur" wegen § 83 StGB verurteilt wurden als noch 2002.

Seit kurzer Zeit werden in der GKS in Österreich auch **Wiederverurteilungsraten** veröffentlicht. Sie können angesichts des nicht bekannten Dunkelfeldes nicht angeben, ob jemand neuerlich strafbare Handlungen begangen hat, sondern nur, ob jemand innerhalb eines bestimmten Beobachtungszeitraumes neuerlich wegen einer Straftat registriert und wieder verurteilt wurde. Die neuesten für Österreich verfügbaren Zahlen geben an, ob die im Jahr 2005 rechtskräftig Verurteilten oder aus Haft bzw. Maßnahmenvollzug Entlassenen im Zeitraum bis 2009 neuerlich verurteilt wurden.

■ Tab. 2.4 weist in der zweiten Spalte den Prozentsatz der Personen mit jeglicher Folgeverurteilung auf; in der dritten Spalte ist der Anteil jener Verurteilten oder Entlassenen angegeben, die innerhalb des Beobachtungszeitraumes von 4 bis 5 Jahren wegen des gleichen Delikts neuerlich verurteilt wurden. Die Zahlen belegen, dass das zahlenmäßig bedeutsame Gewaltdelikt der leichten vorsätzlichen Körperverletzung sowohl eine überproportional hohe Folgeverurteilungsrate als auch einen hohen Anteil wegen desselben Delikts Wiederverurteilter aufweist. Dagegen sind bei den gewaltsamen Sexualdelikten unterdurchschnittliche Wiederverurteilungsraten zu verzeichnen, obwohl medial und politisch bei Sexualstraftätern eine besonders geringe Legalbewährungsquote postuliert wird.

2.6   Opfer von Gewaltdelikten

Zuletzt soll noch ein Blick auf **Opfer von Gewaltdelikten** geworfen werden. Im Jahr 2009 wurden in Österreich insgesamt 42.206 Opfer von Gewaltdelikten nach der oben gewählten Definition von der Polizei registriert. Das sind 3 % mehr als wegen Gewaltdelikten registrierte Tatverdächtige. Diese rund 42.000 Opfer entsprachen einem Anteil von 68 % an allen registrierten Opfern.

Rund ein Fünftel (21 %) der Opfer waren Kinder und Jugendliche, wobei Raub und gewaltsame Sexualdelikte einen überdurchschnittlichen Anteil von 26 % verzeichneten.

Während bei den wegen Gewaltdelikten registrierten Tatverdächtigen wie erwähnt nur 14 % weiblich waren, betrug der Anteil weiblicher Opfer bei den Gewaltdelikten im Jahr 2009 in Österreich

Tab. 2.4 Wiederverurteilungsraten bei Gewaltdelikten, Österreich 2005 bis 2009

	Folge-ver-urtei-lungen	glei-ches Delikt
vorsätzliche Körperverletzung (§ 83)	46 %	20 %
vorsätzliche Körperverletzung (§ 84)	46 %	6 %
Raub (§§ 142, 143)	51 %	3 %
gewaltsame Sexualdelikte (§§ 201, 202)	27 %	3 %
alle Delikte	38 %	11 %

2

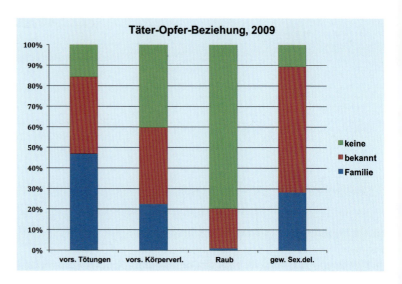

□ **Abb. 2.4** Täter-Opfer-Beziehung bei Gewaltdelikten, Österreich 2009

insgesamt 33 %, bei den gewaltsamen Sexualdelikten sogar 95 %.

Die PKS in Österreich weist seit einigen Jahren auch die Beziehung zwischen Tätern und Opfern für ausgewählte Delikte aus. Im Jahr 2009 bestand bei allen Gewaltdelikten in 21 % der Fälle eine familiäre Beziehung zwischen Täter und Opfer, in 37 % waren Täter und Opfer miteinander bekannt und nur in 42 % der Fälle bestand keine vorherige Beziehung zwischen Täter und Opfer. Innerhalb der Gewaltdelikte sind aber deutliche Unterschiede festzustellen. □ Abb. 2.4 stellt deshalb für die einzelnen Deliktsgruppen im Bereich der Gewaltkriminalität diese **Täter-Opfer-Beziehung** dar.

Die Abbildung lässt erkennen, dass zwischen den einzelnen Deliktsgruppen große Unterschiede in allen drei Kategorien bestehen. Die beiden Extreme sind Raub und gewaltsame Sexualdelikte. Während bei Raub in 80 % der registrierten Fälle keine vorherige Täter-Opfer-Beziehung vorlag und nur 1 % als familiäre Beziehung bezeichnet wurde, waren bei gewaltsamen Sexualdelikten in 28 % familiäre Beziehungen und in weiteren 61 % Bekanntschaftsverhältnisse vermerkt.

2.7   Resümee

Gewalt ist ein vielschichtiger Begriff. Phänomenologisch umfasst Gewalt ein breites Spektrum, das von psychischem Druck bis Mord reicht, wobei die Beschränkung auf personale Gewalt und auf aktives Tun durchaus diskussionswürdig ist. Eine genaue Definition ist aber unabdingbar, um den Umfang von Gewalt korrekt beschreiben und sowohl Querschnitt- als auch Längsschnittvergleiche durchführen zu können. Allein in Österreich, Deutschland und der Schweiz werden jeweils unterschiedliche Handlungen zu „Gewaltdelikten" zusammengefasst und erschweren damit einen Vergleich der Gewaltkriminalität zwischen den drei Ländern.

Registrierte Gewaltdelikte sind in Europa in den letzten Jahren vielfach gestiegen. Da in vielen Ländern regelmäßige statistikbegleitende Dunkelfeldstudien fehlen, ist nicht eindeutig festzustellen, ob dieser Anstieg auf einer erhöhten Anzeigeneigung beruht oder tatsächlich eine erhöhte Gewaltkriminalität vorliegt. Schülerbefragungen in Deutschland deuten darauf hin, dass ein nicht unwesentlicher Teil der gestiegenen Gewaltdelikte auf einer erhöhten Sensibilität für diesen Deliktsbereich und einer dadurch – jedenfalls in bestimmten Täter-Opfer-Konstellationen – erhöhten Anzeigeneigung beruht.

Eine Beschreibung des Phänomens Gewalt wäre ohne Opferperspektive unvollständig. Erstens ist die Zahl der Opfer von Gewaltdelikten nicht zu vernachlässigen, zweitens sind die Auswirkungen der Gewaltausübung auf Opfer teilweise dramatisch: Sie reichen von Tod und schweren physischen Beeinträchtigungen bis zu psychischen Folgeschäden mit einer Veränderung der gesamten Lebenssituation. Frühkindliche und jugendliche Opfer von Gewalt werden nicht selten später selbst zu Tätern und setzen somit eine Gewaltspirale in Gang, die nur schwer zu unterbrechen ist (Van Dijk, 2008, S. 87f). Zu den gesicherten Erkenntnissen der Kriminologie zählt auch, dass schwere Gewalttaten – vor allem sexuelle Gewalt – in einem hohen Ausmaß im sozialen Nahraum geschehen.

So vielfältig wie das Phänomen Gewalt selbst sind auch die Ursachen für Gewalt. Individuelle Einflüsse spielen ebenso eine Rolle wie gesellschaftliche Rahmenbedingungen und konkrete gewaltfördernde oder gewalthemmende Faktoren (Walter, 2007, S. 562ff). Wissenschaftlich unumstritten ist, dass repressive Maßnahmen wie die Schaffung immer neuer Straftatbestände oder die Forderung nach immer strengeren Strafen allein unzulänglich und nicht geeignet sind, Gewalt einzudämmen. Entscheidend sind eine gesellschaftliche Ächtung von Gewalt zur Durchsetzung von Machtansprüchen auf allen Ebenen und frühzeitig einsetzende individuelle Präventionsstrategien, die Maßnahmen für eine gewaltfreie Erziehung ebenso umfassen wie die Vermittlung von Konfliktlösungsmechanismen, die nicht auf der faktischen Macht des (physisch) Stärkeren beruhen.

Grundzüge der Verletzungsbegutachtung aus rechtsmedizinischer Sicht (vor dem Hintergrund der Deutschen Gesetzgebung)

H. Bratzke

3.1   Ablehnung der Gutachtenübernahme   – 28

3.2   Gutachtenauftrag   – 28

3.3   „Sachverständiger Zeuge" oder „Sachverständiger"?   – 28

3.4   Abfassung des Gutachtens   – 29

3.5   Kausalität   – 29

3.6   Tatrekonstruktion   – 30

3.7   Verletzungsfolgen und Lebensgefährlichkeit   – 30

3.8   Differenzialdiagnose   – 31

M. Grassberger, E. Türk, K. Yen, Klinisch-forensische Medizin,
DOI 10.1007/978-3-211-99468-9_3, © Springer-Verlag Berlin Heidelberg 2013

Bei der Erstattung von Gutachten handelt es sich in Deutschland um eine Staatsbürgerpflicht für jede/n approbierte/n Ärztin/Arzt, der sie/er nachzukommen hat.

§ 75 StPO – Pflicht des Sachverständigen zur Erstattung des Gutachtens bzw. § 407 ZPO – Pflicht zur Erstattung des Gutachtens:

» (1) Der zum Sachverständigen Ernannte hat der Ernennung Folge zu leisten, wenn er zur Erstattung von Gutachten der erforderten Art öffentlich bestellt ist oder wenn er die Wissenschaft, die Kunst oder das Gewerbe, deren Kenntnis Voraussetzung der Begutachtung ist, öffentlich zum Erwerb ausübt oder wenn er zur Ausübung derselben öffentlich bestellt oder ermächtigt ist.

(2) Zur Erstattung des Gutachtens ist auch derjenige verpflichtet, der sich hierzu vor Gericht bereit erklärt hat. «

3.1   Ablehnung der Gutachtenübernahme

Der Arzt kann aus denselben Gründen wie Zeugen die **Gutachtenerstattung ablehnen**. Das wird regelmäßig der Fall sein, wenn der Gutachter in einem Verwandtschaftsverhältnis mit einem der Beteiligten steht oder mit ihm verschwägert ist oder er sich mit der Erstattung des Gutachten selbst der Gefahr der Strafverfolgung aussetzen könnte (§§ 76 StPO, 408 ZPO). Außerdem kann die Gutachtenübernahme abgelehnt werden, wenn nicht die notwendige Kompetenz vorhanden ist (der Gutachtenauftrag ist vorab daraufhin zu überprüfen, § 407a ZPO). Auch Arbeitsüberlastung und damit verbundene überlange Dauer der Gutachtenerstattung können vom Sachverständigen vorgebracht werden, müssen aber vom Gericht nicht akzeptiert werden. Weigert sich der Sachverständige ohne rechtlich hinreichende Begründung, das Gutachten zu erstatten, oder wird das Gutachten nicht innerhalb einer bestimmten Frist erstattet, können ihm die dadurch entstandenen Verfahrenskosten auferlegt und ein Ordnungsgeld (auch wiederholt!) festgesetzt werden (§§ 409, 411 ZPO).

In der Realität spielen solche Gesichtspunkte kaum eine Rolle, wenn der Arzt oder die Ärztin als Sachverständige „bekannt" sind und es zu ihrem ärztlichen Alltag gehört, Gutachten zu erstatten.

Anders kann es aussehen, wenn die Ermittlungsbehörden oder Zivil- bzw. Sozialgerichte sich über die Ärztekammern Gutachter benennen lassen und man über diesen Weg den Gutachtenauftrag erhält. In diesen Fällen empfiehlt es sich, bei beabsichtigter Nichtübernahme eine hinreichende Begründung vorzulegen und ggf. mit dem Gericht Rücksprache zu nehmen. Das „Liegenlassen" von Gutachten und Nichtbeantwortung der „Sachstandsanfragen" führt nach vorheriger Androhung mit Setzung einer Nachfrist im Einzelfall zur Zahlung einer nicht unerheblichen Buße (ca. 1.000 Euro, § 411 ZPO).

3.2   Gutachtenauftrag

Bei der Begutachtung von Verletzungen durch einen Arzt ist zunächst Klarheit darüber zu schaffen, ob nur eine „einfache Beschreibung" der Verletzungen in Auftrag gegeben wurde (mit der Folge, dass auch nur ein Befundbericht abgerechnet werden kann) oder ob gutachterliche Fragen zu beantworten sind. Ist der Auftrag unklar gefasst, sollte unverzüglich Rücksprache mit dem Auftraggeber genommen und eine Klarstellung (auch hinsichtlich der Kosten) herbeigeführt werden. Weiterhin wird in der Regel der Gutachtenauftrag ad personam ausgesprochen, solange es nicht zu den Dienstaufgaben einer Institution gehört, derartige Gutachten zu erstatten. Auch kann (vor allem im strafrechtlichen Bereich) eine Delegationsbefugnis ausgesprochen werden. Im Zivilrecht ist es bei persönlicher Gutachtenbeauftragung nicht gestattet, die Gutachtenerstellung jemand anderem zu übertragen, der Gutachter kann sich aber der Mitarbeit (unter namentlicher Nennung und Angabe des Umfangs der Tätigkeit) einer anderen Person bedienen (§ 407a ZPO).

3.3   „Sachverständiger Zeuge" oder „Sachverständiger"?

Schwierigkeiten und Auseinandersetzungen mit dem Gericht gibt es immer wieder (vor allem hinsichtlich der Abrechnung) bei der Unterscheidung zwischen „Sachverständigem Zeugen" und „Sachverständigem".

Der **sachverständige Zeuge** hat (genau wie ein „normaler" Zeuge) nur das wiederzugeben, was er z. B. bei seiner Untersuchung gehört und gesehen hat, er hat aber keinerlei Wertungen abzugeben. Die „Sachverständigkeit" bezieht sich allein auf den Umstand, dass er z. B. Wunden und andere Verletzungen nicht aus der Laiensicht, sondern mit ärztlichem Sachverstand betrachtet bzw. bei deren Wahrnehmung eine besondere Sachkunde erforderlich war (§ 414 ZPO).

Wird über die reine Beobachtung hinaus eine **Interpretation der Verletzungen** oder eine **prognostische Beurteilung** verlangt, handelt es sich ausnahmslos um **Sachverständigentätigkeit** und wird nach dem Justizvergütungs- und entschädigungsgesetz (JVEG) für die gesamte Leistung mit 50–85 Euro pro Stunde vergütet (Anlage 1 zu § 9 JVEG mit den drei für einzelne Leistungen normierten Schwierigkeitsgraden M1–M3).

3.4 Abfassung des Gutachtens

Für die Abfassung von Gutachten gibt es allgemein **anerkannte Regeln**, die speziell für die Fahrerlaubnisbegutachtung in der Fahrerlaubnisverordnung (FeV) normiert worden sind und in ihrer Grundstruktur grundsätzlich auf die Gutachtenerstellung im Allgemeinen angewendet werden können. In der der Anlage zu § 11 Abs. 5 FeV heißt es dazu (auszugsweise):

» Die Untersuchung ist anlassbezogen und unter Verwendung der … zugesandten Unterlagen über den Betroffenen vorzunehmen.
Der Gutachter hat sich an die … vorgegebene Fragestellung zu halten.
Gegenstand der Untersuchung sind nicht die gesamte Persönlichkeit des Betroffenen, sondern nur solche Eigenschaften, Fähigkeiten und Verhaltensweisen, die für die Fragestellung (hier: Kraftfahreignung) von Bedeutung sind.
Die Untersuchung darf nur nach anerkannten wissenschaftlichen Grundsätzen vorgenommen werden.

Vor der Untersuchung hat der Gutachter den Betroffenen über Gegenstand und Zweck der Untersuchung aufzuklären.
Das Gutachten muss in allgemein verständlicher Sprache abgefasst sowie nachvollziehbar und nachprüfbar sein.
Die Nachvollziehbarkeit betrifft die logische Ordnung (Schlüssigkeit) des Gutachtens. Sie erfordert die Wiedergabe aller wesentlichen Befunde und die Darstellung der zur Beurteilung führenden Schlussfolgerungen.
Die Nachprüfbarkeit betrifft die Wissenschaftlichkeit der Begutachtung. Sie erfordert, dass die Untersuchungsverfahren, die zu den Befunden geführt haben, angegeben und, soweit die Schlussfolgerungen auf Forschungsergebnisse gestützt sind, die Quellen genannt werden. Das Gutachten braucht aber nicht im Einzelnen die wissenschaftlichen Grundlagen für die Erhebung und Interpretation der Befunde wiederzugeben.
Das Gutachten muss in allen wesentlichen Punkten insbesondere im Hinblick auf die gestellten Fragen … vollständig sein.
Der Umfang eines Gutachtens richtet sich nach der Befundlage. Bei eindeutiger Befundlage wird das Gutachten knapper, bei komplizierter Befundlage ausführlicher erstattet.
Über die Untersuchung sind Aufzeichnungen anzufertigen." **«**

3.5 Kausalität

Bei der Gutachtenerstattung für Gerichte müssen dem Gutachter die Grundzüge der Kausalität bekannt sein, damit es nicht durch unpräzise Formulierungen zu falschen rechtlichen Schlussfolgerungen kommt. Die Anforderungen an die Kausalität unterscheiden sich in den einzelnen Rechtsgebieten nicht unerheblich:

Im **Strafrecht** herrscht das **Äquivalenzprinz**, wonach jede Bedingung als kausal anzusehen ist, die nicht hinweggedacht werden kann, ohne dass nicht auch der Erfolg entfiele („conditio sine qua non"). Dabei sind aber nur solche Ereignisse in die Kausalität einzubeziehen, die für die gegenständliche Fragestellung von Bedeutung sind.

Bei der Beurteilung von Verletzungen und ihren Folgen hat sich somit der Gutachter immer auf das **auslösende Ereignis** zu beziehen und zu prüfen, ob dieses zu dem gegenwärtigen Zustand geführt hat. Dabei können **vorbestehende Krankheiten** durchaus von Bedeutung sein, führen aber nicht zur Unterbrechung des Kausalzusammenhanges (juristisch gibt es „kein Recht auf einen gesunden Menschen"). Allerdings muss die „objektive Vorhersehbarkeit" einer Handlung gegeben sein. Dieses kann z. B. eine Rolle spielen, wenn unbekannter Weise eine schwerwiegende Gefäßerkrankung vorliegt (z. B. zerebrales Aneurysma) und dieses in zeitlichem Zusammenhang mit einer (vielleicht minimalen) Gewalteinwirkung rupturiert. Schwierigkeiten gibt es auch, wenn der Kausalzusammenhang z. B. durch einen Fehler bei der ärztlichen Behandlung unterbrochen und dadurch eine **neue Kausalkette gesetzt** wurde. Handelt es sich um eine vermeidbare Komplikation und **gravierende ärztliche Sorgfaltspflichtverletzung**, wird man den dadurch entstandenen Schaden (u. U. Tod) nicht mehr demjenigen anlasten können, der die Kausalkette in Gang gesetzt hat. Grundsätzlich ist auch zu prüfen, ob nicht **konkurrierende Ursachen** vorhanden sind und z. B. der tödliche Ausgang nach einer Gewalteinwirkung sowohl aus innerer Ursache als auch durch die verletzungsbedingte Schädigung eingetreten sein kann.

Die juristische Einordnung liegt (wie auch in den anderen Fällen) beim Gericht, doch sind von Sachverständigen die grundlegenden medizinischen Sachverhalte dazulegen und in ihrer Bedeutung zu werten.

Im **Zivilrecht** herrscht das **Adäquanzprinzip**, wobei ein Ereignis nach der allgemeinen Lebenserfahrung geeignet sein muss („adäquat"), um zu einer bestimmten Folge bzw. Gesundheitsschädigung zu führen. Eine weit entfernt liegende Möglichkeit, mit der „nach vernünftiger Lebensauffassung und Erfahrung" nicht gerechnet werden konnte, ist nicht als kausal anzusehen.

Im **Sozialversicherungsrecht** gilt die „**Theorie der wesentlichen Bedingung**" (Relevanztheorie), wobei als Ursachen und Mitursachen nur die Bedingungen (unter Abwägung ihrer verschiedenen Werte) anzusehen sind, die zum Erfolg wesentlich beigetragen haben. Das heißt, es muss mehr dafür als dagegen sprechen, dass die Bedingungen kausal waren. Die bloße Möglichkeit reicht nicht aus.

3.6   Tatrekonstruktion

Bei der Tatrekonstruktion auf Grund der Spurenlage und der Ergebnisse medizinischer Untersuchungen am Lebenden oder Verstorbenen (Sektion) handelt es sich um eine fächerübergreifende Tätigkeit, die aus kriminalistischen, biologischen und medizinischen Anteilen besteht; sie wird daher von Rechtsmedizinern in Kooperation mit Kriminalisten und ggf. auch anderen Sachverständigen durchgeführt. Der Auftrag dazu wird regelmäßig vom Gericht (Staatsanwaltschaft, Richter) oder im Vorfeld von der Kriminalpolizei erteilt. Die Grundlagen der Rekonstruktion sind zu dokumentieren und die Interpretationen („Gutachten") nachvollziehbar darzustellen.

Werden Täter oder Opfer mit in die Rekonstruktion einbezogen, ist vor Beginn der Untersuchung nach entsprechender Aufklärung (durch Polizei, Staatsanwalt oder Richter) die Einwilligung einzuholen und darauf hinzuweisen, dass **keine ärztliche Schweigepflicht** besteht, sondern Äußerungen gegenüber dem Gutachter nicht zurückgenommen werden können.

3.7   Verletzungsfolgen und Lebensgefährlichkeit

Für die rechtliche Einordnung nach einfacher, schwerer, gefährlicher Köperverletzung bzw. versuchtem Totschlag oder Mord müssen die konkreten medizinischen Daten mit besonderer Berücksichtigung der in den entsprechenden Paragrafen angegeben Merkmale erhoben werden.

Bei **schwerer Körperverletzung** (§ 226 StGB) ist insbesondere zu prüfen, ob das Sehvermögen auf einem oder beiden Augen, das Gehör, das Sprechvermögen oder die Fortpflanzungsfähigkeit verloren gegangen sind. Weiterhin kommt es auf den Verlust oder die Gebrauchsfähigkeit wichtiger Glieder an, worunter nur „nach außen in Erscheinung tretende Körperteile" (also nicht die inneren Organe) gemeint sind. Die rechte Hand wird bei einem Rechtshänder regelmäßig ein wichtiges Glied darstellen, bei Fingern kommt es aber auf den Einzelfall an. Auch eine dauerhafte erhebliche Entstellung (z. B. durch auffällige Narben im Gesicht oder an kritischen Körperstellen oder bei Abtrennung erheblichen Teils der Ohren) kann einer schweren Körperverletzung entsprechen, wobei geprüft werden muss, ob durch kosmetische Operationen, die „üblich, ausführbar und zumutbar" sind, eine Korrektur erreicht werden kann. Schließlich werden noch Verfall in Siechtum, Lähmung oder geistige Krankheit (z. B. Epilepsie) unter schwerer Körperverletzung subsumiert.

Die **Folgen von Verletzungen** lassen sich bei irreparablen Schäden (z. B. Verlust eines Körperteils) ohne Weiteres benennen, häufig ist aber der konkrete Verlauf z. B. bei einem Schädel-Hirn-Trauma oder bei Verwachsungen im Bauchraum prognostisch schwierig einzuschätzen. Somit wird man neben dem aktuellen (ggf. noch zu explorierenden Beschwerdebild) die fakultativen Verläufe darzustellen haben, mit dem Hinweis auf biologische Vielfalt, die unter Umständen auch bei schwersten Verletzungen zu einer Restitutio ad integrum (Wiederherstellung der Unversehrtheit, vollständige Ausheilung) führt. Das bedeutet, dass diese Frage nur im zeitlichen Verlauf mit **Nachfolgeuntersuchungen** beantwortbar ist.

Bei einer **Körperverletzung mit Todesfolge** (§ 227 StGB) handelt es sich um Fälle, bei denen die Gewalteinwirkung vorsätzlich erfolgte (z. B. Faustschlag in das Gesicht), die tödlichen Folgen (Sturz mit tödlichen Schädel-Hirn-Trauma) aber nicht beabsichtigt waren.

Bei der Differenzierung zwischen **Mord** und **Totschlag** (§ 211 bzw. 212 StGB) ist aus gutachterlicher Sicht zu prüfen, ob Hinweise für eine **Befriedigung des Geschlechtstriebes** oder **Merkmale der Grausamkeit** (z. B. massive Schmerzen) vorlagen. Die Frage der „**Heimtücke**" spielt vor allem dann eine Rolle, wenn zahlreiche Stichverletzungen oder Schüsse vorliegen und es um die Reihenfolge geht (von vorne? von hinten?). Die Beantwortung dieser Fragen stößt regelmäßig (mit wenigen Ausnahmen wie z. B. bei mehreren Schädelbrüchen und Bestimmung der Reihenfolge nach der „Puppe-Regel") an die Grenzen der Erkenntnis.

Die **Wehrlosigkeit** umfasst auch die Prüfung, ob das Opfer durch Alkohol, Drogen oder Medikamente „außer Gefecht" gesetzt wurde, sodass schon

bei erster sich bietender Möglichkeit auf die Gewinnung entsprechender Untersuchungsmaterialien gedrungen werden sollte (wobei regelmäßig Haare in korrekter Weise asserviert werden sollten, um eine Gewöhnung und Toleranzbildung einschätzen zu können).

Bei der Einschätzung der **Lebensgefährlichkeit** ist zwischen konkreter und abstrakter Lebensgefahr zu unterscheiden. Ein Stich in den Bauch mit Verletzung einer Schlagader und drohender Verblutung, die nur durch intensive medizinische Maßnahmen abgewendet werden kann, stellt eine konkrete Lebensgefahr dar. Potenziell ist jeder in den Bauchraum geführte Stich lebensgefährlich, weil man nicht vorhersehen kann, welche Organe getroffen werden (Darm, Leber, Gefäße, Milz) und ob daraus eine das Leben bedrohende Komplikation hätte entstehen können. Durch den Fortschritt in der Medizin sind z. B. die Gefahren einer Darmperforation nicht mehr so hoch einzuschätzen, wie das noch vor einem halben Jahrhundert der Fall war, sodass in jedem Fall auch die Letalität solcher Verletzungen in Kombination mit dem biologischen Zustand des Opfers (Alter, Krankheiten) in solche Überlegungen mit einzubeziehen ist.

Einen Sonderfall stellt der „**Angriff gegen den Hals**" (z. B. Würgen) dar, der über Jahrzehnte hinweg als potenziell lebensgefährlich eingestuft wurde, weil er die Gefahr eines „Reflextodes" in sich bergen sollte. Diese Auffassung wird heutzutage auf Grund wissenschaftlicher Untersuchungen nicht mehr vertreten und es kommt in erster Linie auf **Intensität und Dauer der Strangulation** an, wobei z. B. Stauungsblutaustritte, Bewusstlosigkeit sowie Harn- und Kotabgang als gravierende Hinweise für eine Annäherung an den „*point of no return*" angesehen werden und damit der Angriff als (potenziell) lebensgefährlich eingestuft wird.

3.8 Differenzialdiagnose

Die rechtsmedizinische Untersuchung von Verletzungen beinhaltet neben der exakten Vermessung mit Angabe der genauen Lokalisation und fotografischen Dokumentation immer auch die **zeitliche Zuordnung** zu dem in Frage stehenden Geschehen sowie grundsätzliche Überlegungen in Hinblick auf eine Selbstbeschädigung oder Selbstverstümmelung (s. ▶ Kap 35 „Selbstverletzung und Selbstschädigung"). In diesem Kontext sind auch Verletzungen, Vergiftungen und unerklärliche Krankheitsbilder im Rahmen eines Münchhausen-Syndroms in Erwägung zu ziehen. Besonders bei Kindern wurde immer wieder festgestellt, dass hinter unerklärlichen Gesundheitsbeeinträchtigungen eine Einwirkung von Seiten der Eltern (meist der Mütter) bestand (s. ▶ Kap. 24 „Münchhausen-by-proxy-Syndrom").

Bei der Dokumentation und Befunderfassung haben sich neben den etablierten Methoden zunehmend **bildgebende Verfahren** (CT, MRT) durchgesetzt, die bei der Lebendenuntersuchung wertvolle Einblicke in die äußerlich nicht sichtbaren Verletzungen (Blutung, Schwellung, Bruch) geben und auch die Rekonstruktion z. B. eines Stich- oder Schusska-

nals ermöglichen. Daher sollte wann immer möglich auf derartige Untersuchungen gedrungen werden, weil sie der Beweissicherung und damit einer soliden und nachvollziehbaren Begutachtung dienen (s. ▶ Kap. 16 „Klinisch-Forensische Bildgebung").

Die Frage nach Unglücksfall und Fremdeinwirkung führt häufig an die **Grenzen medizinischer Erkenntnisse**, weil z. B. die Folgen eines Treppensturzes exakt beschrieben und etwaige Ursachen (z. B. Alkoholisierung, krankheitsbedingte Schwächezustände) erforscht werden können, der Stoß in den Rücken aber keine Spuren hinterlässt und sich somit die Fremdeinwirkung medizinisch nicht verifizieren lässt. Hier kommt es in erster Line auf das kriminalistische Gespür der Ermittlungsbehören an, um über Motiv, Alibi und widersprüchliche Aussageverhalten entsprechende Verdachtsmomente zu schöpfen.

Klinisch-forensische Begutachtung im Deutschen Strafrecht aus juristischer Sicht

R. Dettmeyer

4.1   **Hintergrund** – 34

4.2   **Anzeige- und Meldepflichten bei Körperverletzungsdelikten** – 34

4.2.1   Erwachsene Gewaltopfer – 34

4.2.2   Minderjährige Gewaltopfer – 35

4.3   **Rechtliche Vorgaben für die Praxis der klinisch-rechtsmedizinischen Untersuchung und Begutachtung** – 36

M. Grassberger, E. Türk, K. Yen, Klinisch-forensische Medizin,
DOI 10.1007/978-3-211-99468-9_4, © Springer-Verlag Berlin Heidelberg 2013

4.1   Hintergrund

Die klinisch-forensische Begutachtung – vorwiegend im Auftrag der Ermittlungsbehörden (Polizei, Staatsanwaltschaft) und vor Strafgerichten, aber auch für gesetzliche und private Versicherungsträger und vor Zivilgerichten – wird teils vom Gesetzgeber verlangt, teils im Rahmen ärztlichen Handelns oder nach pflichtgemäßem Ermessen durch Entscheidungsträger (Polizeibeamte, Staatsanwälte, Richter, Jugendämter, Heimaufsicht etc.) veranlasst. Unterschieden werden kann hier:

- die Veranlassung einer klinisch-forensischen Begutachtung nach **Anzeige bei den Ermittlungsbehörden** (z. B. Mitteilung des Verdachts auf eine strafbare Körperverletzung durch das Jugendamt)
- Untersuchung und Begutachtung von Gewaltopfern nach entsprechender **Anzeige des Gewaltopfers bzw. seiner Sorgeberechtigten** auf Veranlassung der Ermittlungsbehörden
- die vom Landes- bzw. Bundesgesetzgeber zugelassene **Information von Amtspersonen über ein Körperverletzungsdelikt** (Offenbarungsbefugnis, z. B. bei begründetem Verdacht auf eine Kindesmisshandlung gemäß seit 01.01.2012 geltendem Bundeskinderschutzgesetz mit nachfolgender Veranlassung einer klinisch-forensischen Begutachtung)
- Begutachtung nach **Meldung des Verdachts einer drittverursachten Körperverletzung durch grundsätzlich der Schweigepflicht unterliegende Personen** (Ärzte, Pflegepersonal etc.) im Rahmen des sog. rechtfertigenden Notstands, § 34 StGB
- die **Meldung einer drittverursachten Erkrankung/Verletzung gemäß § 294a SGB V an die Krankenkasse**, welche z. B. das Jugendamt oder die Polizei informieren kann (sehr umstrittene gesetzliche Regelung, deren Rücknahme gefordert wird)
- die **Klärung des Kausalzusammenhanges zwischen einem Tatgeschehen bzw. Unfallhergang und den erlittenen Verletzungen** (z. B. gutachterliche Beurteilung eines sog. HWS-Traumas für ein Zivilgericht bei Klage auf Schadensersatz und Schmerzensgeld)

- **konsiliarische klinisch-forensische Begutachtung auf Veranlassung** von in der Klinik oder in Niederlassung tätigen Ärztinnen und Ärzten: teils verbunden mit eigener körperlicher Untersuchung des Patienten, teils durch die Begutachtung auf der Grundlage vorgelegter fotografierter Verletzungsbefunde und weiterer klinischer Daten (radiologische Befunde, Laborwerte, klinischer Untersuchungsbefund etc.); derartige Gutachten unterliegen in vollem Umfang der ärztlichen Schweigepflicht!
- **klinisch-forensische Gutachten z. B. im Auftrag einer Versicherung** bei begründetem Verdacht auf eine Selbstverletzung oder Selbstverstümmelung (Verdacht auf Versicherungsbetrug!)
- **klinisch-forensische Begutachtung zur Frage der Fahreignung** im Hinblick auf Erkrankungen (z. B. Suchterkrankungen, Epilepsie, Stoffwechselerkrankungen wie Diabetes mellitus, Fahreignung und Schmerztherapie bei Patienten mit chronischen Schmerzen).

4.2   Anzeige- und Meldepflichten bei Körperverletzungsdelikten

4.2.1   Erwachsene Gewaltopfer

Entscheidungsfähige erwachsene Gewaltopfer treffen grundsätzlich selbst die Entscheidung, ob
- eine Meldung an die Polizei zwecks Einleitung eines Strafverfahrens erfolgen soll bzw. notwendig ist
- eine Beschränkung auf eine zivilrechtliche Klage wegen Schadensersatz und Schmerzensgeld erfolgt
- auf jegliche rechtliche Schritte verzichtet wird
- und in welchem Umfang gegebenenfalls behandelnde Ärzte und das ärztliche Hilfspersonal von der Schweigepflicht entbunden werden.

Eine (rechtsmedizinische) Befunderhebung mit Dokumentation und Begutachtung von Verletzungen erfolgt auf Wunsch des Geschädigten, wobei das Gutachten (zunächst) für eine spätere vorbehaltene Nutzung archiviert bleibt. In einem solchen Fall muss mit der geschädigten Person geklärt werden, wo und für welche Zeitdauer die rechtsmedizinischen Befunde und das Gutachten aufbewahrt werden.

> **Merke**
>
> Entscheidungsfähige erwachsene Gewaltopfer treffen grundsätzlich selbst die Entscheidung über eine Anzeige.

Gelangt das Tatgeschehen auf einem anderen Wege zur Kenntnis der Ermittlungsbehörden, so können diese zunächst ermitteln, auch gegen den Willen des Gewaltopfers. Sollte ein sog. **Offizialdelikt** (von Amts wegen zu verfolgendes Delikt) vorliegen, dann müssen die Strafverfolgungsorgane alle Beweise sichern. Bei häuslicher Gewalt innerhalb der Familie sind Körperverletzungsdelikte zunächst sog. **Antragsdelikte**, d. h. eine Strafverfolgung findet nur auf Antrag des Gewaltopfers statt. Allerdings hat die Staatsanwaltschaft die Möglichkeit, das öffentliche Interesse an einer Strafverfolgung zu bejahen. In einem solchen Fall muss geprüft werden, ob trotz fehlender Bereitschaft des Gewaltopfers, sich rechtsmedizinisch untersuchen zu lassen und evtl. behandelnde Ärzte von der Schweigepflicht zu entbinden, dennoch eine körperliche Untersuchung und richterliche Beschlagnahme von Krankenunterlagen in Betracht kommt.

4.2.2 Minderjährige Gewaltopfer

Unklarer ist die Rechtslage bei minderjährigen Gewaltopfern. Entscheidend ist hier zunächst einerseits das Alter des minderjährigen Gewaltopfers und andererseits die Schwere der erlittenen Verletzungen sowie eine eventuelle Wiederholungsgefahr. Hier sind verschiedene Fallkonstellationen zu unterscheiden:

Ältere minderjährige Gewaltopfer (ab ca. 14. Lebensjahr), bei denen die sog. „natürliche Einsichtsfähigkeit" in das Tatgeschehen, die Schwere der Verletzungen, die Schwere der Tat, die Wiederholungsgefahr und im Einzelfall vieler anderer Aspekte gegeben ist. Hier kann im Einzelfall nach Gesprächen mit dem minderjährigen Gewaltopfer das Ergebnis ärztlicher Überlegungen lauten, dass eine Befugnis zur Verletzung der ärztlichen Schweige-

pflicht nicht gegeben ist bzw. dass von einer solchen gegebenen Befugnis kein Gebrauch gemacht wird. Diese Beurteilung der sog. natürlichen Einsichtsfähigkeit bei Minderjährigen obliegt allein behandelnden Ärzten! Auch bei absehbar ausbleibender Strafverfolgung sollten jedoch ärztlicherseits alle Befunde dokumentiert werden, um darauf gegebenenfalls zu einem späteren Zeitpunkt zurückgreifen zu können. Diese Vorgehensweise kann ein vertretbarer Kompromiss sein, wenn ein (minderjähriges) Gewaltopfer (zunächst) keine Weitergabe von Informationen z. B. an das Jugendamt und/oder die Polizei wünscht.

Jüngere minderjährige Gewaltopfer (jünger als ca. 14. Lebensjahr) können je nach Schwere der Verletzungen unter Umständen (noch) nicht selbst überblicken, welche Konsequenzen ein Verzicht auf eine Meldung z. B. an das Jugendamt oder die Strafverfolgungsbehörden haben kann. In derartigen Fällen von Kindesmisshandlung und Kindesmissbrauch gibt es nunmehr das Bundeskinderschutzgesetz. Bisher hieß es bereits im hessischen Kinderschutzgesetz vom 14.12.2007:

>> Stellen Ärztinnen und Ärzte sowie Hebammen und Entbindungspfleger bei einer Untersuchung … tatsächliche Anhaltspunkte für eine Gefährdung des Wohls des Kindes fest, sind sie befugt, dem zuständigen Jugendamt hiervon Mitteilung zu machen. **«**

Art. 14 Abs. 6 bayr. Gesundheitsdienst- und Verbraucherschutzgesetz (GDVG) schrieb dagegen eine Verpflichtung zur Meldung fest:

>> Ärzte und Hebammen sind verpflichtet, gewichtige Anhaltspunkte für eine Misshandlung, Vernachlässigung oder einen sexuellen Missbrauch eines Kindes oder Jugendlichen, die ihnen im Rahmen ihrer Berufsausübung bekannt werden, unverzüglich dem Jugendamt mitzuteilen. **«**

> **Merke**
>
> Das neue Bundeskinderschutzgesetz enthält eine Befugnis zur Meldung des Verdachts auf eine Kindesmisshandlung als gesetzliche Durchbrechung der ärztlichen Schweigepflicht, aber keine Meldepflicht.

4.3 Rechtliche Vorgaben für die Praxis der klinisch-rechtsmedizinischen Untersuchung und Begutachtung

Für rechtsmedizinische Sachverständige sind in der Praxis vor allem die Regelungen in der deutschen **Strafprozessordnung (StPO)** und in den **Richtlinien für das Straf- und Bußgeldverfahren (RiStBV)** von Bedeutung; dies insbesondere, soweit diese Vorgaben den Umgang mit dem (minderjährigen) Gewaltopfer regeln und sie mit Rücksicht auf dessen Opferrolle gewollt sind.

Da die **Beauftragung eines medizinischen Sachverständigen** die Erstellung eines klinisch-rechtsmedizinischen Sachverständigengutachtens zum Ziel hat, müssen dem Sachverständigen die erforderlichen Entscheidungsgrundlagen zugänglich gemacht werden: z. B. Tatschilderungen, Verletzungsbefunde, Laborergebnisse und Krankenunterlagen. Wenn dies als sachdienlich angesehen wird, kann der Sachverständige zur Vorbereitung des Gutachtens an der Vernehmung von Zeugen und Beschuldigten teilnehmen. So ist in der Strafprozessordnung explizit geregelt, dass ein Sachverständiger bei der Vernehmung eines Beschuldigten anwesend sein kann und auch Fragen, die nur er kraft seines speziellen Fachwissens stellen kann, stellt.

§ 80 StPO – Vorbereitung des Gutachtens

>> (1) Dem Sachverständigen kann auf sein Verlangen zur Vorbereitung des Gutachtens durch Vernehmung von Zeugen oder des Beschuldigten weitere Aufklärung verschafft werden.

(2) Zu demselben Zweck kann ihm gestattet werden, die Akten einzusehen, der Vernehmung von Zeugen oder des Beschuldigten beizuwohnen und an sie unmittelbar Fragen zu stellen. **<<**

Die Regelung des § 80 Strafprozessordnung ist dahingehend zu interpretieren, dass der Sachverständige für sein Gutachten relevante Fragen stellen kann. Selbstverständlich wird er dadurch nicht Vernehmungsperson der Ermittlungsbehörden. Fragen, die für die Gutachtenerstattung nicht erforderlich sind, sollten vom Sachverständigen auch nicht ge-

stellt werden. Ein solches Verhalten könnte, je nach Art der gestellten Fragen, das Risiko eines späteren Befangenheitsvorwurfes erhöhen.

Als Besonderheit ist der Fall anzusehen, dass ein Beschuldigter wegen einer mutmaßlichen psychiatrischen Erkrankung, z.B. einer Suchterkrankung, in der Sicherungsverwahrung untergebracht werden soll. In diesen Fällen ist von vornherein die Heranziehung eines einschlägig erfahrenen Gutachters, insbesondere eines **psychiatrischen Sachverständigen**, bereits im Vorverfahren vorgesehen.

§ 80a StPO – Zuziehung im Vorverfahren

>> Ist damit zu rechnen, dass die Unterbringung des Beschuldigten in einem psychiatrischen Krankenhaus, einer Entziehungsanstalt oder in der Sicherungsverwahrung angeordnet werden wird, so soll schon im Vorverfahren einem Sachverständigen Gelegenheit zur Vorbereitung des in der Hauptverhandlung zu erstattenden Gutachtens gegeben werden. **<<**

Für die klinisch-rechtsmedizinische Sachverständigentätigkeit kann sich in derartigen Fällen die Frage nach den **Grenzen der eigenen Kompetenz** stellen. Bei Vorliegen entsprechender Anhaltspunkte – sei es beim Beschuldigten, sei es beim Zeugen bzw. mutmaßlichen Gewaltopfer – muss an die Empfehlung eines psychiatrischen Sachverständigen gedacht werden. Eine solche Empfehlung sollte gegebenenfalls in einem Gutachten oder auch als Aktennotiz dokumentiert sein (wie auch bei der Heranziehung als Sachverständiger zu Fragen der Unterbringung in einem psychiatrischen Krankenhaus [§ 63 StGB], in einer Entziehungsanstalt [§ 64 StGB] oder in der Sicherungsverwahrung [§ 66 StGB]).

Hinzu kommen aber auch gesetzliche Bestimmungen im **Kinder- und Jugendhilfegesetz** bzw. im **Sozialgesetzbuch VIII** (SGB VIII). Kern einer jüngeren Regelung ist hier die **Verpflichtung zur Abschätzung des Kindeswohls durch das Jugendamt**, wie dies § 8a SGB VIII vorsieht:

>> (1) Werden dem Jugendamt gewichtige Anhaltspunkte für die Gefährdung des Wohls eines Kindes oder Jugendlichen bekannt, so hat es das Gefährdungsrisiko im Zusammenwirken mehrerer Fachkräfte einzuschätzen. Soweit der wirksame Schutz dieses

Kindes oder dieses Jugendlichen nicht in Frage gestellt wird, hat das Jugendamt die Erziehungsberechtigten sowie das Kind und den Jugendlichen in die Gefährdungseinschätzung einzubeziehen und, sofern dies nach fachlicher Einschätzung erforderlich ist, sich dabei einen unmittelbaren Eindruck von dem Kind und seiner persönlichen Umgebung zu verschaffen. Hält das Jugendamt zur Abwendung der Gefährdung die Gewährung von Hilfen für geeignet und notwendig, so hat es diese den Erziehungsberechtigten anzubieten.

(2) Hält das Jugendamt das Tätigwerden des Familiengerichts für erforderlich, so hat es das Gericht anzurufen; dies gilt auch, wenn die Erziehungsberechtigten nicht bereit oder in der Lage sind, bei der Abschätzung des Gefährdungsrisikos mitzuwirken. Besteht eine dringende Gefahr und kann die Entscheidung des Gerichts nicht abgewartet werden, so ist das Jugendamt verpflichtet, das Kind oder den Jugendlichen in Obhut zu nehmen.

(3) Soweit zur Abwendung der Gefährdung das Tätigwerden anderer Leistungsträger, der Einrichtungen der Gesundheitshilfe oder der Polizei notwendig ist, hat das Jugendamt auf die Inanspruchnahme durch die Erziehungsberechtigten hinzuwirken. Ist ein sofortiges Tätigwerden erforderlich und wirken die Personensorgeberechtigten oder die Erziehungsberechtigten nicht mit, so schaltet das Jugendamt die anderen zur Abwendung der Gefährdung zuständigen Stellen selbst ein.

(4) In Vereinbarungen mit den Trägern von Einrichtungen und Diensten, die Leistungen nach diesem Buch erbringen, ist sicherzustellen, dass

1. deren Fachkräfte bei Bekanntwerden gewichtiger Anhaltspunkte für die Gefährdung eines von ihnen betreuten Kindes oder Jugendlichen eine Gefährdungseinschätzung vornehmen,

2. bei der Gefährdungseinschätzung eine insoweit erfahrene Fachkraft beratend hinzugezogen wird sowie

3. …

…

(5) … **«**

Die „insoweit erfahrene Fachkraft" (§ 8a Abs. 4 Nr. 2 SGB VIII) des Jugendamtes muss spezielle Voraussetzungen erfüllen, persönlich geeignet und entsprechend geschult sein (§§ 72, 72a SGB VIII). Das Jugendamt entscheidet nach eigener Beurteilung im Rahmen der Gesetze, ob und wann das Familiengericht für eine Entscheidung angerufen wird,

z. B. zum Zwecke der Inobhutnahme eines Kindes. Nach dem **Gesetz über das Verfahren in Familiensachen und in den Angelegenheiten der freiwilligen Gerichtsbarkeit** (FamFG) (BGBl. I 2008, S. 2586, gültig seit 01.09.2009) liegt die Zuständigkeit für Kindschaftssachen jetzt nahezu vollständig beim Familiengericht, wie sich aus § 151 FamFG ergibt. Danach entscheidet das Familiengericht u. a. über Fragen

- der elterlichen Sorge
- des Umgangsrechts
- der Kindesherausgabe
- der Vormundschaft
- der Pflegschaft einschließlich der gerichtlichen Bestellung eines sonstigen Vertreters für einen Minderjährigen oder für eine Leibesfrucht
- der Genehmigung einer freiheitsentziehenden Unterbringung (§§ 1631b, 1800, 1915 BGB) nach den Landesgesetzen über die Unterbringung psychisch kranker Minderjähriger
- die Aufgaben nach dem Jugendgerichtsgesetz betreffen.

Im Einzelfall kann das Familiengericht einen **Verfahrensbetreuer für das Kind** bestellen (§ 158 Abs. 1 FamFG), vor allem

- bei erheblichem Gegensatz zwischen dem Interesse des Kindes zu dem seiner gesetzlichen Vertreter
- bei anstehender teilweiser oder vollständiger Entziehung der Personensorge (Verfahren nach §§ 1666, 1666a BGB)
- bei Trennung des Kindes von der Person, in deren Obhut es sich befindet
- in Verfahren, die die Herausgabe des Kindes oder eine Verbleibensanordnung zum Gegenstand haben
- bei möglichem Ausschluss oder einer Beschränkung des Umgangsrechts.

Gelangt eine Straftat jedoch zur Kenntnis der Strafverfolgungsbehörden (Polizei, Staatsanwaltschaft) bzw. wurde ein Strafantrag gestellt, so wird ein offizielles Ermittlungsverfahren eröffnet, dessen Ziel es ist festzustellen, ob der Tatbestand einer Straftat des Strafgesetzbuches vorliegt. Dabei haben die Ermittlungsbehörden die objektive Wahrheit zu ermitteln, soweit das möglich ist (§ 160 Abs. 2 StPO). Auch darf bei Fällen mit Verdacht auf Kindesmisshandlung nicht auf den Privatklageweg verwiesen werden, wie sich aus Nr. 235 Abs. 2 RiStBV ergibt:

>> (2) Bei einer Kindesmisshandlung ist das besondere öffentliche Interesse an der Strafverfolgung (§ 230 Abs. 1 Satz 1 StGB) grundsätzlich zu bejahen. Eine Verweisung auf den Privatklageweg gemäß § 374 StPO ist in der Regel nicht angezeigt. <<

Allerdings kann die Staatsanwaltschaft zunächst das öffentliche Interesse an der Strafverfolgung bejahen und ein Ermittlungsverfahren gegen eine namentlich bekannte Person einleiten. Dieses öffentliche Interesse kann unter den Voraussetzungen der Nr. 235 Abs. 3 RiStBV auch wieder entfallen:

>> (3) Sind sozialpädagogische, familientherapeutische oder andere unterstützende Maßnahmen eingeleitet worden und erscheinen diese erfolgversprechend, kann ein öffentliches Interesse an der Strafverfolgung entfallen. <<

Die Regelung in Nr. 235 Abs. 3 RiStBV gilt für minder schwere Fälle von Kindesmisshandlung und nicht bei Fällen des sexuellen Missbrauchs von Kindern. Bei einer **Kindesmisshandlung** wird regelmäßig das besondere öffentliche Interesse an der Strafverfolgung bejaht (§ 230 Abs. 1 S. 1 StGB; Nr. 235 Abs. 2 RiStBV).

Am Anfang steht im Regelfall die Aufnahme von Aussagen des minderjährigen Gewaltopfers oder von Zeugen. Auch Minderjährige können ein **Zeugnisverweigerungsrecht** haben, wenn der Beschuldigte ein Familienangehöriger ist.

§ 52 Abs.2 StPO – Zeugnisverweigerungsrecht aus persönlichen Gründen

>> Haben Minderjährige … wegen mangelnder Verstandesreife … von der Bedeutung des Zeugnisverweigerungsrechts keine genügende Vorstellung, so dürfen sie nur vernommen werden, wenn sie zur Aussage bereit sind und auch ihr gesetzlicher Vertreter der Vernehmung zustimmt. <<

Neben dem Zeugnisverweigerungsrecht können Minderjährige auch unter bestimmten Vorausset-

zungen die zur Beweissicherung notwendige Untersuchung verweigern. Dazu heißt es in § 81c Abs. 3 StPO:

>> (3) Untersuchungen … können aus den gleichen Gründen wie das Zeugnis verweigert werden. Haben Minderjährige … wegen mangelnder Verstandesreife … von der Bedeutung ihres Weigerungsrechts keine genügende Vorstellung, so entscheidet der gesetzliche Vertreter. <<

Nach dieser Vorschrift muss auch vor einer rechtsmedizinischen körperlichen Untersuchung die Frage des Weigerungsrechts geklärt sein!

Merke

Bei Minderjährigen ist vor einer rechtsmedizinischen körperlichen Untersuchung die Frage des Weigerungsrechts zu klären. Bei mangelnder Verstandesreife hinsichtlich der Bedeutung des Zeugnisverweigerungsrechts entscheidet der gesetzliche Vertreter.

Kommt es zu einer körperlichen Untersuchung, so finden sich ebenfalls Vorgaben in den RiStBV. Dort ist in Nr. 220 zunächst grundsätzlich Rücksichtnahme auf Verletzte vorgesehen:

>> (1) Die Anordnung und Durchführung der körperlichen Untersuchung erfordern Behutsamkeit, Einfühlungsvermögen sowie hinreichende Betreuung und Information. Die Durchführung der körperlichen Untersuchung sollte mit Rücksicht auf das Schamgefühl des Opfers möglichst einer Person gleichen Geschlechts oder einer ärztlichen Kraft (§ 81d StPO) übertragen werden. Bei berechtigtem Interesse soll dem Wunsch, die Untersuchung einer Person oder einem Arzt bestimmten Geschlechts zu übertragen, entsprochen werden. Auf Verlangen der betroffenen Person soll eine Person des Vertrauens zugelassen werden. Auf die beiden vorgenannten Regelungen ist die betroffene Person hinzuweisen.
(2) Lichtbilder von Verletzten, die sie ganz oder teilweise unbekleidet zeigen, sind in einem verschlossenen Umschlag oder gesondert geheftet zu den Akten zu nehmen und bei der Gewährung von Akteneinsicht

– soweit sie nicht für die verletzte Person selbst erfolgt – vorübergehend aus den Akten zu entfernen. Der Verteidigung ist insoweit Akteneinsicht auf der Geschäftsstelle zu gewähren (§ 147 Abs. 4 S. 1 StPO). **«**

Ist bereits zu einem frühen Zeitpunkt ein Beschuldigter ausgemacht, so hat weder dieser Beschuldigte noch sein Verteidiger ein Recht auf Anwesenheit bei der Befragung von Zeugen bzw. (minderjährigen) Gewaltopfern, auch bei der rechtsmedizinischen körperlichen Untersuchung hat er kein Anwesenheitsrecht. Dem steht jedoch nicht entgegen, dass es im Einzelfall sinnvoll sein kann, Verfahrensbeteiligten bzw. deren Vertretern die Anwesenheit zu gestatten.

Vor oder nach der körperlichen Untersuchung erfolgt eine **Vernehmung des Gewaltopfers**, also auch bei Kindern und Jugendlichen. Auch für diese polizeiliche, staatsanwaltschaftliche oder richterliche Vernehmung gibt es Vorgaben in den RiStBV, dort lautet Nr. 19:

» (1) Eine mehrmalige Vernehmung von Kindern und Jugendlichen vor der Hauptverhandlung ist wegen der damit verbundenen seelischen Belastung dieser Zeugen nach Möglichkeit zu vermeiden.
(2) Bei Zeugen unter achtzehn Jahren soll zur Vermeidung wiederholter Vernehmungen von der Möglichkeit der Aufzeichnung auf Bild-Ton-Träger Gebrauch gemacht werden (§ 58a Abs. 1 S. 2 Nr.1, § 255a Abs. 1 StPO). Hierbei ist darauf zu achten, dass die vernehmende Person und der Zeuge gemeinsam und zeitgleich in Bild und Ton aufgenommen und dabei im Falle des § 52 StPO auch die Belehrung und die Bereitschaft des Zeugen zur Aussage (§ 52 Abs. 2 S. 1 StPO) dokumentiert werden. Für die Anwesenheit einer Vertrauensperson soll nach Maßgabe des § 406 Abs. 3 StPO Sorge getragen werden. Mit Blick auf die spätere Verwendung der Aufzeichnung als Beweismittel in der Hauptverhandlung (§ 255a StPO) empfiehlt sich eine richterliche Vernehmung (§§ 168c, 168e StPO). …
(3) …
(4) Alle Umstände, die für die Glaubwürdigkeit des Kindes oder Jugendlichen bedeutsam sind, sollen möglichst frühzeitig festgestellt werden. Es ist zweckmäßig, hierüber Eltern, Lehrer, Erzieher oder andere Bezugspersonen zu befragen; gegebenenfalls ist mit dem Jugendamt Kontakt aufzunehmen.

(5) Bleibt die Glaubwürdigkeit zweifelhaft, so ist ein Sachverständiger, der über besondere Kenntnisse und Erfahrungen auf dem Gebiet der Kinderpsychologie verfügt, hinzuzuziehen. **«**

Zugleich sollen Verfahren mit kindlichen Opfern nach Möglichkeit beschleunigt werden, siehe Nr. 221 RiStBV:

» (1) Das Verfahren ist zu beschleunigen, vor allem deswegen, weil das Erinnerungsvermögen der Kinder rasch verblasst und weil sie besonders leicht zu beeinflussen sind.
(2) Wird ein Beschuldigter, der in häuslicher Gemeinschaft mit dem Geschädigten lebt oder der auf diesen in anderer Weise unmittelbar einwirken kann, freigelassen, so ist das Jugendamt unverzüglich zu benachrichtigen, damit die erforderlichen Maßnahmen zum Schutze des Geschädigten ergriffen werden können. Die Benachrichtigung obliegt derjenigen Stelle, welche die Freilassung veranlasst hat. **«**

Liegen die entsprechenden Voraussetzungen vor, so können auch auf der Grundlage des **Gewaltschutzgesetzes**, welches primär den Schutz erwachsener Gewaltopfer bezwecken sollte, Schutzmaßnahmen zugunsten minderjähriger Gewaltopfer ergriffen werden. Darüberhinaus gilt gemäß § 1 Gewaltschutzgesetz (GewSchG), dass der Täter auf Anordnung des Gerichts
– die Wohnung nicht mehr betreten darf (gem. § 2 GewSchG bis zu ca. 6 Monaten, wenn seit der Tat nicht mehr als 3 Monate vergangen sind)
– sich in einem bestimmten Umkreis der Wohnung nicht aufhalten darf
– Orte meiden muss, an denen sich das Opfer regelmäßig aufhält
– jede persönliche Verbindung zum Opfer vermeiden muss (auch über Fernkommunikationsmittel).

Die Anordnungen des Familiengerichts können auch im Eilverfahren getroffen werden.

Entscheidende **Rechtsgrundlage für die klinisch-rechtsmedizinische Untersuchung eines Beschuldigten** ist § 81a StPO, während für die Untersuchung von Zeugen bzw. des Gewaltopfers § 81c StPO gilt. Ein Beschuldigter muss weitergehende Eingriffe dulden als ein Zeuge bzw. ein Gewaltopfer. Dies gilt für die erzwingbare körperliche Untersuchung und die ebenfalls erzwingbare Blutentnahme. Allerdings gibt es auch eine Reihe von ärztlichen Maßnahmen, die nicht erzwungen werden dürfen wegen des zu invasiven Charakters dieser Maßnahmen (z. B. erzwungene Anlage eines Harnblasenkatheters zum Zwecke der Gewinnung von Urin für chemisch-toxikologische Untersuchungen). Blutentnahmen und körperliche Untersuchungen können somit gegen den Willen des Beschuldigten mit einfacher körperlicher Gewalt erzwungen werden.

§ 81a StPO – Körperliche Untersuchung; Blutprobe

» (1) Eine körperliche Untersuchung des Beschuldigten darf zur Feststellung von Tatsachen angeordnet werden, die für das Verfahren von Bedeutung sind. Zu diesem Zweck sind Entnahmen von Blutproben und andere körperliche Eingriffe, die von einem Arzt nach den Regeln der ärztlichen Kunst zu Untersuchungszwecken vorgenommen werden, ohne Einwilligung des Beschuldigten zulässig, wenn kein Nachteil für seine Gesundheit zu befürchten ist.
(2) Die Anordnung steht dem Richter, bei Gefährdung des Untersuchungserfolges durch Verzögerung auch der Staatsanwaltschaft und ihren Ermittlungspersonen (§ 152 des Gerichtsverfassungsgesetzes) zu.
(3) Dem Beschuldigten entnommene Blutproben oder sonstige Körperzellen dürfen nur für Zwecke des der Entnahme zugrunde liegenden oder eines anderen anhängigen Strafverfahrens verwendet werden; sie sind unverzüglich zu vernichten, sobald sie hierfür nicht mehr erforderlich sind. «

Grundsätzlich können jedoch Untersuchungen und Blutentnahmen auch bei Personen erzwungen werden, die nicht Beschuldigte sind, sondern als Zeugen in Betracht kommen. Eine Einwilligung der betroffenen Person ist nicht erforderlich, sie darf aber nur untersucht werden

» soweit zur Erforschung der Wahrheit festgestellt werden muss, ob sich an ihrem Körper eine bestimmte Spur oder Folge einer Straftat befindet. «

Hier hat der Gesetzgeber dem **Strafverfolgungsinteresse des Staates** Vorrang eingeräumt vor den Interessen des Gewaltopfers, nicht auch noch mit Maßnahmen zur Beweissicherung befasst zu werden. Selbstverständlich kommen aber Grenzfälle vor, so z. B. wenn die Sorgeberechtigten nach einem vermuteten Sexualdelikt ihre Einwilligung in eine gynäkologische Untersuchung ihrer minderjährigen Tochter unter Narkose verweigern, das minderjährige Gewaltopfer aber eine Untersuchung ohne Narkose durch heftige Gegenwehr verhindert. Infolge Alkohol- und Drogenkonsums nicht entscheidungsfähige Personen haben dagegen unter Umständen in eine körperliche Untersuchung und eine Blutentnahme eingewilligt, weil sie in beeinträchtigtem Zustand nicht in der Lage waren, Sinn und Zweck des ihnen zustehenden Zeugnisverweigerungsrechts zu verstehen. In derartigen Fällen muss das zuständige Gericht später unter Umständen entscheiden, ob erhobene Beweise verwertet werden dürfen.

Häufig findet die klinisch-rechtsmedizinische Beschuldigten- und/oder Geschädigtenuntersuchung im Beisein von Vertretern der Ermittlungsbehörde statt, sodass je nach Einzelfall eine vorherige Absprache zum Procedere der Spurensicherung möglich und sinnvoll ist. Zugleich kann Einfluss auf die Qualität der Dokumentation relevanter Befunde genommen werden. Hier reicht das Spektrum von Hinweisen, welche Aussagen von Zeugen etc. aus der Sicht des Sachverständigen unbedingt und gegebenenfalls im Wortlaut protokolliert werden sollten, bis zur Qualität einer angefertigten fotografischen Dokumentation (z. B. Abbildung von Verletzung mit Maßstab, farbechte Wiedergabe von Verletzungen, Darstellung der Relation von Größenverhältnissen usw.).

In der Praxis weniger bedeutsam ist – vor allem bei Fällen mit Verdacht auf Kindesmisshandlung und Kindesmissbrauch – die **ärztliche Schweigepflicht**. Diese ist sowohl im ärztlichen Standesrecht als auch im Strafgesetzbuch verankert.

§ 203 StGB – Verletzung von Privatgeheimnissen

» (1) Wer unbefugt ein fremdes Geheimnis, namentlich ein zum persönlichen Lebensbereich gehörendes Geheimnis oder ein Betriebs- oder Geschäftsgeheimnis, offenbart, das ihm als

Arzt, Zahnarzt, Apotheker oder Angehörigen eines anderen Heilberufs, der für die Berufsausübung oder die Führung der Berufsbezeichnung eine staatlich geregelte Ausbildung erfordert,

…

anvertraut worden ist oder sonst bekanntgeworden ist, wird mit Freiheitsstrafe bis zu einem Jahr oder mit Geldstrafe bestraft.

(2) …

(3) Den in Absatz 1 Genannten stehen ihre berufsmäßig tätigen Gehilfen und die Personen gleich, die bei ihnen zur Vorbereitung auf den Beruf tätig sind. **«**

Grundsätzlich gilt die ärztliche Schweigepflicht und wer diese verletzen will, braucht dafür einen Rechtfertigungsgrund. Neben gesetzlich begründeten **Durchbrechungen der ärztlichen Schweigepflicht**, z. B. der **Meldung** bei Anhaltspunkten für eine Kindesmisshandlung nach dem Bundeskinderschutzgesetz, lassen auch die Gerichte eine Durchbrechung der ärztlichen Schweigepflicht zu, wenn in der Zukunft Gefahr besteht für ein Rechtsgut von hohem Rang. Hier kann im Einzelfall die Berufung auf den sog. rechtfertigenden Notstand (§ 34 StGB) in Betracht kommen:

§ 34 StGB – Rechtfertigender Notstand

» Wer in einer gegenwärtigen, nicht anders abwendbaren Gefahr für Leben, Leib, Freiheit, Ehre, Eigentum oder ein anderes Rechtsgut eine Tat begeht, um die Gefahr von sich oder einem anderen abzuwenden, handelt nicht rechtswidrig, wenn bei Abwägung der widerstreitenden Interessen, namentlich der betroffenen Rechtsgüter und des Grades der ihnen drohenden Gefahren, das geschützte Rechtsgut das beeinträchtigte wesentlich überwiegt. Das gilt jedoch nur, soweit die Tat ein angemessenes Mittel ist, die Gefahr abzuwenden. **«**

Nach Abschluss des Vorverfahrens entscheidet das Gericht im sog. Zwischenverfahren, ob auf Antrag der Staatsanwaltschaft ein Hauptverfahren mit öffentlicher Hauptverhandlung eröffnet wird. Das Gericht kann bereits im Zwischenverfahren, aber selbstverständlich auch erst im Hauptverfahren einen eigenen Sachverständigen bestimmen. Kein Gericht ist hier an einen bestimmten Sachverständigen gebunden, auch nicht an den vorher von den Ermittlungsbehörden ausgewählten Sachverständigen. Da dieser jedoch bereits mit der besonderen Fallkonstellation vertraut ist und solange keine Befangenheitsgründe vorgetragen wurden, ernennen die Gerichte regelmäßig den klinisch-rechtsmedizinischen Sachverständigen zum gerichtlichen Sachverständigen, der bereits zuvor in der Angelegenheit tätig war. Der so ernannte Sachverständige hat, wie schon zuvor im Vorverfahren, nur bei Vorliegen der im Gesetz genannten Voraussetzungen ein Gutachtenverweigerungsrecht (s. § 76 StPO). Verweigert er die Erstellung eines Gutachtens ohne Vorliegen der Voraussetzungen, so kommt die Verhängung eines Ordnungsgeldes in Betracht (§ 77 StPO). Im Falle der schriftlichen wie mündlichen Gutachtenerstattung gilt für den gerichtlichen Sachverständigen, dass dessen Tätigkeit vom Richter geleitet wird (§ 78 StPO). Nach Erstattung des Gutachtens kann der Sachverständige nach dem Ermessen des Gerichts vereidigt werden. Der Eid geht dahin, dass der Sachverständige das Gutachten unparteiisch und nach bestem Wissen und Gewissen erstattet habe (§ 79 StPO).

Gelegentlich kommt es vor, dass ein Gewaltopfer mit schweren und lebensbedrohlichen Verletzungen zunächst klinisch-rechtsmedizinisch untersucht und ein entsprechendes Gutachten verfasst wird. Sollte es dann doch als Folge der erlittenen Verletzungen (oder auch einmal unabhängig davon, was zu klären wäre) zum Todeseintritt kommen, so gelten auch hier eine Reihe von rechtlichen Vorgaben, die zumindest einzelne auch spezielle Fallkonstellationen, wie z. B. die Neugeborenentötung, explizit berücksichtigen.

Klinisch-forensische Begutachtung im Deutschen Zivilprozess aus juristischer Sicht

J. Laux, M. Parzeller

5.1   **Einleitung   – 44**

5.2   **Die rechtliche Stellung des Sachverständigen im deutschen Zivilprozess   – 44**

5.2.1   Der Begriff des Sachverständigen, Aufgaben und Abgrenzungen   – 44

5.2.2   Freie Beweiswürdigung gem. § 286 ZPO   – 45

5.2.3   Die Auswahl des Sachverständigen gem. § 404 ZPO   – 46

5.2.4   Leitung der Tätigkeit des Sachverständigen gem. § 404a ZPO   – 47

5.2.5   Die Ablehnung eines Sachverständigen gem. § 406 ZPO   – 49

5.2.6   Pflichten und Rechte des Sachverständigen   – 51

5.2.7   Beeidigung des Sachverständigen   – 54

5.2.8   Haftung des Sachverständigen   – 55

5.2.9   Vergütung des Sachverständigen, § 413 ZPO   – 56

5.3   **Fazit   – 57**

M. Grassberger, E. Türk, K. Yen, Klinisch-forensische Medizin,
DOI 10.1007/978-3-211-99468-9_5, © Springer-Verlag Berlin Heidelberg 2013

5.1 Einleitung

Der klinisch-forensische Gutachter* spielt nicht nur im deutschen Strafprozess, sondern auch im deutschen Zivilprozess eine wichtige Rolle. Als „Gehilfe" oder „Helfer des Richters"[1] stellt er mitunter maßgeblich die Weichen[2] für das spätere Zivilurteil des Richters, der im Allgemeinen nicht über die erforderliche Fach- und Sachkunde zur Entscheidung des komplexen medizinischen Sachverhalts verfügt. Im Rahmen dieses Beitrags können nicht alle zivilprozessualen und sonstigen rechtlichen Aspekte der ärztlichen bzw. klinisch-forensischen Sachverständigentätigkeit erschöpfend behandelt werden, sondern es erfolgt nachstehend eine einführende Übersicht zu zivilprozessualen Normen unter Darstellung besonders praxisrelevanter Konstellationen. Für Fragestellungen zu konkreten Einzelfällen wird zudem auf die einschlägige zivilprozessuale Kommentierung, auf Handbücher zum Sachverständigenbeweis, auf rechtskundige Beratung, auf die aktuelle Rechtsprechung sowie Gesetzgebung hingewiesen.

5.2 Die rechtliche Stellung des Sachverständigen im deutschen Zivilprozess

5.2.1 Der Begriff des Sachverständigen, Aufgaben und Abgrenzungen

Maßgebliche Regelungen für den Sachverständigenbeweis im Zivilverfahren sind die §§ 402–414 Zivilprozessordnung (ZPO), wobei § 402 ZPO die entsprechende Geltung der Vorschriften über den Zeugenbeweis (§§ 373 ff. ZPO) auch für den

Sachverständigenbeweis anordnet, soweit die §§ 403–414 ZPO keine abweichenden Regelungen enthalten.

Beim Beweis durch Sachverständige handelt es sich um ein „echtes Beweismittel", wenngleich er sich in bestimmten Punkten von anderen Beweismitteln, wie etwa dem Zeugenbeweis, unterscheidet[3]. Aufgabe des Zeugen ist es, über seine eigene Wahrnehmung von im Normalfall vergangenen Tatsachen oder Zuständen Zeugnis abzulegen[4].

Der **Sachverständige** hat hingegen vielfältige Aufgaben. Er verschafft dem Richter in der einschlägigen Fachdisziplin allgemeine Erfahrungssätze, Fachwissen oder spezifische Kenntnisse, die diesem für eine ordnungsgemäße Urteilsfindung fehlen[5]. Zudem zieht er mittels solcher Erfahrungssätze und spezifischer Fachkenntnisse **eigene Schlussfolgerungen aus einem Sachverhalt**, der ihm vorgegeben wird, und teilt diese dem Gericht mit[6].

Auch die **Ermittlung von Tatsachen** kann zum Aufgabengebiet eines Sachverständigen gehören (s. ◘ Tab. 5.1), allerdings nur in den Fällen, in denen bereits für deren Ermittlung besondere Fähigkeiten oder Kenntnisse notwendig sind, die der Richter nicht hat (z. B. wenn der gesundheitliche Zustand eines kranken oder verletzten Menschen zu untersuchen ist)[7].

---

* Zur besseren Lesbarkeit des Textes wurde auf die Nennung der jeweiligen weiblichen Form bei Begriffen wie „Gutachter" oder „Richter" verzichtet. Die Angaben in der männlichen Form beziehen sich selbstverständlich auf beide Geschlechter.

1 Zur Rolle des rechtsmedizinischen oder forensisch-psychiatrischen Sachverständigen im Strafverfahren, vgl. Parzeller, Bratzke, Rechtsmedizin 2003, 301 ff.

2 Scheuch, in: Beck'scher Online-Kommentar ZPO, Stand 01.06.2011, § 402 Einleitung: „erheblichen Einfluss auf die Urteilsfindung".

3 Huber, in: Musielak ZPO, 8. Aufl. 2011, § 402 Rn. 1 f.; vgl. Zimmermann, in: MünchKomm ZPO, 3. Aufl. 2008, § 402 Rn. 2.

4 BGH NJW 1993, 1796, 1797; Scheuch, in: Beck'scher Online-Kommentar ZPO, Stand 01.06.2011, § 402 Rn. 1; Huber, in: Musielak ZPO, 8. Aufl. 2011, § 373 Rn. 2 f.

5 BGH NJW 1993, 1796, 1797; vgl. BGH NJW 2007, 2122, 2124; ausführlich hierzu Schlund, in: Medizinisches Gutachten im Prozess, 2005, S. 8 f.; Scheuch, in: Beck'scher Online-Kommentar ZPO, Stand 01.06.2011, § 402 Rn. 1; Zimmermann, in: MünchKomm ZPO, 3. Aufl. 2008, § 402 Rn. 2.

6 BGH NJW 1993, 1796, 1797; vgl. BGH NJW 2007, 2122, 2124; Scheuch, in: Beck'scher Online-Kommentar ZPO, Stand 01.06.2011, § 402 Rn. 1; Zimmermann, in: MünchKomm ZPO, 3. Aufl. 2008, § 402 Rn. 2; Huber, in: Musielak ZPO, 8. Aufl. 2011, § 402 Rn. 1.

7 Vgl. BGH NJW-RR 2011, 1459; vgl. BGH NJW 1997, 3096, 3097; Huber, in: Musielak ZPO, 8. Aufl. 2011, § 402 Rn. 1, § 404a Rn. 5; spezifisch zur Ermittlung von Tatsachen bei psychologischen Begutachtungen in familienrechtlichen Auseinandersetzungen Metzger, FPR 2008, 273, 274 ff.; ausführlich zu Gutachten zu Verkehrsunfallfolgen (hier: Schulterinstabilität) Mazzotti, Castro, NZV 2009, 68 ff.

Das Fehlen richterlicher Sachkunde ist maßgeblich für das Tätigwerden des Sachverständigen, das entweder von Amts wegen (§ 144 ZPO) oder auf Antrag einer oder beider Parteien (§ 403 ZPO) in die Wege geleitet wird[8]. Der Richter kann nach der Rechtsprechung, „wenn es um die Beurteilung einer Fachwissen voraussetzenden Frage geht, auf die Einholung eines Sachverständigengutachtens nur verzichten, wenn er entsprechende eigene besondere Sachkunde auszuweisen vermag"[9]. Hiervon wird man bei komplexen technischen[10], vor allem aber auch medizinischen[11] Fragestellungen im Normalfall nicht ausgehen können[12].

Der „**sachverständige Zeuge**" gem. § 414 ZPO ist kein Sachverständiger im Sinne des Gesetzes, sondern „echter" Zeuge und zwar trotz des Umstandes, dass er über die relevanten Tatsachen oder Zustände nur deshalb Zeugnis ablegen kann, weil er zu deren Wahrnehmung die notwendigen spezifischen Fähigkeiten oder Kenntnisse hatte[13]. Allerdings ersetzt ein sachverständiger Zeuge nicht den Sachverständigen als Beweismittel, da sich deren jeweilige Funktionen vor Gericht gravierend unterscheiden und dem Sachverständigen – im Gegensatz zum sachverständigen Zeugen – die Vermittlung besonderer Fach- und Sachkenntnisse gegenüber dem Gericht obliegt[14]. Im Unterschied zum Zeugen oder sachverständigen Zeugen ist der Sachverständige zudem durch einen anderen Gutachter mit entsprechender Qualifikation austauschbar[15]. Wegen seiner konkreten Tätigkeit wird der Sachverständige in Rechtsprechung und Literatur deshalb auch „als eine Art neutraler Richtergehilfe", „Gehilfe des Richters" oder „Berater des Richters" bezeichnet[16].

5.2.2 Freie Beweiswürdigung gem. § 286 ZPO

Auch für Sachverständigengutachten gilt der **Grundsatz der freien Beweiswürdigung durch den Richter gem. § 286 ZPO**[17]. Das Gutachten darf sich jedoch nicht ohne weitere Prüfung zu eigen gemacht werden, sondern ist vom Richter kritisch auf seine „**Vollständigkeit und Widerspruchsfreiheit**" hin zu überprüfen[18]. Dies gilt in besonderem Maße für Arzthaftungsprozesse[19]. Widersprüche können sich sowohl innerhalb der gutachterlichen Ausführung eines Sachverständigen[20] als auch zwischen den Gutachten mehrerer Sachverständiger (auch Privatgutachten im Auftrag einer Partei)[21] ergeben[22]. Von Amts wegen aufklärungsbedürftige Widersprüche

---

8   Huber, in: Musielak ZPO, 8. Aufl. 2011, § 402 Rn. 2; Scheuch, in: Beck'scher Online-Kommentar ZPO, Stand 01.06.2011, § 402 Rn. 11.

9   BGH NJW 2011, 1509, 1510; BGH NJW-RR 2007, 357, 358.

10 Siehe hierzu BGH NJW 2011, 1509, 1510 (Zuordnung abrechnungsrelevanter Internetsessionsdaten); BGH NJW-RR 2007, 357, 358 (Notwendigkeit eines Sachverständigengutachtens zur Funktionsweise eines schädlichen Computerprogramms).

11 Ausführlich hierzu BGH NJW 2000, 1946, 1947 (Badeunfall eines 11-jährigen Kindes, Bewusstlosigkeit).

12 Scheuch, in: Beck'scher Online-Kommentar ZPO, Stand 01.06.2011, § 402 Rn. 11.

13 Scheuch, in: Beck'scher Online-Kommentar ZPO, Stand 01.06.2011, § 402 Rn. 3; Huber, in: Musielak ZPO, 8. Aufl. 2011, § 414 Rn. 1; siehe hierzu auch BGH NJW 2003, 1325 f.

14 BGH VersR 2008, 235, 238; OLG Koblenz MedR 2005, 473, 474.

15 Huber, in: Musielak ZPO, 8. Aufl. 2011, § 373 Rn. 3; § 414 Rn. 1; Damrau, in: MünchKomm ZPO, 3. Aufl. 2008, § 373 Rn. 4; vgl. Scheuch, in: Beck'scher Online-Kommentar ZPO, Stand 01.06.2011, § 402 Rn. 2; weitere Differenzierungen zwischen Sachverständigen und sachverständigen Zeugen bei Lippert, in: Dörfler/Eisenmenger/Lippert/Wandl, Medizinische Gutachten, 2008, S. 5.

16 Vgl. BGH NJW 2011, 1078, 1079 (Abgrenzung zur Tätigkeit des Rechtsanwalts, der unabhängig die Interessen des eigenen Mandanten vertritt); BGH NJW 2010, 1351, 1354 (zu Aspekten der Mitwirkung eines Elternteils an einer Sachverständigenbegutachtung im Sorgerechtsverfahren); BGH NJW 1998, 3355, 3356; Zimmermann, in: MünchKomm ZPO, 3. Aufl. 2008, § 402 Rn. 2; Huber, in: Musielak ZPO, 8. Aufl. 2011, § 402 Rn. 1; Parzeller, Bratzke, Rechtsmedizin 2003, 301.

17 Statt aller Scheuch, in: Beck'scher Online-Kommentar ZPO, Stand 01.06.2011, § 402 Rn. 13; Zuck, NJW 2010, 3622, 3623.

18 BGH VersR 2011, 400, 402; BGH NJW 2001, 1787, 1788; Scheuch, in: Beck'scher Online-Kommentar ZPO, Stand 01.06.2011, § 402 Rn. 13; vgl. BGH NJW-RR 1998, 1117; siehe hierzu auch Zuck, NJW 2010, 3622, 3623.

19 BGH VersR 2011, 400, 402; BGH NJW 2001, 1787, 1788; BGH VersR 1992, 747.

20 BGH VersR 2005, 408, 410.

21 BGH VersR 2010, 243, 244; BGH VersR 2009, 817; BGH VersR 1989, 1296, 1297.

22 BGH VersR 2011, 400, 402.

können aus den Ausführungen unterschiedlicher Gutachter im Instanzenzug resultieren[23]. Bei Widersprüchen oder Lücken ist das Gericht nach der Rechtsprechung des BGH gehalten, dem Sachverständigen entsprechende Vorhalte zu machen (siehe auch § 411 Abs. 3 ZPO). Dabei betont der BGH, dass die Aufklärung möglicher Widersprüche und Lücken erforderlich ist, um eine ordnungsgemäße Überzeugungsbildung des Richters zu gewährleisten[24]. Wenn die Befragung des Sachverständigen nicht zur erforderlichen Klarstellung führt, ist ein anderer Sachverständiger mit der Begutachtung zu beauftragen[25]. Diese Möglichkeit ist in § 412 Abs. 1 ZPO ausdrücklich verankert[26]. Für den Fall, dass einander widersprechende Sachverständigengutachten oder abweichende Privatgutachten vorliegen, hat sich der Richter mit diesen zu befassen und im Urteil zumindest „die leitenden Erwägungen, warum er ihnen nicht folgt" zu erläutern[27]. Die unreflektierte Wiedergabe des Gerichtsgutachtens ohne Auseinandersetzung mit einem abweichenden Privatgutachten ist als Verletzung des rechtlichen Gehörs nach Art. 103 Abs. 1 GG zu bewerten[28].

5.2.3 Die Auswahl des Sachverständigen gem. § 404 ZPO

Beantragt eine Partei, Sachverständigenbeweis zu erheben (§ 403 ZPO), muss sie in ihrem Beweisantrag keine konkrete Person, die die Begutachtung durchführen soll, als Sachverständigen vorschlagen[29]. Dies ergibt sich aus §§ 139, 404 Abs. 1 S. 1 ZPO, nach welchen dem Gericht die materielle Prozessleitung zukommt und somit auch die Auswahl von Sachverständigen und die Bestimmung ihrer Anzahl seine Aufgabe ist. Nach § 404 Abs. 2 ZPO sollen für die Begutachtung vorrangig diejenigen Sachverständigen ausgewählt werden, die „für gewisse Arten von Gutachten öffentlich bestellt" sind. In der Regel handelt es sich beim gerichtlich bestellten Sachverständigen um eine natürliche Person, was damit begründet wird, dass nur natürliche Personen ein Recht zur Verweigerung des Gutachtens gem. § 408 ZPO haben oder zur Leistung eines Eides gem. § 410 ZPO verpflichtet sein können[30]. Ausnahmen hinsichtlich der Voraussetzung „natürliche Person" zur Befähigung als Sachverständiger bestehen für bestimmte spezialgesetzlich festgelegte Behörden und Ämter[31]. Die Parteien können gem. § 404 Abs. 3 ZPO vom Gericht dazu aufgefordert werden, Personen zu benennen, die als Sachverständige in Frage kommen. Eine Verpflichtung hierzu besteht nicht[32]. Einigen sich die Parteien über eine oder mehrere konkret bestimmte Personen als Sachverständige, so hat das Gericht dieser Einigung gem. § 404 Abs. 4 ZPO Folge zu geben, es kann jedoch die Wahl der Parteien auf eine bestimmte Anzahl beschränken. Geeignete medizinische Sachverständige können dem Gericht durch die Selbstverwaltungsorganisationen der Ärzteschaft (Landesärztekammern) namhaft gemacht werden[33].

---

23   BGH VersR 2009, 518, 519.

24   BGH NJW 2001, 1787, 1788.

25   Vgl. BGH NJW-RR 2011, 1459, 1460; BGH NJW 2001, 1787, 1788 m.w.N.

26   Stegers, in: Stegers/Hansis/Alberts/Scheuch, Sachverständigenbeweis im Arzthaftungsrecht, 2008, Rn. 485.

27   BGH NJW-RR 1998, 1117.

28   BGH VersR 2010, 243, 244; BGH VersR 2009, 1406; vgl. auch BGH RuS 2011, 446 f. zur unterlassenen mündlichen Anhörung des Sachverständigen der ersten Instanz durch das Berufungsgericht als Verletzung des rechtlichen Gehörs oder BGH VersR 2005, 1555 f. zum Entfallen der Bindung des Berufungsgerichts an die Tatsachenfeststellung der ersten Instanz bei fehlender Anhörung des Sachverständigen trotz Parteiantrags.

29   Zimmermann, in: MünchKomm ZPO, 3. Aufl. 2008, § 403 Rn. 2 f.; Huber, in: Musielak ZPO, 8. Aufl. 2011, § 403 Rn. 2.

30   Scheuch, in: Beck'scher Online-Kommentar ZPO, Stand 01.06.2011, § 404 Rn. 4; Huber, in: Musielak ZPO, 8. Aufl. 2011, § 404 Rn. 2.

31   Siehe BGH NJW 1998, 3355, 3356; Zimmermann, in: MünchKomm ZPO, 3. Aufl. 2008, § 404 Rn. 4; siehe hierzu die Auflistung bei Huber, in: Musielak ZPO, 8. Aufl. 2011, § 404 Rn. 2.

32   BayObLGZ 1987, 10, 15.

33   Siehe z. B. in Hessen als Aufgabe der Landesärztekammer gemäß § 5 Abs. 1 S. 1 Nr. 5 Hessisches Heilberufsgesetz.

5.2.4 Leitung der Tätigkeit des Sachverständigen gem. § 404a ZPO

§ 404a ZPO beinhaltet, wie sich auch aus den Gesetzesmaterialien ergibt, einen gerichtlichen Pflichtenkatalog gegenüber dem Sachverständigen[34]. Das Gericht hat nach § 404a Abs. 1 ZPO die Aufgabe, die Tätigkeit des Sachverständigen zu leiten und kann ihm dabei **Weisungen** für Art und Umfang seiner Tätigkeit erteilen[35]. Die Regelung dient der Verfahrensbeschleunigung und soll eine sachorientierte und ordnungsgemäße Durchführung der Beweisaufnahme sichern[36]. Der Umfang der Weisung und Leitung des Sachverständigen durch das Gericht bestimmt sich nach den Umständen des konkreten Sachverhalts und den einschlägigen Gutachtererfahrungen des Arztes als Sachverständiger eines Gerichts[37]. Konkretisierungen der Anleitungspflicht finden sich in § 404a Abs. 2–4 ZPO. Zudem kann es erforderlich werden, dass das Gericht dem Sachverständigen die rechtlichen Definitionen erläutert und auch außermedizinische, aber für die Gutachteraufgabe erforderliche Angaben vorgibt[38].

Nach § 404a Abs. 2 ZPO soll das Gericht, soweit es die Besonderheit des Falles erfordert, den Sachverständigen vor Abfassung der Beweisfrage hören, ihn in seine Aufgabe einweisen und ihm auf Verlangen den Auftrag erläutern[39]. Eine schriftliche Einweisung oder eine Einweisung in einem Termin ist normalerweise nicht erforderlich[40]. Hat der Richter z. B.

Schwierigkeiten, den Beweisbeschluss sachgerecht zu erstellen, weil der medizinische Sachverhalt sehr komplex ist und er sich mit medizinischen Fachtermini nicht auskennt, ist er dazu angehalten, mit dem Sachverständigen telefonisch eine Klärung herbeizuführen[41]. Von Seiten des Sachverständigen ist eine Rückfrage beim Gericht erforderlich, wenn der Beweisbeschluss in bestimmten Punkten unklar ist.

Ist bereits der Sachverhalt (die Anknüpfungstatsachen, s. hierzu ◘ Tab. 5.1) streitig, legt das Gericht fest, welche Tatsachen der Sachverständige der Begutachtung zugrunde legen soll, § 404a Abs. 3 ZPO. Dies ergibt sich aus dem Grundsatz der Unmittelbarkeit der Beweisaufnahme gem. § 355 ZPO[42].

Nach § 404a Abs. 4 ZPO bestimmt das Gericht, soweit dies erforderlich ist, in welchem Umfang der Sachverständige (ohne konkrete Beteiligung des Gerichts[43]) zur Aufklärung der Beweisfrage befugt ist, inwieweit er mit den Parteien in Verbindung treten darf und wann er ihnen die Teilnahme an seinen Ermittlungen zu gestatten hat. Wie bereits erwähnt, kommt es hierbei darauf an, dass das Gericht die entsprechenden Fähigkeiten und Kenntnisse zur Ermittlung des Sachverhaltes selbst nicht besitzt[44]. Die Tatsachen, die der Sachverständige wegen seines speziellen Könnens für das Gericht ermitteln soll, heißen Befundtatsachen (s. hierzu ◘ Tab. 5.1)[45]. Benötigt er etwa im Arzthaftungsprozess für sein Gutachten bestimmte Krankenunterlagen und Arztberichte etc., kann er diese einsehen, auch kann ihm die Erlaubnis, medizinische Untersuchungen durchzuführen, erteilt werden[46].

Die Vorgehensweise und die verwendeten Methoden der Aufklärung der Befundtatsachen und

---

34 BT-Drs. 11/3621, S. 39; Rechtsprechungsübersicht zu den Rechten und Pflichten des Tatgerichts bei Stegers, in: Stegers/Hansis/Alberts/Scheuch, Sachverständigenbeweis im Arzthaftungsrecht, 2008, Rn. 868 ff.; „Verhaltensregeln für den Richter" bei Schlund, in: Medizinisches Gutachten im Prozess, 2005, S. 44 ff.

35 BT-Drs. 11/3621, S. 39. Im Strafprozessrecht besteht eine ähnliche Norm mit § 78 StPO.

36 Huber, in: Musielak ZPO, 8. Aufl. 2011, § 404a Rn. 1.

37 Vgl. Huber, in: Musielak ZPO, 8. Aufl. 2011, § 404a Rn. 2.

38 BGH VersR 1996, 959 zur Verpflichtung des Gerichts, dem Sachverständigen die rechtlichen Definitionen zu erläutern (im konkreten Fall zur unterschiedlichen Bedeutung der Berufsunfähigkeit in Abhängigkeit vom Rechtsgebiet).

39 Kritisch zu dieser Vorschrift Lippert, in: Dörfler/Eisenmenger/Lippert/Wandl, Medizinische Gutachten, 2008, S. 13.

40 BT-Drs. 11/3621, S. 39; Zimmermann, in: MünchKomm ZPO, 3. Aufl. 2008, § 404a Rn. 4; Huber, in: Musielak ZPO, 8. Aufl. 2011, § 404a Rn. 3.

41 Vgl. Zimmermann, in: MünchKomm ZPO, 3. Aufl. 2008, § 404a Rn. 4; Huber, in: Musielak ZPO, 8. Aufl. 2011, § 404a Rn. 3.

42 Näher dazu Zimmermann, in: MünchKomm ZPO, 3. Aufl. 2008, § 404a Rn. 5; siehe auch BGH NJW 1962, 1770.

43 BT-Drs. 11/3621, S. 39.

44 Huber, in: Musielak ZPO, 8. Aufl. 2011, § 404a Rn. 5; zu Verstößen gegen den Unmittelbarkeitsgrundsatz siehe Zimmermann, in: MünchKomm ZPO, 3. Aufl. 2008, § 404a Rn. 9.

45 BGH NJW-RR 2011, 1459; Scheuch, in: Beck'scher Online-Kommentar ZPO, Stand 01.06.2011, § 404a Rn. 8.

46 Vgl. BGH NJW-RR 2011, 1459; Scheuch, in: Beck'scher Online-Kommentar ZPO, Stand 01.06.2011, § 404a Rn. 9; Huber, in: Musielak ZPO, 8. Aufl. 2011, § 404a Rn. 5.

5

■ **Tab. 5.1** Anknüpfungstatsachen – Befundtatsachen – Zusatztatsachen

Anknüpfungs-tatsachen	Anknüpfungstatsachen sind die „Tatsachengrundlagen"[1], die die Basis für die Erstellung des Gutachtens durch den Sachverständigen bilden, also Tatsachen, die der Sachverständige für sein Gutachten benötigt[2] und diesem zugrunde zu legen hat[3]. Sie werden auch als Anschlusstatsachen bezeichnet[4]. Solche Anknüpfungs- oder Anschlusstatsachen können in medizinischen Gutachten z. B. Krankenunterlagen[5], medizinische Befunde[6], Stellungnahmen behandelnder Ärzte[7] oder bei Unfällen Berichte über den Unfallhergang[8] sein.
Befundtatsachen	Befundtatsachen sind Tatsachen, die vom Sachverständigen, der im Gegensatz zum Gericht hierzu die entsprechenden Fähigkeiten hat[9], für dieses ermittelt werden sollen[10]. Soll er im Auftrag des Gerichts z. B. eine Krankengeschichte darstellen, darf er sich „die für die Erhebung der Anamnese erforderlichen Befundtatsachen […] durch Befragung der behandelnden Ärzte und Psychologen und durch Einsichtnahme in die Krankenunterlagen selbst beschaffen"[11].
Zusatztatsachen	Tatsachen, die der Sachverständige ins Verfahren einbringt, deren Feststellung jedoch nicht seine besonderen Fachkenntnisse erfordert hätte, sind sog. Zusatztatsachen[12]. Sind diese Tatsachen entscheidungserheblich, ist der Sachverständige diesbezüglich als Zeuge zu vernehmen[13].

1   BGH VersR 2002, 1258.
2   BGH NJW 1997, 1446, 1447.
3   BGH NJW 1962, 1770; Huber, in: Musielak ZPO, 8. Aufl. 2011, § 404a Rn. 4; Zimmermann, in: MünchKomm ZPO, 3. Aufl. 2008, § 404a Rn. 5.
4   Z. B. bei BGH NJW 1962, 1770, 1771 oder Zimmermann, in: MünchKomm ZPO, 3. Aufl. 2008, § 404a Rn. 5.
5   BGH VersR 2011, 1432; BVerwG, Beschl. v. 30.06.2010 – 2 B 72/09, Rn. 6 juris online; BVerwG, Beschl. v. 22.07.2010 – 2 B 128/09, Rn. 9 juris online.
6   BGH VersR 2002, 1258; BGH NJW 1997, 1446, 1447.
7   BVerwG, Beschl. v. 30.06.2010 – 2 B 72/09, Rn. 6 juris online; BVerwG, Beschl. v. 22.07.2010 – 2 B 128/09, Rn. 9 juris online.
8   BVerwG, Beschl. v. 30.06.2010 – 2 B 72/09, Rn. 6 juris online.
9   Vgl. BGH NJW-RR 2011, 1459.
10 Huber, in: Musielak ZPO, 8. Aufl. 2011, § 404a Rn. 5; Zimmermann, in: MünchKomm ZPO, 3. Aufl. 2008, § 404a Rn. 8; Scheuch, in: Beck'scher Online-Kommentar ZPO, Stand 01.06.2011, § 404a Rn. 8.
11 BGH NJW-RR 2011, 1459.
12 Scheuch, in: Beck'scher Online-Kommentar ZPO, Stand 01.06.2011, § 404a Rn. 12; Zimmermann, in: MünchKomm ZPO, 3. Aufl. 2008, § 404a Rn. 8; Huber, in: Musielak ZPO, 8. Aufl. 2011, § 410 Rn. 2.
13 Scheuch, in: Beck'scher Online-Kommentar ZPO, Stand 01.06.2011, § 404a Rn. 12; Zimmermann, in: MünchKomm ZPO, 3. Aufl. 2008, § 404a Rn. 8; Huber, in: Musielak ZPO, 8. Aufl. 2011, § 410 Rn. 2.

welche der ermittelten Tatsachen er letztlich für sein Gutachten genutzt hat, sind kein „Geheimwissen" des Sachverständigen, sondern müssen sowohl für Gericht als auch für die Parteien nachzuvollziehen und verständlich sein[47]. Wenn der Gutachter „die **wesentlichen tatsächlichen Grundlagen seines Gutachtens**" nicht offenlegt, ist laut BGH „sein Gutachten grundsätzlich unverwertbar", da eine Verwertung eines solchen Gutachtens gegen das Recht auf rechtliches Gehör nach Art. 103 Abs. 1 GG verstoße[48]. Der **„Offenlegungsanspruch der Parteien"** kann nach der Rechtsprechung des Bundesverfassungsgerichts aber z. B. dann eingeschränkt sein, „wenn das Schweigen des Sachverständigen auf anerkennenswerten Gründen beruht und die Nichtverwertung des Gutachtens zum materiellen Rechtsverlust eines Beteiligten führen würde"[49].

---

47   BGH NJW-RR 2011, 1459, 1460; Huber, in: Musielak ZPO, 8. Aufl. 2011, § 404a Rn. 5; Scheuch, in: Beck'scher Online-Kommentar ZPO, Stand 01.06.2011, § 404a Rn. 10.

48   BGH NJW 1992, 1817, 1819; siehe auch BGH NJW-RR 2011, 1459, 1460.

49   BVerfG NJW 1997, 1909.

◘ Tab. 5.2. Beispiele für den Ausschluss eines Sachverständigen im Zivilprozess gemäß § 406 Abs. 1 i. V. m. § 41 ZPO[1]

persönliche Nähe	– selbst Partei – zu einer Partei im Verhältnis eines Mitberechtigten, Mitverpflichteten oder Regresspflichtigen	§§ 406 Abs. 1 i.V.m. § 41 Nr. 1 ZPO
persönliche Verbundenheit zu einer Partei	– Ehegatte, auch wenn Ehe nicht mehr besteht – Lebenspartner, auch wenn Lebenspartnerschaft nicht mehr besteht – Verwandtschaft 1. in gerader Linie verwandt oder verschwägert 2. Seitenlinie bis zum dritten Grad verwandt 3. Seitenlinie bis zum zweiten Grad verschwägert	§§ 406 Abs. 1 i.V.m. § 41 Nr. 2–3 ZPO
sachliche Vorbefassung	– derzeitige oder vergangene Bestellung als Prozessbevollmächtigter oder Beistand einer Partei – derzeitige oder vergangene Berechtigung, als gesetzlicher Vertreter einer Partei aufzutreten	§§ 406 Abs. 1 i.V.m. § 41 Nr. 4 ZPO

1 Eine entsprechende Anwendung von § 41 Nr. 5 ZPO für eine Ablehnung eines Sachverständigen, der zuvor als Zeuge vernommen wurde, entfällt gemäß § 406 Abs. 1 S. 2 ZPO. Die entsprechende Anwendung von § 41 Nr. 6 ZPO (vorherige Tätigkeit als Sachverständiger im Instanzenzug oder im Strafverfahren) ist umstritten und nach überwiegender Auffassung kein Befangenheitsgrund, z. B. BGH MDR 1961, 397; BVerwG NuR 2008, 36 f.; LSG Saarland, Beschl. v. 03.12.2004 - L 5 B 12/04 SB, Rn. 15 juris online; vgl. umfassende Darstellung bei Zimmermann, in: Münch-Komm ZPO, 3. Aufl. 2008, § 406 Rn. 4 mit abweichender Auffassung gegenüber herrschender Meinung.

Das gerichtliche Bestimmen, inwieweit der Sachverständige **mit den Parteien in Verbindung treten** darf und wann er ihnen die **Teilnahme an seinen Ermittlungen** zu gestatten hat, dient nach dem Willen des Gesetzgebers sowie nach Angaben in der Literatur dazu, Ablehnungsanträgen nach § 406 ZPO vorzubeugen[50]. Der Regelung über die Teilnahme der Parteien an den Sachverständigenermittlungen liegt der Grundsatz der Parteiöffentlichkeit der Beweisaufnahme zugrunde[51]. Zu erlauben ist normalerweise die Teilnahme der Parteien etwa an Ortsbesichtigungen[52]. Bei Laborarbeiten oder medizinischen Untersuchungen ist sie in der Regel nicht statthaft[53].

Gem. § 404a Abs. 5 S. 1 ZPO sind Weisungen an den Sachverständigen den Parteien mitzuteilen. Findet ein besonderer Termin zur Einweisung des Sachverständigen statt, so ist den Parteien die Teilnahme zu gestatten, § 404a Abs. 5 S. 2 ZPO. Diese Norm dient dazu, „dem Anschein der Befangenheit des Gerichts oder des Sachverständigen" vorzubeu-

gen sowie den Parteien Gelegenheit zu geben, „zu einem zweckmäßigen Verfahren beizutragen"[54].

5.2.5 Die Ablehnung eines Sachverständigen gem. § 406 ZPO

Die **Unparteilichkeit und Unbefangenheit des Sachverständigen ist Voraussetzung** für eine ordnungsgemäße Gutachtertätigkeit. Bei Zweifeln hieran kann ein Sachverständiger gem. § 406 Abs. 1 S. 1 ZPO aus denselben Gründen, die zur Ablehnung eines Richters berechtigen, abgelehnt werden[55]. Ein Ablehnungsgrund kann jedoch nicht daraus entnommen werden, dass der Sachverständige als Zeuge vernommen worden ist, § 406 Abs. 1 S. 2 ZPO. Maßgeblich für eine mögliche Ablehnung bzw. einen Ausschluss des Sachverständigen sind die Vorgaben bei entsprechender Anwendung der §§ 41, 42 ZPO. Bei Vorliegen einer der Voraussetzungen des § 41 ZPO (s. ◘ Tab. 5.2) ist ein absoluter Befan-

---

50 Vgl. BT-Drs. 11/3621, S. 39; Huber, in: Musielak ZPO, 8. Aufl. 2011, § 404a Rn. 6.
51 BT-Drs, 11/3621, S. 40.
52 BT-Drs. 11/3621, S. 40.
53 BT-Drs. 11/3621, S. 40.

54 BT-Drs. 11/3621, S. 40.
55 Vgl. hierzu BGH, Beschl. v. 27.09.2011 – X ZR 142/08, Rn. 2 juris online; Scheuch, in: Beck'scher Online-Kommentar ZPO, Stand 01.06.2011, § 406 Rn. 8.

genheitsgrund gegeben, der zwar einer objektiven Begründung im Einzelfall, nicht aber eines Ablehnungsantrags einer Partei bedarf (Ausschluss von der Ausübung kraft Gesetzes)[56].

Bei den **relativen Befangenheitsgründen** des § 42 ZPO kommt es „für die Besorgnis der Befangenheit nicht darauf an, ob der vom Gericht beauftragte Sachverständige parteiisch ist oder ob das Gericht Zweifel an seiner Unparteilichkeit hat. Vielmehr rechtfertigt bereits der bei der ablehnenden Partei erweckte Anschein der Parteilichkeit die Ablehnung wegen Besorgnis der Befangenheit, wenn vom Standpunkt der ablehnenden Partei aus genügend objektive Gründe vorhanden sind, die in den Augen einer verständigen Partei geeignet sind, Zweifel an der Unparteilichkeit des Sachverständigen zu erregen"[57]. Die Einschätzung einer möglichen Befangenheit durch den Sachverständigen selbst ist irrelevant[58].

Ein Ablehnungsantrag ist gem. § 406 Abs. 2 S. 1 ZPO innerhalb einer 2-Wochen-Frist nach Bekanntgabe der Ernennung des Sachverständigen bei Gericht zu stellen.

Zur Ablehnung eines Sachverständigen wegen der Besorgnis der Befangenheit existiert eine Fülle von gerichtlichen Entscheidungen. Exemplarisch lassen sich folgende Konstellationen anführen, in denen die Ablehnung eines medizinischen Sachverständigen wegen der Besorgnis der Befangenheit begründet war:

– trotz unterschiedlicher Universitätsstandorte unterstehen Beklagter eines ärztlichen Behandlungsfehlers und Sachverständiger dem gleichen Dienstherrn[59]
– langjährige ärztliche Tätigkeit und Ausbildung des inzwischen an einem anderen Kran-

kenhaus tätigen Sachverständigen auf der Station des Beklagten[60]
– Sachverständiger ist Chefarzt im Lehrkrankenhaus des beklagten Universitätsklinikums[61]
– langjährige ärztliche Zusammenarbeit und kooperative Überweisungspraxis des Beklagten an den Sachverständigen[62]
– kollegiale Zusammenarbeit und „Duz-Verhältnis" zwischen Beklagtem und Gutachter, wobei diese Umstände nur sukzessive im Verfahren von Seiten des Sachverständigen offen gelegt wurden[63].

Die Ablehnung war wiederum in nachfolgenden Konstellationen nicht gerechtfertigt:
– Sachverständiger ist Chefarzt in einem Lehrkrankenhaus in einem Verfahren gegen ein anderes Lehrkrankenhaus des Universitätsklinikums[64]
– enge berufliche Kooperation des Sachverständigen mit einem Universitätsklinikum bei Klage gegen dessen Lehrkrankenhaus[65]
– Pflichtmitgliedschaft des Sachverständigen und beklagten Arztes in derselben Bezirksärztekammer[66]
– mangelnde Sachkunde, fehlerhafte oder unzulängliche Ausführungen[67].

Kontrovers entschieden werden hingegen nachfolgende Sachverhalte:
– gemeinsame Publikationstätigkeit
  • Ablehnung wegen Besorgnis der Befangenheit[68]
  • keine Ablehnung wegen Besorgnis der Befangenheit[69].

---

56   BGH NJW-RR 2006, 1221 f.; RG JR Rspr 1927, 766 Nr. 1265; Scheuch, in: Beck'scher Online-Kommentar ZPO, Stand 01.06.2011, § 406 Rn. 8; Zimmermann, in: MünchKomm ZPO, 3. Aufl. 2008, § 406 Rn. 2.
57   BGH NJW-RR 1987, 893; vgl. auch BVerfG NJW 2011, 3637, 3638 zur Besorgnis der Befangenheit bei einem Richter des Bundesverfassungsgerichts.
58   Zimmermann, in: MünchKomm ZPO, 3. Aufl. 2008, § 406 Rn. 4.
59   OLG Nürnberg MDR 2006, 469 f.

60   OLG Jena MDR 2010, 170.
61   OLG Stuttgart OLGR 2008, 618.
62   OLG Oldenburg GesR 2007, 594 f.
63   OLG Celle MedR 2007, 229.
64   OLG Stuttgart OLGR 2008, 617.
65   OLG Stuttgart VersR 2010, 499.
66   OLG Koblenz ArztR 2005, 52 f.
67   BGH NJW 2005, 1869: „Mangel an Sachkunde, Unzulänglichkeiten oder Fehlerhaftigkeit mögen das Gutachten entwerten, rechtfertigen für sich allein aber nicht die Ablehnung des Sachverständigen wegen Befangenheit".
68   OLG Köln VersR 1993, 72.
69   OLG München MedR 2007, 359 f.; OLG Düsseldorf Rechtsmedizin 2005, 414 f.

Sachverständige von Behörden oder Hilfskräfte von Sachverständigen können nicht abgelehnt werden[70].

5.2.6 Pflichten und Rechte des Sachverständigen[71]

Pflicht zur Erstattung des Gutachtens gem. § 407 Abs. 1 ZPO

Die Pflicht des Zeugen und auch die des sachverständigen Zeugen gem. § 414 ZPO kann nur „höchstpersönlich" erbracht werden, sodass beide verpflichtet sind, vor Gericht zu erscheinen und auszusagen[72]. Da Sachverständige hingegen austauschbar sind, besteht grundsätzlich „keine allgemeine Pflicht zur Gutachtertätigkeit"[73]. Von dieser Maßgabe statuiert § 407 Abs. 1 ZPO jedoch umfangreiche Ausnahmen[74]. So ist der zum Sachverständigen Ernannte zur Gutachtenerstattung verpflichtet, wenn er zur Erstattung von Gutachten der erforderten Art öffentlich bestellt ist oder wenn er die Wissenschaft, die Kunst oder das Gewerbe, deren Kenntnis Voraussetzung der Begutachtung ist, öffentlich zum Erwerb ausübt oder wenn er zur Ausübung derselben öffentlich bestellt oder ermächtigt ist. Ärzte haben eine Pflicht zur Gutachtenerstattung, wenn sie eine gültige Approbation[75] besitzen und vom Gericht zum Sachverständigen ernannt wurden („öffentliche Ermächtigung zur Ausübung […]")[76]. Nach § 407 Abs. 2 ZPO ist zur Gutachtenerstattung auch derjenige verpflichtet, der sich hierzu vor Gericht bereit erklärt hat. Am Erfordernis der entsprechenden Sach- und Fachkunde ändert sich hierdurch freilich nichts.

Weitere Pflichten des Sachverständigen gem. § 407a ZPO

Die Norm des § 407a ZPO stellt eine Art „Pendant" zum bereits behandelten § 404a ZPO dar, dient ebenfalls der Verfahrensbeschleunigung und soll eine sachorientierte und ordnungsgemäße Durchführung der Beweisaufnahme sichern (s. o.)[77].

Gem. § 407a Abs. 1 ZPO muss der Sachverständige unverzüglich prüfen, ob der Auftrag in sein Fachgebiet fällt und ohne die Hinzuziehung weiterer Sachverständiger erledigt werden kann. „Unverzüglich" meint hier „ohne schuldhaftes Zögern" im Sinne der Legaldefinition in § 121 Abs. 1 S. 1 BGB[78]. Für die Beurteilung, ob die Prüfung der persönlichen – im Ergebnis nicht vorliegenden – Begutachtungskompetenz durch den Sachverständigen schuldhaft verzögert worden ist, kommt es auf die Umstände des Einzelfalles an[79]. Hat der Sachverständige Zweifel an Inhalt und Umfang des Auftrages, muss er unverzüglich eine Klärung durch das Gericht herbeiführen, wie sich aus § 407a Abs. 3 S. 1 ZPO ergibt.

Der Sachverständige darf den ihm erteilten Gutachtenauftrag nicht auf einen anderen übertragen, § 407a Abs. 2 S. 1 ZPO. Er darf sich zwar der Mitarbeit anderer Personen bedienen, muss diese allerdings benennen und den Umfang ihrer Tätigkeit angeben, sofern es sich nicht um Hilfsdienste von untergeordneter Bedeutung handelt, siehe § 407a Abs. 2 S. 2 ZPO[80]. So darf z. B. ein vom Gericht als Sachverständiger bestellter Chefarzt einen Oberarzt auch in wichtigen Teilen der Begutachtung umfangreich mitwirken lassen, wenngleich auch hier wei-

---

70 Zimmermann, in: MünchKomm ZPO, 3. Aufl. 2008, § 406 Rn. 3.
71 Rechtsprechungsübersicht zu den Rechten und Pflichten des Sachverständigen bei Stegers, in: Stegers/Hansis/Alberts/Scheuch, Sachverständigenbeweis im Arzthaftungsrecht, 2008, Rn. 921 ff.
72 Huber, in: Musielak ZPO, 8. Aufl. 2011, § 407 Rn. 1.
73 Huber, in: Musielak ZPO, 8. Aufl. 2011, § 407 Rn. 1.
74 Vgl. Huber, in: Musielak ZPO, 8. Aufl. 2011, § 407 Rn. 1 f.
75 LG Trier NJW 1987, 722, 723.
76 Zimmermann, in: MünchKomm ZPO, 3. Aufl. 2008, § 407 Rn. 2; Huber, in: Musielak ZPO, 8. Aufl. 2011, § 407 Rn. 2.

77 Huber, in: Musielak ZPO, 8. Aufl. 2011, § 407a Rn. 1.
78 Statt aller: Zimmermann, in: MünchKomm ZPO, 3. Aufl. 2008, § 407a Rn. 2; Huber, in: Musielak ZPO, 8. Aufl. 2011, § 407a Rn. 2.
79 Vgl. Huber, in: Musielak ZPO, 8. Aufl. 2011, § 407a Rn. 2; vgl. auch Zimmermann, in: MünchKomm ZPO, 3. Aufl. 2008, § 407a Rn. 2 f.
80 Näher hierzu Huber, in: Musielak ZPO, 8. Aufl. 2011, § 407a Rn. 3; KG Berlin GesR 2010, 608 f.

tere Voraussetzungen zu beachten sind[81]. Das bloße Unterschreiben oder Genehmigen eines fremdgefertigten Gutachtens ist nach einer Entscheidung des Bundessozialgerichts hingegen unzulässig und wird dem „höchstpersönlichen Charakter" eines Gutachtens nicht mehr gerecht[82]. In dem der Entscheidung zugrunde liegenden Sachverhalt hatte ein mit der Begutachtung beauftragter Professor der Medizin das von seinen zwei Oberärzten erstellte Gutachten lediglich mit dem Zusatz „Einverstanden" abgezeichnet[83]. **Hilfsdienste von nur untergeordneter Bedeutung**, die nicht ausdrücklich dargelegt werden müssen, sind etwa Recherchearbeiten, Botendienste, Materialiensammlungen oder unterstützende Schreibtätigkeiten[84].

Nach § 407a Abs. 3 S. 2 ZPO muss der Sachverständige, wenn durch seine Tätigkeit voraussichtlich Kosten entstehen, die erkennbar außer Verhältnis zum Wert des Streitgegenstandes stehen oder einen angeforderten **Kostenvorschuss** erheblich übersteigen, das Gericht rechtzeitig hierauf hinweisen[85]. Die Kosten übersteigen nach Angaben in Literatur und Rechtsprechung einen angeforderten Kostenvorschuss „erheblich", wenn sie voraussichtlich 20 bis 25 % höher als die ursprünglich kalkulierten Kosten sein werden[86]. Die Gutachterkosten sollen dann „erkennbar außer Verhältnis zum Wert des Streitgegenstandes" stehen, wenn sie mehr als 50 % von dessen Wert betragen[87]. Für das Merkmal der

„Rechtzeitigkeit" ist nach der hier vertretenen Auffassung nicht der strenge Maßstab von § 121 Abs. 1 S. 1 BGB („ohne schuldhaftes Zögern") anzulegen, jedenfalls kann vom Sachverständigen nicht verlangt werden, bei noch nicht eindeutig absehbaren Kostensteigerungen das Gericht zu informieren. Bei schuldhaftem Nicht- oder Zu-Spät-Mitteilen kann die Sachverständigenvergütung auf 120 bis 125 % des Vorschusses beschränkt werden, auch wenn die tatsächlichen Kosten höher waren[88].

Gem. § 407a Abs. 4 ZPO muss der Sachverständige auf Verlangen des Gerichts die Akten und sonstige für die Begutachtung beigezogene Unterlagen sowie Untersuchungsergebnisse unverzüglich herausgeben oder mitteilen. Ein Zurückbehaltungsrecht hat er nicht[89].

Gutachtenverweigerungsrecht gem. § 408 ZPO

Auch der gem. § 407 ZPO zur Gutachtenerstattung verpflichtete Sachverständige, der – wie eben gezeigt – einem recht umfangreichen Pflichtenkanon unterliegt, ist gegenüber dem Gericht nicht völlig „rechtlos". Er darf gem. § 408 Abs. 1 S. 1 ZPO aus denselben Gründen die Gutachtenerstattung **verweigern**, die einen Zeugen berechtigen, das Zeugnis zu verweigern (§§ 383, 384 ZPO, Zeugnisverweigerung aus persönlichen oder sachlichen Gründen).

Zum Beispiel kann ein Sachverständiger entsprechend § 383 ZPO die Gutachtenerstattung dann verweigern, wenn er in einem ehelichen, lebenspartnerschaftlichen oder bestimmten verwandtschaftlichen Verhältnis zu einer der Prozessparteien steht, unter gewissen Voraussetzungen wenn er Seelsorger, Journalist oder aus bestimmten anderen Gründen zur Verschwiegenheit verpflichtet (oder berechtigt) ist. Entsprechend § 384 ZPO ist der Sachverständige etwa dann berechtigt, das Gutachten zu verweigern, wenn er durch dessen Erstattung einen unmittelbaren vermögensrechtlichen Schaden erleiden würde oder er bei ordnungsgemäßer Begutachtung ein Kunst- oder Gewerbegeheimnis offenbaren müsste.

---

81   OLG Frankfurt VersR 1994, 610; siehe in ähnlichem Kontext aber auch OLG Nürnberg MEDSACH 2006, 187 ff.; BGH NJW 1985, 1399, 1400 f. zur Unverwertbarkeit des schriftlichen Gutachtens bei Parteirüge wegen alleiniger Verfassung durch den Oberarzt bei Ernennung des Chefarztes zum Sachverständigen; BSG NZS 2004, 559 f. zu den Anforderungen der persönlichen Exploration des Probanden eines psychiatrischen Gutachters anstatt durch seine Mitarbeiter; BSG GesR 2007, 236 f. zur Übertragung neurologisch-körperlicher Untersuchungen an einen Mitarbeiter.

82   BSG VersR 1990, 992.

83   BSG VersR 1990, 992.

84   Vgl. Huber, in: Musielak ZPO, 8. Aufl. 2011, § 407a Rn. 3.

85   OLG Celle BauR 2011, 1710.

86   Vgl. OLG Düsseldorf, Beschl. v. 28.11.2002 – 5 U 198/94, Rn. 9 juris online; vgl. OLG Celle NJW-RR 1997, 1295; Huber, in: Musielak ZPO, 8. Aufl. 2011, § 407a Rn. 4; Zimmermann, in: MünchKomm ZPO, 3. Aufl. 2008, § 407a Rn. 11 m. w. N. aus der Rechtsprechung.

87   Zimmermann, in: MünchKomm ZPO, 3. Aufl. 2008, § 407a Rn. 11 mit Nachweisen aus der Rechtsprechung.

88   Zimmermann, in: MünchKomm ZPO, 3. Aufl. 2008, § 407a Rn. 12; siehe hierzu auch BGH, Beschl. v. 07.09.2011 – VIII ZB 22/10, Rn. 6 ff. juris online.

89   Zimmermann, in: MünchKomm ZPO, 3. Aufl. 2008, § 407a Rn. 14.

Sofern ein zum Sachverständigen ernannter Arzt hinsichtlich bestimmter Fragen grundsätzlich der ärztlichen Schweigepflicht[90] unterliegt, kann er sich entsprechend § 385 Abs. 2 ZPO nicht hierauf berufen, wenn er von seiner Schweigepflicht entbunden (worden) ist.

Das Verweigerungsrecht muss geltend und die Gründe hierfür glaubhaft gemacht werden, entsprechend § 386 Abs. 1, 2 ZPO[91]. Über die Verweigerung entscheidet das Prozessgericht entsprechend § 387 Abs. 1 ZPO.

Gem. § 408 Abs. 1 S. 2 ZPO kann das Gericht den Sachverständigen nach seinem Ermessen von dessen Gutachterpflicht entbinden, sogar wenn er kein Gutachtenverweigerungsrecht nach Satz 1 hat. Als denkbare Fälle hierfür werden in der Literatur etwa das hohe Alter eines Sachverständigen, Arbeitsüberlastung des Sachverständigen oder Zweifel an seiner Unparteilichkeit, ohne dass zuvor ein Ablehnungsgesuch gestellt wurde, angeführt[92].

Sollen Richter, Beamte oder andere Personen des öffentlichen Dienstes als Sachverständige gehört werden, gelten besondere beamtenrechtliche Vorschriften, § 408 Abs. 2 ZPO. Gemeint sind hier die Verpflichtung zur Einholung einer Nebentätigkeitsgenehmigung und Vorschriften über die Pflicht zur Amtsverschwiegenheit[93].

Folgen des Nichterscheinens und der Gutachtenverweigerung nach § 409 ZPO

Gerade im Arzthaftungsprozess wird **bei rechtzeitigem und nicht rechtsmissbräuchlichem Parteiantrag**, wenn es sich nicht z. B. um bereits geklärte Fragestellungen handelt, eine **Pflicht zur Ladung des Sachverständigen** angenommen (§§ 402, 397, 411 Abs. 3 ZPO)[94]. Im Termin soll der Sachverständige

dann sein Gutachten mündlich erläutern, um somit zur Klärung des Streitgegenstandes beizutragen. **Von Amts wegen** hat diese Ladung **bei Mängeln bezüglich der Klarheit und Vollständigkeit des Gutachtens** zu erfolgen[95].

Der Sachverständige muss bei entsprechenden **Pflichtverstößen** die Kosten tragen und zugleich wird gegen ihn ein Ordnungsgeld festgesetzt, das ggf. auch bei „wiederholtem Ungehorsam"[96] erneut verhängt werden darf. Zudem kann der Sachverständige, der nicht zur mündlichen Erläuterung seines Gutachtens erscheint, seinen Entschädigungsanspruch verlieren[97].

Voraussetzungen für diese Maßnahmen gegen den Sachverständigen sind gemäß § 409 Abs. 1 S. 1 ZPO:
– Nichterscheinen zum Termin,
– Weigerung zur Gutachtenerstattung trotz diesbezüglicher Verpflichtung oder
– Zurückbehaltung von Akten oder sonstigen Unterlagen.

Ersatzordnungshaft oder zwangsweise Vorführung sind für die Person des Sachverständigen im Gegensatz zum Zeugen (§§ 380, 390 ZPO) nicht vorgesehen[98].

Die genannten Folgen treten für das „Nichterscheinen" ausschließlich dann ein, wenn der Sachverständige, obwohl er ordnungsgemäß zum Termin geladen worden (§§ 402, 377 ZPO) und zum Erscheinen verpflichtet ist, dem Termin fernbleibt, ohne dass er sich vorher rechtzeitig und genügend entschuldigt hat[99]. Eine Erscheinungspflicht hat er jedenfalls dann nicht mehr, wenn er gem. § 408 Abs. 1 S. 2 ZPO von seinen Aufgaben als Gutachter entbunden wurde. Auch wenn er sich auf sein Gutachtenverweigerungsrecht beruft, braucht er gem. § 408 Abs. 1 S. 1 ZPO i. V. m. § 386 Abs. 3 ZPO entsprechend nicht zum Termin erscheinen.

---

90 Ausführlich zur ärztlichen Schweigepflicht bei Lippert, in: Dörfler/Eisenmenger/Lippert/Wandl, Medizinische Gutachten, 2008, S. 16 f.; vgl. auch Schlund, in: Medizinisches Gutachten im Prozess, 2005, S. 24 f.

91 Vgl. zu den näheren Voraussetzungen BFH, Beschl. v. 18.08.2010 – I B 110/10, Rn. 8 juris online.

92 Huber, in: Musielak ZPO, 8. Aufl. 2011, § 408 Rn. 1; Zimmermann, in: MünchKomm ZPO, 3. Aufl. 2008, § 408 Rn. 3.

93 Näher hierzu Zimmermann, in: MünchKomm ZPO, 3. Aufl. 2008, § 408 Rn. 4.

94 BGH NJW-RR 2003, 208, 209; BGH NJW 1998, 162, 163; OLG Brandenburg VersR 2006, 1238.

95 BGH NJW 2001, 1787, 1788; OLG Brandenburg VersR 2006, 1238.

96 Vgl. OLGR Schleswig 2002, 382.

97 OLG Brandenburg VersR 2006, 1238.

98 Huber, in: Musielak ZPO, 8. Aufl. 2011, § 409 Rn. 1.

99 Vgl. BGH NJW-RR 2011, 1363, 1364; vgl. Huber, in: Musielak ZPO, 8. Aufl. 2011, § 409 Rn. 2; Zimmermann, in: MünchKomm ZPO, 3. Aufl. 2008, § 409 Rn. 2.

Die Folgen des § 409 Abs. 1 S. 1–3 ZPO treten nicht ein, wenn der Sachverständige sich vorher rechtzeitig und genügend entschuldigt hat, §§ 402, 381 ZPO[100]. Im Folgenden sind einige anerkannte Beispiele zum Nichterscheinen von Zeugen angeführt, die als Orientierung auch für den Sachverständigen dienen sollen, ohne jedoch Anspruch auf Vollständigkeit zu erheben.

Entschuldigt ist der Zeuge respektive der Sachverständige

- bei Tod oder schwerer Krankheit naher Angehöriger[101]
- bei eigener Erkrankung, Unfall, bei Pannen auf der Fahrt zum Gericht, beim Ausfall öffentlicher Verkehrsmittel und unvorhersehbaren Verkehrssituationen[102].

Berufliche und private Verpflichtungen sind gegenüber der Pflicht, als Zeuge bzw. Sachverständiger zu erscheinen, grundsätzlich nachrangig[103]. Sie können nur dann als Entschuldigung für das Ausbleiben genügen, wenn der Zeuge bzw. Sachverständige bei Wahrnehmung des Termins „unverhältnismäßig große, ihm schlechterdings unzumutbare Nachteile in Kauf nehmen müsste"[104].

Einen verfassungsrechtlich verbrieften „Anspruch" auf Terminabsprache mit dem Gericht hat der Sachverständige laut Bundesverfassungsgericht nicht[105]. Rechtzeitig ist die Entschuldigung zumindest dann, wenn der Sachverständige seine Verhinderung „unverzüglich", nachdem er sie erkannt hat, dem Gericht mitteilt[106].

Weigert der Sachverständige sich, das Gutachten zu erstatten, treten die Folgen des § 409 Abs. 1 ZPO ebenfalls ein. Dies gilt etwa dann, wenn der Sachverständige erscheint, sich aber weigert, mündlich zu seinem schriftlichen Gutachten Stellung zu nehmen (vgl. hierzu § 411 Abs. 3 ZPO)[107], oder er die Gutachtenerteilung unter Berufung auf einen vom Gericht rechtskräftig zurückgewiesenen Gutachtenverweigerungsgrund unterlässt[108].

Der Sachverständige kann sich gem. § 409 Abs. 2 ZPO gegen die Auferlegung der Kosten und das Ordnungsgeld mit der sofortigen Beschwerde zu Wehr setzen, die aufschiebende Wirkung hat (§ 570 ZPO)[109].

Im Falle der Fristversäumung bei einem schriftlich abzuliefernden Gutachten gilt § 411 Abs. 2 ZPO, mit der optionalen Folge eines Ordnungsgeldes bei vorheriger Nachfristsetzung und Androhung[110]. Bei unvorhergesehener Arbeitsüberlastung ist für eine Entschuldigung der verspäteten Abgabe eines Gutachtens eine erkennbare und dezidierte Darstellung gegenüber dem Gericht erforderlich[111].

5.2.7 Beeidigung des Sachverständigen

Die Beeidigung des Sachverständigen ist in § 410 ZPO („wie") und §§ 402, 391 ZPO („ob") normiert und steht im pflichtgemäßen Ermessen des Gerichts[112]. Eine Beeidigung spielt in der Gerichtspraxis kaum eine Rolle, da einerseits das Gericht bei Zweifeln über den Wahrheitsgehalt der Sachverständigenausführungen nach § 412 ZPO eine neue Begutachtung anordnen kann und andererseits die Zivilrechtsparteien in der Regel auf die Beeidigung des Sachverständigen verzichten[113].

---

100 Vgl. BGH NJW-RR 2011, 1363, 1364 (zum Ausbleiben einer Partei trotz Anordnung des persönlichen Erscheinens).

101 OLG München NJW 1957, 306, 307; vgl. Scheuch, in: Beck'scher Online-Kommentar ZPO, Stand 01.06.2011, § 381 Rn. 1.4.

102 Vgl. BGH NJW 1999, 724, 725; vgl. Scheuch, in: Beck'scher Online-Kommentar ZPO, Stand 01.06.2011, § 381 Rn. 1.2, 1.5 m. w. N.

103 OLG Hamm MDR 1974, 330.

104 OLG Hamm MDR 1974, 330.

105 Vgl. BVerfG NJW 2002, 955.

106 Vgl. Damrau, in: MünchKomm ZPO, 3. Aufl. 2008, § 381 Rn. 9.

107 OLG Brandenburg VersR 2006, 1238.

108 Huber, in: Musielak ZPO, 8. Aufl. 2011, § 409 Rn. 2; Zimmermann, in: MünchKomm ZPO, 3. Aufl. 2008, § 409 Rn. 3.

109 Zimmermann, in: MünchKomm ZPO, 3. Aufl. 2008, § 409 Rn. 9.

110 Siehe z. B. aktuell LG Osnabrück, Beschl. v. 21.06.2011 – 2 O 463/09, Rn. 1 juris online oder LSG Berlin-Brandenburg, Beschl. v. 10.05.2011 – L 11 SB 285/09 B, Rn. 2 f. juris online.

111 OLG Saarbrücken, Beschl. v. 23.12.2009 – 5 W 379/09 - 136, 5 W 379/09, Rn. 5 juris online.

112 BGH NJW 1998, 3355, 3356.

113 Huber, in: Musielak ZPO, 8. Aufl. 2011, § 410 Rn. 1.

5.2.8 Haftung des Sachverständigen

Der gerichtlich bestellte Sachverständige steht weder mit den Parteien noch mit dem Gericht in vertraglichen Beziehungen[114]. Schadensersatzansprüche aus Vertrag wegen eines „unrichtige[n] aber verweteten Gutachten[s]" scheiden deshalb in jeglicher Konstellation aus[115]. In Betracht kommen jedoch deliktische Schadensersatzansprüche der Parteien gegen den Sachverständigen[116].

Urteilschaden gem. § 839a BGB

Gem. § 839a Abs. 1 BGB ist ein vom Gericht ernannter Sachverständiger, der vorsätzlich oder grob fahrlässig ein unrichtiges Gutachten erstattet, zum Ersatz des Schadens verpflichtet, der einem Verfahrensbeteiligten durch eine gerichtliche Entscheidung entsteht, die auf diesem Gutachten beruht. Eine Haftung für leichte Fahrlässigkeit ist ausgeschlossen. § 839a BGB ist als „abschließende[r] Sondertatbestand konzipiert, der innerhalb seines Anwendungsbereiches […] den Rückgriff auf die allgemeinen Deliktstatbestände ausschließt"[117]. Der Norm kommt somit eine doppelte Bedeutung zu, nämlich als Anspruchsgrundlage für den Verfahrensbeteiligten und als Beschränkung der Haftung für den vom Gericht ernannten Sachverständigen[118].

Ein **Gutachten ist „unrichtig", „wenn es nicht der objektiven Sachlage entspricht"**, etwa
– wenn die vom Sachverständigen ermittelten Tatsachen in der Realität gar nicht bestehen,
– Erfahrungssätze dargebracht werden, die nicht bzw. nicht mehr gelten oder

– falsche Schlussfolgerungen gezogen werden etc.[119].

Weitere Anspruchsvoraussetzung ist **vorsätzliches oder grob fahrlässiges Handeln**. Für die Annahme grob fahrlässig unrichtiger Gutachtenerstattung z. B. im Arzthaftungsprozess ist Voraussetzung, dass dem Sachverständigen eine objektiv und subjektiv besonders gravierende Pflichtverletzung vorzuwerfen ist und „schon einfachste, ganz naheliegende Überlegungen nicht angestellt werden und das nicht beachtet wird, was im gegebenen Fall jedem einleuchten muss"[120].

Die Haftung nach § 839a BGB setzt weiter voraus, dass der Schaden durch eine gerichtliche Entscheidung entsteht. Sie ist damit – nach dem ausdrücklichen Willen des Gesetzgebers – z. B. in den Fällen ausgeschlossen, in denen „sich die Parteien unter dem Eindruck eines unrichtigen Gutachtens vergleichen"[121]. Ein Rückgriff auf andere Anspruchsgrundlagen des Deliktsrechts scheidet in diesen Fällen aus[122].

Gemäß § 839a Abs. 2 i. V. m. § 839 Abs. 3 BGB entsprechend ist die Haftung des Sachverständigen ausgeschlossen, wenn der spätere Kläger es schuldhaft unterlassen hat, den Schaden durch das Einlegen von Rechtsmitteln zu verhindern. Die zur Verfügung stehenden Rechtsmittel sind umfassend zu verste-

---

114 OLG Hamm, Urt. v. 07.06.2010 – 6 U 213/08, I-6 U 213/08, Rn. 13 juris online; BT-Drs. 14/7752, S. 27; Wagner, in: Münch-Komm BGB, 5. Aufl. 2009, § 839a Rn. 2; etwas anderes kann jedoch für den Privatgutachter gelten.

115 OLG Hamm, Urt. v. 07.06.2010 - 6 U 213/08, I-6 U 213/08, Rn. 13 juris online; Huber, in: Musielak ZPO, 8. Aufl. 2011, § 402 Rn. 9.

116 BT-Drs. 14/7752, S. 27.

117 Wagner, in: MünchKomm BGB, 5. Aufl. 2009, § 839a Rn. 5; vgl. BT-Drs. 14/7752, S. 28.

118 Zimmerling, in: jurisPK-BGB, 5. Aufl. 2010, § 839a Rn. 4.

119 OLG Saarbrücken, Urt. v. 23.10.2008 – 8 U 487/07 – 137, 8 U 487/07 Rn. 24 ff. juris online (Klage auf Schadensersatz und Schmerzensgeld wegen psychiatrischem Gutachten mit der Folge der (vorläufigen) Unterbringung in einem psychiatrischen Krankenhaus gemäß §§ 63, 126a StPO); Wagner, in: MünchKomm BGB, 5. Aufl. 2009, § 839a Rn. 17; Zimmerling, in: jurisPK-BGB, 5. Aufl. 2010, § 839a Rn. 14.

120 OLG München, Urt. v. 29.07.2010 – 1 U 5314/09, Rn. 63 juris online; OLG München, Urt. v. 21.05.2010 – 1 U 3611/09, Rn. 69 juris online; OLG Saarbrücken, Urt. v. 23.10.2008 – 8 U 487/07 - 137, 8 U 487/07, Rn. 34 ff. juris online; vgl. hierzu die st. Rspr. siehe nur BGH NJW 1992, 3235, 3236; BGH NJW 1992, 2418; vgl. Wagner, in: MünchKomm BGB, 5. Aufl. 2009, § 839a Rn. 18; Zimmerling, in: jurisPK-BGB, 5. Aufl. 2010, § 839a Rn. 24.

121 BT-Drs. 14/7752, S. 28; OLG Nürnberg NJW-RR 2011, 1216; Wagner, in: MünchKomm BGB, 5. Aufl. 2009, § 839a Rn. 20.

122 Siehe hierzu die Entwurfsbegründung, BT-Drs. 14/7752, S. 28; im Ganzen siehe Wagner, in: MünchKomm BGB, 5. Aufl. 2009, § 839a Rn. 20; Huber, in: Musielak ZPO, 8. Aufl. 2011, § 402 Rn. 9.

hen. Nach den Umständen des konkreten Einzelfalls kommen nach der Rechtsprechung des BGH[123] verschiedene Rechtsmittel in Betracht:

– Gegenvorstellungen,
– Einwendungen gegen das Gutachten gemäß § 411 Abs. 4 ZPO,
– Anträge zur Ladung des Sachverständigen zur mündlichen Erläuterung des schriftlichen Gutachtens
– Beweisanträge nach § 412 ZPO auf Einholung eines neuen (Ober-)Gutachtens oder
– Rechtsmittel im Instanzenzug[124].

Begleitschäden und Gutachtenvorbereitungsschäden

Verletzt der Sachverständige etwa im Rahmen einer notwendigen Patientenuntersuchung eine Partei oder einen Zeugen an ihrer/seiner Gesundheit oder zerstört er fahrlässig oder vorsätzlich fremdes Eigentum, haftet er – wie auch in sonstigen Fällen der Verletzung eines von § 823 Abs. 1 BGB geschützten absoluten Rechtes – nach dieser Norm[125]. Eine deliktische Haftung, die nicht durch § 839a BGB gesperrt ist, kann sich auch für sog. „Begleitschäden" ergeben, die unabhängig davon entstehen, wie das Verfahren letztlich ausgeht[126]. Solche sind nach dem Schrifttum z. B. denkbar bei gutachterlichen Ausführungen mit persönlichkeitsverletzenden oder geschäftsschädigenden Aussagen oder Gutachten, die die Beteiligten zu „nachteiligen Vermögensdispositionen veranlassen"[127]. Dort, wo ein Sachverständiger, etwa ein Arzt, im Rahmen der Gutachtener-

stattung gegen seine gesetzliche Schweigepflicht[128] verstößt, verletzt er – wie Blankenhorn zutreffend feststellt – ein Schutzgesetz (§ 203 StGB) im Sinne des § 823 Abs. 2 BGB und muss der geschädigten Partei hierfür haften[129].

5.2.9 Vergütung des Sachverständigen, § 413 ZPO[130]

Die Vergütung des Sachverständigen richtet sich gem. § 413 ZPO nach dem **Justizvergütungs- und -entschädigungsgesetz (JVEG)**. Der Sachverständige erhält gem. § 8 Abs. 1 JVEG ein Honorar für seine Leistungen (§§ 9, 10 JVEG), Fahrtkostenersatz (§ 5 JVEG), eine Entschädigung für den Aufwand bei Terminwahrnehmung (§ 6 JVEG) und einen Ersatz für sonstige und besondere Aufwendungen (§§ 7 und 12 JVEG).

Der Stundensatz ist gem. § 9 JVEG nach Honorargruppen gestaffelt. Die Stundensätze für medizinische Gutachten bewegen sich in Abhängigkeit vom Schwierigkeitsgrad zwischen den Honorargruppen M1 € 50, M2 € 60 und M3 € 85. Häufig wiederkehrende zu begutachtende Sachverhalte, wie die ärztliche Leichenschau oder Leichenöffnung, werden gem. § 10 Abs. 1 i. V. m. Anlage 2 Nr. 100 ff. JVEG vergütet.

Nach § 13 JVEG kann der Sachverständige auch eine die gesetzlichen Vorgaben übersteigende Vergütung erhalten, wenn sich die Parteien hierüber verständigt und einen entsprechend höheren Vorschuss in die Staatskasse eingezahlt haben[131].

---

123 BGH NJW-RR 2006, 1454, 1455; BGH VersR 2007, 1379.
124 Kritisch im Hinblick auf die Zumutbarkeit der Einlegung von Rechtsmitteln aber Zimmerling, in: jurisPK-BGB, 5. Aufl. 2010, § 839a Rn. 24.
125 Zimmermann, in: MünchKomm ZPO, 3. Aufl. 2008, § 402 Rn. 13; Wagner, in: MünchKomm BGB, 5. Aufl. 2009, § 839a Rn. 25; Huber, in: Musielak ZPO, 8. Aufl. 2011, § 402 Rn. 11.
126 Wagner, in: MünchKomm BGB, 5. Aufl. 2009, § 839a Rn. 25; Zimmermann, in: MünchKomm ZPO, 3. Aufl. 2008, § 402 Rn. 13.
127 Wagner, in: MünchKomm BGB, 5. Aufl. 2009, § 839a Rn. 25; Blankenhorn, Die Neuregelung der Haftung des gerichtlichen Sachverständigen durch § 839a BGB, 2005, S. 100 f.

128 Zur Schweigepflicht des Gutachters vgl. Lippert, in: Dörfler/Eisenmenger/Lippert/Wandl, Medizinische Gutachten, 2008, S. 16 f.; Schlund, in: Medizinisches Gutachten im Prozess, 2005, S. 24 f.
129 Blankenhorn, Die Neuregelung der Haftung des gerichtlichen Sachverständigen durch § 839a BGB, 2005, S. 100 f.
130 Ausführliche Darstellung zur Vergütung des medizinischen Sachverständigen bei: Lippert, in: Dörfler/Eisenmenger/Lippert/Wandl, Medizinische Gutachten, 2008, S. 47 ff.; Schlund, in: Medizinisches Gutachten im Prozess, 2005, S. 29 ff.
131 Näher dazu Lehmann, DS 2010, 180, 181; siehe auch Huber, in: Musielak ZPO, 8. Aufl. 2011, § 413 Rn. 1.

Der **Vergütungsanspruch entfällt** hingegen z. B. bei[132]

- unzulässiger Überlassung der Ausarbeitung des Gutachtens an Dritte[133]
- einem unverwertbaren Gutachten mit mindestens grob fahrlässig verursachten sachlichen Mängeln[134]
- der Entziehung des Gutachtenauftrags wegen Fristversäumung oder unberechtigter Gutachterverweigerung[135]
- erfolgreicher Ablehnung des Sachverständigen gem. § 406 ZPO
  - wenn er diese mindestens grob fahrlässig verursacht hat[136] oder
  - wenn er einen ihm bekannten Ablehnungsgrund dem Gericht schuldhaft nicht mitteilt[137].

---

132 Aufzählung der Beispiele entnommen bei Huber, in: Musielak ZPO, 8. Aufl. 2011, § 413 Rn. 2.

133 KG Berlin GesR 2010, 608 f. zu Mitteilungspflichten der Einbeziehung von Mitarbeitern in die Gutachtenerstellung gegenüber dem Gericht; OLG Bremen, Beschl. v. 19.05.2008 – 3 W 36/07, Rn. 13 juris online; OLG Nürnberg BauR 2006, 1361; vgl. OLG Koblenz VersR 2010, 647, 648 (Übernahme fremder Erkenntnisse im Gutachten).

134 OLG Brandenburg, Beschl. v. 25.01.2007 – 12 W 53/06, Rn. 1 juris online; OLG Sachsen-Anhalt, Beschl. v. 10.03.2004 – 12 W 111/03, Rn. 16 juris online; vgl. OLG Rostock, Beschl. v. 14.02.2007 – 4 W 17/06, Rn. 19 f. juris online (Unverwertbarkeit wegen Nichtbeantwortung der Beweisfragen durch den Sachverständigen).

135 LG Kiel, Beschl. v. 20.03.2008 – 11 O 110/07, Rn. 7 juris online; OLG Brandenburg, Beschl. v. 11.02.2008 – 13 W 59/07, Rn. 3 juris online; OLG Brandenburg VersR 2006, 1238.

136 BGH NJW 1976, 1154, 1155; OLG Koblenz VersR 2010, 647, 648; OLG Bamberg, Beschl. v. 02.02.1989 – Ws 634/88, Orientierungssatz juris online (grobe Fahrlässigkeit, wenn Sachverständiger schon vorher für eine am Ausgang des Verfahrens interessierte Versicherung tätig geworden und deshalb schon wegen Befangenheit abgelehnt worden ist); OLG Düsseldorf, Beschl. v. 03.12.2002 – 10 W 102/02, Rn. 4 juris online; vgl. OLG Hamburg, Beschl. v. 21.12.1988 – 8 W 361/88, Orientierungssatz juris online; vgl. hierzu aber auch LG Bayreuth, Beschl. v. 24.01.1990 – 3 O 441/87, Orientierungssatz juris online (Entschädigungsanspruch des Sachverständigen bleibt trotz erfolgreicher Ablehnung bestehen, wenn sich die Parteien das Ergebnis seines [umfangreichen] Gutachtens trotzdem zu eigen gemacht haben); ähnlich auch OLG Nürnberg, Beschl. v. 06.02.2007 – 2 W 192/07, Rn. 17 juris online.

137 OLG Koblenz, Beschl. v. 24.06.2002 – 14 W 363/02, Rn. 13 juris online; OLG Celle ZMR 1996, 211 ff.

5.3 Fazit

Die Tätigkeit des klinisch-forensischen Sachverständigen im Zivilprozess ist eine verantwortungsvolle Aufgabe, die mit haftungsrechtlichen Risiken einhergehen kann. Die Rolle des Rechtsmediziners wird mitunter kritisch gewürdigt, gerade wenn die streitgegenständlichen Fragen die Fachgebiete anderer Facharztdisziplinen mitbetreffen[138]. So bezweifelte das KG Berlin die erforderliche Sachkunde der rechtsmedizinischen Sachverständigen zur Beantwortung der beweiserheblichen Fragestellungen aufgrund der fehlenden praxisbezogenen Erfahrung[139]. Auf der anderen Seite verfügt der rechtsmedizinische Sachverständige aufgrund seiner Aus- und Weiterbildung gerade über entsprechende Kenntnisse bei der Bewertung von Kausalzusammenhängen insbesondere auch bei tödlichen ärztlichen Behandlungsfehlern[140]. Allerdings ist zu beachten, dass sich die Anforderungen an den Kausalitätsnachweis in den Rechtsgebieten (z. B. Zivilrecht, Strafrecht, Sozialrecht etc.) unterscheiden können[141]. In Abhängigkeit von der Fachspezifität der Fragestellung hat der (rechts-)medizinische Sachverständige deshalb zu überprüfen, ob er über die entsprechende Qualifikation zur Erstellung des Gutachtens verfügt. Da bei Gutachten zu (tödlichen) ärztlichen Behandlungsfehlern in der Regel die einschlägigen medizinisch-klinischen Fachgebiete betroffen sind, ist ein Fachgutachten aus der jeweiligen Disziplin, wenn auch nicht primär, so

---

138 Stegers, in: Stegers/Hansis/Alberts/Scheuch, Sachverständigenbeweis im Arzthaftungsrecht, 2008, Rn. 76 ff.

139 KG Berlin ZMGR 2005, 158 f. (zu gutachterlichen Ausführungen zu einer Isofluran-Narkose und deren Ursächlichkeit für eine Medikamentenhepatitis).

140 Janssen, Püschel, MedR 1998, 119, 120.

141 BGH VersR 1996, 959 zur Verpflichtung des Gerichts, dem Sachverständigen die rechtlichen Definitionen zu erläutern (im konkreten Fall zur unterschiedlichen Bedeutung der Berufsunfähigkeit in Abhängigkeit vom Rechtsgebiet); Eisenmenger, Lippert, Wandl, in: Dörfler/Eisenmenger/Lippert/Wandl, Medizinische Gutachten, 2008, S. 21 ff.; Stegers, in: Stegers/Hansis/Alberts/Scheuch, Sachverständigenbeweis im Arzthaftungsrecht, 2008, Rn. 83 ff., Rn. 262 ff.; Günter, in: Medizinisches Gutachten im Prozess, 2005, S. 61 ff. zur Kausalität im Strafrecht; Stevens-Bartol, in: Medizinisches Gutachten im Prozess, 2005, S. 95 f. zur Kausalität im sozialrechtlichen Verfahren; Albrecht, Unger, in: Kauert/Mebs/Schmidt (Hrsg.): Kausalität, 2006, S. 241 ff.

aber jedenfalls zusätzlich erforderlich[142]. Sowohl von Seiten des Gerichts als auch des Gutachters selbst sind Sach- und Fachkompetenz, Objektivität und Neutralität sowie die persönliche und zeitnahe Leistungserbringung kritisch zu prüfen[143].

---

142 BGH VersR 2007, 306, zur Verletzung rechtlichen Gehörs und der Pflicht zur Einholung eines Zusatzgutachtens bei unterlassener Anhörung eines ärztlichen Sachverständigen einer anderen Disziplin, wenn der Erstgutachter (Orthopäde) den Nachweis unfallbedingter Beeinträchtigung durch den Fachgutachter einer anderen Fachdisziplin (HNO) nicht ausschließen kann; vgl. auch am Beispiel der Rechtsmedizin Janssen, Püschel, MedR 1998, 119 ff.

143 Vgl. Schlund, in: Medizinisches Gutachten im Prozess, 2005, S. 18 ff.; Stegers, in: Stegers/Hansis/Alberts/Scheuch, Sachverständigenbeweis im Arzthaftungsrecht, 2008, Rn. 21 ff.; Rn. 62 Einschlusskriterien bei der Sachverständigenauswahl; Rn. 73 Ausschlusskriterien bei der Sachverständigenauswahl.

Klinisch-forensische Begutachtung im Österreichischen Strafrecht aus juristischer Sicht

R. Riener-Hofer, P. Schick

6.1   Rechtliche Grundlagen Österreich   – 60

6.1.1   Strafrechtliche Tatbestände, die klinisch-forensische
          Untersuchungen notwendig machen   – 60

6.1.2   Die rechtsmedizinische Untersuchung möglicher Verletzungs-,
          Misshandlungs- und Missbrauchsopfer bzw. Täter   – 61

**6.2   Strafprozessuale Grundlagen der körperlichen
          Untersuchung   – 63**

6.2.1   Einleitung und Themenabgrenzung   – 63

6.2.2   Die körperliche Untersuchung   – 65

6.2.3   Der Sachverständige im Strafverfahren   – 68

M. Grassberger, E. Türk, K. Yen, Klinisch-forensische Medizin,
DOI 10.1007/978-3-211-99468-9_6, © Springer-Verlag Berlin Heidelberg 2013

6.1 Rechtliche Grundlagen Österreich

Die klinisch-forensische Medizin bewegt sich in einem rechtlichen Spannungsfeld, in dem neben medizinrechtlichen Thematiken strafrechtlichen sowie strafprozessrechtlichen Fragestellungen eine große Bedeutung zukommt. Zu berücksichtigende Bestimmungen finden sich insbesondere im österreichischen Ärztegesetz, dem österreichischen Strafgesetzbuch und der österreichischen Strafprozessordnung.

6.1.1 Strafrechtliche Tatbestände, die klinisch-forensische Untersuchungen notwendig machen

Mit dem Bereich der klinischen Rechtsmedizin untrennbar verbunden sind die strafgesetzlichen Bestimmungen betreffend strafbare Handlungen gegen Leib und Leben, gegen die sexuelle Integrität und Selbstbestimmung, sowie alle jene strafbaren Handlungen, die durch eine schwere Körperverletzung qualifiziert sind.

Strafbare Handlungen gegen Leib und Leben

Vorsatzdelikte gegen das Leben

Bei Mord, Totschlag, Tötung auf Verlangen, Mitwirkung am Selbstmord, Tötung eines Kindes bei der Geburt handelt es sich um Vorsatzdelikte. Der Vorsatz muss den Todeseintritt umfassen. Zu den Aufgaben des Sachverständigen gehören hier die Klärung der Todesursache, der Modalitäten der Tatbegehung, des Todeszeitpunktes im Wege der gerichtsmedizinischen Obduktion und Leichenbeschau, welche jedoch im gegebenen Zusammenhang – im Rahmen der klinisch-forensischen Begutachtung – nicht behandelt werden. Die **vorsätzliche Körperverletzung** ist in § 83 StGB geregelt:

》 (1) Wer einen anderen am Körper verletzt oder an der Gesundheit schädigt, ist mit Freiheitsstrafe bis zu einem Jahr oder mit Geldstrafe bis zu 360 Tagessätzen zu bestrafen.

(2) Ebenso ist zu bestrafen, wer einen anderen am Körper misshandelt und dadurch fahrlässig verletzt oder an der Gesundheit schädigt. 《

Verletzungen im Sinne dieser Bestimmung sind nicht ganz *„unerhebliche Eingriffe in die körperliche Integrität"*. Dazu zählen Wunden (z. B. Hautabschürfungen, Blutergüsse und Blutunterlaufungen), Schwellungen, Verstauchungen, Verrenkungen, Brüche, Prellungen oder sonstige Läsionen. Unter Gesundheitsschädigung versteht man *„die Herbeiführung oder Verschlimmerung einer Krankheit. Dabei kommen neben körperlichen auch geistig-seelische Leiden in Betracht"*.

§ 83 StGB *„fungiert (…) als Grunddelikt"* für die nachfolgenden Bestimmungen der §§ 84–86 StGB, in welchen Qualifikationen zur *„einfachen"* Körperverletzung unter Strafe gestellt werden.

Die Frage, ob eine Verletzung oder Gesundheitsschädigung als **schwere Körperverletzung** gemäß § 84 StGB zu qualifizieren ist, ist *„eine vom Gericht zu entscheidende Rechtsfrage, bei deren Beantwortung der jeweilige Stand der Medizin zu berücksichtigen ist"*. Eine Körperverletzung ist vor allem dann als schwer anzusehen, wenn sie eine *„mehr als vierundzwanzig Tage dauernde Gesundheitsschädigung oder Berufsunfähigkeit zur Folge"* hat. Knochenbrüche (mit Ausnahmen), schwere Gehirnerschütterungen, die Eröffnung von Körperhöhlen und Verletzungen wichtiger Organe werden von der Rechtsprechung als *„an sich schwere Körperverletzung"* qualifiziert.

Bei der Körperverletzung mit schweren Dauerfolgen und der Körperverletzung mit tödlichem Ausgang muss sich der Vorsatz des Täters zumindest auf die Verletzung oder Misshandlung des Opfers gemäß § 83 StGB beziehen. Die absichtliche schwere Körperverletzung gemäß § 87 StGB stellt eine selbstständige Ergänzung zu den zuvor genannten Körperverletzungsdelikten dar.

Fahrlässigkeitsdelikte

Das österreichische Strafgesetzbuch weist verhältnismäßig wenige selbstständige Fahrlässigkeitsdelikte auf. Auf den wichtigen Anwendungsbereich der Fahrlässigkeitsprüfung in Zusammenhang mit erfolgsqualifizierten Delikten verweist § 7 Abs. 2 StGB: *„Eine schwerere Strafe, die an eine besondere*

Folge der Tat geknüpft ist, trifft den Täter nur, wenn er diese Folge wenigstens fahrlässig herbeigeführt hat."

§§ 80f StGB regeln die Fahrlässige Tötung bzw. die Fahrlässige Tötung unter besonders gefährlichen Verhältnissen, § 88 StGB regelt die Fahrlässige Körperverletzung und § 89 StGB stellt die – wenn auch nur fahrlässig herbeigeführte – Gefährdung der körperlichen Sicherheit unter Strafe. Auch hierfür sind Sachverhaltsmerkmale festzustellen, die für die Tatbestandsbildung notwendig sind: Erheblichkeitsschwellen, schwere Verletzung, besonders gefährliche Verhältnisse/Berauschung.

Strafbare Handlungen gegen die sexuelle Integrität und Selbstbestimmung

Der zehnte Abschnitt des österreichischen Strafgesetzbuches sanktioniert strafbare Handlungen gegen die sexuelle Integrität und Selbstbestimmung. Das geschützte Rechtsgut der §§ 201 und 202 (Vergewaltigung und geschlechtliche Nötigung) ist die „sexuelle Selbstbestimmung". Die **Vergewaltigung** ist das speziellere Delikt und stellt „die Nötigung zur Vornahme oder Duldung des (…) Beischlafs sowie einer dem Beischlaf gleichzusetzenden Handlung unter Strafe." Das Ziel der **geschlechtlichen Nötigung** hingegen „sind geschlechtliche Handlungen, die einem Beischlaf nicht gleichzusetzen sind".

§ 205 StGB sanktioniert den **sexuellen Missbrauch** einer wehrlosen oder psychisch beeinträchtigten (mündigen) Person; § 212 stellt den sexuellen „Missbrauch eines Autoritätsverhältnisses" unter Strafe.

Dem Schutz der sexuellen Integrität und Entwicklung von **Unmündigen** (Minderjährige bis zur Vollendung des 14. Lebensjahres) dienen insbesondere § 206 StGB (schwerer sexueller Missbrauch von Unmündigen) und § 207 StGB (sexueller Missbrauch von Unmündigen). Sanktioniert wird der Missbrauch von Kindern und Jugendlichen, der eine Verletzung der körperlichen Integrität darstellt. Die Anwendung von Gewalt ist nicht Tatbestandsmerkmal. § 206 Abs. 1 StGB fordert für die Erfüllung des Tatbestandes „den Beischlaf oder eine ihm gleichzusetzende geschlechtliche Handlung", § 207 Abs. 1 StGB umfasst alle anderen geschlechtlichen Handlungen.

6.1.2 Die rechtsmedizinische Untersuchung möglicher Verletzungs-, Misshandlungs- und Missbrauchsopfer bzw. Täter

Der klinisch-forensisch untersuchende Arzt handelt als Angehöriger der Berufsgruppe der Ärzte sowie – im Falle einer Bestellung gemäß § 126 StGB – als **Sachverständiger**. Seine Tätigkeit fällt einerseits unter das Ärztegesetz (ÄrzteG) und unterliegt somit den aus diesem Gesetz entspringenden Rechten und Pflichten. Andererseits ist die Berücksichtigung strafprozessrechtlicher Vorgaben für sein Tun unerlässlich, wenn die körperliche Untersuchung im Rahmen eines Strafverfahrens durchgeführt wird. Für die rechtlichen Rahmenbedingungen von bedeutender Relevanz ist daher die Frage, ob die **klinisch-forensische Untersuchung nach erfolgter Strafanzeige – im Rahmen eines Strafverfahrens – oder vor der Anzeige** durchgeführt wird.

In jenen Fällen, in denen bereits **Anzeige erstattet** wurde, bedarf die zu forensischen Zwecken durchgeführte Untersuchung – um im Strafverfahren als Beweismittel verwendet werden zu können – einer **gerichtlich bewilligten Anordnung durch die Staatsanwaltschaft** gemäß § 123 StPO (s. ▶ Kap 6.2.2).

Kommt es **ohne vorangegangene Strafanzeige** im Rahmen einer therapeutischen Untersuchung durch den kurativ tätigen Arzt (z. B.: Kleinkind mit Kopfverletzung wird medizinisch versorgt) zu einer klinisch-forensischen Untersuchung (z. B.: zur Rekonstruktion des Unfallherganges wird ein Rechtsmediziner hinzugezogen), ist **keine Anordnung** der Staatsanwaltschaft erforderlich. Mit Hilfe dieser **konsiliarischen Beiziehung rechtsmedizinischer Fachkompetenz** soll das Vorliegen einer seitens des klinisch-therapeutisch tätigen Arztes bestehenden Anzeige- oder Meldepflicht abgeklärt werden. Zu beachten ist, dass von dieser Anzeige- oder Meldepflicht nunmehr auch der hinzugezogene Rechtsmediziner erfasst ist. Ergebnisse dieser körperlichen Untersuchung zu Therapiezwecken dürfen als Beweismittel im Strafverfahren verwendet werden, wenn dies für den Nachweis „einer Straftat, deretwegen die" forensische „Untersuchung *hätte angeordnet werden können*", erforderlich ist (§ 123 Abs. 7).

Dasselbe gilt für den Fall, dass ein Gewaltopfer direkt, ohne vorherige Strafanzeige und demnach ohne Anordnung seitens der Staatsanwaltschaft, rechtsmedizinische Fachkompetenz aufsucht. Diese Konstellation wird in Österreich eher selten der Fall sein, da ein unkomplizierter, niederschwelliger Zugang zu rechtsmedizinischen Untersuchungen bislang nur durch die klinisch-forensische Ambulanz des **Ludwig Boltzmann Instituts für Klinisch-Forensische Bildgebung (LBI-CFI) in Graz** angeboten wird. Die klinisch-forensischen Dienstleistungen werden dort unabhängig von einer Anzeige angeboten. Für die betroffenen Personen entstehen keine Kosten. Über eine 24-Stunden-Rufbereitschaft ist ein/e Gerichtsmediziner/in jederzeit erreichbar, um Personen nach gewaltsamen Ereignissen körperlich zu untersuchen und um eine standardisierte, gerichtsverwertbare Dokumentation und eventuelle Asservierung forensisch relevanter Spuren am Körper bzw. an der Bekleidung sicherzustellen. Zu beachten ist, dass von der gesetzlichen Anzeige- oder Meldepflicht auch die im Rahmen dieser Ambulanz tätigen Ärzte umfasst sind. Da der klinisch-forensisch untersuchende Arzt als Angehöriger der Berufsgruppe der Ärzte handelt und seine Tätigkeit dem Ärztegesetz (ÄrzteG) unterliegt, sind hier insbesondere die aus diesem Gesetz entspringenden Rechte und Pflichten zu beachten.

Die Einwilligung

Voraussetzung für die Rechtmäßigkeit der klinisch-forensischen Untersuchung ist – falls erforderlich – die **Einwilligung des Untersuchten**. Das Erfordernis der Einwilligung wird davon abhängen, ob im Rahmen der rechtsmedizinischen Verletzungsbegutachtung bzw. –dokumentation nur äußere Spuren und Verletzungen besichtigt werden oder ob es zu Untersuchungshandlungen kommt, die in die körperliche Integrität eingreifen. § 90 StGB erklärt die mit Einwilligung des Betroffenen getätigten Körperverletzungen bzw. Gefährdungen der körperlichen Sicherheit – sofern sie nicht gegen die guten Sitten verstoßen – ausdrücklich für nicht rechtswidrig. Wann ohne Einwilligung – also zwangsweise – eine körperliche Untersuchung mit invasiven Eingriffen erfolgen darf, wird im ▶ Abschn. 6.2.2 behandelt.

Die Einwilligung im Falle eines volljährigen Opfers

Das volljährige einsichts- und urteilsfähige Gewaltopfer bestimmt über eine gerichtsmedizinische Untersuchung. Die Einwilligung des Opfers ist immer erforderlich. Wird eine solche verweigert, so darf die Untersuchung nicht durchgeführt werden. Nur beim Beschuldigten ist in bestimmten Fällen Zwangsanwendung möglich.

Die Einwilligung im Falle eines minderjährigen Opfers

Gemäß § 146c ABGB Abs. 1 kann der Minderjährige die Einwilligung in medizinische Behandlungen selbst erteilen, soweit er aufgrund seiner **Einsichts- und Urteilsfähigkeit** in der Lage ist die Tragweite des Eingriffes zu erkennen. Im Zweifel wird das Vorliegen dieser Einsichts- und Urteilsfähigkeit bei mündigen Minderjährigen (vom 14. bis zum 18. Lebensjahr) vermutet. Die **Zustimmung der mit Pflege und Erziehung betrauten Person** ist jedoch erforderlich, wenn es **an der notwendigen Einsichts- und Urteilsfähigkeit mangelt**. Wird ein unmündiges Kind klinisch-forensisch untersucht, so ist nicht von dessen Einsichts- und Urteilsfähigkeit auszugehen, es bedarf der Zustimmung von zumindest einem Elternteil. Für den Fall der Verweigerung einer rechtsmedizinischen Untersuchung durch die Eltern bestimmt § 176 Abs. 1 ABGB, dass *„das Gericht, von wem immer es angerufen wird, die zur Sicherung des Wohles des Kindes nötigen Verfügungen zu treffen"* und im Einzelfall eine erforderliche Einwilligung zu ersetzen hat. Ob hier § 176 Abs. 1 ABGB greift oder nicht, ist noch nicht ausjudiziert: gilt eine rechtsmedizinische Untersuchung als zum Wohle des Kindes angeordnet?

Verschwiegenheitspflichten, Anzeige- und Meldepflichten

Die ärztliche Verschwiegenheitspflicht nach § 54 ÄrzteG

In § 54 Abs. 1 Ärztegesetz (ÄrzteG) wird hinsichtlich der ärztlichen Verschwiegenheitspflicht bestimmt, dass *„der Arzt und seine Hilfspersonen (…) zur Verschwiegenheit über alle ihnen in Ausübung ihres Berufes anvertrauten oder bekannt gewordenen Geheimnisse verpflichtet"* sind. Ein Zuwiderhandeln ist gemäß § 199 Abs. 3 ÄrzteG als Verwaltungsübertretung strafbar. Die **Verschwiegenheitspflicht** bezieht sich auf alle diesbezüglich bekannt gewordenen Geheimnisse des Patienten; ihre **Offenbarung** ist nur in den gesetzlich normierten Ausnahmefällen „*oder zum Schutze höherwertiger öffentlicher Interessen zulässig*".

Strafrechtliche Verschwiegenheitspflicht nach § 121 StGB

Neben der „*berufsrechtlichen Verpflichtung zur Verschwiegenheit des § 54 Abs. 1 ÄrzteG und den bei Verletzung dieser Verpflichtung möglichen disziplinarrechtlichen, verwaltungsstrafrechtlichen oder zivilrechtlichen Folgen*" ist auch das strafrechtliche Verschwiegenheitsgebot zu beachten, dessen Nichtbeachtung unter gerichtliche Strafe gestellt ist. § 121 des österreichischen Strafgesetzbuches bestimmt, „*dass derjenige, der ein Geheimnis offenbart oder verwertet, das den Gesundheitszustand einer Person betrifft und das ihm bei berufsmäßiger Ausübung eines gesetzlich geregelten Gesundheitsberufes ausschließlich kraft seines Berufes anvertraut oder zugänglich geworden ist und dessen Offenbarung oder Verwertung geeignet ist, ein berechtigtes Interesse der Person zu verletzen, die seine Tätigkeit in Anspruch genommen hat, zu bestrafen ist*". „*Der Täter ist nicht zu bestrafen, wenn die Offenbarung oder Verwertung nach Inhalt und Form durch ein öffentliches oder ein berechtigtes privates Interesse gerechtfertigt ist*" (§ 121 StGB Abs. 5).

Die ärztliche Anzeige- und Meldepflicht

In welchen Fällen ein Arzt zur Anzeige- oder Meldeerstattung verpflichtet ist, wird – wie auch die damit in engem Zusammenhang stehende ärztliche Verschwiegenheitspflicht – in § 54 Ärztegesetz geregelt.

Im Falle eines volljährigen Opfers

Ergibt sich für den Arzt in Ausübung seines Berufes der Verdacht, dass durch eine gerichtlich strafbare Handlung der Tod oder eine schwere Körperverletzung herbeigeführt wurde, so hat er gemäß **§ 54 Abs. 4 ÄrzteG unverzüglich Anzeige zu erstatten**. Die Anzeige erfolgt an die Sicherheitsbehörde. Eine unverzügliche Anzeigepflicht besteht auch für den Verdacht, dass eine volljährige Person, die ihre Interessen nicht selbst wahrzunehmen vermag, misshandelt, gequält, vernachlässigt oder sexuell missbraucht worden ist.

Im Falle eines minderjährigen Opfers

Besteht für den Arzt der Verdacht, „dass ein Minderjähriger misshandelt, gequält, vernachläs-sigt oder sexuell missbraucht worden ist", so hat er dies grundsätzlich anzuzeigen. Jedoch kann für den Fall, dass sich der **Verdacht gegen einen nahen Angehörigen** richtet, die **Anzeige so lange unterbleiben**, als dies das Wohl des Minderjährigen erfordert und eine Zusammenarbeit mit dem Jugendwohlfahrtsträger und gegebenenfalls eine Einbeziehung einer Kinderschutzeinrichtung an einer Krankenanstalt erfolgt. Ergibt sich für den Arzt der Verdacht, dass durch eine gerichtlich strafbare Handlung der **Tod eines Minderjährigen** herbeigeführt wurde, so hat er dies **in jedem Fall unverzüglich anzuzeigen**.

> **Merke**
>
> In Österreich besteht für Ärzte eine Anzeigepflicht bei Verdacht auf Kindesmisshandlung und sexuellen Kindesmissbrauch. Nur unter genau festgelegten Bedingungen kann eine Anzeige unterbleiben bzw. durch eine Meldepflicht ersetzt werden.

Mitteilungspflicht gemäß § 37 Jugendwohlfahrtsgesetz (JWG)

Ergibt sich für Angehörige eines medizinischen Gesundheitsberufes sowie für in der Jugendwohlfahrt tätige oder beauftragte Personen im Rahmen der Begutachtung, Betreuung und Behandlung Minderjähriger der Verdacht, dass diese misshandelt, gequält, vernachlässigt oder sexuell missbraucht worden sind, so haben sie dem **Jugendwohlfahrtsträger** darüber Meldung zu erstatten, sofern dies zur Verhinderung einer weiteren erheblichen Gefährdung des Kindeswohles erforderlich ist.

6.2 Strafprozessuale Grundlagen der körperlichen Untersuchung

6.2.1 Einleitung und Themenabgrenzung

Wenn „Begutachtung" eng als Ergebnis einer Sachverständigentätigkeit (Befund und Gutachten) gemeint sein soll, so ist dies im Hinblick auf die vielfältigen Tätigkeiten rechtsmedizinischer Institute und

Einrichtungen zu kurz gegriffen. Die Befassung der Institute und Einrichtungen geschieht nicht immer durch Strafverfolgungsbehörden; aber auch ohne eine Beauftragung haben deren Tätigkeiten immer einen forensischen Zweck. Damit ist jedenfalls der Bezug zur (Straf-)Justiz gewahrt.

Die Befassung klinisch-rechtsmedizinischer Einrichtungen

Es gibt vier Möglichkeiten der Befassung klinisch-rechtsmedizinischer Einrichtungen mit strafprozessualen Aufgaben:

Die **freiwillige Vorstellung von Opfern** von Gewalt- und Missbrauchsdelikten (seltener von Tätern, um Verdachtsmomente zu entkräften) bei dafür eingerichteten klinisch-forensischen Ambulanzen (beispielshalber am LBI-CFI, Graz).

Die **konsiliare Beiziehung** klinisch-rechtsmedizinischer Einrichtungen, wenn Ärzte der kurativen Medizin im Zuge ihrer Untersuchungen Verdacht auf Gewalt- oder Missbrauchsdelikte schöpfen.

In beiden Fällen wird der Körper der Klienten oder Patienten **ohne behördlichen Auftrag** besichtigt und untersucht. Bestätigt die Untersuchung das Vorliegen von Merkmalen einer schweren Körperverletzung, so besteht Anzeige- bzw. Meldepflicht nach dem ÄrzteG 1998.

Bei diesen nicht von Strafverfolgungsbehörden angeordneten Untersuchungen unterliegen die untersuchenden Ärzte den gesetzlich festgeschriebenen **Berufspflichten für Ärzte** wie auch den anerkannten Best-Practice-Regeln der ärztlichen Kunst:

– **Anzeige- und Meldepflichten** (§ 54 Abs. 4, 5, 6 ÄrzteG, wurden bereits erwähnt)

– **ärztliche Verschwiegenheitspflicht** (§ 121 Abs. 1 StGB, § 54 Abs. 1, 2, 3 ÄrzteG)

– **Aufklärungspflichten**, **Einholung der Einwilligung** (bzw. der Zustimmung von Obsorgeberechtigten) bei körperlichen Eingriffen (ABGB, StGB, KAKuG)

– **Einhaltung der ärztlichen Berufs- und Standespflichten** sowie der **Standards bestmöglicher medizinischer Praxis** (ärztliches Disziplinarrecht, § 49 ÄrzteG, einschlägige Fahrlässigkeitsdelikte im StGB; Schadenersatzrecht im ABGB).

In den folgenden beiden Fällen erfolgt die Befassung der klinisch-rechtsmedizinischen Institute und Einrichtungen durch **Anordnungen bzw. Bestellungen durch die Staatsanwaltschaft**. Die Anordnungen müssen bei schwerwiegenden Eingriffen in persönliche Grund- und Freiheitsrechte i. d. R. durch gerichtliche Bewilligungen gedeckt sein.

Die „**Durchsuchung einer Person**", die „**körperliche Untersuchung**" sowie die „**molekulargenetische Untersuchung**" sind als strafprozessuale (Zwangs-)Maßnahmen zur Ermittlung und Sicherung von beweiserheblichen Spuren am/im menschlichen Körper in § 117 Z 2 – 5 StPO aufgezählt.

Hauptgewicht soll im Folgenden auf die „**körperliche Untersuchung**" (§ 123 StPO) gelegt werden. Nur ganz kurz sollen die beiden anderen Maßnahmen gestreift werden.

– Die „**Durchsuchung einer Person**" umfasst die Durchsuchung der Bekleidung einer Person und die „Besichtigung des unbekleideten Körpers einer Person" (§ 117 Z 3 lit a und b StPO). Die Durchsuchung von Personen ist zulässig an festgenommenen oder auf frischer Tat betretenen **Verdächtigen**; weiters an Verdächtigen, bei denen aufgrund bestimmter Tatsachen anzunehmen ist, dass sie Gegenstände, die der Sicherstellung unterliegen, bei sich oder Spuren an sich haben.

Desgleichen kann am **Verletzungsopfer** eine Durchsuchung angeordnet werden, um Verletzungen oder Veränderungen am Körper festzustellen, die für das Strafverfahren von Bedeutung sind.

Die **Besichtigung des unbekleideten Körpers** des Verdächtigen ist immer von einer Person desselben Geschlechts oder von einem Arzt unter Achtung der Würde der zu untersuchenden Person auf Anordnung der Staatsanwaltschaft und aufgrund einer Bewilligung durch das Gericht vorzunehmen (§§ 120 Abs. 1, 121 Abs. 3 StPO).

Der Verdächtige kann zur Besichtigung seines nackten Körpers gezwungen werden (§ 93 StPO); das Opfer dagegen darf **nie** gegen seinen Willen durchsucht oder besichtigt werden (§§ 120 Abs. 1 i. V. m. 119 Abs. 2 Z 3 und 121 Abs. 1 letzter Satz StPO).

– Die „**molekulargenetische Untersuchung**" umfasst die Ermittlung jener Bereiche in der

DNA einer Person, die der Wiedererkennung dienen (§ 117 Z 5 StPO).

Zur Aufklärung einer Straftat ist es zulässig, einerseits biologische Spuren (etwa von einem Tatort) und andererseits Material, das einer bestimmten Person zugehört oder zugehören dürfte (das Haar aus der Haarbürste einer Person), molekulargenetisch zu untersuchen, um die Spur einer Person zuzuordnen oder die Identität einer Person oder deren Abstammung festzustellen. Ein Abgleich mit rechtmäßig erlangten Ergebnissen aus anderen Untersuchungen ist erlaubt (§ 124 Abs. 1 StPO).

Sofern es sich nicht bloß um biologische Tatortspuren handelt – solche kann die Kriminalpolizei von sich aus untersuchen lassen –, ist die Untersuchung von der Staatsanwaltschaft aufgrund einer **gerichtlichen Bewilligung** anzuordnen (betrifft jenes Material, das einer bestimmten Person zugehört oder zugehören dürfte, § 124 Abs. 2 StPO). Muss das Material für die molekulargenetische Untersuchung erst aus dem Körper der betroffenen Person entnommen werden, handelt es sich um einen zweistufigen Grundrechtseingriff: Zunächst das Gewinnen von Körperzellen als Testmaterial durch Blutabnahme oder Mundhöhlenabstrich; dabei sind die Regeln für die körperliche Untersuchung gem. § 123 StPO zu beachten. Sodann die Untersuchung des gewonnen Materials mit genanalytischen Methoden.

Mit der Durchführung der molekulargenetischen Untersuchung ist ein Sachverständiger aus dem Fachgebiet der Gerichtlichen Medizin oder der Forensischen Molekularbiologie zu beauftragen (§ 124 Abs. 3 StPO).

Die Bestellung von Sachverständigen durch Staatsanwaltschaft (im Ermittlungsverfahren) und Gericht (im Hauptverfahren) zur Befundaufnahme und Gutachtenserstattung

In zwei Fällen sieht unsere Strafprozessordnung die Beiziehung von Fachärzten als Sachverständige **zwingend** vor (abgesehen davon ist die körperliche Untersuchung des § 123 StPO – ausgenommen der Mundhöhlenabstrich – stets von einem Arzt vorzunehmen):

– Bei der **Prüfung des psychischen Zustandes** eines Beschuldigten zur Klärung von Fragen

der Zurechnungsfähigkeit, des Ersatzes der Strafen durch Maßnahmen (Maßnahmenverfahren der §§ 429 ff StPO) und bestimmter Strafzumessungsentscheidungen i. w. S. ein **Psychiater**.

– Bei der **Obduktion** ein **Facharzt der gerichtlichen Medizin** (§ 128 Abs. 2, 2a und 3 StPO).

Die Tätigkeiten des forensischen Psychiaters sowie des Gerichtsmediziners (der alten österreichischen Tradition) sind dem Aufgabenbereich der klinischen Rechtsmedizin so ferne, dass sich ein näheres Eingehen darauf in diesem Zusammenhang erübrigt.

Im Folgenden sollen daher lediglich die "Körperliche Untersuchung" (§ 127 StPO) und die Regeln oder Sachverständigentätigkeit (§§ 126 ff StPO) näher beleuchtet werden.

6.2.2 Die körperliche Untersuchung

Diese Maßnahme umfasst nach der Legaldefinition des § 117 Z 4 StPO die **Durchsuchung von Körperöffnungen**, die **Abnahme einer Blutprobe** und jeden anderen **Eingriff in die körperliche Integrität** von Personen.

Zulässigkeitsvoraussetzungen

Als strafprozessuale Maßnahme ist die körperliche Untersuchung zulässig, wenn aufgrund bestimmter Tatsachen anzunehmen ist, dass eine Person für die Aufklärung einer Straftat bedeutsame **Spuren** hinterlassen hat bzw. Gegenstände am Körper verbirgt (vornehmlich in Körperhöhlen), die der Sicherstellung unterliegen; oder wenn weiters die zur Tataufklärung oder der Beurteilung der Zurechnungsfähigkeit bedeutsamen **Tatsachen** nicht auf andere Weise festgestellt werden können. Die Zulässigkeitsvoraussetzungen für die körperliche Untersuchung des Beschuldigten sind hier dieselben wie für andere Personen (z. B. Opferzeugen).

Ebenfalls zulässig ist eine körperliche Untersuchung an Personen, die nicht Prozessbeteiligte sind, die aber einem durch bestimmte Merkmale individualisierbaren Personenkreis angehören, wenn aufgrund bestimmter Tatsachen anzunehmen ist, dass sich der Täter in diesem Personenkreis befindet. Bei solchen **Reihenuntersuchungen** soll durch Abgleich von Daten des untersuchten Personenkreises mit am Tatort (am Opfer) aufgefundenen Spuren die Tataufklärung vorangetrieben werden: Spermaspuren auf Vergewaltigungsopfern werden mit Daten der Mundhöhlenabstriche der männlichen Dorfbevölkerung abgeglichen.

Wegen des Eingriffs in die Privatsphäre von am Delikt unbeteiligten Personen ist eine solche Reihenuntersuchung nur zulässig, wenn es sich um eine Straftat handelt, die mit mehr als fünf Jahren Freiheitsstrafe bedroht ist, oder wenn es sich um ein Sexualverbrechen handelt. Die Aufklärung dieser Verbrechen muss allerdings ohne Reihenuntersuchung wesentlich erschwert sein.

Generell unzulässig sind operative Eingriffe und solche, die eine Gesundheitsstörung von mehr als dreitägiger Dauer bewirken könnten.

Aus einem ganz anderen Grund unzulässig sind körperliche Untersuchungen, mit denen zwar nur geringe physische oder psychische Belastung einhergeht: Nämlich dann, wenn sie mit dem wesentlichen prozessualen Grundsatz des **nemo tenetur se ipsum accusare** (niemand darf gezwungen werden, sich selbst zu belasten) nicht vereinbar sind (zu den Ausnahmen zwangsweiser Blutabnahme s. u.).

Alle Untersuchungsmethoden, die die Freiheit der Willensentschließung und -betätigung beeinträchtigen können, sind verboten: Verabreichung hemmungslösender Mittel zur Narkoanalyse, Hypnose, Suchtmittelprovokation etc.

Wegen der großen Unsicherheit dieser Methoden vermag auch die ausdrückliche Einwilligung, ja sogar der Wunsch des Betroffenen am Verbot nicht zu rütteln.

Arten der körperlichen Untersuchung

a) Suche nach und Sicherstellung von tatrelevanten Spuren

„Spuren" sind Hinweise in Form von Materialablagerungen oder Abdrücken, dass eine bestimmte Person als Spurenträger oder -verursacher mit einem Ort oder einer Person in Kontakt war. Tatortspuren sollen bestimmten Personen zuzuordnen sein; am Körper befindliche Spuren (Blut, Sperma) sind sicherzustellen. Verletzungen am Körper sind keine „Spuren" sondern tatrelevante **Tatsachen** (s. u.).

Reicht für die Suche nach Spuren die bloße Besichtigung des Körpers, ohne dass eine körperliche Berührung stattfinden muss, ist eine Personendurchsuchung nach § 117 Z 3 lit b StPO vorzunehmen.

b) Suche nach und Sicherstellung von verfahrensrelevanten Gegenständen

Gemeint sind damit die manuelle Suche in Körperhöhlen, die Suche im Körper mittels Röntgen, Ultraschall oder anderen bildgebenden Verfahren (MRI, CT). „**Gegenstände**" sind feste Körper, die vom untersuchten menschlichen Körper losgelöst werden können (Edelsteine, Suchtmittelpackungen; aber auch eingepflanzte Implantate). Gewebeproben sind damit nicht gemeint; sie fallen unter „tatrelevante Tatsachen".

Auf die Sonderbestimmung hinsichtlich der Suche im Körper nach Gegenständen der Drogenszene, die der Sicherstellung unterliegen: § 43 Abs. 2 SMG, sei hier bloß verwiesen.

c) Feststellung tatrelevanter Tatsachen

In dieser Verkürzung des § 123 Abs. 1 Z 3 StPO – die Tatsachen, die für die Beurteilung der Zurechnungsfähigkeit von maßgebender Bedeutung sind, werden hier weggelassen – sind die hier gemeinten „Tatsachen" lediglich eine Ergänzung, ein Auffangtatbestand für die „Spuren" des § 123 Abs. 1 Z 1 StPO.

Die gegenständlichen Tatsachen müssen für die Aufklärung einer Straftat von maßgebender Bedeutung sein und auf andere Weise (etwa durch bloße Besichtigung des Körpers) nicht festgestellt werden können. Auf die Entnahme von Gewebeproben wurde bereits unter b) hingewiesen. Weiters wird die Explorierung tieferer Gewebsschichten bei äußeren Verletzungsmerkmalen mittels bildgebender Verfahren hier einzuordnen sein.

Diese Varianten körperlicher Untersuchung stehen im Mittelpunkt der Aktivitäten von klinisch-rechtsmedizinischen Einrichtungen. Die diesbezüglichen rechtlich-formalen Voraussetzungen sowie die Einwilligungs-(Zustimmungs-)erfordernisse werden im Folgenden besonders hervorgehoben.

d) Reihenuntersuchungen

Die materiellen Voraussetzungen für diese grundrechtlich sehr heikle Variante sind streng **einschränkend** auszulegen. Der „durch bestimmte Merkmale individualisierbare Personenkreis" ist „nach bisherigen Ermittlungen" möglichst klein zu halten. Gibt es z. B. Angaben zum Aussehen des Verdächtigen, so müssen diese zur Einschränkung des Personenkreises berücksichtigt werden; ebenso wie bereits vorhandene Tatverdachtsmomente (mögliche Anwesenheit am vermuteten Tatort zur vermuteten Tatzeit).

e) Blutabnahmen und vergleichbare geringfügige Eingriffe

Die materiellen Voraussetzungen der Blutabnahme und der vergleichbar geringfügigen Eingriffe, bei denen der Eintritt von anderen als bloß unbedeutenden Folgen ausgeschlossen ist, werden im Gesetz nur für die Fälle der Vornahme **ohne Einwilligung des Betroffenen** erwähnt:

- wenn die Person im Verdacht steht, durch Ausübung einer gefährlichen Tätigkeit im alkoholisierten oder sonst durch ein berauschendes Mittel beeinträchtigten Zustand eine Straftat gegen Leib oder Leben (§ 75 – 95 StGB) begangen zu haben.
- wenn die körperliche Untersuchung des Beschuldigten zur Aufklärung einer mit mehr als fünf Jahren Freiheitsstrafe bedrohten Straftat oder eines Sexualverbrechens erforderlich ist.
- wenn die Person im Verdacht steht, eine Straftat nach § 178 StGB (Vorsätzliche Gefährdung von Menschen durch übertragbare Krankheiten) begangen zu haben!

Mit rechtswirksamer Einwilligung des Betroffenen sind Eingriffe, deren Folgen unter drei Tagen bleiben, sowie auch Blutabnahmen generell zulässig. Darunter fallen wohl auch Biopsien zur Entnahme von Gewebe.

Operative Eingriffe (einschließlich Laparoskopien) und alle jene Eingriffe, die eine Gesundheitsschädigung von mehr als dreitägiger Dauer bewirken können, sind unzulässig. Eine diesbezügliche Einwilligung zur Vornahme zu forensischen Zwecken ist nicht rechtswirksam.

Auf weitere gesetzliche Bestimmungen, die die Möglichkeit einer Blutabnahme vorsehen, wie z. B. § 5 Abs. 6 StVO, sei hier bloß verwiesen. Ebenso auf die Richtlinien der Österreichischen Gesellschaft für Gerichtliche Medizin für die Durchführung der Blutalkoholuntersuchung (publiziert in RZ 2001, 182).

Rechtlich-formale Voraussetzungen (§ 123 Abs. 3 StPO)

Jede (zulässige) körperliche Untersuchung ist **von der Staatsanwaltschaft** aufgrund einer gerichtlichen Bewilligung **anzuordnen**. Die gerichtliche Bewilligung erteilt ein Einzelrichter des jeweils zuständigen Landesgerichtes. Die Zuständigkeit der Gerichte im Ermittlungsverfahren richtet sich nach der der Staatsanwaltschaft.

Bei **Gefahr in Verzug** kann die Staatsanwaltschaft die Untersuchung **auch ohne gerichtliche Bewilligung** anordnen; hat diese jedoch unverzüglich nachträglich einzuholen. Erteilt das Gericht die Bewilligung nicht, so hat die Staatsanwaltschaft ihre Anordnung sofort zu widerrufen und eventuell bereits erzielte Ergebnisse der Untersuchung vernichten zu lassen.

Lediglich den **Mundhöhlenabstrich** kann die Kriminalpolizei von sich aus vornehmen. Dazu bedarf es auch keines Arztes; es genügt eine Person, die für diesen Zweck besonders geschult ist (§ 123 Abs. 5 StPO).

In diesem Zusammenhang sei auch auf die Regelung des Mundhöhlenabstriches im Sicherheitspolizeigesetz (SPG) verwiesen: Er figuriert dort als **erkennungsdienstliche Behandlung** und kann zwangsweise durchgeführt werden, weil er nicht als Eingriff in die körperliche Integrität gewertet wird. Damit ergibt sich eine gewisse Diskrepanz zur strafprozessualen Bewertung, die aber durch die Berücksichtigung des Verhältnismäßigkeitsgrundsatzes bei Zwangsmaßnahmen, der auch im SPG gilt, wieder gemildert wird. Bei Verweigerung des Mundhöhlenabstriches kann das für die DNA-Analyse erforderliche Körpermaterial auch auf andere Art gewonnen werden: Auszupfen einzelner Haare, Nackenabrieb. Das sind noch weniger grundrechtsbeeinträchtigende Methoden, die eben dem Verhältnismäßigkeitsgrundsatz entsprechend vorzuziehen sind.

Einwilligungserfordernisse und zwangsweise Durchführung

Zulässige körperliche Untersuchungen, die nicht in körperlichen Eingriffen bestehen: die bloßen Durchsuchungen von Körperöffnungen etwa, unterliegen keiner Einwilligungspflicht. **Invasive körperliche Eingriffe** dagegen dürfen grundsätzlich nur mit ausdrücklicher Zustimmung des Betroffenen nach vorheriger Aufklärung über mögliche Folgen vorgenommen werden.

Das Einwilligungserfordernis gilt grundsätzlich ebenso für Blutabnahmen und vergleichbar geringfügige Eingriffe. Nur dürfen diese aufgrund gesetzlicher Anordnung (§ 123 Abs. 4 Satz 3 StPO) ausnahmsweise in den dort angeführten Fällen am Beschuldigten **auch zwangsweise** durchgeführt werden.

Vergleichbar geringfügige Eingriffe dürfen allerdings nur dann ohne Einwilligung vorgenommen werden, wenn **zusätzlich** „der Eintritt von anderen als bloß unbedeutenden Folgen ausgeschlossen ist." Diesbezüglich gehen die Meinungen der Juristen etwas auseinander: röntgenologische Untersuchungen sollen trotz Strahlenbelastung einwilligungsunabhängig sein. Eine andere Meinung schätzt die Folgewirkung der Strahlenbelastung als nicht mehr „unbedeutend" ein. Das wird auch für CT-Untersuchungen diskutiert. MRI-Untersuchungen sind jedoch sicherlich ohne jedwedes Folgenrisiko.

Trotzdem ist selbst bei diesen Untersuchungsmethoden die Einholung der **Zustimmung des Betroffenen anzuraten**. Ein jüngeres OGH-Erkenntnis (vom 19.4.2006, 15 Os 18/06w) macht den Einsatz einer Röntgenuntersuchung zur Klärung der altersabhängigen Strafmündigkeitsgrenze von der Zustimmung des Angeklagten abhängig.

Ähnliche Diskussionen gibt es auch bezüglich der Verabreichung von Einläufen und Brechmitteln. Die Tendenz der Meinungen geht dabei eher in Richtung Einwilligungserfordernis.

Bei der zwangsweisen Durchführung von Blutabnahmen und geringfügigen Eingriffen ohne bedeutsame Folgen ist immer der **Verhältnismäßigkeitsgrundsatz** zu beachten. Auf körperliche Untersuchungen ist jeweils dann zu verzichten, wenn das Ergebnis durch weniger gravierende Eingriffe erreicht werden kann. Vor allem aber wenn der Anlass für die Durchführung der Maßnahme zu unbedeutend ist: Prüfung der Schwere der Tat, der Gefährlichkeit des Täters.

Letzteres ist auch der Grund, warum die **zwangsweise Durchführung** einer körperlichen Untersuchung **beim Opfer stets unzulässig ist** (§§ 123 Abs. 5 i. V. m. 121 StPO).

6.2.3   Der Sachverständige im Strafverfahren

Wesen und Aufgaben des Sachverständigen

Der Sachverständige ist in der österreichischen Strafprozessordnung eigens definiert als „eine Person, die auf Grund besonderen Fachwissens in der Lage ist, beweiserhebliche Tatsachen festzustellen (Befundaufnahme) oder aus diesen rechtsrelevante Schlüsse zu ziehen und sie zu begründen (Gutachtenserstattung)" (§ 125 Z 1 StPO).

Aus dieser Definition ergibt sich, dass Sachverständiger nur eine **physische (natürliche) Person** sein kann. Wenn Universitätsinstitute um Befundaufnahme und/oder Gutachtenserstattung ersucht werden, so wird deren Leiter oder ein Mitarbeiter bestellt. Eine Ausnahmeregelung sieht die StPO in § 128 Abs. 2 und 2a für gerichtsmedizinische Institute bei Obduktionen vor.

Die zu bestellende Person muss mit **Fachwissen** ausgestattet sein; d. h. in der Lage sein, in bestimmten Fachgebieten der Staatsanwaltschaft und/oder dem Gericht das erforderliche Wissen zu vermitteln, um **beweiserhebliche Tatsachen** feststellen und würdigen zu können. Ein Sachverständiger ist demnach dann zu bestellen, wenn weder Kriminalpolizei noch Staatsanwaltschaft noch das erkennende Gericht die erforderlichen Kenntnisse für die Beurteilung einer **Tatfrage** haben.

Abgrenzungen

– **Amtssachverständiger:** Auskünfte, Befunde, Gutachten von Ämtern und Anstalten sind **keine** Sachverständigenbefunde und -gutachten i. S. d. § 125 Z 1 StPO. Vielmehr handelt es sich um Auskünfte, Befunde, Gutachten im Rahmen der **Rechtshilfe.** Eine Erörterung solcher behördlicher Stellungnahmen in der Hauptverhandlung ist nicht zwingend vorgesehen; es genügt deren verpflichtende Verlesung gem. § 252 Abs. 2 StPO.

– **Privatgutachter:** Privatgutachter handeln nicht im Auftrag der Justiz, sondern auf **Ersuchen von Verfahrensbeteiligten** (i. d. R. des Beschuldigten, aber auch des Privatbeteiligten oder Privatanklägers). Es handelt sich wiederum **nicht** um Sachverständige i. S. d. § 125 Z 1 StPO.

Privatgutachter können als Zeugen über die von ihnen erhobenen Befundtatsachen vernommen werden. Das Ziehen von rechtsrelevanten Schlüssen ist ihnen untersagt.

Obwohl nicht „gerichtliche Sachverständige", sind die Funktionen von Privatgutachtern im Strafprozess mannigfaltig und nicht unbedeutsam:

Kontrollfunktionen gegenüber gerichtlichen Sachverständigen: Aufgrund eines Privatgutachters wird das Sachverständigengutachten in massive Zweifel gezogen, sodass die Beiziehung eines weiteren (gerichtlichen) Sachverständigen notwendig erscheint (§127 Abs. 3 StPO).

Unterstützung des Angeklagten bei der Sachverständigenbefragung: auf § 249 Abs. 3 StPO sei verwiesen.

Vorbereitung und sachliche Unterstützung bei Rechtsmitteln, die eine Tatsachenanfechtung ermöglichen; sowie bei Wiederaufnahmeanträgen.

– **Zeuge:** Sachverständigen- und Zeugenstellung schließen einander aus. Der Zeuge sagt über Tatsachen aus, die er selbst zufällig mitbekommen hat (in Ausnahmefällen: über die ihm berichtet wurde). Der Sachverständige wird wegen seines Fachwissens im Auftrag der Justizbehörden tätig und erklärt und deutet Tatsachen, die er nicht selbst wahrgenommen hat, aber die er u. U. über Auftrag bei seiner Befundaufnahme gefunden hat.

Hat eine Person Tatsachen wahrgenommen, zu deren Erkennung und Deutung besondere Fachkenntnisse erforderlich sind, so gilt sie als „**sachverständiger Zeuge**": der Hausarzt des Tatopfers, der über dessen Krankheitsverlauf befragt wird; ein Arzt, der zufällig am Unfallort anwesend ist und zu den Verletzungen des Opfers Stellung nimmt.

Aufgaben des Sachverständigen

Der Sachverständige erhebt selbständig deliktsrelevante Tatsachen: er nimmt Blut ab, zieht Gewebeproben, sucht und sichert Spuren und andere Tatsachen am und im Körper; wie z. B. durch MRI- und CT-Aufnahmen tieferer Gewebsschichten bei äußeren Verletzungsmerkmalen. Dann analysiert er diese

Spuren und Tatsachen auf ihr Entstehen hin, aber auch in Bezug auf ihre weitere Entwicklung (Heilungsverlauf, Dauer der Gesundheitsschädigung und Berufsunfähigkeit, Schmerzperioden). Dieses Wissen vermittelt er in Befund und Gutachten schriftlich – manchmal unter Beifügung von Bildmaterial – den Strafverfolgungsbehörden. Sollte es aufgrund des Gutachtens zu einer Anklage und weiterhin zu einer Hauptverhandlung kommen, erklärt er mündlich dem erkennenden Gericht seinen Befund und sein Gutachten und stellt sich den Fragen der Prozessbeteiligten.

Seine Befundaufnahme und Gutachtenserstattung darf sich nur auf **Tatsachenfragen** beziehen. Die Abgrenzung zwischen Rechts- und Tatsachenfragen ist oft schwierig, da sich manche Rechtsfragen nur mit der vom Sachverständigen vermittelten Tatsachenkenntnis beantworten lassen (sog. *quaestiones mixtae*).

Der **Sachverständige beschreibt** die Verletzungsfolgen nach äußeren Merkmalen. **Staatsanwalt und Richter qualifizieren** dann diese Verletzung als „an sich schwere Verletzung" im Sinne des § 84 Abs. 1 3. Fall StGB. Der Sachverständige beschreibt das Werkzeug, das zur Verletzung benutzt wurde; er beschreibt die Verletzung und die Modalitäten, wie es zu dieser Verletzung gekommen sein kann; Staatsanwalt und Richter müssten nun die rechtliche Qualifikation vornehmen, dass das Werkzeug sowie die Art und Weise der Verwendung des Werkzeuges gemeiniglich mit Lebensgefahr verbunden sind. Dergestalt wäre ebenfalls die Qualifikation einer „schweren Körperverletzung" i. S. d. § 84 Abs. 2 Z 1 StGB hergestellt. Würde der Sachverständige diesen Schluss ziehen, wäre es zwar rechtlich falsch, aber durchaus verständlich und der Aufgabe der Tatsachenerklärung gemäß. Der eigene rechtliche Wertungsbeitrag der Juristen ist in diesem Fall minimal.

Die prozessuale Stellung des Sachverständigen

Der Sachverständige ist **kein** Organ der Gerichtsbarkeit; **kein** Beamter (wie u. U. der Amtssachverständige), obwohl ihn eine Amtsverschwiegenheit trifft (§ 127 Abs. 1 StPO) und seine Schweigepflicht sogar strafgesetzlich abgesichert ist (§ 121 Abs. 3 StGB). Er ist ein „**persönliches Beweismittel**", wie **der Zeuge auch**.

Die **Bestellung des Sachverständigen** obliegt im Ermittlungsverfahren der Staatsanwaltschaft, im Hauptverfahren dem Gericht. Als Sachverständige sind in der Regel Personen zu bestellen, die in eine **Sachverständigenliste** eingetragen sind (§ 126 Abs. 2 StPO i. V. m. § 2 Abs. 1 SDG). Dort sind die Fachgebiete aufgelistet, deren Kenntnisse den Juristen meistens abgeht: Themenspezifisch seien genannt: Ärzte der Allgemeinmedizin, Fachärzte, Facharzt der gerichtlichen Medizin, der Molekulargenetik, (forensische) Psychiater. Es können aber auch andere fachkundige Personen zu Sachverständigen bestellt werden. Die Fachgebiete in den Sachverständigenlisten wären heute zu erweitern: um Ärzte der klinischen Rechtsmedizin.

Die Beteiligten des Strafverfahrens sind über die zu bestellende Person zu verständigen und sie haben das Recht, gegen diese Person Einwände zu erheben (§ 126 Abs. 3 letzter Satz StPO).

Haben die Verfahrensbeteiligten (Beschuldigte, Privatbeteiligte) Bedenken gegen die Person des bestellten Sachverständigen, steht ihnen ein **Einspruchsrecht** (§ 106 Abs. 1 Z 1 StPO) zu. Gegen die gerichtliche Bestellung gibt es das **Beschwerderecht** des § 87 Abs. 1 StPO, das auch der Staatsanwaltschaft zukommt.

Wie für die Staatsanwälte und die Kriminalpolizisten gelten auch für die Sachverständigen **Befangenheitsgründe** (§ 126 Abs. 4 StPO). Soweit sie befangen sind oder ihre Sachkunde in Zweifel steht, sind sie von der Staatsanwaltschaft, im Fall einer Bestellung durch das Gericht von diesem von Amts wegen oder auf Grund von Einwänden der Verfahrensbeteiligten **ihres Amtes zu entheben**. Die Befangenheit eines Sachverständigen stellt sogar einen Nichtigkeitsgrund dar.

Ein weiterer **Amtsenthebungstatbestand** ist die wesentliche Überschreitung der den Sachverständigen gesetzten Fristen. Hat der Sachverständige die Verzögerung verschuldet, sieht das Gesetz sogar eine Geldstrafe bis zu 10.000 € vor (§ 127 Abs. 5 StPO). Eine zusätzliche Sanktionierung besteht in einer Gebührenminderung gem. § 25 GebAG.

Qualitätsanforderungen an die Sachverständigentätigkeit

Sachverständige haben Befund und Gutachten „nach bestem Wissen und Gewissen und nach den Regeln ihrer Wissenschaft oder Kunst oder ihres Gewerbes" abzugeben. Diese Anforderungen erinnern an die Qualitätsstandards des § 49 ÄrzteG, sodass die Sachverständigentätigkeit der Ärzte doppelt abgesichert ist. Ein Verstoß gegen die leges artis (Regeln der Kunst) der ärztlichen (Sachverständigen-)Tätigkeit begründet – neben disziplinärer und verwaltungsstrafrechtlicher Verantwortung – eine **objektive Sorgfaltspflichtverletzung** im Sinne der Fahrlässigkeitskonstituanten gem. § 6 Abs. 1 StGB.

Zivilrechtliche Schadenersatzforderungen gegen den dergestalt sorgfaltswidrig handelnden Sachverständigen sind aussichtsreich. Eine strafrechtliche Verantwortlichkeit wegen eines Fahrlässigkeitsdeliktes wird aber nicht begründet, da der Sachverständige im Auftrag der Rechtspflege tätig ist und Verletzungen des Rechtsguts der Rechtspflege nur bei **vorsätzlichem** Tun oder Unterlassen strafrechtlich relevant werden.

Vorsätzliches Erstellen falscher Befunde und Gutachten wird allerdings als Delikt gegen die Rechtspflege streng geahndet: § 288 Abs. 1 2. Fall StGB.

Sind Befund und Gutachten sorgfaltsgemäß erstellt und abgefasst worden, bleiben aber noch Mängel in Gestalt von Unbestimmtheit, Widersprüchlichkeit oder sonstiger Mangelhaftigkeit bestehen, die durch Befragung (in der Hauptverhandlung) nicht beseitigt werden können, so ist ein **weiterer Sachverständiger** beizuziehen (§ 127 Abs. 3 StPO).

Kann auch das zweite Gutachten („Obergutachten") das erkennende Gericht nicht überzeugen, so ist *in dubio pro reo* die hinterfragte Tatsache nicht in die Urteilsfeststellung aufzunehmen. Trotz höherer Beweiskraft von Sachverständigenäußerungen aufgrund erhöhter Fachkenntnisse der Person des Sachverständigen muss der Richter auch dieses Beweismittel seiner Beweiswürdigung unterziehen. Die „Kunst" des Sachverständigen ist es, dem Richter und dem Staatsanwalt, die beide die erforderliche Fachkenntnis nicht besitzen, die beweiserheblichen Tatsachen so zu erklären, dass sie auch ohne detaillierte Fachkenntnisse nachvollziehbar sind.

Schlussbetrachtung

Der (medizinische) Sachverständige ist nicht „Richter in der weißen Robe", obwohl es manchmal aufgrund der fachlichen Unbeholfenheit des Juristen in vielen medizinischen und biologischen Wissensgebieten einen solchen Anschein haben mag. Staatsanwälte übernehmen gegebenenfalls Gutachtenspassagen wörtlich in ihrer Anklage, Richter in ihre Urteilsfeststellungen. In der Beweiswürdigung wird manchmal auf Gutachten kaum näher eingegangen. Dabei sind Staatsanwalt und Richter bei ihrer Beweiswürdigung verpflichtet, Sachverständigenäußerungen genau auf deren Schlüssigkeit und Nachvollziehbarkeit hin zu überprüfen. Dazu bedürfen Juristen eines bestimmten Elementarverständnisses der einzelnen Fachgebiete.

Der (medizinische) Sachverständige ist aber auch nicht bloß „Gehilfe des Richters". In vielen Fachgebieten der Medizin (der Biologie, der Technik) kommt der Richter ohne Sachverständigen nicht aus. Um seiner Aufgabe als Sachverständiger bestmöglich nachzukommen, muss er auch Grundkenntnisse des Strafrechts besitzen, damit er die oft in „Juristendeutsch" abgefassten Fragestellungen der Juristen verstehen und deuten kann. Diese nicht gerade häufige Zusatzqualifikation besitzen von ihrer Fachausbildung her am ehesten die **Rechtsmediziner**.

Richter, Staatsanwälte und Sachverständige „kämpfen" demnach Seite an Seite in Teamarbeit um die Wahrheit im Prozess und damit um ein gerechtes Urteil und eine effektive Strafjustiz.

Klinisch-forensische Begutachtung im Österreichischen Zivilprozess aus juristischer Sicht

H. Schumacher

7.1   Einleitung – 74

7.2   Die prozessuale Stellung des Sachverständigen
        im österreichischen Zivilprozess – 74

7.2.1   Der Begriff des Sachverständigen – 74

7.2.2   Die Befangenheit des Sachverständigen – 75

7.2.3   Der Gutachtensauftrag – 76

7.2.4   Die Aufgaben des medizinischen Sachverständigen – 77

7.2.5   Die Beweisaufnahme durch den Sachverständigen – 79

7.2.6   Die mündliche Erörterung des Gutachtens – 80

7.3   Zusammenfassung – 82

M. Grassberger, E. Türk, K. Yen, Klinisch-forensische Medizin,
DOI 10.1007/978-3-211-99468-9_7, © Springer-Verlag Berlin Heidelberg 2013

7.1   Einleitung

Medizinische Gutachten spielen im Zivilprozess eine sehr bedeutende Rolle: Ohne die Fachkunde des medizinischen Sachverständigen könnte der Zivilrichter in einer Vielzahl von Prozessen, deren Streitgegenstand medizinische Fragen berührt, seine Entscheidung nicht treffen. Die Bandbreite medizinischer Sachverständigentätigkeit im Zivilprozess reicht von der Begutachtung von Unfallfolgen über die Beurteilung ärztlicher Diagnose- und Behandlungsfehler bis hin zu den kausalen Auslösefaktoren von Berufserkrankungen im Sinne des ASVG. All dies in den vielfältigen Schattierungen der im Gerichtsalltag abzuhandelnden Ursachen und Folgen körperlicher Beeinträchtigungen.

Grundsätzlich **muss** der Richter den Beweis durch einen (oder mehrere) Sachverständige immer dann aufnehmen, wenn die strittigen Fragen ohne das Fachwissen des medizinischen Sachverständigen nicht beantwortet werden können (§ 351 Abs. 1 ZPO)[1]. Dies ergibt sich notwendig daraus, dass das Gericht den gesetzlichen Auftrag hat, dem strittigen Sachverhalt „auf den Grund zu gehen", oder, wie es oft in der Prozessualistik genannt wird, die „objektive Wahrheit" zu Tage zu fördern. Fehlt dem Gericht freilich das erforderliche Fachwissen, um einerseits die strittigen Tatsachen überhaupt feststellen zu können, andererseits aber auch – und dies ist meistens der Gegenstand des richterlichen Gutachtensauftrags – die maßgeblichen Schlussfolgerungen ziehen zu können, wird die **Hilfe des medizinischen Sachverständigen zur Wahrheitsermittlung unabdingbar.** Sollte das Gericht dagegen eine medizinische Fachfrage unter Anwendung des eigenen „Fachwissens" gelöst haben, ohne dass die Parteien diesem Vorgehen ausdrücklich zugestimmt hätten (§ 364 ZPO)[2], ist das Verfahren mit einem wesentlichen Verfahrensmangel behaftet.

Die praktische Erfahrung im österreichischen Zivilprozess lehrt, dass die Aussagen des Sachverständigen meist von entscheidender Bedeutung für den Ausgang des Verfahrens sind: Denn, in aller Regel – aus Praktikersicht sogar bis zu 95 % der Fälle! –

folgt das Zivilgericht in seinem Urteil den gutachterlichen Ausführungen des Sachverständigen. Das führt mitunter zu berechtigter Kritik aus der prozessualen Lehre[3], weil nicht jedes Sachverständigengutachten die Stringenz und Schlüssigkeit aufweist, die für die urteilsmäßigen Tatsachenfeststellungen zur streitgegenständlichen medizinischen Fachfrage zu fordern wären. Es verwundert denn auch nicht, dass oft von der „Allmacht des Sachverständigen"[4] und – mit Blick auf den medizinischen Sachverständigen – vom „Richter in Weiß" die Rede ist[5].

Der vorliegende Beitrag befasst sich schwerpunktmäßig mit einer Reihe von praxisrelevanten Fragen zu den prozessualen Rechten und Pflichten des Sachverständigen im österreichischen Zivilprozess. Es geht dabei um Grundsätze, die ein medizinischer Sachverständiger bei Erstellung seiner Gutachten berücksichtigen sollte. Es wird aber auch auf in der Praxis vorkommende Herausforderungen des Sachverständigen eingegangen, mit denen im Zivilprozess mitunter zu rechnen ist und auf die man sich als Sachverständiger vorbereiten sollte.

7.2   Die prozessuale Stellung des Sachverständigen im österreichischen Zivilprozess

7.2.1   Der Begriff des Sachverständigen

Sachverständige sind Personen, die dem Richter aufgrund ihrer besonderen Sachkunde **fremdes Erfahrungswissen** verschaffen[6]. Sie vermitteln demgemäß **Erfahrungssätze**, ziehen aus solchen Erfahrungssätzen **Schlussfolgerungen** oder stellen überhaupt mit Hilfe ihrer Sachkunde für den Richter entschei-

---

1   Zivilprozessordnung.
2   Näher hiezu *Schumacher*, Das Fachwissen des Richters, ÖJZ 1999, 132.

3   Vgl. etwa *Dolinar*, Der Sachverständigenbeweis – eine rechtsvergleichende Analyse, FS *Sprung* (2001) 117.
4   *Fasching*, Die Ermittlung von Tatsachen durch den Sachverständigen im Zivilprozess, in FS *Matscher* (1993) 97.
5   *Frieling*, Einführung in die Thematik, in Arbeitsgemeinschaft Rechtsanwälte im Medizinrecht e. V. (Hrsg.), Der medizinische Sachverständige – Richter in Weiß? (1995) 5.
6   *Fasching*, Lehrbuch des österreichischen Zivilprozessrechts[2] (1990) Rz 996.

dungserhebliche Tatsachen fest[7]. Die Aufgabe des medizinischen Sachverständigen liegt daher vor allem darin, dem Gericht für die Entscheidung eines Prozesses, dessen Ausgang von der Beantwortung medizinischer Fachfragen abhängt, das erforderliche Fachwissen zu vermitteln. Im österreichischen Zivilprozess wird der Sachverständige daher meist als **Helfer des Gerichts** angesehen[8]: Er sitzt damit in rechtlicher und auch tatsächlicher Hinsicht „auf der Richterbank".

Aus dieser prozessualen Stellung folgt bereits, dass ein Sachverständiger zur **absoluten Neutralität** den Parteien gegenüber verpflichtet ist. Die Verpflichtung zur Neutralität wird dadurch abgesichert, dass die Parteien des Zivilprozesses gegen einen Sachverständigen – ebenso wie gegen einen Richter – **Befangenheitsgründe** geltend machen können (§ 355 Abs. 1 ZPO).

7.2.2 Die Befangenheit des Sachverständigen

Befangenheitsgründe

Ein hinlänglicher Grund, einen Sachverständigen wegen Befangenheit abzulehnen, ist in jeder Tatsache zu sehen, die bei verständiger Würdigung ein auch nur **subjektives Misstrauen der Partei in seine Unparteilichkeit** rechtfertigen kann[9]. Dabei kommt es nicht darauf an, ob sich der Sachverständige selbst befangen fühlt. Er muss vielmehr einen solchen Sachverhalt zum Anlass nehmen, seine **objektive Unbefangenheit** in Zweifel zu ziehen. Denn wesentlich ist für die Beurteilung einer allfälligen Befangenheit immer der **Anschein**, den der Nahebezug zu einer der Parteien bei dritten Personen erwecken kann. Die treffsichere eigene Beurteilung der allfälligen Befangenheit setzt daher beim Sachverständigen voraus, eine Position der objektiven Betrachtung der fraglichen Befangenheitsindizien einzunehmen.

Jede Sachverständigengruppe hat ihre typischen Befangenheitsgründe. Beim medizinischen Sachver-

ständigen ist vor allem auf die folgenden „Klassiker" von Befangenheitsgründen zu achten: Die Erstattung eines **Privatgutachtens** für eine der Parteien, die **ärztliche Behandlung** einer der Parteien oder auch nur ein **ärztlicher Rat** stellen typische Befangenheitsgründe dar. Das Gericht wird denn auch solche Naheverhältnisse zu einer Partei meist als Befangenheit werten und diesen Sachverständigen nicht bestellen. Im **Sozialrechtsverfahren** wird ein Anstellungsverhältnis des Arztes zum Versicherungsträger – verständlicherweise – als Grund für eine Nichtbestellung angesehen[10].

Die Rechtsprechung der Gerichte hat es **nicht als Ablehnungsgrund anerkannt**, dass der Sachverständige eine für eine Partei ungünstige Ansicht in einer **Fachzeitschrift** bereits publiziert hat[11]. Die Richtigkeit dieser Rechtsansicht kann allerdings durchaus bezweifelt werden[12]: Es ist kaum zu erwarten, dass sich ein Sachverständiger von seiner in einer Fachzeitschrift bereits publizierten (wissenschaftlichen) Meinung in einem Gerichtsgutachten wiederum distanzieren wird, selbst wenn er anlässlich der Gutachtenserstellung objektiv gesehen die Unrichtigkeit seiner wissenschaftlichen Äußerung erkennen muss. Mit anderen Worten steht wohl in einer Vielzahl solcher Fälle das Ergebnis des Gutachtens von vornherein fest und erwartet sich jene Partei, die aufgrund der wissenschaftlichen Publikation den Prozess verlieren müsste, vergeblich eine den eigenen Schatten des Sachverständigen überspringende Objektivität. Daher sollte in solchen Fällen der Sachverständige rechtzeitig auf seine Publikation hinweisen. Gleiches gilt für jene Fälle, in denen der Sachverständige den strittigen Sachverhalt bereits in einem anderen Prozess begutachtet hat: Auch hier muss von einem objektiven Standpunkt aus angenommen werden, dass jene Partei, für die das seinerzeitige Gutachten ungünstig wäre, nicht mit gutem Grund erwarten kann, dass der Sachverständige von seiner damals geäußerten Ansicht abgehen wird. In diesem Fall müsste der Sachverständige ja

---

7   *Rechberger* in *Rechberger* (Hrsg.), Kommentar zur ZPO[3] (2006) Vor § 351 Rz 1.

8   *Fasching* in FS *Matscher* 102.

9   *Rechberger* in *Fasching/Konecny*, Kommentar zu den Zivilprozessgesetzen[2] III (2004) §§ 355, 356 Rz 4.

10 *Schuhmertl*, Die Erwartungen des Sozialrichters an das medizinische Gutachten, in *Staudinger/Thöni* (Hrsg.), Das Medizinische Gutachten im Verfahren (2010) 111 (118).

11 KG St. Pölten Sach 1984/3, 25.

12 Vgl. auch *Hellbert*, Verfahrensrechtliche Garantien im Zusammenhang mit medizinischen Gutachten im Zivilprozess, in *Staudinger/Thöni*, Gutachten 45 (56).

einräumen, dass sein Vorgutachten unrichtig war. Dies ist aber regelmäßig nicht zu erwarten.

Der Ablehnungsantrag der Verfahrenspartei

Die den Sachverständigen ablehnende Partei muss ihren Antrag mit **ausreichenden Tatsachenbehauptungen** unterlegen. Nicht hinreichend ist die bloße Behauptung einer Partei, der Sachverständige sei nicht geeignet[13], es würde ihm die erforderliche Sachkenntnis fehlen[14]. Einem solchen Befangenheitsantrag fehlt es bereits an der erforderlichen **Substantiierung**. Ausdrücklich sieht es das Gesetz nicht als Ablehnungsgrund an, dass der Sachverständige früher in derselben Rechtssache bereits als Zeuge einvernommen wurde (§ 355 Abs. 1 ZPO).

Auch genügt es nicht, dass eine Verfahrenspartei irgendwann im Verfahren die Befangenheit des Sachverständigen geltend macht: Die Befangenheit muss vielmehr **bei erster Gelegenheit** dem Gericht gegenüber geltend gemacht werden[15]: § 355 Abs. 2 ZPO verlangt bei schriftlicher Begutachtung (dies ist der Regelfall), dass der Sachverständige noch vor Einreichung des Gutachtens bei Gericht abgelehnt wird. Ein späterer Ablehnungsantrag ist nur dann zulässig, wenn die Partei bescheinigen kann, dass sie früher zur Ablehnung nicht in der Lage war, z. B. weil sie von der Befangenheit erst später erfahren hat. Es kann daher in der Praxis durchaus vorkommen, dass jene Partei, für die das Gutachten nicht günstig ausfällt, den Sachverständigen erst nach Gutachtensvorlage abzulehnen versucht, weil sie behauptet, **erst durch den Inhalt des Gutachtens auf den Ablehnungsgrund gestoßen zu sein**. Regelmäßig ist diese Behauptung freilich fadenscheinig. In diesen Fällen ist sehr genau zu prüfen, ob die Partei tatsächlich nicht schon früher den Ablehnungsgrund hätte erkennen können und sich daher des prozessualen Ablehnungsrechts verschwiegen hat.

Die Selbstmeldung des Sachverständigen

In seiner „Selbstmeldung" kann der Sachverständige den fraglichen, potenziell befangenheitsrelevanten Sachverhalt dem Gericht darlegen: Dabei ist der Sachverständige nicht verpflichtet, seine mögliche Befangenheit schon einzuräumen, denn dies ist eine Schlussfolgerung aus Tatsachen, die das Gericht zu ziehen hat. Der Sachverständige muss nur den Sachverhalt aufzeigen, er kann aber ausdrücklich darauf hinweisen, dass er sich selbst als durchaus unbefangen sieht. Das Gericht muss ohnehin darüber entscheiden, ob ein Befangenheitsgrund vorliegt oder nicht.

Wesentlich ist, dass diese „Selbstmeldung" rechtzeitig erfolgt: Wird der Sachverhalt nämlich erst während des Verfahrens (vom Sachverständigen oder von einer der Parteien) aufgezeigt und lehnt in der Folge eine der Parteien den Sachverständigen erfolgreich ab, dann stellt sich die Frage der **Haftung für die Kosten** des durch den nunmehr notwendig gewordenen Sachverständigenwechsel frustrierten Verfahrensaufwands. Die Parteien werden die Kosten für den im weiteren Verfahren nicht verwertbaren Verfahrensaufwand (z. B. Kosten für Tagsatzungen mit dem abgelehnten Sachverständigen) gegen den Sachverständigen aus dem Titel des Schadenersatzes geltend machen, weil der Sachverständige seiner prozessualen Pflicht zum rechtzeitigen Hinweis auf einen möglichen Befangenheitsgrund nicht nachgekommen ist.

7.2.3   Der Gutachtensauftrag

Die prozessuale Warnpflicht des Sachverständigen

Der Sachverständige erhält vom Richter einen **Gutachtensauftrag**. Mit „Gutachten" ist in der Praxis meist **Befund und Gutachten** gemeint[16]. Das Gericht setzt dem Sachverständigen zugleich eine Frist, innerhalb der das Gutachten – regelmäßig schriftlich – zu erstatten ist. Der Sachverständige ist verpflichtet, dem Gericht **binnen 14 Tagen** ab Zustellung des Gutachtensauftrags mitzuteilen, ob ihm überhaupt und innerhalb welcher Frist die Erstattung des Gutachtens möglich ist (§ 357 Abs. 1 ZPO). Auch muss der Sachverständige dem Gericht unverzüglich mitteilen, wenn seine Fachkenntnisse nicht ausreichend

---

13   OLG Wien Sach 1983/2, 21.
14   OLG Wien Sach 1984/2, 24.
15   Hiezu *Rechberger* in *Rechberger*, ZPO³ §§ 355–356 Rz 4.
16   Näher zu den Begriffen Befund und Gutachten unter 7.2.4

sind[17]. In all diesen Fällen trifft den Sachverständigen eine Art **prozessuale Warnpflicht**.

In vielen Fällen geht der formellen Sachverständigenbestellung ohnehin ein Telefonat des Richters mit dem Sachverständigen voraus. Bereits hier sollte auf den erforderlichen Zeithorizont hingewiesen werden, sodass der Richter schon von sich aus im Gutachtensauftrag eine angemessene Frist zur Gutachtenserstattung erteilt. In allen anderen Fällen ist dem Gericht eine entsprechende Mitteilung dann zu machen, wenn erkennbar wird, dass das Gutachten nicht in dem vorgegebenen Zeitrahmen erstellt werden kann. Die Einhaltung dieser Verpflichtung ist von wesentlicher Bedeutung, da die verspätete Gutachtenserstellung nach der Bestimmung des § 354 Abs. 1 ZPO dazu führen kann, dass das Gericht **dem Sachverständigen die durch seine Säumnis verursachten Kosten und sogar eine Ordnungsstrafe auferlegt**.

Der Inhalt des Gutachtensauftrags

Es ist eine Erfahrungstatsache, dass gerichtliche Gutachtensaufträge oft sehr unbestimmt sind[18], was seine Ursache meist in der fehlenden medizinischen Sachkenntnis des Gerichts hat. Es kann sein, dass der Gutachtensauftrag entweder den zwischen den Parteien strittigen Tatsachenkomplex nicht oder nur teilweise erfasst oder auch darüber hinausgeht. Im ersten Fall würde das Gutachten des Sachverständigen für die Entscheidung des Streits unvollständig sein, im zweiten Fall würde es auch irrelevante Fragen lösen. Ob der Gutachtensauftrag dem im Verfahren tatsächlich strittigen Tatsachenkomplex entspricht, vermag der Sachverständige am besten dadurch zu erkennen, dass er sich nach der Lektüre der Schriftsätze und der allfällig in den Verhandlungsprotokollen enthaltenen Tatsachenbehauptungen der Parteien die Frage stellt, was der **Streitgegenstand** dieses Verfahrens ist und inwieweit dieser **strittige Sachverhalt medizinische Fachfragen betrifft**. Der Sachverständige wird in der Folge den **strittigen Tatsachenkomplex**, soweit er die medizinische Fachkunde betrifft, mit dem ihm vom

Richter erteilten Gutachtensauftrag vergleichen: Decken sich die strittigen, den medizinischen Fachbereich berührenden Fragen im Wesentlichen mit dem vom Gericht dem Sachverständigen erteilten Gutachtensauftrag, wird eine Rücksprache mit dem Richter nicht erforderlich sein. Klaffen jedoch diese Bereiche auseinander, dann sollte, schon um spätere Einwendungen der Parteien gegen das Gutachten zu vermeiden, mit dem Richter Kontakt aufgenommen werden, um die Formulierung des Gutachtensauftrags zu erörtern und allenfalls einen konkreteren bzw. umfassenderen Gutachtensauftrag zu erhalten.

7.2.4 Die Aufgaben des medizinischen Sachverständigen

Der Sachverständige hat die Pflicht
- zur **rechtzeitigen Abgabe von Befund und Gutachten**
- zum **Erscheinen vor Gericht**.

Nicht weiter zu vertiefen ist hier die Pflicht zur Leistung des Sachverständigeneides (§ 358 Abs. 1 ZPO), weil die in der Sachverständigenliste aufscheinenden Sachverständigen („ständig beeidete gerichtliche Sachverständige") vom Richter lediglich an diesen Eid zu erinnern sind, was in der Praxis zu einer Floskel im Protokoll reduziert wird.

Der Befund

Offensichtlich gedachte unsere Zivilprozessordnung aus dem Jahre 1898 bereits des medizinischen Sachverständigen: Als „Befund" bezeichnet das Gesetz nämlich u. a. die „**Besichtigung von Personen**" und die Beschreibung dieser Besichtigung (§ 362 Abs. 1 Satz 2 ZPO). Der veraltete Gesetzestext vermag freilich den medizinischen Befund nicht wirklich zu beschreiben: Der Inhalt eines medizinischen Befundes hat eine ausführliche Anamnese, die Anführung der fachbezogenen Diagnosen und Hinweise auf von anderen Sachverständigen erstellte Diagnosen, die vom Sachverständigen selbst durchgeführten Un-

---

17   Vgl. *Schuhmertl* in *Staudinger/Thöni*, Gutachten 119.
18   Vgl. auch *Wolf/Grager*, Das medizinische Sachverständigengutachten im außergerichtlichen Verfahren, in *Staudinger/ Thöni*, Gutachten 29 (40 f).

tersuchungen und auch die von ihm eingeholten Nebenbefunde zu enthalten[19].

Im Rahmen des Befundes schafft sich der Sachverständige die **Tatsachengrundlage**, aus der er dann im Rahmen seines Gutachtens fachkundige Schlussfolgerungen zieht. Mitunter kann sich die Sachverständigentätigkeit freilich auch in einem bloßen Befund erschöpfen, dann etwa, wenn die strittigen und entscheidungserheblichen Fragen allein durch den Befund bereits geklärt werden können: So etwa der derzeitige Gesundheitszustand einer Person; oder der bislang feststellbare Heilungsverlauf, die Vernarbung einer Wunde, die momentane Behinderung etc. Mitunter werden aber auch diese Fragen nicht ohne sachverständige Schlussfolgerungen zu lösen sein, sodass die Grenze zwischen Befund und Gutachten in der Praxis auch immer wieder verschwimmen kann.

Es zeigt sich in der prozessualen Praxis, dass jene Partei, die gegen das Gutachten im Rahmen der Gutachtenserörterung ankämpfen will, die **Befundaufnahme** durch den Sachverständigen genauestens überprüft, um ein allenfalls **nicht ausreichendes Fundament des Gutachtens aufdecken zu können**. Es ist nämlich regelmäßig einfacher und oft auch zielführender, die **Grundlagen des Gutachtens** als mangelhaft darzustellen, als die vom Sachverständigen gezogenen Schlussfolgerungen zu bekämpfen: Für letzteres fehlt nämlich regelmäßig das erforderliche Fachwissen, sodass der die Fragen stellende Anwalt gegen einen gut argumentierenden Sachverständigen oft nicht „aufkommt". Auch für das Gericht ist es einfacher, ein Gutachten schon deshalb als unzureichend abzuqualifizieren, weil die Grundlagen offensichtlich nicht oder nicht vollständig ermittelt wurden.

Das Gutachten

Das **Gutachten** erläutert Erfahrungssätze, zieht aus Erfahrungssätzen Schlussfolgerungen und/oder stellt aufgrund von Erfahrungssätzen Tatsachen fest[20]. Das Gutachten ist stets zu begründen (§ 362

Abs. 1 ZPO). Das Gutachten darf **nicht unschlüssig, widersprüchlich oder unvollständig** sein[21]. Das Gericht kann, sollten diese Mängel des Gutachtens vorliegen, auf Antrag oder auch von Amts wegen eine neuerliche Begutachtung durch denselben Sachverständigen oder durch einen anderen Sachverständigen anordnen (§ 362 Abs. 2 ZPO). Schließlich sollte ein Gutachten auch im Sinne seiner Akzeptanz so **verständlich** abgefasst sein, dass die Partei ohne Hinzuziehung eines Sachverständigen in der Lage ist, den Inhalt zu verstehen[22].

Typische Beispiele für Schlussfolgerungen von Tatsachen auf andere rechtserhebliche Tatsachen wären etwa: Die Schlussfolgerung von festgestellten Verletzungen auf die **Schmerzperioden**; die Schlussfolgerung von einer feststellbaren Verletzung auf mögliche **Spät- oder Dauerfolgen**; die Schlussfolgerung von der Gabe eines Medikaments auf die Schäden durch eine **Unverträglichkeitsreaktion**. Ein Beispiel für die sachverständige **Ermittlung von Erfahrungssätzen** wäre etwa die Ermittlung des allgemein eingehaltenen **Behandlungs- oder Operationsstandards**[23].

Ein häufig beobachtbarer **Fehler des Sachverständigen** ist es, die Grenze zur Beurteilung von **Rechtsfragen** oder zur **richterlichen Beweiswürdigung** zu überschreiten: Rechtsfragen zu beurteilen kommt allein dem Gericht und nicht dem Sachverständigen zu. Unzulässig wäre etwa in einem Gutachten zu den erlittenen Schmerzen die Schlussfolgerung, dass dem Schmerzengeldbegehren des Klägers Folge zu geben sei: Denn ob dem so ist, hängt von einer Reihe von Rechtsfragen ab, die der Richter in rechtlicher Hinsicht, nicht aber der Sachverständige zu klären hat. Anderseits kann es für den Eintritt des Schadens mehrere mögliche oder wahrscheinliche Sachverhaltsabläufe geben. Diese darzustellen ist Aufgabe des Sachverständigen. Der Richter entscheidet sich aber im Rahmen seiner **freien Beweiswürdigung** (§ 272 ZPO) für

---

19 Vgl. *Fraunbaum/Plank,* Das medizinische Sachverständigengutachten im Leistungsstreit zwischen Patient und Krankenversicherungsträger, in *Staudinger/Thöni,* Gutachten 127 (152 f).

20 *Rechberger* in *Rechberger,* ZPO³ §§ 360 bis 362 Rz 1.

21 Näher zum Aufbau des Gutachtens *Wolf/Grager* in *Staudinger/Thöni,* Gutachten 40 f.

22 *Schuhmertl* in *Staudinger/Thöni,* Gutachten 125; *Fraunbaum/Plank* in *Staudinger/Thöni,* Gutachten 152.

23 Vgl. *Hardt,* Objektiver Behandlungsfehler und subjektiver Schuldvorwurf in der gutachterlichen Praxis, in Arbeitsgemeinschaft Rechtsanwälte im Medizinrecht (Hrsg.), Der medizinische Sachverständige (1995) 25 (26)

einen der vom Sachverständigen geschilderten Sachverhalte. In der Situation, dass der Sachverständige seinerseits – aufgrund seiner Fachkunde – diesen oder jenen Sachverhaltsablauf für wahrscheinlicher hält, empfiehlt es sich zur Abgrenzung von der dem Richter vorbehaltenen Beweiswürdigung Sätze wie den Folgenden in das Gutachten einzufügen: „Unvorgreiflich der Beweiswürdigung durch das Gericht spricht aus medizinischer Sicht mehr für den Sachverhalt X; dagegen spricht wiederum, dass …"[24].

7.2.5 Die Beweisaufnahme durch den Sachverständigen

Die Verständigung der Parteien bzw. ihrer Vertreter

Der Sachverständige muss den für den Befund notwendigen Sachverhalt, sofern der gerichtliche Gutachtensauftrag nicht ohnehin auf bereits aktenkundige Tatsachen beschränkt ist, selbst ermitteln[25]. Daher kann der Sachverständige von sich aus an die Parteien des Prozesses ebenso wie an Zeugen herantreten, um die erforderlichen Erhebungen durchzuführen. Er kann von sich aus Örtlichkeiten, Geräte, Apparate etc. in Augenschein nehmen[26]. Im Mittelpunkt der Erhebungstätigkeit des medizinischen Sachverständigen steht freilich die **Untersuchung einer Person**, meist einer Partei des Verfahrens.

Materiell ist diese Tätigkeit des Sachverständigen bereits als **Beweisaufnahme** anzusehen und muss daher einem **Mindeststandard an Verfahrensgarantien**, wie sie im Zivilprozess grundsätzlich gelten, entsprechen[27]. Beabsichtigt der medizinische Sachverständige etwa, die bei einer missglückten Operation anwesenden Operateure und/oder das Hilfspersonal über den Operationsverlauf anzuhören, dann können die Parteienvertreter an einem solchen Termin teilnehmen und auch Fragen stellen[28]. Oder:

Will der Sachverständige einen bei der Operation eingesetzten Apparat in Augenschein nehmen, **müssen die Parteien bzw. ihre Vertreter vom Termin verständigt werden**. In all diesen Fällen geht es um die **Wahrung grundlegender Verfahrensgarantien** im Interesse der Parteien, deren Verletzung einen schweren Verfahrensmangel darstellen würde[29]. Anderes gilt allerdings, wie noch näher auszuführen ist, im Fall der Untersuchung an der Person.

Werden die Parteien durch Rechtsanwälte vertreten, genügt es, die Rechtsanwälte zu verständigen. Der Sachverständige sollte sich freilich anhand des Prozessaktes ein genaues Bild davon machen, **wer in diesem Verfahren als Partei oder aber auch als Nebenintervenient ausgewiesen ist**: Denn nicht nur die Parteienvertreter sind zu verständigen, sondern auch der Vertreter eines allfälligen Nebenintervenienten. Beim Nebenintervenient handelt es sich streng genommen nicht um eine Partei, sondern um einen auf Seiten einer Partei beigetretenen **Streithelfer**. Bei bloß oberflächlicher Betrachtung des Gerichtsaktes besteht die Gefahr, Nebenintervenienten oder aber auch **Streitgenossen** (z. B. mehrere Beklagte oder mehrere Kläger) zu übersehen. Die Beschriftung des Aktendeckels des Gerichtsaktes durch die Geschäftsabteilungen ist nicht immer korrekt, weil mitunter die Anführung gerade dieser Personen auch dort übersehen wird.

Untersuchungen an der Person

Wenn der medizinische Sachverständige zur Erstellung seines Gutachtens eine Person untersuchen muss, dann stellt sich aus prozessualer Sicht die Frage, ob die Parteien des Zivilprozesses auch in diesem Fall ein Recht zur Teilnahme haben. Im Fall der Untersuchung am Körper einer Person stellt sich die Teilnahme Dritter freilich als durchaus problematisch dar, geht es dabei doch um eine mögliche Verletzung der **Intimsphäre** dieser Person. Auch die Schilderung der gesundheitlichen Probleme, der Schmerzen, früherer Vorfälle und Krankheiten etc., die im Rahmen der Untersuchung oft notwendig ist, berührt potenziell diesen Bereich. In den vergangenen Jahren begegnete wiederholt das Ansinnen von Parteienvertretern, bei der körperlichen Untersu-

---

24 *Schuhmertl* in *Staudinger/Thöni*, Gutachten 121.
25 *Fasching* in FS *Matscher* 101; *Rechberger* in *Rechberger*, ZPO³ § 359 Rz 2.
26 *Rechberger* in *Rechberger*, ZPO³ § 359 Rz 2.
27 *Fasching* in FS *Matscher* 103 f, 106 f; *Jelinek*, Der Sachverständige im Zivilprozeß, in *Aicher/Funk* (Hrsg), Der Sachverständige im Wirtschaftsleben (1990) 70, geht von bloßen „Hilfswahrnehmungen" des Sachverständigen aus.
28 *Hellbert* in *Staudinger/Thöni*, Gutachten 49, 51.

29 *Fasching* in FS *Matscher* 110; vgl. nur *Rechberger* in *Fasching/Konecny* III § 359 Rz 1; SZ 51/134.

chung anwesend zu sein. Unproblematisch ist dies dann, wenn die untersuchte Person damit einverstanden ist. Ist freilich dieses Einverständnis nicht vorhanden, dann wird sich der medizinische Sachverständige zunächst mit dem Verhandlungsrichter beraten und dessen Beschluss einholen. Rechtlich ist mangels einer Regelung in der ZPO eine **Gesetzesauslegung** und **Interessenabwägung** erforderlich, die meines Erachtens zweifach begründbar zur **Ablehnung der Teilnahme der Parteien bzw. ihrer Vertreter bei der körperlichen Untersuchung durch den Sachverständigen** führt:

Das Arztgeheimnis

Auch die „Besichtigung" einer Person durch den Sachverständigen (§ 362 Abs. 1 ZPO) erfolgt, gleichgültig ob sie anlässlich einer privaten Untersuchung oder im Rahmen eines prozessualen Gutachtensauftrags erfolgt, allemal aufgrund eines **Vertrauensverhältnisses** zwischen dem Arzt und der zu untersuchenden Person. Hiervon ausgehend kommt auch auf die Untersuchung des medizinischen Sachverständigen und die in diesem Rahmen geführten Gespräche die **ärztliche Schweigepflicht** zur Anwendung. Der Sachverständige ist daher auch aus diesem Anlass „zur Geheimhaltung aller in Ausübung seines Berufes anvertrauten oder bekannt gewordenen Geheimnisse verhalten" (§ 54 Abs. 1 ÄrzteG). Dass der Sachverständige diese Tatsachen mit dem Gutachten und im Rahmen dessen Erörterung dem Gericht und den Parteien bekannt geben darf, ist auf die **insoweit durch die untersuchte Person erfolgte Entbindung vom Arztgeheimnis** im Sinne des § 54 Abs. 2 Z 3 ÄrzteG zurückzuführen. Diese Entbindung zu dokumentieren empfiehlt sich dem medizinischen Sachverständigen allemal. Eine weitergehende Entbindung des Sachverständigen vom Arztgeheimnis dahingehend, dass dieser dritten Personen (Parteien, Parteienvertretern) die **Anwesenheit bei der Untersuchung** ermöglichen dürfte, müsste vom Patienten ausdrücklich – konkret hierauf lautend – erteilt werden. Gegen dessen Willen ist daher die Anwesenheit von Parteien bzw. ihrer Vertreter bei der Untersuchung nicht zulässig.

Interessenabwägung

Die zweite Begründung führt zum **Schutz der Persönlichkeitsrechte** gem. § 16 ABGB: „Jeder Mensch

hat angeborene, schon durch die Vernunft einleuchtende Rechte, und ist daher als eine Person zu betrachten." Die wesentliche Funktion dieser Bestimmung liegt heute in der generellen Anerkennung der Persönlichkeit als **Grundwert**, wobei im Einzelfall eine **Güter- und Interessenabwägung** vorzunehmen ist[30]. Diese Abwägung muss zur Frage der Teilnahme Dritter bei der körperlichen Untersuchung im Rahmen eines gerichtlichen Sachverständigenauftrags zwischen dem prozessualen Recht der Verfahrensparteien auf Gehör einerseits und dem Recht auf Achtung der Persönlichkeits- und Intimsphäre der zu untersuchenden Person andererseits vorgenommen werden. In der Literatur haben *Fasching*[31] und *Rechberger*[32] die Problematik aufgegriffen und die Verständigung und Zuziehung der Parteien für den Fall abgelehnt, dass es der **Schutz der Intimsphäre** der untersuchten Person gebietet. Dem ist zweifellos beizutreten. Ich würde allerdings noch etwas weiter gehen und **jede Untersuchung am Körper durch den Sachverständigen** nicht den Augen und Fragen der Parteien bzw. ihrer Vertreter aussetzen, weil der Begriff der „Intimsphäre" durchaus weit ausgelegt werden kann und die Grenzen zu einer diese nicht berührenden Untersuchung wohl allzu häufig verschwimmen werden. Es geht hier regelmäßig um ein höherwertiges Interesse der untersuchten Person am Schutz ihrer – hier unmittelbar betroffenen – Privat- und Intimsphäre. Das demgegenüber stehende Verfahrensrecht der Prozessparteien, auch schon bei dieser Beweisaufnahme anwesend zu sein, fällt vor allem deshalb nicht so sehr ins Gewicht, weil sie den Sachverständigen ohnehin im Rahmen der Erörterung des Gutachtens ohne weitere Beschränkung befragen können.

7.2.6 Die mündliche Erörterung des Gutachtens

Regelmäßig erstattet der Sachverständige zunächst sein Gutachten schriftlich. Das Gericht leitet das Gutachten den Parteien mit dem Hinweis zu, dass

---

30 *Koch* in *Koziol/Bydlinski/Bollenberger* (Hrsg), Kurzkommentar zum ABGB[3] (2010) § 16 Rz 3.
31 *Fasching* in FS *Matscher* 105.
32 *Rechberger* in *Fasching/Konecny* III § 359 Rz 1.

binnen einer bestimmten Frist die mündliche Erörterung des Gutachtens mit dem Sachverständigen beantragt werden kann. Rechtsgrundlage hiefür ist § 357 Abs. 2 ZPO[33], wonach im Fall der schriftlichen Erstattung des Gutachtens die Sachverständigen verpflichtet sind, „auf Verlangen über das schriftliche Gutachten mündliche Aufklärungen zu geben oder dieses bei der mündlichen Verhandlung zu erläutern". Dieses Erörterungs- und Fragerecht der Parteien[34] zählt zu den wesentlichen **Verfahrensgarantien des Zivilprozessrechts**[35].

Eine Pflicht, die Fragen, die eine Partei an den Sachverständigen zu stellen beabsichtigt, schon im Antrag auf Erörterung des Gutachtens anzugeben, besteht nicht[36]. Damit kann es freilich für den Sachverständigen auch zu einem gewissen „Überraschungseffekt" kommen, mit dem die Parteienvertreter auch regelmäßig spekulieren.

Die Bekämpfung des Gutachtens durch die Parteienvertreter

Die mündliche Erörterung des Gutachtens erfolgt regelmäßig aufgrund direkter Fragestellung der Parteienvertreter. Dabei ist naturgemäß davon auszugehen, dass jene Partei, deren Prozessstandpunkt vom Gutachten nicht unterstützt wird, alles versucht, eine **Widersprüchlichkeit, Unschlüssigkeit oder überhaupt Fehlerhaftigkeit des Gutachtens aufzuzeigen**. Auch die Qualifikation des Sachverständigen wird mitunter aggressiv in Zweifel gezogen[37]. Eine gute Vorbereitung des Sachverständigen auf diesen Termin ist daher anzuraten. Sollte der Sachverständige bereits mehrere Gutachten in dieser Sache erstattet haben, was bei jahrelangen Prozessen mit mehreren Rechtsgängen von der Berufungsinstanz wieder zurück in die erste Instanz vorkommen kann, ist die genaue Kenntnis dessen, was in früheren Gutachten ausgesagt wurde, ein wesentlicher Punkt. Denn, bekanntlich versuchen Parteienvertreter Widersprüche in den Aussagen des Sachverständigen

aufzuzeigen, was auch schon dann gelingen kann, wenn die Protokollierung der Aussage des Sachverständigen in der Verhandlung von seinem früheren schriftlichen Gutachten abweicht.

Die Notwendigkeit korrekter Protokollierung

Die **Protokollierung** dessen, was der Sachverständige im Erörterungstermin aussagt, ist daher von essenzieller Bedeutung. Nachdem regelmäßig der Richter die Antworten des Sachverständigen protokolliert, sollte der Sachverständige sehr darauf bedacht sein, dass die Protokollierung auch tatsächlich seiner Aussage entspricht. Mit den vielen Fachausdrücken und komplexen medizinischen Zusammenhängen sind Richter manchmal überfordert. Deren Protokollierung entspricht dann nicht dem, was der Sachverständige eigentlich als Antwort auf die Frage des Parteienvertreters gesagt hat bzw. sagen wollte. Ist dies der Fall, sollte der Sachverständige **unverzüglich auf Richtigstellung dringen und die unrichtige Protokollierung auf dem Diktiergerät löschen lassen**. Spätere Richtigstellungen werden oft wie folgt protokolliert: „*Meine Aussage vorhin ist richtigerweise so zu verstehen, dass …*" u. ä. Das ist suboptimal, denn bei unbefangener Lektüre des Protokolls könnte dies die Argumentation des Parteienvertreters, der Sachverständige habe sich in Wirklichkeit in Widersprüche verstrickt, trefflich unterstützen.

Vor diesem Hintergrund würde es sich in schwierigen Fällen überhaupt empfehlen, dem Gericht vorzuschlagen, die **Antworten selbst zu diktieren**, womit viele Richter auch durchaus einverstanden sind.

Das Privatgutachten

Häufig kommt es vor, dass jene Partei, die mit dem Ergebnis des Sachverständigengutachtens nicht zufrieden ist, gleichzeitig mit dem Antrag auf Erörterung des Gutachtens ein **Privatgutachten** vorlegt. Nach herrschender Meinung sind die nicht vom gerichtlich bestellten Sachverständigen erstellten Gutachten nicht Sachverständigengutachten im Sinne der ZPO. Die Rechtsprechung[38] qualifiziert sie als **Privaturkunde**, die bloß beweist, welche Ansicht der

33 IVm § 289 Abs. 1 ZPO.
34 *Delle-Karth*, Die Mangelhaftigkeit des Verfahrens im Berufungssystem des österreichischen Zivilprozessrechts, ÖJZ 1993, 10 (13); SZ 44/44; ZVR 1976/54.
35 Hiezu jüngst *Hellbert* in *Staudinger/Thöni*, Gutachten 60.
36 ZVR 1976/54.
37 Vgl. *Schumacher*, ÖJZ 1999, 136 bei und in FN 58; vgl. auch *Schuhmertl* in *Staudinger/Thöni*, Gutachten 123.

38 LGZ Wien 43 R 918/03y EFSlg 109.001; vgl. *Rechberger* in *Fasching/Konecny* III Vor §§ 351 ff ZPO Rz 12 mwN.

Verfasser vertritt. Dessen ungeachtet sollte sich der gerichtlich bestellte Sachverständige mit einem vor der Gutachtenserörterung vorgelegten Privatgutachten auseinandersetzen, um die – zu erwartenden – Fragen des Parteienvertreters parieren zu können. Im Rahmen der **Gesamtwürdigung der Verhandlungsergebnisse** durch den Richter (§ 272 ZPO) kann auch diese Urkunde mit einfließen, wenngleich dies nicht oft geschieht. Die ständige Rechtsprechung[39] steht auf dem Standpunkt, dass das Gericht nicht verpflichtet sei, sich mit Widersprüchen zwischen dem Gutachten des gerichtlich bestellten Sachverständigen und einem von einer Partei vorgelegten Privatgutachten auseinanderzusetzen oder auch nur einen weiteren Sachverständigen zu bestellen. Die Tendenz der prozessrechtlichen Literatur[40] geht aber eindeutig in die Richtung, dass der gerichtlich bestellte Sachverständige zu den gegenteiligen Schlussfolgerungen eines Privatgutachtens **Stellung nehmen muss und Widersprüche aufzuklären** hat. Das Gericht kann jedenfalls dann, wenn sich die Widersprüche dadurch nicht aufklären lassen, eine **neuerliche Begutachtung** anordnen, wenn das Gutachten des Gerichtssachverständigen diesfalls als „ungenügend" im Sinne des § 362 Abs. 2 ZPO zu bewerten ist.

Parteien können zwar den **Privatgutachter in die Verhandlung mitnehmen**, was allerdings in der Praxis kaum beobachtbar ist. Der den Sachverständigen befragende Rechtsanwalt kann sich vom Privatgutachter Informationen und auch Fragestellungen geben lassen. Eine **direkte Befragung des gerichtlich bestellten Sachverständigen durch den Privatgutachter ist aber nicht zulässig**, weil das Fragerecht nur der Partei und ihrem Vertreter, nicht aber dritten Personen zusteht (§ 289 Abs. 1 ZPO)[41]. Dies wird von Praktikern als ein Mangel in der Rechtsposition jener Partei, die das Gutachten bekämpfen will, angesehen.

7.3   Zusammenfassung

Die vorliegende Darstellung der klinisch-forensischen Begutachtung im österreichischen Zivilprozess sollte zeigen, dass es nicht nur um eine schlüssige und überzeugende Begutachtung des Sachverständigen geht. Vielmehr war es auch ein Anliegen, die häufig auftretenden prozessualen Schwierigkeiten und Tücken im Verfahren, mit denen auch ein Sachverständiger im Zivilprozess zu kämpfen hat, aus praktischer Sicht darzustellen. Das beginnt zunächst damit, die für eine allfällige Befangenheit des Sachverständigen relevanten Sachverhalte zu erkennen. Im Verfahren ist die Ladung der Parteien bzw. ihrer Vertreter zum Augenschein des Sachverständigen ein wichtiges Thema bei der Wahrung des prozessualen Prinzips des „rechtlichen Gehörs" der Parteien. Beim mündlichen Erörterungstermin wird das Gutachten regelmäßig auch mit harten Fragen und Vorhalten bekämpft. Schwerpunkt der Angriffe ist dabei oft der „Unterbau" des Gutachtens, also der Befund. Dieser sollte daher auf einem gut recherchierten und dokumentierten Fundament basieren. Die vom Sachverständigen bei der mündlichen Erörterung gegebenen Antworten sollten vom Richter genau protokolliert werden. Im Fall unrichtiger Protokollierung ist dem Sachverständigen zu empfehlen, unverzüglich die Löschung der Protokollierung zu verlangen. Wenn unrichtige Protokollierungen öfter vorkommen, sollte der Sachverständige dem Richter anbieten, die Protokollierung in das Diktiergerät selbst vorzunehmen. Widersprüche bei der Erörterung mit eigenen Ausführungen in einem Gutachten oder anlässlich einer früheren Gutachtenserörterung sollten tunlichst vermieden werden. Eine entsprechende Vorbereitung und insbesondere die Lektüre der bisherigen eigenen Aussagen sind daher vor der Gutachtenserörterung allemal ratsam.

39   Etwa JBl 2002, 585; MietSlg 54.644; Sach 2002, 173 (*Rummel*).

40   *Rechberger* in *Fasching/Konecny* III Vor §§ 351 ff ZPO Rz 13; *derselbe* in *Rechberger*, ZPO³ Vor § 351 Rz 8; *Rüffler*, Der Sachverständige im Zivilprozess (1995) 209.

41   IdS auch im Strafprozess: § 249 Abs. 3 StPO.

Opferschutzeinrichtungen in Österreich und deren Aufgaben

M. Sorgo

8.1   Zur Notwendigkeit des Opferschutzes   – 84

8.2   Zur Notwendigkeit der Kooperation von staatlichen und nichtstaatlichen Organisationen bei Gewalt im sozialen Nahraum   – 84

8.3   Opferschutz durch staatliche Einrichtungen   – 85

8.4   Opferschutz und Opferhilfe durch nichtstaatliche Einrichtungen   – 85

8.4.1   Gewaltschutzzentren und Interventionsstelle Wien – gesetzlich verankerte nichtstaatliche Opferschutzeinrichtungen in Österreich   – 86

8.4.2   Frauenhäuser   – 90

8.4.3   Kinderschutzzentren   – 91

M. Grassberger, E. Türk, K. Yen, Klinisch-forensische Medizin,
DOI 10.1007/978-3-211-99468-9_8, © Springer-Verlag Berlin Heidelberg 2013

8.1 Zur Notwendigkeit des Opferschutzes

Opferschutz. Das Grundrecht auf Freiheit und körperliche Unversehrtheit ist ein allgemeines Menschenrecht. Deshalb müssen staatliche Interventionen und Opferschutz bei Gewaltvorfällen, unabhängig von Geschlecht, Alter, Staatsangehörigkeit, Behinderung, also unabhängig von der jeweiligen Lebenslage von Opfer und Täter greifen. Da die Familie über weite Strecken immer noch als privater Bereich gilt, in den sich der Staat nicht einzumischen habe, spielt der Opferschutz gerade bei Gewalt im sozialen Nahraum, insbesondere an Frauen und Kindern, eine wesentliche Rolle. Der Opferschutz befasst sich mit den Interessen der Geschädigten von Gewalttaten durch staatliche und nichtstaatliche Institutionen und bedeutet in diesem Zusammenhang in erster Linie, den Schutz und die Sicherheit für Gewaltopfer zu erhöhen.

Opferhilfe. Ein anderer oft synonym verwendeter Begriff ist die Opferhilfe, der den Aspekt der Sicherheit, der im Zusammenhang bei Gewalt im sozialen Nahraum im Vordergrund stehen muss, nicht beinhaltet. „Dem Anspruch des Opfers auf Sicherheit kommt Priorität zu; die Intervention ist so zu konzipieren, dass dem Anspruch des Opfers, von weiteren Verfolgungen verschont zu bleiben, vorrangig Rechnung getragen wird." (Dearing, 2006).

Die Wissenschaft begann sich erst in der zweiten Hälfte des 20. Jahrhunderts mit den Bedürfnissen der Opfer zu beschäftigen. Die ersten Forschungsarbeiten aus diesem Bereich stammen aus Japan; das erste internationale Symposium über Viktimologie als Teilbereich der Kriminologie fand 1973 in Jerusalem statt. Wesentlich vorangetrieben wurden die Bemühungen um die Besserstellung der Opfer von Gewalttaten aber vor allem von der Frauenbewegung, die insbesondere auf Kinder und Frauen als Opfer, durch vorwiegend männliche Übergriffe, hinwies. Dadurch wurde die Sensibilität gegenüber Opfern erheblich erhöht, wenn nicht gar erst geschaffen. Der Lobbyarbeit verschiedener Opferschutzeinrichtungen ist es weiters zuzuschreiben, dass nunmehr auch in Österreich der Gesetzgeber auf die besondere Situation des Opfers Rücksicht zu nehmen begann.

Entscheidend für diese Entwicklung waren u. a. auch die Ergebnisse der Traumaforschung, die grundlegendes Wissen von den psychischen Beeinträchtigungen der Opfer von Gewalttaten erbracht haben. Am Beginn stand die Erkenntnis, dass viele Opfer über die primäre Viktimisierung, die sie unmittelbar oder mittelbar durch die Gewalt selbst erleiden, oftmals zusätzlich durch die informellen und formellen Reaktionen auf die Opfersituation psychisch schwer geschädigt werden.

8.2 Zur Notwendigkeit der Kooperation von staatlichen und nichtstaatlichen Organisationen bei Gewalt im sozialen Nahraum

Kooperation. Die gemeinsam entwickelte Strategie staatlicher und nichtstaatlicher Organisationen und die so weit wie möglich aufeinander abgestimmte Vorgehensweise spielen für die **Aufdeckung** von Misshandlungen, für den positiven Verlauf der **Unterstützung** von Opfern und für die **Verhinderung** von erneuten Gewalttaten eine entscheidende Rolle. Nur so können Sicherheitsmaßnahmen und eine effektive Unterstützung gewährleistet werden.

Die Einsicht, dass durch interdisziplinäre sowie interinstitutionelle Zusammenarbeit viele komplexe Themenfelder im Bereich der Gewalt im sozialen Nahraum effizienter und effektiver bearbeitet werden können, setzte sich aufgrund einer langjährigen Reformentwicklung in Österreich erfolgreich durch.

Die polizeilichen, juristischen und sozialarbeiterischen Hilfestellungen bei durch häusliche Gewalt in Not geratenen Personen können sich aufgrund der unterschiedlichen Aufgabenverteilung der jeweiligen Hilfesteller nur in Grenzen halten. Daher ist ein wesentlicher Bestandteil der Arbeit im Gewaltbereich die Vernetzung und Kooperation. Das primäre Ziel dieser Kooperation ist der **Opferschutz**, der Vorrang hat vor institutionellen Grenzen. Eine ressortübergreifende Kooperation zwischen den von diesem Thema betroffenen Institutionen zu vereinbaren, ist notwendig um eine frühzeitige Betreuung der Opfer sicherzustellen sowie Entscheidungsbefugnisse und Sicherheitsmaßnahmen zu gewährleisten.

8.3 Opferschutz durch staatliche Einrichtungen

Als nennenswerte Aufgabe des Staates darf seit einigen Jahren der Opferschutz und die Opferhilfe gezählt werden. Das Engagement obliegt dem Staat aus den vielfältigsten Gründen, sei es im Sinne einer Wiederherstellung des sozialen Friedens, der Gewährleistung von Schutz und Sicherheit oder etwa im Rahmen der Fürsorgepflicht des Staates im Sinne einer restorativen sozialen Maßnahme oder Förderung der physischen und psychischen Gesundheit (Smutny, 2004). Aus dem Blickwinkel Opferrechte zu garantieren, liegt die Aufgabe von staatlichen und staatsnahen Einrichtungen – und hier vor allem von Polizei, Zivil- und Strafgerichten – in jedem Fall darin, Opferschutz zu leisten. Darüber hinaus sind auch der Jugendwohlfahrtsbehörde diesbezügliche Instrumente zur Verfügung gestellt worden.

Polizeilicher Opferschutz. Die mit dem 1997 in Österreich in Kraft getretenen **Gewaltschutzgesetz** verbundenen polizeilichen Maßnahmen können dabei als eine bedeutende Regelung für den Opferschutz gesehen werden. Auf dieser gesetzlichen Basis haben die Organe des öffentlichen Sicherheitsdienstes nach Verhängung des 14-tägigen **Betretungsverbotes** eine Dokumentation zu erstellen und diese innerhalb von 24 Stunden an das im Bundesland örtlich zuständige Gewaltschutzzentrum oder der Interventionsstelle Wien zu übermitteln. Seit 1. Juli 2006 ist die Polizei verpflichtet, auch bei Anzeigen wegen Stalking eine Meldung an diese Opferschutzeinrichtungen zu machen.

Zivilrechtlicher Opferschutz. Durch die Möglichkeit einer wirkungsvolleren und verzahnteren **Maßnahme der „Einstweiligen Verfügung"** wurde dem Opferschutz im Rahmen des Zivilrechtes Rechnung getragen. Die zivilrechtliche Maßnahme ermöglicht eine gerichtliche Verlängerung des Betretungsverbotes bis zu sechs Monaten sowie Kontakt- und Aufenthaltsverbote. Aber auch ohne vorangegangenes Betretungsverbot kann eine solche Verfügung beantragt werden, wenn eine Gefährdung für Familienmitglieder nachweislich gegeben ist.

Strafgerichtlicher Opferschutz. Wie bereits erwähnt, bestehen auch im Rahmen der Strafjustiz Möglichkeiten des Opferschutzes und der Opferhilfe für Opfer häuslicher Gewalt. Nicht nur in Form der Verhängung einer **Untersuchungshaft** für gefährdende Personen zur Verhinderung weiterer Gewalttaten, sondern auch im Angebot der **juristischen und psychosozialen Prozessbegleitung.** Psychosoziale Prozessbegleitung wird von ProzessbegleiterInnen der diversen **Opferschutz- bzw. Opferhilfeeinrichtungen** angeboten. Diese wurden vom österreichischen Bundesministerium für Justiz nach § 49a Abs. 3 StPO dazu vertraglich ermächtigt. Psychosoziale Prozessvorbereitung und -begleitung dienen dazu, Opfern von Gewalt ein möglichst großes Maß an Angst und Unsicherheit zu nehmen, vor allem dann, wenn sie auch als ZeugInnen in ein Strafverfahren involviert sind. Diese Ängste entstehen meist durch Unkenntnis des Strafverfahrens und dessen ungewissen Verlaufs.

Opferschutz durch Jugendwohlfahrt. Dem Jugendwohlfahrtsträger ist im Rahmen des Gewaltschutzgesetzes die Möglichkeit eingeräumt worden, im Falle psychischer oder physischer Gewalt an Minderjährigen von Seiten eines Familienangehörigen beim Zivilgericht eine einstweilige Verfügung nach § 382b EO zu beantragen. Die zivilrechtliche Maßnahme ermöglicht eine gerichtliche **Wegweisung** des Gefährders bis zu sechs Monaten. Darüber hinaus hat der Jugendwohlfahrtsträger die Möglichkeit, den (teilweisen) **Entzug des Obsorgerechtes** oder die sog. **volle Erziehung** durch den Jugendwohlfahrtsträger (§ 18 JWG), d. h. die Pflege und Erziehung in einer Pflegefamilie, einem Heim oder in einer sonstigen Einrichtung, zu beantragen.

8.4 Opferschutz und Opferhilfe durch nichtstaatliche Einrichtungen

In Österreich gibt es ein im urbanen Bereich zum Teil dichtes, in den ländlichen Regionen weniger dichtes Netz an Opferschutz- und Opferhilfeinrichtungen.

Das vordergründige **Ziel** von Opferschutzeinrichtungen[1] ist die **Erhöhung der Sicherheit** für gefährdete Personen. Dieses wird mit unterschiedlichen Maßnahmen bewirkt. Zum einen geht es darum, gefährdeten Personen eine **vorübergehende sichere Unterkunftsmöglichkeit** anzubieten. Zum anderen werden mit den Betroffenen individuelle **Sicherheitspläne** erarbeitet, die als Grundlage für aktive Unterstützungsmaßnahmen dienen. Zur Umsetzung dieser Maßnahmen ist die Koordination mit allen beteiligten Organisationen notwendig. Gewaltopfer werden solange von den Opferschutzeinrichtungen betreut, bis diese nicht mehr gefährdet sind bzw. alle dazu notwendigen Sicherheitsmaßnahmen getroffen wurden.

Opferschutzeinrichtungen sind Gewaltschutzzentren/Interventionsstellen, Frauenhäuser, manchmal auch Kinderschutzzentren, die vorwiegend Opfer häuslicher sowie sexualisierter Gewalt und Stalkingopfer betreuen. In Wien gibt es darüber hinaus noch eine Interventionsstelle für Betroffene des Frauenhandels. Nicht vergessen darf man dabei auch die Arbeit mit gewalttätigen Männern, sie dient dem Opferschutz.

Zu den **Opferhilfeeinrichtungen**, die die finanzielle, therapeutische, sozialarbeiterische, manchmal auch juristische Unterstützung von Gewaltopfern zum Ziel haben, gehören in Österreich Einrichtungen wie

- **Weisser Ring**
- Verein **NEUSTART**
- **Notrufe für vergewaltigte Frauen**
- **Frauen-, Männer- und Familienberatungsstellen**
- **therapeutische Unterbringungsstätten**, die Frauen und Kindern, vereinzelt auch Männern nach Gewalterfahrungen beistehen
- **bundesweite Opferhotlines**
- **Kinder- und Jugendanwaltschaften.**

Links unter www.help.gv.at/Content.Node/29/ Seite.290000.html

---

[1]   Diese Definition ist keine rechtstechnische, die in § 25/2 SPG (Sicherheitspolizeigesetz) festgelegte Definition von Opferschutzeinrichtungen ist enger gehalten.

8.4.1   Gewaltschutzzentren und Interventionsstelle Wien – gesetzlich verankerte nichtstaatliche Opferschutzeinrichtungen in Österreich

Gewaltschutzzentren. Wie bereits erwähnt, beinhaltet das Gewaltschutzgesetz eine datenrechtliche Grundlage für eine **verpflichtende Zusammenarbeit der Exekutive** mit den spezifisch dafür eingerichteten Gewaltschutzzentren und der Interventionsstelle Wien.

Ein deutliches Zeichen, dass die Zielvorgaben von staatlicher Seite ernst genommen wurden, ist die Tatsache, dass seit 1999 in jedem der neun österreichischen Bundesländer mit öffentlichen Mitteln aus dem Budget des Innenministeriums, der Bundesministerin für Frauen und des Öffentlichen Dienstes spezialisierte Opferschutzeinrichtungen installiert wurden. Die Finanzierung durch das Bundesministerium für Inneres signalisiert, dass Gewalt in der Familie nicht nur als gesellschaftlich-soziales Problem, sondern auch als eine zu lösende Aufgabe der öffentlichen Sicherheit angesehen wird. Die erste Interventionsstelle wurde im Dezember 1995 in Graz in Form eines Projektbüros eröffnet.

Wie bereits dargestellt sind die Exekutivorgane im Rahmen des Gewaltschutzgesetzes (§ 38a Abs. 4 SPG) verpflichtet, die Opfer über geeignete „Opferschutzeinrichtungen" zu informieren. „Geeignete Opferschutzeinrichtungen" sind Einrichtungen, die vom Bundesminister für Inneres als Opferschutzeinrichtung nach § 25 Abs. 2 SPG gefördert werden. Solche sind derzeit die **Gewaltschutzzentren**, die **Interventionsstellen in Wien** und die **Interventionsstelle für Betroffene des Frauenhandels**. Sofern sich in der Wohnung Minderjährige befinden, ist diese Meldung auch der Jugendwohlfahrtsbehörde zu übermitteln. Darüber hinaus erhalten Gewaltschutzzentren und die Interventionsstellen Wien auch Mitteilungen über Anzeigen, insb. Stalkinganzeigen.

„Das Gewaltschutzgesetz hat dafür durch eine Novellierung des § 56 Abs. 1 SPG, der die Zulässigkeit der Übermittlung von sicherheitspolizeilichen Daten an Opferschutzeinrichtungen normiert, die datenrechtliche Grundlage geschaffen" (Dearing,

Zeitraum	Betretungsverbot nach § 38a SPG
ab 1. Mai 1997	1.365
1998	2.673
1999	3.076
2000	3.354
2001	3.283
2002	3.944
2003	4.180
2004	4.674
2005	5.618
2006	7.235
2007	6.347
2008	6.566
2009	6.731
2010	6.759
2011	7.686

◘ **Tab. 8.1** Statistik der Betretungsverbote in Österreich zwischen 1997 und 2011 (eigene Zusammenstellung nach Statistiken des Bundesministerium für Inneres)

2006). Das bedeutet in der Praxis, dass die Exekutive den Gewaltschutzzentren und der Interventionsstelle Wien österreichweit mittlerweile rund 8.000 Betretungsverbote jährlich übermittelt (◘ Tab. 8.1).

Die **Gewaltschutzzentren und die Interventionsstelle Wien**[2] nehmen nach der Datenübermittlung durch die Polizei Kontakt zu den von Gewalt betroffenen Personen auf.

Das bedeutet, dass im Falle der Verhängung eines Betretungsverbotes nicht darauf gewartet wird, dass sich das Opfer aus eigenem Antrieb an die Gewaltschutzzentren bzw. die Wiener Interventionsstelle wendet. Nach Meldung der Verhängung eines Betretungsverbotes durch die Exekutive setzen sich Mitarbeiterinnen der Gewaltschutzzentren oder Interventionsstelle Wien so schnell wie möglich mit

den gewaltbetroffenen Personen in Verbindung und bieten Unterstützung an.

Erwähnenswert in diesem Zusammenhang ist auch die Anführung von Opferschutzeinrichtungen im Ärztegesetz. In **§ 54 ÄrzteG (6)** ist bezüglich der Informationspflicht folgendes geregelt: In den Fällen einer vorsätzlich begangenen schweren Körperverletzung hat der Arzt auf bestehende Opferschutzeinrichtungen **hinzuweisen**.

Ziele und Aufgaben. Das vorrangige Ziel der Gewaltschutzzentren und der Interventionsstelle Wien, nämlich die Sicherheit für Gewaltopfer zu erhöhen, ist an die Erreichung folgender Teilziele gebunden:
- sichere Privatsphäre sowie rascher, kostenloser und unbürokratischer Zugang zum Recht
- Normverdeutlichung durch Einbeziehung häuslicher Gewalttaten in das Rechtssystem
- Optimierung der Zusammenarbeit aller mit häuslicher Gewalt befassten Behörden und Einrichtungen.

Zielgruppe sind alle Opfer von Gewalt im sozialen Nahraum (◘ Abb. 8.1). Auch wenn es zu keiner polizeilichen Intervention kommt, werden alle Opfer von Gewalt (physischer, psychischer und sexualisierter) betreut, egal ob Frauen, Kinder, Jugendliche oder Männer. In den Gewaltschutzzentren können Betroffene, Angehörige oder Bekannte von Gewaltopfern professionelle Hilfe erwarten.

Die Gewaltschutzzentren und die Interventionsstelle Wien bieten mit ihrem pro-aktiven Betreuungsansatz Opfern von Gewalt aktive Beratung und Unterstützung an. Dazu gehören **juristische Beratung** und Begleitung sowie **psychosoziale Unterstützung**. Die Angebote umfassen daher:

Rechtliche Unterstützung:
- Unterstützung und Information (bei Betretungsverbot), kostenlose Rechtsberatung
- Erstellen von Anträgen und Klagen
- Prozessbegleitung bei Strafverfahren finanziert durch Justizministerium
- Begleitung zu zivilgerichtlichen Verfahren
- Beistellen einer rechtsanwaltlichen Vertretung im Bedarfsfall

---

2 Der Name „Interventionsstelle" wurde seit 2006 sukzessive in allen Bundesländern mit Ausnahme Wien in „Gewaltschutzzentrum" umgeändert. In Vorarlberg nennt sich die Opferschutzeinrichtung „Gewaltschutzstelle".

◘ **Abb. 8.1** Unterstützung der Gewaltschutzzentren bei Gewalt im sozialen Nahraum

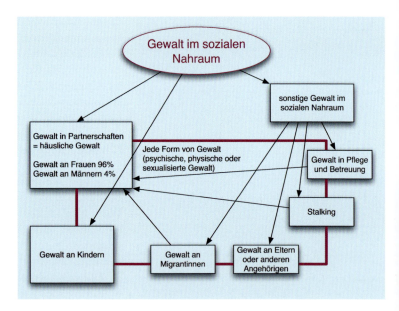

Psychosoziale Unterstützung:

- Erstellung von individuellen Sicherheitsplänen
- Krisenintervention
- Stalkingberatung
- Anbieten von Entscheidungshilfen
- sozialarbeiterische Hilfestellung
- Unterstützung mitbetroffener Kinder
- psychosoziale Prozessbegleitung
- Vermittlung an und Koordination mit Behörden, anderen Einrichtungen und Fachleuten im Einzelfall
- Beistellen einer Psychotherapeutin im Bedarfsfall.

Alle Angebote können, wenn notwendig, mit Dolmetscherinnen in Anspruch genommen werden (◘ Tab. 8.2).

Der Fokus der Interventionen liegt auf der Beendigung der Gewalt und der Gewaltprävention, woraus sich vor allem folgende Arbeitsschwerpunkte ergeben:

Pro-aktive Betreuung und Unterstützung von Opfern familiärer Gewalt. Nach einer Gewalttat bleiben meist verunsicherte und traumatisierte Opfer zurück, die sich in einer Ausnahmesituation befinden. Sie sind kaum in der Lage, von sich aus Unterstützung und Hilfe in Anspruch zu nehmen und Entscheidungen zu treffen. Auch wenn die Exekutive bemüht ist,

ihnen die wichtigsten Informationen über Unterstützungseinrichtungen und rechtliche Möglichkeiten zukommen zu lassen, sind sie dennoch meist nicht in der Lage, sich zu orientieren und das Gesagte zu erfassen. Die Erfahrungen haben gezeigt, dass unmittelbar nach einem gewalttätigen Vorfall Gewaltopfer zumindest in einem **Krisengespräch** einen „Anker" finden sollten.

Aufgrund dieses **Ausnahmezustandes der Opfer** besteht die Notwendigkeit, innerhalb kürzester Zeit mit der gefährdeten Frau[3] Kontakt aufzunehmen und ihr die notwendige psychosoziale Unterstützung und rechtliche Betreuung anzubieten. Daher nehmen die Mitarbeiterinnen der Gewaltschutzzentren und der Interventionsstelle Wien nach der Übermittlung des Betretungsverbotes mit der gefährdeten Frau telefonisch und schriftlich innerhalb von zwei Tagen Kontakt auf. Wenn dies nicht möglich ist, weil die Frau sich z. B. noch im Krankenhaus aufhält, wird sie persönlich besucht und Unterstützung angeboten. Ist die Betroffene eine Migrantin, erhält sie ein Erstkontaktschreiben in ihrer Muttersprache. Leben in dieser Familie minderjährige Kinder, so informiert die Exekutive auch die zuständige Jugendwohlfahrtsbehörde über das verhängte Betretungsverbot.

3　Hauptgruppe der betreuten Personen sind Frauen (95 Prozent) Daher wird bei den Ausführungen vorwiegend auf diese Opfergruppe Bezug genommen

■ Tab. 8.2 Fallzahlenstatistik der Gewaltschutzzentren und der Interventionsstelle Wien seit Bestehen des Gewaltschutzgesetzes

Bundes-land	2000	2001	2002	2003	2004	2005	2006	2007	2008	2009	2010	2011
Burgen-land	204	254	287	330	368	370	428	451	521	566	532	648
Vorarl-berg	210	295	321	394	443	454	432	513	612	876	616	713
Kärnten	285	255	336	383	416	480	486	525	646	690	614	717
Tirol	269	311	342	338	624	813	726	999	1.088	1.281	1192	1092
Salzburg	420	441	495	531	668	702	818	840	998	1.190	1006	1011
Niederö-sterreich	471	511	652	638	676	812	908	1.137	1.360	1.421	1588	1924
Oberö-sterreich	412	478	633	671	775	865	1.067	1.252	1.488	1.637	1568	1719
Steier-mark	726	682	936	1.001	1.259	1.336	1.508	1.695	1.713	1.808	1950	2117
Wien	1.166	1.622	2.477	3.656	3.687	3.941	4.775	5.758	5.633	5.998	5914	5575
Gesamt	4.163	4.849	6.479	7.942	8.916	9.773	11.148	13.170	14.059	15.467	14.980	15.516

Bedrohungsmanagement. Gewaltschutzzentren und die Interventionsstellen Wien erfahren aufgrund der intensiven Betreuung und der Möglichkeit, ein Vertrauensverhältnis zwischen Opfer und Betreuerin herzustellen, manchmal weitaus mehr von der Gewaltgeschichte als die Polizei. Daher ist es sinnvoll, dass aufgrund dieser Information eine **Analyse der Gefährdungs- und Sicherheitssituation** vorgenommen wird. Durch die Kombination verschiedener Analysen werden die Risikofaktoren einer (neuerlichen) Gewaltausübung genau und gründlich analysiert. Um die Einschätzungen der Betroffenen zu untermauern, werden vom Opfer auch Informationen über Waffen, Untersuchungshaft des Gewalttäters, Häufigkeit der Tat, Täterverhalten etc. erfragt bzw. polizeiliche Niederschriften eingeholt[4]. Diese Einschätzungen bilden die Grundlage für die Erarbeitung eines **individuellen Sicherheitsplanes** (Anbringen eines Sicherheitsschlosses, Bereitstellen eines Notrufhandys und Pfeffersprays, Benachrichtigung von Nachbarn, welche im Notfall

die Polizei verständigen sollen, erfragen, wer die gefährdete Person von der Arbeit abholen kann etc.) und allfällig erforderliche **Sicherheitsmaßnahmen**, die unter Umständen im Zusammenwirken mit der Polizei erarbeitet werden. Die Umsetzung des Sicherheitsplanes erfolgt meist durch diverse Interventionen (z. B. durch Kooperation mit der Exekutive, Beantragung Einstweiliger Verfügungen bei Gericht, Stellungnahmen an Gerichte, Begleitung zu Strafverhandlungen etc.). Die Gesamtheit dieser Analysen und Entscheidungen für die Sicherheit der Opfer wird in der neueren Literatur „**Bedrohungsmanagement**" genannt.

Kooperationsarbeit. Das Gewaltschutzgesetz baut auf einem Kooperationssystem der Gewaltschutzzentren bzw. der Wiener Interventionsstelle mit den verschiedenen Einrichtungen auf. Das Zivilgericht ist im Zusammenhang mit der Einbringung von Anträgen auf Erlassung einer „Einstweiligen Verfügungen" eingebunden. Die Kooperation bei Strafverfahren liegt einerseits in der konkreten Prozessbegleitung, andererseits in der Übermittlung von Stellungnahmen über die Einschätzung der Gefährlichkeit an die zuständigen Strafgerichte. Die Einbindung der

---

4   Gefährlichkeitseinschätzungsmodell DyRiAS von Jens Hoffmann www.institut-psychologie-bedrohungsmanagement.de

Jugendwohlfahrt ist immer dann erforderlich, wenn es um den Schutz und die Sicherheit von Kindern geht, auch wenn diese nicht direkt von Gewalt betroffen sind. Eine wichtige Aufgabe der Gewaltschutzzentren und der Interventionsstelle Wien liegt darin, auf wahrgenommene Schwachstellen in der behördlichen und außerbehördlichen Arbeit und auf Schwierigkeiten, die in der Kooperation auftreten, hinzuweisen.

Öffentlichkeitsarbeit zur Gewaltprävention. Die Gewaltschutzzentren und die Interventionsstelle Wien haben es sich zur Aufgabe gemacht, den Prozess des Umdenkens über Auseinandersetzungen und deren Formen, Ursachen und Auswirkungen von familiärer Gewalt, voranzutreiben, um diese einzudämmen. Zur Erreichung dieser Ziele ist es wichtig, eine öffentliche Sensibilisierung und Bewusstseinsbildung zu erreichen. Diese erfolgt durch Medienpräsenz, Beteiligung an Fachveranstaltungen, Informationsveranstaltungen etc.

Ein weiterer Schwerpunkt der Arbeit zur Gewaltprävention ist die Initiierung und Durchführung von Schulungen, Fortbildungsveranstaltungen und Seminaren für verschiedene Berufsgruppen. Im Rahmen der Grundausbildung und der Fortbildung der Sicherheitsexekutive bestehen verpflichtende Schulungen zum Thema „Gewalt in der Familie", die von den Gewaltschutzzentren und der Wiener Interventionsstelle seit 1993 durchgeführt werden und wesentlich zur Verbesserung des Opferschutzes beigetragen haben.

Um die Kooperation im Bereich des Opferschutzes auch mit anderen Berufsgruppen zu verbessern, werden Schulungen an der Fachhochschule für Sozialarbeit und Sozialmanagement durchgeführt sowie Referate im Rahmen der Ausbildung der RichteramtsanwärterInnen und im Gesundheitsbereich angeboten. Weiters treten immer wieder Schulen an die Gewaltschutzzentren heran, um bei Präventionsprojekten gegen Gewalt unterstützt zu werden.

Die Gewaltschutzzentren und die Wiener Interventionsstelle sowie die Interventionsstelle für Betroffene des Frauenhandels sind durch Auftragsverträge mit dem Bundesministerium für Inneres und Bundesministerium für Frauen, Medien und Öffentlichem Dienst verpflichtet, in ihren jährlichen Tätigkeitsberichten Vorschläge zur Verbesserung

der Gewaltprävention und des Opferschutzes an den Präventionsbeirat[5] im Bundesministerium für Inneres abzugeben.

8.4.2 Frauenhäuser

Frauenhäuser sind Zufluchtsstätten für misshandelte Frauen und deren Kinder mit Schutz- und Unterkunftsmöglichkeit. Das erste Frauenhaus als Zufluchtsstätte für misshandelte Frauen und Kinder wurde 1972 in London von einer Hausfrau und Mutter gegründet (Pizzey, 1978). In ganz Europa wurden als Folge der ersten Errungenschaften der Frauenbewegung Frauenhäuser für misshandelte Frauen und Kinder erkämpft. Mittlerweile gibt es alleine in Europa ca. 1.000 Frauenhäuser. Das erste österreichische Frauenhaus wurde 1978 in Wien eingerichtet. Derzeit verfügt Österreich über 26 Frauenhäuser (vgl. Aktionsgemeinschaft der autonomen Frauenhäuser, 2009).

Ziel der Unterstützung ist der Schutz und die Ermächtigung von Frauen. Die Arbeit in den autonomen Frauenhäusern ist nach dem feministischen Konzept der „Ermächtigung" ausgerichtet, d. h. sie zielt darauf ab, Frauen darin zu unterstützen, Schritt für Schritt wieder Macht und Kontrolle über ihr Leben zu erlangen. Die Mitarbeiterinnen arbeiten im Auftrag der Frauen und in ihrem Einverständnis.

Parteilichkeit. Mitarbeiterinnen von Frauenhäusern arbeiten parteilich für die Frauen. Diese Parteilichkeit ist sehr wichtig für die Vertrauensbildung. Im Frauenhaus wird keine Beratung gemeinsam mit dem Mann durchgeführt, da dies mit der Parteilichkeit für die Frau nicht vereinbar wäre. Wenn eine Frau mit dem Mann eine Beratung machen möchte, wird sie an eine Ehe- oder Familienberatungsstelle vermittelt. Die Frau selbst trifft die Entscheidungen über ihr Leben und über Schritte, die sie unternehmen will. Diese Entscheidungen müssen respektiert werden und sind die Basis für die Zusammenarbeit.

In Frauenhäusern arbeiten nur Frauen mit Frauen. Dies ist wichtig, da die betroffenen Frauen

---

5   Der „Beirat für Grundsatzfragen der Gewaltprävention" ist angesiedelt im Bundesministerium für Inneres und Träger der Vernetzung der im Bereich der Gewaltprävention tätigen staatlichen und privaten Einrichtungen auf Bundesebene.

oft auf Grund der negativen Erfahrungen mit gewalttätigen Männern wenig Vertrauen gegenüber Männern haben. Dieses Prinzip ist aber auch wichtig, um Frauen mit Gewalterfahrung zu bestätigen, dass Frauen selbstständig sind (vgl. Bundesministerium für soziale Sicherheit und Generationen, 2001).

Die Angebote der autonomen Frauenhäuser umfassen:

– 24 Stunden Notruf (nicht alle Frauenhäuser)
– 24 Stunden Aufnahme im Frauenhaus
– Frauen und Kinder können bleiben, solange sie es brauchen und können auch mehrmals wiederkommen
– Unterbringung und Hilfe für Frauen ohne Einkommen kostenlos
– Frauen helfen Frauen
– Hilfe für Frauen und Kinder in allen Angelegenheiten (Unterkunft, Schutz, Beratung, Begleitung zu Polizei und Gericht)
– Hilfe bei der Existenzsicherung
– Hilfe bei der Arbeitssuche
– Hilfe bei der Wohnungssuche
– Hilfe in allen Angelegenheiten, die Kinder betreffen (Schule, Kindergarten, Probleme mit den Kindern etc.)
– Nachbetreuung nach dem Frauenhausaufenthalt
– Öffentlichkeitsarbeit und Prävention.

Im Jahr 2009 haben 1.598 Frauen und 1.565 Kinder 179.690 Aufenthaltstage in den österreichischen Frauenhäusern verbracht (vgl. Aktionsgemeinschaft der autonomen Frauenhäuser 2009).

Die Betreuung der Kinder verlangt speziell ausgebildete Frauenhausmitarbeiterinnen mit therapeutischen Kenntnissen.

Träger der Frauenhäuser sind meist gemeinnützige Vereine, die Finanzierung erfolgt überwiegend aus Landesmitteln und zu einem Teil aus Bundesmitteln sowie aus Spenden.

8.4.3 Kinderschutzzentren

Kinderschutzzentrum. Grundstein für die Errichtung des ersten Kinderschutzzentrums im deutschsprachigen Bereich wurde in der Stadt Berlin 1976 gelegt. Das Kinderschutzzentrum sollte ein Ort sein, der den Kindern ein Leben ohne Unterdrückung und Misshandlung ermöglicht (Honig, 1992). Vordergründige Bestrebungen waren erstens das Aufbrechen gesellschaftlicher Tabuisierung von familialer Gewalt, zweitens sollten Kinderschutzzentren eine Alternative zur bestehenden und ungenügenden, sozialpolitischen und therapeutischen Hilfeleistung bieten.

In Österreich wurde insbesondere mit der Schaffung der unabhängigen Kinderschutzzentren beabsichtigt, eine alternative **Hilfe im Zusammenhang mit Misshandlungs- und Missbrauchsgeschehen am Kind** anzubieten. Daher bieten diese Zentren Beratung bei allen Formen von Gewalt gegen Kinder, Jugendliche und Erwachsene an mit dem Ziel, den Opfern rasch und zuverlässig zu helfen.

Im inhaltlichen Gleichklang kam es 1985 in Linz, Österreich zur Eröffnung des ersten Kinderschutzzentrums. Ausgehend von dieser Einrichtung wurden in Österreich bis Ende 2010 nach und nach 15 weitere Kinderschutzzentren gegründet. Die jeweiligen Standorte sind im Anhang ersichtlich.

Ein großer Teil der Arbeit bezieht sich auf **spontane Krisenintervention**. Einige österreichische Kinderschutzzentren (z. B. Kinderschutzzentrum Wien) stehen in Kooperation mit anderen Einrichtungen, wodurch in Gefahrensituationen auch die Möglichkeit einer Fremdunterbringung des Kindes mit anschließender psychologischer Betreuung gewährleistet ist (vgl. Bundesministerium für soziale Sicherheit und Generationen, 2001).

Angebote. Hinsichtlich der methodischen Vorgangsweise werden für die Hilfeleistung an Klientinnen Erstgespräche, Beratung, Einzel-, Paar- und Familientherapie, telefonische Beratung, Außenkontakt, Fallkonferenzen mit Klientinnen und Verhaltensbeobachtung etc. angeboten, außerdem individuell abgestimmte Beratung und Therapie von Kindern, Jugendlichen und deren Familien bei verschiedenen Problemstellungen und zur Entwicklungsförderung der Kinder, Begleitung von Kindern, Jugendlichen und Erwachsenen bei schwierigen Problemen und in Krisen, psychosoziale Prozessbegleitung, Erziehungshilfe, Besuchsbegleitung. Die Arbeit erfolgt in den meisten Fällen unter Berücksichtigung des familiären Bezugssystems.

Darüber hinaus bieten die Kinderschutzzentren auch Fortbildungsaktivitäten für Fachkräfte zur Qualitätssicherung, zur Förderung von Kooperation unter Fachkräften und Konzeptentwicklung im Bereich Kinderschutz, manchmal auch in Zusammenarbeit mit der Jugendwohlfahrt, an.

Öffentlichkeitsarbeit zu gesellschaftspolitischen Themen, die die Lebensbedingungen von Kindern und deren Eltern betreffen, ist darüber hinaus eine unverzichtbare Aufgabe geworden.

„Kinderschutzzentrum" dürfen sich nur jene Einrichtungen nennen, die sich an den konzeptuellen Grundlagen orientieren und über fachliche und materielle Voraussetzungen verfügen (*Begriffsbestimmung und Arbeitskriterien der Kinderschutzzentren, Graz 1990*). Die Gründung des Dachverbandes der Österreichischen Kinderschutzzentren fand im Jahr 1992 statt.

In einem **Grundsatzpapier** wurden folgende **Prinzipien der Kinderschutzarbeit** festgelegt (Bundesministerium für soziale Sicherheit und Generationen, 2001):

– Der Schutz des Kindes soll in Zusammenarbeit mit den Eltern und der ganzen Familie durch die Analyse des Familienproblems gesichert werden.

– Eine Bestrafung der Familie (des Täters) ist ausgeschlossen. Dabei muss unterschieden werden zwischen gegebenenfalls notwendigen Interventionen zur Sicherheit des Kindes und straforientierten Maßnahmen.

– Das Angebot richtet sich an die hilfsbedürftige Familie.

– Das Hilfsangebot bezieht sich auf die Gesamtheit problematischer Lebensumstände, wobei die Hilfe nicht aufgesplittert, sondern fachlicher Rat von anderen eingeholt werden soll.

– Es erscheint nicht sinnvoll, Anlaufstellen gesondert einzurichten.

– Die Vertraulichkeit wird streng gewahrt. Kontakte zu Dritten finden nur mit Einverständnis und in der Regel auch nur mit der Familie statt.

– Einen wesentlichen Faktor im Rahmen des Kinderschutzes stellt zusätzlich die Öffentlichkeitsarbeit dar, denn durch sie gelingt es, Kinderschutzarbeit publik zu machen und eine stärkere Sensibilisierung der Bevölkerung und der Politiker zu ermöglichen.

Aufbau und Konzept von Kinderschutzgruppen an Krankenanstalten in Österreich

F. Horak

9.1   Gesetzliche Grundlagen für Kinderschutzgruppen
        in Österreich   – 94

9.2   Kinderschutzgruppen an Krankenanstalten
        in Österreich   – 94

9.3   Aufgaben einer Kinderschutzgruppe   – 95

9.4   Konzept der Kinderschutzgruppe an der Universitätsklinik
        für Kinder- und Jugendheilkunde Wien   – 95

9.4.1   Aufgaben der einzelnen Berufsgruppen   – 95

9.4.2   Das Kernteam   – 96

9.4.3   Die Kleinteams   – 96

9.5   Praktischer Alltag einer Kinderschutzgruppe   – 96

9.5.1   Einsatzplan der Kinderschutzgruppe
        (Vorgehen im Verdachtsfall)   – 97

9.5.2   Das Konfrontationsgespräch   – 97

9.5.3   Vorgehen bei Fremdunterbringung   – 97

9.6   Dokumentation   – 98

9.7   Zusammenfassung   – 98

M. Grassberger, E. Türk, K. Yen, Klinisch-forensische Medizin,
DOI 10.1007/978-3-211-99468-9_9, © Springer-Verlag Berlin Heidelberg 2013

9.1 Gesetzliche Grundlagen für Kinderschutzgruppen in Österreich

Kinderschutzgruppen (KSGs) sind in Österreich im Krankenanstalten- und Kuranstaltengesetz seit 1999 verankert. Darin wird festgehalten, dass jede Krankenanstalt, die potenziell Kinderschutzfälle behandeln kann, **verpflichtet** ist, eine KSG einzurichten. Zu einer KSG *müssen* gesetzesgemäß zumindest ein Facharzt für Kinderheilkunde oder Kinderchirurgie, eine Pflegeperson und ein Psychologe/Psychotherapeut zählen. Ein Vertreter des Jugendwohlfahrtsträgers *kann* beigezogen werden (genauer Gesetzestext s. u.). Auch die allgemeinen Aufgaben einer KSG (Früherkennung, Sensibilisierung) werden in diesem Gesetz beschrieben.

Praxistipp: Aus unserer Erfahrung soll nach Möglichkeit immer ein Vertreter des Jugendwohlfahrtsträgers (Sozialarbeiter) Teil der KSG sein, da dies die Kommunikation mit dem Jugendwohlfahrtsträger deutlich vereinfacht und auch für die interdisziplinäre Arbeit der Gruppe sehr wertvoll ist. Auch hat sich die Teilnahme eines **Rechtsmediziners**, die an einigen Orten (z. B. Graz, Bern, Heidelberg) praktiziert wird, als sehr nützlich erwiesen.

§ 8e Krankenanstalten- und Kuranstaltengesetz (KAKuG) 2002:

» (1) Der Landesgesetzgeber hat die Träger der nach ihrem Anstaltszweck und Leistungsangebot in Betracht kommenden Krankenanstalten zu verpflichten, Kinderschutzgruppen einzurichten. Für Krankenanstalten, deren Größe keine eigene Kinderschutzgruppe erfordert, können Kinderschutzgruppen auch gemeinsam mit anderen Krankenanstalten eingerichtet werden.
(2) Der Kinderschutzgruppe haben jedenfalls als Vertreter des ärztlichen Dienstes ein Facharzt für Kinder- und Jugendheilkunde oder ein Facharzt für Kinderchirurgie, Vertreter des Pflegedienstes und Personen, die zur psychologischen Betreuung oder psychotherapeutischen Versorgung in der Krankenanstalt tätig sind, anzugehören. Die Kinderschutzgruppe kann, gegebenenfalls auch im Einzelfall, beschließen, einen Vertreter des zuständigen Jugendwohlfahrtsträgers bei zu ziehen.
(3) Der Kinderschutzgruppe obliegt insbesondere die Früherkennung von Gewalt an oder Vernachlässigung von Kindern und die Sensibilisierung der in Betracht kommenden Berufsgruppen für Gewalt an Kindern. «

KSGs sind auch in § 54 Abs. 5 (Anzeigepflicht) des **österreichischen Ärztegesetzes** (ÄrzteG) erwähnt. Wichtig dabei ist, dass prinzipiell bei Verdacht auf Misshandlung, Vernachlässigung oder sexuelle Gewalt gegen Minderjährige eine **polizeiliche Anzeige erfolgen muss**. Eine **Ausnahmeregelung** sieht den vorübergehenden Aufschub der Anzeigepflicht vor, sofern sich der Verdacht gegen einen nahen Angehörigen richtet, das Wohl des Minderjährigen den Aufschub erfordert, der Jugendwohlfahrtsträger eingeschaltet und, falls vorhanden, die KSG der Krankenanstalt einbezogen wird (genauer Gesetzestext s. u.).

§ 54 Abs. 5 Österreichisches Ärztegesetz:

» Ergibt sich für den Arzt in Ausübung seines Berufes der Verdacht, dass ein Minderjähriger misshandelt, gequält, vernachlässigt oder sexuell missbraucht worden ist, so hat der Arzt Anzeige an die Sicherheitsbehörde zu erstatten. Richtet sich der Verdacht gegen einen nahen Angehörigen, so kann die Anzeige so lange unterbleiben, als dies das Wohl des Minderjährigen erfordert und eine Zusammenarbeit mit dem Jugendwohlfahrtsträger und gegebenenfalls eine Einbeziehung einer Kinderschutzeinrichtung an einer Krankenanstalt erfolgt. «

9.2 Kinderschutzgruppen an Krankenanstalten in Österreich

Die erste Kinderschutzgruppe in Österreich wurde 1990 gegründet. In der Folge wurden in weiteren Einrichtungen Kinderschutzgruppen eingerichtet. Eine Erhebung von Thun-Hohenstein (2005) ergab, dass zu diesem Zeitpunkt 26 von 38 Kinderspitälern (68,4 %) und alle Kinderchirurgien mit einer KSG ausgestattet waren. Bis heute finden sich in einem Großteil der Einrichtungen etablierte Kinderschutzgruppen. 2011 wurde eine aktualisierte Version eines **Leitfadens für die Kinderschutzarbeit** vom Bundesministerium für Gesundheit, Familie und Jugend herausgegeben, der auch entscheidende Informationen für den Aufbau einer Kinderschutzgruppe enthält.

9.3 Aufgaben einer Kinderschutzgruppe

Warum braucht es eine Kinderschutzgruppe?

Hauptaufgabe der KSG ist es, bei begründetem Verdacht auf eine Misshandlung, Vernachlässigung oder sexuelle Gewalt gegen ein Kind geeignete und rasche Maßnahmen zu treffen. Das **primäre Ziel ist der Schutz des Kindes**. Da eine hohe Verantwortung für den Einzelnen besteht und das Thema in der Regel emotionsgeladen und affektbetont ist, ist ein interdisziplinärer Ansatz wichtig.

Merke		

Ein interdisziplinärer Ansatz ist bei der Kinderschutzarbeit wesentlich. Primäres Ziel ist der Schutz des Kindes.

Welche Aufgaben hat eine Kinderschutzgruppe?
– beratendes Gremium bei Fragen von Misshandlung/Vernachlässigung/sexuelle Gewalt an Kindern
– Früherkennung von Risikofällen
– Sensibilisierung des Krankenhauspersonals
– strukturiertes, interdisziplinäres Vorgehen bei einem Verdachtsfall
– Organisation von familienzentrierter Hilfe gemeinsam mit dem Jugendwohlfahrtsträger
– Organisieren von internen und externen Fortbildungen.

Welche Aufgaben hat die Kinderschutzgruppe nicht?
– Suche nach Tätern (Polizei, Detektiv)
– Anklage von Verdächtigen (Staatsanwalt)
– Verurteilen von Schuldigen (Richter).

9.4 Konzept der Kinderschutzgruppe an der Universitätsklinik für Kinder- und Jugendheilkunde Wien

Die Kinderschutzgruppe der Universitätsklinik für Kinder- und Jugendheilkunde der Medizinischen Universität Wien (MUW) setzt sich aus Vertretern von Fachärzten für Kinderheilkunde bzw. Kinderpsychiatrie, aus medizinischen Psychologen, Pflegepersonen (diplomierte Kinderkrankenschwestern) sowie einer Sozialarbeiterin zusammen.

9.4.1 Aufgaben der einzelnen Berufsgruppen

Ärzte:
– Führung der Kinderschutzgruppe durch einen Facharzt für Kinderheilkunde oder Kinderpsychiatrie
– Organisation von und Teilnahme an regelmäßigen Treffen
– medizinische Betreuung der Kinder und Eltern an der Station
– Planen und Erheben von medizinischen Befunden
– Führen von Konfrontationsgesprächen
– Abhalten von Helferkonferenzen
– Organisieren von Fortbildungen
– Implementierung des Themas Kinderschutz in Lehre und Forschung.

Pflegepersonen:
– Betreuung der Patienten vor Ort (Beobachtung des Pflegezustandes, Interaktion Eltern – Kind etc.)
– Erheben von Pflegeanamnesen und -diagnosen
– Teilnahme an Konfrontationsgespräch und Helferkonferenz
– Teilnahme an gemeinsamen Besprechungen und Fortbildungen.

Psychologen:
– psychologische Betreuung der Kinder und Eltern an der Station
– Erheben der psychosozialen Anamnese

– Teilnahme an Konfrontationsgespräch und Helferkonferenz
– Teilnahme an gemeinsamen Besprechungen.

Sozialarbeiterin:
– Erheben der Sozialanamnese
– Information über Unterstützungsmöglichkeiten der Familie intra- und extramural
– Kommunikation mit den Vertretern der Jugendwohlfahrt
– Teilnahme an Konfrontationsgespräch und Helferkonferenz
– Teilnahme an gemeinsamen Besprechungen und Fortbildungen.

Konzept. Das Konzept der Kinderschutzgruppe der Universitätsklinik für Kinder- und Jugendheilkunde basiert auf einem Konsiliarsystem. Es wird zwischen Kernteam und Kleinteams unterschieden, wobei die Kleinteams direkt vor Ort die Eltern und Kinder an den Stationen und der Ambulanz betreuen, während das Kernteam in beratender Funktion und zur Konsiliartätigkeit zur Verfügung steht.

9.4.2   Das Kernteam

Das Kernteam setzt sich aus Vertretern der Kleinteams zusammen und besteht zurzeit aus 3 Fachärzten für Kinder- und Jugendheilkunde sowie einer Fachärztin für Kinderpsychiatrie.

Weiters gehören zum Kernteam 3 Kinderkrankenschwestern, 3 Psychologinnen und 1 Sozialarbeiterin.

Die **Aufgaben des Kernteams** sind:
– Erarbeiten von Standards für die Abklärung von Kinderschutzfällen
– beratende Tätigkeit (auf Konsiliarbasis) für die Kleinteams auf den jeweiligen Stationen und Ambulanzen
– Organisation von internen und externen Fortbildungen
– Teilnahme an Fortbildungsveranstaltungen
– monatliche Treffen zur Fallbesprechung
– Kontakt zu anderen Kinderschutzgruppen und externen Hilfeeinrichtungen
– möglichst lückenlose Dokumentation der Fälle.

9.4.3   Die Kleinteams

Auf jeder Station/in jeder Ambulanz gibt es ein Kleinteam, bestehend aus 1–2 Ärzten, 1–3 Pflegepersonen und 1 Psychologin. Das Kleinteam betreut direkt an der Station bzw. in der Ambulanz die Patienten und zieht bei Bedarf das Kernteam per Konsiliaranforderung zu Rate.

Alternative Konzeptideen. Das Konsiliarkonzept ist für jene Spitäler geeignet, die keine Mitarbeiter extra für die Kinderschutzarbeit freistellen können.

Eine alternative Möglichkeit ist die Bildung eines multidisziplinären Kinderschutzteams, welches sich ausschließlich mit diesem Thema befasst und jeden Fall direkt betreuen kann. Dies ist jedoch aufgrund fehlender Ressourcen nur in den wenigsten Einrichtungen möglich.

9.5   Praktischer Alltag einer Kinderschutzgruppe

Der Alltag einer Kinderschutzgruppe ist geprägt von regelmäßigen monatlichen Treffen sowie fallspezifischen Konsiliartreffen im Rahmen des Einsatzplanes.

Regelmäßige Treffen. Bei den an unserer Klinik in etwa monatlich abgehaltenen Treffen werden aktuelle Fälle besprochen sowie allgemeine Themen wie geplante Fortbildungen, neue Standards, Forschungsthemen, Kooperationen etc.

Jedes Mitglied des Kernteams hat hier die Möglichkeit aktuelle Probleme und Wünsche zu besprechen. Diese Treffen dienen auch z. T. der Supervision bei schwierigen/belastenden Fällen.

Praxistipp: Regelmäßige (je nach Größe des Teams und Anzahl der Fälle wöchentliche bis monatliche) Treffen sind aus unserer Sicht **essenziell**, um aufkommende Probleme und schwierige Fälle gemeinsam besprechen zu können. Dabei ist eine gleichwertige möglichst **unhierarchische Diskussion** wichtig. Eine Leitung und Moderation des Treffens ist zwar notwendig, soll aber in erster Linie der Gruppe dienen.

9.5.1 Einsatzplan der Kinderschutzgruppe (Vorgehen im Verdachtsfall)

Der Einsatzplan ist im Flussdiagramm ◘ Abb. 9.1 dargestellt.

Stellt sich während der ambulanten bzw. stationären Betreuung eines Patienten der Verdacht auf Vernachlässigung, Misshandlung oder sexuelle Gewalt, wird das zuständige Kleinteam der jeweiligen Station bzw. Ambulanz informiert. Dieses fordert mit Hilfe eines Konsils ein oder mehrere Mitglieder des Kernteams an, um die Lage zu besprechen. Diese Besprechung soll nach Möglichkeit noch **am selben, spätestens aber am nächsten Tag** stattfinden. Bis dahin muss natürlich der **Schutz des Kindes** sichergestellt werden, d. h. es muss entschieden werden, ob ein Kind beispielsweise stationär aufgenommen werden muss oder weiter ambulant behandelt werden kann.

Die Zuweisung zum Konsiliarteam erfolgt mit dem Formular „Zuweisung an die Kinderschutzgruppe" (s. Anhang). Gemeinsam mit dem Konsiliarteam wird das weitere Procedere festgelegt (Planung weiterer Untersuchungen, Zuweisung zu Konsiliarleistungen wie Kindergynäkologie, Augenuntersuchung etc.). Sollte sich aufgrund der durchgeführten Untersuchungen oder Gespräche der Verdacht nicht erhärten, werden die durchgeführten Untersuchungen im Formular „Zusammenfassende Beurteilung" (s. Anhang) dokumentiert und der Fall wird abgeschlossen. Sollte sich der Verdacht weiter erhärten, werden weitere Maßnahmen geplant (Meldung an den Jugendwohlfahrtsträger, polizeiliche Anzeige, Erwirken eines Ausfolgeverbotes etc.). Eltern und Kinder werden prinzipiell vom Kleinteam der Station betreut. Das Kernteam steht beratend zur Verfügung und nimmt an der Helferkonferenz und einem möglichen Konfrontationsgespräch teil.

Merke
Bei allen Entscheidungen steht der Schutz des Kindes im Vordergrund. Eine stationäre Aufnahme kann dies in der Regel gewährleisten.

9.5.2 Das Konfrontationsgespräch

Am Konfrontationsgespräch nehmen in der Regel die Eltern des Kindes, die betreuende Stationspsychologin und die Pflegeperson des Kleinteams sowie ein Arzt und die Sozialarbeiterin des Kernteams teil. Bei einer weiteren Betreuung durch den Jugendwohlfahrtsträger ist auch eine Teilnahme eines Vertreters der Jugendwohlfahrt sinnvoll.

Der leitende Arzt evaluiert die Ergebnisse der Untersuchungen und konfrontiert die Eltern mit dem erhobenen Verdacht. Je nach Einsicht der Eltern kann bereits hier ein Behandlungsvertrag ausgearbeitet werden, ansonsten kann dies auch bei weiteren Gesprächen erfolgen.

Ein offenes Gesprächsklima, ohne Zuweisung von Schuld ist hierbei wichtig. Die Psychologin soll dabei die Eltern stützen. In der Regel geht es bei dem Gespräch darum, den Eltern objektive Fakten zu vermitteln und weiterhin den Schutz des Kindes sicherzustellen. Es ist nicht Ziel und Aufgabe der Kinderschutzgruppe einen Täter „dingfest" zu machen.

Praxistipp: Um das Vertrauensverhältnis zwischen behandelndem Arzt und Familie nicht zu gefährden, soll ein Konfrontationsgespräch möglichst von einem Arzt geführt werden, der die Familie nicht direkt betreut (also in diesem Fall vom Kernteam). Das Gespräch kann je nach Sachlage bereits in Anwesenheit eines Vertreters des Jugendwohlfahrtsträgers erfolgen.

9.5.3 Vorgehen bei Fremdunterbringung

Sollte nach einem Gespräch mit dem Jugendwohlfahrtsträger eine Fremdunterbringung festgelegt werden, ist eine behutsame Umsetzung nötig. Ansonsten kann es zu sehr emotionalen und auch aggressionsgeladenen Situationen an der Station kommen. Wir empfehlen, eine Übernahme des Kindes durch das Jugendamt bzw. die Pflegeeltern zu einem Zeitpunkt, an dem die Eltern direkt am Amt über die Fremdunterbringung des Kindes informiert werden. Eine Verabschiedung bzw. ein Besuch der Eltern kann dann zu einem anderen, geplanten Zeitpunkt erfolgen.

◘ **Abb. 9.1** Einsatzplan der
Kinderschutzgruppe

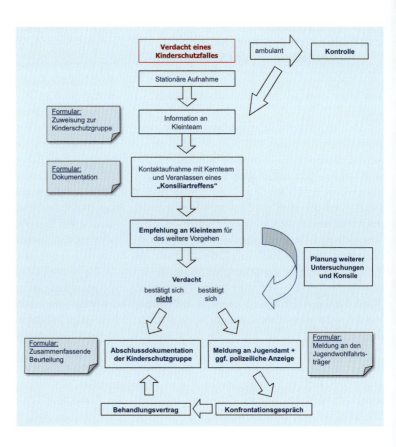

9

9.6   Dokumentation

Wichtig für die Arbeit einer Kinderschutzgruppe ist
die genaue **Dokumentation** aller zugewiesenen Fälle.
Dies dient einerseits einer lückenlosen Arbeitsweise,
andererseits kann bei Fällen, die vor Gericht weiter
behandelt werden, von den Mitgliedern der Kinderschutzgruppe und dem Leiter der Krankenanstalt auf
diese Aufzeichnungen zurückgegriffen werden.

Die Dokumentation der KSG an der Universitätsklinik für Kinder- und Jugendheilkunde in Wien
erfolgt über adaptierte Dokumentationsbögen des

Leitfadens für die Kinderschutzarbeit, die für alle österreichischen Kinderschutzgruppen verfügbar sind.

Die wichtigsten Bögen, die derzeit an unserer
Klinik eingesetzt werden sind (s. Anhang):
– Zuweisung zur Kinderschutzgruppe
– Meldung an den Jugendwohlfahrtsträger
– Dokumentation der Kinderschutzgruppe
– zusammenfassende Beurteilung.

9.7   Zusammenfassung

Die Arbeit von Kinderschutzgruppen ist im Österreichischen Gesetz verankert und sollte in allen
Abteilungen, in welchen mögliche Kinderschutzfälle
behandelt werden, eine Institution sein. Wichtig ist
ein **multidisziplinäres Vorgehen** nach standardisierten Abläufen sowie regelmäßige Treffen zur
Falldiskussion und Supervision. Eine fundierte Dokumentation und regelmäßige Fortbildungen sind
dabei wichtige Grundlagen.

Aufgaben und Nutzen klinisch-forensischer Ambulanzen

K. Yen

10.1   **Zielsetzung** – 100

10.2   **Organisation** – 100

10.3   **Zuweisungswege** – 101

10.4   **Leistungen einer klinisch-forensischen Ambulanz** – 102

10.4.1   Rechtsmedizinische Begutachtung und Berichtswesen – 102

10.4.2   Weiterführende Untersuchungen – 104

M. Grassberger, E. Türk, K. Yen, Klinisch-forensische Medizin,
DOI 10.1007/978-3-211-99468-9_10, © Springer-Verlag Berlin Heidelberg 2013

Mit den Anforderungen an ein modernes Rechtsmedizinisches Institut ist bei stetig steigenden Zahlen von klinischen Fällen zunehmend auch die Forderung nach dem Führen einer klinisch-forensischen Ambulanz[1] verbunden. Im Folgenden sollen der Nutzen einer solchen Einrichtung sowie die zur Verfügung gestellten Leistungen und mögliche Zugangswege am Beispiel der klinisch-forensischen Ambulanz des Ludwig Boltzmann Instituts in Graz und weiterer ähnlich organisierter Ambulanzen, z. B. der Rechtsmedizinischen Institute in Düsseldorf, München, Hamburg, Heidelberg oder Bern, dargestellt werden.

10.1 Zielsetzung

Wesentlichstes Ziel und Aufgabe klinisch-forensischer Ambulanzen ist die Schaffung einer Organisationsstruktur, die die **rechtzeitige und fachgerechte Beweissicherung** an lebenden Personen nach gewaltsamen Ereignissen sicherstellen kann. Die aus den Untersuchungen gewonnenen Erkenntnisse sollen die **juristische Entscheidungsfindung auf Basis gesicherter Sachbeweise unterstützen** und so der Rechtssicherheit dienen.

Entsprechend den Aufgaben der Rechtsmedizin finden daher an klinisch-forensischen Ambulanzen keine kurativen Tätigkeiten statt, sondern **rechtsmedizinische Untersuchungen einschließlich Dokumentation und Spurensicherung** an lebenden Personen bei Vorliegen möglicher rechtsrelevanter Fragestellungen. Klinisch-forensische Ambulanzen sind aufgrund des sehr unterschiedlichen Leistungsspektrums mit klinischen Ambulanzen nicht vergleichbar und verstehen sich nicht in Konkurrenz zu diesen. Obwohl Letztere aufgrund unterschiedlicher Zielsetzung wie auch mangelnder rechtsmedizinischer Fachkenntnisse meist nicht für rechtsmedizinische Untersuchungen geeignet sind, stellen eine enge Vernetzung und ein regelmäßiger und vertrauensvoller Kontakt zu klinischen Einrichtungen eine wichtige Grundlage für eine gut funktionierende klinisch-forensische Ambulanz

dar; so kann beispielsweise rechtsmedizinisches Fachwissen von klinisch tätigen Ärzten frühzeitig und unabhängig von einer Anzeige eingeholt und das weitere Vorgehen unter Einbezug der rechtsmedizinischen Untersuchungsergebnisse geplant werden. Nicht zuletzt hat es sich im Bereich der sexuellen Gewalt gegen Frauen als vorteilhaft erwiesen, die betreffende Person gemeinsam mit klinischen Gynäkologen in einem einzigen Untersuchungsgang zu untersuchen.

> **Merke**
>
> Objektiv erhobene Beweisgrundlagen sind von herausragender Bedeutung für die gerichtliche Beurteilung eines Falles; daher sollte ein hoher Aufwand in die Sicherung solcher Beweise investiert werden. Klinisch-forensische Ambulanzen stellen ein einfach zugängliches und niederschwellig nutzbares Angebot zur Dokumentation von Verletzungen und Sicherung von Spuren dar.

10.2 Organisation

Die wichtigste Grundlage einer klinisch-forensischen Ambulanz ist die Schaffung eines auch nachts und an Wochenenden verfügbaren und einfach (über eine zentrale Telefonnummer) erreichbaren **rechtsmedizinischen ärztlichen Bereitschaftsdienstes**. Dieser muss **mobil** sein, damit jederzeit auch an Orten außerhalb des Instituts, z. B. in Kliniken oder auf Polizeistationen, untersucht werden kann. Daher muss auch die benötigte Ausrüstung für klinisch-forensische Untersuchungen mobil bereitgestellt werden. Zu dieser zählen beispielsweise:

- Fotoausrüstung (mit Blitz und Makroobjektiv; hohe Lichtstärke zum Fotografieren auch bei schlechten Lichtverhältnissen; gut sichtbares Display zum Überprüfen der Bilder vor Ort; sollte einfach handhabbar und nicht zu schwer sein)
- Ersatzakkus für Kamera, ggf. Ersatzspeicherkarte
- Winkelmaß
- Lupe (ggf. mit Beleuchtung und Messskala)

---

1   Im Folgenden wird der Begriff „klinisch-forensische Ambulanz" verwendet; im deutschen Sprachraum sind aber auch Bezeichnungen wie „Rechtsmedizinische Untersuchungsstelle" oder „Gewaltopferambulanz" gebräuchlich.

- Dokumentationsbögen (körperliche und sexuelle Gewalt, Kinder)
- Körperschemazeichnungen (unterschiedliche Regionen, Übersichten und Detail, Kinder und Erwachsene, weiblich und männlich)
- Farbstifte (zum Ausfüllen der Körperschemazeichnungen)
- Material für gynäkologische und kindergynäkologische Untersuchungen sowie Untersuchung männlicher Patienten und Tatverdächtiger: Sets sind vorgefertigt erhältlich, z. B. Spurensets forensiX® der Fa. Prionics
- Toluidinblau und 1 % verdünnte Essigsäure für gynäkologische Untersuchungen (in forensiX®-Spurensets zum Teil enthalten)
- Glasstäbe mit Kugel in unterschiedlichen Größen zur Untersuchung des Jungfernhäutchens. Es empfiehlt sich, die Glasstäbe in der gynäkologischen Ambulanz zu deponieren, damit eine Reinigung gemäß klinischer Richtlinien erfolgen kann.
- Bei Untersuchung von Kindern hat sich die Mitnahme eines kleinen Geschenks bewährt (in den vorgefertigten Sets teilweise enthalten).
- Material für Blut- und Urinentnahme
- Schreibmaterial (einschließlich Marker für Beschriftung von Behältnissen)
- etwas Verbandsmaterial
- Informationsmaterial für Opfer (z. B. Information über Verbleib der Asservate und Asservierungsdauer in nicht angezeigten Fällen, Information zu geeigneten regionalen Opferhilfseinrichtungen und Rechtsberatungsstellen).

Am zuständigen Institut sollte zudem ein gut beleuchteter, mit einer Untersuchungsliege ausgestatteter Raum zur Verfügung stehen, der für die Untersuchung lebender Personen genutzt werden kann. Ein getrennter Wartebereich ist vorteilhaft, da nicht wenige Personen in Begleitung Angehöriger oder der Polizei zur Untersuchung kommen. Für die Untersuchung von Kindern können etwas Spielzeug oder kindgerechte Möbel angeschafft und bei ausreichenden Platzverhältnissen ein eigener „Kinder-Untersuchungsraum" eingerichtet werden. Auch hat sich ein abgetrennter Umkleidebereich (z. B. Paravent) im Untersuchungsraum als sinnvoll erwiesen.

Gynäkologische Untersuchungen bei Verdacht auf sexuelle Gewalt sollten bei Erwachsenen und Jugendlichen ausschließlich an entsprechenden klinischen Einrichtungen gemeinsam mit klinischen GynäkologInnen durchgeführt werden. Der Vorteil dieses Vorgehens ist, dass **klinische und rechtsmedizinische Befundung und Spurensicherung in einem einzigen Untersuchungsgang** und bei für solche Untersuchungen geeigneten Bedingungen erfolgen können. An einigen Instituten hat sich dieses gemeinsame Vorgehen mittlerweile zum Standard entwickelt, mit sehr guter Akzeptanz durch die untersuchten Personen und Auftraggeber.

Bei Kindern finden klinisch-forensische Untersuchungen häufig im Auftrag der Kinderkliniken in deren Ambulanzräumen oder Patientenzimmern statt. Kindergynäkologische Untersuchungen bei Verdacht auf sexuelle Gewalt sollten wenn möglich in kinderklinischen Untersuchungsräumen in **Anwesenheit einer Kindergynäkologin bzw. eines Kindergynäkologen** erfolgen.

10.3 Zuweisungswege

> **Merke**
>
> Die wichtigste Voraussetzung für eine Klärung des Falles ist eine frühzeitige, möglichst zeitnah zum Ereignis erfolgende Untersuchung und Spurensicherung.

Grundsätzlich soll eine klinisch-forensische Ambulanz allen Betroffenen von Gewalt zur Verfügung stehen, unabhängig von deren Alter, Herkunft oder Geschlecht. Entscheidend für ein optimales Ergebnis im Hinblick auf die Beweissicherung und spätere Begutachtung ist die **möglichst umgehende, zeitnah zum Ereignis erfolgende Untersuchung** des Opfers und ggf. auch des/der Tatverdächtigen. Die Meldung von Fällen an die klinisch-forensische Ambulanz soll daher möglichst früh und ohne Verzögerung erfolgen, um keine wichtigen Befunde und Spuren zu verlieren, die sich an lebenden Personen rasch verändern können und dann häufig nicht mehr feststellbar sind. So kann beispielsweise eine ausführliche polizeiliche

10

Befragung auch erfolgen, nachdem die betreffende Person untersucht und eine Spurensicherung durchgeführt wurde.

Forensische Ambulanzen sollten auch für Personen offen stehen, die noch nicht angezeigt haben oder keine Anzeige an Polizei oder Staatsanwaltschaft wünschen. Ein derart **niederschwelliges Angebot** ist vor allem für Auftraggeber aus dem medizinischen Bereich wie z. B. Kinderkliniken wichtig, da diese die Rechtsmedizin gerade auch deshalb einbeziehen, um sie hinsichtlich des weiteren Vorgehens – auch im Hinblick auf eine Anzeige – beraten und unterstützen zu können. Auch Opfer von Sexualdelikten oder häuslicher Gewalt benötigen oft mehrere Anläufe, bis sie sich zu einer Anzeige entschließen; wenn für diese kein **Angebot zur Untersuchung „ohne Anzeige"** zur Verfügung steht, werden unter Umständen wichtige Befunde verloren, die später die Situation des Opfers und letztlich auch die Rechtssicherheit entscheidend verbessern könnten. Außerdem geben niederschwellig angebotene Untersuchungen nach gewaltsamen Ereignissen die Möglichkeit, Betroffene frühzeitig zu beraten und ggf. weitere Hilfe organisieren zu können. Anonyme Untersuchungen sind aus Gründen der Nachvollziehbarkeit ohne Angaben von Personalien und Zuordenbarkeit z. B. von Spurenträgern und somit der Gerichtsverwertbarkeit der Ergebnisse an rechtsmedizinischen Ambulanzen nicht möglich.

Die **Zuweisung an klinisch-forensische Ambulanzen** erfolgt in der Regel durch telefonische Kontaktaufnahme (Diensthandynummer bekanntgeben!) durch

– Staatsanwaltschaften und Gerichte
– Ärzte diverser klinischer und nicht-klinischer Einrichtungen
– Polizei
– Jugendämter
– Opferhilfs- und andere Betreuungseinrichtungen
– Kindergärten, Schulen
– Betroffene selbst oder deren Angehörige (bei entsprechendem Angebot)
– Versicherungen (selten).

Bei entsprechendem Angebot (einschließlich Untersuchungen ohne vorgängige Anzeige, Untersuchungen auch nachts) kann es sinnvoll sein, die Erreichbarkeit über die Homepage des Instituts oder in lokalen Zeitungen zu veröffentlichen.

10.4 Leistungen einer klinisch-forensischen Ambulanz

Die Leistungen, die in einer klinisch-forensischen Ambulanz erbracht werden können, umfassen folgende Bereiche (nicht angezeigte und angezeigte Fälle):

– klinisch-forensische **Untersuchung**
– **Spurensicherung**
– gerichtsverwertbare **Dokumentation**
– weiterführende Betreuung und Beratung
– rechtsmedizinische **Begutachtung** und Berichtswesen
– weiterführende Untersuchungen (z. B. Toxikologie, forensische Bildgebung).

◘ Tab. 10.1 beschreibt Details zu den einzelnen angeführten Punkten und kann als Dokumentationshilfe verwendet werden.

10.4.1 Rechtsmedizinische Begutachtung und Berichtswesen

Eine forensische Begutachtung mit Interpretation der erhobenen Befunde erfolgt **nur bei vorliegendem Begutachtungsauftrag** seitens der **Staatsanwaltschaft** (des Untersuchungsrichteramts) oder anderer geeigneter Auftraggeber wie **Polizei**, Versicherungen oder Privater. Entsprechend dem üblichen Vorgehen bei der Verletzungsbegutachtung wird auf Fragen des Auftraggebers eingegangen und ein **schriftliches und/oder mündliches Gutachten** erstattet.

Bei konsiliarischer Beauftragung durch Ärzte oder Kliniken wird kein Gutachten im oben genannten Sinn erstellt, sondern oft ein **schriftlicher Konsiliarbericht** (häufig als **Untersuchungsbericht** oder Kurzbericht bezeichnet). Dieser enthält lediglich eine kurze Beurteilung der seitens der Kliniker gestellten Fragen, aber keine weiterführenden Informationen, die im klinischen Kontext nicht relevant sind. In diesen Fällen ist es in der Regel ausreichend, nur eine

◼ **Tab. 10.1** Leistungen einer klinisch-forensischen Ambulanz in Checklistenform

Durchgeführt	
	UNTERSUCHUNG
☐	Aufnahme der **Personalien**
☐	Einholen der **schriftlichen Einwilligung** in die Untersuchung (bei Kindern und nicht selbst Einwilligungs- bzw. Urteilsfähigen: Erziehungsberechtigte oder sonstige befugte Vertreter)
☐	kurze **Befragung** zum gegenständlichen Vorfall (abhängig von den Fallumständen und der Person; bei Kindern wird je nach Umständen meist gänzlich darauf verzichtet)
☐	**körperliche Untersuchung** gemäß klinisch-forensischen Untersuchungsstandards
☐	**Besichtigung der Bekleidung**, Tatwaffe etc. je nach Ereignis und (zeitlichen) Verhältnissen
	SPURENSICHERUNG
☐	**Asservierung von Spuren in Abhängigkeit vom Ereignis und den zeitlichen Verhältnissen** gemäß den forensischen Standards für Spurensicherung nach sexueller oder körperlicher Gewalt, evtl. unter Verwendung spezifischer Untersuchungssets (s. o.)
☐	Asservierung von **Blut, Urin und ggf. Haaren** für chemisch-toxikologische Untersuchungen
☐	Asservierung **der Bekleidung** oder sonstiger Gegenstände
☐	Asservierung von Hautexzisaten nach chirurgischer Versorgung z. B. bei Vorliegen von Schusswunden
	DOKUMENTATION
☐	**gerichtsverwertbare Dokumentation** aller Befunde, ggf. auch von „Negativbefunden" (= Dokumentation unverletzter/unveränderter Bereiche wie z. B. Hals nach angeblichem Würgen)
☐	Verwendung von **Körperschema-Vorlagen** zum Einzeichnen der Verletzungen und Spuren
☐	digitale **Fotografie** mit Erstellung von Übersichts- und Detailaufnahmen unter Verwendung von Maßstäben, Markern etc.
☐	**schriftliche Dokumentation** mit detaillierter, systematischer Beschreibung aller relevanten Befunde
☐	evtl. **zusätzliche Maßnahmen** zur Dokumentation wie forensische Bildgebung (vorwiegend MRT, CT, Röntgen), Photogrammetrie etc.
	WEITERFÜHRENDE BETREUUNG UND BERATUNG
☐	Beratung im Hinblick auf medizinische und rechtliche Aspekte, insbesondere **auf Wunsch Vermittlung an entsprechende Opferhilfseinrichtungen oder Rechtsberatungsstellen**, Organisation medizinischer/psychologischer Betreuung nach Bedarf
☐	bei entsprechenden Beschwerden **fachärztliche Untersuchungen** in die Wege leiten
☐	**Beratung von Auftraggebern** hinsichtlich der weiteren Schritte aus forensischer Sicht, bei nicht angezeigten Fällen insbesondere hinsichtlich einer Anzeige an Polizei oder Staatsanwaltschaft
	RECHTSMEDIZINISCHE BEGUTACHTUNG UND BERICHTSWESEN
☐	Erstellung eines Untersuchungsberichts
☐	Erstellung eines Gutachtens
	WEITERFÜHRENDE UNTERSUCHUNGEN
☐	molekularbiologische Untersuchungen
☐	toxikologische Untersuchungen
☐	forensisch-radiologische Untersuchungen

kurze, zusammenfassende Beschreibung der Befunde und Beantwortung der in klinischer Hinsicht relevanten Fragen an den Auftraggeber zu senden. Ausführliche Beschreibungen rechtsmedizinischer Befunde einschließlich z. B. detaillierter Angaben zu Spuren auf der Bekleidung etc. sind für die klinische Betreuung von Patienten nicht erforderlich und sollten gerichtlichen Gutachten vorbehalten bleiben. Um eine eindeutige **Unterscheidung zwischen einem Untersuchungsbericht für klinische Zwecke und einem Gutachten** zu ermöglichen und der missbräuchlichen Verwendung von Untersuchungsberichten für gerichtliche Zwecke – für die sie in der Regel nicht ausreichend sind – vorzubeugen, hat es sich als sinnvoll erwiesen, Untersuchungsberichte als solche zu kennzeichnen. Beispielsweise wird an der klinisch-forensischen Ambulanz des Ludwig Boltzmann Instituts in Graz auf jeder Seite eines Untersuchungsberichts der Vermerk „*NUR FÜR KLINISCHE ZWECKE GEEIGNET*" deutlich sichtbar angebracht.

Merke
Ein konsiliarischer klinisch-forensischer Untersuchungsbericht kann ein Gutachten nicht ersetzen! Eine Verwendung von Untersuchungsberichten anstatt von Gutachten als Basis für spätere Urteile ist im Sinne der Rechtssicherheit abzulehnen.

In nicht angezeigten Fällen kann die untersuchte Person selbst über die weitere Verwendung der erhobenen Daten verfügen, sofern nicht – in den Ländern jeweils unterschiedlich geregelte – ärztliche Anzeigepflichten entgegenstehen (s. entsprechende Rechtskapitel). An die untersuchten Personen selbst werden jedoch in der Regel keine schriftlichen Berichte, Fotos oder Asservate mitgegeben bzw. gesendet; dies wird auch nur selten verlangt. Da auch in nicht angezeigten Fällen die entnommenen Asservate aus Platzgründen nur vorübergehend aufbewahrt werden können, ist es sinnvoll, der untersuchten Person ein Informationsblatt mitzugeben und diese aufzuklären, wie lange die Proben aufbewahrt werden und bis wann ggf. ein Untersuchungsauftrag erteilt werden müsste.

In **Fällen mit Vorliegen eines Begutachtungsauftrags** ergeht ein schriftliches Gutachten ausschließlich an den Auftraggeber. Dieser verfügt auch über die eventuelle Untersuchung der Asservate und erteilt entsprechende Zusatzaufträge.

10.4.2　Weiterführende Untersuchungen

Weiterführende Untersuchungen, wie z. B. die Anwendung bildgebender Verfahren, chemisch-toxikologischer oder molekularbiologischer Analysen, werden auf Grund der damit verbundenen Kosten **nur bei Vorliegen entsprechender Aufträge** in Absprache mit dem Auftraggeber durchgeführt.

Abschließend ist zu erwähnen, dass aus der Tätigkeit klinisch-forensischer Ambulanzen zwar eine **Erhöhung der Rechtssicherheit in Fällen von überlebter Gewalt** resultiert und die derzeit bestehenden Ambulanzen zahlreiche erfolgreich geklärte Fälle vorweisen können, die früher nicht der Rechtsmedizin zugeführt worden wären, nichtsdestotrotz ist die **Finanzierung rechtsmedizinischer Ambulanzen bislang in keinem der drei Länder Deutschland, Österreich und Schweiz sichergestellt**. Um eine aus rechtsmedizinischer Sicht dringend erforderliche flächendeckende Einrichtung klinisch-forensischer Ambulanzen zur Akutversorgung von Gewaltopfern zu ermöglichen, wären entsprechende Maßnahmen seitens der Verantwortlichen der Politik gefordert. Die Untersuchungskosten liegen in einem niedrigen Bereich, der im Vergleich zu den Folgekosten, die eine unklare Situation nach einem gewaltsamen Übergriff nach sich ziehen kann, als nicht relevant zu betrachten ist; **der rechtliche, medizinische und finanzielle Nutzen, den eine frühe forensische Untersuchung und Spurensicherung der beteiligten Personen mit sich bringen, steht in keinem Verhältnis zu den aufzubringenden Kosten.**

Spezielle klinisch-forensische Medizin

Kapitel 11   Anamneseerhebung – Ärztliche Gesprächsführung
in der klinischen Rechtsmedizin   – 109
E. E. Türk

Kapitel 12   Die gerichtsverwertbare Dokumentation
von Verletzungen   – 113
M. Grassberger, E. E. Türk

Kapitel 13   Die körperliche Untersuchung von Tatverdächtigen
im Rahmen des Strafverfahrens   – 119
M. Grassberger, E. E. Türk

Kapitel 14   Klinisch-forensische Fotodokumentation   – 127
M. Grassberger, M. A. Verhoff

Kapitel 15   Klinisch-forensische Spurenkunde
und Beweismittelsicherung   – 139
M. Grassberger, E. E. Türk

Kapitel 16   Klinisch-forensische Bildgebung   – 149
K. Yen, E. Hassler, E. Scheurer

Kapitel 17   Aspekte der Tatortbesichtigung in der
klinischen Rechtsmedizin   – 157
E. E. Türk, M. Grassberger

Kapitel 18   Blutspurenmuster-Verteilungsanalyse – Aspekte
für die klinisch-forensische Praxis   – 163
E. Mützel, S. Kunz, O. Peschel

Kapitel 19   Allgemeine klinisch-forensische
Traumatologie   – 179
M. Grassberger, K. Yen

Kapitel 20   Häusliche Gewalt   – 227
              K. Gerlach

Kapitel 21   Forensische Gerontologie – Gewalt
              und alte Menschen   – 243
              M. Grassberger, K. Püschel

Kapitel 22   Kindesmisshandlung   – 265
              J. P. Sperhake, J. Matschke

Kapitel 23   Kindesvernachlässigung   – 279
              K. Schweitzer, M. Gross

Kapitel 24   Münchhausen-by-proxy-Syndrom   – 283
              M. Krupinski

Kapitel 25   Bildgebende Diagnostik bei Verdacht
              auf Kindesmisshandlung   – 293
              E. Sorantin, S. Weissensteiner

Kapitel 26   Verdacht auf sexuellen Missbrauch
              von Kindern   – 307
              E. Mützel, A. S. Debertin, S. Banaschak

Kapitel 27   Sexualisierte Gewalt   – 317
              S. Banaschak, A. S. Debertin, P. Klemm, E. Mützel

Kapitel 28   Vorgetäuschte Sexualdelikte   – 327
              M. Grassberger, K. Yen

Kapitel 29   Standardisierte Untersuchung und Spurensicherung
              nach Sexualdelikt   – 333
              M. Grassberger, C. Neudecker

Kapitel 30   Das männliche Opfer sexueller Gewalt – Befunde nach
              Vergewaltigung und homosexuellen Praktiken   – 351
              A. Krauskopf, R. Bux, K. Yen

Kapitel 31   Medizinische Versorgung von Opfern sexualisierter Gewalt   – 357
A. S. Schröder, S. Hertling

Kapitel 32   Weibliche Genitalverstümmelung – Hintergründe, Rechtslage und Empfehlungen für die medizinische Praxis   – 367
H. Wolf, U. Eljelede

Kapitel 33   Folter – Praxiserfahrung aus Sicht des UNO-Sonderberichterstatters   – 379
M. Nowak

Kapitel 34   Folter – Methoden und Befunde   – 389
D. Pounder, B. Vennemann

Kapitel 35   Selbstverletzung und Selbstschädigung   – 403
M. Grassberger, K. Püschel

Kapitel 36   Der überlebte medizinische Behandlungsfehler   – 425
E. E. Türk

Kapitel 37   Aggression und Gewalt gegen Angehörige medizinischer Berufe   – 429
H. Stefan

Kapitel 38   Medizinische Aspekte polizeilicher Zwangsmaßnahmen   – 439
N. Wilke, M. Grassberger

Kapitel 39   Bodypacking   – 457
K. Püschel

Kapitel 40   Forensische Altersdiagnostik bei Lebenden in Deutschland   – 467
A. Schmeling

Kapitel 41   Forensische Altersdiagnostik bei
              Lebenden in Österreich – 483
              S. Kainz, F. Fischer, E. Scheurer

Kapitel 42   Forensische Altersdiagnostik bei
              Lebenden in der Schweiz – 487
              M. T. Mund

Kapitel 43   Insektenbefall lebender Menschen –
              Zeichen der Vernachlässigung – 493
              J. Amendt

Kapitel 44   Forensische Alkohologie – Grundlagen und
              Deutsche Gegebenheiten – 499
              T. Gilg

Kapitel 45   Forensische Alkohologie – Österreichische
              Gegebenheiten – 515
              M. Pavlic, W. Rabl

Kapitel 46   Toxikologische Untersuchungen im Rahmen
              der klinisch-forensischen Medizin – 523
              T. Stimpfl

Kapitel 47   Fähigkeitsbeurteilungen aus medizinischer
              Sicht unter Berücksichtigung der
              deutschen Gesetzgebung – 533
              H. Bratzke

Kapitel 48   Grundzüge der forensischen Psychiatrie – 539
              R. Haller

Kapitel 49   Die Bedeutung rechtsmedizinischer
              Befunde für die Rechtspsychologie am
              Beispiel von Prognoseinstrumenten für
              Sexual- und Gewaltstraftäter – 565
              N. C. Habermann

Anamneseerhebung – Ärztliche Gesprächsführung in der klinischen Rechtsmedizin

E. E. Türk

11.1   Einführung – 110

11.2   Praktisches Vorgehen – 110

M. Grassberger, E. Türk, K. Yen, Klinisch-forensische Medizin,
DOI 10.1007/978-3-211-99468-9_11, © Springer-Verlag Berlin Heidelberg 2013

11.1   Einführung

Die Anamneseerhebung ist wie bei jeder ärztlichen Untersuchung, so auch bei der rechtsmedizinischen Untersuchung, von zentraler Bedeutung. Anders als im üblichen Arzt-Patienten-Gespräch kann jedoch der Rechtsmediziner oft nicht davon ausgehen, dass der „Patient" die volle Wahrheit erzählt. Die Anamneseerhebung dient dazu, subjektive Angaben des Betroffenen zum Tatablauf zu erhalten, die man später der Begutachtung des Verletzungsmusters zugrunde legen kann.

> **Merke**
>
> Eine sorgfältige Anamnese ist ein wichtiger Teil des Sachverhalts, der einer Begutachtung von Verletzungen zugrunde gelegt werden sollte.

Wie allgemein in der Begutachtungspraxis sollte die Darstellung des Sachverhalts im klinisch-rechtsmedizinischen Gutachten schwerpunktmäßig die Angaben enthalten, auf welche später in der Beurteilung Bezug genommen werden soll. Entsprechend orientiert sich auch die Erhebung der Anamnese an den Fragen im Gutachtenauftrag! Besonderheiten bei der Befragung der Opfer von sexualisierter Gewalt werden dort besprochen (s. ▶ Kap. 27 „Sexualisierte Gewalt" und ▶ Kap. 29 „Standardisierte Untersuchung und Spurensicherung nach Sexualdelikt").

11.2   Praktisches Vorgehen

Belehrung. Wenn es sich um einen Gutachtenauftrag durch die Ermittlungsbehörden handelt, muss der oder die Betroffene darüber belehrt werden, dass man als **Gutachter nicht der ärztlichen Schweigepflicht unterliegt** und dass die Informationen aus Gespräch und Untersuchung in das Gutachten übernommen und an die Behörden weitergeleitet werden. Kommt ein Gewaltopfer auf eigene Initiative zur Untersuchung, unterliegt das Gutachten so lange der Schweigepflicht, bis der Arzt davon entbunden wird. Grundsätzlich sollte sich auch der Rechtsmediziner noch einmal versichern, dass der oder die Betroffene **Sinn und Zweck** der Untersuchung kennt.

Dies gilt auch für **Beschuldigte** (s. ▶ Kap 13. „Die körperliche Untersuchung von Tatverdächtigen im Rahmen des Strafverfahrens"). Sie müssen zwar die Untersuchung dulden, sie müssen jedoch keine Angaben zum Geschehen machen, und auch sie müssen wissen, dass der Gutachter nicht an die Schweigepflicht gebunden ist.

Stammdaten. Als Erstes sollten immer die **Personalien** des Untersuchten erfragt werden – Name und Geburtsdatum als Mindestanforderung. Bestehen Zweifel an der Identität und kann diese nicht durch Ausweispapiere überprüft werden, ist dies ebenfalls zu dokumentieren. Die Personalien können ggf. als „angeblich" oder „mutmaßlich" angegeben werden.

Wenn vorhanden, sollte immer auch das **polizeiliche Aktenzeichen** erfragt und in das Gutachten bzw. das Untersuchungsprotokoll aufgenommen werden.

Zur Dokumentation gehören zudem **Untersuchungsdatum und -zeitpunkt** sowie die Dokumentation aller anwesenden Personen.

Untersuchungsbogen. Der Anamneseteil des Untersuchungsbogens wird als Orientierungshilfe für die Befragung empfohlen (s. Anhang). Wichtige *negative* Antworten – etwa „keine Bewusstlosigkeit" – sollten ebenso wie die positiven Antworten dokumentiert werden, damit sie später im Gutachten berücksichtigt werden können.

Fragetechnik. Zunächst sind offene Fragen („Was ist passiert?") gegenüber geschlossenen („Wurden Sie geschlagen?") zu bevorzugen. Allerdings sind im Verlauf des Gesprächs meist zusätzliche, gezielte Fragen erforderlich, um das Bild zu vervollständigen. Unabhängig von den individuellen Gegebenheiten des Einzelfalls müssen die folgenden Informationen erfragt werden:

– **Täter:** wer, wie viele
– **Art der Gewalteinwirkung:** Schläge, ggf. mit welchen Gegenständen, Verletzung mit scharfen Waffen, Tritte (Schuhe? Profil?), gewaltsames Anpacken, Fesselung, Strangulation etc.
– **Anzahl** der Gewalteinwirkungen (einfach/mehrfach – wie oft?)
– **Lokalisation** der Gewalteinwirkung am Körper

- Position von Opfer und Täter im Verlauf der Tat, Angriff von wo, Verletzung des am Boden liegenden Opfers
- Zeitpunkt bzw. zeitlicher Verlauf der Tat (**einzeitig/mehrzeitig**)
- Ort(e) des Vorfalls einschließlich tatrelevanter Informationen wie Tatwerkzeuge, Blutspuren etc. im Hinblick auf eine mögliche rechtsmedizinische Untersuchung des **Tatorts** und von Tatwerkzeugen
- **Gegenwehr** durch das Opfer – dabei Entstehung von Verletzungen am Opfer und am Täter, Letzteres hinsichtlich einer möglichen Untersuchung des **Tatverdächtigen**
- **Gefährlichkeit** der Verletzungen: Bewusstlosigkeit, Erinnerungslücken, Kot-/Urinabgang, aktuelle Symptome wie Schmerzen, Sehstörungen, Heiserkeit u. a.
- Einfluss von **Alkohol/Drogen**, was, wann, wie viel (Opfer und Täter)
- Hilflosigkeit oder eingeschränkte Wehrhaftigkeit des Opfers aus anderen Gründen
- **Vorerkrankungen** (dabei ist insbesondere wichtig, ob diese zu einer stärkeren Ausprägung der Verletzungen geführt haben können, die nachher fälschlicherweise als Zeichen einer massiven Gewalteinwirkung interpretiert werden kann, etwa Gerinnungsstörungen).

Auch eine fehlende oder eingeschränkte Möglichkeit der Anamneseerhebung – z. B. bei Bewusstlosigkeit oder Alkohol-/Drogeneinfluss, fehlender Kooperation – ist zu dokumentieren und sollte Bestandteil der Angaben zum Sachverhalt werden.

So sehr beim ansprechbaren Erwachsenen die Erhebung einer ausführlichen Anamnese zu empfehlen ist, so sehr muss beim **Kind** davon abgeraten werden! Kinder haben eine lebhafte Phantasie und bei mehrfacher Befragung durch verschiedene Personen kann sich die „richtige" Version einer Schilderung bis zur Unkenntlichkeit verändern. Viele Polizeidienststellen beschäftigen deshalb speziell in der Befragung von Kindern geschulte Fachkräfte oder arbeiten mit solchen zusammen.

> **Merke**
>
> Die Befragung von Kindern sollte, wenn möglich, speziell ausgebildeten Fachkräften vorbehalten bleiben.

Neben der eigenen Befragung des Betroffenen gehört zur „Anamnese" im weiteren Sinne die möglichst vollständige Erhebung des **Sachverhalts**. Dazu gehören Aussagen anderer Beteiligter, z. B. Beschuldigter und Zeugen, und ergänzende Ermittlungsergebnisse, um die Begutachtung in den Gesamtzusammenhang des Falls einordnen zu können.

Bei Betroffenen, die im Krankenhaus untersucht werden, sollten auch wesentliche Informationen aus den **Krankenakten** (ggf. Befragung der Ärzte) einbezogen werden. Beispiele für relevante Informationen aus den Krankenakten sind:
- Art der Verletzung (z. B. Morphologie *vor* der medizinischen Versorgung – Lichtbilder?)
- Schwere der Verletzung: innere Verletzungen, bleibende Schäden, tatsächliche Lebensgefahr
- Richtung der Gewalteinwirkung: Stich- und Schusskanäle – OP-Berichte, Röntgenbilder, Computertomographie
- Vorerkrankungen.

Schlussfolgerung. Die Erhebung einer möglichst ausführlichen Anamnese bildet als Bestandteil des Sachverhalts eine wichtige Grundlage der Begutachtung von Verletzungen am Lebenden. Im weiteren Sinne gehören zur Anamneseerhebung auch das Bemühen um Informationen aus den Krankenunterlagen und weitere Ermittlungsergebnisse.

Die gerichtsverwertbare Dokumentation von Verletzungen

M. Grassberger, E. E. Türk

12.1   Hintergrund   – 114

12.2   Praktisches Vorgehen   – 114

M. Grassberger, E. Türk, K. Yen, Klinisch-forensische Medizin,
DOI 10.1007/978-3-211-99468-9_12, © Springer-Verlag Berlin Heidelberg 2013

12.1 Hintergrund

Die sorgfältige Dokumentation von Verletzungen und Spuren ist ein unverzichtbarer Bestandteil der Verletzungsbegutachtung und sollte zum **frühest-möglichen Zeitpunkt** erfolgen – wenn möglich *vor* einer medizinischen Versorgung und *bevor* sich das Opfer reinigt, etwa nach einem Sexualdelikt. Die Sicherung von DNA-Spuren hat Vorrang (s. ▶ Kap. 29 „Standardisierte Untersuchung und Spurensicherung nach Sexualdelikt"). Eine Verletzung, die nicht rechtzeitig dokumentiert wird, ist für ein späteres Verfahren für immer verloren! Neben der schriftlichen Dokumentation gehört dazu auch eine **Fotodokumentation**, die bestimmten Standards genügt (s. ▶ Kap. 14 „Klinisch-forensische Fotodokumentation"), sowie eine fachmännische **Dokumentation und Sicherung von Spuren am Körper** und deren **fachgerechte Aufbewahrung** (s. ▶ Kap. 15 „Klinisch-forensische Spurenkunde und Beweismittelsicherung"). Ohne eine nachvollziehbare, gerichtsverwertbare Dokumentation fehlt ggf. im Gerichtsverfahren wichtiges Beweismaterial.

Eine sorgfältige und vollständige Dokumentation von Verletzungen und Spuren bietet:
- eine verbesserte Beweisgrundlage
- eine geringere Abhängigkeit von subjektiven Aussagen
- ggf. eine Verkürzung der Befragung vor Gericht
- in jedem Fall eine erhöhte Rechtssicherheit.

Grundsätzlich hat das physische und psychische Wohlergehen der zu untersuchenden Person Priorität. Es ist daher auf einen **respektvollen und einfühlsamen Untersuchungsablauf** zu achten. Eine vollständige Nacktheit sollte in jedem Fall vermieden werden. Die einzelnen Untersuchungsschritte müssen dem Opfer zu Beginn erklärt werden, wobei auch zu dokumentieren ist, ob die Person der Untersuchung und der damit einhergehenden Dokumentation umfänglich oder einschränkend zustimmt. Das Einverständnis der zu untersuchenden Person (oder des gesetzlichen Vertreters) ist die Grundvoraussetzung für jede Untersuchung.

12.2 Praktisches Vorgehen

Wie schon im Fall der Anamnese entspricht auch die Untersuchung von Personen nach Gewalterfahrung sowie die Dokumentation der dabei erhobenen Befunde inhaltlich nicht der üblichen klinischen Krankenuntersuchung, wie sie als Teil eines jeden Medizincurriculums dem diagnostisch-therapeutischen Auftrag gemäß gelehrt wird. Da aber der kurativ tätige Arzt, sei es in einem Krankenhaus oder niedergelassen, häufig die primäre Anlaufstelle für Gewaltopfer darstellt, wurden vielerorts in Zusammenarbeit mit Rechtsmedizinern **Untersuchungsbögen** mit Checklistencharakter erarbeitet, um eine vollständige gerichtsverwertbare Dokumentation zu gewährleisten (s. ◘ Abb. 12.1 und Anhang). Die Untersuchungsbögen, welche sich in Aufbau und Inhalt weitgehend entsprechen, können problemlos von den diversen Onlineauftritten von Opferschutzeinrichtungen und Instituten für Rechtsmedizin heruntergeladen werden. Sie werden als Orientierungshilfe für die Untersuchung empfohlen.

Alle Verletzungen sind zu dokumentieren! Dies ist nur durch eine **vollständige körperliche Untersuchung** („von Kopf bis Fuß"), welche auch normalerweise nicht einsehbare Körperstellen wie die Augenbindehäute, Körperöffnungen, die behaarte Kopfhaut sowie die Haut hinter den Ohren und die Innenseiten der Arme/Beine berücksichtigt, gewährleistet (◘ Abb. 12.2). Auch kleinste Verletzungen, die medizinisch keine Relevanz haben („**Bagatellverletzungen**" wie kleinste Schürfungen, Kratzer oder Hämatome), können später für die Rekonstruktion eines Tatgeschehens u. U. entscheidende Hinweise liefern!

Wichtig ist, dass auch **Negativbefunde** dokumentiert werden – etwa „keine punktförmigen Bindehautblutungen", „Hals unverletzt" etc., damit auch später noch nachvollzogen werden kann, dass diese Regionen tatsächlich untersucht und nicht lediglich übersehen wurden.

Bei allen Fällen mit potenziell strafrechtlicher Relevanz empfiehlt es sich, konsiliarisch einen **Rechtsmediziner** hinzuzuziehen bzw. ein rechtsmedizinisches Sachverständigengutachten in Auftrag zu geben. Dies kann u. U. auch vor Einschaltung der Polizei geschehen, bzw. zu einem Zeitpunkt, zu dem noch nicht klar ist, ob Strafanzeige erstattet werden soll.

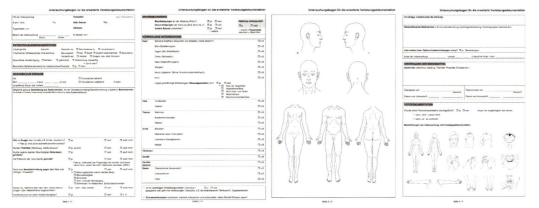

● **Abb. 12.1** 4-seitige Checkliste „Untersuchungsbogen für die erweiterte Verletzungsdokumentation" (empfohlen wird die Verwendung als doppelseitig bedruckte und auf A4-Format gefaltete A3-Seite) inkl. Anleitung für eine „minimale" Basisfotodokumentation (s. Anhang A)

In folgenden Fällen ist es zum Zwecke einer gerichtsverwertbaren Dokumentation und Spurensicherung zielführend, einen Rechtsmediziner beizuziehen:

- **bei Verdacht auf Tötungsversuch**
- wenn für das Opfer eine **akute Lebensgefahr** bestand, besteht oder diese nicht ausgeschlossen werden kann
- generell bei **Kindesmisshandlung**
- generell bei **Sexualdelikten**
- bei Hinweis auf eine **Strangulation** (Würgen, Drosseln, allg. Angriff gegen den Hals)
- bei **rekonstruktiven Fragestellungen** (z. B. Sturz oder Schlag/Tritt etc., Rekonstruktion der Anfahrrichtung beim überlebenden Fußgänger)
- wenn relevante **bleibende Folgen** zu erwarten sind.

Merke

Die rechtzeitige Veranlassung einer rechtsmedizinischen Untersuchung – auch vor der Entscheidung für oder gegen eine Strafanzeige – erlaubt dem Opfer auch nach Jahren noch, auf diese Dokumentation zurückzugreifen, und kann dazu beitragen, sekundäre Traumatisierungen – etwa durch ein Gerichtsverfahren ohne Beweismaterial – zu vermeiden.

Verletzungsbeschreibung. Vor der Interpretation einer Verletzung muss immer deren genaue objektive Beschreibung stehen. Nach Jahren sind Aufzeichnungen wie „ein etwa 3 Tage altes Schuhsohlenprofil" oder „eine frische Prellmarke" wertlos, da es sich um subjektive Bewertungen nicht mehr nachvollziehbarer Befunde handelt. Idealerweise sollten die Befunde beschrieben und fotografiert und in ein Körperschema eingezeichnet werden. Im Einzelnen sind stets zu dokumentieren:

- **Art** der Verletzung: immer möglichst allgemein, **keine Interpretation**! Beispiele: „Blutunterlaufung" statt „Prellmarke", „Schürfung" statt „Bisswunde", „scharfe Gewebedurchtrennung" statt „Schnittwunde" (vgl. hierzu auch ● Tab. 12.1). Auch subjektive Angaben wie Schmerzen und Bewegungseinschränkung sollten erhoben werden.
- **Lokalisation(en):** genaue Angabe der Körperregion und Angabe von Bezugspunkten (z. B. „rechte Halsseite, 3 cm unterhalb des Ohrläppchens") oder zu Orientierungslinien (z. B. „5 cm rechts der Mittellinie"). Bei Verletzungen der Extremitäten ist die Angabe „beuge-/streckseitig" bzw. „daumen-/kleinfingerseitig" gegenüber den haltungsabhängigen Angaben „vorn/hinten" zu bevorzugen. Bei Verletzungen des Rumpfes und der Beine ist die Höhe oberhalb der Fußsohlenebene anzugeben. Weiterhin besteht die Möglichkeit, Extremitätenabschnitte einzugrenzen (z. B. oberes, mittleres oder

□ Abb. 12.2 Bei der Ganz-körperuntersuchung dürfen folgende Körperregionen keinesfalls „übersehen" werden: **a** Augenbindehäute, **b** Ohren und äußere Gehörgänge (ggf. auch mit Otoskop einsehen), **c** u. **d** Mundschleimhaut der Ober- und Unterlippe sowie Zähne und Zungenbändchen, **e** Haut hinter den Ohren und **f** die häufig von Haaren verdeckte Halsrückseite. Auch Negativ-befunde in diesen Regionen müssen dokumentiert werden

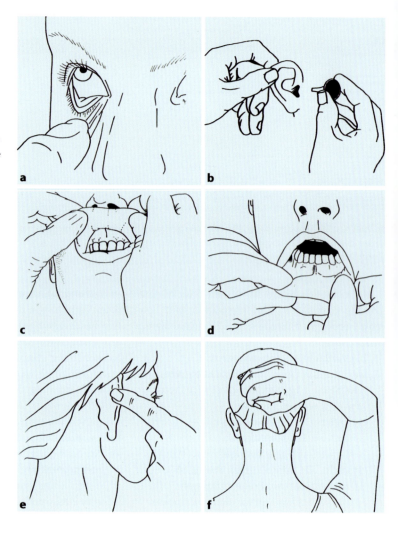

12

unteres Oberschenkeldrittel) bzw. die Lage in Bezug zu Knochenprominenzen oder anderen topographischen Bezugspunkten (z. B. Nabel, Brustwarzen, Augenbrauen etc.) anzugeben.

– **Orientierung**, z. B. schräg oder quer zur Körperlängsachse, längs zur Armlängsachse. Bei Schürfungen ist, wenn möglich, auch die Schürfrichtung anzugeben (Bildung von Haut-röllchen!).

– **Anzahl** der Verletzungen. Ist eine genaue Zahlenangabe nicht möglich oder nicht sinn-voll, empfehlen sich (zusätzlich zur Fotodo-kumentation) Angaben wie „mindestens 15", „mehrere", „massenhaft" o. Ä.

– **Größe:** Angabe von Länge, Breite und ggf. Tiefe (wenn möglich) in cm oder mm. Bei klaffender Verletzung Vermessung vor und nach Adaptation der Wundränder. Handelt es sich um mehrere, unterschiedlich große, aber gleichartige Verletzungen, bieten sich Formu-lierungen wie „zwischen 2 und 5 cm lang" an.

– ggf. **Beziehung** der Verletzungen zueinander, z. B. gleichförmig, gruppiert stehend, parallel zueinander, in verschiedene Richtungen ver-laufend etc.

– **Form:** Hier ist Anschaulichkeit das wichtigste, Kreativität ist u. U. gefragt. Linienförmig, bogenförmig, sichelförmig, landkartenartig,

◨ **Tab. 12.1** Vereinfachtes Schema als Hilfe zur systematischen Beschreibung von äußerlichen Befunden. In der Praxis entsprechen Verletzungen häufig einer Kombination der einzelnen Punkte

Befundkategorie	Eigenschaften

Antragung (keine Verletzung im eigentlichen Sinn)	– dünnschichtig
	– dickschichtig
	  • feucht
	  • angetrocknet
	  • Farbe (z. B. rötlich, blutverdächtig)
	– Art (nur wenn eindeutig identifizierbar)

Schwellung	– hart, derb – weich, prall-elastisch – verschieblich – Fläche, evtl. Höhe
Rötung	– Ausmaß, ggf. Form
Oberhauteinblutung, Schleimhauteinblutung	– punktförmig („Punktblutungen" oder „punktförmige Blutaustritte") – flächig, konfluierend – geformt, gemustert – Maße
Hautunterblutung (Hämatom, Bluterguss, Blutunterlaufung)	– geformt (z. B. bandförmig, rundlich, oval, quadratisch, doppelkonturiert etc.) – ungeformt – bei mehreren Hämatomen Zuordnung zueinander (Abstand) – Farbe: rot, blau, grün, braun, gelb oder Übergangsfarbe z. B. grün-gelblich (Zentrum und Randbereich) – Ausmaß

Hautdefekt bzw. -durchtrennung (Wunden im eigentlichen Sinn)	– oberflächlich
	  • strichförmig (z. B. Kratzer)
	  • flächig (z. B. Schürfung)
	  • mit/ohne Schürfungszeichen/Hautröllchenbildung
	  • Bissring (zwei gegenläufige bogenförmige Zahnreiheneindrücke)
	– tiefgreifend (Tiefenausdehnung?)
	  • glattrandig
	  • fetzigrandig
	  • mit/ohne Gewebebrücken in der Tiefe
	– Wundgrund/Wundbelag
	  • Farbe
	  • feucht
	    ▪ Serumaustritt
	    ▪ Blutaustritt
	    ▪ schmierig belegt, eitrig
	  • trocken
	    ▪ Schorf
	    ▪ Serumkruste
	    ▪ Blutkruste
	    ▪ in zarter Verheilung
	  • Fremdkörper
	– Wundwinkel (stumpf, spitz)
	– Flächen- oder Längenausmaß

Narbe	– Farbe: weißlich, rosa, bläulich – mit/ohne anhaftender Borke/Kruste

annähernd kreisförmig, rundlich, ringförmig, punktförmig, flächenhaft etc. Bei asymmetrischen Formen auch die Orientierung angeben („Spitze nach fußwärts weisend").

- **Formung:** Bildet sich ein Tatwerkzeug ab, etwa eine Gürtelschnalle, ein Schlagstock, eine Hand, ein Schuhprofil? Unbedingt sind hier die Größen und Abstände der Komponenten zueinander zu vermessen und zu beschreiben, damit sie später ggf. einem Tatwerkzeug zugeordnet werden können.
- ggf. **Farbe:** sinnvoll vor allem bei Blutunterlaufungen und Verfärbungen sowie Vorhandensein von **Fremdkörpern**.
- **Wundränder und Wundwinkel:** scharf/unscharf begrenzt, regelmäßig/unregelmäßig begrenzt, ausgefranst, zackig, Y-förmig oder schwalbenschwanzartig, gerötet, geschwollen, geschürft, vertrocknet, untertascht, aufklappbar. Unterschiedliche Aspekte einer Verletzung sind dabei auch zu dokumentieren, etwa innerer spitzer und äußerer stumpfer Wundwinkel einer Stichverletzung.
- **Wundgrund**, sofern beurteilbar: glatt, verschorft, Vorhandensein von Gewebebrücken (auch im negativen Fall dokumentieren!); Zeichen der Entzündung.
- **Zeichen der Wundheilung** als Hinweis auf das Alter der Verletzung.
- **Fremdkörper:** Schmauchspuren, Kleidung, Schmutz, Haare, aber auch chirurgisches Nahtmaterial (versorgte Wunde), Desinfektionsanstrich etc.
- **Spezielle Aspekte**, z. B. Beschaffenheit einer Schwellung (hart, prall-elastisch, verschieblich).

Zur Illustration der beschriebenen Verletzungsmuster bietet sich eine Illustration durch Eintragen in ein **Körperschema** an (s. Anhang D). Aus diesen Beschreibungen ergeben sich die für die Begutachtung wesentlichen Fragen nach der Art der Verletzung, den möglichen Tatwerkzeugen, dem Alter der Verletzung, ihrem Schweregrad und anderen rekonstruktiven Aspekten.

> **Merke**
>
> Die objektive Beschreibung der Verletzungen muss so erfolgen, dass sich ein Sachverständiger daraus ein Urteil über ihre Entstehung bilden kann.

Schlussfolgerung. Nur durch eine frühe und sorgfältige, objektive Dokumentation können Verletzungsbefunde für ein späteres Verfahren nutzbar gemacht werden. Eine sachgerechte Dokumentation beinhaltet eine schriftliche Beschreibung und Fotodokumentation der Verletzungen, eine schriftliche und ggf. fotografische Dokumentation von Spuren sowie ihre sachgerechte Sicherung und Aufbewahrung. Bei entsprechenden Beschwerden sind im Anschluss entsprechende fachärztliche Untersuchungen in die Wege zu leiten.

Die körperliche Untersuchung von Tatverdächtigen im Rahmen des Strafverfahrens

M. Grassberger, E. E. Türk

13.1   Hintergrund   – 120

13.2   Ablauf der körperlichen Untersuchung   – 120

13.3   DNA-Spurensicherung   – 123

13.4   Sonstige Spuren am Täter   – 124

M. Grassberger, E. Türk, K. Yen, Klinisch-forensische Medizin,
DOI 10.1007/978-3-211-99468-9_13, © Springer-Verlag Berlin Heidelberg 2013

13.1   Hintergrund

Die körperliche Untersuchung von Tatverdächtigen kann, ebenso wie die Untersuchung von Gewaltopfern, einen wesentlichen Beitrag zur Rekonstruktion von Tatabläufen liefern. So kann sie dazu dienen, einen bestehenden Tatverdacht zu erhärten, Schutzbehauptungen zu entkräften oder zu Unrecht Beschuldigte zu entlasten. Leider wird trotz der potenziell großen Bedeutung einer frühzeitigen Untersuchung des Tatverdächtigen im Strafverfahren häufig auf sie verzichtet. Da der rechtsmedizinische Sachverständige mit juristischem Denken vertraut ist und die wesentlichen Fragestellungen kennt, sollte die Untersuchung eines Tatverdächtigen durch einen klinisch-forensisch versierten Rechtsmediziner in Zusammenarbeit mit der Polizei erfolgen.

Tatverdächtige und Opfer sollten nach Möglichkeit von demselben Sachverständigen untersucht werden. Nur so ist ein adäquater Vergleich zwischen den Befunden am Opfer und am Tatverdächtigen gewährleistet und die Ergebnisse beider Untersuchungen können miteinander in Einklang gebracht werden.

> **Merke**
>
> Der Aussagewert der Untersuchung steigt, je kürzer die Zeit zwischen Tat und Befunderhebung ist.

Die Untersuchung und nachfolgende Beurteilung bei Fällen interpersoneller **Gewalt** konzentriert sich auf
- Art,
- Lokalisation,
- Ausdehnung (Größe, Form, Muster etc.) und
- vermutlichen Entstehungszeitpunkt möglicher **Verletzungen**.

In Fällen von **Sexualdelikten** liegt das Hauptaugenmerk auf der Sicherung von **DNA-Spuren** des Opfers am mutmaßlichen Täter in Form von
- **Sekretspuren** (Epithelien im Scheidensekret, Speichelspuren),
- **Haaren** (in der Regel Schamhaare) und
- **Blutspuren**,

um einen Kontakt zwischen Täter und Opfer zu beweisen.

13.2   Ablauf der körperlichen Untersuchung

Zunächst wird der **Sachverhalt** erhoben:
- Auftraggeber, Adressat und Aktenzeichen des Gerichtes feststellen
- Personalien (Name, Geburtsdatum) der zu untersuchenden Person
- Untersuchungsort und -zeit
- anwesende Personen sofern vorhanden
- kurze Sachverhaltsschilderung durch den Auftraggeber mit Schwerpunkt auf der Entstehungsgeschichte möglicherweise vorhandener Verletzungen (wann ist wie und wo eingewirkt worden)
- Ist die zu untersuchende Person kooperativ, wird auch aus deren Sicht eine kurze Sachverhaltsschilderung aufgenommen.
- ggf. Erfragen von sekundären Folgewirkungen einer Gewalteinwirkung: Übelkeit/Erbrechen, Bewusstlosigkeit und ggf. deren Dauer, Kot- und/oder Urinabgang, Schmerzen, Bewegungseinschränkungen, Sensibilitätsstörungen, Sinneseinschränkungen u. a.; auch um einzuschätzen, ob eine medizinische Versorgung erforderlich ist und ob ggf. Verwahrfähigkeit besteht.
- Erfragen von Alkohol-/Medikamenten- und Drogenkonsum, u. a. im Hinblick auf die Frage, ob eine Beeinträchtigung der Schuldfähigkeit vorgelegen haben kann.
- Erfragen von Vorerkrankungen.

Verletzungen. Der Beschuldigte wird gelegentlich versuchen, für das Vorhandensein der bei ihm vorliegenden Verletzungen eine harmlose Begründung (z. B. ältere Verletzung) anzugeben. In Zusammenhang mit der häufig vorgebrachten Einlassung, er habe „aus Notwehr gehandelt", wird vom Tatverdächtigen manchmal eine schwere, der Tat vorausgehende Gewalt als Auslöser für sein Handeln ins Treffen geführt. Hier ist sorgfältig zu prüfen, ob tatsächlich entsprechende Verletzungen vorliegen. Aufgrund der unter Umständen raschen Veränder-

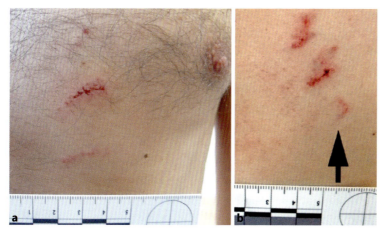

Abb. 13.1 Gruppierte Kratzverletzungen im Brustbereich eines Tatverdächtigen, welche z. T. eine typisch sichelförmige Kontur (*Pfeil*), hervorgerufen durch die Fingernägel des Opfers, aufweisen (aus: Grassberger und Schmid 2009)

lichkeit von Verletzungen ist eine **frühzeitige Untersuchung** angezeigt. Die Verletzungen sind entsprechend den Vorgaben der **forensischen Fotografie** so früh wie möglich zu dokumentieren (Maßstab!). Siehe hierzu auch ► Kap. 12 „Die gerichtsverwertbare Dokumentation von Verletzungen" und ► Kap. 14 „Klinisch-forensische Fotodokumentation".

> **Merke**
>
> Eine **frühzeitige** körperliche rechtsmedizinische Untersuchung von Tatverdächtigen kann einen wesentlichen Beitrag zur **Beurteilung der Glaubwürdigkeit einer Aussage** leisten und zur **Tatrekonstruktion** beitragen

Systematische Untersuchung. Die körperliche **Untersuchung** sollte systematisch (von Kopf bis Fuß) und **Hand in Hand mit der Spurensicherung** erfolgen. Kontaminationen oder Spurenübertragung sind durch regelmäßigen Handschuhwechsel unbedingt zu vermeiden!

Bei entsprechender Spurenlage (z. B. Schussdelikt) müssen die **Hände** eines Tatverdächtigen **frühzeitig mit Papiersäcken geschützt** werden (Spurenschutz!). Bereits der Transport in einem Polizeifahrzeug kann zu Kontaminationen führen, wenn die Hände nicht entsprechend geschützt sind. Händewaschen oder sonstige Reinigungsversuche seitens des Tatverdächtigen müssen vor einer Spurensicherung unter allen Umständen verhindert werden (kein unbeaufsichtigtes Aufsuchen des WC gestatten)!

Folgende Fragen müssen für die Beurteilung berücksichtigt werden:
– Sind frische **Kampf- oder Abwehrverletzungen** vorhanden?
– Wie können die Verletzungen entstanden sein (z. B. mögliche Tatwaffe, Sturzgeschehen, Selbst-/Fremdbeibringung)?
– Wie sind die **körperliche Verfassung** und der **Bewusstseinszustand** einzuschätzen?
– Liegen Hinweise für eine **Beeinträchtigung** durch Alkohol, Medikamente oder Suchtmittel vor? (s. ► Kap. 44 u. 45 „Forensische Alkohologie" sowie ► Kap. 46 „Toxikologische Untersuchungen im Rahmen der klinisch-forensischen Medizin")
– Liegen Hinweise für eine organische oder psychische **Erkrankung** vor?
– Sind die **Verletzungen mit** dem geschilderten **Tathergang vereinbar** bzw. ist die **Aussage** des Verdächtigen dem körperlichen Befund nach **glaubwürdig**?
– Liegen **unterschiedliche Schilderungen** des Tathergangs vor (z. B. Opfer und Täter widersprechen einander)? Welche ist glaubhafter/passt eher?

Täterbefunde. Am Täter können u. a. folgende typische Befunde festgestellt werden:
– **Kratzspuren** im Gesicht, an Händen, Armen und am Rumpf (■ Abb. 13.1)
– **Bissverletzungen** an den Händen, gelegentlich auch an anderen Körperstellen
– **Beschädigungen an der Kleidung**

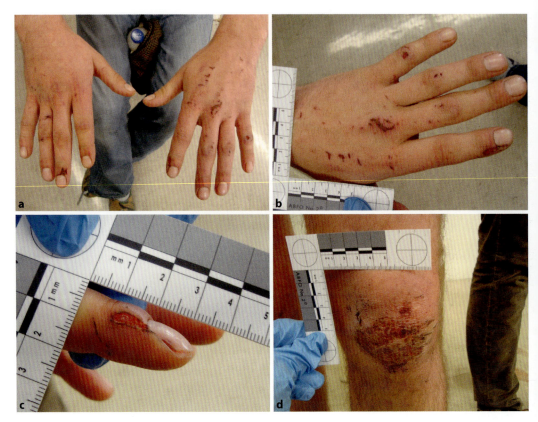

◼ **Abb. 13.2** Verletzungen eines Tatverdächtigen nach Vergewaltigung einer jungen Frau auf einem Schrottplatz hinter einer Diskothek. Neben Verletzungen am Handrücken in Form von unregelmäßigen Kratz- und Schürfverletzungen (**a, b**) finden sich teilweise auch tiefere Schnittverletzungen (**c**) sowie verkrustete Hautabschürfungen im Kniebereich des Tatverdächtigen (**d**). Alter, Art und Verteilung der Verletzungen standen mit dem Tatzeitpunkt und der Beschaffenheit des unmittelbaren Tatortes in Einklang (Fotos: Institut für Rechtsmedizin Hamburg)

– **Verletzungen** durch das **Tatwerkzeug** (Messer, Pistole etc.)
– **Verletzungen** durch aktives **Zuschlagen** (Handrücken, Fingerknöchel)
– **Verletzungen** durch die **Beschaffenheit des Tatortes** (z. B. Glasbruch, dorniges Gestrüpp, ◼ Abb. 13.2)
– Folgen stumpfer Gewalteinwirkung (**Hautunterblutungen, Riss-Quetsch-Wunden**) bei heftiger Gegenwehr des Opfers oder vorangegangenem Raufhandel
– **Blutspuren** (Spritz-, Schleuder- und Kontaktspuren, typische Rückwärtsspritzer bei Schussdelikten, Opfer-DNA; ◼ Abb. 13.3 und ◼ Abb. 13.6) (s. ▶ Kap. 18. „Blutspurenmuster-Verteilungsanalyse – Aspekte für die klinisch-forensische Praxis")

– **Schmauchspuren** oder schusswaffenbedingte **Verletzungen** an den Händen
– **Brandspuren, Verbrennungen, versengte Haare** nach Brandlegung (◼ Abb. 13.4)

◼ **Abb. 13.3** Diskrete feine Blutspritzer (Rückwärtsspritzer, engl. „backspatter") am Uhrband der Schusshand.

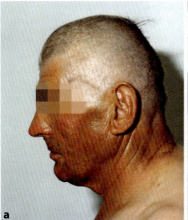

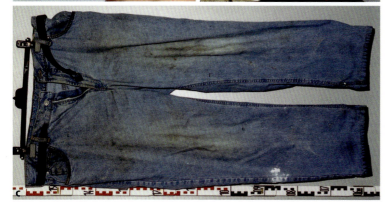

– **Hautzellen** des Opfers unter den Fingernägeln des Tatverdächtigen durch Kratzen (Fingernagelschmutz – Opfer-DNA)
– **Faserspuren** (s. ▶ Kap. 15.„Klinisch-forensische Spurenkunde und Beweismittelsicherung").

13.3 DNA-Spurensicherung

– Immer einen **Mundhöhlenabstrich (MHA)** als **Vergleichsprobe** vom Tatverdächtigen sicherstellen (■ Abb. 13.5).
– Sicherung der **Anhaftungen unter den Fingernägeln** (Fingernagelschmutz) bzw. der Fingernagelränder im Ganzen. Ggf. auch Abstriche von den Händen und Fingern abnehmen.
– Sicherung von **Körpersekreten des Opfers** (z. B. Speichelspuren, Vaginalsekret etc.), daher **Penisabstrich** (s. u.) bei Verdacht auf Sexualdelikt (■ Abb. 13.7a).

– Der mutmaßliche Täter, seine Kleidung sowie allfällige Gegenstände in den Taschen sollten so bald wie möglich auf **Blutspuren** untersucht werden (■ Abb. 13.3 u. ■ Abb. 13.6). Auch bei Tätern, die versucht haben, sich nach der Tat akribisch von Blutanhaftungen zu reinigen, können bei genauer Untersuchung (ggf. unter Zuhilfenahme einer Lupe) kleinste Blutspuren im Bereich der Nagelbetten, unter den Fingernägeln, in den Haaren oder im Eingangsbereich der Hosentaschen nachgewiesen werden.
– Die **Untersuchung der Kleidung** (und der Schuhe), insbesondere im Bereich der Nähte, führt in nicht wenigen Fällen durch positiven Nachweis von Opfer-DNA zum Erfolg.

Penisabstrich. Steht die zu untersuchende Person im Verdacht, ein Sexualdelikt begangen zu haben, so kann (in der Regel bis 72 Stunden nach der Tat) ein Penisabstrich durchgeführt werden, mit dem Ziel,

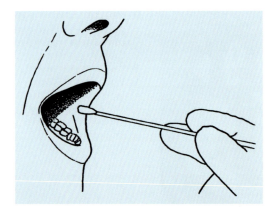

Scheidenschleimhautzellen oder Speichelspuren des Opfers für eine DNA-Analyse sicherzustellen. **Durchführung:** Mittels eines leicht befeuchteten Wattetupfers werden Abstriche aus folgenden Arealen gewonnen (◘ Abb. 13.7a):

1. Gesamte Eichel einschließlich des Eichelkranzes (Sulcus coronarius)
2. Penisschaft
3. Peniswurzel und Hodensack (durch Kondom ungeschützter Bereich!)
4. Darüber hinaus kann ggf. ein Abstrich des Lippen- und Mundbereiches sinnvoll sein (Oralverkehr durch Täter an Opfer, ◘ Abb. 13.7b). In diesem Fall muss die Vergleichsprobe von anderer Stelle genommen werden (z. B. Nackenabrieb).

Die Abstriche werden in Kartonfaltschachteln oder speziellen Aufbewahrungsbehältnissen zum Trocknen asserviert (s. ▶ Kap. 29 „Standardisierte Untersuchung und Spurensicherung nach Sexualdelikt").

13.4 Sonstige Spuren am Täter

Blut- und Urinproben sind entsprechend der Richtlinien für chemisch-toxikologische Untersuchung auf Alkohol, Drogen und andere Substanzen sicherzustellen (s. ▶ Kap. 46 „Toxikologische Untersuchungen im Rahmen der klinisch-forensischen Medizin")

Pollen. Zur Bedeutung und Sicherung des Pollens und anderer botanischer Spuren an Tatverdächtigen s. ▶ Kap. 15 „Klinisch-forensische Spurenkunde und Beweismittelsicherung".

Bekleidung. Die Bekleidung des Tatverdächtigen ist einzeln in Papiersäcken zur Untersuchung auf
– Fremd- oder Eigenblut (außen, innen, Taschen vgl. ◘ Abb. 13.6),
– Beschädigungen (Schnitte, Risse, Schusslöcher, Brandspuren),
– Sekretspuren (Speichel, Schweiß, Spermaspuren),
– Haare und Fasern,
– Brandbeschleuniger (◘ Abb. 13.4c) sowie
– Pflanzenpollen

sicherzustellen. Zur Bekleidung zählen auch die

Schuhe. Hier gilt das Hauptaugenmerk neben den DNA-Spuren dem **Profil der Schuhsohle**, insbesondere bei Vorliegen von sohlenprofilartig geformten Verletzungen des Opfers.

Vergleichszahnabdruck. Finden sich am Opfer **Bissspuren**, sollte ein forensisch-odontologischer Sachverständiger (Zahnarzt) nach Anfertigung von Fotos und Abnahme eines DNA-Abstriches mit einem feuchten Tupfer zur **Anfertigung eines Vergleichszahnabdruckes** des Täters mit Dentalmasse beigezogen werden. Die Kleidung über der Bissspur ist zu asservieren (Speichelspur).

Schussspuren. Um festzustellen, ob ein Tatverdächtiger mit einer Schusswaffe einen Schuss abgegeben hat, ist im Rahmen der körperlichen Untersuchung auf folgende Punkte zu achten:
– **Verletzungen an den Händen:** Durch unsachgemäße Handhabung einer Schusswaffe können beim Laden, Entladen oder Repetieren charakteristische Spuren in Form von Hautverletzungen entstehen.
– **Pulverrückstände an der Schusshand:** Nach Benutzung von Faustfeuerwaffen, besonders von Revolvern, können sich an der Schusshand Pulverrückstände (Pulvereinsprengungen und Pulverschmauch) befinden, die mit bloßem Auge nicht immer erkennbar sind. Bezüglich Schmauchspurensicherung wird auch auf die

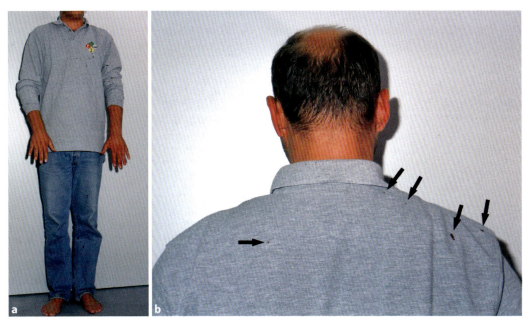

◨ Abb. 13.6 Aufschlussreiche Blutspuren: Spritzspuren an linkem Arm und Bein (**a**) sowie Schleuderspuren am Rücken des mutmaßlichen Täters (**b**). Das Schlagwerkzeug wurde in kniender Position mehrmals mit großer Wucht auf den Kopf des liegenden Opfers geführt (aus: Grassberger und Schmid 2009)

einschlägigen **regionalen polizeilichen Vorschriften** verwiesen.

– **Vom Opfer stammende Übertragungsspuren:** Insbesondere bei (absoluten) Nahschüssen können an der Schusshand und an der Kleidung des Verdächtigen vom Opfer stammende Blutspritzer und Gewebepartikel feststellbar sein. Die vom Opfer stammenden Anhaftungen an der Waffe können auch an der Kleidung des Schützen abgestreift worden sein (z. B. beim Transport in der Hosentasche). Im Laufinneren ist ebenfalls nach Spuren zu suchen.

Schlussfolgerung. Neben der Untersuchung der Opfer von Gewalt ist auch eine **zeitnahe rechtsmedizinische Untersuchung des/der Tatverdächtigen** für die Aufklärung von Straftaten von großer Wich-

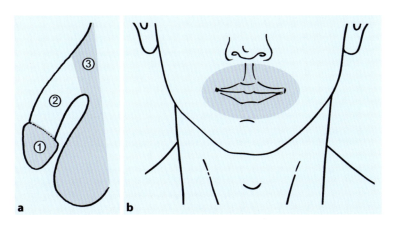

◨ Abb. 13.7 a Beim Penisabstrich werden die Areale 1 (Eichel), 2 (Penisschaft) und 3 (Peniswurzel und Hodensack) gesondert mit einem befeuchteten Wattetupfer abgerieben. **b** Der Lippen- und Mundbereich des Tatverdächtigen wird im grau markierten Bereich mit einem befeuchteten Tupfer abgerieben (aus: Grassberger und Schmid 2009)

tigkeit. Sie sollte durch einen klinisch-forensisch geschulten Rechtsmediziner in enger Zusammenarbeit mit der Polizei erfolgen und neben der **Verletzungsdokumentation** auch Maßnahmen zur **fallbezogenen Spurensicherung** beinhalten.

Klinisch-forensische Fotodokumentation

M. Grassberger, M. A. Verhoff

14.1   Grundlagen und Begriffsbestimmungen   – 128

14.2   Vor- und Nachteile der digitalen Fotografie   – 134

14.3   Grundausrüstung für die klinisch-forensische
Fotodokumentation   – 135

14.4   Anforderungen an die klinisch-forensische
Fotodokumentation   – 135

14.5   Zusammenfassung   – 138

M. Grassberger, E. Türk, K. Yen, Klinisch-forensische Medizin,
DOI 10.1007/978-3-211-99468-9_14, © Springer-Verlag Berlin Heidelberg 2013

In der klinisch-forensischen Medizin stellt die fotografische Befunddokumentation einen wichtigen Eckpfeiler für das möglicherweise nachfolgende Gerichtsverfahren dar. Die mit der Fotodokumentation betraute Person bzw. der potenziell involvierte Personenkreis (v. a. Ärzte und Pflegeberufe sowie Exekutivbeamte) muss daher unbedingt über Grundkenntnisse der Fotografie verfügen und mit der Funktionsweise der zur Verfügung stehenden Kamera vertraut sein, um eine forensisch verwertbare Fotodokumentation anfertigen zu können.

> **Definition**
>
> Die klinisch-forensische Fotodokumentation hat die Aufgabe, alle fallrelevanten morphologischen Befunde (auch das Fehlen von Befunden) objektiv und ausreichend detailliert zu dokumentieren, und diese für eine allfällige spätere juristische Würdigung bzw. Auswertung durch einen Sachverständigen sicher und nachvollziehbar zu archivieren.

14.1 Grundlagen und Begriffsbestimmungen

Kameratypen. Von praktischer Bedeutung für die klinisch-forensische Fotodokumentation sind im Wesentlichen digitale Spiegelreflexkameras und digitale Kompaktkameras (◘ Abb. 14.1).

Digitale Spiegelreflexkameras mit digitalem Sensor und Speicherkarte werden meist kurz als DSLR-Kameras (engl. für **D**igital **s**ingle-**l**ens **r**eflex) bezeichnet. Sie unterscheiden sich von den klassischen, filmbasierten Spiegelreflexkameras vor allem durch die Bildaufzeichnung, welche durch einen digitalen Sensor erfolgt (s. u.). DSLR-Kameras sind teurer, größer und in der Regel technisch anspruchsvoller als digitale Kompaktkameras.

Digitale Kompaktkameras besitzen häufig keinen oder nur einen sehr kleinen optischen Sucher. Sie zeichnen sich vor allem durch ihre sehr kompakte Bauweise (häufig in der Größe einer Zigarettenschachtel) mit ein- und ausfahrbarem Objektiv aus. Aufgrund ihrer geringen Größe können sie problemlos mitgeführt werden. Der eingebaute Bildsensor ist allerdings wesentlich kleiner als bei Spiegelreflexkameras.

Die früher in der forensischen Befunddokumentation weit verbreiteten **Sofortbildkameras** („Polaroid-Kameras") sind zwar wieder verfügbar, sollten aufgrund der mangelhaften Farbwiedergabe und der begrenzten Haltbarkeit der Fotos jedoch nicht mehr benutzt werden.

Bildsensor. Je nach Bauart und Preisklasse weisen digitale Kameras unterschiedliche Sensorgrößen auf. Ein hoher Megapixelwert der Kamera ist nicht automatisch mit einer hohen Bildqualität gleichzusetzen, es ist vielmehr die Größe des eingesetzten Sensors für die erreichbare Auflösung entscheidend. Digitale Spiegelreflexkameras haben größere Sensoren als Kompaktkameras. Werden zu viele Pixel auf einen Sensor vereint, führt dies zu Bildrauschen und Farb-Artefakten. Die Sensorgröße sog. Vollformatspiegelreflexkameras entspricht dem klassischen Kleinbildformat (36 × 24 mm). Hierbei sind Auflösungen bis etwa 24 Megapixel technisch sinnvoll. Die meisten digitalen Spiegelreflexkameras verfügen über etwas kleinere Sensoren im sog. APS-C-Format (22 × 15 mm). Beim APS-C sind 12 bis maximal 16 Megapixel vertretbar. Digitale Kompaktkameras haben dagegen nur Sensorgrößen von 5,40 × 4,05 bis 8,44 × 6,33 mm. Somit wird unschwer ersichtlich, dass eine Anzahl von Bildpunkten jenseits der 10 Megapixel kaum sinnvoll sein kann.

Sensorempfindlichkeit. Die Film- bzw. bei Digitalkameras die Sensorempfindlichkeit wird durch den **ISO-Wert** angegeben (International Organisation for Standardisation). Ein niedriger ISO-Wert (bei den meisten Digitalkameras Normwert ISO 50 bis ISO 200) bezeichnet eine Sensoreinstellung für das Fotografieren bei ausreichenden Lichtverhältnissen mit optimaler Schärfe und Auflösung des jeweiligen Sensors. Bei schlechten Lichtverhältnissen ermöglicht ein höherer ISO-Wert (ISO 400 bis 3200 oder höher) ein freihändiges Fotografieren bzw. kürzere Belichtungszeiten. Jede Verdopplung des ISO-Werts erbringt den Gewinn einer Stufe in der Belichtungszeit oder einer Blendenstufe. Allerdings steigt auch die Körnigkeit (analoger Film) bzw. das **Bildrauschen** (digitaler Sensor) mit der Empfindlichkeit an.

▣ **Abb. 14.1 a** Digitale Spiegelreflexkamera mit Zoom-Objektiv (24–70 mm) und Aufsteckblitz. **b** Digitale Spiegelreflexkamera mit Makro-Objektiv (105 mm) und Ringblitz. **c** Digitale Kompaktkameras mit integriertem Systemblitz

a

b

c

Professionelle DSLR-Kameras mit größeren Sensoren ermöglichen aber selbst bei höheren ISO-Einstellungen eine ausreichend gute Schärfeleistung. Man sollte sich mit der zur Verfügung stehenden Kamera dahingehend vertraut machen, dass über Probeaufnahmen in verschiedenen ISO-Stufen deren Auswirkung auf die Bildqualität überprüft wird. So kann man herausfinden, welcher ISO-Wert noch sinnvoll einsetzbar ist.

Objektiv und Brennweite. Das Objektiv ist entscheidend für den Bildwinkel. In der klassischen Kleinbildfotografie werden Objektive mit einer festen Brennweite von 50 mm als **Normalobjektive** bezeichnet (Bildwinkel: 30°). Objektive mit längerer Brennweite werden **Teleobjektive**, diejenigen mit kürzerer Brennweite **Weitwinkelobjektive** (24–35 mm, Bildwinkel: 84–63°) genannt. Zusätzlich existieren sog. **Super-Weitwinkelobjektive** im Brennweitenbereich von 14–24 mm (Bildwinkel zwischen 95,7° und 92°). Objektive mit stufenlos einstellbarem Brennweitenbereich (z. B. 24–70 mm) werden als **Zoomobjektive** bezeichnet (▣ Abb. 14.1a). Die meisten digitalen Spiegelreflexkameras besitzen keinen Vollformatsensor, sondern

einen kleineren im sog. APS-C-Format. Dadurch werden Bildausschnitt und Blickwinkel kleiner als im Kleinbildformat, was im Vergleich dazu einer längeren Brennweite entspricht. Zur Berechnung dieser funktionellen Brennweitenverlängerung wird der sog. „**Cropfaktor**" verwendet, der je nach Hersteller zwischen 1,5 und 1,8 beträgt. Setzt man z. B. ein Kleinbild-Normalobjektiv mit der angegebenen Fixbrennweite von 50 mm an einer Digitalspiegelreflexkamera mit einem Cropfaktor 1,6 an, ergibt sich eine funktionelle Brennweite von 80 mm (50 mm × 1,6).

Makrofotografie und Makroobjektive. Als Nah- oder Makrofotografie wird ein Bereich bezeichnet, bei dem Objekte bis zu einem Abbildungsmaßstab von 1:1 auf dem Sensor oder dem Film abgebildet werden (unabhängig von der Sensorgröße). Dies kann entweder durch die bei vielen modernen digitalen Kompaktkameras verfügbare **Makrofunktion** oder durch höherwertige **Makroobjektive** in Verbindung mit einer Spiegelreflexkamera erreicht werden (▣ Abb. 14.1b). Makroobjektive (meist Festbrennweiten zwischen 50 und 105 mm) können mit einem besonders geringen Objektabstand eingesetzt

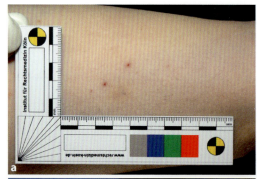

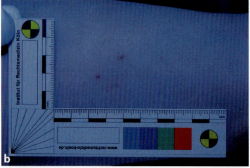

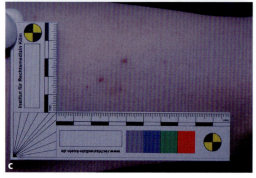

Abb. 14.3 Häufig verwendete Kamerasymbole: Automatischer Weißabgleich (automatic white balance), Kunstlicht – Neonlicht, Schatten, manueller Weißabgleich, Tageslicht – bewölkt, Tageslicht – Sonne, Kunstlicht – Glühbirne, Farbtemperatureinstellung (in Kelvin), Blitz, Makrofunktion, Landschaftsmodus (große Schärfentiefe), Portraitmodus (geringe Schärfentiefe, häufig kombiniert mit automatischer Anpassung des Hautfarbtons und Weichzeichnereffekt)

Abb. 14.2 a Bildergebnisse bei korrektem Weißabgleich (Blitz). **b** und **c** Aufnahmebedingungen wie zuvor, jedoch **b** mit Weißabgleich „Glühlampe" und somit Blaustich und **c** mit Weißabgleich „Leuchtstoffröhre" und konsekutivem Rotstich

werden und ermöglichen ohne weiteres Zubehör einen großen Abbildungsmaßstab wie beispielsweise 1:2 oder 1:1. Bei der Gestaltung von Makrofotografien ist zu berücksichtigen, dass die **Schärfentiefe** im Nahbereich sehr gering wird (s. u.).

Blitzgeräte. Man unterscheidet zwischen **eingebautem (System-) Blitz** (seine Reichweite beträgt nur wenige Meter und er ist nicht schwenkbar), **Aufsteckblitz** (■ Abb. 14.1a, er ist wesentlich stärker als der

eingebaute Blitz, ist vertikal und horizontal schwenkbar; für sog. „entfesseltes" Blitzen benötigt man ein externes Blitzkabel) und **Ringblitz** (■ Abb. 14.1b, Spezialblitz für die Makrofotografie). Letzterer wird am Objektiv befestigt und ermöglicht eine gleichmäßige Ausleuchtung des Objekts im Nahbereich.

Der Einsatz von Blitzen in der forensischen Fotografie ermöglicht eine ausreichende Lichtmenge um einerseits die optimale Abbildungsleistung des Sensors auszunutzen und andererseits Verwacklungsartefakte zu vermeiden. Weiterhin ist der Weißabgleich (s. u.) meist am unproblematischsten, da er bei Blitzeinsatz entweder automatisch auf dessen Farbtemperatur eingestellt wird oder leicht vorzuwählen ist. Alle genannten Vorteile des Blitzens gelten jedoch nicht, wenn bereits eine zu große Umgebungshelligkeit besteht.

Weißabgleich. Durch den Weißabgleich (Abkürzung WB, white balance) soll die Kamera auf die Farbtemperatur des am Aufnahmeort vorhandenen Lichtes abgestimmt werden. Der in allen Digitalkameras integrierte „automatische Weißabgleich" (AWB) orientiert sich an der im Bildausschnitt am ehesten einer weißen Stelle entsprechenden Fläche. Bei tatsächlichem Vorhandensein einer weißen Fläche im Bildausschnitt entsprechen die Ergebnisse weitgehend den realen Verhältnissen. Häufig sind jedoch farbstichige Aufnahmen die Folge

◘ Abb. 14.4 20-Stufen-Graukeil und Farbauszugstafel (Kodak Q-13). Um eine farbgetreue Wiedergabe der Aufnahmen (z. B. Bildschirm oder Ausdruck) zu gewährleisten, kann zu Beginn jeder Fotoserie unter den vorherrschenden Lichtbedingungen (nach erfolgtem Weißabgleich) eine Referenzfarbskala abgelichtet werden. Durch nachträglichen Vergleich der Aufnahmen mit dem Kalibrierungsstandard können allfällige Abweichungen erkannt und korrigiert werden

empfehlenswert. Weiterhin besteht die Möglichkeit des **nachträglichen, softwarebasierten Weißabgleichs**, welcher v. a. bei Verwendung von sog. Rohdatenformaten (s. u.) weitgehend verlustfrei durchgeführt werden kann. Um die bestmögliche Farbwiedergabe zu gewährleisten und zu dokumentieren, ist die zusätzliche Aufnahme einer definierten weißen Fläche, eines sog. **Graukeils** und einer **Farbauszugstafel** mit definierten Farbwerten sinnvoll (◘ Abb. 14.4). Diese bilden eine verwertbare Grundlage für mögliche nachträgliche Korrekturen der Farbbalance.

> **Merke**
>
> Der Weißabgleich vor Beginn der Fotodokumentation ist von wesentlicher Bedeutung für die Farbtreue der Aufnahmen. Es sollten daher unbedingt die entsprechenden Erläuterungen im Benutzerhandbuch der Kamera beachtet werden.

(◘ Abb. 14.2), wenn die hellsten Stellen innerhalb einer Aufnahme nicht neutralweiß sind.

Um diesen Umstand zu korrigieren besteht bei vielen Kameras die Möglichkeit einer Vorwahl von **Weißabgleich-Profilen**. Dabei sind bei den meisten Modellen zumindest folgende vorbelegten Einstellmöglichkeiten verfügbar (◘ Abb. 14.3):

- Tageslicht, Sonne
- Kunstlicht, Glühbirne
- Kunstlicht, Leuchtstoffröhre
- Schatten
- bewölkt
- Blitz.

Die qualitativ optimale Variante stellt der vollständig manuelle Weißabgleich dar, da hier die vor Ort individuellen Lichtverhältnisse gemessen und angewendet werden. Zur **Durchführung eines manuellen Weißabgleichs** wird die Kamera nach entsprechender Vorauswahl des Programms auf eine weiße Fläche gerichtet und durch Knopfdruck bestätigt, um die richtige Farbtemperatur zu ermitteln.

In eigens für Untersuchungszwecke eingerichteten Räumlichkeiten ist die Ausnutzung des Tageslichts bzw. die Benutzung von Tageslichtlampen

Belichtungszeit. Auch Belichtungsdauer oder Verschlusszeit genannt, gibt sie die Zeitspanne an, in welcher der Bildsensor dem einfallenden Licht ausgesetzt ist. Sie wird in (Bruchteilen von) Sekunden (s) angegeben: 1/30 s, 1/60 s, 1/125 s etc. Zusammen mit der Blendenöffnung bestimmt die Belichtungszeit die einfallende Lichtmenge. Zu kurze Belichtungszeiten führen zu unterbelichteten, zu lange Belichtungszeiten zu überbelichteten Bildern. Zu lange Belichtungszeiten können überdies zu unscharfen („verwackelten") Bildern führen (◘ Abb. 14.10). Um verwackelungsfreie Bilder zu gewährleisten, sollte eine Verschlusszeit von 1/60 s (noch besser 1/125 s) nicht überschritten werden. Vor allem während der Fotodokumentation motorisch unruhiger Kinder und bei Makroaufnahmen sollte auf eine ausreichend kurze Verschlusszeit geachtet bzw. ein Blitz eingesetzt werden.

Fokus und Autofokus. Der Fokus ist der Punkt eines fotografierten Objekts, der auf der Filmebene scharf abgebildet wird. Das Fokussieren des Objektivs kann manuell mittels optischer Kontrolle durch den Sucher oder eines Autofokussystems erfolgen.

Der Autofokus fokussiert das Objektiv so lange, bis er bestimmte Interferenzmuster misst. Beim manuellen Fokussieren kann die Sehschärfe des Fotografen eine Fehlerquelle sein. Für den **Autofokus** sind die **Messfelder** entscheidend. Bei digitalen Kompaktkameras sitzt meistens nur ein einziges Messfeld in der Bildmitte. Sollen z. B. zwei nebeneinander stehende Personen fotografiert werden, besteht die Gefahr, dass der Autofokus auf den Hintergrund scharf stellt und die Personen unscharf abgebildet werden. Abhilfe schafft, wenn man zunächst das gewünschte Objekt (in diesem Fall eines der beiden Gesichter) in die Bildmitte nimmt, den Autofokus aktiviert, den Messwert speichert und vor Auslösen den endgültigen Bildausschnitt wählt. Bei den meisten Kameras wird der Autofokus durch Drücken des Auslösers bis zum ersten Druckpunkt (nicht ganz durchdrücken) aktiviert und der Wert durch Gedrückthalten gespeichert. Schnellere und flexiblere Messungen bieten sog. Mehrfeld-Autofokus-Messsysteme.

Blende. Mithilfe der verstellbaren Blendenöffnung, kurz Blende genannt, wird einerseits die einfallende **Lichtmenge**, andererseits die **Schärfentiefe** (s. u.) reguliert. Die Blendenöffnung wird durch die Blendenzahl angegeben. Je größer die **Blendenzahl** ist, desto kleiner ist die Blendenöffnung und desto weniger Licht gelangt durch das Objektiv. Gleichzeitig erhöht sich mit größerer Blendenzahl (= kleinere Blendenöffnung) die Schärfentiefe. Umgekehrt führen kleine Blendenzahlen (= große Blendenöffnung) zu geringerer Schärfentiefe (s. u.).

Die in alle Digitalkameras eingebaute **automatische Belichtungsmessung** ermittelt im Automatikmodus für die vorhandene Lichtmenge das geeignete **Blenden/Verschlusszeit-Paar**, um eine korrekte Bildbelichtung zu ermöglichen. Die Belichtungsmessung kann jedoch nur für den sog. mittleren Grauwert optimal funktionieren. Ist das vorliegende Farbspektrum im Mittel mit diesem Grauwert vergleichbar, ergeben sich keine Probleme. Weist der gewählte Bildausschnitt aber einen zu hohen Schwarzanteil auf, wird zu viel Licht „geschluckt", die Belichtungsmessung hält die Situation für zu dunkel und die Automatik belichtet zu lange oder öffnet die Blende zu weit. Die Folge ist ein zu helles Bild. Ist umgekehrt der Weißanteil zu hoch, wird mehr Licht reflektiert. Die Belichtungsautomatik verursacht zu

⬛ **Abb. 14.5 a** Geringe Schärfentiefe bei Verwendung einer großen Blendenöffnung (Blende 2). **b** Ausreichende Schärfentiefe (bei kleiner Blendenöffnung, Blende 11) mit scharfer Abbildung des Objekts in allen Ebenen

dunkle Bilder. Abhilfe kann eine manuelle Belichtungskorrektur schaffen. So sollte beispielsweise bei Bildern im Schnee eine Belichtungskorrektur von +2 Stufen gewählt werden. Dadurch wird die Blende zwei Stufen geöffnet oder die Beleuchtungszeit zwei Stufen verlängert oder eine Kombination aus beidem. Bei hohem Schwarzanteil müsste demgegenüber eine Minuskorrektur erfolgen.

Schärfentiefe. Die Schärfentiefe gibt den Bereich innerhalb eines Fotos (= Bildebene) an, in dem die abgebildeten räumlichen Objekte scharf dargestellt werden. Die Schärfentiefe hängt wesentlich von der eingestellten **Blende**, der **Entfernung** und der **Brennweite** des Objektivs ab. In der künstlerischen Portraitfotografie wird eine geringe Schärfentiefe (selektive Unschärfe) gerne als Stilmittel benutzt, um

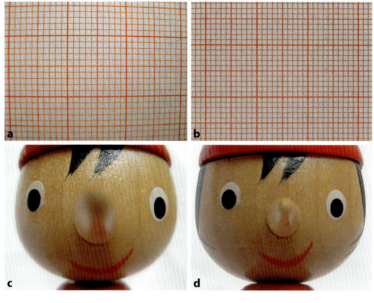

Abb. 14.6 Weitwinkeleffekt. Bei zu geringem Objektabstand kommt es im Weitwinkelbereich zur sphärischen Verzeichnung von ebenen (**a**) und räumlichen Objekten (**c**). Bei zunehmender Brennweite und größerem Objektabstand nimmt die Verzerrung ab (**b, d**)

das Hauptmotiv akzentuiert vom unscharfen Vorder- und Hintergrund abzuheben. In der klinisch-forensischen Fotografie ist eine zu geringe Schärfentiefe eher unerwünscht, da Befunde, die nicht in einer Ebene liegen nicht einheitlich scharf zur Darstellung gelangen (■ Abb. 14.5). Zu geringe Blendenzahlen sind daher, soweit es die Lichtverhältnisse zulassen, zu vermeiden. Anderseits ist selbst bei sehr guten Lichtverhältnissen nicht die kleinstmögliche Blende (größte Blendenzahl) anzustreben. Zwar wird hierbei die größte Schärfentiefe erreicht, aber die Abbildungsleistung leidet, da es bei kleineren Blendenöffnungen zu vermehrter Streuung des einfallenden Lichtes und somit zu Artefakten kommt. Die optimale Abbildungsleistung eines Objektivs liegt daher im mittleren Blendenbereich, meistens bei Blende 8.

> **Merke**
>
> In der klinisch-forensischen Fotografie ist ausreichende Beleuchtung essenziell. Dies ergibt sich aus der Notwendigkeit einer ausreichenden Schärfentiefe (kleine Blende = schlechtere Lichtausbeute) und einer möglichst kurzen Belichtungszeit (um Verwackelungsartefakte zu vermeiden). Die Verwendung eines Blitzes führt meist zu den besten Ergebnissen.

Weitwinkeleffekt. Der sog. Weitwinkel- oder **Naheffekt** entsteht, wenn der Abstand zwischen Kamera und Objekt zu gering gewählt wird (v. a. im Makromodus) und es in der Folge zu einer (in der forensischen Fotografie unerwünschten) sphärischen Verzeichnung des abzubildenden Objekts kommt (■ Abb. 14.6)

Automatik und Motivprogramme. Das „perfekte Foto" entsteht nach Wahl von Motiv und Bildausschnitt durch die ideale Kombination der erwähnten Variablen. Das Ziel der forensischen Fotografie ist weniger die Ästhetik, vielmehr sollen Befunde möglichst realistisch und nachvollziehbar dokumentiert werden. Dennoch sollten, wenn Fotografien außerhalb eines internen Kreises, z. B. in foro gezeigt oder für wissenschaftliche Publikationen verwendet werden sollen, **ethische und ästhetische Aspekte** beachtet werden. Fast alle modernen Kameras bieten Motivprogramme für unterschiedliche fotografische Aufgabenstellungen. Für forensische Belange dürften Motivprogramme wie „Landschaft", „Portrait" und „Makro" am interessantesten sein. Es gilt, mit dem jeweiligen Kameramodell persönliche Erfahrung zu sammeln und sich die Konzeption der Programme zu vergegenwärtigen. Das Problem der Motivprogramme der Digitalkameras liegt darin, dass diese je nach Kameramodell in den Weißabgleich und in die Empfindlichkeitseinstellung eingreifen können.

Die meisten Kameras lassen manuelle Eingriffe bis hin zu vollständiger Wahl aller Parameter zu, mit denen man sich vertraut machen sollte.

Automatiken beziehen sich im klassischen Sinne nur auf Zeit und Blende. Die Zeitautomatik berechnet bei vorgewählter Blende eine passende Zeit. Die Blendenautomatik bildet bei vorgewählter Zeit eine passende Blende, während bei Vollautomatik eine Zeit-Blenden-Kombination gebildet wird.

Datenformate

JPEG. Das verlustbehaftete, da komprimierende Datenformat „JPEG" (Joint Photographic Experts Group) ist derzeit das am häufigsten unterstützte Format für digitale Bildaufnahmen. Das Format ermöglicht, eine geringe Komprimierungsrate vorausgesetzt, kleine Dateigrößen bei vergleichsweise guter Bildqualität. Es sollte daher immer die bestmögliche JPEG-Einstellung (z. B. JPEG-fine) im Kameramenü ausgewählt werden. Für die routinemäßige speicherökonomische Fotodokumentation ist dieses Dateiformat gut geeignet. Es ist jedoch darauf zu achten, dass die Originaldatei immer unangetastet bleibt. Nach Öffnen in einem Bildbearbeitungsprogramm muss die Datei unter einem anderen Namen, am besten in einem verlustfreien Format (z. B. TIFF – Tagged Image File Format), gespeichert werden. Alle Änderungen/Korrekturen dürfen erst an dieser neuen Datei erfolgen. Mehrfaches Öffnen einer JPEG-Datei in einem Bildbearbeitungsprogramm sollte vermieden werden, da durch wiederholtes Dekomprimieren und neuerliches Komprimieren erhebliche Qualitätsverluste entstehen können. Dies gilt nicht für Vorschau-Programme. Allerdings sollte man jede Art von Bildveränderung durch Vorschauprogramme verhindern, z. B. die meist per einfachem Tastendruck erreichbare Bilddrehung.

Rohdatenformate wie RAW oder das neuere offene Archivformat DNG (Digital Negative) sind in der professionellen digitalen Fotografie äußerst beliebt geworden, da sie höhere „kreative" Kontrolle erlauben. Rohdaten werden auch als „digitales Negativ" bezeichnet, da Bildkorrekturen zu einem späteren Zeitpunkt durchgeführt und dadurch ungünstige Aufnahmeverhältnisse (z. B. mangelhafter Weißabgleich, ungünstige Belichtung) nachträglich korrigiert werden können. Als Nachteil ist der erhöhte Speicherbedarf zu nennen. Wird die beste Bildqualität angestrebt und bestehen keine Speicherbeschränkungen ist die Verwendung von Rohdatenformaten empfehlenswert.

14.2 Vor- und Nachteile der digitalen Fotografie

Die Vorzüge der digitalen Fotografie gegenüber dem Analogfilm sind heute unbestritten und haben dazu geführt, dass der klassische Negativfilm im Alltag vollständig verdrängt wurde.

Als unmittelbare **Vorteile der Digitalfotografie** sind u. a. zu nennen:

- Hochqualitative Bilder stehen sofort zur Verfügung.
- Durch den bei allen digitalen Kameras vorhandenen LCD-Bildschirm lässt sich der Bildausschnitt gut kontrollieren.
- Ausklappbare Schwenk- und Drehmonitore ermöglichen auch bei ausgefallenen Aufnahmeperspektiven eine Kontrolle des Bildausschnittes.
- Die Aufnahmen können sofort grob (auch unter Zuhilfenahme der oft eingebauten Lupenfunktion) auf ihre Güte beurteilt und ggf. wiederholt werden (unmittelbare Bildkontrolle).
- Die digitale Bildspeicherung ermöglicht die umfangreiche Speicherung von Meta-Informationen (z. B. benutzte Kameraeinstellungen, Aufnahmedatum und Uhrzeit) innerhalb der Bilddatei.
- Eine elektronische Übermittlung/Weitergabe der Bilder ist schnell und problemlos möglich (einfache Austauschbarkeit der Dateien).
- Bei unterschiedlichen Lichtverhältnissen muss kein Filmwechsel vorgenommen werden, es wird lediglich an der Kamera die ISO-Einstellung verändert (höhere Lichtempfindlichkeit geht allerdings mit einem geringeren Auflösungsvermögen bzw. stärkerem Bildrauschen einher).
- Ein bedeutender Vorteil der Digitalfotografie ist die Möglichkeit, mittels Weißabgleich (automatisch oder vorzugsweise manuell) die Farbtemperatur den unterschiedlichsten Lichtverhältnissen (z. B. Tageslicht, Neonröhre) anzugleichen.

– Viele Digitalkameras sind mit Bildstabilisatoren ausgestattet, um verwackelungsfreie Aufnahmen (wegen unruhiger Kameraführung) zu erleichtern.
– Viele digitale Kameramodelle bieten zusätzlich die Möglichkeit, Videoaufnahmen mit Ton anzufertigen.

Als **Nachteile der digitalen Fotografie** sind zu nennen:

– Kameras mit sehr kleinen Bildsensoren weisen einen geringeren Kontrastumfang und geringere Farbtiefe auf. Allerdings können hochwertigere digitale Spiegelreflexkameras (mit Vollformatsensor) die Bildqualität von herkömmlichem Film bereits sogar übertreffen.
– Digitale Bilddaten weisen im Vergleich zu herkömmlicher analoger Technik eine geringere Dauerhaftigkeit bzgl. Haltbarkeit auf (Abhängig von der nicht sicher abschätzbaren zukünftigen Verfügbarkeit der benutzten Hard- und Software: Speichermedien, Datenformate, Laufwerke etc.).
– Bei vielen neueren Modellen von digitalen Kompaktkameras fehlt ein optischer Sucher, was die optimale Bildgestaltung bei ungünstigen (sehr hellen) Lichtverhältnissen erschweren kann.

◘ **Abb. 14.7** Unterschiedliche, reflexionsfreie Maßstäbe für die klinisch-forensische Fotodokumentation. Der ursprünglich für die Dokumentation von Bissmarken entwickelte Winkelmaßstab ABFO Nr. 2 (*links unten*) ermöglicht eine zweidimensionale Vermessung der abgelichteten Befunde sowie eine nachträgliche Entzerrung der Maßstabsebene mit Hilfe der darauf abgebildeten Kreise. Längere Maßstäbe (*oben und rechts*) eignen sich, um z. B. die Höhe von Verletzungen in Bezug zur Fußsohlenebene zu dokumentieren. Selbstklebende Maßbänder können in beliebiger Länge entlang von Körperkonturen angebracht werden

14.3 Grundausrüstung für die klinisch-forensische Fotodokumentation

Um im klinischen Alltag forensisch verwertbare Aufnahmen von Verletzungsbefunden, Spuren und Beschädigungen an der Kleidung zu ermöglichen, sollte neben einem Mindestmaß an fotografischem Verständnis eine jederzeit einsetzbare Fotoausrüstung zur Verfügung stehen. Zu einer Grundausstattung gehören

– eine digitale Kompaktkamera mit Makrofunktion und manuellen Korrekturmöglichkeiten (insbesondere Weißabgleich und Belichtungskorrektur) oder
– eine digitale Spiegelreflexkamera mit aufsteckbarem Blitzgerät (vorzugsweise zusätzlich Ringblitz) sowie ggf. ein Makroobjektiv für die bessere Erfassung von Details,
– Ersatzakkus für Kamera und Blitzgeräte in aufgeladenem Zustand (wichtige Grundregel: Akkus nach dem Entleeren so schnell wie möglich wieder aufladen!),
– Maßstäbe (z. B. ABFO No. 2, vgl. ◘ Abb. 14.7),
– Graukeil und Farbskala (z. B. Kodak Q-13, ◘ Abb. 14.4) und
– ein Computer (PC oder Mac) mit der Möglichkeit, permanente Datenträger (CD-ROMs) zu erstellen (Brennfunktion), und eine externe Festplatte zur zusätzlichen Sicherung.

14.4 Anforderungen an die klinisch-forensische Fotodokumentation

Die angefertigten Fotos müssen
– den Betroffenen/Patienten zweifelsfrei identifizieren,

Abb. 14.8 Empfohlene Standardaufnahmen im Rahmen der systematischen Ganzkörperuntersuchung. Neben Übersichtsaufnahmen sollte insbesondere auf Befunde hinter den Ohren, in den Augenbindehäuten, in der Nackenregion, an der Innenseite der Oberarme sowie im Bereich der Mundvorhofschleimhaut geachtet werden

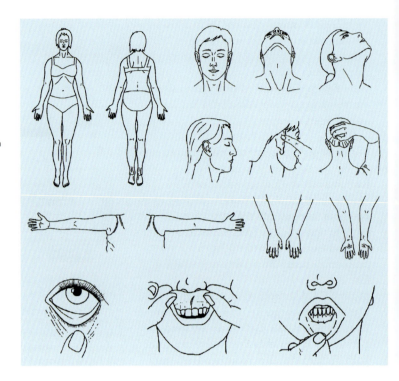

– eine eindeutige Zuordnung der einzelnen Verletzungen zur jeweilig betroffen Körperregion ermöglichen,
– die Verletzungen hinsichtlich Art, Größe und exakter Lokalisation am Körper eindeutig charakterisieren und
– qualitativ/technisch einwandfrei sein.

Um diesen Anforderungen zu genügen sollten immer **Bildserien** mit zunehmend detailreicherem Bildausschnitt angefertigt werden, wobei folgende Bildausschnitte zu unterscheiden sind:
– **Übersichtsaufnahmen**
– **Detailaufnahmen**
– **Nahaufnahmen** (Makrofotografie).

Praktisches Vorgehen bei der Fotodokumentation:
– Zu Beginn immer eine **Übersichtsaufnahme** mit dem **einwandfrei identifizierbaren Gesicht** des Patienten anfertigen (Dokumentation der Identität); zusätzlich sind **Portraitaufnahmen des Gesichtes** von vorne und im Profil von beiden Seiten sinnvoll.

– Bei Aufnahmen der Körperrückseite ggf. **Kopf zur Seite drehen lassen,** um Identität zu dokumentieren.
– Beschädigung und Verunreinigung (potenzielle Materialspuren) der Kleidung sind möglichst **vor dem Entkleiden** zu fotografieren!
– Der **topografische Bezug der abgebildeten Verletzungen und Spuren** muss jederzeit erkennbar sein (Lokalisation an der Körperoberfläche). Dies wird durch konsequentes Anfertigen von logisch **zusammenhängenden Bildserien** mit Übersichts-, Detail- und Nahaufnahmen (mit und ohne Maßstab) gewährleistet (**☐** Abb. 14.8).
– Aufnahmen in überschneidender Aufnahmetechnik sollten **aus mehreren Blickwinkeln** erfolgen.
– Bei Nahaufnahmen von Verletzungsbefunden ist immer ein geeigneter **Maßstab** beizulegen. Den Maßstab immer **in Ebene des zu fotografierenden Objekts** anlegen, da sonst nachträglich keine exakte Messung möglich ist. Eine weitere wichtige Voraussetzung für eine

nachträgliche Messung ist die orthogonale Stellung der optischen Achse zu der Objektebene.

– Neben der Verwendung von geeigneten, nichtreflektierenden Maßstäben (z. B. **ABFO No. 2 Winkelmaßstab**) sollte im Idealfall die **Fallnummer** oder der **Name des Patienten** mit abgelichtet werden.

– Ist ein Maßstab nicht verfügbar, können andere **Vergleichsgegenstände** mit genormter Größe mitabgebildet werden (z. B. Streichholz oder Münze).

– Der Maßstab sollte **keinesfalls Befunde verdecken** und keine Schatten werfen.

– Es ist darauf zu achten, dass Personen oder Gegenstände, die nicht zur Aufnahmesituation gehören, nicht im Bild zu sehen sind. Die Aufnahmen sind daher, wenn möglich, **vor neutralem Hintergrund** anzufertigen.

– Verletzungen sollten **aus unterschiedlichen Winkeln und mit der optischen Achse orthogonal** zur Oberfläche (unverzerrt) fotografiert werden (Aufnahmen **senkrecht** zur Hautoberfläche/Verletzungsebene).

– Aufnahmen aus der angegebenen **Position des Täters** mit der entsprechenden **Köperhaltung des Opfers zum Zeitpunkt der behaupteten Einwirkung** können bei der Rekonstruktion hilfreich sein.

– Bei Detail- und Nahaufnahmen von Verletzungen an vorgewölbten Körperpartien (Zielbefund liegt nicht in einer Ebene) muss bei der Scharfeinstellung auf eine ausreichend **große Schärfentiefe** (ggf. kleinere Blende bzw. größere Blendenzahl) geachtet werden. Die kleinstmöglichen Blenden können Verluste in der Abbildungsleistung des Objektivs verursachen.

– Reliefartige Oberflächen von Verletzungen (z. B. Eindruckspuren) können mit **Schräg- und Streiflicht** (z. B. mit „entfesseltem" Blitz an Blitzkabel) deutlicher bzw. kontrastreicher zur Darstellung gebracht werden.

– Verletzungen immer in ungereinigtem und in gereinigtem Zustand fotografieren.

– Bei sehr frischen Verletzungen ist eine **erneute Fotodokumentation 1–2 Tage später** sinnvoll (bessere Erkennbarkeit z. B. von Hämatomen und oberflächlichen Abschürfungen).

– Auch ein **Negativbefund**, also z. B. das Fehlen einer Verletzung, sollte fotografisch festgehalten werden (insbesondere dann, wenn der Befund aufgrund von Aussagen oder den Umständen nach zu erwarten wäre).

– Die begleitende Dokumentation der Verletzungen in einem **Körperschema** gibt eine gute Übersicht über die **Verteilung der Verletzungen** am Körper.

– Der Fotodokumentation der Befunde ist genügend **Zeit** einzuräumen, da ihr **bei späteren Begutachtungen eine große Bedeutung** zukommt.

> **Merke**
>
> Der fotografischen Dokumentation von Verletzungsbefunden muss unbedingt **ausreichend Zeit** eingeräumt werden.

Video. Eine Ergänzung zu fotografischen Aufnahmen können **Videoaufnahmen** sein. Ein Video gibt die **räumlichen Zusammenhänge** von Verletzungen u. U. besser wieder.

Photogrammetrie. Unter Photogrammetrie versteht man Messmethoden und Auswerteverfahren, um aus Fotografien eines beliebigen Objekts seine räumliche Lage bzw. dreidimensionale Form zu bestimmen. Durch das photogrammetrische Verfahren entstehen **entzerrte Aufnahmen**, wobei die Abstände im Bild über einen einfachen Maßstab in metrische Längen und Abstände umgerechnet werden können.

Häufige technische Mängel bei forensisch relevanten Fotodokumentationen sind (nach Verhoff et al. 2009):

– **Bildunschärfe:** z. B. durch fehlerhaftes Scharfstellen des Autofokus auf den Bildhintergrund oder durch zu geringe Schärfentiefe (◘ Abb. 14.9)

– **Verwackelungsfehler:** durch zu lange Verschlusszeiten bei unruhiger Hand des Fotografen oder bei „motorischer Unruhe" des Objekts (v. a. Kinder) (◘ Abb. 14.10)

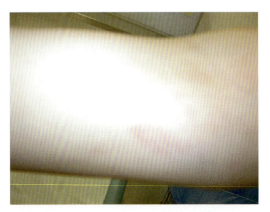

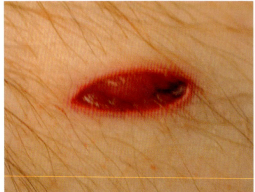

■ **Abb. 14.9** Falsche Fokussierung, Belichtungsfehler und Fehlen eines Maßstabes. Der Autofokus hat auf den Hintergrund scharf gestellt. Die Unterarmvorderseite mit dem zu dokumentierenden Hämatom liegt deutlich vor dem Fokus und ist deshalb unscharf. Außerdem wurde bei Einsatz eines Blitzes der Vordergrund zu hell, sodass Bildinformationen verloren sind. Ohne Maßstab kann die Größe des Hämatoms im Nachhinein nicht mehr rekonstruiert werden

■ **Abb. 14.10** Verwackelungsunschärfe bei einer Stichverletzung. Ein Blitz wurde nicht eingesetzt. Entweder hat der Patient seinen Arm bewegt, oder der Fotograf hat die Kamera nicht ruhig genug gehalten bei ggf. zu langer Belichtungszeit (z. B. 1/15 s)

– **Belichtungsfehler:** Über- oder Unterbelichtung der Aufnahme durch fehlerhafte automatische Belichtungsmessung oder durch Verwendung von starkem Blitzlicht (v. a. bei reflektierenden Oberflächen) (■ Abb. 14.9)
– **Fehler der Farbtreue:** durch fehlerhaften Weißabgleich wegen falscher Voreinstellung, unzureichender Automatik bzw. Unterlassung eines manuellen Weißabgleiches bei schwierigen Aufnahmebedingungen (z. B. Blau- oder Gelbstich der Aufnahmen) (■ Abb. 14.2)
– **erhöhtes Bildrauschen:** bei Einstellung einer erhöhten Filmempfindlichkeit bzw. ungünstigen Lichtverhältnissen (je nach Kamera ab ISO 800 bis ISO 3200) abhängig von der Sensorgröße
– **mangelhafte Auswahl des Bildausschnittes** durch den Fotografen.

der Sachlage angepasstes, systematisches Vorgehen. Das Sprichwort: „Ein Bild sagt mehr als tausend Worte" trifft nur dann zu, wenn der Fotograf bei seiner Arbeit überlegt vorgegangen ist. Im Zeitalter der Digitalfotografie kommt es leider immer wieder vor, dass wahllos fotografiert wird, offenbar ohne Gedanken über Sinn und Qualität der angefertigten Bilder. Die systematische visuelle Dokumentation muss auf einem entsprechenden Datenträger sicher archiviert werden und zu einem späteren Zeitpunkt lückenlos nachvollziehbar sein. Die in vorliegendem Kapitel geschilderten theoretischen und praktischen Grundlagen können helfen, diese Vorgaben zu erfüllen und häufige Fehler zu vermeiden.

14.5   Zusammenfassung

Die fotografische Dokumentation von bedeutsamen Befunden (bzw. deren Fehlen) im Rahmen der klinisch-forensischen Praxis erfordert neben einem Mindestmaß an fotografischem Verständnis und einer jederzeit einsetzbaren Fotoausrüstung ein,

Klinisch-forensische Spurenkunde und Beweismittelsicherung

M. Grassberger, E. E. Türk

15.1   **Begriffsbestimmungen   – 140**

15.2   **Spurenkategorien   – 140**

15.3   **Vorproben   – 141**

15.4   **Spurensicherung (Asservierung)   – 142**

15.5   **Besonderheiten wichtiger klinisch-forensisch relevanter Spuren   – 143**

15.5.1   DNA-Spuren   – 143

15.5.2   Blutspuren   – 145

15.5.3   Haare   – 145

15.5.4   Faserspuren   – 145

15.5.5   Erde/Bodenschmutz   – 146

15.5.6   Botanische Spuren   – 146

15.5.7   Entomologische Spuren   – 147

15.5.8   Schmauchspuren   – 147

15.6   **Zusammenfassung   – 147**

M. Grassberger, E. Türk, K. Yen, Klinisch-forensische Medizin,
DOI 10.1007/978-3-211-99468-9_15, © Springer-Verlag Berlin Heidelberg 2013

15.1 Begriffsbestimmungen

Beweismittel sind alle **Tatsachen** und **Tatsachen-feststellungen**, die zur Beweisführung in ein Verfahren eingehen bzw. die im Verlauf der juristischen Entscheidungsfindung berücksichtigt werden. Dabei unterscheidet man **Personenbeweise** (Zeugenaussagen) von **Sachbeweisen** (Befunde, Spuren, Tatmittel). Während die Aufnahme von Personenbeweisen im Wesentlichen polizeiliche Aufgabe ist, kann die Bedeutung mancher Sachbeweise, insbesondere Spuren, im Gesamtzusammenhang eines Falls erst in Zusammenarbeit mit dem (medizinischen) Sachverständigen richtig eingeordnet werden.

Spur bezeichnet im kriminologischen Kontext „alle materiellen Veränderungen, die einen Zusammenhang mit einem Tatgeschehen aufweisen". Die richtige Interpretation einer Spur kann entscheidend zur Klärung des Sachverhaltes beitragen. **DNA-Spuren** sind in der klinischen Rechtsmedizin von besonderer Bedeutung. Auch **„klassische" Spuren** wie z. B. Blut- oder Faserspuren können u. U. eine entscheidende Rolle bei der Aufklärung klinisch-forensischer Fälle spielen. Grundlegende spurenkundliche Kenntnisse sind deshalb in der klinischen Rechtsmedizin unumgänglich.

Spurenverursacher sind alle Subjekte oder Objekte (Mensch, Tier, Umwelt, Gegenstand), die das Entstehen einer Spur bewirkt haben.

Spurenträger sind alle Orte, Gegenstände und Personen, an denen sich Spuren befinden.

15.2 Spurenkategorien

In der Kriminalistik werden im Allgemeinen folgende **Spurenkategorien** unterschieden, wobei eine Spur u. U. mehreren Kategorien gleichzeitig zugeordnet werden kann:

1. **Materialspuren:** Wichtig für die Rekonstruktion ist die Art des Materials und die individuelle Zuordnung zum Spurenverursacher. Klinisch-forensisch relevante Beispiele sind
   - **Körpersekrete:** Blut, Sperma, Scheidensekret, Speichel, Schweiß, Urin, Kot, Erbrochenes
   - **mikrobiologische/virologische Spuren:** Krankheitserreger (z. B. Übertragung von Krankheitserregern bei Sexualdelikten)
   - **toxikologische Spuren:** Alkohol, Drogen, Medikamente
   - Haare
   - **Fingernagelschmutz** (möglicherweise mit Körperzellen)
   - Faserspuren
   - **Spuren mit Hinweis auf den Tatort:** Pflanzenspuren, Schmutz, Staub, Sand. Aus Körpersekreten, Haaren und Fingernagelschmutz kann für die individuelle Zuordnung **DNA** gewonnen werden. Die Gewinnung von DNA (oder RNA) ist ggf. auch bei mikrobiologischen und virologischen Spuren möglich, etwa wenn ein Erreger genau typisiert werden soll, um festzustellen, ob der Tatverdächtige der Überträger ist.

2. **Formspuren:** Sie entstehen durch mechanische Einwirkung auf den Spurenträger. Neben der *Art* der Spur ergeben sich aus ihrer *Form* entscheidende Hinweise zur Rekonstruktion eines Geschehens. Klinisch-forensisch relevante Beispiele sind:
   - **(geformte) Verletzungen:** Bissspuren, Hämatome in Form eines Tatwerkzeugs, Stichverletzungen
   - **Abdrücke:** Fuß-/Schuhabdrücke, Reifenspuren, Fingerabdrücke
   - **Blutspurenmuster** (s. ▶ Kap. 18 „Blutspurenmuster-Verteilungsanalyse – Aspekte für die klinisch-forensische Praxis")

3. **Situationsspuren** (z. B. Lage von Gegenständen am Tatort): Rekonstruktive Aspekte können sich anhand des allgemeinen Bildes (Kampfspuren etc.) sowie anhand der Lage von individuellen Spuren oder Gegenständen ergeben.

4. **Gegenstandsspuren** (z. B. Tatwaffen, Bekleidungsgegenstände) sind mit der Tat in Zusammenhang stehende Gegenstände. An Gegenstandsspuren können sich Form- oder Materialspuren befinden.

Latente Spuren. Dabei handelt es sich um **schwer oder nicht sichtbare Spuren**, die erst nach Sichtbarmachung mittels spezieller Methoden beurteilt und dokumentiert werden können. Beispiele sind farblose Flüssigkeiten, Fingerabdrücke, DNA-Spuren auf der Haut und sog. **Mikrospuren**, die so klein sind, dass sie mit dem bloßen Auge nicht sichtbar sind, etwa Faserspuren oder Hautschuppen.

Spurenübertragung. Spuren können im Verlauf einer Tat zwischen Täter, Opfer, Tatwerkzeug und Tatort ausgetauscht (übertragen) werden, sodass sie alle sowohl als Spurenverursacher als auch als Spurenträger in Betracht kommen (◘ Tab. 15.1).

Die Spurenlage am Tatort kann **nachträglich verändert** werden, etwa durch Ersthelfer vor Ort (◘ Abb. 15.1), Tiere oder Umwelteinflüsse. Dies muss bei der Beurteilung der Spuren unbedingt berücksichtigt werden!

◘ **Abb. 15.1** Blutiger Schuhabdruck eines Rettungssanitäters, der nach der Versorgung des Opfers die Wohnung besichtigte. Solche Spuren können schwer von „echten" Täterspuren zu unterscheiden sein

15.3 Vorproben

Vor der Sicherung von Spurenmaterial steht die Identifizierung tatrelevanter Spuren. Einige allgemeine Hinweise zur **Spurensuche** finden sich in ► Kap. 17 „Aspekte der Tatortbesichtigung in der klinischen Rechtsmedizin". Ein nützliches Hilfsmittel bei der Identifizierung von Spuren sind die sog. **Vorproben**. Mit ihrer Hilfe ist eine initiale Bewer-

tung von Spurenmaterial möglich, dessen materielle Zusammensetzung nicht eindeutig ist.

Unspezifische Vorproben. Diese sind aufgrund ihres unspezifischen Charakters nicht beweisend für ein bestimmtes Material und haben daher nur einen Hinweiswert. Wichtige Beispiele sind:
– **Phosphatesmo-Testpapier®** zum Nachweis des Enzyms saure Phosphatase in Samenflüssigkeit. Das Testpapier wird leicht angefeuchtet und anschließend auf die unklare

◘ **Tab. 15.1** Möglichkeiten der Spurenübertragung zwischen Täter, Opfer, Tatwerkzeug und Tatort (für die klinisch-forensische Relevanz modifiziert nach Wigger, 1980)

Spurenverursacher	Spurenträger	Beispiel
Täter	Opfer	Bissspur auf der Haut des Opfers
	Tatwerkzeug	DNA-Spur an der Tatwaffe
	Tatort	Fingerabdrücke am Lichtschalter
Opfer	Täter	Kratzspuren auf der Haut des Täters
	Tatwerkzeug	Blut des Opfers am Tatwerkzeug
	Tatort	Blutspurenmuster am Tatort
Tatwerkzeug	Täter	Schmauchspuren an der Schusshand
	Opfer	Faserspuren vom Drosselwerkzeug am Hals
	Tatort	Projektil in der Wand
Tatort	Täter	Sand an den Schuhen
	Opfer	Teppichfaserspuren am Körper
	Tatwerkzeug	Materialspuren am Einbruchswerkzeug

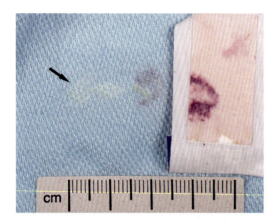

Abb. 15.2 Unspezifische Vorprobe auf Sperma (saure Phosphatase) mit Phosphatesmo-Testpapier® (aus: Grassberger & Schmid, 2009)

Spur gedrückt. Eine **deutliche Violettfärbung** (Abb. 15.2) weist darauf hin, dass es sich bei der Spur um **Sperma** handeln könnte. Eine schwache Violettfärbung kann jedoch auch durch Vaginalsekret verursacht werden.

– Mit der **Luminol-Methode** können latente Blutspuren sichtbar gemacht werden (etwa nach Abwaschen durch den Täter). Die Luminol-Methode ist in ▶ Kap. 18 „Blutspurenmuster-Verteilungsanalyse – Aspekte für die klinisch-forensische Praxis" ausführlich dargestellt.

Beweisproben basieren auf immunologischen Reaktionen und sind in der Regel **für die betreffende Substanz beweisend**. Beispiele sind der PSA-Test zum Nachweis von prostataspezifischem Antigen (PSA) oder RSID-Saliva® zum Nachweis der im Speichel vorkommenden a-Amylase.

Weder Vorproben noch Beweisproben erlauben eine individuelle Zuordnung des Materials. Zu diesem Zweck muss sich immer eine **DNA-Analyse** anschließen. Vorproben sollten deshalb nur bei Vorhandensein von ausreichend Spurenmaterial durchgeführt werden – ist dies nicht der Fall, sollte die Spur besser asserviert und gleich einer spezifischen Untersuchung zugeführt werden.

15.4 Spurensicherung (Asservierung)

Eine Spur, die nicht erkannt und fachgerecht gesichert, verarbeitet und interpretiert wird, ist kriminalistisch wertlos. Fehler bei der Sicherung und Verwertung von Spuren können die Verurteilung eines Täters, jedoch auch die Entlastung eines zu Unrecht Beschuldigten verhindern. Die Spurensicherung ist daher eine extrem wichtige und verantwortungsvolle Aufgabe.

> **Merke**
>
> – Jede nicht erkannte Spur ist verloren.
> – Jede fehlerhaft gesicherte oder dokumentierte Spur ist verloren.
> – Jede fehlerhaft aufbewahrte Spur ist verloren.

Die folgenden **allgemeinen Regeln** müssen bei der Spurensicherung beachtet werden:

– Jede Spur ist vor der Sicherung/Veränderung genau zu **dokumentieren** (s. ▶ Kap. 14 „Klinisch-forensische Fotodokumentation"). Bereits hier ist auf eine **eindeutige Kennzeichnung** zu achten (Nummer, Sicherungsort, gesichert durch, Datum und Uhrzeit etc.).

– Zur Vermeidung von Kontamination ist **Schutzkleidung** zu tragen und der Spurenträger so wenig wie möglich zu berühren. Beim Überziehen frischer Handschuhe diese nur im Bereich der Öffnung berühren (Kontaminationsquelle).

– Sichtbare **lose Anhaftungen** (z. B. Haare, Pflanzenbestandteile) getrennt sichern.

– Spurenträger, die als **Beweismaterial** in Betracht kommen (z. B. Tatwaffen, Textilien), im Ganzen sichern.

  • Feuchte Textilien unbedingt lufttrocknen! Eine **genaue Beschreibung** (Art, Marke, Material, Größe, Farbe, Lokalisation von Spuren etc.) kann entweder vor Ort oder später unter Laborbedingungen erfolgen. Auch hier lose Anhaftungen sofort dokumentieren und sichern. Zur Vermeidung einer Kontamination/Spurenübertragung

an einem Kleidungsstück dieses Falten und Papier zwischen die einzelnen Lagen einbringen.
– Auf die Asservierung einer ausreichenden **Materialmenge** achten.
– Sollen an einem Gegenstand mehrere Arten von Spuren gesichert werden, gilt meist die **Reihenfolge: Faserspuren – daktyloskopische Spuren – DNA-Spuren**.
– Sicherung von ausreichend Vergleichsmaterial (s. u.).
– Feuchte Spuren **lufttrocknen** bzw. in **Kartonboxen** aufbewahren.
– Trockene Spuren in Papiersäcken bei Raumtemperatur, Flüssigkeiten gefroren bei –20°C lagern.
– Spuren vor Umwelteinflüssen schützen.
– **Lückenlose Dokumentation** des Verbleibs der Spuren („*continuity of evidence*").

Vergleichsmaterial. Vergleichsmaterial sollte, sofern möglich, für alle tatrelevanten Spuren gesichert werden. Mit seiner Hilfe kann überprüft werden, ob die am Tatort oder an Personen gesicherten Spuren einer bestimmten Person, einem Gegenstand, einem Material etc. zugeordnet werden können. Für das praktische Vorgehen bei der Sicherung von Vergleichsmaterial gelten die o. g. Grundsätze zur Spurensicherung.

Neutralproben. Wenn eine Reaktion zwischen Spurenmaterial und Untergrundmaterial die Spurenlage verändert oder verfälscht haben kann, ist eine neutrale Probe des Untergrundes in einiger Entfernung zur Spur zu sichern.

Eine sachgerechte **Verpackung und Aufbewahrung der asservierten Spuren** ist ebenso wichtig wie die korrekte Sicherung des Materials. Dabei muss das Untersuchungsmaterial durch die Verpackung vor der **Einwirkung äußerer Einflüsse** geschützt werden. Zudem muss die Verpackung verhindern, dass Spurenmaterial verloren geht und dass durch **Kontamination** neues Material hinzukommt (Trugspuren). Eine **Versiegelung** (Siegeletikett) verhindert, dass zwischen Spurensicherung und Analyse Veränderungen an der Spur stattfinden, die später nicht mehr nachvollziehbar sind („*continuity of evidence*").

Bei der **Verpackung und Aufbewahrung** gesicherter Spuren gelten die folgenden **allgemeinen Grundsätze:**
– Spuren bzw. Spurenträger **separat** verpacken, sodass keine Kreuzkontamination oder eine andere Reaktion der Proben untereinander stattfinden kann.
– Luftgetrocknete Spuren in **Kartonschachteln** oder **Papiertüten** verpacken und vor Sonneneinstrahlung geschützt bei Raumtemperatur lagern.
– **Scharfe und spitze Spurenträger** wie Messer, Injektionsnadeln etc. in festen Behältnissen verpacken und entsprechend kennzeichnen.
– Potenziell **infektiöses Material** (z. B. Blutproben) mit einem deutlichen **Warnhinweis** kennzeichnen.
– Alle Asservate **eindeutig beschriften** (**Spurenetikett**). Dazu gehört eine eindeutige Identifikation (Aktenzeichen/Fallnummer und Asservatennummer), Angaben zu Herkunft und Art der Spur, Datum und Uhrzeit der Sicherstellung und zur asservierenden Person.
– Es sollte eine detaillierte **Asservatenliste** angefertigt werden, anhand derer auch der **Verbleib der Spuren** (Entnahme, Transport, Abgabe im Labor, Verarbeitung dort, Rückgabe an die Polizei, Lagerung etc.) dokumentiert wird.

15.5 Besonderheiten wichtiger klinisch-forensisch relevanter Spuren

Im Folgenden werden Besonderheiten lediglich zu denjenigen Spuren besprochen, die im Rahmen der klinisch-forensischen Medizin von praktischer Bedeutung sind. Besonderes Augenmerk soll auf die **adäquate Sicherung von unmittelbar tatrelevanten Spuren** gelegt werden.

15.5.1 DNA-Spuren

DNA kann aus Material-, Form- und Mikrospuren gewonnen werden. Klinisch-forensisch bedeutsam sind insbesondere die **Sekretspuren** (Speichel, Sperma, Vaginalsekret). Kleinste Spuren reichen

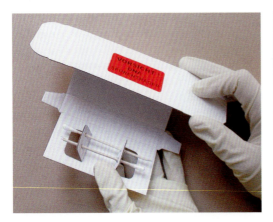

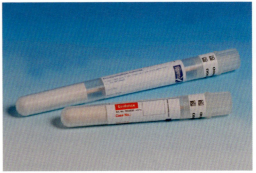

🔲 **Abb. 15.4** Eine einfach zu handhabende Alternative zu den Kartonfaltschachteln sind die modernen farbkodierten Spurensicherungsröhrchen mit Trocknungsmedium (Foto: Prionics AG, Schweiz)

🔲 **Abb. 15.3** Kartonfaltschachtel zur kontaminationsfreien Sicherung von DNA-Spuren auf Wattetupfern

oft aus, um später im Labor ein vollständiges DNA-Profil zu erhalten. DNA kann sich finden
- am Körper von Opfer und Täter
- an Tatwerkzeugen und anderen Beweisgegenständen, u. a. auch im Bereich von Fingerabdrücken
- an sämtlichen Tatorten (Türklinken, Fluchtfahrzeuge, Blutspurenmuster etc.).

Bei der **Sicherung von DNA-Spuren** sollte wie folgt vorgegangen werden:
- Trockene Spuren auf nicht saugenden Oberflächen: Abrieb mit einem sterilen, mit destilliertem Wasser **leicht angefeuchteten Stieltupfer**. Der Tupfer darf nicht zu feucht sein, da er dann die DNA nicht aufnehmen kann, sondern sie nur am Spurenträger verteilt. Für eine Spur möglichst nur einen Tupfer verwenden!
- Feuchte Spuren können analog mit einem trockenen Wattetupfer asserviert werden.
- Spuren an saugenden Oberflächen (Textilien etc.): Ggf. den gesamten Gegenstand (etwa Bettlaken, Bekleidung) asservieren – Sichtbarmachen latenter Spuren und Dokumentation ihrer Lokalisation dann ggf. im Labor.
- Sicherung am Körper: Auch hier gilt: trockene Körperstellen – Sicherung mit angefeuchtetem Tupfer; feuchte Körperstellen – Sicherung mit trockenem Tupfer. Die Körperstellen je nach geschildertem Tathergang auswählen, z. B.

Hals bei geschildertem Würgen; Bissmarken; Sicherung unter den Fingernägeln etc.
- Besonderheiten der Spurensicherung nach Sexualdelikten sind in ▶ Kap. 29 „Standardisierte Untersuchung und Spurensicherung nach Sexualdelikt" beschrieben. Besonderheiten bei der Spurensicherung an Tatverdächtigen finden sich in ▶ Kap. 13 „Die körperliche Untersuchung von Tatverdächtigen im Rahmen des Strafverfahrens".
- Um eine Spur über die DNA-Untersuchung eindeutig zuordnen zu können, müssen von Opfer(n) und Tatverdächtigen **Vergleichsproben** gesichert werden. In der Regel dient als Vergleichsprobe ein Mundschleimhautabstrich. Dabei mit einem trockenen Tupfer die Wangenschleimhaut fest abreiben. Kommt ein Mundschleimhautabstrich aufgrund der individuellen Fallkonstellation nicht in Betracht (z. B. orale Vergewaltigung), sollte eine Lokalisation gewählt werden, wo mit Sicherheit keine Mischspur zu erwarten ist (z. B. Nacken oder Fußrücken; zur Not auf Blutprobe zurückgreifen).

Aufbewahrung von DNA-Spuren. DNA ist bei fachgerechter Lagerung jahrzehntelang haltbar. Bei längerer feuchter Lagerung – insbesondere bei luftdichter Verpackung – kann es leicht zur Degradation der DNA durch Mikroorganismen kommen. Feuchte DNA-Spurenträger müssen daher unbedingt **luftgetrocknet** werden. **Wichtig:** Auf den Umstand, dass eine Spur nachgetrocknet werden muss, ist bei der Weitergabe unbedingt hinzuweisen!

DNA-Spurenträger sollten idealerweise in speziell dafür angefertigten **Kartonschachteln** oder Spurensicherungsröhrchen asserviert und aufbewahrt werden (◘ Abb. 15.3 u. ◘ Abb. 15.4). Verpackung in Plastikbehältern nur nach vollständiger Lufttrocknung! Zusätzlich zu der eindeutigen Beschriftung (s. o.) sollten die Behältnisse mit einem roten Aufkleber „**Vorsicht! DNA-Spurenträger**" gekennzeichnet werden.

15.5.2 Blutspuren

Blutspuren am Ereignisort sowie an den Kleidungsstücken der involvierten Personen können wesentliche Anhaltspunkte zur Rekonstruktion eines Tathergangs geben, werden aber erfahrungsgemäß in der Praxis klinisch-forensischer Untersuchungen häufig nicht oder zu wenig beachtet. Eine ausführliche Darstellung unter Hervorhebung der klinisch-forensisch relevanten Aspekte findet sich in ▶ Kap. 18 „Blutspurenmuster-Verteilungsanalyse – Aspekte für die klinisch-forensische Praxis".

15.5.3 Haare

Haare haben in der klinisch-forensischen Praxis einen wichtigen Beweiswert für die **individuelle Zuordnung** und für **chemisch-toxikologische Untersuchungen** auf Drogen und Medikamente bzw. ggf. andere Giftstoffe. Die makroskopische Untersuchung kann erste Hinweise auf die Herkunft eines Haares liefern. Bestimmte Beschädigungen können Indizien zum Tathergang sein, etwa Hitzeschädigungen. Mikroskopische Untersuchungen dienen heute im Wesentlichen zur Unterscheidung zwischen menschlichen und tierischen Haaren. Die individuelle Zuordnung anhand morphologischer Kriterien wurde weitgehend durch die DNA-Analytik abgelöst.

Das **praktische Vorgehen** beim Asservieren von Haaren sollte sich nach den folgenden Grundsätzen richten:

- **Einzelhaare** von Textilien, Tatwerkzeugen oder anderen Oberflächen mit einer **sterilen**

Pinzette sichern, dabei in Schaftmitte abheben (nicht an der Wurzel berühren!). Aufbewahrung in Spurensäckchen oder gefaltetem Papier.
- **Schamhaare** bei Opfer(n) und/oder des Tatverdächtigen mit einem Einmalkamm in eine Papierunterlage auskämmen und mit dem Kamm in der Unterlage asservieren.
- **Ausgerissene Haare** eignen sich am besten für die DNA-Analytik, da die DNA aus den im Wurzelbereich anhaftenden Zellen gewonnen wird. Alternativ kann die mitochondriale DNA (mt-DNA) aus dem Haarschaft untersucht werden.
- **Vergleichshaare** von Opfer(n) oder Tatverdächtigen **an mehreren Stellen** knapp über der Kopfhaut abschneiden (sehr kurze Haare abrasieren) und mindesten 20 Einzelhaare **auszupfen** (ggf. vom Betroffenen selbst durchführen lassen). Haare von jedem Entnahmeort getrennt in Spurensäckchen oder gefaltetem Papier asservieren.
- Für chemisch-toxikologische Untersuchungen ein **bleistiftdickes Haarbündel** kopfhautnah abschneiden und das wurzelnahe Ende durch Faden markieren (Haare hier zusammenbinden). Asservierung in Aluminiumfolie (s. ▶ Kap. 46 „Toxikologische Untersuchungen im Rahmen der klinisch-forensischen Medizin").

15.5.4 Faserspuren

Faserspuren sind häufig individuell einem Textil zuzuordnen und können entscheidend dazu beitragen, einen Kontakt zwischen Täter und Opfer bzw. zwischen Täter und Tatort zu beweisen. Faserspuren sind oft mit dem bloßen Auge nicht sichtbar, sodass ggf. ganze Oberflächen zu ihrer Sicherung bearbeitet werden müssen (s. u.).

Bei der **Sicherung von Faserspuren** sollten die folgenden Regeln beachtet werden:

- Spurensuche eventuell unter Zuhilfenahme einer Lupe und einer forensischen Lichtquelle (Betrachtung unter Streiflicht) durchführen.
- Die Vermeidung von Kontamination ist hier besonders wichtig – unbedingt **Schutzkleidung** tragen!

– Frühzeitige Sicherung, da Faserspuren leicht verloren gehen!
– Sichtbare Fasern mit einer Pinzette asservieren und einzeln in Spurensäckchen sichern.
– Zur systematischen Sicherung von Faserspuren mit **speziellem Klebeband** alle Oberflächen, die als Spurenträger in Frage kommen, systematisch abkleben (ganze Bekleidungsstücke oder Laken, exponierte Körperstellen bei Opfer(n) und Tatverdächtigen, Fahrzeugsitze etc.). Anschließend zur Asservierung die haftende Seite mit einem Gegenstück verkleben.
– **Vergleichsmaterial** sichern, z. B. an Textilien am Tatort (Bettlaken) oder an der Bekleidung von Tatverdächtigen und Opfer(n).

15.5.5 Erde/Bodenschmutz

Erde und Bodenschmutz von Schuhsohlen, Kleidungsstücken, Fußböden oder dem Fußraum eines PKW können eine Zuordnung erlauben, ob eine Person sich an einem bestimmten Ort, insbesondere einem Tatort, aufgehalten hat.

Die **Sicherung** solcher Spuren folgt den folgenden Prinzipien:
– Im Idealfall sind die Spuren **mit dem gesamten Spurenträger** (z. B. Schuhe, Kleidungsstücke) im Ganzen zu sichern (Dokumentation und Vermeidung von Spurenübertragung wie im allgemeinen Teil beschrieben).
– Ggf. die Spur entsprechend ihrer Erscheinungsform abnehmen (**abkratzen, abreiben, mit feinem Pinsel abheben**) und geeignet verpacken.
– Repräsentative **Vergleichsproben** sichern.

15.5.6 Botanische Spuren

Botanische Makroreste. Wie Erde und Bodenschmutz können auch Pflanzenreste Hinweise zum Aufenthalt von Opfer(n) und Tatverdächtigen am Tatort liefern. Ein Sachverständiger kann anhand der **Entwicklungsstadien** ggf. eine **jahreszeitliche Zuordnung** vornehmen.

Bei der **Sicherung von Pflanzenresten** ist folgendes zu beachten:

– Ihre **Bedeutung kennen** – Pflanzenreste vom Tatort und von Spurenträgern wie etwa Bekleidungsgegenständen asservieren und nicht achtlos abschütteln oder wegwischen.
– Der Erhalt der anatomischen Strukturen ist für spätere morphologische Untersuchungen wichtig.
– Material trocknen und einzeln verpacken.
– **Vergleichsmaterial** sichern.
– Ggf. einen **forensisch versierten Biologen** (z. B. Botaniker) bei der Sicherung hinzuziehen.

Pflanzenpollen. Pollenkörner können durch eine rasterelektronenmikroskopische Untersuchung ihrer Oberflächenmuster einer ganz bestimmten Pflanzengruppe zugeordnet werden (◘ Abb. 15.5). Daraus können sich wichtige Erkenntnisse zum Aufenthalt von Personen am Tatort ergeben. Besonders hohe Aussagekraft hat in diesem Zusammenhang der Pollen tierblütiger Pflanzen, da er **ausschließlich durch direkten Kontakt** auf einen Gegenstand gelangen kann.

Die **Sicherung von Pollenspuren** sollte wie folgt vorgenommen werden:
– Unbedingtes Vermeiden von Kontamination!
– Geeignete Lokalisationen für eine Sicherung von Pollenspuren sind vor allem **Haare** (Haaransatz im Stirnbereich!), **Textilien**, **Schuhsohlen** und **Autos** (Reifen, Kotflügel, Luftfilter, Fußmatte und darunter) sowie **Körperöffnungen** (Mund, Nase).
– Zur Sicherung der Pollen aus Körperöffnungen diese mit einem trockenen Wattetupfer intensiv abreiben.
– Zur Sicherung von anderen Oberflächen lose anhaftende Schmutzanhaftungen abreiben oder abkratzen. Textilien ggf. ganz asservieren oder Stücke häufigen Kontaktes (z. B. Kniestücke von Hosen) bzw. beschmutze Stellen herausschneiden.
– Pollen von unterschiedlichen Stellen getrennt asservieren.
– Hinzuziehen eines **forensisch versierten Palynologen** (Pollenkundler) schon vor der Spurensicherung. Dieser soll auch bei der Sicherung von **Vergleichsproben** assistieren bzw. diese selbst sichern.

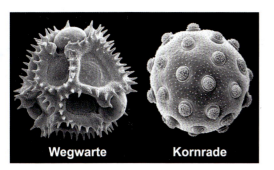

Wegwarte   **Kornrade**

◼ **Abb. 15.5** Rasterelektronenmikroskopische Aufnahmen des Pollen von tierblütigen Pflanzen (Fotos: M. Weber)

15.5.7 Entomologische Spuren

In Einzelfällen können auch in der klinisch-forensischen Medizin entomologische Spuren (Insekten bzw. Insektenreste) fall- bzw. tatrelevant sein. Einen Überblick bietet ▶ Kap. 43 „Insektenbefall lebender Menschen – Zeichen der Vernachlässigung".

15.5.8 Schmauchspuren

Bei der kriminaltechnischen Untersuchung von Schmauchspuren werden das Vorhandensein und die Zusammensetzung von Munitionsbestandteilen sowie ihre Verteilung festgestellt. Ziel kann eine **Bestimmung der Schuss- oder Haltehand**, jedoch auch die Bestimmung der **Schussentfernung** und der Art der **Munition** sein.

Im Zusammenhang mit der **Schmauchspurensicherung** sind folgende Aspekte zu beachten:
- Sicherung an Personen immer **vor dem Entkleiden** durchführen.
- Bekleidung mituntersuchen bzw. im Ganzen asservieren.

- Zur Schusshandbestimmung beide Hände untersuchen. Mögliche Techniken sind
  - die Verwendung sog. „**REM-Tabs**", die mit Klebefolie beschichtet sind und direkt im Rasterelektronenmikroskop (REM) untersucht werden können.
  - **Abformungen** der Hand mit Polyvinylalkohol (PVAL) oder Latex (topografische Abbildung der Schmauchverteilung).
  - Abzüge bzw. Abdrücke mit **Klebefolien** oder **Filterpapier**.
  - Abrieb mit befeuchteten **Wattestäbchen**.

15.6 Zusammenfassung

Die korrekte Identifizierung, Sicherung, Aufbewahrung und Bearbeitung von Spurenmaterial ist ein entscheidender Bestandteil der Beweisführung in klinisch-forensischen Fällen. Ein unsachgemäßer Umgang mit Spuren kann bedeuten, dass diese für ein Verfahren für immer verloren sind. Aufgrund der Vielzahl der möglichen Spuren und ihrer unterschiedlichen Bedeutung ist ein hohes Maß an Fachkenntnis, Erfahrung und interdisziplinärer Zusammenarbeit erforderlich, um diese im Strafverfahren optimal nutzen zu können.

Klinisch-forensische Bildgebung

K. Yen, E. Hassler, E. Scheurer

16.1   Hintergrund – 150

16.2   Radiologische Verfahren und praktische
Durchführung – 150

16.3   Zusammenfassung – 155

M. Grassberger, E. Türk, K. Yen, Klinisch-forensische Medizin,
DOI 10.1007/978-3-211-99468-9_16, © Springer-Verlag Berlin Heidelberg 2013

16.1   Hintergrund

Wie zahlreichen Beiträgen dieses Buches zu entnehmen ist, stützt sich die Feststellung von Verletzungen an lebenden Personen in der klinischen Rechtsmedizin vorwiegend auf eine äußere Untersuchung der Körperoberfläche. Diese stellt den heutigen Goldstandard dar und wird in der Regel nur bei spezifischen therapeutischen Indikationen (z. B. Ausschluss von Gerinnungsstörungen bei ausgedehnten Blutunterlaufungen oder MRT des Schädels bei Hirnverletzungen) durch weiterführende diagnostische Maßnahmen ergänzt. Auch sind die üblichen Dokumentationsformen wie Fotografie oder Körperschemazeichnungen auf die Darstellung von Befunden an der Körperoberfläche fokussiert.

Die wesentlichste methodische Einschränkung bei der Untersuchung lebender Personen nach Gewalt ist demnach das **Fehlen von Informationen über mögliche innere Verletzungen**, z. B. in den tieferen Schichten des Unterhautfettgewebes, der Muskulatur oder den Organen, wobei rechtsmedizinisch auch kleine und klinisch nicht relevante Verletzungen von Bedeutung sein können. Kenntnisse über mögliche innere Verletzungsbefunde nach gewaltsamen Ereignissen sind in der Rechtsmedizin im Prinzip reichlich vorhanden, nicht zuletzt durch die Autopsietätigkeit bei gewaltsamen Todesfällen. Bestünde die Möglichkeit, auch an lebenden Personen auf derartige Informationen zuzugreifen, so könnte die Begutachtung auf eine wesentlich breitere Basis als bisher gestellt werden. Letztlich könnte sich durch die Zugrundelegung innerer Verletzungsbefunde die **Begutachtungsqualität in klinisch-forensischen Fällen verbessern**, was mit einer Erhöhung der Rechtssicherheit verbunden wäre. Die Erfassung innerer Verletzungsbefunde mittels radiologischer Untersuchungen hat zudem den Vorteil, dass die Befunderfassung **objektiv und nachvollziehbar** erfolgt und dieselben Vorteile wie in der postmortalen forensischen Radiologie (Thali und Dimhofer, 2008) nutzbar sind, beispielsweise die **Möglichkeit einer unabhängigen Nachbegutachtung** auf Basis derselben (und objektiv erfassten) Befunde, wie sie dem Erstgutachter zur Verfügung standen, oder das kurzfristige Einholen von Expertenmeinungen im Rahmen eines telemedizinischen Austauschs der radiologischen Daten. Zusammengefasst ergeben sich

als wesentlichste Vorteile der klinisch-forensischen bildgebenden Verfahren folgende:

- **objektive, untersucherunabhängige und nachvollziehbare** Datenerfassung
- Möglichkeit der **unabhängigen Nachbegutachtung**
- nicht-invasive, schmerzfreie **Erfassung innerer Verletzungsbefunde**
- **Erweiterung der Begutachtungsgrundlagen** durch die zusätzlichen inneren Befunde
- verbesserte Möglichkeiten der **forensischen Rekonstruktion** (◘ Abb. 16.1)
- **verbesserte Visualisierung** vor Gericht und im Hörsaal
- kurzfristige Einholung von Expertenmeinungen durch **telemedizinischen Austausch**
- **wissenschaftlicher Nutzen** durch interdisziplinäre Kooperation Rechtsmedizin – Radiologie.

16.2   Radiologische Verfahren und praktische Durchführung

Die radiologischen Verfahren, insbesondere die modernen Schnittbildverfahren Computertomographie (CT) und Magnetresonanztomographie (MRT) haben sich in den letzten Jahren rasant entwickelt und gehören zum heutigen Untersuchungsstandard klinischer Untersuchungen. Da diese Methoden in Deutschland, Österreich und der Schweiz mittlerweile fast überall einfach zugänglich sind und Befunde in hervorragender Qualität erhoben werden können, scheint auch im Hinblick auf die oben genannten Aspekte sinnvoll, sie im Sinne einer **Erweiterung der klinisch-forensischen Standarddiagnostik** einzusetzen. Um die für eine breite klinisch-forensische Anwendung erforderlichen wissenschaftlichen Grundlagen zu erarbeiten, wurde im Jahr 2008 das **Ludwig Boltzmann Institut für Klinisch-Forensische Bildgebung** in Graz gegründet. Dieses hat zum Ziel, die radiologischen Verfahren CT und insbesondere MRT im Hinblick auf klinisch-forensische Fragestellungen zu evaluieren, Befunde und Methoden entsprechend zu validieren und die juristischen Grundlagen für eine forensische Anwendung radiologischer Verfahren zu erarbeiten (www.cfi.lbg.ac.at). Ein derart umfassender

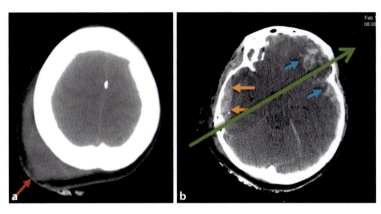

Abb. 16.1 Beispiel für eine Rekonstruktion der ungefähren Stoßrichtung nach Sturz aus der Höhe bei angeblichen mehrfachen Schlägen auf den Kopf. Die Verletzung der Kopfschwarte (**a**, *roter Pfeil*) und die im Schädelinneren feststellbaren Verletzungen (**b**, Blutung zwischen Schädelknochen und harte Hirnhaut – *orange Pfeile*, Hirnblutungen – *blaue Pfeile*) erlauben in Zusammenschau mit den Schädelbrüchen (in dieser Darstellung nicht sichtbar) eine Bestimmung der Richtung, aus der die einmalige Gewalteinwirkung gegen den Schädel erfolgt sein muss (*grüner Pfeil*). Solche Informationen sind bei einer äußeren Untersuchung nicht erhältlich

Aufwand ist erforderlich, da nicht einfach auf die im klinischen Kontext etablierten Methoden zurückgegriffen werden kann; die klinische Bildgebung erfolgt nämlich mit der Zielsetzung, Befunde aufzuzeigen, die als Grundlage zur Einschätzung notwendiger oder möglicher Therapieformen und zur weiteren Verlaufskontrolle dienen. Hingegen ist es die Aufgabe der Rechtsmedizin, „in die Vergangenheit" zu blicken und herauszufinden, **wie ein Befund oder eine Verletzung überhaupt erst entstanden ist**. Daraus ergibt sich ein völlig anderer Fokus: auch kleine, klinisch nicht relevante Befunde können rechtsmedizinisch von entscheidender Bedeutung sein. Beispielsweise ist es in der klinischen Medizin kaum von Relevanz, Einblutungen ins Unterhautfettgewebe („blaue Flecken") zu diagnostizieren, da diese in der Regel keine therapeutischen Konsequenzen erfordern. In der Rechtsmedizin geben diese Befunde jedoch wichtige Hinweise auf den Ort und die Heftigkeit einer Gewalteinwirkung und sind daher für die Beurteilung des Geschehensablaufes einer gewaltsamen Handlung, die sog. **forensische Rekonstruktion**, von großer Bedeutung.

Bei der Verwendung bildgebender Daten im klinisch-forensischen Kontext ist grundsätzlich zwischen zwei Möglichkeiten zu unterscheiden:

– Verwendung von **vorbestandenen, im klinischen Auftrag erhobenen radiologischen Daten und Befunden** (◘ Abb. 16.2)

– **eigene, gezielt auf forensische Fragestellungen fokussierte radiologische Untersuchungen**.

Die Verwendung **vorbestandener** klinischer CT- und MRT-Daten kann einen **erheblichen Nutzen** bei der Fallbegutachtung bringen. Nicht selten erfolgt die Beauftragung der Rechtsmedizin erst Tage oder sogar Wochen nach dem Ereignis. In diesen Fällen sind die in der Klinik für diagnostische Zwecke angefertigten radiologischen Daten die einzige Möglichkeit, an eine Befunddokumentation zu gelangen, die – wenn auch mit anderer Fragestellung – zeitnah zum Vorfall erstellt wurde und eine Aussage über die erlittenen Verletzungen erlaubt. Wichtig ist in diesem Zusammenhang jedoch, dass in solchen Fällen nicht nur auf die schriftlichen Berichte klinischer Radiologen vertraut wird, sondern dass eine **eigene Nachbefundung** durch Radiologen in enger Zusammenarbeit mit dem Rechtsmediziner stattfindet, damit gezielt auf forensische Fragestellungen eingegangen werden kann. Klinische Berichte sind aufgrund der zugrunde liegenden unterschiedlichen Zielsetzung in der Regel dafür nicht ausreichend und es gehen wertvolle Informationen verloren, wenn eine gezielte forensisch-radiologische Befundung und Befundinterpretation unterbleibt. Nicht selten ergeben sich Probleme aufgrund des unterschiedlichen Ziels, mit dem die Bilder erstellt werden; so

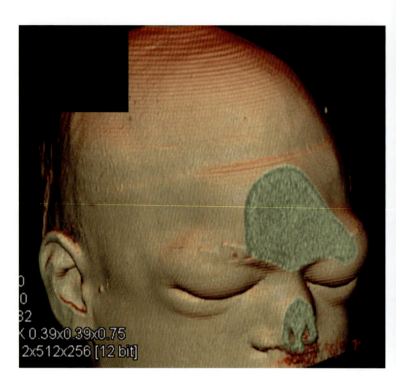

Abb. 16.2 Klinisches CT nach Sturz auf das Gesicht mit Anprall gegen die Stirn, 3D-Rekonstruktion der Oberfläche. Bei der rechtsmedizinischen Begutachtung einige Wochen nach dem Ereignis stellte sich heraus, dass für die forensische Begutachtung relevante Bereiche (Haut über der Stirn und Nasenspitze) – wo die Anprallregion und entsprechende Weichteilverletzungen vermutet wurden – nicht gespeichert worden waren. Dennoch erbringen die klinischen Daten in vielen Fällen, v. a. wenn eine rechtsmedizinische Begutachtung erst mit zeitlicher Verzögerung erfolgt, wichtige Zusatzinformationen, da sie den Zustand kurz nach dem Ereignis abbilden

werden beispielsweise forensisch relevante Bereiche, vor allem Haut und Unterhautfettgewebe, bei klinischer Indikation meist überhaupt nicht gescannt oder nicht dauerhaft abgespeichert.

> **Merke**
>
> Radiologische Befundberichte aus der Klinik sind zur Beantwortung forensischer Fragestellungen nur eingeschränkt geeignet. Eine forensisch-radiologische Nachbefundung klinischer CT- und MRT-Daten kann trotzdem einen erheblichen zusätzlichen Nutzen bringen

Im Vergleich zur Verwendung vorbestandener CT- oder MRT-Daten haben eigens **für forensische Zwecke angefertigte Scans den Vorteil**, dass diese **gezielt auf die rechtsmedizinische Fragestellung abgestimmt** werden können. Damit kann z. B. verhindert werden, dass Regionen, die klinisch keine Bedeutung haben, nicht mit aufgenommen werden.

Zudem lassen sich die Aufnahmeparameter den speziellen Anforderungen anpassen.

Umgekehrt muss bei ausschließlich für forensische Zwecke durchgeführten radiologischen Untersuchungen berücksichtigt werden, dass für den Einsatz von strahlenbelastenden Verfahren **teilweise rechtliche Hürden** bestehen, die z. B. eine Untersuchung lebender Personen mit CT aus nicht-klinischer Indikation unmöglich machen. Ausnahmen sind in den verschiedenen Ländern explizit gesetzlich geregelt (z. B. für bildgebende Untersuchungen im Rahmen von forensischen Altersschätzungen). Vor allem aus diesem Grund, aber auch aufgrund methodenspezifischer Vorteile, wie z. B. dem besseren Kontrastverhalten in Weichteilen (■ Abb. 16.3), hat sich deshalb in den letzten Jahren die nicht mit einer Strahlenexposition verbundene **MRT als wichtigste Methode in der klinisch-forensischen Bildgebung** entwickelt, obwohl sie im Vergleich zur Computertomographie mit einem höherem zeitlichen, technischen und letztlich auch einem höheren Kostenaufwand verbunden ist.

In ■ Tab. 16.1 sollen auf Basis **aktueller Forschungsergebnisse** ausgewählte Themenfelder angesprochen werden, in denen durch die Anwendung radiologischer Verfahren Vorteile in der Begutachtungspraxis zu erwarten sind oder in denen

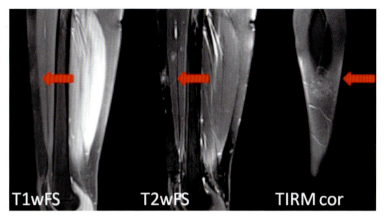

■ **Abb. 16.3** Beispiel für die Darstellung einer Hautunterblutung im Unterhautfettgewebe des Oberschenkels mittels unterschiedlicher MRT-Aufnahmeparameter. Die Hautunterblutung (*rote Pfeile*) wird in sagittaler (**a und b**) sowie in koronaler (**c**) Schnittebene und drei verschieden gewichteten Aufnahmesequenzen gezeigt

sich die Einbeziehung von radiologischen Daten in die Begutachtung bereits etabliert hat. Die Aufzählung erhebt keinen Anspruch auf Vollständigkeit. In einigen Bereichen wird es darüber hinaus notwendig sein, weitere Studienergebnisse abzuwarten, bevor eine abschließende Indikationsliste und Vorgaben für ein standardisiertes methodisches Vorgehen zur Verfügung gestellt werden können.

Die Wahl der **Region**, welche radiologisch untersucht werden soll, richtet sich nach der jeweiligen Fragestellung und den Umständen des Falles und muss nach diesen Vorgaben festgelegt werden. Das gleiche gilt auch für die **Auswahl der Methode**, wobei unter anderem für die Verwendung von strahlenbelastenden Methoden, wie z. B. der CT, die jeweiligen landesspezifischen rechtlichen Einschränkungen zu berücksichtigen sind, **und die Wahl der Aufnahmeparameter**. Gegebenenfalls empfiehlt sich hierfür die Kontaktaufnahme mit forensischen Instituten,

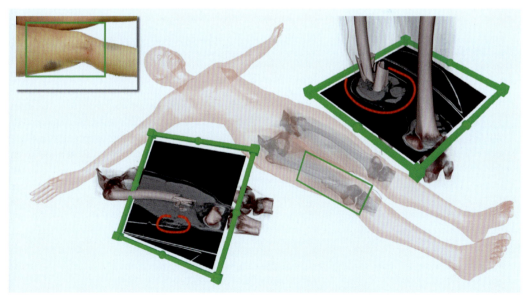

■ **Abb. 16.4** Beispiel für eine auf Basis von CT-Daten erstellte Visualisierung einer Überrollungsverletzung. Links oben der äußere Befund mit eher geringen Unterblutungen, in der Mitte wurden die 3D-rekonstruierten CT-Daten in ein Referenzmodell eingepasst, um die Lage der Verletzung im Körper anschaulich zu machen. Die vergrößerten Ausschnitte zeigen das Knochenbruchsystem am Oberschenkel (*rechts oben*) bzw. die begleitende Verletzung des Unterhautfettgewebes (*links unten, rote Markierung*) (Urschler M, 2012)

◻ Tab. 16.1 Aktuelle Indikationsliste mit Angabe von Fallarten bzw. Fragestellungen, bei denen eine klinisch-forensische radiologische Untersuchung und/oder der Einbezug vorbestandener klinischer CT- oder MRT-Daten Verbesserungen bei der Begutachtung erwarten lassen. Aufgezeigt werden auch die aus rechtsmedizinischer Sicht jeweils zweckmäßig erscheinende Methode und erwartete Ergebnisse, die erzielt werden können.

Fragestellung, Indikation	Methode*	erwartete zusätzliche Ergebnisse	Literaturverweise
Strangulation (insbesondere **Würgen**)	MRT; evtl. Angiographie	Erfassung von Verletzungen tiefer Halsstrukturen („innere Würgemale"); Hinweise auf Heftigkeit des Angriffs, evtl. auf Lebensgefahr (Nachweis von Verletzungen „kritischer" Strukturen des Halses, z. B. der großen Halsgefäße)	Yen et al. (2005 und 2007); Christe et al. (2009 und 2010); Vilke & Chan (2011)
forensische Rekonstruktion nach stumpfer Gewalt (Feststellung des genauen Ablaufs des Ereignisses, Differenzierung verschiedener Ereignisformen, z. B. **Sturz versus Schlag** oder Feststellung der **Position** zwischen Angreifer und Opfer oder der **Anfahrrichtung bei Verkehrsunfällen**)	MRT, CT	Erfassung von Verletzungen knöcherner Strukturen, einschließlich Möglichkeit zur 3D-Darstellung von Knochenbruchsystemen beispielsweise am Schädel; Feststellung von Verletzungen der Weichteilstrukturen (Unterhautfettgewebe, Muskulatur) und Organe	Malli et al. (2012); Yen et al. (2004 und 2008a); Ampanozi et al. (2012), Thali & Dirnhofer (2008)
Schuss- bzw. Stichverletzungen	MRT, CT	Darstellung des Stichkanals bzw. Schusskanals in Weichteilen und Organen; Erfassung knöcherner Verletzungen; Feststellung von Fremdkörpern wie z. B. Projektilen oder abgebrochenen Stichwerkzeugen	Rutty et al. (2008); Stein et al. (2000); Thali & Dirnhofer (2008)
Kindesmisshandlung, insbesondere **Schütteltrauma**	MRT (Ganzkörper!), Röntgen	Verletzungsscreening an Skelettsystem, Weichteilen, Organen; Erfassung älterer Verletzungen am Skelettsystem nach früheren Misshandlungen; Erfassung spezifischer Befunde wie Festhalteverletzungen oder Verletzungen im Schädelinneren und an der Wirbelsäule nach Schütteltrauma	s. ► Kap. 25 „Bildgebende Diagnostik bei Verdacht auf Kindesmisshandlung"
ärztlicher Behandlungsfehler, Zustand nach Operationen	CT, MRT	3D-Darstellung von Fremdmaterial im Körper, z. B. Fehllage von Kathetern, eingebrachtes OP-Material; Feststellung von Blutungsquellen und Einblutungen; Erfassung von Folgen operativer Eingriffe	Yen et al. (2008b); Stricker et al. (2004)
Visualisierung von Befunden vor Gericht	CT, MRT	3D-Darstellung von Verletzungsbefunden, insbesondere am Skelettsystem; Überblick über Vorhandensein, Lage und Ausdehnung von (inneren) Verletzungen; „unblutige" Visualisierung auch ausgedehnter Verletzungsbefunde	Urschler et al. (2012); Persson et al. (2011); Thali & Dirnhofer (2008)
Bodypacking	Röntgen, CT	Feststellung von eingebrachtem Fremdmaterial, Information zu dessen Lage und Menge	Hergan et al. (2004); Sengupta & Page (2008); s. ► Kap. 39 „Bodypacking"

16

> ◘ **Tab. 16.1** (*Fortsetzung*) Aktuelle Indikationsliste mit Angabe von Fallarten bzw. Fragestellungen, bei denen eine klinisch-forensische radiologische Untersuchung und/oder der Einbezug vorbestandener klinischer CT- oder MRT-Daten Verbesserungen bei der Begutachtung erwarten lassen. Aufgezeigt werden auch die aus rechtsmedizinischer Sicht jeweils zweckmäßig erscheinende Methode und erwartete Ergebnisse, die erzielt werden können.

Fragestellung, Indikation	Methode*	erwartete zusätzliche Ergebnisse	Literaturverweise
(**Langzeit-**)**Folgen** von Verletzungen im Rahmen **zivilrechtlicher Begutachtungen**, Begutachtungen im Auftrag von **Versicherungen** oder der Begutachtung von **Folteropfern**	MRT, evtl. Szintigraphie, CT	Feststellung charakteristischer Verletzungsfolgen wie z. B. Fehlstellungen am Skelettsystem, Veränderungen an Gelenken, Muskeln und Organen	Vogel et al. (2007); Mirzaei et al. (1998)
forensische **Altersschätzung**	Röntgen, CT, MRT	Feststellung charakteristischer Altersmerkmale an Zähnen und Skelettsystem	s. ► Kap. 40–42 „Forensische Altersdiagnostik bei Lebenden"

*Die am besten geeignete Methode richtet sich nach der Fragestellung im konkreten Fall. Hier angegeben ist die Methode, welche sich bislang unter Berücksichtigung spezifisch forensischer Anforderungen als am geeignetsten gezeigt hat.

welche bereits über Erfahrung in der klinisch-forensischen Radiologie verfügen.

Bildgebende Untersuchungen werden von Gewaltopfern **in der Regel gut akzeptiert**. Bei der Untersuchung lebender Personen sind die Vorgaben der klinischen Radiologie im Hinblick auf die maximale Untersuchungsdauer und, wenn überhaupt, eine möglichst niedrige Strahlenbelastung einzuhalten. Nicht nur aus diesem Grund empfiehlt sich der enge Kontakt und die **Zusammenarbeit mit klinischen Radiologen**, auch die Auswertung sollte immer unter Einbezug erfahrener Radiologen erfolgen, wobei sich eine **gemeinsame interdisziplinäre Befundung** bisher gut bewährt hat.

16.3 Zusammenfassung

Zusammengefasst hat sich in den letzten Jahren immer wieder gezeigt, dass die Anwendung radiologischer Verfahren zu klinisch-forensischen Zwecken bzw. die Nachbefundung und Verwendung vorbestandener klinisch-radiologischer Daten einen großen Mehrwert darstellen können und dass die Begutachtungsqualität auf Basis zusätzlicher innerer und objektiv erfasster Verletzungsbefunde zunimmt (◘ Abb. 16.4). Laufende Forschungsarbeiten werden in den nächsten Jahren zu einer Weiterentwicklung auf diesem Gebiet führen. Insbesondere sollen neben **Indikationslisten**, die an mögliche Auftraggeber zur Entscheidungsfindung weitergegeben werden können, auch **Empfehlungen für standardisierte Vorgehensweisen** bei den Scans erarbeitet und **systematische Befundungs- und Auswertungskriterien** für rechtsmedizinische Fragestellungen entwickelt werden. Nicht zuletzt wird es auch erforderlich sein, die **juristischen Grundlagen** für die Anwendung radiologischer Verfahren in der klinischen Rechtsmedizin und deren Verwendung vor Gericht bereitzustellen. Aus aktueller Sicht ist aber zu erwarten, dass sich bildgebende Verfahren auch in der klinischen Rechtsmedizin – ähnlich wie in der klinischen Medizin – in den kommenden Jahren als fixer Untersuchungsstandard nach Gewalt etablieren werden.

Merke

In folgenden Fällen sollte eine klinisch-forensische CT- oder MRT-Untersuchung durchgeführt bzw. unter Berücksichtigung der konkreten Fallumstände in Erwägung gezogen werden:

- **Strangulation** (Würgen), auch bei Fehlen äußerlich sichtbarer Verletzungen
- **Kindesmisshandlung** mit erheblichen Verletzungen, insbesondere nach **Schütteltrauma**
- Vorliegen von **Schuss- und Stichverletzungen**
- bei Fragen zum genauen **Ablauf von Ereignissen**, z. B. nach Verkehrsunfällen
- Verdacht auf ärztlichen **Behandlungsfehler**, insbesondere nach Operationen
- Verdacht auf **Bodypacking**
- bei erhöhtem Anspruch an die **Visualisierung** vor Gericht (z. B. 3D-Rekonstruktionen)
- Beurteilung von **(Langzeit-)Folgen von Verletzungen** im Kontext zivilrechtlicher Begutachtungen oder Gutachten für Versicherungen.

Aspekte der Tatortbesichtigung in der klinischen Rechtsmedizin

E. E. Türk, M. Grassberger

17.1   Hintergrund   – 158

17.2   Praktisches Vorgehen   – 158

17.3   Schlussfolgerungen   – 161

M. Grassberger, E. Türk, K. Yen, Klinisch-forensische Medizin,
DOI 10.1007/978-3-211-99468-9_17, © Springer-Verlag Berlin Heidelberg 2013

17.1 Hintergrund

Die Tatortarbeit spielt in der klinischen Rechtsmedizin im Vergleich zur Todesermittlung eine eher untergeordnete Rolle. Dennoch ist in vielen Fällen die sorgfältige Untersuchung eines Tatorts unter Einbeziehung eines Rechtsmediziners sinnvoll. Insbesondere bei Sexualdelikten, jedoch auch bei anderen Gewaltdelikten – dabei vor allem bei mutmaßlichen versuchten Tötungsdelikten – kann eine rechtsmedizinische Untersuchung des Tatorts zahlreiche wichtige Ermittlungsergebnisse liefern. Dazu zählen vor allem das Suchen, Erkennen und Sichern tatrelevanter Spuren (z. B. Blutspuren, Spermaspuren, aber auch Bettlaken, Bekleidung, mögliche Tatwaffen) sowie deren Erstbearbeitung und Weiterleitung. Die Tatortuntersuchung kann zudem erste rekonstruktive Erkenntnisse liefern.

Definition

Der „Tatort" im engeren Sinne (**unmittelbarer Tatort**) bezeichnet den Ort, an welchem die Tat ausgeführt wurde. Auch andere Orte, an denen tatrelevante Handlungen stattgefunden haben, können jedoch Tatorte sein, sodass einer Straftat unter Umständen zahlreiche Tatorte zugeordnet werden können. Beispiele für weitere Tatorte sind Fluchtwege und Fluchtfahrzeuge des Täters sowie Verstecke für Personen, Beute, Spuren und Beweismittel.

Merke

Je komplexer die Spurenlage am Tatort, desto sinnvoller ist das Hinzuziehen eines Rechtsmediziners! Vor allem bei der Untersuchung des *unmittelbaren* Tatorts kann die Rechtsmedizin oft Wichtiges beitragen.

17.2 Praktisches Vorgehen

Je gründlicher die Tatortarbeit, desto mehr Erkenntnisse ergeben sich daraus für die Aufklärung einer Straftat. Ein strukturiertes Vorgehen und eine disziplinierte interdisziplinäre Zusammenarbeit unter **Leitung der Polizei** sind unerlässlich.

Polizei und Rechtsmedizin haben am Tatort folgende Aufgaben:

Tatortsicherung (Polizei). Zunächst sollten unverzüglich die nicht aufschiebbaren Maßnahmen ergriffen werden:
– Identifizierung des Tatorts (**Ort und Größe** des dem Tatort zuzurechnenden Gebiets; ggf. Anzahl, Lokalisation und Größe weiterer Tatorte)
– Einschätzung, ob weitere Taten zu erwarten sind bzw. ob hier ein schnelles Einschreiten erforderlich ist!
– Identifizierung und Versorgung **hilfebedürftiger Personen** vor Ort
– Identifizierung und Abwehr von **Gefahren** für die Einsatztruppe
– ggf. weitere Einsatzkräfte (Feuerwehr, Rettungsdienst) hinzuziehen.

Schließlich gehören zur Sicherung des Tatorts eine **weiträumige Absperrung** sowie die Einrichtung und **Markierung von Zufahrtswegen und „Trampelpfaden"** innerhalb und außerhalb des gesamten Tatorts.

Merke

Um die vorhandenen Spuren zu konservieren, sollten während des Aufenthalts am Tatort ausschließlich die Zufahrtswege und „Trampelpfade" genutzt werden!

Nach der Absperrung des Tatorts sollten sich nur berechtigte Personen dort aufhalten. Je weniger Personen am Tatort ein- und ausgehen, desto übersichtlicher ist die Situation und desto leichter ist es, eine Verfälschung des Spurenbildes zu vermeiden. Es gelten die folgenden Grundsätze:
– Nichtberechtigte Personen (und ggf. Tiere) sind zu dokumentieren und zu entfernen.

17

Manche dieser Personen kommen möglicherweise später als **Zeugen** in Betracht.
- Dokumentation von Personalien, Funktion am Einsatzort sowie Zeit des Eintreffens und des Entfernens für jede Person, die den Tatort betritt.
- Alle Personen, die den Tatort betreten, müssen geeignete **Schutzkleidung** tragen, um eine Kontamination bzw. „falsche" Spurenlegung zu vermeiden.
- Wichtig ist auch die Kommunikation mit den **Medien**. Diese dürfen nicht unberechtigt den Tatort betreten. Sie können aber als Bindeglied zwischen Bevölkerung und Ermittlern dienen und einerseits die Bevölkerung über den Fortgang der Ermittlungen gezielt informieren, andererseits polizeiliche Aufrufe zur Mithilfe in der Bevölkerung verbreiten.

Erste Inaugenscheinnahme/Überblick (Polizei, eventuell Rechtsmedizin). Der erste Überblick dient einer vorläufigen Einschätzung der Lage vor Ort (wo finden sich Spuren und wie soll ihre Sicherung vonstatten gehen?). Bevor – etwa durch spurensichernde Maßnahmen – am Tatort Veränderungen vorgenommen werden, ist stets der **ursprüngliche Zustand zu dokumentieren**.

Merke		
Leicht vergängliche Spuren sollten identifiziert, sofort dokumentiert und in geeigneter Weise gesichert werden. Insgesamt ist darauf zu achten, dass vor der Dokumentation des Tatortes *keine vermeidbaren Veränderungen* vorgenommen werden. Bei Unvermeidbarkeit stets sorgfältige Dokumentation des Originalzustandes!		

◘ Tab. 17.1 fasst die wichtigsten Eindrücke vom Zustand des Tatortes und mögliche Spuren zusammen, die gesammelt und dokumentiert werden sollten.

Suchen, Erkennen und Sichern von Spuren (Polizei, Rechtsmedizin). Die Identifizierung, eindeutige Kennzeichnung und korrekte Weiterbearbeitung von Spuren ist unabdingbare Voraussetzung für ihre spätere Verwendbarkeit im Strafverfahren. Spuren, die durch ein unsachgemäßes Vorgehen am Tatort übersehen oder zerstört werden, sind für die Rekonstruktion für immer verloren. Gleiches gilt für Spuren und Beweismittel, die zwar identifiziert, aber unsachgemäß dokumentiert, gesichert, aufbewahrt oder verarbeitet werden!

Überall am Tatort bzw. an allen Tatorten können sich tatrelevante Spuren befinden. Die erste Inaugenscheinnahme (s. o.) dient der Einschätzung, wie sich das Geschehen vor Ort abgespielt haben könnte und wo solche Spuren am wahrscheinlichsten sind.

Die Spurensuche kann **systematisch** erfolgen – dabei wird der Tatort Stück für Stück nach Spuren abgesucht. Je weniger Anhaltspunkte dafür bestehen, wie sich eine Tat zugetragen haben kann, desto sinnvoller ist es, nach dieser Methode vorzugehen. Zwar ist sie zeitaufwändig, die Wahrscheinlichkeit, Spuren zu übersehen, ist jedoch gering. Bei besser bekanntem Tatablauf ist auch eine **gezielte** Spurensuche möglich, bei der sich die Suche nach dem mutmaßlichen Tatablauf richtet.

Hilfsmittel bei der Spurensuche können sein:
- **Forensische Lichtquellen:** Diese nutzen Licht ausgewählter Wellenlängen, um Spuren sichtbar zu machen, etwa Körperflüssigkeiten, Faserspuren oder latente Finger- und Schuhabdrücke. Durch die Sichtbarmachung der Spuren werden sie auch einer fotografischen Dokumentation zugänglich.
- **Vorproben:** Dabei handelt es sich um einfach durchführbare, beweisende oder hinweisende Tests, die die Zusammensetzung einer Spur eingrenzen können. Eine individuelle Zuordnung einer Spur ist durch Vortests nicht möglich. Deshalb sollte jede tatrelevante Spur gesichert und ggf. für die individuelle Zuordnung molekulargenetisch untersucht werden (DNA). Beispiele für hinweisende Tests sind der Luminol-Test für Blut (s. ► Kap. 18 „Blutspurenmuster-Verteilungsanalyse – Aspekte für die klinisch-forensische Praxis") und der Phosphatesmo®-Test zum Nachweis von Sperma. Vortests existieren auch für illegale Drogen. Die Tests sind nicht spezifisch, sodass falsch-positive Ergebnisse vorkommen können. Im Zweifelsfall die Spur auf jeden Fall asservieren! Spezifische Tests existieren z. B. für den Nachweis von Speichel.

◻ **Tab. 17.1** Eindrücke vom Zustand des Tatortes und mögliche Spuren (modifiziert und gekürzt nach Grassberger und Schmid 2009)

Art des Objekts	– Wohnobjekt, Typ? – Gewerbefläche, Typ? – im Freien gelegener Tatort?
Wohnung (Allgemeinzustand)	– Einbruchspuren an Türen/Fenstern? – Wohnung durchwühlt? – Kampfspuren? – gepflegter/ungepflegter Zustand? – Hinweise auf den Konsum von Alkohol/Drogen/Medikamenten (Mülleimer!)? – andere Auffälligkeiten (Erbrochenes etc.)? – Spuren außerhalb des Objekts (Treppenhaus, Garten etc.)?
Zimmer	– Spuren an Wänden, Türen, Fenstern, Decke, Fußboden? (Lampenschirme, Schutzkappen von Schaltern entfernen) – Art der Spuren – Körperflüssigkeiten, Schuhabdrücke, Fingerabdrücke?
Küche, Bad, Toilette	– feuchte Handtücher, Badelaken oder Ähnliches? – Blutspuren? – Spuren in Becken oder Eimern? – Verdächtige Flüssigkeiten in Abflüssen oder in der Toilette? – Material für DNA – Rasierer, Zahnbürste? – Material für daktyloskopische Spuren – Gläser, Türen? – Lippenstift- u. a. Spuren an Gläsern etc.?
Tatwaffe, Werkzeuge	– Sind mögliche Tatwaffe(n) bzw. infrage kommende Werkzeuge/Gegenstände vorhanden? – Lage der Tatwaffe? – Zustand der Tatwaffe? – Spuren an der Tatwaffe?
Beweismaterial	– tatrelevante Gegenstände wie Laken, Bekleidung etc.? Zustand? – Spuren? – Gläser bzw. Flüssigkeitsreste in Gläsern, Flaschen, im Ausguss? – Zigarettenreste? Für DNA-Typisierung geeignet? Marke?

– In Einzelfällen ist auch der Einsatz von Metallsuchgeräten (Tatwaffen) und Spürhunden (Blut, Drogen) sinnvoll.

Nach dem Identifizieren einer Spur bzw. bevor an dieser Veränderungen vorgenommen werden, muss sie zunächst **dokumentiert** werden. Dabei gilt:
– eindeutige Kennzeichnung
– fotografische Dokumentation: Lokalisation im Raum, Übersicht und Detail (Maßstab, vgl.
  ▶ Kap. 14 „Klinisch-forensische Fotodokumentation")
– ggf. Dokumentation der Lokalisation in einer (maßstabgerechten) Tatortskizze
– schriftliche Dokumentation (Beschreibung von Lokalisation, Art und Morphologie einer Spur sowie Art ihrer Sicherung und Kennzeichnung).

Befinden sich Spuren an möglichen **Beweisgegenständen**, ist sorgfältig abzuwägen, ob die Spur nach genauer Dokumentation gleich vor Ort gesichert werden soll oder ob es ggf. sinnvoll ist, den gesamten Gegenstand zu asservieren und die Einzelspuren erst später unter idealen Bedingungen (Labor, Mikroskop) zu sichern. Letzteres Vorgehen empfiehlt sich bei mutmaßlichen DNA-Spuren (etwa Sperma) auf großen Gegenständen wie Bettlaken etc., wenn die genaue Lokalisation der Spur auf dem Gegenstand von Bedeutung ist, und bei Beweisstücken, an denen mehrere Untersuchungen durchgeführt werden sollen (z. B. Tatwaffen zur rechtsmedizinischen Untersuchung *und* zur Sicherung von Faser-, DNA- und daktyloskopischen Spuren). Allgemein empfiehlt es sich, tatrelevante Beweisgegenstände zunächst im Ganzen zu asservieren.

Ist eine Spur dokumentiert, muss sie sachgerecht **gesichert** werden. Einzelheiten hierzu finden sich in ► Kap. 15 „Klinisch-forensische Spurenkunde und Beweismittelsicherung". Stets eine **eindeutige Kennzeichnung** vornehmen – die Spur muss zu jedem Zeitpunkt eindeutig zuzuordnen und ihr Verbleib nachvollziehbar sein (Prinzip der „*continuity of evidence*" bzw. „*chain of custody*")!

Suchen, Erkennen und Sichern von Beweismitteln (Polizei, Rechtsmedizin). Auch die Suche nach tatrelevanten Beweisgegenständen (Gegenstandsspuren) kann systematisch oder gezielt erfolgen. In der klinischen Rechtsmedizin ist häufig ein ungefährer bzw. ein mutmaßlicher Tathergang bekannt (etwa Anzeigeerstattung durch ein Opfer oder bereits erfolgte rechtsmedizinische Untersuchung des Opfers). In diesen Fällen ist in aller Regel eine gezielte Suche nach Beweismitteln ausreichend.

Beweismittel können sein:
– mutmaßliche Tatwerkzeuge
– Bekleidungsgegenstände
– Gegenstände aus dem Umfeld einer Tat, an denen tatrelevante Spuren vermutet werden (Bettlaken, Gläser, Zigarettenstummel).

Gleichermaßen wie für Spuren gilt auch für Beweismittel, dass sie nicht nur am unmittelbaren Tatort, sondern auch an weiteren Tatorten (Fluchtweg, Fluchtauto, Verstecke) gesucht werden müssen.

Analog zu den Spuren gilt auch für die Beweismittel, dass vor ihrer Sicherung eine sorgfältige **Dokumentation** ihrer Lage, Art und Kennzeichnung zu erfolgen hat.

Wichtig ist anschließend eine **spurenschonende Sicherung und Aufbewahrung** der Beweismittel. Eine Kontamination durch die Einsatzkräfte ist unbedingt zu vermeiden! **Faserspuren** von einem Beweismittel sollten bereits vor Ort gesichert werden (Abkleben).

In vielen Fällen ist es sinnvoll, polizeilich gesicherte Beweismittel, insbesondere mutmaßliche Tatwaffen, im Anschluss an die Untersuchung des Tatorts für eine **rechtsmedizinische Untersuchung** zur Verfügung zu stellen. So kann der Rechtsmediziner etwa Verletzungen, die er am Opfer festgestellt hat, unmittelbar einem Tatwerkzeug zuordnen. Die Untersuchung folgt dem folgenden Prinzip:

– Art des Gegenstandes
– Beschaffenheit (Materialien etc.)
– Maße (detailgenau!)
– sichtbare Anhaftungen
– schriftliche und fotografische Dokumentation
– Spurensicherung, z. B. Blutspuren für die DNA-Analyse.

Erste Rekonstruktion des Tathergangs (Polizei, Rechtsmedizin). Dazu gehört eine erste Bewertung von Spuren und Beweismaterial. Ein **interdisziplinäres Vorgehen** mit einer Zusammenführung verschiedener Herangehensweisen kann bereits in dieser Phase der Ermittlungen zu einer recht genauen vorläufigen Einschätzung des Tathergangs führen. Zudem ermöglicht es eine ausführliche Diskussion vor Ort, um zu erkennen, ob noch weitere Untersuchungen am Tatort erforderlich sind. Ist bereits eine rechtsmedizinische Untersuchung von Tatbeteiligten erfolgt, ist möglicherweise eine direkte Zuordnung des Verletzungsbildes zu den Befunden am Tatort möglich.

Planung weiterer Maßnahmen (Polizei, Rechtsmedizin). Anhand der am Tatort erhobenen Befunde kann das weitere Vorgehen interdisziplinär geplant werden. In erster Linie kommen die folgenden weiteren Maßnahmen in Betracht:
– Zeugenvernehmungen
– Untersuchung weiterer (mutmaßlicher) Tatorte
– molekulargenetische Untersuchungen
– chemisch-toxikologische Untersuchungen
– mikroskopische Untersuchungen
– spezielle Untersuchungen von Spurenmaterial und Beweismitteln (z. B. kriminaltechnische Untersuchungen, rechtsmedizinische Untersuchungen, Daktyloskopie etc.)
– rechtsmedizinische Untersuchungen weiterer Personen, z. B. Tatverdächtiger
– Tatrekonstruktion am Tatort unter Mitwirkung der Tatbeteiligten (deren Bereitschaft vorausgesetzt).

17.3 Schlussfolgerungen

Die Tatortarbeit kann in speziellen klinisch-rechtsmedizinischen Fällen, insbesondere bei **Sexualde-**

likten und **versuchten Tötungsdelikten**, wertvolle Beiträge zur Aufklärung des Tathergangs liefern. Die Erkennung, Dokumentation, Sicherung und Verarbeitung tatrelevanter Spuren und Beweismittel ist zentraler Bestandteil einer gerichtsverwertbaren Beweiserhebung. Eine enge interdisziplinäre Zusammenarbeit zwischen Ermittlungsbehörden und Rechtsmedizinern ist Voraussetzung für ein optimales Ergebnis.

Blutspurenmuster-Verteilungsanalyse – Aspekte für die klinisch-forensische Praxis

E. Mützel, S. Kunz, O. Peschel

18.1   **Einleitung**   **– 164**

18.2   **Biophysikalische Grundlagen**   **– 164**

18.2.1   Viskosität   – 164

18.2.2   Adhäsionsfähigkeit   – 164

18.2.3   Oberflächenspannung   – 164

18.2.4   Luftwiderstand und Gravitation   – 164

18.2.5   Auftreffphasen   – 165

18.3   **Oberflächen**   **– 166**

18.4   **Blutspurenbilder**   **– 166**

18.4.1   Passive Spuren   – 166

18.4.2   Transferspuren   – 168

18.4.3   Projizierte Blutspuren   – 169

18.4.4   Verschiedenes/sekundäre Veränderungen   – 171

18.5   **Konvergenz und Ursprung**   **– 172**

18.6   **Tatortarbeit**   **– 173**

18.7   **Dokumentation und Interpretation**   **– 174**

18.8   **Blutspuren an Bekleidungsgegenständen**   **– 174**

18.9   **Luminol**   **– 175**

18.10   **Beweismittelsicherung**   **– 177**

M. Grassberger, E. Türk, K. Yen, Klinisch-forensische Medizin,
DOI 10.1007/978-3-211-99468-9_18, © Springer-Verlag Berlin Heidelberg 2013

18.1   Einleitung

Die **Blutspurenmuster-Verteilungsanalyse** beschäftigt sich mit den Formen, der Verteilung, der Kategorisierung und der Interpretation von tatrelevanten Blutspuren. Sie stellt damit eine ergänzende Methode zur rechtsmedizinischen Befunderhebung im Rahmen der Obduktion und Tatortuntersuchung sowie bei molekulargenetischen Untersuchungen dar.

Es ist zunächst eine genaue Unterscheidung zwischen einzelnen Entstehungsformen von Blutspuren und deren Dokumentation an einem Tatort erforderlich. Nach dieser Unterscheidung kann ggf. eine Interpretation des Blutspurenmusters und seiner Verteilung im Hinblick auf die tatrelevanten Fragen erfolgen. Für eine differenzierte Dokumentation und auch Analyse sowie unter Umständen Interpretation von Blutspurenmustern existieren zwischenzeitlich auch EDV-basierte Systeme, deren Integration in Routineuntersuchungen jedoch aktuell noch auf praktische Probleme stößt.

1983 wurde in den USA die International Association of Bloodstain Pattern Analysts (IABPA) gegründet. Die Gründung der entsprechenden Arbeitsgruppe innerhalb der Deutschen Gesellschaft für Rechtsmedizin erfolgte 2005.

18.2   Biophysikalische Grundlagen

Blut als Organ im Gefäßsystem ist eine komplex zusammengesetzte Flüssigkeit mit zellulären Elementen und – wie jede Flüssigkeit – praktisch nicht komprimierbar.

Die wesentlichen physikalischen Basiseigenschaften von Blut für die gegenständlichen Beurteilungen sind **spezifisches Gewicht, Viskosität** und **Oberflächenspannung.**

18.2.1   Viskosität

Die Viskosität von Blut als Beschreibung der Fließfähigkeit wird in Abhängigkeit von der Temperatur mit 1,6–2,5 mPa s (37 °C) bzw. 3,4–4,3 mPa s (25 °C) angegeben (zum Vergleich: Wasser 1, Ethanol 1,19, Paraffinöl 10^2–10^6), wobei Abhängigkeiten von Hämatokrit und Gerinnungsaktivität bestehen. Wesentliche inter- oder intraindividuelle Unterschiede hinsichtlich der Blutspurenmorphologie sind jedoch nicht berichtet.

18.2.2   Adhäsionsfähigkeit

Von Bedeutung ist eine gewisse „Klebrigkeit", die **Adhäsionsfähigkeit** an Oberflächen, die bewirkt, dass selbst geringe Mengen an Blut in einem relativ kompakten Zusammenhang eine sehr gute Übertragungsfähigkeit von einem Gegenstand auf den anderen besitzen (Abb. 18.1)

18.2.3   Oberflächenspannung

Die **Oberflächenspannung** ist temperaturabhängig und resultiert aus **Kohäsionskräften**, eine Eigenschaft der Oberfläche bzw. Grenzfläche zwischen der Flüssigkeit (Blut) und einem Gas (Luft). Flüssigkeiten haben das Bestreben, ihre Oberfläche so klein wie möglich zu halten. Daraus resultiert bei Fehlen der Wirkung weiterer Kräfte (z. B. im freien Fall) eine Kugelform. Bevor ein Tropfen Blut z. B. aus einer Wunde oder von der Körperoberfläche herabtropft, muss durch Masse und Gravitation die Oberflächenspannung überwunden werden. Die Tropfengröße ist dabei ganz erheblich von der Art und Form der Oberfläche, von der sich der Tropfen löst (z. B. Finger vs. Messerspitze ergibt größere vs. kleinere Tropfen), abhängig.

Wenn eine Kraft auf Blut einwirkt und die Viskosität bzw. Oberflächenspannung überwindet, so entstehen kleine Einzeltropfen, die wiederum äußeren, physikalischen Kräften wie **Luftwiderstand** und **Gravitation** unterliegen.

18.2.4   Luftwiderstand und Gravitation

Der **Luftwiderstand** bei nicht ausschließlich senkrecht der Schwerkraft folgenden, sondern in horizontaler Bewegungskomponente befindlichen Tropfen hat einen erheblich größeren Einfluss auf kleine als auf größere Tropfen (resultierend aus der Volumen-Oberflächen-Relation). Das bedeutet,

Je höher die einwirkende Energie auf Blut ist, umso eher wird die Oberflächenspannung überwunden und umso kleiner werden die resultierenden Tropfen zu erwarten sein. Für Impactereignisse kann insgesamt gesagt werden, dass die Bluttropfen üblicherweise einen Durchmesser von nicht mehr als 2 mm aufweisen (resultierende Spuren mit Durchmessern um bis zu 4–5 mm). Die fliegenden Bluttropfen zeigen eine **sphärische Form**, die als Basis für eine Breite-Längen-Relationsbestimmung im Hinblick auf die Festlegung des Auftreffwinkels dient.

18.2.5 Auftreffphasen

Beim Kontakt eines in Bewegung befindlichen Tropfens auf eine Oberfläche können vier Phasen des Auftreffens unterschieden werden: Kontakt, Verlagerung, Verteilung (Dispersion) und Retraktion.

Kontakt/Kollaps. Beim Kontakt/Kollaps kommt es zu einem Zusammenfallen der ursprünglich bestehenden, sphärischen Form.

Verlagerung. In dieser Phase ist der sphärische Körper gegen die Zielfläche kollabiert und der überwiegende Teil des Blutes vollzieht eine Bewegung nach außen radial (bei 90°) in den äußeren Grenzbereich der Spuren, noch ohne einen Abriss der Oberflächenspannung. Am Grenzring können kleine Grübchen oder feine Ausläufer auftreten. Ferner kann es abhängig von der Oszillationsphase des Tropfens zu geringen Verschiebungen in der **Breiten-Längen-Relation** (mit Auswirkungen auf den evtl. später zu bestimmenden Auftreffwinkel) kommen. Grübchen- oder Stachelbildungen am freien Rand können bei flacher werdenden Winkeln z. B. zu einer sog. **Bärentatzenform** führen.

Bei ungleichmäßigen Oberflächen kommt es zu einem irregulären und ungleichmäßigen Ausbilden der Verlagerung (und auch der Dispersion) mit der Folge irregulär und ungleichmäßig geformter Spuren und ggf. feineren **Satellitenspuren**. Mit zunehmender Fallhöhe wird dabei auch von einer zunehmenden Verlagerung und auch Dispersion auszugehen sein.

■ Abb. 18.1 Blut „haftet" an Messerspitze.

dass kleine Tropfen nur kurze Entfernungen, große Tropfen dagegen bedeutend größere Entfernungen zurücklegen können. Dieser Effekt ist insbesondere wesentlich bei sehr feinen Tropfen, wie sie z. B. bei Schussverletzungen entstehen. Die maximale Flugweite solcher Tropfen wird in der Regel etwa 120 cm nicht überschreiten.

◻ **Abb. 18.2** Blut aufgetropft in einem 10°-Winkel auf einen Teppich und eine Fliese

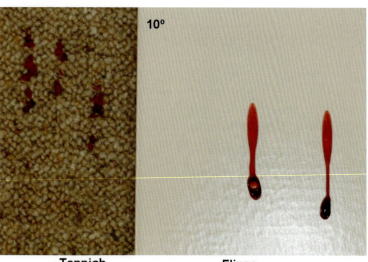

Teppich   Fliese

Dispersion. Als Dispersion bezeichnet man eine Bewegung des Randes entgegengesetzt zum eigentlichen Bewegungsmoment. Auch hier kommen die kohäsiven Kräfte der Oberflächenspannung zum Tragen, trotz derer es jedoch zur Ausbildung von feinen Ausläufern oder Satellitentropfen kommen kann.

Retraktionsphase. Die Retraktionsphase ist als letzte Phase in der Bildung einer Spur zu berücksichtigen, in der die anderen einwirkenden Kräfte bereits soweit abgebaut wurden, dass die Oberflächenspannung wieder überwiegt.

18.3   Oberflächen

Unterschiedliche **Oberflächen** haben Auswirkungen auf die o. g. Ablaufphasen des Auftreffens eines Bluttropfens und damit auf die resultierende Form. Allgemein wird davon auszugehen sein, dass je glatter, härter und weniger porös eine Oberfläche ist, umso weniger sekundäre feinere Spritzer beim Auftragen eines Bluttropfens resultieren (◻ Abb. 18.2). Rückschlüsse auf die Höhe, aus der eine Blutspur aufgetragen wurde, sind deshalb sehr problematisch und ggf. nur experimentell am konkreten Objekt abzuschätzen.

Wenn Blut nach Verletzungen der körperlichen Integrität an Oberflächen und Gegenstände im Raum gelangt, lassen sich bestimmte, voneinander zu unterscheidende Blutspurenbilder unterschiedlichen Entstehungsursachen zuordnen.

Demnach lassen sich zunächst drei Basiskategorien unterscheiden.

Passive Spuren, Transferspuren und projizierte oder Impactspuren sowie die Ersatzkategorie „Verschiedenes".

18.4   Blutspurenbilder

18.4.1 Passive Spuren

Gerinnsel (engl. Clot). Unter einem Gerinnsel ist hier die geleeartige Masse einer erkennbar dreidimensionalen Auftragung geronnenen Blutes zu verstehen, in dem es zu einer Koagulation über das Gerinnungssystem vor dem Auftreten von wesentlichen Trocknungseffekten gekommen ist. Häufig steht diese in Verbindung mit einer sog. Serum-Separation, d. h. einer Abscheidung von weitgehend zellfreiem, klarem, nicht gerinnendem Blutserum. Derartige Spuren finden sich z. B. als Folge passiver Ablaufspuren auf sehr inhomogenen Oberflächen, die fließendem Blut einen vergleichsweise hohen Widerstand entgegensetzen (Teppichböden, Teer etc.).

Tropfspuren (Tropf-Muster). Wenn Blut aus einer Wunde oder aus einer Körperöffnung nach außen

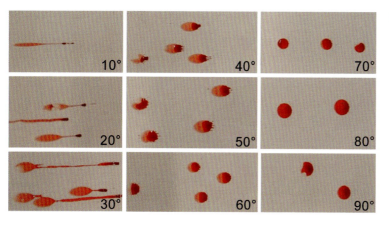

Abb. 18.3 Blut tropft in einem unterschiedlichen Winkel auf eine glatte Oberfläche

gelangt und es ausschließlich der Schwerkraft unterliegt, wird es – überwiegend bei venösen Blutungen und aufrecht stehendem Opfer – zu einem Abtropfen von Blut und der Antragung auf entsprechende Oberflächen kommen. Wird ein so entstandener Tropfen Blut in rechtem Winkel auf eine Oberfläche aufgetragen, so resultiert eine exakt runde, kreisförmige Spur. Je nach Oberfläche, auf der ein solcher Tropfen auftrifft, wird der Rand scharf begrenzt sein oder feine, zähnchenförmige Ausläufer bilden. Eine exakte Feststellung des Volumens einer **Tropfspur** ist ebenso wenig durchführbar wie eine präzise Höhenbestimmung, aus der ein einzelner Bluttropfen auf eine Oberfläche aufgetropft ist. Bestimmt werden kann jedoch der Auftreffwinkel, da sich bei schrägem Auftreffen die bei 90° Antragung runde Form des Bluttropfens zunehmend in eine **Ellipse** verwandelt, bis schließlich – bei sehr flachem Winkel – feine, kommaförmige oder ausrufezeichenförmige, lang-

gestreckte Blutspritzerkonfigurationen entstehen (**Abb. 18.3**).

Durch eine Messung von Breite und Länge dieser Spuren kann der Winkel bestimmt werden, in dem eine solche Blutspur aufgetragen sein muss (**Auftreffwinkel** = Arc Sin Breite/Länge) (**Abb. 18.4**).

Beim Abtropfen von Blut und stabiler, unveränderter Position des Betroffenen werden beim senkrechten Auftreffen mehrfach Bluttropfen auf einen engen Raum zusammenfallen. Wenn das Blut in eine bereits vorhandene Blutspur (Pool) hineintropft („Tropfen von Blut in Blut"), werden sich Muster ergeben, deren Aussehen einen groben Rückschluss auf die Ursprungshöhe zulässt. Bei geringer Höhe wird eine unregelmäßige, aber scharf begrenzte, pfützenartige Blutspur zu erwarten sein, die gar keine oder nur wenige satellitenförmige Spritzer in der engen räumlichen Umgebung erkennen lässt. Mit zunehmender Höhe wird die Zahl solcher sa-

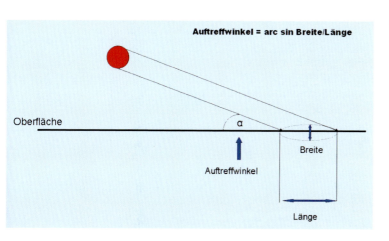

Abb. 18.4 Bestimmung des Auftreffwinkels von Blut

🔲 **Abb. 18.5** Blut tropft in Blut aus einer Höhe von etwa 1 m

tellitenförmiger Blutspritzer immer größer, deren durchschnittliche Größe immer geringer wird. Zudem wird sich erwartungsgemäß der Radius der Antragung satellitenförmiger Spuren tendenziell vergrößern (🔲 Abb. 18.5).

Eine exakte **Höhenbestimmung** ist dadurch abstrakt bzw. auf rechnerischer Grundlage nicht möglich, da diese Effekte auch sehr stark von den individuell vorliegenden Oberflächen abhängen, auf die Blut aufgetragen wird. Gegebenenfalls wären dazu am unmittelbar gleichen Ort bzw. auf gleicher Oberfläche entsprechende Untersuchungen erforderlich. In aller Regel kann jedoch anhand solcher Spuren zumindest eine grobe Abschätzung mit der Unterscheidung erfolgen, ob beispielsweise die Spuren eher von einer liegenden oder von einer in aufrechter Position befindlichen Person gesetzt wurden.

Fließspuren. Es handelt sich dabei um passive, auch postmortal entstehende Spuren, die schwerkraft- oder durch einen Restkreislauf bedingt aus Verletzungen austreten und sich in der Regel unmittelbar um eine endgültige oder zumindest passager stabile Opferposition hin erstrecken. Diese Spuren werden charakterisiert durch die Oberfläche bzw. Inhomogenitäten der Oberflächen oder entsprechende Neigungen der Oberflächen. Solche Spuren werden nicht selten an Tatorten gefunden und stellen ein statisches Element für eine Tatrekonstruktion dar.

Pool-Spuren (Lache, Pfütze). Sie können aus o. g. Fließspuren resultieren, wenn sich Blut durch passives Ablaufen auf eine mehr oder weniger große Fläche verteilt. Auch diese Spuren markieren ein wesentliches statisches Element in einem Tathergang. Sie sind oft Grundlage für Transferspuren.

18.4.2 Transferspuren

Transfer- oder **Kontaktspuren** entstehen, wenn eine mit Blut benetzte Oberfläche in Kontakt mit weiteren Oberflächen kommt und sich dabei Blut überträgt. Charakteristische und häufig aufzufindende Kontaktspuren entstehen durch Fuß- bzw. Schuhsohlen, ggf. mit der Möglichkeit einer individuellen Zuordnung von Profilsohlenabdrücken (unter Umständen über eine erhebliche Strecke von ca. 30–60 m vom Tatort entfernt nachweisbar) (🔲 Abb. 18.6).

Häufig und oft gut erkennbar sind auch Kontaktspuren durch Finger bzw. Hände und auch besonders

🔲 **Abb. 18.6** Fußabdruckspur

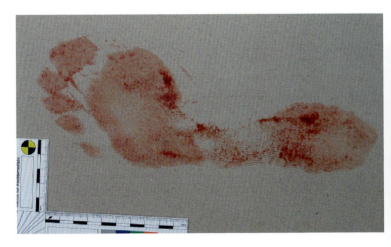

typisch durch Haare. Letztere sind teils fleckförmig, teils mit streifigen, mäander- und strichförmigen Akzentuierungen durchsetzt (◘ Abb. 18.7).

Auch Werkzeuge können charakteristische Formen hinterlassen; dies ist jedoch keinesfalls üblich, sodass hier bei der Interpretation äußerste Zurückhaltung geboten ist.

Es können zusätzlich primäre und sekundäre **Wischspuren** unterschieden werden. Unter **primären** Wischspuren versteht man einen Transfer von Blut auf eine Zieloberfläche durch eine in der Regel tangential zur Oberfläche geführte Bewegung eines mit flüssigem Blut kontaminierten Gegenstandes (engl. Swipe). Als **sekundäre** Wischspur bezeichnet man demgegenüber eine Spur, die dadurch entstanden ist, dass eine nicht mit Blut kontaminierte Oberfläche oder ein entsprechender Gegenstand durch eine präexistente noch flüssige Blutspur (z. B. Tropfspuren, andere Kontaktspuren oder Pool) in einer lateral-tangentialen Bewegung geführt wurde (engl. Wipe). Insbesondere letztere Spuren können hilfreich für eine Sequenzierung unterschiedlicher Ereignisabfolgen sein.

18.4.3 Projezierte Blutspuren

Sie entstehen, wenn Blut unter Druck auf Oberflächen aufgetragen wird. Es kann sich dabei zum einen um arterielle Spuren handeln, die unter übli-

chen Blutdruckverhältnissen beschleunigt werden. Bei der Verwendung von Maschinen mit sich schnell bewegenden Teilen (Kreissäge, Kettensäge) können massive Beschleunigungen von Blut auftreten, die zur Projektion an Oberflächen führen und dann typische Konfigurationen erkennen lassen.

Arterielle Spuren. Blut, das aus arteriellen Verletzungen austritt und damit nicht nur der Schwerkraft, sondern auch dem Blutdruck unterliegt, kann charakteristische Muster an Oberflächen (Zickzackoder Bogenmuster bei einigermaßen homogenen Oberflächen) erzeugen, die u. a. den Verlauf der Blutdruckkurve zwischen diastolisch und systolisch abbilden. Durch solche Spuren können ggf. auch Bewegungen und entsprechende Bewegungsrichtungen relativ gut abgebildet werden.

Schleuderspuren (engl. Cast off). Sie entstehen durch Beschleunigung eines blutkontaminierten Objekts (häufig Schlag- oder Stichwaffe). Die Spuren entstehen beim Abschleudern von Blut in erster Linie durch die häufig rasch geführte Ausholbewegung bzw. deren negative Beschleunigung (Abbremsen) am Ende der Ausholbewegung. Solche Schleuderspuren sind in aller Regel linear und in zunehmend flacherem Winkel an Oberflächen – in erster Linie Decke oder höhere Wandregion – sichtbar, wobei wesentlich ist, dass die flachwinklig gestalteten Spuren die größte Entfernung zur Spurenquelle haben, während die am Beginn der Schleuderspur regelhaft lokalisierte, rechtwinklig aufgetragene, exakt runde Spur als Hinweis auf die Täterposition (rechtwinklig unter der Spur) angesehen werden kann (◘ Abb. 18.8).

Aufschlag-/Auftreffspuren (Schlag, Stoß). Unter einem Aufschlag wird in aller Regel eine wie auch immer geartete Form stumpfer Gewalteinwirkung zu verstehen sein, durch die ein Aufbrechen einer homogeneren Spur durch Überwindung der Oberflächenspannung mit resultierenden feineren Spuren (je höher die Energie, umso feiner die Blutspuren) bewirkt wird. Dabei ist zu berücksichtigen, dass niedrige, mittlere und hohe Geschwindigkeit in der Regel sowohl an der Spurengröße als auch an der Zusammensetzung des gesamten Musters unterschieden werden können. Die Blutspuren werden auch als

◻ **Abb. 18.8.** Schleuderspur, gesetzt durch ein Messer, mit runder (senkrecht aufgetroffener) Spur als Hinweis auf die Täterposition (*Pfeil*)

„Spatter" bezeichnet, wobei Spuren von Vorwärts- (in Richtung der Gewalt) und Rückwärtsspritzern (in Gegenrichtung) unterschieden werden können.

Niedriger Geschwindigkeitsbereich: Entspricht einer Kraft oder Energie wie etwa der üblichen Schwerkraft bis zu Geschwindigkeiten von etwa 1,5 m/s. Daraus resultieren Spuren in einem relativ engen räumlichen Umfeld. Sie sind relativ groß, oft unregelmäßig geformt, teilweise zentral mit richtungweisenden Stacheln (engl. Spines); die Größe beträgt üblicherweise mehr als 4 mm im Durchmesser bei den kleineren Einzelspuren.

Mittlerer Geschwindigkeitsbereich: Muster entstehen durch Geschwindigkeiten bzw. Kraft-/Energieeinwirkungen von 1,5 bis 7,5 m/s und resultieren in Spuren, die etwa zwischen 1 und 4 mm Durchmesser aufweisen. Dabei sind zentral unregelmäßig landkartenförmig konfigurierte Spuren möglich, die auch durch Überlagerungseffekte entstehen und von „Splash"-Spuren (s. u.) mit größeren Volumina durchsetzt sein können. Solche Muster sind typischerweise als Folge von Schlägen mit Gegenständen zu beobachten; sie treten nicht beim ersten, sondern frühestens beim zweiten Schlag auf, wenn dieser in eine bereits blutende Verletzung erfolgt. An welcher Stelle im Raum eine Auseinandersetzung begonnen hat, ist deshalb anhand der Blutspuren nicht (eindeutig) zu bestimmen. Erfolgt zwischen den Schlägen eine Bewegung des Opfers, so können einzelne Schläge und damit evtl. auch deren Anzahl (mit Einschränkungen, s. o.) räumlich zugeordnet bzw. abgeschätzt werden.

Hoher Geschwindigkeitsbereich: Resultiert in der Regel in dominierenden Spurengrößen von 1 mm Durchmesser oder weniger, wobei Geschwindigkeiten von 35 m/s oder mehr zur Erzeugung verantwortlich sind. Diese Spuren finden sich praktisch nur infolge von ballistischen Einwirkungen (v. a. Schussverletzungen), wo als Sonderform umschriebener stumpfer Gewalteinwirkungen eine hohe Energie auf einer relativ kleinen Oberfläche wirkt.

Die Verwendung dieser Nomenklatur bzw. die Einteilung dieser Geschwindigkeitskategorien ist nicht völlig unumstritten.

Ausatemspuren. Diese weisen eine ganz charakteristische Durchsetzung mit feinen **Luftblasen** auf und können auch als vergleichsweise feines Spurenmuster imponieren. Sie resultieren aus Ausatmen durch Mund und Nase oder direkt aus den tieferen Atemwegen infolge entsprechender Verletzungen, wobei die blasige Durchsetzung entsteht, wenn zuvor eine Vermischung zwischen Blut und Luft meist in den tieferen Atemwegen eingetreten ist. Feinere Spuren sind ohne wesentliche Durchmischung auch dann möglich, wenn z. B. am Hals Gefäß- und Luftröhrenverletzungen vorliegen, sodass Blut ohne vorherige Durchmischung durch austretende Luft beschleunigt wird. Dadurch können relativ feine Blutspuren entstehen, die auf einen Effekt wie bei einem Vernebler zurückzuführen sind, während Husten oder abruptes Ausatmen auch zu größeren, unregelmäßigen Einzelspuren führen kann. Ferner kann die Beurteilung erschwert werden, wenn das Blut nicht auf völlig homogene Oberflächen, sondern z. B. einen leicht angerauten Putz aufgetragen wird, wodurch Inhomogenitäten in den einzelnen Blutanhaftungen entstehen, die nach Antrocknung und ohne Lupe ggf. nur schwer von feinen Luftblasendurchsetzungen zu unterscheiden sind (■ Abb. 18.9).

Splash-Spuren (Schwall). Als Splash-Spuren werden meist größere Spuren bezeichnet, die voluminöser, aber mit einer geringeren Geschwindigkeit oder Beschleunigungskraft auf Oberflächen angetragen sind. Ihnen wird normalerweise ein kohäsiver Eindruck mit einem leichten Aufbrechen in feinere und stachelförmige Spuren (s. u.) zugeschrieben.

Stachelförmige Spuren (engl. Spine). Spines sind feine lineare Ausziehungen in kleineren oder voluminöseren Spuren als Zeichen einer zusätzlichen Kraft von geringerer Energie oder Geschwindigkeit. Solche Effekte werden auch bei Spuren durch Einwirkung mit geringer Geschwindigkeit oder einem Aufschlag geringer Intensität beobachtet.

18.4.4 Verschiedenes/sekundäre Veränderungen

Spurenübertragung durch Fliegen. Hier können unterschiedliche, teils etwas gröbere, teils sehr feine Spuren entstehen, die sowohl weitgehend homogene als auch inhomogene Verteilungsmuster aufweisen können und mit Tropfspuren (Blut tropft in Blut), Ausatemspuren oder Spuren durch Einwirkungen mit hoher Geschwindigkeit verwechselt werden können.

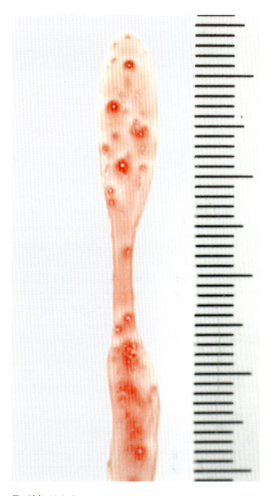

■ **Abb. 18.9** Ausatemspuren.

Kapillarspuren. Diese entstehen, wenn die kapillare Sogwirkung von Gegenständen oder Kanten zu einer zusätzlichen, häufig mechanisch wirkenden Verteilung von Spuren führt. Dies resultiert aus der Oberflächenspannung und der Adhäsionskraft von Flüssigkeiten im Kontakt mit festen Materialien. Hier kann es zur Bildung von Demarkationslinien von Gegenständen kommen, die in einer Tatortanalyse nach entsprechenden Veränderungen eine Rolle spielen können. Es handelt sich hierbei in der Regel um lineare Spuren oder lineare Akzentuierungen in flächenhaften Spurenkomplexen.

Ansaugspuren. Irreguläre Spuren, die häufig durch den Kontakt textiler Oberflächen mit größeren Mengen an Blut (Pools) entstehen. Sie sind oft für eine Analyse wenig hilfreich bzw. können ggf., ohne dass

dies später eindeutig zu beurteilen ist, andere typische musterartige Spuren überdecken, z. B. wenn Opferkleidung nicht sofort oder sachgerecht gesichert wird.

Aussparungen bzw. Spritzerschatten. Flächenabschnitte ohne Blutspurenanhaftungen, die durch protektive Gegenstände zwischen Blutungsursprung und Projektionsfläche entstehen, somit ein zweites Objekt oder eine zweite Oberfläche zwischen Blutungsquelle und der Zieloberfläche gelegen ist. Dieses Zwischenobjekt wird erwartungsgemäß Blutantragungen aufweisen. Oft zeigen sich Spritzerschatten nur an ungewöhnlich gleichmäßigen, scharfen Grenzlinien zwischen Spritzermuster und völlig spritzerfreier Umgebung.

Skelettierung von Spuren. Dieser Effekt hängt in der Regel mit dem Trocknen von frisch entstandenen Blutspuren zusammen. Die Geschwindigkeit des Antrocknens von Blutspuren hängt im Wesentlichen ab von Temperatur, Luftfeuchtigkeit, Windgeschwindigkeit, Sonneneinstrahlung, Art des Spurenträgers sowie der Größe bzw. Dicke der bestehenden Spur. Exakte Feststellungen zu Einzelspuren aus pauschal empirisch ermittelten, allgemeinen Berechnungsgrundlagen sind nicht möglich, allenfalls praktische Versuche unter vergleichbaren Bedingungen (am gleichen Ort) können ggf. einen gewissen Anhaltspunkt bieten. Erfahrungsgemäß sind unter üblichen klimatischen Verhältnissen in Mitteleuropa bei geschlossenen Räumen kleinere Spuren in einer Zeit von 10 bis 20 Minuten vollständig abgetrocknet. Blutspuren trocknen regelhaft vom Rand her ein, bevor die zentralen Partien vertrocknen. Eine erste Antrocknung bei feineren Spuren am Rand kann innerhalb weniger Minuten erfolgen.

Während sich bei einer sehr kurzen Zeit zwischen Spurenentstehung und Verwischung noch die gesamte Spur verwischen lässt, kann bereits nach wenigen Minuten eine durch trockenen Kontakt nicht mehr verwischbare Randantrocknung (= Skelettierung) vorhanden sein, wie dies häufig bei sog. **Wischspuren** (Wipe, sekundäre Verwischung) auffällt und zur Einschätzung von Zeitabständen bzw. zur Sequenzierung von Ereignissen verwendet werden kann.

In einer späteren Phase des Abtrocknungsprozesses kommt es häufig zu schalenartigen Brüchen und Abhebungen feiner, splitterartiger Blutspurenfragmente aus einzelnen kleineren oder größeren Spuren. Wenn diese durch einen Kontakt verwischt werden, kann ggf. eine Skelettierung einer frischeren Blutspur bei flüchtiger Betrachtung vorgetäuscht werden (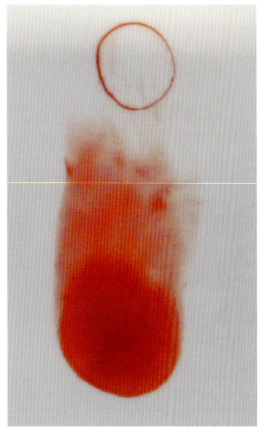 Abb. 18.10).

◘ Abb. 18.10 Skelettierte Blutspur nach Antrocknung und Verwischung.

18.5   Konvergenz und Ursprung

Durch Verlängerung der Längsachsen der Blutspuren wird der Konvergenzpunkt eines Blutspurenmusters bestimmt (◘ Abb. 18.11).

Über diesem **Konvergenzpunkt** muss das **Ursprungsareal** dieser Blutspur lokalisiert sein (◘ Abb. 18.11). Bezieht man zusätzlich zur Längs-

achse als Richtungskomponente den Auftreffwinkel der Blutspuren in die Beurteilung mit ein, so kann der Ursprungsbereich einer Blutspur zumindest soweit festgestellt werden, dass eine Differenzierung zwischen einer stehenden, knienden, sitzenden oder liegenden Person möglich ist (wenn die verletzte Körperpartie bekannt ist). Ferner können unterschiedliche Konvergenzpunkte Positionsveränderungen des Betroffenen während der Gewalteinwirkung anzeigen. Somit wäre eine räumliche Bewegung nachzuvollziehen und es können ggf. Rückschlüsse auf die Zahl von Gewalteinwirkungen gezogen werden. Dazu existieren EDV-basierte Verfahren, in der Praxis wird aber i. d. R. auf das sog. „Stringing" zurückgegriffen werden, bei dem Konvergenzrichtung und Antragungswinkel einzelner Spuren durch Fäden markiert werden. Die Anwendung dieser relativ aufwendigen Methode ist

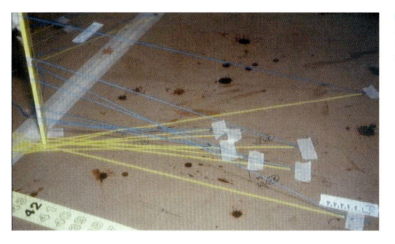

Abb. 18.11 Bestimmung des Konvergenzpunktes (*gelbe Linien*) und des Ursprungbereiches (*blaue Linien*)

allerdings nur selten bei speziellen Fragestellungen sinnvoll.

18.6   Tatortarbeit

Blutspurenuntersuchungen an Tatorten sollten strukturiert erfolgen. Es sind folgende Schritte zu beachten:

- Erste Inspektion des gesamten Tatortes einschließlich seiner Besonderheiten hinsichtlich mobiler oder immobiler Gegenstände und der dreidimensionalen Konzeption des Raumes.
- Schriftliche und fotografische Dokumentation der entsprechenden Blutspurenkomplexe und damit Aufnahme, Kategorisierung und Katalogisierung möglicherweise beweisrelevanter Tatortsituationsspuren.
- Interpretation des gesamten Blutspurenmusters im Hinblick auf einen möglichen Tathergang oder auf einen Abgleich mit einer Täter- bzw. Opfereinlassung.

Bei einer Tatrekonstruktion anhand der Blutspurenmuster dürfen verschiedene Details nicht unberücksichtigt bleiben:

- Wenn Blutspuren an einem Tatort nicht frisch, d. h. nicht noch feucht oder unvollständig angetrocknet sind, ist eine zeitliche Zuordnung zu Ereignissen äußerst problematisch. Mit zunehmender Zeitdauer kommt es zu einer Verfärbung des Blutes von einem dunklen Rot in eine dunkelrotschwärzliche bis braune Farbe

mit der Möglichkeit der bereits angesprochenen feinen, schalen- bzw. splitterartigen Abhebung aus größeren punktförmigen oder flächenhaften Anhaftungen. Dies kann insbesondere bei kleineren oder sehr flachen Spuren auch vollständig fehlen.

- Blutspuren müssen nicht immer vom Opfer stammen: Gegebenenfalls können Blutspuren, die aus ihrem Gesamtzusammenhang logisch zunächst nicht nachvollziehbar sind oder die sich von Lokalisation und Muster her nicht ohne weiteres dem Handlungs-/Verletzungsprofil des Opfers zuordnen lassen, als mögliche Täterspuren (Selbstverletzung) oder Drittspuren in Betracht kommen und dabei ggf. bevorzugt zu molekulargenetischen Untersuchungen herangezogen werden.
- Trotz Reinigungsmaßnahmen können punktförmige oder flächenhafte Blutanhaftungen an mutmaßlichen Tatorten aufgefunden werden.
- Spuren nach Reinigung lassen sich mit speziellen Detektionssystemen wie Luminol (s. u.) und Leukokristallviolett nachweisen. Dazu sind ggf. eigene Untersuchungsgänge mit entsprechend aufwendiger Fotodokumentation erforderlich. Ferner sollte sichergestellt sein, ob es sich bei der Blutspur um menschliches oder tierisches Blut handelt (z. B. durch Hexagon ObtiTest®) bzw. es sollte eine molekulargenetische Individualisierung erfolgen.
- Blut bzw. blutige Flüssigkeit kann in feinste Ritzen und Spalten vordringen, insbesondere nachdem Reinigungsversuche unternom

men worden sind (Verdünnungseffekt). Gegebenenfalls kann es sinnvoll sein, Böden zu entfernen und z. B. zwischen und unter einzelnen Bohlen bzw. Parkettlamellen, in Fehlböden oder auch unter Teppichböden nach Blutspuren zu suchen bzw. entsprechende Größenausdehnungen von Blutspuren zu rekonstruieren.

– Wesentlich ist auch, sekundäre oder nachträgliche Veränderungen durch Notarzt oder Erstzugriffsbeamte möglichst frühzeitig zu erfassen und in die Überlegungen mit einzubeziehen.

18.7 Dokumentation und Interpretation

Sinnvoll für eine möglichst optimale Beurteilungsgrundlage wird in jedem Fall ein unmittelbarer Eindruck, also eine Tatortbesichtigung durch den rechtsmedizinischen Gutachter sein. Dabei können nicht selten bereits am Tatort bekannte Täter- oder Opfereinlassungen anhand von Detailspuren beoder widerlegt werden. Allerdings sollte die Abfassung schriftlicher Gutachten mit der gebotenen Zurückhaltung erfolgen, da sich erfahrungsgemäß entsprechende Einlassungen durchaus auch im weiteren Verlauf des Ermittlungsverfahrens ändern können, sodass eine frühzeitige Festlegung oder zu ausgiebige Spekulationen bei der Tatrekonstruktion im Rahmen der Interpretation des Blutspurenmusters nachteilige Eindrücke erwecken können.

In jedem Fall sollte eine ausführliche **Fotodokumentation** durchgeführt werden. Dabei sind stichwortartig folgende Grundsätze zu berücksichtigen:

– Aufnahmen immer mit Maßstab und mit einer durch Maßstab gekennzeichneten Bezugsposition, also einem fixen Gegenstand im Raum
– Übersichtsaufnahmen und Detailaufnahmen
– gute Ausleuchtung
– Bei Detailaufnahmen muss die Möglichkeit bestehen, diese exakt innerhalb der Übersichtsaufnahme zuzuordnen.
– Insbesondere bei Detailaufnahmen Fotografien aus senkrechter Position im Verhältnis zur Oberfläche, auf der sich die Blutspuren befinden.

– Wegen geringerer Verzerrung wenn möglich 50 mm Objektiv verwenden.
– Maßstab auch bei Fotografien von Bekleidungsgegenständen.

Wenn eine unmittelbare Tatortbesichtigung nicht möglich ist, kann evtl. mit Einschränkungen eine Begutachtung auch allein anhand von Fotografien erfolgen, zumindest wenn es, wie gelegentlich der Fall, um die Beurteilung von Detailfragen aus dem Gesamtzusammenhang eines Tatkomplexes geht.

18.8 Blutspuren an Bekleidungsgegenständen

Bei Bekleidungen ist hinsichtlich der Dokumentation wichtig, dass regelmäßig ein Maßstab benutzt wird, um insbesondere bei Detailaufnahmen den Größeneindruck entsprechender Spuren zu erhalten. Ferner ist bei Textilien die Übertragung von Blutspuren bzw. das Aufsaugen von Blut passiv aus größeren Blutmengen mit möglicher Überdeckung tatrelevanter Spuren zu berücksichtigen. In Einzelfällen können von dem Gesamtmuster an Spuren auf Ober- und Unterbekleidung gute Rückschlüsse auf die **Opferposition** oder Opferbewegungen gezogen werden, wobei insbesondere bei deutlicheren Bewegungen oder Lageveränderungen des Opfers und vielfachen Gewalteinwirkungen entsprechende Befundinterpretationen erschwert sind. Gewebestruktur und Materialien führen häufig zu Problemen bei der Erfassung des ursprünglichen Spurenmusters (◘ Abb. 18.12)

Auch **Täterbekleidung** ist ggf. auf Spuren zu untersuchen, da eine Unterscheidung zwischen Kontaktspuren (z. B. bei der Opferauffindung entstanden) und primären Spritzspuren oder Spuren durch Einwirkung mit mittlerer Geschwindigkeit (z. B. entstanden beim Delikt) möglich ist und entsprechend wichtige Interpretationsgrundlagen liefern kann.

Auch Schuhe sind ggf. in solche Untersuchungen mit einzubeziehen, insbesondere wenn es um einen entsprechenden Tathergang (z. B. Stiefeln) geht, der durchaus plausibel Blutspuren an den Schuhen, möglicherweise auch noch mit relativ charakteristischer Richtungskomponente, erwarten lässt.

18

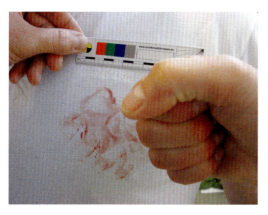

Abb. 18.13 Nachweis von latenten Blutspuren mittels Luminol

Abb. 18.12 Blutübertragung von der Hand auf ein Kleidungsstück nach einem Schlag

Bei sämtlichen Bekleidungsgegenständen sind sekundäre Veränderungen durch z. B. notärztliche Maßnahmen, bei Lage im Freien ggf. auch durch äußere Einflüsse (Wind, Wetter, Regen), ferner durch die Sicherstellung und Lagerung möglich und müssen berücksichtigt werden.

18.9 Luminol

Seit etwa 1930 wird bei der Detektion von latenten Blutspuren Luminol verwendet.

Luminol (3-Aminophthalsäurehydrazid) ist ein feinkristalliner, gelblicher Feststoff. Zusammen mit anderen Reagenzien (H_2O_2 und NaOH) leuchtet die Lösung bei Anwesenheit von Oxidationskatalysatoren im Dunkeln hellblau (Chemilumineszenz).

Die Luminol-Reaktion beruht auf einem Oxidationsprozess, bei dem die Reaktionsenergie nicht als Wärme, sondern ausschließlich als Lichtenergie abgestrahlt wird. Die Reaktion beruht auf der Freisetzung von Stickstoff aus Phthalsäurehydrazid (Luminol) durch Einwirkung von alkalischem Wasserstoffperoxid.

Wesentlicher Aktivator der Reaktion bei Blut ist das Hämiglobin. Dieses entsteht bei der Oxidation von Fe^{2+} im Hämoglobin zu Fe^{3+}.

Die bekanntesten Anleitungen zur Herstellung von Luminol-Lösungen stammen von Grodsky et al. (1951) und Weber (1966). Das Rezept von Weber ist allerdings empfindlicher. Die Lösung wird aus drei Stammlösungen angefertigt:

1. 8 g NaOH in 500 ml Aqua dest.
2. 10 ml einer 30%igen H_2O_2–Lösung in 490ml Aqua dest.
3. 0,354 g Luminol in 62,5 ml 0,4 N NaOH-Lösung, Aqua dest. ad 500 ml

Diese Stammlösungen sind Monate haltbar, wenn das H_2O_2 nicht älter als 8 Wochen war. Das Gebrauchsreagenz wird durch Zugeben von je 10 ml dieser Lösungen zu 70 ml Aqua dest. bereitet und bleibt mindestens 8–12 Wochen hochempfindlich.

Luminol kann verwendet werden bei der Detektion von kleinsten, unsichtbaren Blutspuren. Dabei kann das Blut bis auf 1:10^6 (1 µl Blut auf 1 l Lösung) verdünnt sein. Luminol hat eine hohe Sensitivität auf Blut. Allerdings reagiert Luminol mit Blut besser, wenn dieses älter ist (Pex, IABPA News 2005). Spezifisch ist Luminol für Blut nicht, denn Luminol reagiert auch mit anderen Substanzen, wie Reinigungsmitteln, Metalle, Gemüse. Erfahrene Untersucher können jedoch feststellen, dass die Chemilumineszenz von Luminol bei Blut auffallend stark und hell aufleuchtend ist im Vergleich mit anderen Substanzen (Abb. 18.13).

Blue Star® ist eine weitere, in Frankreich hergestellte und kommerziell erhältliche Lösung zur Detektion von Blut. Eine Untersuchung zum Vergleich von Luminol und Blue Star® von Larkin (2006) zeigte u. a., dass Blue Star® stärker luminesziert als Luminol bei hohen Blutkonzentrationen. Die Lumineszenz ist jedoch geringer als bei Luminol, wenn Blut verdünnt ist (< 1:1000). Die Sensitivität von Luminol war wesentlich größer als die von Blue Star®. Blue Star® enthält im Wesentlichen vergleichbare Substanzen, wie sie für die Herstellung einer üblichen Luminol-Lösung verwendet werden. Bei beiden

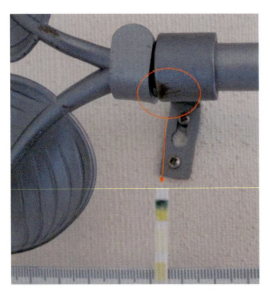

■ **Abb. 18.14** Positiver Combur-Test

Von der praktischen Durchführung her empfiehlt es sich, zunächst bei Kunstlicht oder Tageslicht die Gegenstände oder Räumlichkeiten zu betrachten, die auf latente Blutspuren hin untersucht werden sollen. Findet sich bei sorgfältiger Betrachtung ein auffälliger Fleck, ist es angebracht, diesen mit Blutvortests (z. B. Combur-Test® der Fa. Boehringer) zu untersuchen. Verläuft die Reaktion positiv, kann dieser Fleck vorab für weitere DNA-Untersuchungen gesichert werden (■ Abb. 18.14). Erbringt die Luminol-Untersuchung kräftig lumineszierende Spuren, sollten auch diese zunächst mit einem Blutvortest im Hinblick auf mögliche Kreuzreaktionen von Luminol mit anderen Substanzen untersucht werden. Erst dann sollte die Spur mittels Abrieb gesichert werden.

Die Luminol-Untersuchung sollte nicht als erste Möglichkeit zur Darstellung von Spuren, die einen Rückschluss auf Tatabläufe geben, herangezogen werden. Sie sollte dann eingesetzt werden, wenn Hinweise vorliegen, dass Blut verwischt oder abgewaschen wurde, um ggf. einen Tatort zu verschleiern (■ Abb. 18.15).

sind die Blutspuren anschließend noch für DNA-Untersuchungen geeignet.

Bei der Anwendung von Luminol ist es notwendig, dass die Umgebung, die untersucht werden soll, absolut dunkel ist. Nur dann kann die Reaktion von Luminol gut gesehen und interpretiert werden. Auch ist nur dann eine fotografische Dokumentation des lumineszierenden Bereiches möglich.

Die Nebenwirkungen von Luminol auf den Menschen sind noch nicht vollständig untersucht. Es wurde jedoch über Schleimhautreizungen am Auge, Reizungen an der Haut, des Gastrointestinaltrakts mit Erbrechen und Durchfall berichtet. Keine Informationen liegen über chronische Effekte vor. Aus diesem Grund sollte nach Beendigung einer

■ **Abb. 18.15** Luminol-Wischspur nach Reinigungsversuch

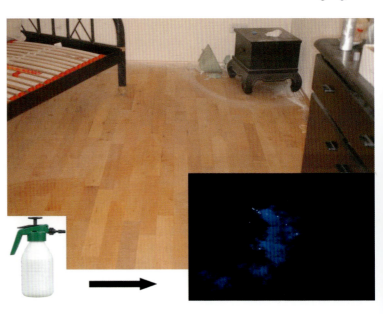

Untersuchung mit Luminol in einem abgeschlossenen Raum für Frischluftzufuhr und entsprechende gründliche Reinigung gesorgt werden.

18.10 Beweismittelsicherung

Bei Spuren auf festen, nicht mobilen Oberflächen gelten die üblichen Regeln zur Beweismittelsicherung für molekulargenetische Untersuchungen mit Abrieb durch Watteträger und Aufbewahrung und ggf. Versendung in ethanolgefüllten Eppendorfgefäßen. Im Übrigen sollten mobile Oberflächen, auch wenn dies mit einem gewissen Aufwand verbunden ist, je nach Bedeutung der Einzelspuren bzw. des gesamten Spurenmusters asserviert werden. So ist beispielsweise das Entfernen von Bodenteilen, Tapeten, Autoauskleidungen und Polsterungen durchaus großzügig anzuregen, zumal dadurch die Möglichkeit weiterer Untersuchungen und ggf. auch weiterer und erneuter Inaugenscheinnahme und Interpretationen besteht.

Allgemeine klinisch-forensische Traumatologie

M. Grassberger, K. Yen

19.1   **Gewaltsame Gesundheitsschädigung**   – 181

19.1.1   Verletzungen allgemein   – 181

19.1.2   Verletzungen nach ihrer Entstehung   – 182

19.2   **Verletzungen durch stumpfe oder stumpfkantige Werkzeuge (sog. „stumpfe Gewalt")**   – 182

19.2.1   Hautabschürfungen (Exkoriationen)   – 183

19.2.2   Blutunterlaufungen   – 185

19.2.3   Hauteinblutungen (sog. Intrakutanblutungen)   – 189

19.2.4   Quetschwunden, Quetsch-Riss- und Riss-Quetsch-Wunden   – 190

19.2.5   Spezielle Formen der stumpfen Gewalteinwirkung   – 192

19.3   **Verletzungen durch scharfe und halbscharfe Gewalteinwirkung**   – 199

19.3.1   Stichwunden   – 199

19.3.2   Schnitt- und Hiebwunden   – 201

19.4   **Abwehrverletzungen**   – 202

19.5   **Extragenitale Verletzungsmuster im Rahmen sexualisierter Gewalt**   – 203

19.6   **Schussverletzungen**   – 206

19.7   **Verbrennung und Verbrühung (thermische Gewalt)**   – 208

19.8   **Erfrierungen**   – 211

19.9   **Verätzungen**   – 211

M. Grassberger, E. Türk, K. Yen, Klinisch-forensische Medizin,
DOI 10.1007/978-3-211-99468-9_19, © Springer-Verlag Berlin Heidelberg 2013

19.10   **Elektrischer Strom (elektrothermische Gewalt)**   – 211

19.11   **Narbenbildung nach Verletzungen**   – 212

19.12   **Gewalt gegen den Hals**   – 214

19.12.1   Strangulation   – 214

19.12.2   Verschluss von Mund und Nasenöffnungen   – 220

19.13   **Verletzungen bei Verkehrsunfällen**   – 221

19.13.1   Der Fußgängerunfall   – 221

19.13.2   Überfahren und Überrollen   – 223

19.13.3   Der Insassenunfall   – 224

19.13.4   Zweiradunfall   – 225

Ein zentraler Bestandteil der klinisch-forensischen Medizin ist die objektive und lückenlose Dokumentation von äußerlich erkennbaren (im Falle der klinisch-forensischen Bildgebung auch innerlichen) Befunden. In diesem Zusammenhang spielen vor allem Verletzungen aller Art, häufig auch sog. Bagatellverletzungen bzw. Verletzungen, die keiner besonderen medizinischen Behandlung bedürfen, eine wesentliche Rolle.

Um eine reproduzierbare Dokumentation von Verletzungsbefunden im klinischen Alltag einerseits und eine einwandfreie juristische Würdigung der Befunde andererseits zu gewährleisten, ist ein fundamentales Verständnis von Entstehung, Morphologie, Nomenklatur und Differenzialdiagnose der verschiedenen, im Rahmen der klinisch-forensischen Praxis zu erwartenden Verletzungsbilder notwendig. Aufgrund der Komplexität der Materie kann im Rahmen dieses Praxisleitfadens allerdings nur auf die wesentlichen Grundlagen der „gewaltsamen Gesundheitsschädigung" eingegangen werden.

Die **klinisch-forensische Begutachtung** von Verletzungen durch einen Sachverständigen zielt in der Regel auf folgende Punkte ab:
– objektive **Beschreibung und Dokumentation** der Verletzungen
– Bestimmung des die Verletzung **verursachenden „Werkzeuges"**
– **Rekonstruktion der Handlungsabläufe** (zeitlich und räumlich)
– Klassifizierung der Verletzung(en) im Sinne der **gesetzlichen Bestimmungen**.

19.1 Gewaltsame Gesundheitsschädigung

Eine „gewaltsame Schädigung der Gesundheit" kann im Wesentlichen
– durch **Verletzungen**,
– durch **Entzug von atmosphärischer Luft**,
– durch **Entzug von Nahrung**,
– durch **Einwirkung sehr hoher oder sehr niedriger Temperaturen** und
– durch **Gifte** im weitesten Sinne

herbeigeführt werden. In der klinisch-forensischen Routine spielen vor allem die äußerlich erkennbaren körperlichen Befunde – in der Regel Verletzungen – die Hauptrolle.

19.1.1 Verletzungen allgemein

> **Definition**
>
> Unter einer Verletzung versteht man eine Zusammenhangstrennung oder Störung der Struktur bzw. Funktion von Organen oder Geweben durch mechanische (physische) Gewalteinwirkung.

Nach ihrem primären Erscheinungsbild können Verletzungen unterteilt werden in
– **äußerlich sichtbare Verletzungen** und
– **innere Verletzungen** (von außen schwer oder nicht erkennbar).

Äußerlich sichtbare Verletzungen lassen sich wiederum grob einteilen in:
– **Geschlossene Verletzungen** (Laesio): unterhalb der intakten Hautoberfläche kommt es infolge stumpfer Gewalteinwirkung zur Schädigung von Geweben, Gefäßen und Nerven; die Folge sind Blutergüsse, Schwellungen und lokale Schmerzhaftigkeit.
– **Offene Verletzungen** (Vulnus) mit mechanischer Schädigung der Haut. Die Verletzungen können oberflächlich (z. B. Schürfung) oder tiefreichend sein (z. B. tiefe Schnittwunde); wurden Körperhöhlen eröffnet, spricht man von **penetrierenden Verletzungen**.
– **Ablederungen** (Avulsio) in Form von Abhebungen u. U. großer Hautlappen können bei flächenhafter tangentialer Gewalteinwirkung entstehen. Eine Sonderform stellt die meist geschlossene Abhebung der Haut und des Unterhautfettgewebes nach Überrollung durch ein Kraftfahrzeug dar.
– **Abtrennungen** (Amputatio) von Körperteilen können vollständig (total) oder unvollständig (subtotal) vorliegen. Bei subtotalen Amputationen bleibt der abgetrennte Körperteil über eine Gewebebrücke mit dem Körper verbunden.

19.1.2 Verletzungen nach ihrer Entstehung

Neben der groben Einteilung nach ihrem primären Erscheinungsbild können Verletzungen aus praktischer Sicht vor allem nach ihrer **Entstehungsursache (Kausalität)** klassifiziert werden:

– Verletzungen bzw. Wunden durch **stumpfe oder stumpfkantige „Werkzeuge"**
– Wunden durch **scharfe (bzw. halbscharfe) Gewalteinwirkung** (Schnitt-, Stich- und Hiebwunden)
– **Schusswunden**
– **Brandwunden**
– Wunden durch **Verätzungen**
– Wunden durch **elektrischen Strom**
– Wunden durch **Kälteeinwirkung.**

19.2 Verletzungen durch stumpfe oder stumpfkantige Werkzeuge (sog. „stumpfe Gewalt")

Diese Kategorie beinhaltet die in der klinisch-forensischen Medizin am häufigsten vorkommenden Verletzungen, wobei in diesem Zusammenhang der Begriff „Werkzeug" sehr weit gefasst ist. Hierunter fallen neben **echten Werkzeugen** (wie z. B. Hämmer oder Brechstangen) auch verschiedene **Gegenstände des täglichen Gebrauches** (z. B. Gürtel, Stöcke, Flaschen, Bretter, Ketten, Bierkrüge etc.), **menschliche Extremitäten** (Hände, Fäuste, Füße bzw. Schuhe), **Anstoßstellen von Kraftfahrzeugen** (im Rahmen von Verkehrsunfällen), aber auch bei Stürzen der **Untergrund** (unterschiedlichster Beschaffenheit) oder **feste Gegenstände** (Tische bzw. Tischkanten etc.). In den zuletzt genannten Fällen wirkt nicht das Werkzeug auf den Körper ein, sondern der Körper stürzt oder fällt auf das „ruhende Werkzeug" (Hofmann & Haberda 1927).

Verletzungen durch stumpfe Gewalteinwirkung entstehen also durch jede Form von Gewalt, die unter mehr oder minder starkem Druck **flächenhaft** auf den Körper einwirkt. Die **Angriffsfläche** kann dabei groß oder klein sein (z. B. Faustschlag, Stockhieb, Schlaginstrumente, kantige Gewalteinwirkung, Verkehrsunfall, Sturz). So zahlreich die Verletzungs-

möglichkeiten sind, so vielfältig sind die einzelnen Verletzungsformen.

Die durch stumpfe oder stumpfkantige Werkzeuge im weitesten Sinne hervorgerufenen Verletzungen sind vor allem abhängig von:

– der **Form und Beschaffenheit des „Werkzeuges"**
– der **Intensität und Richtung der durch sie ausgeübten Gewalt**
– den unterschiedlichsten **Begleitumständen**
– der **Beschaffenheit der geschädigten Körperstelle.**

Folgende **Verletzungen** können **nach stumpfer oder stumpfkantiger Gewalteinwirkung** unterschieden werden:

– Hautabschürfungen
– Hauteinblutungen
– Hautunterblutungen bzw. Blutunterlaufungen, „Blutergüsse" (Hämatome)
– Wunden
  • Hautablederungen (nicht immer offen)
  • Quetschwunden
  • Risswunden
  • Quetsch-Riss-Wunden (vorwiegend Quetschung des Gewebes mit Rissanteil) Riss-Quetsch-Wunden (vorwiegend Zerreißung mit kleinerem Quetschungsanteil; selten)
  • Bisswunden
– Einblutungen, Quetschungen oder Zerreißungen nach „Erschütterungen" des Zentralnervensystems (z. B. Hirnprellung)
– Einblutungen, Quetschungen, Rupturen (Zerreißungen) und Lageveränderungen innerer Organe/Weichteile
– Kontinuitätstrennung und Lageveränderungen der Knochen (Frakturen)
– Zertrümmerung und Abtrennungen/Amputationen ganzer Körperteile.

In der Klinik werden die meisten offenen Wundformen wie Quetschwunden oder Quetsch-Riss-Wunden fälschlicherweise als **„Platzwunde"** bezeichnet. Der Begriff „Platzwunde" beschreibt eine Wundform, die ein Aufplatzen des Gewebes als Grundlage hat. Dies tritt im forensischen Alltag nur bei Schussverletzungen auf.

Für den klinisch-forensischen Alltag sind vor allem Hautabschürfungen, Blutunterlaufungen und die unterschiedlichen Wundformen von Relevanz.

19.2.1 Hautabschürfungen (Exkoriationen)

Kratzverletzungen und **Schürfwunden** bzw. Hautabschürfungen entstehen bei **tangentialer Einwirkung** von stumpfen oder stumpfkantigen Gegenständen bzw. Werkzeugen mit mehr oder weniger rauer Oberfläche. Sie entstehen auch, wenn der bewegte Körper tangential auf einen ruhenden Gegenstand auftrifft (z. B. Schlittern oder Schleifen über einen mehr oder minder rauen Untergrund).

Wird dabei lediglich die Oberhaut abgehoben (sehr oberflächliche Schürfung), spricht man von **Hautabschilferung**. Da in der Oberhaut keine Blutgefäße verlaufen, bluten Hautabschilferungen nicht, es tritt lediglich klares Serum (Gewebeflüssigkeit bzw. Blutwasser) aus, welches mit blass-bräunlicher bis honigfarbener Kruste abtrocknet.

Werden tiefer liegende Hautschichten abgeschunden (bis in die Lederhaut gehend), liegt eine **Hautabschürfung** im engeren Sinne vor. Durch Verletzung von in der Lederhaut verlaufenden kleinsten **Kapillaren** des Papillarkörpers treten aus den Blutgefäßen kleine Blutpunkte aus (◘ Abb. 19.1). Bei noch tiefer

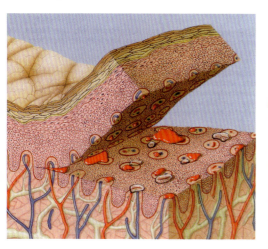

◘ **Abb. 19.1** Bei Hautabschürfungen mit Verletzung des Papillarkörpers treten kleine Blutpunkte aus, welche später zur Bildung einer braunen Blutkruste beitragen © P. D. Asmussen/Akademie-ZWM®

◘ **Tab. 19.1** Zeitlicher Verlauf der Veränderungen nach Hautabschürfung mit Blutung und Abheilung unter Schorf

Befund	zeitlicher Verlauf
Blutungszeit	wenige Minuten
Bildung eines weichen Schorfs	1 Stunde
Verfestigung des Schorfs	1 Tag
Abfallen des Wundschorfs mit darunterliegender blassrötlicher bis rosafarbener dünner Haut	7–10 Tage
Hautdelle erkennbar, Übergang in ursprünglichen Zustand	2–6 Wochen

greifenden Schürfungen kommt es zu einer gleichmäßigen Sickerblutung. Im weiteren Verlauf bildet sich in beiden Fällen eine braune **Blutkruste** aus.

Heilungsverlauf. Schon nach kurzer Zeit an der Luft vertrocknen Serum und Blut in Form einer dünnen braun-rötlichen Kruste, unter welcher die Verletzung innerhalb weniger Tage ohne Narbenbildung ausheilt (vgl. ◘ Tab. 19.1). Oberflächliche, lediglich die Epidermis betreffende Abschürfungen sind bereits nach einer Woche nicht mehr sichtbar. Wurden auch tiefere Schichten verletzt, beginnt sich der bräunliche **Wundschorf** nach etwa einer Woche von den Rändern her abzulösen, um nach 2–3 Wochen lediglich als (abhängig von der Hautfarbe) mehr oder weniger wahrnehmbares blass-rosa Areal zu imponieren. Blassbräunlich pigmentierte Narben sind nur nach ausgedehnter Schädigung der Papillarschicht zu beobachten.

Forensische Bedeutung. Verletzungen dieser Kategorie kommt aus klinisch-kurativer Sicht in der Regel keine besondere Bedeutung zu (sog. **Bagatellverletzungen**). Sie werden in der Klinik daher häufig nicht oder nur mangelhaft dokumentiert und abgesehen von Desinfektionsmaßnahmen nicht weiter versorgt. Im Gegensatz dazu haben diese Befunde aber eine hohe forensische Aussagekraft (◘ Abb. 19.2 u. ◘ Abb. 19.3), da Hautabschürfungen (oft in Verbindung mit Hauteinblutungen, s. u.)

– die **Stelle der stumpfen Gewalteinwirkung** bezeichnen und unter Umständen auch

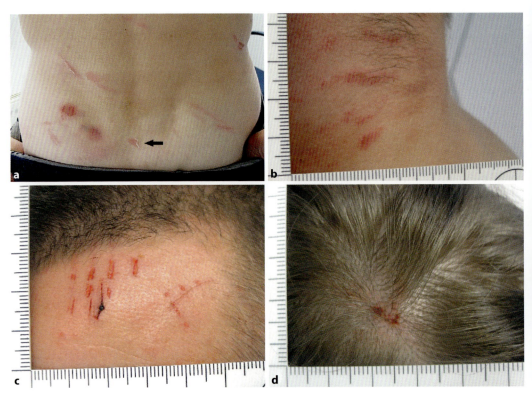

🔹 **Abb. 19.2** Kratzer und Hautabschürfungen. **a** Multiple Kratzer und Hautabschürfungen, z. T. mit Hautröllchenbildung (*Pfeil*) im unteren Rückenbereich. **b** Frische parallele Kratzverletzungen durch Fingernägel in der seitlichen Halsregion. **c** Mehrere parallele Kratz- bzw. Schürfverletzungen am Haaransatz sind hinweisend auf die Oberflächenbeschaffenheit des einwirkenden Werkzeuges. **d** Die diskrete Hautabschürfung innerhalb der behaarten Kopfhaut gibt den Ort der stumpfen Gewalteinwirkung an (Fotos: A. S. Schröder, Institut für Rechtsmedizin Hamburg)

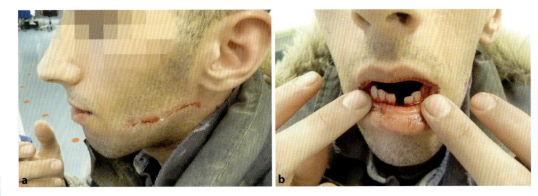

🔹 **Abb. 19.3** Unterkieferfraktur nach stumpfer Gewalteinwirkung. Der Mann wurde auf einer Baustelle über Stufen gestoßen und am unteren Ende von einer umstürzenden Gipskartonplatte am Kiefer getroffen. Der Ort der Gewalteinwirkung im Bereich des Unterkiefers links ist durch die bandförmige Schürfung (**a**) gekennzeichnet. Der Unterkiefer wies einen deutlichen Bruch-spalt sowie abnorme Beweglichkeit auf (**b**) (Fotos: Unfallkrankenhaus Lorenz Böhler, Wien)

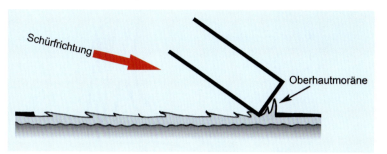

■ **Abb. 19.4** Bei tangentialer stumpfer Gewalteinwirkung wird die Oberhaut abgeschürft. Die sog. Epithelmoräne (anhaftende, zusammengeschobene Oberhaut) gibt die Schürfrichtung an

- Hinweise auf die **Richtung der Gewalteinwirkung** und
- **Form des einwirkenden Werkzeuges** geben können.

Hautabschürfungen sind daher für die forensische Rekonstruktion eines Geschehensablaufes von großer Wichtigkeit. Sie können die Gestalt der gesamten Oberfläche oder von Teilen der **Oberfläche des einwirkenden Gegenstandes** oder Werkzeuges wiedergeben.

Durch das tangential einwirkende Werkzeug werden kleinste **Hautröllchen** oder größere Oberhautfetzen in **Schürfrichtung** abgehoben (■ Abb. 19.4), welche als sog. „Epithelmoräne" am Rande der Hautabschürfung (ggf. unter Zuhilfenahme einer Lupe) erkennbar sind. In manchen Fällen können bereits aus Form und Anordnung der Hautabschürfungen bzw. Kratzverletzungen **Rückschlüsse auf das verletzende Werkzeug** gezogen werden.

> **Merke**
>
> Hautabschürfungen sind für die kurative Medizin meist unbedeutende Bagatellverletzungen, geben dem Rechtsmediziner aber oft wichtige Hinweise für die Rekonstruktion von Gewalteinwirkungen bzw. Geschehensabläufen.

> **Merke**
>
> Die „Hautröllchenbildung" (Epithelmoräne) am Rande einer Hautabschürfung gibt die Schürfrichtung und damit die Richtung der Gewalteinwirkung an. Ein geformtes Werkzeug kann eine **geformte Hautabschürfung** erzeugen.

Fingernagelkratzspuren. Fingernagelkratzspuren sind eine Sonderform von Hautabschürfungen. Sie kommen u. a. häufig im Zusammenhang mit **Sexualdelikten** (bei Opfer und Täter) und bei **Angriffen gegen den Hals** vor. Je nach Intensität handelt es sich um oberflächliche Hautrötungen, oberflächliche Abschürfungen (vgl. ■ Abb. 19.2b) oder tiefe, blutende Hautverletzungen. In manchen Fällen hinterlassen die Fingernägel typische sichelförmige Hautläsionen (■ Abb. 19.5).

19.2.2 Blutunterlaufungen

Blutunterlaufungen (häufig auch synonym als **Hautunterblutungen, Blutergüsse** oder **Hämatome** bezeichnet) entstehen durch Quetschung und Zerreißung von Blutgefäßen, in der Regel Kapillaren (Haargefäße), im Unterhautfettgewebe sowie den tieferen Weichteilen mit konsekutivem Blutaustritt in das umgebende Gewebe. Zusätzlich kann sich durch das ausgetretene Blut oder durch Ansammlung von Gewebsflüssigkeit eine lokale Schwellung (Ödem) bilden, welche auf Fotos u. U. nur schwer erkennbar ist.

Als Ursache kommt die **Einwirkung stumpfer Gewalt** mit oder ohne Verletzung der Haut in Betracht. Einfache **umschriebene Blutergüsse** (Hämatome) oder die ausgedehnteren, **flächenhaften Blutunterlaufungen** (Suffusionen/Suggilationen) kommen isoliert oder in Verbindung mit anderen Verletzungen (z. B. Schürfungen oder Quetsch-Riss-Wunden) vor. Weitere Begriffe in diesem Zusammenhang sind Ekchymosen (kleinfleckige Einblutungen) und durch Kapillarrupturen verursachte sog. Petechien (punktförmige Blutungen). Letztere sind ein wichtiger Befund im Rahmen von komprimierender Gewalt gegen den Hals und werden dort besprochen (s. u.).

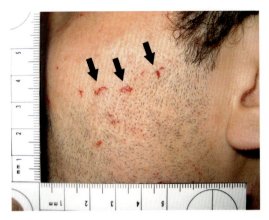

Abb. 19.5 Zum Teil sichelförmig konfigurierte Fingernagelkratzverletzungen an der Wange (Foto: A. S. Schröder, Institut für Rechtsmedizin Hamburg)

Ausprägungsgrad und Entwicklungsgeschwindigkeit eines Hämatoms hängen ab von
– der Stärke/Schwere der einwirkenden stumpfen Gewalt
– der Beschaffenheit des einwirkenden Werkzeuges
– Durchblutung und Gefäßreichtum der getroffenen Stelle bzw. des darunter liegenden Gewebes
– Größe und Art der verletzten Gefäße (Vene oder Schlagader)
– der Beschaffenheit des umgebenden Gewebes (z. B. straffes oder lockeres Bindegewebe)
– Lebensalter und Geschlecht der betroffenen Person (schnellere Bildung von Blutunterlaufungen bei Kindern, Frauen und älteren Personen)
– Krankheiten, die das Bindegewebe beeinflussen
– einer allfälligen Blutungsneigung des Verletzten (z. B. Leberzirrhose, gerinnungshemmende Medikamente, Bluterkrankheit [Hämophilie] etc.)
– der Hautfarbe.

Bei entsprechender Disposition können bereits nach leichter Gewalteinwirkung (z. B. Bagatelltrauma durch Anschlagen) ausgedehnte Blutergüsse entstehen. Liegt die Haut über einer relativ lockeren bindegewebigen Unterlage (wie z. B. um das Auge oder im Bereich der Genitalien), treten Blutergüsse wesentlich leichter und ausgedehnter auf.

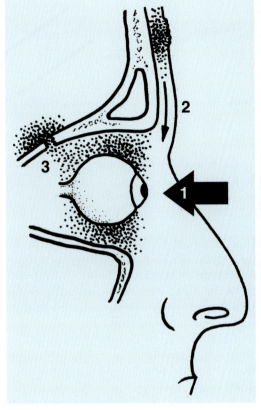

Abb. 19.6 Entstehungsmöglichkeiten eines Monokeloder Brillenhämatoms. (*1*) durch direkte Gewalteinwirkung auf das Auge, (*2*) durch Absinken eines Blutergusses im Stirnbereich, (*3*) im Rahmen eines Schädelbasisbruches. (aus: Hochmeister et al. 2007)

Eine **erhöhte Blutungsneigung** kann z. B. Folge eines **chronischen Alkoholismus** sein (Blutgerinnungsfaktoren werden in der fortgeschritten geschädigten Leber nicht mehr ausreichend hergestellt). **Flächenhafte Blutunterlaufungen nach Bagatelltrauma** können die Folge sein (mit Gefahr der Fehl- bzw. Überinterpretation).

Blutergüsse in tiefer liegenden Gewebeschichten können oft erst am nächsten Tag oder überhaupt nicht sichtbar werden. Im Gegensatz zu Hautabschürfungen müssen Blutergüsse keineswegs immer am Ort der Gewalteinwirkung sichtbar werden sondern können sich auch im lockeren Bindegewebe bzw. entlang von Faszien (flächigen Bindegewebsschichten) ausbreiten bzw. absinken. Das lockere Bindegewebe z. B. im Bereich der Augenhöhlen

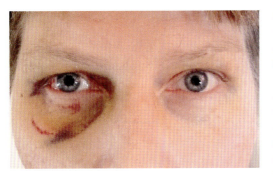

■ **Abb. 19.7** Nicht mehr ganz frisches Monokelhämatom rechts (geringer ausgeprägt auch links) nach direkter traumatischer Einwirkung (Faustschlag) gegen die Augenregion

kann bei Nasenbeinbruch oder Schädelbasisbruch zu einem ausgeprägten ein- oder beidseitigen Bluterguss der Augenlider führen (sog. **Monokel- oder Brillenhämatom**, vgl.■. Abb. 19.6 u. ■. Abb. 19.7).

Morphologie. Einfache Hautunterblutungen erscheinen in der Mehrzahl als unscharf begrenzte, rundliche, mehr oder weniger ungeformte, bläuliche bis blauviolette (livide), mitunter leicht erhabene, in der Regel druckempfindliche Flecken der Haut (■ Abb. 19.8), wobei die verschiedenartigsten Werkzeuge Hämatome gleicher oder ähnlicher Form verursachen können und daher in diesen Fällen kein Rückschluss auf das verletzende Werkzeug möglich ist. Blutergüsse sind bei heller Haut leichter erkennbar.

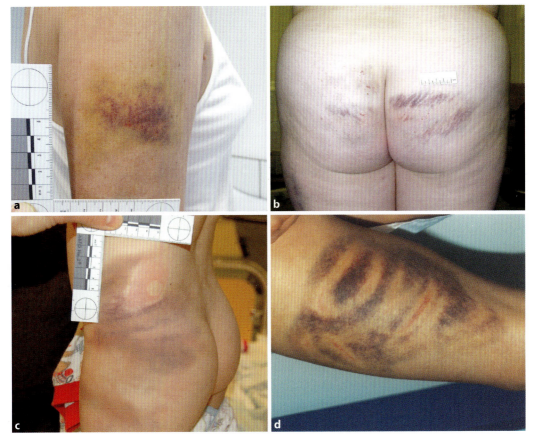

■ **Abb. 19.8** Hämatome. **a** Unscharf begrenzte, zentral bläulich-livide, im Randbereich bereits gelbliche unspezifische Blutunterlaufung an der Außenseite des Oberarmes. **b** Mehrere horizontale Hämatome am Gesäß mit angedeuteter, breiter Doppelkonturierung nach Züchtigung mit einem stockähnlichen Werkzeug. **c** Kindesmisshandlungsfall mit deutlich erkennbaren Doppelstriemen innerhalb der flächenhaften, unscharf begrenzten Blutunterlaufung. **d** Girlandenartig konturierte Hämatome nach Schlägen mit einem in Schlingen liegenden Telefonkabel (Fotos c & d: A. S. Schröder, Institut für Rechtsmedizin Hamburg)

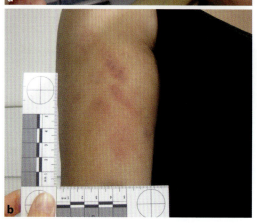

Geformte und gruppierte Blutunterlaufung. Sind mehrere Blutergüsse vorhanden, kann aus Sitz und Anordnung dieser unter Umständen ein Rückschluss auf deren Entstehung gezogen werden. So kommt es zur typischen Gruppierung von rundlichen Blutergüssen an der Innenseite der Oberarme oder Unterarme nach festem Zupacken (sog. „Griffspuren", vgl. ◨ Abb. 19.9).

Im Einzelfall kann die Form der Blutunterlaufung, insbesondere wenn gleichzeitig **Oberhauteinblutungen** (s. u.) bestehen, auf das verursachende Werkzeug schließen lassen bzw. wesentliche Anhaltspunkte dafür liefern (◨ Abb. 19.12).

Altersschätzung von Blutunterlaufungen. Das ungefähre Alter eines Hämatoms kann aufgrund seiner Farbe geschätzt werden (vgl. ◨ Tab. 19.2). Frische Hämatome sind meist **bläulich bis blaurot**. Nach etwa 24 Stunden kommt es infolge von Flüssigkeitsresorption zur Abflachung der oft oberflächlich tastbaren Schwellung. Nach einigen Tagen werden die Läsionen (in Abhängigkeit von deren Lage, Ausdehnung und Gestaltung) **dunkelblau-schwärzlich**, dann von den Rändern her beginnend **bräunlich**, **grünlich** und **gelblich**, bis sie nach 1–2 Wochen ganz verschwinden. Eine exakte Altersbestimmung von Blutergüssen ist wegen **großer individueller Schwankungen** nicht möglich. Hämatome, die bereits grünliche und gelbliche Anteile aufweisen, sind aber zumindest mehrere Tage alt. (Achtung: große interindividuelle Variabilität!).

◨ **Abb. 19.9** Griffspuren. **a** Gruppierte, rundliche, etwa 1–1,5 cm große Blutergüsse können nach lokalem Druck durch die Fingerkuppen beim Festhalten bzw. kraftvollen Zupacken entstehen. In machen Fällen (**b**) sind derartige Hautbefunde sehr oberflächlich und diskret ausgebildet und sollten aufgrund ihrer Flüchtigkeit frühzeitig dokumentiert werden (Fotos: Institut für Rechtsmedizin Hamburg)

Merke		

Bei großflächigen Blutergüssen sind die Farbänderungen der **Randbereiche** besonders zu beachten.

◨ **Tab. 19.2** Farbänderung von Hämatomen in Abhängigkeit ihres Alters. Die angegebenen Zeitspannen sind als Richtwerte zu verstehen; die Farbänderung von Hämatomen weist eine erhebliche interindividuelle Schwankungsbreite auf.

Alter	Farbe des Hämatoms
frisch	blau-violett, blau-rötlich
1–3 Tage	dunkelblau-schwärzlich
1 Woche	grün bis grün-gelblich
8–10 Tage	gelb bis gelb-bräunlich
2 Wochen	blass-gelblich bis normale Hautfarbe

Bei wiederholten Misshandlungen finden sich oft **zahlreiche Blutunterlaufungen unterschiedlicher Farbe** und damit **unterschiedlichen Alters**, bedingt durch die mehrzeitige Entstehung. Nicht nur Kinder, sondern auch alte oder behinderte Menschen können Opfer von Misshandlungen sein; deshalb ist auch bei diesen immer auf solche Befunde zu achten. Auch kommt es bei wiederholtem, mehrzeitigem Anschlagen z. B. an Möbelstücken zu unterschied-

19

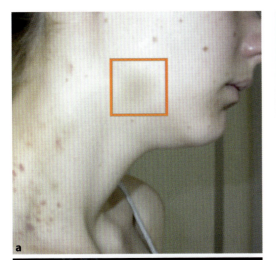

a

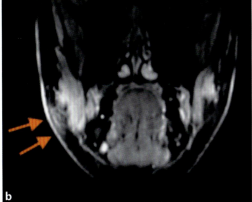

b

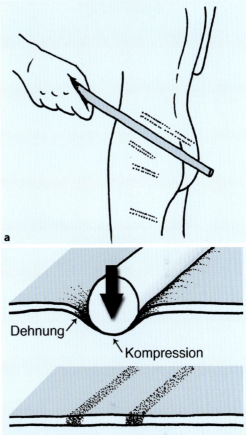

□ **Abb. 19.10** Blutunterlaufungen sind von außen manchmal nur schwer (*orange Markierung*) oder gar nicht erkennbar. Nach Durchführung von MRT-Aufnahmen stellt sich die Einblutung in das Unterhautfettgewebe deutlich dar (*Pfeile*)

□ **Abb. 19.11** Entstehungsmechanismus von doppelkonturierten Intrakutanblutungen, sog. Doppelstriemen

lich alten Unterblutungen an verschiedenen Stellen des Körpers, sodass das Bild einer Misshandlung entstehen kann; die Differenzialdiagnose ist nicht immer einfach und erfordert eine sorgfältige Untersuchung und genaue Erhebung der konkreten Fallumstände.

Bildgebung. Ist nicht sicher festzustellen, ob Blutergüsse in tieferen Gewebeschichten vorliegen (z. B. aufgrund dunkler Hautfarbe) besteht die Möglichkeit, diese mit bildgebenden Verfahren wie der Magnetresonanztomographie (MRT) nachzuweisen (□ Abb. 19.10; s. auch ▶ Kap. 16„Klinisch-forensische Bildgebung").

> **Merke**
>
> **Blutergüsse sind keineswegs immer von außen erkennbar.** Bei Verdacht auf stumpfe Gewalteinwirkung kann die Magnetresonanztomographie (MRT) Aufschluss über das gesamte Verletzungsbild geben.

19.2.3 Hauteinblutungen (sog. Intrakutanblutungen)

In der Oberhaut (bzw. an der Grenze zwischen Oberhaut und Unterhautfettgewebe) gelegene Einblutungen können sich wegen der dichteren

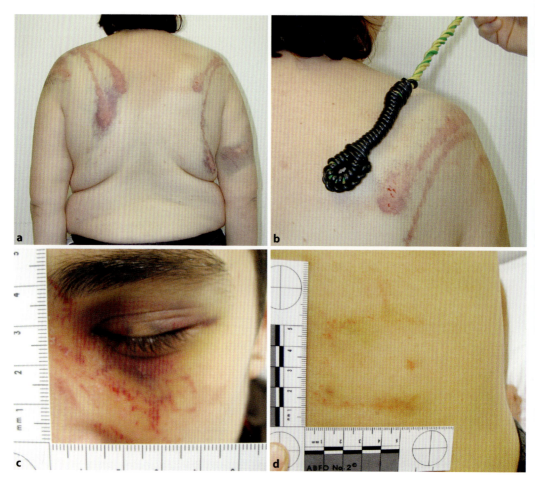

☐ **Abb. 19.12** **a, b** Auffällig konturierte Verletzungen am Rücken und am rechten Arm einer Frau, welche von ihrem Mann mit einem eigens konstruierten „Züchtigungswerkzeug" aus kunststoffummanteltem Draht geschlagen wurde. Die Verletzungen stellen eine Kombination aus diskret doppelkonturierten oberflächlichen Intrakutanblutungen, tiefer gelegenen, unscharf begrenzten Hämatomen und oberflächlichen Hautabschürfungen dar. **c, d** Weitgehend scharf begrenzte, geformte Oberhauteinblutungen, welche einen Hinweis auf das verursachende Werkzeug geben können (in **d** ist die Form einer Gürtelschnalle zu erkennen) (Fotos: a & b: N. Wilke, c & d: A. S. Schröder, Institut für Rechtsmedizin Hamburg)

Gewebsstruktur nicht wesentlich ausbreiten, sondern bleiben begrenzt und können die **Gestalt des verletzenden Gegenstandes** oder Werkzeuges (als Negativ-Form) wiedergeben (☐ Abb. 19.11). Hauteinblutungen sind somit wichtige Befunde für die **forensische Rekonstruktion** von Ereignissen (Erhebung des genauen Hergangs). Beispiele sind Oberhauteinblutungen nach umschriebener Gewalteinwirkung (z. B. Gürtelschnallen, Teppichklopfer, Stockhiebe, vgl. ☐ Abb. 19.12). Sie können mit tiefer liegenden Blutergüssen kombiniert sein. In gleicher Weise kann sich bei starker umschriebener Gewalteinwirkung auch ein detailreicher **Textilmusterab-** druck (= Negativabdruck) ausbilden. Auch **Reifenprofile** erzeugen bei Überrollung Hauteinblutungen, ebenso **Schuhsohlen** bei Tritten (meist kombiniert mit Hautabschürfungen).

19.2.4 Quetschwunden, Quetsch-Riss- und Riss-Quetsch-Wunden

Quetschwunden, Quetsch-Riss- und Riss-Quetsch-Wunden (umgangssprachlich, aber auch im klinischen Alltag oft als „Platzwunden" oder „RQW" bezeichnet) entstehen durch senkrechte oder leicht

19

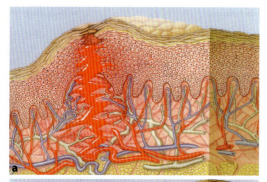

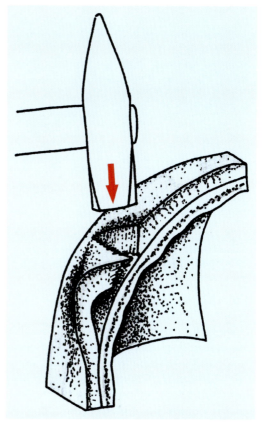

▣ **Abb. 19.13** Schematische Darstellung einer reinen Quetschwunde (**a**) und einer reinen Risswunde (**b**). In der Praxis weisen viele „Riss-Quetsch-Wunden" beide Merkmale auf © P. D. Asmussen/Akademie-ZWM®

▣ **Abb. 19.14** Entstehungsmechanismus einer Lappenwunde. Bei einem tangentialen Schlag gegen den Schädel ist ein Rand der Quetschwunde mehr unterminiert, unterblutet und gequetscht. Auch bei einem Sturz auf einen Gegenstand kann das zutreffen. Unterminierung und Schürfung erlauben daher die Erkennung der Schlagführung und Richtung der Gewalteinwirkung (nach Reimann et. al 1990)

schräge Einwirkung eines **stumpfen oder stumpf-kantigen Werkzeuges** oder umgekehrt durch Auftreffen einer Körperstelle auf einen feststehenden Gegenstand („ruhendes Werkzeug").

Beide letztgenannten stellen eine Kombination aus Quetsch- und Risswunde dar, wobei die Haut meist zunächst zwischen einwirkendem Werkzeug und Knochen **gequetscht** wird und in weiterer Folge durch das Auseinanderweichen des Gewebes zum Einreißen gebracht wird (daher Quetsch-Riss-Wunde; echte Riss-Quetsch-Wunden, bei denen die Aufreißung des Gewebes im Vordergrund steht, sind selten). Durch die stumpfe Durchtrennung der Haut entstehen geradlinige oder (bei großflächiger Einwirkung) sternförmige Wunden mit **gezackten und blutunterlaufenen Wundrändern** (▣ Abb. 19.13). Die Wundränder sind oft **geschürft und gequetscht**, was wertvolle Rückschlüsse auf das verursachende

Werkzeug liefern kann. In manchen Fällen wird ein Wundrand durch das schräg einwirkende Werkzeug von der Unterlage (z. B. Schädelknochen) abgeschoben und es entsteht eine unterminierte **Lappenwunde** mit eingerissenen Wundrändern (▣ Abb. 19.14).

Quetschwunden und Quetsch-Riss-Wunden werden im forensischen und klinischen Alltag sehr häufig beobachtet, wobei sie geradlinig, Y-förmig, unregelmäßig oder sternförmig konfiguriert sein können. Die **Wundränder** sind mehr oder weniger unregelmäßig gezackt, gequetscht, geschürft und blutunterlaufen (▣ Abb. 19.15). In der Tiefe der Wunde finden sich regelhaft sog. **Gewebebrücken**

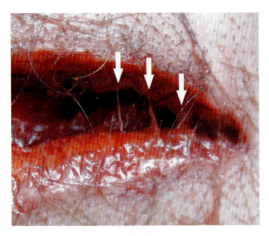

🔘 **Abb. 19.15** Quetschwunde mit gequetschten, geschürften, unregelmäßigen Wundrändern und Gewebebrücken in der Tiefe (*Pfeile*)

(intakte Nerven, Gefäße oder Bindegewebsstränge). Wunden im Kopfbereich bluten oft stark.

Verwechslungsmöglichkeiten. In Einzelfällen kann eine in Folge stumpfer Gewalt entstandene Wunde zunächst als Schnittwunde oder Stich imponieren. Im Bereich der **Wundwinkel** finden sich bei einer Quetschwunde (Quetsch-Riss-Wunde, Riss-Quetsch-Wunde) aber stets zumindest feinste Gewebebrücken, die bei der Schnitt- oder Stichwunde immer fehlen. Die Haare sind bei Quetschwunden im Kopfbereich üblicherweise erhalten, bei schneidenden Werkzeugen durchtrennt.

Am häufigsten treten Quetschwunden dort auf, wo die Haut dem Knochen direkt (gespannt) anliegt: Kopfschwarte, Augenbraue, Nasenbein, Kinn,

Ellenbogen, Handrücken, Kniescheibe, Schienbein und Beckenkamm.

Quetschwunden sind unbedingt, ggf. unter Lupenvergrößerung, auf das **Vorhandensein von Fremdkörpern** zu untersuchen. Werden dabei z. B. kleine Steinchen, Holzstückchen, Metallteilchen, Glas- oder Lacksplitter gefunden, sind diese sicherzustellen und können bei entsprechender Fragestellung einer spurenkundlichen Untersuchung zugeführt werden, um Hinweise auf das verletzende Werkzeug bzw. die einwirkende Gewalt zu erhalten.

19.2.5 Spezielle Formen der stumpfen Gewalteinwirkung

„Ohrfeigen"

Einfache Hautrötungen infolge einer **Ohrfeige** sind durch eine Weitstellung der Blutgefäße bedingt (Hyperämie). Die Hautrötung verschwindet (im Gegensatz zur Hautunterblutung) unter Druck, was z. B. mit einem Glasspatel einfach zu prüfen ist. Eine Hautrötung stellt für sich alleine aus juristischer Sicht keine Verletzung dar, da die körperliche Unversehrtheit erhalten geblieben ist. Eine reine Hautrötung verschwindet zudem meist relativ schnell. Wenn hingegen Blutgefäße zerrissen wurden, liegt bereits ein Bluterguss bzw. eine Hautein- oder Hautunterblutung vor. Häufig finden sich nach Ohrfeigen **Unterblutungen im Gesicht** (Wangenregion, über dem Unterkiefer) und **an bzw. hinter den Ohren** (🔘 Abb. 19.16), die über Stunden erkennbar sein können. Diese Regionen sind daher aufmerksam zu inspizieren (🔘 Abb. 19.17).

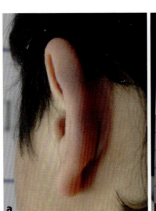
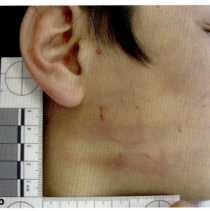

🔘 **Abb. 19.16** Charakteristischer Befund mit Unterblutungen am Rand der Ohrmuschel (**a**) und an der rechten Gesichtsseite (**b**) nach mehreren kräftigen Ohrfeigen. Man erkennt typische fingerförmige Aussparungen innerhalb des eingebluteten Areals („Negativabdruck" der Finger) (Fotos: Ludwig Boltzmann Institut für klinisch-forensische Bildgebung, Graz)

19

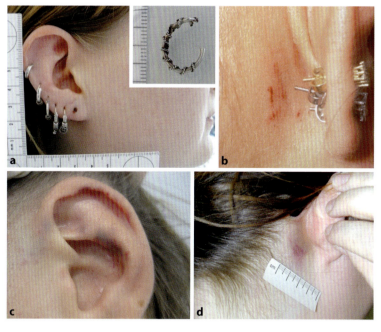

🔳 **Abb. 19.17** Bagatellverletzungen nach Schlag auf die Ohrregion. Obwohl derartige Verletzungen kaum medizinischer Behandlung bedürfen, können sie, eine entsprechende Dokumentation vorausgesetzt, den geschilderten Tathergang für die juristische Würdigung glaubhaft untermauern. **a** Ausriss eines Ohrrings mit frischer Kruste und deformiertes Schmuckstück. **b** Diskrete Kratzverletzungen der Haut durch Ohrstecker. **c, d** Minimale Hämatome der Ohrmuschel und der dahinter liegenden Haut nach Faustschlag bzw. Ohrfeige (Foto c: A. S. Schröder, Institut für Rechtsmedizin Hamburg, **d:** Institut für Rechtsmedizin Bern)

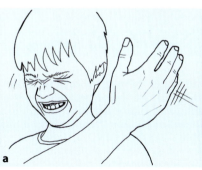

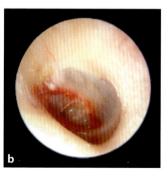

🔳 **Abb. 19.18** Bei einfachen „Ohrfeigen" bzw. Schlägen auf das Ohr (**a**) kann es durch ein Barotrauma zu einer Ruptur des Trommelfells (**b**) kommen (Foto: HNO, Universitätsklinikum Gießen)

🔳 **Tab. 19.3** Typische Verletzungen durch Faustschläge im Gesichtsbereich

– Blutergüsse, Schwellungen und Hautabschürfungen

– Quetschwunden im Bereich der Augenbrauen, des Jochbogens, der Nase und des Kinns

– Einblutungen entsprechend Zahnabdrücken in der Mundschleimhaut

– aufgerissene Lippen und Mundschleimhaut

– Einriss des Lippenbändchens

– abgebrochene oder ausgebrochene Zähne

– Monokel- oder Brillenhämatome

Im Rahmen von „einfachen Ohrfeigen" kann durch ein sog. **Barotrauma**, verursacht durch die rasch eintretende Komprimierung der Luft im äußeren Gehörgang durch die auftreffende flache Hand, eine **Trommelfellruptur** mit einhergehender Hörminderung entstehen (🔳 Abb. 19.18). Der Trommelfellruptur kann im ungünstigen Fall eine Infektion des Mittelohres folgen.

Infolge stumpfer traumatischer Einwirkung auf die Ohrmuschel (Schlag, Sturz) kann es durch Einblutung zwischen Haut und Ohrknorpel zu dem sog. **Othämatom** kommen (🔳 Abb. 19.19).

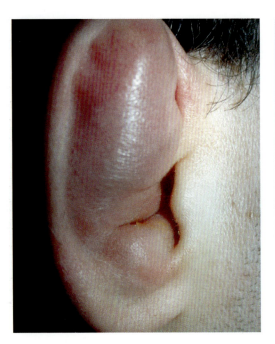

■ **Abb. 19.19** Frisches Othämatom (Einblutung zwischen Haut und Ohrknorpel) nach Schlag oder durch Aufprall auf einen Gegenstand, z. B. Tischkante) (Foto: HNO, Universitätsklinikum Gießen)

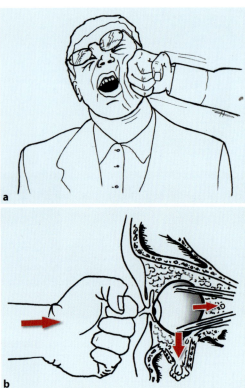

a

b

Faustschläge

Schläge mit der Faust oder Handkante werden in der Regel mit der Intention ausgeführt, dem Gegenüber eine Verletzung zuzufügen, und erfolgen daher häufig mit großer Kraft und mehrfach. Abhängig von der Intensität des Schlages und der getroffenen Körperregion sind **Hämatome**, klassische **Quetsch- und Quetsch-Riss-Wunden**, **Knochenbrüche** und u. U. **innere Verletzungen** die Folge (vgl. ■ Tab. 19.3). Die häufig gegen das Gesicht ausgeführten Faustschläge (■ Abb. 19.20a) führen in Regionen mit knöchernem Widerlager (Augenbrauen, Nasenrücken, Lippen) häufig zur klassischen Quetschwunde. Das umgangssprachlich als „Veilchenauge" bezeichnete **Monokelhämatom** nach Faustschlag auf das Auge kann mit und ohne einhergehende Hautverletzung entstehen. Bei ungünstiger Kraftübertragung auf den Inhalt der Augenhöhle können sog. **Blow-out-Frakturen** des dünnen knöchernen Augenhöhlenbodens entstehen (■ Abb. 19.20b).

Schläge auf die Nase können Quetschwunden mit und ohne **Nasenbeinfraktur** zur Folge haben

■ **Abb. 19.20** Faustschläge werden häufig gezielt und mit großer Kraft gegen das Gesicht ausgeführt (**a**). Zu einer Fraktur des Orbitabodens (sog. Blow-out-Fraktur) mit Einbruch der Augenweichteile in die Kieferhöhle kann es durch punktuelle Gewalteinwirkung auf den Augapfel von frontal kommen (**b**). Neben einem Enophthalmus (in den Gesichtsschädel zurückgesunkener Augapfel) und einem Monokelhämatom kann es auch zu einer Verletzung des Auges selbst kommen (z. B. Einblutung oder Netzhautablösung)

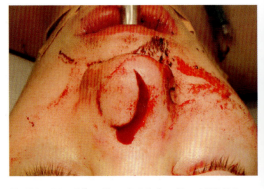

■ **Abb. 19.21** Offene Nasenbeinfraktur (Foto: HNO, Universitätsklinikum Gießen)

19

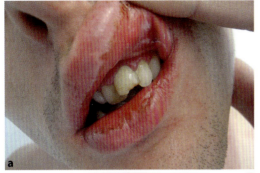

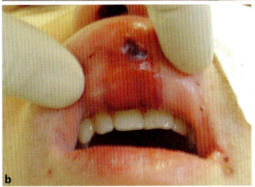

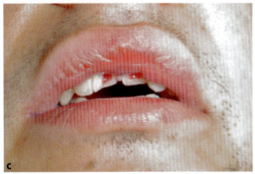

Abb. 19.22 Verletzungen nach stumpfer Gewalteinwirkung (Faustschlag) gegen die Mundregion. **a** Einfaches Hämatom der Mundvorhofschleimhaut, **b** Quetschwunde der Mundvorhofschleimhaut, **c** Abbrüche im Bereich beider oberer Schneidezähne – sog. Frontzahntrauma (Fotos: a: A. S. Schröder, **b** u. **c**: N. Wilke, Institut für Rechtsmedizin Hamburg)

(◘ Abb. 19.21). Häufig finden sich nach Schlägen in die Mundregion geschwollene, bläulich verfärbte Lippen u. U. mit Aufreißungen und **Einrissen des Lippenrotes bzw. der Mundvorhofschleimhaut** (◘ Abb. 19.22). Ebenso können der Zahnkontur korrespondierende Schleimhauteinblutungen (Kontaktverletzungen) mit und ohne Zahnaus- bzw.

-abbrüche resultieren. Allfällige Verletzungen der Mundvorhofschleimhaut und Beschädigung/Einriss des Lippenbändchens sind allerdings nur bei entsprechender Untersuchungstechnik mit Eversion (Ausstülpung) der Lippen erkennbar. Bei Lage der Zunge zwischen den Zahnreihen finden sich nach Kinnhaken bzw. Schlägen auf den Unterkiefer auch Verletzungen durch **Zungenbisse**.

Differenzialdiagnostisch sollte bei derartigen Verletzungen auch immer ein Sturzgeschehen (u. U. in Folge eines Stoßes oder Faustschlages) in Erwägung gezogen werden. Eine Vielzahl an unterschiedlichen Verletzungslokalisationen spricht gegen einen einfachen Sturz, bei dem in der Regel ausschließlich prominente Areale des Gesichtes (Stirn, Augenbrauen, Nasenspitze, Jochbeinregion und Kinn) betroffen sind.

Faustschläge gegen den Bauch hinterlassen äußerlich nur selten Spuren und können v. a. bei Kindern schwere **innere Verletzungen** zur Folge haben.

Beim **Täter** kann ein aktiv ausgeführter Faustschlag zu Hämatomen und Abschürfungen am Handrücken bzw. im Bereich der Fingerknöchel führen (s. ▶ Kap. 13 „Die körperliche Untersuchung von Tatverdächtigen im Rahmen des Strafverfahrens").

Fußtritte

Tritte mit dem „beschuhten" Fuß sind häufig gegen Kopf- und/oder Bauchbereich gerichtet (◘ Abb. 19.23). Abhängig von der Kraft, mit der die Tritte ausgeführt werden, vom Ort, gegen den getreten wird (Kopf!), vom evtl. getragenen Schuhwerk sowie von der Position und Konstitution des Opfers kommt es durch Tritte nicht selten zu schwersten, auch tödlichen Verletzungen. Dabei stehen Einblutungen im Schädelinneren im Vordergrund (z. B. subdurale Blutungen [Blutung unter die harte Hirnhaut], Gehirnblutungen). Das Schuhprofil führt am Ort der Gewalteinwirkung zu geformten **Hautvertrocknungen** (Positivabdruck durch Abschilferung oder Schürfung) und/oder geformten **Oberhauteinblutungen** (Negativabdruck; ◘ Abb. 19.24). **Schuhe** sind überdies ein **wichtiger Spurenträger** (Blut, Hautschuppen, Haare) und werden vom Verursacher häufig bei Reinigungsmaßnahmen vernachlässigt!

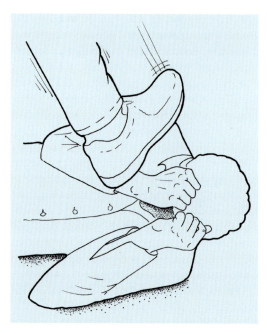

◘ Abb. 19.23 Tritte mit dem beschuhten Fuß können zu geformten Hautvertrocknungen und/oder Hauteinblutungen durch das Schuhprofil führen

Sturz oder Schlag?

Bei bewusstlosen oder nicht ansprechbaren Patienten mit Schädelverletzungen in Folge stumpfer Gewalt stellt sich häufig die Frage nach der Entstehung bzw. ob eine Einwirkung fremder Hand in Betracht kommt. Das Aussehen einer Quetschwunde erlaubt meist keine Differenzierung zwischen Schlag oder Sturz.

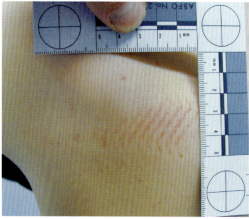

◘ Abb. 19.24 Schuhsohlenprofileindruck nach Fußtritt. (Foto: Institut für Rechtsmedizin Hamburg)

Die sog. **Hutkrempenregel** kann bei der Differenzialdiagnostik „Sturz" oder „Schlag auf den Kopf" eine Entscheidungshilfe bieten (◘ Abb. 19.25). So sind Sturzverletzungen häufig unterhalb und in Höhe einer gedachten Hutkrempenlinie zu finden, Schlagverletzungen dagegen eher oberhalb dieser Linie (selbstverständlich kommen aber auch Schläge ins Gesicht vor). Einschränkend darf diese „Regel" aber nur bei Stürzen auf einen ebenen, flachen Untergrund aus dem Stand ohne zwischenzeitliches Anschlagen angewandt werden. Sie hat keine Aussagekraft bei Verletzungen des Kopfes durch Treppenstürze oder Sturz von der Leiter, bei Verkehrsunfällen (Wegschleudern des Unfallopfers), bei Bergunfällen (mehrfaches Aufschlagen des Kopfes an Felsvorsprüngen bei Abstürzen), bei Sturz auf unebenem Boden und gegen Kanten sowie bei alkoholisierten Personen.

Ebenso kommen bei **jüngeren Kindern** immer wieder Stürze mit Verletzungen bis in Scheitelhöhe vor. Hier sprechen vor allem Doppelseitigkeit bzw. mehrfache Verletzungen ggf. unterschiedlichen Alters und Verletzungen an gut geschützt liegenden Stellen (hinter den Ohren, Augenregion, Lippenbändchen) gegen die Annahme eines Sturzgesche-

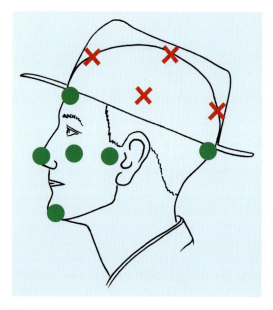

◘ Abb. 19.25 Hutkrempenregel. Schlagverletzungen finden sich eher oberhalb einer gedachten Hutkrempenlinie (rot). Verletzungen im Bereich der grünen Punkte sprechen eher für eine Entstehung durch einen Sturz

hens. Je nach verletzter Körperstelle kann zwischen „sturztypischen" und „sturzuntypischen" Lokalisationen unterschieden werden (◘ Abb. 19.26).

Schädelfrakturen

Bei massiver Gewalteinwirkung gegen den Schädel können **Frakturen** (Brüche) entstehen, die je nach Art und Richtung der Einwirkung und abhängig vom verursachenden Werkzeug eine **unterschiedliche Gestaltung** aufweisen können. Die Interpretation von Frakturmustern nach 3D-Rekonstruktion von Computertomographie-Aufnahmen durch den Rechtsmediziner kann u. a. Aufschlüsse über das einwirkende Werkzeug sowie Anzahl, Richtung und Reihenfolge der geführten Schläge geben (◘ Abb. 19.27).

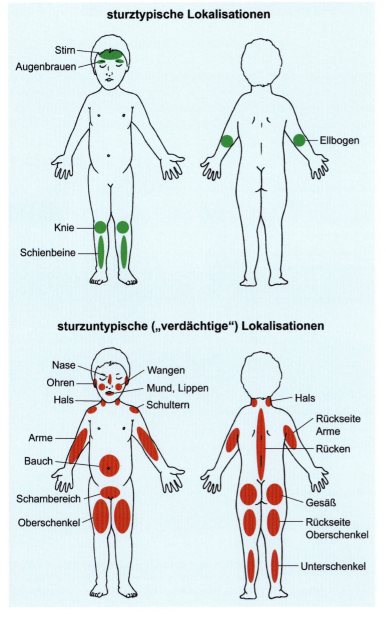

◘ **Abb. 19.26** Differenzierung von sturztypischen und sturzuntypischen Verletzungen. Verletzungen im Bereich der grün markierten Areale können in der Regel zwanglos durch einen Sturz erklärt werden. Mehrere Verletzungen im Bereich der rot markierten Areale sind nicht ohne weiteres durch ein Sturzgeschehen zu erklären und bedürfen besonderer Aufmerksamkeit

◘ **Abb. 19.27 a** Primärer intraoperativer Verletzungsbefund nach überlebtem Tötungsversuch bei stumpfkantiger Gewalteinwirkung (Hammerschläge). **b** 3D-Rendering der bei Aufnahme angefertigten Notfall-CTs mit deutlicher Darstellung der korrespondierenden rechteckigen Impressionsfrakturen, hervorgerufen durch das Tatwerkzeug (**c**)

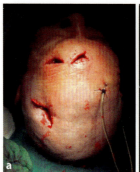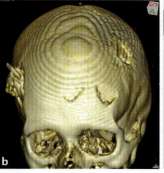

Biss- und Saugverletzungen

Bei Bisswunden handelt sich um durch die Zähne des Ober- und Unterkiefers verursachte **Schürf- oder Quetschwunden**, häufig mit darunter liegenden **Blutergüssen**. Aufgrund der u. U. sehr diskreten Ausbildung werden Bisswunden manchmal nicht erkannt. Bisswunden durch **Menschen** lassen evtl. die (meist unvollständigen) Abdrücke beider Zahnreihen erkennen (runder bis ovaler „**Bissring**"; ◘ Abb. 19.28). Besonderheiten des Gebisses, wie Stellungsanomalien oder Fehlen einzelner Zähne, können zum Ausdruck kommen. Eine detaillierte **fotografische Dokumentation** (senkrecht zur Hautoberfläche mit Maßstab) ist daher wichtig.

Menschenbisse finden sich am ehesten im Zusammenhang mit

- **Sexualdelikten** (z. B. an der Innenseite der Oberschenkel und an den Brüsten)
- **Kindesmisshandlungen**
- **körperlichen Auseinandersetzungen** (z. B. als Abwehrbissverletzung).

Es kann mitunter zwischen **Kampf- oder Abwehrbissen** und (z. T. sexuell motivierten) **Saugbissen** unterschieden werden. Bei frischen Bissverletzungen sollte eine Spurensicherung mittels DNA-Abrieb angestrebt werden.

Verletzungen durch **Tierbisse** entsprechen häufig einer Kombination von **Hautabschürfungen, Hämatomen, Quetsch- und Quetsch-Riss-Wunden** und schlitzförmigen **Hautdurchspießungen** (entsprechend Stichverletzungen durch die konischen Eckzähne). Im Extremfall kann es zur Zerfleischung ganzer Körperteile kommen (Kampfhunde und Kinder). Hunde und andere Tiere schütteln ihre Opfer, nachdem sie fest zugebissen haben, was zu **Gewebe-** zerreißungen im Bereich der Bissstelle führt (zerfetzte Wundränder, Risswunden). Zusätzlich können **Kratzverletzungen** durch die Pfoten der Tiere bzw. den Einsatz der Krallen entstehen. Manchmal sind Bissverletzungen durch Tiere aufgrund des **unspezifischen Verletzungsmusters** nur schwer als solche

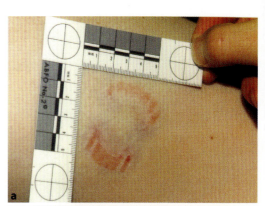

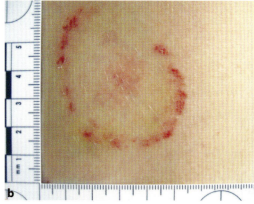

◘ **Abb. 19.28** Bissverletzungen durch Menschen, in **a** mit deutlich schürfender Komponente und in **b** mit diffuser zentraler Oberhauteinblutung, möglicherweise durch Saugen hervorgerufen (Fotos: Institut für Rechtsmedizin Hamburg)

19

zu erkennen (vgl. ◘ Abb. 19.29). Die Gefährlichkeit ergibt sich einerseits aus den Bissverletzungen selbst (Blutverlust durch Eröffnung von Gefäßen), andererseits spielt die Infektionsgefahr bei tiefen Bissverletzungen (z. B. Tetanus) eine wesentliche Rolle.

Saugverletzungen finden sich meist im Zusammenhang mit Sexualdelikten, aber auch vor allem bei Jugendlichen als Zufallsbefund („Knutschfleck"). Sie liegen meist am Hals, den Armen oder an den Brüsten und entsprechen typisch gestalteten, meist leicht von anderen Verletzungen zu differenzierenden Hautein- und Hautunterblutungen (◘ Abb. 19.30). Ein DNA-Abstrich sollte immer gesichert werden (Speichelübertragung beim Saugen).

Hautablederungen (Décollement)

Dabei handelt es sich um eine Ablösung der Haut und des Unterhautfettgewebes von der darunterliegenden Bindegewebs- und Muskelschicht ohne grobe Oberhautbeschädigungen und ohne wesentliche Einblutungen in das Unterhautfettgewebe. Sie entsteht durch Scherkräfte bei schräg auftreffender und zerrend wirkender Gewalt. Hautablederungen werden meist bei **Überrollungen** im Rahmen von Verkehrsunfällen beobachtet. In der Praxis der klinisch-forensischen Medizin spielen Ablederungen (abgesehen von der Verkehrsunfallrekonstruktion) kaum eine Rolle.

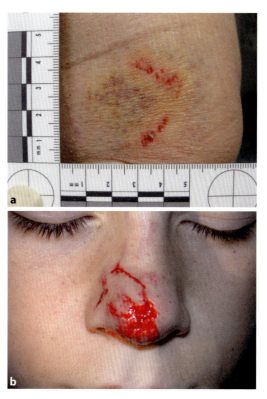

◘ **Abb. 19.29** Hundebisse. **a** Oberflächliche Hundebissverletzung knapp oberhalb des zum Verletzungszeitpunkt bekleideten Knies durch einen Polizeischäferhund mit typischer Konfiguration entsprechend dem Hundekiefer. **b** Unspezifische Bissverletzung an der Nase mit unregelmäßig eingerissenen Wundrändern (Fotos: Institut für Rechtsmedizin Hamburg und HNO, Universitätsklinikum Gießen)

19.3 Verletzungen durch scharfe und halbscharfe Gewalteinwirkung

19.3.1 Stichwunden

Stichwunden entstehen durch das senkrechte oder schräge Eindringen **schmaler, spitzer Gegenstände** in Richtung ihrer Längsachse in den Körper. Stichwunden sind in der Regel tiefer als breit. Als Stichwerkzeuge kommen z. B. Messer, Schraubenzieher, Scheren, Nadeln, Spieße, Nägel, Gabeln und ähnliche Gegenstände in Betracht.

Morphologie. Eine Stichverletzung ist charakterisiert durch eine **Stichwunde** (Eintrittsstelle), den **Stichkanal** (Gewebedurchtrennung in der Tiefe) und ggf. eine **Ausstichwunde**. Liegt eine Ausstichwunde vor, spricht man von einem **Durchstich**. Ge-

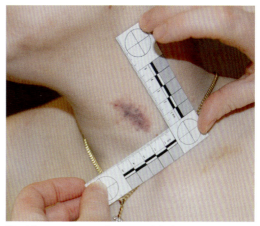

◘ **Abb. 19.30** Saugmarke („Knutschfleck") am Hals bei angeblichem Vergewaltigungsversuch (Foto: Institut für Rechtsmedizin Bern)

webebrücken fehlen, da die Gewebeschichten nicht gequetscht, sondern (bei scharfen Instrumenten) glatt durchtrennt werden.

Eine typische Stichwunde etwa durch ein Messer imponiert als eine **glattrandige schlitzförmige Hautdurchtrennung** mit ggf. flachbogig auseinanderweichenden Wundrändern und beidseits spitz zulaufenden Enden, in der Regel ohne gequetschte, geschürfte oder blutunterlaufene Wundränder (◘ Abb. 19.31). Bei weniger scharfen Werkzeugen können die Wundränder **diskret geschürft** sein und so u. U. einen Hinweis auf die Stichrichtung geben (Schraubenzieher, Feile etc.). Sehr stumpfe Stichwerkzeuge können in der Umgebung der Einstichwunde zu feinen Dehnungsrissen der Oberhaut führen.

Wundwinkel. Nur in Ausnahmefällen zeigt die Stichöffnung die Gestalt eines schmalen Keils, z. B. wenn ein dickeres Messer eingestochen wurde (resultiert in einem „stumpfen" Wundwinkel an der Stelle des Messerrückens) oder wenn die Schneide

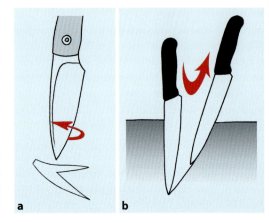

◘ **Abb. 19.32 a** Entstehung eines sog. „Schwalbenschwanzes" durch Drehung des Messers zwischen Ein- und Auswärtsbewegung der Klinge. **b** Entstehung einer Stich-Schnitt-Wunde (aus: Hochmeister et al. 2007)

des Messers zwischen Einstechen und Herausziehen in der Längsachse etwas gedreht wurde bzw. der Betroffene die Position änderte (resultiert in einer mehr oder weniger stark ausgeprägten schwalbenschwanzähnlichen Konfiguration des zur Schneide gerichteten Wundwinkels; ◘ Abb. 19.32a). Weist das Messer einen sehr scharfkantigen Klingenrücken auf, kann auch der dem Messerrücken zugewandte Wundwinkel eingekerbt imponieren.

Aus der Länge des Wundspaltes kann aufgrund der Dehnbarkeit der Haut und aufgrund einer möglichen schneidenden Komponente („Stich-Schnitt-Wunde") nicht automatisch auf die Klingenbreite der Stichwaffe geschlossen werden (◘ Abb. 19.32b).

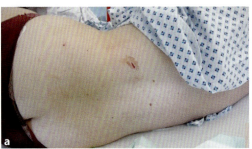

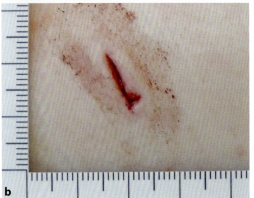

◘ **Abb. 19.31** Stichverletzung mit einseitig eingekerbtem Wundwinkel am Rücken einer jungen Frau durch unbekannten Täter (**a** Übersicht, **b** Detailaufnahme).

Merke
Besonderes Augenmerk ist auf die Wundwinkel von Stichverletzungen zu legen. Die Form der beiden Enden einer geradlinigen Stichverletzung kann u. U. Aufschluss über die Beschaffenheit des Stichwerkzeuges geben. Es sollte aber allein aus der Wundmorphologie von Stichwunden keinesfalls leichtfertig und vorschnell auf die Position von Schneide und Messerrücken geschlossen werden.

Konische Stichwerkzeuge ohne Schnittfläche führen ebenfalls zu schlitzförmigen Wunden entsprechend der natürlichen Spaltrichtung der Haut. Mehrkantige Stichwerkzeuge führen zu entsprechenden drei- oder vierstrahligen Stichwunden.

Pfählungsverletzungen und Durchspießungsverletzungen sind Sonderformen der Stichverletzung und entstehen durch konische oder spitz zulaufende stumpfe oder halbscharfe Gegenstände (◘ Abb. 19.33).

19.3.2 Schnitt- und Hiebwunden

Schnittwunden entstehen durch Einwirkung eines **scharfen Werkzeuges**, welches unter Druck ziehend in Richtung der Schneide geführt wird. Schnittwunden sind in der Regel länger als tief. Als verursachende Werkzeuge kommen z. B. Messer, Scheren, Glasscherben und scharfkantige Splitter, scharfe Bleche, aber auch scharfe Papierränder und dünne Drähte in Betracht. Oberflächliche Schnittwunden heilen in der Regel innerhalb einer Woche ab (vgl. ◘ Tab. 19.4).

Die Bedeutung von Schnittwunden hängt von ihrer Tiefe und Lokalisation ab. Tiefe Schnittwunden stellen, wenn größere Gefäße verletzt wurden, lebensgefährliche Verletzungen dar. Werden Gelenke verletzt oder Sehnen und Nerven durchtrennt, können bleibende Funktionsstörungen bis zur vollstän-

◘ **Abb. 19.33** Unfallbedingte Pfählungsverletzung in der rechten Achselregion durch Sturz auf einen Zaunpfahl (Fotos: Unfallkrankenhaus Lorenz Böhler, Wien)

digen Aufhebung der Brauchbarkeit der betroffenen Extremität die Folge sein.

Morphologie. Schnittwunden sind geradlinig bis bogenförmig konfiguriert (v. a. bei schräger Einwirkung auf rundliche Körperstellen entstehen bogenförmige Lappenwunden). Die **Wundränder** sind in der Regel glatt, weder gequetscht noch geschürft oder blutunterlaufen (◘ Abb. 19.34 u. ◘ Abb. 19.35). **Gewebebrücken fehlen immer!** Verläuft eine Schnittwunde quer zur Spaltbarkeitsrichtung der Haut, kann diese u. U. beträchtlich klaffen. Durch schneidende Werkzeuge können Körperteile (z. B. Finger) vollständig scharf abgetrennt werden, wobei eine **glatte Defektwunde** entsteht („Abkappung").

Die **Schnittrichtung** folgt der Händigkeit des Verursachers (bei Rechtshändern meist schräg von links oben nach rechts unten). Ist die Wunde schräg verlaufend, ist das höher gelegene Ende der Wunde meist die Anfangsstelle des Schnittes, das Schnittende kann in einen seichten Kratzer auslaufen. Die Schnitttiefe reicht von oberflächlichen

◘ **Tab. 19.4** Zeitlicher Verlauf der Veränderungen nach kleineren Schnitt- oder Risswunden	
Befund	**zeitlicher Verlauf**
Blutungszeit	wenige Minuten
Bildung eines weichen Wundschorfs	1 Stunde
gerötete und geschwollene Wunde	bis 12 Stunden
fester Wundschorf	24 Stunden
beginnende Hautneubildung am Wundrand	24–48 Stunden
Abfallen des Wundschorfs	3–5 Tage
blau-rötliche berührungsempfindliche Narbe	5–7 Tage
Abblassen der zunächst noch weichen Narbe	2 Wochen bis 2 Monate

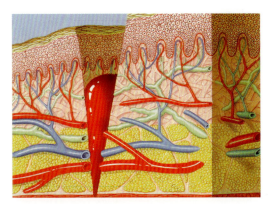

Abb. 19.34 Schematische Darstellung einer Schnittverletzung mit glatter Durchtrennung aller Gewebeschichten © P. D. Asmussen/Akademie-ZWM®

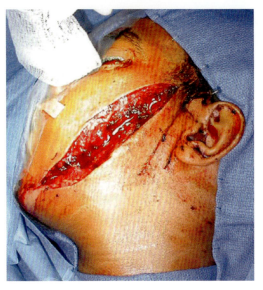

Abb. 19.35 Tiefe klaffende Schnittverletzung der Wange (Foto: HNO, Universitätsklinikum Gießen)

Probierschnitten (bei Selbstbeibringung) bis zu ausgedehnten Durchschneidungen tieferer Gewebeschichten.

Bei Schnittwunden ist auch an eine **Selbstbeibringung** zu denken (s. ▶ Kap. 35. „Selbstverletzung und Selbstschädigung"; ◘ Abb. 19.36). Bei Suizidversuchen finden sich nicht selten „Probierschnitte" an den Unterarmen oder am Hals. Häufig sind auch frische und alte Schnittverletzungen bei psychiatrisch erkrankten Personen, meist Jugendlichen mit Borderline-Syndrom.

Hiebwunden entstehen bei kraftvoll geführter, umschriebener sog. **„halbscharfer" Gewalteinwirkung** durch ein entsprechendes Werkzeug. Hiebwunden im klassischen Sinn werden durch schneidende Waffen wie Äxte und Haumesser verursacht. Trifft beim Hieb die Schneide des Werkzeuges senkrecht auf den Körper auf, entstehen im Regelfall **geradlinige Wunden** mit glatten oder (je nach Werkzeug) geschürften Wundrändern und keilförmigen, sich in die Tiefe verjüngenden Wundquerschnitten. Bei schräger Hiebrichtung resultieren Wunden mit lappenförmiger Abhebung. Durch die Wucht des Hiebes kann es auch zu **Knochenbrüchen** kommen. In der klinisch-forensischen Praxis sind derartige Verletzungen nur selten zu beobachten.

19.4   Abwehrverletzungen

Das Vorliegen von Abwehrverletzungen ist ein wichtiger Hinweis für eine stattgefundene tätliche Auseinandersetzung bzw. dass eine Person angegriffen wurde. Es wird zwischen aktiven und passiven Abwehrverletzungen unterschieden.

Aktive Abwehrverletzungen entstehen, wie der Name schon sagt, durch aktive Gegenwehr des Opfers, z. B. durch Greifen in ein Messer (sog. *„Abwehrgreifverletzung"* an den Fingern und an der Handfläche, ◘ Abb. 19.37a, b) oder durch Parieren eines Schlages (sog. *„Parierverletzung"* an der Außenseite des Unterarmes; ◘ Abb. 19.37c, e u. ◘ Abb. 19.38).

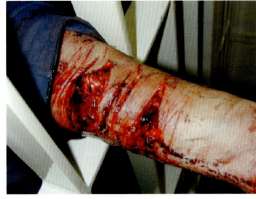

Abb. 19.36 Tiefe parallele Schnittwunden am Unterarm nach Suizidversuch während Haft (Foto: Institut für Rechtsmedizin Bern)

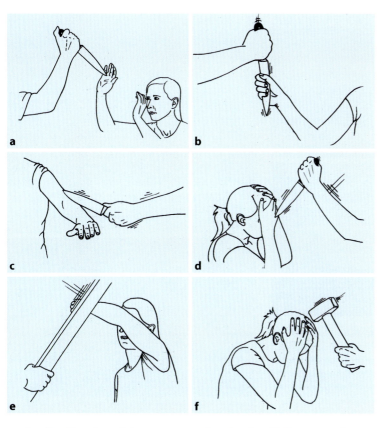

◘ **Abb. 19.37** Unterschiedliche Entstehungsmechanismen von Abwehrverletzungen. Abwehrgreifverletzungen (**a**, **b**), Parierverletzung (**c**) und Deckungsverletzung (**d**) bei scharfer Gewalteinwirkung. Parierverletzung (**e**) und Deckungsverletzung (**f**) bei stumpfer Gewalteinwirkung

Passive Abwehrverletzungen entstehen durch schützendes Vorhalten der Hände z. B. vor das Gesicht. Diese sog. *„Deckungsverletzungen"* sind häufig an den Handrücken und an der Außenseite der Unterarme lokalisiert (◘ Abb. 19.37d, f). Sticht der Täter auf ein bereits liegendes Opfer ein, können Abwehrverletzungen **auch an Beinen oder Füßen** vorhanden sein. Bei wehrlosem Opfer bzw. bei überraschenden Angriffen können Abwehrverletzungen fehlen. Bei einem längeren Kampf bestehen hingegen fast immer Abwehrverletzungen.

19.5 Extragenitale Verletzungsmuster im Rahmen sexualisierter Gewalt

Die für sexualisierte Gewalt häufig typischen Verletzungsmuster (vgl. . Abb. 19.39) sind in der Regel die Folge von unterschiedlichen Formen der stumpfen Gewalteinwirkung sowie komprimierender Gewalt gegen den Hals. Diesen teilweise sehr spezifischen

Verletzungen kommt bei Sexualdelikten u. U. erheblicher Beweiswert zu, da sie die Behauptung, der Geschlechtsverkehr sei einvernehmlich erfolgt, widerlegen. Diese sog. **Begleitverletzungen** können aber auch geringfügig sein oder gänzlich fehlen, wenn die Tat nicht durch Gewaltanwendung, sondern durch Drohung oder an einem wehrlosen Opfer verwirklicht wurde.

Häufige Begleitverletzungen im Rahmen von Sexualdelikten sind:

– **Hämatome** durch Einwirkung stumpfer Gewalt (Folge von Schlägen, Tritten und Stürzen durch Niederstoßen, häufig auch unspezifisch).
– **Entkleidungsverletzungen** in Form von Kratz– oder Schürfspuren. Diese entstehen durch Kratzen der Fingernägel des Täters auf der Haut des Opfers durch gewaltsames Entkleiden bzw. durch Zerren an der Kleidung selbst (etwa durch das Herunterreißen des BHs oder des Slips etc., vgl. ◘ Abb. 19.40).
– **Fixierverletzungen**, ebenfalls in Form von z. T. gruppierten Hämatomen durch gewaltsames

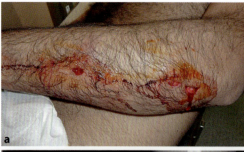

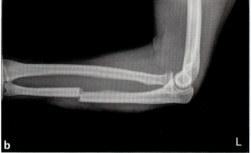

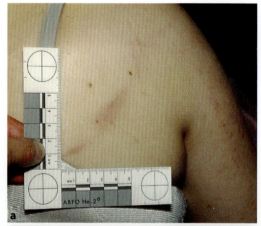

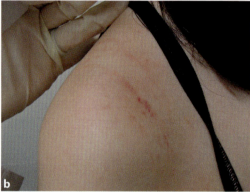

◻ **Abb. 19.38** Parierverletzung an der Außenseite des linken Unterarmes nach mehrfachem stumpfem Trauma. **a** Äußerlicher Befund bei Krankenhausaufnahme mit mehreren kleineren Quetschwunden und deutlicher Schwellung. **b** Die radiologische Untersuchung zeigt eine tiefer liegende, gering verschobene Fraktur der Elle (Fotos: Unfallkrankenhaus Lorenz Böhler, Wien)

◻ **Abb. 19.40** Entkleidungsverletzungen in Form einer Kratzverletzung nach Herunterreißen des BHs (**a**) sowie in Form geringfügig geschürfter, paralleler Hauteinblutungen durch Zerren an den Trägern des BHs (**b**) (Fotos: Institut für Rechtsmedizin Hamburg)

Zupacken an den Oberarmen, den Handgelenken (◻ Abb. 19.41c) und im Sprunggelenksbereich, um das Opfer in der Bewegung einzuschränken.

– **Fesselspuren** in Form zirkulärer bandförmiger Abschürfungen an Hand- und Fußgelenken (◻ Abb. 19.41d).

– **Verletzungen der Mundvorhofschleimhaut und des Lippenbändchens** durch gewaltsa-

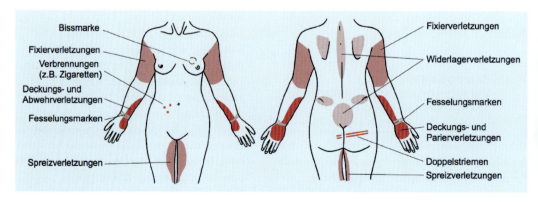

◻ **Abb. 19.39** Typische extragenitale Verletzungsmuster bzw. deren Lokalisation im Rahmen von sexualisierter Gewalt

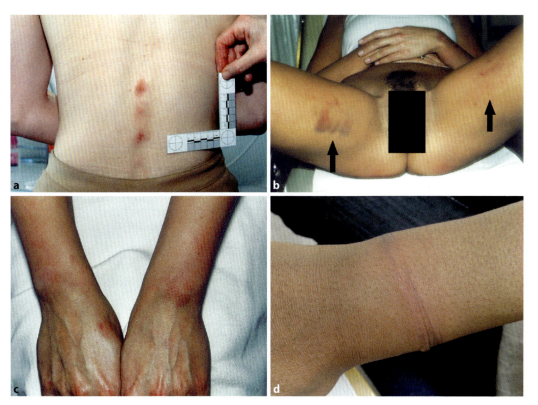

◘ **Abb. 19.41 a** Widerlagerverletzung in Form von Schürfungen im Verlauf der Dornfortsätze der Lendenwirbelsäule bei Vergewaltigung auf steinernem Untergrund. **b** Spreizverletzungen in Form von deutlich konturierten Hämatomen an der Innenseite
beider Oberschenkel (Pfeile). **c** Fixierverletzung in Form von diffusen Hämatomen im Bereich beider Handgelenke. d Fesselungsspuren verursacht durch Kabelbinder (Foto a: Institut für Rechtsmedizin Bern, b-d: Institut für Rechtsmedizin Hamburg)

mes Zuhalten der Atemöffnungen bzw. des
Mundes (◘ Abb. 19.42), um das Opfer am
schreien zu hindern oder durch Schläge in die
Mundregion.
– **Bissmarken** in Form von zwei halbkreisförmi-
gen Zahnreiheneindrücken (ggf. mit Schürf-
zeichen, häufig im Bereich der Brüste).
– **Abwehr-Greif-, Parier- oder Deckungsverletzungen** an den Handinnen- und -außenseiten
sowie an den Unterarmen (ellenseitig) durch
aktive Abwehrhandlungen bzw. schützendes
Vorhalten der Arme und Hände vor das Gesicht oder über den Kopf während Gewalteinwirkung (s. o.).
– Sog. **Spreizverletzung** in Form von z. T.
diskreten Hämatomen, vorwiegend an der
Innenseite der Oberschenkel bis hinab zu den

Knien durch gewaltsames Auseinanderdrän-
gen der Beine mit den Händen bzw. Fingern
(◘ Abb. 19.41b).
– Sog. **Widerlagerverletzungen** in Form von
Hautabschürfungen an prominenten Knochenvorsprüngen (Kreuzbein, hinterer Darmbein-
stachel des Beckens, Wirbelkörperfortsätze
etc.) bei harter und grob strukturierter Unterlage (◘ Abb. 19.41a).
– **Würgemale** u. U. mit Fingernageldruckspuren
und **Drosselmarken** an der Halshaut. Bei stärkerer und länger dauernder Komprimierung
der Halsgefäße in Kombination mit **Petechien**
(punktförmigen Bindehauteinblutungen) an
den Augenbindehäuten und in der Gesichtshaut, der Haut der Augenlider und der Haut
hinter den Ohren, u. U. verbunden mit einer

Dunsung und Zyanose (Blausucht) der Gesichtshaut (sog. Stauungssyndrom des Kopfes) (s. ▶ Kap. 19.12 „Gewalt gegen den Hals").

– Weiterhin können bei heftiger **Strangulation** unwillkürlicher Stuhl- und/oder Harnabgang (Zeichen der Lebensgefahr wegen Minderdurchblutung [Ischämie] des Gehirns) sowie

– **Heiserkeit und Schluckbeschwerden** auftreten.

19.6   Schussverletzungen

Obwohl Schussverletzungen in unseren Breiten insbesondere in der klinisch-forensischen Begutachtungspraxis eine Rarität darstellen, erscheint es dennoch sinnvoll, zumindest mit den wesentlichen Grundlagen vertraut zu sein. Schussverletzungen werden in der Mehrzahl der Fälle durch Geschosse (Projektile) von **Feuerwaffen** (Pistolen, Revolver, Gewehre) verursacht, seltener durch Viehbetäubungsapparate, Druckluftnagler, Signalpistolen oder Druckluft- und Gasdruckwaffen.

Durch die sehr **kleine Masse** und die **extrem hohe Geschwindigkeit** und Energie eines Geschosses entsteht eine Schusswunde mit tiefer Penetration des Gewebes. Die **Morphologie von Schussverletzungen** ist in der Regel eindeutig, in Einzelfällen ist die Unterscheidung zwischen Einschuss und Ausschuss auf den ersten Blick schwierig.

Die **Erscheinungsformen von Ein- und Ausschuss** hängen von Art und Bauweise der Waffe, der Munitionsart, der getroffenen Körperregion bzw. Region des Geschossaustrittes, der Schussdistanz (vgl. ◨ Tab 19.5) und vom Auftreffwinkel des Projektils ab. Bei Schusswunden sind Einschussöffnung, Schusskanal und Ausschussöffnung zu unterscheiden (klassischer **Durchschuss**). Endet der Schusskanal blind, spricht man von einem **Steckschuss** (es liegt nur eine Einschusswunde vor). Verletzungen durch einen sog. **Streifschuss** imponieren als rillenförmige Hautverletzung (◨ Abb. 19.43). Ein **Prellschuss** liegt vor, wenn das Projektil durch Kontakt mit einem Gegenstand abprallt bzw. abgelenkt wird.

Einschuss. Der **primäre Einschuss** kann durch folgende Befunde gekennzeichnet sein (vgl. ◨ Abb. 19.44):

– **Einschusslücke** (Einschussloch in Form eines nicht vollständig adaptierbaren Substanzdefektes)

– **Abstreifring** (Schmutzring durch Übertragung von Pulverschmauch und Geschossanhaftungen auf Haut oder darüber liegender Kleidung)

– **Kontusionsring** (samtartiger Oberhautverlust rund um die Einschusslücke)

– **Textilfasereinschleppung** (Einschleppung von Textilfasern und anderen Fremdkörpern in den Anfangsteil des Schusskanals durch Sogwirkung)

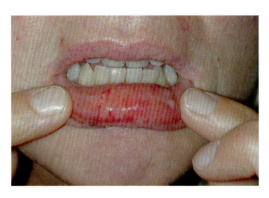

◨ **Abb. 19.42** Zahnreihenkonturenabdruck an der Lippenrot-Mundvorhofschleimhaut-Grenze in Folge kräftigen Zuhaltens von Mund und Nase

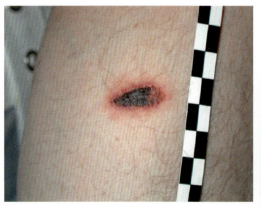

◨ **Abb. 19.43** In Abheilung befindlicher Streifschuss mit horizontaler Ausrichtung und deutlicher Schorfauflagerung am innenseitigen Unterschenkel nach Schussunfall (Fernschuss)

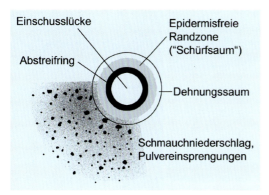

Abb. 19.44 Klassische Einschussbefunde an unbekleideter Haut (modifiziert nach Hochmeister et al. 2007)

– **Nahschusszeichen** (Einschussplatzwunde, Schmauchhöhle, Stanzmarke, Beschmauchung, Pulverkorneinsprengungen; vgl. ◘ Abb. 19.45).

Ausschuss. Am Ausschuss wird die Haut nach außen gedrängt, dabei gedehnt und dann perforiert. Die Form von Ausschussverletzungen ist variabel. Die **Ausschusswunde** ist typischerweise **adaptierbar** (kein Substanzdefekt), **schlitzförmig bis mehrstrahlig** und weist **keine Einschussmerkmale** auf. Kleine schlitzförmige Ausschusswunden können leicht übersehen werden. Im Gegensatz zu einer häufig geäußerten Meinung ist die Ausschussverletzung nicht immer größer als der Einschuss.

Schrotschuss. Ein charakteristisches Merkmal des Schrotschusses (abgegeben durch Flinten und Pumpguns) ist die Streuung der Schrotkugeln vor der Mündung. Eine **Schussentfernungsbestimmung** kann aufgrund des Trefferbildes (trichterförmige Ausbreitung der Schrotgarbe) vorgenommen werden (Fotodokumentation!).

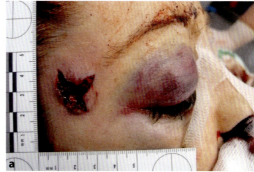

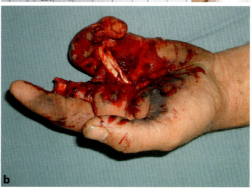

Abb. 19.45 a Frische Einschussverletzung (aufgesetzter Schuss) an der Schläfe mit sternförmiger Einschussplatzwunde und teilweise erkennbarer zirkulärer Stanzmarke. **b** Ausgedehnte Beschmauchung nach Schussverletzung der Hand (Foto b: Unfallkrankenhaus Lorenz Böhler, Wien)

Da es aus klinisch-forensischer und kriminalistischer Sicht wichtig ist, **Ein- und Ausschusswunde** sicher zu unterscheiden und die **Schussentfernung** zu bestimmen (Eingrenzung der Schussdistanz), sollten Schusswunden immer chirurgisch exzidiert (ausgeschnitten), orientiert aufgespannt und **asserviert** werden. In manchen Fällen ist die Bestimmung der Schussentfernung nur anhand der **Bekleidung** möglich. Diese muss daher unter allen Umständen sichergestellt werden.

Tab. 19.5 Übersicht und Unterscheidungskriterien der verschiedenen Schussentfernungsbereiche

absoluter Nahschuss (aufgesetzter Schuss)	relativer Nahschuss		Fernschuss
	„näher"	„weiter"	
Einschussplatzwunde, Schmauchhöhle, CO-Myoglobinbildung mit hellroter Muskulatur im Schusskanal, Stanzmarke	Beschmauchung, Pulverkorneinsprengungen	Pulverkorneinsprengungen	keine Nahschusszeichen

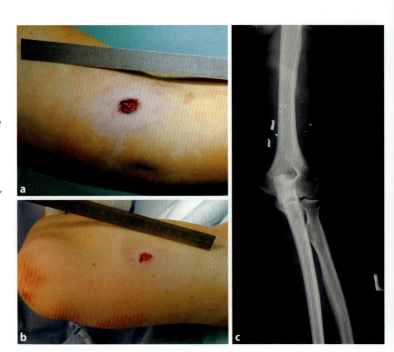

Abb. 19.46 Einschuss- (**a**) und Ausschussverletzung (**b**) am linken Oberarm nach Nahschuss, angeblich entstanden im Rahmen eines Gerangels bei einem Überfall. Tatsächlich handelt es sich um die sehr seltene Form einer Selbstverletzung, die in der Absicht zugefügt worden war, von einem zuvor begangenen Mord abzulenken. Mit der Selbstbeibringung vereinbar war unter anderem die Tatsache, dass der Kochen keine Verletzung aufwies (**c**) (Fotos: Institut für Rechtsmedizin Bern)

Merke

- Bei Schussverletzungen **Bekleidung einzeln in Papiersäcken sicherstellen**, niemals wegwerfen!
- Wenn möglich fotografische **Dokumentation der Wunde** mit und ohne Maßstab in Übersicht und Detail.
- **Asservierung von Einschussverletzungen:** Wird im Rahmen einer Operation die Einschusswunde exzidiert, ist das Exzidat (herausgeschnittenes, in der Regel spindelförmiges Hautstück) auf einer Kork- oder Kunststoffplatte (z. B. KliniTray™) orientiert aufzuspannen und gekühlt zu lagern (keine Formalinfixierung). Eine Orientierung des entnommenen Hautstückes kann mit Fadenmarkierungen vorgenommen werden (z. B. 12 Uhr kurzer Faden, ventral langer Faden oder Masche).
- Projektile niemals mit Messer oder Metallpinzette berühren, sondern **nur mit behandschuhten Fingern anfassen** und weich einbetten!

Schusswinkelbestimmung. Bei allen Schussverletzungen (Einschuss und Ausschuss) muss die betroffene Körperregion, die Höhe über der Fußsohlenebene, der Abstand zur Scheitelhöhe, die Entfernung von der Symmetrieebene, die Lagebeziehung zu benachbarten **Orientierungspunkten** (z. B. Nabel, Brustwarzen) sowie bei Verletzungen an der seitlichen Rumpfwand die Entfernung von der mittleren Achsellinie dokumentiert werden. Der Schusswinkel (Verlauf des Schusskanals) kann nur durch **Vermessung** dieser Abstände rekonstruiert werden.

19.7 Verbrennung und Verbrühung (thermische Gewalt)

Verbrennungen sind örtliche, mehr oder weniger ausgedehnte Beschädigungen der Haut und des darunter liegenden Gewebes durch **Einwirkung hoher Temperaturen** (Glut, offene Flamme, heiße Gegenstände). Im Rahmen der klinisch-forensischen Medizin spielen vor allem **Zigarettenglutverbrennungen** (■ Abb. 19.47) bei körperlichen Misshandlungen oder im Rahmen von Vergewaltigungen sowie Verbrennungen und Verbrühungen bei Kindern eine Rolle (■ Abb. 19.49).

19

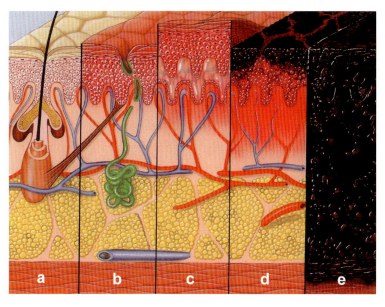

Abb. 19.48 Verbrennungsgrade. **a** Gesundes Gewebe, **b** Verbrennung 1. Grades, **c** Verbrennung 2. Grades mit Blasenbildung, **d** Verbrennung 3. Grades mit ausgedehnter Nekrose ganzer Hautbezirke, im schlimmsten Fall bis zur vollständigen Verkohlung (**e**) © P. D. Asmussen/Akademie-ZWM®

Bei **Säuglingen und Kleinkindern** stellt sich oft die Frage, ob die Verbrennung bzw. Verbrühung akzidentell entstanden oder Folge einer Kindsmisshandlung ist; nicht zuletzt wegen der **erheblichen Gefährdung**, die mit einer absichtlich herbeigeführten Verbrühung oder (flächigen) Verbrennung verbunden ist, ist diese Unterscheidung von großer Bedeutung. Wichtige Hinweise auf die Entstehung liefert die Gestaltung der Verletzungen wie

- deren Ausdehnung,
- Tiefe,
- Lage an geschützten Stellen,
- Form (bei Verbrennungen „Abdruck" des verursachenden Gegenstandes möglich),
- Vorhandensein von Spritzern und
- Verlauf von Abrinnspuren,

wobei diese Befunde immer mit den **Fallumständen** abgeglichen werden müssen.

Verbrennungsgrad. Der Grad von Verbrennungen hängt von der **Höhe der Temperatur** und der **Dauer der Einwirkung** ab. Es werden **3 Verbrennungsgrade** unterschieden (vgl. ▪ Abb. 19.48 und ▪ Tab. 19.6)

Für die klinische **Prognose** einer Verbrennung ist neben dem Verbrennungsgrad vor allem die **Ausbreitung der Verbrennung** von Bedeutung:

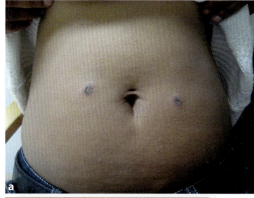

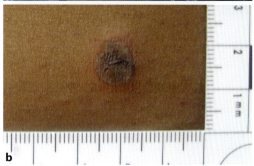

Abb. 19.47 Zirkuläre Verbrennungen der Bauchhaut durch Zigarettenglut mit rötlichem (hyperämischem) Randsaum (Fotos: A. S. Schröder, Institut für Rechtsmedizin Hamburg)

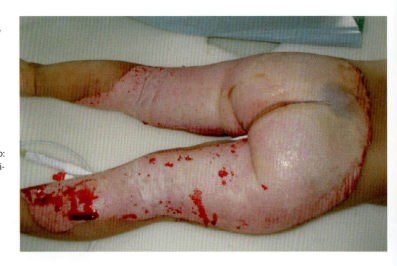

☐ **Abb. 19.49** Scharf begrenzte Verbrühung im Gesäß-/Oberschenkelbereich eines 4-jährigen Mädchens, keinerlei Spritzer oder Abrinnspuren. Die Mutter gab an, dass das unbeaufsichtigte, mit Windel und kurzer Hose bekleidete (!) Kind in einer Pfütze kochenden Wassers (Topf fiel angeblich vom Herd) gesessen habe. (Foto: N. Wilke, Institut für Rechtsmedizin Hamburg)

– Verbrennungen und Verbrühungen über 10 % der Körperoberfläche weisen eine ernste Prognose auf.
– Verbrennungen und Verbrühungen über 40 % der Körperoberfläche sind als lebensgefährlich zu bewerten (bei Kindern schon bei etwa 20 %).

Die sog. **„Verbrennungskrankheit"** tritt nach großflächigen Verbrennungen 2.–3. Grades verzögert auf und entspricht einer Überschwemmung des Körpers mit toxischen Gewebeabbauprodukten. Der Tod tritt häufig in Folge von **Nierenversagen** 3 bis 10 Tage nach Verbrennung ein.

☐ **Tab. 19.6** Verbrennungsgrad und klinischer Aspekt

Grad	Tiefe	Symptomatik	Heilung
I	Verletzung auf **Epidermis** (Oberhaut) beschränkt	**Rötung** und mäßige **Schwellung** der Haut mit brennenden Schmerzen	Regeneration ohne Narbenbildung innerhalb weniger Tage
IIa	Verletzung von Epidermis und **oberen Koriumschichten** (Lederhaut)	Zusätzlich zu **Rötung** und **Schwellung** auch **Blasenbildung**, Schmerz	ohne Wundinfektion Regeneration ohne Narbenbildung innerhalb von Wochen; Pigment- und Strukturveränderungen möglich
IIb	Zerstörung von Epidermis und **tieferen Koriumschichten**	geplatzte Blasen, Schmerz, grau-weißlich-fleckig	Bildung von Granulationsgewebe, Narbenbildung, Neigung zu Narbenhypertrophie (überschießende Narbenbildung), Reepithelialisierung aus den Hautanhangsgebilden möglich
III	Gewebeuntergang (Nekrose) **aller Hautschichten** und der **Anhangsgebilde**	grau-gelbliche lederartige Konsistenz der Haut, Ausbildung von weißlichem, lehmfarbenem bis graubraunem **Schorf**, keine Haare; nach Abstoßung des Schorfs (10–14 Tage) typische Brandwunde Schrumpfung des Gewebes (!), kein Schmerz (Nervendefekt)	wenn großflächig Deckung nur durch Hautersatz (Transplantat); heilt aufgrund der fehlenden Hautschichten nur äußerst langsam und führt stets zu **Narbenbildung**, Ausbildung von **Narbenkontrakturen** durch Narbenschrumpfung

19

Verbrühungen. Unter Verbrühung werden Gewebeschäden durch heiße Flüssigkeiten oder heißen Dampf zusammengefasst. Bei Verbrühungen durch **Flüssigkeiten** finden sich typischerweise **scharf begrenzte**, flächenhafte Verbrühungen mit z. T. zungen- oder bandförmigen Abrinnspuren (■ Abb. 19.49). Eng anliegende Kleidung schützt vor Verbrühungen.

19.8 Erfrierungen

Im klinisch-forensischen Alltag gelangen Erfrierungen kaum zur Begutachtung. Meist handelt es sich eindeutig um Unfälle, wie beispielsweise bei nicht geplanter Übernachtung bei Bergwanderungen mit unzureichender Ausrüstung oder Lawinenunfällen. Eine etwas größere Rolle spielt die **Unterkühlung**, die bei sehr kalten Temperaturen auch mit Erfrierungszeichen an den Extremitäten oder im Gesicht einhergehen kann (■ Abb. 19.50). Unterkühlungen treten (auch im Sommer!) bei kühlen oder kalten Umgebungstemperaturen vor allem bei **alten Personen und Alkoholisierten** auf. Im forensischen Kontext kann sich die Frage nach einer unterlassenen Hilfeleistung stellen.

19.9 Verätzungen

Verletzungen durch Verätzungen spielen aufgrund ihrer Seltenheit in der klinisch-forensischen Medizin nur eine untergeordnete Rolle. Selten treten bei Suizidversuchen oder psychisch kranken Personen Verletzungen durch Säuren oder Laugen auf, wenn solche absichtlich verschluckt werden. Die Umstände sind in diesen Fällen meist eindeutig und erfordern intensive klinische, aber zumeist keine rechtsmedizinischen Maßnahmen.

19.10 Elektrischer Strom (elektrothermische Gewalt)

Körperliche Befunde hervorgerufen durch elektrischen Strom finden sich in der klinisch-forensischen Medizin am ehesten bei der Begutachtung von Folteropfern nach sog. **Elektrofolter**, nach autoerotischen Handlungen (Strommarken an charakteristischen Körperstellen wie Genital- und Analbereich), misslungenen Suizid- oder Mordversuchen sowie bei Unfällen durch Gerätefehler.

Bei der Elektrofolter werden die Elektroden an Ohrläppchen, Penis, Brustwarzen, Augenlidern, Lippen und anderen empfindlichen Körperstellen angebracht. Die langfristigen körperlichen Folgen sind, wenn überhaupt vorhanden, kleinste Hautnarben. Eine genaue Untersuchung der Körperoberfläche, ggf. unter Zuhilfenahme einer Handlupe, ist daher in Verdachtsfällen unerlässlich. Auch nach erst kurz zurückliegender Stromeinwirkung sind die Befunde kleinster frischer **Strommarken** (frische Koagulationsnekrose der Epidermis) mit freiem Auge nur schwer zu erkennen und häufig morphologisch weitgehend unspezifisch (können z. B. mit kleinen Warzen verwechselt werden).

Die Strommarke stellt den **einzigen sichtbaren Hinweis** für eine Stromeinwirkung auf den menschlichen Körper dar. Die klassische Strommarke weist typischerweise einen weißlichen, „porzellanfarbigen" Rand mit zentraler braun-rötlicher oder braun-schwärzlicher Läsion auf, die einer partiellen Ver-

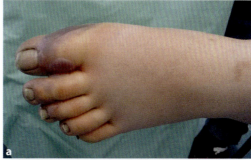

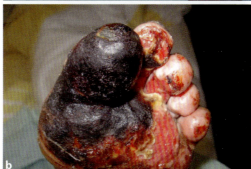

■ **Abb. 19.50** Erfrierungen im Bereich der Zehen. **a** Früher Befund mit violetter Verfärbung und beginnender Blasenbildung. **b** Später Befund mit ausgedehnter Nekrose (trockene Gangrän) (Fotos: Unfallkrankenhaus Lorenz Böhler, Wien)

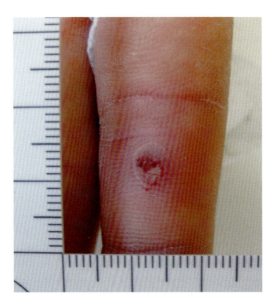

◘ **Abb. 19.51** 5 mm große frische Strommarke an der Beugeseite des Zeigefingers (Foto: A. S. Schröder, Institut für Rechtsmedizin Hamburg)

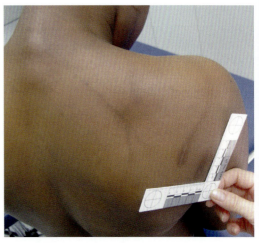

◘ **Abb. 19.52** Narben können durch ihre Lage, Anordnung und Gestaltung wertvolle Hinweise auf die Entstehung von Verletzungen liefern. In diesem Fall lagen nach wiederholten Züchtigungen mit einer in Wasser eingeweichten und mit Chilipulver präparierten Weidenrute deutlich erkennbare Narben an beiden Schultern vor (Foto: LBI Graz)

brennung der Oberhaut entspricht (◘ Abb. 19.51). Gestalt und Größe von Strommarken sind **höchst variabel**, wobei kleinste punktförmige, millimetergroße bis flächenhafte Läsionen manchmal mit Abbildung des spannungführenden Leiters möglich sind.

Im Gegensatz zu dem makroskopischen Befund ist das Bild der histologischen (feingeweblichen/mikroskopischen) Untersuchung betroffener Hautstellen sehr charakteristisch. Die Exzision bzw. Stanzbiopsie einer fraglichen Hautstelle kann daher bei frischen Strommarken eine sinnvolle spurensichernde Maßnahme darstellen.

Eine Sonderform stellt die sog. „**Lichtbogenverletzung**" dar. Diese entsteht bei einem Übersprung eines stromführenden „Lichtbogens" aus einer Überleitung (Bahn; besonders gefährdet sind auf dem Dach befindliche Personen!) oder einem Hochspannungskabel auf einen in der Nähe befindlichen Gegenstand oder Körper. Der Lichtbogen wandert nach dem Auftreffen auf den Körper auf diesem und hinterlässt typische loch- bzw. kraterartige Verbrennungen bis hin zu schwersten Verkohlungen. Lichtbogenverletzungen verlaufen aufgrund der hohen Stromstärken, des oft langen Kontakts und der hohen Temperaturen meist tödlich.

Verletzungen durch Blitzschlag sind in der klinisch-forensischen Praxis selten. Auch hier wirken sehr hohe Stromstärken auf den Körper ein, allerdings ist die Einwirkzeit nur sehr kurz; hitzebedingte Verletzungen stehen daher nicht im Vordergrund. Hingegen kann es durch mechanische Gewalt (heftiges zu Boden stürzen) zu begleitenden Knochenbrüchen und weiteren Verletzungen kommen. An der Bekleidung und in der Umgebung können charakteristische „Blitzfiguren" und Beschädigungen sichtbar sein.

19.11 Narbenbildung nach Verletzungen

In der klinisch-forensischen Praxis kommen nicht nur frische Verletzungen, sondern auch schon in Heilung begriffene oder bereits verheilte Wunden zur Begutachtung. Differenzialdiagnostisch ist dabei immer zu berücksichtigen, dass nicht nur Verletzungen zu einer Narbe (Cicatrix) führen, sondern auch diverse **Hauterkrankungen** mit Narbenbildung einhergehen bzw. ausheilen.

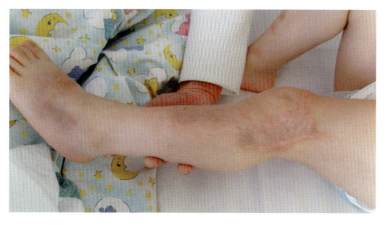

Abb. 19.53 Charakteristische Narbe am Unterschenkel nach angeblich ca. 6 Monate vor der Untersuchung erfolgter Verbrühung bei einem Kleinkind (Foto: LBI Graz)

Verletzungen der **Oberhaut** heilen in der Regel folgenlos ab (Restitutio ad integrum). Erst bei Verletzungen der darunterliegenden **Lederhaut** kommt es zur Narbenbildung (sog. Defektheilung). Diese kann bei komplikationslosem Heilungsverlauf (sanatio per primam intentionem) kaum sichtbar sein oder – v. a. bei Wundheilungsstörungen – durch ausgedehnte Gewebedefekte oder Wundinfektionen (sanatio per secundam intentionem) in ausgeprägter Narbenbildung resultieren. Einige **systemische Erkrankungen** (v. a. Diabetes mellitus) und bestimmte Medikamente (z. B. Glukokortikoide) können die Entstehung von Komplikationen im Laufe der Wundheilung ebenfalls begünstigen. Manche Menschen (v. a. Menschen dunkler Hautfarbe) neigen zu überschießender, das Hautniveau überragender Narbenbildung (sog. Keloid). **Keloide Narbenbildung** ist v. a. nach Verbrennungen häufig zu beobachten.

Die **Morphologie der Narbenbildung** bei den unterschiedlichsten Wundtypen (Schnitt-, Stich-, Riss-Quetsch-Wunden, Schussverletzungen, Verbrennungen) ist in vielen Fällen sehr spezifisch und lässt bei entsprechender Erfahrung Rückschlüsse auf die ursprüngliche Wundart zu (vgl. Abb. 19.52). Es ist jedoch zu beachten, dass ursprünglich unregelmäßige Wundränder im Zuge der **chirurgischen Versorgung** häufig exzidiert (ausgeschnitten) werden, um bei optimaler Adaptierung der dadurch „geglätteten" Wundränder vernäht zu werden und um Wundinfektionen zu verhindern. Ebenso wie die Art des ärztlichen Eingriffes kann auch die Art der Heilung auf die finale Ausheilung der Narbe und

damit deren Erscheinungsbild Einfluss haben. Hier spielen vor allem **Wundheilungsstörungen** durch Fremdkörper, Wundinfektionen, Mangeldurchblutung, Diabetes, Innervationsstörungen und Artefakte eine Rolle.

Schnitt- und Stichwunden, welche komplikationslos verheilen, resultieren in schmalen, feinen, strichförmigen Narben. **Quetsch- und Quetsch-Riss-Wunden** führen häufig zu wechselnd breiten, nicht selten strahligen bzw. gezackten Narben. **Brandwunden** 3. Grades hinterlassen flächenhafte, strahlige, oft genetzte, von Strängen durchzogene pigmentierte Narben (Abb. 19.53). Hingegen heilen Brandwunden 2. Grades ohne Narbenbildung aus.

Frische Narben imponieren durch das darunter liegende gut kapillarisierte (von Haargefäßen durchwachsene) Granulationsgewebe rötlich, blassen infolge Gefäßrückbildung mit der Zeit ab und werden später weiß (Gewebeersatz durch Kollagenfasern). Schwierig kann sich das Auffinden von **Narben innerhalb der behaarten Kopfhaut** gestalten. Sie imponieren vor allem als haarlose Stellen.

Aufgrund der **Narbenschrumpfung** kann aus der Länge einer Narbe nicht zwanglos auf die Länge der ursprünglichen Verletzung geschlossen werden. Narben z. B. an Gelenken, Augenlidern oder Mundwinkeln können durch Narbenzug zu **Funktionsbehinderungen** führen.

Eine genaue **Altersbestimmung** von Narben ist nicht möglich, aufgrund ihres Aussehens können Narben aber in „eher frisch" oder „älter" eingestuft werden bzw. mit den anamnestischen Angaben in

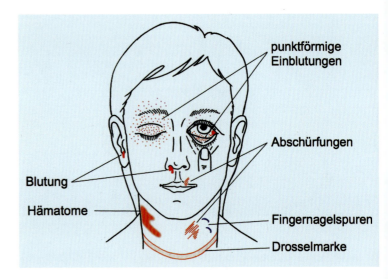

■ **Abb. 19.54** Äußere Befunde nach Strangulation

Einklang gebracht werden oder zu diesen diskrepant sein.

19.12 Gewalt gegen den Hals

Befunde, welche auf eine (komprimierende) Gewalteinwirkung gegen den Hals zurückzuführen sind, werden im Rahmen der klinisch-forensischen Tätigkeit relativ häufig angetroffen und sind in der Begutachtungspraxis von hoher Relevanz.

Komprimierende Gewalt gegen den Hals führt durch Kompression der Halsgefäße zu einer mehr oder weniger stark ausgeprägten Minderdurchblutung des Gehirns sowie – abhängig von Angriffspunkt und Druck auf die Atemwege bis hin zu deren vollständigem Verschluss – zu einer Atembehinderung. Neben den Formen der **Strangulation** (Würgen, Drosseln, Hängen) kann ein **gewaltsames Ersticken** auch auf folgende Ursachen zurückgeführt werden:
– Verschluss von Mund und Nasenöffnungen
– Verschluss der Luftwege von innen (Knebelung)
– mechanische Behinderung der Atembewegung von Brustkorb und Bauch/Zwerchfell.

Der **Erstickungsvorgang** dauert etwa **3–5 Minuten**, wobei **Bewusstlosigkeit** je nach Mechanismus bereits nach Sekunden eintreten kann.

19.12.1 Strangulation

Die Bezeichnung „Strangulation" leitet sich aus dem Lateinischen von *stringere gulam* (= den Hals zuschnüren) ab und ist der **Überbegriff für alle Formen der Halskompression.** In der klinisch-forensischen Medizin sind vor allem
– **Würgen** (Halskompression mit den Händen bzw. die Halskompression durch Unterarmwürgegriffe) und
– **Drosseln** (Drosselwerkzeug wird durch Muskelkraft zusammengezogen)
von Bedeutung.

Für die **Lebensgefährlichkeit** des Ereignisses sind **Intensität**, **Kontinuität** und **Dauer** der Strangulation von Bedeutung.

Die **Mechanismen**, mit denen in der Regel rasche Bewusstlosigkeit und Lebensgefahr verbunden ist, sind
– Behinderung der Hirndurchblutung durch Abdrücken der Halsgefäße (wesentlicher Mechanismus bei allen Formen der Strangulation)
– Verschluss der Atemwege (meist mit untergeordneter Bedeutung)
– Reflexmechanismen mit folgender Störung der Herzfunktion (selten).

Bei schwerem, lebensgefährlichem Würgen berichten die Opfer in der Regel von einer **Bewusstlosig-**

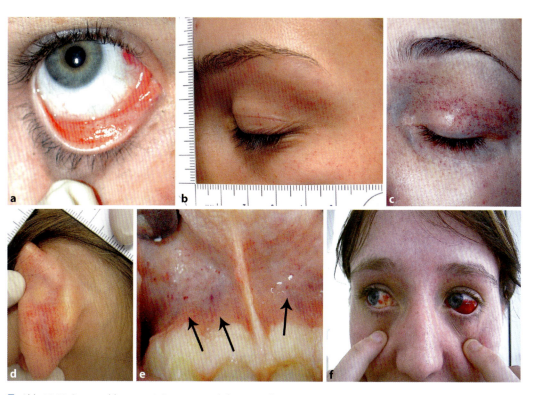

Abb. 19.55 Stauungsblutungen in Form von punktförmigen Blutaustritten (sog. Petechien) im Bereich der Augenbindehaut (**a**), der Lidhaut (**b** schwach ausgeprägt, **c** stark ausgeprägt), der Haut hinter den Ohren (**d**) und der Mundvorhofschleimhaut (**e**). In Fällen von progredienter, intensiver Stauung kann die gesamte Gesichtshaut betroffen sein, hier in Verbindung mit konfluierenden flächenhaften Einblutungen der Augenbindehäute (**f**) (Foto b, d, f: A.S. Schröder, Institut für Rechtsmedizin Hamburg)

keit. Davor wird nicht selten über typische Auffälligkeiten wie Angst, Ohnmachtsgefühl, Panik, gestörtes Erleben und **gestörte Empfindungen** (Umgebung wird als unwirklich, mit auffälligen Farben, Gerüchen oder sonstigen Empfindungen wahrgenommen, ein „Film" läuft ab, Situationen aus dem Leben werden nochmals erlebt etc.) berichtet, später manchmal über positive Gefühlen („mit dem Leben abgeschlossen haben", Gefühl der Ruhe und Entspannung, Gefühl des Loslassens). Auch kommt es in diesen Fällen gelegentlich zu einem unfreiwilligen **Abgang von Harn oder Stuhl** als Ausdruck des beginnenden zentralen Versagens.

Die typischen **körperlichen Befunde nach Strangulation** sind (vgl. ◘ Abb. 19.54):

– **Stauungsblutungen** (Petechien)
– (seltener) Blutungen aus Mund, Nase und äußerem Gehörgang
– **Dunsung** (Stauung) des Gesichtes
– **Zyanose** (bläuliche Verfärbung von Haut und Schleimhäuten bei ungenügender Sauerstoffsättigung des Blutes)
– abhängig vom Mechanismus **Strangmarke** oder **Drosselmarke**
– **Hautabschürfungen**
– **Kratzspuren**
– **Hautunterblutungen** an der Halshaut bzw. um Mund und Nase (bei Zuhalten)
– Hautunterblutungen über dem Unterkiefer im Sinne von **Widerlagerblutungen**
– Heiserkeit
– Schluckbeschwerden (schwer objektivierbar)
– Schmerzen am Hals und im Kehlkopfbereich (nicht objektivierbar).

Stauungsblutungen in Form von sog. **Petechien** sind die Folge einer stauungsbedingten Zerreißung kleinster Blutgefäße (Kapillaren) und ein diagnos-

◻ **Abb. 19.56** Würgen. **a, b**
Die verschiedenen Formen des
einhändigen Würgens (halbzir-
kulär und zangenartig) führen
zu unterschiedlich ausgeprägten
Würgemalen. Beim beidhändi-
gen Würgen liegen die Daumen
entweder an der Vorderseite des
Halses (Würgen von vorne, **c**) oder
im Nacken (Würgen von hinten, **d**)

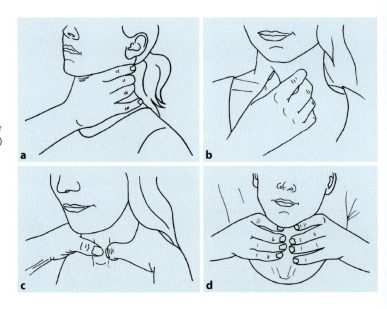

tisch wichtiger, wenn auch **unspezifischer Hinweis**.
Stauungsblutungen werden allgemein als **beweisend
für eine Lebensgefahr** anerkannt, da davon ausgegangen wird, dass bei einer Blutstauung, die zum
Platzen von Gefäßen führt, auch die Durchblutung
des Gehirns und damit dessen Funktionen relevant
beeinträchtigt sind. Bei ausgeprägter Stauungssym-
ptomatik finden sich Stauungsblutungen in der **gesamten Gesichts- und Halshaut** (vgl. ◻ Abb. 19.55f
und ◻ Abb. 19.60). Ausgeprägte Stauungsblutungen
im Bereich der Schleimhäute können zu **Blutungen
aus Mund und Nase** (in Taschentuch schnäuzen lassen!) führen, ebenso kann es zu **Blutungen aus dem
Gehörgang** kommen.

Typische Stellen für sog. Stauungsblutungen in
Form von **punktförmigen Haut- oder Schleimhaut-
blutungen** sind

– die Augenbindehäute (Überzug der Aug-
  äpfel und Innenseite der Augenlider)
  (◻ Abb. 19.55a)
– die Lidhäute (Haut der Augenlider)
  (◻ Abb. 19.55b, c)
– die Mundschleimhaut (◻ Abb. 19.55e)
– die Haut hinter den Ohren und die Gesichtshaut (◻ Abb. 19.55d, f).

Stauungsbedingte punktförmige Blutaustritte sind,
vor allem wenn sie anfänglich nur gering ausgeprägt waren, ein sehr **flüchtiger Befund** und kön-

nen bereits nach mehreren Stunden verschwunden
sein. Gerade im Hinblick auf ihre wichtige Funktion bei der Begutachtung der Lebensgefahr (**einziges objektivierbares Zeichen!**) wird klar, dass
eine Befundsicherung durch **zeitnahe Fotodokumentation** von ganz wesentlicher Bedeutung ist.
Ein Fehlen von Petechien zu einem späteren Untersuchungszeitpunkt schließt eine komprimierende
Gewalt gegen den Hals keineswegs aus. Differenzialdiagnostisch ist zu beachten, dass Stauungsblutungen auch nach natürlichen Pressvorgängen
wie heftigem Erbrechen, Hustenanfällen, Geburt,
erschwertem Stuhlgang etc. beobachtet werden
können.

> **Merke**
>
> Stauungsblutungen und Dunsung sind flüchtige
> Befunde und müssen frühzeitig fotografisch do-
> kumentiert werden.

Ein neuer Ansatz in der Begutachtung der Lebensgefahr nach Strangulation ergibt sich durch die
Anwendung bildgebender Verfahren, insbesondere
der **Magnetresonanztomographie** (s. ▶ Kap. 16
„Klinisch-forensische Bildgebung"). Diese Methode
soll eine objektive Befundsicherung und Dokumentation auch innerer Verletzungen über einen länge-

19

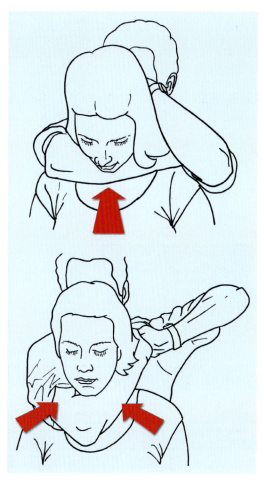

Abb. 19.57 Halskompression durch Würgetechniken (Unterarmwürgegriffe): Je nach Krafteinwirkung auf den Hals überwiegt (**a**) die Behinderung der Atmung durch Druck auf die Luftröhre und den Kehlkopf von vorne oder (**b**) die Behinderung der Blutzufuhr zum Gehirn durch seitliches Abdrücken der Halsschlagadern („*Carotid sleeper*")

ren Zeitraum ermöglichen und neue Ansätze bei der Beurteilung der Lebensgefahr nach Strangulation liefern.

Würgen

Bei der Strangulation durch Würgen wird der Hals durch den **Druck einer oder beider Hände einer anderen Person** komprimiert (■ Abb. 19.56). Bei heftiger Gegenwehr des Opfers kann es immer wieder zur Lockerung des Würgegriffes kommen, wobei der Eintritt einer Bewusstlosigkeit auf mehrere Minuten hinausgezögert werden kann.

Eine Halskompression kann auch durch **Unterarmwürgegriffe** erfolgen (■ Abb. 19.57). Beim sog. **„Carotid Sleeper"** liegt der Ellbogen in Halsmitte, die Halsschlagadern werden von beiden Seiten komprimiert und es kommt zur raschen Handlungsunfähigkeit (Bewusstlosigkeit) innerhalb von wenigen Sekunden. Beim klassischen **„Schwitzkasten"** steht die Einengung oder der Verschluss der Atemwege durch den Unterarm von vorne im Vordergrund. Unterarmwürgegriffe führen aufgrund des breiten, flächenhaften „Werkzeuges" (Arm) oft zu keinen oder nur diskreten äußerlichen Befunden, meist flächigen Rötungen,

Äußerliche Befunde nach Würgen
In der Regel finden sich nach kräftigem Würgen **ausgeprägte allgemeine Stauungszeichen** im Kopf- und Halsbereich, da der vollständige Verschluss beider Halsschlagadern durch Würgen meist nicht oder nur vorübergehend erreicht wird. Das Bewusstsein ist daher in der Regel länger erhalten, wodurch eine entsprechende **Gegenwehr des Opfers** möglich ist. In diesem Zusammenhang ist die körperliche Untersuchung des Tatverdächtigen auf Verletzungen (z. B. Kratzverletzungen) von Bedeutung (s. ▶ Kap. 13 „Die körperliche Untersuchung von Tatverdächtigen im Rahmen des Strafverfahrens").

Weiterhin finden sich häufig **unspezifische Verletzungen der Halshaut** wie Kratzspuren und oberflächliche kleine Hautabschürfungen durch die Fingernägel, kleinfleckige Unterblutungen an beiden Seiten des Halses und des Kehlkopfes am Vorderhals, die weniger durch ihre Form als durch ihre Gruppierung und Lage zu der (Verdachts-)Diagnose „Würgespuren" führen (vgl. ■ Abb. 19.58). Auch sind Einblutungen über dem Unterkiefer möglich („Widerlagerblutungen" durch darunterliegenden Knochen). Die meisten Opfer weisen nicht nur Halsbefunde, sondern auch **Begleitverletzungen** am übrigen Körper auf (meist stumpfe Gewalteinwirkungen, z. B. durch Beknien im Brustkorbbereich).

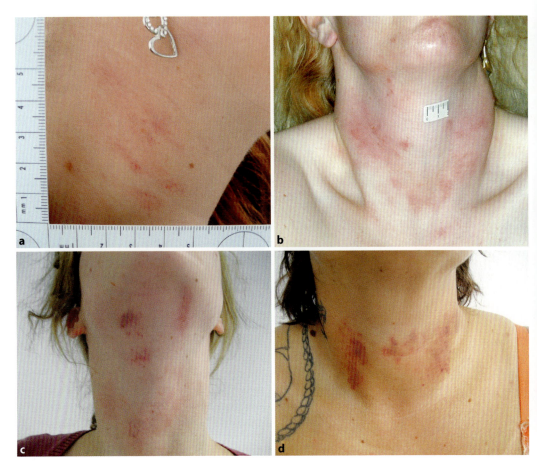

◘ Abb. 19.58 Halshautbefunde nach Würgen. **a** Diskret ausgeprägte Würgemale an der seitlichen Halsregion. **b–d** Blutunterlaufungen am Vorderhals bzw. im Mundbodenbereich nach Würgen (Foto d: A. S. Schröder, Institut für Rechtsmedizin Hamburg)

Merke
Beim Würgen können die äußeren Befunde gering ausgeprägt und unspezifisch sein (Tragen von Handschuhen, Hals durch Kleidungsstücke geschützt)! Das **Fehlen von Würgespuren** am Hals spricht nicht zwangsläufig gegen ein stattgehabtes Würgen.

Nur in seltenen Ausnahmefällen kommt es im Rahmen eines Würgens zu einer Verletzung knöcherner Kehlkopfstrukturen. Deshalb ist es meist nicht erforderlich, Personen nach einem überlebten Würgeangriff weiterführenden Untersuchungen wie einer Laryngoskopie (Kehlkopfspiegelung) oder Computertomographie zu unterziehen. Im Sinne eines „Alles-oder-Nichts-Prinzips" endet ein Würgen entweder tödlich, oder es wird ohne relevante medizinische Folgeschäden überlebt.

Maßnahmen der Spurensicherung nach Würgen
Da stets die Möglichkeit der Übertragung von Hautzellen des Täters auf die Halshaut des Opfers besteht, sollte bei entsprechendem Verdacht frühzeitig eine Sicherung von DNA-Spuren am Hals erfolgen. Ebenso ist die **Untersuchung des Tatverdächtigen** sinnvoll (Sicherung von Fingernagelschmutz für DNA-Untersuchungen, Dokumentation von Verletzungen durch Gegenwehr des Opfers).

Drosseln

Bei der Strangulation im Sinne eines Drosselns wird ein sog. **Drosselwerkzeug** (z. B. Gürtel, Schal, Seil, Elektrokabel, Riemen, Halskette, Nylonstrumpf oder

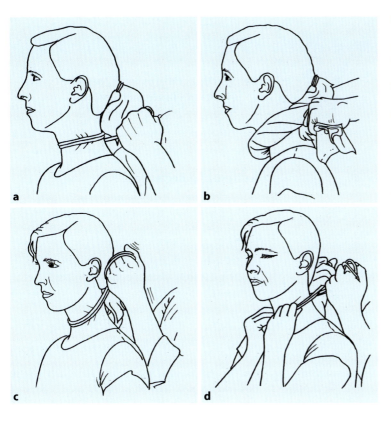

■ **Abb. 19.59** Drosseln. **a** Typisch horizontale Strangführung bei Drosseln. **b** Bei Benutzung eines weichen Strangwerkzeuges kann eine typische Strangmarke nur leicht ausgeprägt sein oder fehlen. **c** Entstehungsmechanismus einer aufsteigenden, nur unvollständigen Strangmarke. **d** Verletzungen der Halshaut können durch das Opfer selbst (Abbildung) oder durch zusätzliches Würgen entstehen

andere Bekleidungsstücke) um den Hals geschlungen und zugezogen (■ Abb. 19.59).

Äußerliche Befunde nach Drosseln
In der Regel finden sich nach Drosseln ausgeprägte **Stauungszeichen im Kopf- und Halsbereich**, da der Blutstrom in den Halsschlagadern bei überlebtem Drosseln meist nicht vollständig oder nur vorübergehend unterbrochen wurde.

Drosselmarke. Die neben den klassischen Stauungszeichen zu beobachtende typische Drosselmarke verläuft als seichte, manchmal geringfügig unterblutete Rötung oder Hautabschürfung mit oder ohne erkennbare Hauteinblutungen, ggf. unter Abzeichnung der Form des Drosselwerkzeuges, **gleichförmig zirkulär bzw. horizontal** um den Hals meist in Höhe des Kehlkopfes oder unterhalb davon (■ Abb. 19.60). Ein weiches Strangwerkzeug hinterlässt u. U. kaum eine erkennbare Drosselmarke (■ Abb. 19.59b). Die Beschaffenheit einer Drosselmarke kann Hinweise darauf geben, mit welcher Kraft, mit welchem Werkzeug

und aus welcher Richtung gedrosselt wurde. Zusätzliche Verletzungen an der vorderen Halshaut können durch die Fingernägel des Opfers beim Versuch, das Drosselwerkzeug zu lockern, oder durch zusätzliches Würgen durch den Täter entstehen (■ Abb. 19.59d).

Maßnahmen der Spurensicherung nach Drosseln umfassen
– **DNA-Abrieb am Drosselwerkzeug** zur Untersuchung auf Täterspuren (daher Spurenschutz beachten!)
– bei Auffindung von mutmaßlichem Drosselwerkzeug bei Tatverdächtigem: DNA-Abrieb zum Nachweis von Opferspuren
– **fotografische Spurensicherung** der Verletzungen des Opfers (Halsbefund)
– Untersuchung des Tatverdächtigen auf Kratzspuren.

Bildgebende Verfahren. Zur Erhebung innerer Befunde nach Würgen und/oder Drosseln sollte eine **radiologische Untersuchung** (bevorzugt MRT)

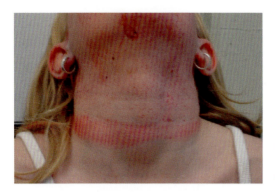

Abb. 19.60 Befund nach heftigem Drosseln mit einem Gürtel. Die Haut oberhalb der zirkulär verlaufenden bandförmigen Drosselmarke weist ausgeprägte Stauungszeichen wie Dunsung, Zyanose und zahlreiche Petechien auf. Zudem findet sich angetrocknetes Blut im Kinnbereich nach Nasenbluten (Foto: Institut für Rechtsmedizin Hannover)

zum Nachweis von Blutungen in den Halsweichteilen, Einblutungen und Verletzungen im Bereich des Kehlkopfskeletts/Zungenbeins oder der großen Halsgefäße sowie bei klinischen Beschwerden (Heiserkeit, Schmerzen, Schluckbeschwerden) eine Untersuchung durch den HNO-Arzt durchgeführt werden (s. auch ▶ Kap. 16 „Klinisch-forensische Bildgebung").

Mögliche **innere Verletzungsbefunde** nach Angriff gegen den Hals sind

- Widerlagerblutungen in die Weichteile über dem Unterkiefer
- Blutungen in das Unterhautfettgewebe
- Zerrungs- und Druckblutungen in der Halsmuskulatur
- Einblutungen in die Kehlkopfmuskulatur
- Einblutungen in die Schleimhäute von Kehlkopf und Luftröhre
- Stimmbandeinblutungen
- Einblutungen in Lymphknoten des Halses
- Speicheldrüseneinblutungen
- Schwellungen/Ödeme im Bereich des Kehlkopfes
- Brüche des Kehlkopfskeletts
- Schilddrüsenkapselblutungen
- Einblutungen in das Schilddrüsengewebe
- Einblutungen in die Gefäßwand der Halsschlagadern
- Einrisse und Schichtauftrennung der Halsschlagadern

- Blutungen in die Nackenweichteile
- Weichteilblutungen vor der Wirbelsäule.

19.12.2 Verschluss von Mund und Nasenöffnungen

Ein **Zuhalten des Mundes** (und der Nase) dient meist dazu, das Opfer am Schreien zu hindern.

Äußerliche Befunde

- uncharakteristische **Hautabschürfungen**, Kratzer und Unterblutungen im Mittelgesicht (Nasen-, Mund-, Lippenbereich)
- geringfügige **Blutunterlaufungen** und **Schleimhautläsionen** an der **Lippeninnenseite** (Mundvorhofschleimhaut; vgl. ▶ Abb. 19.42)
- Verletzungen des Lippenbändchens
- möglicherweise gering ausgeprägte allgemeine äußere Erstickungsbefunde.

Ein Verschließen der Atemöffnungen durch **weiche Bedeckung** (z. B. Kissen) ist häufig spurenarm und hinterlässt selten ausgeprägte Lokalbefunde.

Knebelung

Unter Knebelung wird das **Einbringen von Fremdmaterial in den Mund** und Rachenraum verstanden, um ein Opfer am Schreien zu hindern. Meist werden weiche Materialien (Socken, Strümpfe, Tücher, Plastikfolie) verwendet, manchmal wird der Mund zusätzlich mit Klebeband verklebt, um ein selbstständiges Entfernen des Knebels zu verhindern. Oft werden die Opfer auch gefesselt. Je weiter hinten im Rachenraum der Fremdkörper zu liegen kommt, desto eher entsteht ein teilweiser oder vollständiger Verschluss der Atemöffnungen. Bei teilweisem Verschluss kann das Opfer zunächst durch aktive Anspannung der Schlundmuskulatur durch die Nase atmen. Die Schlundmuskulatur erlahmt jedoch nach einer gewissen Zeit, wodurch die Gefahr eines langsamen Erstickungstodes besteht. Hinzu kommt, dass bei in Folge des zunehmenden Sauerstoffmangels eintretender Panik der Sauerstoffbedarf erhöht ist.

Knebelungen führen zu Einblutungen in die Schleimhäute der Mundhöhle sowie zu Begleitverletzungen in der Mundregion und im Bereich der Nase und des Unterkiefers in Folge des gewaltsamen Einbringens des Knebels. Auch ist auf Fesselungsspuren zu achten. Knebelungsverletzungen finden sich überwiegend im postmortalen forensischen Untersuchungsgut.

19.13 Verletzungen bei Verkehrsunfällen

Im Rahmen der klinisch-forensischen Begutachtungspraxis werden auch Verletzungsbefunde nach überlebten Verkehrsunfällen untersucht. Auch hier können zeitnah erhobenen Verletzungsbefunde wesentlich zu Aufklärung und Rechtsprechung beitragen.

Bei Verkehrsunfällen steht die **Einwirkung stumpfer und halbscharfer Gewalt** im Vordergrund. Aufgrund von möglicherweise widersprüchlichen Angaben bzw. wegen der u. U. fehlenden Aussagemöglichkeit von im Unfallgeschehen schwer verletzten und möglicherweise intensivpflichtigen Personen ist es notwendig, möglichst viele **Sachbeweise** für die Aufklärung des Unfallhergangs aus der Spurenauswertung zu gewinnen.

Unter anderem sind folgende Punkte bei Verkehrsunfällen zu klären:

- unmittelbarer und mittelbarer Kausalzusammenhang (Unfallablauf)
- Anhaltspunkte für eine Rekonstruktion des Unfallherganges
- bei Fahrerflucht Hinweise auf das Fahrzeug
- Feststellung des Fahrers bei Insassenunfällen, insbesondere bei widersprüchlichen Angaben.

Für eine umfassende **Rekonstruktion des Unfallherganges** und zur Klärung der Schuldfrage müssen folgende Erhebungen/Untersuchungen durchgeführt werden:

- Spurenauswertung am Unfallort (durch Polizei und Rechtsmedizin, biologische Spuren)
- Spurenauswertung am Unfallfahrzeug (durch Polizei und Kfz-Sachverständigen)
- Aussage von Unfallzeugen (durch Polizei)
- Dokumentation des Verletzungsmusters und Spurensicherung am Unfallopfer (durch Rechtsmedizin und Polizei).

Zur optimalen Beurteilung der Unfallspuren an verletzten Personen (Zuordnung der Verletzungen, Hinweise auf die Entstehungsart) ist eine **genaue Kenntnis der übrigen Ermittlungsergebnisse** erforderlich (Unfallort, Fahrzeuge etc.).

Auch im Fall von Verkehrsunfällen können kleine Hautabschürfungen und „unbedeutend" erscheinende Unterblutungen wertvolle Hinweise auf das Unfallgeschehen geben und müssen hinsichtlich ihres Entstehungsmechanismus geklärt werden (Zusammenhang der Einzelbefunde).

> **Merke**
>
> Kleine Verletzungen sind für die Rekonstruktion oft bedeutsamer als große! Keinesfalls sollte man sich voreilige Hypothesen bzgl. des Unfallablaufs bilden!

Bei der fotografischen Dokumentation der Beschädigungen am Fahrzeug sollte immer ein **Maßstab** beigestellt bzw. beigelegt werden.

Da bei initialer Befundaufnahme und Spurensicherung nicht abzusehen ist, welche weiteren Fragestellungen im Verlauf auftreten werden (Einwände des Beschuldigten, Widerrufen des geschilderten Unfallhergangs, neue Einlassung), ist eine **umfassende Verletzungsdokumentation wichtig**, da diese zu einem späteren Zeitpunkt aufgrund der Vergänglichkeit vieler Befunde nicht oder nur unvollkommen nachgeholt werden kann.

> **Merke**
>
> Auch wenn der Unfallablauf zunächst klar zu sein scheint, ist eine genaue Dokumentation der (frischen) Verletzungsbefunde wichtig.

19.13.1 Der Fußgängerunfall

Um festzustellen, **in welcher Position** ein Fußgänger zum Zeitpunkt der Kollision vom Fahrzeug erfasst wurde und **mit welchem Fahrzeugteil** der erste Anprall erfolgte, ist es notwendig, das **Verletzungsmuster** des Unfallopfers genau zu dokumentieren.

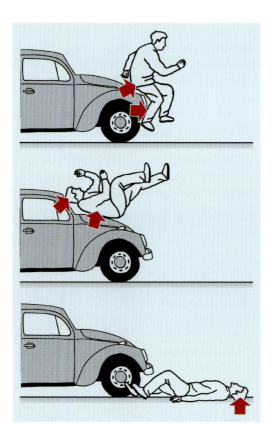

◘ Abb. 19.61 Ablauf der unterschiedlichen Unfallphasen (Kontakt, Aufladung, Aufprall auf der Fahrbahn) bei Anfahren eines Fußgängers von hinten durch ein Kraftfahrzeug mit Darstellung der verletzungsgefährdeten Kontaktstellen (*Pfeile*). Die Verletzungen treten in Abhängigkeit von der Anfahrgeschwindigkeit und der Fahrzeugstruktur sowie der Anfahrrichtung und Position des Opfers auch an anderen Stellen auf und sind unterschiedlich ausgeprägt (aus: Grassberger & Schmid 2009)

Bei Fußgängerunfällen ist die **Rekonstruktion der Fahrtrichtung** bzw. der **räumlichen Lagebeziehung des Fahrzeuges zum Unfallopfer** zum Zeitpunkt des Kontaktes wesentlich.

Unfallphasen. Wird eine Person in aufrechter Körperhaltung von einem PKW angefahren, lassen sich meist **vier Unfallphasen** (◘ Abb. 19.61) mit entsprechenden Verletzungsmustern unterscheiden.

1. Primärer Anprall im Bereich der Beine (**Kontaktphase**)
2. **Aufladungsphase** mit Aufschlagen von Kopf und Rumpf auf Motorhaube oder Frontscheibe (abhängig von der Anfahrgeschwindigkeit)

3. **Abwurf- und Flugphase** (Verletzungen in dieser Phase nur bei Zwischenkollision mit Hindernissen wie Verkehrslichtsignalanlagen oder Schildern)
4. Auftreffen auf oder neben Fahrbahn (**Aufprall- oder Rutschphase**).

> **Merke**
>
> Die **Kleidung** verletzter Personen ist ein **wichtiger Spurenträger** und muss im Krankenhaus unbedingt sichergestellt werden (inkl. Schuhe)! Ermittlungsorgane sollten daher unbedingt frühzeitig mit dem Krankenhaus Kontakt aufnehmen, um die **Sicherstellung der Kleidung** zu veranlassen, da diese im Rahmen der medizinischen Versorgung oft entsorgt wird. Bei fehlenden Verletzungen kommt der Bekleidung des Unfallopfers zusätzliche Bedeutung zu!

Anfahr- oder Anprallverletzung. Bei einem frontalen Anprall gegen eine stehende oder gehende Person kommt es in erster Linie zu einem Kontakt mit der Stoßstange (oder anderen vorspringenden Fahrzeugteilen) im Bereich der Unterschenkel. Bei bestimmten Konstellationen (größere Fahrzeuge, auf der Fahrbahn sitzende oder kauernde Person, Kinder) kann die **Anstoßstelle** auch im Oberschenkel-, Hüft- oder gar Kopfbereich liegen. Dabei entstehen folgende Verletzungen:

– (geformte) **Blutunterlaufungen**
– **Hautabschürfungen** (etwa in Breite der Stoßstange)
– **Knochenbrüche** (sog. Messerer-Keilbruch mit Spitze in Fahrtrichtung; heute aufgrund verbesserter Fahrzeugeigenschaften nur noch selten in der „klassischen" Form zu finden)
– **Quetsch- und Quetsch-Riss-Wunden**
– **Schnittwunden** (Glas, Metall)
– **unterschiedlich ausgeprägte innere Verletzungen.**

Meist liegt ein gemischtes Verletzungsbild aus Unterblutungen, Schürfungen, offenen Hautwunden, Knochenbrüchen etc. vor, das einem **dynamischen Unfallhergang** entspricht. Die Differenzierung und Zuordnung der einzelnen Verletzungen kann schwierig sein.

Wie allgemein bei Verletzungen ist es hier besonders wichtig, die **Höhe der Verletzungen über der Fußsohlenebene** (inkl. Schuhsohlenhöhe!) zu protokollieren. Die Höhe der Verletzungen kann durch etwaige Abbremsmanöver mit Absenkung des vorderen Fahrzeugteils (Bremsspur!) evtl. um einige Zentimeter tiefer liegen als die Stoßstange selbst. Auch die Höhe der Schuhabsätze und die Schrittstellung sind zu berücksichtigen.

Je nach Anfahrstelle kann es zu mehr oder minder charakteristisch geformten Verletzungen kommen. So können **Scheinwerferring, Kühlergrill** und andere Strukturen der Fahrzeugfront zu **geformten Blutunterlaufungen und Hautabschürfungen** führen. Bei dicker Oberbekleidung sowie auch bei breitflächig einwirkender Gewalt können Anfahrverletzungen äußerlich unter Umständen nicht erkennbar oder uncharakteristisch sein.

Schuhe. Durch den Anstoß erfährt der Körper eine horizontale Beschleunigung, die zu **Abriebspuren an den Schuhsohlen** führen kann. Diese können wertvolle Hinweise für die Rekonstruktion des Unfallherganges liefern. Seitliches Anfahren führt dabei zu Schürfungen in Querrichtung, Anfahren von hinten oder vorne zu solchen in Längsrichtung. Weist nur ein Schuh Abriebspuren auf, handelt es sich um das **Standbein** zum Zeitpunkt des Anstoßes; weisen beide Schuhe derartige Veränderungen auf, wurde der Fußgänger im Stehen auf beiden Beinen erfasst.

Beim Aufschlagen auf die Fahrbahn mit möglicher Rutschphase kommt es zu **sekundären Sturzverletzungen** (z. B. Hautabschürfungen), die in ihrer Gesamtschwere im Vergleich zu den primären Anstoßverletzungen geringer sind, diese aber überlagern können und eine rechtsmedizinische Rekonstruktion erschweren.

Bei der **Zuordnung von Quetsch- und Quetsch-Riss-Wunden** kann es notwendig sein, diese bis zum Wundgrund genau auf kleine Steinchen, Lacksplitter etc. zu untersuchen. Die Untersuchung von Lacksplittern kann auch zur Identifizierung des Fahrzeuges bei Fahrerflucht beitragen. Daher ist in solchen Fällen auch die Bekleidung genauestens auf Lacksplitter zu untersuchen.

19.13.2 Überfahren und Überrollen

Mit **Überrollen** wird das Hinwegrollen eines oder mehrerer Räder über den Körper bezeichnet. Beim **Überfahren** liegt der Körper innerhalb der Fahrspur und wird nicht durch die Räder überrollt. Bei einer Überrollung sind **Profilspuren** des Reifens sowie eine **Ablederung** (Décollement) mehr oder weniger großer Hautpartien mit ausgeprägter Wundtaschenbildung diagnostisch. **Widerlagerverletzungen** (Einblutungen und Quetschungen des Fettgewebes, Knochenbrüche) können an den vorstehenden Strukturen des Körpers vorhanden sein, beispielsweise über den Dornfortsätzen der Wirbelsäule und den Schulterblättern bei auf dem Rücken liegender Person. Innere Verletzungen sind bei Brustkorb-, Bauch- oder Beckenüberrollung fast immer schwer ausgeprägt. Das Verletzungsbild nach **Überrollung** ist im Wesentlichen durch **Fahrzeugunterbau und -gewicht, Reifen** und **Fahrbahnbeschaffenheit** geprägt.

Bei Überrollung/Überfahrung kann es durch Kontakt mit dem Fahrzeugboden auch zu **geformten Verletzungen** (durch Bolzen, Schrauben etc.), **Anstreifungen von Ölschmutz** sowie zu **Verbrennungen** durch die Auspuffanlage kommen. Die **Untersuchung des Fahrzeuges** einschließlich des

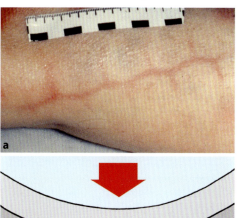

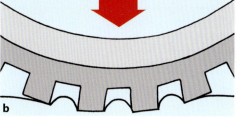

⬛ Abb. 19.62 Bei Reifenprofilspuren in der Haut (a) gelangen die Vertiefungen im Reifen (b) als Relief (Negativabdruck) zur Darstellung (modifiziert nach: Grassberger & Schmid 2009)

Fahrzeugbodens kann wertvolle Hinweise auf den Ablauf des Geschehens liefern (Übertragung biologischer Spuren durch Anschlagen an vorstehenden Strukturen).

Reifenprofilspur. Diagnostisch (aber nicht immer vorhanden) für eine Überrollung ist die vom Abnutzungsgrad der Reifen abhängige Reifenprofilspur. Sie kann sowohl auf der Kleidung des Unfallopfers (Reifenprofilabdruck) als auch auf der darunter befindlichen Haut (Reifenprofileindruck) zu finden sein (◘ Abb. 19.62).

19.13.3 Der Insassenunfall

Bei Verkehrsunfällen stellt sich neben der Frage nach der Unfallursache häufig die Frage, **wer das Fahrzeug zum Unfallzeitpunkt gelenkt hat** bzw. wie die Sitzverteilung der Insassen zum Unfallzeitpunkt war und ob die Insassen angegurtet waren.

Für den **Insassenunfall typische Verletzungen** sind (vgl. ◘ Abb. 19.63):

- **Brustkorbverletzungen:** geformte Hautverletzungen (Gurt, Lenkrad), Brustbein–

und Rippenbrüche sowie u. U. schwere innere Verletzungen
- **Kopfverletzungen:** Quetsch- und Quetsch-Riss-Wunden, Schnittwunden durch Glassplitter, Schädelbrüche
- **Knieverletzungen**
- **Sprunggelenks- und Fersenverletzungen** (Stauchung)
- **Hüftgelenksverletzungen, Oberschenkelbrüche**
- **Schleudertrauma** der unteren Halswirbelsäule, Rückenmarksverletzungen.

Beim Beifahrer fehlen durch das Lenkrad bedingte Verletzungen!

Beim **Heckaufprall** wird zunächst der Rumpf nach vorne geschleudert mit einer Rückwärtsbewegung des Kopfes, gefolgt von einer Vorwärtsbewegung (möglicherweise mit Aufschlagen des Kopfes auf das Armaturenbrett, das Lenkrad oder die Frontscheibe). Dabei entsteht das typische **Schleudertrauma**, wobei es zu Verletzungen des Bandapparates, der Muskulatur und im Extremfall des Rückenmarkes und der Wirbelschlagadern sowie der Wirbel kommen kann (◘ Abb. 19.63c). Da die

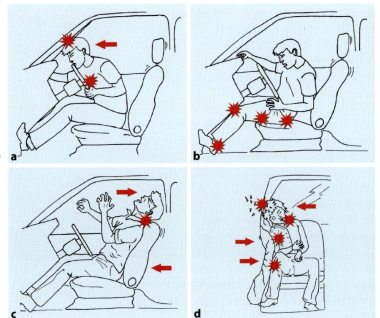

◘ **Abb. 19.63** Verletzungsmöglichkeiten bei Insassenunfällen. **a** Schädeltrauma und stumpfes Brust- und Bauchtrauma. **b** Anstoßen der Knie an der Konsole mit nachfolgender Fraktur des Oberschenkels und/oder des Hüftgelenks (sog. *„dashboard injury"*). **c** Mechanismus des Schleudertraumas bei Auffahrunfall. **d** Beim Seitenaufprall kommt es häufig neben schweren inneren Weichteilverletzungen zu schweren Schädelverletzungen sowie Becken- und Rippenfrakturen (modifiziert nach: Dickinson 2010)

häufig geltend gemachten leichteren Schleudertraumen **keine objektivierbaren Befunde** aufweisen und die angegebenen Symptome kaum beweisbar sind (Schmerzen bei Bewegung des Halses, Nackenschmerzen, Kopfschmerzen, Kribbelparästhesien [Sensibilitätsstörungen] in Armen oder Beinen), kann eine Begutachtung schwierig sein. Auf jeden Fall sind neben den subjektiven Verletzungsfolgen und eventuell vorhandenen Befunden genaue Daten zum Unfallhergang (Ablauf, Sitzposition, Kopfhaltung), zur Kollisionsgeschwindigkeit und zum Schaden an den beteiligten Fahrzeugen (**technisches Sachverständigengutachten!**) zu berücksichtigen.

Beim **Seitenaufprall** dominieren Kopfverletzungen, Knochenbrüche und innere Verletzungen, wobei die **Aufprallseite in der Regel viel stärker betroffen** ist (◘ Abb. 19.63d). Auf geringste **geformte Hautverletzungen** und Blutunterlaufungen durch Strukturen des Fahrzeuginneren ist bei der Untersuchung zu achten.

Eine **Asservierung biologischen Materials am Unfallfahrzeug** kann helfen, die Sitzposition eindeutig zu klären (Anprallbedingte Blut- und Haarspuren an Türrahmen, Lenkrad, Konsole, Fenster etc.).

Die sog. „Gurtmarke" ist eine **bandförmige Hautabschürfung** und/oder **Unterblutung** entsprechend des Sicherheitsgurtverlaufs diagonal über den Brustkorb und quer über den Unterbauch. Durch die Kleidung können entsprechende **Textilabdruckspuren** entstehen.

Das Vorhandensein einer Gurtmarke kann helfen, folgende Fragen zu beantworten:
- War ein **Gurt angelegt** oder nicht?
- Wie war die **Sitzverteilung** zum Unfallzeitpunkt?
- Hinweis auf **starke Dezeleration** (Entschleunigung) in Fahrtrichtung?

Die in allen neuen Autos zum Sicherheitsgurt ergänzend eingebauten **Airbags** entfalten sich im Falle einer **Frontalkollision explosionsartig** und bergen ein gewisses Verletzungspotenzial. Das Spektrum der Verletzungen reicht von der einfachen Hautabschürfung bis hin zu Gesichtsschädelfraktur, Halswirbelsäulenverletzungen und Verletzungen des Brustkorbes.

19.13.4 Zweiradunfall

Häufig handelt es sich um **Alleinunfälle durch Sturz** mit evtl. **nachfolgendem Kopf- oder Körperanstoß** gegen unbewegliche Hindernisse (z. B. Leitplanken, Bäume) und Kollision mit anderen Fahrzeugen. Der Zweiradfahrer wird bei **Frontalkollisionen** aus dem Sattel über den Lenker gehoben. Häufige Verletzungsfolge sind **Schädel-Hirn-Trauma** und **stumpfe Verletzungen** des Rumpfes. Bei unzureichender Schutzkleidung kommt es zu ausgeprägten **Schürfungen** der Knie- und Ellenbogenregionen während der **Rutschphase**.

Die Feststellung von **geformten Verletzungen** durch Lenker, Kühlrippen und Tankverschluss des Motorrades (Tankverletzung am Innenschenkel) sowie von **Faseranschmelzungen** können zur **Bestimmung des Fahrers** eines Zweirades beitragen, wenn zwei Personen in Frage kommen.

Bei **Anstoß eines Fahrrades von hinten** können Unterblutungen im Schritt- bzw. Genitalbereich durch Nach-Vorne-Stoßen des Sattels entstehen (**Sattelverletzung**).

Wie bei allen Verkehrsunfällen ist auch hier eine **genaue Erhebung der Umstände** durch Polizei, Rechtsmedizin und Unfallsachverständige unerlässlich. Nur so können Verletzungsbefunde richtig eingeordnet werden und eine **Rekonstruktion** des genauen Unfallhergangs erfolgen. Eine **zeitnah zum Unfall erfolgende körperliche Untersuchung und Spurensicherung** an Bekleidung, Körper und den Fahrzeugen ist eine weitere wesentliche Voraussetzung dafür.

Häusliche Gewalt

K. Gerlach

20.1   **Definition – 228**

20.2   **Formen häuslicher Gewalt – 228**

20.3   **Opfer und Täter häuslicher Gewalt – 228**

20.3.1   Risikofaktoren für die Entstehung von häuslicher Gewalt – 230

20.3.2   Der Kreislauf der Gewalt – 230

20.3.3   Kinder und familiäre Gewalt – 231

20.4   **Der Umgang mit häuslicher Gewalt im Gesundheitswesen – 231**

20.5   **Besonderheit bei der Begutachtung von Fällen häuslicher Gewalt – 234**

20.5.1   Anamneseerhebung – 235

20.5.2   Befunderhebung – 235

20.5.3   Diagnose von Einzelverletzungen – 236

20.5.4   Interpretation von Verletzungsbildern – 239

20.5.5   Überprüfung von Einlassungen/Aussagen – 239

20.5.6   Das ärztliche Attest/Gutachten – 239

20.5.7   Problemstellungen – 240

20.6   **Gesundheitliche Folgen und Kosten häuslicher Gewalt – 241**

20.7   **Verfassungsrechtliche Situation – 241**

20.8   **Handlungsempfehlungen/Interventionsschritte – 241**

M. Grassberger, E. Türk, K. Yen, Klinisch-forensische Medizin,
DOI 10.1007/978-3-211-99468-9_20, © Springer-Verlag Berlin Heidelberg 2013

20.1   Definition

Die meisten empirischen Untersuchungen unterscheiden zwei verschiedene Arten von Gewalt: einerseits gewalttätiges, auf die Situation bezogenes Konfliktverhalten und andererseits wiederholte, systematische Gewaltanwendung, die eine der Parteien in eine hierarchisch schwächere Position versetzt. Aus dieser Perspektive wird die einmalige Eskalation eines Streits zwischen zwei ansonsten gleich starken Personen zu Handgreiflichkeiten nicht als häusliche Gewalt betrachtet.

„Häusliche Gewalt" liegt vor, wenn Personen innerhalb einer bestehenden oder aufgelösten familiären, ehelichen oder eheähnlichen Beziehung psychische, physische oder sexuelle Gewalt ausüben oder androhen. Die Täter nutzen hierbei ein existierendes Machtgefälle gegenüber den Opfern oder etablieren ein solches, um es anschließend auszunutzen. Häusliche Gewalt ist in der Regel kein einmaliges Ereignis. Oftmals hat sich ein komplexes System zwischen den beteiligten Personen entwickelt, innerhalb dessen vielschichtige Verhaltensweisen darauf abzielen, das Abhängigkeitsverhältnis aufrecht zu erhalten bzw. zu verstärken und schließlich ein möglichst großes Ausmaß an Macht und Kontrolle über eine Person zu erlangen. Da die Gewalt im privaten Raum ausgeübt wird, hat dies erhebliche Konsequenzen für das Sicherheitsgefühl des Opfers.

> **Merke**
>
> Häusliche Gewalt liegt vor, wenn Personen innerhalb einer bestehenden oder aufgelösten familiären, ehelichen oder eheähnlichen Beziehung psychische, physische oder sexuelle Gewalt ausüben oder androhen.

Eine weiter gefasste Definition von häuslicher Gewalt schließt alle Akte ein, die dem Opfer in irgendeiner Art schaden. Hierzu wird jeder körperliche Angriff einschließlich der sexuellen Gewalt und jeder Missbrauch auf psychischer Ebene, aber auch jede bewusste Vernachlässigung sowie jede Verhaltenweise des Täters gezählt, die auf die Beherrschung der anderen Person zielt, indem das zwischen Täter und Opfer bestehende Machtgefälle auf sozialer, psychischer und ökonomischer Ebene genutzt wird.

20.2   Formen häuslicher Gewalt

Häusliche Gewalt äußert sich nicht nur in körperlichen Übergriffen, sondern auch in subtileren Gewaltformen. Grundsätzlich kann zwischen **körperlicher, sexualisierter, psychischer, ökonomischer** und **sozialer Gewalt** unterschieden werden (◘ Abb. 20.1 und ◘ Tab. 20.1).

20.3   Opfer und Täter häuslicher Gewalt

Für Frauen ist die Gefahr weitaus größer, in ihrem sozialen Nahraum Gewalt zu erfahren, als auf der Straße Opfer von Gewalt durch Fremde zu werden. In einer repräsentativen Studie zur Gewaltbetroffenheit von Frauen in Deutschland erklärte jede vierte Frau im Alter von 16–85 Jahren, einmal oder mehrmals körperliche (23 %) oder – zum Teil auch zusätzlich – sexuelle (7 %) Gewalt durch einen Beziehungspartner erlebt zu haben. Den von häuslicher Gewalt betroffenen Beziehungen ist eine grundlegende Asymmetrie in der Machtverteilung gemeinsam, die bereits vor der Eskalation besteht.

> **Merke**
>
> 25 % aller Frauen zwischen 16 und 85 Jahren haben einmal oder mehrmals körperliche und/oder sexuelle Übergriffe durch einen Beziehungspartner erlebt.

Knapp ein Drittel (31 %) der Frauen mit Gewalterfahrung gab an, im bisherigen Leben nur eine Gewaltsituation durch Partner erlebt zu haben, während 36 % 2 bis 10 Ereignisse und ein weiteres Drittel (33 %) mehr als 10 Vorfälle nannten.

Während Frauen am häufigsten Gewalt in Partnerschaft und Familie erleiden, erfahren Männer weitaus häufiger Gewalt durch Fremde oder Bekannte, wobei sie mit körperlicher Gewalt überwiegend in der Öffentlichkeit und Freizeit, mit psy-

20

◘ Tab. 20.1 Formen häuslicher Gewalt

Formen der häuslichen Gewalt	Beispiele
körperliche Gewalt	tätliche Angriffe, im Extremfall mit tödlichen Folgen, z. B. Schläge, Angriffe gegen den Hals (Würgen, Drosseln), Misshandlung mit Gegenständen, Fesselungen etc.
sexualisierte Gewalt	sexuelle Nötigung, sexueller Missbrauch, Vergewaltigung, Zwang zur Prostitution etc.
psychische Gewalt	Drohungen, Einschüchterungen, Bevormundung, Beschimpfung, Demütigung, emotionale Manipulation etc.
ökonomische Gewalt	Arbeitsverbot, Zwang zur Arbeit, alleinige finanzielle Verfügungsmacht etc.
soziale Gewalt	Herbeiführen einer sozialen Isolation durch Verbote, z. B. sich mit Familienmitgliedern/Freunden zu treffen, Telefonkontrollen etc.

chischer Gewalt mehrheitlich in der Arbeitswelt konfrontiert sind. Körperliche oder sexuelle Gewalt in Partnerschaften haben laut einer Studie des Deutschen Bundesministeriums für Familie, Senioren, Frauen und Jugend (2004) 9 % der befragten Männer erlebt. Das Erleben von psychischer Gewalt, wie z. B. sozialer Kontrolle, wird häufiger berichtet. Aus der Mehrheit der in Deutschland, Österreich und der Schweiz durchgeführten Hellfelduntersuchungen zum Thema „häusliche Gewalt" ergeben sich also ein **signifikanter Männerüberhang bei den Tätern** sowie ein **signifikanter Frauenüberhang bei den Opfern**. Eventuell kann diese Asymmetrie zu einem kleinen Teil durch das unterschiedliche Anzeigeverhalten von männlichen und weiblichen Gewaltopfern erklärt werden.

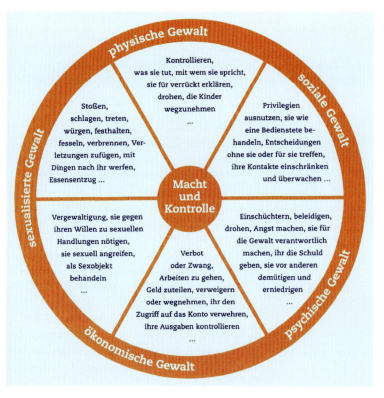

◘ Abb. 20.1 Das Rad der Gewalt. (Quelle: Rad der Gewalt, Domestic Abuse Intervention Project [DAIP], Pence/Paymar 1983)

20.3.1 Risikofaktoren für die Entstehung von häuslicher Gewalt

Wie bei anderen Erkrankungen spiegeln Risikofaktoren auch bei der Krankheit Gewalt nur eine Seite des Ursachenspektrums wider, zu denen weitere Faktoren hinzukommen. Als **Risikofaktoren** der häuslichen Gewalt gelten:

- frühes Erleben körperlicher/sexueller Gewalt in der Herkunftsfamilie (als Zeuge/Betroffener)
- Lebensalter zwischen 15 und 34 Jahren
- schlechte Schulbildung, geringes Einkommen, Arbeitslosigkeit
- in Scheidung lebend, nichtehelicher Familienstand
- schlechter gesundheitlicher Zustand
- Anwesenheit von Kindern im gleichen Haushalt
- Alkohol- und Betäubungsmittelkonsum
- Migrantinnen, insbesondere mit westlicher Lebenseinstellung („Verletzung der Familienehre").

Warnhinweise auf das Vorliegen häuslicher Gewalt sind:
- fehlende Korrelation zwischen Schwere/Erscheinungsbild der Verletzungen und den Vorfallsschilderungen
- gehäufte Angabe von Unfällen als Begründung für die Verletzungen
- zeitliche Latenz zwischen der Verletzungsentstehung und der Konsultation eines Arztes
- chronische Beschwerden ohne offensichtliche physische Ursachen
- Aufsuchen der Praxis/Klinik in Begleitung des Partners mit einem übermäßig aufmerksamen, nicht von der Seite weichenden Begleiter
- physische Verletzungen während der Schwangerschaft
- verzögerter Beginn der Schwangerschaftsvorsorge
- häufige Suizidversuche und -gedanken.

20.3.2 Der Kreislauf der Gewalt

Häusliche Gewalt entwickelt meist eine eigene Dynamik, die als Kreislauf der Gewalt beschrieben werden kann. Dieser Kreislauf beinhaltet drei Phasen, die miteinander verknüpft sind.
- Phase des Spannungsaufbaus
- Phase des Gewaltausbruchs
- Phase der Reue, der Entschuldigungs- und Entlastungsversuche.

Wiederholen sich diese Phasen des Gewaltkreislaufs, kommt es in der Regel zu einer Eskalation. Offene Gewaltausbrüche nehmen an Häufigkeit und Schwere zu, Entlastungs- und Entschuldigungsphasen lassen nach.

Nicht zuletzt die dritte Phase der Entschuldigung, in der der Partner seine Gewalttätigkeit bereut und eine Verhaltensänderung verspricht, macht es den Opfern schwer, sich aus der Gewaltbeziehung zu lösen. Die Verbindung mit dem Gewalttäter erscheint ihnen unauflösbar, weshalb nicht wenige Betroffene über Jahre hinweg in gewalttätigen Beziehungen bleiben.

Gründe, warum Betroffene die Gewaltbeziehung nicht verlassen sind:
- Angst vor noch schlimmeren Gewaltausbrüchen, vor Verfolgung und Bedrohung
- Drohungen des Täters, sich und/oder die Familie umzubringen
- Gefühl der eigenen Ohnmacht/Handlungsunfähigkeit sowie der Allmacht des Täters
- mangelndes Selbstwertgefühl und Selbstvertrauen
- fehlende finanzielle Mittel, Angst vor dem sozialen Abstieg
- Angst vor Vorwürfen aus dem sozialen Umfeld
- Gefühl, diese Situation durchstehen zu müssen
- Gefühl, an der Gewalttätigkeit schuld zu sein
- Schuldgefühle, den Kindern keine harmonische Beziehung bieten zu können
- Hoffnung, den Partner verändern („retten") zu können
- Hoffnung, dass die Entschuldigungen des Täters aufrichtig sind, er sich ändern wird
- fehlende Hoffnung, dass sich eine neue Beziehung anders entwickeln würde.

Insbesondere die im Falle einer Trennung seitens der Frauen bestehende Angst vor gesteigerten Gewaltausbrüchen und einer noch weniger einzuschätzenden Bedrohung und Verfolgung erweist sich kriminologisch als berechtigt, denn gerade in **Trennungssituationen ereignen sich die meisten Tötungen von Frauen durch den ehemaligen Partner.** Insofern sind Trennungsphasen neben der Zeit der Schwangerschaft als besondere Gefährdungssituationen für Frauen zu bewerten.

20.3.3 Kinder und familiäre Gewalt

Erfahrungsgemäß wird das Problem der Anwesenheit von Kindern in häuslichen Gewaltsituationen oft vernachlässigt. Kinder sind jedoch immer Mitbetroffene der häuslichen Gewalt. Bereits das Miterleben von häuslicher Gewalt stellt für die betroffenen Kinder eine existenzielle Überforderungssituation mit weitreichenden Folgen dar. Kinder sind also auch dann Opfer von häuslicher Gewalt, wenn sich die Gewalt nicht unmittelbar gegen sie selbst richtet. Nach Kavemann (2000) stellt die Misshandlung der Mutter den häufigsten **Kontext von Kindesmisshandlungen** dar. Für die Begleitung, Beratung und Betreuung betroffener Kinder stehen regional Kinderschutzzentren, Kinder- und Jugendpsychiater oder Beratungsstellen zur Verfügung.

20.4 Der Umgang mit häuslicher Gewalt im Gesundheitswesen

Das Wissen um die Verbreitung, die Hintergründe und die Dynamik häuslicher Gewalt ist eine grundlegende Voraussetzung dafür, dass alle damit befassten professionell Tätigen ihre Verantwortung gegenüber Gewaltopfern auch tatsächlich wahrnehmen können. Gerade der Tatsache, dass dem Gesundheitswesen in Bezug auf das Thema „häusliche Gewalt" eine Schlüsselrolle zukommt, trägt die öffentliche Diskussion seit einiger Zeit Rechnung. Wichtig ist es, Gewalt als eine Lebensrealität wahrzunehmen, die die Gesundheit der Betroffenen stark beeinträchtigen kann (◘ Tab. 20.2).

Häusliche Gewalt kann in unterschiedlichen Formen über einen langen Zeitraum auftreten, wobei neben akuten Folgen körperlicher und sexueller Gewalt auch die chronischen Folgen zu beachten sind. Im ärztlichen Alltag sind die akuten Folgen körperlicher und sexueller Gewalt häufig die ersten direkt wahrnehmbaren Symptome einer Gewaltsituation im sozialen Nahraum. Es zeigt sich jedoch, dass die Auswirkungen weit über die erlittenen körperlichen Verletzungen hinausgehen. So liegt z. B. die Prävalenzrate, eine posttraumatische Belastungsstörung auszubilden, nach körperlicher Gewalterfahrung bei 25–30 %, in Kombination mit sexueller Gewalt steigt die Prävalenzrate auf 50 %. Häusliche und sexuelle Gewalt gehören laut WHO (2002) zu den zentralen Gesundheitsrisiken für Frauen.

Das Wissen um die möglichen **Folgen und Symptome häuslicher Gewalt**, also auch die indirekten Folgen der Traumatisierung, ist unerlässlich, um die Diagnose „häusliche Gewalt" stellen zu können. Ärzte können nur dann eine sinnvolle Rolle im Hilfesystem Betroffener einnehmen, wenn sie sich der Problematik „häusliche Gewalt" mit allen Folgen bewusst sind. Studien zeigen, dass etwa 13 % aller Frauen, die die Notfallstation eines Krankenhauses aufsuchen, von häuslicher Gewalt betroffen sind. Jedoch sprechen Opfer häuslicher Gewalt häufig nicht offen über ihre Gewalterfahrungen. Gründe hierfür sind:
- Schamgefühle
- Gefühl, an der erlittenen Gewalt (mit-)schuldig zu sein
- Angst vor dem Misshandler
- ablehnende Reaktionen der Umwelt
- Verdrängungsmechanismen, z. B. der Wunsch, das Erlebte sei nie passiert
- verletztes Selbstwertgefühl
- Gefühl der Ohnmacht und Hilflosigkeit
- Resignation
- ungünstige Gesprächssituationen, z. B. Zeitnot/Ungeduld des Gegenübers.

Die Tatsache, dass Opfer häuslicher Gewalt in der Regel nicht von sich aus ein Gespräch über die erlebte Gewalt beginnen, bedeutet jedoch nicht, dass sie ein derartiges Gespräch nicht wünschen. Der Haltung von Ärzten und Pflegekräften gegenüber den Gewaltbetroffenen kommt daher eine bedeutende Rolle zu, wobei die Kenntnis über die Dynamik von Misshandlungssystemen wichtig ist, um

◘ **Tab. 20.2** Gesundheitliche Folgen häuslicher Gewalt (CHANGE 1999)	
nicht-tödliche Folgen	**tödliche Folgen**

körperliche Folgen
  – Verletzungen
  – funktionelle Beeinträchtigungen
  – dauerhafte Behinderungen
(psycho-)somatische Folgen
  – chronische Schmerzsyndrome
  – Magen-Darm-Störungen
  – Harnwegsinfektionen
  – Atemwegsbeschwerden
psychische Folgen
  – posttraumatische Belastungsstörungen
  – Depressionen
  – Ängste, Schlafstörungen, Panikattacken
  – Essstörungen
  – Verlust von Selbstachtung und Selbstwertgefühl
gesundheitsgefährdende (Überlebens-)Strategien
  – Rauchen
  – Alkohol- und Drogenkonsum
  – risikoreiches Sexualverhalten
  – selbstverletzendes Verhalten
reproduktive Gesundheit
  – Eileiter- und Eierstocksentzündungen
  – sexuell übertragbare Erkrankungen
  – ungewollte Schwangerschaften
  – Schwangerschaftskomplikationen
  – Fehlgeburten, niedriges Geburtsgewicht
	– tödliche Verletzungen
	– Mord
	– Suizid

Enttäuschungen und dem Gefühl von Misserfolg auf ärztlicher Seite vorzubeugen.

> **Merke**
>
> Die Tatsache, dass Opfer häuslicher Gewalt in der Regel nicht von sich aus ein Gespräch über die erlebte Gewalt beginnen, bedeutet jedoch nicht, dass sie ein derartiges Gespräch nicht wünschen.

In Befragungen gaben 50 % der befragten Ärzte das Vorkommen von häuslicher Gewalt in ihrem Patientengut mit < 1 % an. 10 % der befragten Ärzte seien in ihrer beruflichen Tätigkeit noch nie mit einem Fall häuslicher Gewalt konfrontiert worden. Fast die Hälfte der befragten Ärzte gab an, bei der Behandlung von Verletzungen keine oder zumindest keine gezielte Gewaltanamnese zu erheben. Letztlich sei es ihnen weniger unangenehm, nach Nikotin- oder Alkoholkonsum als nach gewaltsamen Übergriffen im sozialen Umfeld zu fragen. Die Gründe hierfür sind vielschichtig:

– mangelnde Aus- und Weiterbildung
– Unsicherheit in Diagnostik und Management
– vertrauensvoll-kooperativer, klinischer Denkansatz
– Spannung zwischen ärztlichem Handeln („vorbehaltlos glauben") und forensischem Denken („alles hinterfragen")
– unzureichende Informationen über regionale Hilfsnetzwerke
– fehlende Kenntnis der rechtlichen Belange
– Angst, zu Unrecht zu verdächtigen
– Vorurteile und Fehlinformationen über Opfer und Täter von häuslicher Gewalt
– gefühlte persönliche Überforderung mit dem Thema Gewalt
– ungünstige Rahmenbedingungen, z. B. Zeitnot.

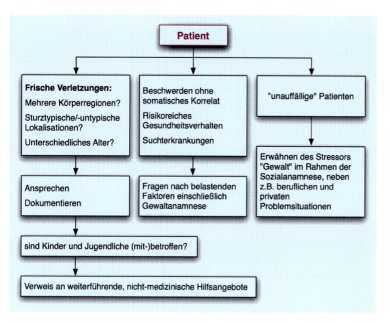

Abb. 20.2 Algorithmus zur Thematisierung von Gewalt im klinischen Alltag

Entscheidet der Arzt sich im Gespräch nach Gewalterfahrung zu fragen, ist eine von Empathie geprägte, **geschützte Atmosphäre** wichtig, wobei auf eine Thematisierung in Anwesenheit von Begleitpersonen eher verzichtet werden sollte. Die Einbeziehung von Familienangehörigen oder Bekannten z. B. bei Patienten, die nicht Deutsch sprechen, ist problematisch, da nicht zuverlässig eruierbar ist, welche Rolle diese Personen in einem potenziell gewaltbesetzten Nahraum des Patienten spielen.

Die von häuslicher Gewalt Betroffenen sollten die Entscheidungen bezüglich ihres weiteren Verhalten und ihrer persönlichen Zukunft autonom treffen. Insofern ist ein Arzt-Patienten-Verhältnis, das durch eine entscheidungsvorbereitende Rolle des Arztes und eine vertrauensbasierte Annahme von Ratschlägen und Therapieanweisungen durch den Patienten geprägt ist, im Kontext „häusliche Gewalt" nicht optimal. Die Akzeptanz einer lediglich **beratenden Funktion** ist für Ärzte in Einzelfällen durchaus eine Herausforderung. Eine möglichst autonome Entscheidung der Patienten ist jedoch auch in bereits zugespitzten Situationen notwendig. Für die Betroffenen und auch ihre Kinder existiert das tatsächliche Risiko, während oder nach der Trennung vom Partner letale Verletzungen zu erleiden. Im Sinne eines **selbstbestimmten Risikomanagements** sollten die Betroffenen daher den Zeitpunkt

zu handeln selbst bestimmen. Ärztliches Verständnis und Beratung können das oftmals beeinträchtigte Selbstwertgefühl der Gewaltopfer stabilisieren, auch indem deutlich gemacht wird, dass die Ausübung von Gewalt in Beziehungen nicht akzeptierbar ist. Durch die Einbindung von psychologischen und psychiatrischen Fachpersonen und eine Kontaktherstellung mit Beratungsstellen können Personen, die aufgrund ihres Selbst- und Rollenbildes gegenwärtig aus eigener Kraft keine Loslösung vollziehen können, zusätzliche Behandlungs-, Beratungs- und Unterstützungsmaßnahmen erhalten.

Die sorgfältige ärztliche Untersuchung und medizinische Versorgung von Gewaltopfern werden unbestritten als klassische ärztliche Aufgabe angesehen. Hingegen wird die Untersuchung von Gewaltopfern im Hinblick auf eine präzise und bei Bedarf **gerichtsverwertbare Dokumentation der Verletzungen einschließlich der Spurensicherung** sowie die gutachtliche Bewertung der erhobenen Befunde für die Justiz häufig als **alleinige Aufgabe der Rechtsmedizin** gesehen. Eine umfassende Dokumentation der Verletzungsbefunde durch klinisch tätige und nicht-forensisch ausgebildete Ärzte ist jedoch notwendig, da diese oftmals die Ersten und häufig auch die Einzigen sind, die Verletzungsbefunde unversorgt sehen. Hinzu kommt, dass die Rechtsmedizin als Fachdisziplin zwischen Gesundheitswesen und Justiz im historischen Kontext einen eher selektiven Zugang zu Gewaltopfern hat, da sie bislang vor allem im Auftrag der Justiz tätig wurde. Viele Opfer suchen aber trotz chronischer Gewalterfahrung zunächst keinen Kontakt mit der Justiz, u. a. aus dem Gefühl heraus, dem Druck eines Ermittlungs- oder Gerichtsverfahrens nicht standhalten zu können. Diesbezüglich ist ärztlicherseits zu bedenken, dass von den Betroffenen häufig nicht belegbare Vorwürfe erhoben werden. Hierbei kann es sich um bewusste Falschbezichtigungen (falsche Vorwürfe) und/oder um nicht belegbare Tathergänge handeln. Im Rahmen der Begleitforschung zu Interventionsprojekten in Deutschland wurde festgestellt, dass etwa 81,7 % aller angezeigten Fälle eingestellt wurden, wobei die Einstellung in 83 % der Fälle mit der **mangelnden Nachweisbarkeit des Tatvorwurfes** begründet wurde.

Frühzeitige Diagnostik und Intervention sowie eine gute Dokumentation der Verletzungen stellen gesundheitserhaltende Präventivmaßnahmen dar, die den Gewaltopfern unabhängig von einem bereits bestehenden Wunsch nach rechtlicher Verfolgung zukommen sollten.

> **Merke**
>
> Neben der medizinischen Versorgung von Gewaltopfern sollte eine umfassende Dokumentation der Verletzungsbefunde als elementarer Bestandteil des ärztlichen Handelns empfunden werden.

Grundsätzlich stehen die rechtsmedizinischen Institute regional als Ansprechpartner in Fragen der Verletzungsdokumentation und Spurensicherung zur Verfügung. Qualifizierte Informationsmaterialien wie Leitfäden für die Diagnostik und Behandlung von Betroffenen, vorstrukturierte Erhebungsbögen für die Dokumentation der Folgen der Gewaltanwendung, Hinweise zur Rechtslage sowie Informationsmaterial über vorhandene regionale Netzwerke und Kooperationsstrukturen finden sich zudem im Internet (z. B. Med-Doc-Card*).

20.5   Besonderheit bei der Begutachtung von Fällen häuslicher Gewalt

Die Frage nach der **Dokumentation von Verletzungen** und Ereignisabläufen nimmt bei dem Thema „häusliche Gewalt" eine Sonderstellung ein, da diese nicht nur der ärztlichen Dokumentation dient, sondern auch als **Beweismittel** verwendet werden kann. Selbstverständlich haben Diagnostik und Therapie insbesondere bei medizinischen Notfällen die oberste Handlungsmaxime. Ist der Patient jedoch Opfer von Gewalt geworden, sollte sich der behandelnde Arzt im Kontext mit der notwendigen Diagnostik und Therapie immer auch folgenden Besonderheiten bewusst sein: Gerade im Zusammenhang mit einem akuten Gewalterleben ist die sorgfältige, umfassende und aussagekräftige Dokumentation der Verletzungsbefunde von großer Bedeutung, um die erlittene Gewalt gegebenenfalls auch gerichtsverwertbar belegen zu können. Von Bedeutung sind bei diesen Fällen nicht nur die therapeutisch relevanten, zu versorgenden Verletzungen, sondern auch medizinisch-therapeutisch belanglose, aus klinischer Sicht als **„Bagatellverletzungen"** aufzufassende Befunde, die aus forensicher Sicht potenzielle – und oftmals die einzigen – Beweise für die erlittene Gewalt darstellen.

> **Merke**
>
> „Bagatellverletzungen" stellen potenzielle und häufig die einzigen Beweise für die erlittene Gewalt dar.

Wesentliche Grundlage für die Klärung eines Verdachtsfalls ist das Korrelieren der jeweiligen Befunde mit dem angegebenen Ereignismechanismus auf der Basis physikalischer und physiologischer Grundlagen. Hinweisende Befunde müssen durch eine umfassende, multidisziplinäre und rationale Diagnostik abgeklärt und gegenüber anderen Differenzialdiagnosen abgegrenzt werden. Eine möglichst frühe, rationelle und umfassende, forensisch-klinische Untersuchung zur Befunderhebung und Spurensicherung bei Opfern und auch Tatverdächtigen dient der Beweissicherung zur späteren, umfassenden juristischen Würdigung. Ungenaue oder gar falsche Interpretationen von Verletzungen ohne eine vorangestellte Beschreibung sind insbesondere im juristischen Kontext nicht dienlich.

> **Merke**
>
> Unabhängig von fallspezifischen Details folgt die forensisch-klinische Begutachtung stets dem gleichen Prinzip:
> - forensische Befragung/Anamneseerhebung
> - Befunderhebung mit Dokumentation
> - Diagnose von Einzelverletzungen
> - Interpretation von Verletzungsmustern
> - ggf. Zusatzuntersuchungen
> - Korrelation des Befundmusters mit den Einlassungen/Angaben Beteiligter
> - Erstattung eines forensisch-klinischen Gutachtens.

20.5.1 Anamneseerhebung

Ärzte fast aller Fachrichtungen können mit Opfern von häuslicher Gewalt konfrontiert werden. Sich darauf zu beschränken, nur bei Frauen mit akuten Verletzungen nach Gewalterfahrungen zu fragen, verringert die diagnostische Sensitivität erheblich. Für ein **Routinescreening** existieren standardisierte Fragebögen (z. B. Violence Screen), die u. a. folgende Fragen umfassen:
- Sind Sie im letzten Jahr geschlagen, getreten oder anderweitig verletzt worden?
- Fühlen Sie sich in ihrer aktuellen Beziehung/familiären Situation sicher?
- Bedroht ein Ex-Partner/eine Person aus ihrem sozialen Nahraum aktuell ihre Sicherheit?

Bei körperlichen Verletzungen ist immer auch eine **gewaltbezogene Anamnese** durchzuführen:
- Wer hat die Verletzungen zugefügt?
- Wann wurden die Verletzungen zugefügt?
- Wo wurden die Verletzungen zugefügt?
- Wie und womit wurden die Verletzungen zugefügt?
- Handelt es sich um ein Erstereignis oder um ein Wiederholungsereignis?

- Waren Kinder anwesend? Alter der Kinder? Wurden die Kinder aktuell/zu früheren Zeitpunkten verletzt?

20.5.2 Befunderhebung

Befunde sind objektive Parameter, die die Grundlage für die Rekonstruktion eines Geschehensablaufes darstellen. Bei der forensisch-klinischen Untersuchung liegen Befunde in der Regel in Form von Verletzungen vor. Die Befunderhebung erfolgt im Rahmen einer sorgfältigen und ausführlichen Untersuchung, die immer eine Ganzkörperuntersuchung („top to toe") an einer entkleideten Person darstellen sollte (s. ▶ Kap. 12 „Die gerichtsverwertbare Dokumentation von Verletzungen"). Typische **Prädilektionsstellen für nicht akzidentelle Verletzungen** wie die Augenbindehäute, die Innenseiten der Lippen und die Mundschleimhaut, die Hinterohrregion und die behaarte Kopfhaut müssen in die Untersuchung miteinbezogen werden.

Die Beschaffenheit der Verletzungen (Wundmorphologie) sollte in verbal-deskriptiver, schematisch-skizzierender und/oder fotografischer Form möglichst detailgetreu dokumentiert werden. Hierbei sollte u. a. auf folgende forensisch relevante Kriterien geachtet werden:
- Form
- Größe
- Färbung
- Oberflächenbeschaffenheit
- Lokalisation am Körper mit Ausrichtung in Bezug auf die Körperachsen.

Die Beschreibung eines Befundes ist entscheidend für die spätere Nachvollziehbarkeit der Diagnose, Interpretation und Rekonstruktion; sie sollte eine Rekonstruktion des gewalttätigen Handelns mit größtmöglicher Evidenz auch nach längerer Zeit ermöglichen. Im Zweifelsfall erlaubt eine detaillierte Beschreibung zu einem späteren Zeitpunkt Schlussfolgerungen, die primär nicht hätten gezogen werden können. Daher dürfen auch sog. „Bagatellverletzungen" oder Verletzungen, die ohne medizinisch-therapeutische Konsequenz sein können, bei der Dokumentation nicht vergessen werden. Auch die Dokumentation auffälliger **Begleitspuren** wie Blutabrinnspuren oder das Vorhandensein von Fremdpartikeln an einer Verletzung oder in ihrer Umgebung kann hilfreich für die spätere Rekonstruktion sein.

Insbesondere der nicht rechtsmedizinisch ausgebildete Arzt sollte deskriptiv dokumentieren, jedoch auf unmittelbare Schlussfolgerungen und Bewertungen verzichten. Auch die Dokumentation des **psychischen Befundes** sollte beschreibend und ohne Wertung erfolgen. Gerade die Beurteilung auch anscheinend einfacher Verletzungen kann im Gesamtkontext schwierig sein und sich mit nachträglichen Informationen verändern. Eine vorschnelle, wenig fundierte „gutachtliche Stellungnahme" könnte den rechtlichen Interessen des Gewaltopfers entgegenstehen. Problematisch wäre auch eine Instrumentalisierung des Arztes bei eigentlich zugrunde liegendem selbstverletzenden Verhalten.

Die Opferpopulation nach häuslicher Gewalt ist bezüglich Ätiologie, Epidemiologie und damit auch hinsichtlich Diagnose und Behandlung heterogen. Die **Verletzungsmuster** ähneln einander jedoch. Nach aktueller Literatur finden sich bei den Untersuchungen von Opfern häuslicher Gewalt vorwiegend Verletzungen infolge einer **stumpfen Gewalteinwirkung**. Solche Verletzungen stellen sich in Form von Schürfungen, Blutunterlaufungen, Quetschungen und evtl. Knochenbrüchen dar und sind meistens im Kopfbereich, am Hals sowie im Sinne von Abwehr- oder Halteverletzungen an den oberen Gliedmaßen lokalisiert (◘ Tab. 20.3). Seltener finden sich Verletzungen am Rumpf und an den Beinen. Das Verletzungsmuster von Opfern nach häuslicher Gewalt unterscheidet sich wesentlich von dem Befundmuster, das nach Unfallereignissen beobachtet werden kann (s. ▶ Kap. 19 „Allgemeine klinisch-forensische Traumatologie").

Nach Gewalteinwirkung durch Personen zeigen die Betroffenen häufiger Quetschungen, Hämatome und subjektive Befunde wie Schmerzen in den Gliedmaßen als Patienten, die nach einem Unfall eine Notfallstation aufsuchten. Dreizehnmal häufiger wiesen die Gewaltopfer Verletzungen im Kopfbereich auf.

Wird (zusätzlich) zur körperlichen Gewalt von **sexueller Gewalt** berichtet oder besteht der Verdacht auf diese, ist in Absprache mit den Betroffenen neben der extragenitalen Untersuchung in engem zeitlichen Zusammenhang auch eine Untersuchung der Anogenitalregion mit entsprechender Spurensicherung vorzunehmen (s. ▶ Kap. 29 „Standardisierte Untersuchung und Spurensicherung nach Sexualdelikt"). Neben der strafrechtlich relevanten Befundsicherung im Rahmen der Ermittlungsarbeit dient die forensisch-klinische respektive forensisch-gynäkologische Untersuchung von Opfern und Tatverdächtigen auch der Diagnostik, Prophylaxe und Therapie von Verletzungen, sexuell übertragbarer Erkrankungen oder Schwangerschaften sowie der Einbindung der Betroffenen in eine medizinische, psychologische und soziale Nachbetreuung (s. ▶ Kap. 31 „Medizinische Versorgung von Opfern sexualisierter Gewalt").

Eine **Spurensicherung** sowie die Asservierung von Blut- und Urinproben für nachfolgende chemisch-toxikologische oder forensisch-genetische Analysen gehören je nach Fragestellung zum üblichen Umfang einer vollständigen forensisch-klinischen Untersuchung. Bei der Sicherung biologischer Spuren ist darauf zu achten, nicht selbst Spurenmaterial zu übertragen. Nicht nur von übertragenem Sekret können Spurenträger angefertigt werden, auch von Hautkontaktspuren (z. B. Würgemale, Griffspuren) ist dies möglich. Da Opfer und Täter häuslicher Gewalt häufig in einem engen persönlichen Verhältnis stehen, kann sich bei der Spurenuntersuchung und -interpretation die Frage nach einer zufälligen, im alltäglichen Kontakt entstandenen Spurenübertragung stellen. Daher kann es sinnvoll sein, „Vergleichsproben" von nicht-traumatisierten, im Alltag zugänglichen Körperpartien zu nehmen.

20.5.3 Diagnose von Einzelverletzungen

Anhand der Wundmorphologie einer Läsion ist es möglich, diese z. B. als Hämatom, Schürfung, Quetsch-Riss-Wunde, Stich- oder Schnittwunde zu klassifizieren, d. h. sie zu diagnostizieren und somit Aussagen über die Art der Gewalteinwirkung, z. B. stumpf oder scharf, sowie das Alter der Verletzung zu treffen.

Stumpfe Gewalteinwirkung

– **Hämatome:** Einblutungen in die Unterhautschichten als Folge von Gefäßzerreißungen. Frische Hämatome sind in der Regel blau-

◘ **Tab. 20.3** Typische Verletzungslokalisationen und -befunde nach häuslicher Gewalt

Lokalisation	typische Befunde
Kopf	Weichteilschwellungen, Quetsch-Riss-Wunden, Hämatome (geformt/ungeformt), Kratzer, Bissspuren, Frakturen, Schleimhautverletzungen, Zahnabbrüche, Verletzungen an und hinter der Ohrmuschel
Bindehäute der Augen Mundschleimhaut Gesichtshaut	petechiale Einblutungen (insbesondere nach Angriffen gegen den Hals)
Hals	flächige und kratzerartige Schürfungen, Hämatome, Strangmarken
Arme	Hämatome (u. a. Haltegriffverletzungen, Parier- und Abwehrverletzungen), Schürfungen
Hände	Abbrüche der Nagelränder, Spuren unter den Fingernägeln
Brüste	Hämatome, Bissspuren, Kratzer
Rücken	Hämatome (Widerlagerverletzungen), Schürfungen (Aufliegestellen)
Innenseite Oberschenkel/Gesäß	Hämatome

violett gefärbt, im Heilungsprozess kommt es zu einer grünlichen und schließlich gelblichen Verfärbung. Da die Hämatomfärbung jedoch individuell unterschiedlich verlaufen kann, sollte die Bewertung der Farbe von Hämatomen in Bezug auf das Wundalter zurückhaltend erfolgen.

– **Kompressionsblutungen (Einblutungen):** Zumeist geformte Hauteinblutungen durch Gefäßzerreißungen, wobei die Blutung unmittelbar neben dem Ort der Gewalteinwirkung auftritt und ggf. die Form des einwirkenden Gegenstandes (z. B. Stab, Schuhsohlenprofil) erkennen lässt.

– **Schürfung:** Oberflächliche Verletzung der Haut mit Rötung und Abschieben der obersten Hautschichten durch tangential schürfende, stumpfe Gewalteinwirkung. Der Hautabrieb verläuft in die gleiche Richtung wie die eingewirkte Gewalt.

– **Quetsch-Riss-Wunde:** Tiefergreifende Verletzung (Wunde) mit Eröffnung der Haut in der Folge einer Quetschung des Gewebes mit Überdehnung und nachfolgendem Einreißen des Gewebes. Spezifisch sind Gewebebrücken im Wundgrund, die ein wichtiges Differenzierungsmerkmal zu Verletzungen nach scharfer Gewalteinwirkung darstellen. Am Wundrand, der Kontaktfläche mit dem einwirkenden Ge-

genstand, kann zudem eine Schürfung erkennbar sein. Die Begriffe Platzwunde/Prellung/ Prellmarke sind keine adäquaten Begriffe zur Beschreibung von Quetsch-Riss-Wunden, da diese eine Interpretation enthalten, die keine Rückschlüsse auf die tatsächliche Wundbeschaffenheit ermöglichen.

Gewalt gegen den Hals

Der Gewalteinwirkung gegen den Hals kommt eine besondere Bedeutung zu. Zum einen ist die Halsregion häufig Angriffspunkt gewalttätiger Auseinandersetzungen, zum anderen stellt der Angriff gegen den Hals aufgrund des Verlaufs lebenswichtiger anatomischer Strukturen in den Halsweichteilen eine besondere Gefährdungssituation für das Opfer dar. Ein Angriff gegen den Hals ist in der Regel als eine **potenziell lebensbedrohliche** Handlung zu werten. Häufig kommt es zu einer komprimierenden Gewalteinwirkung der Halsweichteile mit den Händen (**Würgen**) oder Armen (sog. **Schwitzkasten**) oder durch ein mit Körperkraft geführtes Werkzeug (**Drosseln**). Gemeinsam ist diesen Angriffen die Kompression von Venen und Arterien sowie der oberen Luftwege. Der Verschluss von Blutgefäßen kann zu einer Blutstauung (sog. **Stauungssyndrom**) mit Zyanose, Schwellung der Gesichtsweichteile und Ausbildung feinster petechialer Blutungen führen. Bei der Untersuchung ist daher neben dem Lokalbefund am Hals (Hämatome, Kratzer, Schürfungen) immer auf das Vorliegen eines Stauungssyndroms zu achten. Die Untersuchung der Augenlider, der Augenbindehäute, der Mundschleimhaut und der Haut hinter den Ohren auf **petechiale Blutungen** gehört daher zwingend zur Untersuchung. In besonders schweren Fällen können im gesamten Gesichtsbereich petechiale Blutungen festgestellt werden. Zudem ist in nicht-suggestiver Form nach subjektiven Symptomen wie anhaltender Schmerzhaftigkeit, Schluckbeschwerden, Bewusstlosigkeit, neurovegetativen Symptomen (Schwindel, Seh- und Hörstörungen, unwillkürlicher Urin- und Kotabgang) zu fragen. Der fehlende Nachweis eines Stauungssyndroms ist kein Ausschlusskriterium für einen Angriff gegen den Hals, da sich diese Befunde innerhalb kurzer Zeit vollständig zurückbilden können. Der Abstand zwischen Tatzeitpunkt und Untersuchung hat entscheidenden Einfluss auf die feststellbaren Befunde. Eine zeitnahe Untersuchung ist daher immer anzustreben.

Scharfe Gewalteinwirkung

Einwirkung von scharfen, schneidenden Gegenständen wie Messern, Scheren, Glasscherben u. a. Es handelt sich um gradlinige und glattrandige, tiefergreifende Hautdurchtrennungen (Wunden) mit glatten, nicht geschürften Wundrändern und vollständiger Durchtrennung aller Gewebestrukturen in der Wundtiefe.

- **Schnitt:** Bei Schnittverletzungen ist die Wundlänge an der Haut größer als die Wundtiefe, die Wundwinkel können seicht auslaufen.
- **Stich:** Bei einer Stichverletzung reicht die Verletzung tiefer in das Weichteilgewebe und die Hauteröffnung ist von geringerer Länge, als der Stichkanal lang ist. Bei der Befunddokumentation sind die Beschreibung des Wundrandes, der Wundwinkel, des Wundgrundes sowie die Länge und die Richtung des Stichkanals wichtig.

Thermische Gewalteinwirkung

Einwirkung von heißer Flüssigkeit, Dampf, Hitze, offener Flamme oder heißer Gegenstände. Die Hautveränderungen werden in 3 Grade eingeteilt: Rötung, Blasenbildung, Nekrose. Wichtig ist

die Dokumentation von Form, Lokalisation und Schweregrad.

Elektrische Gewalteinwirkung

Einwirkung von Strom, welcher eventuell zu diskret weißlich-wallartig gestalteten Strommarken an der Haut führen kann. Sichtbare Veränderungen an der Haut können aber auch fehlen. Anamnestische Hinweise: Kribbeln, Muskelkrampf o. ä.

Allgemeine gesundheitliche Folgen häuslicher Gewalt

Häusliche Gewalt bedeutet immer auch eine schwere psychische Belastung der Opfer, da es zumeist einer chronischen Gewaltsituation ausgesetzt ist. Zu den gesundheitlichen Folgen des Gewalterlebens zählen somit neben sichtbaren, gewaltbedingten körperlichen Befunden auch psychosomatische Erkrankungen oder psychische Störungen mit Ausprägung depressiver Episoden oder eines posttraumatischen Belastungssyndroms.

- **Befindlichkeitsstörungen:** Als unangenehm wahrgenommene Stimmungen und Körperwahrnehmungen, die nicht mit körperlichen Veränderungen im Sinne von Krankheiten zusammenhängen. Symptome sind u. a. Nervosität, Gereiztheit, Beeinträchtigung der körperlichen und geistigen Leistungsfähigkeit, Apathie, Niedergeschlagenheit und Traurigkeit.
- **Funktionelle Störungen:** Funktionelle Organstörungen ohne Nachweis einer krankhaften Veränderung, welche zu einer ausgeprägten Beeinträchtigung der persönlichen Lebenssituation führen können. Zu erwähnen sind u. a. Störungen des Herz-Kreislauf-Systems (z. B. Herzklopfen, Herzstechen, Kreislaufschwäche) und des Magen-Darm-Trakts (z. B. Reizdarmsyndrom, Übelkeit, Essstörungen).
- **Psychosomatosen:** Klassische psychosomatische Krankheitsbilder wie Magen– und Zwölffingerdarmgeschwüre, Asthma, Bluthochdruck, Neurodermitis etc.
- **Posttraumatische Belastungsstörung (PTBS):** Die PTBS ist eine mögliche Folgereaktion eines oder mehrerer traumatischer Erlebnisse, die an der eigenen Person, aber auch

20

an fremden Personen erlebt werden. In vielen Fällen kommt es zum Gefühl von Hilflosigkeit und durch das traumatische Erlebnis zu einer Erschütterung des Selbst- und Werteverständnisses. Das syndromale Störungsbild ist geprägt durch sich aufdrängende, belastende Gedanken und Erinnerungen an das Trauma (Intrusionen) oder Erinnerungslücken (Bilder, Alpträume, Flashbacks, partielle Amnesie), Übererregungssymptome mit Schlafstörungen, Schreckhaftigkeit, Affektintoleranz, Konzentrationsstörungen, Reizbarkeit sowie Vermeidungsverhalten und emotionale Taubheit (allgemeiner Rückzug, innere Teilnahmslosigkeit, Interessensverlust). Die Symptomatik kann unmittelbar oder auch mit langer Verzögerung (late-onset PTBS) auftreten. Bei Kindern kann eine veränderte Symptomausprägung vorliegen. Die Diagnostik und Therapie der PTBS ist komplex und sollte durch entsprechend qualifizierte Fachpersonen erfolgen.

20.5.4 Interpretation von Verletzungsbildern

Besteht der Verdacht auf eine körperliche Gewaltanwendung, so steht der Arzt bei seiner Untersuchung häufig vor der schweren Aufgabe, zu unterscheiden, ob es sich bei den festgestellten Befunden um die **Folgen eines Unfalls, um zufällig entstandene oder um selbst- oder fremdbeigebrachte Verletzungen** handelt.

Um diese Unterscheidung zu treffen, wird im Anschluss an die Begutachtung von Einzelverletzungen das sog. **Verletzungsbild** oder **Befundmuster**, also die Verteilung mehrerer Einzelverletzungen am Körper und ihr Bezug zueinander, erfasst. Dieser Schritt ist notwendig, um rekonstruktive Aussagen, d. h. Angaben über den Entstehungsmechanismus bzw. den Ereignisablauf, treffen zu können. In der Regel kann nur basierend auf dem Verletzungsmuster eine Unterscheidung zwischen zufällig, akzidentell oder im Rahmen eines Übergriffes entstandenen sowie selbst- und fremdbeigebrachten Verletzungen erfolgen. Das Verletzungsbild sollte hierbei im Zusammenhang mit weiteren „Befunden" wie z. B. Beschädigungen an der getragenen Kleidung oder

Ergebnissen weiterführender Untersuchungen gesehen werden.

Anhand einer gerichtsverwertbaren Dokumentation sollte ein Gutachter in der Lage sein, auch dann eine forensische Beurteilung vorzunehmen, wenn er das Opfer nicht selbst untersucht hat. Der nicht rechtsmedizinisch ausgebildete Arzt sollte sein Augenmerk letztlich auf die Befunddokumentation legen, denn die spezifischen Kenntnisse für die Interpretation von Verletzungen am menschlichen Körper, gerade auch unter Berücksichtigung der juristischen Fragestellungen, sind im medizinischen Fachgebiet der Rechtsmedizin angesiedelt.

> **Merke**
>
> Anhand einer gerichtsverwertbaren Dokumentation sollte ein Gutachter in der Lage sein, auch dann eine forensische Beurteilung vorzunehmen, wenn er das Opfer nicht selbst untersucht hat.

20.5.5 Überprüfung von Einlassungen/Aussagen

Zur Überprüfung eines geschilderten Ereignisablaufes oder einer Tatversion wird das dokumentierte Verletzungsbild mit den angegebenen Entstehungsursachen unter Berücksichtigung zusätzlich gewonnener Erkenntnisse (z. B. Ergebnis kriminaltechnischer oder chemisch-toxikologischer Untersuchungen) verglichen. Gegebenenfalls können zusätzliche Informationen aus Tatortbegehungen oder Ereignisrekonstruktionen gewonnen werden. Dieser Schritt der Begutachtung sollte forensischen Experten überlassen bleiben.

20.5.6 Das ärztliche Attest/Gutachten

Gerichtsverwertbare Aussagen über den Gesundheitszustand des Opfers einer Gewalttat sind unbedingt notwendig, um den Schutz der Opfer zu gewährleisten, um Täter für ihr Handeln zur Rechenschaft zu ziehen und um straf- oder familienrechtliche Ansprüche geltend zu machen. Auch wenn sich

Gewaltopfer nicht unmittelbar zu einer Anzeigeerstattung entschließen können, gelten die im Rahmen der Untersuchung angefertigten Dokumente auch noch nach Jahren als Beweismittel. Hierdurch steigen die Anforderungen an die Genauigkeit der Dokumentation, auch weil ein Arzt in der Regel zu einem späteren Zeitpunkt keine umfassende Erinnerung mehr an die durchgeführte Untersuchung hat. Um gerichtsverwertbar zu sein, muss der ärztliche Bericht diversen Kriterien entsprechen (◘ Tab. 20.4).

Auch wenn das **Ausfüllen eines Dokumentationsbogens** sehr aufwendig ist, handelt es sich um eine **wichtige ärztliche Aufgabe**, die aufgrund der ärztlichen Garantenpflicht, Gesundheit zu erhalten und wiederherzustellen, sorgfältig erfüllt werden muss. Der Schutz der Betroffenen und ggf. die Verurteilung eines Gewalttäters hängen wesentlich von der Qualität der ärztlichen Dokumentation ab. Grundsätzlich können zur Dokumentation standardisierte Bögen verwendet werden, welche speziell für die Bearbeitung von Fällen „häuslicher Gewalt" erstellt wurden.

Die Dokumentation muss eine Rekonstruktion gewalttätigen Handelns mit größtmöglicher Detailtreue und forensischer Sicherheit auch nach längerer Zeit gewährleisten. Informationen über die Patienten, welche nicht im direkten Zusammenhang mit den Übergriffen stehen, sollten in den ärztlichen Berichten jedoch nicht aufgeführt werden. Potenziell könnten sich hieraus für den Patienten Nachteile

ergeben oder es könnte eine neue Bedrohung aus dem Umfeld des Täters entstehen. Es gilt zu bedenken, dass das Dokumentationsformular im Fall einer polizeilichen Anzeige von allen Prozessteilnehmern gelesen werden und somit auch gegen die Betroffenen verwendet werden kann.

20.5.7 Problemstellungen

Mögliche Problemstellungen bei der forensisch-klinischen Begutachtung bei Fällen von häuslicher Gewalt können sich u. a. aufgrund folgender Faktoren ergeben:

– Latenz zwischen Ereignis und medizinischer Untersuchung
– gemischte Verletzungsbilder aus Alltagsverletzungen, Selbstverletzungen und Misshandlungsfolgen
– spurenarme Gewalteinwirkung (z. B. psychische Gewalt)
– Interpretation des Spurenbildes (Täter stammt aus dem sozialen Nahraum und ist quasi „tatortberechtigt")
– eingeschränkte Aussagefähigkeit der Betroffenen aufgrund von Angst, Sprachbarrieren etc.
– Bagatellisierung aufgrund von Verdrängungsmechanismen, Angst etc.
– Zurückziehen von Anzeigen, ggf. mit Verfahrensabbruch.

◘ **Tab. 20.4** Aufbau des ärztlichen Attestes

Basisinformationen des ärztlichen Attestes	
Wer?	Untersucher Patient sonstige Anwesende
Wo?	Ort der Untersuchung
Wann?	Datum/Uhrzeit
Was?	Vorfallsschilderung (nach Angaben von … sei … am … um … Folgendes passiert: …)
Was/Wie?	genaue Beschreibung des Befundes (Form, Größe, Farbe, Zustand der Haut, Beschaffenheit des Wundrandes etc.) Art des Befundes (Diagnose)
Wo?	anatomisch-topografische Zuordnung
Wie?	Beurteilung (Interpretation) – zurückhaltend

20.6 Gesundheitliche Folgen und Kosten häuslicher Gewalt

Die Auswirkungen häuslicher Gewalt können sich zeitnah, aber auch langfristig entwickeln und reichen von physischen und psychischen Folgen über psychosomatische Beschwerden bis hin zum Tod. In einem von der WHO veröffentlichten Bericht zu Gewalt und Gesundheit, der auf verschiedenen Studien basiert, wird ausgeführt, dass die Auswirkungen der Misshandlungen länger andauern können, auch wenn die Misshandlung bereits beendet wurde. Zudem wird ausgeführt, dass sich die Wirkung auf die physische und mentale Gesundheit der Frauen mit der Schwere der Misshandlung verstärkt und verschiedene Gewaltformen und mehrere Gewaltepisoden im zeitlichen Verlauf kumulieren können.

> **Merke**
>
> Es wird geschätzt, dass Frauen im reproduktionsfähigen Alter 5–16 % ihrer gesunden Lebensjahre aufgrund geschlechtsbezogener Gewalttaten einbüßen.

Die Kosten häuslicher Gewalt und ihrer Folgen zu ermitteln, gestaltet sich erwartungsgemäß schwierig. Insbesondere der individuelle Schaden für das Opfer infolge erlittener Schmerzen, Demütigungen und dem Verlust an Lebensfreude und Lebenszeit ist nicht objektivierbar. Gesellschaftliche Kosten entstehen im sozialen und juristischen Bereich sowie im Gesundheits- und Bildungssektor. Volkswirtschaftliche Verluste treten zudem im Erwerbsleben und aufgrund von Arbeitsunfähigkeit, Arbeitslosigkeit und Frühberentungen auf.

In einer Studie aus der Schweiz werden die jährlichen Folgekosten von häuslicher Gewalt unter Einbeziehung der Kosten in den Bereichen Polizei, Gericht, Strafvollzug, Gesundheitsversorgung, Sozialhilfe, Opferhilfe und Zufluchtseinrichtungen auf ca. 400 Mio. CHF (ca. 332 Mio. Euro) geschätzt. Es darf davon ausgegangen werden, dass sich die Folgekosten häuslicher Gewalt durch frühes Erkennen und adäquates Behandeln langfristig senken lassen. Hier kommt den professionell im Gesundheitswesen Tätigen eine Schlüsselrolle zu.

20.7 Verfassungsrechtliche Situation

Häusliche Gewalt verletzt die verfassungsrechtlich garantierte Menschenwürde, das Recht auf körperliche und seelische Unversehrtheit und auf Selbstbestimmung. Gewalt in der Familie war über Jahrhunderte hinweg gesellschaftlich akzeptiert, sodass insbesondere Frauen und Kinder der Gewalt des Ehemanns bzw. Vaters bis ins 19. Jahrhundert hinein ausgeliefert waren. Diesbezüglich hat sich der gesellschaftliche Umgang mit häuslicher Gewalt verändert: Häusliche Gewalt wird nicht mehr als Privatsache verstanden, sondern von Justiz, Polizei und Politik als ernste Herausforderung angesehen und entsprechend bekämpft. Dies wird heute mehrheitlich durch ein Netz aus staatlichen Beratungs- und Unterstützungseinrichtungen gewährleistet, das Opfern und Tätern aufeinander abgestimmte Hilfen bietet und im koordinierten Zusammenwirken mit Polizei und Justiz eine sofortige Krisenintervention ermöglicht.

> **Merke**
>
> Häusliche Gewalt verletzt die verfassungsrechtlich garantierte Menschenwürde, das Recht auf körperliche und seelische Unversehrtheit und auf Selbstbestimmung.

20.8 Handlungsempfehlungen/Interventionsschritte

Die Mehrheit der Betroffenen wird es als erleichternd empfinden, in einer von Empathie geprägten Situation respektvoll auf die Thematik „häusliche Gewalt" angesprochen zu werden. Im Umgang mit den Opfern häuslicher Gewalt sollten folgende Punkte berücksichtigt werden:

– Offenheit für die Thematik „häusliche Gewalt" kann den Betroffenen bereits durch das Auslegen von **Informationsmaterialien** in den Wartebereichen signalisiert werden; gleichzeitig wird hierdurch gezeigt, dass an diesem Ort Kenntnis und Erfahrung im Umgang mit häuslicher Gewalt besteht.

- Das Gespräch sollte in einer ruhigen und ungestörten Umgebung **ohne Zeitdruck** stattfinden, wobei es sinnvoll ist, mit den Gewaltbetroffenen **alleine** zu sprechen.
- Die Haltung gegenüber den Betroffenen sollte **wertschätzend** und **verständnisvoll** sein.
- Häusliche Gewalt sollte im Gespräch als **Unrecht** bewertet werden, für das der Täter die volle Verantwortung trägt.
- Die Ereignisschilderungen der Opfer sollten eingegrenzt werden, da die Gefahr von **Erinnerungsüberflutungen** (sog. Flashbacks) besteht, für deren Bewältigung ein sicherer therapeutischer Rahmen notwendig ist.
- Oberste Priorität hat die **Sicherheit** der gewaltbetroffenen Personen.
- Auf die Opfer sollte **kein Handlungsdruck** ausgeübt werden Die Entscheidungen der Betroffenen über den weiteren Umgang mit der erlebten Gewalt sollten **autonom** getroffen werden. Die getroffenen Entscheidungen sollen respektiert und mit Verständnis aufgenommen werden.

- Im Gespräch sollte über **Schutz- und Beratungseinrichtungen** informiert werden und die Opfer zur Inanspruchnahme ermutigt werden.
- Abklären von **Ressourcen** und **Stärken** der Gewaltopfer
- Weitergabe von **Informationsmaterialien an Täter**, die nach gewalttätigen Übergriffen ihrerseits professionelle Hilfe suchen, um den Gewaltkreislauf zu durchbrechen.

Vermieden werden sollten:

- Ausübung von Druck auf die Betroffenen
- Ansprechen auf Gewalterlebnisse in Anwesenheit von Begleitpersonen/dem Täter
- Ansprechen ohne Zeit für das entstehende Gespräch oder den Willen zum Zuhören zu haben
- Opfer für die erlittene Gewalt/ihre private Situation verantwortlich zu machen
- Weitergabe vertraulicher Informationen
- Missachtung der Selbstbestimmung der gewaltbetroffenen Personen
- Bagatellisieren der berichteten Gewalterfahrungen.

Forensische Gerontologie – Gewalt und alte Menschen

M. Grassberger, K. Püschel

21.1   Gesellschaftlicher und demografischer Hintergrund   – 244

21.2   Formen der Gewalt   – 244

21.3   Spezielle Viktimologie   – 245

21.4   Frühwarnsignale   – 246

21.5   Körperliche Gewalt   – 247

21.6   Freiheitsentziehende Maßnahmen   – 250

21.7   Sexueller Missbrauch und sexualisierte Gewalt   – 253

21.8   Vernachlässigung   – 253

21.9   Untersuchungsmaßnahmen   – 257

21.10   Differenzialdiagnostische Überlegungen   – 257

21.11   Probleme, Fazit und Ausblick   – 261

M. Grassberger, E. Türk, K. Yen, Klinisch-forensische Medizin,
DOI 10.1007/978-3-211-99468-9_21, © Springer-Verlag Berlin Heidelberg 2013

21

21.1   Gesellschaftlicher und demografischer Hintergrund

Im Hinblick auf die demographische Entwicklung der Bevölkerung speziell in Mitteleuropa ist ein ständig zunehmender Anteil der älteren Bevölkerung zu konstatieren. Die Lebenserwartung steigt derzeit noch weiter an (❑ Abb. 21.1). Damit gehen zum Teil sehr positive Entwicklungen einher: Menschen, die bis ins hohe Alter medizinisch gut versorgt sind, mobil, geistig flexibel, finanziell unabhängig; sie nehmen am öffentlichen Leben sowie an den Errungenschaften der Wohlstandsgesellschaft aktiv teil.

Doch neben diesen auf der Sonnenseite des menschlichen Lebens stehenden alten Menschen gibt es im höheren Alter zunehmend pflegebedürftige, immobile, multimorbide, körperlich und geistig behinderte (demente) alte Personen. Dies entspricht einer speziellen viktimogenen Situation im Hinblick auf **Vernachlässigung, Beschränkung, Ausbeutung und Verletzungen bis hin zu Tötungsdelikten**. Hingewiesen sei z. B. auch darauf, dass die Suizidrate mit zunehmendem Lebensalter ständig ansteigt.

Folgt man der aktuellen Berichterstattung in den Medien, dann scheint sich „Gewalt gegen alte Menschen" als erhebliches und zunehmendes Problem darzustellen. Kriminologische Analysen unter dem Aspekt des Lebensalters belegen demgegenüber, dass Senioren vergleichsweise selten Opfer von Gewalttaten sind. Zu bedenken ist jedoch ein nicht unerhebliches Dunkelfeld insbesondere im Hinblick auf Gewalterfahrungen in der Familie; auch gibt es Ausdrucksformen der Gewalt, die wir derzeit nur teilweise überblicken.

Die sich abzeichnende Entwicklung zu einer überalterten Gesellschaft führt zu erheblichen sozialen Umbrüchen. Die daraus resultierenden Generationenkonflikte können u. U. auch in Aggressionen und Gewalt ausarten. Das Thema Gewalt zieht sich bekanntlich durch alle Gruppen und Schichten der Gesellschaft. Im Hinblick auf Gewalt gegen ältere Menschen wird tendenziell Dramatik suggeriert und Furcht geschürt. Nüchterne Analysen treten demgegenüber in den Hintergrund. Hinzuweisen ist beispielhaft auf die bereits lange zurückliegende Arbeit der Gewaltkommission des Deutschen Bundestages, die 1990 für den Bereich der Altenmisshandlung u. a. ausdrücklich die Einführung gesetzlich präzisierter Meldepflichten für Ärzte und andere Berufsgruppen, die einer Schweigepflicht unterliegen, sowie eine verbesserte Ausbildung von Ärzten zur Erkennung von Misshandlung gefordert hat. Ebenfalls 1992 hat der Europarat eine internationale Analyse vorgelegt, aus der hervorgeht, das 1–8 % der Älteren durch ihre Angehörigen Gewalt erfahren, wobei derartige Fälle nur ausnahmsweise durch eigene Hinweise der Gewaltbetroffenen aufgedeckt werden. Die Kriminalstatistik zeigt im Hinblick auf die Anzahl der Gewaltdelikte gegen Senioren eine eher leicht fallende Tendenz. Es besteht allerdings eine große Diskrepanz zwischen der aus der Kriminalitätsstatistik ablesbaren, vergleichsweise geringen Gefährdung alter Menschen und der Kriminalitätsfurcht des älteren Menschen. Man spricht in diesem Zusammenhang vom sog. „Viktimisierungs-Furcht-Paradoxon". In der Bundesrepublik wurde diesbezüglich eine sehr fundierte Untersuchung vom kriminologischen Forschungsinstitut Niedersachsen durchgeführt. Die Feststellung einer allgemein eher niedrigeren Misshandlungsquote bei älteren Menschen bedeutet allerdings keine Entwarnung. Die materiellen, physischen und psychischen Folgen von Gewalterfahrungen sind im Alter besonders gravierend. Zu bedenken ist – auch im Hinblick auf Ursache und Wirkung –, dass alte Menschen sich vermehrt in ihr häusliches Milieu zurückziehen und viktimogene Situationen vermeiden. Im Hinblick auf Lebensqualitätsaspekte älterer Menschen bedeutet dies **gesellschaftlichen Rückzug, soziale Isolierung, allgemeine Lebensangst und Verlust an Lebensfreude**.

Gewalt gegen alte Menschen, gemeint sind in der Regel Personen jenseits des 65. Lebensjahrs, zieht sich durch alle Bevölkerungsschichten und betrifft Personen aller ethnischer Gruppen und Religionen unabhängig von deren sozioökonomischem Status. Die genaue Inzidenz ist unbekannt; es wird davon ausgegangen, dass nur etwa knapp 10 % der Fälle von Gewalt gegen alte Menschen bekannt bzw. gemeldet werden (Lett 1995).

21.2   Formen der Gewalt

Unter dem Begriff „Gewalt gegen ältere Menschen" werden im Wesentlichen 6 Unterkategorien sub-

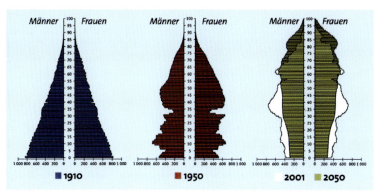

Abb. 21.1 Altersaufbau der Bevölkerung („Alterspyramide") in der Bundesrepublik Deutschland 1910, 1950, 2001 und prognostizierte Altersstruktur 2050. Anzahl in 1000 (Quelle: Statistisches Bundesamt)

sumiert, welche isoliert oder in unterschiedlicher Kombination in Erscheinung treten können:

1. **Körperliche Gewalt bzw. Misshandlung** (inkl. freiheitsentziehende Maßnahmen wie Fixierung, Ruhigstellung, Einsperren etc.)
2. **Sexueller Missbrauch** und **sexualisierte Gewalt**
3. **Vernachlässigung**
4. **Psychische Gewaltausübung**
5. **Finanzielle und materielle Ausbeutung**
6. **Verletzung von Grundrechten**

Vor allem die ersten drei Punkte sind häufiger Gegenstand klinisch-forensischer Fragestellungen und sollen daher genauer ausgeführt werden.

21.3 Spezielle Viktimologie

Das „typische" **Opfer** ist über 75 Jahre alt und weiblich (der Frauenanteil wird auf zwei Drittel geschätzt). Die Opfer sind in vielen Fällen sozial isoliert, leben im Nahbereich des Täters und stehen in einer **persönlichen Beziehung** zu diesem (z. B. Verwandte, Nachbarn und Pflegepersonen).

Risikofaktoren sind
– kognitive Behinderungen
– Demenz
– körperliche Behinderungen
– Inkontinenz
– provokantes Verhalten im weitesten Sinn
– häufig in Verbindung mit Angst vor Abschiebung in eine Pflegeeinrichtung.

Spezielle Abläufe ergeben sich insbesondere in Pflegesituationen (vgl. ❏ Tab. 21.1).

Die besonderen **viktimologischen Konstellationen** für alte Menschen sind durch die nachfolgend dargestellten Aspekte gekennzeichnet:

– Einerseits handelt es sich bevorzugt um **Gewalt innerhalb der Familie**/häusliche Gewalt, andererseits tritt hier auch **institutionelle Gewalt**, z. B. die Gewalt von Pflegekräften in Altersheimen/Pflegeheimen, in den Vordergrund.
– Neben aktiver Gewalt kommt es stärker zu einer **körperlichen und psychischen Vernachlässigung** sowie **institutioneller Gewalt** z. B. mit Fixierung, medikamentöser Ruhigstellung, Einsperren, Kontaktsperre, finanzieller Ausbeutung.
– Alte Menschen sind körperlich besonders schwach, immobil, vulnerabel (körperlich wenig widerstandsfähig) und auch **wenig wehrhaft** (ähnlich wie Kinder, jedoch mit einem anderen Verletzungsmuster).
– Stärker in den Vordergrund treten chronische Erkrankungen, Behinderungen, Immobilisierung und Demenz.
– Aufgrund ihrer **Abhängigkeit, Pflegebedürftigkeit** können/wollen alte Menschen vergleichsweise selten das erlittene Unrecht artikulieren/bezeugen; selbst bei gezielten Nachfragen z. B. durch Außenstehende, Kontrollpersonen, Polizei, medizinische Dienste und Pflegeverantwortliche bringen diese alten Menschen ihre Sorgen und Nöte nicht zur Sprache, weil sie weiteren Liebesentzug, Unterbrechung von Außenkontakten und Bestrafen fürchten; gelegentlich neigen sie allerdings auch zum Konfabulieren und zur

◨ Tab. 21.1 Spezielle Formen der Gewalt und Probleme in Pflegesituationen

Pflegesituation	Probleme im täglichen Umgang mit Betroffenen
Kommunikation	mangelnder Respekt, Duzen, Befehlston, Nicht-Antworten, Nicht-Informieren, Unterbindung von Außenkontakten
Interaktion	Reglementierung durch körperliche Einwirkung/Gewalt
Körperpflege	unzureichende Pflege, Reinigung (speziell auch die Haare und die Nägel betreffend), unangemessene Intimpflege, fehlende Dekubitus-Prophylaxe
Ausscheidung	zu spätes/fehlendes Säubern des Körpers, der Kleidung, des Bettes nach Urinieren und Defäkation; ggf. unnötige Katheterisierung, unangemessene Windelversorgung, mangelnde Betreuung beim Toilettengang
Nahrungsaufnahme	Ungeduld beim Füttern, ggf. gewaltsames/grobes Füttern, überflüssige Magensonde, fehlende Hilfestellung und Motivation beim Essen, schlechtes/unappetitliches Essen
Bewegung	unzureichende körperliche Aktivität, falsche/grobe Hilfestellung, Fixierung (mechanisch oder medikamentös), Einsperren
soziales Leben	fehlende Ansprache und gemeinsame Aktivitäten, Unterbindung von Beziehungen/Kontakten; Isolation; „Berieselung" durch Radio/Fernsehen
Ruhephasen und Schlafen	Störung des Tag-Nacht-Rhythmus durch unangepasste Pflegeaktivität; Ruhigstellung durch Medikamente
Krankheit	Förderung von Suchtverhalten, Abhängigkeitsentwicklung (insbesondere Medikamente betreffend); unzureichende ärztliche Intervention (z. B. auch Operation) bei ernsthaften Gebrechen/Erkrankungen; inkonsequente Therapie, zu spätes Beiziehen ärztlicher Hilfe (z. B. auch bei der Wundpflege/beim Dekubitus)

Falschbezichtigung (speziell mit zunehmender Demenz).
– Ihre Opferrolle ergibt sich zum Teil auch daraus, dass die Alten entweder den pflegenden Familienangehörigen oder auch der Institution (Altenheim/Pflegeheim) finanzielle Vorteile ermöglichen. Dies führt einerseits zu Vernachlässigung und Isolation, andererseits besteht unter Umständen auch eine Interessenlage/Tendenz, die finanziellen Vorteile zu perpetuieren, indem der alte Mensch ruhig gestellt, eingesperrt, ausgenutzt, bevormundet und abhängig gemacht wird.

Zur Misshandlung kommt es häufig in der häuslichen Umgebung entweder des Opfers oder des Täters.

Seitens des **Täters** bestehen folgende **Risikofaktoren für eine erhöhte Gewaltbereitschaft** bzw. ein erhöhtes Misshandlungspotenzial:
– anamnestisch bekannte psychische Erkrankung und/oder Substanzmissbrauch

– starke Abhängigkeit von finanzieller Unterstützung durch das potenzielle Opfer
– Neigung zur Gewaltausübung in der Vergangenheit (innerhalb und außerhalb der Familie).

Bei innerfamiliären Misshandlungen sind die Täter in zwei Drittel der Fälle die **Ehepartner**, in einem Drittel die **erwachsenen Kinder des Opfers**. Männer werden häufiger durch ihre Frauen, Frauen häufiger durch ihre Kinder, in der Mehrzahl männlichen Geschlechts, misshandelt (Collins 2006).

21.4   Frühwarnsignale

Bei genauerem Hinsehen finden sich retrospektiv immer wieder ähnlich gelagerte Risikokonstellationen. Prinzipiell steigt das Gefährdungsrisiko für Pflegeempfänger vor allem in Stresssituationen für die mit der Pflege betrauten Person(en). Im Bereich der **häuslichen Pflege durch Angehörige** können folgende Frühwarnsignale Hinweise auf eine allfällige Gefährdungssituation geben (modifiziert nach Schröder & Berthel 2005):

– **Stress mit Zeichen der Überlastung** seitens der pflegenden Angehörigen, v. a. wenn die Pflege von einer Person allein durchgeführt wird.
– Deutliche Hinweise auf **psychische und körperliche Überforderung** des Pflegenden (Prodromalstadium einer Erschöpfungsdepression, des sog. Burnout-Syndroms) sind:
  - Leugnung eigener Bedürfnisse, Schlafdefizit, Stimmungsschwankungen
  - Hinzutreten von weiteren sozialen Problemlagen wie z. B. Beziehungsprobleme, krankes Kind, Arbeitsprobleme, Geldsorgen
  - überdurchschnittlicher Alkohol- oder Drogenkonsum
  - mangelnde Supervision bzw. fehlende Reflexion durch Gespräche mit Vertrauenspersonen, erkennbar an der Unfähigkeit sachlich und distanziert über die Pflegesituation zu sprechen
  - andauerndes „schlechtes Gewissen" bei zu hohem, unrealistischem Anspruch an sich selbst (Selbstvorwürfe, Angst vor Kritik durch Dritte)
  - Verzicht auf Erholung/Ausgleich (einseitige Bilanz des Gebens)
  - niedriges Bildungsniveau
  - Fehlen eines stützenden sozialen Netzes
  - Ablehnung von Unterstützung.

Im Bereich der **stationären Pflege** sprechen folgende Umstände für ein erhöhtes Gefährdungspotenzial (modifiziert nach Schröder & Berthel 2005):

– hohe Personalfluktuation bei genereller **Arbeitsunzufriedenheit** der Bediensteten (z. B. befristete Arbeitsverträge, Teilzeitverträge)
– wenig und v. a. schlecht ausgebildetes Personal
– Hinweise für schlechtes Betriebsklima und **mangelnde Organisationsstruktur** (autoritärer und hierarchischer Führungsstil)
– fehlende Übergabezeiten zwischen den Dienstädern
– extrem bürokratische Regelung der Besuchszeiten, Ausschluss der Öffentlichkeit
– wenig Wahlmöglichkeiten hinsichtlich Betreuungsangeboten (z. B. Ergotherapie, Kognitionstraining etc.), rigider Tagesablauf

– wenig Kommunikationsmöglichkeiten für Pflegeempfänger
– unvollständige oder schlechte **Patientendokumentation**.

21.5 Körperliche Gewalt

Die körperliche bzw. physische Gewalt bzw. Misshandlung stellt in der Regel die extremste Form von Gewalt gegen ältere Menschen dar und beinhaltet seitens des Verursachers die Intention, Schmerzen oder Verletzungen zuzufügen oder diese billigend in Kauf zu nehmen. Mögliche Erscheinungsformen sind:

– „einfache" **Ohrfeigen**
– nachdrückliches, grobes Anfassen an den Oberarmen bzw. heftiges Niederdrücken in Stuhl oder Bett
– **stumpfes Trauma** unterschiedlicher Intensität (Schläge)
– Bissverletzungen
– Verletzungen durch **Zwicken/Kneifen**
– **ausgerissene Haare** bzw. kahle Stellen auf der Kopfhaut durch heftiges Zerren an den Haaren beim Kämmen
– Verbrennungen und Verbrühungen
– Verletzungen durch **gewaltsames Füttern** oder hastiges Eingeben von zu kalten oder heißen Speisen
– **fehlerhafte Medikation**, Über- oder Unterdosierung, eigenmächtiges Überdosieren von Medikamenten zur Ruhigstellung
– (fehlerhafte Durchführung von) **Fixierungsmaßnahmen**.

Differenzialdiagnostisch müssen immer auch **akzidentelle Verletzungen** (z. B. durch Hinstürzen) berücksichtigt bzw. abgegrenzt werden, welche v. a. als Schürfungen und Blutunterlaufungen an exponierten Körperstellen (z. B. Ellenbogen, Knie, Handrücken, Kinn) sowie in Form von Frakturen der Extremitätenlangknochen oder Wirbelkörperfrakturen in Erscheinung treten können. Bei älteren Menschen sowie unter einer Therapie mit blutverdünnenden Medikamenten kann es auch bei vergleichsweise geringen Traumata zu äußerlich deutlich sichtbaren Blutunterlaufungen kommen (Abb. 21.2).

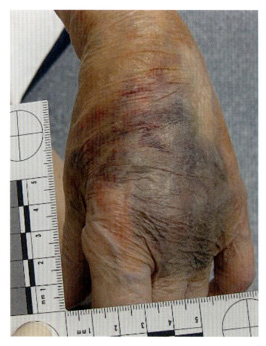

■ **Abb. 21.2** Stumpfe Gewalteinwirkung. Flächenhafte bläulich-violette Blutunterlaufung am linken Handrücken bis oberhalb des Daumengrundgelenks bei angegebenem Sturz nach Misshandlung durch die alkoholisierte Pflegekraft (regelmäßige Einnahme von blutverdünnenden Medikamenten). Die Verletzungen waren sowohl kausal als auch zeitlich mit dem geschilderten Vorfall in Einklang zu bringen

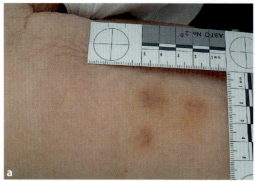

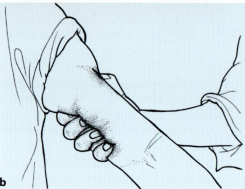

■ **Abb. 21.3** Gruppierte ältere, jeweils ca. 1,5 cm im Durchmesser haltende Hämatome am Oberarm (**a**), vereinbar mit einer sog. Griffverletzung nach gewaltsamem Festhalten (Druck der Fingerspitzen, **b**)

Verdächtig für eine **nicht-akzidentelle Entstehung** sind in der Regel Verletzungen an normalerweise nicht exponierten Körperstellen wie Verletzungen an

– Innenseite der Oberschenkel
– Fußrücken
– Handgelenkbeugeseite
– Handflächen und Fußsohlen
– Hals
– Achselgegend und Innenseite der Arme (vgl. ■ Abb. 21.3).

Darüber hinaus können die Verletzungen ein **spezifisches Muster** aufweisen, welches u. U. auf ihre Entstehung hindeutet, z. B. Schuhsohle, Gürtelschnalle, zirkuläre Abschürfungen durch Fesselungen. Als suspekt sind auch Verletzungen **unterschiedlichen Alters** einzustufen. Bei genauerer Betrachtung sind die festgestellten Verletzungen nicht mit der vorgebrachten Entstehungsgeschichte in Übereinstim-

mung zu bringen. Die verzögerte Inanspruchnahme von medizinischer Hilfe kann häufig nicht plausibel erklärt werden.

Schädelverletzungen durch stumpfes Trauma stellen insbesondere in Verbindung mit einer intrakraniellen Blutung eine häufige Todesursache im Rahmen von Misshandlungsfällen dar.

Münchhausen-Syndrom und Einrisse im Bereich der Mundschleimhaut, des Lippenrotes, des Zahnfleisches und der Schleimhaut des Gaumens wie etwa bei gewaltsamem Füttern) sind immer suspekt für eine nicht-akzidentelle Genese und sollten in jedem Fall abgeklärt werden (vgl. ■ Abb. 21.4).

Verletzungen, welche **verdächtig für eine Misshandlung bzw. Vernachlässigung** sind:

– Blutunterlaufungen/Hämatome (■ Abb. 21.5)
  • Innenseite der Arme und Beine
  • Handflächen und Fußsohlen
  • Kopfhaut
  • Ohrmuschel und Ohrläppchen

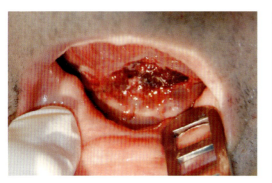

■ **Abb. 21.4** Aufreißung der Schleimhaut unter der Zunge im Mundbodenbereich bei einem bettlägerigen dementen Mann. Solche Verletzungen sind hochverdächtig auf Folgen eines gewaltsamen Fütterns

- Bereich des Warzenfortsatzes (hinter dem Ohr, vgl. ■ Abb. 21.6)
- Gesäß
- mehrere Läsionen unterschiedlichen Alters
- an unterschiedlichen Köperflächen (z. B. vorne und hinten)
- Abschürfungen
  - Achselgegend (z. B. nach Fixierung)
  - Hand- und Fußgelenke (nach Fesselung, vgl. ■ Abb. 21.7)
- Verletzungen an Nasenbein und in der Schläfenregion (durch Schlag auf das Brillengestell)
- periorbitale Einblutungen (sog. Monokel- oder Brillenhämatom, vgl. ■ Abb. 21.8)
- Verletzungen der Mundregion
- ungewöhnliches Muster oder mehrere kahle Stellen der ansonsten unauffälligen Kopfhaut (Follikelhämatom, traumatische Alopezie)
- unbehandelte Aufliegegeschwüre (Dekubitalulzera)
- Aufliegegeschwüre in untypischen Regionen
- unbehandelte Knochenbrüche
- untypische Lokalisation von Knochenbrüchen (typische Lokalisationen sind Hüfte, Oberschenkelhals, proximaler [oberer] Oberarmknochen, Wirbelkörper)
- Verbrennungen und Verbrühungen in typischer Ausformung
  - z. B. durch Zigarettenglut
  - Immersionsverbrühungen in typischer Handschuh- oder Strumpfausdehnung.

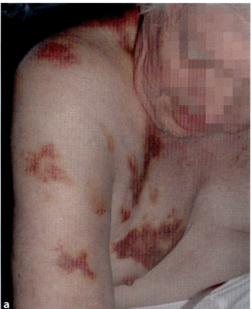

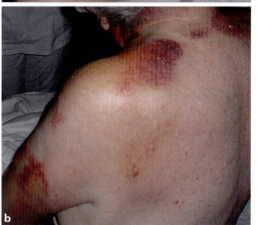

■ **Abb. 21.5** Mehrfache stumpfe Gewalteinwirkung an mehreren Körperstellen nach kräftigem Zupacken und Schütteln durch den Sohn. Die im Randbereich bereits deutlich gelbliche Verfärbung der Unterblutungen insbesondere im Bereich der linken Schulter ist mit dem angegeben Entstehungszeitpunkt von vor 5 Tagen in Einklang zu bringen. Ebenso ist das Verletzungsbild mit der angegeben Entstehungsweise zwanglos zu erklären

Ältere reflexverarmte Menschen essen besonders langsam und können bei der Pflegeperson während des Fütterns Ungeduld auslösen. Das resultierende rasche und u. U. **gewaltsame Füttern** kann in der Folge zu Erstickungssymptomen nach **Aspiration** von Nahrungsbestandteilen führen.

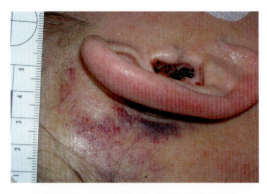

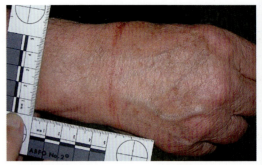

⬛ **Abb. 21.6** Unscharf begrenzte, teilweise blau-rötliche, teilweise helllivide Hautunterblutung hinter dem Ohr, im Bereich des äußeren Gehörganges sind einzelne Blutkrusten sichtbar (Zustand nach Schädelbasisfraktur).

⬛ **Abb. 21.7** Typische Fesselungsverletzung in Form einer bandförmigen Hautabschürfung im Bereich des rechten Handgelenks nach Fesselung beider Hände auf dem Rücken mittels Kabelbinder bei nächtlichem Überfall eines Seniorenehepaars.

Unangebrachte, gewaltsame oder prolongierte **Fixierungstechniken** (u. U. in unnatürlichen Körperpositionen), um die Person zu isolieren oder zu immobilisieren, können zu Hautabschürfungen im Bereich der Fesselungen und zu Durchliegegeschwüren führen.

Eine **medikamentöse Immobilisierung** durch nicht indizierte Verabreichung von sedativen Arzneimitteln (z. B. Haloperidol) wurde in der Vergangenheit v. a. bei dementen, agitierten oder aggressiven älteren Menschen beobachtet (sog. „chemische Zwangsjacke").

21.6 Freiheitsentziehende Maßnahmen

Allgemein umfasst der Begriff „freiheitsentziehende Maßnahmen" all jene Maßnahmen, welche die körperliche Bewegungsfreiheit einschränken bzw. den Betroffenen gegen seinen Willen daran hindern, seinen Aufenthaltsort zu verändern und die nicht vom Betroffenen selbst entfernt werden können und/oder den Zugriff auf den eigenen Körper verhindern. Konkrete juristische Definitionen sind den jeweiligen länderspezifischen Gesetzen zu entnehmen (Deutschland: § 1906 BGB, Österreich: § 3 HeimAufG).

Freiheitsentziehende oder -beschränkende Maßnahmen werden v. a. in Altenpflege/Geriatrie und Psychiatrie bei Personen mit **motorischer Unruhe, Sturzneigung** und akuter **Selbst- bzw. Fremdgefährdung** angewendet und gelten als äußerst problematisch (pflegerisches Dilemma). Auf die Betroffenen haben sie physische, psychische und soziale Auswirkungen, für die Pflegenden werden sie u. U. als belastend empfunden und führen zu Unzufriedenheit am Arbeitsplatz. Verschiedenen Angaben zufolge werden freiheitsentziehende Maßnahmen in der einen oder anderen Form gegenwärtig bei 5–70 % der Heimbewohner angewendet (De Vries et al. 2004, Evans & Cotter 2008, Hamers & Huizing 2005) – häufig ohne klare Indikation bzw. ohne ausreichende Dokumentation.

Beispiele für derartige Maßnahmen sind:
– Hindern am Verlassen des Bettes durch mechanische Fixierung, z. B. durch Gurte bzw. Gurtsysteme, Netzbett oder Bettgitter an den Bettseiten
– Hindern am Aussteigen aus dem Rollstuhl oder am Aufstehen von einem Sessel, z. B. durch Gurte oder durch einen vorgeschobenen Tisch (Vorsatztisch)
– subtile Maßnahmen zur Bewegungseinschränkung, wie z. B. Wegnahme von Schuhen, Seh- oder Gehhilfen, Arretieren des Rollstuhls
– Hindern am Verlassen eines Raumes, z. B. durch versperrte Türen, komplexe Öffnungsmechanismen
– Verabreichen von beruhigenden Medikamenten (Psychopharmaka, Sedativa), welche die Bewegungsfähigkeit unterbinden (verdeckte Maßnahmen).

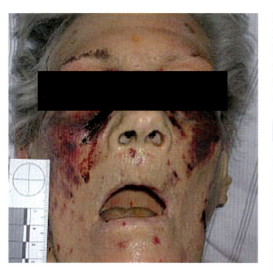

kation ist in jedem Fall verboten (vgl. ▫ Tab. 21.2). Freiheitsentziehende Maßnahmen können den **Tatbestand der Freiheitsberaubung** oder, wenn nicht fachgerecht durchgeführt, den **Tatbestand von Körperverletzungen** bis hin zu **Tötungsdelikten** erfüllen (Berzlanovich & Kohls 2010).

▫ **Abb. 21.8** Beidseitige periorbitale Hämatome unklarer Genese bei hochgradig dementer, pflegebedürftiger Patientin

> **Merke**
>
> Freiheitsentziehende Maßnahmen berühren ein elementares Grundrecht der Betroffenen. Bei der Anwendung von freiheitsentziehenden Maßnahmen ist daher stets das Angemessenheitsprinzip zu beachten (Prinzip des geringst möglichen Eingriffs in die individuelle Freiheit nach Prüfung und gewissenhafter Abwägung sämtlicher möglicher Alternativen).

Zulässigkeit. Den verantwortlichen Personen ist häufig nicht bewusst, dass freiheitsbeschränkende Maßnahmen einen massiven Eingriff in die persönlichen Grundrechte darstellen. Sie dürfen nur vorgenommen werden, wenn folgende Voraussetzungen erfüllt sind:

– Vorliegen einer **psychischen Erkrankung** oder **geistigen Behinderung** (z. B. Demenz) und gleichzeitig
– **potenzielle Gefährdung der eigenen Gesundheit** (Selbstentfernung von Kanülen und/oder Kathetern, hohes Selbstverletzungsrisiko bzw. Suizidgefahr) bzw. der **Gesundheit anderer** (z. B. durch aggressives Verhalten oder starke Unruhe).
– Die Freiheitsbeschränkung muss zur Abwehr der Gefahr **unerlässlich und angemessen** sein.
– Die Gefahr kann durch andere Maßnahmen nicht abgewendet werden, und die freiheitsbeschränkende Maßnahme ist **das gelindeste Mittel.**
– Eine **lückenlose Dokumentation** ist in jedem Fall von gerechtfertigter Fixierung anzustreben (Zeitpunkt und Dauer der Maßnahme, Art der Fixierung, durch wen angeordnet).

Die Fixierung von Personen lediglich aus Personalnot bzw. Arbeitsüberlastung ohne eindeutige Indikation ist in jedem Fall verboten (vgl. ▫ Tab. 21.2).

Ein regelmäßiger und/oder dauerhafter Einsatz von freiheitsentziehenden Maßnahmen kann u. U. zu erheblichen **gesundheitlichen Beeinträchtigungen** führen:

– höhere Verletzungsrate (z. B. Frakturen) bei kognitiv eingeschränkten Bewohnern mit durchgehenden Bettgittern
– erhöhtes Risiko für medizinische Komplikationen durch die Immobilisierung infolge Fixierung (Exsikkose [Austrocknung], Dekubitus [Wundliegen], Pneumonie [Lungenentzündung], Thrombose [Bildung von Blutgerinnseln], Kontrakturen [bewegungseinschränkende Verkürzung von Sehnen und Bändern], Muskelatrophien [Muskelschwund], geistiger Abbau)
– erhöhtes Risiko für Stressreaktionen bis hin zum plötzlichen Herzstillstand
– abdominale Quetschungen, unfallmäßiges Erhängen, Strangulation und Ersticken bei unsachgemäßer Gurtfixierung (Berzlanovich et al. 2007)
– Nervenschädigungen, Entzündungen/Infektionen bei unsachgemäßer Fixierung
– Depression, Aggression, Verschlechterung des Denkvermögens und Störung des Schlaf-Wach-Rhythmus.

21

◻ **Tab. 21.2** Rechtliche Bestimmungen bei freiheitsentziehenden Maßnahmen (nach: Berzlanovich et al. 2012)

Wann dürfen freiheitsentziehende Maßnahmen angewendet werden?

– bei Suizid- und Selbstbeschädigungsgefahr

– zur Vermeidung erheblicher gesundheitlicher Beeinträchtigungen (z. B. bei Bewegungs- oder Haltungsstörungen verbunden mit hohem Sturzverletzungsrisiko, übermäßiger motorischer Unruhe, agitiertem, aggressivem Verhalten)

– im Rahmen von medizinischen Behandlungen/Eingriffen (u. a. bei Gefahr der Selbstentfernung einer Infusionsnadel/eines Harnblasenkatheters, zur Ruhigstellung bei einer Fraktur)

Wer entscheidet über den Einsatz von freiheitsentziehenden Maßnahmen?

– In Pflege-/Altenheimen sowie in Kliniken bestimmen einwilligungsfähige Betroffene selbst über den Einsatz und die Dauer von freiheitsentziehenden Maßnahmen.

– Bei nicht einwilligungsfähigen Bewohnern bzw. Patienten ist eine entsprechende Zustimmung seitens der gesetzlichen Vertreter notwendig, die zusätzlich einer Genehmigung des Betreuungsgerichts bedarf.

– In Eil- und Notfällen haben die Leitungen der Heime/Krankenhäuser, Ärzte, Pflegepersonal sowie Angehörige Entscheidungsbefugnis.

– Die gerichtliche Genehmigung zur Anwendung von freiheitsentziehenden Maßnahmen ist unerlässlich, wenn diese regelmäßig oder andauernd eingesetzt werden. Bei vorliegenden Beschlüssen ist grundsätzlich der Gebrauch von Sicherungsmaßnahmen bei den zu Pflegenden erlaubt, es besteht jedoch keine Verpflichtung zu deren Einsatz.

Unfälle bei mechanischer Fixierung. Gerade bei dem nachvollziehbaren humanistischen Bestreben von Pflegepersonen, den Pflegling nicht vollständig zu fixieren, um noch ein gewisses Maß an Bewegungsfreiheit zu gewährleisten, kann es etwa durch ausgeprägte **Bewegungsunruhe** des unzureichend Fixierten zu einer Verlagerung in eine Körperposition kommen, die eine lebensbedrohliche Strangu-

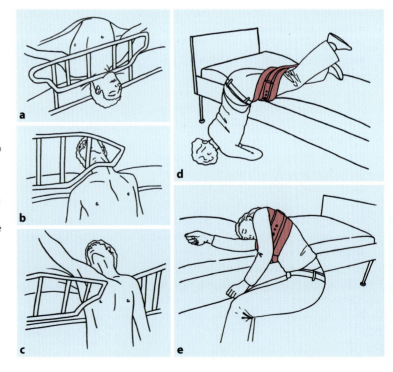

◻ **Abb. 21.9** Beispiele für typische Körperpositionen bei Todesfällen in Verbindung mit Fixierungsmaßnahmen. **a** Einklemmung des Halses zwischen Matratze und unterer Querstange des Bettgitters. **b** Strangulation nach Durchrutschen unter das Bettgitter. **c** Lagebedingter Erstickungstod durch Einklemmung des Brustkorbes zwischen geteilte Bettgitter. **d, e** Rekonstruktion der Körperhaltung bei Todesfällen im Rahmen einer Gurtfixierung (Zeichnungen a–c nach FDA, Hospital Bed Safety Workinggroup; Zeichnung d u. e nach Fotos von A. Berzlanovich, Wien)

lation und/oder Brustkorbkompression herbeiführt (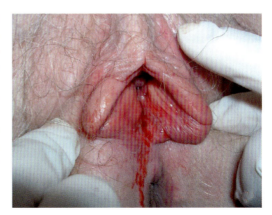 Abb. 21.9). Bei Zwischenfällen oder Todesfällen unter Fixierung sollte zur Rekonstruktion immer ein rechtsmedizinischer Sachverständiger hinzugezogen werden. Bei Todesfällen ist immer eine rechtsmedizinische Obduktion samt Folgeuntersuchungen anzuordnen.

Ausführliche Empfehlungen zum Umgang mit freiheitsentziehenden Maßnahmen und möglichen Alternativen können u. a. auf der Homepage der Landeshauptstadt München abgerufen werden (s. Literatur und www.redufix.de).

> **Merke**
>
> Ist die Anwendung von Fixierungssystemen unumgänglich, so ist durch regelmäßige Schulung des Pflegepersonals die korrekte Anwendung (gemäß Herstellervorgaben) sicherzustellen.

21.7 Sexueller Missbrauch und sexualisierte Gewalt

Sexualisierte Gewalt. Die Dunkelziffer dieser Art von Gewalt gegen ältere Menschen ist vermutlich hoch, einerseits weil diese Vorfälle grundsätzlich selten gemeldet werden, andererseits weil diese Möglichkeit schlicht nicht in Erwägung gezogen wird.

Typischerweise geschieht der Übergriff an einem **weiblichen Opfer** durch einen **männlichen Täter** in der Abgeschiedenheit der Wohnräumlichkeiten des Opfers in Form von:

– unnötigem berühren oder Tätscheln intimer Körperteile bei der Pflege
– Belästigung durch anzügliche Bemerkungen oder Zeigen von pornografischen Bildern
– eindeutig sexuelle Handlungen (z. B. Vergewaltigung).

Frauen höheren Alters erleiden als Folge der mit **Östrogenmangel** einhergehenden vaginalen **Schleimhautatrophie und Schleimhautaustrocknung** erleichtert genitale Verletzungen (vgl. Abb. 21.10). Liegen vaginale Läsionen und/oder Blutungen vor, sollte die Frau daher zur Abklärung eines Sexualdeliktes bzw. einer organischen Erkrankung stets einem

Abb. 21.10 Frische Blutung aus Schleimhauteinriss bei 6 Uhr (in sog. Steinschnittlage) im Bereich des Scheideneingangs nach vaginaler Penetration im Rahmen eines Sexualdeliktes an einer 80-jährigen Frau

Arzt vorgestellt werden (s. ► Kap 27 „Sexualisierte Gewalt" und ► Kap. 29 „Standardisierte Untersuchung und Spurensicherung nach Sexualdelikt").

Aufgrund der in manchen Fällen erschwerten Verständigung (z. B. im Rahmen fortgeschrittener Demenz) und daraus resultierendem verspätetem Untersuchungszeitpunkt, Inkontinenz und Reinigungsmaßnahmen verläuft eine **DNA-Spurensicherung** in vielen Fällen negativ. Der Verdacht kann auch durch das Vorliegen sekundärer extragenitaler Verletzungen wie Biss- und Saugverletzungen, stumpfes Trauma (z. B. Griff- und Fixierungsverletzungen) sowie Befunden wie sie nach „Gewalt gegen den Hals" beobachtet werden können (s. ► Kap 19 „Allgemeine klinisch-forensische Traumatologie") ausgesprochen bzw. erhärtet werden.

21.8 Vernachlässigung

Die Vernachlässigung als häufigste Art von Gewalt gegen ältere Menschen kann in Form

– fehlender Pflege (vgl. Abb. 21.11),
– fehlerhaft durchgeführter Pflege oder
– gegen den Willen durchgeführter Pflege auftreten.

Ursache hierfür ist allerdings in vielen Fällen die **Unwissenheit** der Betreuungsperson(en) bzgl. korrekt durchgeführter Pflege bzw. richtiger Interpretation von körperlichen Symptomen und Krankheitszu-

21

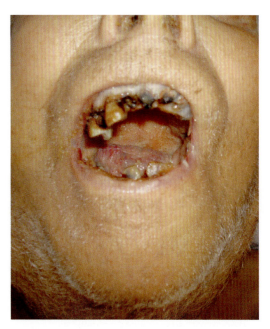

– Dehydratation und Exsikkose (Flüssigkeits-
  mangel bzw. innere Austrocknung),
– mangelnde Körperhygiene
– unbehandelte bzw. mangelhaft behandelte
  Aufliegegeschwüre (Dekubitus).

Mangelernährung, entweder durch Zufuhr falscher
Nahrungsmittel (**qualitative** Mangelernährung oder
Fehlernährung) oder aufgrund zu geringer Mengen
(**quantitative** Mangelernährung oder **Unterernährung**), bzw. Verabreichung von Nahrung in ungeeig-
neter Form (z. B. Flüssignahrung, pürierte Nahrung,
spezielle Diabetikerdiäten) führt zu

– reduziertem Body-Mass-Index (BMI < 21 kg/
  m^2)
– Muskelschwund/Muskelatrophie
– Kachexie (krankhafte Abmagerung) mit BMI <
  18 kg/m^2 (◘ Abb. 21.12)
– Osteoporose (Knochenentkalkung)
– rezidivierenden Infektionen
– reduziertem Serumalbumin (< 3,4 g/dl)
– schlechter Eisenbindungskapazität
– Anämie (Blutarmut)
– Ödemneigung (Flüssigkeitseinlagerung ins
  Gewebe).

◘ **Abb. 21.11** Beispiel für mangelhafte bzw. fehlende Pflege. Trotz stark kariöser Zähne bei mangelhafter Mundhygiene
wurde keine zahnärztliche Hilfe veranlasst.

ständen (**passive, unbeabsichtigte Vernachlässigung**).

Befunde bei vernachlässigten Personen können
umfassen:
– Mangelernährung und Hungerzustände

Dehydratation. Um sich ein häufiges Wechseln von
Kleidung, Windeln oder Bettlaken zu ersparen, reduzieren manche Pflegepersonen die Flüssigkeits-

◘ **Abb. 21.12** Ausgeprägte
Kachexie bei konsumierender
Erkrankung (postmortaler
Befund).

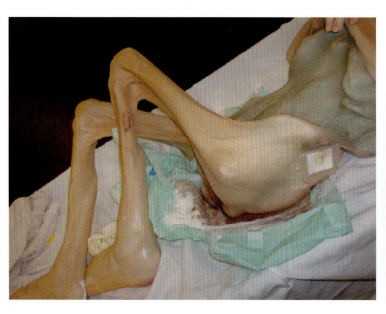

◻ Tab. 21.3 Prädilektionsstellen für die Ausbildung von Druckgeschwüren in Abhängigkeit von der Lagerung

Lagerung	Prädilektionsstellen für Druckgeschwüre
Rückenlage	Kreuzbein und Fersen, Steißbein, Sitzbeinhöcker, Dornfortsätze der Darmbeinschaufel, Schulterblätter, Ellenbogen sowie Hinterkopf und Ohren
Bauchlage	Kniescheiben, Schienbeine und Zehen, Rippenbögen, Schultern, Stirn und Beckenknochen
Seitenlage	äußerer Fußknöchel, Wadenbeine, Kniegelenke innen und außen, vorderer Beckenkamm, seitliche Rippen, Jochbeinknochen und Ohren
Sitzen	Sitzbeinhöcker (Gesäß)

zufuhr ihres Pfleglings, was u. U. eine schwerwiegende und bedrohliche **Exsikkose** (Austrocknung) zur Folge haben kann. Hinzu kommt ein im Alter reduziertes Durstgefühl, eine möglicherweise eingeschränkte Nierenfunktion und/oder Diuretikatherapie, Durchfälle, Erbrechen und Fieber.

Symptome einer Dehydratation/Exsikkose können sein:

– trockene Zunge und Schleimhäute
– eingesunkene und trockene Augen
– herabgesetzter Hautturgor (Spannungszustand der Haut), die Haut ist faltig und schlaff, fühlt sich pergamentartig an
– Tachykardie (erhöhte Herzfrequenz)
– Hypotonie (niedriger Blutdruck)
– Schwindel- und Schwächegefühle bzw. Schläfrigkeit
– zunehmende Verwirrtheit und Teilnahmslosigkeit
– Obstipation (Stuhlverstopfung)
– erhöhter Hämatokrit (Anteil der zellulären Bestandteile am Blutvolumen) mit erhöhter Blutviskosität (Zähflüssigkeit).

Dekubitus. Als Folge von Vernachlässigung immobiler Personen können sog. Dekubitalgeschwüre (Dekubitalulzera), auch Druckgeschwüre oder Wundliegegeschwüre genannt, auftreten. Da Druckgeschwüre auch bei adäquater Pflege und Behandlung auftreten können, sind vor allem **Ulzera in untypischen Körperregionen** hinweisend für eine längere Zeit bestehende unnatürliche Körperhaltung (z. B. als Folge von Fixierungsmaßnahmen). Je nach Lagerung können unterschiedliche Körperstellen von Druckgeschwüren betroffen sein (Prädilektionsstellen, vgl. ◻ Tab. 21.3).

Mangelhafte Hygiene. Nicht oder nur ungenügend behandelte bzw. versorgte Dekubitusgeschwüre sind ebenfalls **hinweisend für eine Vernachlässigung**. Durch mangelhafte Hygiene, wie längeres Liegenlassen in Urin und Fäkalien bei Inkontinenz und Immobilität (z. B. bei Demenz, Schlaganfall, Medikamenteneinnahme, chronischer Krankheit), verschlechtert sich die Gewebesituation rasch und das Infektionsrisiko erhöht sich beträchtlich.

In Verdachtsfällen ist daher eine **ausführliche Fotodokumentation** der Wundverhältnisse und wenn möglich die Asservierung eines **Wundabstrichs** für bakteriologische Untersuchungen anzustreben. Bei septischen Patienten kann das Ergebnis der Blutkultur mit den Kulturergebnissen des Wundabstrichs verglichen werden und die Sepsis („Blutvergiftung") so ggf. auf das mangelhaft versorgte Geschwür zurückgeführt werden.

Risikofaktoren für die Ausbildung eines **Dekubitus** sind:

– eine harte Unterlage
– Immobilität bzw. eingeschränkte Motorik (Änderung der Körperposition nur mehr eingeschränkt oder gar nicht möglich)
– Körpergewicht: Kachexie (Auszehrung) oder Adipositas (Übergewicht)
– Hautfeuchtigkeit und in der Folge ggf. mazerierte Haut (z. B. bei Inkontinenz)
– reduzierte Schmerzempfindung (z. B. Polyneuropathie bei Diabetes mellitus, Querschnittslähmung)
– höheres Alter des Patienten
– Dehydratation mit einhergehender verminderter Hautelastizität
– bestimmte Medikamente (z. B. Glukokortikoide)

21

◘ **Abb. 21.13** Beispiele der Stadien von Druckgeschwüren gemäß EPUAP.
I: nicht wegdrückbare Rötung der Haut entlang der Wirbelsäule.
II: nässender oberflächlicher sakraler Hautdefekt ohne Beläge umgeben von geröteter Haut.
III: tiefes Ulkus mit Nekrose aller Hautschichten im Gesäßbereich.
IV: Sakraldekubitus mit ausgedehntem Gewebeverlust bis zur Muskulatur und freiliegenden Sehnen

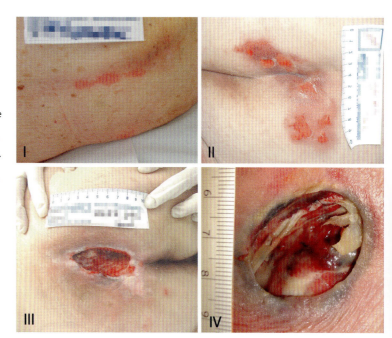

– Eiweiß- und Vitaminmangel
– Durchblutungsstörungen (z. B. Arteriosklerose)
– Stoffwechselstörungen.

Der **Schweregrad eines Dekubitus** richtet sich nach der Ausdehnung in die Tiefe des Gewebes. Es existieren verschiedenste Skalen für die Beurteilung von Druckgeschwüren. Die international gängigste Einteilung basiert auf der Klassifikationsempfehlung des European Pressure Ulcer Advisory Panel (EPUAP) (◘ Tab. 21.4).

Zusätzlich zu den **4 Ausdehnungsgraden** können **3 Wundstadien** unterschieden werden:
– **Stadium A:** blande „saubere" Wunde, Granulationsgewebe, keine Nekrosen
– **Stadium B:** schmierig belegte Wunde, Restnekrosen, keine Infiltration des umgebenden Gewebes
– **Stadium C:** Wunde wie Stadium B mit Infiltration des umgebenden Gewebes und/oder Allgemeininfektion (Sepsis).

Weitere Vernachlässigungsformen. Das Vorenthalten medizinischer Behandlung oder etwa das verzögerte Kontaktieren eines Arztes trotz deutlicher Verschlechterung der Krankheitssymptome, die

Nicht- oder Fehlverabreichung verordneter (und u. U. lebensnotwendiger) Medikamente sind ebenfalls Formen der Vernachlässigung, welche – kommt es zu einem Todesfall – oft unentdeckt bleiben, da die bestehende Grundkrankheit und deren Progression unkritisch als Todesursache gewertet werden. Die stark gesunkene Obduktionsrate v. a. bei älteren Menschen vergrößert das Dunkelfeld zusätzlich.

Pflegeeinrichtungen. Die überwiegende Zahl von Vernachlässigungen und Misshandlungsfällen älterer Menschen geschieht **im direkten privaten Umfeld der betroffenen Personen**, sei es zu Hause oder in Pflegeeinrichtungen. Innerhalb von Pflegeeinrichtungen kommen als Verursacher Pflegepersonal, Mitbewohner und Angehörige/Besucher gleichermaßen in Betracht. Aufgrund der häufig bestehenden **Demenzerkrankung** von Pflegeheimbewohnern sind diese in ihrer Möglichkeit, sich mitzuteilen und Hilfe zu suchen, u. U. stark eingeschränkt. Erschwerend kommt ein mitunter aggressives und u. U. gewalttätiges Verhalten der betroffenen Heimbewohner hinzu. Fälle von **inadäquaten Fixierungsmaßnahmen**, physisch oder medikamentös, um die (häufig als „schwierig" eingestuften) Patienten leichter zu kontrollieren, gelangten in der Vergangenheit immer wieder an die Öffentlichkeit. In einer der wenigen

Stadium	klinisches Erscheinungsbild
	Tab. 21.4. Einteilung von Druckgeschwüren (Dekubitus) in 4 Stadien gemäß des European Pressure Ulcer Advisory Panel (EPUAP)
Stadium I	**Nicht wegdrückbare Rötung.** Bei Fingerdruck nicht abblassende, umschriebene Hautrötung bei intakter Haut, gewöhnlich über einem knöchernen Vorsprung. Hinzutreten können Veränderungen wie lokale Ödembildung, Verhärtung, lokale Überwärmung und Verfärbung der Haut.
Stadium II	**Teilverlust der Haut.** Durch oberflächliche Schädigung der Epidermis bzw. der Dermis (Lederhaut) kommt es zur Ausbildung einer Blase, Erosion oder eines flachen glänzenden oder trockenen Ulkus (Geschwür) ohne nekrotisches (abgestorbenes) Gewebe. Der entstandene Hautdefekt nässt und ist infektionsanfällig.
Stadium III	**Verlust der Haut.** Zerstörung aller Hautschichten und Schädigung oder Nekrose (Absterben) des Unterhautfettgewebes; Knochen, Muskeln oder Sehnen sind nicht sichtbar. Der Dekubitus zeigt sich klinisch als tiefes offenes Geschwür. An Körperstellen ohne subkutanes Fettgewebe (z. B. Hinterkopf) können diese Wunden auch sehr flach sein. Manchmal wird der Dekubitus erst in diesem Stadium erkannt.
Stadium IV	**Vollständiger Haut- und Gewebeverlust.** Verlust aller Hautschichten mit ausgedehnter Zerstörung, Gewebsnekrose oder Schädigung von Muskeln, Knochen oder unterstützenden Strukturen (Sehnen, Gelenkkapsel). Die Tiefe der Läsion hängt von der anatomischen Lokalisation ab. Knochen und Sehnen sind sichtbar oder tastbar, es besteht die Gefahr einer Osteitis bzw. Osteomyelitis (Knochen- bzw. Knochenmarksentzündung).

Untersuchungen zur Problematik „Gewalt gegen ältere Menschen in Pflegeeinrichtungen" gaben 10 % der befragten Pflegepersonen selbst an, während des vergangenen Jahres zumindest eine Person physisch misshandelt zu haben, 40 % gaben an zumindest eine Person psychologischen Misshandlungen ausgesetzt zu haben (Pillemer & Moore 1989).

21.9 Untersuchungsmaßnahmen

Aufdecken kann man die unter Umständen problematische Situation alter pflegebedürftiger Menschen nur durch unangemeldete Kontrolle vor Ort, Ganzkörperuntersuchung, sorgfältige Befragung ohne Gegenwart von Angehörigen/Pflegepersonen, Überprüfung von Ernährung, Medikation, ärztlichem Befund, sozialem Beziehungsgeflecht sowie auch Aufenthaltsbestimmung und wirtschaftlichen Verhältnissen. Im Hinblick auf das Gewaltschutzgesetz bedarf die spezielle Situation älterer Menschen einer gezielten altersgerechten Berücksichtigung (vgl. Tab. 21.5).

21.10 Differenzialdiagnostische Überlegungen

Betrachtet man die Problematik „Gewalt gegen ältere Menschen" und die damit verbundenen körperlichen Befunde, darf keinesfalls außer Acht gelassen werden, dass der **alternde menschliche Organismus**, krankheits- oder alterungsbedingt, zahlreiche Veränderungen und Befunde aufweisen kann, die mit Veränderungen nach Gewalt verwechselt werden können bzw. differenzialdiagnostisch von diesen abgegrenzt werden müssen (s. Tab. 21.6 und Tab. 21.7).

Die häufigsten Schwierigkeiten betreffend ihrer Zuordnung bereiten in der Regel:

- Hautveränderungen
- Blutungen
- Knochenbrüche
- Mangelernährung
- anogenitale Befunde.

Haut und Weichteile. Alterungsbedingte Veränderungen der Haut wie die Abnahme der Elastizität, Abnahme des Kollagengehaltes, Abflachung des Papillarkörpers und erhöhte Fragilität der Kapillaren (kleinste Gefäße) können bereits nach geringer

21

◘ **Tab. 21.5** Untersuchungen hinsichtlich Gewalt und Vernachlässigung bei älteren Menschen	
Lebensumstände/ soziale Rahmenbedingungen	– räumliche Unterbringung/Pflegesituation (privat oder institutionell) – Bekleidung, hygienische Bedingungen – allgemeines äußeres Erscheinungsbild – medikamentöse Versorgung, Ernährung – Zahnstatus/Gebissbefund
Vorgeschichte	– Konsistenz zwischen körperlichem Erscheinungsbild, Muster/Spurenbild der Gewalteinwirkung bzw. Vernachlässigungszeichen und hierfür mitgeteilten Erklärungsansätzen – stattgehabte ärztliche Versorgung – Logistik der medikamentösen Verordnung und Pflege
körperliche Untersuchungsbefunde	– vollständige körperliche Untersuchung des entkleideten Körpers von Kopf bis Fuß mit detaillierter schriftlicher Dokumentation (mit Maßstab) sowie exakter Vermessung der Befunde und Fotos bzw. Videoaufnahmen – u. U. auch Laboruntersuchungen von asservierten Spuren z. B. bei sexuellem Missbrauch – chemisch-toxikologische Untersuchungen auf Alkohol, Drogen, Medikamentenspiegel – Blutgerinnungsstatus im Hinblick auf unerklärliche Hämatome – ggf. Krankheits-, Stoffwechsel-, Ernährungsparameter – ggf. Röntgenuntersuchungen bei Verdacht auf Frakturen (evtl. auch unterschiedlich alte Frakturen?), Ausmaß der Osteoporose (Knochenbrüchigkeit)
generelle Aspekte	– allgemeine Hygiene, Ungeziefer, Exkremente – angemessene Bekleidung, Gewicht und Größe (Body-Mass-Index) – Gewichtsentwicklung – Unterernährung, Marasmus, Ödeme, Austrocknung (Exsikkose) – Körpertemperatur, Blutarmut – mentaler Zustand (Demenz?) – Behinderung, Gebrechlichkeit – psychologische, neurologische und kognitive Evaluation

Traumatisierung zu flächenhaften, unregelmäßig, eher scharf begrenzten blau-rötlichen bis weinroten Hauteinblutungen führen, häufig in Verbindung mit Hauteinrissen (sog. Purpura senilis, ◘ Abb. 21.14). Prädilektionsstellen sind die Handrücken und Unterarmstreckseiten.

Das im Alter häufig reduzierte Unterhautfettgewebe prädisponiert in Verbindung mit einer veränderten Temperaturwahrnehmung, einem reduzierten Grundumsatz, geringerem Kältezittern und einer Reihe anderer Veränderungen zur rascheren **Unterkühlung** (Hypothermie).

Weiterhin neigt die fragile Haut bei längerer Verweildauer in einer Körperposition, vor allem über Knochenvorsprüngen, vermehrt zur **Ausbildung von Druckgeschwüren** (s. o.).

Blutungsneigung. Eine erhöhte Blutungsneigung im Alter im Rahmen unterschiedlicher chronischer Krankheitsbilder (z. B. Leberzirrhose, Anti-Phospholipid-Syndrom) oder durch sog. **blutverdünnende Medikamente** zur Reduktion der Thromboseneigung kann selbst bei kleinsten akzidentellen Bagatellverletzungen zu ausgedehnten Blutungen führen, welche differenzialdiagnostisch von Blutungen durch fremdbeigebrachte Verletzungen abzugrenzen sind. Erworbene Funktionsstörungen der Blutplättchen und zahlreiche Medikamente, die Funktion und Bildung der Blutplättchen beeinträchtigen können (z. B. Acetylsalicylsäure und andere nichtsteroidale Antirheumatika, manche Chemotherapeutika, Heparin), erhöhen ebenfalls die Blutungsneigung. Aplastische Anämie, Vitamin-B_{12}- und Folsäuremangelanämie sowie das myelodysplastische Syndrom (Erkrankung des Knochenmarks) können mit erhöhter Blutungsneigung vergesellschaftet sein und müssen ebenfalls differenzialdiagnostisch abgeklärt werden.

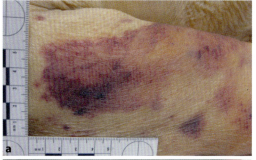

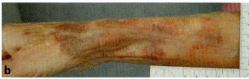

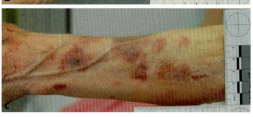

◨ **Abb. 21.14** Sog. Purpura senilis oder Alterssugillationen. Multiple konfluierende, weitgehend scharf begrenzte Einblutungen in die Haut am Oberarm (**a**) sowie am Unterarm (**b** u. **c**). Ursache war in allen Fällen ein banales Trauma bei altersbedingter erhöhter Brüchigkeit der Kapillaren sowie seniler Elastose (Abnahme der Bindegewebselastizität)

Eine erhöhte Neigung zu Nasenbluten und Blutung aus Hämorrhoiden ist im Alter häufig zu beobachten.

Intrakranielle Blutungen bedürfen einer sorgfältigen Abklärung und müssen bzgl. ihrer Genese als Folge unterschiedlicher Erkrankungen (z. B. Bluthochdruck, Gefäßerkrankungen, Gefäßanomalien sowie gestörte Blutgerinnung) differenzialdiagnostisch von einer traumatischen Entstehung abgegrenzt werden. Mehr oder minder ausgedehnte intrakranielle Blutungen sind häufig die Folge von Sturzgeschehen, welche wiederum im Alter häufiger durch sensomotorische Störungen, Blutdruckregulationsstörungen und andere organische Erkrankungen gehäuft auftreten. Bei der Untersuchung von Schädelverletzungen hinsichtlich **Sturz oder Schlag** sollte immer ein **Rechtsmediziner** hinzugezogen werden.

Knochenbrüche. Die im fortgeschrittenen Alter physiologische Abnahme der Knochendichte (Osteopenie), das Zustandsbild der Osteoporose (Knochenschwund) und andere pathologische Prozesse wie Knochenmetastasen können in Verbindung mit Gangunsicherheit und erhöhter Sturzneigung aufgrund unterschiedlicher organischer Erkrankungen (z. B. orthostatische Dysregulation, diabetische Neuropathie, zerebrale Durchblutungsstörung und div. neurologische Ausfälle) zu akzidentellen Knochenbrüchen führen. Diese Frakturen finden sich typischerweise im Bereich des Oberschenkelhalses, des proximalen Oberarmknochens (Collum chirurgicum) und den Wirbelkörpern.

Mangelernährung und Dehydratation. Zahlreiche alterungsbedingte Prozesse (z. B. Zahnverlust, gestörter Schluckakt, Mundtrockenheit und verringerter Appetit) können bereits zu einer eingeschränkten Nahrungsaufnahme führen, was zu einem mehr oder minder reduzierten Körpergewicht und zu Muskelatrophie führen kann. Die betroffenen Personen imponieren u. U. unterernährt oder kachektisch, was zu dem Verdacht einer pflegerischen Vernachlässigung führen kann. Pathologische Prozesse wie exokrine Pankreasinsuffizienz (ungenügende Produktion von Verdauungsenzymen), Hypothyreoidismus (Schilddrüsenunterfunktion), Diabetes mellitus und entzündliche Darmerkrankungen können die Aufnahme von Nährstoffen aus der Nahrung zusätzlich stark beeinträchtigen. Die infolge einer Krebserkrankung auftretende Stoffwechselstörung führt häufig zu beträchtlicher Auszehrung (Kachexie) der Betroffenen. Dehydratation ist im Alter u. a. die Folge eines verminderten Durstgefühls, einer chronischen Nierenfunktionsstörung, einer Nebennierenrindeninsuffizienz oder einer Diuretikaeinnahme.

Anogenitale Befunde. Alterungsbedingte Veränderungen und verschiedene pathologische Prozesse können zu auffälligen Befunden in der Genital- und Perianalregion führen, welche mit Verletzungen nach sexuellem Missbrauch verwechselt werden können. Bei Frauen sind dies v. a. die östrogenmangelassoziierte vaginale Schleimhautatrophie, Harnblasen- und Uterusvorfall infolge einer Beckenbodeninsuffizienz sowie genitale Infektionen und Reizzustände infolge des erhöhten vaginalen pH-Wertes und Inkontinenz. Hautveränderungen des äußeren Genitale bei Lichen sclerosus, Arznei-

◘ **Tab. 21.6** Alterungsbedingte Veränderungen, die bei der Interpretation von körperlichen Befunden älterer Menschen mitberücksichtigt werden müssen (modifiziert nach: Collins 2006)

Organsystem	mögliche alterungsbedingte Veränderungen
Haut und Weichteile	– verminderter Kollagengehalt der Haut – Brüchigkeit der Kapillaren – Abflachung des Papillarkörpers mit verminderter Verzahnung des Epithels mit seiner Unterlage – Reduktion des Binde- und Stützgewebes um Gefäße – aktinische Elastose (Schädigung durch UV-Strahlung) mit herabgesetzter Elastizität der Haut – reduziertes Fettgewebe
Skelettsystem	– Osteopenie, Osteoporose (Minderung der Knochendichte) – Arthrose (Gelenkverschleiß), Arthritis (Gelenkentzündung) – Mangel an 7-Dehydrocholesterol (Vitamin-D$_3$-Vorstufe) – reduzierte Flexibilität der Gelenke – Muskelatrophie – erhöhte Knochenresorption
hämatopoetisches System und Immunsystem	– reduzierte immunologische Abwehrlage – Reduktion von Zytokinen/Interleukinen (Botenstoffe des Immunsystems) – erworbene Koagulopathien (Störungen der Blutgerinnung) – Gerinnungsfaktormangel – Thrombopenie (Mangel an Blutplättchen) – Antiphospholipid-Syndrom, Lupus-Antikoagulans (Verlängerung der Blutgerinnungszeit) – erhöhtes/erniedrigtes Fibrinogen (Vorstufe des Blutfaserstoffes)
Zentralnervensystem	– zerebrale Atrophie (Verlust von Hirnsubstanz) – Demenz (Defizit kognitiver Fähigkeiten) – beeinträchtigtes Sensorium (Hören, Sehen etc.) – verringerte Propriozeption (Wahrnehmung von Körperbewegung und -lage im Raum) – Gang-, Balance- und Koordinationsstörungen – motorische Schwäche/Störungen
Thermoregulation	– reduzierter Grundumsatz bzw. reduzierte Stoffwechselaktivität – reduziertes Kältezittern – reduzierte Perspiration (Schwitzen) – gestörte/reduzierte Temperaturwahrnehmung
Herz-Kreislauf-System	– mangelnde Elastizität peripherer Gefäße – verringerte Vasokonstriktion bzw. Vasodilatation – reduzierte Herzleistung (Herzminutenvolumen) – orthostatische Dysregulation (starker Blutdruckabfall beim Übergang vom Liegen zum Stehen) – Arrhythmien
Lunge	– Einschränkung der mechanischen Lungenfunktion (z. B. wegen Muskelschwäche) – reduziertes Lungenvolumen – erniedrigter Sauerstoffpartialdruck des Blutes – eingeschränkter Hustenreflex
Verdauungstrakt	– eingeschränkter/fehlender Würgereflex – eingeschränkte Peristaltik – reduzierte Sekretion von Verdauungsenzymen – Dysphagie (Störung des Schluckaktes) – reduzierter Geschmacks- und Geruchssinn – Xerostomie (Mundtrockenheit durch verminderte Speichelsekretion) – reduziertes Durstgefühl – Zahnverlust – Inkontinenz

◘ **Tab. 21.6** (*Fortsetzung*) Alterungsbedingte Veränderungen, die bei der Interpretation von körperlichen Befunden älterer Menschen mitberücksichtigt werden müssen (modifiziert nach: Collins 2006)

Organsystem	mögliche alterungsbedingte Veränderungen
Metabolismus	– eingeschränkter Lebermetabolismus – reduzierte Serum-Cholinesterase (bei eingeschränkter Syntheseleistung der Leberzellen) – erniedrigte Alkoholdehydrogenase (reduzierte Alkoholverträglichkeit)
Urogenital-trakt	– Blasenatrophie – Prostatahyperplasie (gutartige Vergrößerung der Prostata) – Östrogenmangel (Schleimhautatrophie, trockene Scheidenschleimhaut) – erhöhter vaginaler pH-Wert – geschwächte Beckenbodenmuskulatur (Blasensenkung, Scheidenvorfall und Gebärmuttersenkung) – eingeschränkte Nierenfunktion (reduzierte glomeruläre Filtrationsrate, erniedrigte renale Clearance) – Inkontinenz
endokrines System	– Hypothyreoidismus (Schilddrüsenunterfunktion) – erworbener Diabetes mellitus (Typ-2-Diabetes)

mittelexantheme, peranale Blutungen bei entzündlichen Darmerkrankungen, Hämorrhoiden und Analfissuren können ebenfalls die Fehleinschätzung eines sexuellen Missbrauchs zur Folge haben.

Merke

Bei der Abklärung von Verdachtsfällen einer Gewaltanwendung gegen ältere Menschen müssen immer auch die (patho-)physiologischen Veränderungen des alternden Organismus mitberücksichtigt werden, wobei Sachverständige der relativ jungen rechtsmedizinischen Subdisziplin „forensische Gerontologie" involviert sein sollten.

21.11 Probleme, Fazit und Ausblick

Eine Abschätzung des Problemumfanges ist auch deswegen schwierig, weil sich Betroffene und Opfer häufig gar nicht mehr äußern können (Behinderte, Schwerkranke, Demente) oder dies faktisch nur in Gegenwart bzw. durch Vermittlung von Pflegenden tun (die wiederum potenzielle oder reale Täter sind). Dementsprechend schwer ist es, hier Fehlwahrnehmungen (infolge Gebrechlichkeit, Vereinsamung und psychiatrischen Erkrankungen) von ernstzu-

nehmenden Auskünften über Vernachlässigung und Misshandlung zu trennen.

Voraussetzung für eine medizinische Objektivierung von Misshandlung und Vernachlässigung ist eine **regelhafte und lückenlose medizinische Betreuung** von alten Menschen, die allerdings in Ausmaß und Güte von der sozialen Einbindung abhängig ist. Zudem sind neben den subtil zu erfassenden Folgen seelischer Misshandlung eindeutig misshandlungsbedingte körperliche Schädigungen aus medizinischer Sicht objektiv nur schwer erfassbar. Die Phänomenologie von Verletzungen der körperlichen Integrität im Alter ist vielfältig. Selbst bei scheinbar eindeutiger Sachlage nach polizeilichen Ermittlungen kann die Zurechnung von Verletzungshandlungen zur Kausalität von Schädigungen ein Problem darstellen, da die Bewertung vor dem Hintergrund einer oftmals multimorbiden Disposition und Gebrechlichkeit relativiert werden muss. Umso größer ist die Bedeutung der **sorgfältigen Dokumentation** und Klassifikation von morphologischen Verletzungsbefunden im Bereich von diskreten oder subtileren Gewaltformen.

Das Gesagte gilt umso mehr für **Unterlassungsdelikte**. Hier sind insbesondere die Fälle von Verwahrlosung von Pflegebedürftigen zu nennen. Die Zurechenbarkeit von Verantwortlichkeit, beispielsweise für Größe und Ausdehnung von Durchliegegeschwüren, für den Grad einer Kachexie bzw. De-

21

▣ **Tab. 21.7** Differenzialdiagnosen bzw. Verwechslungsmöglichkeiten von Befunden (modifiziert nach: Collins 2006)

pathologische („atraumatische") Veränderungen	Verwechslungsmöglichkeit im Rahmen eines Misshandlungsverdachts
Diabetes mellitus	Vernachlässigung, Hungern
senile Purpura (vgl. ▣ Abb. 21.14)	Hämatom nach stumpfem Trauma
Steroid-Purpura	Hämatom nach stumpfem Trauma
fragile Haut bei aktinischer Elastose	Riss-Quetsch-Wunde nach stumpfem Trauma
Purpura bei Cushing-Syndrom	Hämatom nach stumpfem Trauma
(Spontan-)Fraktur bei Osteoporose oder Tumormetastase	Fraktur durch Fremdeinwirkung/stumpfes Trauma
Harnblasen-, Scheiden- und Gebärmuttervorfall	Sexualdelikt
vaginale Blutung und Schleimhautläsionen infolge Östrogenmangels	Sexualdelikt
Malabsorption als Folge von Hypothyreoidismus oder Diabetes mellitus	Vernachlässigung, Hungern
Arzneimittelexanthem	Hämatom, Sexualdelikt, Verbrennung
reduzierter Analsphinktertonus	Sexualdelikt
anogenitale Hautschädigungen (Rötung, Erosion) bei Inkontinenz	Sexualdelikt, Vernachlässigung
Harnwegsinfekte bei Frauen	Vernachlässigung
Subduralhämatom nach Sturz oder bei Blutgerinnungsstörung	intrakranielle Blutung durch Fremdeinwirkung/stumpfes Trauma
Dehydrierung als Medikamentennebenwirkung	Vernachlässigung
erhöhte Arzneimittelspiegel im Blut als Folge verminderter renaler Clearance	medikamentöse Fixierung
Vaginitis	Sexualdelikt, Vernachlässigung
Lichen sclerosus	Sexualdelikt
Stuhlverstopfung	Sexualdelikt, Vernachlässigung
Hämorrhoidenblutung, Analfissur	Sexualdelikt
schlechte/verzögerte Wundheilung	Vernachlässigung
Kontaktdermatitis	stumpfes Trauma, Verbrennung
allergische Reaktion	stumpfes Trauma
toxische epidermale Nekrolyse (Arzneimittelkomplikation)	Verbrühung
entzündliche Darmerkrankung (Gewichtsabnahme, peranale Blutung)	Sexualdelikt, Vernachlässigung, Hungern

hydratation oder die Entstehung von Infektionen, ist grundsätzlich schwierig. Dies gilt umso mehr, je weiter weg vom institutionalisierten Pflegebereich mit entsprechenden Kontroll- und Dokumentationspflichten ein Mensch betreut wird. Mehrere von uns durchgeführte Untersuchungen an Verstorbenen wiesen bei etwa einem Viertel bis zu einem Drittel der alten Menschen erhebliche Vernachlässigungsanzeichen auf (in 2–3 % der Fälle z. B. mit fortgeschrittenen Dekubitalulzerationen).

Es ist eine Besonderheit der Gewalt in familiären und professionellen wie privaten Pflegebeziehungen, dass die „Täter" überwiegend nicht Fremde sind, sondern in der Regel über längere Zeit vertraute Personen des unmittelbaren Umfeldes, wie z. B. auch Familienangehörige.

Die Thematik „Gewalt gegen alte Menschen" steckt in einem **Sensibilisierungs-Skandalisierungs-Dilemma**. Die öffentliche wie private Aufmerksamkeit für diese Problematik muss geschärft werden. Dringend erforderlich sind mehr konkrete Hilfsangebote für Opfer und Betroffene, mehr Hilfe und Beratung für überforderte Angehörige oder Pflegende und ein dichteres soziales Netz mit Entlastung und Alternativen.

Statt eines Fazits ist eher von einer Zwischenbilanz zu sprechen. Diese ist beunruhigend. Die gesellschaftlichen Veränderungen, die uns durch die Altersstrukturverschiebungen in den nächsten Jahrzehnten bevorstehen, enthalten auch ein hohes Gewaltpotenzial. In diesem Szenario wird die Gewalt sehr vielfältige Ausdrucksformen haben, die wir zurzeit nur teilweise überblicken und die sich z. T. unserer Vorstellungskraft heute noch entziehen. Im Generationenkonflikt den inneren Frieden zu bewahren, ist eine große gesamtgesellschaftliche Aufgabe. Die atemberaubende Geschwindigkeit, mit der der Anteil älterer Menschen in unserer Gesellschaft ansteigt, rückt dieses Thema immer öfter in den Mittelpunkt.

Kindesmisshandlung

J. P. Sperhake, J. Matschke

22.1   Wahrnehmen von Misshandlungszeichen   – 266

22.1.1   Verhaltensauffälligkeiten   – 266

22.1.2   Verhalten und Äußerungen von Betreuungspersonen   – 267

22.1.3   Äußerungen des Kindes   – 267

22.2   Misshandlungstypische Verletzungsmuster   – 268

22.3   Rechtliche Rahmenbedingungen in Deutschland   – 276

M. Grassberger, E. Türk, K. Yen, Klinisch-forensische Medizin,
DOI 10.1007/978-3-211-99468-9_22, © Springer-Verlag Berlin Heidelberg 2013

Gewalt gegen Kinder gehört zu den Schattenseiten unserer modernen und aufgeklärten Gesellschaften. Als schwächste Mitglieder unserer Sozialgemeinschaft müssen Kinder in besonderem Maße auf den Schutz durch Erwachsene vertrauen können. Leider werden nicht alle Erwachsenen dieser großen Verantwortung gerecht und werden aus den unterschiedlichsten Motiven heraus übergriffig gegen die eigenen oder gegen fremde Kinder. Kindesmisshandlung existiert in vielfältigen Erscheinungsformen, wobei sich die überwiegende Zahl der Fälle im familiären Umfeld ereignet. Dies und der Umstand, dass gerade kleine Kinder nicht aktiv Hilfe suchen können, macht die Entdeckung von Misshandlung zuweilen schwer. Umso wichtiger ist es, dass all diejenigen, die professionell mit Kindern zu tun haben, mit geschultem und wachsamem Auge über das Wohl von Kindern wachen.

22.1 Wahrnehmen von Misshandlungszeichen

Abgesehen von solchen Fällen, bei denen Dritte Zeuge einer Misshandlung werden, entsteht der Verdacht auf Kindesmisshandlung entweder durch wahrnehmbare Verletzungen an der Körperoberfläche, durch Verhaltensauffälligkeiten des Kindes oder dadurch, dass das Kind selbst von einer Misshandlung berichtet. Jeder, der im privaten Umfeld oder beruflich mit Kindern zu tun hat, kann derartige Beobachtungen machen. Gesunder Menschenverstand, Lebenserfahrung (vor allem Erfahrung mit Kindern) und Intuition sind dabei gute Ratgeber. Kinderärzte, Kindergärtner, Lehrer und andere Berufsgruppen müssen ein Bewusstsein dafür entwickeln, dass nicht jede Verletzung durch einen Unfall verursacht worden sein muss und dass die Möglichkeit einer Misshandlung mindestens in Betracht gezogen werden muss, auch wenn man dies den Eltern nicht zutrauen möchte. Der Umstand, dass man es sich nicht vorstellen mag, *„dass jemand so etwas mit einem Kind tut"*, bedeutet nicht, dass die Möglichkeit einer Misshandlung kategorisch ausscheidet.

> **Merke**
>
> Nur wer die Möglichkeit einer Misshandlung in Erwägung zieht, kann diese auch erkennen!

22.1.1 Verhaltensauffälligkeiten

Jeder gewalttätige Übergriff durch einen Erwachsenen hinterlässt auch Spuren in der kindlichen Seele. Kinder, die wiederholt misshandelt werden (aber auch solche, die Zeuge von Gewalt unter den Eltern werden), zeigen meist auch Verhaltensauffälligkeiten, die zu Schwierigkeiten im Kontakt mit anderen Kindern, aber auch zu Einbrüchen in der schulischen Leistung führen können. Meilensteine in der Entwicklung werden verspätet erreicht oder die Kinder fallen auf frühere Stufen zurück und verlernen bereits Erlerntes (Regression). So brauchen Kinder, die schon eigenständig zur Toilette gehen konnten, wieder eine Windel oder beginnen im Schulalter nachts einzunässen. Sexuell missbrauchte Kinder zeigen zuweilen ein sexualisiertes Verhalten, was sich zum Beispiel darin äußern kann, dass sie an anderen Kindern Kopulationsbewegungen vollziehen oder fremde Menschen spontan küssen. Störungen in der Bindung und im emotionalen Kontakt zwischen Eltern und Kind können bei allen Misshandlungsformen auffällig sein. Chronisch misshandelte Kleinkinder äußern sich kaum und zeigen wenig Emotion, beobachten ihr Umfeld aber genau („frozen watchfulness"). Natürlich können derartige Auffälligkeiten auch andere Gründe haben als die einer körperlichen Misshandlung, sie haben daher zunächst nur Hinweischarakter. Die professionelle Einordnung von kindlichen Verhaltensauffälligkeiten und die Frage einer eventuellen Behandlungsbedürftigkeit obliegen letztlich Kinderpsychiatern oder Kinderpsychologen. Nicht selten sind es Zeichnungen, auf denen Kinder vermeintlich oder tatsächlich gewalttätige Szenen darstellen oder bei Strichmännchen die Genitalien überbetonen, die zu dem Verdacht einer Misshandlung führen; gerade hier besteht auch immer die Gefahr der Fehlinterpretation und Überbewertung.

> **Merke**
>
> Verhaltensänderungen des Kindes können hinweisend für Misshandlung sein. Auch in kindlichen Zeichnungen können sich Gewalterfahrungen ausdrücken.

22.1.2 Verhalten und Äußerungen von Betreuungspersonen

Auch das Verhalten der Betreuungspersonen kann auffällig sein. Ein tatsächlich akut verunfalltes Kind wird meist von aufgeregten, manchmal geradezu panischen Eltern in einer Kinderklinik oder Unfallaufnahme eines Krankenhauses vorgestellt, wobei das Ausmaß der Aufregung oft in einem Missverhältnis zur Geringfügigkeit der Verletzung steht. Nach Misshandlungen wird das Kind dagegen häufig zeitverzögert vorgestellt. Das Verhalten der Begleitpersonen kann bagatellisierend oder distanziert erscheinen, selbst dann, wenn das Kind schwerer verletzt ist. Erklärungen, wie es zu den Verletzungen gekommen sein soll, bleiben im Falle einer Misshandlung häufig vage und detailarm. Typisch ist auch, dass Erklärungsversionen wechseln und jeweils an neue Ermittlungserkenntnisse angepasst werden. Es ist wenig glaubhaft, wenn Eltern für jedes einzelne von 15 unterschiedlich alten Hämatomen am Körper eines Kleinkindes einen konkreten Entstehungsmechanismus schildern. Andererseits muss nicht jede zunächst unglaubwürdig klingende Geschichte erfunden sein. Im Gegenteil könnte im Einzelfall für die Glaubwürdigkeit einer ungewöhnlichen Unfallhergangsschilderung das eigene Gefühl sprechen, „dass man sich so etwas einfach nicht ausdenken kann".

22.1.3 Äußerungen des Kindes

Spontane Äußerungen des Kindes zu einem Verletzungshergang können von großer Bedeutung sein. Auf jeden Fall sollten prägnante Aussagen von Kindern (oder deren Begleitpersonen) zum Geschehensablauf schriftlich und in wörtlicher Rede dokumentiert werden. Dies beugt späteren Missverständnissen oder Umdeutungen vor. So kann es vor Gericht große Bedeutung erlangen, ob ein Ablauf tatsächlich so wie vom Zeugen vorgetragen berichtet wurde oder ob der Ablauf ein Ergebnis der Interpretation des Gesagten durch den Zeugen ist.

Zurückhaltung bei der Bewertung kindlichen Aussageverhaltens ist immer geboten. Es kann sein, dass dem Kind im Vorfeld einer Untersuchung oder Vorstellung bei einer Hilfseinrichtung eine Geschehensversion „nahe gelegt" wurde. Die Fantasie der Kinder kann aber auch zu Ausschmückungen, Übertreibungen oder gänzlich erfundenen Geschichten führen. Je häufiger Befragungen stattfinden, desto unbrauchbarer sind deren Ergebnisse. Deswegen sollten Kinder bei Misshandlungsverdacht sehr zurückhaltend befragt werden, wobei offene Fragen (*„Was ist Dir passiert?"*) Suggestivfragen (*„Hat Dein Papa Dich da geschlagen?"*) vorzuziehen sind. Bei kleinen Kindern wird man auf eine Befragung häufig gänzlich verzichten können. Ist eine polizeiliche Befragung notwendig, so sollte diese im Beisein eines Kinderpsychologen/-psychiaters stattfinden und auf Video aufgezeichnet werden, damit im Falle einer Gerichtsverhandlung auf den Auftritt des Kindes als Zeuge verzichtet werden kann.

> **Merke**
>
> Kinder sind sehr zurückhaltend und auf keinen Fall suggestiv zu befragen.

Bei Misshandlungsverdacht muss das Kind professionell untersucht werden!

Jeder Misshandlungsverdacht sollte dazu führen, dass das Kind einem Arzt vorgestellt wird. Dies kann zunächst jeder Kinderarzt im Krankenhaus oder in der Praxis sein; je nach regionaler Verfügbarkeit wird es aber sinnvoll sein, das Kind einem für Misshandlung geschulten Experten vorzustellen. Kinderschutzambulanzen entstehen im deutschsprachigen Raum in zunehmendem Maße und machen sich die Expertise von Rechtsmedizinern oder speziell geschulten Kinderärzten zunutze. Fehleinschätzungen kommen vor und können sich katastrophal auf die

Zukunft des Kindes und seiner Familie auswirken. Übereifer, unzureichende Fachkenntnisse und einsame Entscheidungen führen mitunter zu ungerechtfertigten Anschuldigungen. Eltern von einem falschen Verdacht zu entlasten ist ebenso wichtig, wie es ist, ein Kind vor Misshandlungen zu schützen. Auch daher ist bei der Untersuchung und der Beurteilung allergrößte Sorgfalt angezeigt. Gerade in Fällen, die schwierig zu beurteilen sind, sind der fachübergreifende Austausch und das Einholen einer zweiten und dritten Meinung dringend anzuraten. Das Versenden von anonymisierten Fotografien an Experten über eine sichere Email-Verbindung ist heutzutage ein schneller und effizienter Weg, eine fundierte Einschätzung zu einem Verletzungsbild von dritter Seite zu erhalten (wenngleich die Beurteilbarkeit von Verletzungen anhand von Fotos grundsätzlich eingeschränkt ist).

> **Merke**
>
> Fehldiagnosen können katastrophale Auswirkungen haben!

Die Untersuchung von verletzten Kindern erfordert Einfühlungsvermögen und Handlungssicherheit. Übergroße Eile oder gar Hektik sind dabei fehl am Platze. Das tatsächlich oder mutmaßlich von Misshandlung betroffene Kind braucht eine Atmosphäre der Ruhe und Gelassenheit, um ausreichend Vertrauen in die Situation und den Untersucher fassen zu können und nicht durch ein „überrumpelndes" Verhalten wohlmeinender Helfer erneut traumatisiert zu werden. Nur selten wird es notwendig sein, ein Kind mitten in der Nacht zu untersuchen. Verweigert sich ein Kind der Untersuchung strikt, so ist dies zunächst zu respektieren, ohne dem Kind durch eigenes Verhalten ein schlechtes Gewissen zu machen. Es ist ganz normal, dass Kinder Angst vor einer Untersuchung haben. Wenn aber ausführlich und kindgerecht erklärt wird, was gemacht wird (z. B. auch unter spielerischer Zuhilfenahme einer Puppe oder eines Stofftieres), kann das Kind autonom entscheiden, ob es sich auf die Untersuchung einlässt. Bei der Untersuchung muss das ganze Kind im Fokus stehen. Eine ausschließliche Fokussierung auf den verletzten Bereich (z. B. den Genitalbereich im Falle

eines Sexualdeliktes), degradiert das Kind abermals zum Objekt und zum Opfer. Dem Untersucher können durch eine voreingenommene Einengung des Blickwinkels überdies wichtige Informationen verborgen bleiben (z. B. dass das Kind selbstverletzendes Verhalten zeigt). Es stärkt das Selbstvertrauen des Kindes und dessen Vertrauen in den Untersucher, wenn dem kleinen Patienten von vornherein die „Hoheit" über seinen Körper und damit auch über den Umfang der Untersuchung übertragen wird. Das Kind kann und soll sagen, was es gegebenenfalls nicht möchte und darf die Untersuchung ausdrücklich auch abbrechen. Bei einfühlsamer Vorgehensweise kann die Untersuchung einen therapeutischen Effekt haben; eine Untersuchung, die das kindliche Gewaltopfer zusätzlich traumatisiert, verfehlt ihr Ziel.

> **Merke**
>
> Kein Kind wird zu einer Untersuchung gezwungen!

Erfährt ein Kind Gewalt – sei es am eigenen Leib oder als passiver Zuschauer – nimmt auch die kindliche Seele Schaden. Nicht jedes Kind wird langfristig auf kinderpsychiatrische Unterstützung angewiesen sein; dennoch sollte zur Vorbeugung posttraumatischer Fehlentwicklungen in jedem Fall mindestens eine Risikoeinschätzung von Seiten der Kinderpsychiatrie bzw. -psychologie erfolgen.

> **Merke**
>
> Die kindliche Seele braucht nach Traumatisierungen professionelle Unterstützung.

22.2 Misshandlungstypische Verletzungsmuster

Eindeutige Kriterien oder diagnostische Algorithmen, mit denen sich unfallbedingte von misshandlungsbedingten Verletzungen zuverlässig unterscheiden lassen, existieren nicht. Unterschiedlichste Verletzungsformen können sowohl unfall- als auch misshandlungsbedingt sein (auf besondere Verlet-

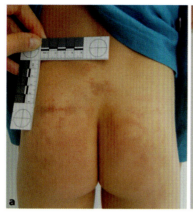
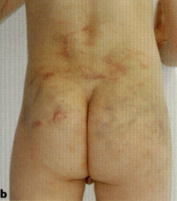

Abb. 22.1 Die Vielzahl von Hämatomen am Gesäß in unterschiedlichen Stadien spricht bei diesen Kindern klar gegen eine unfallbedingte Entstehung. a 7-jähriger Junge, der von seinem Vater wegen eines Hausaufgabenproblems verprügelt wurde. b Der 5-jährige Junge wurde vom Lebensgefährten der Mutter verprügelt (Fotos: D. Seifert)

zungsformen, die „diagnostisch" bzw. nahezu beweisend für eine Misshandlung sein können, wird weiter unten eingegangen). Die Einordnung kann insbesondere dann schwer fallen, wenn eine Verletzung, wie z. B. der Bruch eines Oberschenkels oder ein Hämatom im Gesicht, isoliert vorliegt, der angebliche Entstehungsmechanismus aber nicht ohne weiteres nachvollziehbar ist. Ein vorgebliches Unfallgeschehen muss aber sowohl zum Verletzungsbild als auch zum Kind bzw. dessen Entwicklungsstand passen. Während Hautunterblutungen („blaue Flecken") an Knien und Schienbeinen bei Kindern im Kindergarten- und Schulalter völlig normal und Ausdruck eines gesunden Spiel- und Tobeverhaltens sind, sind derartige Verletzungen bei einem zwei Monate alten Säugling, der sich noch nicht einmal selbst drehen, geschweige denn ohne Fremdeinwirkung verunfallen kann, dringend erklärungsbedürftig. Das gruppierte Auftreten von Verletzungen in bestimmten Körperregionen (z. B. am Gesäß) deutet auf einen repetitiven Mechanismus und weniger auf ein zufälliges Unfallgeschehen hin (◘ Abb. 22.1). Zuweilen ist es auch die Massivität der Verletzungen, die gegen einen banalen Unfall als Entstehungsursache spricht (◘ Abb. 22.2).

Bei der groben Einordnung können Schemata hilfreich sein (vergl. ◘ Tab. 22.1). Vorstehende Körperareale mit wenig Unterhautfettgewebe, wie z. B. das Kinn, die Stirnwülste, Kinn, Ellenbogen oder Knie, werden durch Hinstürzen leicht verletzt, während die Augenhöhlen, der Hals, die Innenseite der Oberarme und andere Regionen eher geschützt liegen. Hier ist aber das Gesamtbild entscheidender als die unreflektierte Einordnung einer Verletzung nach einem Schema. So kann ein Monokelhämatom (das sog. „blaue Auge" oder „Veilchen"), das dem Schema folgend eher misshandlungstypisch ist, im Einzelfall auch durch ein unglückliches Anstoßen eines Kindes

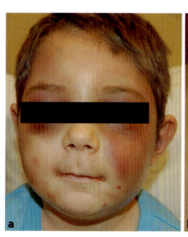
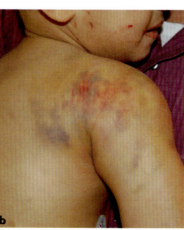

Abb. 22.2 a Massive Hämatome im Gesicht. Das 4-jährige Kind wurde vom Lebensgefährten der Mutter verletzt. **b** Zahlreiche zusammenfließende Hämatome an der Schulter eines 2-jährigen Jungen, der angeblich die Treppe hinunter gefallen sei (Fotos: D. Seifert)

22

◘ Tab. 22.1 Differenzierung Unfall vs. Misshandlung nach verletzter Körperregion	
eher sturz-/unfalltypisch	*eher* misshandlungstypisch
Augenbrauenwulst, Kinnspitze, Nase	Augenhöhlen, Wangen
Kopf in der „Hutkrempenlinie"	Kopf oberhalb der „Hutkrempenlinie"
Ellenbogen	Oberarme, Unterarmstreckseiten
Handballen	Handrücken
Knie, Schienbeine	Oberschenkel(innenseiten)
	Gesäß, Rücken
	Genitale

an die Ecke eines Möbelstückes oder durch einen anderen Unfallmechanismus erklärt werden.

> **Merke**
>
> Schemata können bei der Einordnung einer Verletzung hilfreich sein, ersetzen aber nie die Einzellfallabwägung unter Berücksichtigung des Gesamtbildes!

Bei den Folgen der körperlichen Misshandlung dominieren Hautverletzungen, dabei an erster Stelle die **Hautunterblutungen (Hämatome)**. Hämatome entstehen als Folge stumpfer Gewalteinwirkung (Faustschläge, Tritte, Schläge mit Gegenständen, Anschlagen des Kopfes oder der Extremitäten an eine harte Fläche etc.) und können sowohl im Rahmen von (Bagatell-)Unfällen als auch Misshandlungen auftreten. Eine Differenzierung ist nicht immer möglich. Hier helfen zuweilen der gesunde Menschenverstand, die Berücksichtigung des Lebensalters und das bereits eingeführte Schema (◘ Tab. 22.1) weiter. Hämatome durchlaufen während der Heilung verschiedene Farbstadien (z. B. blau-violett → grün → braun → gelb, ◘ Abb. 22.3), bis sie nach 1 bis 2 Wochen abklingen, allerdings ist bei der Interpretation große Zurückhaltung angezeigt.

Je nach verletzter Körperregion, Weichteildicke, Hauttyp und Schwere der Verletzung können gleich alte Hämatome ganz unterschiedliche Farben aufweisen. Dennoch wird man bei einem Nebeneinander von kräftig blau-violett gefärbten und blass-gelben Hämatomen zumindest auf Verletzungen schließen können, die zu unterschiedlichen Zeitpunkten entstanden sind (◘ Abb. 22.4).

Die Farbgebung der Hämatome kann auch bei der Bewertung der Plausibilität eines (angeblichen) Unfallherganges helfen. Wenn ausschließlich braungelbliche Hämatome vorliegen, ist es unwahrscheinlich, dass das Kind 3 Stunden vor dem Besuch beim Kinderarzt die Treppe heruntergefallen ist. Häma-

◘ **Abb. 22.3 a** Etwa 1 Woche alte, gelblich-braune Hämatome bei 9-jährigem Mädchen, wahrscheinlich als Folge von festem Zupacken am Arm. **b** 7-jähriger Junge mit zahlreichen älteren Hämatomen unklarer Herkunft (Fotos: D. Seifert)

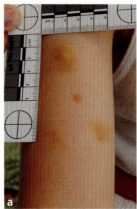
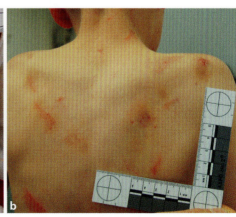

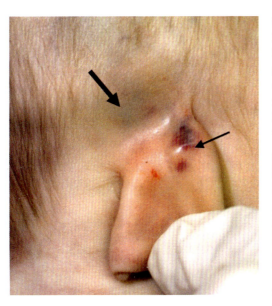

Abb. 22.4 Am oberen Rand der rechten Ohrmuschel liegen bei diesem Säugling Hämatome vor, die deutlich unterschiedlich alt sind (dünner Pfeil = frisch, dicker Pfeil = älter)

tome können sehr charakteristisch geformt sein und dadurch Hinweise auf die Entstehung geben (z. B. Schuhsohlenabdruck, Bissmarke, Doppelstriemen bei Schlägen mit Stock, Gürtel oder Kabel, ◘ Abb. 22.5).

Abdrücke der offenen oder geschlossenen Hand finden sich nicht selten an den Wangen von Kindern, aber auch an anderen Körperpartien. Nicht immer zeichnen sie sich eindeutig erkennbar ab (◘ Abb. 22.6).

Je nach Lokalisation der Hämatome und dem klinischen Zustand des Kindes muss auch an die Möglichkeit innerer Verletzungen (Knochenbrüche, Verletzungen im Schädelinneren, Ruptur von Bauchorganen) gedacht werden. Gerade bei stumpfer Gewalt zum Bauch können äußerlich sichtbare Verletzungen trotz schwerer innerer Verletzungen fehlen. Daher sollte der Verdacht grundsätzlich relativ niedrigschwellig durch geeignete **Bildgebung** und ggf. **Laboruntersuchungen** abgeklärt werden. In seltenen Fällen können Hämatome auch auf der Grundlage einer gestörten Blutgerinnung spontan oder durch Bagatelltraumata entstehen (◘ Abb. 22.7).

Nicht selten werden die sog. „**Mongolenflecke**", die als Pigmentstörungen häufig bei Kindern aus dem asiatischen Raum auftreten, fälschlicherweise für Hämatome gehalten (◘ Abb. 22.8). Die häu-

figste Lokalisation ist die Kreuzbeinregion. Diese Flecken sind im Gegensatz zu Hämatomen scharf begrenzt, blass blau-grau und in sich ganz homogen gefärbt. Im Zweifel empfiehlt es sich, das Kind in einem gewissen zeitlichen Abstand (1–2 Wochen) noch einmal in Augenschein zu nehmen. Sind die Flecken unverändert zu sehen, handelt es sich sehr wahrscheinlich nicht um Hämatome.

> **Merke**
>
> Hautunterblutungen sind die häufigste äußerlich sichtbare Misshandlungsfolge. Die Abgrenzung zu unfallbedingten Hämatomen kann schwierig, zuweilen sogar unmöglich sein.

Unter den Hautbefunden sind auch **Schürfungen**, **Platzwunden**, **Risswunden**, **Quetschwunden** und alle Misch- und Übergangsformen relativ häufig. Sie können ebenfalls sowohl durch Unfälle als auch durch Misshandlungen entstehen.

Ritzverletzungen sind, wenn sie zahlreich und parallel angeordnet sind, an leicht zugänglichen, wenig schmerzempfindlichen Stellen liegen und mit unglaubwürdigen Geschichten verbunden sind, typisch für **selbstverletzendes Verhalten**, das bei pubertierenden Kindern und Jugendlichen gelegentlich zu beobachten ist (◘ Abb. 22.9).

Manchmal werden auch Symbole in die Haut geritzt. Wenn die Betroffenen vorgeben, Opfer einer Straftat geworden zu sein und diese auch bei der Polizei anzeigen, ist behutsames Vorgehen angezeigt. Ein einfühlsames Gespräch kann zu einer Offenbarung führen. Auch andere Verletzungsarten wie Hämatome oder Schürfungen kommen gelegentlich vor (◘ Abb. 22.10).

Selbstverständlich schließt das Vorliegen selbst zugefügter Verletzungen eine Straftat nicht aus. Nicht immer ist selbstverletzendes Verhalten Ausdruck einer psychischen Problematik. Auch im Spiel oder als „Mutprobe" fügen sich Kinder Verletzungen zu. Hierbei kommen auch Hautläsionen durch thermische Einwirkung vor (z. B. Drücken eines heißen Feuerzeuges auf die Haut, Vereisung der Haut durch Applikation von Deospray aus nächster Nähe, ◘ Abb. 22.11).

Abb. 22.5 Geformte Hämatome und Hautrötungen. a Profilabdruck einer Schuhsohle, b Abdrücke von einer Fliegenklatsche, c–e schlaufenförmige Doppelstriemen durch Schläge mit Stromkabeln, f undeutlich geformte Hämatome durch Schläge mit Gürtel (Fotos b–d: D. Seifert)

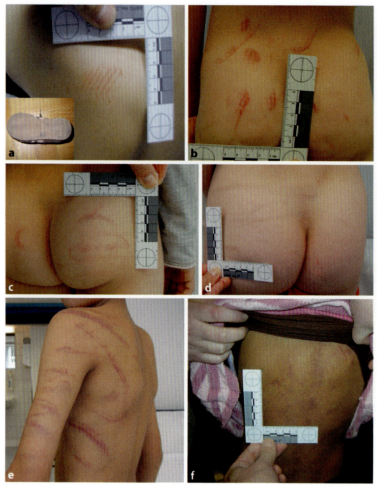

Merke		

Selbstbeigefügte Verletzungen kommen bei Kindern und Jugendlichen relativ häufig vor.

Wenn **thermische Läsionen** durch fremde Hand entstehen, muss an bewusstes Quälen des Kindes gedacht werden. Zum Einsatz kommen das Eintauchen (Immersion) des Kindes bzw. einzelner Körperteile in heiße Flüssigkeiten, das Verbrennen der Haut durch Setzen auf die Herdplatte, die Benutzung von Bügeleisen oder Föhn sowie Zigaretten, die auf die Haut gedrückt werden (Abb. 22.12).

Bei den **Immersionsverletzungen** lassen sich Unfälle (Herunterziehen des Kochtopfes) von misshandlungsbedingten Verletzungen meist recht gut

durch die charakteristische Ausbreitung der Hautläsionen unterscheiden. So führt die Immersion zu einem gleichförmigen Verbrühungsbild mit einer scharfen Begrenzung, die dem Wasserspiegel entspricht (Abb. 22.13), während das (unfallbedingte) Übergießen mit heißem Wasser zwingend Abrinnspuren und ein ungleichmäßiges Verteilungsmuster erwarten lässt.

Menschliche **Bisswunden** auf der Haut eines Kindes sind – gerade im Kindergartenalter – meist von anderen Kindern beigebracht worden. Wenn Erwachsene Kinder beißen, geschieht dies manchmal im Kontext sexuellen Missbrauchs. Der geringere Radius des kleinkindlichen Kiefers gegenüber dem Erwachsenenkiefer und die Abdrücke einzelner Zähne lassen eine Differenzierung häufig zu (Abb. 22.14). Sind Bissspuren misshandlungsbe-

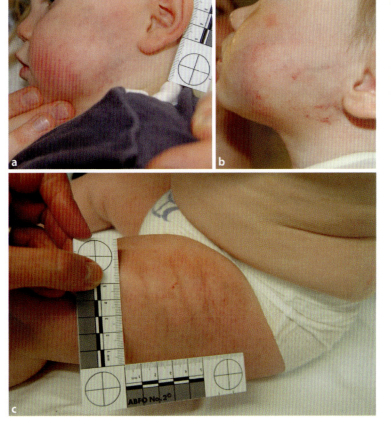

□ **Abb. 22.6** a Einjähriges Kind mit fraglichem Handabdruck im Gesicht. b Knapp einjähriges Kind, das von der Mutter mit der flachen Hand ins Gesicht geschlagen wurde. c Handabdruck bei 1½-jährigem Kind (Fotos: D. Seifert)

dingt und noch frisch, so stellen sie einen „Spurensicherungsnotfall" dar, da nur an der frischen Bissspur fremde DNA-Spuren zu sichern sind (s. ▶ Kap 26 „Verdacht auf sexuellen Missbrauch von Kindern").

kann wie bei Erwachsenen je nach Intensität und Dauer zu einer Blutabflussstauung in den Gesichtsweichteilen mit Entstehung von **punktförmigen Blutungen (Petechien)** führen. Diese feinen Blutungen findet man häufig in den Augenbindehäuten, den Lidhäuten, der Mundschleimhaut sowie hinter den Ohren. Sie können aber auch in allen anderen Partien der Gesichtshaut erscheinen. Liegen neben Petechien im Gesicht auch Verletzungen am Hals vor, so ist ein stattgehabter Angriff zum Hals sehr wahrscheinlich (□ Abb. 22.15). Das weiche Gewebe der Haut von Kindern begünstigt das Auftreten von Petechien, die auch nach heftigem Erbrechen, Hus-

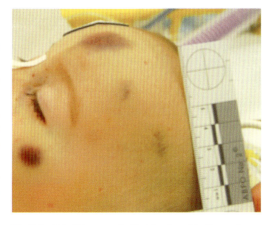

□ **Abb. 22.7** Hämatome im Gesicht eines Säuglings mit Blutplättchenmangel (Thrombozytopenie) aus innerer Ursache (Foto: D. Seifert)

22

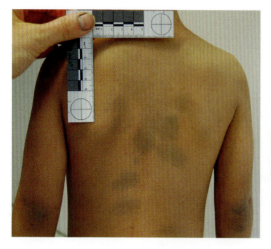

tenanfällen und anderen Zuständen auftreten, die zu einer „Bauchpresse" führen (■ Abb. 22.16).

Knöcherne Verletzungen, z. T. multipel in unterschiedlichen Heilungsstadien, sind verhältnismäßig häufig im Kontext von Kindesmisshandlung anzutreffen, auch dann, wenn klinisch keine Zeichen dafür vorliegen. Jeder Knochenbruch ist dringend erklärungsbedürftig und sollte auch plausibel erklärt werden können. Der Sturz eines Säuglings vom Sofa führt – wenn überhaupt – nur im Ausnahmefall zu Knochenbrüchen wie z. B. Schädelbrüchen. Viel häu-

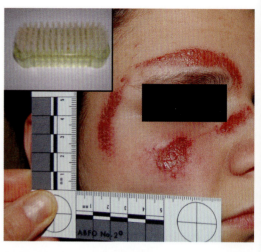

■ **Abb. 22.10** Ein 12-jähriges Mädchen behauptete, von Schulkameraden mit einem Gegenstand beworfen worden zu sein. Später gab sie zu, dass sie sich die schürfungsartige Verletzung mit einer Nagelbürste (Insert) selbst zugefügt hat (Foto: D. Seifert)

figer als der angebliche Sturz liegt eine Misshandlung zugrunde. Eine pathologische Knochenbrüchigkeit (z. B. bei Osteogenesis imperfecta – „Glasknochenkrankheit") muss im Einzelfall ausgeschlossen werden, ist aber ebenfalls viel seltener als Misshandlung. Als besonders diagnostisch für Kindesmisshandlung gelten die zuweilen radiologisch diskreten metaphysären Kantenabsprengungen (Knochenbrüche im Bereich der Wachstumszonen) an den langen Röhrenknochen von Babys und Kleinkindern.

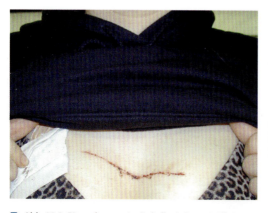

■ **Abb. 22.9** Ritzverletzung im Dekolleté eines 13-jährigen Mädchens. Vorgeblich ist die Verletzung im Rahmen eines Sexualdeliktes mit einem großen Messer zugefügt worden. Aus rechtsmedizinischer Sicht handelt es sich sehr wahrscheinlich um eine selbstzugefügte Verletzung

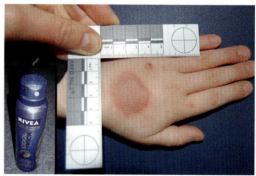

■ **Abb. 22.11** Lokale Erfrierung am Handrücken eines 7-jährigen Jungen. Das Kind hatte sich mit Deospray aus nächster Nähe auf die Hand gesprüht. Die austretenden Gase sind sehr kalt und geeignet, die Haut innerhalb von Sekunden zu vereisen (Foto: D. Seifert)

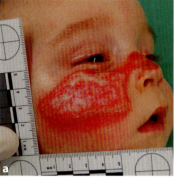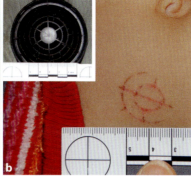

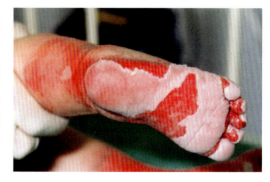

□ **Abb. 22.12 a** Retardierter Säugling, der akzidentell in Berührung mit einem heißen Heizungsrohr gekommen ist. **b** Hautverbrennung bei einem 5-jährigen Mädchen durch den erhitzten Luftauslass eines Föhns (nicht durch die heiße Luft) (Fotos: D. Seifert)

Derartige Verletzungen im Bereich der Wachstumszonen kommen auch gehäuft beim **Schütteltrauma-Syndrom** des Säuglings vor. Als „diagnostische Trias" für das Schütteltrauma-Syndrom bezeichnet man das gleichzeitige Vorliegen von **subduralen Blutungen**, Hinweiszeichen für eine **diffuse Hirnschädigung** (Enzephalopathie) und **Netzhautblutungen**. Säuglinge sind aus verschiedenen Gründen besonders gefährdet, durch Schütteln geschädigt zu werden. Der Kopf ist im Verhältnis zum Körper relativ groß und schwer und kann von der Nacken- und Halsmuskulatur noch nicht sicher gehalten werden. Zudem besteht in Bezug auf Gewicht, Körpergröße und Kraft ein erhebliches Missverhältnis zwischen der schüttelnden Person (Erwachsener) und dem geschüttelten Kind. Der Kopf kann also bei entsprechender Krafteinwirkung ungebremst hin und her schleudern, ohne dass der Säugling dies durch eigene Kraftanstrengung verhindern könnte (□ Abb. 22.17).

Ein weiterer Grund für die Verletzlichkeit der Strukturen im Schädelinneren ist die Unreife des Säuglingsgehirns. Im Schädelinneren kommt es zu Relativbewegungen zwischen der Hirnoberfläche und der inneren Schädeltafel, die von der harten Hirnhaut ausgekleidet ist. Dadurch reißen die Brückenvenen zwischen Gehirn und harter Hirnhaut und führen zu den typischen **Blutungen unter die harte Hirnhaut** (subdurale Blutungen), die meist beidseitig vorliegen. Entscheidender für die massive Schädigung der betroffenen Kinder und die schlechte Prognose ist die Schädigung des Gehirns auf mikrostruktureller Ebene. Durch das Zerreißen von feinen Nervenfasern wird das Gehirn diffus oder lokal traumatisiert. Wahrscheinlich sind es insbesondere Verletzungen die im Hirnstammbereich auftreten,

die dazu führen, dass viele der betroffenen Kinder sofort nach dem Schüttelvorgang einen Atemstillstand erleiden. Der nachfolgende Sauerstoffmangel verschlechtert den eingetretenen Hirnschaden weiter. Es kommt zum Ausstrom von Gewebsflüssigkeit und damit zur **Hirnschwellung** (Hirnödem) und zum Hirndruck. Die ablaufenden mechanischen Vorgänge und biochemischen Kaskaden sind nicht bis ins letzte Detail verstanden. Dennoch geht man heute im Gegensatz zu früher davon aus, dass es nicht die Blutung unter die harte Hirnhaut ist, die zum Tode führt, sondern dass der schwere diffuse Hirnschaden für den meist dramatischen Verlauf verantwortlich ist. Die häufig gleichzeitig vorliegenden **Netzhauteinblutungen** entstehen vermutlich ebenfalls durch Relativbewegungen, die innerhalb des Augapfels beispielsweise zu Verschiebungen zwischen Netzhaut und Glaskörper oder zwischen Netzhaut und Netzhautgefäßen führen können. Der als einer der Erstbeschreiber geltende John Caffey zählte auch Brüche der langen Röhrenknochen zu einem integralen Bestandteil des Syndroms. In der

□ **Abb. 22.13** Zweit- bis drittgradige Verbrühung eines Säuglingsfußes durch Eintauchen (Immersion) in eine heiße Flüssigkeit (Foto: D. Seifert)

22

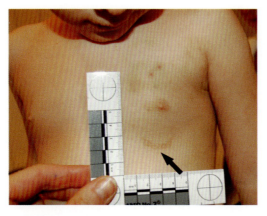

Tat sind Knochenbrüche beim Schütteltrauma häufig anzutreffen, wobei es sich dabei meist um **Rippenbrüche** (◘ Abb. 22.18) und/oder **Brüche im Bereich der Wachstumszonen der langen Röhrenknochen** handelt.

Das häufige Vorliegen von Rippenbrüchen kann als indirekter Beleg dafür gewertet werden, dass das Schütteln sehr gewaltsam erfolgt. Keinesfalls reicht ein einfaches Rütteln aus, wie es zuweilen bei störrischen Kindern an der Schulter erfolgt, um das Kind zum Zuhören oder Gehorchen zu bewegen. Auch „robustes" Spielen mit Säuglingen führt nach vorherrschender Lehrmeinung nicht zu den Befunden eines Schütteltrauma-Syndroms. Das Schütteln muss mit großer Amplitude erfolgen und erfordert seitens des Erwachsenen Kraftanstrengung. Die amerikanische Akademie für Kinderheilkunde legt sich dahingehend fest, dass der Schüttelvorgang so heftig sein muss, dass ein Beobachter den Vorgang

als unmittelbar lebensbedrohlich für das Kind einschätzen würde.

> **Merke**
>
> Angeblich spontan oder nach Bagatellsturz aufgetretene Bewusstseinsstörungen, Atemaussetzer und Krampfanfälle bei einem Säugling oder Kleinkind können die Folge eines gewaltsamen Schüttelns sein.

Eine besonders bizarre und noch nicht vollständig verstandene Form der Kindesmisshandlung ist das **Münchhausen-Stellvertretersyndrom** (englisch: Munchhausen's syndrome by proxy), auf das an anderer Stelle eingegangen wird (s. ▶ Kap 24 „Münchhausen-by-proxy-Syndrom").

22.3   Rechtliche Rahmenbedingungen in Deutschland

Da Kinder Erwachsenen körperlich meist unterlegen sind und gar nicht bzw. nur sehr begrenzt selbst für ihre Rechte eintreten können, trägt die Gesellschaft für sie eine besondere Verantwortung. Nach Art. 6 Abs. 2 des deutschen Grundgesetzes sind Pflege und Erziehung der Kinder Recht und die Pflicht der Eltern, wobei die staatliche Gemeinschaft über ihre Betätigung zu wachen hat. Die Gewährleistungsfunktion des öffentlichen Trägers für den Schutz vor Kindeswohlgefährdung (Wächteramt) liegt beim Jugendamt (§ 8 und § 72a Achtes Buch Sozialgesetzbuch). Gegen den Willen der Erziehungsberechtigten dürfen Kinder nur auf Grund eines

◘ **Abb. 22.15** Striemenförmige Verletzung am Hals eines 11-jährigen Jungen (**a**) mit petechialen Hauteinblutungen, insbesondere im Unterlid (**b**). Der Junge ist von seinem Stiefvater gedrosselt worden (Fotos: D. Seifert)

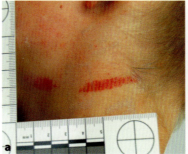

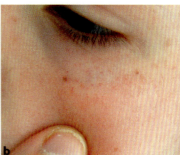

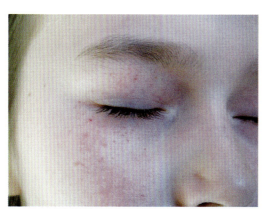

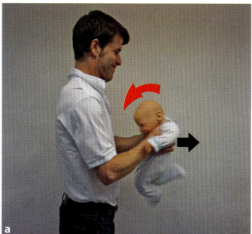

Abb. 22.16 Petechiale Hauteinblutungen bei einem 7-jährigen Mädchen nach wiederholtem nächtlichen Erbrechen

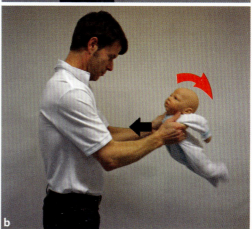

Abb. 22.17 Mechanismus beim Schütteltrauma. Durch die Beschleunigung kommt es zu großen Auslenkbewegungen des kindlichen Kopfes

Gesetzes von der Familie getrennt werden, wenn die Erziehungsberechtigten versagen oder wenn die Kinder aus anderen Gründen zu verwahrlosen drohen (Abs. 3). Nach § 1631 Abs. 2 BGB (Deutschland) haben Kinder ein Recht auf gewaltfreie Erziehung. Körperliche Bestrafungen, seelische Verletzungen und andere entwürdigende Maßnahmen sind unzulässig.

Wann aber muss ein Verdachtsfall bei den Strafverfolgungsbehörden angezeigt werden? Gibt es dafür überhaupt klare Kriterien?

In den vornehmlich für die Staatsanwaltschaft verfassten Richtlinien für das Strafverfahren und das Bußgeldverfahren (RiStBV) wird bei einer Kindesmisshandlung regelmäßig das besondere öffentliche Interesse an der Strafverfolgung grundsätzlich bejaht. Dieselbe Richtlinie schränkt aber ein: „Da leichte Verletzungen am Beginn gravierender Misshandlungen stehen können, kann das öffentliche Interesse an einer Strafverfolgung entfallen, wenn unterstützende Maßnahmen z. B. des Jugendamts erfolgreich sind." Es muss also im Vorfeld zu einer Einschätzung kommen, ob eine leichte oder eine schwere Körperverletzung vorliegt.

Eine Anzeigepflicht besteht in Deutschland nur in Bayern, woran auch das neue Bundeskinderschutzgesetz (s. u.) nichts geändert hat. Hier heißt es im Art. 14 Abs. 6 des bayrischen Gesundheitsdienst- und Verbraucherschutzgesetzes (GDVG): „Ärzte und Hebammen sind verpflichtet, gewichtige Anhaltspunkte für eine Misshandlung, Vernachlässigung oder einen sexuellen Missbrauch eines Kindes oder Jugendlichen, die ihnen im Rahmen ihrer Berufsausübung bekannt werden, unverzüglich dem Jugendamt mitzuteilen".

Nicht selten sind es Ärzte, Hebammen oder andere Angehörige der Heilberufe, die Verletzungen bei einem Kind feststellen, die misshandlungsverdächtig sind. Diese Berufsgruppen unterliegen der Schweigepflicht, die in verschiedenen Rechtsnormen verankert ist. Dadurch kann beispielsweise für den Arzt eine Situation entstehen, in der er sich nicht befugt wähnt, Dritten (z. B. einer Behörde) den Verdacht mitzuteilen. Er kann sich aber im Rahmen einer Rechtsgüterabwägung durchaus gegen die Schweigepflicht entscheiden, wenn durch das Einhalten der Schweigepflicht gegenüber den

22

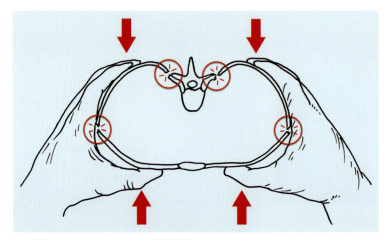

Abb. 22.18 Rippenbrüche sind beim Schütteltrauma nicht selten anzutreffen. Sie liegen im Gegensatz zu reanimationsbedingten Brüchen (bei Säuglingen selten) nicht im vorderen Bereich der Rippen, sondern seitlich und neben der Wirbelsäule

Erziehungsberechtigten ein Rechtsgut von hohem Rang (hier das Kindeswohl) gefährdet wird. Nur das unbefugte durchbrechen der Schweigepflicht wird vom Strafgesetzbuch unter Strafe gestellt. Im Januar 2012 ist das Bundeskinderschutzgesetz (BKiSchG) in Kraft getreten, das in Artikel 1 die Weitergabe von Informationen durch berufliche Geheimnisträger neu regelt. Hier heißt es:

» Abs. 1) Werden Angehörigen der entsprechenden Berufsgruppen (Ärzte, Hebammen, Angehörige eines anderen Heilberufes, Berufspsychologen, Ehe-, Familien-, Erziehungs- und Jugendberater, Suchtberater, Schwangerschaftskonfliktsberater, Sozialarbeiter bzw. –pädagogen sowie Lehrer) in Ausübung ihrer beruflichen Tätigkeit gewichtige Anhaltspunkte für die Gefährdung des Wohls eines Kindes oder eines Jugendlichen bekannt, so sollen sie mit dem Kind oder Jugendlichen und den Personensorgeberechtigten die Situation erörtern und, soweit erforderlich, bei den Personensorgeberechtigten auf die Inanspruchnahme von Hilfen hinwirken, soweit hierdurch der wirksame Schutz des Kindes oder des Jugendlichen nicht in Frage gestellt wird.
Abs. 2) Die Personen nach Absatz 1 haben zur Einschätzung der Kindeswohlgefährdung gegenüber dem Träger der öffentlichen Jugendhilfe Anspruch auf Beratung durch eine insoweit erfahrene Fachkraft. Sie sind zu diesem Zweck befugt, dieser Person die dafür erforderlichen Daten zu übermitteln; vor einer Übermittlung der Daten sind diese zu pseudonymisieren.

Abs. 3) Scheidet eine Abwendung der Gefährdung nach Absatz 1 aus oder ist ein Vorgehen nach Absatz 1 erfolglos und halten die in Absatz 1 genannten Personen ein Tätigwerden des Jugendamtes für erforderlich, um eine Gefährdung des Wohls eines Kindes oder eines Jugendlichen abzuwenden, so sind sie befugt, das Jugendamt zu informieren; hierauf sind die Betroffenen vorab hinzuweisen, es sei denn, dass damit der wirksame Schutz des Kindes oder des Jugendlichen in Frage gestellt wird. Zu diesem Zweck sind die Personen nach Satz 1 befugt, dem Jugendamt die erforderlichen Daten mitzuteilen. «

In Zweifelsfällen und wenn die Fallumstände einen Aufschub zulassen, kann es hilfreich sein, sich im Vorfeld der Durchbrechung der Schweigepflicht rechtlich beraten zu lassen. Der Entscheidungsprozess, der zum Brechen der Schweigepflicht führt, sollte schriftlich dokumentiert werden.

Merke

Die Schweigepflicht der Berufsgeheimnisträger ist ein hohes Gut, muss aber stets gegen das zu schützende Wohl des Kindes abgewogen werden. Eine Meldung von Verdachtsfällen einer Kindesmisshandlung an das Jugendamt ist in Deutschland gesetzlich ausdrücklich erlaubt.

Kindesvernachlässigung

K. Schweitzer, M. Gross[1]

23.1 **Einteilung der Vernachlässigung (gemäß AWMF-Leitlinien 2008)** – 280

23.2 **Ätiologie und Risikofaktoren** – 281

23.3 **Diagnostik** – 281

---

1 Unter Mitarbeit von J. Sperhake

M. Grassberger, E. Türk, K. Yen, Klinisch-forensische Medizin,
DOI 10.1007/978-3-211-99468-9_23, © Springer-Verlag Berlin Heidelberg 2013

23

Definition

Ebenso wie die körperliche Misshandlung von Kindern stellt die Kindesvernachlässigung ein gesellschaftliches Problem dar, das sich meist verborgen vor den Augen der Öffentlichkeit abspielt.
Unter Vernachlässigung versteht man das über einen längeren Zeitraum andauernde, unzureichende Erkennen und Stillen grundlegender kindlicher Bedürfnisse wie adäquate Ernährung, altersentsprechende Förderung und stabile Beziehungsangebote durch die obsorgeberechtigten Bezugspersonen. Vernachlässigte Kinder tragen für ihr gesamtes Leben schwer an der Beeinträchtigung ihrer psychosozialen Entwicklung.

Häufigkeit. Angaben zur tatsächlichen Häufigkeit der Vernachlässigung sind unvollständig, so gibt es weder in Deutschland noch in Österreich ein bundesweites Erfassungsregister. Daten aus dem US-amerikanischen Pflichtmeldesystem („mandatory reporting") sprechen von Vernachlässigung in 70 % der gemeldeten Fälle. Im Wiener Jugendamtsbericht 2009 finden sich damit vergleichbare Zahlen. Das Dunkelfeld nicht gemeldeter Fälle ist wahrscheinlich immens, sodass diese Zahlen wenig über die tatsächliche Häufigkeit aussagen. Man muss davon ausgehen, dass es sich bei der Vernachlässigung um die häufigste, aber auch am häufigsten übersehene Form der Kindesmisshandlung handelt.

23.1 Einteilung der Vernachlässigung (gemäß AWMF-Leitlinien 2008)

Körperliche und medizinische Vernachlässigung. Hier steht der Mangel an physischer bzw. gesundheitlicher Fürsorge und Schutz vor Gefahren im Vordergrund:
– keine adäquate qualitative und quantitative Ernährung

– keine adäquate Unterkunft, Bekleidung, Hygiene, Körperpflege, Zahnpflege (◘ Abb. 23.2)
– keine Sicherheit vor alltäglichen Gefahren, mangelnde Supervision und Aufsicht
– Verweigerung oder Verzögerung medizinischer Hilfe, Non-Compliance ärztlicher Empfehlungen (fehlendes kooperatives Verhalten im Rahmen der Therapie)
– keine oder mangelhafte medizinische bzw. gesundheitliche Vorsorge (-untersuchungen).

Emotionale Vernachlässigung. Inadäquate oder fehlende emotionale Fürsorge und Zuwendung, unzureichendes oder ständig wechselndes und dadurch insuffizientes emotionales Beziehungsangebot:
– keine Zuwendung, Liebe, Respekt, Geborgenheit, Bestätigung
– mangelnde Anregung und Förderung („stimulative Vernachlässigung")
– mangelnde Wahrnehmung, Unterstützung, Förderung der Schul- bzw. Berufsausbildung
– kein Erwerb von sozialer Kompetenz, „Lebenstüchtigkeit", Selbstständigkeit
– kein angemessenes Grenzen setzen, keine Belehrung über Gefahren
– Zeuge chronischer Partnergewalt der Eltern
– permissive Haltung der Eltern bei Substanzmissbrauch und/oder Delinquenz des Kindes
– Verweigerung oder Verzögerung psychologischer oder psychiatrischer Hilfe.

Emotionale Misshandlung ist gekennzeichnet durch einen wiederkehrend feindseligen, ablehnenden, einschüchternden und herabwürdigenden „Erziehungsstil" wie z. B. durch
– aktives Ausdrücken von Geringschätzung, Abneigung, Minderwertigkeit (Schmähungen, verbale Gewalt)
– Mangel an Wärme, emotionaler Reaktionen und Verfügbarkeit, fehlende Wertschätzung, Gleichgültigkeit
– Verstoßen, Vermeiden, Isolieren, Einsperren, unangemessene Beschränkungen
– unzuverlässiges, unberechenbares widersprüchliches, ambivalentes Erziehungsverhalten
– Fördern negativer Verhaltensweisen – antisoziales, kriminelles, selbstbeschädigendes Verhalten

Ein zweijähriges Kind starb an Unterernährung

Schwere Anklage gegen die Eltern — Gutachter: Völlig verwahrlost

L a n d k r e i s . Nicht einmal zwölf Pfund schwer war die kleine Melanie H. aus Sulingen-Vorwerk, als sie tot auf dem Tisch im Krankenhaus Sulingen lag. Unterernährt und verwahrlost war das Mädchen, das 14 Tage später das zweite Jahr seines kurzen Lebens vollendet hätte. Jetzt müssen sich die Eltern des Kleinkindes vor der Schwurgerichtskammer des Landgerichts Verden verantworten. Die 26jährige Hausfrau Christa H. und ihr 32jähriger Ehemann Werner geben die Schuld jedoch nicht zu. Erster Staatsanwalt Kühnhold verlas die Anklage, in der den Ehelauten Körperverletzung mit Todesfolge vorgeworfen wird.

■ **Abb. 23.1** Die Vernachlässigung von Kindern spielt sich häufig im Verborgenen ab und findet manchmal erst durch ein tragisches Ende den Weg an die Öffentlichkeit

– Aussetzen und Zeuge werden körperlicher oder seelischer häuslicher Gewalt zwischen den Eltern.

> **Merke**
>
> Die Erfahrung von emotionaler Gewalt und Vernachlässigung in der Kindheit kann als der potenziell schwerwiegendste Einflussfaktor für eine beeinträchtigte seelische oder geistige Entwicklung des Menschen gelten (Herrmann et.al. 2008).

23.2 Ätiologie und Risikofaktoren

Die unten beschrieben Faktoren führen selbstverständlich nicht automatisch zu Vernachlässigung, können aber ein erhöhtes Risiko darstellen.

Soziale Risikofaktoren sind vor allem
– Gewaltbiografie der Bezugspersonen
– Armut (Schulden, beengte Wohnverhältnisse, Existenzängste)
– Arbeitslosigkeit
– Substanzmissbrauch
– jugendliche Eltern
– Alleinerzieher/in
– mangelnde Elternkompetenz (Überfürsorge, unzureichende Aufsicht und Steuerung)
– psychische Erkrankung der Eltern
– transkulturelle Belastungsfaktoren (Verfolgung, Diskriminierung, Migration, Asyl).

Kindliche Risikofaktoren sind
– ausgeprägte Hyperaktivität
– sog. „Schreibabys"

– schwer gestörter Schlaf-Wach-Rhythmus
– Frühgeburtlichkeit
– geistig- und sinnesbehinderte Kinder.

23.3 Diagnostik

Bei **körperlicher Vernachlässigung** können Symptome wie
– Unterernährung und Gedeihstörung
– Fettsucht

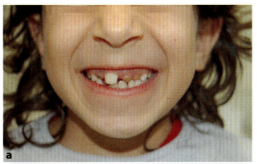
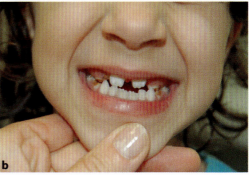

■ **Abb. 23.2** Geschwisterkinder (7 und 6 Jahre) mit ausgeprägter und dringend behandlungsbedürftiger Karies

Abb. 23.3 Stark unterer-
nährtes Kind infolge körperlicher Vernachlässigung

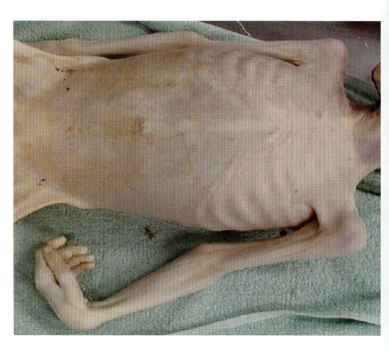

– schlechter Pflegezustand, mangelnde Zahnhy-
  giene
– häufige Unfälle infolge nicht erfüllter Auf-
  sichtspflicht
  beobachtet werden.

Bei der **emotionalen Vernachlässigung oder Misshandlung** können
– Verhaltensauffälligkeiten (Selbstverletzungen,
  Leistungsverweigerung)
– Entwicklungsrückstand (Sprachverzögerung,
  motorische und kognitive Rückstände)
– mangelnde soziale Integration
– emotionale Auffälligkeiten (Aggression, emotionaler Rückzug, Trauer, Ängste)
– auffällige Eltern-Kind-Interaktion
  beobachtet werden.

Das Erkennen **emotionaler Vernachlässigungsformen** stellt in manchen Fällen eine große Herausforderung dar, da es sich in der Regel nicht um eine
Blickdiagnose handelt, sondern die Diagnose eine
intensivere und meist längerfristige Auseinandersetzung mit der Familie und dem Kind voraussetzt.
   Körperliche Vernachlässigungsformen, wie
z. B. mangelnde Ernährung oder Zahnpflege, sind
in fortgeschrittenen Stadien durchaus als Blickdi-

agnose auch für medizinische Laien zu erkennen;
in solchen Fällen droht das Erkennen am „Nicht-
Hinsehen" zu scheitern (**Abb. 23.3**).
   Schwieriger ist das Erkennen von körperlichen
Vernachlässigungsfolgen, wenn sich diese noch in
der Anfangsphase befinden. Auch das Erkennen
emotionaler Vernachlässigung und Misshandlung
stellt eine große Herausforderung dar, bedarf beson-
derer Aufmerksamkeit und erfordert in schwierigen
Fällen die interdisziplinäre Zusammenarbeit von
– Neuropädiater (Entwicklungsbeurteilung des
  Kindes)
– Psychologe (Erfassung des psychosozialen
  Entwicklungsstandes)
– Kinder- und Jugendpsychiater
– Jugendwohlfahrt
– Kindergartenpädagogen
– Lehrern
– eventuell den Einbezug einer Kinderschutz-
  gruppe und der Polizei.

> **Merke**
>
> Nur wer für möglich hält, dass die Vernachlässi-
> gung von Kindern Teil unseres Alltags ist, wird
> diese auch erkennen.

Münchhausen-by-proxy-Syndrom

M. Krupinski

24.1   Einleitung und Historik – 284

24.2   Münchhausen-by-proxy-Syndrom: Begriffsklärung – 284

24.3   Täuschungsmethoden und Symptomatik – 285

24.4   Mütter als Täterinnen – 286

24.5   Väter – 286

24.6   Diagnose – 287

24.6.1   Klinische Warnhinweise – 287

24.6.2   Rechtsmedizinischer Nachweis – 288

24.7   Erklärungsansätze – 288

24.8   Epidemiologie – 289

24.9   Prognose – 289

24.9.1   Klinischer Verlauf – 289

24.9.2   Tödlicher Verlauf – 290

24.10   Was tun bei Münchhausen-by-proxy-Syndrom-Verdacht – 290

M. Grassberger, E. Türk, K. Yen, Klinisch-forensische Medizin,
DOI 10.1007/978-3-211-99468-9_24, © Springer-Verlag Berlin Heidelberg 2013

24.1   Einleitung und Historik

Für das Verständnis der unter dem Namen Münchausen-by-proxy-Syndrom (MbpS) – auch Münchhausen-Stellvertreter-Syndrom oder nur Münchhausen-by-proxy –bekannt gewordenen Sonderform der Kindesmisshandlung ist es bedeutsam, sich deren enge Verbindung zu den artifiziellen Störungen zu vergegenwärtigen. Solche von Mayr schon 1937 im „Handbuch der Artefakte" beschriebenen, im Kontext von Selbsterzeugung stehenden Krankheitsbilder sind in vielen medizinischen Fachgebieten seit langer Zeit bekannt. Im klinischen Sprachgebrauch werden alle Formen selbstmanipulierter Erkrankungen häufig etwas undifferenziert unter dem Begriff Münchhausen-Syndrom subsumiert, den Asher 1951 in die Medizin einführte. Münchhausen-Patienten im engeren Sinn stellen sich klinisch unter **Schilderung dramatischer Krankheitsgeschichten und hochakuter Krankheitszustände, teils in Verbindung mit selbst manipulierten Symptomen** und falschen sozialen Identitäten in medizinischen Einrichtungen vor. Sie lassen als gleichsam ideale Patienten mit beeindruckender Geduld und Toleranz aufwendige diagnostische Untersuchungen und gefährliche Eingriffe bis hin zu verstümmelnden Operationen über sich ergehen, bis Zweifel an der Echtheit ihrer Erkrankung aufkommen. Mit dem ärztlichen Personal kommt es dann häufig zu heftigen Beziehungsspannungen, meist gefolgt vom abrupten Beziehungsabbruch und späterer Neuinszenierung des geschilderten Ablaufs an anderer Stelle. Im Gegensatz zu Simulanten, die durch das Vortäuschen einer Krankheit persönliche Vorteile wie z. B. Freistellung von der Arbeit oder Rentenleistungen erzielen wollen, ist dieses manipulative Verhalten ohne offensichtliche Vorteilsgewinnung schwer verständlich und erfordert im Umgang eine erhebliche Frustrationstoleranz. Man wird ständig belogen und in den eigenen helfenden Bemühung unterlaufen, was kaum vermeidbar ist in einem erheblichen Maße zu Gefühlen von Enttäuschung, Ärger, Wut und Ratlosigkeit, manchmal auch zu Verzweiflung und Rückzug führt (Mayr, 1937; Hirsch, 1989; Freiberger, 1990; Krupinski et al., 1995 und 2006).

24.2   Münchhausen-by-proxy-Syndrom: Begriffsklärung

Eine ähnliche Beziehungsdynamik und Manipulation der medizinischen Helfer findet sich auch beim Münchhausen-by-proxy-Syndrom, das 1977 erstmals von dem englischen Kinderarzt Roy Meadow beschrieben wurde. Allerdings sind hier manipulierendes Subjekt und manipuliertes Objekt nicht wie beim Münchhausen-Syndrom in ein und derselben Person vereint, sondern stehen als zwei physisch getrennte Individuen, meist als **Mutter und Kind**, in einer engen Beziehung, wobei die Selbstmanipulationen am eigenen Körper hier durch **Fremdmanipulationen am Kind** ersetzt werden.

Der Begriff Münchhausen-by-proxy-Syndrom steht somit für eine Sonderform artifizieller Störungen und beschreibt gleichzeitig eine bizarre Art der Kindesmisshandlung. Für diese ist charakteristisch, dass ein Kind von einer wichtigen Betreuungsperson dem medizinischem Versorgungssystem zugeführt wird, mit **Symptomen, die entweder fälschlich angegeben oder durch Manipulationen vorgetäuscht bzw. fabriziert werden**. Hierdurch wird in der Regel medizinisches Personal **unwissentlich zu nicht indizierten und oft invasiven Untersuchungen und Behandlungsversuchen veranlasst** (vgl. ◘ Tab. 24.1). Dass Ärzte und Pflegepersonal damit gleichzeitig zu invasiven Tätern und getäuschten Opfern gemacht werden, ist Bestandteil der dem Krankheitsbild immanenten Beziehungspathologie. Den wohlmeinenden medizinischen Helfern wird das Gefühl vermittelt, zu Kindesmisshandlern geworden zu sein, was u. a. mit zu den heftigen, emotionalen Reaktionen beiträgt, die das Münchhausen-by-proxy-Syndrom häufig hervorruft (Meadow, 1977; Rosenberg, 1987; Freyberger 1990).

Wenngleich die Namensgebung, die auf die von Raspe veröffentlichten, vermeintlichen Lügengeschichten des Barons von Münchhausen zurückgeht, nicht unumstritten ist, hat sich die Terminologie klinisch weitgehend durchgesetzt. Es ist aber notwendig, das Münchhausen-by-proxy-Syndrom von anderen Formen der Kindesmisshandlung abzugrenzen, die ebenfalls mit Fälschungen von Krankheitserscheinungen einhergehen können. Eine multidisziplinär zusammengesetzte Arbeitsgruppe der American Professional Society on the Abuse of Children (APSAC) hat in langjähriger Arbeit hierfür diagnostische Kriterien entwickelt und den Begriff „pediatric condition falsification" (PCF) für die Diagnose des Missbrauchs beim Kind vorgeschlagen. Ergänzend hierzu findet der auch im Klassifikationssystem der amerikanischen Psychiatrie (DSM-IV) enthaltene Begriff „factitious disorder by proxy" Verwendung als Diagnose für die Betreuungsperson, welche das in ihrer Obhut stehende Kind auf motivationaler Basis von eigenen psychologischen Nöten durch PCF schädigt. Münchhausen by proxy (MBP) ist somit eine Störung, die beide Elemente beinhaltet, wobei der Begriff wegen seiner Akzeptanz und dem mittlerweile erzielten Bekanntheitsgrad unter den Medizinern auch nach den APSAC-Richtlinien erhalten blieb. Sinnvollerweise sollte der Begriff Münchhausen-by-proxy-Syndrom für die Gesamtheit dieser besonderen Missbrauchsform Verwendung finden und nicht als Störungsdiagnose für die verursachenden Personen oder die kindlichen Opfer (Schreier, 2004; Krupinski und Tutsch-Bauer, 2009).

24.3 Täuschungsmethoden und Symptomatik

Die Tricks zur Vortäuschung und Erzeugung der Erkrankungen sind vielfältig und beinhalten die **oft medizinisch kompetent vorgetragene oder dramatische Schilderung nicht vorhandener Symptome**. Das zahlenmäßig und praktisch wohl größte Problem stellen hierbei **epileptische Anfälle** dar, die auch mit geringer medizinischer Kenntnis von Müttern beschreibbar sind und häufig ohne direkte ärztliche Beobachtung medikamentös behandelt werden. Ein nicht seltenes Täuschungsprozedere stellt die **Verfälschung von Krankenunterlagen oder Körperausscheidungen des Kindes** dar, wobei Mütter z. B. Fremdsubstanzen oder eigenes Menstruationsblut dem Urin, Kot oder Erbrochenen ihrer Kinder zufügen, und somit entsprechende Untersuchungsprozeduren in Gang setzen.

Als typische Beispiele für ein direktes Erzeugen von Symptomen kann das **Malträtieren der kindlichen Haut mit Fingernägeln oder spitzen Gegen-**

ständen genannt werden oder die besonders häufige **Verabreichung von Medikamenten**, womit das gesamte Wirkungs- und Nebenwirkungsspektrum der verfügbaren Pharmaka zur Symptomerzeugung genutzt wird. **Manipulierte Atemstillstände**, z. B. durch Bedeckung des Gesichts mit Händen, Kissen oder Plastiktüten, sind **besonders gefährlich** und haben auch bereits wiederholt zu Todesfällen geführt. Die häufigsten künstlich herbeigeführten Symptombilder sind Blutungen, Anfälle, Apathie-/Komazustände, Atemstillstände bzw. -störungen, Durchfälle, Erbrechen, Fieber und Hautausschläge. Die Liste der manipulierten Symptome und der dabei verwendeten Strategien erweitert sich ständig, wobei **Kombinationen von verschiedenen Symptomen bzw. Symptomwechsel häufig** sind. Darüber hinaus können auch Kinder mit real existierenden ernsthaften Erkrankungen Opfer eines Mbp-Missbrauchs werden, was die Aufdeckung zusätzlich erschwert.

Neben der direkten Schädigung durch die Mütter kommt es störungsimmanent zwangsläufig zu einer unbeabsichtigten und unwillentlichen physischen und psychischen Schädigung der Kinder von medizinischer Seite durch eine Vielzahl unnötiger diagnostischer Eingriffe und stationärer Aufenthalte, teils verbunden mit schmerzhaften Maßnahmen, operativen Eingriffen, Narkoserisiken sowie Therapien mit Nebenwirkungen bzw. entsprechenden Risiken (Rosenberg, 1987; Sheridan, 2003; AWMF-Leitlinien, 2009).

> **Merke**
>
> Das Münchhausen-by-proxy-Syndrom (MbpS), auch Münchhausen-Stellvertreter-Syndrom genannt, ist eine Sonderform der Kindesmisshandlung, bei der in der Mehrzahl der Fälle dem äußeren Anschein nach fürsorgliche Mütter ihre Kinder mit erfundenen, manipulierten oder produzierten Krankheitssymptomen dem medizinischen Versorgungssystem zuführen. Dies hat u. a. zur Folge, dass unnötige diagnostische und therapeutische Maßnahmen veranlasst und somit Ärzte und medizinisches Personal ohne ihr Wissen in den Missbrauch einbezogen werden.

> **Tab. 24.1** Merkmale des Münchhausen-by-proxy-Syndroms (mod. nach Rosenberg, 1987)
>
> 1. Die Krankheit eines Kindes wird von einer nahen Bezugsperson, meistens der Mutter, fälschlich angegeben, manipuliert oder produziert.
>
> 2. In der Folge wird das Kind, häufig wiederholt, medizinischen Untersuchungen und Behandlungen zugeführt.
>
> 3. Die wahren Ursachen für das Beschwerdebild des Kindes werden bei den Vorstellungen bzw. Krankenhausaufenthalten nicht angegeben.
>
> 4. Prinzipiell reversible Symptome verschwinden, wenn das Kind von der Bezugsperson getrennt wird.

24.4   Mütter als Täterinnen

In der überwiegenden Mehrzahl der Fälle sind bislang die Mütter als Täterinnen bei dieser Form des Missbrauchs in Erscheinung getreten. Sie entsprechen zunächst häufig einem über jeden Missbrauchsverdacht erhabenen, durch besondere Fürsorglichkeit und liebevolle Zuwendung charakterisierbaren „Mutter-Ideal", erscheinen nicht selten auch Psychiatern oder Psychologen auf den ersten Blick als „unauffällig". Bei genauer Betrachtung werden jedoch meist verschiedenste Auffälligkeiten erkennbar, wie z. B. häufige Gefühle der Isolation und Einsamkeit sowie von mangelnder Unterstützung geprägte Beziehungsmuster mit inadäquaten Ausdrucksmöglichkeiten der eigenen Bedürfnisse. Vernachlässigung, physischer und/oder sexueller Missbrauch während der eigenen Kindheit wurde bei diesen Frauen wiederholt berichtet und auch eine Tendenz zu Selbstschädigungen und zu Selbstmanipulationen in der Vorgeschichte. Das Gleiche gilt für andere autodestruktive Erscheinungen, wie etwa wiederholte Suizidversuche, episodische Essstörungen oder ein missbräuchlicher Umgang mit Suchtmitteln.

Diagnostische Einschätzungen der Mütter verweisen vor allem auf depressive Syndrome und auf Persönlichkeitsstörungen. Die Realitätswahrnehmung und -verarbeitung kann zumindest intermittierend beeinträchtigt sein und die Überzeugung, dass ihre Kinder krank sind, kann vereinzelt an grenzwertig wahnhafte Gedankengänge heranreichen, was zu Spekulationen über sog. „dissoziative Zustände" und „multiple Persönlichkeiten" Anlass gab. Diese Frauen sind in der Regel aber nicht psychotisch und auch nicht geistig zurückgeblieben. Nach den Erfahrungen des Autors sind sie sich in den meisten Fällen – auch wenn dies nicht oder erst viel später zugegeben wird – der Missbrauchshand-lungen sehr wohl bewusst, verstehen aber kaum ihre eigenen Motivationen und fühlen sich häufig in einer für sie selbst unverständlichen Weise dazu getrieben. In dieser Hinsicht ähneln sie den eher seltenen Patienten mit echten Impulskontrollstörungen im Sinne von pathologischem Stehlen oder pathologischer Brandstiftung. Kenntnisse über die Charakteristika der Täterinnen (vgl. **Tab. 24.2**), ihres Umfeldes, ihrer Motive und ihres interaktionellen Verhaltens können für die Diagnose eines Mbp-Missbrauchs hilfreich sein, sind für sich alleine jedoch nicht beweisend.

24.5   Väter

Als Partner von Münchhausen-by-proxy-Müttern stehen die Väter meist im Hintergrund und sind nur peripher in die Behandlung der Kinder involviert. Nach Aufdeckung und Konfrontation reagieren sie oft ungläubig und abwehrend, ergreifen dann aber meist Partei für ihre Partnerinnen und unterstützen diese zum Teil aktiv in deren Kampf gegen angeblich überdramatisierende Ärzte, Jugendbehörden und Justiz. In Analogie zum Nichtwahrnehmenwollen oder -können bzw. Wegschauen vieler Mütter beim innerfamiliären sexuellen Missbrauch durch Väter scheint es hier eine umgekehrte Rollenverteilung zu geben, indem die Väter vor dem gefährlichen Treiben ihrer Partnerinnen die Augen verschlossen halten. Väter als aktive Münchausen-by-proxy-Täter sind zwar selten, waren aber in einer Übersicht von Sheridan (2003) bei 451 Mbp-Fällen immerhin zu 7 % der Verursacher der Erkrankung und somit die zweithäufigste Gruppe nach den leiblichen Müttern. Die große Geschlechterdifferenz dürfte auch Ausdruck der insgesamt weit größeren Verantwortlichkeit der Frauen bei der Kindererziehung sein.

◘ Tab. 24.2 Charakteristika der Mütter als Warnhinweise

- Erfüllt oberflächlich ideal das Klischee der **„guten Mutter"**; wirkt engagiert, vertrauenswürdig, fürsorglich und liebevoll um das Kind bemüht.

- **Ständige Anwesenheit** der Mutter bei ihrem Kind während des Klinikaufenthaltes, teils unter massiver Vernachlässigung von Geschwisterkindern und Familie.

- Rasche Entwicklung **enger, vertraulicher Beziehungen zum Klinikpersonal**; die Mutter scheint sich auf der Station geradezu wohl zu fühlen.

- Die Mutter macht falsche oder unvollständige Angaben zur Vorgeschichte und zu den vorangegangenen Behandlungen des Kindes.

- Sie hat **häufig medizinische Vorkenntnisse** und schlägt selbst bestimmte invasive Untersuchungsmethoden vor.

- Bei gesundheitlichen Verschlechterungen bleibt sie **ungewöhnlich gelassen oder greift die Ärzte** wegen vermeintlicher Untätigkeit **an**.

- Unerklärliche Erkrankungen oder Tod eines **Geschwisterkindes**.

- Von mangelnder Unterstützung geprägte, emotional distanzierte, äußerlich von der Mutter dominierte Partnerbeziehung.

- Vielfältige Erfahrungen mit Krankheit in der eigenen Vorgeschichte der Mutter.

- In der Herkunftsfamilie der Mutter finden sich häufig emotionale Vernachlässigung, körperliche Misshandlung oder sexueller Missbrauch.

24.6 Diagnose

24.6.1 Klinische Warnhinweise

Spezifische klinische Erkennungsmerkmale für ein Münchhausen-by-proxy-Syndrom gibt es nicht, sondern vielmehr zahlreiche Formen von inadäquatem bzw. auffälligem elterlichen Verhalten mit fließenden Übergängen zu Missbrauch und Vernachlässigung, wobei Phänomene wie elterliche Vernachlässigung von Kindern, mangelnde Fürsorge, ausgeprägte Non-Compliance oder übermäßige Besorgtheit bei Erkrankungszeichen, ängstliche Aggravation oder Manipulation von Krankheitssymptomen höchst unterschiedliche Ursachen haben können. Die **differenzialdiagnostische Abgrenzung ist schwierig** und die auf der medizinischen Seite herrschende Angst, den Eltern möglicherweise Unrecht zu tun, vielleicht irgendetwas zu übersehen, kann ärztliches Personal lange Zeit davon abhalten Manipulationen in Erwägung zu ziehen.

Der äußerst mühsame und schwierige Prozess der diagnostischen Aufdeckung und des Nachweises der Mbp-Missbrauchshandlungen ist primär Aufgabe der Kinderärzte. Diskutiert werden Warnzeichen (vgl. ◘ Tab. 24.3), die auch an ein MbpS denken

lassen sollen. Hierunter fallen auf unterschiedlichen Beobachtungsebenen angesiedelte Phänomene wie beispielsweise Diskrepanzen zwischen den mütterlichen Berichten und den direkten Beobachtungen, mit bekannten Krankheiten unvereinbare diagnostische Ergebnisse oder die vermeintliche Entdeckung neuer Krankheiten auf ärztlicher Seite. Besonders wichtig ist die Erhebung einer detaillierten Krankengeschichte, möglichst unter Einbeziehung von früheren Befunden und Informationen auch über andere Familienmitglieder.

Die Auflistungen in ◘ Tab. 24.2 und 24.3 sind nicht im Sinne wissenschaftlich gesicherter, obligater Kriterien zu verstehen, deren An- oder Abwesenheit ein MbpS beweist oder ausschließt. Vielmehr handelt es sich um ein auf Basis vieler Einzelfälle gewonnenes klinisches Destillat für einen Verdacht, der in jedem Einzelfall sorgfältig analysiert und von pädiatrischer Seite gesichert werden muss. Dabei kann die Diagnosestellung positiv durch Belege für vorgetäuschte oder künstlich erzeugte Beschwerden erfolgen oder negativ auf einem sorgfältigen Ausschluss aller sonstigen Erklärungsmöglichkeiten beruhen. Ein positiver Beleg kann sich z. B. aus dem **Labornachweis nicht verordneter Medikamente oder Stoffe aus Blutproben oder Urinuntersuchungen** des Kindes

24

> ☐ **Tab. 24.3** Merkmale beim Kind als Warnhinweise
>
> – Anhaltende oder immer **wiederkehrende Symptomatik ohne plausible Erklärung.**
>
> – **Wiederholte Klinikaufenthalte** und meist länger andauernde, umfassende, frustrane Diagnostik **ohne klare Resultate.**
>
> – Von der klinischen Erfahrung abweichende **ungewöhnliche Verläufe** mit nicht verstehbaren Symptomen oder unplausiblen Laborbefunden.
>
> – Es gelingt **keine Zuordnung zu einem bekannten Krankheitsbild.** Erfahrene Ärzte sagen, dass sie einen solchen Fall noch nie gesehen haben.
>
> – Trotz fachgerechter medizinischer Therapie kommt es zu **keiner Besserung.**
>
> – Symptome und klinisches Bild **bessern sich nach konsequenter Trennung von der Mutter** bzw. der verursachenden Bezugsperson.

ergeben. Aber auch direkte **Beobachtungen von Handlungen** durch Ärzte und Pflegepersonal wie beispielsweise Manipulationen an Infusiomaten, die Bedeckung der Atemwege von Säuglingen mit der Hand oder einem Kissen, oder die Infizierung von Wunden können beweisend sein. Die in diesem Zusammenhang insbesondere in den USA und England teils sehr erfolgreich angewandte **verdeckte Videoüberwachung** ist allerdings in Deutschland nicht etabliert und sowohl unter rechtlichen als auch ethischen Gesichtspunkten **umstritten** (Sheridan, 2003, Noecker und Tourneur, 2005; Krupinski und Tutsch-Bauer, 2009).

24.6.2 Rechtsmedizinischer Nachweis

Die Diagnosesicherung der meisten der in Deutschland bislang bekannt gewordenen Mbp-Fälle erfolgte durch den **Nachweis von beigebrachten Fremdsubstanzen**, womit der Rechtsmedizin eine sehr bedeutsame Rolle bei der Aufklärung zufällt. Übersichten von Vennemann et al. (2005) und Holstege et al. (2006) belegen eine Vielzahl von Substanzklassen, die Kindern in Mbp-Fällen verabreicht wurden, wobei Antiepileptika und Opiate offensichtlich besonders im Vordergrund standen. Rechtsmedizinische Labors sind im Rahmen einer „general unknown analysis" in der Regel in der Lage, ein breites Wirkstoffspektrum zu erfassen, wobei häufig nicht nur eine qualitative, sondern auch quantitative Analytik erfolgen kann. Bei entsprechenden klinischen Warnhinweisen sollten Kinderärzte daher auch an die Möglichkeit einer substanzinduzierten Symptomatik denken und eine Blut- und Urinprobe des Kindes einem rechtsmedizinischen Institut zur chemisch-toxikologischen Analyse zuleiten. Darüber hinaus sollte ggf. auch an die rechtsmedizinische Möglichkeit einer Objektivierung von Fremdblutantragungen bzw. von **Beimengungen fremden Blutes** beispielsweise in den Urin oder in Erbrochenes der Kinder durch eine **DNA-Analyse** gedacht werden, zumal Blutungen unklarer Genese zu den häufigen Symptomen bei Opfern von Mbp-Missbrauch gehören (Krupinski und Tutsch-Bauer, 2009).

24.7 Erklärungsansätze

Eine allgemein akzeptierte, überzeugende Erklärung für den Mbp-Missbrauch gibt es bislang nicht. Die u. a. aus der Erfahrung mit Artefaktpatienten gewonnenen Erkenntnisse verweisen als wesentliche Charakteristika auf eine stark symbiotische Beziehung zum Kind sowie auf eine schwer gestörte eigene Identitätsfindung der Mütter. Offensichtlich gelingt es diesen Müttern weder hinreichend zwischen ihren eigenen Bedürfnissen und Nöten und solchen ihrer Kinder zu unterscheiden. Unter Berücksichtigung ihrer häufig zu beobachtenden Tendenz zur Selbstschädigung scheint diesen Täterinnen zumindest zeitweise der eigene und der kindliche Körper austauschbar zu sein. Das kindliche Opfer kann dadurch subjektiv mitunter wie ein zur Mutter selbst gehöriger Körperteil, beispielsweise wie die eigene Haut, erlebt und dementsprechend manchmal fürsorglich gepflegt und manchmal auch quälerisch verletzend behandelt werden. Das Kind wird gleichsam als „erweiterter Körperteil" zur Abspaltung und Projektion von Selbstanteilen der Mutter benutzt, wobei das Missbrauchsagieren innerpsychisch für die Mütter zumindest vorübergehend mit einer Entlastung von schwer erträglichen Spannungszuständen einhergeht und gleichzeitig einen Weg nach außen in Richtung Medizin eröffnet (Hirsch, 1989; Freyberger, 1990).

Merke

Die Täterinnen sind meist in einer für sie nicht direkt kommunizierbaren innerseelischen Notlage, auf die sie über den Umweg des von ihnen als krank präsentierten Kindes aufmerksam machen und letztlich selbst Hilfe bekommen wollen.

Als bedeutsames Motiv der Mütter wird in diesem Kontext immer wieder das stellvertretende Erlangenwollen der Krankenrolle mit angeführt, was u. a. direkt auf die gestörte Beziehungsgestaltung mit Vertretern des Medizinsystems und deren indirekte Einbindung in den Kindesmissbrauch verweist. Die Handlungen dieser Mütter können somit auch als Ausdruck ihrer nicht direkt kommunizierbaren innerseelischen Nöte verstanden werden, welche sie dazu treiben, suchtartig Beziehungen mit medizinischem Personal zu konstruieren, die ihre Wurzeln in schwerer emotionaler Vernachlässigung und früher psychischer Verlassenheit haben. Das krank gemachte Kind wird dabei als Vehikel benutzt, um mit Ärzten in eine hoch ambivalente, sowohl von latenter Bedürftigkeit als auch Feindseligkeit geprägte Beziehung zu treten. In diesem Sinne kann das Leid, das diese Mütter bei ihren Kindern produzieren, als ein billigend in Kauf genommenes Nebenprodukt ihrer sonst nicht artikulierbaren Beziehungsnot verstanden werden. Indem sie Ärzte und medizinisches Personal zu retrospektiv oft unnötigen und schädlichen Untersuchungen und Behandlungen veranlassen, werden die Mediziner unfreiwillig zur Kindesmisshandlung verführt und damit gleichzeitig selbst zu getäuschten Opfern. Dabei müssen sich solche Mütter ihrer eigenen Destruktivität gegenüber dem Kind und den Medizinern kaum bewusst werden und können diese nach außen projizieren,

sind aus ihrer pathologischen Sicht doch letztlich die Ärzte die „Versager", welche durch ihre Unkenntnis und Prozeduren das Kind schädigen (Schreier und Libow, 1993; Rosenberg, 2002).

24.8 Epidemiologie

Genaue Daten zum Vorkommen des Krankheitsbildes im deutschsprachigen Raum fehlen. Im Rahmen einer an der Abteilung für Forensische Psychiatrie der Universität Würzburg durchgeführten systematischen Untersuchung zum Mbp-Syndrom in Deutschland wurden die Leiter von 379 klinischen Einrichtungen für Kinderheilkunde kontaktiert. Es ergaben sich bei einem Rücklauf von 54 % insgesamt 99 gesicherte und 91 ernsthafte Verdachtsfälle bei einem mittleren Beobachtungszeitraum von 11 Jahren. Aus methodischen Gründen spricht allerdings einiges dafür, dass die tatsächliche Anzahl der Mbp-Fälle in diesem Zeitraum deutlich größer war, zumal bei einem Durchschnittsalter der Opfer von 4,1 Jahren in dieser Studie insbesondere jüngere Kinder nur unzureichend erfasst wurden. Rosenberg hat 1987 noch anhand von 117 Fällen bevorzugt Opfer im Säuglings- und Kleinkindalter beschrieben, die eine annähernd gleiche Geschlechtsverteilung zeigten und bei Diagnosestellung im Mittel bereits eine ca. 15-monatige Leidensgeschichte hinter sich hatten. Mittlerweile hat sich gezeigt, dass Kinder und Jugendliche aller Altersgruppen betroffen sein können, wobei in verschiedenen internationalen Studien Inzidenzraten von ca. 0,4–2,0/100.000 Kinder unter 16 Jahren ermittelt wurden (Schreier und Libow, 1993; McClure et al., 1996; Hall et al.; 2001, Denny et al., 2001 Krupinski und Tutsch-Bauer, 2009).

24.9 Prognose

24.9.1 Klinischer Verlauf

Die Prognose des Störungsbildes ist insgesamt ungünstig und eine Fortsetzung der Misshandlung ohne Intervention wahrscheinlich. In vielen Fällen kam es auch nach Aufdeckung – trotz gemeinsamer Bemühungen von Medizin, Jugendbehörden und Justiz – weiter zu Misshandlungen betroffener Kinder, sofern die verursachende Person ungehindert Zugang zum Kind hatte. Darüber hinaus kann ein **Übergang des Mbp-Missbrauchs auf Geschwisterkinder** erfolgen. Zudem konnten in den betroffenen Familien mit überdurchschnittlicher Häufigkeit verschiedene **andere Formen der Misshandlung** bei Geschwisterkindern nachgewiesen werden.

Wenngleich prinzipiell reversible Symptome nach der Trennung von Mutter und Kind verschwinden, kann es je nach Art der zugrunde liegenden Manipulationen auch zu **schweren bleibenden Schäden** kommen, insbesondere als Folge chirurgischer Eingriffe, toxisch bedingter Einwirkung auf innere Organe oder traumatischer Hirnschädigung. Bools et al. (1993) haben in einer Follow-up-Studie von 54 Opfern, deren Traumatisierung im Mittel 5,5 Jahre zurücklag, über Schäden bei 49 % der untersuchten Kinder berichtet. Über Art und Ausmaß der psychischen Schäden ist insgesamt noch wenig bekannt. In Analogie zu anderen Missbrauchsformen sind aber schwere Schäden in der Persönlichkeitsentwicklung durchaus wahrscheinlich. Das symptomatische Spektrum der Mbp-Opfer reicht von Gedeihstörungen bei Säuglingen, Ängsten, Hyperaktivität und psychotischen Episoden bei Vorschulkindern, Passivität, erlernter Hilflosigkeit und programmiertem Krankheitsverhalten bei Jugendlichen bis hin zu Konversionssymptomen und artifiziellen Störungen bei Adoleszenten. Gerade ältere Kinder sind oft auch Mitwisser der Manipulationen, akzeptieren aber meist, dass ihre Mütter sie krank brauchen und versuchen diese durch loyale Verschwiegenheit zu schützen (Bools et al., 1993; Rosenberg, 2004 Meadow, 2002; Sheridan, 2003).

24.9.2 Tödlicher Verlauf

Wenngleich die Tötung des Kindes im Rahmen eines Mbp-Missbrauchs den mütterlichen Instrumentalisierungsbedürfnissen entgegensteht und in der Regel nicht beabsichtigt ist, sind die Manipulationen zum Teil so gravierend, dass es zu Todesfällen kommt. In synoptischer Betrachtung verschiedener Studien liegt die **Mortalitätsrate etwa bei 10 %.** Rosenberg (1987) berechnete bei 117 Fällen eine Mortalität von 9 %. Samuels fasste 1992 die Ergebnisse von 8 Studien zusammen und kam bei zugrunde gelegten

302 Fällen auf eine Mortalitätsrate von 12 %. Auch bei den Geschwistern der betroffenen Kinder treten gehäuft Todesfälle auf. Diskutiert wird auch immer wieder eine Beziehung zwischen dem plötzlichen Kindstod – sudden infant death syndrome (SIDS) – und dem MbpS, wobei sich nach Häßler et al. (2007) hinter 5–11 % der SIDS-Fälle Infantizide verbergen sollen. Für einen bislang nicht eindeutig quantifizierbaren Teil dieser Fälle ist durchaus auch ein tödlicher Verlauf eines Mbp-Missbrauchs wahrscheinlich. Aus forensisch psychiatrischer Sicht ist es sicher sinnvoll, dass **in allen Fällen des plötzlichen Todes im Säuglings- und Kleinkindesalter** eine **rechtsmedizinische Obduktion** angeordnet wird, zumal es sich bei der abschließenden Diagnose „plötzlicher Kindstod" um eine Ausschlussdiagnose handelt. Auch wenn durch rechtsmedizinische Befunde ein nicht natürlicher Tod nachgewiesen ist, kann dadurch keine Abgrenzung zwischen einer beabsichtigten Tötung und einem unbeabsichtigten tödlichen Verlauf einer Münchhausen-by-proxy-Misshandlung erfolgen, sodass im Zweifelsfall neben einer forensisch-psychiatrischen Begutachtung auch eine kinderärztliche Begutachtung erfolgen sollte (Samuels, 1992; Craft und Hall, 2004; Sheridan, 2003; Holstege und Dobmeier, 2006; Häßler et al., 2007; Krupinski und Tutsch-Bauer, 2009).

24.10 Was tun bei Münchhausen-by-proxy-Syndrom-Verdacht

Sobald ein hinreichender Verdacht eines MbpS im Raum steht, kommt es vor allem darauf an, das **Kind zu schützen** und den **Verdacht ggf. mit Beweisen zu erhärten.** Der am besten geeignete Zeitpunkt zur Intervention ist individuell sehr unterschiedlich und wesentlich beeinflusst vom Grad der kindlichen Gefährdung und dem Ausmaß der Beweisbarkeit. Die **Konfrontation mit dem Missbrauchsvorwurf** sollte **nicht zu früh erfolgen und sorgfältig vorbereitet** sein, da die Manipulationen häufig von den verursachenden Müttern geleugnet werden und dann versucht wird, das Kind der medizinischen Obhut zu entziehen, um den Missbrauchs- und Täuschungskreislauf an anderer Stelle neu zu beginnen. Darüber hinaus kann die konfrontative Aufdeckung der Manipulationen bei den Müttern zur psychischen Dekompensation führen, die nicht selten mit Selbsttötungsankündigungen, Suizidversuchen und Selbstverletzungshandlungen einhergeht und ggf. durch psychiatrische und psychotherapeutische Interventionen aufgefangen werden muss.

> **Merke**
>
> Bei nachgewiesenem Münchhausen-by-proxy-Syndrom ist der Verbleib des Kindes in der Familie gefährlich und eine Einschaltung von Jugendbehörden und Justiz zum Schutz des Kindes in der Regel erforderlich.

Angesichts der Symptomatik und der dargestellten möglichen Folgen sind bei Vorliegen eines MbpS die Kriterien einer Kindeswohlgefährdung in der Regel erfüllt. Eine Einschaltung des Jugendamtes und eine juristisch herbeigeführte Trennung des Kindes von der verursachenden Person mit Unterbringung des Kindes in einer Pflegefamilie sind meist unumgänglich. Trotz ggf. eindeutiger Diagnose sollte man sich allerdings bewusst sein, dass die Hinzuziehung von Justiz und Jugendbehörden allein keinen langfristigen sicheren Schutz garantiert, zumal die Inob-hutnahme der Kinder ohne adäquate Gefährlichkeitsprognose nach einiger Zeit wieder aufgehoben und der Missbrauch fortgesetzt werden kann oder auch auf Geschwisterkinder übergehen kann. Ein möglichst vielseitig unterstützendes Netzwerk für die Eltern und der Aufbau einer langfristigen therapeutischen Beziehung mit den Müttern sind daher besonders wichtig.

Für eine korrekte Diagnose und erfolgreiche Intervention ist eine **engagierte interdisziplinäre Herangehensweise** erforderlich, wobei alle professionell Beteiligten unter einem erheblichen Druck stehen, da die Konsequenzen einer Fehleinschätzung mit evtl. anschließend falscher juristischer Beschlussfassung in jeder Hinsicht katastrophal sind. Einerseits können in der Folge einer falschen Münchhausen-by-proxy-Diagnose unschuldige Familien zerrissen werden und liebende Eltern durch den Entzug ihrer Kinder schwerstes Unrecht erfahren. Andererseits führt die Nichterkennung eines Mbp-Missbrauchs dazu, dass das kindliche Opfer wieder in eine gefährliche und schädigende Familiensituation mit teils folterähnlichem Martyrium und potenziell letalem Ausgang zurückkehren muss (Hall et al., 2001; Sheridan, 2003; Krupinski und Tutsch-Bauer, 2009).

Bildgebende Diagnostik bei Verdacht auf Kindesmisshandlung

E. Sorantin, S. Weissensteiner

25.1   Einleitung   – 294

25.2   Aufgaben der Radiologie   – 294

25.3   Verletzungsmechanismen   – 294

25.4   Typische Verletzungsmuster   – 296

25.4.1   Extremitäten   – 296

25.4.2   Körperstamm   – 297

25.4.3   Kopfverletzungen   – 298

25.5   Bildgebung bei nicht-akzidentellen Verletzungen   – 301

25.5.1   Skelett   – 301

25.5.2   ZNS   – 302

25.6   Radiologischer Diagnosepfad bei nicht-akzidentellen Verletzungen   – 302

25.7   Untersuchungstechnik   – 303

25.7.1   Projektionsradiographie   – 303

25.7.2   Computertomographie   – 306

M. Grassberger, E. Türk, K. Yen, Klinisch-forensische Medizin,
DOI 10.1007/978-3-211-99468-9_25, © Springer-Verlag Berlin Heidelberg 2013

25.1 Einleitung

Die Untersuchung mit bildgebenden Verfahren ist integraler Bestandteil bei der Abklärung eines Verdachtes auf Kindesmisshandlung. Manchmal ist es der Kinderradiologe, der die Verdachtsdiagnose auf einer Röntgenaufnahme stellt, die aufgrund einer anderen Indikation aufgenommen wurde.

Die Radiologie einer Kindesmisshandlung (engl. Synonym „Child Abuse") wurde erstmals von John Caffey 1946 erwähnt. Bereits 1973 wurde die Kindesmisshandlung als *„any act of commission or omission which interferes with the optimal development of the child"* durch David Gil definiert (Melvine et al 1983). Eine Kindesmisshandlung erscheint unter verschiedensten Varianten: mechanisch („Battered Child Syndrome", **Non Accidental Injury [NAI]**), medikamentös, sexuell oder einfach durch Vernachlässigung („Neglected Child").

Die bei der physischen Kindesmisshandlung am häufigsten betroffenen Organsysteme sind:
– Skelett
– Kopf (Schädelkalotte, ZNS und Augen)
– Körperstamm
– Weichteile.

Kinder sind keine „kleinen Erwachsenen". Die Unterschiede in der Anatomie sowie der geringere Verkalkungsgrad des Skeletts müssen bei den Aufnahmeparametern der Projektionsradiographie sowie auch bei der Computertomographie (CT) berücksichtigt werden. Durch die höhere Elastizität der kindlichen Knochen können sog. **Grünholzfrakturen** vorkommen (unvollständiger Biegungsbruch benannt nach dem Knickverhalten von grünem, weichem Holz).

Das Vorhandensein der Epiphysen (Endstück langer Röhrenknochen, welches durch die Epiphysenfuge [= Metaphyse] von dem Knochenschaft [= Diaphyse] getrennt wird) bedingt **andere Frakturtypen als bei Erwachsenen.** Das kindliche Periost (Knochenhaut) ist dicker im Vergleich zu Erwachsenen und weist auch ein höheres Ossifikations(Verknöcherungs-)potenzial auf – dies bedingt eine geringere Dislokation (Verschiebung) der Frakturfragmente und die Heilung kann schneller erfolgen (Lonergan & Smirniotopoulos 2001). Da das Säuglingsgehirn im Vergleich zu Erwachsenen einen höheren Wassergehalt aufweist, muss dies bei der Parameterwahl einer kranialen Magnetresonanztomographie (MRT) berücksichtigt werden.

Im vorliegenden Kapitel sollen die radiologischen Manifestationen einer Kindesmisshandlung sowie auch die zum jetzigen Zeitpunkt allgemein gültigen Diagnostikpfade beschrieben werden. Zusätzlich wird die Umsetzung kindlicher Bedürfnisse in radiologische Untersuchungstechnik beschrieben.

25.2 Aufgaben der Radiologie

Aufgaben des Radiologen im Rahmen des NAI sind:
– Äußerung der **Verdachtsdiagnose** eines NAI bei typischen Verletzungsmustern („Zufallsbefund")
– **Bestätigung der Diagnose** bei Verdacht eines NAI
– **Ablehnung der Diagnose** eines NAI bei „… overenthusiastic interpretation of non accidental trauma"
– Bestimmung der **Anzahl der Verletzungen**
– Einschätzung der **Spezität der Verletzungen**
– Bestimmung des **Verletzungsalters.**

> **Merke**
>
> Die Sicherung der Diagnose einer Kindesmisshandlung erfolgt durch (Sozial-)Anamnese, Klinik und Bildgebung. Der Radiologie kommt hierbei eine ganz besondere Aufgabe zu, da durch das Erkennen eines NAI-typischen Verletzungsmusters den behandelnden Ärzten häufig der entscheidende Hinweis bzw. Beweis geliefert wird und damit möglicherweise fatale Folgen für das betroffene Kind verhindert werden können.

25.3 Verletzungsmechanismen

„Shaken-Baby-Syndrom". Der/die misshandelnde Person umgreift den Brustkorb des Kindes mit beiden Händen und schüttelt das Opfer, wobei ein repetitives Akzelerations-/Dezelerationstrauma (Be- und Entschleunigung) entsteht. Die Folgen sind die klassische metaphysäre Fraktur (Bruch des Knochenschaftes) sowie Rippenfrakturen. Zusätzlich können Retinaeinblutungen (Netzhauteinblutungen) und Hirnblutungen entstehen. Durch ein anschließendes „Wegwerfen" können weitere Verletzungen entstehen, z. B. Wirbelsäulenfrakturen (durch Flexion [Biegung] des Körpers), Extremitätenfrakturen sowie innere Verletzungen.

Stumpfe Gewalteinwirkung. Schläge mit flacher Hand, Faust und Gegenständen (Gürtel, Stöcke etc.).

Dazu gehören auch Verletzungen innerer Organe (Perforationen von Hohlorganen, Quetschungen, Zerreißungen, Einblutungen) bei stumpfer Gewalteinwirkung, z. B. nach Tritten gegen den Bauchraum.

Schleuderverletzungen. Durch Wegwerfen der Kinder einschließlich Schädelfrakturen.

Kindesmisshandlungen passieren häufig repetitiv. Damit finden sich **Verletzungen in verschiedenen Stadien** – akute Verletzungen und solche in Abheilung. Daher ist die **Metachronizität** (unterschiedliches Alter) der Verletzungen ein wichtiger Punkt in der Diagnose einer Kindesmisshandlung. Ein akzidentelles Trauma „passiert" einmal (kann auch der Beginn einer Misshandlung sein), die NAI leider meist repetitiv.

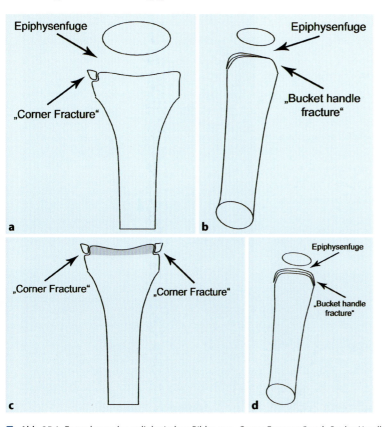

◘ **Abb. 25.1** Entstehung des radiologischen Bildes von „Corner Fractures" und „Bucket Handle Fractures" (Sorantin & Lindbichler 2002). In Abhängigkeit von der Schwere des Traumas kommt es zu einem inkompletten (obere Reihe) oder kompletten Abriss (untere Reihe) der Periphyse (= äußerster, ringartiger Anteil der Metaphyse). Das bei einem kompletten Abriss dislozierte (verlagerte) Knochenfragment besitzt eine diskusartige Form. Trifft der Nutzstrahl orthogonal auf den Knochen (linke Reihe), so ist bei der inkompletten Form nur das „Randstück" als sog. „Corner Fracture" (dt. Erkerfraktur; **a**) zu sehen. Bei der kompletten Form sind nur die 2 orthogonal getroffenen Randstücke zu sehen, während der Rest der abgerissenen, diskusartigen Periphyse nativradiologisch nicht sichtbar ist (in **c** als hellgrauer Streifen eingezeichnet). Trifft der Nutzstrahl hingegen schräg auf den Knochen (rechte Reihe), dann entsteht das Bild der sog. „Bucket Handle Fracture" (dt. Korbhenkelfraktur). Die inkomplette und komplette Form unterscheiden sich dann nur in der Größe des „Korbhenkels" (**b** und **d**)

25.4   Typische Verletzungsmuster

25.4.1   Extremitäten

Obwohl alle Frakturtypen vorkommen können, sind nicht alle typisch für eine Kindesmisshandlung. Die klassischen Knochenbrüche eines NAI sind die sog.
– „*Corner Fractures*"
– „*Bucket Handle Fractures*"
– „*Metaphyseal translucency*".

Die am häufigsten betroffenen Regionen sind in absteigender Häufigkeit:
– distaler Femur (körperferner Teil des Oberschenkelknochens)
– proximale Tibia (oberes Schienbein) und Fibula (Wadenbein)
– distale Tibia und Fibula
– proximaler Humerus (Oberarmknochen) (Kleinmann 1990).

Die ersten beiden Frakturtypen entstehen durch **Abreißen des äußersten Anteils der Metaphyse** (siehe ▣ Abb. 25.1 u. ▣. Abb. 25.2). Das radiologische Erscheinungsbild ist einerseits davon abhängig, ob dies komplett oder inkomplett erfolgt bzw. vom Winkel zwischen Röntgennutzstrahl und Achse des betrof-

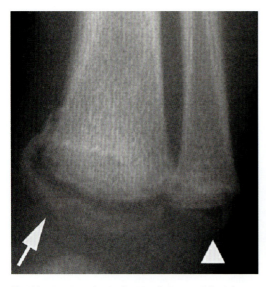

▣ **Abb. 25.2** Typische „Bucket Handle Fracture" des Schienbeins (*weißer Pfeil*) und „Corner Fracture" des Wadenbeins (weißes Dreieck)

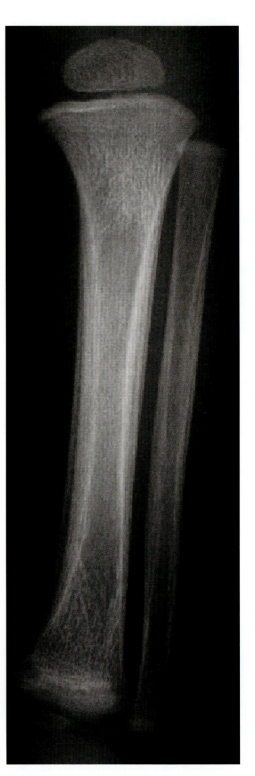

▣ **Abb. 25.3** Periostale Reaktion bei NAI (aus: Sorantin & Lindbichler 2002)

fenen Knochens. Diese Frakturen kommen mit einer Inzidenz von 11–28 % vor, insgesamt sind jedoch diaphysäre Frakturen (Brüche des Knochenschafts) viermal häufiger als metaphysäre Frakturen (Merten et al. 1983).

Die sog. *„Metaphyseal translucency"* kann radiologisch nicht von Stressfrakturen (Ermüdungsbrüche) bzw. Aufhellungsbändern, wie sie im Rahmen von Leukämien (Erkrankungen des blutbildenden Systems) vorkommen, unterschieden werden.

Bei immobilen Personen sind **Fingerfrakturen** ebenfalls ein Hinweis für ein NAI, andere Hinweise sind eine **periostale Reaktion ohne Frakturnachweis**; sie entstehen durch Akzelerations- bzw. Dezelerationstraumen. Differenzialdiagnostisch sind derartige Veränderungen oft schwer von der sog. „Säuglingsperiostitis" (entspricht dem physiologisch dickeren kindlichen Periost zwischen 6. Lebenswoche und 6. Lebensmonat) abzugrenzen (◘ Abb. 25.3).

Die **Altersschätzung der Frakturen** kann mittels der in ◘ Tab. 25.1 angegebenen Informationen durchgeführt werden (Kleinmann 1998). Dazu ist allerdings anzumerken, dass dies mittels der Projektionsradiographie (klassische Röntgenaufnahme) nur orientierend möglich ist.

◘ **Tab. 25.1** Orientierende Einschätzung des Verletzungszeitpunktes

Typ	minde- stens	Durch- schnitt	maxi- mal
Rückbildung der Weichteilver- änderungen	2–5 Tage	4–10 Tage	10–21 Tage
periostale Reaktion	4–10 Tage	10–14 Tage	14–21 Tage
Konsolidie- rung von Fraktur- linien	10–14 Tage	14–21 Tage	
„Soft callus"	10–14 Tage	14–21 Tage	
„Hard callus"	14–21 Tage	21–42 Tage	42–90 Tage
Remodellie- rung	3 Monate	1 Jahr	2 Jahre bis Epiphy- sen- schluss

25.4.2 Körperstamm

Thoraxskelett

Die klassischen **Rippenserienfrakturen** entstehen häufig im Rahmen des „Shaken-Baby-Syndroms". Der kleine kindliche Thorax wird von den Händen des Peinigers fast vollständig umfasst und komprimiert. Dabei wirken die Querfortsätze der Brustwirbelkörper als Hypomochlion (Dreh- bzw. Angelpunkt) und es entstehen die typischen **paravertebralen Rippenfrakturen** (Kleinmann et al. 1992). ◘ Abb. 25.4 zeigt die Verteilung von 84 Rip-

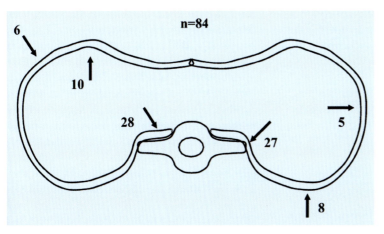

◘ **Abb. 25.4** Verteilung der Rippenfrakturen im Rahmen eines NAI (Sorantin & Lindbichler 2002, Kleinman et al. 1996)

penfrakturen im Rahmen eines NAI, ◘ Abb. 25.5 eine entsprechende Röntgenaufnahme. Bei Kindern unter 2 Jahren sind **Klavikulafrakturen** (Schlüsselbeinfrakturen) bei negativer Geburtsanamnese (Ausschluss von während der Geburt entstandenen Brüchen) höchst verdächtig für ein NAI-Geschehen.

Wirbelsäule und Schultergürtel

Im Rahmen des NAI entstehen durch „Wegwerfen" der Kinder **Randleistenabtrennungen** und auch **Wirbelkörperkompressionsfrakturen**. Als Sonderform wurde auch die **traumatische Spondylolyse** (Spaltbildung im Gelenkfortsatz eines Wirbels) von C2 (sog. *„Hangman's fracture"* des zweiten Halswirbels) beschrieben (Kleinmann & Shelton 1997).

Parenchymatöse Organe

Im Bereich des Thorax (Brustkorb) können bei einem NAI vorkommen:
– Lungenkontusionen (Lungenquetschungen)
– intrapulmonale Hämatome (Lungeneinblutung infolge stumpfen Brustkorbtraumas)
– Pneumothorax (Luftbrust)
– Zwerchfellruptur (Riss des Zwerchfells)
– Herzkontusion (Herzprellung)
– Pneumo-/Hämatoperikard (Luft- bzw. Blutansammlung im Herzbeutel).

Im Abdomen-/Beckenbereich sind **Lazerationen** (Zerreißungen) **von Leber, Milz und Pankreas** (Bauchspeicheldrüse) möglich. Weitere mögliche Verletzungen sind:
– subkapsuläre Hämatome der Leber (Einblutung unter die Leberkapsel)
– duodenale und jejunale Hämatome (mit der möglichen Folge eines Ileus [Darmverschluss])
– Nierenkontusion bzw. Nierenlazeration (Nierenprellung bzw. -einriss)
– Nierenstielverletzungen (Verletzungen des Harnleiters bzw. der Gefäße im Bereich der Niereneinmündung).

◘ **Tab. 25.2** Die Spezifität von Frakturen für NAI in Röntgen bersichtsaufnahmen (Adamsbaum et al. 2010)

Spezifität radiologischer Befunde – Skelett	
hoch	klassische metaphysäre Fraktur (Schaftfraktur)
	Rippenfrakturen, v. a. im dorsalen (hinteren) Abschnitt
	Frakturen von Schulterblatt, Proc. spinosi (Dornfortsätze der Wirbelsäule) und Brustbein
mittel	multiple, v. a. beidseitige Frakturen
	Frakturen verschiedenen Alters
	Epiphysiolysen (Ablösung der Epiphyse)
	Wirbelkörperfrakturen oder Subluxationen
	Fingerfrakturen
	komplexe Schädelfrakturen
niedrig	periostale Reaktion
	Schlüsselbeinfrakturen (bei Kindern > 2 Jahren)
	Schaftfrakturen langer Röhrenknochen
	einfache Schädelfraktur

25.4.3 Kopfverletzungen

Schädelkapsel

Lineare Frakturen sind die häufigsten Verletzungen der Schädelkapsel bei NAI. Diese Frakturen sind von solchen anderer Ursachen radiologisch nicht zu unterscheiden. Allerdings sind **komplexe, bilaterale** (beidseitige) **Frakturen** (sog. *„Egg Shell Fractures"*, s. ◘ Abb. 25.6 u. ◘ Abb. 25.7) und auch **Impressionsfrakturen** verdächtig auf ein NAI. Entsprechende Hämatome finden sich auch an der Galea (dem Schädelknochen anliegende Sehnenhaube mit darüber liegender Kopfschwarte). **Subgaleatische Hämatome** (Blutansammlung zwischen Galea und Schädelkapsel) stellen eine Sonderform dar, sie entstehen entweder in Rahmen von Schädelfrakturen oder durch heftiges Haarereißen, nicht selten aber auch im Rahmen der Geburt oder bei krankhaft erhöhter Blutungsneigung. Diese Hämatome sind durch eine arterielle Blutung in den Raum zwischen

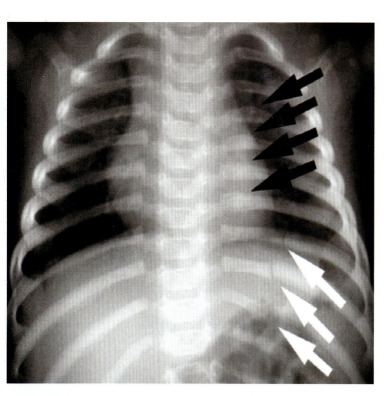

Abb. 25.5 Rippenserienfrakturen im Rahmen des NAI

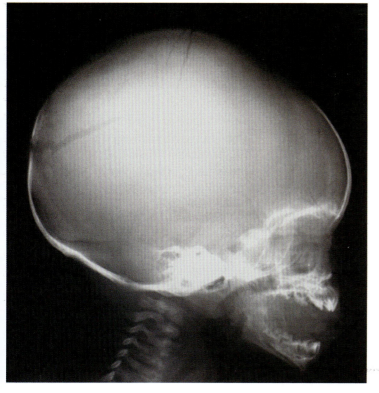

Abb. 25.6 Zwei bilaterale Parietalfrakturen (beidseitige Brüche des Scheitelbeins) sind zu erkennen (aus: Sorantin & Lindbichler 2002)

Galea und Schädelkapsel verursacht – durch den nur lockeren Kontakt der Galea mit der Schädelkapsel kann es zu beträchtlichen Blutansammlungen bis zum Schockzustand des betroffenen Kindes kommen. Der einzige klinische Hinweis ist, dass sich der Kopf bei Betasten teigig weich anfühlt. In Schnittbildverfahren wie CT und MRT sowie im Ultraschall können diese Hämatome eindeutig nachgewiesen werden. **Perforierende Schädelkapselverletzungen** durch Schlagen mit Stahlzahn-Haarbürsten konnten ebenfalls beobachtet werden. In ◻ Tab. 25.2 ist die Spezifität der einzelnen Frakturen für das Vorliegen eines NAI aufgelistet.

Zentralnervensystem (ZNS)

Verletzungen des Zentralnervensystems nach NAI finden sich in 10–44 % (Sato et al. 1989). Bei Patienten mit ZNS-Verletzungen im Rahmen eines **„Shaken-Baby-Syndroms"** (**Schütteltrauma**) ist in 40–50 % mit einer mentalen Retardierung infolge einer Atrophie (Rückbildung des Gehirns) zu rechnen (Carty 1991).

Alle Arten von intra- und extraaxialen Blutansammlungen (im Hirnparenchym bzw. außerhalb der weichen Hirnhaut gelegen) wie
- subdurale Hämatome (Blutung zwischen harter Hirnhaut und Spinnwebenhaut = weicher Hirnhaut)
- subarachnoidale Blutungen (Blutung unterhalb der Spinnwebenhaut)
- Scherungs- und Kontusionsblutungen
- intraventrikuläre und intrazerebrale Blutungen (Blutung in die Hirnventrikel bzw. in die Hirnsubstanz)

sowie das konsekutiv auftretende Hirnödem (Hirnschwellung) kommen vor – entweder isoliert oder kombiniert mit Schädelfrakturen.

Hymel et al. (1997) konnten im Rahmen eines NAI folgende Häufigkeiten finden:
- eine Blutansammlung im Bereich der Falx cerebri (Hirnsichel) in 44 %
- subdurale Hämatome in 41 %
- extraaxiale Flüssigkeitsansammlungen in 21 %.

Diese Verletzungen sind daher für ein NAI hoch spezifisch. Ein entsprechendes Beispiel eines Falxhämatoms ist in ◻ Abb. 25.8 demonstriert.

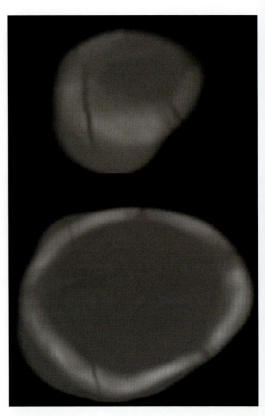

◻ **Abb. 25.7** Zwei Schichten einer Schädel-Computertomographie des Patienten von Abb. 25.6 im Knochenfenster. Die beiden bilateralen Parietalfrakturen sind eindeutig zu erkennen sowie auch die Hämatome in den angrenzenden Weichteilen (aus: Sorantin & Lindbichler 2002)

Augen

Im Rahmen des „Shaken-Baby-Syndroms" können **Retinablutungen** (Netzhautblutungen) bei nahezu allen Kindern beobachtet werden. Die Lokalisation der Blutungen kann subretinal, retinal, preretinal, im Glaskörper oder entlang der Optikusscheide sein (Kleinmann 1998). Zusätzlich können auch **Netzhautablösungen oder Einrisse** beobachtet werden. Andere Ursachen für Retinablutungen, wie langdauernde kardio-pulmonale Reanimation, Gerinnungsstörungen, ZNS-Gefäßmissbildungen und Infektionen, sind extrem selten, sodass derartige Verletzungen für ein NAI ebenfalls hochspezifisch sind.

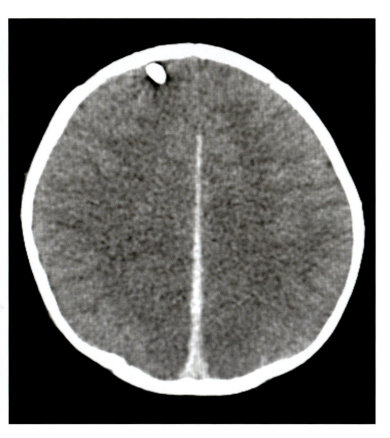

Abb. 25.8 Blutansammlung im Interhemisphärenspalt – ein hochspezifisches Zeichen eines NAI. Das Kind hatte auch Retinablutungen

25.5 Bildgebung bei nicht-akzidentellen Verletzungen

Als Leitsatz kann prinzipiell gelten: **Je kleiner das Kind, desto aggressiver die Diagnostik**. Der Grund dafür liegt in der oft uncharakteristischen bzw. vieldeutigen Symptomatik von Säuglingen und Kleinkindern. Mit zunehmendem Alter können pädiatrische Patienten ihre Beschwerden besser artikulieren, daher kann die Diagnostik gezielter durchgeführt werden.

25.5.1 Skelett

Für die radiologische Abklärung von Skelettverletzungen im Rahmen des NAI sind **Übersichtsaufnahmen** (sog. „Skelettstatus") das Mittel der Wahl, zusätzlich ist der Einsatz der **Skelettszintigraphie** möglich. Beide Modalitäten haben inhärente Vor- und Nachteile, eine Gegenüberstellung

beider Modalitäten findet sich in ◘ Tab. 25.3. Es muss aber beachtet werden, dass widersprüchliche Bildinterpretationen unterschiedlicher Befunde bei der Szintigraphie häufiger sind als bei konventionellen Röntgenaufnahmen, vor allem bei Kindern unter 2 Jahren (Kleinmann 1998). Darüber hinaus ist bekannt, dass die Projektionsradiographie im Vergleich zur Szintigraphie eine erhöhte Sensitivität für die Detektion von Schädelfrakturen sowie metaphysären Frakturen der langen Röhrenknochen aufweist. Die Erklärung hierfür ist, dass infolge der physiologischen Mehrspeicherung frühkindlicher Epiphysenfugen ein weiterer „Tracer-Uptake" nicht mehr detektiert werden kann. Daher wird der **„Skelettstatus" als primäre radiologische Untersuchungsmethode empfohlen und die Szintigraphie als Zusatzuntersuchung eingesetzt**.

In ◘ Tab. 25.4 sind die für einen Skelettstatus notwendigen Röntgenübersichtsaufnahmen angeführt. Bei unsicherem Röntgenbefund empfiehlt sich die **kurzfristige Wiederholungsaufnahme** der

25

◻ **Tab. 25.3** Gegenüberstellung der Vor- und Nachteile von konventioneller Röntgenübersichtsaufnahmen und Szintigraphie

		Röntgen	Szinti- graphie
Sensiti- vität		hoch	hoch
Spezifität		hoch	niedrig
Sedierung		selten bis nie	häufig
Dosis			
	Gonaden	sehr niedrig	niedrig
	Metaphy- sen	sehr niedrig	mittel
Verfüg- barkeit		hoch	niedrig
Zusatzauf- nahmen		selten not- wendig	immer notwen- dig
Kosten		niedrig	70–300 % höher
Einfluss tech- nischer Faktoren		mittel	hoch
auf Ergebnis- qualität			
Untersu- cherab- hängig- keit		mittel	hoch

betroffene Region **nach 14 Tagen** (Kleinmann et al. 1996).

Der Einsatz von **Schnittbildverfahren** zur Frakturabklärung ist selten notwendig und speziellen Fragestellungen vorbehalten.

25.5.2 ZNS

Der Einsatz der Schnittbilddiagnostik des ZNS bei NAI ist großzügig zu stellen – bei Säuglingen kann bereits die **Schädelsonographie** (Ultraschallunter-

◻ **Tab. 25.4** Für einen Skelettstatus notwendige Aufnahmen (American College of Radiology, British Society of Radiology)

Röntgenaufnahmen – Skelettstatus	
Schädel	2 Ebenen, evtl. Zusatzaufnahmen
Wirbel- säule	Halswirbelsäule in 2 Ebenen, Brust- und Lendenwirbelsäule seitlich
Rumpf	Thorax-Rö in 2 Ebenen, Abdomen leer stehend bzw. liegend
	alternativ: gesamter Thorax mit Abdomen
Extremi- täten	Ober- und Unterarm sowie Ober- und Unterschenkel bds. a.-p.
	beide Hände (p.-a.) und Füße (p.-a. oder a.-p.)

suchung) wertvolle Hinweise liefern, gefolgt von **Computertomographie (CT)** bzw. **Magnetresonanztomographie (MRT)** in Abhängigkeit von der Klinik (s. Abschnitt Radiologischer Diagnosepfad bei NAI).

25.6 Radiologischer Diagnosepfad bei nicht-akzidentellen Verletzungen

Viele Fachgesellschaften haben Richtlinien für die Bildgebung bei NAI publiziert – die zwei wichtigsten sind das **American College of Radiology** (ACR, www.acr.org) sowie die **British Society of Pediatric Radiology**.

Die ACR-Kriterien orientieren sich am Alter der Kinder, der neurologischen Symptomatik, dem Vorhandensein von thorakalen oder abdominellen Verletzungen bzw. an Diskrepanzen zwischen den kindlichen Verletzungen und der Anamnese. Im Folgenden werden die grundsätzlichen Aussagen zitiert. In den ◻ Tab. 25.5 bis 25.10 findet sich der jeweilige genaue Algorithmus.

Bei NAI ist ein **Skelettstatus** bei Kindern unter 24 Monaten indiziert. Bei älteren Kindern mit differenzierter Schmerzäußerung können die **Röntgenzielaufnahmen** vorgenommen werden.

Die **native CT des Neurokraniums** ist bei allen Kindern mit **Krampfanfällen** und **neurologischer**

🔲 **Tab. 25.5** Diagnostischer Algorithmus bei Kindern bis 24 Monate, keine neurologischen Zeichen oder Symptome		
Kinder bis 24 Monate, keine neurologischen Zeichen oder Symptome		
Untersuchungsmethode	**Rating**	**Kommentar**
Skelettstatus	9	
native Schädel-CT	7	inbesonders in „High-Risk-Patienten" (Rippenfrakturen, multiple Frakturen, Gesichtsschädelfrakturen, Säuglinge jünger als 6 Monate)
MRT mit/ohne Gadolinium	5	nur wenn CT unklar, NSF[1] Richtlinie beachten
Knochenszintigraphie	4	nur wenn Skelettstatus negativ, aber klinischer hoher NAI-Verdacht
1 NSF: „nephrogene systemische Fibrose" – sehr seltene, schwere, fortschreitende Erkrankung nach Verabreichung von Gadolinium-haltigen Kontrastmitteln bei Patienten mit stark eingeschränkter Nierenfunktion, Dialysepatienten und Lebertransplantierten. Rating-Score: 1,2,3: üblicherweise nicht angebracht; 4,5,6: möglicherweise notwendig; 7,8,9: angebracht		

Symptomatik indiziert, und auch wenn anamnestisch ein **Schädel-Hirn-Trauma** bekannt ist. Zusätzlich sollte die CT erwogen werden, wenn eine für NAI hochverdächtige Verletzungskonstellation vorliegt. Die **MRT des Schädels** sollte **bei unklarem CT-Befund** eingesetzt werden. Bei Verdacht auf ein Schütteltrauma kann eine **Ganzkörper-MRT** wichtige **Hinweise auf Begleitverletzungen** geben, weshalb diese Variante in forensischer Hinsicht bevorzugt werden sollte. Bei einem symptomatischen Kind sollte die CT, trotz einer evtl. geplanten MRT, nicht versäumt werden.

Die **Knochenszintigraphie** dient als Ergänzungsmethode, wenn der Skelettstatus keinen Frakturnachweis zeigt, aber der klinische Verdacht einer Kindesmisshandlung nach wie vor besteht.

Die **CT des Körperstamms** ist bei entsprechender Symptomatik bzw. entsprechenden Verletzungs-mustern und bei pathologischem Befund der Projektionsradiographie angebracht oder bei Diskrepanzen zwischen den Röntgenbefunden und der Anamnese. Diese CT-Untersuchungen sollten mit intravenöser **Kontrastmittelapplikation** durchgeführt werden, sofern nicht eine absolute Kontraindikation besteht.

25.7 Untersuchungstechnik

25.7.1 Projektionsradiographie

Gerätetechnik. Wegen der Beweiskraft radiologischer Befunde ist zu fordern, dass Skelettaufnahmen in sehr guter Qualität vorliegen müssen (Stöver 2007) und durch erfahrenes Personal anzufertigen sind (Erfurt et al. 2009). Für konventionelle Röntgenübersichtsaufnahmen sollte ein Film-Folien-System

🔲 **Tab. 25.6** Diagnostischer Algorithmus bei Kindern bis 24 Monate, bekanntes Schädel-Hirn-Trauma, keine neurologische Symptomatik oder viszeralen Verletzungen		
Kinder bis 24 Monate, bekanntes Schädel-Hirn-Trauma, keine neurologische Symptomatik oder viszeralen Verletzungen		
Untersuchungsmethode	**Rating**	**Kommentar**
Skelettstatus	9	
native Schädel-CT	9	
MRT mit/ohne Gadolinium	6	nur wenn CT unklar, NSF-Richtlinie beachten
Knochenszintigraphie	4	nur wenn Skelettstatus negativ, aber klinischer hoher NAI-Verdacht
Rating-Score: 1,2,3: üblicherweise nicht angebracht; 4,5,6: möglicherweise notwendig; 7,8,9: angebracht		

◨ Tab. 25.7 Diagnostischer Algorithmus bei Kindern bis 24 Monate, mit Krampfanfällen oder neurologischen Symptomen, mit/ohne sonstige, klinisch sichtbare Verletzungen

Kinder bis 24 Monate, mit Krampfanfällen oder neurologischen Symptomen, mit/ohne sonstige, klinisch sichtbare Verletzungen

Untersuchungsmethode	Rating	Kommentar
Skelettstatus	9	
native Schädel-CT	9	
MRT mit/ohne Gadolinium	8	keine Verzögerung der Schädel CT bei symptomatischen Kindern wenn MRT geplant, NSF Richtlinie beachten
Knochenszintigraphie	4	nur wenn Skelettstatus negativ, aber klinischer hoher NAI Verdacht

Rating-Score: 1,2,3: üblicherweise nicht angebracht; 4,5,6: möglicherweise notwendig; 7,8,9: angebracht

der Empfindlichkeitsklasse 100 verwendet werden (Sorantin & Lindbichler 2002). **Digitale Detektorsysteme** wiederum verfügen einerseits über einen großen dynamischen Umfang und eine Film-Folien-System-ähnliche Detailerkennbarkeit. Sie sind somit zur Durchführung eines Skelett-Screenings eine sehr gute Wahl.

Die von manchen Autoren geforderte Ortsauflösung von 10,0 Linienpaaren/mm ist digital nicht zu erreichen (Erfurt et al. 2009), da auch mit zertifizierten, befundtauglichen Bildwiedergabegeräten (einschließlich Monitore) lediglich eine geometrische Auflösung von 3–4 Linienpaaren/mm erreicht werden kann. Eine Übersicht zu den Anforderungen an medizinische Monitore findet sich in Sorantin (2008).

Von der Verwendung von Mammographie-Filmen/Kassetten ist abzuraten – theoretisch würden diese zwar eine verbesserte Auflösung bieten, allerdings sind diese für den Bereich von ca. 30 kV optimiert, und deren Sensitivität sinkt bei höheren Spannungswerten dramatisch ab und erfordert daher hohe Belichtungsdosen.

Praktische Durchführung. Die radiologische Untersuchung des misshandelten Kindes sollte nur von kinderradiologisch geschulten radiologisch-technischem Personal (RT bzw. MTRA) unter Aufsicht eines erfahren Kinderradiologen durchgeführt werden (Erfurt et al. 2009). Das radiologisch-technische Personal muss mittels verschiedener Hilfsmittel sicherstellen, dass sich das Kleinkind nicht bewegen kann, der Zentralstrahl korrekt eingestellt werden

◨ Tab. 25.8 Diagnostischer Algorithmus bei Kindern älter als 24 Monate, mit Krampfanfällen oder neurologischer Symptomatik, mit/ohne sonstige, klinisch sichtbare Verletzungen

Kinder älter als 24 Monate, mit Krampfanfällen oder neurologischer Symptomatik, mit/ohne sonstige, klinisch sichtbare Verletzungen

Untersuchungsmethode	Rating	Kommentar
native Schädel-CT	9	
MRT mit/ohne Gadolinium	8	keine Verzögerung der Schädel-CT bei symptomatischen Kindern wenn MRT geplant, NSF-Richtlinie beachten
Skelettstatus	6	Wertigkeit bei älteren Kinder geringer, nur Röntgenaufnahmen von verletzungsverdächtigen Regionen
Knochenszintigraphie	4	nur wenn Skelettstatus negativ, aber klinischer hoher NAI-Verdacht

Rating-Score: 1,2,3: üblicherweise nicht angebracht; 4,5,6: möglicherweise notwendig; 7,8,9: angebracht

◻ **Tab. 25.9** Diagnostischer Algorithmus bei Kindern jünger als 24 Monate, mit thorako-abdominellen Verletzungen, Diskrepanzen in der Anamnese

Kinder jünger als 24 Monate, mit thorako-abdominellen Verletzungen, Diskrepanzen in der Anamnese		
Untersuchungsmethode	Rating	Kommentar
Skelettstatus	9	
CT-Abdomen/Becken mit i. v. KM*	9	
native Schädel-CT	8	
CT-Thorax mit i. v. KM*	6	bei abnormalem Thorax-Rö-Befund oder infolge klinischer Präsentation
MRT mit/ohne Gadolinium	5	keine Verzögerung der Schädel-CT bei symptomatischen Kindern wenn MRT geplant, NSF-Richtlinie beachten
CT-Abdomen/Becken ohne i. v. KM*	1	sollte nur bei absoluter Kontraindikation gegen i. v. KM* durchgeführt werden

Rating-Score: 1,2,3: üblicherweise nicht angebracht; 4,5,6: möglicherweise notwendig; 7,8,9: angebracht
* i. v. KM: intravenöse Applikation eines jodhaltigen Kontrastmittels

kann, die Aufnahme in der erforderlichen Projektion angefertigt werden kann und eine strahlenschutzgerechte Abdeckung des Körpers möglich ist. Bei der Indikation NAI müssen vorsorglich zwei Halterpersonen, welche ausnahmsweise nicht die Eltern sein sollen, mit entsprechenden Strahlenschutzmitteln ausgestattet werden. Daher sind diese Untersuchungen nicht während der patientenreichsten Untersuchungszeit durchzuführen, sondern sorgfältig zu einem Zeitpunkt zu planen, an welchem dann ausreichende Personalressourcen zur Verfügung stehen.

Einen guten Überblick über kinderradiologische Untersuchungstechniken für RT/MTRA findet sich in Oppelt (2010).

◻ **Tab. 25.10** Diagnostischer Algorithmus bei Kindern älter als 24 Monate, mit thorakalen und/oder abdominellen Verletzungen, Diskrepanzen in der Anamnese

Kinder älter 24 Monate, mit thorakalen und/oder abdominellen Verletzungen, Diskrepanzen in der Anamnese		
Untersuchungsmethode	Rating	Kommentar
CT-Abdomen/Becken mit i. v. KM*	9	
native Schädel-CT	8	
Skelettstatus	6	
CT-Thorax mit i. v. KM*	6	bei abnormalen Thorax-Rö Befund oder infolge klinischer Präsentation
MRT mit/ohne Gadolinium	5	keine Verzögerung der CT wenn MRT geplant, NSF-Richtlinie beachten
CT-Abdomen/Becken ohne i. v. KM*	1	sollte nur bei absoluter Kontraindikation gegen i. v. KM* durchgeführt werden

Rating-Score: 1,2,3: üblicherweise nicht angebracht, 4,5,6: möglicherweise notwendig, 7,8,9: angebracht
* i. v. KM: intravenöse Applikation eines jodhaltigen Kontrastmittels

25.7.2 Computertomographie

Die Anzahl der Computertomographien beträgt ca. 10 % aller Röntgenuntersuchungen und ist für 50–70 % der medizinisch applizierten Dosis verantwortlich (Linton & Mettler 2003). Damit ist die CT eine **Hochdosisuntersuchung** und wird häufig auch als die „*3rd Nuclearisation of the World*" bezeichnet.

Die Anpassung der Aufnahmeparameter an die unterschiedliche kindliche Anatomie, Physiologie und Pathologie ist unbedingt notwendig und sollte von erfahrenem, kinderradiologischem Personal vorgenommen werden. Gute Startpunkte für weiterführende Literatur finden sich bei der „Image Gently Campaign" der „Society of Pediatric Radiology" (USA) sowie auf der Homepage des „U.S. National Institute of Health".

Verdacht auf sexuellen Missbrauch von Kindern

E. Mützel, A. S. Debertin, S. Banaschak

26.1 **Definition und deutsche Rechtslage** – 308

26.2 **Epidemiologie** – 308

26.2.1 Opfer – 308

26.2.2 Täter – 308

26.3 **Formen des sexuellen Missbrauchs** – 309

26.4 **Anamnese und Befunderhebung** – 309

26.4.1 Anamnese – 309

26.4.2 Befunderhebung – 310

26.5 **Spurensicherung** – 314

26.5.1 Samenflüssigkeit – 314

26.5.2 Speichelspuren – 314

26.5.3 Sonstige Spuren – 315

26.6 **Dokumentation** – 315

26.7 **Psychische Folgen** – 315

26.8 **Arztrechtliche Aspekte (Deutschland)** – 316

M. Grassberger, E. Türk, K. Yen, Klinisch-forensische Medizin,
DOI 10.1007/978-3-211-99468-9_26, © Springer-Verlag Berlin Heidelberg 2013

26

26.1 Definition und deutsche Rechtslage

Sexueller Missbrauch ist nach rechtlicher Definition (§ 176 StGB) eine sexuelle Handlung, vorgenommen an einer Person unter 14 Jahren (Kind). Geahndet werden sowohl Handlungen, die ein Täter am Kind vornimmt als auch der Täter an sich von dem Kind vornehmen lässt. Das Einwirken auf das Kind durch Zeigen pornografischer Abbildungen, durch Abspielen von Tonträgern pornografischen Inhalts oder durch entsprechende Reden wird ebenfalls bestraft. Der „schwere sexuelle Missbrauch von Kindern" wird in § 176a StGB mit verschiedenen Varianten definiert: Vollzug des Beischlafs oder ähnliche, mit dem Eindringen in den Körper des Kindes verbundene, sexuelle Handlungen; eine gemeinschaftliche Tatbegehung von mehreren Personen; die Herbeiführung der Gefahr einer schweren Gesundheitsschädigung oder einer erheblichen Schädigung der körperlichen oder seelischen Entwicklung. Nach § 176b StGB wird der sexuelle Missbrauch von Kindern mit Todesfolge gesondert verfolgt.

„Sexueller Missbrauch von Schutzbefohlenen" (§ 174 StGB) oder „Sexueller Missbrauch von Jugendlichen" (§ 182 StGB) stellen sexuelle Handlungen mit Personen unter 16 Jahren bzw. 18 Jahren unter bestimmten Umständen unter Strafe.

Es gibt unabhängig von der rechtlichen Definition des sexuellen Missbrauchs verschiedene Ansätze, z. B. den Begriff aus dem sozialwissenschaftlichen Bereich zu erläutern. Gemeinsam ist vielen, dass es zwischen Täter und Opfer ein Gefälle im Hinblick auf Alter, Reife oder Macht gibt und dass die sexuellen Handlungen meistens gegen den Willen des Kindes oder Jugendlichen erfolgen. Dabei ist zu bedenken, dass es unter Umständen für das Kind/Jugendlichen eine überlebensnotwendige Strategie sein könnte zu sagen, sie hätten es auch "gewollt", und dass hinsichtlich des Altersunterschiedes der sexuelle Missbrauch unter (etwa) Gleichaltrigen nicht erfasst ist. Unabhängig des Alters von Opfer und Täter handelt es sich um sexuelle Handlungen, die sich gegen Schwächere richtet, die mit Erlebnissen konfrontiert werden, die weder alters- noch entwicklungsentsprechend sind.

In der Literatur werden für den Themenkomplex verschiedene Begriffe verwendet, wie z. B. sexueller Missbrauch, sexuelle Gewalt, sexuelle Misshandlung u.a. Im Weiteren soll der Begriff sexueller Missbrauch verwendet werden.

26.2 Epidemiologie

26.2.1 Opfer

Laut polizeilicher Kriminalstatistik wurden 2009 11.319 Kinder und 971 Jugendliche, die nach rechtlicher Definition Opfer des sexuellen Missbrauchs (§§ 176, 176a, 176b, 182 StGB) wurden, bundesweit polizeilich bekannt (www.bka.de/pks/pks2009/index2.html). Die Zahl der gemeldeten Fälle ist jedoch im Hinblick auf das Ausmaß der Dunkelziffer nur bedingt aussagefähig.

Eine Zusammenfassung von Studienergebnissen seit den 80er Jahren in Deutschland ergibt, dass 10–18 % aller Mädchen und 5–7 % aller Jungen von sexuellem Missbrauch betroffen sind. Eine andere Studie zeigt, dass 17,3 % der Mädchen und 3,4 % der Jungen bis zum 16. Lebensjahr sexuellen Missbrauch erlebt haben. Insgesamt zeigen sich jedoch je nach Definition des sexuellen Missbrauchs und Erhebungsform der Studien deutliche Schwankungsbreiten (15–33 % der Mädchen und 6–9 % der Jungen). Unabhängig davon kann gesagt werden, dass die Dunkelziffer gerade beim innerfamiliären Missbrauch sehr hoch ist, deshalb keine genauen Angaben vorliegen und Mädchen vorrangig Opfer sind. Jungen seien dagegen vermehrt im außerfamiliären Rahmen Opfer.

26.2.2 Täter

Täter entstammen allen sozialen Schichten und es wird überwiegend von männlichen Tätern berichtet. Nach Untersuchungen der Jahre 1991–1996 des Instituts für Rechtsmedizin der Universität München sind Täter zu zwei Dritteln der Fälle Männer aus der unmittelbaren Umgebung des Kindes (Vater, Großvater, Lebensgefährte der Mutter, Nachbarn und Bekannte). Nach einer anderen Zusammenstellung von Daten ereignet sich der sexuelle Missbrauch zu etwa 60 % innerfamiliär, zu etwa 30 % stammen die Täter aus dem Bekanntenkreis und zu etwa 6–8 % sind die Täter Fremde.

Es gibt noch relativ wenig Literatur über die Anzahl weiblicher Täter. Die Zahl liegt bei 3,5 %, die Dunkelziffer dagegen bei etwa 25 %. „Passive" Täterinnen in Form von Mitwisserinnen dürfte es wesentlich mehr geben.

Nach der PKS 2009 sind etwa 21 % der Täter Kinder, Jugendliche oder Heranwachsende, 80–89 % davon männlich.

26.3 Formen des sexuellen Missbrauchs

Die Formen des sexuellen Missbrauchs ergeben sich größtenteils durch die Definitionen und umfassen ein weites Spektrum sexueller Aktivitäten. Klassisch kann zwischen den sexuellen Handlungen mit Körperkontakt (**Hands-on-Taten**; dazu zählen auch die Penetrationen) und denen ohne Köperkontakt (**Hands-off-Taten**; z. B. Anfertigen pornografischer Aufnahmen) unterschieden werden.

In den letzten Jahren gerieten andere Formen des sexuellen Missbrauchs immer mehr in den Vordergrund: Sexueller Missbrauch durch Internet, Mobiltelefone oder anderen Kommunikationsformen (**Cyberbulling**). Ein Großteil der Kinder und Jugendlichen (Schüler) haben entweder bereits ein eigenes Mobiltelefon und/oder Internetzugang zu Hause oder über Freunde. Über diese Kommunikationsformen können ohne Kenntnis des Opfers Filme oder Fotos veröffentlicht und verbreitet werden. So konnte festgestellt werden, dass die Opfer sexueller Übergriffe im Internet häufiger Mädchen sind als Jungen. 30 % der Schülerinnen mit einem Durchschnittsalter von 13–14 Jahren erleben leichtere Formen der Viktimisierung in Form von Fragen nach Sex, sexueller Erfahrung und Fragen nach ihrem Aussehen. 63 % der Opfer (Durchschnittsalter 14,5–15 Jahre) zeigen keine emotionale Belastung durch die Viktimisierung und 7 % der Opfer sind sehr junge Mädchen (Durchschnittsalter 13,2 Jahre), die die schwersten und häufigsten Viktimisierungen in Form von Nacktfotos, Pornos, Aufforderung zum Sex vor Webcams zeigen.

Cybergrooming bedeutet den Aufbau von Vertrauen über länger andauernde Kommunikation in unterschiedlichen Internetforen mit letztlich Austauschen von (Nackt-)Fotos, Telefonnummern, Sprechen über sexuelle Probleme bis hin zu Treffen im realen Umfeld mit dem Ziel der Anbahnung sexueller Kontakte.

Das Thema **Kinderpornografie** soll in diesem Zusammenhang nicht weiter ausgeführt werden.

26.4 Anamnese und Befunderhebung

26.4.1 Anamnese

Befragungen von Opfern sollen in Abhängigkeit von Alter und Entwicklungsstand des Kindes/Jugendlichen erfolgen. Je jünger das Kind ist, umso offener müssen die Fragen formuliert werden. Suggestivfragen müssen in allen Altersklassen vermieden werden. Sind die Kinder zu klein, um diese befragen zu können, bzw. würde die Befragung ggf. eine Retraumatisierung des Kindes bedeuten, können die Begleitpersonen (in der Regel die Sorgeberechtigten) unter Umständen in Abwesenheit des Kindes (Begleitperson kann mit dem Kind im Warteraum oder Spielzimmer warten) die Vorgeschichte angeben.

Spontane Aussagen des Kindes oder Jugendlichen, ebenso die Aussagen der Erwachsenen zur Anamnese sollten möglichst wortgetreu niedergeschrieben werden.

Ist die Kriminalpolizei durch eine Anzeige involviert, erfolgt die Befragung durch diese. Gegebenenfalls können im Rahmen der Untersuchung Ergänzungsfragen gestellt werden, die für die Gutachtenerstellung bzw. die medizinische Behandlung von Bedeutung sind.

Grundsätzlich sollte neben der Vorgeschichte zur eigentlichen Tathandlung eine Befragung zur Genitalentwicklung und – speziell bei Jugendlichen – auch zur Sexualentwicklung (z. B. wann war der erste Geschlechtsverkehr) sowie eine medizinisch-soziale Anamnese stattfinden. Bei Kindern ist ggf. die Einholung von Informationen von Kinderärzten oder Kinderkliniken zu Vorbehandlungen wichtig. Dazu bedarf es jedoch der Schweigepflichtentbindungserklärung der Sorgeberechtigten, wenn noch keine Anzeige erstattet ist.

Auffälligkeiten bei der Befragung im Verhalten sollten notiert werden.

26

26.4.2 Befunderhebung

Untersuchung und Untersuchungstechnik

Die Untersuchung bzw. Untersuchungstechnik sollte an das jeweilige Alter des Opfers angepasst sein. Dies bedingt bei Kleinkindern ein etwas anderes Vorgehen als bei Jugendlichen.

Grundsätzlich sollte vor der Untersuchung von Seiten des Arztes kritisch überlegt werden, ob er kompetent ist, diese Untersuchung durchzuführen. Gegebenenfalls kann die Untersuchung durch einen dafür ausgebildeten Kinder- und Jugendgynäkologen (oder einen anderen, speziell ausgebildeten Facharzt) erfolgen.

Oberstes Gebot bei der Untersuchung ist immer, die Gesundheit und das Wohlergehen des Kindes/Jugendlichen im Auge zu behalten.

Die Untersuchung eines Kindes sollte immer in Begleitung einer Vertrauensperson erfolgen. Jugendliche können durchaus alleine im Untersuchungsraum inspiziert werden. Dies kann durch eine Befragung des Jugendlichen vorab geklärt werden.

Den anwesenden Personen, v. a. aber dem Opfer, wird der Untersuchungsgang genau erklärt.

Kleinkinder können auf dem Schoß der Vertrauensperson untersucht werden (◘ Abb. 26.1), in der Regel ist eine Untersuchung auf der Liege unproblematisch. Schulkinder werden ebenfalls auf der Liege untersucht. Spätestens ab der Pubertät ist eine Untersuchung auf dem gynäkologischen Stuhl angebracht, kann ggf. bereits in der präpubertären Phase so erfolgen. Ein Handspiegel kann zum „Mitbeobachten" gegeben werden.

◘ **Abb. 26.1** Die Untersuchung von sehr kleinen Kindern kann auf dem Schoß der Mutter, die die Beine des Kindes anzieht und spreizt, erfolgen

> **Merke**
>
> Ein Kind sollte nie zu einer Untersuchung am Genitale gezwungen werden.

Bei Mädchen, die sich in der hormonellen Ruheperiode befinden, sollte nach der Untersuchung in Rückenlage (◘ Abb. 26.2) ein weiterer Untersuchungsgang in der sog. Knie-Ellenbogen-Position (◘ Abb. 26.3) durchgeführt werden, in der zeitgleich auch der After untersucht werden kann. Allerdings

ist darauf zu achten, dass die Verbringung des Kindes in eine derartige Position mit gleichzeitiger Analuntersuchung eine Retraumatisierung bedeuten kann. Eine Untersuchung des Afters in Seitenlage wäre dann angemessen.

Bei der Inspektion beschränkt man sich auf eine äußere Besichtigung des Genitales. Dazu werden die Schamlippen gespreizt und gleichzeitig nach unten und vorne auseinandergezogen (**Separation und Traktion der Schamlippen**).

Die Untersuchung des Afters erfolgt bei Jungen in Seitenlage bei angezogenen Knien. Die Gesäßbacken werden gespreizt. Die Afterregion kann so inspiziert und beurteilt werden.

Eine Inspektion des Genitales mit Spekulum ist bei Kindern in der hormonellen Ruheperiode kontraindiziert, da es zu iatrogenen Verletzungen kommen kann, man dabei das Hymen nicht mehr beurteilen und durch das Einführen eines Gegenstandes in den Scheidenkanal ggf. eine Retraumatisierung herbeigeführt werden kann („Ich will nicht,

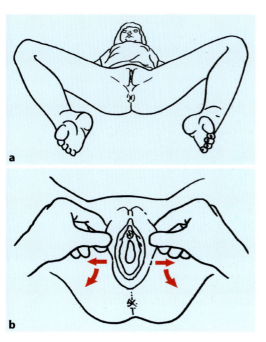

Abb. 26.2 Untersuchungstechnik des Genitales in Stein-schnittlage (**a**) mit Separation und Traktion der Schamlippen (**b**)

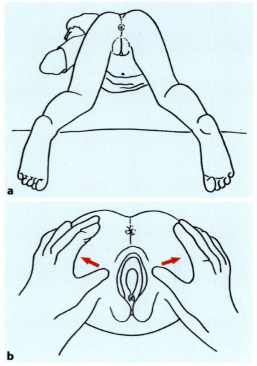

Abb. 26.3 Untersuchungstechnik von Kindern in der hormonellen Ruheperiode in Knie-Ellenbogen-Position

dass mir wieder was in die Scheide gesteckt wird") (Ausnahme blutende Verletzungen oder Gegenstände im Scheidenkanal).

Auch eine Narkoseuntersuchung ist in den meisten Fällen nicht angebracht. Gerade ein Kind sollte während der Untersuchung die Kontrolle über die Untersuchung und damit über seinen Körper behalten dürfen. Es ist notwendig, auch wenn der Missbrauch bereits Wochen oder Monate zurückliegt, das Kind am gesamten Körper zu untersuchen, um nicht zu sehr auf das Genitale zu fokussieren. Eine Ausnahme sind auch hier Befunde, die ggf. chirurgisch versorgt werden müssen.

Auch bei Jugendlichen ist es bedeutsam, den Untersuchungsgang so verständlich wie möglich zu erklären, ggf. auch während der Untersuchung folgende Schritte anzukündigen. Ein Handspiegel kann bei pubertierenden Mädchen ein Kontrollwerkzeug darstellen. Eine Spekulumuntersuchung ist auch hier in der Regel nicht notwendig, es sei denn, dass es zu blutenden Verletzungen gekommen ist (dann sollte das Opfer ausschließlich in der Klinik untersucht werden, ggf. unter Hinzuziehung eines Rechtsmediziners). Auch Narkoseuntersuchungen

sollten nur auf Ausnahmefälle beschränkt bleiben, wie z. B. bei behandlungsbedürftigen (blutenden) Verletzungen oder zu großer Stressreaktion (z. B. bei posttraumatischer Belastungsstörung). Damit kann eine Narkoseuntersuchung Stressreduktion bedeuten. Außerdem sind nur ohne Narkosegabe verschiedene Untersuchungspositionen möglich, die der Erhöhung der Diagnosesicherheit dienen.

Befundinterpretation

Um eine juristisch verwertbare Beurteilung des Untersuchungsbefundes treffen zu können, ist die Kenntnis der hormonell bedingten anatomischen Veränderungen des Genitales, der Veränderung des Genitales durch die Untersuchungstechnik sowie eine Beeinflussung der anatomischen Strukturen des Genitales bei einem Kind und durch dieses selbst notwendig.

Neugeborene befinden sich bis etwa zur 3. Lebenswoche in der sog. **Neonatalperiode**, in der noch die Hormone der Mutter wirksam sind. Danach bis etwa zum 8./9. Lebensjahr ist das Genitale in der **hor-**

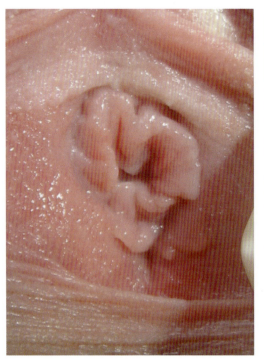

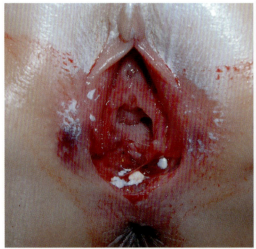

Abb. 26.5 Scheiden-Dammrissverletzung nach erfolgter Penetration in die Scheide eines jungen Mädchens in der hormonellen Ruheperiode

Abb. 26.4 Hymen eines 13-jährigen Mädchens in der Pubertätsphase

monellen Ruheperiode. Ab dem 8./9. Lebensjahr unterliegt die Entwicklung des Genitales der eigenen hormonellen Beeinflussung (**Reifungsperiode**).

Das **Hymen** ist in der Ruheperiode leicht verletzbar und schmerzempfindlich. Das Hymen weist in der Regel einen hohen, durchscheinenden Saum auf, der Rand des Saumes ist glatt. Eine penile Penetration in diesem Stadium ist nur unter Setzen von Verletzungen möglich, eine Manipulation mit dem Finger mindestens schmerzhaft. In manchen Fällen kann das Hymen jedoch auch recht schlaff sein und sich bei der Untersuchung der Scheidenwand anlegen. Eine Inspektion und Beurteilung ist in solchen Fällen sehr schwierig.

In der Reifungsperiode wird das Hymen „fleischig", dehnungsfähig und ist damit nicht mehr derart „verletzungsanfällig". Das Hymen beginnt sich zu fälteln und ist daher gelegentlich schwer beurteilbar (**◘** Abb. 26.4). Ein „Entfalten" des Hymens mit Finger oder Wattetupfer kann Fehlinterpretationen verhindern, wird jedoch nicht immer toleriert. Die Einschränkung der Beurteilung muss dokumentiert werden.

Der **transhymenale Durchmesser** nimmt mit dem Lebensalter zu. Allerdings kann der Durchmesser durch die Untersuchungstechnik und das Kind selbst beeinflusst werden. Eine Traktion der Schamlippen lässt den transhymenalen Durchmesser deutlich größer erscheinen. Das Kind kann dagegen durch Anspannen oder Entspannen der Beckenbodenmuskulatur die Hymenalöffnung kleiner oder größer wirken lassen. Eine forensische Bedeutung kommt diesem Durchmesser daher nicht zu.

Vaginale Befunde. Ein anatomisch intakter Hymen schließt einen stattgehabten sexuellen Missbrauch nicht aus!

Ein intakter Hymen ist dann zu erwarten, wenn am Genitale oberflächliche und subtile Manipulationen wie Streicheln, Schlecken etc. stattgefunden haben. Auch der Versuch, den Finger durch die Hymenalöffnung in die Scheide zu stecken, muss nicht zwangsläufig zu Verletzungen führen. Kommt es dennoch durch Manipulationen zu oberflächlichen Schleimhautverletzungen, heilen diese in kurzer Zeit ab und entziehen sich somit meist der Nachweisbarkeit.

Letztlich beweisend für den sexuellen Missbrauch sind der Nachweis von Spermien (bzw. eine Schwangerschaft) oder eine Deflorationsverletzung, d. h. eine Verletzung des Hymenalsaumes, die bis auf den Grund reicht, bzw. Scheideneinrisse. Diese

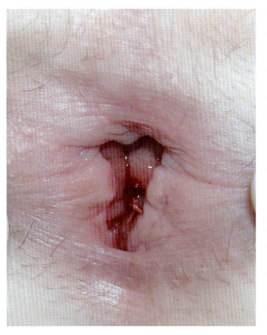

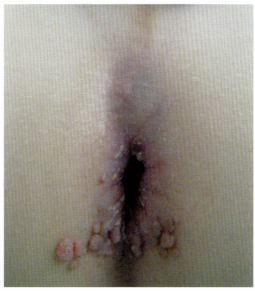

Abb. 26.7 Dilatation des Afters durch die Narkose – Operation zum Entfernen von Kondylomen

Abb. 26.6 Tiefer Riss der Analschleimhaut nach analer Penetration eines 4-jährigen Mädchens

finden sich typischerweise zwischen 3 bis 9 Uhr im posterioren Bereich, am häufigsten zwischen 5 und 7 Uhr (■ Abb. 26.5). Auch Kerbenbildungen in diesem Bereich, die mehr als 50% des Hymenalsaumes betreffen, können die Folge von mechanisch bedingten Verletzungen darstellen und sollten entsprechend beurteilt werden.

Als unspezifische, nicht beweisende Befunde sind z. B. entzündliche Rötungen zu werten, wenngleich diese auch durch kurz zuvor stattgehabtes Reiben, z. B. mit dem Penis, hervorgerufen worden sein könnten. Auch Urethraldilatationen sind häufig bei nicht sexuell missbrauchten Kindern zu sehen. Periurethrale Bänder, Synechien der Labien, Kerbenbildungen des Hymenalsaumes im vorderen Anteil sind Normalbefunde bzw. unspezifische Befunde.

Analbefunde. Auch hier gilt, dass Manipulationen in der Regel keine Verletzungen hinterlassen. Oberflächliche Verletzungen heilen sehr schnell ab. Penetrationen sind im frühen Kindesalter möglich und müssen keine Verletzungen verursachen, insbesondere wenn Gleitmittel verwendet werden oder vorsichtig vorgegangen wird. Beweisend für einen Analmissbrauch sind wiederum der Nachweis von Samenflüssigkeit und/oder ein tiefer Schleimhaute-

inriss, der von der Analhaut in die Darmschleimhaut hineinführt (■ Abb. 26.6).

Verdächtig sind Fissuren oder Rhagaden im Bereich der Analfalten. Diese können jedoch auch im Rahmen einer Obstipation oder durch Hygienedefizite verursacht worden sein und sollten abgeklärt werden.

Eine anale Dilatation nach Spreizen der Gesäßbacken ist physiologischerweise bis zu einem gewissen Grad möglich. Dabei sollte jedoch lediglich der äußere Analsphinkter etwas geweitet sein, der innere sollte dabei verschlossen bleiben. Zu achten ist auf eine Dilatation des Afters in Narkose, die immer wieder zu Fehlinterpretationen speziell durch Anästhesisten führt (■ Abb. 26.7). Das Vorhandensein von Kondylomen am After sollte Anlass sein, daran zu denken, dass ein Missbrauch im Raum stehen könnte; Kondylome allein sind jedoch nicht beweisend.

Der Tonus des Afters ist normalerweise kräftig. Jede Hypotonie bedarf einer neurologischen Abklärung, wäre allerdings für einen chronischen Missbrauch ungewöhnlich. Eine Dilatation des Afters nach stattgehabtem Analverkehr wird sich in der Regel in absehbarer Zeit zurückbilden und sich damit dem Nachweis bei einer Untersuchung entziehen.

26

Eine „Interpretationshilfe" medizinischer Befunde bei Verdacht auf sexuellen Kindesmissbrauch" bietet das sog. **Adams-Schema** (Adams 2011). Eine deutsche Übersetzung der aktuellen Version findet sich im Anhang.

Verletzungen von Penis und Skrotum. Genitalverletzungen bei Jungen sind recht selten und in der Literatur kaum beschrieben. In der Arbeit von Schmid-Baumgärtel et al. (2003) zeigt sich, dass nur 9 von 100.000 Jungen pro Jahr Verletzungen aufweisen, das Verletzungsmuster jedoch unspezifisch ist.

Physische Zeichen des sexuellen Missbrauchs sind bei kleinen Kindern (Jungen wie Mädchen) kaum zu finden. Die Möglichkeit der zusätzlichen körperlichen Misshandlung steigt allerdings mit dem Lebensalter des Opfers an. So konnte nachgewiesen werden, dass Genitalverletzungen bei Jungen im Rahmen eines sexuellen Missbrauchs eher bei über 16-jährigen zu finden sind.

Akzidentelle Verletzungen. Die Differenzierung zwischen einem sexuellen Missbrauch und einem Unfall/einer Spieleverletzung gelingt manchmal nur schwer. Es gibt verschiedene Kriterien, die eine Differenzierung erleichtern. Am häufigsten treten akzidentelle Verletzungen beim Sitzen auf Gegenständen und Abrutschen auf harte Objekte auf, bei Jungen durch Einklemmen des Penis in Reißverschlüsse und Toilettendeckel oder bei Mädchen bei einem abrupten Grätschtrauma beim Inlineskaten. Kennzeichen solcher Verletzungen sind, dass diese überwiegend oberflächlich, meist anterior, im Bereich der Schamlippen und einseitig gelegen sind. Das Hymen ist selten durch eine akzidentelle Penetration betroffen, und wenn, dann nicht isoliert. Die Betroffenen begeben sich in Begleitung von Sorgeberechtigten akut in ärztliche Behandlung, die Anamnese erfolgt spontan und ist konstant.

26.5   Spurensicherung

Eine Spurensicherung ist immer sinnvoll, wenn das Delikt in relativ engem zeitlichen Zusammenhang zum Untersuchungszeitpunkt stattgefunden hat. In den meisten Fällen von V. a. sexuellen Missbrauch liegt allerdings das berichtete Delikt sehr lange (Wochen bis Jahre) zurück. Hier erübrigt sich meist jede Spurensicherung.

Eine Fotodokumentation kann den schriftlichen Befund sinnvoll ergänzen. Die Fotodokumentation negativer Befunde ist nicht angemessen.

26.5.1   Samenflüssigkeit

Das Vorliegen von Sperma bzw. Samenflüssigkeit ist nur nach einem akuten, kurz zurückliegenden Delikt zu erwarten. Untersuchungen haben ergeben, dass positive Spurenergebnisse auf Spermien am Körper der Kinder mehr als 24 Stunden nach der Tat unwahrscheinlich sind.

Spermaspuren auf Kleidung oder anderen Textilien können bei sachgerechter Trocknung sehr lange nachgewiesen werden.

Die Sicherung von Spermaspuren erfolgt mit langstieligen Wattetupfern im hinteren Scheidengewölbe (so weit dies bei kleinen Kindern überhaupt möglich ist). Nach dem Abrieb müssen die Tupfer luftgetrocknet werden und können nach Beschriftung (Name, Geburtsdatum, Datum und Lokalisation der Abstrichentnahme) z. B. in einem Briefkuvert asserviert werden. Wattetupfer dürfen keinesfalls feucht in einem Nährmedium oder in einer NaCl-Lösung aufbewahrt werden. In allen Fällen würde wertvolles Spurenmaterial (biologisches Material des Täters) vernichtet werden, eine DNA-Analyse wie Typisierung wäre anschließend nicht mehr möglich.

Abriebe aus Mundhöhle und After erfolgen mit ähnlichem Vorgehen. Über die Nachweisbarkeit bei Kindern liegen derzeit keine allgemeingültigen Erkenntnisse vor. Auch hier gilt, dass möglichst mehrere Tupfer verwendet werden sollten, soweit dies bei Kindern möglich ist. Eine Trockenlagerung der Tupfer ist zwingend notwendig.

26.5.2   Speichelspuren

Spuren durch Bisse, Schlecken oder Küsse finden sich häufig brustnahe oder im Bereich der Schamlippen. Grundsätzlich sollte eine Ganzkörperuntersuchung erfolgen, da (Saug-)Bissspuren häufiger auch außerhalb des Genitalbereichs, insbesondere z. B. an den Oberarmen, lokalisiert sind.

Bei der Sicherung von Speichelspuren wird mit unter Leitungswasser angefeuchteten Wattetupfern großflächig ohne festen Druck über die angegebenen Stellen gerieben. Die Tupfer werden luftgetrocknet und asserviert, wie oben beschrieben. Eine Überprüfung auf das Vorliegen von Speichel erfolgt über den Nachweis von Amylase in einem forensischen Laboratorium.

26.5.3 Sonstige Spuren

Kleidung sollte nach Trocknung getrennt in Papiertüten asserviert werden. Auch wenn das Kleidungsstück bereits gewaschen wurde, ist grundsätzlich noch ein Spermanachweis möglich. **Fingernägel** sollten geschnitten und asserviert werden, wenn eine Gegenwehr des Opfers stattgefunden hat und Hautpartikel des Täters unter den Fingernägeln zu erwarten sind.

Bei Verletzungen wie z. B. **Würgemalen** können nach detaillierter Beschreibung Abriebe mit angefeuchteten Wattetupfern durchgeführt werden, um nachfolgend ggf. DNA-Merkmale des Täters nachzuweisen.

26.6 Dokumentation

Für die Dokumentation kann ein geeigneter Untersuchungsbogen (aus dem Internet oder ein eigener) verwendet werden, der neben den Personalien der untersuchten Person u. a. auch Angaben zum Auftraggeber, zum Untersucher und zu zeitlichen Bezügen enthält. Er sollte auch kurze Anleitungen zur Asservierung der Spuren bieten sowie Körper- und Genitalschemata zur Befunddokumentation.

Verletzungen an Körper und Genitale können in dieses Schema eingetragen werden, sollten aber gleichzeitig Informationen wiedergeben wie:

– Farbe und Form des Hämatoms (Alter!)
– Aussehen der Wundränder
– Tiefe der Wunde
– genaue Lokalisation
– Ausdehnung (Maßstab!).

Die Verletzungen sind genau zu beschreiben und gleichzeitig fotografisch festzuhalten. Es sollte sowohl eine Übersichtsaufnahme als auch eine Detailaufnahme mit Maßstab angefertigt werden. Liegt das Einverständnis der Sorgeberechtigten vor, kann auch die Dokumentation der Anogenitalbefunde fotografisch erfolgen.

26.7 Psychische Folgen

Konkrete Daten zu den Folgen des sexuellen Missbrauchs lassen sich offenbar schwer darstellen. Das Problem liegt in einem sehr heterogen Datensatz, der begründet ist in vielen verschiedenen Belastungsfaktoren, denen das Kind/der Jugendliche ausgesetzt ist. Ausgegangen wird auch davon, dass das Kind/der Jugendliche in aller Regel nie allein nur sexuellen Missbrauch, sondern auch anderen Formen der Gewalt (z. B. seelische Gewalt, Vernachlässigung) erlebt (hat). Insofern lassen sich viele, v. a. Langzeitfolgen als Zustandsbilder einer kumulativen Folge unterschiedlicher Belastungsfaktoren ansehen.

Unabhängig davon ist jedoch bekannt, dass bei sexuell missbrauchten Personen ein deutlich höheres Risiko besteht, früher oder später psychisch und/oder physisch zu erkranken.

Die mittelbaren und unmittelbaren Folgen des sexuellen Missbrauchs können altersabhängig skizziert werden:

Missbrauchte Vorschulkinder zeigen u. a. vor allem Ängste, Albträume, internalisierendes und sexualisiertes Verhalten, Kinder im Schulalter bis etwa 12 Jahren zusätzlich Schulprobleme, unreifes, hyperaktives und/oder auch aggressives Verhalten. Kinder/Jugendliche ab dem etwa 12. Lebensjahr weisen Anzeichen von Depression, sozialem Rückzug, suizidales Verhalten, Somatisierungen, Alkohol- und/oder Drogenmissbrauch auf.

Bekannt ist, dass nur ein Teil der missbrauchten Kinder derartige psychische Folgen aufweist, wobei die Gründe dafür nicht sicher geklärt sind (z. B. Art des Missbrauchs, Dauer des Missbrauchs).

26.8 Arztrechtliche Aspekte (Deutschland)

Bis 2007 mussten in der gesamten Bundesrepublik Deutschland Ärzte, die konkrete Anhaltspunkte für oder auch nur einen Verdacht auf sexuellen Missbrauch eines Kindes hatten, sich grundsätzlich damit auseinandersetzen, dass sie zum einen an die ärztliche Schweigepflicht gebunden waren, zum anderen als behandelnder Arzt das Kindeswohl im Auge haben mussten. Das deutsche Recht bietet in so einem Falle dem Arzt die Möglichkeit, sich nach § 34 StGB (Rechtfertigender Notstand) ungestraft z. B. an das Jugendamt oder die Staatsanwaltschaft oder die Polizei zu wenden, wenn er zu der Auffassung kam, das körperliche oder seelische Wohl eines Kindes sei durch sexuelle Übergriffe bzw. Missbrauch gefährdet oder verletzt und der Schutz des Kindes wichtiger als die Einhaltung der Schweigepflicht (wenn keine andere Möglichkeit besteht, die „Gefahr" abzuwenden).

Diese Konfliktlage war häufig dadurch kompliziert, dass ein medizinischer Nachweis eines stattgehabten sexuellen Missbrauchs nicht zu führen war, sondern sich ein Verdacht nur aus Verhaltensauffälligkeiten oder „sexualisierten" Äußerungen des Kindes ergab.

Verschiedene Bundesländer (z. B. Saarland, später Bayern, Hessen, Rheinland-Pfalz, Nordrhein-Westfalen) etablierten ab 2007 ein verbindliches Meldesystem für Vorsorgeuntersuchungen, das primär allerdings zur Prävention von Kindesmisshandlungen eingesetzt wurde. Danach melden Kinderärzte die Durchführung von Vorsorgeuntersuchungen. Wenn Eltern einen Termin nicht wahrnehmen, wird das (Kreis)Gesundheitsamt unterrichtet, das seinerseits, bei besorgniserregendem Zustand, das Jugendamt einschaltet. In Bayern existiert darüber hinaus seit Mai 2008 eine weitere Meldepflicht für Ärzte. Nach Art. 14 GDVG (Gesundheitsdienst- und Verbraucherschutzgesetz) ist der Arzt (und Hebammen sowie Entbindungspfleger) verpflichtet, bei Vorliegen gewichtiger Anhaltspunkte von sexuellem Missbrauch, körperlicher Misshandlung oder Vernachlässigung unter Angaben personenbezogener Daten dies dem Jugendamt unverzüglich zu melden.

Am 1.1.2012 ist das neue Bundeskinderschutzgesetz in Kraft getreten. In §4 Abs. 3 des KKG sind Regelungen zur Beratung und Übermittlung von Informationen durch Geheimnisträger getroffen.

Sexualisierte Gewalt

S. Banaschak, A. S. Debertin, P. Klemm, E. Mützel

27.1 **Hintergrund** – **318**

27.2 **Anamnese, körperliche Untersuchung und Spurensicherung bei Sexualdelikten** – **319**

27.2.1 Anamnese – 319

27.2.2 Körperliche Untersuchung und Spurensicherung – 320

27.2.3 Apparative Untersuchungsmethoden – 322

27.3 **Typische Verletzungsmuster** – **322**

27.3.1 Extragenitale Verletzungen – 322

27.3.2 Anogenitale Verletzungen – 322

27.4 **Untersuchung eines Tatverdächtigen** – **323**

27.5 **Klinische Aspekte** – **324**

M. Grassberger, E. Türk, K. Yen, Klinisch-forensische Medizin,
DOI 10.1007/978-3-211-99468-9_27, © Springer-Verlag Berlin Heidelberg 2013

27.1 Hintergrund

Nach der polizeilichen Kriminalstatistik (PKS) wurden in Deutschland im Jahr 2009 7.314 Straftaten der Vergewaltigung und sexuellen Nötigung angezeigt. Darunter waren 1.783 überfallartige Vergewaltigungen durch einen Einzeltäter. Nur bei 1.186 Taten habe keine Vorbeziehung bestanden. Dies verdeutlicht, dass die häufig als „typisch" betrachtete Vergewaltigung durch einen Fremdtäter eher die Ausnahme als die Regel darstellt. 99 % der Tatverdächtigen nach PKS waren Männer, die Opfer zu 96 % Frauen. Knapp 30 % der Delikte haben nach der PKS unter Alkoholeinfluss stattgefunden. Die Aufklärungsquote habe knapp über 80 % betragen.

Die **Dunkelziffer** gilt als hoch, da Straftaten aus diesem Deliktkreis seltener angezeigt werden als nichtsexualisierte Gewalttaten oder andere Straftaten. Dies ergibt sich aus einer weiterhin hohen Persistenz von Vergewaltigungsmythen nicht nur in der Allgemeinbevölkerung (gemeint sind damit stereotype Vorstellungen wie z. B. die Schuldzuweisung an das Opfer, das den Täter provoziert habe, die auch bei den Opfern dazu führen, sich selbst die Schuld zu geben). Weiterhin spielen Ängste vor den Belastungen in einem Strafverfahren und eine nahe Täter-Opfer-Beziehung eine Rolle.

> **Definition**
>
> Als sexualisierte Gewalt bezeichnet man die Formen von Gewalteinwirkung, die den Intimbereich der verletzten Person mit einbeziehen, zumeist weniger um eine sexuelle Befriedigung des Täters zu erzielen, sondern mehr eine besondere Demütigung der verletzten Person zu bewirken. Typischerweise wird die Erzwingung des Geschlechtsverkehrs als Vergewaltigung bezeichnet, andere Handlungen juristisch als sexuelle Nötigung.
> Die strafrechtlichen Definitionen unterscheiden sich (auch) im europäischen Raum.

> **Merke**
>
> Zu überprüfen, ob ein strafrechtlich definierter Tatbestand erfüllt ist, fällt nicht in die Kompetenz des Arztes. Es muss daher darauf geachtet werden, keine juristischen Begriffe in ärztlichen Stellungnahmen zu verwenden.

Sonderformen der sexualisierten Gewalt sind *Kriegsvergewaltigungen*. Diese können im Zusammenhang mit Asylverfahren eine Rolle spielen, wenn die Frauen derartige Erlebnisse berichten. Die mit Kriegsvergewaltigungen einhergehende psychische Traumatisierung kann erheblich sein und einen Behandlungsbedarf begründen.

Voraussetzungen körperlicher Untersuchungen. Die körperliche Untersuchung nach einer Straftat dient nicht nur der Versorgung eventueller Verletzungen, sondern auch der gerichtsfesten Befunddokumentation. Nach sexualisierter Gewalt kommen Spurensicherungsmaßnahmen hinzu. Untersuchung und Dokumentation sind **unabhängig** von einer Strafanzeige durchzuführen. Erforderlich ist in erster Linie das Einverständnis der betroffenen Person. In Deutschland könnte prinzipiell eine Untersuchung nach einer Strafanzeige erzwungen werden. In der Praxis wird dies jedoch kaum jemals erfolgen. Man muss die verletzte Person allerdings zwingend darüber aufklären, dass ohne Untersuchung/Spurensicherung beweisende Befunde verloren gehen können.

> **Merke**
>
> Eine gründliche Untersuchung, eine sorgfältige Dokumentation und eine richtige Spurensicherung können die Position einer verletzten Person im Strafverfahren stärken, dienen aber nicht zweckgebunden einer parteilichen Stellungnahme.

In Deutschland finden zunehmend **forensische Ambulanzen** (auch: rechtsmedizinische Ambulanz) Verbreitung. Je nach lokalen Gegebenheiten können sich verletzte Personen hier auch direkt, ohne Erstattung einer Anzeige, vorstellen. Angeboten werden zumeist die körperliche Untersuchung, Befunddokumentation und Spurensicherung (s. ▶ Kap. 10 „Leistungsangebot und Nutzen klinisch-forensischer Ambulanzen"). Ein grundsätzliches Problem stellt die Finanzierung dieser Angebote dar.

Ein weiteres Konzept zur niedrigschwelligen Befunddokumentation ist die **A**nonyme **S**purensicherung (teilweise auch **ASS** abgekürzt). Dabei erfolgen die erforderlichen Maßnahmen in einer Klinikambulanz, die rund um die Uhr besetzt ist. Die Befunde werden entsprechend in der Klinik dokumentiert, die Asservate sicher (anonym und pseudonymisiert zur Wiederauffindung) gelagert.

Auch in der Öffentlichkeit wird immer wieder der Einsatz sog. K.O.-Mittel zur Ermöglichung einer (Sexual-)Straftat thematisiert. Im angloamerikanischen Raum werden diese Delikte als „drug faciliated sexual abuse" bezeichnet. Zahlreiche unterschiedliche Substanzen können als K.O.-Mittel eingesetzt werden (s. ▶ Kap. 46 „Toxikologische Untersuchungen im Rahmen der klinisch-forensischen Medizin"). Wichtig sind Aufklärungskampagnen, die vor den bekannten Risikosituationen warnen (z. B. www. ko-tropfen-koeln.de).

> **Merke**
>
> Es ist wichtig, von ärztlicher Seite nach einer möglichen Beeinflussung durch Fremdsubstanzen zu fragen und die Scheu vor einer Antwort zu nehmen. Es sollte an die Asservierung (Einbehaltung) entsprechender Proben gedacht werden (Blutprobe – dient der Untersuchung eines akuten Einflusses, Urin – kann die Aufnahme eines Stoffes in den Körper nachweisen).

27.2 Anamnese, körperliche Untersuchung und Spurensicherung bei Sexualdelikten

27.2.1 Anamnese

Zu den generellen Aspekten der ärztlichen Gesprächsführung bei Untersuchungen von Gewaltop-

fern sei auf ▶ Kap. 11 „Anamneseerhebung – Ärztliche Gesprächsführung in der klinischen Rechtsmedizin" verwiesen.

Bei Verletzten nach sexualisierter Gewalt ist eine empathische (einfühlsame) Grundhaltung wichtig, die jedoch die gebotene Neutralität einer ärztlichen Untersuchung nicht verlassen darf.

Falls möglich, sollte zur Vermeidung mehrfacher Befragungen vor der Untersuchung Einsicht in die polizeiliche Vernehmung genommen werden. Alternativ kann durch den Vernehmungsbeamten eine kurze Einführung gegeben werden (in Abwesenheit, aber mit Wissen der betroffenen Person).

Erfolgt die Anamnese ausschließlich durch den Arzt müssen Angaben zu den Tateinzelheiten von diesem erfragt werden. Es können auch nach einer Vernehmung Fragen offen geblieben sein, die für die ärztliche Untersuchung/Spurensicherung/Versorgung wichtig sind. Die verletzte Person ist darüber zu informieren, dass die Beantwortung der Fragen hilfreich bei der Untersuchung und Einordnung von Befunden ist.

Erfolgt die Untersuchung im Auftrag der Ermittlungsbehörden muss die untersuchte Person darüber aufgeklärt werden, dass die Untersucher die Ergebnisse an den Auftraggeber weitergeben werden, aber keine Auskünfte gegeben werden müssen.

Bei der Anamnese muss an spezielle Fragen gedacht werden, die bei sexualisierter Gewalt zu einer allgemeinen ärztlichen Befragung hinzukommen. Es empfiehlt sich die Verwendung eines Anamnesebogens, in dem alle Aspekte aufgeführt sind (s. ▶ Kap. 29 „Standardisierte Untersuchung und Spurensicherung nach Sexualdelikt" und Anhang).

Spezielle Fragen sind:
– Verhalten nach dem Ereignis (Wechsel der Kleidung, Reinigen des Körpers)
– akute Verletzungen/Schmerzen
– Ejakulation (ggf. wohin?)
– Küssen, Beißen, Lecken durch den Täter (wegen Sicherung möglicher DNA-Spuren)
– Einnahme von Medikamenten, Drogen oder Alkohol (an Sicherung von Blut- und Urinproben denken); gezielt nach Störung der Erinnerung fragen (s. K.O.-Mittel)
– Datum der letzten Menstruationsblutung
– Datum des letzten einvernehmlichen Geschlechtsverkehrs

– Nutzung von Verhütungsmitteln (durch den Täter/das Opfer)
– Schwangerschaft? Prophylaxe erforderlich?

27.2.2 Körperliche Untersuchung und Spurensicherung

> **Merke**
>
> Auch nach sexualisierter Gewalt sollte immer eine Ganzkörperuntersuchung erfolgen. Ausnahmen bedürfen einer Begründung (fehlende Einwilligung, Schwere der Verletzungen).

Bei der **Ganzkörperuntersuchung** ist insbesondere auf die verdeckten Körperstellen zu achten:
– behaarter Kopfabschnitt
– Haut hinter den Ohren
– Köperöffnungen.

Es müssen sämtliche Verletzungen gerichtsfest dokumentiert werden (s. ▶ Kap. 12 „Die gerichtsverwertbare Dokumentation von Verletzungen" und ▶ Kap. 14 „Klinisch-forensische Fotodokumentation"). Bei Vorliegen von Antragungen an der Haut ist zu berücksichtigen, dass es sich um Sekretantragungen des Täters handeln könnte. Zu denken ist dabei insbesondere an eingetrocknetes Ejakulat oder Speichel. Werden von der/dem Verletzten Körperstellen bezeichnet, an denen der Täter (ggf. auch die Täterin) gebissen (⬛ Abb. 27.1) oder geleckt hat, so müssen auch bei Fehlen erkennbarer Antragungen Abriebe angefertigt werden. Diese erfolgen mit einem (z. B. unter Leitungswasser) angefeuchteten Wattestieltupfer, der über die Stelle gerieben wird.

> **Merke**
>
> Alle Wattestieltupfer müssen vor der endgültigen Verpackung ausreichend getrocknet werden. Eine feuchte Lagerung zerstört evtl. DNA-Antragungen und verhindert so eine erfolgreiche Untersuchung. Die Beschriftung muss neben den Personalien das Datum und zwingend die Abnahmelokalisation enthalten, damit evtl. positive Spurenuntersuchungen richtig zugeordnet werden.

Gewalt gegen den Hals

Bei Angabe einer Gewalteinwirkung gegen den Hals:
– nach Schluckbeschwerden, Hals- und Nackenschmerzen fragen (ggf. zum Hals-Nasen-Ohren-Arzt vermitteln, um Kehlkopfverletzungen sicher auszuschließen; zeitlich verzögert einsetzende Schleimhautschwellung kann lebensbedrohlich werden)
– explizit nach Bewusstlosigkeit oder Bewusstseinstrübung fragen (Schwarz vor Augen? Flimmern vor Augen?)
– Frage nach Einnässen oder Einkoten (wird häufig nicht von selbst berichtet, da schambesetzt)
– Prädilektionsstellen für Petechien beachten (Augen, auch Bindehäute, ggf. Augenarzt hinzuziehen, Mundschleimhaut, Haut hinter den Ohren); bei der Beurteilung auf zeitliche Komponente achten, da Petechien schnell rückläufig sein können.

Anogenitale Untersuchung und Spurensicherung

Die anogenitale Untersuchung erfolgt bei erwachsenen Frauen **idealerweise** in Kooperation zwischen Rechtsmedizin und Gynäkologie. Die Verletzte wird dabei auf dem üblichen Untersuchungsstuhl in Steinschnittlage positioniert. Die Untersuchung sollte durch eine Frau erfolgen. Falls dies nicht möglich ist, sollte eine Frau bei der Untersuchung anwesend sein (z. B. Krankenschwester, Arzthelferin).

Die äußere Inspektion kann ohne jede Hilfsmittel erfolgen. Wenn möglich sollten Vulva und Anus

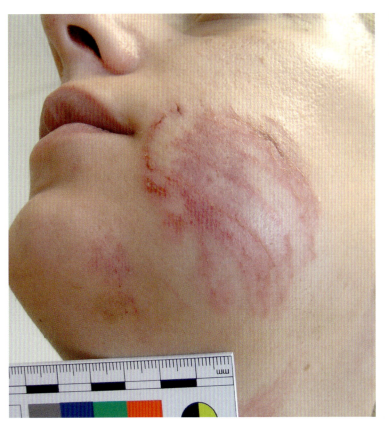

Abb. 27.1 Bissverletzung durch bekannten Täter im Rahmen eines körperlichen Angriffes auf offener Straße bei bekanntem Stalkingverhalten

zur Schleimhautbeurteilung auch mittels Kolposkop beurteilt werden. Dies ist jedoch nicht zwingend. Vor einer fotografischen Dokumentation sollte das Einverständnis der verletzten Person eingeholt werden. Eine fotografische Dokumentation eines Normalbefundes sollte im Allgemeinen nicht erforderlich sein. Im Rahmen der Untersuchung erfolgt die Spurensicherung.

Bei der Inspektion des **äußeren Genitale** kann das Auskämmen der Schambehaarung mit einem Einmalkamm erfolgen. Die Sicherung des Schamhaares und evtl. Fremdpartikel erfolgt in einer entsprechenden Tüte zusammen mit dem Kamm. Verletzungen werden beschrieben. In Rückenlage können mit Hilfe der **Separation** der großen Labien die kleinen Labien, Klitoris und das Vestibulum beurteilt werden. Durch die **Traktion** der großen Labien kommt es zur horizontalen Entfaltung des Hymens (falls noch vorhanden). Die Traktion erleichtert die Beurteilung des Hymens und des Introitus.

Vor der Untersuchung des **inneren Genitale** mittels Spekulum werden Abstriche entnommen. Erkennbare Antragungen sollten getrennt aufgenommen werden, falls dies möglich ist. Es empfehlen sich mindestens zwei Abstriche des Scheideneingangs und des Scheidengewölbes. Falls möglich, können auch Abstriche der Portio (äußerer Muttermund) bzw. der Zervix (Gebärmutterhalskanal) angefertigt werden, da hier in Abhängigkeit vom Zyklus Spermien länger nachweisbar sein sollten.

Die Inspektion des **Anus** erfolgt bei Spreizung der Gesäßhälften. Dabei können ebenfalls Abstriche erst aus der Umgebung der Afteröffnung dann auch aus dem Anus angefertigt werden. Die äußere Inspektion dürfte in den meisten Fällen ausreichend sein. Werden Blutauflagerungen auf dem Stuhl beschrieben, sollte eine entsprechende Weiterleitung an einen Proktologen zur Anoskopie erfolgen.

> **Merke**
>
> Üblicherweise wird empfohlen Abstriche bis ca. 72 Stunden nach der Tat anzufertigen. Diese zeitliche Komponente sollte nicht als Ausschlusskriterium angesehen werden. Die Fallumstände sind jeweils zu berücksichtigen. Erfolgt eine zeitlich versetzte Vorstellung der Verletzten zur ärztlichen Untersuchung, sind häufig zwischenzeitlich Reinigungsmaßnahmen und ein Kleidungswechsel erfolgt (bei Befragung dokumentieren), die die Wahrscheinlichkeit einer positiven Spurenuntersuchung deutlich schmälern, aber nicht ausschließen.

27.2.3 Apparative Untersuchungsmethoden

Die instrumentelle Untersuchung ist zwingend erforderlich, wenn der Verdacht auf eine genitale Verletzung oder Blutung besteht. Unter Umständen ist dann auch eine Narkoseuntersuchung bzw. Versorgung in Narkose notwendig. Bei erwachsenen Frauen werden dabei nach dem Einführen der Spekula die Vagina, das hintere Scheidengewölbe und die Portio uteri beurteilt. Hier sollte auf Sekretansammlungen im hinteren Scheidengewölbe, frische Blutungen, Verletzungen und Fremdkörper geachtet werden.

Bei Vorliegen von Einrissen des Vaginalschlauches muss überprüft werden, ob und inwieweit eine operative Rekonstruktion erforderlich ist.

Mittels transabdominaler oder transvaginaler Sonographie sollten eine intraabdominale Blutung und/oder weitere intraabdominale Verletzungen ausgeschlossen werden. Je nach Untersuchungsbefund kann sich die Notwendigkeit weiterer diagnostischer und operativer Maßnahmen anschließen.

27.3 Typische Verletzungsmuster

> **Merke**
>
> Typisch ist, dass keine (massiven) Genitalverletzungen nach Vergewaltigung vorliegen. Es kommt jeweils im konkreten Einzelfall auf die beschriebenen Tathandlungen an, ob Verletzungen zu erwarten sind oder nicht. Entscheidender sind häufig extragenitale Begleitverletzungen, die eine Gewaltanwendung belegen. Daher kommt der Ganzkörperuntersuchung eine große Bedeutung zu. Begleitverletzungen sind in Studien auch häufiger nachweisbar als Genitalverletzungen. Verletzungen können ganz fehlen, wenn das Opfer massiv bedroht wird und/oder ein übermäßiger Konsum von Alkohol und/oder Drogen vorliegt (s. auch K.O.-Mittel).

27.3.1 Extragenitale Verletzungen

Die häufigste Form der Gewalteinwirkung ist die stumpfe Gewalt in Form von Schlägen (mit der flachen Hand oder Faust bzw. mit Gegenständen). Unterschieden werden darüber hinaus

- Fixierverletzungen (auch Fesselungsspuren)
- passive oder aktive Abwehrverletzungen
- Widerlagerverletzungen.

Hinzu kommen Verletzungen durch das gewaltsame Entkleiden oder den Versuch, das Opfer „zum Schweigen" zu bringen (z. B. Verschluss des Mundes, um es am Schreien zu hindern).

Entsprechend der Art der Gewalteinwirkung handelt es sich zumeist um Hämatome und Hautabschürfungen. Seltener werden Frakturen (Brüche) beschrieben. Auf die Angabe von Häufigkeiten wird verzichtet, da dies für die Einzelfallbeurteilung nicht relevant ist.

27.3.2 Anogenitale Verletzungen

Genitalverletzungen bei Frauen. Typische Verletzungen durch vaginalen Geschlechtsverkehr sind

mehr oder weniger tiefe Einrisse der Schleimhaut in der Vagina. Schwere Verletzungen stellen Einrisse bis in die Muskulatur des Vaginalschlauches dar. Als prädisponierende Faktoren für das Entstehen von Verletzungen wurden u. a. genannt:
- Positionen, in denen ein tiefes Eindringen des Penis erfolgen kann
- Disproportion zwischen weiblichem und männlichem Genitale
- brüskes/gewaltsames Einführen des Gliedes in die Vagina
- vorbestehende Alkoholisierung oder Intoxikation (wegen des verminderten Schmerzempfindens)
- Hormonstatus (z. B. Folgen einer reduzierten Feuchtigkeit der Schleimhaut).

Auch die Verwendung eines Gegenstandes zur (gewaltsamen) Penetration kann das Verletzungsrisiko erhöhen. Mikroläsionen der Schleimhaut kommen wie auch andere Genitalverletzungen bei einvernehmlichem Geschlechtsverkehr ebenfalls vor und beweisen keine Vergewaltigung. Bei „heftigerer" Ausführung des Geschlechtsverkehrs und/oder durch Genitalpiercing beim Mann kann es auch zu schwereren (= behandlungsbedürftigen) Verletzungen kommen. Inwieweit es sich hierbei um Vergewaltigungen gehandelt hat, kann ohne eine entsprechende Aussage der Frau allein anhand der Verletzung nicht entschieden werden.

Genitalverletzungen bei Männern. Genitalverletzungen bei Männern nach sexualisierter Gewalt dürften eine Rarität, jedenfalls bei den untersuchten Fällen, darstellen. Es muss in jedem Fall eine äußerliche Inspektion erfolgen. Zu denken wäre an Bissverletzungen oder Hautunterblutungen am Penis nach Gewaltanwendung (s. ▶ Kap. 30 „Das männliche Opfer sexualisierter Gewalt – Befunde nach Vergewaltigung und homosexuellen Praktiken").

Analverletzungen. Analverletzungen nach einem sexuellen Übergriff kann es geschlechtsunabhängig geben. Die Häufigkeit der Verletzungsentstehung hängt wiederum von der Tatausführung ab (Grad der Gewaltanwendung, Verwendung von Gleitmitteln). Typische Verletzungen stellen Schleimhauteinrisse und Hämatome dar, die bei der Inspektion

der Analregion erkennbar sind. Besteht der Verdacht auf innere Verletzungen, muss eine entsprechende Weiterverweisung in die Klinik erfolgen. Besteht der Verdacht auf eine perforierende anale Verletzung, müssen notfallmäßig eine Krankenhausaufnahme und weitere diagnostische Maßnahmen erfolgen.

Differenzialdiagnosen. Bei einem ansprechbaren Erwachsenen spielt die Frage der Differenzialdiagnosen dann eine Rolle, wenn der Verdacht entsteht, dass bezüglich der Entstehung von Verletzungen nicht die Wahrheit gesagt wird.

Prinzipiell ist zu denken an:
- einen Zustand nach weiblicher Genitalverstümmelung (s. ▶ Kap. 32 „Weibliche Genitalverstümmelung – Hintergründe, Rechtslage und Empfehlungen für die medizinische Praxis")
- unfallbedingte Traumen (selten, als Spreizungsverletzungen zumeist einseitig lokalisiert, typischer Weise bestehen bei der Anamnese keine Unklarheiten).

27.4 Untersuchung eines Tatverdächtigen

Ist ein Tatverdächtiger bekannt, sollte dieser zeitnah untersucht werden. Auch diese Untersuchung erfolgt als Ganzkörperuntersuchung (s. ▶ Kap. 13 „Die körperliche Untersuchung von Tatverdächtigen im Rahmen des Strafverfahrens"). Bei dieser Untersuchung ist besonders auf kampfbedingte Verletzungen zu achten, die durch das Opfer im Rahmen von Abwehrmaßnahmen beigebracht wurden:
- (Kratz-)Verletzungen im Gesicht bzw. am Hals oder anderen einfach erreichbaren und möglicherweise unbekleideten Stellen (Hände/Unterarme, ggf. Oberkörper; ◘ Abb. 27.2)
- Bissverletzungen (auch am Genitale!).

Die Genitaluntersuchung auch des Tatverdächtigen kann Hinweise auf das Vorliegen von sexuell übertragbaren Erkrankungen ergeben. Dann muss nicht nur beim Tatverdächtigen, sondern auch beim Opfer die Einleitung therapeutischer bzw. prophylaktischer Maßnahmen organisiert werden. Auf eventuelle Meldepflichten nach dem Infektionsschutzgesetz ist zu achten.

Weiterhin können bei der Genitaluntersuchung Abstriche vom Penisschaft und der Penisspitze (Kranzfurchenabstrich) genommen werden, um daran möglicherweise DNA des Opfers nachzuweisen.

Merke
Ungewöhnlich breit und kantig imponierende Kratzverletzungen können auf Kunstnägel beim Opfer hindeuten, die durch ihre Konfiguration und Stabilität das Verletzungsmuster deutlich von echten Nägeln differieren lassen können.

27.5   Klinische Aspekte

Vergleiche hierzu auch ▶ Kap. 31 „Medizinische Versorgung von Opfern sexualisierter Gewalt".

Schwangerschaft. Der Ausschluss einer bestehenden Schwangerschaft erfolgt durch die Untersuchung des β-HCG im Serum. Die Notfallkontrazeption bei entsprechender Sorge der betroffenen Frau erfolgt mit Levonorgestrel bis 72 Stunden postkoital bzw. Ulipristal bis 5 Tage postkoital. Eine entsprechende Aufklärung muss durch den behandelnden Arzt erfolgen.

Besteht eine Schwangerschaft schon vor dem Übergriff, so sind engmaschig Kontrollen zur Beruhigung der Verletzten anzubieten. Gegebenenfalls sollte über eine stationäre Aufnahme gesprochen werden.

Sexuell übertragbare Erkrankungen (STD). Alle Fragen bezüglich der Untersuchung auf und der prophylaktischen Medikamentengaben gegen die unterschiedlichen STDs müssen individuell diskutiert und entschieden werden. Prinzipiell zu denken ist an:
–   serologische Untersuchungen (sofort, wegen des „Nullwertes"): HIV, Hepatitis B und C, Syphilis und ggf. Chlamydien (gegen Hepatitis B kann im Anschluss auch eine Immunisierung erfolgen)
–   Abstrichentnahme zum Nachweis von Gonokokken, Chlamydien, HPV und Trichomonaden.

Prophylaktische Medikamentengaben, gerade auch in der HIV-Prophylaxe (sog. Postexpositionsprophylaxe, PEP), müssen unter Einhaltung des Facharztstandards erfolgen. Ein vorab lokal abgestimmtes Vorgehen empfiehlt sich.

Psychische Folgen sexualisierter Gewalt. Dass die Untersuchung von Personen, die Opfer sexuali-

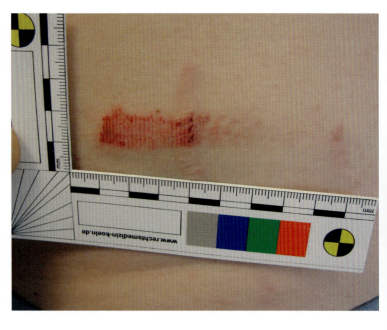

☐ **Abb. 27.2** Kratzspur durch künstlichen Fingernagel (Verletzung des Täters durch das Opfer im Rahmen von Abwehrversuchen; der Nagel blieb unbeschädigt)

sierter Gewalt geworden sind, eine besondere Sensibilität auch im Umgang erforderlich macht, sollte selbstverständlich sein (s. o.).

Da Personen sehr unterschiedlich auf ein psychisches Trauma reagieren, sollte der psychische Befund dokumentiert, aber nicht kommentiert werden. Alle Personen sollten auf Beratungs- und auch Behandlungsangebote in der Region aufmerksam gemacht werden, auch wenn sie wenig beeinträchtigt wirken oder ein Gespräch darüber ablehnen. Es sollte Informationsmaterial („Flyer") über entsprechende Einrichtungen vorgehalten und mitgegeben werden. Dies signalisiert, dass es „normal" ist, auf eine unnormale Situation zu reagieren und dabei möglicherweise Hilfe zu benötigen.

Vorgetäuschte Sexualdelikte

M. Grassberger, K. Yen

28.1   Hintergrund   – 328

28.2   Motive   – 328

28.3   Befunde   – 329

28.4   Zusammenfassung   – 330

M. Grassberger, E. Türk, K. Yen, Klinisch-forensische Medizin,
DOI 10.1007/978-3-211-99468-9_28, © Springer-Verlag Berlin Heidelberg 2013

28.1   Hintergrund

Prozesse gegen Prominente in Verbindung mit einer oft damit einhergehenden medialen Vorverurteilung haben in der rezenten Vergangenheit das emotional aufgeladene Thema der Falschbezichtigung einer Sexualstraftat in den Blickpunkt der Öffentlichkeit gerückt.

Aus objektiver, rechtsmedizinischer Sicht muss bei Vorgängen, die als Vergewaltigung oder sexuelle Nötigung angezeigt werden, stets auch die Möglichkeit einer Falschbezichtigung bzw. Falschanzeige in Betracht gezogen werden.

Der diesbezüglich spärlichen und teilweise widersprüchlichen Literatur zufolge handelt es sich bei einem nicht ganz unerheblichen Prozentsatz der als Sexualdelikte zur Anzeige gebrachten Fälle lediglich um vorgetäuschte Straftaten (vgl. ☐ Tab. 28.1). Die zum Teil beträchtlichen Unterschiede in den erhobenen Prävalenzraten erklären sich am ehesten durch die heterogenen Untersuchungspopulationen sowie die unterschiedlichen Falldefinitionen der einzelnen publizierenden Einrichtungen bzw. Autoren. Ähnlich der hohen Dunkelziffer bei den tatsächlich begangenen Sexualstraftaten besteht auch hinsichtlich vorgetäuschter Delikte weiterhin erheblicher Bedarf an verlässlichen wissenschaftlichen Studien.

Den anzeigenden Personen ist u. U. primär nicht bewusst, dass durch die Falschbezichtigung bzw. Falschaussage prinzipiell die Straftatbestände der **Verleumdung** und/oder **Vortäuschung einer Straftat** erfüllt sein können.

28.2   Motive

Die Gründe für eine Falschaussage können vielfältig sein (s. u.), wobei manchmal versucht wird, der Falschaussage durch Setzen einer **Selbstverletzungshandlung** mehr Glaubwürdigkeit zu verleihen. Nicht selten stehen die anzeigenden Frauen unter Alkohol-, Drogen- oder Medikamenteneinfluss. Wird die Tat von einem Familienmitglied, einem Freund oder vom vermeintlichen „Opfer" selbst zur Anzeige gebracht, wird die Falschbehauptung häufig weiter hartnäckig aufrecht erhalten, um nicht „das Gesicht zu verlieren".

Mögliche **Motive für das Vortäuschen einer Sexualstraftat** sind (vgl. z. B. Elsner & Steffen 2005, Frauen 2008):

– Erregung von Mitleid und Aufmerksamkeit bei zugrundeliegenden Gefühlen der Einsamkeit, Vernachlässigung oder bei Frustration bzw. Bedürfnis nach Zuwendung.
– Jugendliches Imponier- bzw. Geltungsbedürfnis (v. a. Mädchen und junge Frauen mit psychischen und/oder sozialen Problemen und vermindertem Selbstwertgefühl).
– Ablenkung von vorangegangener autoerotischer Handlung oder Suizidversuch (wegen möglicher dadurch entstandener Verletzungen).
– Verdeckung eines Seitensprungs oder einer sexuellen Beziehung (z. B. als Ausrede wegen zu spätem nach Hause kommen nach sexueller Handlung mit anderem Partner; sog. „Alibianzeige").
– Angst vor ungewollter Schwangerschaft bzw. um die „Pille danach" zu bekommen, ohne sich rechtfertigen zu müssen.
– Um von eigenem Fehlverhalten abzulenken bzw. aus Angst vor Repressalien (z. B. verspätetes Heimkehren oder zu spätes Erscheinen in der Schule – „Rechtfertigungsnotstand").
– Um von einem anderen begangenen Delikt abzulenken – sog. „Ablenkungsanzeige".
– Rache am Partner aufgrund verschmähter Liebe (z. B. nach einvernehmlichem Geschlechtsverkehr offenbart der Partner, die Beziehung beenden zu wollen oder in einer anderen Beziehung zu leben) oder während eines Trennungsprozesses (z. B. um dem ehemaligen Partner zu schaden oder im Rahmen eines Sorgerechtsstreites). In letzterem Fall wird zumeist vorgebracht, dass ein (gemeinsames) Kind Opfer sexueller Misshandlungen geworden sei.
– Revanche an ehemaligem Partner, Chef oder einem Lehrer für erlittenes Unrecht.
– In Pubertäts- oder Lebenskrisen (z. B. Schwierigkeiten mit dem Erwachen der eigenen Sexualität oder Verdecken erster sexueller Erlebnisse vor den Eltern, manchmal auch bei restriktivem kulturell-religiösen Hintergrund aus Angst vor „Schande").

◻ Tab. 28.1 Prävalenzraten vorgetäuschter Sexualdelikte nach verschiedenen Studien (ergänzt nach Norfolk GA, 2011)

Autoren	Untersuchungsperiode	Land	vorgetäuschte Sexualdelikte (%)
Lisak et al. 2010	1998–2007	USA	5,9 %
HMCPSI 2007	2000 2005	UK UK	8,3 % 10 %
Ingemann-Hansen et al. 2008	1999–2004	Dänemark	10,5 %
Feist et al. 2007	2003–2004	UK	8 %
Kelly et al. 2005	2000–2002	UK	8,2 %
HMCPSI & HMIC 2002	2000	UK	11,8 %
Jordan 2002	1997	Neuseeland	41 %
Harris & Grace 1999	1996	UK	10,8 %
Manser 1991	1990	UK	13,7 %
Kanin 1994	1978–1987	USA	45 %

– Vor allem alkoholisierte junge Frauen tendieren manchmal dazu, Interesse an einem Partner zu signalisieren, ggf. auch mit Austausch von Zärtlichkeiten, ohne jedoch zu einem Geschlechtsverkehr bereit zu sein. Unter Umständen wird dieser dennoch geduldet, ohne dass die Frau sich merkbar distanziert und ausdrückt, dass sie dies eigentlich nicht möchte. Nach vollendetem Geschlechtsverkehr wird der „ernüchterten" Frau ihre Lage klar und sie erstattet Anzeige.

– Konflikte in Familie und Partnerschaft (z. B. Vortäuschung eines Sexualdeliktes, um den Exfreund wieder zurückzugewinnen).

– Finanzielle Interessen (vor allem wenn der Beschuldigte ein Prominenter bzw. eine Person des „öffentlichen Lebens" ist).

– Psychische Störungen (geistige Behinderung, Borderline-Störung, Psychosen etc.).

28.3   Befunde

Besteht der Verdacht, dass ein Sexualdelikt vorgetäuscht wird, ist das Hauptaugenmerk vor allem auch auf **extragenitale Verletzungen** zu richten.

Das Verletzungsmuster bei tatsächlichen Sexualdelikten ist, sofern Verletzungen überhaupt vorliegen, in der Regel mit dem vom Opfer geschilderten Tathergang zwanglos in Einklang zu bringen.

In Fällen von **vorgetäuschten (fingierten) Sexualstraftaten** mit Verletzungsbefunden ergeben sich in der Regel z. T. **erhebliche Widersprüche** zwischen körperlichen Befunden (Verletzungsbild) und geschildertem Hergang. Es besteht ein auffälliger Kontrast zwischen dem behaupteten dynamischen Tathergang und dem oft minimalen, sehr „statischen" Verletzungsbild. Oft finden sich Verletzungsbefunde am Körper, die mit den Kriterien selbstbeigebrachter Verletzungen übereinstimmen und eine Unterscheidung von „echten" Sexualdelikten problemlos möglich machen. Wie bei anderen Selbstbeschädigungen finden sich auch bei vorgetäuschten Sexualdelikten **seichte Stich- oder Kratzverletzungen** von geringer Intensität, welche die Kriterien der Selbstbeibringung aufweisen (s. ▶ Kap. 35. „Selbstverletzung und Selbstschädigung"). Nicht selten kommt es auch zu einer Selbstbeibringung von Verletzungen in der Umgebung des Genitalbereichs (vgl. ◻ Abb. 28.1a) oder am Hals (vgl. ◻ Abb. 28.1b), wobei in diesen Fällen oft zusätzlich eine Gewalteinwirkung gegen den Hals (Strangulation, Würgen) behauptet wird.

In manchen Fällen handelt es sich um **Wiederholungstaten**, es ist daher auch auf Narben durch frühere Selbstverletzungen zu achten. Die selbstverletzende Handlung wird häufig in einem emotional aufgewühlten Zustand, nicht selten unter Alkohol- oder Medikamenten-/Drogeneinfluss ausgeführt.

Wenn Kinder als Opfer geltend gemacht werden, wird oft über auffälliges Verhalten des Kindes nach Besuchen des getrennt lebenden (männlichen) Ex-Partners berichtet. Nicht selten werden auch Rötungen im Genitalbereich oder unspezifische Symptome wie neu aufgetretenes Brennen beim Harnlassen angegeben, die auf einen sexuellen Übergriff zurückgeführt werden. Die Unterscheidung von tatsächlichen Vorfällen und aus echter Sorge vorgebrachten Vorwürfen von absichtlich erfolgten Falschanzeigen ist gerade bei Kleinkindern äußerst schwierig und gehört zu den herausforderndsten rechtsmedizinischen Aufgaben. In jedem Fall empfiehlt sich deshalb neben einer möglichst gemeinsam stattfindenden forensischen und kindergynäkologischen Untersuchung des Kindes auch eine Abklärung des sozialen Umfelds. Eine Einbindung von in vielen Kliniken eingerichteten interdisziplinären Fachgruppen (meist „Kinderschutzgruppen" oder „Kinderschutzteams" genannt) ist daher jedenfalls sinnvoll, insbesondere dann, wenn nicht gleich der Weg über ein Jugendamt oder eine Anzeige gegangen wird.

28.4   Zusammenfassung

Nur durch eine unvoreingenommene und zeitnahe **klinisch-forensische Untersuchung** inklusive Spurensicherung kann objektiv geprüft werden,

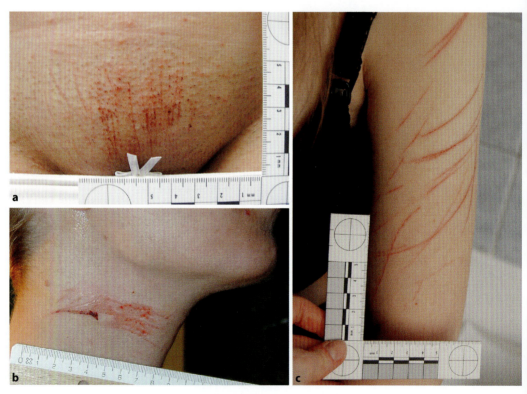

□ Abb. 28.1 a Vorgetäuschtes Sexualdelikt. Die Patientin gab zunächst an, von einem unbekannten Täter vergewaltigt worden zu sein, gestand jedoch später die Selbstbeibringung der Verletzungen. Die zahlreichen frischen, parallelen und sehr oberflächlichen Hautritzer im rasierten Schambereich waren mit dem geschilderten Tathergang nicht in Einklang zu bringen. **b** Mit einer Rasierklinge selbstbeigebrachte frische oberflächliche Ritz- bzw. Schürfverletzungen der Halshaut im Rahmen eines vorgetäuschten Sexualdeliktes. Auch hier war anfänglich behauptet worden, dass eine Vergewaltigung stattgefunden und der Täter ein Messer gegen den Hals gedrückt habe, um eine Gegenwehr zu verunmöglichen. Die geschilderten Fallumstände waren nicht mit den Verletzungen in Einklang zu bringen, vielmehr zeigten die Halsverletzungen charakteristische Kriterien der Selbstbeibringung. **c** Zahlreiche selbstzugefügte parallele Hautritzer an der Außenseite des Oberarmes nach behaupteter Vergewaltigung

- ob eine sexuelle Handlung überhaupt stattgefunden hat,
- in welchem Zeitraum diese stattfand und
- ob Spuren der Gewalteinwirkung bzw. Gegenwehr vorliegen, welche auf einen möglichen unfreiwilligen Sexualkontakt hinweisen können.
- Zudem kann mittels DNA-Analyse von allfälligen Sekretspuren ein Verdächtiger aus- oder eingeschlossen bzw. be- oder entlastet werden.

> **Merke**
>
> Grundsätzlich muss die Untersuchung bei bestehendem Verdacht auf ein Sexualdelikt **unvoreingenommen** durchgeführt werden. Die Möglichkeit einer Falschbezichtigung aus den unterschiedlichsten Motiven sollte jedoch niemals völlig außer Acht gelassen werden. Die standardisierte Untersuchung kann in solchen Fällen der Entlastung einer zu unrecht beschuldigten Person dienen. Eine übertriebene „professionelle Skepsis" ist jedoch fehl am Platz.

Finden sich Hinweise, dass die festgestellten Verletzungen selbst beigebracht wurden, sollte allerdings nicht automatisch die Vortäuschung eines Sexualdeliktes unterstellt werden, da in Einzelfällen auch **selbstverletzendes Verhalten nach tatsächlich erfolgten Vergewaltigungen** als autoaggressive Handlung nach extremer psychischer und physischer Belastung beschrieben wurde.

Standardisierte Untersuchung und Spurensicherung nach Sexualdelikt

M. Grassberger, C. Neudecker

29.1   Bedeutung der ärztlichen Untersuchung   – 334

29.2   Biologische Spuren   – 334

29.3   Verletzungsbefunde   – 334

29.4   Standardisierte Untersuchung und Spurensicherung   – 336

29.4.1   Bestandteile eines Spurensicherungssets   – 337

29.5   Ablauf der Betreuung und Untersuchung   – 337

29.5.1   Der erste Kontakt   – 338

29.5.2   Anamnese   – 339

29.5.3   Schrittweise Untersuchung und Spurensicherung   – 340

29.6   Untersuchung männlicher Opfer sexueller Gewalt   – 348

29.7   Weitergabe der sichergestellten Beweismittel   – 348

29.8   Zusammenfassung   – 349

M. Grassberger, E. Türk, K. Yen, Klinisch-forensische Medizin,
DOI 10.1007/978-3-211-99468-9_29, © Springer-Verlag Berlin Heidelberg 2013

29.1 Bedeutung der ärztlichen Untersuchung

Die ärztliche Untersuchung im Rahmen eines Sexualdeliktes ist eine verantwortungsvolle und zugleich komplexe Aufgabe, da die behutsam durchzuführende Untersuchung einerseits kriminalistischen bzw. forensischen, andererseits auch klinisch-kurativen Anforderungen genügen muss. Das häufige Fehlen von **genitalen Verletzungsbefunden** bzw. deren äußerst diskrete und unspezifische Ausprägung erfordert eine sorgfältige Dokumentation von allfälligen **extragenitalen Begleitverletzungen** sowie eine korrekte **Sicherung biologischer Spuren** („DNA-Spuren"). Vor allem Letzteres zählt (noch) nicht zu den ärztlichen Standardkompetenzen und verursacht häufig Handlungsunsicherheit. Ärzte und Angehörige der Gesundheitsberufe sollten daher unbedingt mit den Grundlagen der Untersuchung und Spurensicherung nach einem Sexualdelikt vertraut sein.

Anders als beim ärztlichen Behandlungsfehler sind Fehlleistungen bei Untersuchung, Dokumentation und Spurensicherung nach einem Sexualdelikt zwar nicht mit fatalen gesundheitlichen Folgen für die betroffene Person verbunden, wohl aber unter Umständen mit **weitreichenden rechtlichen Folgen** (z. B. Freispruch des Täters mangels Beweisen). Gerade aus diesem Grund muss sich der Arzt, der eine Untersuchung und Spurensicherung für ein evtl. folgendes Strafverfahren durchführt, seiner besonderen Verantwortung bewusst sein. Diese Verantwortung erstreckt sich sowohl auf jene Person, die Opfer sexueller oder physischer Gewalt wurde, als auch auf jene Person, die als Tatverdächtiger durch eine fachgerechte Spurensicherung einer Strafverfolgung zugeführt oder aber auch entlastet (!) werden kann (s. ▶ Kap. 28 „Vorgetäuschte Sexualdelikte" und ▶ Kap. 35 „Selbstverletzung und Selbstschädigung").

29.2 Biologische Spuren

Um biologische Spuren eines Täters sicherstellen zu können, sind folgende Punkte zu beachten:

Das Erkennen von Spuren. Eine Spur, die nicht erkannt wird, ist für die Auswertung verloren. Ein Beispiel dafür sind Speichelspuren. Wird bei der Untersuchung nach Sexualdelikten nicht an das Vorhandensein von Speichelspuren des Täters am Körper des Opfers gedacht, so werden diese Spuren nicht gesichert und sind damit für die Auswertung verloren.

Das richtige Sichern von Spuren. Eine Spur, die nicht richtig gesichert wird, ist für die Auswertung verloren. Einige Beispiele dafür sind: Keine oder mangelhafte Beschriftung, mangelhafte Dokumentation über die Lokalisation der Spuren, Sicherung von trockenen Spuren an der Haut mit trockenen statt befeuchteten Wattetupfern oder das Verschwenden von Material für das Herstellen von Ausstrichen auf Objektträgern. Auch Spuren, die sich nicht am Opfer selbst oder seiner Kleidung befinden, sondern am Tatort hinterlassen wurden, sind sicher zu stellen. Dies erfolgt durch die Polizei. Es kann sich dabei um Leintücher, weggeworfene Taschentücher mit Spermaspuren, Kondome u. ä. handeln.

Die richtige Aufbewahrung von Spuren. Eine Spur, die nicht richtig aufbewahrt wird, ist für die Auswertung verloren. Einige Beispiele dafür sind: Die Aufbewahrung von feuchten Vaginalabstrichen in Plastikröhrchen bei Raumtemperatur oder auch in Nährmedien für Bakterien (▶ Abb. 29.1). Die DNA wird durch Bakterien und feuchtes Milieu zerstört (▶ Abb. 29.2).

29.3 Verletzungsbefunde

Häufig ist die Identität des Täters bekannt (z. B. flüchtiger Bekannter, Exfreund, Ehemann). Dann kann die DNA-Analyse zwar einen sexuellen oder körperlichen Kontakt nachweisen, tritt aber als Beweismittel (aufgrund des Naheverhältnisses) in den Hintergrund. In diesen Fällen sind die körperliche Untersuchung und die **exakte Dokumentation von Verletzungsbefunden** (auch von diskreten Bagatellverletzungen) von besonderer Bedeutung, um objektive Beweise für die Anwendung physischer Gewalt zu sichern. Auf diese Weise kann dem häufigsten Einwand eines Tatverdächtigen, alles sei freiwillig erfolgt, begegnet werden.

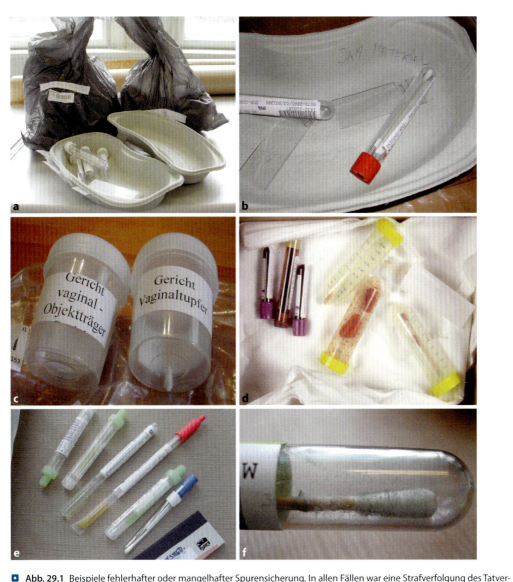

◘ **Abb. 29.1** Beispiele fehlerhafter oder mangelhafter Spurensicherung. In allen Fällen war eine Strafverfolgung des Tatverdächtigen nicht möglich. **a** Feuchte Kleidungsstücke wurden in Plastiksäcke statt in atmungsaktive Papiersäcke verbracht, feuchte Abstriche in dicht verschlossenen Plastikröhrchen aufbewahrt. Das Material wurde einige Tage bei Raumtemperatur gelagert, wodurch es zur Vernichtung von Spuren kam. **b** Die feuchten Abstriche wurden in dicht verschlossenen Plastikröhrchen aufbewahrt, in denen die Spuren degradierten und daher eine Erstellung eines DNA-Profils des Täters nicht mehr möglich war. Für die Herstellung von Ausstrichen auf Objektträgern wurde Material verschwendet. Weiteres Material wurde nicht gesichert. **c** Es wurden lediglich 2 Scheidenabstriche abgenommen und lose in einem Plastikgefäß aufbewahrt. Durch Berührung der Wände des Bechers kam es zu Spurenübertragungen. Auch hier degradierten die feuchten Spuren durch den luftdichten Verschluss. **d** Für die Vaginalabstriche wurden statt Wattetupfern Mullbinden verwendet; die feuchten Mullbinden wurden anschließend in Plastikröhrchen verbracht und diese fest verschlossen. Die Behältnisse waren unbeschriftet. Das biologische Spurenmaterial degradierte und konnte nicht mehr ausgewertet werden. Weiters wurde Material für die Herstellung von Ausstrichen auf Objektträgern verschwendet (auch hier fehlte die Beschriftung). Die Blutproben wurden ungekühlt aufbewahrt, Urin fehlte. **e** Die feuchten Abstriche wurden in dicht verschlossene Plastikröhrchen verbracht, wo sie degradierten. Ein Abstrich wurde in ein Nährmedium für Bakterien gesteckt, wodurch die Spur vernichtet wurde. Weiters wurde Material für die Herstellung von Ausstrichen auf Objektträgern verschwendet. **f** Unsachgemäße Aufbewahrung eines feuchten Tupfers in luftdichtem Glasröhrchen mit Schimmelbildung und Zerstörung der DNA

29

> **Merke**
>
> Genitale Verletzungen und „DNA-Spuren" stellen nicht immer den alleinigen Fokus von sexualisierter Gewalt dar. In manchen Fällen kann, in Abhängigkeit vom Tathergang, der körperlichen Untersuchung und Dokumentation von extragenitalen Begleitverletzungen mehr Beweiskraft zukommen.

29.4 Standardisierte Untersuchung und Spurensicherung

Mit einem standardisierten Spurensicherungsset für Sexualdelikte (z. B. „Sexual Assault Care Kit", Prionics AG) wird der Untersucher in die Lage versetzt, alle notwendigen Untersuchungen und Spurensicherungsmaßnahmen durchführen zu können.

Die Beweissicherung orientiert sich dabei sowohl an den heutigen analytischen Anforderungen der DNA-Analyse, der Vermeidung von Spurenverschwendung oder -vernichtung, als auch an der wichtigen Dokumentation von genitalen und extragenitalen Verletzungen, um der häufigen Behauptung eines Tatverdächtigen „es sei alles freiwillig passiert" entgegentreten zu können. Durch die im Untersuchungsset enthaltene **Checkliste** (◘ Abb. 29.3) erhält der/die Untersucher/in eine detaillierte Anleitung zur Untersuchung und Beweismittelsicherung und muss somit keine Sorge haben, die Sicherung wichtiger Spuren zu vergessen. Die darin enthaltenen Handlungsanweisungen sind unabhängig davon, ob die betroffene Person von der Polizei begleitet wird oder von sich aus ärztliche Hilfe aufsucht, unabhängig von Erstattung oder Unterlassung einer Anzeige sowie unabhängig von den Rechtsfolgen, gültig.

Fehler in der Lagerung von biologischen Spuren, die früher häufig zur Zerstörung des asservierten Materials führten (wie z. B. die Verwahrung von Abstrichen in luftdichten Gefäßen oder in Nährmedien), wurden durch die Verwendung standardisierter Untersuchungssets mit Kartonfaltschachteln praktisch beseitigt. Die kontaminationsanfällige Trocknung der abgenommenen Tupferabstriche in

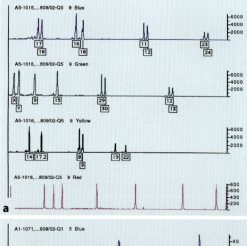

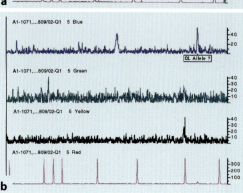

◘ **Abb. 29.2 a** Vollständiges DNA-Profil (männlich). **b** Unbrauchbares DNA-Profil aufgrund unsachgemäßer Lagerung des Spurenträgers

speziellen Trocknungsvorrichtungen (◘ Abb. 29.4) bzw. bei geöffnetem Gefäßdeckel entfällt.

Weitere Vorteile sind die **forensisch einwandfreie Versiegelung der Abstrichboxen** unmittelbar nach Spurenabnahme mittels Klebesiegel (Chain of Evidence) und deren gemeinsame Aufbewahrung in einem ausreichend beschrifteten Asservatenkarton (◘ Abb. 29.5). Für die **verwechslungsfreie Beschriftung der Asservate** (Patientendaten, Uhrzeit und Datum, Lokalisation und Art der Spur) ist ein dokumentenechter Stift zu verwenden (keinesfalls Bleistift!).

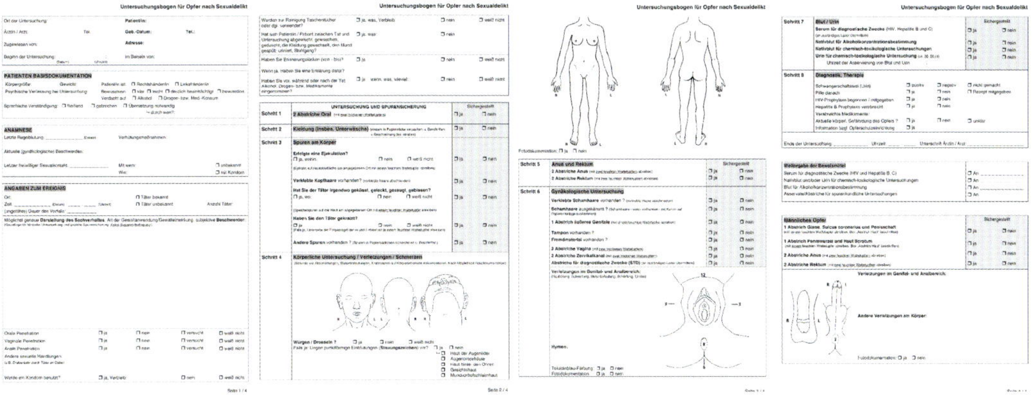

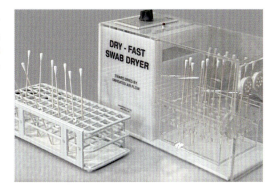

Abb. 29.3 4-seitige Checkliste (empfohlen wird die Verwendung als doppelseitig bedruckte und auf A4-Format gefaltete A3-Seite) für die standardisierte Untersuchung und Spurensicherung nach Sexualdelikt (s. Anhang)

> **Merke**
>
> Ein standardisiertes Spurensicherungsset gewährleistet eine vereinheitlichte und strukturierte medizinische Untersuchung und Spurensicherung nach Sexualdelikten.
> Durch die beiliegende Checkliste ist gewährleistet, dass alle relevanten Untersuchungen durchgeführt, entsprechende Verletzungsmuster dokumentiert und Spuren sachgerecht und chronologisch gesichert und aufbewahrt werden.

29.4.1 Bestandteile eines Spurensicherungssets

Einfach zu handhabende standardisierte Sets, kommerziell erhältlich oder selbst zusammengestellt, enthalten in der Regel alle benötigten Materialien für Untersuchung, Spurensicherung und Dokumentation (vgl. ◘ Abb. 29.6):

– sterile, einzeln oder paarweise verpackte Baumwollstieltupfer
– Ampullen mit sterilem Wasser bzw. physiologischer Kochsalzlösung
– Kartonfaltschachteln (sog. „Swab-Safe-Box") mit Klebesiegel für den manipulationssicheren Verschluss
– Info-Blatt für Patient/in, inklusive Kontaktadressen von Opferschutzeinrichtungen
– Checkliste mit Schritt-für-Schritt-Protokoll für die Untersuchung
– Papiersäcke, Kuverts, Pergamentsäckchen
– (selbstklebende) Maßstäbe für die Fotodokumentation
– Beutel für weiteres Spurenmaterial (z. B. Kleidung)
– Kamm, Papierunterlage und Beutel zum „Auskämmen der Schamhaare"
– Proberöhrchen für Blut und Urin.

29.5 Ablauf der Betreuung und Untersuchung

In der klinisch-forensischen Praxis erstreckt sich die **Versorgung der Opfer** von Sexualdelikten durch

Abb. 29.4 Herkömmliche Vorrichtungen für die Trocknung von Tupfern sind verwechslungs- und kontaminationsanfällig und sollten daher nicht mehr verwendet werden

Gynäkologen und/oder Rechtsmediziner der Reihe nach auf folgende Punkte:

1. Erstkontakt (häufig telefonisch)
2. Anamneseerhebung (gynäkologische Anamnese, Zyklus, Kontrazeption, letzter gewollter Sexualkontakt etc.), Vorfallschilderung
3. Standardisierte Spurensicherung (biologischer) Spuren von der Körperoberfläche der betroffenen Person
4. Dokumentation der genitalen und v. a. der extragenitalen Verletzungen (inkl. Fotodokumentation)
5. Sicherung biologischer Spuren im Genitalbereich
6. Klinische Behandlungsmaßnahmen (Verabreichung bzw. Verschreibung von Antikonzeptiva, Versorgung von behandlungsbedürftigen Verletzungen, Postexpositionsprophylaxe bei Möglichkeit der Übertragung von infektiösen Krankheiten)
7. Psychosoziale Betreuung der Opfer mit Verweis auf spezifische Beratungsstelle und Betreuungseinrichtungen.

29.5.1 Der erste Kontakt

Der erste Kontakt erfolgt **häufig per Telefon** (z. B. Anruf bei der Polizei oder eines Arztes). Der Schutz und die Sicherung des Beweismaterials beginnen deshalb bereits im Moment des ersten Anrufes.

Am Telefon sollte die Patientin/der Patient deshalb wie folgt instruiert werden:

– nicht die Kleider wechseln oder waschen
– nicht duschen, baden oder sich abwischen
– nicht die Hände waschen oder die Fingernägel reinigen
– nicht urinieren oder Stuhl absetzen. Falls das Opfer urinieren muss, sollte es in ein sauberes, verschließbares Gefäß urinieren. Der Urin dient für toxikologische Untersuchungen, z. B. auf bestimmte Betäubungsmittel (sog. K.O.-Tropfen), die im Blut nur kurz (ca. 6–8 Stunden) nachweisbar sind.
– nicht essen, trinken oder rauchen
– nicht die Zähne putzen oder den Mund spülen
– nichts am Tatort verändern oder wegwerfen
– nicht den Abfallbehälter leeren
– nicht die Toilette spülen (Taschentücher, Kondome, evtl. ausgefallene Schamhaare am Toilettenrand).

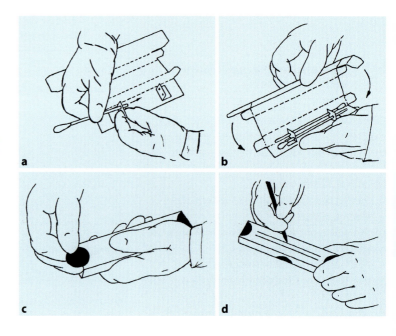

◫ **Abb. 29.5** Korrekte Handhabung der Kartonfaltschachteln für die DNA-Spurensicherung. Der Wattetupfer wird nach Abnahme des Abstrichs zum Trocknen in die entsprechenden Perforationen der Kartonbox gesteckt (**a**), diese anschließend entlang den Markierungen gefaltet und verschlossen (**b**). Abschließend kann die Box mit Klebesiegel versiegelt werden (**c**) und muss korrekt beschriftet werden (**d**)

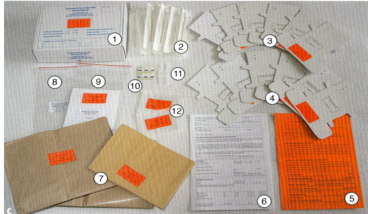

Abb. 29.6 Spurensicherungsset des Departments für Gerichtliche Medizin der Medizinischen Universität Wien (**a**: geschlossen, **b**: geöffnet, **c**: Inhalt): *(1)* Aufbewahrungsbox für den Inhalt des Spurensicherungssets, *(2)* Stieltupfer (10 Packungen á 2 Stück), *(3)* 1-Loch-Boxen (6 Stück pro Set), *(4)* 2-Loch-Boxen (6 Stück pro Set), *(5)* Info-Blatt für Patient/in u. a. bzgl. Opferschutzeinrichtungen, *(6)* Checkliste für die Untersuchung, *(7)* Papiersäcke (2 groß, 3 mittel), 4 Kuverts, 2 Pergamentsäckchen, *(8)* Gleitverschlussbeutel „Blut/Urin für Gerichtsmedizin", *(9)* Gleitverschlussbeutel „Auskämmen der Schamhaare" mit Kamm und Papierunterlage, *(10)* Aufkleber zur Dokumentation (2 Stück), *(11)* steriles Reinstwasser (2 Ampullen), *(12)* Säckchen für weiteres Spurenmaterial

29.5.2 **Anamnese**

Vor Beginn der körperlichen Untersuchung sollte der Arzt immer grundlegende Informationen zum Tathergang erfragen bzw. durch die Ermittlungsbeamten zur Verfügung gestellt bekommen. Dies ermöglicht parallel zur standardisierten Untersuchung eine darüber hinaus gehende **gezielte Spurensicherung** entsprechend der Vorfallschilderung und darüber hinaus eine Beurteilung der Verletzungen. Es ist auf eine einfühlsame Gesprächsführung und eine möglichst entspannte Untersuchungsatmosphäre zu achten. Personen, die nicht unmittelbar mit der Untersuchung befasst sind, sollten aufgefordert werden, das Untersuchungszimmer zu verlassen.

K.O.-Tropfen. Bei den sog. „K.O.-Tropfen" handelt es sich um Wirkstoffe aus verschiedenen Substanzgruppen (z. B. Gamma-Hydroxy-Buttersäure/GHB, Benzodiazepine), die dazu verwendet werden, potenzielle Opfer gefügig zu machen bzw. zu betäuben. Diese Wirkstoffe werden zumeist alkoholischen Getränken beigemischt, was zu einer Potenzierung der Wirkung beider Substanzen führt (s. ▶ Kap. 46 „Toxikologische Untersuchungen im Rahmen der klinisch-forensischen Medizin").

Bei Verdacht auf eine Verabreichung von K.O.-Tropfen sollten folgende Punkte abgefragt werden:

– Bestehen Erinnerungsstörungen oder bestand ein (plötzlicher) Dämmerzustand?
– Hatten Sie das Gefühl der Willen- und/oder Reglosigkeit?
– Haben Sie Ihr Getränk unbeaufsichtigt gelassen?
– Haben Sie einen veränderten Geschmack eines Getränks wahrgenommen?
– Haben Sie ein Getränk angeboten bekommen?
– Hatten Sie im späteren Verlauf Symptome wie Übelkeit, Erbrechen, Schwindel, Atemnot, Kopfschmerz, Krampfanfall, Muskelkrämpfe oder Verwirrtheit?

Da K.O.-Tropfen nur sehr kurz nachweisbar sind sollte frühzeitig Blut und Urin asserviert werden (s. Untersuchungsschritt 7).

Schweigepflicht und Einverständnis. Da bei der behördlich beauftragten Untersuchung keine ärztliche Schweigepflicht besteht, sollte dies der Patientin zu Beginn der Untersuchung mitgeteilt werden. Bei der durch die Patientin beauftragten Untersuchung ist der Arzt in jedem Fall an die ärztliche Schweigepflicht gebunden. In diesem Fall sowie in den Fällen, in denen die Patientin zur Aussageverweigerung berechtigt ist (mit dem mutmaßlichen Täter verwandt oder verschwägert), wird für die Weitergabe des Untersuchungsbefundes und der Asservate an die Staatsanwaltschaft oder die Polizei eine von der Patientin unterzeichnete **Entbindung der Schweigepflicht** benötigt.

Ebenso ist das Einverständnis der Geschädigten und ihre vollständige freiwillige Kooperation die Grundvoraussetzung für eine medizinische Untersuchung mit Spurensicherung. Nach erfolgter **umfassender Aufklärung über die geplanten Untersuchungsschritte und deren möglichen Konsequenzen** sollte die Patientin daher – Einsichts- und Urteilsfähigkeit vorausgesetzt – eine **Einverständniserklärung** unterzeichnen. Das Einverständnis zur Untersuchung (inkl. möglicher DNA-Analysen), zur Sicherstellung und Weitergabe von Beweismitteln sowie eine Schweigepflichtentbindung können gemeinsam mit einer einzigen Unterschrift, entweder auf der Untersuchungs-Checkliste oder auf einem separaten Formularvordruck erfolgen.

Wünscht die Patientin die Untersuchung nicht, muss die **Ablehnung dokumentiert** und schriftlich bestätigt werden.

29.5.3 Schrittweise Untersuchung und Spurensicherung

Aus spurensicherungstechnischen Gründen, aber auch um die psychische Situation der Betroffenen nicht unnötig zu erschweren, sollten längere Wartezeiten vor der Untersuchung unbedingt vermieden werden. Die Untersuchung sollte nach Möglichkeit von einer Ärztin oder, wenn nicht anders möglich, von einem Arzt unter Hinzuziehung einer weiblichen Fachkraft (Ärztin, Krankenschwester) vorgenommen werden. Vor Beginn der Untersuchung sollte die Patientin über das geplante Vorgehen und

den Zweck der Untersuchung bzw. der einzelnen Untersuchungsschritte aufgeklärt werden.

Unabhängig von der Ausführung des verwendeten Spurensicherungssets (kommerziell erhältlicher Kit oder individuell zusammengestelltes Untersuchungsmaterial) sollte nach Erhebung der patientenbezogenen Daten und kurzer Darstellung des Sachverhaltes aus der Sicht der Betroffenen (Anamnese) unbedingt folgende schrittweise Vorgehensweise, am Besten gestützt durch eine Checkliste, beibehalten werden:

– **Schritt 1:** Abstriche oral
– **Schritt 2:** Sicherstellen der Kleidung
– **Schritt 3:** Spuren am Körper
– **Schritt 4:** Körperliche Untersuchung
– **Schritt 5:** Abstriche Anus/Rektum

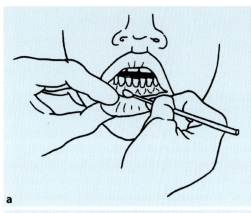

a

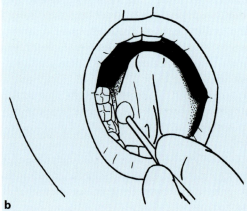

b

□ **Abb. 29.7** Erster Untersuchungsschritt. **a** Abnahme von Abstrichen aus der Mundhöhle im Bereich des Zahnfleisches und Mundvorhofes und **b** unter Zunge/Mundboden.

– **Schritt 6:** Gynäkologische Untersuchung und Spurensicherung
– **Schritt 7:** Blut- und Urinproben
– **Schritt 8:** Diagnostik, Therapie, Beratung.

Während der einzelnen Untersuchungsschritte sollte die Patientin **niemals vollständig entkleidet** werden, um das Schamgefühl nicht unnötig zu verletzen und eine weitere Traumatisierung zu vermeiden. Das **regelmäßige Wechseln der Handschuhe** verhindert Spurenkontaminationen durch den Untersucher.

> **Merke**
>
> Eine objektive Durchführung der Untersuchung ohne Bewertung der Glaubwürdigkeit der Betroffenen und ohne vorschnelle Beurteilung der Befunde ist kennzeichnend für ein professionelles Vorgehen.

Schritt 1: Abstriche oral Die Abnahme von zwei Abstrichen aus der Mundhöhle dient dem Nachweis von Spermien bzw. der DNA-Typisierung. Dazu wird die Mundhöhle (unter der Zunge, entlang des Zahnfleisches von Ober- und Unterkiefer, Mundvorhofschleimhaut entlang der Innenseite der Wangen und am Gaumen) sorgfältig mit zwei trockenen Wattetupfern ausgestrichen (■ Abb. 29.7). Beide Wattetupfer werden zum Trocknen in eine Kartonbox gesteckt und diese entsprechend gekennzeichnet und versiegelt. Das primäre Anfertigen eines Objektträger-Ausstrichpräparates für eine lichtmikroskopische Untersuchung auf Spermien sollte unterlassen werden (Materialverschwendung!).

Schritt 2: Sicherstellen der Kleidung An der Kleidung können wichtige Spuren haften (Speichel-, Sperma- oder Blutspuren, Faserspuren, Haare etc). Es sollte daher prinzipiell die gesamte Kleidung sichergestellt werden (vgl. ■ Abb. 29.8). Aus diesem Grund ist es empfehlenswert, in den Untersuchungsräumlichkeiten einfache Ersatzkleidung bereit zu halten. Falls nach der Tat die Kleidung gewechselt wurde, muss versucht werden, die Tatkleidung sicherzustellen. In jedem Fall ist die Unterwäsche sicherzustellen, die zum Untersuchungszeitpunkt getragen wird (auch bereits frische Wechselunterwäsche), da auch an ihr

■ Abb. 29.8 Sichergestellter Slip des Opfers mit angetrockneter mutmaßlicher Spermaspur des Täters.

wichtige Spuren (z. B. ausgeflossenes Sekret mit Spermien) vorhanden sein können. Alle Kleidungsstücke und Schuhe müssen einzeln in **Papiersäcken** verpackt und asserviert werden. Eine kurze Beschreibung ist ausreichend, da die Kleidungsstücke im Labor einer eingehenden Untersuchung unterzogen werden.

Schritt 3: Spuren am Körper Vor Beginn der Spurensicherung am Körper (■ Abb. 29.9) sollten dem Opfer folgende wichtige Fragen gestellt werden (s. auch Anamnese):

– *„Erfolgte eine Ejakulation? Wenn ja, wohin?"* (wichtiger Hinweis für die gezielte Sicherung von u. U schlecht sichtbaren Spermaspuren)
– *„Hat Sie der Täter irgendwo geküsst, geleckt, gesaugt oder gebissen? Wenn ja, wo?"* (wichtiger Hinweis für die Sicherung von, in der Regel unsichtbaren, Speichelspuren)
– *„Haben Sie den Täter gekratzt?"* (wichtige Information für die Sicherung von Hautpartikeln unter den Fingernägeln).

Folgende Spuren sollten gesichert werden:
– **Verklebte Kopf- oder Körperhaare:** Dabei ist insbesondere auf verklebte Haare mit Spermaspuren zu achten (ggf. nachfragen). Verdächtige Haarpartien werden mit der Schere abgeschnitten und in Papiersäckchen sichergestellt.
– **Spuren an der Haut:** Speichel- oder Spermaspuren auf der Haut werden mit einem Wattetupfer gesichert, der mit wenig sterilem

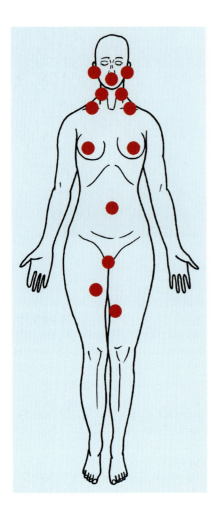

Abb. 29.9 Insbesondere an den rot gekennzeichneten Stellen ist im Untersuchungsschritt 3 nach Sperma- oder Speichelspuren zu suchen. Ggf. kann an diesen Stellen auf Verdacht ein Abrieb durchgeführt werden

Wasser/physiologischer Kochsalzlösung befeuchtet wurde (**Abb. 29.10**). Das angegebene Hautareal (ggf. nachfragen) wird ca. 15 Sekunden lang **mit leichtem Druck** kreisförmig abgerieben. Den Wattetupfer zum Trocknen in eine Kartonbox stecken und diese entsprechend kennzeichnen (Lokalisation) und versiegeln. Speichel von Biss-Spuren wird auf die gleiche Weise gesichert. Falls durch Kleidung gebissen wurde, finden sich die Speichelspuren an der Kleidung über dem Biss.

– **Fingernägel:** Unter den Fingernägeln können einerseits Hautzellen des Täters vorhanden sein

(wenn das Opfer diesen gekratzt hat), andererseits können sich unter den Fingernägeln auch Blut- oder Spermaspuren finden. Ein Wattetupfer wird mit wenig sterilem Wasser befeuchtet, um die Unterseiten aller Fingernägel einer Hand langsam und sehr sorgfältig abzureiben (**Abb. 29.11**). Ein zweiter Wattetupfer wird in gleicher Weise für alle 5 Finger der anderen Hand verwendet. Durch die Verwendung eines Tupfers für alle 5 Finger einer Hand wird das Spurenmaterial auf eine Tupferspitze „konzentriert" und ermöglicht eine kostengünstige und effiziente DNA-Analyse. Beide Wattetupfer zum Trocknen in eine Kartonbox stecken und diese entsprechend kennzeichnen und versiegeln. Das Abschneiden von Fingernägeln ist erheblich aufwendiger (ein steriler Nagelclip bzw. eine sterile Schere werden benötigt) und kontaminationsanfälliger (die geknipsten Fingernägel können wegspringen bzw. müssen manuell bzw. mittels Pinzette in ein geeignetes Gefäß verbracht werden).

– **Andere Spuren** (z. B. einzelne Haare) in Papiersäckchen verpacken. Werden einzelne Haare aufgefunden, können diese vom Täter stammen und einer DNA-Analyse zugeführt werden. Erde, Bodenschmutz oder botanische Reste werden ebenfalls sichergestellt, da sie u. U. wertvolle Hinweise auf den Tatort liefern bzw. Täter und Opfer mit diesem in Verbindung bringen (**Abb. 29.12**).

Schritt 4: Körperliche Untersuchung Es erfolgt eine systematische körperliche Untersuchung von Kopf bis Fuß, wobei Verletzungen fotografisch (mit und ohne Maßstab) sowie auf den anatomischen Zeichnungen der Checkliste dokumentiert werden sollten (s. ► Kap. 12 „Die gerichtsverwertbare Dokumentation von Verletzungen" und ► Kap. 14. „Klinischforensische Fotodokumentation"). Insbesondere ist auf punktförmige (petechiale) Blutungen im Bereich der Augenbindehäute, der Augenlider, der Gesichtshaut und der Haut hinter den Ohren als möglicher Hinweis für eine Gewaltausübung gegen den Hals (Strangulation) zu achten. Möglicherweise kann sich die Patientin nicht an eine Strangulation erinnern. Der Hals sollte vorsichtig abgetastet und nach **Druckschmerzen** sowie **Schluckschmerz** und **Heiserkeit**

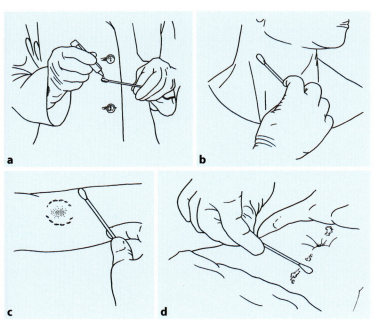

Abb. 29.10 Untersuchungsschritt 3, **a** Gezielte Spurensicherung mit befeuchteten Wattetupfern, **b** einer Speichelspur von der linken Halsseite, **c** einer Speichelspur im Hautareal einer Bissverletzung und **d** einer angetrockneten Spermaspur von der Bauchhaut

gefragt werden. Lippenrot, Mundvorhofschleimhaut, Zahnfleisch, Lippenbändchen und einsehbarer Rachen werden auf mögliche diskrete Verletzungen untersucht. In weiterer Folge werden die oberen Extremitäten (auch Innenseite), der Brustkorb mit genauer Inspektion der Brüste, der Bauch, die unteren Extremitäten (v. a. die Innenseiten der Oberschenkel), der Rücken und die Gesäßregion untersucht.

Es sollte stets darauf geachtet werden, während der einzelnen systematischen Untersuchungsschritte die Patientin niemals vollständig zu entkleiden. Be-stimmte Verletzungen können erst am nächsten Tag deutlicher hervortreten (z. B. Hämatome), sie sollten dann nochmals fotografisch dokumentiert werden.

Liegen ausgedehnte Verletzungen bzw. komplexe Verletzungsmuster vor, können diese zusätzlich mit Hilfe des standardisierten „Untersuchungsbogen für die erweiterte Verletzungsdokumentation" dokumentiert werden (s. ► Kap. 12 „Die gerichtsverwertbare Dokumentation von Verletzungen").

Sind die Verletzungen schwerwiegender Natur bzw. benötigen diese eine gezielte weiterführende Behandlung, ist die Patientin an einen Arzt/eine

Abb. 29.11 Sicherung von Fremdmaterial unterhalb der Fingernägel des Opfers mit befeuchtetem Wattetupfer (ein Tupfer für jede Hand)

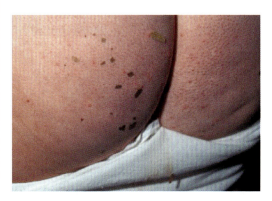

Abb. 29.12 Biologische Spuren in Form von Laubresten und Bodenschmutz am Gesäß des Opfers

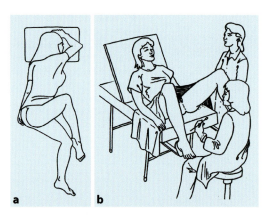

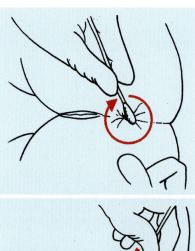

Abb. 29.13 Lagerungsmöglichkeiten der Patientin während der Untersuchung in linker Seitenlage (**a**), welche sich insbesondere zur Analinspektion eignet und in sog. Steinschnittlagerung (SSL) unter Verwendung eines gynäkologischen Untersuchungsstuhls (**b**)

Ärztin der entsprechenden Fachrichtung (z. B. Chirurgie, HNO, Augenheilkunde etc.) zu überweisen.

Schritt 5: Abstriche Anus/Rektum Zwei Abstriche vom Anus und zwei Abstriche vom Rektum (■ Abb. 29.14a) dienen dem möglichen Nachweis von Spermien (inkl. DNA-Typisierung). Dazu die Analöffnung sorgfältig mit zwei, mit wenig sterilem Wasser befeuchteten Wattetupfern abreiben. Die Wattetupfer zum Trocknen in eine Kartonbox stecken und diese kennzeichnen.

Nach Sphinkterrelaxation (Entspannung des Schließmuskels) durch vorsichtiges Auseinanderziehen der Analhaut (nach 2–3 Minuten) den Analkanal (Endabschnitt des Darms) und das Rektum (Mastdarm) nacheinander mit je einem leicht feuchten Wattetupfer abstreichen (■ Abb. 29.14b). Beide Wattetupfer zum Trocknen in eine Kartonbox stecken und diese entsprechend kennzeichnen. Primär sollten keine Ausstriche auf Objektträgern angefertigt werden. Erst nach Sicherung der DNA-Tupfer kann bei Vorliegen von weiterem Spurenmaterial ein Ausstrichpräparat angefertigt werden.

Schritt 6: Gynäkologische Untersuchung und Spurensicherung Die Gynäkologische Untersuchung und Spurensicherung erfolgt in folgender Reihenfolge:

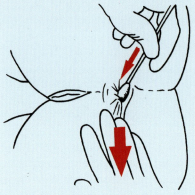

Abb. 29.14 Untersuchungsschritt 5. **a** Abnahme von Abstrichen um die Analöffnung und **b** aus dem Analkanal durch vorsichtiges Auseinanderziehen der Analhaut

Verklebte Schamhaare. Auf verklebte Schamhaare mit Spermaspuren achten (nachfragen), auffällige Haare abschneiden und in Papiersäckchen sicherstellen.

Ausgekämmte Schamhaare. Schamhaare des Opfers mit Kamm über der unter das Gesäß gelegten Papierunterlage auskämmen. Dadurch können in den Schamhaaren befindliche Fremdspuren (z. B. Schamhaare des Täters) gesichert werden.

Ein Abstrich vom äußeren Genitale. Dieser dient dem Nachweis von Spermien oder Speichel (inkl. DNA-Typisierung). Dazu einen Wattetupfer mit wenig sterilem Wasser/physiologischer Kochsalzlösung befeuchten und die äußeren und inneren Anteile der großen und kleinen Schamlippen sowie die Klitoris mit leichtem Druck abreiben (■ Abb. 29.15). Den

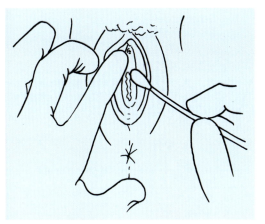

Abb. 29.15 Abnahme eines Tupferabstrichs vom äußeren Genitale zu Beginn von Untersuchungsschritt 6.

Wattetupfer zum Trocknen in eine Kartonbox stecken und diese entsprechend kennzeichnen. Achtung: Primär keine Ausstriche auf Objektträger anfertigen.

Dokumentation von Genitalverletzungen. Das äußere Genitale wird systematisch auf das Vorliegen von Verletzungen (Rötung, Schwellung, Haut- bzw. Schleimhauteinblutungen, Schürfungen, Haut- bzw. Schleimhauteinrisse) in folgender Reihenfolge (von außen nach innen) untersucht (vgl. ■ Abb. 29.16 u. ■ Tab. 29.1):

– große Labien
– Hautfalte zwischen großen und kleinen Labien
– kleine Labien
– Klitorisvorhaut und Klitoris
– äußere Harnröhrenöffnung
– Hymen bzw. Hymenalsaum
– hintere Kommissur und Fourchette (häufigste Lokalisation für Verletzungen, vgl. ■ Abb. 29.16)
– Fossa navicularis
– Dammregion.

Alle Verletzungen sind auf den anatomischen Zeichnungen der Checkliste und ggf. fotografisch zu dokumentieren.

Untersuchung des Hymenalsaumes mit Ballonkatheter oder Glasstab. Diese fakultative Untersuchungstechnik kann eingesetzt werden, um diskrete Verletzungen des Hymenalsaumes besser darzustellen. Hierzu wird in Steinschnittlagerung ein Glasstab mit kugeligem Ende oder ein Ballonkatheter eingeführt, der Ballon mittels Spritze mit etwas Luft expandiert und durch leichten Zug nach außen der Hymenalsaum sorgfältig entfaltet (■ Abb. 29.17). Diese Untersuchungstechnik darf nur bei Frauen nach Erlangung der sexuellen Reife angewendet werden. Verletzungen (besonders frische Deflorationsverletzungen) fotografisch sowie auf den anatomischen Zeichnungen der Checkliste dokumentieren.

■ Tab. 29.1 Genitalverletzungen und deren Häufigkeit nach Lokalisation (mod. nach: Sommers 2007)

Kategorie	Häufigkeit der Befunde	Literatur
Verletzungshäufigkeit nach Sexualdelikten	– einfache visuelle Untersuchung: 40–60 % – Untersuchung mit Toluidinblau: 40–58 % – Untersuchung mit Kolposkop*: 64–87 %	Gray-Eurom et al. (2002), Riggs et al. (2000), Lauber & Souma (1982), McCauley et al. (1987), Jones et al. (2003), Sachs & Chu (2002), Slaughter & Brown (1992), Slaughter et al. (1997)
Verletzungslokalisation und Häufigkeit bei Opfern mit Verletzungsbefunden	– hintere Kommissur (70 %) – Labia minora (53 %) – Hymen (29 %) – Fossa navicularis (25 %)	Slaughter et al. (1997)
Verletzungshäufigkeit nach einvernehmlichem Geschlechtsverkehr	– 10–30 %	Anderson et al. (2006), Fraser et al. (1999), Slaughter et al. (1997)

*Kolposkop: mikroskopähnliches Diagnosegerät für die gynäkologische Untersuchung

◘ Abb. 29.16 Anatomie des weiblichen Genitals und häufigste Lokalisation von Verletzungen im Rahmen von Sexualdelikten mit vaginaler Penetration

◘ Abb. 29.16 Anatomie des weiblichen Genitals und häufigste Lokalisation von Verletzungen im Rahmen von Sexualdelikten mit vaginaler Penetration

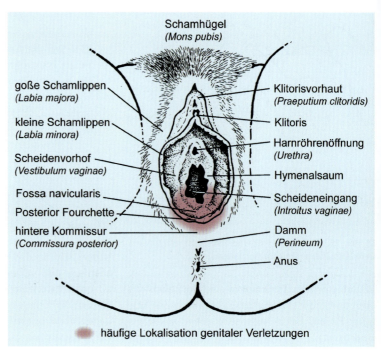

Schamhügel
(Mons pubis)

goße Schamlippen
(Labia majora)

kleine Schamlippen
(Labia minora)

Scheidenvorhof
(Vestibulum vaginae)

Fossa navicularis

Posterior Fourchette

hintere Kommissur
(Commissura posterior)

Klitorisvorhaut
(Praeputium clitoridis)

Klitoris

Harnröhrenöffnung
(Urethra)

Hymenalsaum

Scheideneingang
(Introitus vaginae)

Damm
(Perineum)

Anus

● häufige Lokalisation genitaler Verletzungen

29

Untersuchung mit Toluidinblau. Die Verwendung des Farbstoffes Toluidinblau kann (ebenso wie die Verwendung eines Kolposkops) die Sensitivität der Erkennung genitaler Verletzungen (z. B. diskreter Schleimhauteinrisse) erhöhen (◘ Abb. 29.18). Die Untersuchung sollte aber in jedem Fall **vor** einer Spekulumuntersuchung stattfinden, da durch das Instrument u. U. kleinste Verletzungen gesetzt werden können. Der Farbstoff Toluidinblau beeinträchtigt die Verwertbarkeit möglicher DNA-Spuren nicht (Hochmeister et al. 1997).

Tampon. Falls vorhanden, in Kartonbox zum Trocknen sicherstellen (kann Spermaspuren enthalten).

Zwei Abstriche aus der Vagina (Scheide). Zum Nachweis von Spermien (inkl. DNA-Typisierung). Nach Einführen eines Spekulums wird das Scheidengewölbe nacheinander mit je einem trockenen Wattetupfer sorgfältig ausgestrichen (◘ Abb. 29.19). Achtung: Auch hier primär keine Ausstriche auf Objektträgern anfertigen (Materialverschwendung). Erst nach Sicherung der DNA-Tupfer kann bei Vorliegen von weiterem Spurenmaterial ein Ausstrichpräparat angefertigt werden.

Zwei Abstriche aus dem Zervikalkanal (Gebärmutterhals). Abstriche aus dem Zervikalkanal sind vor allem bei länger zurückliegendem Ereignis wichtig, da Spermien im Zervikalkanal länger nachweisbar sind als in der Vagina. Beide Wattetupfer zum Trocknen jeweils in eine Kartonbox stecken und diese kennzeichnen.

Materialentnahme für medizinische Diagnostik. Dieser Schritt ist nach den Richtlinien des Krankenhauses durchzuführen (s. ► Kap. 31 „Medizinische Versorgung von Opfern sexualisierter Gewalt").

Mikroskopischer Spermiennachweis. Das primäre Anfertigen von Objektträgerausstrichen für den lichtmikroskopischen Nachweis von (beweglichen) Spermien **sollte unterbleiben**, da aufgrund der fehlenden Individualisierungsmöglichkeit keine Personenzuordnung getroffen werden kann und u. U. wertvolles Spurenmaterial für eine DNA-Typisierung verloren geht. Die hohe individuelle Variabilität der Spermienmotilität und die vielfältigen Einflussmöglichkeiten erlauben in der Regel keine zuverlässige Eingrenzung des Zeitpunktes des Vorfalls. Erst nach Abnahme der Tupferabstriche kann bei reichlich vorliegendem Spurenmaterial

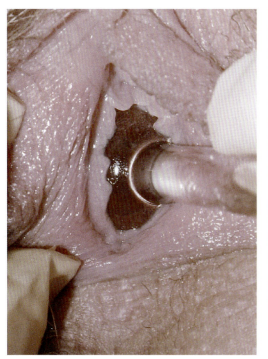

□ **Abb. 29.17** Untersuchung des (in diesem Fall unversehrten) Jungfernhäutchens mit einem Glasstab. Die Ränder lassen sich sehr gut darstellen und beurteilen (Foto: Institut für Rechtsmedizin Bern)

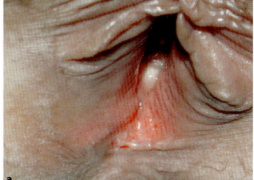

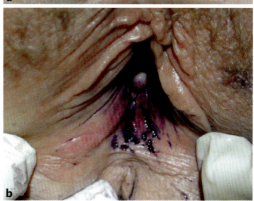

□ **Abb. 29.18** Untersuchung des Scheideneinganges nativ (**a**) und nach Aufbringen von Toluidinblau (**b**); die Schleimhauteinrisse im Bereich der Fossa navicularis treten nach Färbung deutlicher hervor

ein Ausstrichpräparat am Objektträger angefertigt werden. Der Beweiswert eines Spermiennachweises ist im Regelfall jedoch gering. Unabhängig von den lichtmikroskopischen Ergebnissen werden suspekte Spermaspuren im Labor einem PSA-Screening-Test (prostataspezifisches Antigen) unterzogen.

Schritt 7: Blut- und Urinproben Eine Blutprobe sollte für diagnostische Untersuchungen (HIV, Hepatitis B, Syphilis etc.) sichergestellt und an ein geeignetes Untersuchungslabor gesendet werden (s. ▶ Kap. 31 „Medizinische Versorgung von Opfern sexualisierter Gewalt"). Hierbei sind die lokalen Gepflogenheiten und Möglichkeiten zu berücksichtigen.

Bei Verdacht oder Hinweisen auf heimliche Beibringung von betäubenden Substanzen (sog. „Drug Facilitated Rape" durch Verabreichung von „K.O.-Tropfen") sollten – Aufklärung und Einwilligung des Patienten vorausgesetzt – eine Blutprobe sowie eine Urinprobe in geeigneten Behältnissen

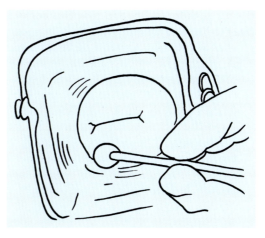

□ **Abb. 29.19** Abnahme von Vaginalabstrichen, hier aus dem Bereich des hinteren Scheidengewölbes nach Einstellung des äußeren Muttermundes im Spekulum

für chemisch-toxikologische Analysen sichergestellt werden (s. ▶ Kap. 46 „Toxikologische Untersuchungen im Rahmen der klinisch-forensischen Medizin"). Blut und Harn müssen bis zur Untersuchung gekühlt aufbewahrt werden. Eine frühzeitige Kontaktaufnahme und Absprache mit dem zuständigen Toxikologielabor ist unbedingt zu empfehlen.

Schritt 8: Diagnostik, Therapie, Beratung Diagnostische Untersuchungen, Schwangerschaftstest und Prophylaxe (z. B. Pille danach, Intrauterinpessar) sind nach Richtlinien des jeweiligen Krankenhauses durchzuführen (s. ▶ Kap. 31 „Medizinische Versorgung von Opfern sexualisierter Gewalt"). Opfer von sexueller oder physischer Gewalt benötigen zumeist nicht nur medizinische Versorgung, sondern auch **psychosoziale Betreuung**. Es ist deshalb unbedingt erforderlich, den Kontakt zu den entsprechenden Einrichtungen herzustellen (Frauennotruf, Opferschutzeinrichtungen etc.). Wichtig ist auch die Abklärung, ob eine aktuelle Gefährdungssituation des Opfers nach der Entlassung aus der ärztlichen Obhut vorliegen könnte.

29.6 Untersuchung männlicher Opfer sexueller Gewalt

Die Vorgangsweise bei männlichen Opfern sexueller Gewalt ist in entsprechend modifizierter Form grundsätzlich analog zu der bei weiblichen Opfern. Zusätzlich sollten Speichelspuren oder andere Fremdspuren am Penis mit zwei Wattetupfern gesichert werden, die mit wenig sterilem Wasser/ physiologischer Kochsalzlösung befeuchtet wurden:

- Mit einem Tupfer wird die Oberfläche der Glans penis (Eichel) und die Peniskranzfurche abgerieben. Harnröhrenöffnung und Harnröhre dürfen nicht abgerieben werden, da ansonsten u. U. zuviel DNA-Material des Patienten gewonnen wird, was zu einem gemischten und nur schwer interpretierbaren DNA-Profil führen kann.
- Mit dem zweiten Tupfer wird der Penisschaft vorsichtig abgerieben.
- Zusätzlich kann mit einem weiteren befeuchteten Tupfer die Haut um die Penisbasis und die

angrenzende Haut des Hodensacks (Scrotum) abgerieben werden, um im Falle einer Kondombenutzung verwertbares Fremdspurenmaterial zu sichern.

Der Spurensicherung folgt eine sorgfältige Untersuchung des Genitales auf mögliche Verletzungsspuren. Gefältelte Haut sollte dabei vorsichtig gespannt werden, um verdeckte diskrete Verletzungen erkennen zu können. Alle Verletzungen auf den anatomischen Zeichnungen der Checkliste und ggf. fotografisch dokumentieren. Die geschilderte Vorgehensweise ist prinzipiell auch bei männlichen Tatverdächtigen anzuwenden. Bei Tatverdächtigen sollten zusätzlich allfällige Sekretanhaftungen um den Mund gesichert werden (s. ▶ Kap. 13 „Die körperliche Untersuchung von Tatverdächtigen im Rahmen des Strafverfahrens").

29.7 Weitergabe der sichergestellten Beweismittel

Keine Anzeige. Entscheidet sich die Geschädigte vorerst noch nicht für eine Anzeige, so wird das Spurenmaterial von der Untersuchungsstelle (z. B. Krankenhausambulanz, Arztpraxis) an das nächste Institut für Rechtsmedizin weitergeleitet, dort für einen bestimmten Zeitraum aufbewahrt und nach festgelegter Frist vernichtet (**Achtung: bzgl. Aufbewahrung der asservierten Spuren und der erhobenen Befunde sind unbedingt die regionalen Gegebenheiten zu berücksichtigen!**). Die betroffene Person muss sich somit nicht sofort für oder gegen eine Anzeige entscheiden, sondern hat noch Zeit, sich weitere Schritte zu überlegen. Die Spuren werden ohne das Vorliegen eines Auftrages des Staatsanwaltes nicht untersucht. Mittels eines standardisierten Spurensicherungssets gesicherte Spuren können bei Raumtemperatur zeitlich unbeschränkt aufbewahrt werden (nach forensischen Erfahrungswerten mindestens mehrere Jahrzehnte). Nur Blut und Urin sind gekühlt aufzubewahren. Die Blutproben für diagnostische Untersuchungen (HIV, Hepatitis B, Syphilis etc.) verbleiben immer im Krankenhaus und werden an das zuständige klinische Labor weitergeleitet.

Anzeige. Kommt es zu einer Anzeige und sollen nach Auftrag der Staatsanwaltschaft die sichergestellten Spuren untersucht werden, so wird das Spurensicherungsset samt Asservaten in das beauftragte DNA-Labor zur Auswertung der biologischen Spuren weitergeleitet. Kann aus diesen Spuren ein DNA-Profil erstellt werden, so wird dieses entweder direkt mit dem Profil einer tatverdächtigen Person verglichen oder, falls es von einer bislang unbekannten Person stammt, an die zentrale DNA-Datenbank übermittelt (abhängig von lokalen Gegebenheiten!).

Bei der Gerichtsverhandlung werden in den meisten Fällen Sachverständige aus dem Fachgebiet der Rechtsmedizin beigezogen, die zu medizinischen, spurenkundlichen bzw. chemisch-toxikologischen Fragen ein Gutachten erstellen, z. B. ob sexuelle Handlungen stattgefunden haben, ob und welche Folgen dadurch verursacht wurden und inwieweit sich der Tathergang rekonstruieren lässt. Frauennotruf und Opferschutzeinrichtungen stehen auf Wunsch den Betroffenen bei der oft belastenden Gerichtsverhandlung begleitend zur Seite (Prozessbegleitung).

29.8 Zusammenfassung

Unabhängig davon, ob sich das Opfer eines sexuellen Übergriffs sofort oder zu einem späteren Zeitpunkt für eine Anzeige entscheidet, ist es für den Ausgang eines Verfahrens von großer Bedeutung, dass entsprechende Beweismittel zur Überführung des Täters vorliegen (objektiver Sachbeweis). Eine professionelle medizinische Untersuchung und die Sicherung biologischer Spuren spielen daher eine wichtige Rolle, da Beweismittel manchmal nur in Form von biologischen Spuren des Täters (etwa Speichelspuren an der Haut der/des Geschädigten) vorliegen. Viele Ärztinnen/Ärzte haben allerdings mit der Untersuchung von Vergewaltigungsopfern keine bzw. wenig Erfahrung, wodurch für die Aufklärung wichtige Spuren teilweise nicht sichergestellt

bzw. falsch oder mangelhaft aufbewahrt werden. Die Vorgehensweise bei Untersuchung und Spurensicherung ist prinzipiell aber trivial und das standardisierte Vorgehen nach einer Checkliste kann helfen, Unsicherheiten bei der Durchführung der Spurensicherung zu beseitigen.

> **Merke**
>
> Da biologische Spuren zum Teil die einzige Möglichkeit darstellen, einen Sexualstraftäter zu überführen, ist die sachgerechte Sicherstellung und Aufbewahrung von eminenter Bedeutung.

Ein Spurensicherungsset unterstützt zwar den Untersucher bei seiner Arbeit, ist aber noch keine Garantie dafür, dass das Material fachgerecht verwendet und die Spuren richtig abgenommen werden. Geschulte Untersucher, die mit einem standardisierten Untersuchungsset vertraut sind, erzielen dabei naturgemäß die besten Resultate.

Da ein professionelles – auch psychologisch korrektes – Verhalten generell nur von speziell geschultem Personal zu erwarten ist, sind kontinuierliche Schulungen für Ärztinnen/Ärzte erforderlich oder – wie auch schon in den USA erfolgreich im Einsatz – zusätzliche Schulungen von Krankenschwestern betreffend die Spurensicherung bei Sexualdelikten (Sexual Assault Nurse Examiner [SANE] Program).

Wissenschaftliche Auswertungen haben gezeigt, dass bei Patientinnen, die mit Hilfe eines standardisierten Spurensicherungssets untersucht wurden, deutlich mehr Spuren sichergestellt werden konnten, als bei jenen Betroffenen, bei denen die Untersuchung unstrukturiert durchgeführt wurde (Pilz 2005). Weiterhin konnte gezeigt werden, dass standardisierte Spurensicherungssets in der Praxis gut aufgenommen werden und sowohl die Betreuung der Geschädigten als auch die Qualität der Dokumentation und Beweissicherung verbessern und damit die Aufklärungsrate von Sexualdelikten steigern können.

Das männliche Opfer sexueller Gewalt – Befunde nach Vergewaltigung und homosexuellen Praktiken

A. Krauskopf, R. Bux, K. Yen

30.1   Einleitung – 352

30.2   Empfehlungen für das Vorgehen bei
        männlichen Missbrauchsopfern   – 352

30.2.1 Anamnese – 352

30.2.2 Körperliche Befunde   – 353

30.3   Spurensicherung und Asservate   – 356

30.4   Untersuchung von Tatverdächtigen   – 356

M. Grassberger, E. Türk, K. Yen, Klinisch-forensische Medizin,
DOI 10.1007/978-3-211-99468-9_30, © Springer-Verlag Berlin Heidelberg 2013

30.1 Einleitung

An Männern ausgeübte sexuelle Gewalt war lange Zeit stark tabuisiert, was dazu geführt hat, dass betroffene Opfer gewaltsame Übergriffe bis heute aus Scham und Angst vor Ablehnung nur selten melden (Ellis 2002) und selbst bei anhaltenden Schmerzen meist erst sehr spät in der Klinik vorstellig werden (Wall 2011). Mit zunehmender Diskussion und Akzeptanz alternativer Formen der Partnerschaft und Sexualität dringt das Thema seit einigen Jahren vermehrt in die öffentliche Wahrnehmung. Dies lässt auch einen sensibleren und mehr an den Bedürfnissen der Opfer orientierten Umgang mit dieser Thematik erwarten. Dazu gehört auch der Ausbau geeigneter Untersuchungsangebote, zumal der exakten Abklärung des Geschehens und der Spurensicherung, nicht anders als bei weiblichen Opfern, eine zentrale Rolle hinsichtlich möglicher rechtlicher und medizinisch-therapeutischer Konsequenzen zukommt.

> **Merke**
>
> Männliche Missbrauchs- und Vergewaltigungsopfer werden oft erst spät in der Klinik vorstellig, was die Nachweisbarkeit und Beurteilung von Verletzungen und Spuren erschwert und somit die Beweislage verschlechtern kann.

Häufig kommt es im Kontext homosexueller Kontakte zu gewaltsamen Übergriffen an Männern. In einer Studie von Krahé et al. (2000) wurden in Berlin 310 homosexuelle Männer befragt, von denen viele angaben, schon einmal Opfer eines versuchten oder vollendeten sexuellen Übergriffs geworden zu sein. Vor allem unter Ausnützung der Wehrlosigkeit nach Konsum von Alkohol oder Drogen oder nach Androhung oder Anwendung körperlicher Gewalt seien sie gegen ihren Willen zur Masturbation (6,8–11,3 %), zum Oral- (7,1–11,3 %) oder Analverkehr (5,5–9,0 %) gezwungen worden. Hinsichtlich der Folgen solcher Übergriffe finden sich in der rezenten Literatur mittlerweile gehäuft Beschreibungen über die psychischen Auswirkungen bei männlichen Missbrauchsopfern (Davies & Rogers 2006); über die Art und Häufigkeit von Verletzungen gibt es jedoch nach wie vor kaum verlässliche Daten. Auch fehlt ein etablierter Goldstandard für die Untersuchung männlicher Missbrauchsopfer.

Die meisten Untersuchungen männlicher Opfer finden an Kliniken statt, häufig durch Untersucher, die über keine oder wenig Erfahrung in dieser Materie verfügen. Auch ist die Hinzuziehung der Rechtsmedizin keineswegs die Regel.

30.2 Empfehlungen für das Vorgehen bei männlichen Missbrauchsopfern

Eine frühestmögliche Untersuchung ohne Terminverschiebungen ist anzustreben, da Befunde je nach Körperregion sehr schnell abheilen können und männliche Opfer oft verspätet einen Arzt aufsuchen. Die Untersuchung sollte in einer Klinik gemeinsam mit klinisch tätigen Ärzten durchgeführt werden.

> **Merke**
>
> Die Untersuchung männlicher Opfer von Sexualdelikten sollte möglichst zeitnah zum Ereignis und unter Einbeziehung der Rechtsmedizin erfolgen.

30.2.1 Anamnese

Die Anamneseerhebung erfolgt prinzipiell gleich wie bei weiblichen Untersuchten (s. ▶ Kap. 11 „Anamneseerhebung – Ärztliche Gesprächsführung in der klinischen Rechtsmedizin"), insbesondere sollten dabei folgende Umstände erhoben werden:

- **Ereignisort** (z. B. postulierter Übergriff in einem Park); Befragung zu allfällig verwendeten/zurückgelassenen Kondomen, Handschuhen, etc)
- **Ereigniszeitraum**
- **Ereignishergang** → Hinweis auf zusätzliche Verletzungen am Körper (Festhalten, Fesselung, Strangulation etc.)
  - Erfolgte eine Vorbereitung? (Darmentleerung?)
  - Stellung (aktiv, passiv)

– Penetration mit Penis, Finger, Faust (Fisting[1]), Gegenstände (wenn ja, welche)
– Hilfsmittel/Gleitmittel (wenn ja, welche)
– **Spurensicherung:** Nach dem Ereignis gereinigt/geduscht? Kleidung, Kondome, etc.?
– Einnahme von Drogen (z.B. Poppers), Medikamenten (z.B. Ketamin[2]) oder Alkohol vor/während oder nach dem Ereignis
– **Regelmäßigkeit** des Verkehrs, letzter Verkehr (geschützt/ungeschützt) vor dem Ereignis (wichtig für richtige Interpretation eventuell vorhandener Spermaspuren und Verletzungen)?
– **Schmerzen, Blutungen, Schwellungen** an Schambein, Penis, Vorhaut, Frenulum, Eichel, Hodensack, Harnröhre, Damm, After? Schmerzen beim Harnlassen oder Stuhlgang? Auffälligkeiten beim Stuhlgang (Verstopfung oder Durchfall, Missempfindungen, Inkontinenz, Blutungen)?

30.2.2 Körperliche Befunde

Analog der Untersuchung von Frauen nach Sexualdelikten ist immer eine **Ganzkörperuntersuchung** durchzuführen, die dazu dient, Verletzungen am Körper festzustellen, zu dokumentieren und allfällige Spuren zu sichern. Dabei sind hinsichtlich der Sorgfalt und des Umgangs mit dem Betroffenen

---

1 **Faustverkehr** (engl.: Fisting, fist für „Faust» bzw. Fisten): Es handelt sich um eine sexuelle Praktik, bei der mehrere Finger bis hin zu einer oder mehreren Händen in den Anus (brachioproktisch) eingeführt werden. Die damit verbundenen Risiken bestehen vor allem in Verletzungen des Analbereichs und in Extremfällen einer Darmperforation.
2 **Ketamin** (Ketaminhydrochlorid; auch „K", „Ket", „Special K", „Vitamin K" genannt): unterliegt dem Arzneimittelgesetz, ist ein Anästhetikum (Narkosemittel), welches auch in der Partyszene konsumiert wird. Die Verabreichung kann intravenös, intramuskulär, oral und rektal erfolgen. Bei intramuskulärer Injektion beginnt die sedierende Wirkung nach ca. 5 Minuten und ein Maximaleffekt wird nach ca. 20 Minuten erreicht. Nachwirkungen wie Schwindel, Übelkeit und Konzentrationsschwierigkeiten können auch länger bestehen. Ketamin wird in kleinen Dosierungen im Rahmen von Fisting angewandt, da es die Schmerzempfindlichkeit beim passiven Partner herabgesetzt. Dies kann jedoch dazu führen, dass Verletzungen nicht sofort bemerkt werden. Der Nachweis im Urin gelingt 2 bis 4 Tage nach Applikation.

dieselben Standards wie bei weiblichen Opfern einzuhalten (z. B. nur teilweises Entkleiden und Bekleidung bzw. Bedecken aktuell nicht untersuchter Körperregionen, s. ▶ Kap. 29 „Standardisierte Untersuchung und Spurensicherung nach Sexualdelikt").

Äußerliche Untersuchungen

In Abhängigkeit der zwischen dem Vorfall und der Untersuchung vergangenen Zeit können folgende Befunde vorliegen:
– Rötungen
– Schwellungen
– Abschürfungen
– Blutunterlaufungen („blauer Fleck")
– Quetschwunden und Quetsch-Riss-Wunden
– Bissmarken, Saugverletzungen
– geformte Verletzungen nach Schlägen mit Gegenständen oder Tritten
– bandförmige Abdrücke, Rötungen, Schürfungen etc. nach Fesselungen
– Fingernagelabdruckspuren, Hautabschürfungen, Hauteinblutungen oder Blutunterlaufungen (am Hals nach Würgen, an Extremitäten oder Rumpf nach Festhalten)
– Narben (Frage nach deren Entstehung).

Besonderes Augenmerk ist hierbei auf Strangulationsbefunde am Hals sowie auf Fesselungsspuren und Verletzungen an Armen und Beinen (wie bspw. nach gewaltsamem Festhalten) zu legen (s. ▶ Kap. 19 „Allgemeine klinisch-forensische Traumatologie"). Auch sollten Körperbau und Statur, Körperpflege/Rasur, Piercings, Fingernägellänge und weitere Auffälligkeiten dokumentiert werden. Wie bei allen rechtsmedizinischen Untersuchungen nach Gewalt sind auch hier Angaben zum Zustand der untersuchten Person (Bewusstsein, Hinweise auf Alkoholisierung oder Drogeneinnahme, Orientierung, Stimmungslage, Verhalten bei der Untersuchung etc.) festzuhalten.

Untersuchung der Anogenitalregion

Eine genaue Inspektion der Genitalregion ist erforderlich, um „DNA-fähige" Spuren, Folgen einer Manipulation an After und Genitale und spezifische, oft nur diskret ausgebildete Verletzungen feststellen zu können. Insbesondere ist auf folgende Befunde zu achten:

- **Skrotum:** Intaktheit, Schwellungen, Einblutungen, Bissverletzungen?
- **Penis:** Rötungen/Schürfungen an der Vorhaut, entzündliche Veränderungen, Unterblutungen, Schwellungen, Bissverletzungen, Narben?
- **After und perianales Gewebe:** Blutung aus dem After (Blutungsquelle eruieren!), Fissuren und tiefe Einrisse, oberflächliche Schleimhautschäden (Erosionen), Rötungen, Schwellungen, Fältelung, Pigmentierung, Narben, Tätowierungen?
- **Dammregion:** Unterblutungen, Schürfungen, Schwellungen, Narben?
- Hinweise auf sexuell übertragbare Krankheiten (z. B. Lymphknotenschwellung, Ulzerationen etc.).

Eine Färbung des Perianalbereichs mit **Toluidinblau** und anschließendes Absprühen mit 1%iger Essigsäure kann zu einer verbesserten Diagnostik und Darstellung kleiner und oberflächlicher Schleimhautverletzungen der Analschleimhaut führen (s. auch ▶ Kap. 29 „Standardisierte Untersuchung und Spurensicherung nach Sexualdelikt").

> **Merke**
>
> Bei Blutungen aus dem After ist immer nach der Blutungsquelle zu suchen. Eine Anoskopie oder Rektoskopie kann klinisch und forensisch relevante Schäden des Darms aufdecken und ist daher bei Hinweisen auf derartige Verletzungen sinnvoll. Oberflächliche Verletzungen der Schleimhaut heilen rasch aus und sind unter Umständen schon nach wenigen Tagen nicht mehr sichtbar.

Anoskopie/Rektoskopie. Die Durchführung einer Anoskopie oder Rektoskopie obliegt einem erfahrenen Proktologen. Falls möglich, sollte diese in Anwesenheit eines Rechtsmediziners erfolgen (Spurensicherung, Dokumentation). Zu beachten ist, dass die Untersuchung **erst nach der äußeren Untersuchung** des Genitalbereichs erfolgen darf, da durch das Einführen des Untersuchungsgeräts Verletzungen an der Schleimhaut des Afters gesetzt werden können, die sich später nicht mehr von

Verletzungen unterscheiden lassen, die infolge des Missbrauchs entstanden sind. Auch ist darauf zu achten, dass **Abstriche** aus Anus und Rektum **vor der Anoskopie bzw. Rektoskopie entnommen werden**, da zur Vorbereitung dieser Untersuchungen oft abführende Mittel verabreicht werden und so mögliche Spuren verloren gehen können.

Eine Anoskopie oder Rektoskopie sollte immer angestrebt werden, wenn äußerlich Hinweise auf Verletzungen im Analbereich oder der Verdacht auf Verletzungen in höher gelegenen Darmabschnitten (z. B. Blutung oder Abgang von Schleim aus dem After, Schmerzen, Krämpfe, Verdacht auf eingeführte Fremdkörper, veränderte Stuhlgewohnheiten) bestehen (◘ Abb. 30.1).

- **Anoskopie** (Untersuchung des Analkanals) zur Detektion von Verletzungen der Analschleimhaut (Ernst et al. 2000).
- **Rektoskopie** (Untersuchung des Analkanals und des angrenzenden Enddarms) zur Detektion von Verletzungen der Anal- oder Enddarmschleimhaut.
- Untersuchung mit **Bilddokumentation** (Wenn möglich mit Datenspeicherung!).

> **Merke**
>
> Auch bei geringen oder fehlenden äußeren Verletzungen am After können erhebliche Verletzungen höher gelegener Darmabschnitte bestehen.

Weiterführende Untersuchungen. Je nach Befunden und klinischer Symptomatik können weitere Untersuchungen erforderlich sein, insbesondere bildgebende Verfahren, wie eine Ultraschalluntersuchung des Bauchraums oder eine Röntgen- oder CT- Untersuchung bei Verdacht auf eingeführte Fremdkörper oder eine Darmperforation. Über die klinische Diagnostik hinaus sind auch rechtsmedizinisch relevante Befunde zu erwarten.

Befunde und Spuren im Genitalbereich bei speziellen (homosexuellen) Praktiken:

Es gibt spezifische Befunde und Spuren, die infolge spezieller Sexualpraktiken entstehen können und bei der Untersuchung von Opfern bzw. Tat-

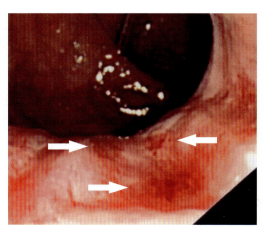

Abb. 30.1 Darstellung von Schleimhauterosionen im Enddarm mittels Rektoskopie

verdächtigen bekannt sein sollten. Dazu gehören beispielsweise:

Befunde und Spuren am **Körper und im Genitalbereich außerhalb der Analregion:**
– Pulverrückstände von Handschuhen
– Gleitmittelrückstände
– Gesäßregion: Einstichstellen (evtl. Ketamininjektion?), Kratzspuren
– Schwellung des Hodensacks, evtl. Einstichstelle/Unterblutungen bei Hodensackinfusion[3] → Infektionsgefahr
– evtl. Darmentleerung als Vorbereitung auf geplantes Einführen von Gegenständen
– Hämatome (z. B. bei forciertem „Fisting" oder Einführen von Gegenständen)
– Harnröhre: Harnwegsinfekte, Blut im Harn (z. B. bei Sexualtechniken mit Katheterisierung).

Befunde an der **Analregion:**
– Rötungen, Schwellungen, Analrisse, Fissuren, Unterblutungen
– Analdilatation (Ausweitung des Analkanals, schlaffer Schließmuskel), nur mit Vorsicht zu interpretieren!
– schlaffer Rektaltonus innerhalb der ersten 12 bis 48 Stunden durch Schädigung des äußeren Schließmuskels
– tätowierter Analring
– venöse Stauung
– Schwellung
– Narben
– Gewebeüberdehnungen
– Trichterbildung „funneling" (bei regelmäßigem Analverkehr)
– Spasmus des äußeren Schließmuskels (häufig schmerzbedingt)
– Schmerzen, Blutungen aus Anus
– Samenausfluss
– Verletzungen der Darmschleimhaut bis zur Perforation nach Einführen von (u. U. auch sehr großen) Fremdkörpern, infolge von Einläufen (Drücke ab 120 mmHg), Verwendung von Druckluftschläuchen etc. (El-Ashaal et al. 2008).

> **Merke**
>
> Nicht alle Befunde sind beweisend für einen erzwungenen oder gewaltsamen Geschlechtsverkehr! Entscheidend ist die Gesamtwürdigung aller Befunde und Spuren im Kontext mit den Umständen des Falles. Eine fachärztliche rechtsmedizinische Begutachtung wird daher dringend empfohlen.

Das **Auftreten von analen Verletzungen** hängt von **zahlreichen Variablen** ab:
– Größe des eingeführten Objekts
– Stärke der Gewaltanwendung
– Anwendung von Gleitmitteln
– Ausmaß der Gegenwehr des Opfers
– Häufigkeit und Regelmäßigkeit des Verkehrs bzw. Missbrauchs.

---

3 **Hodensackinfusion.** Bei einer Hodensackinfusion wird sterile Kochsalzlösung langsam in den Hodensack infundiert, um bei entsprechenden Vorlieben eine angenehme Empfindung auszulösen. Bis zur Resorption der Flüssigkeit vergehen meist einige Tage. Einblutungen und Schwellungen können länger bestehen bleiben.

Der Schließmuskel ist sehr dehnbar, sodass auch eine vollständige Penetration keine Verletzungen hinterlassen muss. Ernsthafte Verletzungen nach Penetration mit dem Penis sind eher selten. Analfissuren und Rötungen sind in der Regel problemlos nachweisbar, sind jedoch an sich unspezifisch und nur gemeinsam mit einer entsprechenden Aussage zu werten. Für den Ungeübten können diese Befunde jedoch leicht zu übersehen sein. Bei gewaltsamer Penetration können Einrisse der perianalen Haut bis hin zu Einrissen des Schließmuskels auftreten.

30.3   Spurensicherung und Asservate

Die Sicherung und Asservierung von Spuren bezieht, wie bei weiblichen Opfern, die Bekleidung und die gesamte Körperoberfläche sowie den Anogenitalbereich mit ein und richtet sich nach den zeitlichen Verhältnissen zwischen Vorfall und Untersuchung. Obwohl es keine Studien dazu gibt, muss davon ausgegangen werden, dass auch bei männlichen Opfern **Spermaspuren im Analkanal oder Enddarm nur wenige Stunden bis Tage nachweisbar** bleiben.

> **Merke**
>
> Auch bei nicht freiwillig erfolgtem Geschlechtsverkehr oder Manipulation am Genitale kann es bei Männern zu einem (nicht kontrollierbaren) Samenerguss kommen. Bei der Auswertung von Spuren ist dies zu berücksichtigen und ein Vergleich mit der DNA des Untersuchten durchzuführen.

Folgende Asservate sollten am Opfer gesichert werden:
- **DNA am Körper:**
  - Fingernagelschmutz
  - Wangenschleimhautabstrich, sichtbare Spuren, Hautabstriche bei Hinweis auf Bissverletzung, Küssen oder Saugen, Halsabstriche bei Hinweis auf Würgen
- **DNA im Anogenitalbereich:** Penisabstrich (Schaft, Kranzfurche), Hoden, evtl. Leistenfalten, Abstriche Anus und Rektum, evtl. zusätzlich sichtbare Spuren

- **Blut und Urin** (Angabe von Datum und Uhrzeit der Entnahme).

> **Merke**
>
> Abstriche aus Anus und Rektum sind vor der Durchführung einer Anoskopie oder Rektoskopie zu entnehmen.

30.4   Untersuchung von Tatverdächtigen

In vielen Fällen kann die Untersuchung des Tatverdächtigen wertvolle Hinweise auf die Täterschaft geben oder eine solche ausschließen, was nicht weniger bedeutsam ist. Deshalb soll in jedem Fall, in dem es möglich ist, auch der/die Tatverdächtige auf Verletzungen und Spuren untersucht werden (s. ▶ Kap. 13 „Die körperliche Untersuchung von Tatverdächtigen im Rahmen des Strafverfahrens"). Bei männlichen Verdächtigen, um die es sich in diesen Fällen meist handelt, ist dabei vor allem auf eine Sicherung von DNA-Abstrichen der Fingernägel und des Penis (Schaft, Kranzfurche, Eichel) zu achten. Die weitere Spurensicherung hängt von den berichteten Fallumständen ab. Die körperliche Untersuchung sollte den ganzen Körper umfassen und Verletzungen erfassen bzw. ausschließen, die durch eine mögliche Gegenwehr des Opfers entstanden sein können.

> **Merke**
>
> Die Untersuchung des/der Tatverdächtigen kann wertvolle Hinweise auf die Täterschaft geben oder – je nach Fallumständen – eine solche ausschließen.

Medizinische Versorgung von Opfern sexualisierter Gewalt

A. S. Schröder, S. Hertling

31.1 **Versorgung von körperlichen Verletzungen und Tetanusprophylaxe – 358**

31.2 **Prophylaxe von sexuell übertragbaren Erkrankungen – 358**

31.2.1 Sexuell übertragbare Erkrankungen – 359

31.2.2 Hepatitis B (HBV) – 360

31.2.3 Hepatitis C (HCV) – 361

31.2.4 HIV-Postexpositionsprophylaxe – 361

31.3 **Beratung und Behandlung bezüglich einer unerwünschten Schwangerschaft – 365**

31.4 **Psychosoziale Versorgung – 366**

M. Grassberger, E. Türk, K. Yen, Klinisch-forensische Medizin,
DOI 10.1007/978-3-211-99468-9_31, © Springer-Verlag Berlin Heidelberg 2013

Im Rahmen der medizinischen Versorgung von Opfern sexualisierter Gewalt müssen, abgesehen von Spurensicherung und sachgerechter Dokumentation der Befunde, folgende vier Teilbereiche besonders beachtet werden:

1. Versorgung von körperlichen Verletzungen und Tetanusprophylaxe
2. Prophylaxe von sexuell übertragbaren Krankheiten
3. Beratung und Behandlung bezüglich einer unerwünschten Schwangerschaft
4. Psychosoziale Aspekte bei posttraumatischer Belastungsstörung

31.1 Versorgung von körperlichen Verletzungen und Tetanusprophylaxe

Körperliche Verletzungen. Lebensbedrohliche Verletzungen erfordern eine medizinische Notversorgung. Diese ist der rechtsmedizinischen Untersuchung voranzustellen; ggf. sollte die Behandlung von einem Rechtsmediziner begleitet werden (z. B. Dokumentation von Verletzungen im Operationssaal). Die häufiger auftretenden, weniger schwerwiegenden Verletzungen (z. B. Abschürfungen, Unterblutungen) können meistens im Anschluss an die Spurensicherung versorgt werden (z. B. Wundreinigung). Die Notwendigkeit einer Mitbehandlung durch einen Spezialisten (z. B. Chirurgie, Psychiatrie) bzw. einer stationären Aufnahme ist stets zu prüfen.

Medikamente, die erforderlich sein können, sind:

– Medikamente zur Infektionsprophylaxe
– Schmerzmedikation
– Impfungen.

Tetanusprophylaxe. Bereits kleine Verletzungen sind geeignet, dem Tetanuserreger (Vorkommen z. B. in Straßenstaub, Erde) ein Eindringen in den Körper zu ermöglichen. Der einzige Schutz vor Tetanus (Wundstarrkrampf) ist die Impfung. Bei Vorliegen von Verletzungen sollte deshalb immer der Tetanusimpfschutz überprüft werden (◘ Tab. 31.1).

31.2 Prophylaxe von sexuell übertragbaren Erkrankungen

Im Rahmen von sexualisierter Gewalt kann es zur Übertragung von ansteckenden Krankheiten kommen. Eine Infektionsgefahr besteht einerseits durch die (ungeschützte) sexuelle Exposition, andererseits durch (Begleit-)Verletzungen. Opfer sexualisierter Gewalt sind deshalb über Infektionsrisiken und über die Möglichkeit einer Infektionsprophylaxe *post expositionem*, häufig **Postexpositionsprophylaxe** oder kurz **PEP** bezeichnet, zu beraten. Die Wirksamkeit der PEP kann maßgeblich vom Zeitraum zwischen der Exposition und dem Therapiebeginn abhängen ("je früher desto wirksamer"). Der erstbehandelnde Arzt sollte in der Lage sein, die Indikation zur PEP zu stellen und die Behandlung zu beginnen.

> **Merke**
>
> Die PEP ist eine vorsorgliche Behandlung mit dem Ziel, nach Kontakt mit Krankheitserregern eine Infektion zu verhindern. Die verabreichten Medikamente einer PEP sind Notfallmedikamente und nicht für den Dauergebrauch vorgesehen!

Im ärztlichen Gespräch muss der Patient über Nutzen, Risiken, ein mögliches Therapieversagen sowie über Vorsichtsmaßnahmen und die Notwendigkeit von Folgeuntersuchungen aufgeklärt werden. Die Initiierung einer PEP setzt das informierte Einverständnis des Patienten voraus. Die Beratung sowie die Entscheidung des Patienten sind zu dokumentieren (vgl. hierzu Empfehlungen der Ständigen Impfkommission, STIKO am Robert Koch-Institut und **PEP-Dokumentationsbogen des RKI** im Anhang). Eine Anschlussbehandlung sollte von einem Experten (z. B. Facharzt für Innere Medizin mit Spezialgebiet Infektiologie) durchgeführt werden.

Eine adäquate Aufklärung und Beratung bezüglich einer PEP kann durch folgende Punkte erschwert sein:

– psychischer Ausnahmezustand, Ängste
– psychische Vorerkrankung
– Beeinflussung durch Alkohol, Drogen oder Medikamente

Tab. 31.1 Tetanus-Impfung im Verletzungsfall (nach den Empfehlungen der Ständigen Impfkommission des Robert-Koch-Institutes, 2012)

Art der Impfung	Indikation
Aktive Impfung[1] Tetanus-Toxoid	**– saubere, geringfügige Wunden** und unbekannter Impfstatus oder 0 bis 2 Impfdosen der Grundimmunisierung erhalten oder letzte Impfung vor > 10a **– alle anderen Wunden,** wenn 2 Impfdosen bereits erhalten und Verletzung nicht länger als 24h zurückliegt oder letzte Impfung vor > 5a
Aktive und passive Impfung[1] (Simultanimpfung) Tetanus-Toxoid und Tetanus-Immuno-globulin	**– alle anderen Wunden** und unbekannter Impfstatus oder 0 bis 1 Impfdosis der Grundimmunisierung erhalten oder wenn 2 Impfdosen bereits erhalten und Verletzung länger als 24h zurückliegt

[1] Um einen langfristigen Impfschutz zu erreichen, sind ggf. weitere aktive Impfungen erforderlich.

- Beeinflussung durch Verletzungen
- absichtlich falsche Angaben
- Verweigerung von Aussagen
- minderjähriger Patient.

Merke

Die Beratung über eine PEP sollte Bestandteil der ärztlichen Erstuntersuchung nach sexualisierter Gewalt sein. Ein schnelles, entschlossenes und überlegtes Handeln des Arztes ist gefordert.

31.2.1 Sexuell übertragbare Erkrankungen

Im Rahmen von Sexualdelikten ist stets mit einer Infektion des Opfers durch eine sexuell übertragbare Erkrankung („sexually transmitted diseases", abgekürzt **STD**) zu rechnen. Unter anderem können folgende Infektionskrankheiten durch Sexualkontakt übertragen werden:

- Infektion durch das humane Immundefizienz-Virus (HIV)
- Infektion durch Hepatitis-B- (HBV) und Hepatitis-C-Virus (HCV) (Leberentzündungen)
- Gonorrhö (Tripper)
- Chlamydieninfektion
- Trichomonadeninfektion
- Syphilis (Lues).

Eine routinemäßige Untersuchung auf alle sexuell übertragbaren Krankheiten ist nach einem Sexualdelikt nicht angezeigt. Es sollten zumindest Hinweise oder Verdachtsmomente (z. B. vaginaler Fluor [Scheidenausfluss], Täter mit bekannter STD) vorliegen. Bei kurzem Zeitintervall zwischen Sexualkontakt und Untersuchung schließt das Fehlen von Krankheitssymptomen bei der Erstuntersuchung eine Infektion keinesfalls aus, da die Inkubationszeiten (Zeit zwischen Infektion und Auftreten der ersten Symptome) zwischen 3 Tagen und 3 Monaten liegen. Wiederholungstests können im Einzelfall notwendig sein. In ◘ Tab. 31.2 sind die Diagnostik und Therapie bei Gonorrhö, Chlamydien- und Trichomonadeninfektionen sowie Syphilis erläutert.

◘ Tab. 31.2 Diagnostik und Therapie (auch als Prophylaxe) von STD* (Guidelines for medico-legal care for victims of sexual violence; WHO 2003) in Ausnahmefällen und bei ärztlicher Indikationsstellung

Krankheiten (Erreger)	mögliche Diagnostik	mögliche Medikation	in der Schwangerschaft
Gonorrhö (*Neisseria gonorrhoeae*)	Kultur, PCR	Ciprofloxacin[1] (1 × 500 mg p. o.) oder Ceftriaxon (1 × 125 mg i. m.) oder Cefixim (1 × 400 mg p. o.)	Ceftriaxon (1 × 125 mg i. m.) oder Cefixim (1 × 400 mg p. o.)
Chlamydieninfektion (*Chlamydia trachomatis*)	Kultur, PCR	Azithromycin (1 × 1 g p. o.) oder Doxycyclin[1] (2 × 100 mg p. o. tgl. 7 Tage)	Erythromycin (4 × 500 mg p. o., 7 Tage) oder Amoxicillin (3 × 500 mg p. o., 7 Tage) oder Azithromycin (1 × 1 g p. o.)
Trichomonadeninfektion (*Trichomonas vaginalis*)	Nativausstrich, Kultur	Metronidazol[2] (1 × 2 g p. o. oder 2 × 1 g p. o., 1 Tag)	Metronidazol[2] (1 × 2 g p. o. oder 2 × 1 g p. o., 1 Tag)
Syphilis (*Treponema pallidum*)	Serologie	Benzathin-Benzylpenicillin (1 × 2,4 Mio. IE i. m.) oder Doxycyclin[1,3] (2 × 100 mg p. o., tgl. 14 Tage) oder Tetracyclin[1,3] (4 × 500 mg p. o., tgl. 14 Tage)	Benzathin-Benzylpenicillin (1 × 2,4 Mio. IE i. m.) oder Erythromycin[3] (4 × 500 mg p. o., 14 Tage)

*Es handelt sich um Therapieempfehlungen (Alternativen möglich).
[1] kontraindiziert während Schwangerschaft
[2] kontraindiziert während des ersten Schwangerschaftsdrittels
[3] bei Penicillinallergie (schwangeren Frauen wird eine Desensibilisierung und anschließende Therapie mit Penicillin empfohlen)
i. m. = intramuskulär (Medikamentengabe durch Injektion in den Muskel); p. o.= per os (orale Arzneimittelgabe); IE = Internationale Einheiten; tgl. = täglich

HIV und Hepatitis. Durch sexualisierte Gewalt kann es zu einer Infektion mit HIV oder Hepatitisviren kommen. Die Übertragungswahrscheinlichkeit dieser Infektionen hängt von einer Vielzahl unterschiedlicher Faktoren ab.

> **Merke**
>
> Vor Therapiebeginn ist eine Blutuntersuchung zur Bestimmung des sog. „Nullstatus" (Infektionsfreiheit zum Untersuchungszeitpunkt) durchzuführen.

31.2.2 Hepatitis B (HBV)

Der HBV-Impfstatus ist zu eruieren (Befragung, Impfausweis). Bei Fehlen von verlässlichen Angaben sollte nach Möglichkeit ein Impftiter (Anti-HBs-Wert; Anzahl der aktiven Abwehrmoleküle) bestimmt werden. Die weitere Behandlung orientiert sich am Impfstatus (◘ Tab. 31.3). Impfungen gegen HBV sind in der Schwangerschaft möglich, die Indikation zur Impfung einer Schwangeren ist allerdings streng zu stellen.

◘ Tab. 31.3 Hepatitis B-Impfung (Erwachsene) nach Exposition mit HBV-haltigem Material (nach den Empfehlungen der Ständigen Impfkommission des Robert-Koch-Institutes, 2012)*

Art und Dosierung der Impfung	Indikation
Aktive und passive Impfung (Simultanimpfung) (z.b. 1 x 1,0 ml Engerix®-B oder HBVAX-Pro® i.m. und 0,06 ml/kg KG Hepatitis-B-Immunoglobulin Behring® i.m.®)	– Kein Impftiter-Schnelltest ≤ 48h möglich und Unbekannter Impfstatus oder fehlende/ unvollständige Grundimmunisierung oder letzte Impfung vor > 10a oder – Anti-HbS-Wert < 10 IE/l
Aktive Impfung (z.B. 1 x 1,0 ml Engerix®-B oder HBVAX-Pro® i.m.)	– Letzte Impfung liegt 5 bis 10 Jahre zurück und Anti-HBs-Wert im letzten Jahr nicht sicher ≥ 100 IE/l dokumentiert – aktueller Anti-HbS-Wert ≥ 10 bis < 100 IE/l

i.m.= intramuskulär (Medikamentengabe durch Injektion in den Muskel); IE = Internationale Einheiten
* Um einen langfristigen Impfschutz zu erreichen sind ggf. weitere Impfungen erforderlich

◘ Tab. 31.4 Infektionswahrscheinlichkeit für HIV nach sexueller Exposition (nach den deutsch-österreichischen Empfehlungen zur postexpositionellen Prophylaxe der HIV-Infektion, Aktualisierung 2008)

Art des Kontaktes/Partners	Infektionswahrscheinlichkeit je Kontakt*
ungeschützter rezeptiver[1] Analverkehr mit bekannt HIV-positivem Partner	0,82 % (0,24–2,76) Range 0,1–7,5%
ungeschützter rezeptiver Analverkehr mit Partner von unbekanntem HIV-Status	0,27 % (0,06–0,49)
ungeschützter insertiver[2] Analverkehr mit Partner von unbekanntem HIV-Status	0,06 % (0,02–0,19)
ungeschützter rezeptiver Vaginalverkehr	0,05–0,15 %
ungeschützter insertiver Vaginalverkehr	Range 0,03–5,6 %
oraler Sex	Einzelfälle bei Aufnahme von Sperma in den Mund

*Die angegebenen Zahlenwerte geben lediglich grobe Anhaltspunkte wieder und hängen von der Rate an HIV-Infektionen in der untersuchten Population ab.
[1] rezeptiv = aufnehmend, [2] insertiv = eindringend

31.2.3 Hepatitis C (HCV)

Hinsichtlich einer Infektion mit HCV ist derzeit keine Impfung oder medikamentöse Postexpositionsprophylaxe möglich. Im Falle einer Infektion sind die Heilungschancen durch Einleitung einer frühzeitigen Therapie jedoch erhöht (95–98 %). Aus diesem Grunde sollten nach potenzieller Exposition regelmäßige Blutuntersuchungen erfolgen (◘ Tab 31.7).

31.2.4 HIV-Postexpositionsprophylaxe

Infektionswahrscheinlichkeit. Für die Betroffenen sexualisierter Gewalt steht die Befürchtung einer möglichen Infektion mit HIV häufig im Vordergrund. Das geschätzte Risiko, sich durch ein Sexualdelikt mit HIV zu infizieren, ist gering (◘ Tab. 31.4), jedoch wurden Einzelfälle berichtet.

Als besondere **Risikofaktoren** gelten vor allem:

☐ Abb. 31.1 Entscheidungs-algorithmus zur Verabreichung einer HIV-PEP (nach: Welch & Mason, 2007)

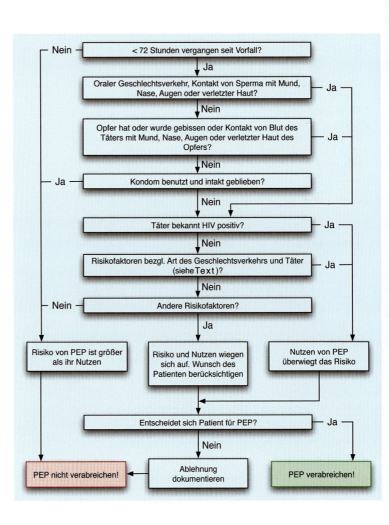

– Defloration (Entjungferung)
– Verletzungen im Genital- und/oder Analbereich
– Analverkehr
– mehrere Täter
– mehrfach wiederholter Geschlechtsverkehr
– Opfer wurde von Täter gebissen
– Täter wurde von Opfer gebissen
– Täter hat sexuelle Kontakte zu anderen Männern
– intravenöser Drogenmissbrauch des Täters
– Täter kommt aus Gebiet mit hoher HIV-Prävalenz.

Eine Entscheidungshilfe zur Verabreichung einer HIV-Prophylaxe gibt der Algorithmus in ☐ Abb. 31.1.

> **Merke**
>
> Im deutschsprachigen Raum ist bei Opfern sexualisierter Gewalt das routinemäßige Empfehlen einer HIV-PEP nicht gerechtfertigt. Das Abschätzen des individuellen Infektionsrisikos ist Vorraussetzung für den kalkulierten Einsatz der HIV-PEP. Nur bei einem relevanten Übertragungsrisiko ist eine HIV-PEP gerechtfertigt.

Untersuchung des Tatverdächtigen. Die unverzügliche Untersuchung des Tatverdächtigen (☐ Tab. 31.5) kann in Hinsicht auf die Therapie des Opfers in Bezug auf die folgenden Punkte hilfreich sein:

> ◻ **Tab. 31.5** Untersuchungen des Tatverdächtigen (In Anlehnung an die deutsch-österreichischen Empfehlungen zur postexpositionellen Prophylaxe der HIV-Infektion, Aktualisierung 2008)

Tatverdächtiger	Untersuchung
mit unbekanntem HIV-Status	– Erfragen des HIV-Status – Untersuchung auf Infektionsrisiken – HIV-Test – Hepatitis-B- und -C-Serologie
mit bekannter HIV-Infektion	– Bestimmung der aktuellen Viruslast – Behandlungsanamnese mit HIV-Medikamenten erheben (Abschätzen der Resistenzsituation)

– gezielte Indikation zur Therapie stellen
– Therapie optimieren
– zeitnahe Beendigung einer notfallmäßig eingeleiteten Therapie.

Die Testung eines Tatverdächtigen auf HIV oder Hepatitis ist teilweise auch ohne dessen Einverständnis erlaubt (mit den jeweiligen Regelungen vertraut machen!).

Medikamente. Die HIV-PEP besteht aus einer Kombination von HIV-Medikamenten. Für den Gebrauch als PEP sind die Medikamente formell nicht zugelassen („off-label-use"), sie werden jedoch dafür empfohlen. Der Patient ist darüber explizit aufzuklären.

Empfohlene Standardkombinationen zur HIV-PEP (◻ Tab. 31.6):

– 1. Wahl: 2 NRTI (Nukleosidische Reverse-Transkriptase-Inhibitoren) + 1 (geboosterter) PI (Protease-Inhibitor)
– Alternativ: 2 NRTI + NNRTI (Nichtnukleosidischer Reverse-Transkriptase-Inhibitor)
– 3 NRTI.

Zur Notfallversorgung können sog. „Starter Packs", die ausreichend Medikamente bis zur Behandlung durch einen Experten (in der Regel für 1–3 Tage) enthalten, ausgehändigt werden (◻ Abb. 31.2).

Zeitrahmen. Für die HIV-PEP sind die besten Ergebnisse bei einem Therapiebeginn innerhalb von 24 Stunden (besser noch innerhalb von 2 Stunden) nach dem Infektionsrisiko zu erwarten. Nach 72 Stunden wird ein Prophylaxebeginn nur noch in besonderen Fällen empfohlen.

> ◻ **Tab. 31.6.** Medikamentöse Standardkombinationen zur HIV-PEP* (deutsch-österreichische Empfehlungen zur postexpositionellen Prophylaxe der HIV-Infektion, Aktualisierung 2008)

	Kaletra® (Lopinavir in Fixkombination mit Ritonavir; 2 × 400/100 mg p. o.)	Retrovir® Zidovudin; 2 × 250 mg p. o.)	Viread® (Tenofovir; 1 × 300 mg p. o.)	Sustiva®/Stocrin® (Efavirenz**; 1 × 600 mg p. o.)
Truvada® (Tenofovir + Emtricitabin; 1 × 300/200 mg p. o.)	möglich	möglich	nicht sinnvoll	möglich
Combivir® (Zidovudin + Lamivudin; 2 × 300/150 mg)	möglich (auch in der Schwangerschaft)	nicht sinnvoll	möglich	möglich

* Modifikationen möglich (z. B. bei mit HIV-Medikamenten vorbehandelten Tatverdächtigen)
** nicht in der Schwangerschaft und wegen häufiger ZNS-Nebenwirkungen nicht 1. Wahl
p. o.= per os (orale Arzneimittelgabe)

◻ **Abb. 31.2** „Starter Pack" der HIV-PEP (UKE, Hamburg-Eppendorf)

Merke

Nach notfallmäßiger Einleitung einer HIV-PEP sollte die weitere Behandlung durch einen in der HIV-Therapie erfahrenen Arzt erfolgen: z. B. Akutversorgung durch einen Rechtsmediziner, Weiterbehandlung durch einen Infektiologen.

Nebenwirkungen und Interaktionen. Die Nebenwirkungen sind bei gesunden Menschen und bei kurzer Einnahmedauer der Medikamente nach Beendigung der Therapie meist reversibel. Das Auftreten von Langzeitschäden ist höchst unwahrscheinlich. Interaktionen mit Begleitmedikamenten sind zu beachten (z. B. Informationen über www.hiv.druginteractions.org).

Mögliche Nebenwirkungen der HIV-PEP sind die folgenden:

– Appetitlosigkeit
– Übelkeit
– Erbrechen
– Durchfälle
– Abgeschlagenheit
– Kopfschmerzen
– grippeähnliche Symptome
– Blutbildveränderungen
– erhöhte Leber-, Blutzucker- und Blutfettwerte.

Schwangerschaft und Stillen. Bei Frauen im gebärfähigen Alter ist vor Therapiebeginn mit einer HIV-PEP ein Schwangerschaftstest durchzuführen. Zur Teratogenität (Fruchtschädigung) der Medikamente bestehen nur mangelhafte Kenntnisse. Eine HIV-PEP sollte deshalb in der Schwangerschaft nur mit Zurückhaltung eingesetzt werden. Während der Stillzeit ist für den Behandlungszeitraum ein Abstillen bzw. eine Stillpause zu empfehlen.

Merke

Die Initiierung einer HIV-PEP sollte bei Kindern, schwangeren oder stillenden Frauen sowie Personen mit schwerwiegenden Vorerkrankungen nur nach Rücksprache mit einem Experten erfolgen.

Anschlussbehandlungen. Die Wirksamkeit der HIV-PEP setzt eine regelmäßige Medikamenteneinnahme über mehrere Wochen voraus. Die Einnahmedauer der Medikamente beträgt in der Regel 28 Tage. Über diese Zeit hinaus sind mehrfache Laborkontrollen und ärztliche Untersuchungen notwendig (◻ Tab. 31.7). Erfahrungsgemäß ist die Therapieabbruchquote bei Opfern sexualisierter Gewalt hoch. Der behandelnde Arzt sollte dies in seine Beratung einbeziehen.

◻ Tab. 31.7 Empfohlene Basis- und Kontrolluntersuchungen für Opfer von Sexualdelikten (deutsch-österreichische Empfehlungen zur postexpositionellen Prophylaxe der HIV-Infektion, Aktualisierung 2008)

	Ausgangs-untersu-chung	2 Wo	4 Wo	6 Wo	3 Mo	6 Mo
ärztliche/rechtsmedizinische Untersuchung	X	X	X	X		
Medikamentenanamnese (Wechselwirkungen, Verträglich-keit PEP)	X	X	X			
HIV (HIV-Antikörper)	X			X	X	(X)
Hepatitis B (HBsAg)	X			X*	X*	X*
Hepatitis C (HCV-Antikörper)	X				X*	X*
Hepatitis C (HCV-PCR)			X*		X*	
STD (Beschwerdeanamnese, Diagnostik b. B.)	X*	X*	X*			
Blutbild	X	X	X			
Leberwerte (Transaminasen, aP, γ-GT)	X	X	X		X**	X**
Nierenwerte (Kreatinin, Harnstoff)	X	X	X			
Blutzucker	X	X	X			

* falls indiziert
** falls gleichzeitig eine HCV-Exposition vorlag

Merke

Die Therapie mit einer HIV-PEP erfordert eine hohe Compliance des Patienten.

Vorsichtsmaßnahmen umfassen:
– „Safer Sex" (bis 6 Monate nach Ereignis) und
– keine Blutspende (bis 12 Monate nach Ereignis).

31.3 Beratung und Behandlung bezüglich einer unerwünschten Schwangerschaft

Bei Mädchen und Frauen im gebärfähigen Alter muss das Risiko einer Schwangerschaft eruiert werden. Es sollte daher im ärztlichen Gespräche auch nach
– dem Zeitpunkt der letzten Menstruation (1. Tag der letzten Regelblutung) und nach
– der Anwendung empfängnisverhütender Maßnahmen (z. B. Anti-Baby-Pille, Spirale) gefragt werden.

◘ Tab. 31.8. Medikamente zur Notfallkontrazeption*

Levonorgestrel (z. B. 1× Unofem® 1,5 mg p. o. oder 2 × Levogynon® 0,75 mg p. o.)	bis max. 72 Stunden postkoital
Ulipristal¹ (z. B. ellaOne® 1 × 30 mg p. o.)	bis max. 120 Stunden postkoital

* in Deutschland rezeptpflichtig, in Österreich und Schweiz rezeptfrei erhältlich
¹ vorher Schwangerschaft ausschließen!
p. o. = per os (orale Arzneimittelgabe)

Eine Notfallkontrazeption (sog. „Pille danach") ist bis zu 5 Tage (120 Stunden) postkoital (nach dem Geschlechtsverkehr) möglich und sollte ggf. angeboten werden. Medikamente zur Notfallkontrazeption sowie deren Dosierung und Indikationsfenster sind in ◘ Tab. 31.8 wiedergegeben.

Kriterien für die Einnahme der „Pille danach":
- Wunsch der Patientin
- Risiko einer Schwangerschaft
- Einnahme innerhalb von 5 Tagen möglich
- keine bestehende Schwangerschaft (Schwangerschaftstest negativ).

Vor Verabreichung der Notfallkontrazeption muss ein **Schwangerschaftstest** zum Ausschluss einer bestehenden Schwangerschaft durchgeführt werden. Dabei ist darauf hinzuweisen, dass eine kurz zuvor erfolgte Empfängnis durch den Schwangerschaftstest nicht nachgewiesen werden kann. Präparate zur Notfallkontrazeption sind in der Regel gut verträglich. Leichtere, häufigere Nebenwirkungen sind Kopf- und/oder Bauchschmerzen sowie Menstruationsunregelmäßigkeiten.

Die Patientin ist auch über Folgendes zu beraten:
- sichere Verhütungsmethoden bis zur Normalisierung des Zyklus
- Durchführen eines erneuten Schwangerschaftstests beim Frauenarzt bei Ausbleiben der nächsten Menstruationsblutung.

31.4   Psychosoziale Versorgung

Das Auftreten einer posttraumatischen Belastungsstörung ist bei Opfern sexualisierter Gewalt häufiger als bei Opfern aller anderen Straftaten. Es ist deshalb sinnvoll, frühzeitig psychosoziale Hilfe zu veranlassen, um Folgeschäden zu vermeiden bzw. zu verringern. Dem Untersucher sollten die lokalen Opferhilfseinrichtungen bekannt sein. Ergeben sich Hinweise auf eine psychische (Vor-)Erkrankung bzw. eine Beeinträchtigung des Bewusstseins durch Alkohol-, Drogen- oder Medikamentenkonsum, kann eine sofortige psychiatrische Abklärung oder eine stationäre Behandlung (z. B. bei Hinweisen auf Suizidgefährdung) notwendig sein.

Weibliche Genitalverstümmelung – Hintergründe, Rechtslage und Empfehlungen für die medizinische Praxis

H. Wolf, U. Eljelede

32.1   Einleitung   – 369

32.2   Definition und Formen von weiblicher Genitalverstümmelung   – 369

32.3   Prävalenz von weiblicher Genitalverstümmelung   – 370

32.4   Zur historischen Entwicklung der Praxis der Genitalverstümmelung   – 371

32.4.1   Erklärungsmodelle für die Verstümmelung weiblicher Genitalien   – 371

32.5   Gesundheitliche Folgen von Genitalverstümmelung   – 372

32.5.1   Akute Komplikationen der Genitalverstümmelung   – 373

32.5.2   Chronische Komplikationen der Genitalverstümmelung   – 373

32.5.3   Psychische Folgen der Genitalverstümmelung   – 373

32.5.4   Konsequenzen für die Sexualität   – 374

32.6   Weibliche Genitalverstümmelung und Gesetzgebung   – 374

32.6.1   Rechtliche Regelungen in Österreich   – 375

32.6.2   Rechtliche Regelungen in Deutschland   – 375

32.6.3   Rechtliche Regelungen in der Schweiz   – 376

M. Grassberger, E. Türk, K. Yen, Klinisch-forensische Medizin,
DOI 10.1007/978-3-211-99468-9_32, © Springer-Verlag Berlin Heidelberg 2013

32.7 **Empfehlungen für den Umgang mit betroffenen Frauen – 376**

32.7.1 Tipps für das Gespräch mit einer Patientin – 377

32.7.2 Prävention – 377

32.1 Einleitung

Die Verstümmelung der weiblichen Genitalien gehört leider noch immer nicht der Vergangenheit an und verursacht nach wie vor weltweit schreckliches Leid bei betroffenen Mädchen und Frauen. In den letzten Jahren wurde weibliche Genitalverstümmelung als Thema auch in Europa von Medien, von politischen AkteurInnen sowie von Angehörigen des Gesundheitswesens aufgegriffen und erlangt zunehmend Aufmerksamkeit von Seiten der Öffentlichkeit.

Ein Grund dafür liegt darin, dass im Zusammenhang mit Migrationsbewegungen und Flüchtlingsströmen betroffene Frauen – vor allem aus afrikanischen Ländern – nach Europa kamen und somit das Thema weibliche Genitalverstümmelung auch hier Aktualität erlangt. Schließlich sieht sich auch das Gesundheitswesen – hier in erster Linie die Gynäkologie und Geburtshilfe – mit den gesundheitlichen Folgen von weiblicher Genitalverstümmelung konfrontiert.

Betroffene Frauen leiden sehr oft ein Leben lang unter den körperlichen und psychosozialen Auswirkungen, die adäquate Behandlungs- und Betreuungskonzepte benötigen. Dazu ist es erforderlich, dass Angehörige der Gesundheitsberufe über die Hintergründe und Folgen der weiblichen Genitalverstümmelung Bescheid wissen. Darauf wird in diesem Beitrag eingegangen. In weiterer Folge werden gesetzliche Regelungen in deutschsprachigen Ländern angeführt sowie Empfehlungen und Tipps für die ärztliche Praxis dargestellt.

32.2 Definition und Formen von weiblicher Genitalverstümmelung

Entsprechend der Definition der Weltgesundheitsorganisation (WHO) versteht man unter weiblicher Genitalverstümmelung alle Prozeduren, die die teilweise oder völlige Entfernung der externen weiblichen Genitalien oder andere Verletzungen der weiblichen Genitalien – aus kulturellen oder anderen nicht-therapeutischen Gründen – umfassen (WHO 2008).

Sehr häufig wird auch im deutschsprachigen Raum die englische Bezeichnung **„Female Genital Mutilation" (FGM)** bzw. „Female Genital Cutting/Circumcision" (FGC) verwendet. Im öffentlichen und fachlichen Diskurs wird in erster Linie der Terminus „Female Genital Mutilation" verwendet, um deutlich zu machen, dass Genitalverstümmelung nicht gleich gesetzt werden kann mit der Beschneidung der Vorhaut bei Jungen. Im Gespräch mit betroffenen Frauen sollte allerdings aus Gründen der Sensibilität der Begriff „weibliche Genitalbeschneidung" benützt werden.

> **Merke**
>
> Im Umgang mit Betroffenen sollte von „Beschneidung" gesprochen werden, (englisch: *cutting, circumcision*; französisch: *excision*), um nicht verletzend zu wirken. Auf Schamgefühle und Intimsphäre der Frauen ist Rücksicht zu nehmen. Eine vertrauensbildende Atmosphäre ist dabei von großer Bedeutung.

Es werden vier Formen der Genitalverstümmelung unterschieden (vgl. ◨ Abb. 32.1–32.3):

- **Typ 1: „Sunna"** = **Klitoridektomie**. Entfernung der ganzen oder eines Teils der Klitoris und der Vorhaut.
- **Typ 2: „Exzision"**. Entfernung der ganzen oder eines Teils der Klitoris und der kleinen Schamlippen (mit oder ohne Entfernung der großen Schamlippen).
- **Typ 3: „Infibulation"** oder „Pharaonische Beschneidung": Verengung der Scheidenöffnung bis auf eine minimale Öffnung durch Entfernung der kleinen und/oder der großen Schamlippen mit oder ohne Entfernung der Klitoris (Anmerkung: Praxiserfahrungen zeigen, dass in den allermeisten Fällen die Klitoris entfernt wird).
- **Typ 4:** Alle anderen schädigenden Eingriffe an den weiblichen Genitalien aus nicht-medizinischen Gründen, z. B. Stechen, Piercing, Einschneiden oder Einreißen der Klitoris.

Laut WHO ist die Exzision mit ca. 80 % die häufigste Form der genitalen Verstümmelung. Heute wird der

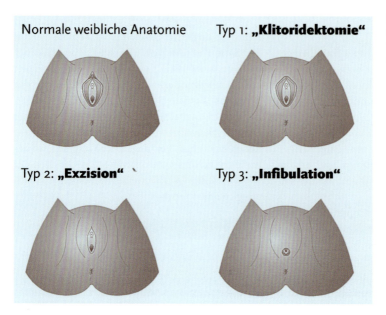

Normale weibliche Anatomie

Typ 1: „**Klitoridektomie**"

Typ 2: „**Exzision**"

Typ 3: „**Infibulation**"

Eingriff meist von „traditional birth attendants" durchgeführt, die eine medizinische Grundausbildung besitzen, bzw. häufig auch in Kliniken von Hebammen und ÄrztInnen vorgenommen (Euler, 2002). Das bedeutet, dass sich die hygienischen Bedingungen gegenüber jenen Zeiten, als hauptsächlich „Beschneiderinnen" mit untauglichen Mitteln – wie beispielsweise Rasierklingen – am Werk waren, in den meisten Fällen verbessert haben, die langfristigen gesundheitlichen Folgen jedoch weitgehend die gleichen bleiben.

ten, Mali oder Guinea, 80–100 % aller Frauen. Das bedeutet, dass man bei einer Frau, die aus einem dieser Länder zugewandert ist, mit hoher Wahrscheinlichkeit davon ausgehen kann, dass sie von Genitalverstümmelung betroffen ist.

Die Verstümmelung der weiblichen Genitalien, auch als „harmful traditional practice" bezeichnet, wird aber auch in Asien (z. B. Oman, Saudi-Arabien, Dubai, Irak, Indien, Indonesien, Malaysien, Pakistan), Australien, Brasilien und Peru durchgeführt.

32.3   Prävalenz von weiblicher Genitalverstümmelung

Laut Angaben der Weltgesundheitsorganisation werden nach wie vor in 28 afrikanischen Ländern jährlich etwa 3 Millionen Mädchen genital verstümmelt. Somit erleiden jeden Tag 6.000 Mädchen im Alter von wenigen Wochen bis zu 18 Jahren dieses grausame Schicksal. Nach Schätzungen der WHO sind weltweit insgesamt 100–140 Millionen Mädchen und Frauen betroffen (WHO, 2008).

Das Vorkommen ist von Land zu Land sehr unterschiedlich (vgl. ◻ Abb. 32.4). In einigen Ländern ist nur ein kleiner Prozentsatz der weiblichen Bevölkerung betroffen, in anderen Ländern, wie z. B. Äthiopien, Sudan, Somalia, Djibuti, Eritrea, Ägyp-

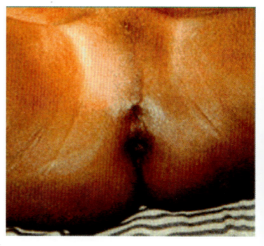

◻ **Abb. 32.2** Infibulation (auch „Pharaonische Beschneidung" genannt) mit Verengung der Scheidenöffnung bis auf eine minimale Öffnung

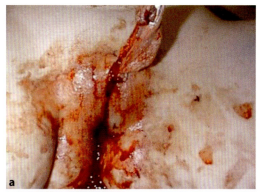

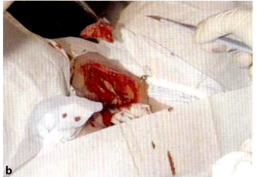

⬧ Abb. 32.3 Operative Genitalverstümmelung

Für Europa schätzt das Europäische Parlament die Zahl der betroffenen Frauen und Mädchen auf 500.000 (End FGM – European Campaign, 2010). Diese Angabe beruht jedoch lediglich auf Extrapolation der Vorkommensdaten in den Heimatländern und kann somit nur einen Näherungswert für die Größenordnung des Problems darstellen, u. a. deswegen, weil sich die Schätzungen auf die Zugehörigkeit zu einer Nationalität und nicht zu einer ethnischen Gruppe beziehen. Die Häufigkeit von FGM variiert aber mitunter beträchtlich zwischen verschiedenen ethnischen Gruppen innerhalb eines Landes. Dennoch wird deutlich, dass weibliche Genitalverstümmelung zu einem europaweiten Problem geworden ist und die Gesundheitssysteme der Länder gefordert sind, darauf zu reagieren.

32.4 Zur historischen Entwicklung der Praxis der Genitalverstümmelung

Die Anfänge der Genitalverstümmelung liegen bereits Tausende von Jahren zurück. So ist nachgewiesen, dass bereits im frühen Ägypten Eingriffe an den Genitalien von Frauen und Männern vorgenommen wurden (Schnüll, 2003). Dort glaubte man an die Doppelgeschlechtlichkeit der äußeren Genitalien, wonach der männliche Anteil der Seele der Frau in der Klitoris und der weibliche Teil der Seele des Mannes in der Vorhaut lokalisiert seien. Die Entfernung des „störenden" Teils war somit wichtig für die Geschlechtsidentität.

Operative Manipulationen an den weiblichen Genitalien gab es jedoch auch in Europa und den USA im Mittelalter sowie bis ins 19. Jahrhundert. Mittels Klitoridektomie sollte beispielsweise „weibliche Hypersexualität" behandelt und Mädchen so vom Masturbieren abgehalten werden, welches als höchst schädlich erachtet wurde (Lightfood-Klein, 2003).

32.4.1 Erklärungsmodelle für die Verstümmelung weiblicher Genitalien

Eine große Anzahl an Erklärungsansätzen liegt der Entstehung und Aufrechterhaltung der Praxis der weiblichen Genitalverstümmelung zugrunde. Im Folgenden sind die häufigsten angeführt.

Kulturelle Tradition

Am häufigsten wird die Verstümmelung weiblicher Genitalien mit Tradition in Verbindung gebracht (Euler, 2002). In jenen Ländern, in denen weibliche Genitalverstümmelung weit verbreitet ist, fungiert diese als soziale Konvention, die von Männern wie Frauen mitgetragen wird, meist ohne diese zu hinterfragen. Viele Mädchen sehen diesem Ereignis, das häufig mit einem Fest begangen wird, daher in freudiger Erwartung entgegen, da sie damit die Hoffnung verknüpfen, Ansehen als Frau zu bekommen und belohnt zu werden. Wer aus der Norm fällt, wird hingegen mit Verachtung und Ausgrenzung bestraft (WHO, 2008).

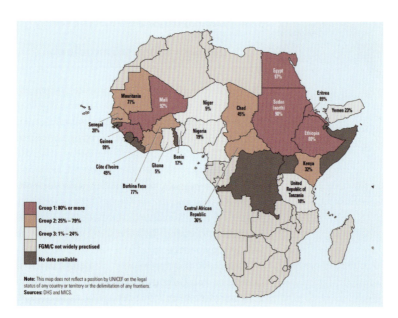

□ **Abb. 32.4** Verbreitung der
verschiedenen Formen weiblicher Genitalverstümmelung
in Afrika

Reinheit und Ästhetik

Bei manchen Ethnien werden weibliche Genitalien als „schmutzig" oder „hässlich" empfunden (Lightfood-Klein, 2003; Schnüll, 2003). Im Sudan spricht man im Zusammenhang mit Genitalverstümmelung von *tahur* oder *tehara*, der arabischen Bezeichnung von Reinigung bzw. Reinheit (Ismail, 2000). „Unbeschnittene" Mädchen und Frauen gelten somit als „unrein" und finden im Normalfall auch keinen männlichen Partner.

Religiöse Vorschrift

Der Religion kommt ebenfalls große Bedeutung für die Aufrechterhaltung dieser Praktik zu. Häufig wird angenommen, dass Genitalverstümmelung nur im Islam existiert, tatsächlich wird diese in verschiedensten Religionen praktiziert, so auch im Christentum oder Judentum (Schnüll, 2003). Es schreibt jedoch keine heilige Schrift dieser Religionen die Verstümmelung der weiblichen Genitalien vor, häufiger ist die Zugehörigkeit zu einer bestimmen Volksgruppe ausschlaggebend (Asefaw, 2008).

Kontrolle über die Sexualität der Frau

Ein weiterer Zweck, den die weibliche Genitalverstümmelung erfüllen soll, ist die Kontrolle über die Sexualität der Frau. Insbesondere die Infibulation soll die Treue der Frau gewährleisten sowie einen Lustgewinn beim Mann während des Geschlechtsverkehrs herbeiführen. Die Frau soll sich also ohne bzw. nur mit eingeschränkter sexueller Appetenz in ihre Rolle als Frau und Mutter einfinden (Schnüll, 2003).

„Positive Wirkung" auf Gesundheit und Fruchtbarkeit

Schließlich werden mit der Verstümmelung des weiblichen Genitals sogar positive Wirkungen auf die Gesundheit von Frauen in Verbindung gebracht, was angesichts der weitreichenden gesundheitlichen Konsequenzen (s. ► Kap. 32.5) beinahe zynisch erscheint. Die Genitalverstümmelung wirkt sich nicht positiv auf gesundheitliches Befinden, Schwangerschaft und Geburt aus. Das Gegenteil ist der Fall und statt der erwarteten höheren Fruchtbarkeit ist häufig Sterilität die Folge.

32.5 Gesundheitliche Folgen von Genitalverstümmelung

Als Auswirkung der Verstümmelungen, die meist bei Mädchen im Alter von 4–8 Jahren vorgenommen werden, sind eine Vielzahl an akuten Komplikationen sowie schwerwiegenden Langzeitfolgen dokumentiert (Rymer & Momoh, 2009; WHO, 2008). Die unmittelbaren und langfristigen Folgen hängen dabei vom Typ und der Schwere des vorgenommenen Eingriffs ab sowie von der Qualität der hygienischen Standards und der Wundversorgung.

32.5.1 Akute Komplikationen der Genitalverstümmelung

Infektionen (z. B. Lokal- oder Allgemeininfektionen, HIV-Infektion, Tetanus) und starke Blutungen können zu mitunter lebensbedrohenden Zuständen bei den betroffenen Mädchen führen. Das Schmerzausmaß ist kaum vorstellbar, da das äußere Genitale stark mit Nerven versorgt ist (Bauer & Hulverscheidt, 2003). Dazu kommen häufig Probleme beim Urinieren und nicht selten bedingt gewaltsames Fixieren der Mädchen die Verletzung benachbarter Organe bis hin zu Frakturen. Auch ein psychisches Akuttrauma kann die Folge sein (vgl. ◘ Tab. 32.1).

32.5.2 Chronische Komplikationen der Genitalverstümmelung

Langfristige Komplikationen reichen von sexuellen Funktionsstörungen, häufigen Infektionen im Genitalbereich und der Harnwege sowie chronischen Schädigungen der Niere bis hin zu Sterilität, höherer Komplikationsrate bei Geburten, erhöhter Säuglingssterblichkeit und nicht zuletzt können schwere,

◘ **Tab. 32.1** Akute Folgen von FGM

Infektionen	lokale oder generalisierte Infektionen, septischer Schock, HIV-Infektion, Tetanus
Harnwegskomplikationen	Harnretention, Urethraödem, Dysurie
Blutungen	Blutungen durch Verletzungen der angrenzenden Organe (Harnröhre, Vagina etc.), hämorrhagischer Schock, Anämie, Tod
Knochenbrüche	Schlüsselbein, Oberarm, Oberschenkel (durch Gewalteinwirkung während des Eingriffs)
psychische Probleme	psychisches Akut-Trauma

lebenslange psychische Traumen die Folge sein (vgl. ◘ Tab. 32.2) (WHO, 2008). Die Menstruation wird von sehr vielen betroffenen Frauen als sehr schmerzhaft empfunden, bei infibulierten Frauen kann das Blut nur schwer abfließen, wodurch die Menstruation verlängert wird und Probleme bereitet (Dysmenorrhö). Auch im Bereich des Narbengewebes kann es zu Komplikationen kommen, wenn z. B. durch Keloidbildung (Narbenwülste) die Vagina noch weiter verengt wird und dadurch zu zusätzlichen Erschwernissen, bei der Sexualität und bei Entbindungen führt.

Eine WHO-Studie, durchgeführt an 28.000 Frauen in sechs afrikanischen Ländern (Burkina Faso, Ghana, Kenia, Nigeria, Senegal, Sudan), bestätigte, dass mit der Genitalverstümmelung ein signifikant erhöhtes Risiko für Geburtskomplikationen einhergeht. So zeigten sich höhere Frequenzen an Kaiserschnittentbindungen sowie an postpartalen Blutungen, die besonders schwerwiegende Konsequenzen für die Frauen haben können, wenn die medizinische Versorgung unzureichend oder in weiter Ferne ist (WHO Study Group on Female Genital Mutilation and Obstetric Outcome, 2006). Besonders erschütternd ist eine deutlich erhöhte Neugeborenensterblichkeit: 1–2 Kinder pro 100 Neugeborene sterben während oder kurz nach der Geburt als Folge der Genitalverstümmelung der Mutter.

32.5.3 Psychische Folgen der Genitalverstümmelung

Die Auswirkungen der Genitalverstümmelung auf die Psyche von Frauen erhalten erst in jüngster Zeit zunehmend Aufmerksamkeit. Da nicht jede Verstümmelung gleich verläuft und heutzutage häufig in Kliniken bzw. mit Anästhesie und Schmerzbekämpfung durchgeführt wird, sind die psychischen Auswirkungen sehr variabel. In der Extremform entspricht die Verstümmelung jedoch einem massiven Trauma und führt zu einer posttraumatischen Belastungsstörung. Neben Angstzuständen und Depressionen sind weitere häufige Symptome Schlaf- und Essstörungen, Konzentrations- und Lernschwierigkeiten, Panikattacken und Albträume (Goesmann & Kentenich, 2006; Schnüll, 2003). Bei manchen Frauen kommt es zur Dissoziation, bei der das

◼ **Tab. 32.2** Chronische Folgen von FGM	
gynäkologische und sexuelle Probleme	Dyspareunie, chronische Vaginitis, Endometritis, Adnexitis, Dysmenorrhö
geburtshilfliche Komplikationen	Infertilität, Sterilität, Verlängerung des Geburtsverlaufs, Perineumrisse, postpartale Blutungen, Erhöhung der perinatalen Mortalität
Komplikationen im Bereich der Harnwege	rezidivierende Harnwegsinfektionen, Miktionsstörungen, Harninkontinenz
Narbenprobleme	rezidivierende Abszesse, Keloide, Dermoidzysten, Neurinome, Fistelbildung
psychische Probleme	posttraumatische Belastungsstörung, Depressionen, Angststörungen

traumatisierende Erlebnis „abgespalten" wird und sie keine Erinnerung mehr daran haben. Mitunter wissen Frauen daher gar nicht, ob sie verstümmelt sind oder nicht (vgl. Asefaw, 2008; Bauer & Hulverscheidt, 2003).

Zudem gibt es aufgrund der Tabuisierung des Themas bislang nur sehr wenig Forschung zu den psychischen Folgen von Genitalverstümmelung. In den Herkunftsländern der betroffenen Frauen sind auch Psychotherapie und psychologische Behandlung kaum bekannt.

32.5.4 Konsequenzen für die Sexualität

Bei betroffenen Frauen sind Störungen des sexuellen Erlebens vielfach die Regel. Vor allem nach einer Infibulation wird die Hochzeitsnacht für Frauen zu einem angstbesetzten Thema, da diese meist mit großen Schmerzen verbunden ist. In einer Untersuchung berichteten 50 von 153 infibulierten Frauen, dass aufgrund der Schmerzen kein Geschlechtsverkehr in der ersten Nacht möglich war (Asefaw, 2008). Vielfach ist zuerst eine Öffnung (Deinfibulation) nötig.

Da auch weibliche Sexualität ein großes Tabuthema darstellt, ist wenig bekannt, wie es um das tatsächliche sexuelle Erleben dieser Frauen steht. Obwohl eine Herabsetzung der sexuellen Empfindsamkeit durch die Entfernung der äußeren Anteile der Klitoris evident ist, gibt es Frauen, die nach eigener Aussage orgasmusfähig sind (vgl. Lightfood-Klein, 2003, Asefaw, 2008). Da der größere Teil der Klitoris nicht von außen zugänglich und daher trotz

Genitalverstümmelung intakt ist, können diese Angaben wahrheitsgemäß sein.

Eine Studie, bei der 137 von Genitalverstümmelung betroffene Frauen in Italien zu ihrer Sexualität befragt wurden, kam zum überraschenden Ergebnis, dass der Großteil der Frauen berichtete (86 %), einen Orgasmus zu erleben. Die StudienautorInnen attestieren, dass kulturelle Einflüsse das sexuelle Erleben beeinflussen können und soziale Erwünschtheit hier auch eine Rolle spielen mag. Gleichzeitig wird die Wichtigkeit der Behandlung von sexuellen Dysfunktionen bei Frauen, die von FGM betroffen sind, hervorgehoben und eine Verbesserung des Wissensstands bei den zuständigen FachärztInnen gefordert (Catania et al., 2007).

32.6 Weibliche Genitalverstümmelung und Gesetzgebung

In vielen afrikanischen Ländern (z. B. Ägypten, Äthiopien, Burkina Faso, Eritrea, Ghana und Kenia) existieren bereits seit mehreren Jahren gesetzliche Regelungen, die weibliche Genitalverstümmelung unter Strafe stellen (Kalthegener, 2003). Diese Gesetze haben jedoch nur mäßige Erfolge verzeichnet bzw. auch dazu geführt, dass die Verstümmelungen „heimlich" weiter durchgeführt werden.

Auch in Europa haben zahlreiche Länder bereits eine Anti-FGM-Gesetzgebung. In einigen Ländern der Europäischen Union (EU) wie beispielsweise in Belgien, Dänemark, Großbritannien, Italien, Norwegen, Schweden und Spanien bestehen explizite Verbote gegen weibliche Genitalverstümmelung.

In anderen Ländern kann diese über Gesetze zu Körperverletzung und Kindesmissbrauch geahndet werden. Eine Verurteilung könnte somit langjährige Freiheitsstrafen zur Folge haben. Tatsächlich werden auch in Europa nur selten Anzeigen in diesem Kontext erstattet und strafrechtlich verfolgt.

Im Folgenden werden die gesetzlichen Regelungen in Österreich, Deutschland und der Schweiz näher ausgeführt. Weibliche Genitalverstümmelung ist in diesen Ländern strafbar, da sie den Tatbestand der schweren Körperverletzung erfüllt.

32.6.1 Rechtliche Regelungen in Österreich

In Österreich ist weibliche Genitalverstümmelung strafbar, da sie den Tatbestand der Körperverletzung erfüllt. Im österreichischen Strafrecht heißt es dazu, dass *„in eine Verstümmelung oder sonstige Verletzung der Genitalien, die geeignet ist, eine nachhaltige Beeinträchtigung des sexuellen Empfindens herbeizuführen"*, nicht eingewilligt werden kann (§ 90 Abs. 3 StGB).

Es können also weder Eltern für ihre Kinder noch eine volljährige Frau für sich selbst in eine Genitalverstümmelung einwilligen, ohne mit einer strafrechtlichen Verfolgung zu rechnen. Die Tat ist auch bei Begehung im Ausland in Österreich strafbar, wenn Täter und Opfer österreichische Staatsbürger sind und ihren Wohnsitz oder gewöhnlichen Aufenthalt im Inland haben (§ 64 Abs. 1 Z 7 StGB). Strafbar machen sich dabei nicht nur die unmittelbar an der Tat Beteiligten, sondern auch sonstige Mitwirkende.

Je nach Schweregrad und Dauerfolgen der Körperverletzungen sind diese mit einer Freiheitsstrafe von 6 Monaten bis zu 10 Jahren (bei Todesfolge) zu ahnden.

Wenn Ärzte mit einem betroffenen Mädchen konfrontiert werden, haben diese – wie generell bei Verdacht einer schweren Körperverletzung an Minderjährigen – nach dem Ärztegesetz Strafanzeige zu erstatten. Richtet sich der Verdacht gegen nahe Angehörige des Opfers, kann die Anzeige unterbleiben, wenn unverzüglich und nachweislich Meldung an den zuständigen Jugendwohlfahrtsträger erstattet

wird. Es ist auch auf bestehende Opferschutzeinrichtungen hinzuweisen (§ 54 Abs. 5 und 6 Ärztegesetz).

Die Verjährungsfrist für eine strafrechtliche Verfolgung beginnt erst ab Volljährigkeit des Opfers zu laufen (§ 90 Abs. 3 Z 3 StGB) und beträgt meist 5 Jahre, in besonders schweren Fällen 10 Jahre. Darüber hinaus kann Schmerzensgeld gefordert werden. Opfer von Genitalverstümmelung haben weiters Anspruch auf kostenlose psychosoziale und juristische Prozessbegleitung (vgl. MA 57-Frauenabteilung der Stadt Wien, 2008; Institut für Frauen- und Männergesundheit, 2008).

32.6.2 Rechtliche Regelungen in Deutschland

In Deutschland gibt es keinen eigenen Straftatbestand der Genitalverstümmelung im Strafgesetzbuch. Diese gilt auch hier als Körperverletzung und ist daher strafbar. Differenziert wird dabei in:

- einfache, gefährliche, schwere Körperverletzung (§ 223, 224, 226 StGB)
- Misshandlung von Schutzbefohlenen (§ 225 StGB)
- Körperverletzung mit Todesfolge (§ 227 StGB).

Das gilt auch dann, wenn der Eingriff auf Verlangen bzw. mit der Einwilligung der Patientin bzw. der gesetzlichen Vertreter erfolgt. In Deutschland droht eine Freiheitsstrafe von bis zu 15 Jahren.

Eine wiederkehrende Problematik besteht darin, dass Eltern, die aus Regionen stammen, in denen Genitalverstümmelung praktiziert wird, diesen Eingriff an den Töchtern während einer Reise ins Heimatland durchführen lassen. Hier kann der Ausführende nur dann belangt werden, wenn sowohl er als auch das betroffene Mädchen deutsche Staatsangehörige sind. Die Eltern machen sich jedenfalls der Mittäterschaft schuldig oder zumindest der Anstiftung oder Beihilfe (§ 9 Abs. 2 Stat, 2 StGB), da sie ihren Tatbeitrag in Deutschland begangen haben.

Es gibt kaum eingeleitete Strafverfahren, geschweige denn Verurteilungen. Abseits von strafrechtlichen Tatbeständen beschäftigten sich jedoch deutsche Gerichte bereits mehrmals mit drohender weiblicher Genitalverstümmelung, da sie ein Abschiebehindernis darstellt. Familiengerichte können darüber hinaus den Eltern beispielsweise das Aufenthaltsbestimmungsrecht oder die gesamte Personensorge (Obsorge) über ihr Kind entziehen (vgl. Krasa, 2008).

Ärzte haben das Recht, bei einer drohenden Genitalverstümmelung ihre Schweigepflicht zu brechen (Goesmann & Kentenich, 2006).

32.6.3 Rechtliche Regelungen in der Schweiz

In der Schweiz erfüllt Female Genital Mutilation je nach Schweregrad den Tatbestand der einfachen Körperverletzung (Art. 123 StGB) oder der schweren Körperverletzung (§ 122 StGB) und ist somit strafbar. Auch hier gilt dies selbst dann, wenn der Eingriff auf Verlangen der Frau ausgeführt wird. Im Schweizerischen Strafgesetzbuch (Art. 122) lautet der entsprechende Passus: *„Wer vorsätzlich den Körper, ein wichtiges Organ oder Glied eines Menschen verstümmelt [...] wird mit Zuchthaus bis zu zehn Jahren oder mit Gefängnis von sechs Monaten bis zu fünf Jahren bestraft."*

In der Schweiz sind Angehörige der Gesundheitsberufe dazu angehalten, Fälle von Kindesmisshandlungen zu melden. Im Artikel 358 des Strafgesetzbuches (Mitteilungsrecht) heißt es dazu: "*Ist an einem Unmündigen eine strafbare Handlung begangen worden, so sind die zur Wahrung des Amts- und Berufsgeheimnisses (Art. 320 und 321) verpflichteten Personen berechtigt, dies in seinem Interesse der Vormundschaftsbehörde zu melden*" (Krasa, 2008).

Zusammenfassend lässt sich festhalten, dass es für Angehörige der Gesundheitsberufe wichtig ist, über die gesetzlichen Regelungen im Kontext weiblicher Genitalverstümmelung Bescheid zu wissen und auch Patientinnen im Anlassfall darüber zu informieren. Gesetze alleine führen jedoch noch nicht zu einem Umdenkprozess, weshalb kultursensible Bewusstseinsbildung sowie umfassende Wissensvermittlung über die gesundheitlichen Auswirkungen weiblicher Genitalverstümmelung wahrscheinlich einen wesentlich größeren Beitrag zur Prävention leisten können.

32.7 Empfehlungen für den Umgang mit betroffenen Frauen

Patientinnen, die von Genitalverstümmelung betroffen sind, bedürfen einer besonderen ärztlichen und psychosozialen Betreuung und Beratung. Mangelnde Erfahrung und unzureichendes Wissen bei Ärzten kann zu medizinisch inadäquater Behandlung führen. So führt beispielsweise Unkenntnis bzgl. einer möglichen De(in)fibulation (= Eröffnen einer Infibulation) sehr häufig zu nicht notwendigen Kaiserschnittentbindungen. Immer wieder berichten Patientinnen mit Genitalverstümmelung von unsensiblem Verhalten, wie offenkundigem Erschrecken oder Erstaunen während der Untersuchung oder völliger Unkenntnis der Thematik seitens des medizinischen Personals.

Aufgrund der Tabuisierung des Themas wendet sich erfahrungsgemäß nur eine sehr geringe Zahl betroffener Frauen an Hilfseinrichtungen. Die Berufsgruppen im Gesundheitssystem, die am häufigsten mit betroffenen Frauen in Kontakt kommen, sind – vor allem im Zusammenhang mit Kinderwunsch bzw. Schwangerschaft – GynäkologInnen, Hebammen sowie PädiaterInnen. In dieser Situation sind Fachkräfte des Gesundheitswesens nicht nur medizinisch, sondern auch im Hinblick auf die rechtliche, psychosoziale sowie ethische Dimension gefordert. Die deutsche Bundesärztekammer hat Empfehlungen für die Betreuung von Frauen, die eine Genitalverstümmelung erlitten haben, herausgegeben, die eine ganzheitliche Betrachtung einfordern und aus diesem Grund als wegweisend gelten können (Goesmann & Kentenich, 2006).

> **Merke**
>
> Wichtig ist, bei Bestehen eines Verdachts auf FGM dieses Thema möglichst sensibel anzusprechen. Betroffene Frauen wissen mitunter wenig über ihre genitale Anatomie bzw. können sich nicht an ihre Genitalverstümmelung erinnern (Dissoziation).

Falls eine gynäkologische Untersuchung gewünscht bzw. notwendig ist, sollte diese von einer mit FGM vertrauten Ärztin durchgeführt werden. Falls nötig, soll eine adäquate Übersetzerin beigezogen werden, z. B. eine erwachsene Frau, die nicht der Familie angehört.

Wichtig ist sensibles Einfühlungsvermögen. Nur so ist ein Ansprechen dieses meist vollkommen tabuisierten Themas überhaupt denkbar.

32.7.1 Tipps für das Gespräch mit einer Patientin

– Zu Beginn ist es wichtig, eine ruhige und vertrauensvolle Gesprächsatmosphäre zu schaffen.
– Die Patientin sollte nicht direkt auf ihre persönliche Betroffenheit angesprochen werden. Besser ist es zunächst zu erfragen, ob Beschneidung im kulturellen bzw. familiären Umfeld der Frau üblich ist.
– Betroffene Frauen sollten über weibliche Anatomie, Fruchtbarkeit und die Komplikationen von FGM informiert werden.
– Anschauungsmaterialien des weiblichen Körpers können das Gespräch erleichtern (keine Fotografien!).
– Patientinnen müssen insbesondere im Fall schwerer Dysmenorrhö, erschwerter Miktion oder bei sexuellen Problemen über die Möglichkeit der Defibulation informiert werden.
– Die psychosoziale Situation der Patientin sollte Bestandteil der Anamnese sein.
– Wichtig ist: keine Verurteilung der Praktik gegenüber der Betroffenen.

Im Hinblick auf die Art der Beschneidung und Komplikationen sollten erst dann Fragen gestellt werden, wenn eine Vertrauensbasis gegeben ist (möglicherweise erst bei einem Folgetermin). Wenn psychische bzw. soziale Belastungen offensichtlich werden, kann die Patientin an spezialisierte Beratungsstellen verwiesen werden.

Wichtig ist im Zuge der Beratung, die gesamte Person in den Mittelpunkt zu stellen und diese nicht nur auf die Problematik im Zusammenhang mit FGM zu reduzieren. Die Bewältigungsstrategien und der Leidensdruck sind individuell sehr unterschiedlich. Häufig stehen bei von FGM betroffenen Frauen schwerwiegende – mitunter existenzielle – soziale Probleme (laufendes Asylverfahren, finanzielle Unsicherheit, geringe Deutschkenntnisse etc.) im Vordergrund; auch hier ist es wichtig, auf entsprechende Hilfsorganisationen zu verweisen.

32.7.2 Prävention

ÄrztInnen, Hebammen und Krankenpflegepersonal kommt auch eine wesentliche Rolle bei der Prävention zu. Es ist wichtig, Mütter (bzw. Eltern) von Töchtern über die rechtliche Situation zu informieren.

Ein Informationsgespräch im Zuge einer Entbindung ist daher von großer Bedeutung, wobei die wirksamsten Argumente gegen FGM vor allem medizinischer Natur sind.

Auch KinderärztInnen haben hier wichtige Schlüsselfunktion: In den Elterngesprächen sollte einfühlsam, aber unmissverständlich auf die Wichtigkeit der physischen Unversehrtheit für die körperliche und geistige Entwicklung des Kindes sowie die Strafbarkeit einer Genitalverstümmelung hingewiesen werden. Auch hier ist verständliche und einfühlsame Information wichtig, um die Vertrauensbasis nicht zu gefährden.

Folter – Praxiserfahrung aus Sicht des UNO-Sonderberichterstatters

M. Nowak

33.1　　Was ist Folter?　– 380

33.2　　UNO-Sonderberichterstatter über Folter　– 380

33.3　　Untersuchung und Dokumentation von Folter　– 381

33.3.1　Rahmenbedingungen von Fact-Finding-Missionen　– 381

33.3.2　Unangekündigte Besuche von Haftorten　– 383

33.3.3　Vertrauliche Gespräche mit Häftlingen　– 385

33.3.4　Schutz vor Repressalien　– 387

M. Grassberger, E. Türk, K. Yen, Klinisch-forensische Medizin,
DOI 10.1007/978-3-211-99468-9_33, © Springer-Verlag Berlin Heidelberg 2013

33.1   Was ist Folter?

Folter ist eine der brutalsten Formen der Gewalt und stellt einen direkten Angriff auf den Kern der menschlichen Würde und persönlichen Integrität dar. Unter Folter versteht man die **vorsätzliche Zufügung schwerer physischer oder psychischer Schmerzen und Leiden gegen eine wehrlose Person zu einem bestimmten Zweck wie der Erpressung eines Geständnisses oder sonstiger Informationen.** Die klassische Foltersituation ist das Verhör eines Häftlings durch Polizei-, Militär-, Geheimdienst- oder sonstige Sicherheitskräfte. Die Beamten nehmen eine Person fest, legen ihr in der Regel Handschellen an und bringen sie zum Verhör auf eine Polizei- oder Militärstation oder auch an einen geheimen Ort, wo niemand ihre Schreie hören kann. Oft ist das Opfer auch nackt, angekettet oder in einer schmerzvollen Position an Armen oder Beinen aufgehängt, mit verbundenen Augen oder einer Kapuze über dem Kopf. Wenn die Person nicht gesteht, die gewünschten Informationen nicht preisgibt oder schlichtweg nicht „kooperiert", wird sie geschlagen, gebrannt, mit Elektroschocks traktiert oder auf eine sonstige Weise misshandelt (s. ▶ Kap. 34 „Folter – Methoden und Befunde").

Viele Menschen assoziieren mit Folter mittelalterliche Praktiken wie Hexenverfolgungen durch die katholische Inquisition. Aber die Folter wird auch noch heute in der großen Mehrzahl der Staaten in allen Regionen der Welt praktiziert, zum Teil nur in vereinzelten Fällen wie in Österreich (z. B. die vor einigen Jahren erfolgte Folter des gambischen Schubhäftlings Bakary Jassey durch vier Wiener Polizisten), häufig aber in weit verbreiteter oder gar systematischer Form. Zwar wurde die Folter im Zuge der Aufklärung aus dem offiziellen Strafprozess verbannt, doch hat sie im 20. Jahrhundert vor allem in totalitären Regimen wie dem Nationalsozialismus, Stalinismus oder den lateinamerikanischen Diktaturen der 1970er Jahre eine wahre Renaissance erlebt. Im Kampf gegen den globalen Terrorismus haben die USA zur Zeit der Bush-Regierung sogar wieder versucht, die Folter zu trivialisieren und bis zu einem gewissen Grad zu legalisieren.

Völkerrechtlich gesehen ist das **Verbot von Folter**, unmenschlicher und erniedrigender Behandlung oder Strafe eine der wenigen absoluten Menschenrechte. Das bedeutet, dass die Folter auch in Ausnahmesituationen wie Krieg, Aufruhr oder Terrorismus absolut verboten ist und nicht gegen andere Interessen, wie die nationale Sicherheit, abgewogen werden darf. Selbst wenn ein Terrorist in Haft ist, der den geheimen Code einer „schmutzigen Bombe", die viele Menschen in Kürze töten könnte, nicht preisgeben will, darf er nicht zur Rettung des Lebens dieser unschuldigen Menschen gefoltert werden. Die Realität in vielen Staaten der Welt sieht freilich völlig anders aus.

33.2   UNO-Sonderberichterstatter über Folter

Zur Überprüfung der Einhaltung des Folterverbots haben internationale Organisationen eine beträchtliche Zahl von internationalen Überwachungsmechanismen errichtet. Eine davon ist der 1985 durch die Menschenrechtskommission der Vereinten Nationen geschaffene **Sonderberichterstatter über Folter**. Heute ist dieser unabhängige Experte ein **Organ des UNO-Menschenrechtsrates**, des höchsten politischen Gremiums der Vereinten Nationen zum Schutz der Menschenrechte, das direkt der Generalversammlung untersteht. Im Dezember 2004 wurde ich für sechs Jahre mit dieser ehrenamtlichen Funktion betraut. In der konkreten Ausübung dieses Mandats wurde ich von ein bis zwei Assistenten des UNO-Hochkommissariats für Menschenrechte in Genf und von einem professionellen Team von Menschenrechtsexperten am Ludwig Boltzmann Institut für Menschenrechte in Wien unterstützt.

Täglich erhielt ich Beschwerden von Menschen in vielen Ländern, die behaupteten, gefoltert worden zu sein oder die gerade erst festgenommen wurden und einem konkreten Risiko der Folter ausgesetzt waren. Oft wurden diese Beschwerden auch von Familienangehörigen oder nicht-staatlichen Organisationen an mich mit der Bitte zur Intervention herangetragen. Falls die Behauptungen begründet erschienen, sandte ich sog. „Urgent Appeals" oder sonstige Mitteilungen an die betreffenden Regierungen und ersuchte sie dringend, die Behauptungen zu untersuchen, die Folterungen zu beenden und die Verantwortlichen zur Rechenschaft zu ziehen. In meinen schriftlichen und mündlichen Berichten an den Menschenrechtsrat in Genf und an die General-versammlung in New York versuchte ich, ein möglichst umfassendes und objektives Bild der Situation der Folter weltweit zu vermitteln, forderte die Staaten auf, der Praxis der Folter ein Ende zu setzen, und richtete konkrete Empfehlungen zur Verhütung der Folter und zur Verbesserung der Haftbedingungen an die Staaten und die internationale Gemeinschaft.

Meine wichtigste Befugnis waren **Fact-Finding-Missionen**, für die ich allerdings eine Einladung bzw. Zustimmung der betreffenden Regierungen benötigte. In den sechs Jahren, in denen ich dieses Mandat ausgeübt habe, führte ich insgesamt 18 offizielle Missionen in Länder aller Weltregionen (Georgien einschließlich von Abchasien und Südossetien, Mongolei, Nepal, China einschließlich von Tibet und Xinjiang, Jordanien, Paraguay, Nigeria, Togo, Sri Lanka, Indonesien einschließlich von West-Papua, Dänemark einschließlich von Grönland, Moldawien einschließlich von Transnistrien, Äquatorialguinea, Uruguay, Kasachstan, Jamaika, Papua-Neuguinea und Griechenland) sowie drei gemeinsame Untersuchungen mit anderen UNO-Experten (US-Gefangenenlager Guantánamo Bay auf Kuba, Darfur im Sudan und eine globale Studie über geheime Haft im Kampf gegen den Terrorismus) durch. Weitere geplante Missionen wurden von den betreffenden Regierungen (Russische Föderation, Zimbabwe, Kuba) in letzter Minute abgesagt.

Die Ergebnisse dieser Missionen und Untersuchungen sind ernüchternd. Mit der einzigen Ausnahme von Dänemark (und Grönland) habe ich in allen Missionen Fälle von Folter festgestellt: in manchen nur vereinzelt, in den meisten Staaten jedoch als eine **weit verbreitete** oder sogar **systematische Praxis**, wie insbesondere in Nepal 2005 und Äquatorial-Guinea 2008. Dazu kamen katastrophale Haftbedingungen in fast allen besuchten Staaten.

33.3 Untersuchung und Dokumentation von Folter

33.3.1 Rahmenbedingungen von Fact-Finding-Missionen

Um Folter nachweislich festzustellen und zu dokumentieren, habe ich spezifische Methoden des Fact-Finding entwickelt, die von allen Staaten, die einer Mission zustimmten, akzeptiert werden mussten. Dazu gehörten **unangekündigte Besuche** von allen Orten, an denen Menschen gegen ihren Willen festgehalten werden, unter anderem

– Polizeidienststellen
– Untersuchungs- und Strafgefängnisse
– Schubhaft
– psychiatrische Anstalten
– spezielle Haftanstalten für Kinder und Jugendliche, Migranten und Flüchtlinge
– Arbeits- und Umerziehungslager.

In diesen Haftzentren hatte ich das uneingeschränkte Recht, mich frei zu bewegen und mit allen Häftlingen meiner Wahl vertrauliche Gespräche außer Hör- und Sichtweite des Personals zu führen. Ich wurde immer von einem **Team** begleitet, dem neben **Dolmetschern** und **Sicherheitspersonal** auch **forensische Experten** angehörten. Außerdem bestand ich darauf, Fotoapparate, Videokameras und sonstige Ausrüstung zur **Dokumentation** der Haftbedingungen und Foltervorwürfe in die Haftorte mitzunehmen.

Als Grundlage zur Dokumentation von Folter dient unter anderem das **Istanbul-Protokoll** („*Manual on the Effective Investigation and Documentation of Torture and Other Cruel, Inhuman or Degrading Treatment or Punishment*"), das von angesehenen forensischen und sonstigen Experten im Bereich der Bekämpfung und Untersuchung der Folter ausgearbeitet und dem UNO-Hochkommissariat für Menschenrechte in Genf vorgelegt wurde.

Folter ist eine der am schwierigsten zu beweisenden Menschenrechtsverletzungen, was unter anderem dazu führt, dass Folterer in den wenigsten Fällen zur Rechenschaft gezogen werden. Beim erzwungenen Verschwindenlassen gibt es in der Regel Zeugen, die die gewaltsame Entführung des Opfers gesehen haben und manchmal auch die Täter beschreiben können. Auch wenn die Behörden jegliche Verantwortung bestreiten, so steht zumindest außer Streit, dass die betreffende Person verschwunden ist und dass der Staat verpflichtet ist, entsprechende Maßnahmen zu setzen, um sie zu finden. Bei **willkürlichen Hinrichtungen** wird in der Regel die Leiche gefunden, und **forensische Untersuchungen** können wichtige Hinweise auf die Todesursache und mögliche Täter liefern. Auch hier trifft den Staat in jedem Fall eine Pflicht zur Untersuchung der Todesursache. Die Folter findet hingegen immer im Verborgenen statt, wird von den Verantwortlichen immer abgestritten und soweit wie möglich vertuscht. Durch viele Jahrhunderte hindurch wurden Methoden entwickelt, die dem Opfer große Schmerzen und Leiden zufügen, aber **möglichst wenig physische Spuren** hinterlassen, wie beispielsweise die Wasserfolter oder das Überstülpen von Plastiksäcken über den Kopf, die bei den Opfern die beklemmende Angst des Ertrinkens oder Erstickens erzeugen. Auch Elektroschocks hinterlassen in der Regel nur wenig sichtbare und klar unterscheidbare Spuren. Sollten Schläge oder das Aufhängen von Menschen zu sichtbaren Verletzungen führen, so werden die Opfer häufig so lange in Einzelhaft gehalten, bis die Verletzungen verheilt sind, oder die Folterer behaupten einfach, diese Verletzungen seien durch einen Unfall verursacht oder gar selbst zugefügt worden. Wenn das Opfer in der Haft stirbt, werden in der Regel keine unabhängigen forensischen Untersuchungen durchgeführt und meist „natürliche" Ursachen für den Tod angegeben. Nur selten bekommen die Angehörigen die Leiche zu Gesicht. Wenn das Opfer überlebt und aus der Haft entlassen wird, sind die sichtbaren Spuren der Folter meist schon verheilt und nicht selten wurde das Opfer vor der Entlassung gezwungen, schriftlich zu bestätigen, gut behandelt worden zu sein. Wenn es dennoch behauptet, in der Haft gefoltert worden zu sein, so wird dies meist als bloße Schutzbehauptung abgetan: Zum einen handle es sich bei diesen Personen ohnehin um Kriminelle, deren Aussagen schon deswegen unglaubwürdig seien; zum anderen würden sie durch diese Anschuldigungen nur versuchen, ihre Geständnisse unglaubwürdig zu machen, um einer Verurteilung zu entgehen. Oft werden diese Menschen durch Verleumdungsklagen seitens ihrer Folterer (die in der Regel andere Sicherheitskräfte als Zeugen anführen können, die natürlich niemals Folterungen gesehen haben) eingeschüchtert und nicht selten neben der ihnen angelasteten Straftat auch noch wegen Verleumdung von Polizeibeamten verurteilt.

In meiner Tätigkeit als UNO-Sonderberichterstatter über Folter habe ich natürlich auch Personen interviewt, die Beschwerden über Folterungen erfunden oder übertrieben haben. Diese Lügen waren jedoch Ausnahmen, die mit Hilfe forensischer Experten in der Regel schnell entlarvt werden konnten. Wenn jemand beispielsweise selbst zugefügte Schnittwunden als von Peitschenhieben verursacht ausgeben will, so ist diese Lüge unschwer zu erkennen. Doch **warum sollten Häftlinge Folterungen einfach erfinden, wie von Polizei- und Gefängnispersonal routinemäßig behauptet wird?**

Eine rationale Analyse zeigt, dass Häftlinge nur selten von solchen Behauptungen profitieren können, wohl aber mit solchen „Lügen" ein großes Risiko eingehen. Selbst könnten sie von solchen Lügen ja nur dann profitieren, wenn sie mich ausdrücklich ermächtigen, die Foltervorwürfe unter Nennung des Namens der Beschwerdeführer direkt mit den zuständigen Polizei- und Justizbehörden zu besprechen. Falls die Vorwürfe frei erfunden und die Beschwerdeführer noch in Haft sind, setzen sie sich dadurch einem erheblichen Risiko von Repressalien oder von Verleumdungsklagen aus. Im besten Fall werden diese Vorwürfe von unabhängigen Behörden und forensischen Experten genau untersucht. Wenn sie sich als falsch herausstellen, so untergraben die Beschwerdeführer damit ihre Glaubwürdigkeit in dem gegen sie laufenden strafrechtlichen Ermittlungsverfahren und damit ihre Chancen vor Gericht. In der Realität bin ich daher wegen der Angst vor Repressalien viel häufiger auf Fälle gestoßen, in denen die Opfer von Folter entweder nicht den Mut hatten, mit mir zu sprechen, oder die Folter abstritten bzw. herunterspielten, anstatt sie zu erfinden oder zu übertreiben. Beispielsweise bin ich in der Polizeizentrale von Yogyakarta in Indonesien in einen Verhörraum gekommen, wo die Folter gerade im Gange war und der Betroffene deutliche, eben erst erlittene Verletzungen im Gesicht aufwies. Er war so verängstigt, dass meine Inspektion die Situation noch verschärfen könnte, sodass er behauptete, ein bloßer Besucher zu sein, obwohl er mit Handschellen an seinem Sitz festgebunden war.

Umgekehrt haben Polizeibeamte und Gefängnispersonal allen Grund zu lügen und Foltervorwürfe abzustreiten. Ich bin noch nie mit so vielen Lügen konfrontiert worden wie bei meinen Besuchen in Polizeidienststellen und Haftanstalten in allen Regionen dieser Welt. Die Kunst des menschenrechtlichen Fact-Finding hinsichtlich von Folter besteht folglich darin, diese Mauer von Lügen,

Unwahrheiten und Versuchen, mir „potemkinsche Dörfer" zu zeigen, zu durchbrechen. Natürlich gibt es Regierungen wie beispielsweise in Uruguay oder Dänemark, die mit ihrer Einladung das ehrliche Bedürfnis verbinden, eine objektive (und noch dazu kostenlose) Evaluierung ihrer Haftbedingungen und des Ausmaßes von Folter und Misshandlungen durch einen unabhängigen externen Experten zu erhalten. Ob sie meine Einschätzung der Situation ernst nehmen und meine Empfehlungen umsetzen, bleibt ohnedies ihnen überlassen, denn meine realen Möglichkeiten, den Menschenrechtsrat oder sonstige politische Organe der Vereinten Nationen dazu zu bewegen, wirksame Maßnahmen selbst gegen Staaten, in denen systematisch gefoltert wird, zu ergreifen, sind minimal. Die Mehrzahl der Staaten, die meinem Drängen, mich einzuladen, schließlich nachgeben, tun dies primär aus dem Grund, in der Öffentlichkeit als gutes Beispiel zu erscheinen, indem sie mit der UNO kooperieren. Außerdem wollen sie mit dieser Einladung den Eindruck erwecken, dass sie nichts zu verbergen hätten. Umso mehr wird dann mit allen Mitteln daran gearbeitet, die reale Situation zu verschleiern, alle Folterspuren vor meinem Besuch zu verwischen und meine Untersuchungen vor Ort mit allen Mitteln der Kunst zu obstruieren und zu erschweren. Manche Regierungen sind wahre Meister in dieser Taktik. In China dauerten die Verhandlungen, die von meinem Vorvorgänger Sir Nigel Rodley im Jahr 1995 begonnen wurden, ganze 10 Jahre, bis ich im November 2005 endlich einreisen durfte. Der chinesische Geheimdienst verfolgte mich auf Schritt und Tritt, überwachte alle Telefon-, E-mail- und sonstigen Kommunikationen, holte Zeugen in Shanghai aus dem Zug, die ich zu einem Interview nach Beijing eingeladen hatte, brachte Zeugen, mit denen ich Termine ausgemacht hatte, kurzfristig aus Beijing an einen geheimen Ort; die Behörden in Tibet verschwiegen mir ein neu eröffnetes Gefängnis, in das die meisten politischen Häftlinge kurz vor meinem Besuch übersiedelt worden waren, die Gefängnisbehörden erlaubten Besuche nur zu den „üblichen" Amtsstunden unter Hinweis auf das Menschenrecht des Gefängnispersonals auf „Ruhe und Erholung"; und die Behörden in Urumqi versuchten gar, mich während des Besuchs betrunken zu machen. In Kasachstan waren die Wände und Gitter in den meisten Gefängnissen so frisch übermalt, dass die Farbe noch nicht einmal trocken war und ich aufpassen musste, mich nirgends anzulehnen. Häftlinge waren kurz vor meinem Besuch überhastet aus der Einzelhaft entlassen worden, fingierte Gefängnisbands und Partys waren von den Behörden inszeniert und alle Häftlinge waren explizit instruiert worden, was sie mir erzählen sollten und was nicht. Im Frauengefängnis von Quaranda hatten die Häftlinge vier Tage lang nicht in ihren Betten schlafen dürfen, damit die frischen Leintücher ja nicht verknittert waren. Abgesehen davon, dass solche „Vorbereitungen" natürlich dem Sinn und Zweck von objektiven Fact-Finding-Missionen widersprechen, müssen mein Team und ich in diesen Ländern leider sehr viel Zeit wie Detektive dafür aufwenden, verwanzte Hotelzimmer zu überprüfen, die SIM-Karten der Mobiltelefone regelmäßig auszutauschen, die Funkverbindungen der UNO gegen Abhörmaßnahmen zu sichern, die Lügengeschichten von Beamten und eingeschüchterten Häftlingen zu entlarven und die Häftlinge zu motivieren, mir die Wahrheit über die Vorbereitungsarbeiten vor meinem Besuch zu erzählen, etc.

33.3.2 Unangekündigte Besuche von Haftorten

All diese Erfahrungen haben mich gelehrt, strikte Untersuchungsmethoden zu entwickeln, die sich durchaus von jenen anderer Sonderberichterstatter der Vereinten Nationen unterscheiden. Diese Methoden habe ich in meinen Berichten veröffentlicht und allen Regierungen, die mich einladen wollen, als unverzichtbare Voraussetzungen für eine Mission kommuniziert. Wenn Regierungen nicht bereit waren, mir die Einhaltung dieser „terms of reference" im Vorhinein zu garantieren, musste ich deren Einladungen leider ablehnen, wie zum Beispiel die Einladung der Bush-Regierung zu einem Besuch in Guantánamo Bay ohne vertrauliche Gespräche mit Häftlingen oder die Einladung der Russischen Föderation ohne vertrauliche Gespräche mit Untersuchungshäftlingen in Tschetschenien und anderen Kaukasus-Republiken.

Eine der wichtigsten Bedingungen für unabhängige Untersuchungen von Folterpraktiken sind **unangekündigte Besuche in allen Hafteinrichtun-**

gen. Für viele Staaten ist das ein absolutes Novum. Polizei-, Militär- und Geheimdienstgefängnisse sind Orte, zu denen unabhängige Inspektoren in vielen Staaten keinerlei Zutritt haben. Falls ausländische Inspektoren solche Orte besuchen wollen, werden sie in der Regel von den dafür zuständigen Ministern durch diese Gefängnisse geleitet und dürfen eventuell ein kurzes Gespräch mit Häftlingen, die von der Gefängnisleitung sorgfältig ausgewählt wurden, führen. Natürlich musste auch ich den genauen Zeitrahmen meiner Mission mit der betreffenden Regierung ausmachen, und diese Daten wurden natürlich allen Dienststellen, die ich möglicherweise inspizieren könnte, im Vorhinein mit entsprechenden Instruktionen kommuniziert. Aber während der Mission weigerte ich mich trotz entsprechenden Drängens durch die Regierungen zu sagen, welche Haftorte ich besuchen werde. Häufig trafen wir die Entscheidung über konkrete Besuche auch sehr kurzfristig (auf der Basis neuester Informationen durch NGOs oder Häftlinge) oder sogar ad hoc (wenn wir zum Beispiel eine Polizeistation auf der Durchfahrt sahen). Ob diese Besuche wirklich für die besuchten Dienststellen überraschend sind, hängt zum einen von der demokratischen Reife und Ernsthaftigkeit der jeweiligen Regierungen und Behörden und zum anderen von der Effektivität der Geheimdienste und ihrer Überwachungsmethoden ab. Wenn wir mit dem Auto unterwegs waren, war es einfacher, kurzfristig von der Route abzuweichen und einen Überraschungsbesuch zu machen. Wenn wir, wie in Indonesien, von Insel zu Insel fliegen mussten, war es natürlich ein Leichtes für die Behörden, unsere Flugbuchungen zu überwachen. In Indonesien entlarvten wir Beamte des militärischen Geheimdienstes, deren Aufgabe darin bestand, festzustellen, ob auch wirklich alle Mitglieder meines Teams die Insel wieder verlassen hatten. In Äquatorialguinea war der Sicherheitsminister sogar stolz darauf, mir bei unserem Abschlussgespräch offiziell mitzuteilen, dass seine Beamten all meine Bewegungen im Land genau überwacht hatten und daher auch wüssten, dass ich mich mit einem bestimmten Abgeordneten der Opposition getroffen hätte, weswegen laut seiner Aussage meine Untersuchungsergebnisse absolut unglaubwürdig wären. In China flogen Beamte des Außenministeriums mit demselben Flugzeug nach Tibet und Xinjiang mit, obwohl ich mich standhaft

geweigert hatte, ihnen die Haftorte bekanntzugeben, die wir besuchen wollten. Aber ich konnte natürlich niemanden wirklich daran hindern, unsere UNO-Autos zu verfolgen und den in Frage kommenden Gefängnissen mitzuteilen, in welche Richtung wir uns bewegen, auch wenn diese Praktiken natürlich der Idee unangekündigter Besuche diametral entgegenstehen.

Solche Überwachungs- und Obstruktionsmethoden erschweren zwar meine Arbeit, machen aber unabhängige Untersuchungen keineswegs unmöglich. Wenn mein Besuch in Kasachstan dazu geführt hat, dass alle Gefängnisse gründlich geputzt und frisch ausgemalt wurden, so ist das durchaus auch ein positiver Nebeneffekt dieser Mission. Viele Häftlinge in verschiedenen Ländern berichteten uns, dass sie kurz vor meinem Besuch ein deutlich besseres Essen und eine neue Häftlingsuniform bekommen hätten. Aber die Behörden können die generellen Haftbedingungen nicht grundlegend ändern und Folter auch nicht wirklich verschleiern. Natürlich gab es immer wieder Versuche, gefolterte Häftlinge vor mir zu verstecken oder kurzfristig in ein anderes Gefängnis zu transferieren. In Sri Lanka wurde wenige Tage vor meinem Besuch in dem größten Untersuchungsgefängnis für des Terrorismus verdächtigte LTTE-Angehörige (Liberation Tigers of Tamil Ealam) knapp die Hälfte aller Häftlinge auf andere Gefängnisse verteilt. Trotzdem war es nicht schwierig, durch entsprechende Inspektion der Haftdokumente und Befragung der verbliebenen Häftlinge herauszufinden, dass es sich bei den transferierten Häftlingen um jene handelte, die am schwersten gefoltert worden waren. Durch entsprechenden Druck auf den Leiter des Terrorism Investigation Department (TID) und den zuständigen Minister wurde mir der Aufenthaltsort dieser Personen bekanntgegeben, sodass wir sie schließlich doch noch interviewen konnten. Bei unserem zweiten Besuch im Hauptquartier des TID in Colombo fanden wir auch heraus, welche Personen bei unserem ersten Besuch versteckt worden waren und dass alle von uns interviewten Häftlinge unmittelbar nach unserem Besuch schweren Repressionen ausgesetzt worden waren.

Bei einem nächtlichen Besuch im Hauptquartier der jordanischen Kriminalpolizei in Amman fanden wir einen Häftling, der knapp vor unserem Besuch durch die Methode des sog. „Palestinian Hanging" so schwer gefoltert worden war, dass er sich kaum bewegen konnte und dringend ärztlicher Hilfe bedurfte. Noch während wir mit den drei höchsten Beamten der jordanischen Kriminalpolizei um Mitternacht diesen Fall besprachen, wurde er auf deren Anweisung aus seiner Zelle getragen und in einem Polizeiauto versteckt. Die Beamten behaupteten allen Ernstes, dass wir die Geschichte frei erfunden hätten, obwohl wir alles fotografisch dokumentiert hatten. Schließlich gelang es uns, eine gemeinsame forensische Untersuchung mit einem jordanischen Experten durchzusetzen, der alle Foltervorwürfe vollinhaltlich bestätigte. Trotz dieser erdrückenden Beweise blieben die Polizeichefs im Dienst. Hätten wir diesen Besuch angekündigt, wären die Folteropfer natürlich vorher an einen geheimen Ort gebracht worden.

33.3.3 Vertrauliche Gespräche mit Häftlingen

Die Vertraulichkeit der Interviews mit Häftlingen ist eine *conditio sine qua non* jedes objektiven Fact-Findings. Wenn der Folterer oder dessen Kollege bei dem Interview mithört, wird das Opfer wohl kaum den Mut aufbringen, die Wahrheit zu sagen. So einleuchtend diese Binsenweisheit sein mag, so schwierig ist es dennoch, die Vertraulichkeit der Interviews in der Praxis durchzusetzen. Immer wieder muss ich mich gegen dieselben Argumente der Polizei- und Gefängnisbehörden durchsetzen. An erster Stelle steht das Sicherheitsargument. Schließlich handelt es sich bei meinen Gesprächspartnern ja um „gefährliche Kriminelle" (auch wenn sie noch gar nicht verurteilt sind), und die Beamten seien für meine Sicherheit verantwortlich. Es wäre für die Reputation eines Staates unerträglich, wenn der UNO-Sonderberichterstatter bei seinem Besuch von einem Häftling verletzt, als Geisel genommen oder sogar getötet wird. Diesem Argument hielt ich entgegen, dass ich bereits in Hunderten Gefängnissen war und noch nie von einem Häftling tätlich angegriffen oder bedroht worden wäre. Wenn ich bedroht wurde, waren es immer Beamte (des Militärs oder der Polizei), nie Häftlinge. Trotzdem ist dieses Argument ernst zu nehmen. Aus Sicherheitsgründen arbeiteten wir

immer in Teams von mindestens zwei Personen. Außerdem ersuchten wir das Haftpersonal, sich zwar außer Hör- und Sichtweite, aber dennoch so sehr in der Nähe aufzuhalten, dass wir sie im Notfall durch Rufen alarmieren könnten. Falls erforderlich, stellte die UNO auch eigenes Sicherheitspersonal zur Verfügung. Bei Interviews in Einzelzellen ist es auch ratsam, wenn die Interviewer zwischen der Zellentüre und dem Häftling Platz nehmen. Neben dem Argument meiner eigenen Sicherheit musste ich noch gegen viele andere Argumente ankämpfen, die einem vertraulichen Interview mit Häftlingen entgegenstünden, wie der Aufrechterhaltung der Ordnung und Disziplin im Gefängnis und dem Erfordernis der Zustimmung des Untersuchungsrichters bei jedem Gespräch mit einem Untersuchungshäftling.

Wenn sich die Leitung eines Haftortes weigerte, vertrauliche Gespräche zuzulassen, musste ich den Besuch des Haftortes leider abbrechen, wie zum Beispiel im Hauptquartier des jordanischen Geheimdienstes in Amman. Aber Kompromisse wären diesbezüglich fatal, weil sie die Objektivität des Fact-Finding untergraben. Dennoch wird leider in der Praxis staatlicher Kontrollorgane das Prinzip der Vertraulichkeit häufig dem Sicherheitsargument untergeordnet. Eine der wirksamsten Methoden zur Verhütung der Folter wäre das in den meisten Rechtsordnungen der Welt verbriefte Recht aller von der Polizei festgenommenen Personen, innerhalb einer kurzen Frist (meist nicht mehr als 48 Stunden) einem unabhängigen Gericht vorgeführt zu werden, vor dem etwaige Foltervorwürfe sofort geltend gemacht werden können. In der Praxis vieler Staaten reduziert sich dieses Recht des Häftlings auf ein kurzes Telefonat zwischen Polizei und Richter, womit die Zulässigkeit weiterer Polizeihaft (häufig für viele Monate) bestätigt wird. Wenn der Häftling wirklich *in personam* einem Richter vorgeführt wird, so wird er in der Regel nie aus den Augen der begleitenden Polizeibeamten gelassen, wodurch ein Vorbringen von Foltervorwürfen so gut wie unmöglich gemacht wird. Das gleiche gilt für amtsärztliche Untersuchungen, die ebenfalls ein wichtiges Instrument zur Aufklärung und Verhütung von Folter und Misshandlungen darstellen könnten. Sogar vom Chefarzt der Bundespolizeidirektion Wien wurde mir versichert, dass Amtsärzte die routinemäßig stattfindenden Untersuchungen von festgenommenen Personen aus Sicherheitsgründen immer in Anwesenheit von Polizeibeamten durchführen würden.

Der **Ort für Interviews mit Häftlingen** sollte gut ausgewählt werden. Vom Gefängnisdirektor vorgeschlagene Interviewräume lehne ich meist ab, weil sie abgehört werden könnten. Häftlinge wissen in den meisten Fällen selbst am besten, wo sie sich wohl und sicher fühlen. Häufig sind das die Zellen selbst, die in der Regel nicht überwacht werden. Also bat ich die Mithäftlinge nach einem kurzen Vorstellungsgespräch, in dem ich den Zweck meines Besuchs erklärte und den Häftlingen versicherte, dass Interviews nur auf der Basis der Freiwilligkeit stattfinden, die Zelle zu verlassen. Oder es gab leere Zellen, in die ich mich mit je einem Häftling zurückziehen konnte. Manchmal waren die Häftlinge lange nicht im Freien und ersuchten, das Gespräch an der frischen Luft durchführen zu können. Wenn es ging, versuchte ich, diesen Wunsch zu erfüllen, und wir suchten uns ein abgelegenes Eck, wo uns niemand beobachten konnte.

Interviews sollten im Prinzip nie alleine durchgeführt werden. Zum Ersten aus Sicherheitsgründen, zum Zweiten wegen des **Vieraugenprinzips**. Falls in der Erinnerung Fragen auftauchen, erinnern sich zwei Personen besser als eine. Zum Dritten ist es für das Gelingen des Interviews unabdingbar, Vertrauen aufzubauen. Das geht aber nur über Augenkontakt. Deswegen ist es ratsam, dass jene Person, die das Interview durchführt, nicht gleichzeitig Notizen macht. Natürlich könnte man Interviews auch durch Tonband oder Video aufnehmen, was ich am Beginn meiner Tätigkeit auch versucht habe. Doch die Interviewpartner wurden dadurch zu sehr verängstigt, und es erwies sich als zu schwierig, neben einem laufenden Tonband Vertrauen herzustellen. Zwei Personen sind ein ideales Team und können natürlich auch die Rollen tauschen. Es sollte dem Gegenüber aber klar sein, wer das Interview führt und wer Notizen nimmt. Falls Dolmetscher erforderlich sind, besteht das Team schon aus drei Personen. Größere Teams wirken meist einschüchternd und sollten vermieden werden. Falls UNO-Sicherheitskräfte notwendig sind, sollten sie sich im Hintergrund halten (zum Beispiel außerhalb vor der Zellentür warten und sicherstellen, dass kein Wachebeamter die Zelle oder den Zellentrakt betritt). Auch **forensische Experten** sind meist nicht schon während des Interviews anwesend, sondern **werden erst beigezogen, wenn Folterspuren sichtbar sind und der betreffende Häftling einer medizinischen Untersuchung zustimmt.** Sie müssen gewisse Fragen wiederholen, um sich ein unabhängiges Bild des Häftlings zu machen, doch beziehen sich deren Fragen meist nur auf den konkreten Foltervorwurf.

Mein **Interview** begann in der Regel mit der Frage, wann, wo und durch wen mein Gegenüber festgenommen wurde und an welchen Haftorten er oder sie sich vor der Überstellung in den gegenwärtigen Haftort bereits befunden hat. Diese Haftgeschichte kann natürlich lange dauern, ist aber notwendig, um im Fall der Folter sicherzustellen, wer dafür verantwortlich ist. Auch hilft sie, sich ein Bild von dem jeweiligen Häftling zu machen und sein bzw. ihr Schicksal besser zu verstehen. Viele Interviewpartner (vor allem jene, die ihre Haft als ungerecht befinden) sind sehr daran interessiert, die Vorgeschichte (weswegen sie hier sind und von Polizei und Justiz verfolgt werden) und die Gründe der Haft genau zu erläutern. Viele beteuern, dass sie unschuldig in Haft sind, und ein nicht unbeträchtlicher Teil meiner Gesprächspartner war möglicherweise unschuldig. Auch wenn ich in meinem Vorstellungsgespräch betonte, dass ich kein Mandat habe, die Rechtmäßigkeit der Haft zu überprüfen, sondern „nur" an den Bedingungen der Haft und möglicher Folter bzw. Misshandlung interessiert sei, drehte sich das Gespräch oft mehr um die Gründe als um die Bedingungen der Haft, da ein ständiges Unterbrechen meinerseits schnell das Vertrauen untergraben hätte. Auf der anderen Seite war ich meist unter Zeitdruck und musste versuchen, das Gespräch wieder zu seinem eigentlichen Ziel zurückzuführen. Hiefür ist viel Einfühlungs- und Fingerspitzengefühl erforderlich. Nie hätte ich ein Gespräch gleich mit der Frage begonnen: „Sind Sie gefoltert worden?" Denn Foltererlebnisse sind sehr traumatisierend, und es ist für die Opfer meist schwer, darüber zu reden. Meist fragte ich zuerst nach den sonstigen Haftbedingungen (Besuche, Zeit im Freien, Essen, Beschäftigungsmöglichkeiten etc.) und kam eher beiläufig zu der Frage, ob jemals Gewalt angewendet worden ist bzw. wie das Verhör durch die Polizei war. Wenn Personen gefoltert wurden und bereit sind, darüber zu reden, ist es besonders wichtig, ihnen die dafür erforderliche Zeit zu gewähren und die richtige Balance zwischen Empathie und Distanz zu finden. **Frauen sollten, so weit als möglich, durch Frauen interviewt werden.** Jedenfalls fragte ich sie meist am Beginn des Gesprächs, ob sie lieber durch eine Frau interviewt werden möchten und ob sie die Anwesenheit von Männern stört. Deshalb ist es bei der Auswahl des Teams einschließlich der Dolmetscher wichtig, auf eine Ausgewogenheit der Geschlechter zu achten. Manche Erlebnisse wie insbesondere **Vergewaltigung** und sonstige **Formen der sexuellen Folter** wollen Frauen (und oft auch Männer), wenn überhaupt, nur Personen desselben Geschlechts anvertrauen.

Am Schluss des Gesprächs versicherte ich mich nochmals, ob und wie ich die Ergebnisse des Interviews verwenden durfte. Im Prinzip können Häftlinge zwischen drei Möglichkeiten wählen, und es ist wichtig, dass sie die Unterschiede und möglichen Folgen dieser **drei Alternativen** auch wirklich verstehen und einschätzen können.

Nur bei ausdrücklicher Zustimmung durch die interviewte Person nach dem Prinzip des „informed consent" veröffentlichte ich das Interview in meinem Bericht **mit dem vollen Namen des Interviewpartners.** Diese Zustimmung war auch notwendig, wenn ich ersucht oder ermächtigt wurde, konkrete Beschwerden vor Ort mit der Leitung des Gefängnisses oder deren Vorgesetzten zu besprechen.

Wenn Personen noch in der Obhut ihrer Folterer waren oder sich sonst gefährdet fühlten, kam meist nur die zweite Alternative einer **anonymen Veröffentlichung des Interviews** in Frage. In diesem Fall konnte ich die Behörden natürlich nicht fragen, die Beschwerde durch eine unabhängige innerstaatliche Instanz überprüfen zu lassen. Oft hatten Häftlinge aber auch Angst, durch eine anonyme Veröffentlichung des Interviews letztlich identifiziert werden zu können.

In vielen Fällen führte ich das Interview zwar durch, verwendete es aber letztlich **nur im Rahmen meiner generellen Einschätzung der Situation** der Folter in dem betreffenden Haftort oder Land. Das Interview (wenn möglich mit dem Namen der Person) blieb aber Teil meiner internen Aufzeichnungen.

33.3.4 Schutz vor Repressalien

Teil meiner „terms of reference" war die schriftliche Zusage der jeweiligen Regierung vor Beginn einer Mission, all meine Gesprächspartner (NGOs, Zeugen, Beamte, Opfer, Familienangehörige und insbesondere Häftlinge) vor allfälligen Repressalien zu schützen. In der Praxis wurde diese Zusage leider häufig verletzt, und viele Häftlinge wurden, unmittelbar nachdem ich das Gefängnis oder die Polizeistation verlassen hatte, einem peinlichen Verhör über den Inhalt unseres Gesprächs unterzogen. Auch wenn ich alle notwendigen Vorkehrungen traf und auch ehrlich glaubte, den Inhalt meiner Interviews vor der Überwachung durch die Sicherheitskräfte schützen zu können (natürlich wird es Fälle geben, in denen mir das nicht gelungen ist), war es so gut wie unmöglich, die Identität meiner Gesprächspartner vor den Beamten zu verheimlichen. Selbst wenn es mir gelang, das gesamte Gefängnispersonal daran zu hindern, einen bestimmten Teil des Gefängnisses zu betreten, damit wir wirklich ungestört unsere Interviews und Untersuchungen durchführen konnten, so gab es meist unter den Häftlingen Spione, die der Gefängnisleitung berichteten, mit wem wir gesprochen hatten. Aus diesem Grund verweigerten manche Häftlinge überhaupt jeden Kontakt mit uns. Insbesondere in China war es oft sehr schwer, Häftlinge zu finden, die zu einem Interview bereit waren.

Meine Möglichkeiten, unsere Interviewpartner vor möglichen Repressalien zu schützen, waren leider äußerst beschränkt. Zum einen warnte ich die Häftlinge oft schon am Beginn des Gesprächs, dass jeglicher Kontakt mit uns riskant sein kann. Zum anderen fragte ich nach dem Interview erneut, ob und, falls ja, wie (mit Namen oder anonym) wir das Interview veröffentlichen dürfen. Wenn ich konkrete Anzeichen für mögliche Repressalien zu erkennen glaubte, wies ich die Leitung der Polizeistation oder des Gefängnisses in unserem Abschlussgespräch nochmals ausdrücklich auf die Spielregeln hin und warnte sie, dass jede mir zu Ohren kommende Repressalie zu disziplinären oder sonstigen Konsequenzen führen könnte. Manchmal besuchte ich eine Polizeistation auch ein zweites Mal, um mich selbst davon zu überzeugen, ob meine Gesprächspartner nach meinem Besuch über den Inhalt unseres Gesprächs befragt oder sogar misshandelt wurden. In Bata (Äquatorialguinea) wurden wir mit Waffengewalt bedroht, als wir versuchten, das Polizeihauptquartier, wo wir bei unserem ersten Besuch schwere und systematische Folter festgestellt hatten, ein zweites Mal zu inspizieren. Nur nach langwierigen Telefonaten gelang es mir, den Polizeichef nochmals zu treffen, aber ein zweites Interview mit den Häftlingen blieb mir trotz des klaren Hinweises, dass dies einen schweren Verstoß gegen die von der Regierung unterzeichneten „terms of reference" darstelle, leider verwehrt. Ich kann nur hoffen, dass meine Interviewpartner nicht nochmals gefoltert wurden. Denn in Äquatorialguinea gab es niemanden, den ich nach meinem Besuch bitten konnte, nochmals mit den von mir interviewten Häftlingen zu sprechen, denn sogar das Internationale Komitee des Roten Kreuzes hatte das Land verlassen.

Falls andere Organisationen wie das Rote Kreuz, UNO-Organisationen (UNICEF, UNHCR, WHO oder ein etwaiges Büro der Hochkommissarin für Menschenrechte), unabhängige nationale Überwachungsorgane oder NGOs das Recht haben, Gefängnisse zu inspizieren, ersuchte ich diese manchmal, in möglichst kurzem Abstand nach meinem Besuch mit gewissen Häftlingen nochmals zu sprechen. Aber leider verließ ich viele Gefängnisse, Polizei-, Geheimdienst- oder Militärdienststellen mit dem unangenehmen Gefühl, Häftlinge in Gefahr gebracht zu haben, ohne sie ausreichend schützen zu können. Manche Häftlinge teilten mir sogar unumwunden mit, dass sie genau wüssten, dass sie nach ihrem Interview mit mir wieder gefoltert werden würden. Aber sie würden dieses Risiko bewusst in Kauf nehmen, weil nur die Veröffentlichung der wahren Zustände durch eine unabhängige Kontrollinstanz eine gewisse Hoffnung für sie darstellen würde, dass sich diese Zustände langfristig vielleicht ändern.

Folter – Methoden und Befunde

D. Pounder, B. Vennemann

34.1   **Hintergrund**   **– 390**

34.2   **Misshandlungsformen**   **– 390**

34.3   **Befragung von mutmaßlichen Folteropfern**   **– 391**

34.3.1   Untersuchungsbedingungen   – 391

34.3.2   Anamnese   – 392

34.4   **Körperliche Befunde**   **– 392**

34.5   **Spezielle Methoden der Folter**   **– 394**

34.5.1   Verbrennungen   – 394

34.5.2   Gewalteinwirkung gegen die Fußsohle (*„Falaka"*)   – 394

34.5.3   Aufhängen (*„Strappado"*)   – 396

34.5.4   Erzwungene Körperhaltungen   – 398

34.5.5   Elektrofolter   – 398

34.5.6   Folter durch Sauerstoffmangel   – 400

34.6   **Abschließende Bewertung**   **– 401**

M. Grassberger, E. Türk, K. Yen, Klinisch-forensische Medizin,
DOI 10.1007/978-3-211-99468-9_34, © Springer-Verlag Berlin Heidelberg 2013

34.1 Hintergrund

Die Begriffe „Folter" sowie „grausame, unmenschliche und erniedrigende Behandlung" stellen juristische Kategorien und keine eigentlichen medizinischen Diagnosen dar. Gleichwohl sind medizinische Befunde oft entscheidend bei der rechtlichen Beurteilung, ob in einem konkreten Fall Folter bzw. eine Misshandlung vorliegt oder nicht.

Trotz des medizinischen Interesses an der Untersuchung, Behandlung und Rehabilitation von Misshandlungsopfern während der letzten Jahrzehnte wurde bis heute **keine wissenschaftliche Klassifikation** der verschiedenen Misshandlungsmethoden vorgeschlagen. Aus einer Reihe von Gründen erscheint es auch unwahrscheinlich, dass eine solche Klassifikation jemals erstellt werden wird. Die Methoden der Misshandlung sind extrem vielfältig und zeigen eine beträchtliche **regionale Variabilität**. Zudem werden diese Methoden gewöhnlich in unterschiedlichen Kombinationen oder Abfolgen zur Anwendung gebracht und können zu praktisch allen in der forensischen Medizin bekannten Verletzungsformen führen. Darüber hinaus hängt die persönliche Erfahrung der in diesem Bereich tätigen medizinischen Experten von verschiedenen Faktoren ab, beispielsweise ob sie Misshandlungsopfer aus nur einem oder mehreren Staaten untersuchen, ob die Untersuchung im Land der Misshandlung stattfindet, ob sie in einer Gewahrsamseinrichtung stattfindet oder ob sie in zeitlicher Nähe zur Misshandlung stattfindet oder nicht. Die Erfahrung eines in Westeuropa oder Nordamerika tätigen Arztes, der Folteropfer untersucht, die aus ihren Heimatländern geflohen sind und politisches Asyl beantragt haben, unterscheidet sich deutlich von der eines Arztes, der als Teil einer Untersuchungskommission in ein anderes Land reist und dort Zugang zu Insassen von polizeilichen Gewahrsamseinrichtungen oder Gefängnissen hat.

34.2 Misshandlungsformen

Die verschiedenen Misshandlungsmethoden werden klassischerweise in **körperliche (physische) und seelische (psychische) Methoden** unterteilt.

Körperliche Methoden haben jedoch auch eine unausweichliche psychische Komponente, und einige Methoden, wie z. B. die sexuelle Folter stellen eine Kombination aus beiden dar. Die Misshandlungsmethoden mit der weltweit größten Verbreitung sind:
– **Schläge**
– **Anwendung von elektrischem Strom**
– verschiedene Formen der **Erzeugung von Sauerstoffmangel** wie Beinahe-Ersticken oder Beinahe-Ertrinken
– verschiedene **Formen der Aufhängung**
– **sexuelle Misshandlung**.

Sexuelle Misshandlung kann in einem weiten Sinne definiert werden als
– die Anwendung von Gewalt gegen die Geschlechtsorgane
– das Einführen von Fremdkörpern in die Vagina oder das Rektum
– Vergewaltigung oder andere erzwungene sexuelle Handlungen
– psychische sexuelle Misshandlung wie z. B. erzwungene Nacktheit, sexuelle Erniedrigung, sexuelle Drohungen oder erzwungenes Mitansehen von sexueller Misshandlung.

Wenn man diese weit gefasste Definition von sexueller Misshandlung zugrunde legt, ist ihre Prävalenz unter den Opfern von Misshandlung sehr hoch.

Psychische Methoden der Folter. Zu den sog. psychischen Foltermethoden, die ohne direkte Gewaltanwendung auskommen, gehören:
– das **Herbeiführen von Erschöpfungs- und Schwächezuständen** durch den Entzug von Nahrung, Wasser oder Schlaf
– **Isolation** durch Augenbinden, Überziehen von Kapuzen oder Einzelhaft
– **Eingesperrtsein** in engen Räumen
– **sensorische Deprivation** durch Bewegungseinschränkung, andauernden Lärm, Dunkelheit oder alternativ extrem helles Licht
– erzwungene und zunehmend **schmerzhafte Körperhaltungen** über lange Zeit
– **extrem kalte oder warme Umgebungstemperaturen**
– **Einschränkung der Körperhygiene** über längere Zeit

– **erniedrigende Behandlung**, wie z. B. den Zwang, zur selben Zeit zu essen und die Toilette zu benutzen
– **Beschimpfungen, Bedrohungen, Todesdrohungen, Scheinhinrichtungen** oder Drohungen gegen die eigene Familie
– das **Mitansehen der Folter** anderer Inhaftierter oder von Familienmitgliedern.

Offenkundig beinhalten einige „psychische" Foltermethoden auch die Anwendung physiologischer Stressoren, wie z. B. Kälteexposition oder Wasserentzug, mit entsprechenden körperlichen wie psychischen Folgeerscheinungen. Auf der anderen Seite führen physische Foltermethoden zu psychischen wie auch körperlichen Folgen. Daher ist die Unterscheidung zwischen körperlichen und psychischen Methoden der Misshandlung zu einem gewissen Grad eine künstliche.

Im **internationalen Vergleich** gibt es eine große Variabilität hinsichtlich der angewendeten Misshandlungsmethoden. Einige Methoden, wie z. B. *„Falaka"* (oder *„Falanga"*, Schläge auf die Fußsohlen), sind relativ spezifisch für eng umschriebene Regionen wie z. B. den Nahen und Mittleren Osten. Einige Methoden sind länderspezifisch, wie z. B. heftiges Schütteln von Gefangenen in Israel. Innerhalb eines Landes kann eine Misshandlungsmethode spezifisch für eine Regierungseinrichtung sein, wie z. B. das Beinahe-Ersticken mittels Überziehen von Plastiktüten über den Kopf durch die spanische Anti-Terror-Polizei. Aus diesem Grunde sind veröffentlichte epidemiologische Studien und Publikationen von Nichtregierungsorganisationen über die Misshandlung von Inhaftierten von großem Wert, wenn es darum geht, individuelle Vorwürfe zu bewerten, denn diese Publikationen zeigen das Spektrum und die Details der Foltermethoden auf, die von den verschiedenen Organisationen in der Region angewandt werden, aus der ein spezifischer Foltervorwurf stammt.

34.3 Befragung von mutmaßlichen Folteropfern

Informationen, die während der Befragung eines Inhaftierten gewonnen werden, bestimmen den Ab-

lauf der medizinischen Untersuchung. Besondere Relevanz für die nachfolgende Untersuchung haben diejenigen Abschnitte der Befragung, die sich mit der **Dauer** und den **Bedingungen der Haft**, möglichen **Kontakten zu Ärzten** sowie den **Zeitpunkten und Methoden der Misshandlung** befassen. Die Beschreibung der vorübergehenden Folgen einer Misshandlung oder die Beschreibung einer akuten bzw. inzwischen ausgeheilten Verletzung stellen wichtige Anknüpfungspunkte für die medizinische Bewertung dar.

34.3.1 Untersuchungsbedingungen

Gemeinhin sind die äußeren Bedingungen für eine Befragung und Untersuchung von Gefangenen im Rahmen einer Untersuchungskommission alles andere als ideal. Hinzu kommt, dass eine große Zahl von Befragungen und Untersuchungen innerhalb kurzer Zeit vorgenommen werden muss. Selbst wenn gute Untersuchungsbedingungen zur Verfügung stehen, wie zum Beispiel in einem Gefängniskrankenhaus, ist es unter Umständen nicht angebracht, diese zu nutzen, da der Transport zu solchen Untersuchungsstellen die Gefangenen auch den örtlichen Behörden gegenüber identifizieren würde. Gelegentlich müssen Befragungen und Untersuchungen in schlecht beleuchteten, mit zahlreichen Personen belegten Gefängniszellen vorgenommen werden. Auch wenn nur eine kurze Zeit für eine Befragung zur Verfügung steht, so muss diese sehr zielgerichtet erfolgen, da eine erneute Befragung eines Gefangenen in der Regel nicht möglich ist. Gewöhnlich gibt es keine Möglichkeit zu therapeutischen Interventionen und derartige Versuche können kontraproduktiv sein und den Gefangenen weiteren Risiken aussetzen. Die Offenbarung, Misshandlungen ausgesetzt gewesen zu sein, kann einige Gefangene möglicherweise derart emotional traumatisieren, dass es nicht angemessen wäre, die Befragung in einer nicht-therapeutischen Umgebung fortzusetzen.

Merke

In allen Fällen sollte berücksichtigt werden, dass die Gewinnung von Informationen über Misshandlungen im Rahmen von Untersuchungskommissionen niemals den Interessen und dem Wohlergehen des Gefangenen zuwiderlaufen sollte.

34.3.2 Anamnese

Opfer von Misshandlungen haben oft Schwierigkeiten, sich an sämtliche Einzelereignisse zu erinnern, sodass eine genaue chronologische Sequenz und zeitliche Einordnung der Misshandlungen nicht ermittelt werden kann. Der Untersucher muss dies akzeptieren. Trotzdem bietet die Schilderung der Ereignisse die Möglichkeit, die Glaubwürdigkeit des Zeugen aus medizinischer Sicht einzuschätzen und zu dokumentieren. In diesem Zusammenhang **können kleine Details von großer Wichtigkeit sein**, wie zum Beispiel eine klassische Beschreibung inzwischen ausgeheilter Strommarken. Personen, die spontan bestimmte Narben an ihrem Körper als Resultate vorausgegangener Unfälle und nicht der in Rede stehenden Folter ausweisen, erhöhen damit tendenziell ihre Glaubwürdigkeit; derartige Aussagen müssen in jedem Falle dokumentiert werden. Am Ende werden die Befunde der körperlichen Untersuchung vor dem Hintergrund der geschilderten Ereignisse bewertet, sodass eine gute Erhebung der Vorgeschichte eine wichtige Voraussetzung für eine fundierte Beurteilung ist.

34.4 Körperliche Befunde

Die erwarteten körperlichen Folgen einer Misshandlung hängen von den angewendeten Methoden ab sowie von der **Intensität**, **Frequenz** und **Dauer** ihrer Anwendung, weiterhin davon, ob das Opfer irgendeine Möglichkeit hatte, sich selbst zu schützen, und vom allgemeinen Gesundheitszustand des Gefangenen. Körperliche Misshandlungsfolgen, einschließlich kurzfristiger oder langfristiger funktioneller

Einschränkungen und vorübergehend oder dauerhaft feststellbarer Verletzungen, können spezifisch für eine bestimmte Misshandlungsform sein oder zumindest eine enge Korrelation mit einer solchen aufweisen. Andere Misshandlungsformen führen eventuell nicht zu funktionellen Einschränkungen über den eigentlichen Misshandlungszeitraum hinaus und resultieren auch nicht in sichtbaren Verletzungen. Klassische Beispiele sind das Beinahe-Ersticken mittels einer über den Kopf gezogenen Plastiktüte oder das Beinahe-Ertrinken.

Ausgehend von der Schilderung einer mutmaßlichen Misshandlung muss sich der untersuchende Arzt Gedanken dazu machen,
– ob diese Art der Misshandlung **sichtbare körperliche Befunde** erwarten lässt,
– ob solche **Befunde spezifisch oder unspezifisch** für diese Art der Misshandlung sind und
– ob derartige körperliche **Befunde vorübergehender oder dauerhafter Natur** sind.

Wenn die körperlichen Befunde vorübergehender Natur sind, muss die medizinische Untersuchung zeitnah innerhalb des durch die Misshandlungsmethode vorgegebenen Zeitfensters erfolgen. Diese Gelegenheit besteht jedoch nur selten und vor allem im Rahmen unangekündigter Inspektionen von Gewahrsamseinrichtungen. Wenn von einem Gefangenen eine der vorübergehenden funktionellen Auswirkungen und Verletzungen geschildert wird, so kann diese Beschreibung hinsichtlich des Misshandlungsvorwurfes vor dem Hintergrund der zu erwartenden medizinischen Befunde bewertet werden.

Es ist eher die Ausnahme als die Regel, dass die körperliche Untersuchung medizinische Befunde zu Tage fördert, welche die Misshandlungsvorwürfe erhärten, denn die meisten körperlichen Misshandlungsfolgen heilen **ohne langfristig nachweisbare Befunde** aus. Die ausgeklügelteren Foltermethoden werden gerade deswegen ausgewählt, weil sie keine körperlichen Anzeichen hinterlassen (vgl. z. B. ◘ Abb. 34.1).

Angesichts der Tatsache, dass viele Misshandlungsformen keine physischen Befunde erzeugen oder zu körperlichen Anzeichen führen, die unspezifisch und daher von geringem Beweiswert sind, oder nur vorübergehende Befunde erzeugen, muss

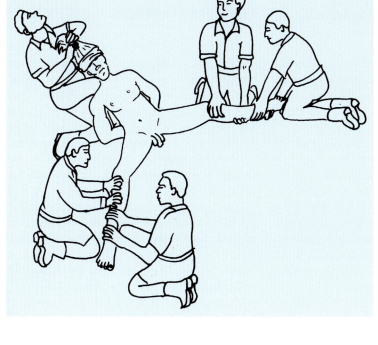

Abb. 34.1 Sog. *„Cheera"*, was in Panjabi soviel bedeutet wie *„(Ab-)reißen"*. Diese häufig spurenarme Foltermethode wird im Nordwesten Indiens angewendet. Dem am Boden an den Haaren fixierten Opfer werden die Beine entweder ruckartig oder langsam gespreizt. Im Extremfall kann es zu Muskelein- oder -abrissen in den Adduktorenmuskeln kommen. Die unmittelbar erkennbaren Folgen sind Hämatome an der Innenseite der Oberschenkel

betont werden, dass das **Fehlen körperlicher Misshandlungszeichen nicht beweist, dass keine Misshandlung stattgefunden hat**. Gleichzeitig besteht die Möglichkeit, dass Gefangene sich selbst schwere Verletzungen beibringen, deren Erscheinungsbild in der forensischen Praxis als das selbst beigebrachter Verletzungen bekannt ist (s. ▶ Kap. 35 „Selbstverletzung und Selbstschädigung"). Ein derartiges Verhalten hat seinen Ursprung häufig in psychischen Störungen oder Persönlichkeitsstörungen, die bei Gefangenen häufiger auftreten als in der Allgemeinbevölkerung. Derart manipulative Häftlinge behaupten möglicherweise, dass ihre selbst beigebrachten Verletzungen Misshandlungsfolgen darstellen. Allerdings können solche **selbst beigebrachten Verletzungen** im Regelfall vom forensisch tätigen Arzt leicht als solche erkannt werden.

Die zu erwartenden Befunde durch die bekannten Misshandlungsmethoden decken das **gesamte klinisch-forensische Verletzungsspektrum** ab, die in der allgemeinen forensischen Praxis bekannt sind. Die Prinzipien ihrer Dokumentation und Interpretation sind dieselben (s. ▶ Kap. 19. „Allgemeine klinisch-forensische Traumatologie", ▶ Kap. 12. „Die gerichtsverwertbare Dokumentation von Verletzun-

gen" und ▶ Kap. 14. „Klinisch-forensische Fotodokumentation").

Stumpfe Gewalteinwirkung ist die häufigste Misshandlungsmethode und kann zum „Gefügigmachen" vor der Anwendung komplexerer Misshandlungsmethoden genutzt werden. Wenn körperliche Verletzungszeichen zurückbleiben, werden sie in üblicher Weise dokumentiert und bewertet. Das **Gesamtmuster der Verletzungen** kann auf eine Entstehung durch Gewalteinwirkung hinweisen, beispielsweise durch das Vorhandensein von Zeichen der Gewalteinwirkung gegen Körperregionen, die bei einem Sturz üblicherweise geschützt sind und nicht verletzt werden, oder von Verletzungen, die über den gesamten Körper verteilt sind, sodass sie nicht durch einen unkomplizierten Sturz erklärt werden können oder durch das Hinzutreten von **Abwehrverletzungen** an den Händen und Unterarmen. Einzelne Verletzungen für sich genommen mögen unspezifisch sein. Jedoch hinterlassen Schläge mit Elektrokabeln oder (Schlag-)Stöcken typischerweise **doppelt konturierte Blutungen**, die bei dunkelhäutigen Personen zu hypo- oder hyperpigmentierten dauerhaften Vernarbungen führen können. Die **Altersbestimmung von fri-**

schen Verletzungen, die während der Haft zugefügt wurden, ist von großer Wichtigkeit, denn dies stellt die Behörden vor die Aufgabe zu erklären, wie solche Verletzungen entstanden sind. Damit kann die Glaubwürdigkeit einer solchen offiziellen Erklärung im Nachhinein beurteilt werden. Wenn im Rahmen einer Festnahme geringfügige Verletzungen auftreten, ist es häufig schwierig, diese eindeutig auf körperliche Misshandlung zurückzuführen und die Einlassung zu widerlegen, es handle sich um den gerechtfertigten Einsatz von physischer Gewalt gegen einen Gefangen, der körperlichen Widerstand geleistet habe. Gravierendere Verletzungen im Zusammenhang mit einer Festnahme werden von den Behörden möglicherweise mit einer körperlichen Auseinandersetzung vor dem Zeitpunkt der Festnahme erklärt. In diesem Falle können Befunde, die die Bestimmung des Verletzungsalters erlauben, wie z. B. die Farbe von Hämatomen oder das Vorhandensein von Wundschorf, hilfreich sein. Gefangene sind häufig gefesselt, während sie geschlagen werden, wobei der **Gebrauch von Handschellen** zu Hämatomen, Abschürfungen oder in der Folge zu Narben führen kann. Hautrötungen oder leichte Verletzungen durch Handschellen können jedoch auch durch körperlichen Widerstand gegen eine rechtmäßige Festnahme entstehen, sodass die Interpretation solcher Befunde mit der gebotenen Vorsicht erfolgen sollte.

Narben sollten einzeln und in Verbindung mit den Angaben des Untersuchten hinsichtlich ihrer jeweiligen Entstehung dokumentiert werden. Mit großer Sorgfalt sollten Narben festgehalten werden, die der Kennzeichnung einer Stammeszugehörigkeit, Selbstverletzungshandlungen oder Unfällen zugeordnet werden können. Schläge mit Stacheldraht, dornigen Zweigen, Kordeln mit Metallstiften oder schweren metallenen Schnallen können eine Kombination aus geradlinigen und gezackten Vernarbungen erzeugen. Narben, die für sich genommen nicht misshandlungsspezifisch sind, können u. U. Folterangaben untermauern, wenn sie an ungewöhnlichen Körperregionen festgestellt werden, die mit der Schilderung der Umstände ihrer Beibringung im Einklang stehen.

34.5 Spezielle Methoden der Folter

34.5.1 Verbrennungen

Das Beibringen von Verbrennungen ist die Foltermethode, die am häufigsten zu dauerhaften Hautveränderungen von diagnostischem Wert führt. **Zigarettenglutverletzungen** hinterlassen scharf begrenzte, runde oder ovale, 5 bis 10 mm große Narben mit einem depigmentierten, papierdünn erscheinenden Zentrum und einem dünnen, unscharfen, hyperpigmentierten Rand. Beschreibungen solcher Verletzungen finden sich auch in der medizinischen Fachliteratur zur Kindesmisshandlung. Verbrennungen durch das Aufbringen heißer metallener Gegenstände führen zu **Brandmarken**, die die Form des einwirkenden Gegenstandes abbilden. Solche Verletzungen sind ebenfalls im Zusammenhang mit Kindesmisshandlung beschrieben worden. Eine solche geformte, scharf begrenzte, atrophische Narbe zeigt typischerweise eine hyperpigmentierte Randzone. Werden identisch geformte Brandverletzungen bei mehreren Gefangenen innerhalb derselben Einrichtung festgestellt, so hat dies einen deutlichen Beweiswert. Das Verbrennen mittels einer **offenen Flamme** resultiert in weniger regelmäßigen Verletzungsbildern. Verbrennungen mit Hilfe **heißer Flüssigkeiten**, wie z. B. geschmolzenem Reifengummi, führen zu unregelmäßigen Fließmustern. Bei dunkelhäutigen Personen kann jegliche Art der Verbrennung zu überschießender keloidartiger Vernarbung führen (überschießende Narbenbildung bei gestörtem Wundheilungsprozess). Verbrennungen der Fußsohlen durch entzündetes Kerosin als Foltermethode können auf dem indischen Subkontinent angetroffen werden.

34.5.2 Gewalteinwirkung gegen die Fußsohle *("Falaka")*

Stumpfe Gewalteinwirkung gegen die Fußsohlen, oder seltener gegen die Handflächen oder die Hüften, ist unter den Begriffen *"Falanga", "Falaka"* oder *"Basinado"* bzw. *"Bastinado"* bekannt (◘ Abb. 34.2). Im Allgemeinen kommen Schlagstöcke, Gummischläuche, Baseballschläger oder ähnliche Waffen zur Anwendung. Die resultierenden Verletzungen

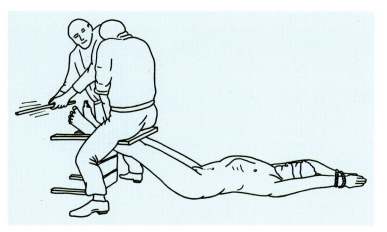

☐ **Abb. 34.2** *„Falaka"* oder *„Bastinado"* genannte Foltermethode mit stumpfer Gewalteinwirkung gegen die Fußsohle des fixierten Opfers, hier durch Schläge mit einem Stock

wie beispielsweise Einblutungen, Ödeme oder Zerreißungen tieferer Gewebeschichten beschränken sich normalerweise auf die Weichteile. In der akuten Phase ist das Opfer nicht in der Lage, den betroffenen Fuß zu belasten, und die körperliche Untersuchung sollte für die Diagnose richtungsweisend sein. Die Beschreibung derartiger zeitnaher Folgen durch die Opfer ist häufig sehr aussagekräftig. Wenn die anfängliche Schwellung und Einblutung zurückgegangen ist, verbleiben im Allgemeinen nur wenige äußerlich sichtbare Anzeichen. In manchen Fällen, insbesondere wenn Schläge gegen die Fußsohlen mit unregelmäßigen rauen oder gezackten Werkzeugen ausgeführt wurden, können Vernarbungen resultieren. Allerdings finden sich Unregelmäßigkeiten, Vernarbungen oder Pigmentierungen der Fußsohlen auch als Normalbefunde bei Bevölkerungsgruppen, die sich barfuß in unebenem Gelände bewegen.

Die Folgen von *„Falaka"* können durch **Quetschungen der vorderen Fußballen oder der Fersen** verstärkt werden. Die Zerreißung dieser aus Fett- und Bindegewebe bestehenden subkutanen Weichteilballen führt zum Verlust ihrer dämpfenden und federnden Eigenschaft und damit zu Schmerzen beim Gehen. Zerreißungen der Bindegewebestränge, die von den Fußknochen durch das Fettgewebe zur Haut der Fußsohle verlaufen, resultieren in unregelmäßigen und starren Vernarbungen der Fußsohle. Eine **Ruptur der Plantaraponeurose** (Sehnenplatte im Bereich der Fußsohle) führt zum Verlust der Verspannung des Fußgewölbes mit den daraus resultierenden Schwierigkeiten beim Gehen. Aus diesen Gründen stellen **Schmerzen und**

Schwierigkeiten beim Gehen die hauptsächlichen Folgen von *„Falaka"* dar, und das Opfer wird kaum in der Lage sein zu laufen. Nachts im Bett kann die zusätzliche Wärme zu brennenden Schmerzen in den Waden, oftmals bis hinauf zu den Knien, führen.

Bei der körperlichen Untersuchung können **Schmerzen durch Druck auf die Fußsohle**, besonders über den Köpfen der Mittelfußknochen und der Ferse, hervorgerufen werden. Bei der Palpation kann die gesamte Länge der Plantaraponeurose so berührungsempfindlich sein, dass der Eindruck einer **Hypersensitivität** entsteht. Wenn die passive Streckung der großen Zehe eine **übermäßige Dorsalflexion** ermöglicht, spricht dies für eine Zerreißung der Plantaraponeurose. Im Normalfall ist eine Spannung der Aponeurose ab einer Dorsalflexion der Großzehe um etwa 20° spürbar, höhere Messwerte sprechen für eine Verletzung der Aponeurose.

Eine außergewöhnliche und seltene Komplikation ist die der zertrümmerten Ferse (engl. **smashed heel**), bei der die Ferse kein fester und geschmeidiger elastischer Ballen mehr ist, sondern sich unter Belastung seitlich ausdehnt und bei der Palpation dünn anfühlt, wobei der darunter liegende Knochen leicht zu ertasten ist. Die schwerwiegendste Folge der *„Falaka"* ist das **Kompartmentsyndrom**, welches durch eine Kompression der Blutgefäße zur Muskelnekrose führt und durch eine **Gangrän** (Gewebeuntergang) des Vorfußes oder der Zehen sowie **Kontrakturen** (Funktions- und Bewegungseinschränkung von Gelenken) kompliziert werden kann. Bleibende Deformitäten der Füße sind jedoch selten. Bei der Untersuchung von Opfern der *„Falaka"* außerhalb von Gewahrsamseinrichtungen ist die **Magnetreso-nanztomographie** (MRT) das bevorzugte Verfahren zur Feststellung von Weichteilverletzungen.

34.5.3 **Aufhängen** *("Strappado")*

Das Aufhängen in seinen verschiedenen Formen stellt eine Misshandlungsmethode dar, die **extrem schmerzhaft** ist, jedoch keine oder nur sehr geringe sichtbare Verletzungen zur Folge hat. Die ursprüngliche Form des Aufhängens ist „Strappado", eine im Gesetz verankerte Foltermethode der Inquisition der im Jahre 1223 eingerichteten ständigen Kommission der Kirche zur Untersuchung von Fällen vermuteter Ketzerei. „Strappado" geht einher mit dem Zusammenbinden der Handgelenke hinter dem Rücken und dem nachfolgenden Aufhängen des Körpers an den Handgelenken, sodass die Schultern extrem überdehnt werden (◘ Abb. 34.3). Die Methode wird manchmal auch als „Palästinenserschaukel" (engl. „Palestinian hanging") bezeichnet. Da der Ursprung dieses Begriffes nicht eindeutig ist, sollte die Bezeichnung vermieden werden.

Andere Arten des Aufhängens sind das Kreuz (**Kreuzigung**), bei dem die Arme an einen Querbalken gebunden werden, weiterhin die Aufhängung mit über dem Kopf befindlichen Handgelenken (engl. „butchery suspension") bzw. die Aufhängung an den Füßen (engl. „reverse butchery suspension") und schließlich die sog. Papageienstange oder Papageienschaukel (engl. „parrot's perch"), bei der das Opfer mit gebeugten Knien und an die Fußknöchel gefesselten Handgelenken an einer hinter den Knien hindurchgeführten Stange aufgehängt wird (◘ Abb. 34.4). Die Papageienschaukel kann zu Kreuzbandrissen in den Knien führen. Sämtliche Formen des Aufhängens, die mit der Fesselung der Extremitäten einhergehen, können Verletzungen zur Folge haben, die aufgrund ihrer Art und ihrer Lokalisation die Misshandlungsvorwürfe untermauern können.

Beim „Strappado" ist der zugefügte Schmerz so intensiv, dass es normalerweise nach wenigen Minuten zur Bewusstlosigkeit kommt und das Opfer wieder zu sich kommen muss, bevor die Misshandlung wiederholt wird. Simultan werden häufig Schläge und **Elektrofolter** verabreicht. Diese Kombination

führt zur vollkommenen Erstarrung der Schultern (engl. „frozen shoulders") und es kann Wochen oder

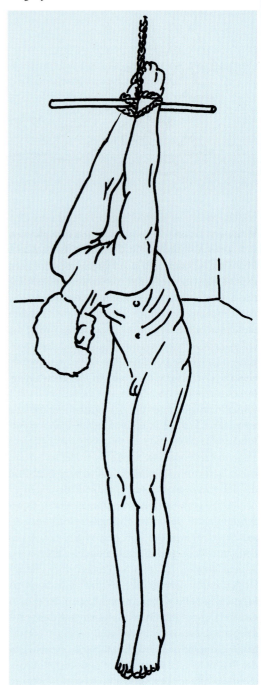

◘ **Abb. 34.3** Beim sog. *„Strappado"* (engl. *„Palestinian hanging")* wird das Folteropfer an den am Rücken zusammengebundenen Händen aufgehängt

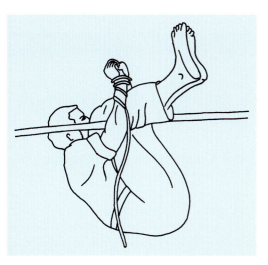

Abb. 34.4 Papageienschaukel (engl. *„parrot's perch"*)

Monate dauern, bevor die Arme und Hände wieder benutzt werden können. Zu den Komplikationen während der akuten Phase nach einer solchen Aufhängung gehören eine **Schwäche der Arme und/oder Hände**, **Schmerzen** und **Parästhesien** (Missempfindungen), **Taubheitsgefühl**, Unempfindlichkeit gegenüber Berührung und oberflächlichem Schmerz sowie eine **gestörte Propriozeption** (Wahrnehmung von Körperbewegung und -lage im Raum). Das Anheben der Arme oder das Aufheben eines Gewichtes kann zu Schmerzen, Taubheitsgefühl oder Schwäche führen oder schlicht unmöglich sein. Mit der Abnahme des Schmerzes, der Schwäche oder des Taubheitsgefühls tritt eine Besserung des Zustandes ein. Ein Muskelschmerz beim Anheben der Arme sowie bei der Innenrotation des Schultergelenks kann jedoch bestehen bleiben. Eine asymmetrische Aufhängung des Körpers kann zu Seitenunterschieden der Folgeerscheinungen an den Armen führen.

Gefangene beschreiben den unmittelbaren **Verlust der motorischen und sensiblen Funktionen** der Hände in Folge von *„Strappado"* häufig in anschaulicher Weise; bei der Untersuchung sollte gezielt nach diesen Folgen gefragt werden. Der Verlust der motorischen und sensiblen Funktionen macht es unmöglich, Speisen in den Händen zu halten und zu essen, sodass der Gefangene entweder wie ein Hund von einem Teller essen oder von Mitgefangenen gefüttert werden muss. In ähnlicher Weise

stellen Schwierigkeiten beim Öffnen der Hose oder praktische Schwierigkeiten beim Urinieren oder der Defäkation, welche die Unterstützung durch Mitgefangene erforderlich machen, Erniedrigungen dar, an die sich die Opfer erinnern.

„Strappado" führt zu **Schädigungen des Plexus brachialis** (Armnervengeflecht), da diese Struktur der Schulterregion besonders leicht durch Überdehnung verletzt werden kann. Eine Schädigung des Plexus brachialis manifestiert sich in Beeinträchtigungen der Motorik, der Oberflächensensibilität und der Reflexe. In der akuten Phase kann die Beurteilung jedoch durch Schmerzen erschwert sein. Ein vollständiger Verlust der Sensorik oder Parästhesien entlang der sensorischen Nervenbahnen sind häufige Befunde während der akuten Phase. Ebenfalls können eine Verminderung der Reflexintensität oder eine Seitendifferenz der Reflexantwort vorliegen.

Neurologische Symptome. Die Nervenschädigung infolge Dehnung des Plexus brachialis durch dorsale Überstreckung der Arme betrifft (abhängig von Dauer und Schwere) normalerweise zunächst den unteren Teil des Plexus, dann den mittleren Plexusanteil und schließlich die Fasern des oberen Plexusanteils. Bei der Aufhängung in der Art einer Kreuzigung mit übermäßiger Abduktion (Abspreizung) der Arme, jedoch ohne dorsale Überstreckung, werden die Fasern des mittleren Plexusabschnittes zuerst geschädigt. Aufgrund einer asymmetrischen Aufhängung sind die neurologischen Schäden in der Regel nicht gleichartig in beiden Armen ausgeprägt. Eine Schädigung des unteren Plexusanteils manifestiert sich in einer Schwäche der Unterarm- und Handmuskeln mit sensorischen Ausfällen am Unterarm und im Versorgungsgebiet des Nervus ulnaris am medialen Anteil der Hand. Eine Schädigung des mittleren Plexusanteils führt am Unterarm, Ellenbogen und den Fingern zu einer Schwächung der Extensoren (Streckermuskeln) mit Kraftminderung bei der Pronation (Einwärtsdrehung) und Radialflexion (Beugung zur Speiche) des Unterarms. Sensibilitätsstörungen finden sich am Unterarm sowie im Versorgungsgebiet des Nervus radialis an der Hand. Zusätzlich kann der Trizepsreflex ausfallen. Eine Schädigung des oberen Plexusanteils führt zu einer Kraftminderung der Schultermuskulatur mit

Defiziten bei der Abduktion im Schultergelenk, der axialen Rotation des Oberarms und der Pronation und Supination des Unterarms. Das von Sensibilitätsstörungen betroffene Areal liegt in der Deltoideus-Region (Schulterbereich) und kann sich auf den Arm erstrecken.

Der häufigsten Langzeitbefunde nach „*Strappado*" sind Druckschmerzhaftigkeit und Verspannung in den Trapezius- und Schulterblattmuskelgruppen, Schmerzen beim Anheben der Arme, oftmals verbunden mit einer durch den Schmerz bedingten Bewegungseinschränkung, und ganz besonders der intensive Schmerz bei Innenrotation im Schultergelenk. Im Langzeitverlauf kann es infolge schwerer Verletzungen auch zu muskulären Atrophien kommen. Bänderrisse in den Schultergelenken, Dislokationen des Schulterblattes sowie Verletzungen der Muskulatur der Schulterregion werden ebenfalls beobachtet. Eine Schädigung des Nervus thoracicus longus (langer Brustkorbnerv)

oder eine Dislokation des Schulterblattes können in einer sog. „Scapula alata" resultieren (prominentes „flügelartiges" Abstehen des medialen wirbelsäulennahen Randes eines oder beider Schulterblätter). Derartige chronische Plexusschäden einschließlich der „Scapula alata" und Röntgenveränderungen in den Schultergelenken sind jedoch selten.

34.5.4 Erzwungene Körperhaltungen

Neben den verschiedenen Formen der Aufhängung gibt es zahlreiche Formen der Folter durch erzwungene Körperhaltungen (◘ Abb. 34.5), bei denen das Opfer über längere Zeit in gekrümmter, überstreckter oder auf andere Weise widernatürlicher Körperhaltung festgehalten wird. Die Folgen sind starke Schmerzen sowie eine mögliche Schädigungen der Bänder, Sehnen, Nerven und Blutgefäße. Diese Foltermethoden hinterlassen in der Regel keine oder nur sehr geringe äußerlich sichtbare Anzeichen oder radiologische Veränderungen, obwohl sie häufig in chronischen Behinderungen oder Einschränkungen resultieren. In Abhängigkeit von der spezifischen Zwangshaltung manifestieren sich die Beschwerden als Schmerzen in der betreffenden Körperregion oder in Form von Einschränkungen der Gelenksbeweglichkeit.

34.5.5 Elektrofolter

Die Verabreichung von **Elektroschocks** ist verbreitet, ebenso die **Androhung von Elektrofolter** durch das Anbringen von Elektroden, ohne dass tatsächlich elektrischer Strom fließt. Bei der Elektrofolter (◘ Abb. 34.6) werden Elektroden am Körper befestigt und mit einer Spannungsquelle verbunden.

Die am häufigsten ausgewählten Körperregionen sind die Hände, die Füße, die Finger, die Zehen, die Ohren, die Brustwarzen, der Mund, die Lippen oder die Genitalien. Als Spannungsquelle kann ein mittels Handkurbel oder Benzin betriebener Generator, das allgemeine Stromnetz, eine Elektroschockpistole, ein elektrischer Viehtreiber oder ein beliebiges anderes elektrisches Gerät verwendet werden. Der **elektrische Stromfluss durch den Körper** verläuft entlang der kürzesten Verbindung

a

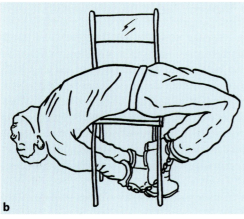

b

◘ **Abb. 34.5** Beispiele von Folter durch erzwungene Körperhaltungen

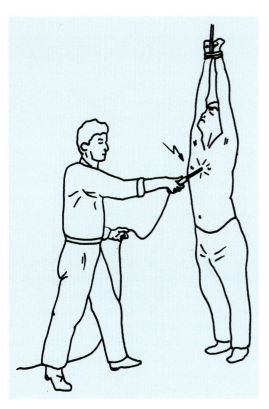

Abb. 34.6 Elektrofolter („*Picana*") an einem an den Händen aufgehängten Folteropfer

zwischen den beiden Elektroden; die Symptomatik besteht in einer tetanischen (krampfartigen) Kontraktion sämtlicher im Verlauf des Stromflusses liegender Muskeln. In der akuten Phase kann diese tetanische Kontraktion zu Muskelschädigungen mit der Folge einer Myoglobinämie und Myoglobinurie (Übertritt von Myoglobin aus geschädigter Muskulatur ins Blut bzw. über die Niere in den Urin) führen, wodurch sich der Urin dunkelbraun verfärbt. Hohe Stromstärken können zu Dislokationen im Schultergelenk sowie zu Nervenwurzelschädigungen im Bereich der Hals- und Lendenwirbelsäule führen.

In Fällen von Elektrofolter sollte sich die Befragung gezielt darauf konzentrieren, an welchem Ort die Folter vorgenommen wurde und welche Spannungsquelle verwendet wurde, sodass die **Örtlichkeit und vorhandene Apparaturen** in Augenschein genommen werden können.

Gelegentlich wird den Gefangenen eine Kapuze über den Kopf gezogen, sodass sie solche Apparaturen nur hören können, wie z. B. die Handkurbel eines militärischen Feldtelefons. Es sollte gezielt nach den unmittelbar eingetretenen Folgen wie z. B. tetanische Kontraktion oder Schmerzen gefragt werden, wenn möglich ebenso nach der Art der Elektroden, z. B. Krokodilklemmen, abgeschnittene Kabelenden oder um die Handgelenke gewickelte Elektrokabel. Opfer, die bereits Erfahrung mit akzidentellen Stromschlägen haben, sind möglicherweise in der Lage, deren Auswirkungen mit denen der Elektrofolter zu vergleichen.

Wenn die **Strommarken** auf der Haut bereits verheilt sind, kann eine Beschreibung ihres ursprünglichen Aussehens möglicherweise die Angaben untermauern. Wenn Kabelenden als Elektroden verwendet werden, sind die resultierenden Strommarken zunächst rötlich-braun gefärbt mit entzündlich verändertem Rand, bevor sie sich dunkler verfärben und entweder vollständig ausheilen oder kleine weißliche stecknadelkopfgroße, 1–3 mm durchmessende Narben hinterlassen, die meist einen hyperpigmentierten Rand aufweisen. Narben entlang der Zirkumferenz eines Fingers entstehen dann, wenn ein als Elektrode verwendetes Kabel um den betreffenden Finger gewickelt wurde. Gruppen von stecknadelspitzgroßen **Narben an ungewöhnlichen Orten**, wie z. B. an den Ohrläppchen, der Vorhaut oder den Zehen, sind charakteristisch für Elektrofoltervorrichtungen („*Picana*") und können dahingehende Angaben erheblich erhärten. Die Befunde sind jedoch so diskret, dass sie bei einer Untersuchung leicht übersehen werden können, wenn der Gefangene nicht direkt auf diese Veränderungen hinweist. Die Frage, inwieweit Hautbiopsien von möglichen Strommarken bei aus der Haft entlassenen Gefangenen für die Diagnose von Nutzen sind, wird kontrovers diskutiert, da die histopathologischen (feingeweblichen) Veränderungen zwar spezifisch, jedoch nicht in allen Fällen nachweisbar sind. Darüber hinaus handelt es sich um eine invasive Untersuchungsmethode. Durch die Anwendung von Wasser oder elektrisch leitendem Gel kann zudem die Kontaktfläche zwischen den Elektroden und der Körperoberfläche mit dem Ziel vergrößert werden, keine sichtbaren Strommarken zu hinterlassen.

34.5.6 **Folter durch Sauerstoffmangel**

Die zahlreichen Formen des Sauerstoffmangels bzw. Beinahe-Erstickens finden zunehmende Verbreitung als Foltermethoden. Beinahe-Ersticken hinterlässt **keine sichtbaren körperlichen Anzeichen**. Es führt zu einer Todeserfahrung u. U. mit **Verlust des Bewusstseins**, welches die Opfer jedoch relativ rasch wiedererlangen. Diese Foltermethode war in Lateinamerika und Spanien derart weit verbreitet, dass ihre spanische Bezeichnung *„Submarino"* ein feststehender Begriff im Zusammenhang mit Menschenrechtsverletzungen wurde. *„Wet Submarino"* bezeichnet das gewaltsame Eintauchen des Kopfes in Wasser, welches oftmals mit Urin, Fäkalien, Erbrochenem oder anderen Substanzen verunreinigt ist. *„Dry Submarino"* umfasst das Überziehen einer Plastiktüte über den Kopf, das Aufsetzen von Gasmasken mit verstopftem Ausatemventil, den gewaltsamen Verschluss von Mund und Nase oder die zwangsweise Einatmung von Staub, Zement, scharfem Pfeffer oder anderen Reizstoffen. Selten findet man bei der körperlichen Untersuchung **petechiale Blutungen** im Bereich der Augenlider und Augenbindehäute oder anderer Gesichtsregionen, sodass deren Fehlen nicht gegen den Wahrheitsgehalt einer solchen Angabe spricht. Die Glaubwürdigkeit einer Angabe beruht in erster Linie auf den Begleitumständen und einer detaillierten Beschreibung der Ereignisse, die dann unter medizinischen Gesichtspunkten beurteilt werden kann. Eine Person, die der **Beinahe-Erstickung mittels einer Plastiktüte** ausgesetzt war, kann möglicherweise sehr genau beschreiben, wie sie gefesselt wurde, um keine sichtbaren Verletzungen zu hinterlassen, weiterhin die Art und Farbe der verwendeten Plastiktüte, die genaue Art ihrer Anwendung sowie die **körperlichen Symptome des Erstickungsprozesses**, den plötzlichen Bewusstseinsverlust sowie eine **mögliche Inkontinenz**.

Waterboarding. Beim sog. *„Waterboarding"* werden Mund und Nase mit einem Tuch bedeckt, das ständig mit Wasser übergossen wird. Dies löst beim Folteropfer ein beklemmendes reflexbedingtes Ertrinkungs- bzw. Erstickungsgefühl aus. Das tatsächliche Eindringen von größeren Wassermengen in die Luftwege und schließlich in die Lungen (und damit ein unmittelbares Ertrinken) wird dabei durch das Fixieren des Opfers in Kopftieflage verhindert (◘ Abb. 34.7). Diese offenbar sehr effektive und spurenarme Verhör- bzw. Foltermethode wurde u. a. auch vom US-Geheimdienst CIA während der Bush-Administration bei der Vernehmung von Terrorverdächtigen angewendet.

Viele Misshandlungsmethoden hinterlassen keine beim Gefangenen feststellbaren Befunde, entweder weil die Verletzungen mit der Zeit vollständig ausheilen oder weil die Misshandlungsmethode prinzipiell nicht zu äußerlich sichtbaren Befunden führt. In der Tat ist in einigen Regionen der Umstand, dass eine Misshandlungsmethode keine körperlichen Anzeichen hinterlässt, gerade der Grund für die Anwendung dieser bestimmten Methode. Extrem hohe oder niedrige Umgebungstemperaturen, bestimmte Körperhaltungen (wie z. B. Stehen oder Sitzen in einem Kinderstuhl), die über einen längeren Zeitpunkt eingenommen werden müssen, Sauerstoffmangel durch Plastiktüten oder Gasmasken oder Beinahe-Ertrinken sind bekannte Methoden aus dieser Gruppe. Einige dieser Methoden können der Öffentlichkeit in einer Weise präsentiert werden, die das durch sie verursachte Leiden verharmlost, sodass ihre Anwendung in begrenztem Umfang sogar offiziell zugegeben wird. Die Diagnose von Misshandlungsmethoden, die keine körperlichen Anzeichen hinterlassen, hängt in erheblichem Maße von der Glaubwürdigkeit des Gefangenen ab.

Die **Einschätzung der Glaubwürdigkeit** ist ein regulärer Bestandteil der offiziellen Untersuchung sowie der Beobachtung und Befragung eines Zeugen. Als ein Teil dieser Glaubwürdigkeitseinschätzung kann die **„innere Konsistenz der Ereignisschilderung"** bewertet werden und in diesem Zusammenhang kommt medizinischen Befunden eine besondere Bedeutung zu, da diese schwer zu verfälschen sind und sich die relevanten medizinischen Sachverhalte in der Regel der Kenntnis des Gefangenen entziehen und dahingehende Fragen daher nicht antizipiert werden können. Beschreibungen der akuten Folgen einer Misshandlung sowie zeitweilig sichtbarer Verletzungsfolgen können die Glaubwürdigkeit von Angaben erheblich erhöhen. Eine zuvorkommende und menschliche Herangehensweise während der Befragung in Verbindung mit einer sorgfältigen Fragetechnik ist

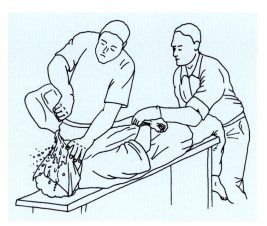

Abb. 34.7 Beim sog. *„Waterboarding"* wird das Folteropfer in Kopftieflage einem simulierten Ertrinken ausgesetzt

dung mit Foltererfahrungen. Die Ausnahmeerfahrung des Gefoltertwerdens selbst reicht aus, um – unabhängig von der psychischen Befindlichkeit vor der Folter – seelische und emotionale Folgen nach sich zu ziehen. Bestimmte **Symptomenkomplexe** und psychische Reaktionen sind mit einiger Regelmäßigkeit bei Folteropfern festgestellt und dokumentiert worden. Muskel- und Knochenschmerzen sind häufig geschilderte Beschwerden von Folteropfern und möglicherweise die Folge wiederholter Schläge, des Aufhängens oder von Zwangshaltungen oder resultieren aus den allgemeinen Haftbedingungen. Diese Beschwerden können auch mit psychischen Symptomen verknüpft sein und sollten, obwohl sie unspezifisch sind, bei der Untersuchung dokumentiert werden.

hilfreich bei der Erhebung von solchen Beweisanzeichen.

Retraumatisierung. Die körperliche und psychologische Untersuchung von Folteropfern kann trotz aller Vorsichtsmaßnahmen von Seiten des Untersuchers zu einer **Retraumatisierung** des Opfers durch posttraumatischen Stress führen, indem als schmerzhaft empfundene Erinnerungen oder Affektzustände erneut aufgedeckt werden. Folter und insbesondere sexuelle Folter stellen sehr intime Themenbereiche dar und daher sollte der Untersuchte nicht gedrängt werden, über Sachverhalte zu sprechen, die ihm Unbehagen bereiten. Im Rahmen von Untersuchungen innerhalb einer Gewahrsamseinrichtung ist es normalerweise nicht angezeigt, eine psychologische Begutachtung in einer Weise vorzunehmen, wie sie in einer therapeutischen Umgebung angebracht wäre. Die Gründe liegen in den äußeren Bedingungen einer Haftanstalt, dem Zeitmangel, fehlender Gelegenheit für Nachuntersuchungen und der Gefahr der Retraumatisierung.

Obwohl nicht jedes Folteropfer eine diagnostizierbare psychische Störung entwickelt, so zeigen doch viele Opfer tiefgreifende emotionale Reaktionen und psychische Symptome. **Posttraumatische Belastungsstörungen** und **Depressionen** sind die vorherrschenden psychischen Störungen in Verbin-

34.6 Abschließende Bewertung

Am Ende der ärztlichen Untersuchung eines mutmaßlichen Folteropfers steht die Bewertung, ob die vom Untersuchten beschriebenen körperlichen Folgeerscheinungen und/oder die vom Arzt erhobenen Befunde mit den vorliegenden Angaben über eine Misshandlung in Einklang zu bringen sind oder nicht. Wenn die Feststellungen mit dem Vorwurf vereinbar sind, dann muss der **Beweiswert der festgestellten Befunde** näher erläutert werden, sodass deutlich gemacht wird, ob die getroffenen Feststellungen den Misshandlungsvorwurf in eher schwacher Weise, deutlich oder sehr deutlich untermauern. Dies stellt jedoch nur einen Teil des Begutachtungsprozesses dar, da eine abschließende Bewertung auch eine weiter gefasste **Beurteilung der Glaubwürdigkeit** der Angaben mit einschließen muss, die auf zusätzlichen Aspekten basiert wie z. B. auf Berichten über die Verbreitung von Folter in einem betreffenden Land, relevanten Informationen aus der Befragung anderer Häftlinge, einer **Inaugenscheinnahme der Örtlichkeit** sowie schriftlichen Unterlagen einschließlich der ärztlichen Unterlagen aus der Gewahrsamseinrichtung mit möglicher Dokumentation des Erscheinungsbildes von Verletzungen in ihrer Akutphase.

Selbstverletzung und Selbstschädigung

M. Grassberger, K. Püschel

35.1 **Selbstverletzung zur Erlangung eines psychischen Gewinns – 404**

35.1.1 Artifizielle Störungen – 407

35.1.2 Selbstverletzendes Verhalten als Begleiterscheinung organischer Erkrankungen – 412

35.2 **Selbstverletzung zur Erlangung eines rechtlichen Vorteils – 412**

35.2.1 Ursachen und Motive – 412

35.2.2 Typische Befunde – 414

35.2.3 Vorgehen bei Verdacht auf Selbstbeschädigung – 416

35.3 **Selbstverletzung zur Erlangung eines materiellen Gewinns – 416**

35.3.1 Fallkonstellationen – 417

35.3.2 Ausgangssituation – 417

35.3.3 Der Arzt als medizinischer Sachverständiger – 418

35.3.4 Spezielle Aspekte bei Selbstverstümmelung – 419

35.4 **Zusammenfassung – 423**

M. Grassberger, E. Türk, K. Yen, Klinisch-forensische Medizin,
DOI 10.1007/978-3-211-99468-9_35, © Springer-Verlag Berlin Heidelberg 2013

Im Zuge der klinischen Begutachtung und Versorgung von Verletzungen bzw. Krankheitsbildern muss differenzialdiagnostisch stets auch an die Möglichkeit einer Selbstbeibringung gedacht werden. **Motivationen und Ursachen** für selbstbeschädigendes Verhalten können dabei ausgesprochen vielfältig sein, fließende Übergänge sind keine Seltenheit.

Definition

Selbstverletzendes Verhalten, Selbstverletzung oder Selbstbeschädigung (im weiteren Sinne) bezeichnet einen **Eingriff in die eigene physische Integrität und Gesundheit ohne gezielt suizidale Absicht**. Die dabei gesetzten Verletzungen und Gesundheitsschädigungen können leicht (sog. Bagatellverletzungen) bis sehr schwer sein (z. B. Selbstamputationen).

Epidemiologie und Einteilung. Bei selbstbeschädigendem Verhalten ist von einer hohen Dunkelziffer auszugehen, über diese Form der Verletzungen und Gesundheitsstörungen liegt keinerlei offizielle Statistik vor. Lediglich Selbstverletzungen mit Todesfolge finden zusammen mit den Suiziden Eingang in die Statistik.

Aus praktischer Sicht ist eine **Einteilung nach der zugrundeliegenden Motivation** am zweckmäßigsten (Heide & Kleiber 2006, s. auch ◻ Abb. 35.1):

– Selbstverletzung zur Erlangung eines **psychischen** Gewinns
– Selbstverletzung zur Erlangung eines **rechtlichen** Vorteils
– Selbstverletzung zur Erlangung eines **materiellen** Gewinns.

35.1 Selbstverletzung zur Erlangung eines psychischen Gewinns

Patienten mit psychiatrischen Erkrankungen oder Störungen neigen besonders häufig zu selbstverletzendem Verhalten. Hier steht die **instabile Persönlichkeitsstörung vom Borderline-Typ** im Vorder-

grund. Einen typischen wiederkehrenden Befund in diesem Patientenkollektiv stellen zahlreiche parallel verlaufende, mehr oder weniger oberflächliche Schnitt- bzw. Ritzverletzungen sowie Verbrennungen der Haut durch Zigaretten in weniger schmerzempfindlichen Regionen dar (z. B. Außenseite der Unterarme, ◻ Abb. 35.2). Bildlich gesprochen stellt hier die Verletzung/Öffnung der Haut ein Ablassventil innerer Spannung dar. Bei Verdacht auf Selbstverletzung im Rahmen einer **Borderline-Persönlichkeitsstörung** sollte die Abklärung in Kooperation mit einer psychiatrischen Einrichtung erfolgen.

Selbstverletzungen finden sich auch bei **dissozialen oder paranoiden Persönlichkeitsstörungen**. Besonders schwerwiegende Verletzungen durch autoaggressives Verhalten können bei Patienten mit **paranoid-halluzinatorischen Schizophrenien** beobachtet werden (mitunter bis zur Amputation von Gliedmaßen oder Selbstkastration).

Auch die **Erlangung von Aufmerksamkeit, Mitgefühl, Bewunderung und Anerkennung** (z. B. die Mutproben junger Leute) sowie die **Befriedigung von sexueller Lust** und von **Rachegelüsten** stellen einen psychischen Gewinn dar.

Bodymodification. Soziokulturelle Phänomene wie Tätowierungen und Piercings nehmen eine Sonderstellung ein und werden in der Regel nicht als klassische Selbstbeschädigung mit klinisch-forensischer Bedeutung gesehen. Als gewisse Steigerung sind die als sog. „*Bodymodification*" (oder kurz „*BodMod*") bezeichneten Praktiken aufzufassen, wie das Zufügen von mitunter großflächigen, geformten Brandwunden („*Branding*"), das schneiden von Zier- oder Schmucknarben in die Haut („*Cutting*" oder „*Scarification*") sowie das Spalten der Zunge und die Implantation von Kunststoff- oder Metallornamenten unter die Haut. Hierzu zählt beispielsweise auch das Einbringen von kleinen Perlen unter die Penishaut, um hierdurch eine spezielle sexuelle Stimulation zu erreichen (z. B. in Japan). Wesentliche Risiken der Bodymodification stellen die **Wundinfektion** sowie mögliche Entstellung und Verstümmelung bei unsachgemäßer Durchführung dar.

In den verschiedenen Völkern sind eine Reihe weiterer Modifikationen/Verstümmelungen bekannt, die auch mit den dortigen Gewohnheiten und Schönheitsidealen erklärt werden: z. B. Verlängern

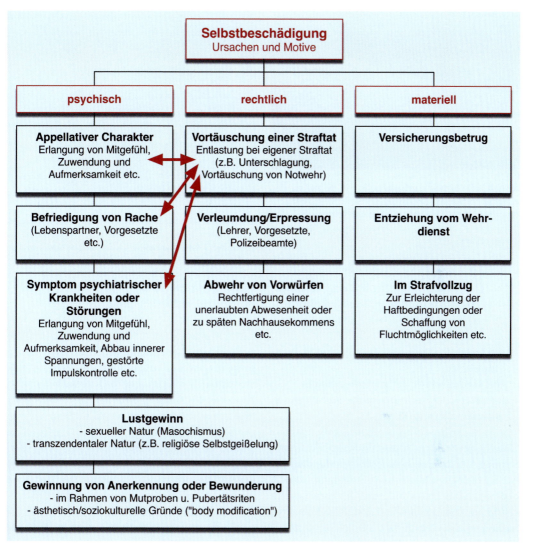

Abb. 35.1 Motive und Ursachen von Selbstbeschädigungen (nach: Heide und Kleiber 2006)

des Oberkopfes, Verlängerung des Halses, Verplumpung der Füße, Verbreiterung/Verlängerung der Lippen, Anspitzen der Zähne usw.

Von kriminellen Vereinigungen kennt man Selbstbestrafungsriten wie etwa das Abtrennen einzelner Fingerglieder (z. B. Japanische Yakuza). Dieselbe Maßnahme ist bei anderen Völkern Zeichen der Trauer um Verstorbene.

Genitale Selbstverstümmelung bzw. Selbstbeschädigung. Diese sind v. a. bei paranoid-halluzinatorischen Psychosen und bei autoerotischen masochistischen Handlungen zu beobachten, wobei Männer häufiger betroffen sind. Folgende selbstbeschädigende Handlungen konnten u. a. beobachtet werden:

– vollständiges (scharfes) Abtrennen des Penis oder einzelner Hoden nach Eröffnung des Skrotums (Hodensack)
– Fremdkörpermanipulationen (Einbringen von Fremdkörpern in Harnröhre oder Harnblase); sie können zu Harnröhren- und Blasenperforation führen.

Abb. 35.2 Zahlreiche selbstbeigebrachte, parallel verlaufende, in Verheilung begriffene Schnitt- bzw. Ritzverletzungen an der Außenseite des Unterarmes wie sie u. a. bei der Persönlichkeitsstörung vom Borderline-Typ beobachtet werden können

Abb. 35.3 Genitale Selbstbeschädigung einer 21-jährigen Studentin; seit 2 Jahren zunehmende Schwellung und Entzündung der Vulva. Die Patientin lehnt jegliche diagnostische und therapeutische Intervention ab. Fragen nach mechanischen Irritationen und ungewöhnliche Sexualpraktiken werden nicht beantwortet (Foto: Prof. Dr. K. Rappersberger, Dermatologie, Krankenanstalt Rudolfstiftung, Wien)

- Injektionen von Flüssigkeiten oder Luft in Skrotum oder Schwellkörper als autoerotische Handlung (sog. *„scrotal inflation/infusion“*); hier steht v. a. das Infektionsrisiko im Vordergrund.
- artifizielle Pfählungsverletzungen von Skrotum und Hoden
- Bei Frauen beobachtet man gelegentlich entsprechende Verletzungen im Bereich von Vulva und Vagina (**Abb. 35.3**).

Einbringen von Fremdkörpern in Anus, Rektum und Scheide. Im Rahmen **autoerotischer Handlungen** werden die unterschiedlichsten Fremdkörper rektal oder vaginal appliziert. Aufgrund der Form des eingeführten Gegenstandes und des Muskeltonus des Schließmuskels können die Fremdkörper anschließend gelegentlich selbständig nicht mehr entfernt werden. Bei Inanspruchnahme medizinischer Hilfe werden dann häufig „Unfälle" als Ursache ins Treffen geführt (*„in der Dusche ausgerutscht"* etc.). Die tatsächliche Selbstbeschädigung ist in vielen Fällen unbeabsichtigt und eher als Unfall bei autoerotischer Betätigung aufzufassen (z. B. Darmperforation nach Einführen eines scharfrandigen Gegenstandes, vgl. **Abb. 35.4**). Vergleichsweise selten werden derartige Läsionen/Probleme bei Frauen im Bereich der Vagina beobachtet.

Selbstverbrennungen. Sind häufig politisch oder religiös motiviert und haben appellativen Charakter. Wie auch bei sonstigem selbstverletzenden Ver-

halten beobachtet man Häufungen zu bestimmten zeitlichen und gesellschaftlichen Konstellationen sowie in speziellen Gruppen der Bevölkerung (z. B. Studenten). Das Ausmaß der Selbstbeschädigung im klinischen Kontext ist hierbei kaum steuerbar, insofern ist der Übergang zum Suizid fließend.

Offene vs. heimliche Selbstbeschädigung. Abhängig von Offenkundigkeit oder Verborgenheit der selbstschädigenden Handlung kann zwischen offener und heimlicher Selbstverletzung unterschieden werden.

Bei der **offenen Selbstbeschädigung** wird nicht versucht, die Urheberschaft zu verbergen. Sie ist offen als selbstschädigende Handlung erkennbar (für Behandler und Patient ist die Täterschaft klar) und kann als Hilferuf von Patienten mit akuter, innerer Not interpretiert werde, welche z. B. durch oberflächliches Ritzen der Haut einen psychischen Druck abzubauen versuchen oder um einer „inneren Leere" zu entgehen („um mich selbst wieder zu spüren", „wie rote Tränen"). Es besteht dabei der unwiderstehliche Drang den eigenen Körper immer wieder zu verletzen. Häufig sind junge Frauen in der Pubertät und Adoleszenz davon betroffen.

Bei der **heimlichen (verdeckten) Selbstbeschädigung** ist das „Ziel", durch eine selbstschädigende Handlung oder falsche Angaben ärztliche Behand-

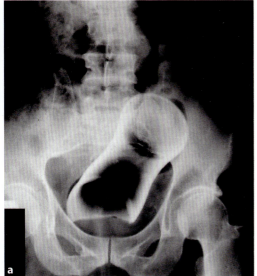

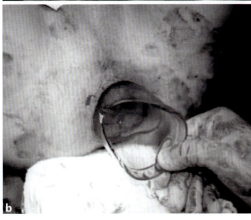

Abb. 35.4 64-jähriger männlicher Patient. Im Rahmen einer autoerotischen Handlung selbstständig rektal einge-führtes Trinkglas (max. Durchmesser 7,5 cm). **a** Radiologischer Befund. **b** Vorsichtige manuelle Extraktion in Vollnarkose. In diesem Fall bestand die Gefahr einer Darmperforation durch das während des Einführens scharfrandig abgebrochene Glas (aus: Grassberger et al. 2005)

lung bzw. eine stationäre Aufnahme zu erwirken. Die unmittelbar schädigende oder eine Erkrankung induzierende Handlung geschieht im Verborgenen (für Behandler und Patient ist die Täterschaft unklar). Es handelt sich dabei in der Regel nicht um Simulanten, deren Ziel es ist, durch vorgetäuschte Krankheit irgendeinen vordergründigen Vorteil zu erlangen. Den Patienten sind die Motive des eigenen Handelns in der Regel nicht bewusst.

Vereinfacht werden **3 Kategorien der heimlichen Selbstschädigung** unterschieden, wobei in der Praxis die Grenzen fließend sein können (Willenberg 2000):

1. **Heimliche Artefakthandlungen:** Zumeist äußerliche Gewebeschädigungen durch scharfe oder spitze Werkzeuge, stumpfe Gewalteinwirkung (Anschlagen des Kopfes), Quetschungen (z. B. in Türen), Verbrennungen, Verbrühungen oder Aufbringen ätzender Substanzen auf Haut oder Schleimhaut.
2. **Artifiziell induzierte Erkrankungen:** Der Körper wird hier durch vielfältigste Methoden provoziert bzw. geschädigt, um ein Krankheitsbild zu erzeugen.
3. **Delegation der selbstschädigenden Handlung an den Arzt:** In dieser Kategorie wird der Arzt durch die Schilderung von Beschwerdebildern zu chirurgischen oder risikobehafteten diagnostischen Maßnahmen veranlasst (der Arzt führt „im Auftrag des Patienten" die selbstschädigende Handlung durch).

In der Internationalen Klassifikation der Krankheiten (ICD-10) ist das Erscheinungsbild der heimlichen Selbstschädigung durch die Bezeichnung „Artifizielle Störungen" codiert.

35.1.1 Artifizielle Störungen

Definition: Unter einer artifiziellen Störung ist das heimliche, absichtliche (künstliche) Erzeugen, Aggravieren (Verschlimmern, Übertreiben) oder Vortäuschen von körperlichen oder psychischen Symptomen oder Behinderungen zu verstehen.

Ursachen und Motive

Die betroffenen Patienten täuschen wiederholt und ohne einleuchtenden Grund Symptome vor und können sich sogar, um Symptome oder klinische Zeichen hervorzurufen, absichtlich selbst beschädigen (typischerweise ruft der Patient seine Krankheit selbst hervor und behindert die Therapie). Die zugrunde liegende Motivation bleibt häufig unklar, vermutlich besteht häufig das Ziel, die Krankenrolle einzunehmen und Zuwendung durch das Medizinsystem zu erhalten. Obwohl die Erzeugung und

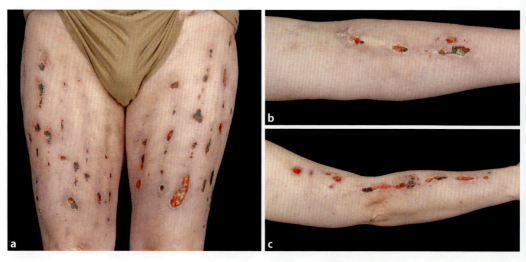

Abb. 35.5 46-jähriger männlicher Patient, nennt sich Prof. Dr. Dr., gibt an, vergiftet worden zu sein und an einem Leberzellkarzinom zu leiden. Eine CT-Untersuchung des Abdomens verläuft jedoch unauffällig. Es finden sich multiple Ulzera an den Oberschenkeln beidseits (**a**) und an den oberen Extremitäten (**b, c**) in linearer Anordnung, welche artifiziell herbeigeführt wurden (Nägel, Spritzen etc.). Diagnosen: Affektive Persönlichkeitsstörung, Verdacht auf Münchhausen-Syndrom, Opiat- und Benzodiazepinabhängigkeit, Zustand nach mehreren Entzügen (Foto: PD. Dr. B. Binder, Dermatologie, Medizinische Universität Graz)

Aggravation von Krankheitssymptomen scheinbar unter willentlicher Kontrolle geschieht, sind die Betroffenen **unbewussten** oder **zwanghaften, unkontrollierbaren Impulsen** unterworfen. Der Vorgang der Selbstschädigung ist dem Patienten häufig weder erinnerlich noch emotional nachvollziehbar. Die Störung ist mit deutlichen Persönlichkeits- und Beziehungsstörungen kombiniert.

Das Verhalten der Patienten führt zu **wiederholten Untersuchungen**, im Extremfall zu **wiederholten operativen Eingriffen**. Der Zusammenhang zwischen klinischem Befund und der verursachenden Aktivität des Patienten ist für den Arzt nicht unmittelbar erkennbar. Typisch ist der durch Institutionen wandernde Patient (sog. Hospital-Hopper-Syndrom oder Doctor-Shopping). Frauen sind häufiger betroffen als Männer, ebenso sind Angehörige medizinischer Berufe überdurchschnittlich häufig vertreten. Letztere Tatsache kann das Erkennen erheblich erschweren, da die Symptomatik durch gute medizinische Kenntnisse sehr überzeugend geschildert wird. Es wird geschätzt, dass 1–2 % der Patienten eines Krankenhauses wegen einer artifiziellen Störung Aufnahme findet. Vor allem bei Patienten mit Wundheilungsstörungen (vgl. ◘ Abb. 35.5), unklaren Hauterkrankungen

und unklaren Fieberzuständen besteht eine erhöhte Wahrscheinlichkeit.

Diagnostische Kriterien

Die diagnostischen Kriterien der artifiziellen Störung sind (nach Eckhardt 1996):
- Vortäuschung, Aggravation und/oder künstliches Hervorrufen körperlicher und/oder seelischer Krankheitssymptome
- unerklärliche Wundheilungsstörungen bei Ausschluss organischer Ursachen
- Symptomverstärkung vor geplanter Entlassung
- suchtartiges Verlangen nach ständig neuen Krankenhausaufnahmen
- auffällige Bereitschaft, sich invasiven diagnostischen und therapeutischen, einschließlich operativen Eingriffen zu unterziehen
- auffallende Gleichgültigkeit bezüglich des Krankheitsverlaufes
- Hinweise auf mehrere vorangegangene Eingriffe und Operationen
- pathologische Arzt-Patienten-Beziehung.

Bei einer Sonderform, dem sog. **Münchhausen-Syndrom** (s. u.) kommen zusätzlich folgende **Kriterien** hinzu:

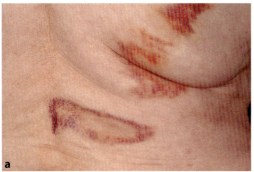

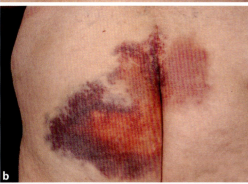

□ **Abb. 35.6** Schmerzhaftes Ekchymosen-Syndrom (Gardner-Diamond-Syndrom). Vor 4 Wochen erstmals aufgetretene, schmerzhafte, flächenhafte Ekchymosen am rechten Rücken (**a**) und gluteal (**b**) bei einer adipösen 69-jährigen Patientin (Mit freundlicher Überlassung durch Prof. Dr. med. P. Altmeyer, Bochum)

– Pseudologia-phantastica-Vorgeschichte, die aus einer Mischung von Wahrheit und Unwahrheit geprägt ist (zwanghaftes Lügen)
– oft bizarre Symptomatik
– wiederholte Beziehungsabbrüche, oft mit völliger sozialer Entwurzelung
– Tendenz zu extensivem Reisen
– häufige Selbstentlassungen, auch gegen ärztlichen Rat.

Sonderformen

Münchhausen-Syndrom. Das Münchhausen-Syndrom, benannt nach dem als „Lügenbaron" bekannten Freiherr Karl Friedrich Hieronymus von Münchhausen (1720–1797), stellt eine besondere, eher seltene Erscheinungsform der artifiziellen Störung dar, von der hauptsächlich Männer im mittleren Alter betroffen sind. Durch Schilderung bizarrer Anamnesen (sog. „*Pseudologia phantastica*") versuchen

die Patienten, manchmal unter falscher Identität, eine Krankenhausaufnahme zu erwirken. Nach langwierigen, in der Regel ergebnislosen diagnostischen Maßnahmen und Aufkommen von Verdachtsmomenten entlassen sich die Patienten selbst, um im nächsten Krankenhaus oder beim nächsten Arzt vorstellig zu werden („Krankenhauswandern" als Lebensstil).

Münchhausen-Stellvertreter-Syndrom. Das Münchhausen-Stellvertreter-Syndrom oder Münchhausen-by-proxy-Syndrom ist eine spezielle Form der Kindesmisshandlung. Ziel sind wiederholte ärztliche Untersuchungen des Kindes sowie Aufmerksamkeit und Zuwendung für den Erwachsenen. Personen mit medizinischen Vorkenntnissen sind gehäuft vertreten. Zugrunde liegen auch hier Persönlichkeitsstörungen (s. ▶ Kap. 24 „Münchhausen-by-proxy-Syndrom").

Gardner-Diamond-Syndrom. Das auch unter den Synonymen schmerzhaftes Ekchymosen-Syndrom, psychogene Purpura, Syndrom der blauen Flecken oder Painful-Bruising-Syndrom bekannte Zustandsbild ist gekennzeichnet durch schubhaft auftretende schmerzhafte blaue Flecken (□ Abb. 35.6), vielfältige körperliche Beschwerden und eine charakteristische **psychische Symptomatik**. Betroffen sind fast ausschließlich Frauen zwischen dem 20. und 50. Lebensjahr. Die Ätiopathogenese ist noch unklar. Obwohl ursprünglich eine Autoimmungenese angenommen wurde, scheint für die Entwicklung der Hautveränderungen eine artifizielle Komponente entscheidend zu sein (Behrendt et al. 2001).

Klinische Symptomatik und Verlauf

Das klinisch diffuse und in der medizinischen Literatur nicht einheitlich definierte Spektrum der artifiziellen Störungen reicht vom einfachen Vortäuschen von Schmerzen oder Manipulation am Fieberthermometer bis zur Einnahme von Medikamenten zur Erzeugung von schweren Stoffwechselstörungen oder der Erzeugung von Abszessen durch Einspritzen von infektiösem Material. Es handelt sich zu Beginn um „ideal somatische Patienten". Erst nach zahlreichen erfolglosen diagnostischen und therapeutischen Interventionen wird die Echtheit der Erkrankung bezweifelt. Die durch die häufigen und langdauernden Krankenhausaufenthalte, potenziel-

len, iatrogen (durch den Arzt) induzierten Komplikationen können schließlich zu einem **komplexen
Krankheitsbild mit langwierigem Verlauf** führen.
Es besteht eine hohe Mortalitäts- und Invalidisie-
rungsrate durch „iatrogene" Schädigung (die **De-
legierung der körperschädigenden Handlung an
den Arzt** führt u. U. zu invasiven oder schädigenden
medizinische Behandlungsmaßnahmen). Alle medizinischen Fachdisziplinen können betroffen sein.
Einen Überblick über die Vielfältigkeit der möglichen Schädigungen gibt Eckhardt (1996):

– **artifizielle Hauterkrankungen**
  • Aufbringen von Säuren und Laugen oder
    anderen irritierenden Substanzen
  • Kneten, Reiben, Quetschen der Haut
  • Strangulation von Extremitäten (artifizielle
    Lymphödeme, vgl. ◘ Abb. 35.7)
  • subkutanes Einspritzen von infizierten oder
    irritierenden Lösungen, Speichel, Milch,
    Kot u. a.
– **artifizielle interne Erkrankungen**
  • artifizielles Fieber durch Einnahme pyrogen
    wirkender Substanzen
  • Thermometermanipulationen
  • Manipulation des Blutdrucks (durch Medi-
    kamente)
  • scheinbare Kollaps-/Ohnmachtszustände
  • Fälschung des Krankenblattes
– **artifizielle hämatologische Erkrankungen**
  • Selbstabnahme von Blut zur Erzeugung von
    Anämien
  • selbst herbeigeführtes Bluten
  • Einnahme von Antikoagulanzien
  • Vortäuschen von HIV-Infektionen
– **artifizielle Stoffwechselerkrankungen**
  • Hyperthyreose durch Einnahme von
    Schilddrüsenhormonen
  • Hypoglykämien durch Injektion von Insu-
    lin oder Einnahme oraler Antidiabetika
  • Hypokaliämien durch Einnahme von Diu-
    retika, Lakritzabusus, Laxanzienabusus
  • Hyperkalziämie durch Einnahme von Kal-
    zium oder Vitamin D
  • Cushing-Syndrom durch Einnahme von
    Kortisonpräparaten
  • Hyperamylasurie durch Speichelzusatz zum
    Urin

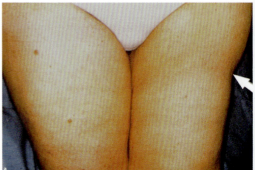
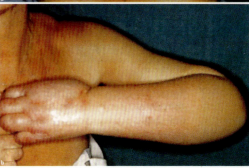

◘ **Abb. 35.7 a** 46-jährige Patientin mit artifiziell induziertem
Lymphödem durch Abschnürung des linken Beines (Stau-
artefakt) mit zirkulärer Delle am proximalen Oberschenkel
(Pfeil). Zuweisungsdiagnose des Hausarztes: Therapieresi-
stentes postthrombotisches Syndrom. **b** Dieselbe Patientin 2
Monate später mit distal betontem Ödem des linken Armes,
verursacht durch passives Hängenlassen der Extremität (sog.
„hysterisches Ödem"). Durch den Psychiater wurde eine
ausgeprägte Depression diagnostiziert; trotz psychiatrischer
Therapie kam es in der Folge immer wieder zu Episoden von
selbstverletzendem Verhalten (aus: Stöberl et al. 1994, mit
freundlicher Genehmigung)

– Anticholinergikaintoxikation (zentrales
  anticholinerges Syndrom) durch Einnahme
  von Parasympatholytika bzw. Sympathomi-
  metika
– **artifizielle kardiologische Symptome**
  • Vortäuschen einer koronaren Herzkrankheit
  • Einnahme von Betablockern, Clonidin und
    anderen Medikamenten
– **artifizielle pulmonologische Symptome**
  • Hämoptysis durch vorher geschlucktes
    Eigen- oder Tierblut
– **artifizielle gynäkologische Symptome**
  • Vortäuschung von abdominalen Schmer-
    zen, Abwehrspannung

- vaginale Blutung durch mechanische Manipulationen an der Portio oder Vagina oder Einführen von Blut
  - intravaginales Einbringen von ätzenden Lösungen
- **artifizielle chirurgische Symptome**
  - Vortäuschen abdominaler Schmerzen, Stuhl- und Urinverhalt; (Blut-)Erbrechen
  - Manipulationen (z. B. Wiedereröffnen) an Operationswunden
  - Erzeugen von Abszessen durch Einspritzen von Kot, Fremdkörpermaterial etc.
  - Manipulation an zentralvenösen Zugängen, Wunddrainagen u. a.
- **artifizielle urologische Symptome**
  - Einbringen von Eigen- oder Tierblut durch die Harnröhre oder durch Injektion durch die Bauchdecke in die Blase zur Erzeugung einer Hämaturie
  - Kontamination des Urins durch Fäkalien, Blut und anderes
- **artifizielle neurologische Symptome**
  - Vortäuschen von Lähmungszuständen und Dysästhesien
  - Einnahme von Anticholinergika
  - Vortäuschung epileptischer Anfälle, teilweise unter Zuhilfenahme von Medikamenten
- **artifizielle psychiatrische Symptome**
  - Vortäuschung von akuter Suizidalität oder psychotischen Zuständen, auch von Delirien
  - Vortäuschung von Verwirrtheitszuständen oft unter Zuhilfenahme von Medikamenten
- **artifizielle Symptome in der Kinderheilkunde**
  - Münchhausen-by-proxy-Syndrom oder genuine artifizielle Symptome bei Kindern und Jugendlichen: artifizielles Fieber, dermatologische Symptome, z. B. Blut in der Windel, angebliches Bluterbrechen, Nasenbluten, Koliken.

Differenzialdiagnose

Unter folgenden Voraussetzungen wird nicht von einer „artifiziellen Störung" gesprochen (Ausschlusskriterien, nach Willenberg 2000):

- wenn zum Zeitpunkt der schädigenden Handlungen eine **manifeste psychotische Erkran**kung vorliegt (organische, schizophrene oder affektive Psychosen)
- bei **akuten Intoxikationen** sowie psychischen Störungen und Verhaltensstörungen durch **psychotrope Substanzen**, einschließlich der **Entzugssyndrome**
- wenn das selbstverletzende Verhalten als **Begleiterscheinung anderer organischer Erkrankungen** auftritt (s. u.).

Von der artifiziellen Störung im engeren Sinn sind weiterhin abzugrenzen:

- die **offene Selbstbeschädigung** (s. o.)
- die Vortäuschung von Krankheit mit offensichtlicher rationaler Motivation, z. B. Wunsch nach einer Arbeitsunfähigkeitsbescheinigung (**Simulation**)
- Sog. **Paraartefakte** wie das „*Skin Picking Syndrom*" (früher auch „neurotische Exkoriationen" bezeichnet) umfassen Exkoriationen, Erosionen sowie Krusten und daneben atrophisch abheilende Narben und Hyperpigmentierungen die durch wiederholtes ausgeprägtes Kratzen entstehen. Die Lokalisation ist vorwiegend im Bereich der Arme und Unterschenkel, kann aber auch im Gesicht auftreten (Acne excoriée).
- **Hautmanipulationen bei Dermatozoenwahn:** Hier liegt die wahnhafte Vorstellung zugrunde, von Ungeziefer befallen zu sein. Klinisch imponieren infolge der Bekämpfung der vermeintlichen Erreger zahlreiche Artefakte der Haut wie längliche Kratzspuren, rundliche Ulzera, krustige Plaques.
- **Artefakte mit zugrundeliegender Störung der Impulskontrolle** wie z. B. die **Trichotillomanie** (gewohnheitsmäßiges Ausreißen der Haare), extremes Finger- bzw. Nagelkauen, die **Morsicatio buccarum** (nervöses Beißen und/oder Einsaugen der Wangenschleimhaut mit resultierenden weißlichen strangförmigen Mundschleimhautverdickungen oder auch Schwielen im Bereich des Zahnschlusses), **Cheilitis factitia** (Schädigung der Haut durch zwanghaftes Lecken der Lippenhaut und der Mundumgebung, sog. Leckekzem).

Simulation. Unter Simulation wird die beabsichtigte, bewusste Darstellung oder Vortäuschung nicht bestehender Beschwerden sowie die Erzeugung von (irreversiblen) Schäden am eigenen Körper verstanden, um einen materiellen oder sozialen Vorteil zu erlangen bzw. sich einem bevorstehenden Übel zu entziehen (s. u.).

35.1.2 Selbstverletzendes Verhalten als Begleiterscheinung organischer Erkrankungen

Selbstverletzendes Verhalten wurde bei einer Reihe von Erkrankungen beschrieben, exemplarisch seien folgende genannt:

Beim **Lesch-Nyhan-Syndrom** (auch Hyperurikämie-Syndrom), einer seltenen X-chromosomal-rezessiv vererbten Stoffwechselerkrankung (betroffen sind hauptsächlich Männer), kann es zu zwanghaften Selbstverstümmelungen durch Lippen- oder Fingerbisse kommen.

Patienten mit dem **Cornelia-de-Lange-Syndrom** (multiple angeborene Fehlbildungen mit kognitiven Behinderungen) zeigen häufig selbstverletzende Verhaltensweisen wie Beißen, Kratzen und Kopf schlagen.

Die ebenfalls seltene Erbkrankheit **Smith-Magenis-Syndrom** ist u. a. gekennzeichnet durch Verhaltensstörungen und selbstverletzendes Verhalten wie Schlagen des Kopfes gegen Wände, Beißen in die Hände, Picken an Haut und Narben, Abziehen der Finger- und Zehennägel, Einführen von Fremdkörpern in Ohren und Nase, Wutausbrüche, destruktive und aggressive Verhaltensweisen sowie gestörtes Temperaturempfinden.

35.2 Selbstverletzung zur Erlangung eines rechtlichen Vorteils

35.2.1 Ursachen und Motive

Am häufigsten finden sich in dieser Kategorie Selbstverletzungen zur Vortäuschung einer Straftat oder Verletzungen, bei denen nachträglich eine Straftat behauptet wird („fingierte Straftat"). Oft werden Delikte (Überfälle, Raub, Sittlichkeitsdelikte etc.)

vorgetäuscht, um ein **eigenes Fehlverhalten** (z. B. Einbruch/Diebstahl oder Unterschlagung) zu verschleiern (vgl. ◻ Abb. 35.8) oder um eine **unerlaubte Abwesenheit** oder zu **spätes Heimkehren** zu rechtfertigen.

Manchmal wird ein Überfall behauptet, wenn ein **Suizidversuch unvollendet** blieb bzw. misslang (Dissimulation). Weitere Motive können **Rache** an Personen oder Institutionen, Verschleierung einer vorausgegangenen **autoerotischen Handlung** (mit erkennbaren Verletzungen), **Vortäuschen einer Notwehrsituation** nach versuchter Verletzungs- oder Tötungshandlung oder das Vortäuschen einer **politisch oder fremdenfeindlich motivierten Straftat** (z. B. durch Hakenkreuz-Ritzer) sein.

Nicht selten sind auch Selbstverletzungen **nach Festnahmen** bzw. in Polizeigewahrsam zur Vortäuschung von Notwehrhandlungen oder zur **Belastung von Polizeibeamten** (z. B. Vorgabe von Misshandlungen). **Selbstschädigung im Strafvollzug** wird zur Erlangung von Hafterleichterungen (sog. „Schlucker") durchgeführt.

Unter Umständen wird ein **Überfall vorgetäuscht**, um nach einem selbstverschuldeten Sturzereignis (z. B. im alkoholisierten Zustand) die **Schuld auf andere zu verschieben** und selbst evtl. auch noch Entschädigungsleistungen zu erlangen (z. B. nach dem Opferentschädigungsgesetz oder von Opferhilfeorganisationen).

Dasselbe gilt für **fingierte Verkehrsunfälle** bzw. für die Aggravation von Beschwerden/Verletzungen nach Verkehrsunfall (z. B. das Halswirbelsäulenschleudertrauma).

Andere Ursachen für das **Vortäuschen eines Überfalls** können sein:
– schulische Schwierigkeiten (◻ Abb. 35.9)
– verschmähte Liebe
– Lieblosigkeit oder Liebesentzug seitens naher Angehöriger
– der simple Versuch (überwiegend von Jugendlichen), Aufmerksamkeit, Mitgefühl und Zuwendung zu finden (appellativer Charakter).

Die Grenzen zur Selbstverletzung zur Erlangung eines psychischen Vorteils sind hier fließend.

Fingierte Sexualdelikte. Betroffen sind in der Regel jüngere Frauen, wobei v. a. Konflikte mit dem Intimpartner (v. a. in der Trennungsphase), Rache am Vorgesetzten oder Ex-Partner sowie verschmähte Liebe und das Bedürfnis nach Aufmerksamkeit und Zuwendung die häufigsten Motivationen darstellen.

Bei Verdacht auf ein vorgetäuschtes Sexualdelikt ist, wie auch bei „echten" Sexualdelikten, die detaillierte Dokumentation der extragenitalen Verletzungsbefunde von hervorragender Bedeutung für eine gutachterliche Beurteilung.

Typischerweise ergeben sich in Fällen von vorgetäuschten Handlungen z. T. erhebliche Widersprüche zwischen den (statischen) körperlichen Befunden und dem geschilderten (dynamischen) Hergang. Die Verletzungen weisen in der Mehrzahl der Fälle sämtliche Kriterien der Selbstbeibringung

auf (vgl. ◻ Abb. 35.10) (s. ▶ Kap. 28 „Vorgetäuschte Sexualdelikte").

Selbst- vs. Fremdbeibringung. Die Unterscheidung zwischen Fremd- oder Selbstbeibringung ist v. a. für die Strafverfolgungsbehörden von erheblicher Bedeutung, da entschieden werden muss, ob gegen unbekannte(n) Täter ermittelt werden soll. Aus rechtsmedizinischer Sicht steht daher die Differenzialdiagnose zwischen Selbst- und Fremdbeibringung im Vordergrund. In der Mehrzahl finden sich Ritz- und Schnittverletzungen mit typischer Charakteristik (s. u.). Aber auch stumpfe Gewalt (z. B. Hämatome) und thermische Läsionen kommen vor. Mädchen und junge Frauen sind häufiger

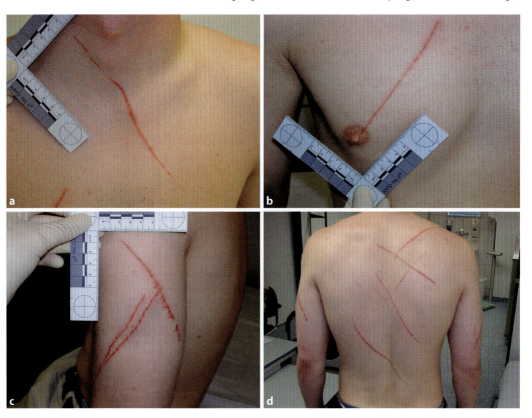

◻ **Abb. 35.8** Selbstbeschädigung zur Erlangung eines rechtlichen Vorteils (Vortäuschen einer Straftat). Der 21-jährige Mann gab an, bei einem Überfall durch einen unbekannten vermummten Täter gezwungen worden zu sein, das im Tresor befindliche Geld auszuhändigen. Im Rahmen des Überfalls sei er mit einem Messer mehrfach verletzt worden. Bei der rechtsmedizinischen Untersuchung wurden mehrere z. T. parallele und symmetrische kratzerartige Hautläsionen im Bereich des Oberkörpers und der Arme mit Aussparung im Bereich der (schmerzempfindlichen) Brustwarze dokumentiert. Die ebenfalls untersuchte, zum Vorfallszeitpunkt getragene Kleidung wies keinerlei mit den Verletzungen korrespondierende Defekte auf (Fotos: Institut für Rechtsmedizin Hamburg)

Die Attacke war nur eine Lüge

MÜLLHEIM. „Lügen haben kurze Beine." Dies mußten jetzt auch zwei Mädchen erfahren, die gegenüber ihrer Schulleitung angaben, von ausländischen Schülerinnen einer anderen Schule verletzt worden zu sein. Die Polizei fand bei ihren Vernehmungen jedoch recht schnell heraus, daß da irgend etwas nicht stimmen konnte. Die von den Jugendlichen angegebenen Körperverletzungen – Kratzer und Schwellungen – hatten sie sich selbst zugefügt oder von Mitschülerinnen zufügen lassen. Der Grund: Die beiden Mädchen brauchten eine Ausrede fürs Schuleschwänzen.

◘ Abb. 35.9 Zeitungsbericht über einen vorgetäuschten Überfall von zwei Schülerinnen, um das unerlaubte Fernbleiben von der Schule zu rechtfertigen

betroffen als Männer. Wird die Patientin oder der Patient von der Umgebung zu einer **Strafanzeige** gedrängt und der polizeiliche Ermittlungsapparat in Bewegung gesetzt, ist ein Rückzug in der Regel schwer. Vor allem die potenziellen **strafrechtlichen Konsequenzen** (falsche Verdächtigung, Verleumdung, Vortäuschung einer Straftat) sind bei dieser Form der Selbstbeschädigung von Relevanz.

Körperliche Untersuchung. Der **Auftrag zu einer Untersuchung** durch den Rechtsmediziner ergeht in der Regel von der Polizei, der Staatsanwaltschaft oder vom Gericht, wobei häufig eine Strafanzeige gegen unbekannte(n) Täter den Auslöser darstellt. Unabhängig von den grundlegenden Richtlinien zur körperlichen Untersuchung im Rahmen von klinisch-forensischen Fragestellungen (s. ▶ Kap. 12 „Die gerichtsverwertbare Dokumentation von Verletzungen") sind bei begründetem Verdacht auf eine Selbstbeschädigung die nachfolgenden Punkte zu beachten.

35.2.2 Typische Befunde

Selbst zugefügte Verletzungen bei **vorgetäuschtem Überfall** bzw. **fingiertem Sexualdelikt** imponieren meist als **seichte Ritz- oder Schnittverletzungen** (durch häufig benutzte Werkzeuge wie Nagelfeilen, Glasscherben, Messer, Rasierklingen etc., vgl. ◘ Abb. 35.10) mit den **typischen Kriterien:**

–   **oberflächliche Hautritzer** und Kratzer bzw. Exkoriationen (häufig durch Fingernägel verursacht)
–   Verletzungen von gleichmäßiger, geringer Tiefe, auch an gewölbten Körperoberflächen
–   oft **parallel** zueinander
–   nicht ernsthaft schmerzende Verletzungen bzw. **Aussparung schmerzempfindlicher Areale** (Augenlider, Lippen, Nase, Augen, Brustwarzen)
–   nicht dauerhaft entstellende Verletzungen
–   auffällig **statischer Charakter** der Verletzungen (im Gegensatz zur Dynamik des geschilderten Handlungsablaufes)
–   häufig **symmetrisch**
–   oft **Muster, Wörter oder Symbole** (z. B. Hakenkreuz oder SS-Runen)
–   in größerer Zahl oder in Gruppen aus mehreren Einzelläsionen bestehenden Hautwunden
–   Die **Kleidung ist meist unbeschädigt** oder gesondert beschädigt; keine oder mangelnde Übereinstimmung mit den Beschädigungen an der Kleidung und den (zu erwartenden) Verletzungen am Körper (bzw. umgekehrt)
–   Die verletzten Körperregionen sind mit der eigenen Hand oder einem Werkzeug mühelos erreichbar (eigenhändig erreichbare Lokalisation), z. B. Gesicht, Arme, Beine, Hals, Rumpfvorderseite.
–   Rückschlüsse auf die **Gebrauchshand** sind häufig möglich.
–   Schwer erreichbare Stellen oder exakte „Zeichnungen" an schwer zugänglichen Stellen können auf „Fremdbeibringung im Einverständnis" durch eine eingeweihte Person hinweisen.
–   Die **Gesamtverletzungsschwere ist leicht** oder sehr leicht (Eine Ausnahme stellt der Versicherungsbetrug im Sinne eines **vorgetäusch-**

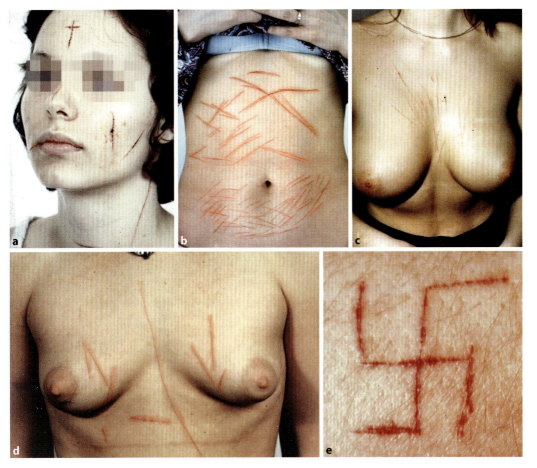

Abb. 35.10 Selbstbeigebrachte Ritzverletzungen in typischer Ausprägung und Anordnung (Fotos: Institut für Rechtsmedizin, Hamburg)

ten Unfalls dar, hier werden auch sehr schwere Verletzungen selbst gesetzt, siehe dort).
- Die Verletzungen zeigen eine **auffällige Feinstruktur**: Nachziehen der Verletzungen mit Neuansätzen zur Verlängerung.
- **Gleichförmigkeit** der Einzelverletzungen („wie gezeichnet")
- **Begleitverletzungen oder Abwehrverletzungen fehlen** (evtl. findet sich ein selbst beigebrachter Faustschlag gegen das Auge).
- Neben Ritz- und Schnittverletzungen kommen auch stumpfe Gewalteinwirkungen zum Einsatz („Beklopfen" der entsprechenden Körperregionen) sowie **Verbrennungen mit Zigaretten oder heißen Gegenständen**.

- Beobachtet werden weiterhin selbstinduzierte Erstickungsmechanismen und Selbststrangulation. Selbstangelegte Fesselungen können ebenso wie Selbststrangulation durch sorgfältige Analyse des Strangwerkzeuges (und zusätzlichen spurenkundlichen Untersuchungen) abgegrenzt werden.

Neben den klassischen Befundmustern werden immer wieder **untypische Begehensweisen** beobachtet, z. B.
- selbstzugefügte Stichverletzungen im Rückenbereich
- Platzwunden am Kopf durch Anschlagen des Kopfes an der Wand bzw. mittels eines Gegenstandes
- penetrierende Bauchstichverletzungen

– Selbstverletzung durch Dritte im Einverständnis (Hilfspersonen).

Vor allem schwere, an normalerweise nicht erreichbaren Körperstellen liegende Verletzungen sind zunächst kaum als selbst zugefügte Verletzungen zu erkennen. Derartige, von der „Norm" abweichende Befunde können auch den sachverständigen Gutachter vor eine große Herausforderung stellen. Eine vollständige und detaillierte klinisch-forensische Untersuchung mit technisch einwandfreier Fotodokumentation der Verletzungen sind die wichtigste Grundlage für die Begutachtung. In der Klinik ist darüber hinaus eine exakte (frühzeitige) Bildgebung, z. B. durch Röntgen, Computertomographie, Magnetresonanztomographie und Ultraschall anzustreben. Die klinischen Befunde können dann später unter rekonstruktiven Aspekten rechtsmedizinisch ausgeweitet werden.

Reale Überfälle unter Anwendung scharfer Gewalt zeichnen sich hingegen durch folgende Befundkonstellationen aus:

– Es finden sich überwiegend Stichverletzungen.
– Einzelverletzungen sind meist tiefreichend.
– Empfindliche Körperregionen sind nicht ausgespart.
– Die Anordnung der Verletzungen ist weitgehend regellos und spiegeln das dynamische Geschehen wieder.
– Häufig finden sich Abwehr- und Begleitverletzungen.
– Die Kleidung ist mitbeschädigt; die Beschädigungen stehen im Einklang zu den Verletzungen.
– Der Gesamtverletzungsschweregrad ist häufig schwer bis sehr schwer.

35.2.3 Vorgehen bei Verdacht auf Selbstbeschädigung

Solange diagnostisch Unsicherheit über die Ursache eines Verletzungsmusters besteht, sollte der behandelnde Arzt keineswegs auf eine Anzeige bei der Polizei drängen. Der Patient/die Patientin kommt hierdurch u. U. selbst in die Rolle eines Straftäters (nämlich wegen des Vortäuschens einer Straftat). Kristallisiert sich von ärztlicher Seite der Verdacht auf eine Selbstbeschädigung heraus, sollte mit besonderer Sensibilität vorgegangen werden, da sich die Patienten trotz der falschen Angaben möglicherweise in einer **psychischen Ausnahmesituation/Notsituation** befinden. In vielen Fällen wurde zudem der fingierte Vorfall bereits zur Anzeige gebracht. Eine abwertende, bloßstellende Konfrontation mit der Verdachtsdiagnose ist hier in keinem Fall angebracht.

Auch nach behutsamer Mitteilung der Verdachtsdiagnose folgt typischerweise nach einer kurzen Latenzphase häufig eine demonstrativ aggressive Reaktion der Empörung und Ablehnung durch den Patienten. Eine Therapieanbahnung ist in der Regel kompliziert, eine Behandlung wird zumeist abgelehnt. Am ehesten gelingt es durch **Hinzuziehen eines psychiatrischen/psychosomatischen Konsiliararztes** ein Vertrauensverhältnis aufzubauen, um eine **stabile Therapiebeziehung** anzubahnen. Zu bedenken ist, dass eine Selbstbeschädigung gelegentlich nur graduelle Unterschiede zum Suizid beinhaltet. Insofern hat die psychologisch/psychiatrische Intervention besonders behutsam zu erfolgen. Bereits eingeleitete Strafverfahren werden häufig wegen geringer Schuld oder mangels öffentlichen Interesses eingestellt.

35.3 Selbstverletzung zur Erlangung eines materiellen Gewinns

Materielle Vorteile im Zusammenhang mit (selbstbeigebrachten) Verletzungen sowie daraus resultierenden Schmerzen/Behinderungen (evtl. auch durch Aggravation solcher Beschwerden) ergeben sich aus entsprechenden Versicherungen (z. B. Unfallversicherung, Invaliditätsversicherung, evtl. auch mit sog. verbesserter Gliedertaxe, Verdienstausfall, Krankentagegeld, Schmerzensgeld, Rente, Haftpflichtversicherung, Opferentschädigungsgesetz). Landläufig spricht man von **Versicherungsbetrug**.

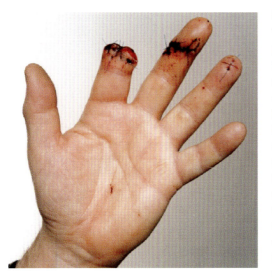

◘ Abb. 35.11 Pianist gab an, sich beim Reifenwechsel Zeige und Mittelfinger abgetrennt zu haben, er war in mehreren Ländern hoch versichert. Die Verletzung infolge (halb-) scharfer Gewalt war mit dem angegebenen Verletzungshergang nicht vereinbar. Er gab an, eine Autofelge sei ihm beim Umfallen des Wagenhebers auf die Hand „gekippt"

35.3.1 Fallkonstellationen

Prinzipiell kommen bei einem Versicherungsbetrug sehr unterschiedliche Fallkonstellationen in Betracht:

- fingierter Unfall (z. B. Sturz, Verkehrsunfall, Arbeitsunfall [◘ Abb. 35.11])
- Deklaration einer selbstverschuldeten Verletzung (z. B. aus Unachtsamkeit, alkoholisiert, unter Drogeneinfluss) als Fremdeinwirkung (z. B. Überfall)
- Versuch der Vertuschung einer suizidalen Handlung
- Aggravation von unfallbedingten Beschwerden (z. B. sog. HWS-Schleudertrauma); Vorspiegelung schwer objektivierbarer Beschwerden, z. B. Schmerzen, (psychische) posttraumatische Belastungsstörung, Arbeitsunfähigkeit
- Selbstverstümmelung als intendierter Versicherungsbetrug.

35.3.2 Ausgangssituation

Das Szenario ist dadurch gekennzeichnet, dass beim ersten ärztlichen Einsatz in der Regel keinerlei spezielle Dokumentation und Spurensicherung erfolgt, da keine Verdachtslage entsteht. Der Verdacht kommt erst später auf, z. B. nach der Meldung des Schadenfalls an die zuständige Versicherung. Diese schaltet dann Sachverständige ein (technische Sachverständige, Versicherungsdetektive, medizinische Gutachter), die das Geschehnis unter rekonstruktiven Aspekten untersuchen und das Verletzungsmuster und Beschwerdebild des Geschädigten hierzu in Beziehung setzen. Geprüft werden dann auch sonstige Rahmenbedingungen (z. B. die wirtschaftliche Situation des „Opfers", sonstige Versicherungsverträge, berufliche Situation, handwerkliches Verständnis etc.); derartige Aspekte gehören selbstverständlich nicht zur medizinischen Beurteilung.

Nur außerordentlich selten ergeben sich beim behandelnden Arzt, beim Notarzt oder auch beim Rettungsarzt sowie bei begleitend tätigen Polizeikräften primär bereits Anhaltspunkte für betrügerische Absichten und Manipulation des verletzten Patienten.

Für den niedergelassenen Arzt/Notarzt und den Arzt in der Notaufnahme eines Krankenhauses ist es von entscheidender Bedeutung (Weichenstellung), überhaupt beispielsweise bei einer Fingeramputation die Möglichkeit einer Selbstbeschädigung in die Differenzialdiagnose miteinzubeziehen. Dies ist keine allgemeine Aufforderung zum Misstrauen gegenüber anamnestischen Angaben des Patienten oder eine überzogene Betonung kriminalistischen Denkens. Fehl am Platz bzw. „blauäugig" sind allerdings auch Gedanken wie: *„Das kann man sich überhaupt nicht vorstellen"* – *„Freiwillig erträgt keiner solche Schmerzen"* – *„Das würde ich nie tun"* – *„Nicht für noch soviel Geld"*. Vielmehr zeigt die (rechts-) medizinische Erfahrung, dass entsprechende Amputationen wegen des finanziellen Gewinns sehr gezielt und kühl berechnend durchgeführt werden. Schmerzen und das Ausmaß der Verletzungen sind kalkulierbar (z. B. durch Medikamente, gezielte Blutstillung). Dies gilt analog auch für den (u. U. tödlichen) Versicherungsbetrug bei Lebensversicherungen (sei es mit Selbsttötung, um Angehöri-

◼ **Tab. 35.1** Charakteristische Merkmale der Selbst- und Fremdbeibringung (nach: Heide und Kleiber 2006)

Merkmal	Fremdbeibringung	Selbstbeibringung
Art der Verletzung	überwiegend Stiche, einige Schnittverletzungen	fast nur Schnitt-, Ritz- oder Kraftverletzungen
Anzahl der Einzelverletzungen	große Anzahl selten	auffällig häufig große Anzahl
Lokalisation	alle Körperregionen	leicht erreichbare und unbekleidete Stellen bevorzugt (z. B. Gliedmaßen, Wangen, Stirn, Rumpfvorderseite); empfindliche Stellen ausgespart (z. B. Lippen, Brustwarzen); Rücken, schwer erreichbare Stellen kaum betroffen; Betonung der der Arbeitshand gegenüberliegenden Seite
Anordnung	regellos	häufig gruppiert; scharenweise parallel, gereiht; symmetrisch
Form und Gestaltung der Einzelverletzungen	meist kurze Verläufe, auch unstetige und stark gekrümmte Formen; keine Gestaltung	oft lange, stetige, nur schwach gekrümmte Formen; auch geometrische Formen, Symbole, Buchstaben und Wörter
Intensität der Einzelverletzungen	stark variierend, oft tief reichend	immer oberflächlich; auffallend gleichmäßige Verletzungstiefe (auch an gewölbten Oberflächen)
Feinstruktur der Einzelverletzungen	kaum Feinstruktur	Verzweigungen und akkurate Neuansätze bei Strichverlängerung
Gesamtverletzungsschwere	meist (sehr) schwer	durchwegs leicht oder sehr leicht
Abwehrverletzungen	häufig, meist tief reichend; vor allem an Hohlhand, Fingerbeugeseiten und Kleinfingerseite des Unterarmes	fehlend oder untypische, oberflächliche Schnitte an Fingern, Hand und Unterarm
Bekleidung	adäquat und lagegerecht einbezogen; zahlreiche Kampfspuren	meist nicht einbezogen oder mangelnde Kongruenz zu Verletzungen
Begleitverletzungen anderer Art	häufig	nur vereinzelt
Hinweis auf Wiederholungstat (Narbenbilder)	selten	häufig lineare Narben unterschiedlichen Alters

35

gen einen finanziellen Vorteil zu verschaffen, oder Fremdtötung, um ein Erbe zu kassieren).

Im Verlauf ist die Beobachtung der psychischen Verfassung des Patienten, die Einschätzung des Heilungsverlaufes und des angegebenen Beschwerdebildes von eindringlicher Bedeutung.

In jedem Fall sollte bei Unfallverletzten (speziell auch mit Fingeramputation) über die dringliche Notfallversorgung hinaus auch eine **sorgfältige Dokumentation** (z. B. durch detaillierte Beschreibung mit Fotos, Röntgenbildern, Laboruntersuchungen) erfolgen.

35.3.3 **Der Arzt als medizinischer Sachverständiger**

Der später (u. U. erst Monate nach dem angeblichen Unfallereignis) eingeschaltete Sachverständige wird in der Regel die Aktenlage sorgfältig auswerten, den

◘ **Tab. 35.2** Differenzialdiagnostische Kriterien zur Unterscheidung von akzidenteller und vorsätzlicher Selbstverletzung	
Hinweise für akzidentelle Verletzung	**Hinweise für vorsätzliche Selbstverletzung**
Verletzung an Arbeitshand	Verletzung an Nichtarbeitshand
Verletzung betrifft Mittel-, Ring- oder Kleinfinger	Verletzung betrifft Daumen und Zeigefinger
Verletzung betrifft Fingerendglied	Verletzung betrifft Grundgelenk bzw. Grundglied
Verletzung verläuft diagonal (vgl. ◘ Abb. 35.15) oder beinahe parallel zur Fingerlängsachse	Amputationslinie verläuft rechtwinkelig zur Fingerlängsachse
Es finden sich Haut- oder oberflächliche Knochenverletzungen	vollständige Amputation

Versicherungsnehmer (Geschädigten) (nach-)untersuchen, bei ihm gezielt den Geschehensablauf explorieren (mit ausführlicher Protokollierung, Foto sowie ggf. auch Videodokumentation), die (Original-)Werkzeuge und den Geschehensort überprüfen (= Lokalaugenschein) und eventuell eigene **rekonstruktive Experimente** durchführen.

35.3.4 Spezielle Aspekte bei Selbstverstümmelung

Am häufigsten handelt es sich um die Amputation eines einzelnen Fingers (statistisch am häufigsten betroffen ist der Zeigefinger der linken Nichtgebrauchs-Hand.) In einzelnen Fällen kommen auch Amputationen der gesamten Hand, eines (Unter-)Armes oder eines Beines in Betracht. Gelegentlich liegen auch sonstige entstellende/verstümmelnde Verletzungen vor, z. B. das Genitale betreffend.

Dem Gutachter kommt hier eine große Verpflichtung zur Objektivität sowie zu hoher Verantwortung zu, hängt doch von seiner Beurteilung nicht nur das wirtschaftliche Wohlergehen des zu Begutachtenden, sondern auch dessen zukünftiges Schicksal ab. Andererseits hat der Gutachter auch eine Verantwortung für das Allgemeinwohl, in dem Sinne, dass sein medizinischer Sachverstand dazu dient, betrügerische Machenschaften und Kriminalität auf Kosten der Gemeinschaft/Gesellschaft aufzudecken.

Die **Untersuchungsstrategie bei Verdacht auf Selbstverstümmelung** beinhaltet eine sehr umfassende Herangehensweise an die Rekonstruktion. Sämtliche Aspekte der komplexen Begutachtung können hier nicht aufgezeigt werden.

Einige wesentliche Punkte seien angedeutet (vgl. ◘ Tab. 35.2):

– Es gibt keine (unabhängigen) Zeugen.
– Bei Fingerverletzungen fehlt das abgetrennte Amputat (wird nicht zur Notfallversorgung

◘ **Abb. 35.12** Beispiele einer akzidentellen Hackverletzung im Bereich der Fingerendglieder mit typischerweise diagonal bis längs verlaufender Amputationslinie

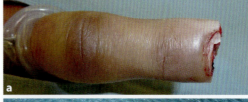

Abb. 35.14 Akzidentelle, horizontale Abkappung der Zeigefingerspitze der Gebrauchshand. Unfall durch Einklemmen des Fingers in den Klappmechanismus eines Liegestuhls. Das Amputat wurde vom Patienten mitgebracht, der Unfallmechanismus konnte hinreichend erklärt werden (Fotos: Unfallkrankenhaus Lorenz Böhler, Wien)

Abb. 35.13 Beispiele einer vorsätzlichen Selbstbeschädigung mit typischer sog. „Exekutionshaltung" von Daumen (**a**) und Zeigefinger (**b**) auf einem Hackblock. Ziel ist die isolierte Abtrennung eines Fingergliedes. Typischerweise verläuft die Amputationslinie rechtwinkelig zur Fingerlängsachse im Fingergrundglied

mitgebracht und steht somit nicht zur Replantation zur Verfügung).
- Nach stattgehabter Replantation kommt es zu unerklärlich ungünstigem Heilungsverlauf mit Nekrose des replantierten Fingers.
- Betroffen ist vorzugsweise die Nichtgebrauchshand.
- Unfallverletzungen an der Hand liegen eher peripher(■ Abb. 35.14), verlaufen schräg zur Fingerachse (■ Abb. 35.12), betreffen häufig nicht nur einen Finger (sondern auch die angrenzenden), sie sind nicht glatt und oft

nicht mit einer vollständigen Amputation verknüpft.
- eine eigenhändig durchgeführte Amputation verläuft eher quer zur Fingerachse im grundgliednahen Bereich (hierdurch vollständiger Funktionsverlust, vgl. ■ Abb. 35.13).
- Zu beachten sind sog. Probierläsionen (u. U. parallel zur Abtrennungslinie), falls mehrfach mit dem Werkzeug eingewirkt wurde.
- Folgende Werkzeuge kommen z. B. zum Einsatz: am häufigsten Beil/Axt sowie Sägen (Kreissäge, Kettensäge); in Einzelfällen Maschinen mit scharfkantigen Strukturen; Schusswaffen.
- Betroffene Berufsgruppen sind auffällig häufig Ärzte, gehäuft auch kaufmännische Berufe sowie Versicherungsvertreter.
- Alters- und Geschlechtsverteilung: Verhältnis Männer/Frauen 14 zu 1; überwiegend mittleres Lebensalter.

Man spricht von einer sog. **„Exekutionshaltung"** des Fingers, wenn dieser bewusst/gezielt und isoliert von den übrigen Fingern der scharfen Gewalt ausgesetzt war (■ Abb. 35.13).

Unter Umständen ergeben sich auch offensichtliche Widersprüche zwischen der Morphologie/Geometrie der Verletzung und den biomechanischen Auswirkungen des einwirkenden Werkzeuges (diesbezügliche eigene Erfahrungen mit Verletzungen durch Ventilator, Keilriemen, Schließblech am zuschlagenden Gartentor, Kante/Ecke von herabfallender Gartensteinplatte etc.). Das **Spurenbild am Geschehensort** (betrifft insbesondere auch **Blutspuren**) sowie am Werkzeug (falls fotografisch dokumentiert oder später noch erhebbar) passt in der Regel nicht zum geschilderten Verletzungsmechanismus.

In jedem Fall setzt eine derartige Begutachtung umfangreiche Erfahrungen des Gutachters mit derartigen Fragestellungen, Kenntnis der entsprechenden wissenschaftlichen Literatur sowie Interesse an detailgetreuer Rekonstruktion (◘ Abb. 35.16) voraus.

Check-Liste zur gutachterlichen Untersuchung von fraglicher Selbstbeschädigung vor allem in Hinblick auf einen möglichen Versicherungsbetrug (nach Hildebrand et al. 2001):
– **Anfordern von allen, den Vorfall betreffenden Akten:**
  - Versicherung
  - Staatsanwaltschaft
  - Gericht
- Krankenunterlagen etc.
– **Zur Person des Versicherungsnehmers:**
  - Körperlänge und -gewicht (→ Body-Mass-Index)
  - Konstitution und Allgemeinzustand
  - Händigkeit und Armlänge
  - Vorkrankheiten, Medikamente, Drogen
– **Hergangsschilderung durch den Versicherungsnehmer:**
  - Örtlichkeit, Witterungsbedingungen
  - Bekleidung, evtl. Schutzkleidung (Helm, Handschuhe)
  - Körperhaltung (Handhaltung) beim Vorfall
  - Befindlichkeit des Versicherungsnehmers vor und nach dem Vorfall (Bewusstseinslage, „Schock")
  - Geschehensablauf im Detail „Arbeits-/Gebrauchshand" oder „Halte-/Nichtgebrauchshand" verletzt?
  - Verbleib des bearbeiteten „Werkstückes" (z. B. Holzstamm), des verletzenden Werkzeuges und des amputierten Körperteils
– **Feststellungen am Ereignisort:**
  - Beschaffenheit und Vermessung des Ereignisortes

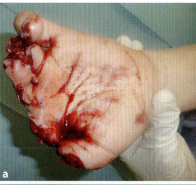

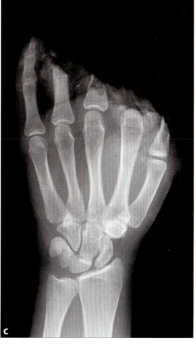

◘ **Abb. 35.15** Akzidentelle Kreissägenverletzung der linken Hand mit schräger Abtrennung der Finger I–IV. Der Patient brachte die abgetrennten Fingerglieder in die Unfallaufnahme mit (Fotos: Unfallkrankenhaus Lorenz Böhler, Wien)

🔲 **Abb. 35.16** Lokalaugenschein mit Unfallrekonstruktion. **a** Handhaltung laut Angaben der verletzten rechtshändigen Person während des Schneidens von Brennholz mit der Standkreissäge (ohne entsprechende Sicherungsvorrichtungen). **b** Der Verletzungsbefund erstreckt sich über mehrere Finger in einer gedachten schräg verlaufenden Amputationslinie (typische akzidentelle Kreissägenverletzung). **c, d** Der Verletzungsbefund lässt sich u. a. aufgrund der Rekonstruktionsversuche des Sachverständigen zwanglos durch ein Unfallgeschehen erklären

- bearbeitetes Material/Werkstück bzw. vorgewiesenes Vergleichsmaterial
- Eigenschaften des Materials (z. B. Art und Alter des Holzes), Abmessungen, Spuren am Material
- weitere Spuren am Ereignisort, evtl. Hinweise auf Vortäuschung einer Blutung oder eines Unfallortes
– **Eingesetztes Werkzeug:**
  - Art (Fabrikat) des Werkzeuges, seine Beschaffenheit (Abmessungen, Gewicht, Alter, Defekte, Sicherungseinrichtungen)
  - Spuren am Werkzeug (biologische und technische)

– **Demonstration am Vorfallsort durch den Versicherungsnehmer (Vorsicht bei Inbetriebnahme der Werkzeuge!):**
  - Dokumentation (Protokoll, Skizzen, Fotos, Video)
– **Die Art der Verletzungen:**
  - Verletzungsrichtung, Wundart und -tiefe, Beschaffenheit
  - Unerklärliche Injektionsstellen?
  - Schmutz-/Spurenanhaftungen
– **Das Amputat:**
  - Verbleib des Amputats, ggf. Ursache des Nichtvorhandenseins

- Beschaffenheit (z. B. Höhe der Durchtrennungsfläche der einzelnen Gewebe, Lage zum Werkzeug bei Auffindung)
  - Mehrfachverletzungen? „Probierschnitte"? Spurenanhaftungen (z. B. Kettenöl etc.)?
- **Ärztliche Befunde, evtl. persönliche Interviews mit Erstuntersuchern und behandelnden Ärzten** (Karteikarte, Krankenakte, Röntgenbilder, Fotos):
  - Wurde die Replantation eines amputierten Gliedes abgelehnt?
  - Gesundungswille des Versicherungsnehmers?
  - Unerklärliche Störung der Wundheilung?
- **Rekonstruktive Versuche** unter Verwendung eines geeigneten Vergleichsmaterials:
  - Vorher, wenn noch möglich und sinnvoll, evtl. Spurenuntersuchung am geschehensrelevanten Werkzeug (Blut, Gewebe, ggf. technische Spuren).

35.4 Zusammenfassung

Die rechtsmedizinisch relevanten Kategorien von selbstbeigebrachten Verletzungen in nichtsuizidaler Absicht sind:
- Selbstbeschädigung zum Zweck des Versicherungsbetruges
- Selbstbeschädigung zur Vortäuschung einer Straftat („fingierte Straftat")
- selbstverletzendes bzw. selbstschädigendes Verhalten im Rahmen von Persönlichkeitsstörungen und psychiatrischen Erkrankungen
- Selbstbeschädigung bei Gefängnisinsassen zur Erlangung von Hafterleichterung
- Selbstverletzung von Armeeangehörigen zur Herbeiführung einer Dienstunfähigkeit bzw. Dienstuntauglichkeit.

> **Merke**
>
> Für den klinischen Alltag gilt, an die grundsätzliche Möglichkeit einer Selbstverletzung zu denken bzw. einen derartigen Verletzungsmodus in die differenzialdiagnostischen Überlegungen miteinzubeziehen.

Der überlebte medizinische Behandlungsfehler

E. E. Türk

36.1 **Hintergrund und Definition** – 426

36.2 **Praktisches Vorgehen** – 426

M. Grassberger, E. Türk, K. Yen, Klinisch-forensische Medizin,
DOI 10.1007/978-3-211-99468-9_36, © Springer-Verlag Berlin Heidelberg 2013

36.1 Hintergrund und Definition

Die Behandlungsfehlervorwürfe, die zur rechtsmedizinischen Begutachtung gelangen, sind solche Fälle, in denen der Verdacht besteht, dass durch ein ärztliches Fehlverhalten ein Patient an seiner Gesundheit geschädigt wurde. Ganz überwiegend handelt es sich dabei um Todesfälle. Eine kleine Gruppe bilden jedoch lebende Patienten, bei denen eine tatsächliche oder angenommene medizinische Fehlbehandlung zu einer Schädigung geführt haben soll. Die Aufgabe des rechtsmedizinischen Gutachtens ist es, in diesen Fällen festzustellen, ob ein Behandlungsfehler vorliegt und ob er tatsächlich Ursache einer Gesundheitsschädigung war.

Spektrum. Behandlungsfehlervorwürfe können sich auf die unterschiedlichsten medizinischen Zusammenhänge beziehen. Am häufigsten sind Vorwürfe bezüglich

- Komplikationen medizinischer Behandlungen, z. B. Operationen
- Fehldiagnosen
- falsche Behandlung.

Definition: Rechtlich stellt jede medizinische Behandlung eine Körperverletzung dar, es sei denn, die folgenden Voraussetzungen sind vollständig erfüllt:
- **Richtige Indikationsstellung** – der Eingriff muss medizinisch indiziert sein.
- **Rechtswirksame Aufklärung und Einwilligung des Patienten** – diese darf nur in Ausnahmefällen fehlen, etwa bei einem notfallmäßigen Eingriff am bewusstlosen Patienten, wo der „mutmaßliche Wille" vorausgesetzt werden darf.
- **Durchführung des Eingriffs** *lege artis*, d. h. nach den Regeln der ärztlichen Kunst.

Daraus ergibt sich die **Definition eines Behandlungsfehlers**. Es handelt sich um eine Behandlung, die
- nicht indiziert war,
- ohne rechtswirksame Aufklärung und Einwilligung durchgeführt wurde oder
- unter Verstoß der Regeln der ärztlichen Kunst durchgeführt wurde.

Das Unterlassen einer indizierten ärztlichen Maßnahme kann ebenfalls einen Kunstfehler darstellen.

> **Merke**
>
> Ohne richtige Indikationsstellung, Aufklärung, Einwilligung und Durchführung nach den Regeln der ärztlichen Kunst ist jede medizinische Maßnahme eine Körperverletzung und kann als Behandlungsfehler gewertet werden.

36.2 Praktisches Vorgehen

Ermittlungsakte. Aus der Ermittlungsakte erfährt der Rechtsmediziner, welcher Behandlungsfehler vorgeworfen wird. Dabei ist sowohl die subjektive Darstellung des Betroffenen zu berücksichtigen (Vorgeschichte) als auch deren rechtliche Wertung durch die Ermittlungsorgane (mutmaßlicher Straftatbestand, z. B. fahrlässige Körperverletzung). Der Auftraggeber – meist die Staatsanwaltschaft – formuliert in der Regel konkrete Fragen, zu denen gutachterlich Stellung genommen werden soll. Der Gutachter kann sich daran unmittelbar orientieren, sollte jedoch im Verlauf der Begutachtung prüfen, ob sich anhand der Krankenunterlagen weitere Aspekte ergeben, die durch die Ermittlungsorgane aufgrund mangelnder medizinischer Kenntnisse übersehen wurden.

Krankenunterlagen. Ohne die Kenntnis sämtlicher Krankenunterlagen kann ein Behandlungsfehler weder bestätigt noch ausgeschlossen werden. Anhand der Krankenunterlagen muss der Gutachter den gesamten Behandlungsverlauf nachvollziehen. Dies geschieht konkret in Bezug auf die im Gutachtenauftrag aufgeworfenen Fragen. Unabhängig von den Besonderheiten des Einzelfalls sind dabei immer folgende Fragen zu beantworten:
- Was war der Anlass der Behandlung – welche Beschwerden gab der Patient an? Warum begab er sich in ärztliche Behandlung? Dabei ist auch wichtig, ob es sich um eine notfallmäßige, eine dringliche oder eine elektive Behandlung gehandelt hat.
- Welche Untersuchungen wurden eingeleitet, um zu einer Diagnose zu kommen?

– Wie war der Zustand des Patienten – Ergebnisse körperlicher, laborchemischer und apparativer Untersuchungen?
– Welche therapeutischen Maßnahmen wurden eingeleitet?
– Was war der Erfolg der Behandlung – erneute Beurteilung der Ergebnisse körperlicher, laborchemischer und apparativer Untersuchungen.

Körperliche Untersuchung. Grundsätzlich kann es sinnvoll sein, den Patienten selbst körperlich zu untersuchen. Die Untersuchung sollte sich dabei auf die Grunderkrankung (Anlass der Behandlung), auf den behaupteten Schaden und auf wesentliche Begleiterkrankungen beziehen.

Formulierung des Gutachtens. Der Aufbau des Gutachtens folgt den allgemeinen Grundsätzen der Gutachtenerstattung. In der **Sachverhaltsschilderung** sollten alle Einzelheiten des Krankheits-/Behandlungsverlaufs dargestellt werden, auf die in der Beurteilung später Bezug genommen wird. Besonders wichtig ist eine „Übersetzung" der Krankenakte in allgemein verständliches Deutsch! Unbedingt ist klar zu kennzeichnen, welche Angaben lediglich subjektive Wahrnehmungen sind, etwa Zeugenaussagen, welche Angaben bisher als Ermittlungsergebnisse feststehen und welche Angaben sich anhand der Krankenunterlagen ergeben. Immer ist auch zu kennzeichnen, ob es sich um die ärztliche oder die pflegerische Dokumentation handelt.

In der **Beurteilung** ist – in abgewandelter Form je nach Fallkonstellation – insbesondere auf die folgenden Fragen Bezug zu nehmen:
– Liegt anhand der o. g. Kriterien ein Behandlungsfehler vor?

– Liegt bei dem Patienten eine Schädigung als Folge der medizinischen Behandlung vor?
– Besteht ein **kausaler Zusammenhang** zwischen dem festgestellten Behandlungsfehler und der Schädigung? Wäre der Schaden *ohne* den Behandlungsfehler mit der im Strafrecht erforderlichen Sicherheit verhindert worden?

Klinisches Zusatzgutachten. Komplexe Sachverhalte spezialisierter Fächer kann ein Rechtsmediziner, gerade bezüglich der konkreten Praxis, in vielen Fällen nicht allein beurteilen. Dies gilt insbesondere dann, wenn sich der Verdacht auf einen Behandlungsfehler anhand der rechtsmedizinischen Begutachtung zunächst erhärtet. In diesen Fällen sollte stets ein klinischer Spezialist hinzugezogen werden. Dabei kommen sowohl eine gemeinsame Begutachtung durch die Rechtsmedizin und die Klinik als auch eine getrennte Gutachtenerstattung in Betracht.

Schlussfolgerung. Die Begutachtung mutmaßlicher medizinischer Behandlungsfehler betrifft eine kleine Fallgruppe im klinisch-rechtsmedizinischen Untersuchungsgut. Voraussetzungen einer Begutachtung sind die Kenntnis der Ermittlungs- und Krankenunterlagen und ggf. das Ergebnis einer körperlichen Untersuchung des Patienten. Kann das Vorliegen eines Behandlungsfehlers bejaht werden, muss geprüft werden, ob zwischen diesem Behandlungsfehler und einer Gesundheitsschädigung des Patienten ein **Kausalzusammenhang** besteht.

Aggression und Gewalt gegen Angehörige medizinischer Berufe

H. Stefan

37.1   Einleitung   – 430

37.2   Ursachen von Aggression im medizinischen Umfeld   – 431

37.3   Arten von Aggression   – 431

37.4   Aggression – Phasenverlauf   – 433

37.5   Instrumente zur Risikoeinschätzung   – 434

37.6   Daten zum Thema „Aggression in Gesundheitsberufen"   – 434

37.7   Auswirkungen von Aggression und Gewalt auf das Gesundheitspersonal   – 436

37.8   Strategien zur Bewältigung des Phänomens „Aggression und Gewalt in Gesundheitseinrichtungen"   – 436

37.9   Empfehlungen für die Praxis   – 437

M. Grassberger, E. Türk, K. Yen, Klinisch-forensische Medizin,
DOI 10.1007/978-3-211-99468-9_37, © Springer-Verlag Berlin Heidelberg 2013

37.1   Einleitung

Den Themen Aggression und Gewalt wird in den letzten Jahren vermehrt Aufmerksamkeit geschenkt, insbesondere wird in den Medien häufig über Gewaltdelikte in der Familie oder Amokläufer in Schulen und Universitäten, Ausschreitungen oder Übergriffe von Polizisten oder Soldaten berichtet. Ob Gewaltdelikte im europäischen Raum im Zunehmen begriffen sind oder ob die Medien diesem Phänomen mehr Bedeutung zukommen lassen, ist dabei nicht eindeutig zu beantworten.

Im Themengebiet Arbeitsschutz und Arbeitsmedizin wird dem Phänomen **„Aggression und Gewalt am Arbeitsplatz"** zunehmend mehr Interesse gewidmet. Dies gilt in den europäischen Ländern, sowohl für das Gesundheitswesen als auch für alle Industrie- und Dienstleistungsbranchen.

Auf europäischer Ebene wurde erst in den letzten 10 Jahren das Wissen betreffend „Aggression und Gewalt am Arbeitsplatz" mit entsprechenden wissenschaftlichen und politischen Initiativen erweitert. Die europäischen Sozialpartner, welche ca. 100 Millionen Beschäftigte in der Europäischen Union vertreten, unterzeichneten 2007 in Brüssel eine Rahmenvereinbarung gegen Belästigung und Gewalt am Arbeitsplatz. Diese Vereinbarung soll dazu beitragen, physische und psychische Gewalt im Arbeitsumfeld zu verhindern und gegebenenfalls dagegen vorzugehen.

Die Internationale Arbeitsorganisation (ILO), der Internationale Pflegeverband (ICN), die Weltgesundheitsorganisation (WHO) und der Internationale Verband der Dienstgeber (PSI) publizierten 2002 einen gemeinsamen Untersuchungsbericht über Gewalt am Arbeitsplatz im Gesundheitswesen (**Workplace Violence in the Health Sector**), in dem aufgezeigt wird, dass physische und psychische Gewalt ein weltweites, grenzüberschreitendes Problem für die Berufsgruppen im Gesundheitswesen darstellt und die Betroffenen oftmals an ihre physischen und psychischen Grenzen stoßen. Das Phänomen Aggression zeigt sich dabei in unterschiedlichen Formen und in verschiedenen Verhaltensweisen (z. B. verbale, physische, psychische Aggression).

In den deutschsprachigen Ländern Europas gibt es laut Arbeitnehmerschutzgesetz (Österreich) oder laut Arbeitsschutzgesetz (Deutschland) gesetzliche Bestimmungen, welche die Arbeitgeber verpflichten, einen sicheren Arbeitsplatz zu gewährleisten. Unter dem Begriff Arbeitnehmerschutz oder Arbeitsschutz versteht der Gesetzgeber ganz allgemein das Ziel, den Schutz des Lebens, der Gesundheit und der Sittlichkeit der Arbeitnehmer bei Ausübung ihrer beruflichen Tätigkeit zu erreichen (vgl. AschG, 2006).

Erste Schritte in der Bewältigung von Aggression können sein, das Phänomen „Aggression und Gewalt" wahrzunehmen und Strategien dagegen zu entwickeln. Das Phänomen sollte nicht als unvermeidbare Tatsache hingenommen werden, an der man nichts ändern kann.

Wichtig ist es eine Atmosphäre am Arbeitsplatz zu schaffen, sodass

- die Mitarbeiter sich trauen darüber zu sprechen,
- Aggression nicht mehr toleriert wird und
- therapeutisch und verantwortungsvoll von allen Hierarchieebenen mit dem Phänomen „Aggression und Gewalt" umgegangen wird.

Aggression und Gewalt sind nicht nur ein Problem der einzelnen Beteiligten, sondern oftmals ein Problem, mit dem die Mitarbeiter aller Berufsgruppen einer Organisationseinheit konfrontiert sind. Aggression und Gewalt sind jedoch oftmals auch ein Problem für die Verursacher, die ihre Emotionen sowie nicht erfüllten Bedürfnisse oder Ängste mit aggressiven Handlungen ausdrücken oder zu äußern versuchen.

Um das Ziel eines sicheren Arbeitsplatzes zu gewährleisten, ist es in erster Linie notwendig, die **verschiedensten Formen der Aggression**, die im Arbeitsumfeld von Gesundheitsberufen (z. B. Krankenhaus, Ambulanz, Rettungsdienst, Geriatriezentren) auftreten, zu identifizieren und zu kennen.

Erst in einem nächsten Schritt können **präventive Maßnahmen** erarbeitet und umgesetzt werden. Diese Herangehensweise und der Paradigmenwechsel, Aggression zu thematisieren, stellt die Verantwortlichen im **Führungsmanagement** auf allen Hierarchieebenen vor große Aufgaben und Herausforderungen.

Menschen, die mit dem Gesundheitssystem in Kontakt kommen, sind meist in einer außergewöhnlichen Lebenssituation. Sowohl Patienten und Angehörige als auch Besucher werden mit

Situationen konfrontiert, die ihrem normalen Alltag nicht entsprechen. In diesen Situationen ist die Wahrnehmung eingeschränkt und Informationen werden oftmals nur selektiv wahrgenommen. Dadurch kann es, sowohl von Seiten der Patienten und deren Angehörigen als auch von Seiten des Gesundheitspersonals zu Überreaktionen kommen, die als aggressive Verhaltensweisen wahrgenommen werden können.

> **Definition: Agression**
>
> Aggression leitet sich von dem lateinischen Verb *„aggredi"* ab, was die Bedeutung „herangehen" und „zuwenden" hat. Der ursprüngliche Begriff bezeichnet somit ein pro-soziales Verhalten, während dem Begriff heute eine eher negative Bedeutung zugeschrieben wird.
> Eine mögliche Definition von Aggression lautet: „Aggression ist die Übertragung eines negativen Reizes von einer Person auf eine andere Person, mit der Absicht zu schaden und einer Erwartung, Schaden zu verursachen, obwohl die andere Person bemüht ist, dem Anreiz zu entkommen oder ihn zu vermeiden" (Geen 2001).
> Aggression kann auch als Verursachung von Schaden an Material oder an Personen durch das Überschreiten von Grenzen oder Normen oder Regeln definiert werden (Broers & de Lange, 1996).

37.2 Ursachen von Aggression im medizinischen Umfeld

Das Auftreten von Aggression und Gewalt im Gesundheitsdienst lässt sich oftmals nicht auf eine einzige Ursache zurückführen. Es handelt sich meist um ein sehr komplexes Zusammenwirken von vielen Faktoren.

Es können folgende Einflussbereiche angeführt werden:

– **Interaktionsfaktoren** (Körperhaltung, Gesprächskultur, Menschenbild, Wertschätzung, Respekt etc.)

– **umgebungsbedingte Faktoren** (Rahmenbedingungen, räumliche Gegebenheiten, Umwelteinflüsse, Geräusche, Wartezeiten etc.)
– **persönliche Faktoren** (Schmerz, Angst, Krankheit, Erfahrungen, erlernte Verhaltensweisen).

Häufig entstehen aggressive Situationen, wenn von Patienten oder Besuchern **Einengung**, **Bedrohung** oder **Ungerechtigkeit** erlebt werden. Ob das Erleben tatsächlich den Umständen entspricht, ist dabei nachrangig. Solche (Fehl-)Deutung können begünstigt sein durch Stresszustände, demenzielle Veränderungen, psychische Erkrankungen, Alkohol oder Medikamenteneinfluss (Tedeschi & Felson 1994). Diese begünstigenden Faktoren können auch die Auswahl geeigneterer Gegenstrategien, wie z. B. das offene Aussprechen von Unzufriedenheit und Angst, behindern.

> **Merke**
>
> Beim Phänomen „Aggression und Gewalt" geht es nicht darum, die Opfer-Täter-Rolle zu bestimmen, sondern es geht darum, die Möglichkeiten und den Beitrag der Beteiligten zu reflektieren.

37.3 Arten von Aggression

Im klinischen Alltag begegnen uns Gewalt und Aggression in unterschiedlichen Formen und Ausprägungen (vgl. ◙ Tab. 37.1). In einer groben Einteilung lassen sich vier verschiedene Arten von Aggression unterscheiden:

– **verbal aggressives Verhalten:** Patienten die vor sich hin fluchen, andere beschimpfen oder Gewalt androhen.
– **nonverbale Gewaltandrohungen:** wie z. B. mit dem Fuß aufstampfen, spucken oder mit dem Gehstock drohen.
– **tätlich aggressives Verhalten:** beinhaltet sowohl eine beabsichtigte Zerstörung von Gegenständen als auch die Anwendung von körperlicher Gewalt.

■ **Tab. 37.1** Unterschiedliche Aggressionsformen im Gesundheitsbereich aus dem Fragebogenkatalog *Perception of Prevalence of Aggression Scale* (nach: Oud, 1997)

Nr.	Item	Beschreibung/Definition
1	verbale Aggression ohne klare Drohung	z. B. Patienten, die lärmen, herumbrüllen, fluchen, persönliche Beleidigungen aussprechen, schreien. Diese Äußerungen werden vom Personal in der Regel nicht als bedrohlich empfunden.
2	verbale Aggression mit klarer Drohung	z. B. Patienten, die dem Personal verbal eindeutig mit Gewalt drohen. Verhaltensweisen werden vom Personal als beängstigend und bedrohlich empfunden, was zu seelischer Belastung führen kann.
3	demütigendes aggressives Verhalten	z. B. Patienten, die eindeutige persönliche Beleidigungen ausstoßen, ausfällig fluchen, wüste Beschimpfungen vorbringen, abwertende Bemerkungen und/oder Gesten machen, spucken. Diese Verhaltensweisen werden vom Personal als eindrücklich empfunden und können den Berufsstolz und das Selbstwertgefühl verändern. Das Personal fühlt sich gedemütigt.
4	herausforderndes aggressives Verhalten	z. B. Verhaltensweisen, die als Provokation empfunden werden, oder mit denen beim Personal oder bei anderen ein Streit angefangen wurde.
5	passiv aggressives Verhalten	z. B. Verhaltensweisen, die als irritierend, störend, blockierend und/oder kontraproduktiv empfunden werden, ohne dass diese gleichzeitig offen aggressiv wirken. Der Patienten scheint oberflächlich kooperativ zu sein, die unterschwellige Verhaltensweise wird vom Personal jedoch als das genaue Gegenteil empfunden.
6	aggressive spaltende Verhaltensweisen	z. B. Patienten, bei welchen bemerkt wird, dass sie mit manipulativen Verhaltensweisen das Personal oder die PatientInnen gegeneinander ausspielen und/oder dazu neigen, andere instabile Persönlichkeiten für sich einzunehmen mit dem Ziel, diese gegen das Personal aufzubringen.
7	bedrohendes physisches aggressives Verhalten	z. B. Patienten, die mit Gegenständen um sich werfen, ohne direktes Ziel und/oder ohne Verletzungen zu verursachen, Türen schlagen, Gegenstände treten/schlagen, ohne sie zu zerbrechen, auf den Boden urinieren, Drohgebärden machen, mit Waffen drohen. Diese Verhaltensweisen werden vom Personal als bedrohlich empfunden.
8	zerstörerisches aggressives Verhalten	z. B. Patienten, die Gegenstände zerstören, Gegenstände zerschlagen, Feuer legen, Gegenstände herumwerfen oder Handlungen wie Schlagen oder Treten, welche Schäden verursachen.
9	mäßige physische Gewalt	z. B. Patienten, die treten, schlagen, stoßen, Fausthiebe austeilen, kratzen, an den Haaren ziehen, Haare ausreißen, beißen, das Personal angreifen etc. Diese Verhaltensweisen führen jedoch entweder zu keinen Verletzungen oder zu kleineren Verletzungen, z. B. blauen Flecken, Zerrungen, Verstauchungen, Striemen.
10	schwere körperliche Gewalt	z. B. Patienten, die das Personal auf eine Weise angreifen, die schwere Verletzungen zur Folge hat. Dies können beispielsweise Knochenbrüche, tiefe Fleischwunden, innere Verletzungen, ausgeschlagene Zähne, Bewusstlosigkeit sein und müssen ärztlich behandelt werden oder machen die Einweisung in ein Krankenhaus notwendig.
11	mäßige Gewalt gegen sich gerichtet	z. B. Patienten, die sich kratzen oder sich selbst beißen, sich selbst schlagen, an ihren eigenen Haaren ziehen, ihren Kopf anschlagen, Gegenstände mit Fausthieben traktieren, sich auf den Boden oder auf Gegenstände werfen. Diese Verhaltensweisen führen zu keinen oder nur geringen Verletzungen.
12	schwere Gewalt gegen sich gerichtet	z. B. Patienten, die sich durch Selbstverstümmelung tiefe Schnitte, blutende Bisse oder Verbrennungen mit Zigaretten ernsthafte Verletzungen zufügen.

37

Nr.	Item	Beschreibung/Definition

Tab. 37.1 (*Fortsetzung*) Unterschiedliche Aggressionsformen im Gesundheitsbereich aus dem Fragebogenkatalog *Perception of Prevalence of Aggression Scale* (nach: Oud, 1997)

Nr.	Item	Beschreibung/Definition
13	versuchter Suizid	z. B. Patienten, die eine Überdosis von Medikamenten einnehmen, sich die Pulsadern aufschneiden, von Gebäuden etc. springen, aber deren Handlungen nicht zum Tod führen.
14	vollzogener Suizid	z. B. Patienten, die eine Überdosis von Medikamenten einnehmen, sich die Pulsadern aufschneiden, von Gebäuden etc. springen und deren Handlungen zum Tod führten.
15	sexuelle Einschüchterung/Belästigung	z. B. Patienten, die obszöne Gesten machen, Verhaltensweisen zeigen, welche als Übergriffe oder als exhibitionistisch empfunden werden.
16	sexuelle Übergriffe/Vergewaltigung	z. B. Patienten, die das Personal körperlich auf eine Weise angreift, wobei dies als Versuch empfunden wird, mit dem Personal ohne Zustimmung Geschlechtsverkehr haben zu wollen.

– **selbstgerichtete Aggression:** äußert sich z. B. in Selbstverletzungen oder auch in Suizidhandlungen.

37.4 Aggression – Phasenverlauf

Anhand von Situationsuntersuchungen über Gewaltanwendungen wurde von Breakwell (1998) die sog. **„Aggressionskurve"** beschrieben (❏ Abb. 37.1). Dabei wird angeführt, dass ein Aggressionsausbruch Teil einer Abfolge von bestimmten Phasen ist. Um das Phänomen „Aggression" zu erkennen, zu beeinflussen und um gezielt intervenieren zu können, ist es wichtig, den Ablauf dieser Phasen zu kennen.

Auslösephase. Die Auslösphase ist jener Bereich, an dem ein Mensch ein Verhalten bemerkt oder zeigt, dass sich von einer normalen Handlungsweise wegbewegt. Solche Veränderungen können sich in verbalem oder nonverbalem Verhalten äußern.

Eskalationsphase. Diese Phase führt direkt zu aggressivem Verhalten. Die Handlungen des Betroffenen weichen immer mehr von seinem normalen Grundverhalten ab. Wird nicht interveniert, wird die Abweichung immer offensichtlicher und die Möglichkeiten der Beeinflussung werden schwieriger.

Krise. Der Betroffene wird zunehmend körperlich, emotional und psychisch erregt, die Kontrolle über das eigene Verhalten geht verloren. Ein gewalttätiges Verhalten wird immer wahrscheinlicher. Versuche,

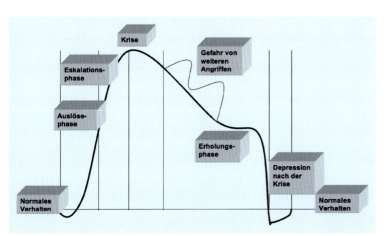

Abb. 37.1 Aggressionskurve nach Brakewell (1997)

in dieser Phase verbal zu argumentieren, scheitern zu meist und die Interaktion mündet in Konfrontation.

Erholungsphase. Nach dem Gewaltakt kehrt der betroffene Mensch normalerweise zum normalen Grundverhalten zurück. In dieser Phase muss mit neuerlichen Angriffen gerechnet werden. Der hohe Grad an psychischer und physiologischer Erregung kann sich über eine Zeitspanne von anderthalb Stunden nach dem eigentlichen Zwischenfall halten. Interventionsversuche von Seiten des Gesundheitspersonals führen in dieser Phase manchmal zu einer Wiederholung des aggressiven Übergriffs.

Depression nach der Krise. In der Regel treten emotionale, psychische und physische Erschöpfungszustände auf. Der Betroffen bricht in Tränen aus, empfindet Reue, Schuld, Scham, ist verstört oder verzweifelt. Die Krise ist vorüber.

37.5 Instrumente zur Risikoeinschätzung

Brøset Violence Checklist (BVC). Die Brøset-Gewalt-Checkliste (Almvik & Woods, 1999) ist eines der wenigen Instrumente zur **kurzfristigen Vorhersage von Gewaltereignissen bei stationären Patienten**, welches im klinischen Alltag anwendbar ist. Die Checkliste wird in verschiedenen Ländern vor allem in Risikobereichen (z. B. psychiatrische Pflege) praktisch eingesetzt und zeigt einerseits ein bestehendes Gewaltrisiko auf und bietet andererseits einen Maßnahmenkatalog, um präventiv die Wahrscheinlichkeit eines Übergriffes zu senken.

Die Checkliste umfasst folgende sechs beobachtbare Verhaltensweisen die einem Angriff häufig vorausgehen:

– verwirrt
– reizbar
– lärmend
– körperliches Drohen
– verbales Drohen
– Angriff auf Gegenstände.

Staff Observation of Aggression Scale-Revised (SOAS-R). Der SOAS-R ist ein vielfach standardisiertes Beurteilungsinstrument zur Erfassung der

Inzidenz, der Schwere und der ausschlaggebenden Faktoren von Aggression bei stationären und auch ambulanten Patienten. Der Erhebungsbogen ist von den Mitarbeitern der Gesundheitsberufe einfach handhabbar und es besteht ein geringer Schulungsaufwand.

Wird ein Mitarbeiter Zeuge aggressiven Verhaltens eines Patienten bzw. Besuchers (Angehörigen) oder ist er selbst in einen Vorfall involviert, so wird ein Fragebogen ausgefüllt. Es werden somit die tatsächlichen stattgefundenen Aggressionsereignisse sowie deren Art und Auswirkung beschrieben und dokumentiert. Der ursprüngliche SOAS Erhebungsbogen (Palmstierna & Wistedt, 1987) erfasst patienten- sowie organisationsbezogene Daten und ist in fünf Themenbereiche mit Unterpunkten gegliedert. Diese fünf Themenbereiche sind:

– Auslöser für das Aggressionsereignis
– benutzte Mittel beim Aggressionsereignis
– Ziel der Aggression
– Konsequenzen für das Opfer oder Ziel der Aggression (Personen/Gegenstände)
– Maßnahme, um die Aggression zu stoppen.

Perception of Prevalence of Aggression Scale (POPAS). Dieser Fragebogen (Oud, 1997) erfasst, in welcher Form und in welchem Ausmaß Mitarbeiter des Gesundheitsbereiches aggressive und gewalttätige Verhaltensweisen von Patienten wahrnehmen. Der Fragebogen besteht ursprünglich aus insgesamt 18 Fragen, wobei die Erfahrung mit und die Häufigkeit von aggressivem Verhalten innerhalb der letzten 12 Monate dokumentiert werden. Der POPAS Fragebogen beinhaltet 16 Arten von aggressivem Verhalten die in Form einer Tabelle abgefragt werden.

37.6 Daten zum Thema „Aggression in Gesundheitsberufen"

Aggression und Gewalt im Gesundheitsbereich kommt laut internationalen Studien (Cooper & Swanson, 2002; Hahn et al, 2008; Stefan, 2009; Dorfmeister, 2009) in erschreckend hohem Ausmaß vor. Sie erscheinen am Arbeitsplatz in unterschiedlichen Abstufungen, die von Beschimpfungen über tätliche Angriffe bis hin zu Morddrohungen und Mord reichen.

Eine 1990 im US-Bundesstaat Pennsylvania durchgeführte Untersuchung zeigte, dass 36 % der befragten Pflegenden, die in Akutstationen tätig waren, in den vorangegangenen 12 Monaten mindestens einmal körperlich angegriffen wurden.

Eine englische Studie (Violence at Work) stellte fest, dass in psychiatrischen Abteilungen eine höhere Rate von berufsbedingten Verletzungen als bei Bauarbeitern und anderen Berufen besteht. Allgemein liegen Gesundheitsberufe im Ranking nach sog. „protective service occupations" (Polizei, Feuerwehr, Justizwache) an der unrühmlichen zweiten Stelle beim Verletzungsrisiko (Buckley et al., 2006).

Gemäß einer Studie aus der Schweiz (Abderhalden et al. 2002) wurden von 723 Pflegepersonen in psychiatrischen Kliniken in ihrem Berufsleben fast 25 % einmal und knapp 49 % mehrmals ernsthaft bedroht. 28 % der Befragten gaben zudem an, einmal und 41 % mehrmals während ihres Berufsleben physisch angegriffen worden zu sein.

Eine Studie aus Deutschland spricht von einer Inzidenz von 1,9–2,5 % Patientenübergriffen bezogen auf alle Aufnahmen in psychiatrischen Kliniken (Richter & Berger 2001). Eine Inzidenz von 2 % entspricht einer absoluten Häufigkeit von 11.280 Übergriffen, was wiederum 31 Vorfällen pro Tag entspricht (nur in psychiatrischen Akutkrankenhäuser in Deutschland!).

Bei einer in Wien durchgeführten Studie in Gesundheitseinrichtungen (3.991 ausgewertete Fragebögen von verschiedenen Gesundheitsberufen) (Stefan 2009, Dorfmeister, 2009) kamen die verschiedenen Arten der Aggression sowohl in psychiatrischen Kliniken als auch in allgemeinen Krankenhäusern (Notaufnahmen) und Geriatriezentren vor (❏ Abb. 37.2).

Im Bereich **sexueller Belästigung** war bei dieser Studie auffällig, dass die nicht-diplomierten Pflegenden und die therapeutischen Assistenzdienste am meisten betroffen waren. Möglicherweise auch aus dem Grund, da diese Berufsgruppen oftmals alleine und sehr eng mit den Patienten arbeiten und dabei Situationen entstehen, wo es zu sexueller Belästigung kommt.

Traten Aggressionsereignisse auf, so waren es überwiegend Bedrohungen und Beschimpfungen (75 %), verbale sexistische und rassistische Aggres-

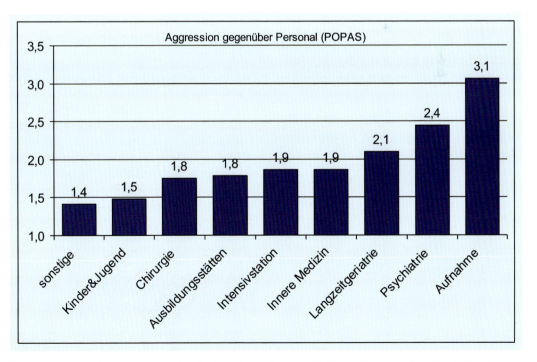

❏ **Abb. 37.2** Wahrnehmung von Aggression durch das Personal in unterschiedlichen Krankenhausbereichen in Wien (1=nie, 5=sehr oft; Stefan 2009)

sion kamen in 6 % bzw. 4 % vor. Tätliche Angriffe mit der Hand (schlagen) traten in 42 %, mit dem Fuß/Bein (treten) in 17 % auf. Gefährliche Aggressionsattacken mit einem Messer und Gegenständen zum Schlagen kamen in 2 % vor, Feuer war in 1 % der Fälle dokumentiert. Die Aggressionsereignisse fanden überwiegend im Patientenzimmer (40 %) statt, gefolgt von Aufenthaltsraum (13,4 %), Behandlungszimmer (7,3 %) und Wartezone (8,1 %).

Aus vielen Gesundheitseinrichtungen gibt es derzeit leider noch kein verlässliches Datenmaterial über Art und Umfang von Ereignissen, die mit Aggression, Gewalt und sexueller Einschüchterung in Zusammenhang stehen (z. B. Geriatriezentren, Rettungsdienste, ambulante Dienste, Wohnheime, Kinder- und Jugendwohlfahrt, Wohngemeinschaften, allgemeine Krankenhausbereiche).

Die Zunahme von leichten und schweren Aggressions- bzw. Gewaltvorfällen führt nicht selten ins sog. „Burn out" (Erschöpfungsdepression), eine Erscheinung, mit der die Verantwortlichen im Gesundheitswesen in den letzten Jahren immer häufiger konfrontiert werden. Neben dem Leid für die Betroffenen ergeben sich weitreichende finanzielle Folgeerscheinungen für die Dienstgeber (Dienstausfall, Beratungskosten, Motivationsverlust, Berufsausstieg etc.). Die Auseinandersetzung mit diesen Phänomenen ist nicht nur aus ethisch-moralischen, sondern auch aus rechtlichen Gründen (Bundesgesetz für Arbeitsplatzsicherheit) zwingend erforderlich.

37.7 Auswirkungen von Aggression und Gewalt auf das Gesundheitspersonal

Die Auswirkungen von körperlicher Gewalt, verbaler Beschimpfung und sexueller Belästigung können umfassen:
- Schock, Nicht-Glauben-Können, Schuldgefühle, Wut, Depression, Angst
- körperliche Verletzungen
- erhöhte Stressgefühle
- Unwohlsein, körperliche Funktionsstörungen (z. B. Migräne, Erbrechen)
- Verlust der Selbstachtung und des Glaubens an die eigene berufliche Kompetenz
- lähmende Selbstbezichtigung, Selbstvorwürfe

- Ohnmachtsgefühle und Gefühle des Benutztworden-Seins
- sexuelle Störungen
- Vermeidungsverhalten, das sich negativ auf die Arbeit und damit auf die Pflegequalität auswirkt
- negative Auswirkungen auf persönliche Beziehungen
- Verlust der Arbeitszufriedenheit
- Fernbleiben von der Arbeit
- Verlust der Moral und der Effizienz des gesamten Teams
- Angst vor Patienten, dem Team und Freunden.

Die Auswirkungen verbaler Gewalt werden oft unterschätzt. Sie ähneln denen physischer Gewalt und können die Patientenbetreuung erheblich beeinträchtigen. Ein nicht unerheblicher Teil der Personalfluktuation in Gesundheitsberufen ist die Folge von erlebter Aggression, die nicht selten dazu führt, dass diese den Beruf schließlich ganz verlassen.

37.8 Strategien zur Bewältigung des Phänomens „Aggression und Gewalt in Gesundheitseinrichtungen"

Um dem Problem angemessen zu begegnen, bedarf es eines umfassenden institutionellen Ansatzes, der die Gestaltung von Rahmenbedingungen, die Risikoanalyse, die Gestaltung von Organisationsabläufen, aber auch die Schulung von Mitarbeitern umfasst, also einen präventiven Charakter hat. Um einen solchen Ansatz effektiv im Alltag zu etablieren, bedarf es ausgebildeter Mitarbeiter bzw. Trainer für **Deeskalationsmanagement**, welche die Institution und die Leitung dabei beraten und unterstützen, die Kollegen schulen und Veränderungsprozesse begleiten (vgl. Stefan 2005).

> **Merke**
>
> Deeskalation beginnt nicht dort, wo sich Eskalation zeigt. Deeskalationsmanagement bedeutet Sicherheitsmanagement und gelebte Sicherheitskultur.

37.9 Empfehlungen für die Praxis

Die vorliegenden Daten zeigen auf, dass Aggression und Gewalt Teil der Arbeit im Gesundheitsbereich sind und ein ernst zu nehmendes Problem darstellen. Aggressionssituationen machen somit den Arbeitsplatz in Krankenhaus und Geriatriezentrum wenig attraktiv. Diese Situation erfordert gezielte Schulungen in Aggressions-, Deeskalations- und Sicherheitsmanagement für alle Berufsgruppen gleichermaßen. Eine Trainerausbildung für Deeskalations- und Sicherheitsmanagement wird auch für Geriatriezentren und allgemeine Krankenhausbereiche dringend empfohlen.

Für Situationen nach Aggressions- und Gewalterfahrungen ist eine dementsprechende Nachbetreuung und Nachbehandlung zu planen, um eventuellen posttraumatischen Belastungsreaktionen vorzubeugen (z. B. Leitlinie Traumabewältigung).

> **Merke**
>
> Die Grundhaltung, mit welcher die Mitarbeiter den Patienten begegnen, hat entscheidenden Einfluss auf den Verlauf von Eskalations-Deeskalations-Zyklen.

In den Studien von Richter et al. (2001) und Abderhalden et al. (2002) wird aufgezeigt, dass durch ein Training in Aggressions- und Deeskalationsmanagement einerseits das subjektive Sicherheitsgefühl des Gesundheitspersonals deutlich gesteigert und andererseits die Verletzungsquote bei Personal und Patienten drastisch reduziert wird. Wesentliche Effekte eines gezielten Trainings sind auch die Reduzierung von Angst und Unsicherheit seitens des Betreuungspersonals. Angst hindert das Gesundheitspersonal sich empathisch einzufühlen, zu reflektieren und Handlungen zu setzen, welche die Situation deeskalieren könnten. Angst ist auch ein Hemmnis für konstruktive zielführende Kommunikation und Gesprächsführung in Belastungs- und Krisensituationen.

Weitere positive Effekte von Deeskalationsmanagementkursen bei den Mitarbeitern sind lt. Grube (2001), Richter (2001) und Stefan (2008) eine gesteigerte Selbstreflexionsfähigkeit, häufigeres Hinterfragen der eigenen Interventionen und ein (selbst-) kritischer Umgang mit Aggression.

Ebenso scheint es wichtig zu sein, Wissen in Bezug auf Aggressionstheorien, Aggressionsentstehung, Aggressionsmanagement, Früherkennung von Aggression sowie Wissen bzgl. Deeskalations- und Sicherheitsmanagement allen Berufsgruppen zu vermitteln. Pflegeschüler und andere Berufseinsteiger der Gesundheitsberufe sollten in der Ausbildung bereits zu Beginn Fähigkeiten und Fertigkeiten im Aggressions-, Deeskalations- und Sicherheitsmanagement erwerben. Eine hohe Anzahl von Pflegeschülern ist zudem in einem hohen Maße mit sexueller Belästigung konfrontiert. Selbstsicherheit und erworbene Bewältigungsstrategien können helfen, diese Situationen bestmöglich zu bewältigen und anzusprechen.

Für die Bereiche Personalentwicklung sowie Qualitäts- und Risikomanagement sind laut Oud (2009) im speziellen

- die **Dokumentation und Auswertung von Aggressionsereignissen**
- die **Fort- und Weiterbildung im Sicherheitsmanagement** (Grundschulung und Nachfasstage) sowie
- das **betriebliche Sicherheitsmanagement** zu beschreiben und zu planen.

Personalbezogene Maßnahmen umfassen:

- Schulungen und Basiskurse für Deeskalations- und Sicherheitsmanagement (Früherkennung, Risikoeinschätzung, Krisenkommunikation)
- Verhaltensrichtlinien (Aktions- und Deeskalationsverfahren bei Vorfällen)
- Arbeitsgruppen für Präventionsmaßnahmen und Risikomanagement
- Verfahren bei der Traumabewältigung nach schwerwiegenden Ereignissen.

> **Merke**
>
> Aggressions- und Sicherheitsmanagement ist nur dann wirksam, wenn sich alle Berufsgruppen und alle Ebenen aktiv beteiligen.

Organisationsbezogene Maßnahmen umfassen:

- Risikoanalyse der gefahrengeneigten Betriebseinheiten und Mitarbeitergruppen
- Sicherheitsmaßnahmen (Sicherheitsdienst, Notrufsysteme, Polizei)
- Meldeverfahren für Aggressionsereignisse (und Ursachenanalyse)
- Patienten- und Besucheraufklärung (Verhaltenskodex, Null-Toleranz-Strategie)
- Prüfen von rechtlichen Schritten bei schwerwiegenden Aggressionsereignissen.

Mitarbeiter der Gesundheitsberufe haben das Recht auf Schutz und Menschenwürde während ihrer Berufsausübung. Patienten und deren Angehörige haben das Recht auf professionelle medizinisch-pflegerische Versorgung sowie menschliche Zuwendung. Der Umgang mit dem Phänomen Aggression in Gesundheitsorganisationen muss daher sachlich fundiert diskutiert werden, um die Öffentlichkeit zu sensibilisieren, das Thema zu enttabuisieren und um trotz der offensichtlichen Problematik eine hochqualitative Patientenversorgung zu gewährleisten.

Medizinische Aspekte polizeilicher Zwangsmaßnahmen

N. Wilke, M. Grassberger

38.1   **Begriffsdefinition   – 440**

38.2   **Grundsätze   – 440**

38.3   **Fixierungstechniken   – 441**

38.3.1   Armhebel   – 441

38.3.2   Handhebel   – 441

38.3.3   Fixierung in Bauchlage   – 442

38.3.4   Fixierung in Bauchlage mittels Armstreckhebel   – 442

38.3.5   Fixierung in Bauchlage mittels Beinhebel   – 443

38.3.6   Anbringen von Handfesseln in Bauchlage zu zweit   – 444

38.3.7   Fixierung des Kopfes bzw. des Oberkörpers   – 444

38.4   **Positionelle Asphyxie   – 445**

38.5   **Excited Delirium Syndrome   – 448**

38.6   **Technische Hilfsmittel (Mehrzweckeinsatzstock, Reizstoff-Sprühgeräte, Elektroimpulswaffen)   – 449**

38.6.1   Der „Tonfa"   – 449

38.6.2   Reizstoff-Sprühgeräte (RSG, „Pfefferspray")   – 450

38.6.3   Elektroimpulswaffen vom Typ TASER® X26   – 452

M. Grassberger, E. Türk, K. Yen, Klinisch-forensische Medizin,
DOI 10.1007/978-3-211-99468-9_38, © Springer-Verlag Berlin Heidelberg 2013

38.1 Begriffsdefinition

Unter dem Überbegriff „Polizeiliche (Zwangs-)Maßnahmen" sind unterschiedliche, der Exekutive vorbehaltene Vorgehensweisen ("**Einsatztechniken**") und Hilfsmittel zur Durchsetzung rechtsstaatlicher Interessen im Rahmen einer Amtshandlung auch unter **Ausübung von Zwangsgewalt** zusammengefasst (z. B. zur Ingewahrsamnahme von Personen). Ohne die Möglichkeit staatlicher Zwangsbefugnisse der Sicherheitsbehörden zur Bekämpfung und Prävention von Straftaten wäre die tägliche praktische Polizeiarbeit weitgehend undenkbar.

Für die konkrete Ausübung von Zwangsmaßnahmen gibt es keine gesetzliche Regelung, sondern lediglich polizeiinterne Durchführungserlässe und Weisungen. Vorgehensweisen, aber auch die Hilfsmittel zur Durchsetzung polizeilicher Maßnahmen sind daher **regional unterschiedlich** und können nachfolgend nur in Form eines orientierenden Überblicks über die häufigsten Maßnahmen und Einsatzmittel dargestellt und erläutert werden. In diesem Kontext wird auch auf mögliche medizinische Gefahrenmomente eingegangen sowie auf die entsprechenden körperlichen Symptome hingewiesen.

38.2 Grundsätze

Polizeiliche Zwangsmaßnahmen schränken verfassungsrechtlich gewährleistete Rechte der betroffenen Person u. U. vorübergehend ein und stellen daher einen **sensiblen und verantwortungsvollen Bereich der täglichen Polizeiarbeit** dar. Im „*Code of Conduct for Law Enforcement Officials*" und den „*Basic Principles on the Use of Force and Firearms by Law Enforcement Officials*" der Vereinten Nationen sowie im „*Europäischen Kodex der Polizeiethik*" (Europarat) sind u. a. die **grundlegenden Anforderungen an Exekutivorgane in Zusammenhang mit der Ausübung von Zwangsmaßnahmen** festgelegt:

– Exekutivorgane sind angehalten, sich bei der Ausübung ihrer Aufgaben so weit als möglich gewaltloser Mittel zu bedienen.
– Die Anwendung von Gewalt bzw. von Schusswaffen darf nur in dem erforderlichen Maße erfolgen, wenn andere Mittel zur Erreichung des beabsichtigten Ergebnisses erfolglos sind.
– Ist der Einsatz von Gewalt unvermeidbar, so hat dieser unter Zurückhaltung und unter Wahrung der Verhältnismäßigkeit zwischen Anlass und zu erreichendem, gerechtfertigtem Ziel zu geschehen.
– Die Polizei muss stets die Rechtmäßigkeit der von ihr beabsichtigten Handlungen überprüfen.
– Das Risiko von Beeinträchtigungen und Verletzungen ist zu minimieren.
– Das menschliche Leben ist zu achten und zu erhalten.
– Exekutivorgane haben für den Schutz der Gesundheit der in ihrem Gewahrsam befindlichen Personen zu sorgen und unverzüglich (zum ehest möglichen Zeitpunkt) die erforderliche medizinische Versorgung sicherzustellen.
– Kommt es im Zuge der Anwendung von Gewalt durch Exekutivorgane zu einer Verletzung oder zu einem Todesfall, ist dies unverzüglich der vorgesetzten Stelle zu berichten.
– Die Entziehung der Freiheit ist so weit wie möglich zu begrenzen und unter Beachtung der Würde, Verletzlichkeit und der persönlichen Bedürfnisse eines jeden Festgenommen durchzuführen.
– Bei der Ausbildung von Exekutivorganen ist besonderes Augenmerk auf Fragen der Polizeiethik und Menschenrechte sowie auf Alternativen zur Gewaltanwendung einschließlich der friedlichen Konfliktlösung, Methoden der Überzeugung, Verhandlung und Vermittlung zu legen.

> **Merke**
>
> Grundsätzlich gilt für den Einsatz von polizeilichen Maßnahmen das in jedem Rechtsstaat verankerte **Verhältnismäßigkeitsprinzip**. Im Sinne des Verhältnismäßigkeitsprinzips darf Gewalt nur dann eingesetzt werden, wenn dies absolut notwendig ist und nur in dem Maße, wie dies erforderlich ist, um ein gerechtfertigtes Ziel zu erreichen. Nach der Benennung und Feststellung des Zwecks einer konkreten Maßnahme sind demnach stets die **Geeignetheit**, die **Erforderlichkeit** sowie die **Angemessenheit** zu prüfen.

38

38.3 Fixierungstechniken

> **Definition**
>
> Unter Fixierungstechniken versteht man Einsatztechniken, die ein polizeiliches Gegenüber entweder im Stand oder am Boden in seiner Bewegungsfreiheit so weit einschränken, dass der Person (in der Regel gegen ihren Willen) Handfesseln angelegt werden können oder um jemanden unter Zwangsanwendung an einen anderen Ort zu bringen, ohne dass die Person selbst, die amtshandelnden Polizeibeamten oder Dritte verletzt werden bzw. Schaden nehmen.

Trotz regionaler Unterschiede bzgl. polizeilicher Fixierungstechniken ist davon auszugehen, dass es in der Durchführung viele Ähnlichkeiten und Überschneidungen gibt. Nachfolgend wird daher nur eine Auswahl an Techniken exemplarisch dargestellt.

38.3.1 Armhebel

In der Regel wird dabei das Ellenbogengelenk entgegen der eigentlichen Bewegungsrichtung „gehebelt", sodass eine Überstreckung im Ellenbogengelenk resultiert (◘ Abb. 38.1).

Die dadurch verursachte Schmerzauslösung und Bewegungseinschränkung bis Bewegungsunfähigkeit kann dann dazu genutzt werden, eine Person am Boden, im Sitzen (z. B. zur Entnahme einer Blut-

◘ **Abb. 38.1** Einfacher Armhebel im Stehen mit Überstreckung im Ellenbogengelenk

probe) oder im Stand zu fixieren oder sie zu Boden zu bringen (◘ Abb. 38.2).

38.3.2 Handhebel

Diese Technik funktioniert wie der Armhebel durch das Prinzip einer Überdehnung im Gelenk (◘ Abb. 38.3). Demnach wird dabei das Handgelenk in die maximale Beugehaltung gebracht, um einen Schmerz auszulösen. Genutzt wird diese Technik beispielsweise zum Transport einer Person, zum Anlegen von Handfesseln, aber auch zum Aufheben einer Person aus der Bodenlage.

Die **Verletzungsgefahren** ergeben sich bei diesen Techniken aus der zugrunde liegenden Hebelwirkung, die an den jeweiligen Gelenken eingesetzt

◘ **Abb. 38.2** Armhebel (**a**) beim zu Boden bringen (**b**) bzw. bei Fixierung am Boden (**c**) jeweils in Kombination mit einem Handbeugehebel

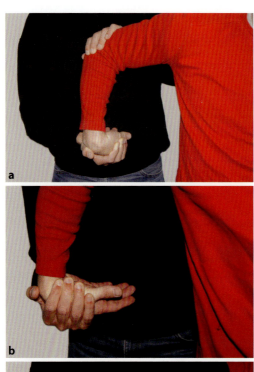

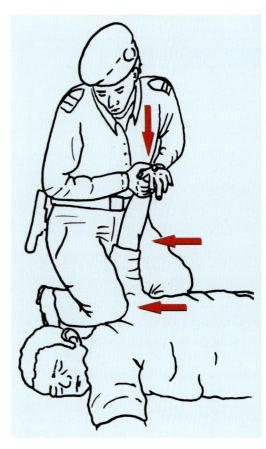

◨ **Abb. 38.4** Korrekte Durchführung der Fixierung in Bauchlage mittels drei gleichzeitiger Hebel (*rote Pfeile*) durch einen Beamten

◨ **Abb. 38.3** Handhebeltechnik

wird. Neben griffbedingten **Hämatomen** können daher **Schädigungen des Bandapparates** (u. U. mit Bänderriss) mit nachfolgender Gelenksinstabilität, **Gelenkluxationen**, aber auch **knöcherne Verletzungen** auftreten.

38.3.3 Fixierung in Bauchlage

In der Regel kann bei massiver Gegenwehr des polizeilichen Gegenübers eine effektive Fixierung zur Anlegung von Handfesseln nur am Boden und in Bauchlage erfolgen. Je heftiger die Gegenwehr, umso stärker

und länger wird der als problematisch einzustufende Druck auf den Brustkorb aufrecht zu erhalten sein (zur Problematik „positionelle Asphyxie" s. u.).

38.3.4 Fixierung in Bauchlage mittels Armstreckhebel

Dabei wird die Schulter der in Bauchlage befindlichen Person mit den Knien am Boden gehalten und der Arm mit drei gleichzeitigen Hebeln (Schulterhebel, Ellenbogenhebel über Knie bzw. Oberschenkel und Handgelenkshebel) fixiert (◨ Abb. 38.4). Diese Technik ist am effektivsten, wenn die Fixierung nur durch einen Polizeibeamten vorgenommen werden kann und das polizeiliche Gegenüber nicht deutlich schwerer oder stärker als der Beamte ist.

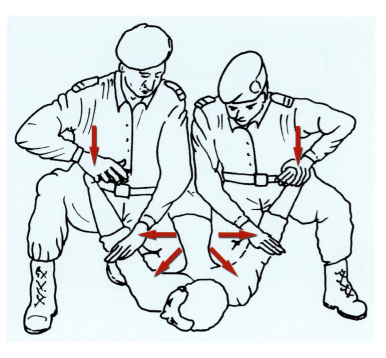

◻ **Abb. 38.5** Korrekte
Durchführung der Fixierung
in Bauchlage mit der gleichen
Hebeltechnik wie in Abb. 38.4,
jedoch durch zwei Beamte

Wird die Fixierung durch zwei Beamte durchgeführt (◻ Abb. 38.5), lässt sich die Maßnahme entsprechend besser kontrollieren und die Anbringung von Handfesseln kann auch bei Gegenwehr schneller und unter größtmöglicher Schonung des zu Fixierenden durchgeführt werden (rasche Beendigung der Atmungsbeeinträchtigung durch Bauchlage). In diesem Fall werden beide Schultern durch jeweils ein Knie der Beamten am Boden gehalten, der Ellenbogenhebel wird mit der Hand ausgeführt.

Verletzungsgefahr. Bei korrekter, rascher und maßvoller Ausführung dieser Technik ist bei gesunden Personen die Gefahr von Verletzungen der drei belasteten Gelenke als gering einzustufen. Es ist allerdings unbedingt zu berücksichtigen, dass bei dieser Fixierungstechnik die **Brust- und Bauchatmung stark eingeschränkt** sind und der Betroffene nur flach atmen kann!

38.3.5 Fixierung in Bauchlage mittels Beinhebel

Bei dieser Form der Fixierung wird mit Oberschenkel und Hüfte bzw. Gesäß ein Hebeldruck auf das Kniegelenk ausgeübt (◻ Abb. 38.6).

Verletzungsgefahr. Aufgrund der fehlenden Brustkorbkompression ist die Atmung kaum beeinträchtigt, die **Kreuzbänder** des belasteten Kniegelenks sind aber insbesondere bei Gegenwehr (**stark**) **verletzungsgefährdet**! Wird bei aktivem Widerstand zusätzlich der Kopf nach hinten gezogen und die Wirbelsäule überstreckt, werden Kniegelenk und Wirbelsäule sehr stark belastet. Überdies lassen sich Beinhebel nur sehr schwer kontrolliert durchführen. Da es in der Vergangenheit bei der Anwendung von Beinhebeln zu schwerwiegenden Verletzungen gekommen ist, wurden bei zahlreichen Polizeieinheiten Bein-/Fußhebel jeglicher Art bereits verboten.

Position gebracht werden, um die atmungsbeeinträchtigende Bauchlage rasch zu beenden.

⬛ **Abb. 38.6** Bei der Fixierung mittels Bein-/Fußhebel ist vor allem der Bandapparat des Kniegelenkes verletzungsgefährdet

38.3.6 Anbringen von Handfesseln in Bauchlage zu zweit

Während ein Beamter eine Schulter mit dem Knie zu Boden drückt und den Arm durch Ausführen eines Hebels fixiert, legt der zweite Beamte an dem durch das Knie fixierten Arm die Handfesseln an (⬛ Abb. 38.7a). Die Fixierung das Armes mit angelegter Handfessel wird beendet und der Arm auf den unteren Rückenbereich geführt; die Fixierung durch den anderen Beamten bleibt zunächst bestehen (⬛ Abb. 38.7b). Wird nun der zweite Arm zügig unter Beibehaltung des Handgelenkhebels nach hinten geführt, besteht eine kritische Phase, da die festzunehmende Person lediglich durch einen Handgelenkhebel kontrolliert wird (⬛ Abb. 38.7c). Bei Gegenwehr in dieser Phase wird der Arm mit angelegter Handfessel in Richtung entgegengesetzter Schulter gezogen und ggf. mit einem Knie am Rücken unterstützt (**Achtung: Brustkorbkompression!**). Werden nun die Handfesseln vollständig angelegt (⬛ Abb. 38.7d), muss der Festgenommene unmittelbar danach in eine **seitliche oder sitzende**

38.3.7 Fixierung des Kopfes bzw. des Oberkörpers

Der Zugriff erfolgt hierbei von hinten. Der Polizeibeamte zieht dabei den Rücken der Widerstand leistenden Person zur Stabilisierung deren Körpers an seinen eigenen (aufrecht stehenden) Körper heran. Die Hand bzw. der Unterarm wird vom Ohr der Person kommend an den Kiefer/Gesichtsseite angelegt und der Kopf damit zur Seite gedreht. Der Kopf wird dabei an den Körper des Polizeibeamten gedrückt und mit der freien Hand fixiert (⬛ Abb. 38.8). Diese Technik wird überwiegend zur Fixierung einer Person zur Blutprobenentnahme oder in Kombination mit den o. g. Techniken zum Auflösen von z. B. Sitzblockaden eingesetzt.

Verletzungsgefahr. Die bei dieser Technik hervorgerufenen Verletzungen entstehen v. a. durch eine „unsaubere" Technikausführung. Befindet sich der Körper des Polizeibeamten nicht parallel zu dem der zu fixierenden Person, so kann es durch falsches Ansetzen des „Kopfgriffes" zur Überstreckung bzw. Verdrehung in der Halswirbelsäule durch die Seitdrehung des Kopfes kommen. Im Rahmen des Einsatztrainings müssen die Polizeibeamten dahingehend geschult werden, darauf zu achten, diese Technik nur anzuwenden, wenn sich die Person in sitzender Position befindet, da nur bei paralleler Körperhaltung genug Stabilität zur Ausführung der Technik vorhanden ist. Daraus ergibt sich, dass es zu

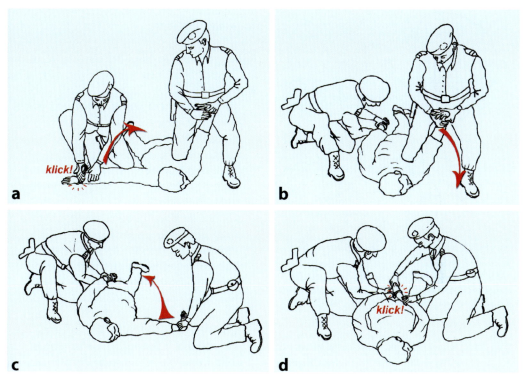

■ **Abb. 38.7** Korrekte Durchführung des Anlegens der Handfesseln durch zwei Beamte (Erläuterungen siehe Text)

Problemen kommen kann, wenn z. B. ein erheblicher Größenunterschied vorliegt. In einem solchen Fall ist diese Technik nicht anzuwenden.

Sollte es aufgrund erschwerter Fixierungsbedingungen (z. B. erheblicher Widerstand der Person) zu einem Abrutschen des fixierenden Armes an den Hals kommen, sind prinzipiell auch **Bewusstseinsstörun-** **gen bis hin zur Bewusstlosigkeit** im Sinne einer komprimierenden Gewalt gegen den Hals denkbar.

> **Merke**
>
> Bei korrekter Technikausführung sollte es auf keinen Fall zu einer Einbeziehung des Halses oder des Brustkorbes und somit zu keiner Beeinflussung der Blutzufuhr des Gehirns oder der Atmung kommen.

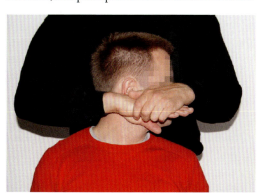

■ **Abb. 38.8** Korrekt durchgeführte Fixierung des Kopfes bei paralleler Körperachse und ohne Druck auf den Hals auszuüben

38.4 Positionelle Asphyxie

In Zusammenhang mit polizeilichen Maßnahmen, insbesondere in Verbindung mit Fixierungstechniken in Bauchlage, ist unbedingt auf die Möglichkeit der Entwicklung von lebensbedrohlichen Zuständen durch das sog. „positionelle Asphyxie-Syndrom" (**lagerungsbedingter Erstickungstod**) hinzuweisen.

Abb. 38.9 Die Fixierung in Bauchlage mit zusätzlicher prolongierter Ausübung von Druck auf den Brustkorb kann lebensgefährlich sein und ist daher zu vermeiden

In der Vergangenheit gab es weltweit immer wieder Fälle, bei denen renitente bzw. uneinsichtige und durch ihre Gegenwehr bereits deutlich erschöpfte Personen durch vermeintlich „ruhigstellende Maßnahmen" (z. B. stark einschränkende Fixierung insbesondere in Bauchlage u. U. in Verbindung mit Beknien, gewaltsamem Vorbeugen des Kopfes und/oder Oberkörpers, Verkleben des Mundes, Aufsetzen eines Helmes mit Visier, Verabreichung von Beruhigungsmitteln etc.) während des Polizeieinsatzes verstarben (■ Abb. 38.9). In vielen Fällen wurde das Nachlassen der Gegenwehr zunächst als scheinbarer Erfolg der Maßnahme fehlinterpretiert.

Pathophysiologie. Der Mechanismus der zu lebensbedrohlichen Situationen bis hin zum plötzlichen Tod im Rahmen polizeilicher Fixierungsmaßnahmen führt, wird kontrovers diskutiert und ist in vielen Fällen komplex. Im Falle der positionellen Asphyxie ist dieser vermutlich mit einem **schwerwiegenden Sauerstoffmangel bei maximal erhöhtem Sauerstoffbedarf in Verbindung mit einer erhöhten Katecholaminausschüttung** erklärbar. Es wird auch eine Verbindung zur ebenfalls noch nicht vollständig geklärten Pathophysiologie des sog. *„Excited Delirium Syndrome"* (s. u.) vermutet (Chan et al. 1998, Otahbachi et al. 2010). Die situativen

Umstände sowie die körperlichen Symptome überschneiden sich häufig.

Risikogruppen. In folgenden Situationen ist mit einem stark erhöhten Gefährdungspotenzial zu rechnen:
- stark aufgeregte (agitierte) Personen in psychischer Ausnahmesituation
- psychisch kranke Personen
- (protrahierte) mechanische Behinderung der Atmung durch Fixierung in Bauchlage und/oder Behinderung der Atmung durch Knien auf Rücken oder Brust
- körperliche Beeinträchtigung nach Drogen- und/oder Alkoholmissbrauch
- Hyperthermie (erhöhte Körpertemperatur)
- adipöse (fettleibige) Personen
- vorangegangene starke körperliche (muskuläre) Belastung durch anhaltenden Widerstand der Person mit resultierender Erschöpfung
- Personen mit bestehenden Erkrankungen des Herz-Kreislauf Systems, Erkrankungen der Atemwege (v. a. Asthma) und des zentralen Nervensystems
- vorangegangene Verabreichung von Beruhigungsmitteln (Tabletten, Tropfen, Spritzen).

Personen, die einen oder mehrere dieser Risikofaktoren erfüllen, sollten wenn möglich gar nicht oder **nur in aufrechter Körperposition** fixiert werden. Eine **engmaschige Kontrolle der Vitalparameter** (Herz- und Atemfrequenz, Ansprechbarkeit) ist in jedem Fall angezeigt!

Gefahrensignale. Mögliche Symptome für das Eintreten einer lebensbedrohlichen Situation sind:
- heftigster Widerstand mit zunächst maximaler körperlicher Gegenwehr und anschließendem („plötzlichem") Erschlaffen bzw. Erlahmen des Widerstandes
- wirres Reden und/oder verwaschene Sprache
- Beibringen oder Ignorieren eigener Verletzungen
- Klagen über Luftnot
- ungewöhnliche Atemgeräusche (z. B. röchelnde Atmung, Stöhnen)
- erhöhte Köpertemperatur mit übermäßigem Schwitzen

– stark beschleunigte Pulsfrequenz
– heftige Atmung mit weit aufgerissenem Mund
– Schnappatmung
– ausgeprägte Blässe oder Blaufärbung der Haut (Lippen, Gesichtshaut); bei dunkelhäutigen Menschen nur schwer oder gar nicht erkennbar!
– Kot- und/oder Urinabgang (Zeichen des drohenden Erstickungstodes!)
– Krampfanfall
– erweiterte Pupillen
– Bewusstseinseintrübung bzw. Bewusstseinsverlust (Person reagiert nicht mehr auf Ansprache).

Sofortmaßnahmen. Werden derartige Gefahrensignale beobachtet, ist jegliche mechanische Atembehinderung umgehend zu beenden, um eine **freie Brustkorbatmung** zu gewährleisten. Bei ausreichenden Lichtverhältnissen ist die **Hautfarbe des Gesichtes**, insbesondere der Lippen, zu beobachten. Blasse oder bläuliche Färbung (Zyanose) sind Alarmzeichen. Der **Bewusstseinszustand** ist durch regelmäßiges Ansprechen der Person, ggf. durch Setzen von Schmerzreizen, zu überprüfen. Den durch umstehende Kollegen und Zeugen vorgebrachten Hinweisen auf Gefährdungszeichen sollte in jedem Fall Aufmerksamkeit geschenkt werden.

Bei bereits eingetretener **Bewusstlosigkeit** muss die Person bis zum Eintreffen ärztlicher Hilfe in **stabile Seitenlagerung** gebracht werden. Die Vitalparameter (Atemexkursionen des Brustkorbes, Puls an der Halsschlagader) müssen engmaschig überprüft werden, im Bedarfsfall sind unverzüglich **Reanimationsmaßnahmen** einzuleiten.

☐ **Abb. 38.10** Die prolongierte Fixierung in Bauchlage mit auf dem Rücken zusammengebundenen Armen und Beinen (auch „Affenschaukel" oder „hog-tied-position" bezeichnet) kann zu einer lebensbedrohlichen Einschränkung der Atemfunktion führen und wird daher meist nicht mehr durchgeführt

> **Merke**
>
> Die Fixierung in Bauchlage mit auf dem Rücken zusammengebundenen Armen und Beinen (in Deutschland auch „Affenschaukel", in englischsprachigen Ländern als „hog-tied-position" bezeichnet, vgl. ☐ Abb. 38.10) ist bei längerer Dauer, etwa im Rahmen eines Transportes und vor allem bei dickleibigen Personen in Verbindung mit Drogenkonsum und Erregungszuständen, **potenziell lebensgefährlich** und sollte daher, wenn überhaupt, nur kurzfristig und unter kontinuierlicher Aufsicht erfolgen.

Allgemein sollte darauf geachtet werden, Maßnahmen zur Anlegung von Handfesseln, die mit einer **Einschränkung der Atemfunktion** einhergehen, **so kurz wie möglich** zu halten, mit dem Ziel die Person rasch in eine seitliche oder sitzende Position zu bringen. Eine **regelmäßige Ausbildung der Exekutivbeamten** ist Grundvoraussetzung, um diese Techniken gekonnt und rasch zu beherrschen.

Bei Personen, denen durch einen Arzt **Beruhigungsmittel** verabreicht wurden, ist in jedem Fall erhöhte Aufmerksamkeit geboten. Auf eine Fixierung in Bauchlage sollte bei diesen Personen wenn möglich verzichtet werden.

Da bei erhöhtem Sauerstoffbedarf die Atmung (Sauerstoffaufnahme) durch die Nase nicht ausreicht, **dürfen Mundverschlüsse, etwa durch Verkleben oder manuell, keinesfalls durchgeführt werden,** um Personen am Schreien zu hindern.

Der Vollständigkeit halber muss noch angemerkt werden, dass risikobehaftete **Techniken mit Halskompression**, welche u. U. zu einem erhöhten Druck auf die Halsschlagader oder den Kehlkopf führen, vermieden bzw. nur in Ausnahmesituationen angewendet werden sollten, da hier neben der Beeinträchtigung des Blutflusses zum Gehirn auch **Reflexmechanismen (Karotis-Sinus-Reflex)** oder ein **Kehlkopfkrampf** zu lebensbedrohlichen Situationen führen können.

38.5 Excited Delirium Syndrome

Das in der angloamerikanischen Literatur als *„Excited Delirium Syndrome"* (ExDS) bezeichnete Zustandsbild entspricht im Wesentlichen einer akuten psychotischen Störung einhergehend mit typischen körperlichen Symptomen in wechselnder Ausprägung (s. u.). Synonym gebrauchte deutsche Begriffe sind manchmal „agitiertes Delirium" oder „zentrales Exzitationssyndrom".

Das seit seiner Erstbeschreibung (Wetli & Fishbain 1985) lange Zeit nur in der forensischen Literatur im Rahmen von Obduktionsgutachten erwähnte Phänomen mit noch nicht vollständig geklärter Pathophysiologie wurde 2009 durch das *American College of Emergency Physicians* (ACEP, Excited Delirium Task Force) in einem Positionspapier als **eigenständiges klinisches Syndrom** mit den kombinierten Hauptsymptomen
– Delirium,
– psychomotorische Agitation und
– physiologische Erregung
anerkannt.

Schätzungen zufolge versterben in den USA jährlich etwa 250 Personen im Rahmen eines Excited-Delirium-Syndroms, wobei die Letalität bei Personen mit entsprechender Symptomatik auf 8 bis 14 % geschätzt wird (DeBard 2009).

Symptome. Innerhalb weniger Minuten, häufig nach erfolgter Fixierung oder anderen polizeilichen Maßnahmen, verlieren Personen mit ExDS **plötzlich und unerwartet** das Bewusstsein sowie alle Vitalfunktionen und weisen in diesem Zustand in der Regel eine erhöhte Körperkerntemperatur von über 40 °C auf. Gesetzte Reanimationsmaßnahmen verlaufen nicht selten frustran. Der Tod tritt vermutlich durch plötzlichen Herzstillstand infolge eines gestörten Dopaminstoffwechsels des Gehirns bei möglicherweise genetischer Prädisposition ein (Mash et al. 2009). Bei Personen mit ExDS besteht in der Mehrzahl der Fälle anamnestisch ein **vorangegangener Drogenkonsum** (v. a. Kokain bzw. „Crack", PCP/„Angel Dust", Methamphetamin und Amphetamin), ein akuter **Drogenentzug** und/oder seltener eine **psychiatrische Störung**. ExDS kann aber auch ohne Drogeneinfluss auftreten. In 95 % aller publizierten, letal verlaufenen Fälle handelte es sich um Männer mit einem Durchschnittsalter von 36 Jahren.

Typischerweise bieten Personen unter ExDS einen plötzlichen Beginn mit folgenden Symptomen in wechselnder Ausprägung (nach: ACEP Excited Delirium Task Force, 2009):
– hochgradige Agitiertheit bzw. Hyperaktivität
– psychotisches Zustandsbild mit irrationalem Verhalten
– Desorientiertheit
– bizarres und/oder gesteigertes aggressives Verhalten
– keinerlei Folgeleistung gegenüber den Anordnungen der Einsatzkräfte bzw. aggressiver Widerstand (oft trotz aussichtsloser Lage)
– unzusammenhängendes Schreien
– paranoides bzw. manisches Verhalten
– gesteigerte Kampfeslust
– Panik
– stark erhöhte Schmerztoleranz
– unerwartete „übermenschliche" Kräfte ohne Ermüdungszeichen
– Hyperthermie (Anstieg der Körpertemperatur über 40 °C), einhergehend mit vermehrtem Schwitzen und ggf. Entkleidung
– kalte Extremitäten
– stark erhöhte Puls- und Atemfrequenz.

Abb. 38.11 Mehrzweckeinsatzstock (MES) oder „Tonfa"

Speziell der häufig mit Entkleidung einhergehende Temperaturanstieg ist als Warnsymptom für eine besondere Gefährdung zu werten. Kommt es daher zu einem Todesfall unter dem Bild des ExDS, sollte unbedingt so bald wie möglich die Körpertemperatur (durch den Rettungssanitäter bzw. Arzt) dokumentiert werden.

Das paranoide und aggressive Verhalten kann sich nach Eintreffen von Exekutivbeamten weiter verstärken. Häufig zeigen die Betroffenen keine bzw. eine paradoxe Reaktion auf üblicherweise effektive polizeiliche Maßnahmen wie Pfefferspray, schmerzhafte Hebeltechniken oder Elektroimpulsgeräte.

> **Merke**
>
> Personen mit Anzeichen von ExDS sollten sicherheitshalber immer als **psychiatrische Patienten** eingestuft werden und stellen prinzipiell einen vital bedrohlichen medizinischen Notfall dar!

Notfallmedizinische Sofortmaßnahmen umfassen:
– Überwachung der Herz-Kreislauf-Parameter
– Legen eines intravenösen Zuganges
– Blutzuckermessung
– Überwachung der Blutsauerstoffsättigung (Pulsoxymetrie)
– Sauerstoffgabe
– rasche medikamentöse Sedierung (Beruhigung): Ketamin i. m. bzw. i. v. oder wenn möglich mit oral zu verabreichenden schnelllöslichen Schmelztabletten wie Temesta Expidet˚ oder Zyprexa Velotab˚
– externe Kühlung durch Wasser, Frischluft oder Eispackungen
– Volumen- bzw. Flüssigkeitssubstitution i. v.
– ggf. Ausgleich einer bestehenden Azidose
– intensivmedizinische Überwachung.

Das Positionspapier des *American College of Emergency Physicians* räumt zwar ein, dass in vielen Fällen eine Gewaltanwendung notwendig sein wird, um agitierte, delirante Personen zu deren und anderer Schutz zu überwältigen, empfiehlt aber, diese Maßnahmen so rasch wie möglich und unbedingt auf ein Mindestmaß beschränkt durchzuführen. Ein

polizeilicher Eingriff sollte von einer medizinischen Intervention begleitet werden.

Für **Exekutivbeamte** besteht damit die u. U. schwierige Aufgabe,
– mögliche Fälle von ExDS zu erkennen (siehe Symptome) und frühzeitig notfallmedizinische Hilfe anzufordern,
– die betroffene Person rasch, sicher und effizient unter Kontrolle zu bringen und
– unverzüglich einer medizinischen Betreuung zuzuführen, sobald diese am Einsatzort eingetroffen ist.

> **Merke**
>
> Bei Personen mit ExDS steigt das Risiko eines letalen Ausganges mit dem physischen Stress. Es sollten daher alle Maßnahmen ergriffen werden, um körperlichen Stress zu minimieren.

38.6 Technische Hilfsmittel (Mehrzweckeinsatzstock, Reizstoff-Sprühgeräte, Elektroimpulswaffen)

38.6.1 Der „Tonfa"

Der Tonfa wird auch als „Mehrzweckeinsatzstock" (MES) bezeichnet. Nach dem seit dem 1. April 2008 in der Bundesrepublik Deutschland gültigen Waffengesetz (WaffG) stellt der Tonfa eine Waffe dar, die somit erst ab dem 18. Lebensjahr erworben, besessen oder transportiert werden darf. Gemäß § 42a (1) Nr. 2 WaffG (D) fällt er auch unter das sog. Führungsverbot. Von den Exekutivbeamten werden unterschiedliche Modelle verwendet, die entweder aus Polycarbonat oder aus Hartgummi hergestellt werden (◘ Abb. 38.11). Entsprechend seiner Bezeichnung als Mehrzweckeinsatzstock zeichnet sich der Tonfa durch seine einsatzbezogene Anwendungsvielfalt aus. Er kann sowohl passiv zum eigenen Schutz (Blocktechniken) oder aktiv zum Schlagen oder Hebeln eingesetzt werden. Aus dieser Anwendungsvielfalt lassen sich auch **verschiedenste Verletzungsmuster** ableiten. So kann es einsatzabhängig infolge stumpfer Gewalteinwirkung durch

Quetschungen oder Schläge in erster Linie zu **Hämatomen** kommen. Ebenso sind **Luxationen** an den Gelenken – vornehmlich im Bereich der Ellenbogen oder Schultern – als Folge einer durchgeführten Hebeltechnik möglich. Auch **Knochenbrüche** können das Resultat einer direkten heftigen Schlageinwirkung oder einer starken Hebelwirkung sein.

38.6.2 Reizstoff-Sprühgeräte (RSG, „Pfefferspray")

In den im November 2008 in Deutschland erschienen Technischen Richtlinien für Reizstoffsprühgeräte der Polizeieinsatzkräfte des Bundes und der Länder sind die Forderungen der Polizei für Konstruktion und Prüfung dieser Geräte festgelegt. Unter Punkt 1.2 dieser Richtlinien wird dabei auf die Verwendung dieser Reizstoff-Sprühgeräte eingegangen. Demnach „sollen (diese) als Hilfsmittel der körperlichen Gewalt bzw. als Waffen zum Vorgehen gegen Personen und Tiere eingesetzt werden. Durch die Verwendung von Reizstoffen sollen sie auf Distanz gehalten werden und ggf. in ihrer Handlungsfähigkeit eingeschränkt werden".

Eine Anwendung ist dann angezeigt, wenn andere Eingriffstechniken versagen oder zu deren Vorbereitung. Das Pfefferspray ist als sog. **milderes Einsatzmittel** im Vergleich zu Schusswaffe und Einsatzstock zu sehen. Eingesetzt wird Pfefferspray durch die Polizei meist bei größeren Personengruppen, z. B. bei Demonstrationen, und gegen hochrenitente Einzelpersonen. Ein großes Problem hinsichtlich einer schnellen Wirksamkeit stellt dabei häufig die veränderte Schmerztoleranz aufgrund von höhergradiger Alkoholisierung oder Drogen-/Medikamentenbeeinflussung dar, sodass einsatzabhängig durchaus größere Mengen des sog. Pfeffersprays notwendig sind, um einen Effekt zu erzielen. Natürlich besteht beim Einsatz von Pfefferspray auch immer die Gefahr der Eigenkontamination durch Wind, enges Beisammenstehen oder Nutzung in geschlossenen Räumen.

Nach den Anforderungen der deutschen Polizei sollen die pro Sekunde ausgestoßenen Sprühstöße, je nach Gerät, zwischen 4 und 11 und die Einsatzreichweiten zwischen 2,5 bis 4 bzw. 7 m liegen.

Gemäß der o. g. Technischen Richtlinien werden von der Polizei in Deutschland die folgenden zwei Reizstoffe vorgesehen:
– Oleoresin Capsicum (OC) und
– Pelargonsäure-vanillylamid (PAVA)

Oleoresin capsicum wird aus dem Fruchtfleisch von Chillipflanzen gewonnen. Der Name „Pfefferspray" ist irreführend und ist auf die ungenaue Übersetzung des englischen Terminus „Chilli pepper" zurück zu führen. Es handelt sich um einen mittels Lösemittelextraktion aus den trockenen, reifen Früchten von Capsicum gewonnenen Scharfstoff – eine viskose Flüssigkeit mit würzigem Geruch und extrem scharfem, brennendem Geschmack. Der Hauptbestandteil des Scharfstoffes ist die Substanz **Capsaicin**. Auf Schleimhäuten bewirkt es schon in kleinen Mengen neben einem Brennen ein Hitzegefühl sowie Schmerzen.

Wirkung. Da mit dem Pfefferspraystrahl üblicherweise auf das Gesicht des Gegenübers gezielt wird (◘ Abb. 38.12), stellt eine **Reizung der Augen und der Gesichtshaut** zwangsläufig die häufigste Symptomatik nach einer Kontamination mit Pfefferspray dar. Die daraus innerhalb von wenigen Sekunden resultierenden Symptome im Augenbereich, verursacht durch den Hauptbestandteil Capsaicin, sind:
– Schmerzen
– starkes Augentränen
– Verschwommensehen
– unwillkürlicher, krampfartiger Lidschluss (Blepharospasmus) für mehrere Minuten bei starker Schwellung der Schleimhäute.

Vereinzelt wurden vorübergehende Schädigungen des Hornhautepithels beschrieben (◘ Abb. 38.13). Kontaktlinsenträger können stärker betroffen sein.

Augenärztliche Untersuchungen haben gezeigt, dass die Sehschärfe nach der Exposition nicht beeinträchtigt ist (Zollman et al. 2000). Die Sensitivität der Hornhaut hingegen scheint zunächst deutlich reduziert. In einigen Fällen konnten punktuelle **Erosionen des Hornhautepithels** (oberflächliche Beschädigungen des Deckgewebes der Hornhaut) beobachtet werden. Die Funktion des Auges nor-

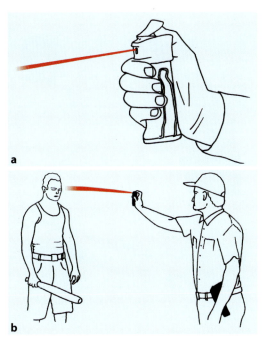

Abb. 38.12 Reizstoffsprühgerät (RSG-3) mit zielgenauem ballistischem Flüssigstrahl zur Einschränkung der Handlungsfähigkeit des polizeilichen Gegenübers

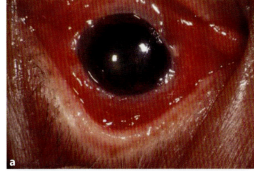

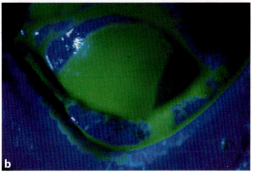

Abb. 38.13 a Augenbefund 18 Stunden nach Capsicum-Spray-Exposition mit Bindehautödem (Chemosis), Rötung und Hornhautdefekt. **b** Nach Fluoreszein-Färbung wird die Ausdehnung des Hornhautdefektes deutlich (aus: Das et al. 2005)

malisiert sich in der Regel innerhalb einer Woche. Die strukturellen und funktionellen Effekte von Pfefferspray auf die Konjunktiven (Bindehäute) und die Kornea (Hornhaut) werden in der Regel als mild und vorübergehend eingeschätzt, sodass eine Exposition als relativ harmlos gilt (Vesaluoma et al. 2000, Busker & van Helden 1998). Es wurde jedoch auch berichtet, dass es nach dem Einsatz von Pfefferspray zu einer Ablösung der Hornhaut gekommen ist (Brown et al. 2000).

Auf der **Haut** kommt es zu einem starken Brennen, schmerzhaften Schwellungen (Quaddelbildung) und Rötungen, die zumeist innerhalb von 15 bis 45 Minuten wieder verschwinden. Selten kann es zu Blasenbildungen kommen. Dosisabhängig kann eine vorübergehende Herabsetzung der Schmerz- und Temperatursensibilität auftreten, die bis zu 48 Stunden anhalten kann.

Capsaicin hat verschiedene, dosisabhängige Wirkungen auf die **Atemwege**. Es reizt den Rachenraum und die oberen Atemwege und kann dadurch zu Husten, Atemnot und in seltenen Fällen zu einem Erstickungsgefühl führen. Die Atemwegsschleimhaut zeigt Zeichen einer akuten Entzündung bzw. Atemwegsreizung, wodurch es zu einem **Anschwellen der Schleimhäute** mit **vermehrter Schleimproduktion** kommt. In Einzelfällen können eine **Bronchokonstriktion** (Verengung der Bronchien) oder ein **Laryngospasmus** (Stimmritzenkrampf) mit Luftnot auftreten (Busker & van Helden 1998). Eine Verstärkung von aggressivem oder panikartigem Verhalten ist grundsätzlich möglich. Bei **Allergikern** und **Asthmatikern** ist eine stärkere Wirkung anzunehmen, weswegen bei diesen Personen prinzipiell besondere Vorsicht geboten ist. Besprühte Personen sind bis zum Nachlassen der Wirkung kontinuierlich zu beobachten, bei Bedarf sollte eine ärztliche Versorgung gewährleistet sein.

Merke

Bestehen nach Anwendung von Pfefferspray starke Atembeschwerden, sollte auf eine Fesselung der Hände auf dem Rücken unbedingt verzichtet werden, da dies die Atmung zusätzlich erschwert und ein Abstützen auf den Händen/Armen zur Benutzung der sog. Atemhilfsmuskulatur (erhöhter Oberkörper) unmöglich macht. Das Anlegen von Handfesseln an der Körpervorderseite ist in diesen Fällen vorzuziehen. Jede die Atmung beeinträchtigende Körperhaltung ist nach Anwendung von Pfefferspray zu vermeiden bzw. so kurz wie möglich zu halten.

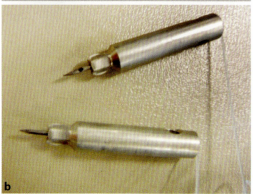

☐ **Abb. 38.14** Elektroimpulswaffe TASER® X26 (**a**) und die mit Widerhaken versehenen Pfeilelektroden mit Drähten (**b**)

Der wissenschaftliche Dienst des Deutschen Bundestages hat die **Erste-Hilfe-Maßnahmen** aus Sicherheitsdatenblättern von Pfefferspray-Herstellern bzw. Lieferanten des Wirkstoffes Oleoresin Capsicum bzw. Capsaicin zusammengetragen. In der Regel wird Folgendes empfohlen:

- Bei **Hautkontakt:** Die betroffene(n) Hautpartie(n) 10 Minuten oder länger mit fließendem Wasser und Seife waschen und abspülen; benetzte Kleidungsstücke entfernen und bei anhaltenden Symptomen einen Arzt aufsuchen.
- Bei **Augenkontakt:** Sofortiges, 10- bis 15-minütiges Ausspülen des Auges und anschließende Untersuchung durch einen Facharzt für Augenheilkunde.
- Bei **Inhalation:** Sofortige Zufuhr von frischer Luft; bei Bewusstlosigkeit der betroffenen Person Überprüfung der Atmung und, falls notwendig, Einleitung einer künstlichen Beatmung.
- Bei **Verschlucken:** Sofortiges Ausspülen des Mundes und anschließendes Aufsuchen eines Arztes oder Krankenhauses.
- Trotz des einsetzenden plötzlichen Schmerzes **sollte ein Reiben der Augen unbedingt unterlassen werden**, da dies zu einer weiteren Verteilung des reizenden Wirkstoffes und damit zu einer Verschlimmerung der Symptome führt.
- Durch Berühren anderer Körperregionen mit den kontaminierten Händen kann es ebenfalls

zu einer weiteren Verbreitung des Reizstoffes mit o. g. Symptomen kommen.

38.6.3 Elektroimpulswaffen vom Typ TASER® X26

Bei der Elektroimpulswaffe „TASER® X26" (Akronym hergeleitet von „**T**homas **A**. **S**wift's **E**lectric **R**ifle") handelt es sich um ein in den USA entwickeltes Gerät, das im Rahmen polizeilicher Maßnahmen zum Einsatz kommt. Der TASER® wird auch als **Elektroimpulsgerät** oder **Elektroschock-Distanzwaffe** bezeichnet und gilt als sog. „less-lethal-weapon". Nach Auffassung des Deutschen Bundestages stellen „*Elektroimpulsgeräte grundsätzlich u. a. eine mögliche technische Lösung dar, um im Rahmen bestimmter Einsatzszenarien gewalttätige Personen im Nahbereich auf Distanz zu halten.*" Im Vergleich dazu handelt es sich bei den herkömmlichen Elektroschockgeräten um reine Kontaktwaffen, die direkt auf den Körper aufgesetzt werden. In Deutschland und Österreich ist der Einsatz von Tasern ausschließlich Spezialeinheiten der Polizei (sowie in Österreich Justizwachebeamten unter strengen Auflagen) vorbehalten.

> **Merke**
>
> Auch bei TASER-Einsätzen muss stets das Verhältnismäßigkeitsprinzip beachtet werden. Ein Einsatz, um einen unbewaffneten Verdächtigen an der Flucht zu hindern oder um Personen zur Kooperation zu zwingen, ist keinesfalls als „verhältnismäßig" anzusehen!

Funktionsweise. Der TASER® ist eine Elektroimpulswaffe, die in der Form einer Pistole ähnelt (◘ Abb. 38.14a). Im vorderen Teil befindet sich eine Kartusche, die den Nitrogentreibsatz, die Zündladung und zwei mit kleinen Widerhaken versehene Pfeil-Elektroden enthält (◘ Abb. 38.14b). Wird nach Erfassung des Ziels (erleichtert durch die eingebaute Laser-Zieleinrichtung) der Abzug betätigt (keinesfalls darf auf Kopf oder Hals gezielt werden!), treten die beiden Pfeilelektroden aus der Kartusche aus, wobei sie über zwei elektrisch isolierte Drähte mit der Waffe verbunden bleiben. Die maximale Reichweite liegt laut Hersteller bei 6,40 Metern, als optimale Einsatzreichweite gilt eine Entfernung von 2–3 Metern. Sobald die Pfeile auf ihr Ziel treffen, werden automatisch 15 bis 19 Impulse pro Sekunde über 5 Sekunden hinweg abgegeben. Eine neuerliche Auslösung der elektrischen Impulse ist möglich und in manchen Fällen notwendig, um die getroffene Person zur Aufgabe zu bewegen bzw. zu überwältigen. Jede Kartusche kann nur einmal verwendet werden. Wurden die Pfeilelektroden abgefeuert, kann das Gerät nach Abnahme der Kartusche noch in Form eines Elektroschockgerätes durch direktes Aufsetzen auf den Körper verwendet werden. Um eine missbräuchliche Verwendung zu verhindern, wird (bei neueren Modellen) nach Entsichern der Waffe eine eingebaute Videokamera aktiviert und bei Auslösung werden mit den Pfeilelektroden kleine Papierscheibchen mit der Seriennummer des Gerätes ausgeworfen (Markierung des Einsatzortes des Gerätes). Darüber hinaus können die Einsatzparameter (z. B. Datum/Uhrzeit des Einsatzes, Zahl der ausgelösten Intervalle etc.), die im Gerät selbst gespeichert werden, mittels Computer ausgelesen werden.

Die über die Pfeilelektroden abgegebene elektrische Energie (Energie/Impuls: 0,36 Joule, Spannung: 50.000 Volt, Stromstärke: 2,1 mA) führt beim Getroffenen durch **Überlagerung der körpereigenen motorischen Nervenimpulse** zu einem krampfartigen Verlust der Muskelkontrolle (EMD, „Electro-Muscular-Disruption") und resultiert in der Regel in einem Hinstürzen (ohne die Möglichkeit den Sturz durch Reflexbewegungen abzumildern; Bux et al. 2002). Für diese Wirkung ist das Eindringen der Elektroden in die Haut nicht zwingende Voraussetzung, das Steckenbleiben in der Kleidung ist bereits ausreichend. Das Berühren einer „getaserten" Person nach der erfolgten Impulsabgabe ist vollkommen ungefährlich und jederzeit möglich.

Mögliche Verletzungen. Die im Rahmen eines TASER®-Einsatzes möglicherweise verursachten Verletzungen (◘ vgl. Tab. 38.1), die unter Umständen einer medizinischen Behandlung bedürfen, sind
- einfache Hautverletzungen durch Eindringen der mit Widerhaken bestückten Pfeile (Punktionsverletzung, ◘ Abb. 38.15)
- Kopf- und Halsverletzungen sowie Verletzungen anderer Problemzonen
- sekundäre Sturzverletzungen.

Elektrodenentfernung. Aus medizinischer Sicht kann z. B. die Entfernung eines in der Haut festsitzenden Pfeiles erforderlich werden. Die Entfernung der Pfeil-Elektroden (nach Abschneiden der Kabel durch einen Polizeibeamten) ist gemäß Sanitätshilfe-Lehrmeinung des Österreichischen Roten Kreuzes nur durch einen Arzt vorzunehmen. Dabei wird mit einer Hand die Haut um die Elektroden durch leichten Druck fixiert, um mit der anderen Hand die Pfeil-Elektroden mit einer ruckartigen Bewegung herauszuziehen. Die Eintrittsstellen der Pfeile, die wenige Millimeter in die Haut eindringen, heilen normalerweise folgenlos ab (◘ Abb. 38.15b).

Problematisch können hingegen Verletzungen durch **Treffer im Kopf- und Halsbereich** (z. B. Au-

◻ **Tab. 38.1** Mögliche Gesundheitsschädigungen im Rahmen eines TASER®-Einsatzes	
Hautverletzungen	Durch das Eindringen der mit einem Widerhaken besetzten Pfeilelektrode resultiert eine leichte Punktionsverletzung der Haut.
Kopf- und Halsverletzungen	Als gefährlich sind Treffer durch Pfeil-Elektroden im Bereich der Augen und der Halsschlagadern einzustufen. Augenschädigungen durch den Ziel-Laser der Waffe sind nicht auszuschließen, aber sehr unwahrscheinlich (Lidschlussreflex).
Verletzungen anderer Problemzonen	Im Wesentlichen handelt es sich um mögliche Verletzungen im Bereich der Genitalien und der großen Blutgefäße in der Leistengegend.
Herzrhythmusstörungen	Es besteht ein extrem niedriges Risiko für das Auftreten eines Kammerflimmerns, wobei das Risiko in Verbindung mit Drogenmissbrauch und bestehenden Herzerkrankungen zunimmt.
Sekundärverletzungen	Im Rahmen des unkontrollierten Hinstürzens kann es zu Hautabschürfungen, Blutergüssen, Prellungen, Platzwunden, Knochenbrüchen bis hin zu schweren Schädel-Hirn-Traumen kommen.

gen, Gefäße), im Bereich der **Leistengegend** sowie mögliche **sekundäre Sturzverletzungen** sein. Das Risiko für **Herzrhythmusstörungen** wird als extrem niedrig eingestuft, ist jedoch in Verbindung mit Vorerkrankungen des Herzens und Drogenkonsum erhöht (Bozeman et al. 2009, Vilke et al. 2011).

Todesfälle. Häufigster Diskussionspunkt beim Einsatz von Elektrodistanzwaffen vom Typ TASER® sind Todesfälle, die in diesem Zusammenhang beschrieben wurden. Nach einem kontrovers diskutierten Bericht von Amnesty International 2008 starben in den USA im Zeitraum von 2001 bis August 2008 bisher 334 Menschen in Zusammenhang mit TASER®-Einsätzen. In mindestens 50 Fällen soll der TASER® direkt oder indirekt zum Tod geführt haben (Bericht von Amnesty International vom 16.12.2008; www.amnesty.org). Kritisch zu bewerten ist dabei allerdings die zumeist gleichzeitig bestehende Beeinflussung durch Alkohol, Drogen und/oder Medikamente.

Insbesondere die **Wirkung auf den Herzmuskel**, vor allem bei vorbestehenden Herzerkrankungen, wurde wiederholt untersucht und diskutiert. Studien an gesunden freiwilligen Probanden sind vor allem wegen der kurzen Anwendung und dem Wegfall der typischen Risikofaktoren nur von geringer Aussagekraft. Ebenso können Versuche an anästhesierten Schweinen nur bedingt auf den Menschen übertragen werden.

In einer unabhängigen, multizentrischen US-amerikanischen Studie, welche 1.201 TASER®-Einsätze über einen Zeitraum von 36 Monaten untersuchte, wurden in 99,75 % keine oder lediglich geringe Verletzungen (v. a. Punktionsverletzungen durch Pfeilelektroden) festgestellt. Schwere Verletzungen wurden in 3 Fällen (0,25 %) festgestellt (2 Fälle mit Schädelverletzungen und 1 Fall von Rhabdomyolyse [Muskelzerfall]). Zwei Personen verstarben in Haft, wobei die rechtsmedizinischen Untersuchungen keinen Zusammenhang mit der TASER®-Anwendung feststellten (Bozeman et al. 2009).

Die in der medizinischen Literatur beschriebenen Todesfälle waren vor allem drogen- und/oder alkoholassoziiert bzw. traten bei Personen mit erheblicher vorangegangener psychischer und/oder körperlicher Erregung, teilweise in Verbindung mit Fixierungsmaßnahmen, auf (s. „positionelle Asphyxie" und „Excited Delirium Syndrome"). Daher sollte bei Personen die erkennbar einen oder mehrere der angeführten Risikofaktoren aufweisen (s. u.), ein TASER®-Einsatz besonders gründlich abgewogen werden. Für einen Einsatz spricht allerdings in vielen Fällen die Vermeidung eines u. U. tödlichen Schusswaffengebrauchs.

Risikofaktoren. Im Vergleich zu gesunden Personen besteht bei folgenden Personengruppen möglicherweise ein erhöhtes gesundheitliches Risiko (nach Robb et al. 2009):

– Personen unter Drogen- und/oder Alkoholeinfluss
– Personen mit psychischen Auffälligkeiten
– Personen mit Erregungszuständen bzw. dem Bild des „exzidierten Deliriums" (s. o.)

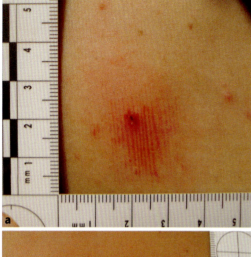

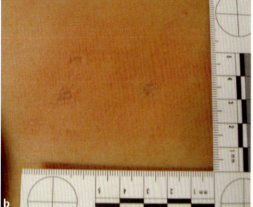

■ **Abb. 38.15 a** Frische Punktionsverletzung unmittelbar nach Entfernung der Elektrode. **b** Abgeheilte, nebeneinander liegende Taserverletzungen in Form zweier 5 mm durchmessender flacher Hautnarben.

– Personen mit bestehenden kardiovaskulären Erkrankungen
– Patienten mit Herzschrittmachern
– Personen nach mehrfachem bzw. prolongiertem TASER®-Einsatz
– schwangere Frauen
– Personen mit niederem BMI (Body-Mass-Index).

Da zumindest theoretisch das Risiko der elektrischen Beeinflussung der Herzaktivität mit geringer werdendem Herz-Elektroden-Abstand steigt, besteht möglicherweise bei Personen mit sehr niedrigem BMI ein erhöhtes Risiko (insbesondere bei herznaher Lage der Elektroden).

Ein durch die *„American Academy of Emergency Medicine"* autorisiertes Positionspapier, basierend auf der Auswertung der gegenwärtigen medizinischen Literatur, kam zu dem Schluss, dass derzeit keine Evidenz für eine routinemäßige Durchführung von EKG-Untersuchungen, Laboruntersuchungen (Blut) oder eine notfallmedizinische kardiale Überwachung bei ansonsten asymptomatischen, wachen Personen nach TASER®-Einsatz vorliegt (Vilke et al. 2011).

An eine eventuelle Beeinträchtigung der Herzfunktion sollte nach einem TASER®-Einsatz, vor allem bei entsprechendem Risikoprofil, dennoch gedacht und im Zweifelsfall zumindest ein **EKG** abgeleitet werden, um Herzrhythmusstörungen auszuschließen. Insbesondere für den Fall einer späteren gutachterlichen Stellungnahme sollte in unklaren Fällen stets eine ausführliche **klinische Dokumentation** angestrebt werden. Aufgrund der prinzipiell nicht auszuschließenden Möglichkeit von Herzrhythmusstörungen empfiehlt sich die Mitführung eines auch durch Laienhelfer bedienbaren „automatisierten externen Defibrillators" (AED) im Einsatzfahrzeug bzw. am Einsatzort.

Bodypacking

K. Püschel

39.1   Einleitung   – 458

39.2   Epidemiologie und Kriminologie   – 458

39.3   Polizeiliche und medizinische Maßnahmen   – 461

M. Grassberger, E. Türk, K. Yen, Klinisch-forensische Medizin,
DOI 10.1007/978-3-211-99468-9_39, © Springer-Verlag Berlin Heidelberg 2013

39.1   Einleitung

Illegale Drogen werden auf unterschiedlichsten Wegen aus den Anbauländern bzw. aus den Ländern mit entsprechenden geheimen/versteckten („clandestine") Laboratorien in die Länder/Regionen geschleust, wo es zahlungskräftige Konsumenten gibt. Seit jeher haben Schmuggler auch ihren eigenen Körper als Versteck eingesetzt, um z. B. geheime Nachrichten, gestohlene Wertgegenstände oder Suchtmittel zu transportieren. Spezielle Formen des Drogenschmuggels im menschlichen Körper haben sich in den letzten Jahrzehnten (beginnend zwischen 1970 und 1980 in den USA) entwickelt. Bei diesem Körperschmuggel unterscheidet man im englischen Sprachgebrauch zwischen Bodypacker, Bodypusher und Bodystuffer (vgl. ◘ Tab. 39.1 und ◘ Abb. 39.1). Die nachfolgenden Ausführungen beziehen sich überwiegend auf Bodypacker; spezielle Aspekte von Bodystuffern und Bodypushern werden entsprechend hervorgehoben.

39.2   Epidemiologie und Kriminologie

Berichte über diese Formen des Drogenschmuggels kamen zunächst in den USA zur Darstellung. In Südamerika sowie in Westafrika ist der Drogenschmuggel im Körper systematisch perfektioniert worden. Die Drogenbarone bilden die Kuriere im Rahmen von systematischen Schulungen aus, damit sie sich daran gewöhnen, die Päckchen glatt herunterzuschlucken und dann auch wieder auszuscheiden. Alle Phasen des Drogenschmuggels werden auch medikamentös unterstützt: Zur Vorbereitung des

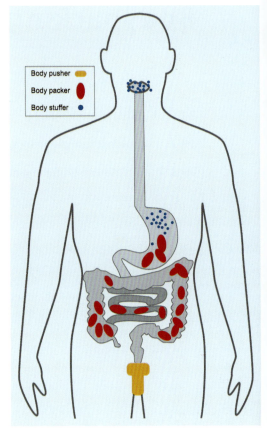

◘ **Abb. 39.1** Schematische Darstellung der Lokalisation von Drogencontainern bei Bodystuffing, Bodypacking und Bodypushing

Herunterschluckens werden gegen den Brechreiz Medikamente gegen Übelkeit eingenommen (Antiemetika), zur Verlangsamung der Darmpassage sodann Medikamente, die eine gewisse Verstopfung hervorrufen, schließlich zur Beschleunigung

◘ **Tab. 39.1** Formen der Inkorporation von Drogen im menschlichen Körper

Bodypacker	Drogenkurier („mule", „swallower", „internal carrier", Intestinalschmuggler), der mit Rauschgift gefüllte Drogencontainer schluckt und über größere Entfernungen sowie über Grenzen bzw. Kontinente im Magen-Darm-Trakt transportiert, um sie am Zielort dann wieder auszuscheiden.
Bodypusher	Rauschgiftschmuggler, der sich mit Drogen gefüllte Behältnisse/Päckchen rektal einführt (bei Frauen auch vaginal), um sie dann später wieder manuell zutage zu fördern (z. B. beim Schmuggel über kurze Entfernungen, u. a. ins Gefängnis).
Bodystuffer	Drogen-Kleindealer, der kleine Drogenkügelchen („Bubbles" oder „Balls"), gelegentlich auch schlecht verpackte, für den Eigengebrauch bestimmte Drogen, eilig in der Mundhöhle versteckt oder sie herunterschluckt, um sie bei einem polizeilichen Zugriff als Beweismittel verschwinden zu lassen.

39

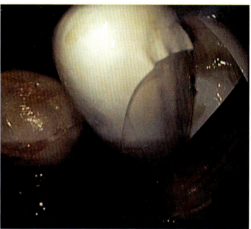

■ **Abb. 39.3** Durch Magenspiegelung detektierter und extrahierter, aufgerissener Drogencontainer (s. hierzu Fallbeispiel 1)

■ **Abb. 39.2** Bei einem Drogenkurier aus Kolumbien asservierte Drogencontainer aus dem Darminhalt

der Ausscheidung am Zielort Medikamente, die die Darmtätigkeit fördern (Abführmittel, Laxanzien).

Bis zu 200 Drogenpäckchen können im Körper transportiert werden, abhängig von der Statur, dem „Trainingszustand" und der Risikobereitschaft des Drogenkuriers. Die pro Päckchen verarbeitete Substanzmenge liegt zwischen 1 g und maximal etwa 10 g. Die gesamte im Körper transportierte Masse kann bis zu 2 kg betragen. Für die Verpackung werden unterschiedliche Materialien eingesetzt (z. B. Kondome, Fingerlinge, Haushaltsfolie, Alufolie). Dabei wird darauf geachtet, dass die einzelnen Lagen möglichst luftdicht und wasserdicht verschlossen sind. Die Anzahl der Verpackungshüllen reicht von einer einzelnen bis zu 10 Umhüllungen (■ Abb. 39.2–39.5).

■ **Abb. 39.4** Mehrfache Umhüllung/Verpackung eines typischen „Bodypacks"

> **Fall 1:**
>
> Ein 28-jähriger Guinese wurde beim Verlassen des Flugzeugs aus Mallorca auf dem Hamburger Flugplatz wegen verdächtigen Verhaltens und positivem Kokaintest im Urin festgenommen. Ein unter dem Verdacht des Körperschmuggels angefertigtes Abdomen-Röntgen zeigte 11 längliche Pakete im Gastrointestinaltrakt des Mannes. Der Mann wurde nunmehr verhaftet und erhielt ein Abführmittel, woraufhin 6 Pakete ausgeschieden und 2 erbrochen wurden. Da nach 72 Stunden die restlichen Pakete noch nicht ausgeschieden waren, wurde der Guinese einer Magenspiegelung zugeführt (■ Abb. 39.3). Mittels dieser Gastroskopie wurden 3 weitere Bodypacks aus dem Magen geborgen (darin enthalten Kokain).

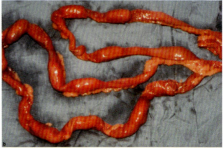

■ **Abb. 39.5 a** Sog. „Bubbles" bzw. „Balls" aus dem Magen eines „Bodystuffers" nach Brechmitteleinsatz. **b** Verpackung der „Bubbles"/„Balls": meist mehrfache Umhüllung aus einfachem Plastiktütenmaterial, durch Erhitzung (z. B. Feuerzeug, Herdplatte) „verschweißt"

■ **Abb. 39.6** Notfälle von Bodypackern (mit tödlichem Ausgang). **a** Teilweise geöffnete Drogencontainer im Magen eines infolge Heroinintoxikation verstorbenen afrikanischen Bodypackers. **b** Zahlreiche Bodypacks im Dünndarm (s. hierzu Fallbeispiel 2)

Bei den transportierten Drogen handelt es sich zumeist um Kokain oder Heroin, seltener um Amphetamin oder Haschisch. Für den Kurier besteht eine nicht unerhebliche Gefahr, dass die Drogenpäckchen durchlässig werden bzw. sich öffnen. Auch ohne offene Leckagen können durch die Hüllen der Verpackungsmembranen u. U. kleine Substanzmengen diffundieren, sodass beim Drogenkurier geringe Konzentrationen der Drogen nachzuweisen sind, auch wenn die Person selbst nicht abhängig ist und neben dem Schmuggel nicht selbst konsumiert. Zur Lebensrettung des Dealers kann eine notfallmäßige chirurgische Eröffnung der Bauchhöhle sowie von Magen und/oder Darm erforderlich werden (Schaper et al. 2003, vgl. ■ Abb. 39.6). Todesfälle von Bodypackern, Bodystuffern und Bodypushern kommen in diesem Zusammenhang gelegentlich vor (Heinemann et al. 1998, Hohner & Püschel 2011, Püschel & Schmoldt 2003, Schaper et al. 2003, Traub et al. 2003, Vogel et al. 2006, Wittau et al. 2004).

Fall 2:

Die Polizei wurde durch einen Krankenhausarzt informiert, dass gerade aktuell ein Drogenkurier wegen eines Darmverschlusses operiert werde. Im Darm wurden 23 fingergroße Bodypacks aufgefunden (■ Abb. 39.6), diese wurden der Polizei übergeben. Darin nachgewiesen wurde eine Gesamtmenge von 216 g Kokaingemenge und 183 g Kokainhydrochlorid. Die Ermittlungen ergaben, dass der 22-jährige Mann aus Sierra Leone bereits eine Woche zuvor mit Bauchschmerzen Arztbesuche unternommen hatte.

Sowohl Männer als auch Frauen aller Altersgruppen treten als Bodypacker und Bodystuffer in Erscheinung (Püschel & Bachmann 2007, Schaper et al. 2003, Vogel et al. 2006). Bodypacker stammen häufig aus Afrika und aus Südamerika. Viele geben ein jüngeres Lebensalter an, sodass forensisch-me-

◼ **Tab. 39.2** Erkennungsraster für Bodypacker

– fremdländisches Äußeres und entsprechende Nationalität (häufig aus Südamerika bzw. aus Afrika)

– wenig bzw. unpassendes Reisegepäck

– vom Äußeren und vom Beruf her nicht erklärliche Bargeldmengen

– fehlende/nicht nachvollziehbare Erklärung für die Fernreise

– wiederholte Reisen auf derselben Route

– im Gepäck spezielle Utensilien, z. B. auch Medikamente wie Antiemetika (Medikamente gegen Übelkeit und Brechreiz) und Laxanzien (Abführmittel)

– u. U. auffälliger Mundgeruch

– evtl. Hinweise auf eigenen Drogenkonsum

– auffällige Verhaltensweise bei der Passkontrolle

– Drogennachweis im Urin (bzw. evtl. auch im Schweiß oder im Speichel)

– Intoxikationserscheinungen (Blutdruckkrise oder Krampfanfälle z. B. durch Kokain-Überdosierung, Benommenheit/Koma sowie Atemlähmung durch Heroin – jeweils verbunden mit Auffälligkeiten im Bereich der Pupillen)

dizinische Altersschätzungen erforderlich werden können (s. ▶ Kap. 40, 41 und 42 „Forensische Altersdiagnostik bei Lebenden in Deutschland, Österreich und der Schweiz").

Insbesondere im Umfeld größerer internationaler Flugplätze verfügen die hier tätigen Dienststellen von Zollfahndung und Polizei über einen großen Erfahrungsschatz und umfangreiche Informationen bezüglich der Identifikation der Drogenkuriere (◼ Tab. 39.2). Es gibt eine eingefahrene Kooperation mit Labors, Ärzten und Kliniken, um zu einer eindeutigen Feststellung des Bodypacking und zu einer Sicherstellung der Drogen zu kommen.

39.3 Polizeiliche und medizinische Maßnahmen

Bei Zollfahndung und Polizei hat sich folgendes Verfahren bewährt (◼ Tab. 39.3):

◼ **Tab. 39.3** Medizinische Maßnahmen/Untersuchungen zum Nachweis des Körperschmuggels

– Kontrolle der Mundhöhle (speziell auch unter der Zunge und im Bereich der Wangentaschen)

– induziertes Erbrechen (nach einem Urteil des ECHR nur noch mit dem Einverständnis des Beschuldigten)

– Magenspiegelung (Gastroskopie)

– Ultraschalluntersuchung (speziell für Drogencontainer im Magen)

– Röntgen, Abdomen-Übersichtsaufnahme (evtl. auch nach zusätzlicher Kontrastmittelgabe)

– Computertomographie (bei unsicherem/verdächtigem Befund in der Abdomen-Übersicht, insbesondere auch bei Verdacht auf Bodypacking von flüssigen Substanzen, z. B. Liquid Cocain)

– Magnetresonanztomographie (nur bei kooperativen Patienten möglich)

– Enddarm-/Dickdarmspiegelung (Rektoskopie/Koloskopie)

– operative Eröffnung der Bauchhöhle (Laparatomie) sowie von Magen und/oder Darm (als Notfallmaßnahme bei Darmstillstand oder zur Entfernung aufgegangener bzw. undichter Drogencontainer)

– forcierte Ausscheidung der Drogencontainer (nach Gabe von Laxanzien).

– Ausscheidungskontrolle (bei hierfür inhaftierten Personen)

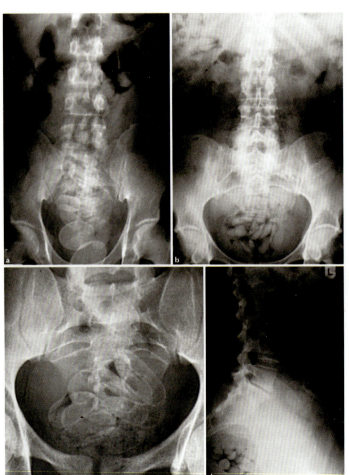

◘ **Abb. 39.7** Röntgenübersichtsaufnahmen des Bauchraums mit Nachweis
zahlreicher Drogencontainer (**a, b**)
und röntgenologische Darstellung von
Bodypacks speziell im s-förmigen Dick-
darm (**c**) sowie im Enddarm (**d**)

– Generierung einer Verdachtssituation
(vgl. ◘ Tab. 39.2)
– Urintest (u. U. auch Schweißtest oder Speichel-
test) auf Drogen
– bei positivem Ergebnis: Verbringung in ein
Schwerpunkt-Krankenhaus, hier:
  • Abdomen-Übersichtsaufnahme (Röntgen-
    aufnahme der Bauchhöhle, s. ◘ Abb. 39.7 u.
    ◘ Abb. 39.8)
  • bei positivem Ergebnis (vgl. hierzu
    ◘ Tab. 39.4): Koloskopie-Lösung (Abführ-
    mittel) und Warten auf Ausscheidung der
    Drogencontainer (je nach Rahmenbe-
    dingungen auf einem sog. „Schieber", in
    einer Toilette mit Reservoir für die Exkre-
    mente oder auf einer „gläsernen Toilette")
    (vgl. Ablaufschema, ◘ Abb. 39.9).

Die computertomographische Untersuchung ist im
Vergleich zum konventionellen Röntgenbild zwar
genauer, bedeutet jedoch auch eine deutlich größere Strahlenbelastung. Ultraschalluntersuchun-
gen haben sich für die Routine nicht bewährt. Die
Magnetresonanztomographie ist zwar sehr genau
und stellt keine Strahlenbelastung dar, ein Nachteil
ist jedoch der hohe Untersuchungsaufwand, wobei
insbesondere auch eine gute und länger dauernde
Kooperation des Patienten/Delinquenten erforderlich ist.

Bei den verschiedenen Formen des Drogenschmuggels im Körper (Bodypacking, Bodypushing
und Bodystuffing) kommen – je nach Sachlage des
Falles – diverse weitere medizinische Untersuchungsmaßnahmen in Frage (vgl. ◘ Tab. 39.3). Der
Europäische Gerichtshof für Menschenrechte hat im

39

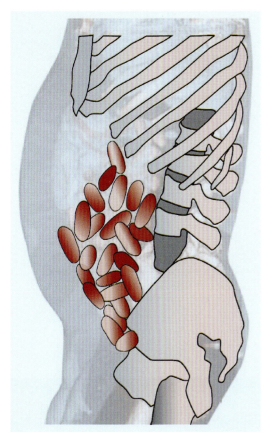

In allen Situationen, in denen Polizei, Zoll, Rechtsmedizin und sonstige Ärzte mit Körperschmugglern von Drogen zu tun haben, ist erfahrungsgemäß eine sehr konsequente und lückenlose, ständig die Körperöffnungen kontrollierende Verfahrensweise erforderlich.

Aufgabenspektrum der klinischen Rechtsmedizin bei Verdacht auf Drogenschmuggel im Körper. Prinzipiell erfordert die Identifikation von Körperschmuggel, die medizinische Diagnostik und die Asservierung der Drogen eine sehr enge interdisziplinäre Kooperation einerseits zwischen Polizei/Zollfahndung, zum Teil auch Strafvollzug und Medizin, sowie andererseits innerhalb der Medizin zwischen Labordiagnostik/Toxikologie, bildgebender Diagnostik/Radiologie und Innerer Medizin, ggf. auch mit der Gynäkologie und der Bauchchirurgie und auf allen Ebenen mit der Rechtsmedizin (vgl. ◘ Abb. 39.9). Einzelne Kliniken haben sich z. B. in der Nähe größerer Flughäfen auf das notwendige Maßnahmenspektrum spezialisiert. Die Eingriffe müssen darüber hinaus durch eine entsprechende Verfügung der Staatsanwaltschaft bzw. durch gerichtliche Beschlüsse juristisch ermöglicht und abgesichert werden.

◘ **Abb. 39.8** Schematisierte Darstellung von Bodypacks, wie sie im seitlich aufgenommen Röntgenbild zur Darstellung gelangen können

Jahr 2006 entschieden, dass ein Brechmitteleinsatz gegen den Willen des Beschuldigten eine unmenschliche und erniedrigende Behandlung darstellt und deswegen unzulässig ist. Seitdem werden Brechmitteleinsätze nach unserer Kenntnis in Deutschland nicht mehr durchgeführt.

„Arme Schlucker". In einzelnen Fällen haben wir scheinbare Nachahmer beobachtet (Hohner & Püschel 2011). Möglicherweise handelt es sich um besondere Abläufe einer Selbstbeschädigung, wie man sie aus dem Gefängnis kennt, wenn Strafgefangene Fremdkörper (zum Teil auch metallische Partikel) verschlucken, um dadurch eine Hafterleichterung oder klinische Behandlung außerhalb des Gefängnisses zu provozieren.

So beobachteten wir z. B. das Verschlucken derartiger „Packs", die aus einem verknoteten Kondom

◘ **Tab. 39.4** Röntgenologische Zeichen für inkorporierte Drogencontainer (auf der Abdomen-Übersichtsaufnahme bzw. im CT)
– Doppelkondomzeichen (sichelförmige Kontur durch eingeschlossene Luft zwischen zwei übereinanderliegenden Kondomschichten)
– Rosettenzeichen (durch Lufteinschlüsse im Bereich des verknoteten Drogencontainers)
– Parallelismus (parallele hyperdense Strukturen innerhalb des Darmlumens)
– röntgendichtes „hyperdenses" Verpackungsmaterial

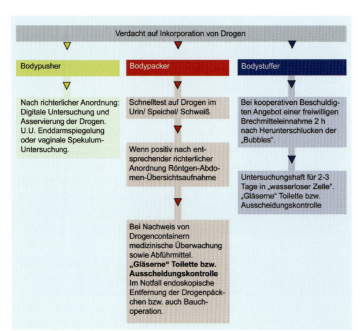

Abb. 39.9 Untersuchungsstrategie bei Verdacht auf Drogenschmuggel im Körper

Verdacht auf Inkorporation von Drogen

| Bodypusher | Bodypacker | Bodystuffer |

Nach richterlicher Anordnung: Digitale Untersuchung und Asservierung der Drogen. U.U. Enddarmspiegelung oder vaginale Spekulum-Untersuchung.

Schnelltest auf Drogen im Urin/ Speichel/ Schweiß

Wenn positiv nach entsprechender richterlicher Anordnung Röntgen-Abdomen-Übersichtsaufnahme

Bei Nachweis von Drogencontainern medizinische Überwachung sowie Abführmittel. **„Gläserne" Toilette bzw. Ausscheidungskontrolle** Im Notfall endoskopische Entfernung der Drogenpäckchen bzw. auch Bauchoperation.

Bei kooperativen Beschuldigten Angebot einer freiwilligen Brechmitteleinnahme 2 h nach Herunterschlucken der „Bubbles".

Untersuchungshaft für 2-3 Tage in „wasserloser Zelle". „Gläserne" Toilette bzw. Ausscheidungskontrolle

Abb. 39.10 Sog. „Schlucker". **a–c** Herunterschlucken eines uringefüllten Präservativs, welches zum Darmverschluss im Dünndarm führte (**a, b** intraoperative Extraktion, **c** extrahiertes gefülltes Präservativ). **d, e** Verschlucken eines Präservativs mit Vanillesauce im Rahmen einer Trinkwette, ebenfalls mit der Folge eines Dünndarmverschlusses

bestanden und in einem Fall Urin sowie im anderen Fall Vanillesauce enthielten (Hohner und Püschel 2011). In beiden Fällen war es zum Passagehindernis mit Darmverschluss (im Dünndarmbereich) gekommen, sodass operative Notfalleingriffe erforderlich wurden (◘ Abb. 39.10).

Wesentliche Aufgabenbereiche der klinischen Rechtsmedizin:

– klinische Untersuchung von Bodypackern (ggf. unter Einbeziehung der Ergebnisse der bildgebenden Maßnahmen; vgl. ◘ Tab. 39.3)
– Anwesenheit bei Notfalleingriffen, bei denen Drogencontainer aus dem Magen-Darm-Trakt entfernt werden
– (Durchführung oder Anwesenheit bei) Sicherstellung von Drogenpäckchen aus der Vagina und dem Analkanal (z. B. durch digitales Austasten, evtl. Rektoskopie oder Spekulum-Einstellung)
– (Anwesenheit oder beratende Funktion bei) Ausscheidungskontrolle bzw. Untersuchung von Ausscheidungen mit Hilfe von gläsernen Toiletten bzw. größeren Boxen für Exkremente
– Einleitung klinisch-toxikologischer Untersuchungen.

> **Merke**
>
> Bei der medizinischen „Sicherstellung" von Drogencontainern sind Aspekte der ärztlichen Schweigepflicht einerseits sowie des Betäubungsmittelgesetzes andererseits (betreffend den Besitz und die Weitergabe von Drogen) rechtlich zu beachten. Von juristischer Seite und aus klinischer Sicht hat man sich dafür ausgesprochen, in einer solchen Situation die im Rahmen eines medizinischen Eingriffs sichergestellten Drogen zu vernichten (Laufs und Weber 1986, Wittau et al. 2004). Wir plädieren allerdings dafür, die Drogen (entweder anonym oder unter Verweis auf eine Rechtsgüterabwägung u. U. auch mit Nennung des Patientennamens) an die Polizei weiterzugeben.

Schlussfolgerungen. Untersuchungen im Zusammenhang mit Bodypacking, Bodystuffing und Budypushing erfordern eine enge Zusammenarbeit zwischen Medizinern und Ermittlungsbehörden. Die klinische Rechtsmedizin nimmt dabei eine besonders wichtige Stellung ein. Da es sich bei den angewendeten medizinischen Maßnahmen teilweise um invasive Verfahren handelt, auch mit Gefahren für die Gesundheit der Drogenschmuggler, ist eine sorgfältige Aufklärung und Berücksichtigung rechtlicher Gesichtspunkte im Hinblick auf die Strafprozessordnung erforderlich.

Forensische Altersdiagnostik bei Lebenden in Deutschland

A. Schmeling

40.1   **Einleitung   – 468**

40.2   **Altersdiagnostik bei Jugendlichen
              und jungen Erwachsenen   – 468**

40.2.1   Rechtsgrundlagen   – 468

40.2.2   Methodik   – 470

40.3   **Altersdiagnostik bei kindlichen Opfern auf
              kinderpornografischen Bilddokumenten   – 474**

40.3.1   Rechtsgrundlagen   – 474

40.3.2   Methodik   – 474

40.4   **Altersdiagnostik bei älteren Erwachsenen zur
              Klärung von Rentenansprüchen   – 475**

40.4.1   Rechtsgrundlagen   – 475

40.4.2   Methodik   – 475

40.5   **Fallbeispiele   – 476**

40.5.1   Fall 1   – 476

40.5.2   Fall 2   – 477

40.6   **Fazit   – 480**

M. Grassberger, E. Türk, K. Yen, Klinisch-forensische Medizin,
DOI 10.1007/978-3-211-99468-9_40, © Springer-Verlag Berlin Heidelberg 2013

40.1 Einleitung

In den letzten Jahren hat die forensische Altersdiagnostik bei Lebenden stark an Bedeutung gewonnen. Bei den zu untersuchenden Personen handelt es sich um ausländische (oder ausländischstämmige) Bürger, deren Geburtsdatum nicht zweifelsfrei dokumentiert und deren Alter in juristischen Verfahren von Relevanz ist. In der Begutachtungspraxis kommen Altersschätzungen bei Jugendlichen und jungen Erwachsenen in Straf-, Zivil- und ausländerrechtlichen Verfahren sowie im Zusammenhang mit der Inanspruchnahme von Sozialleistungen am häufigsten vor. Altersschätzungen kindlicher Opfer auf kinderpornografischen Bilddokumenten sowie Altersschätzungen bei älteren Erwachsenen zur Klärung von Rentenansprüchen sind demgegenüber wesentlich seltener.

Der erste überregionale Gedankenaustausch zu Fragen der forensischen Altersdiagnostik fand 1999 anlässlich des „X. Lübecker Gesprächs deutscher Rechtsmediziner" statt. Auf dieser Tagung wurde angeregt, eine interdisziplinäre Arbeitsgruppe zur Optimierung der Gutachtenpraxis zu gründen, um das bis dahin recht unterschiedliche Vorgehen bei forensischen Altersschätzungen durch die Erarbeitung von Empfehlungen zu harmonisieren. Am 10. März 2000 fand in Berlin die konstituierende Sitzung der Arbeitsgemeinschaft für Forensische Altersdiagnostik (AGFAD) der Deutschen Gesellschaft für Rechtsmedizin statt. Neben der Entwicklung von Empfehlungen für die Gutachtenerstattung waren die Organisation von Ringversuchen zur Qualitätssicherung der Gutachten sowie die Ausrichtung von Tagungen, die ein Forum für einen breiten wissenschaftlichen Erfahrungsaustausch zu allen Fragen der forensischen Altersdiagnostik bieten, weitere Ziele der AGFAD.

In den letzten Jahren etablierte sich die forensische Altersdiagnostik auch zu einem Forschungsschwerpunkt innerhalb der forensischen Wissenschaften. Zahlreiche Studien zu Forschungsdesideraten der forensischen Altersschätzung wurden durchgeführt. Im Ergebnis liegen neben einer Vielzahl von Zeitschriftenartikeln inzwischen auch erste Monographien zur Thematik vor (Parzeller et al. 2007; Black et al. 2010).

Aufgrund des explosiven Kenntniszuwachses in den letzten Jahren werden in der Regel nur ausgewiesene Spezialisten auf dem Gebiet der forensischen Altersdiagnostik zur Gutachtenerstattung auf dem aktuellen Stand der Wissenschaften befähigt sein. Ein Verzeichnis der AGFAD-Mitglieder ist auf der Homepage der Arbeitsgemeinschaft (http://agfad. uni-muenster.de/index.htm) abrufbar. Auf dieser Homepage sind ebenfalls die erfolgreichen Teilnehmer der AGFAD-Ringversuche publiziert.

Nachfolgend werden die juristischen und methodischen Grundlagen forensischer Altersschätzungen dargestellt. Zunächst werden Altersschätzungen bei Jugendlichen und jungen Erwachsenen in den verschiedenen Rechtsbereichen behandelt. Für die einzusetzenden Methoden ist maßgeblich, ob Röntgenuntersuchungen zum alleinigen Zweck der Altersdiagnostik juristisch legitimiert sind. Es folgen Abschnitte zu Altersschätzungen auf kinderpornografischen Bilddokumenten und zu Altersschätzungen in Rentenverfahren.

40.2 Altersdiagnostik bei Jugendlichen und jungen Erwachsenen

40.2.1 Rechtsgrundlagen

Strafrecht

Die juristisch relevanten Altersgrenzen im Strafverfahren betreffen in Deutschland das 14., 18. und 21. Lebensjahr. Die Vollendung des 14. Lebensjahres ist für die Frage der Strafmündigkeit entscheidend (§ 19 Strafgesetzbuch). Für die Frage der Anwendbarkeit von Jugend- bzw. Erwachsenenstrafrecht sind die Altersgrenzen 18 und 21 Jahre von Belang (§ 1 Jugendgerichtsgesetz).

Zivilrecht

Gemäß § 1773 Abs.1 des Bürgerlichen Gesetzbuches (BGB) erhält ein Minderjähriger, der nicht unter elterlicher Sorge steht, einen Vormund. Bei Eintritt der Volljährigkeit mit Vollendung des 18. Lebensjahres (§ 2 BGB) ist die Vormundschaft aufzuheben.

Bei bestehender Vormundschaft ist die Altersgrenze von 18 Jahren gegebenenfalls auch in Pflegschafts- und Ergänzungspflegschaftssachen von Bedeutung.

Bei minderjährigen Flüchtlingen ist zu beachten, dass sich nach den Vorgaben im internationalen Privatrecht gemäß Art. 7, 24 Einführungsgesetz zum Bürgerlichen Gesetzbuch die Frage der Volljährigkeit nach den Vorschriften des Heimatstaates richtet. Das kann dazu führen, dass die Vormundschaft über die Vollendung des 18. Lebensjahres fortbesteht (Parzeller 2011).

Ausländerrecht

In diesem Rechtsbereich ergibt sich die Frage nach dem Lebensalter zunächst im Zusammenhang mit dem Aufenthaltsgesetz (AufenthG), das die Ein- und Ausreise sowie den Aufenthalt von Ausländern regelt, die keine EU-Bürger sind. Nach § 80 Abs. 1 AufenthG ist derjenige als handlungs- und verfahrensfähig zu betrachten, der das 16. Lebensjahr vollendet hat. Er gilt damit als fähig, ohne Mitwirkung eines gesetzlichen Vertreters erforderliche Anträge zu stellen und Verfahrenshandlungen vorzunehmen.

Das Asylverfahrensgesetz (AsylVfG) regelt das Asylverfahren in der Bundesrepublik Deutschland und konkretisiert damit das im Artikel 16 a Grundgesetz verankerte Grundrecht auf Asyl für politisch Verfolgte. Auch gemäß § 12 AsylVfG ist mit der Vollendung des 16. Lebensjahres im Regelfall von der Handlungsfähigkeit asylsuchender Minderjähriger auszugehen (Parzeller 2011).

Sozialrecht

Minderjährige Ausländer, die unbegleitet nach Deutschland einreisen, sind laut § 42 Abs. 1 Nr. 3 Sozialgesetzbuch (SGB) VIII durch das Jugendamt in Obhut zu nehmen, wenn sich im Inland keine Personensorge- oder Erziehungsberechtigten aufhalten. Außerdem ist den Betroffenen vor der Vollendung des 18. Lebensjahres nach §§ 27 ff. SGB VIII gegebenenfalls auch Hilfe zur Erziehung zu gewähren (Parzeller 2011).

Juristische Legitimation von Röntgenuntersuchungen

Nach § 25 Abs. 1 S. 1 der Röntgenverordnung (RöV) bedarf der Einsatz von Röntgenstrahlung am Menschen entweder einer medizinischen Indikation oder einer gesetzlichen Ermächtigungsgrundlage.

Röntgenuntersuchungen im Rahmen der forensischen Altersdiagnostik erfolgen nicht aus medizinischer Indikation. Vor der Durchführung von solchen Röntgenuntersuchungen ist daher zu prüfen, ob eine gesetzliche Ermächtigungsgrundlage besteht.

In Strafverfahren sind die einer Altersschätzung dienenden Röntgenuntersuchungen eines Beschuldigten auf der Grundlage des § 81a der Strafprozessordnung zulässig, wenn dadurch kein Nachteil für die Gesundheit des Betroffenen zu befürchten ist. Auf der Grundlage der effektiven Strahlendosen der zum Einsatz kommenden Röntgenuntersuchungen ist im Vergleich mit natürlichen und zivilisatorischen Strahlenexpositionen kein Nachteil für die Gesundheit der zu untersuchenden Personen zu erwarten (Jung 2000, Schmeling 2004).

Im Zivilprozessrecht wird die Anwendung von Röntgenstrahlen im Allgemeinen für unzulässig erachtet. Juristisch umstritten ist, ob die Einwilligung des Betroffenen oder seines Vormunds in die radiologische Altersdiagnostik in Zivilverfahren eine ausreichende Ermächtigungsgrundlage im Sinne von § 25 Abs. 1 S. 1 RöV darstellt.

Für die Legitimation von Röntgenuntersuchungen in ausländerrechtlichen Verfahren ist entscheidend, ob die forensische Altersschätzung im Anwendungsbereich des AufenthG oder des AsylVfG erfolgt. Nach der Neuregelung des AufenthG im Jahr 2007 schließen die zur Klärung der Identität und damit des Lebensalters gemäß § 49 AufenthG gesetzlich vorgesehenen Maßnahmen jetzt auch Röntgenuntersuchungen ein, wenn dadurch kein Nachteil für die Gesundheit des Ausländers zu befürchten ist. Zulässig sind diese Maßnahmen allerdings nur bei Personen, die das 14. Lebensjahr vollendet haben. Im Anwendungsbereich des AsylVfG sind Röntgenuntersuchungen zur Altersschätzung hingegen juristisch nicht legitimiert.

Werden von in Obhut genommenen minderjährigen unbegleiteten Flüchtlingen Sozialleistungen beantragt, muss sich der Antragsteller gemäß § 62 SGB I auf Verlangen des Leistungsträgers ärztlichen Untersuchungsmaßnahmen unterziehen, wenn dies für die Entscheidung des Leistungsträgers erforderlich ist. In Schrifttum und Rechtssprechung wird diskutiert, ob bei Zweifeln an der Minderjährigkeit der § 62 SGB I eine Ermächtigungsgrundlage für die

Durchführung von Röntgenuntersuchungen ohne medizinische Indikation darstellt (Parzeller 2011).

40.2.2 Methodik

Allgemeines

Entsprechend den aktualisierten AGFAD-Empfehlungen sollten für eine Altersschätzung im Strafverfahren eine körperliche Untersuchung, eine Röntgenuntersuchung der linken Hand sowie eine zahnärztliche Untersuchung eingesetzt werden. Bei abgeschlossener Handskelettentwicklung ist eine zusätzliche radiologische Untersuchung der Schlüsselbeine erforderlich. Zur Erhöhung der Aussagesicherheit und der Erkennung altersrelevanter Entwicklungsstörungen sollten alle genannten Methoden angewendet werden, wobei jede Teiluntersuchung von einem forensisch erfahrenen Spezialisten vorzunehmen ist (Schmeling et al. 2008).

Körperliche Untersuchung

Bei der körperlichen Untersuchung werden neben anthropometrischen Maßen, wie Körperhöhe, Körpergewicht und Körperbautyp, die äußerlich erkennbaren sexuellen Reifezeichen erfasst. Bei Jungen sind dies Entwicklungsstand von Penis und Hodensack, Schambehaarung, Achselhöhlenbehaarung, Bartwuchs und Kehlkopfprominenz; bei Mädchen Brustentwicklung, Schambehaarung, Achselhöhlenbehaarung und Hüftform.

Allgemein gebräuchlich sind die Stadieneinteilungen nach Tanner (1962) für Genitalentwicklung, Brustentwicklung und Schambehaarung. Für die Achselhöhlenbehaarung, den Bartwuchs und die Kehlkopfentwicklung liegt eine jeweils vierstufige Stadieneinteilung von Neyzi et al. (1975) vor.

Von den zur forensischen Altersdiagnostik empfohlenen Methoden weist die sexuelle Reifeentwicklung die größte Streubreite auf und sollte für die Altersdiagnose nur in Zusammenschau mit der Beurteilung von Skelettreifung und Zahnentwicklung verwendet werden.

Unverzichtbar ist die körperliche Untersuchung jedoch zum Ausschluss möglicher äußerlich sichtbarer altersrelevanter Krankheitserscheinungen und zur Prüfung, ob die Ergebnisse der Skelett- und Zahnaltersbestimmung im Einklang mit der Entwicklung des Gesamtorganismus stehen.

Die meisten Erkrankungen führen zu einer Entwicklungsverzögerung und damit zu einer Altersunterschätzung. Eine Altersunterschätzung hätte strafrechtlich keine nachteiligen Folgen für die Betroffenen. Unbedingt zu vermeiden ist hingegen eine Altersüberschätzung aufgrund von entwicklungsbeschleunigenden Erkrankungen. Hierbei handelt es sich um einige seltene, insbesondere endokrine Störungen, die nicht nur das Längenwachstum und die sexuelle Reifeentwicklung, sondern auch die Skelettreifung beeinflussen können.

Bei der körperlichen Untersuchung ist daher auf Symptome einer hormonell bedingten Entwicklungsbeschleunigung zu achten. Bei klinischer Unauffälligkeit kann davon ausgegangen werden, dass die Wahrscheinlichkeit für das Vorliegen einer relevanten entwicklungsbeschleunigenden Erkrankung bei weit unter einem Promille liegt (Schmeling 2004). Als weiterer Hinweis auf eine mögliche hormonelle Erkrankung ist eine Diskrepanz zwischen Skelettalter und Zahnalter zu werten, da die Zahnentwicklung von endokrinen Störungen weitgehend unbeeinflusst verläuft.

Röntgenuntersuchung der Hand

Die Röntgenuntersuchung der Hand bildet die zweite Säule der forensischen Altersdiagnostik.

Eine grundlegende Voraussetzung für die radiologische Altersdiagnostik ist die Durchführung einer körperlichen Untersuchung zur Klärung der Frage, ob eine die Skelettentwicklung beeinflussende Erkrankung vorliegt.

Beurteilungskriterien des Handradiogramms sind Form und Größe der einzelnen Knochenelemente sowie der Verknöcherungszustand der Epiphysenfugen (Wachstumsfugen). Das vorliegende Röntgenbild wird hierzu entweder mit Standardaufnahmen des jeweiligen Alters und Geschlechts verglichen (Atlasmethode), oder es wird für ausgewählte Knochen der jeweilige Reifegrad bzw. das Knochenalter bestimmt (Einzelknochenmethode).

Verschiedene Studien haben gezeigt, dass der größere Zeitaufwand der Einzelknochenmethode nicht zu einer Erhöhung der Aussagegenauigkeit führt. Die gebräuchlichen Atlasmethoden erscheinen daher für den Einsatz in der forensischen Altersdiagnostik geeignet (Schmidt et al. 2010).

Zahnärztliche Untersuchung

Im Rahmen der zahnärztlichen Untersuchung sind die entwicklungsbiologischen Merkmale Zahneruption (Zahndurchbruch) und Zahnmineralisation der 3. Molaren (Weisheitszähne) von besonderer Relevanz (Olze 2005).

Beim Zahndurchbruch können die Stadien des alveolären Durchbruchs (Durchbruch durch den Kieferknochen), des gingivalen Durchbruchs (Durchbruch durch die Mundschleimhaut) und des Erreichens der Kauebene unterschieden werden (◘ Abb. 40.1) (Olze et al. 2007). Die Feststellung der beiden letztgenannten Stadien ist durch eine Inspektion der Mundhöhle möglich und erfordert keine Röntgenuntersuchung.

Die Zahnmineralisation der 3. Molaren wird auf einer Röntgenaufnahme des Gebisses (sog. Orthopantomogramm) beurteilt. Für die Beurteilung der Zahnmineralisation ist die Stadieneinteilung nach Demirjian et al. (1973) (◘ Abb. 40.2) am besten geeignet, da die Stadien durch Formveränderungen und unabhängig von spekulativen Längenschätzungen definiert sind (Olze 2005).

Radiologische Untersuchung der Schlüsselbeine

Nach Abschluss der Handskelettentwicklung kommt der Beurteilung des Verknöcherungszustandes der brustbeinnahen Wachstumsfuge des Schlüsselbeins eine entscheidende Bedeutung zu. Für die Evaluation der Schlüsselbeinverknöcherung wurden von Schmeling et al. (2004) 5 Stadien vorgeschlagen (◘ Abb. 40.3).

Referenzstudien liegen sowohl für die Projektionsradiographie (konventionelles Röntgen) als auch für die Computertomographie (CT) vor. Da die Beurteilbarkeit der CT-Aufnahmen von der verwendeten Schichtdicke abhängt, sollten in der Altersschätzungspraxis Schichtdicken von max. 1 mm verwendet werden.

Weiterhin konnte gezeigt werden, dass sich auf konventionellen Röntgenaufnahmen und CT-Scans desselben Schlüsselbeins methodenbedingt unterschiedliche Ossifikationsstadien ergeben können. Daraus leitet sich für die Altersschätzungspraxis die Forderung ab, modalitätsspezifische Referenzstudien einzusetzen (Schmeling et al. 2010).

Zusammenfassende Begutachtung

Die Ergebnisse der körperlichen Untersuchung, der Röntgenuntersuchung der Hand, der zahnärztlichen Untersuchung und ggf. der radiologischen Untersuchung der Schlüsselbeine sollten durch den

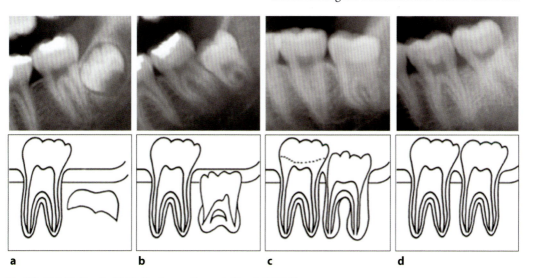

a   b   c   d

◘ **Abb. 40.1** Stadien der Weisheitszahneruption nach Olze et al. (2007)

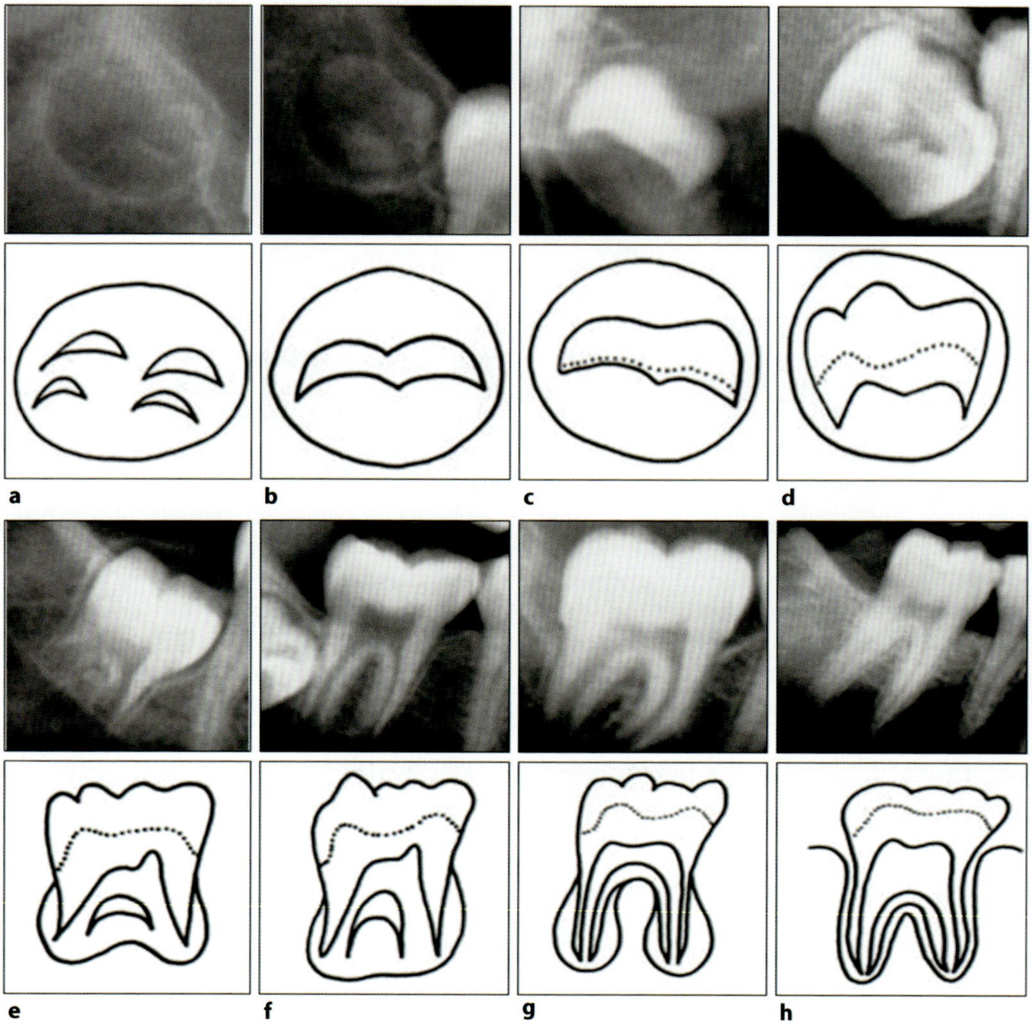

Abb. 40.2 Stadien der Weisheitszahnmineralisation nach Demirjian et al. (1973)

koordinierenden Gutachter zu einer abschließenden Altersdiagnose zusammengeführt werden. Die mit der Anwendung der Referenzstudien auf die zu untersuchende Person verbundenen altersrelevanten Variationsmöglichkeiten, wie abweichende genetisch-geographische Herkunft, abweichender sozioökonomischer Status und damit möglicherweise anderer Akzelerationsstand oder entwicklungsbeeinflussende Erkrankungen des Betroffenen, sind im zusammenfassenden Gutachten mit ihren Auswirkungen auf die Altersdiagnose zu diskutieren und nach Möglichkeit bezüglich ihrer quantitativen Konsequenzen einzuschätzen.

Das wahrscheinlichste Alter des Betroffenen wird auf der Grundlage der zusammengefassten Einzeldiagnosen und der kritischen Diskussion des konkreten Falls ermittelt.

Ein bislang unzureichend geklärtes Problem der Altersschätzungspraxis betrifft die Angabe einer wissenschaftlich begründeten Streubreite der zusammengefassten Altersdiagnose. Auf der Grundlage der Verifizierung der am Institut für Rechtsmedizin Berlin (Charité) durchgeführten Altersschätzungen kann davon ausgegangen werden, dass die Streubreite der zusammengefassten Altersdiagnose bei ±12 Monaten liegt (Schmeling 2004). Nach Entwick-

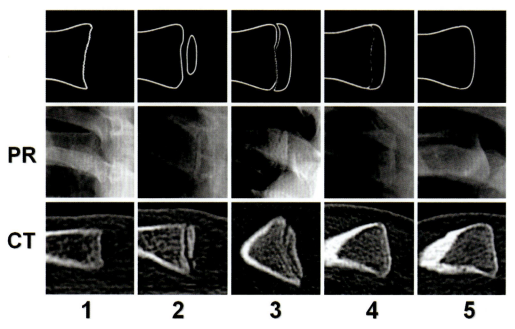

◘ **Abb. 40.3** Stadien der Schlüsselbeinossifikation nach Schmeling et al. (2004) (PR = Projektionsradiographie; CT = Computertomographie)

lungsabschluss der untersuchten Merkmalssysteme kann nur ein Mindestalter angegeben werden.

Einfluss der ethnischen Zugehörigkeit auf die untersuchten Entwicklungssysteme

Da für die Herkunftsregionen der zu untersuchenden Personen in der Regel keine forensisch verwertbaren Referenzstudien vorliegen, stellt sich die Frage, ob es gravierende Entwicklungsunterschiede bei verschiedenen ethnischen Gruppen gibt, die eine Anwendung der einschlägigen Altersstandards bei Angehörigen anderer ethnischer Gruppen als der Referenzpopulation verbieten würden.

In umfangreichen Literaturstudien konnte gezeigt werden, dass definierte Stadien der Ossifikation (Verknöcherung), der Zahnentwicklung und der sexuellen Reifeentwicklung in den für forensische Altersschätzungen relevanten ethnischen Hauptgruppen in derselben gesetzmäßigen Reihenfolge durchlaufen werden, sodass die einschlägigen Referenzstudien grundsätzlich auf andere ethnische Gruppen übertragbar sind (Schmeling 2004).

In der relevanten Altersgruppe hat die ethnische Zugehörigkeit offenbar keinen nennenswerten Einfluss auf die Skelettreifung. Die Ossifikationsgeschwindigkeit ist in erster Linie vom sozioökonomischen Status einer Population abhängig. Vergleichsweise geringer sozioökonomischer Status führt zu einer Entwicklungsverzögerung und damit zu einer Altersunterschätzung. Die Anwendung der einschlägigen Referenzstudien auf Angehörige sozioökonomisch geringer entwickelter Populationen wirkt sich in juristischer Hinsicht nicht nachteilig für die Betroffenen aus – im Gegenteil (Schmeling 2004).

Für die Eruption und Mineralisation der 3. Molaren wurde festgestellt, dass Schwarzafrikaner im Vergleich zu Europäern eine beschleunigte Entwicklung aufweisen; bei Asiaten ist hingegen eine vergleichsweise Retardierung zu verzeichnen (Olze 2005, Olze et al. 2007). In der Altersschätzungspraxis sind für die Beurteilung der Weisheitszahnentwicklung daher populationsspezifische Referenzstudien zu verwenden.

Methodik bei fehlender Legitimation für Röntgenuntersuchungen

Für Altersschätzungen ohne Legitimation für Röntgenuntersuchungen empfiehlt die AGFAD eine körperliche Untersuchung mit Erfassung anthropometrischer Maße, der sexuellen Reifezeichen und möglicher altersrelevanter Entwicklungsstörungen sowie eine zahnärztliche Untersuchung mit Erhebung des Zahnstatus (Lockemann et al. 2004).

Radiologische Untersuchungsbefunde der Zähne oder des Handskeletts oder weitere radiologische Merkmale der individuellen Reifung dürfen aufgrund der rechtlichen Gegebenheiten nur herangezogen werden, wenn identitätsgesicherte Aufnahmen mit bekanntem Entstehungszeitpunkt bereits vorliegen.

Eine deutliche Erhöhung der Aussagesicherheit derartiger Altersschätzungen ist durch den Einsatz strahlenfreier bildgebender Verfahren (Ultraschall, Magnetresonanztomographie) zu erwarten.

40.3 Altersdiagnostik bei kindlichen Opfern auf kinderpornografischen Bilddokumenten

40.3.1 Rechtsgrundlagen

Nach deutschem Recht sind Herstellung, Verbreitung, Erwerb und Besitz von kinderpornografischen Schriften, die sexuelle Handlungen von, an oder vor Personen unter 14 Jahren zum Gegenstand haben, gemäß § 184b StGB strafbar. Durch das Gesetz zur Umsetzung des Rahmenbeschlusses des Rates der Europäischen Union zur Bekämpfung der sexuellen Ausbeutung von Kindern und der Kinderpornografie vom 31.10.2008 wurde in § 184c StGB auch ein Straftatbestand zur Jugendpornografie eingeführt. Damit werden auch Personen im Alter von 14 bis 18 Jahren erfasst. Neu eingeführt wurde der Begriff der sog. Scheinminderjährigkeit. Damit sind auch Darstellungen von Personen erfasst, die dem Alter nach volljährig sind, aufgrund ihres äußeren Erscheinungsbildes aber den Anschein eines Minderjährigen erwecken können (Gabriel et al. 2011).

40.3.2 Methodik

Allgemeines

Grundsätzlich erfolgen Altersschätzungen an Kindern und Jugendlichen auf Bilddokumenten durch

Beurteilung von äußerlich sichtbaren Wachstums- und Entwicklungsprozessen (Gabriel et al. 2011).

Sexuelle Reifezeichen

Zur Beurteilung der sexuellen Reifeentwicklung werden die im Abschnitt 40.2.2.2 genannten Stadieneinteilungen verwendet. In der Gesamtschau lässt die Beurteilung des sexuellen Reifegrades zwar eine grobe Abschätzung des Lebensalters zu. Jedoch kann nur in Einzelfällen mit besonderer Befundlage (z. B. völlig fehlende sexuelle Reifezeichen) mit der erforderlichen Wahrscheinlichkeit festgestellt werden, dass es sich bei einem dargestellten Individuum um ein Kind im juristischen Sinn handelt (Gabriel et al. 2011).

Zahnentwicklung

Die Begutachtung der Zahnentwicklung ist eine klassische Methode der Altersdiagnostik bei Kindern. Bei der Beurteilung am Bildmaterial ist der Untersucher allerdings auf eine ausreichend gute Sichtbarkeit der Frontzähne und auf eine hohe Bildqualität angewiesen. In Ausnahmefällen, in denen die Milchzähne gut erkennbar sind, können sich aber wichtige Erkenntnisse zum Lebensalter gewinnen lassen (Gabriel et al. 2011).

Allgemeine Körperproportionen

Die Körperproportionen verändern sich im Verlauf der Individualentwicklung vom Neugeborenen bis zum Erwachsenen in charakteristischer Weise. Dabei kommt es zu typischen Proportionsverschiebungen durch unterschiedliche Wachstumsgeschwindigkeiten der verschiedenen Körperregionen in bestimmten Entwicklungsphasen. Zur Altersschätzung können insbesondere die Proportionsverhältnisse zwischen dem Rumpf und den Extremitäten bzw. dem Rumpf und dem Kopf sowie die Breiten-Längen-Verhältnisse der jeweiligen Körpersegmente herangezogen werden. Die Beurteilung der Körperproportionen allein lässt zwar nur eine grobe Einordnung des Alters zu, sie sollte jedoch immer in die Gesamtbeurteilung einbezogen werden (Gabriel et al. 2011).

Gesichtsproportionen

Auch die Entwicklung des kindlichen Gesichts zeichnet sich durch ein gesetzmäßiges Wachstum mit resultierenden alterstypischen Gesichtsproportionen aus. Generell tritt in der Entwicklung vom Kleinkind zum Jugendlichen und Erwachsenen der in der Kindheit sehr prominente Hirnschädel mit zunehmendem Lebensalter gegenüber dem Gesichtsschädel zurück. Das Gesicht selbst erfährt eine kontinuierliche Streckung, der Unterkiefer wird betont, und insgesamt überwiegt in der Entwicklung das Höhen- bzw. Tiefenwachstum gegenüber dem Breitenwachstum (Gabriel et al. 2011). In einer Pilotstudie wurden auf standardisierten Gesichtsfotos von 373 Personen der Altergruppen 6, 10, 14 und 18 Jahre verschiedene Messwerte erhoben. Die statistische Analyse zeigte, dass 60,3 % der Fälle in die richtige Altersgruppe eingeordnet werden konnten (Cattaneo et al. 2011). Im Rahmen eines EU-Projekts wird derzeit zudem eine Software zur automatisierten Altersschätzung aufgrund der Gesichtsmorphologie entwickelt (Gabriel et al. 2011).

40.4 Altersdiagnostik bei älteren Erwachsenen zur Klärung von Rentenansprüchen

40.4.1 Rechtsgrundlagen

Nach dem deutschen SGB VI entsteht ein Altersrentenanspruch in der Regel nach Vollendung des 65. Lebensjahres. Dies ist durch Vorlage der Geburtsurkunde nachzuweisen (§ 35 SGB VI). Nicht zweifelsfrei dokumentierte Geburtsdaten bei ausländischen bzw. ausländischstämmigen Bürgern haben in den letzten Jahren zunehmend zu strittigen Rentenverfahren geführt. Ende 1997 wurde im SGB I als § 33a eine Ergänzung vorgenommen, nach der für das Erreichen oder Überschreiten einer bestimmten Altersgrenze das Geburtsdatum maßgebend ist, das sich aus der ersten Angabe des Betreffenden gegenüber einem Sozialleistungsträger ergibt. Allerdings kommt es auch weiterhin bei rechtsmedizinischen und anthropologischen Instituten zu zahlreichen Anfragen zu den Möglichkeiten der Altersschätzung bei älteren Erwachsenen zur Klärung von Rentenansprüchen (Ritz-Timme et al. 2002).

40.4.2 Methodik

Allgemeines

Die Altersdiagnostik bei Lebenden zur Klärung von Altersrentenansprüchen muss fast ausnahmslos an Erwachsenen in höherem Lebensalter (meist ab dem 4. Lebensjahrzehnt) durchgeführt werden. In diesem Altersbereich sind Altersschätzungen durch morphologische Verfahren in aller Regel nicht mit ausreichender Sicherheit möglich (Aggrawal et al. 2010). Wurden allerdings im Kindes-, Jugend- oder frühen Erwachsenenalter aus medizinischer Indikation radiologische Untersuchungen am Gebiss oder an geeigneten Skelettabschnitten durchgeführt, und sind die entsprechenden Aufnahmen noch vorhanden, kann geprüft werden, ob diese für eine morphologische Altersschätzung geeignet sind. Hierbei ist sicherzustellen, dass die vorgelegten Aufnahmen tatsächlich von der betreffenden Person stammen. Ist die Fragestellung durch diesen Ansatz nicht oder nicht befriedigend zu klären, kann eine biochemische Altersschätzung aufgrund des Razemisierungsgrades von Asparaginsäure (eine bestimmte Aminosäure) in Dentin (Zahnbein) erwogen werden. Grundlage dieser Methode ist, dass Aminosäuren, die Bestandteile menschlicher Eiweiße sind, in zwei Formen vorliegen. Im Lauf des Lebens wandelt sich die eine Form in die andere Form um (sog. Razemisierung). Aus dem Verhältnis der beiden Formen kann auf das Alter rückgeschlossen werden. Die Bestimmung des Razemisierungsgrades von Asparaginsäure in Dentin führt im Erwachsenenalter zu deutlich genaueren Ergebnissen als morphologische Methoden (Ritz-Timme et al. 2002).

Auswertung radiologischer Aufnahmen aus dem Kindes- und Jugendalter

Identitätsgesicherte radiologische Aufnahmen aus dem Kindes- und Jugendalter sind dann zur Altersschätzung geeignet, wenn durch sie die zum Aufnahmezeitpunkt erreichte individuelle Reifung des Gebisses oder geeigneter Skelettabschnitte ausreichend gut erfasst werden kann. Voraussetzung für eine Alterschätzung ist außerdem die Verfügbarkeit geeigneter Referenzstudien zur Beurteilung des Reifungsprozesses der abgebildeten Strukturen (Ritz-Timme et al. 2002).

Bestimmung des Razemisierungsgrades von Asparaginsäure in Dentin

Für die Bestimmung des Razemisierungsgrades von Asparaginsäure in Dentin ist ein Zahn erforderlich. Die Extraktion eines Zahnes ist prinzipiell eine Körperverletzung, die nur bei entsprechender medizinischer Indikation durch die Einwilligung des Patienten nach adäquater Aufklärung gerechtfertigt wird. In einem Identitätssicherungsprotokoll, das von Zahnarzt und Antragsteller zu unterschreiben ist, müssen die Identität des Antragstellers sowie die Zugehörigkeit des Zahnes zum Antragsteller festgestellt werden. Die Untersuchungen sind in einem qualifizierten Labor mit einem adäquaten Qualitätssicherungssystem durchzuführen (Ritz-Timme et al. 2002).

40.5   Fallbeispiele

40.5.1   Fall 1

Sachverhalt

Gegen den aus Afghanistan stammenden Beschuldigten wurde wegen Mordes ermittelt. Nach eigenen Angaben war er zum Untersuchungszeitpunkt 13 Jahre und 5 Monate alt. Da bei den Ermittlungsbehörden erhebliche Zweifel an den Altersangaben des Betroffenen bestanden, wurde auf richterlichen Beschluss eine forensische Altersschätzung unter Einschluss von Röntgenuntersuchungen angeordnet.

Körperliche Untersuchung

Im Rahmen der körperlichen Untersuchung wurde eine Körperlänge von 168 cm gemessen, das Körpergewicht betrug 55 kg. Oberlippe und Kinn waren mit 5 mm langen Barthaaren bestanden, die Wangen zeigten einen Zustand nach Rasur. Der Kehlkopf war prominent. Die Achselhöhlen wiesen 5 mm lange Haarstoppeln auf. Die Schamregion zeigte ein dichtes, gekräuseltes, spärlich zum Bauchnabel aufsteigendes Haarfeld. Die Genitalentwicklung war der zweiten puberalen Phase zuzuordnen. Körperliche Statur und Behaarungstyp entsprachen denen eines Jugendlichen. Anhaltspunkte für Entwicklungsstörungen wurden nicht festgestellt.

Röntgenuntersuchung der Hand

◘ Abb. 40.4 zeigt die Handröntgenaufnahme des Betroffenen. Die Handwurzelknochen stellten sich röntgenmorphologisch unauffällig dar. Komplett durchgebaut und zum Teil noch zart markiert waren die ehemaligen Epiphysenfugen der Mittelhandknochen sowie der Fingerknochen. Die distalen (rumpffernen) Epiphysenfugen von Radius (Speiche) und Ulna (Elle) waren überwiegend offen und wiesen lediglich im mittleren Anteil einen beginnenden Durchbau auf. Auf der Grundlage der röntgenmorphologischen Befunde ergab sich ein Skelettalter nach Thiemann et al. (2006) von 16–17 Jahren. In der Referenzstudie von Schmeling et al. (2006) wurde für ein Skelettalter von 16 Jahren ein Altersmittelwert von 15,3 Jahren bei einer Standardabweichung von 0,8 Jahren mitgeteilt. Für ein Skelettalter von 17 Jahren beträgt der Altersmittelwert 16,8 Jahre, die Standardabweichung liegt bei 1,1 Jahren. Es wurde eine Referenzstudie benutzt, die an einer sozioökonomisch hochentwickelten Population erhoben wurde. Daher ist davon auszugehen, dass das tatsächliche Alter des Betroffenen nicht unter dem Schätzalter liegt. Da die Handskelettentwicklung nicht abgeschlossen war, wurde keine Röntgenuntersuchung der medialen Schlüsselbeinepiphysen durchgeführt.

Zahnärztliche Untersuchung

Bei der zahnärztlichen Untersuchung wurde festgestellt, dass die 3. Molaren nicht in die Mundhöhle durchgebrochen waren. Die Auswertung des Orthopantomogramms (Panoramaschichtaufnahme des Gebisses) ergab, dass der Zahn 18 (rechter oberer Weisheitszahn) nicht angelegt war, dass der Zahn 28 (linker oberer Weisheitszahn) ein Mineralisationsstadium D nach Demirjian und die Zähne 38 (linker unterer Weisheitszahn) und 48 (rechter unterer Weisheitszahn) ein Stadium E aufwiesen (◘ Abb. 40.5). In der Referenzstudie von Olze et al. (2003) wurde für das Mineralisationsstadium D des Zahn 28 ein Altersmittelwert von 16,3 Jahren mit einer Standardabweichung von 3,2 Jahren angegeben. Der Altersmittelwert für das Stadium E der Unterkieferweisheitszähne beträgt 16,7 Jahre bei Standardabweichungen von 2,1 bzw. 2,3 Jahren. Aufgrund der ethnischen Zugehörigkeit des Betroffenen wurde eine Referenzstudie für Kaukasier verwendet.

40

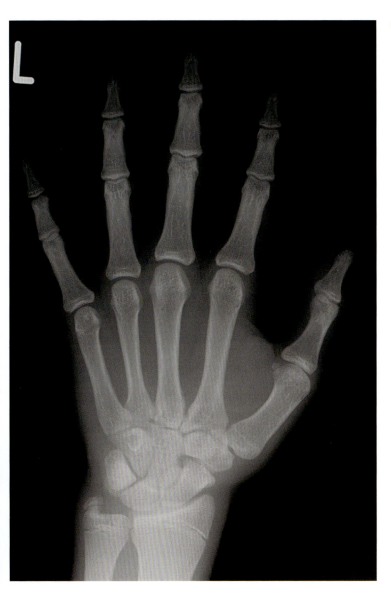

◼ **Abb. 40.4** Fall 1: Röntgenaufnahme der linken Hand

Beurteilung

In der Zusammenschau der Befunde wurde festgestellt, dass der Betroffene zum Untersuchungszeitpunkt am wahrscheinlichsten 16–17 Jahre alt war. Das 14. Lebensjahr war zum Untersuchungszeitpunkt mit an Sicherheit grenzender Wahrscheinlichkeit vollendet. Die Altersangabe des Betroffenen war mit den Untersuchungsbefunden somit nicht vereinbar. Im Verlauf des Gerichtsverfahrens stellte sich heraus, dass das tatsächliche Alter des Betrof-fenen zum Untersuchungszeitpunkt 16 Jahre und 4 Monate betrug.

40.5.2 **Fall 2**

Sachverhalt

Gegen die zu untersuchende Person wurde wegen Verstoßes gegen das Betäubungsmittelgesetz ermittelt. Nach eigenen Angaben stammte der Beschul-

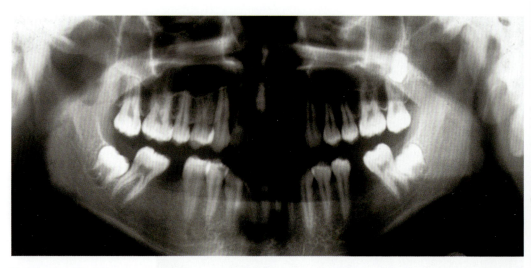

☐ Abb. 40.5 Fall 1: Orthopantomogramm

digte aus Guinea-Bissau und war zum Untersuchungszeitpunkt 17 Jahre und 8 Monate alt. Da bei den Ermittlungsbehörden erhebliche Zweifel an den Altersangaben des Betroffenen bestanden, wurde auf richterlichen Beschluss eine forensische Altersschätzung unter Einschluss von Röntgenuntersuchungen angeordnet.

Körperliche Untersuchung

Im Rahmen der körperlichen Untersuchung wurden eine Körperlänge von 178 cm und ein Körpergewicht von 68 kg gemessen. Oberlippe, Kinn und Wangen wiesen einen Zustand nach Rasur auf. Der Kehlkopf war prominent. Die Achselhöhlen zeigten ein dichtes gekräuseltes Haarfeld. Die Schamregion war mit einem dichten, gekräuselten, horizontal begrenzten Haarfeld bestanden. Die äußeren Geschlechtsorgane waren ausgereift. Körperliche Statur und Behaarungstyp entsprachen denen eines Erwachsenen. Anhaltspunkte für Entwicklungsstörungen wurden nicht festgestellt.

Röntgenuntersuchung der Hand

☐ Abb. 40.6 zeigt die Handröntgenaufnahme des Betroffenen. Die Handwurzelknochen stellten sich röntgenmorphologisch unauffällig dar. Komplett durchgebaut und nicht mehr nachweisbar waren die ehemaligen Epiphysenfugen der Mittelhandknochen sowie der Fingerknochen. Die ehemalige Epiphysenfuge am Radius war komplett durchgebaut und nur noch im mittleren Drittel sehr diskret markiert.

Die ehemalige Epiphysenfuge der Ulna war komplett ossifiziert und nicht mehr nachweisbar. Die Ossifikation des Handskeletts war somit vollständig abgeschlossen. Dementsprechend betrug das Skelettalter nach Thiemann et al. (2006) 18 Jahre. In der Referenzstudie von Schmeling et al. (2006) wurde für ein Skelettalter von 18 Jahren ein Altersmittelwert von 18,2 Jahren bei einer Standardabweichung von 0,7 Jahren mitgeteilt. Das Altersminimum betrug 16,7 Jahre. Es wurde eine Referenzstudie benutzt, die an einer sozioökonomisch hochentwickelten Population erhoben wurde. Daher ist davon auszugehen, dass der Betroffene zum Untersuchungszeitpunkt nicht jünger als 16,7 Jahre war.

CT-Untersuchung der Schlüsselbeine

Da die Handskelettentwicklung abgeschlossen war, wurde eine CT-Untersuchung beider Schlüsselbein-Brustbein-Gelenke mit einer Schichtdicke von 1 mm durchgeführt. Auf beiden Seiten war die ehemalige mediale Klavikula-Epiphysenfuge (brustbeinnahe Schlüsselbeinwachstumsfuge) vollständig verknöchert. Im Bereich der ehemaligen Epiphysenfuge fanden sich sowohl rechts als auch links noch Reste der Epiphysennarbe (Wachstumsnarbe) (☐ Abb. 40.7 und 40.8). Somit lag auf beiden Seiten ein Stadium 4 nach Schmeling et al. (2004) vor. In der Referenzstudie von Kellinghaus et al. (2010) betrug der Altersmittelwert für das Stadium 4 29,6 Jahre bei einer Standardabweichung von 4,2 Jahren. Das Altersminimum lag bei 21,6 Jahren.

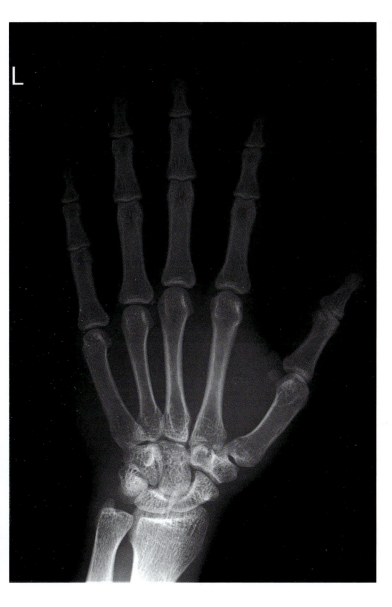

Zahnärztliche Untersuchung

Bei der zahnärztlichen Untersuchung wurde festgestellt, dass der Betroffene über ein unvollständiges
Gebiss verfügte. Fünf Zähne fehlten. Alle vier 3.
Molaren waren in die Mundhöhle durchgebrochen
und hatten die Kauebene erreicht. Die Auswertung
des Orthopantomogramms ergab, dass alle 3. Molaren ein Mineralisationsstadium H nach Demirjian
aufwiesen (◘ Abb. 40.9). In der Referenzstudie von
Olze et al. (2006) wurden für das Mineralisationsstadium H der 3. Molaren Altersmittelwerte zwischen

22,7 und 22,9 Jahren bei Standardabweichungen
zwischen 2,3 und 2,5 Jahren angegeben. Als Altersminimum wurden 17 Jahre mitgeteilt (Olze et al.
2004). Aufgrund der ethnischen Zugehörigkeit des
Betroffenen wurde eine Referenzstudie für Schwarzafrikaner verwendet.

Beurteilung

In der Zusammenschau der Befunde wurde festgestellt, dass das absolute Mindestalter des Betroffenen 21,6 Jahre betrug. Sowohl das 18. als auch das

Abb. 40.7. Fall 2: CT-Aufnahme der Schlüsselbein-Brustbein-Gelenke; die Pfeile am rechten Schlüsselbein zeigen Reste der Epiphysennarbe

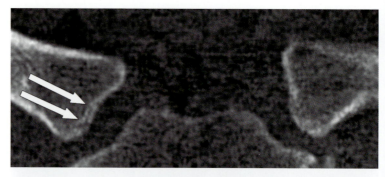

Abb. 40.8 Fall 2: CT-Aufnahme der Schlüsselbein-Brustbein-Gelenke; die Pfeile am linken Schlüsselbein zeigen Reste der Epiphysennarbe

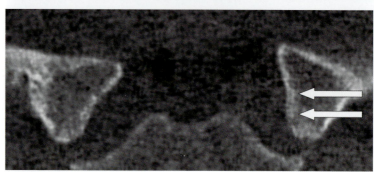

21. Lebensjahr waren zum Untersuchungszeitpunkt mit an Sicherheit grenzender Wahrscheinlichkeit vollendet. Die Altersangabe des Betroffenen war mit den Untersuchungsbefunden somit nicht vereinbar.

40.6 Fazit

Die forensische Altersdiagnostik bei lebenden Personen hat in den letzten Jahren stark an Bedeutung gewonnen.

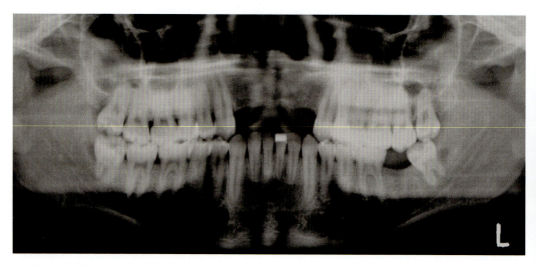

Abb. 40.9 Fall 2: Orthopantomogramm

Entsprechend den AGFAD-Empfehlungen sollten für eine Altersschätzung bei Jugendlichen und jungen Erwachsenen eine körperliche Untersuchung, eine Röntgenuntersuchung der Hand, eine zahnärztliche Untersuchung mit Anfertigung eines Orthopantomogramms sowie bei abgeschlossener Handskelettentwicklung eine zusätzliche radiologische Untersuchung der Schlüsselbeine in Kombination eingesetzt werden.

Bei fehlender Legitimation für Röntgenuntersuchungen beschränkt sich das Methodenspektrum auf eine körperliche Untersuchung und die Erhebung des Zahnstatus. Durch den Einsatz strahlenfreier bildgebender Verfahren ist eine deutliche Verbesserung der Aussagesicherheit von Altersschätzungen ohne Legitimation für Röntgenuntersuchungen zu erwarten.

Der Einfluss der ethnischen Zugehörigkeit und des sozioökonomischen Status auf die untersuchten Altersmerkmale ist bei der Gutachtenerstellung zu berücksichtigen.

Die Altersschätzung kindlicher Opfer auf kinderpornografischen Bilddokumenten ist durch Beurteilung der sexuellen Reifezeichen, der Zahnentwicklung, allgemeiner Körperproportionen und der Gesichtsproportionen möglich. Aufgrund der hohen Variation der bislang verfügbaren Merkmale ist das Unterschreiten der juristisch relevanten Altersgrenzen allerdings nur in Einzelfällen mit der erforderlichen Wahrscheinlichkeit möglich.

Altersschätzungen in Rentenverfahren können auf der Grundlage identitätsgesicherter radiologischer Aufnahmen aus dem Kindes- und Jugendalter erfolgen. Sind solche Aufnahmen nicht verfügbar, kommt die Bestimmung des Razemisierungsgrades von Asparaginsäure in Dentin in Betracht. Die Extraktion des für diese Methode erforderlichen Zahns ist nur bei Vorliegen einer medizinischen Indikation und Einwilligung des Betreffenden nach adäquater Aufklärung juristisch legitimiert.

Forensische Altersdiagnostik bei Lebenden in Österreich

S. Kainz, F. Fischer, E. Scheurer

41.1　Rechtliche Rahmenbedingungen　– 484

41.1.1　Rechtlich relevante Altersgrenzen　– 484

41.1.2　Fremdenpolizeirecht und Asylrecht　– 484

41.1.3　Weitere rechtliche Bestimmungen　– 484

41.2　Methodik und Untersuchungsablauf　– 485

41.2.1　Allgemeines　– 485

41.2.2　Untersuchungsablauf　– 485

M. Grassberger, E. Türk, K. Yen, Klinisch-forensische Medizin,
DOI 10.1007/978-3-211-99468-9_41, © Springer-Verlag Berlin Heidelberg 2013

41.1   Rechtliche Rahmenbedingungen

In Österreich findet die forensische Altersdiagnostik bei Lebenden aktuell vor allem im Zusammenhang mit fremdenrechtlichen Fragestellungen Anwendung. Relevante rechtliche Rahmenbedingungen ergeben sich daher aus dem Fremdenpolizeigesetz sowie aus dem Asylgesetz (§ 12 Abs. 4 FPG und § 15 Abs 1 Z 6 AsylG).

41.1.1   Rechtlich relevante Altersgrenzen

In diesem Kontext steht als wesentliche Altersgrenze die Vollendung des 18. Lebensjahres (Volljährigkeit) im Vordergrund (§ 16 Abs. 1 AsylG iVm § 21 ABGB), da das Vorliegen oder Nicht-Vorliegen der Volljährigkeit unterschiedliche verfahrensrechtliche, aber auch inhaltliche Konsequenzen, wie z. B. das Recht auf einen Beistand oder die Unterbringung, nach sich zieht. Allerdings kann ebenso die Vollendung des 14. Lebensjahres (Mündigkeit) bzw. des 16. Lebensjahres von rechtlicher Bedeutung sein: Mündige Minderjährige (vom 14. bis zum vollendeten 18. Lebensjahr) haben die Möglichkeit nach dem AsylG selbst Anträge zu stellen und einzubringen (Rv 952 BlgNR 22.GP). Nach § 12 Abs. 1 FPG sind Minderjährige, die das 16. Lebensjahr vollendet haben, handlungsfähig.

41.1.2   Fremdenpolizeirecht und Asylrecht

Gemäß § 12 Abs. 4 Fremdenpolizeigesetz obliegt die Feststellung des Alters eines Fremden der Fremdenpolizeibehörde im Rahmen des Ermittlungsverfahrens, zu welchem ein Amtsarzt hinzugezogen werden kann. Wenn im Falle eines Minderjährigen behauptet wird, dass dieser ein bestimmtes Lebensjahr noch nicht vollendet habe, hat die Behörde überdies unverzüglich mit dem zuständigen Jugendwohlfahrtsträger Kontakt aufzunehmen.

Von Bedeutung für die forensischen Altersschätzungen im Rahmen von Asylverfahren sind insbesondere § 15 Abs. 1 Z 6 AsylG sowie § 12 Abs. 4 FPG, welche die Durchführung radiologischer Untersuchungen, insbesondere Röntgenuntersuchungen, im Rahmen einer multifaktoriellen Untersuchungsmethodik zur Altersdiagnose rechtlich ermöglichen.

Wenn in einem Verfahren Zweifel an der behaupteten Minderjährigkeit bestehen und der Fremde seine Minderjährigkeit nicht durch unbedenkliche Urkunden oder sonstige geeignete und gleichwertige Bescheinigungsmittel nachweisen kann, ist die Einholung einer Altersdiagnose anzuordnen. § 15 Abs. 1 Z 6 Asylgesetz regelt zwar die Mitwirkungspflicht des Asylbewerbers am Asylverfahren, doch kann die Mitwirkung des Fremden an einer radiologischen Untersuchung nicht erzwungen werden (§ 15 Abs. 1 Z 2 letzter Satz). Da die Untersuchung mit dem geringstmöglichen Eingriff zu erfolgen hat und es sich bei den zu Untersuchenden um potenzielle oder zumindest mögliche Minderjährige handelt, ist gerade in diesem Bereich der Einsatz strahlungsfreier Bildgebungsmethoden erstrebens- und wünschenswert.

Bestehen trotz durchgeführter Altersdiagnose weiterhin begründete Zweifel an einer Volljährigkeit, so ist zugunsten des Fremden von seiner Minderjährigkeit auszugehen (§ 15 Abs. 1 Z 6 letzter Satz AsylG). Die asylrechtlich privilegierte Stellung Minderjähriger bewirkt, dass sie oftmals missbräuchlich behauptet wird.

41.1.3   Weitere rechtliche Bestimmungen

Die Durchführung von Altersschätzungen ist in Österreich nur im Asylgesetz sowie im Fremdenpolizeigesetz geregelt. In anderen Rechtsgebieten finden sich keine ausdrücklich gestalteten Regelungen. Gemäß der Definition der zum Ärztegesetz 1998[1] erlassenen Ärztinnen-/Ärzte-Ausbildungsordnung 2006 gehört die Klärung strittiger Abstammungsverhältnisse in das Aufgabengebiet der Gerichtsmedizin. Es ist davon auszugehen, dass die medizinisch-fachliche Bearbeitung von diesbezüglichen

---

1   Bundesgesetz, mit dem ein Bundesgesetz über die Ausübung des ärztlichen Berufes und die Standesvertretung der Ärzte (Ärztegesetz 1998 – ÄrzteG 1998) erlassen und das Ausbildungsvorbehaltsgesetz geändert wird, BGBl I 169/1998, zuletzt geändert durch BGBl I 144/2009.

juristischen Fragestellungen in den Tätigkeitsbereich des – als Sachverständige/r vor Gerichten und Verwaltungsbehörden auftretenden – Gerichtsmediziners gehört.[2] Eine im Rahmen eines Strafverfahrens durchgeführte altersdiagnostische Untersuchung wird gemäß § 123 Abs. 1 Z 3 StPO nur dann zulässig sein, wenn diese zur Aufklärung einer Straftat erforderlich ist. Die körperliche Untersuchung im Strafverfahren regelnde Bestimmung des § 123 StPO ist im Falle von strafrechtlich motivierten Altersbestimmungen, die ja ebenfalls unter den Begriff der körperlichen Untersuchung zu subsumieren sind, jedenfalls in ihrer Gesamtheit zu beachten.

41.2 Methodik und Untersuchungsablauf

41.2.1 Allgemeines

Für die Altersdiagnose von entscheidender Bedeutung sind die methodischen Vorgaben der Interdisziplinären Arbeitsgemeinschaft für forensische Altersdiagnostik (AGFAD) der Deutschen Gesellschaft für Rechtsmedizin (DGRM), welche unter der Bezeichnung „multifaktorielle Untersuchungsmethodik zur Altersdiagnose" im Österreichischen Asylgesetz seit Januar 2010 seine Verankerung fand. Die Beauftragung zur Durchführung einer Altersdiagnose stellt gleichzeitig die Bestellung zum Sachverständigen für das gegenständliche Verfahren dar. Das Gutachten hat sich auf mehrere Untersuchungen zu stützen, deren Ergebnisse jeweils von einem entsprechenden Fachgutachter erhoben und beurteilt werden sollen. In einem forensischen multifaktoriellen Gesamtgutachten soll eine zusammenfassende Würdigung der gewonnen Teilergebnisse unter Angabe eines Mindestalters zum Untersuchungszeitpunkt erfolgen. Unter Mindestalter wird verstanden, dass von dessen Überschreitung „mit an Sicherheit grenzender Wahrscheinlichkeit" auszugehen ist.

Falls unter Berücksichtigung der fachlichen Sorgfaltspflichten und der zeitlichen Gegebenheiten möglich, soll auch ein Mindestalter zu einem davor liegenden rechtlich relevanten Zeitpunkt, wie z. B. zum Datum des Asylantrags, angegeben werden.

41.2.2 Untersuchungsablauf

Die Durchführung einer Altersdiagnose umfasst zurzeit in Anlehnung an die AGFAD-Empfehlungen:
1. Ein kurzes **ärztliches Gespräch** über gesundheitliche Aspekte, die zu einer Beeinflussung der körperlichen Entwicklung hätten führen können (z. B. dauerhafte gesundheitliche Störungen, Krankheiten, Unfälle, Ernährung und Arbeitstätigkeit), sowie eine **körperliche Untersuchung** (s. ▶ Kap. 40).
2. Eine **Röntgenaufnahme der Hand und des Handgelenks** und ihre Beurteilung nach der Atlasmethode (Greulich & Pyle, 1959).
3. Ein **Orthopantomogramm** (Panorama-Röntgenaufnahme des Gebisses) sowie eine **klinische zahnärztliche Untersuchung** mit Beurteilung der Mineralisation (Demirjian et al. 1973) und des Zahndurchbruchs der 3. respektive der letzten vorhandenen Molaren (Olze et al., 2008).
4. Eine **Computertomographie** des brustbeinnahen Bereichs der **Schlüsselbeine** (Kellinghaus et al., 2010), allerdings nur sofern die Entwicklung der Hand bereits abgeschlossen ist.

Die radiologischen Untersuchungen der Hand sowie der Schlüsselbeine werden durch einen Facharzt für Radiologie, das Orthopantomogramm durch einen Facharzt für Zahnmedizin auf Basis der angegebenen Referenzen beurteilt. Ebenso erfolgt die klinische zahnärztliche Untersuchung durch den Facharzt für Zahnmedizin. Es erfolgt jeweils ein Teilgutachten, das die genaue Untersuchungsmethode, den genauen Befund sowie eine Beurteilung des Befundes hinsichtlich des bei der jeweiligen Untersuchung vorgefundenen Entwicklungsstadiums enthält. Das ärztliche Gespräch und die körperliche Untersuchung erfolgt durch einen Rechtsmediziner, der darauf sowie auf den Teilgutachten basierend ein zusammenfassendes Gesamtgutachten erstellt. Darin wird unter Berücksichtigung der in den Re-

---

2   Vgl. Beilage 8 der Verordnung der Bundesministerin für Gesundheit und Frauen über die Ausbildung zur Ärztin für Allgemeinmedizin/zum Arzt für Allgemeinmedizin und zur Fachärztin/zum Facharzt (Ärztinnen-/Ärzte-Ausbildungsordnung 2006 – ÄAO 2006), BGBl II 286/2006 idF BGBl II 167/2010.

ferenzstudien angegebenen Schwankungsbreiten der festgestellten Entwicklungsstadien ein Mindestalter festgehalten, sowie – nach Möglichkeit – ein wahrscheinlichstes Alter. Zusätzlich erfolgt die Angabe, ob das angegebene Geburtsdatum durch die festgestellten Befunde belegt werden kann.

Forensische Altersdiagnostik bei Lebenden in der Schweiz

M. T. Mund

42.1   **Einleitung** – 488

42.2   **Auftraggeber** – 488

42.3   **Rechtliche Grundlagen** – 488

42.3.1   Strafrecht – 488

42.3.2   Asylrecht – 489

42.4   **Praktisches Vorgehen bei der Altersschätzung** – 490

M. Grassberger, E. Türk, K. Yen, Klinisch-forensische Medizin,
DOI 10.1007/978-3-211-99468-9_42, © Springer-Verlag Berlin Heidelberg 2013

42

42.1 Einleitung

Auch in der Schweiz hat sich die forensische Alters-diagnostik am Lebenden – aus denselben Gründen, wie sie bereits in ▶ Kap 40 ausgeführt wurden – zu einem festen Bestandteil der rechtsmedizinischen Gutachtertätigkeit etabliert. So werden an den rechtsmedizinischen Instituten in Basel, Lausanne und Zürich regelmäßig Altersschätzungen durchge-führt. Am Institut für Rechtsmedizin der Universität Zürich wurden beispielsweise bislang (1994–2010) rund 350 Gutachten im Bereich Altersdiagnostik erstellt. Dabei wird nach den aktuellen Empfehlun-gen der Arbeitsgemeinschaft für forensische Alters-diagnostik (AGFAD) vorgegangen (Schmeling et al. 2008). Die begutachtenden Rechtsmediziner der vorgenannten schweizerischen Institute sind Mit-glieder der AGFAD. Sie nehmen regelmäßig an den jährlich von der AGFAD angebotenen Ringversu-chen teil und sind entsprechend zertifiziert.

42.2 Auftraggeber

Auftraggeber sind in den meisten Fällen Strafunter-suchungsbehörden (Staatsanwaltschaft, Jugendan-waltschaft) oder die Asylbehörde (Bundesamt für Migration, BFM). Das Verhältnis von Asyl gegenüber Strafrechtsfällen betrug in Zürich über die gesamte Zeit betrachtet ca. 2/3 zu 1/3, wobei sich aufgrund einer neuen Vorgehenspraxis durch das Bundesamt für Migration bei der Abklärung von angezweifelten Altersangaben nicht entsprechend dokumentierter Asylsuchender (höherer Stellenwert von ausführli-chen Befragungen des Asyl-Antragstellers und ande-ren Personen, Umfeld- und Herkunftsabklärungen etc.) das Verhältnis seit 2007 deutlich zu Gunsten der Strafrechtsfälle verschoben hat. Seit 2008 sind in Zürich – wie auch in den anderen, vorgenannten schweizerischen Instituten – praktisch nur noch Strafrechtsfälle zur Beurteilung gelangt.

Nur in wenigen Einzelfällen gelangen zivile Be-hörden mit einem Auftrag zur Altersschätzung an die rechtsmedizinischen Institute. Dabei kann es um die Abklärung von Rentenansprüchen bei bezüglich des chronologischen Alters ungenügend dokumentier-ten Personen oder aber beispielsweise um die Frage nach dem chronologischen Alter bei adoptierten Kindern, bei denen seitens der Behörden oder der Adoptiveltern Zweifel an der Echtheit der Geburts-urkunde und somit des Alters bestehen, gehen.

Der Großteil der Untersuchten stammt aus West- und Nordafrika sowie aus Südost-Europa. Weniger häufig gelangen auch Personen aus Asien und ara-bischen Ländern zur Untersuchung.

42.3 Rechtliche Grundlagen

In den allermeisten Fällen stellt sich die Frage nach dem vollendeten 18. Lebensjahr des Probanden. Diese Altersgrenze, welche in der Schweiz einer Volljährigkeit (Art. 14 ZGB) entspricht, ist sowohl straf- als auch asyl- resp. ausländerrechtlich rele-vant. So kommen für minderjährige Straftäter bei gleichem Straftatbestand mildere, i. d. R. mehr auf erzieherische Ziele ausgerichtete Maßnahmen zum Tragen als bei Delinquenten, die das 18. Altersjahr vollendet haben und somit volljährig resp. erwach-sen sind. Dabei spielt das chronologische Alter zum Zeitpunkt der Straftatbegehung die entscheidende Rolle, was in der Regel nach einer Altersrückdatie-rung im Rahmen der forensischen Altersschätzung verlangt. Asylrechtlich unterstehen unbegleitete minderjährige Asylsuchende (UMA) besonderen gesetzlichen Bestimmungen. Auf die wichtigsten gesetzlichen Grundlagen, die in Bezug auf die Al-tersschätzung asyl- und strafrechtlich eine Rolle spielen, soll in den nachfolgenden Ausführungen näher eingegangen werden.

42.3.1 Strafrecht

Die strafrechtlich relevanten Altersgrenzen betreffen in der Schweiz das vollendete 10., 15. und 18. Alters-jahr. Kinder unter 10 Jahren sind nicht strafmündig. Somit kommt erst nach vollendetem 10. Altersjahr das Jugendstrafgesetz (JStG) zur Anwendung, wel-ches bis zur Vollendung des 18. Altersjahres gilt (Art. 3 JStG). Wird eine Straftat nach vollendetem 18. Alterjahr begangen, wird der Straftäter nach dem Er-wachsenenstrafrecht (StGB) verurteilt. Wegleitend für die Anwendung des JStG sind der Schutz und die Erziehung des jugendlichen Straftäters, wobei dessen Lebens- und Familienverhältnisse sowie der persönlichen Entwicklung besondere Beachtung geschenkt wird (Art. 2 JStG). Dies bedeutet, dass bezüglich der ausgesprochenen Strafen erzieherische Maßnahmen im Vordergrund stehen. In der Regel sind dies, je nach Schwere der Tat, entweder ein Verweis (förmliche Missbilligung der Tat, Art. 22 JStG) oder sog. persönliche Leistungen, die der Jugendliche z. B. zugunsten sozialer Einrichtungen – unter Umständen unter unmittelbarer Aufsicht der vollziehenden Behörde oder von dieser bestimmten Personen – zu vollbringen hat (Art. 23 JStG). Eine Buße oder gar ein Freiheitsentzug ist erst nach vollendetem 15. Lebensjahr möglich (Art. 24 und 25 JStG), wobei der Freiheitsentzug in einer speziellen Einrichtung für Jugendliche vollzogen werden muss, in welcher der jugendliche Straftäter entsprechend seiner Persönlichkeit individuell erzieherisch betreut und auf die soziale Wiedereingliederung vorbereitet wird. Dabei gilt es, positiv auf die Persönlichkeitsentwicklung des einzelnen Jugendlichen einzuwirken und diese zu fördern, wenn nötig durch spezielle therapeutische Behandlungen (Art. 27 JStG).

Bereits das gegen minderjährige Delinquenten eröffnete Strafverfahren unterscheidet sich von einem Strafverfahren gegen erwachsene Straftäter. So kann der beschuldigte Jugendliche gemäß der schweizerischen Jugend-Strafprozessordnung (JStPO) in allen Verfahrensstadien eine Vertrauensperson beiziehen (Art. 13 JStPO), und eine Untersuchungs- oder Sicherheitshaft, die in einer für Jugendliche reservierten Einrichtung unter angemessener Betreuung vollzogen werden muss (Art. 28 JStPO), darf nur in Ausnahmefällen und nach Prüfung sämtlicher Möglichkeiten von Ersatzmaßnahmen angeordnet werden (Art. 27 JStPO). Zudem werden Verfahren gegen Jugendliche von Verfahren gegen Erwachsenen strikt getrennt geführt (Art. 11 JStPO) und finden zum Schutz des Jugendlichen prinzipiell unter Ausschluss der Öffentlichkeit statt (Art. 14 JStPO).

42.3.2 Asylrecht

Für die Gewährung oder Verweigerung von Asyl sowie eine allfällige Wegweisung aus der Schweiz ist das Bundesamt für Migration (BFM) zuständig (Art. 6a AsylG). Stellt eine ausländische Person einen Antrag auf Asyl in der Schweiz, so ist sie verpflichtet, bei der Glaubhaftmachung des Sachverhalts, der zu einer allfälligen Gewährung des Asyls entscheidend ist, mitzuwirken. Insbesondere muss sie ihre Identität offen legen, ihre Reisepapiere und Identitätsausweise abgeben und bei der Erhebung biometrischer Daten mitwirken (Art. 8 und 10 AsylG). Für Frauen und Minderjährige – bei Letzteren insbesondere wenn es sich dabei um unbegleitete minderjährige Asylsuchende handelt – existieren ergänzende, von der schweizerischen Landesregierung (Bundesrat) erlassene Bestimmungen, die deren spezieller Situation gerecht werden sollen (Art. 17 AsylG). So muss die zuständige Behörde für UMAs unverzüglich eine Vertrauensperson (resp. gemäß Art. 7 AsylV einen Beistand oder Vormund) bestimmen, welche diese während des Asylverfahrens begleitet, in allen Belangen unterstützt sowie deren Interessen und vormundschaftliche Aufgaben wahrnimmt (Art. 17 AsylG und Art. 7 AsylV). Dieses Mandat dauert so lange, wie sich der oder die UMA auf schweizerischem Staatsgebiet aufhält oder bis die asylsuchende Person die Volljährigkeit erreicht hat (Weisung des BFM vom 01.01.2008). Bei der behördlichen Anhörung minderjähriger Asylsuchender muss zudem den besonderen Aspekten der Minderjährigkeit Rechnung getragen werden (Art. 7 AsylV). Als minderjährig gelten Personen, die das 18. Lebensjahr noch nicht vollendet haben (Art. 1a AsylV). Bestehen bei einem Asylsuchenden, der ohne gültige amtliche Papiere einreist und angibt, noch minderjährig zu sein, berechtigte Zweifel an der Richtigkeit dieser Angaben, so ist die zuständige Behörde berechtigt, ein Altersgutachten zu veranlassen (Art. 26 AsylG). Diese Berechtigung ergibt sich zudem aus Art. 19 AsylV (*„Zur Überprüfung der Identität der asylsuchenden Person können … weitere Abklärungen durchgeführt werden"*) und Art. 7 AsylV (*„Im Rahmen der Feststellung des Sachverhaltes kann mit Unterstützung wissenschaftlicher Methoden abgeklärt werden, ob die Altersangabe der asylsuchenden Person dem tatsächlichen Alter entspricht"*). Aus dem AsylG (Art. 8, Art. 26) und der AsylV (Art. 7, Art. 28a) der Schweiz ergibt sich ferner – anders als in unseren Nachbarländern Deutschland und Österreich – eine generelle Legitimation für die in der Altersdiagnostik notwendigen Röntgenuntersuchungen in asylrechtlichen Verfahren.

Wie bereits vorgängig erwähnt, ist die asylsuchende Person zur Mitwirkung verpflichtet (Art. 8 AsylG). Kann ihr nachgewiesen werden, dass sie die Behörden über ihre Identität – wozu auch das chronologische Alter gehört (Art. 1a AsylV) – zu täuschen versucht oder die gemäß Art. 8 AsylG festgehaltene Mitwirkungspflicht anderweitig schuldhaft verletzt hat (Verweigerung der Mitwirkung bei den im Rahmen der Altersschätzung notwendigen Untersuchungen), so kann dies in letzter Konsequenz zur Folge haben, dass auf das Asylgesuch nicht eingetreten wird (Art. 32 AsylG). Wurde bereits Asyl gewährt, so kann dieses widerrufen resp. die Flüchtlingseigenschaften aberkannt werden, wenn sich im Nachhinein herausstellt, dass die Person das Asyl oder die Flüchtlingseigenschaften durch falsche Angaben oder Verschweigen wesentlicher Tatsachen erschlichen hatte (Art. 63 AsylG).

Schließlich spielt das Alter auch bei einem Ausschaffungsbeschluss eine wichtige Rolle. So muss die zuständige Behörde vor der Ausschaffung unbegleiteter minderjähriger Ausländer oder Ausländerinnen sicherstellen, dass diese im Rückkehrstaat einem Familienmitglied, einem Vormund oder einer Aufnahmevorrichtung übergeben werden, die den Schutz des Kindes gewährleisten (Art. 69 AuG). Ansonsten ist eine Ausschaffung nicht möglich. Zudem ist die Anordnung einer Vorbereitungs- oder Ausschaffungshaft gegenüber Kindern und Jugendlichen, die das 15. Altersjahr noch nicht zurückgelegt haben, ausgeschlossen (Art. 80 AuG).

42.4 Praktisches Vorgehen bei der Altersschätzung

Die aktualisierten Empfehlungen der Arbeitsgemeinschaft für forensische Altersdiagnostik (Schmeling et al. 2008), nach welchen in der Schweiz bei Altersschätzungen prinzipiell vorgegangen wird, sehen zumindest drei Einzeluntersuchungen (3-Säulenprinzip) durch einen auf dem jeweiligen Gebiet erfahrenen Untersucher vor, wie sie von Schmeling in ▶ Kap 40 bereits ausführlich dargestellt worden sind.

Durch einen Rechtsmediziner wird der Explorand körperlich untersucht, dabei die anthropometrischen Maße (Größe, Gewicht, Körperbau, Ernährungszustand) erhoben und die sexuelle Reifeentwicklung gemäß den Tanner-Stadien beurteilt (Tanner 1962). Zudem wird der Explorand bezüglich seiner bisherigen Lebensbedingungen (sozioökonomischer Status, schwere körperliche Arbeit, Gewalterfahrungen etc.), Vorerkrankungen, regelmäßiger Medikamenteneinnahmen etc. befragt und – insbesondere bei Asylsuchenden – auf allfällige Verletzungen oder Verletzungsresiduen untersucht, die auf eine Fremdbeibringung verdächtig sind. Ist der Explorand der deutschen Sprache nicht mächtig, wie es meistens der Fall ist, so wird immer ein Dolmetscher beigezogen. Ziel dieser Befragung und Untersuchung ist es, einerseits mögliche Umstände, Störungen oder Erkrankungen, die sich auf die körperliche Entwicklung beschleunigend oder verzögernd auswirken können, zu erkennen, andererseits aber auch, bei Flüchtlingen Hinweise auf frühere Misshandlungen resp. Folter zu dokumentieren.

Die zweite Säule der forensischen Altersschätzung am Lebenden stellt eine zahnärztliche Untersuchung zur Bestimmung des Zahn- resp. Gebissalters dar. In einem ersten Schritt wird die Gebissentwicklung klinisch beurteilt. Dabei interessieren in den meisten Fällen (juristisch relevante Altersgruppen) insbesondere die Weisheitszähne, die bezüglich Durchbruch in die Mundhöhle und Stand im Verhältnis zur Kauebene untersucht werden. Immer wird zudem auch ein Orthopantomogram (Übersichtsröntgenbild der Kiefer und Zähne) angefertigt, um so die Gebissentwicklung und insbesondere den Mineralisationsgrad der Weisheitszähne radiologisch beurteilen zu können. Dabei kommt in der Schweiz die Stadieneinteilung nach Demirjian et al. (1973) zur Anwendung. Ist das Gebiss behandlungsbedürftig, so wird dies im zahnärztlichen Teilgutachten ebenfalls festgehalten.

Schließlich wird zur Beurteilung des skelettalen Alters ein Röntgenbild der linken Hand inkl. der handnahen Anteile von Elle und Speiche (Wachstumsfugen) angefertigt. Die Beurteilung erfolgt in der Schweiz landesweit in der Regel mit der Atlasmethode nach Greulich & Pyle (1959).

Haben sich laut Angaben des Auftraggebers in den Vorabklärungen Hinweise auf ein mögliches Alter von deutlich über 18 Jahren ergeben und ist die Entwicklung des Handskelettes abgeschlossen, so wird zusätzlich eine Computertomographie der

Schüsselbeine angefertigt und deren brustbeinnahe Wachstumsfugen mithilfe der Stadieneinteilung nach Kreitner et al. (1997) (4 Stadien) resp. deren Modifikation nach Schmeling et al. (2004) (5 Stadien) beurteilt. Eine weitere Indikation zur Anfertigung einer Computertomographie der Schlüsselbeine stellt die Notwendigkeit einer Altersrückdatierung dar. Eine Altersschätzung lässt immer nur Aussagen über das Alter eines Probanden zum Zeitpunkt der Untersuchung zu. Gerade in Strafrechtsfällen interessiert den Auftraggeber jedoch nicht das Alter zum Untersuchungszeitpunkt, sondern vielmehr, wie alt der Delinquent zum Zeitpunkt der Straftatbegehung war, insbesondere, ob er zu diesem Zeitpunkt das 18. Altersjahr bereits vollendet hatte. Dabei kann der Tatzeitpunkt mehrere Monate, in seltenen Fällen gar wenige Jahre zurückliegen. Bei diesen Fragestellungen ist die Anfertigung einer Computertomographie der Schlüsselbeine unumgänglich. So spricht nämlich ein vollständiger Verschluss der brustbeinnahen Wachstumsfugen der Schlüsselbeine (Stadium 4 nach Kreitner et al. 1997, resp. Stadium 5 nach Schmeling et al. 2004) – laut bislang veröffentlichten, wissenschaftlichen Erkenntnissen – für ein Alter von über 20 Jahren, was eine Aussage über eine Mindestdauer der Volljährigkeit zulässt. Bei tieferen Entwicklungsstadien der Schlüsselbeine und abgeschlossener Gebiss- und Handknochenentwicklung ist eine Altersrückdatierung bezüglich des vollendeten 18. Lebensjahres mit den heute zur Verfügung stehenden, nicht-invasiven Untersuchungsmöglichkeiten nicht möglich.

Durch die vorgenannten Methoden lässt sich somit eine Aussage über die körperliche Entwicklung und somit über das biologische Alter des Untersuchten machen. Wie bereits erwähnt, werden die vorgenannten Einzeluntersuchungen jeweils durch einen auf dem Gebiet der forensischen Altersdiagnostik erfahrenen Spezialisten vorgenommen und beurteilt. Wie zahlreiche wissenschaftliche Studien gezeigt haben, besteht zwischen dem biologischen und dem chronologischen, also dem aus dem Geburtsdatum errechneten kalendarischen Alter einer Person, eine enge, nicht aber eine absolute Korrelation, sodass das chronologische Alter nicht bestimmt, wohl aber in einem Range geschätzt werden kann. Die zusammenfassende Begutachtung erfolgt durch den koordinierenden Gutachter, der in der Regel Facharzt für Rechtsmedizin mit Erfahrung auf dem Gebiet der Altersdiagnostik ist. Im Gutachten wird dabei – aufgrund des durch die zusammenfassende Betrachtung der einzelnen Untersuchungen ermittelten biologischen Alters – zur Plausibilität des von dem Untersuchten geltend gemachten chronologischen Alters, unter Berücksichtigung allfälliger ethnischer oder sozioökonomischer Einflüsse, Stellung genommen. Erfahrungsgemäß genügt es dem Auftraggeber in den allermeisten Fällen, wenn das Mindestalter angegeben wird, da dieses für die weitere Beurteilung und Zuständigkeit des Falles sowohl im Asyl- als auch im Strafwesen entscheidend ist. Nach Abschluss der körperlichen Entwicklung ist ausschließlich eine Aussage über das Mindestalter möglich.

Schließlich wird im Gutachten auch erwähnt, wenn sich bei der Untersuchung aufgrund von Verletzungsresiduen Hinweise auf stattgehabte Misshandlungen ergeben oder aufgrund des Zustandes des Gebisses weitere klinisch-zahnärztliche Untersuchungen resp. Behandlungen indiziert sind.

Abkürzungen

AGFAD: Arbeitsgemeinschaft für forensische Altersdiagnostik

AuG: Ausländergesetz (eidgenössisch)

AsylG: Asylgesetz (eidgenössisch)

AsylV: Asylverordnung (eidgenössisch)

BFM: Bundesamt für Migration (Asylbehörde)

JStG: Jugendstrafgesetz (eidgenössisch)

JStPO: Jungendstrafprozessordnung (eidgenössisch)

StGB: Strafgesetzbuch (eidgenössisch)

UMA: Unbegleitete minderjährige Asylsuchende

ZGB: Zivilgesetzbuch (eidgenössisch)

Insektenbefall lebender Menschen – Zeichen der Vernachlässigung

J. Amendt

43.1   Myiasis   – 494

43.2   Erreger   – 494

43.3   Klinik   – 494

43.4   Analyse und Interpretation   – 495

43.5   Fallbeispiele   – 495

43.6   Asservierung und Zucht   – 496

43.7   Fazit   – 497

M. Grassberger, E. Türk, K. Yen, Klinisch-forensische Medizin,
DOI 10.1007/978-3-211-99468-9_43, © Springer-Verlag Berlin Heidelberg 2013

43.1 Myiasis

Insekten und hier vor allem Fliegen (Diptera) werden in der Rechtsmedizin in der Regel mit der Eingrenzung des Todeszeitpunktes in Verbindung gebracht. Dies liegt in der nekrophagen Lebensweise der relevanten Arten und der oftmals zeitnah nach Todeseintritt stattfindenden Besiedlung begründet. Bei der Auffindung der für ihren Nachwuchs überlebenswichtigen Kadaver spielen für die Fliegen allerdings Substanzen eine Rolle, die ein Mensch oder Tier auch durchaus im lebenden Zustand aussenden kann. Blutige und schlecht bzw. gar nicht versorgte und sich entzündende Wunden, Exkremente oder nekrotische (abgestorbene) Gewebeareale wie z. B. bei Dekubitus-Patienten können vor allem im Sommer äußerst attraktiv für Fliegen sein und zu einer Eiablage führen. Eine solche Besiedlung führt zum sog. „Madenfraß", medizinisch auch Myiasis genannt. Diese wird definiert als „der Befall lebender Menschen mit Fliegenmaden, welche sich zumindest während eines Lebensabschnitts, eventuell aber auch den kompletten Lebenszyklus lang, von abgestorbenem oder lebendigem Gewebe bzw. Gewebeflüssigkeiten ihres Wirtes ernähren" (Zumpt 1965, Hall und Wall 1995).

43.2 Erreger

Zu den Myiasis verursachenden Fliegenarten zählen vor allem die, auch aus forensisch-entomologischer Sicht relevanten Familien der Schmeißfliegen (Calliphoridae) und Fleischfliegen (Sarcophagidae). Wir finden aber auch Vertreter bei den sog. Echten Fliegen (Muscidae), den Latrinenfliegen (Fanniidae), den Dassel- oder Bissfliegen (Oestridae) oder den Käse- (Piophilidae) und Buckelfliegen (Phoridae). Die Parasiten können dabei in drei Kategorien eingeteilt werden (Amendt et al. 2011):
– **Obligate Parasiten** – diese sind auf einen lebenden Wirt und dessen Gewebe angewiesen.
– **Fakultative Parasiten** – Vertreter dieser Kategorie entwickeln sich gewöhnlich auf Aas oder Fäkalien, können ihre larvale Entwicklung aber auch an lebenden Wirten durchlaufen. Je nachdem, ob die Fliegenarten selbst in der Lage sind, Myiasis hervorzurufen, oder auf eine bereits durch andere Arten stattgefundene Besiedelung angewiesen sind, kann diese Gruppe noch in primäre und sekundäre (bzw. tertiäre) Erreger unterteilt werden.
– **Zufällige Parasiten** – sie verursachen meist nur geringe gesundheitliche Probleme und entwickeln sich normalerweise nicht parasitisch. In den Wirt gelangen sie durch z. B. einatmen oder im Rahmen der Nahrungsaufnahme.

43.3 Klinik

Auch die klinischen Formen der Myiasis werden einer Einteilung unterworfen, die sich an den betroffenen Organen des Wirtes orientiert. So unterscheidet man zwischen Ophthalmomyiasis (Augen), aurealer (Ohren), nasopharyngealer (Nase und Rachen), kutaner (Haut), intestinaler bzw. rektaler (Verdauungstrakt), urethraler (Harnwege) und genitaler Myiasis (◘ Abb. 43.1).

Der sich diesen Definitionen entziehende Wundbefall wird als traumatische oder **Wundmyiasis** bezeichnet. Im klinischen humanmedizinischen Kontext sind vor allem Menschen aus dem Obdachlosenmilieu (◘ Abb. 43.2), aber auch ganz junge oder alte bzw. aus anderem Grunde pflegebedürftige Menschen betroffen, die ohne fremde Hilfe nicht in der Lage sind, die bei z. B. entsprechenden Vorerkrankungen wie **Dekubitalgeschwüren** notwendige Hygiene sicherzustellen und auf einen entsprechenden Befall mit Insekten auch nicht adäquat reagieren können.

Wenn dann auch eine entsprechende Pflege durch Dritte nicht gewährleistet ist, droht in der insektenaktiven Jahreszeit von ca. April bis September ein Wundbefall durch Fliegenmaden (Myiasis). Doch nicht nur Wunden oder entzündete Areale können besiedelt werden, auch ein mit **Exkrementen** verunreinigter Windelbereich ist attraktiv für viele Fliegen und kann Ausgangspunkt für eine beginnende Myiasis sein.

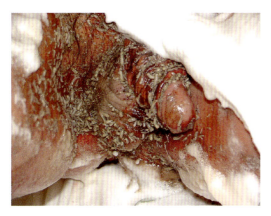

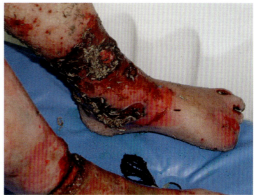

Abb. 43.1 Fliegenmadenbefall im Genitalbereich (genitale Myiasis) in einem Fall von Vernachlässigung. Befund in der Erstaufnahme nach Aufbringen von Desinfektionsschaum. (Foto: G. Sodek)

Abb. 43.2 Wundmyiasis im Unterschenkel- und Fußbereich einer obdachlosen Patientin

43.4 Analyse und Interpretation

Die zu klärende Frage ist die nach dem Zeitpunkt der Besiedlung, denn an diesem lässt sich ein ungefährer Zeitraum der Vernachlässigung festmachen. Grundlage für ihre Beantwortung ist die **Temperaturabhängigkeit der Wachstumsrate** der wechselwarmen Insekten. Dabei existieren sog. untere und obere Schwellenwerte, die nicht unter- bzw. überschritten werden dürfen, da sonst die Entwicklung gestoppt wird oder das Tier stirbt. Für den erfolgreichen Abschluss der Entwicklung bzw. eines einzelnen Entwicklungsstadiums ist die Akkumulierung einer bestimmten Temperaturmenge im Insekt notwendig. Diese Temperaturmenge wird in sog. Tages- oder Stundengraden angegeben und entspricht letztlich einer physiologischen Entwicklungszeitspanne. Sie stellt das Produkt aus Temperatur (Differenz zwischen real gemessener Temperatur und dem unteren Schwellenwert) und Zeit (gemessen in Stunden bzw. Tagen) dar. Die für das Durchlaufen der einzelnen Entwicklungsstadien (◘ Abb. 43.3) vom Ei bis zum Schlüpfen des adulten Insekts notwendige Temperaturmenge ist für jede Insektenart innerhalb einer mehr oder weniger engen Variationsbreite konstant.

Zwischen den einzelnen Arten gibt es jedoch Unterschiede, die auch bei sehr nah verwandten Spezies zu beobachten sind und durchaus deutlich ausfallen können. Nach erfolgter Artbestimmung ist es dem **forensischen Entomologen** (Insektenkundler) so-

mit möglich, die Zeit zu ermitteln, die die Insekten unter den Temperaturbedingungen in der Wunde oder im Windelbereich bis zum Erreichen des jeweils vorgefundenen Entwicklungsstadiums benötigen.

43.5 Fallbeispiele

Amendt et al. (2011) berichten von einem 13 Monate alten Jungen, der bei seiner Aufnahme im Krankenhaus zahlreiche Maden im 3. Larvalstadium der Stubenfliege *Musca domestica* in seinem Enddarm aufwies. Es ist sehr wahrscheinlich, dass die Fliege die mit Stuhl verunreinigte Windel und die den Anus umgebenden Hautstellen besiedelt hatte und die ca. 4 Tage alten Larven auf der Suche nach weiteren Fäkalien weiter in das Rektum vorgedrungen waren. Der Insektenbefall war nur ein Teilaspekt der extremen Vernachlässigung des Kleinkindes (und seiner drei Geschwister), stellte aber einen wichtigen Aspekt und Beweis bei der späteren Gerichtsverhandlung dar, an dessen Ende die Verurteilung der Eltern stand. Benecke und Lessig (2001) berichten von einem vergleichbaren Fall, bei dem aufgrund der Analyse des Insektenbefalls einer Kinderleiche nicht nur das postmortale Intervall eingegrenzt werden konnte, sondern auch Aussagen über den wahrscheinlich einwöchigen Zeitraum der Vernachlässigung des Kindes vor seinem Tod möglich waren.

Vernachlässigung ist nicht nur in der häuslichen Umgebung im privaten Bereich möglich, auch in Krankenhäusern kann ein solcher Befund mög-

43

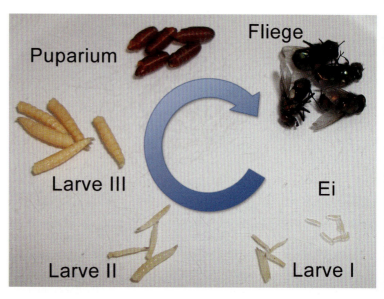

◻ **Abb. 43.3** Temperaturabhängiger Entwicklungszyklus einer Schmeißfliege

liche Versäumnisse bei der Krankenversorgung belegen. Auch diese nosokomialen Infektionen (Krankenhausinfektionen) können nach eingehender entomologischer Expertise hinsichtlich ihres Ausmaßes und ihrer Dauer untersucht werden. Smith & Clevenger (1986) beschreiben sechs US-amerikanische Fälle nosokomialer Infektionen, in denen allein fünf durch die Schmeißfliege *Lucilia sericata* ausgelöst waren. Mielke (1997) gibt nach der Analyse von 23 noskomialen Fällen folgende Hauptursachen an:

– Zugang für Fliegen (kein Fliegengitter)
– schlechte Wundbehandlung
– beeinträchtige mentale/psychologische Fähigkeiten des Patienten.

Keinesfalls immer ist jeder auf den ersten Blick nosokomiale Befund eine tatsächlich im Krankenhaus erfahrene Vernachlässigung. In einem eigenen unveröffentlichten Fall verklagte ein Patient das ihn behandelnde Krankenhaus, nachdem der Hausarzt Tage nach der Entlassung aus dem Spital unter dem Gipsverband eine Madenansammlung der Schmeißfliege *Lucilia sericata* entdeckt hatte. Die entomologische Untersuchung ergab jedoch, dass die Besiedlung nach dem (eigenmächtigen) Verlassen des Krankenhauses stattgefunden hatte.

Doch nicht nur Fragen der Vernachlässigung, auch klassische forensische Fragestellungen können

bei der Untersuchung des Insektenbefalls lebender Menschen bearbeitet werden. Goff et al. (2010) präsentierten Daten, die die Insektenbesiedlung einer vermutlich im Rahmen einer Vergewaltigung erlittenen Verletzung zeitlich eingrenzten und so zur Fall-Analyse beitragen konnten. Die Frau war 8 Tage nach ihrem Verschwinden nackt aufgefunden worden, ohne Erinnerung an in diesem Zeitraum stattgefundene Ereignisse. Die Insekten an der sich im Genitalbereich befindlichen Wunde deuteten auf einen Zeitraum von ca. 4 Tagen hin.

43.6 Asservierung und Zucht

Prinzipiell gilt, dass sich bei entsprechenden Fällen von Insektenbefall von Patienten die Kontaktaufnahme mit einer parasitologischen oder krankenhaushygienischen Einrichtung/Institution bzw. einem rechtsmedizinischen Institut empfiehlt.

Amendt et al (2007) geben Hinweise zur Asservierung entomologischen Materials an Leichen, die sich problemlos für den hier präsentierten Tatbestand der Lebendbesiedlung adaptieren lassen. Von Vorteil ist dabei, dass bei den in Frage kommenden Fallszenarien in der Regel keine Freilandarbeit notwendig ist und die Asservierung unter Laborbedingungen stattfinden kann. Bei der Probenentnahme und eventuellen Weitergabe sollten grundsätzlich die gängigen Qualitätssicherungsmaßnahmen befolgt werden (z. B. Notieren des Sammelortes, fotografische Dokumentation des Befalls, Nummerierung etc.). Nur so kann eine gerichtsverwertbare Begutachtung ermöglicht werden. Grundsätzlich besteht für die hinzugezogenen Entomologen die Möglichkeit, die aus der Wunde bzw. dem Windelbereich abgesammelten Maden zur „erwachsenen" Fliege weiter zu züchten. Das adulte Stadium erleichtert die Artbestimmung (unerlässlich, um das Alter der Maden zu ermitteln), eröffnet aber auch zusätzliche Möglichkeiten der Eingrenzung des Besiedlungszeitraumes. Ein Teil der vorhandenen Tiere (je nach Menge 10–50 % des Gesamtbefalls) bzw. bei nicht geplanter Weitergabe und Weiterzucht alle Individuen werden mit kochend-heißem Wasser abgetötet und anschließend in 70%igen (oder höher konzentrierten) Ethanol überführt und gelagert. Dies stellt sicher, dass auch bei nicht erfolgreicher Zucht Material zur späteren Begutachtung vorliegt.

43.7 Fazit

Vernachlässigungsszenarien sind sowohl in der Veterinär- als auch in der Humanmedizin denkbar. Aus letzterer Sicht muss prinzipiell davon ausgegangen werden, dass in einer immer älter werdenden Gesellschaft mit einer sich verschärfenden Pflegesituation damit einhergehende Fälle der Vernachlässigung zunehmen (s. ▶ Kap. 21 „Forensische Gerontologie – Gewalt und alte Menschen") und Insektenbefall hier keinesfalls einen exotischen Einzelfall darstellt. Es ist deshalb anzuraten, dass zum einen das Pflegepersonal zwecks Vermeidung solcher Szenarien entsprechend geschult wird, gleichzeitig aber auch adäquate Kontrollsysteme eine Vernachlässigung pflegebedürftiger älterer Patienten oder Kleinkinder verhindern. Die forensische Entomologie bietet im Ernstfall Methoden, um die **Zeiträume der Vernachlässigung wissenschaftlich einzugrenzen** und gerichtsverwertbar zu dokumentieren. Eine fachgerechte Asservierung ist hierfür jedoch die Grundvoraussetzung.

Forensische Alkohologie – Grundlagen und Deutsche Gegebenheiten

T. Gilg

44.1 **Einleitung und Hintergrund** **– 501**

44.1.1 Klinisch-forensische Bedeutung von Alkohol – 501

44.1.2 Alkohol im Straßenverkehr – Zahlen und Grundlagen – 501

44.2 **Alkoholgehalte** **– 502**

44.3 **Alkoholnachweis** **– 504**

44.3.1 Blutentnahme zu forensischen Zwecken in Deutschland (vgl. Fieseler 2010) – 504

44.3.2 Entnahme von (forensischen) Blutproben bei stationären (schwerer) verletzten Personen – 505

44.3.3 Forensische Alkoholanalysen – 505

44.3.4 Atemalkoholmessung/Atemalkoholkonzentration (AAK) – 507

44.4 **Alkoholstoffwechsel – Resorption (Absorption), Distribution, Elimination** **– 508**

44.4.1 BAK-Berechnung aus einer Trinkmenge – 509

44.4.2 Alkoholunverträglichkeit („Antabussyndrom") – 509

44.5 **Intoxikationen** **– 510**

44.5.1 Tödliche Alkoholspiegel – 510

44.5.2 Methanol-, Äthylenglykol- oder 1,4-Butandiolvergiftungen – 511

44.6 **Alkohol und Sexualdelikte** **– 511**

44.6.1 Sexueller Missbrauch Widerstandsunfähiger – 511

M. Grassberger, E. Türk, K. Yen, Klinisch-forensische Medizin,
DOI 10.1007/978-3-211-99468-9_44, © Springer-Verlag Berlin Heidelberg 2013

44.7   Alkohol und Schuldfähigkeit   – 512

44.8   Rauschformen, psychopathologische Diagnostik   – 512

44.9   Alkoholkonsummarker   – 513

44.1 Einleitung und Hintergrund

Alkohol (synonym für Ethanol, Ethylalkohol) in Form alkoholischer Getränke ist das weltweit häufigste Konsummittel, das aber auch Rausch, Missbrauch, Abhängigkeit und Gesundheitsschäden verursachen kann. Die legale und freie Verfügbarkeit in vielen Ländern geht mit entsprechenden Produktions-, Verkaufs- und Konsumzahlen einher:

– Anstieg des **Pro-Kopf-Verbrauchs** an Reinalkohol in Deutschland von ca. 3 Litern Anfang der 1950er Jahre auf mehr als 12 Liter in den 70er Jahren, mit Rückgang auf 9,9 l im Jahr 2008, verteilt auf:
  • 111,1 l Bier (54,1 %)
  • 20,7 l Wein (23,2 %)
  • 3,9 l Schaumwein (4,4 %)
  • 5,5 l Spirituosen (18,4 %)
– Bedeutung als Wirtschaftsfaktor: Umsatz von 15 Mrd. €
– Steuereinnahmen von 3,32 Mrd. €
– Werbeaufwand 552 Mio. (2008).

Die geschätzten Kosten durch alkoholbezogene Krankheiten belaufen sich auf ca. 20,6 Milliarden Euro pro Jahr, davon 13,7 Milliarden Euro durch alkoholbezogene Mortalität mit geschätzten 40.000–74.000 alkoholbedingten Todesfällen pro Jahr.

Etwa 50 % des Pro-Kopf-Konsums verteilen sich auf nur ca. 7 % der Bevölkerung. Die wenig erstaunliche Folge:
– bei 9,3 Mio. Menschen (16 % der Bevölkerung) wird **riskanter Alkoholkonsum** angenommen,
– bei 2,4 Mio. bzw. 5 % **Alkoholmissbrauch** und
– bei 1,5–2 Mio. resp. 3 % **Alkoholabhängigkeit/Alkoholismus**.

Bei einem anzunehmenden hohen Anteil an Fahrerlaubnisbesitzern in diesen Gruppen ist von einer entsprechenden Gefährdung im Straßenverkehr auszugehen sowie von Unfallrisiken am Arbeitsplatz und im Privatbereich sowie von Alkoholeinfluss bei Sexual- und Gewaltdelikten (Hüllinghorst 2010/ www.dhs.de, Eckert 2009, Statistisches Bundesamt/ www.destatis.de).

44.1.1 Klinisch-forensische Bedeutung von Alkohol

Die Bedeutung von Alkohol in der klinisch-forensischen Medizin setzt sich v. a. aus folgenden Punkten zusammen:
– bei Feststellungen zur Fahrtüchtigkeit, z. B. bei verletzten Verkehrsteilnehmern
– als Unfalleinfluss
– bei Intoxikationen (z. B. „Komasaufen" Jugendlicher, aber auch Methanol- oder Äthylenglykolvergiftungen)
– bei Alkoholentzug und Delir
– evtl. bei der Feststellung der Todesursache
– bei Sexual-, Gewalt- oder Rohheitsdelikten
– bei gutachterlichen Stellungnahmen, z. B. zu Alkoholmissbrauch (auch über Alkoholkonsummarker)
– bei der Beurteilung der Geschäftsfähigkeit und der Verwertbarkeit von Angaben.

44.1.2 Alkohol im Straßenverkehr – Zahlen und Grundlagen

Seit den 70er Jahren (mit teilweise über 20.000 Getöteten/Jahr) ist ein kontinuierlicher Rückgang von Toten und (Schwer-)Verletzten im Straßenverkehr zu beobachten, ebenso auch eine Abnahme des prozentualen Anteils an Fällen mit Alkoholeinfluss. Die Zahl von im Straßenverkehr bei alkoholassoziierten Unfällen Getöteten ging von damals mehr als 20 % über 18,6 % im Jahr 1994 auf 12 % (523 von 4.358) im Jahr 2008 zurück.

Charakteristika von Alkoholunfällen:
– 48 % an Wochenenden
– 51 % zwischen 20 Uhr und 4 Uhr
– Frauen mit rund 11,6 % in der Minderheit
– Am häufigsten Männer in der Altersgruppe 18–24 Jahre. Bei nur 8 % Anteil an der Gesamtbevölkerung stellt diese Gruppe rund ein Drittel aller an einem Unfall mit Getöteten und Verletzten beteiligten PKW-Fahrer unter Alkoholeinfluss.

Zu dem beobachteten Rückgang von Alkoholunfällen und alkoholbedingten Verkehrstoten hat neben Verbesserungen im Fahrzeugbereich, der allge-

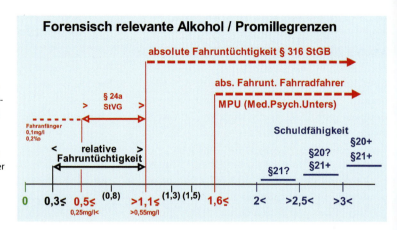

Abb. 44.1 Forensisch relevante Promillegrenzen in Deutschland (in Klammern frühere Grenzwerte). AAK (Atemalkoholkonzentration) in mg/l, BAK (Blutalkoholkonzentration) in ‰. MPU (medizinisch-psychologische Untersuchung) bei Ersttätern ab 1,6 ‰ BAK, generell bei Mehrfachtätern. Orientierende Promillegrenzen für verminderte (§ 21 StGB) oder aufgehobene Schuldfähigkeit (§ 20 StGB)

meinen Verkehrssicherheit und der medizinischen Versorgung sicherlich auch die sukzessive Senkung gesetzlicher Promillegrenzen beigetragen. Für Fahranfänger gilt in Deutschland seit 2006 während der Probezeit ein Grenzwert von bis zu 0,2 ‰ **BAK** (Blutalkoholkonzentration) bzw. 0,1 mg/l **AAK** (Atemalkoholkonzentration) (Details s. Abb. 44.1).

Allerdings liegt der Durchschnitt bzw. Häufigkeitsgipfel der Promillewerte bei alkoholauffälligen Kraftfahrern seit Jahren im Bereich von 1,6 ‰ (*„mehr fahrende Trinker als trinkende Fahrer"*). Die Wahrscheinlichkeit einer Unfallbeteiligung unter Alkoholeinfluss steigt allgemein mit der Höhe der BAK. Jüngere (Unfall-)Fahrer (18–20 Jahre) fallen eher schon bei vergleichsweise niedrigeren Werten auf, wohl wegen relativ stärkerer Enthemmung, ebenso ältere wegen zusätzlicher, allgemeiner Leistungsdefizite (Krüger 1998, Hüllinghorst 2010/www.dhs.de, Eckert 2009, Statistisches Bundesamt/www.destatis.de, BADS/www.bads.de).

44.2 Alkoholgehalte

EU-weit besteht eine Deklarationspflicht über Alkohol/Ethanolgehalte in Getränken und Arzneimitteln, in Vol% oder %Vol (40 %Vol = 40 ml Ethanol pro 100ml). Der pharmakologisch sinnvolle Massebezug erfolgt durch Umrechnung über das spezifische Gewicht mit ca. 0,8 g/ml (40 %Vol = 32 g% = 320 g Ethanol/l). Tab. 44.1 zeigt typische Alkoholgehalte gängiger Getränke.

Praktisch sinnvoll ist eine Unterteilung in:

- **niedrig**prozentige Getränke wie Bier (durchschnittlich 5 %Vol = 40 g/l),
- **mittel**prozentige Getränke wie Wein (12,5 %Vol = 100 g/l)
- **hoch**prozentige Getränke (40 %Vol bzw. 320 g/l).

Getränkeeinheiten mit vergleichbaren Alkoholgehalten von 20 g:

- 0,5 Liter Bier
- 0,25 Liter Wein
- 3 einfache Schnäpse zu 2 cl bei 40 %Vol.

Durch Gärung erreichbare Alkoholgehalte sind auf etwa bis zu 15 %Vol limitiert, Getränke mit höheren Gehalten resultieren aus destillativer Anreicherung und werden landläufig als Schnaps bezeichnet.

Alkoholfreie Biere (und Weine) dürfen nach dem Lebensmittelgesetz wie Frucht- und Obstsäfte maximal 0,5 %Vol (4 g/l) enthalten. Aufgrund gastrischer und insbesondere hepatischer First-pass-Effekte (biochemische Umwandlung während Leberpassage) führen selbst große Aufnahmemengen nicht zu abgrenzbarer BAK. Ein Konsum durch Kraftfahrer und Piloten ist insofern unbedenklich. Eine Rückfallgefahr bei trockenen Alkoholikern ist nicht in den irrelevanten Alkoholmengen begründet, sondern in allgemeinen Suchtkriterien wie geruchs-, geschmacks- und situationsbezogenen Assoziationen. Ähnliches gilt für Weinbrandbohnen, alkoholhaltige Süßwaren oder Speisen. Schnapspralinen können zwar Flüssigalkoholgehalte von bis zu 20 %Vol bzw. wenige Gramm Ethanol pro Bohne

☐ Tab. 44.1. Ethanolgehalte in alkoholischen Getränken in Vol % und g/l		
Bier		
Vollbier	5 % (4,5–5,7)	40 g/l (36–45)
Pils	5 % (4,3–5,7)	40 g/l (34–45)
Weizenbier	5 % (4,6–6,3)	40 g/l (36–50)
Bockbier (Weizenbock)	7/8 % (6–11,7)	55/64 g/l (47–93)
Altbier (obergärig)	5 % (4,5–5,4)	40 g/l (35–43)
Diätbier	5 % (4,5–6,5)	40 g/l (36–51)
alkoholreduziertes Bier	3 % (2,7–3,2)	25 g/l (21–25)
alkoholfreies Bier	max. 0,5 %	4 g/l
Wein		
Weißwein	11 % (7,6–15)	90 g/l (60–120)
Rotwein	12,5 % (9,5–14,5)	100 g/l (75–115)
Roséwein	11 % (10–11,9)	90 g/l (90–94)
Weinähnliche Getränke		
Apfelwein/Cidre/Most	5 % (3,2–5,6)	40 g/l (25–44)
Obstwein	11 % (8–14,5)	90 g/l (63–115)
Portwein	20 %	160 g/l
Sherry	17–19,5 %	134 – 145 g/l
Deutscher Sekt	11 % (9,5–11,5)	90 g/l (75–90)
Champagner	12,5 % (8,9–12,8)	100 g/l (70–100)
Spirituosen		
Alcopops	5–5,9 %	40–47 g/l
Weinbrand	36 %	285 g/l
Deutscher Weinbrand	38 %	300 g/l
Cognac/Armagnac	40 %	320 g/l
Whisk(e)y	40 % (43)	320 g/l (340)
Doppelkorn	38 %	300 g/l
Wodka	40 % (45/55/75)	320g/l (355/435/590)
Obstbranntwein	40 % (42/45)	320 g/l (330/355)
Rum	37,5/40/54/73/80 %	296/320/430/580/640g/l
Liköre	25–45 % (56)	200–355 g/l (440)

aufweisen, relevante postresorptive BAK-Werte oder Wirkungen sind jedoch nicht zu erwarten. Auch **Nahrungsmittel** wie Brot, Säfte u. a. enthalten aufgrund ubiquitärer Gärungsvorgänge geringe, jedoch nicht relevante Alkoholmengen.

Spirituosenmixgetränke wie „Alcopops" haben meistens zwischen lediglich 5 und 5,9 %Vol bei

44

0,275 Liter. Die Gefahr insbesondere für Jugendliche liegt wie bei Cocktails u. a. in der geschmacklichen Maskierung des Alkoholanteils sowie der beschleunigten Resorption durch Zucker und Kohlensäure mit entsprechender Anflutungswirkung u.a. (vgl. auch „Red Bull" mit Wodka, absinthhaltige Spirituosen). Neuere Produkte enthalten Bier-/Weinanteile, ferner wird Alkohol in Pulverform (mit Zucker) und zur Inhalation (in England) angeboten.

Arzneimittel (v. a. homöopathische) können erhebliche Ethanolkonzentrationen bis 95 %Vol enthalten. Bei therapeutischer Dosierung ist jedoch nicht mit relevanten Blutethanolspiegeln zu rechnen. Wegen der Herstellung auf Spritbasis sind sie typischerweise praktisch begleitstofffrei, sodass eine Aufnahme ggf. über eine Begleitstoffanalyse (s. u.) beurteilbar ist.

Desinfektionsmittel enthalten meist Propanole, jedoch selten Ethanol. Einreiben mit alkoholhaltigen Mitteln oder alkoholhaltige Umschläge führen bei geringer dermaler Resorption in der Regel nicht zu relevanten BAK-Werten. Begleitstoffanalysen könnten z. B. durch präoperative, chirurgische Flächendesinfektion verfälscht werden.

Blutersatz- oder Infusionsmittel enthalten allenfalls geringste, nicht relevante Mengen an Ethanol (Spenderblut in Einzelfällen bis 0,7 ‰ BAK). Ethanolhaltige Infusionsmittel können als hochkalorisches Präparat zur künstlichen Ernährung beitragen oder zur Behandlung oder Vorbeugung eines Alkoholentzugs angewendet werden.

Lösungsmittel, Lacke u. a. enthalten meist andere Alkohole und nur selten Ethanol. Eine respirative Absorption (durch Einatmung) ist zwar in geringem Umfang möglich, jedoch über die ethanolspezifische GC-Analysenmethode (s. u.) differenzierbar. Ein Einatmen von Ethanoldämpfen führt bei Erwachsenen selbst bei Unterstellung 20- bis 50-facher maximaler Arbeitsplatzkonzentrationen nicht zu relevanten Blutspiegeln (ausgenommen missbräuchliche Aufnahme in Form von „Schnüffeln") (Eckert 2005, 2009; Singer & Teyssen 2005; Brinkmann & Madea 2003; Madea 2003).

Medizinische Anwendungsmöglichkeiten von Alkohol/Ethanol:
- therapeutisch (Desinfektion, Behandlung von Alkoholentzug oder einer Methanol- oder Äthylenglykolintoxikation, lokal-ablative perkutane Ethanolinjektion)
- diagnostisch (z. B. zur Beurteilung der Einschwemmungsreaktion bei transurethraler Prostataresektion).

44.3   Alkoholnachweis

Der Nachweis einer aktuellen Alkoholisierung erfolgt üblicherweise durch Analyse von Blutproben oder durch Atemalkoholanalysen. Postmortal können bzw. sollten zusätzliche Körperflüssigkeiten oder Organproben analysiert werden.

44.3.1   Blutentnahme zu forensischen Zwecken in Deutschland (vgl. Fieseler 2010)

Die Anordnung soll nach § 81a StPO grundsätzlich durch einen Richter erfolgen, bei Gefahr im Verzug war dies bis vor wenigen Jahren problemlos auch durch die Staatsanwaltschaft oder die Polizei als deren Hilfsbeamte möglich. Die inzwischen strikte Forderung nach richterlicher Anordnung (Richtervorbehalt) entfällt bei Zustimmung zur Blutentnahme, ansonsten bestehen bei fehlender Erreichbarkeit eines Richters unterschiedliche Vorgehensweisen in der Praxis, eine gesetzliche Regelung steht noch aus (vgl. Urteile und Hinweise in der Zeitschrift „Blutalkohol").

Bei fehlender Zustimmung ist einem Beschuldigten in Deutschland auch gegen seinen Willen die Pflicht zur passiven Duldung auferlegt. Grundsätzlich darf kein Nachteil für die Gesundheit zu befürchten sein, insofern sind peripher-venöse Entnahmen problemlos, Entnahmen aus Halsgefäßen oder Arterien z. B. bei Drogensüchtigen obliegen letztlich ärztlicher Erfahrung und Verantwortung.

Grundsätzlich besteht **für einen Arzt keine Verpflichtung** zur Durchführung einer (polizeilich) angeordneten Blutentnahme. Ausnahmen: Festlegung im Dienstvertrag oder allgemeine Dienstaufgabe, wie ggf. bei Amtsärzten, Landgerichtsärzten u. a.

Blutentnahmeprotokoll. Der Polizeibericht liefert beurteilungsrelevante Informationen zu Deliktart und -zeit, Trinkende, Trinkmodalität und Nahrungsaufnahme; der ärztliche Untersuchungsbericht enthält Feststellungen zur Blutentnahme, zu Krankheiten, Medikamenteneinnahme, Körpergewicht, Zustand und Verhalten bzw. Psychopathologie, somit im Vergleich zur festgestellten BAK Hinweise zur Beurteilung einer **funktionellen Alkoholtoleranz** oder einer **Pseudoernüchterung**. Eine Belehrungspflicht des Arztes gegenüber einem Betroffenen, über das Recht zu Schweigen oder nicht aktiv mitzuwirken, ist umstritten und eher nicht vorauszusetzen, die Untersuchungsergebnisse sind ohnehin verwertbar (Hentschel 2006, 2010).

Die **Blutentnahme** erfolgt üblicherweise aus einer peripheren (Arm)Vene. Die Hautdesinfektion soll mit ethanol- und begleitstofffreien Mitteln erfolgen, Sublimattupfer stehen nach Produktionseinstellung nicht mehr zur Verfügung, ersatzweise wird Octenisept oder Lauryldimethylbenzylammonium verwendet. Empfohlen werden Nativblut- oder EDTA-Röhrchen; Fluoridzusätze zur Keim- und Enzymhemmung (vgl. Kokain- oder Glukosenachweis) sind möglich.

Doppelblutentnahme zur Erfassung, Beurteilung oder Abgrenzung rezenter Alkoholaufnahme, z. B. zur Beurteilung eines Nachtrunks. Zwei Blutentnahmen in definiertem zeitlichen Abstand von 20–30 Minuten (aus alkoholphysiologischen Gründen), die erste möglichst bald (< 30–60 Minuten) nach letzter Alkoholaufnahme. Meist sind die Zeitverläufe nicht optimal, bei höheren Promillewerten (> 2 ‰) ist eine sichere Unterscheidung der Werte analytisch begrenzt. Insgesamt ist die Aussagekraft meistens begrenzt, weshalb eine Doppelblutentnahme nicht (mehr) empfohlen wird.

44.3.2 Entnahme von (forensischen) Blutproben bei stationären (schwerer) verletzten Personen

Nach Möglichkeit sollte die Blutabnahme über eine Punktion aus einer peripheren Vene erfolgen, meist unter Verwendung eines polizeilich übergebenen Entnahmesets. Falls die Blutentnahme medizinisch nur aus (zentral)venösen Zugängen möglich ist, unbedingt entsprechenden Vorlauf verwerfen, eventuelle erhebliche Verdünnungseffekte durch Infusionen sind zu bedenken, Entnahmestellen und Entnahmeumstände sind zu dokumentieren, ebenso Verletzungen, Blutverlust, Infusionen, Transfusionen etc. Im (forensischen) Labor sind präanalytische Auffälligkeiten wie hoher Serumüberstand nach Zentrifugation zu dokumentieren, ggf. sollte eine Wassergehaltsbestimmung durchgeführt und berücksichtigt werden.

Leichenblutentnahmen sollen wegen möglicher Verfälschungen durch postmortale Diffusionen (z. B. aus dem Magen in zentrale Gefäße) oder Kontaminationen durch Rupturen oder Fehlpunktionen grundsätzlich aus der Schenkelvene (nach Punktion oder ggf. Blutaufnahme nach Freilegung durch Schnitt) erfolgen. Gegebenenfalls kann zusätzlich Glaskörperflüssigkeit asserviert werden. Im Falle einer Obduktion sollten zusätzlich zumindest Urin, Liquor und Glaskörperflüssigkeit asserviert werden, ggf. auch Mageninhalt (zu Vergleichszwecken, wegen ggf. höherer Fäulnisresistenz, auch zur Beurteilung ob Re/Absorptions- oder Eliminationsphase). Postmortale Werte spiegeln die Alkoholisierung zum Todeszeitpunkt bzw. zum Zeitpunkt des Kreislaufstillstands wider, da eine weitere Elimination nicht mehr stattfindet. Fäulnisalkohole sind mittels Gaschromatographie erfassbar und erlauben die Abschätzung und Beurteilung einer Alkoholneubildung (v. a. bei evtl. erhöhten Glukosespiegeln bei entgleistem Diabetes mellitus).

44.3.3 Forensische Alkoholanalysen

Alkohol- bzw. eigentlich **Ethanolbestimmungen** erfolgen in Deutschland aus analytischen Gründen im Serum bzw. im Plasma, mit nachfolgender Umrechnung auf Vollblutwerte bzw. BAK-Werte durch Division mit 1,2, entsprechend dem Verhältnis der Wasser- und somit auch Alkoholgehalte von Serum zu Vollblut. Die Angabe erfolgt dimensionslos in Promille (g/kg = ‰, in den USA teilweise in %!) oder in g/l. Bei Letzterem muss zum Vergleich auf Massebezug insgesamt mit einem Quotienten von 1,23 umgerechnet werden. Eine forensische Blutalkoholbestimmung erfordert je 2 Bestimmungen mit 2 verschiedenen Methoden: in der heutigen Praxis das lediglich alkoholspezifische ADH-Verfahren und das absolut ethanolspezifische gaschromatographische Verfahren.

Die **Head-Space-Gaschromatographie** wird praktisch nur in rechtsmedizinisch-toxikologischen Labors durchgeführt. Sie ermöglicht eine differenzielle Abgrenzung und – im Gegensatz zur Atemalkoholmessung und klinischen Alkoholbestimmung mittels ADH-Verfahren – im Gaschromatogramm eine Identifizierung z. B. von Aceton, Isopropanol und anderen flüchtigen Substanzen, die ggf. falschpositive Ethanol-/Alkoholwerte im ADH-Verfahren hervorrufen können. Zusätzlich kann zur Erhöhung der Trennschärfe und Empfindlichkeit eine **Begleitstoffanalyse** durchgeführt werden, mit der Möglichkeit des Nachweises einer Vielzahl flüchtiger Substanzen (z. B. Äther, Chloroform, Schnüffelstoffe, „Poppers", Narkosemittel) sowie auch von Begleitstoffen alkoholischer Getränke wie Methanol u. a. Eine zweifelsfreie Diagnostik und Verlaufskontrolle einer Methanolvergiftung wird üblicherweise mittels Gaschromatographie in toxikologischen Abteilungen der Rechtsmedizin durchgeführt. Ferner erlaubt eine Begleitstoffanalyse auch die Beurteilung von Nachtrunkbehauptungen oder über (erhöhte) Methanolspiegel auch zur Frage einer langzeitigen Alkoholisierung vor einer Blutentnahme (vgl. Gilg 2005, Madea 2003, 2007, 2011).

Bei der routinemäßigen forensischen Alkoholanalyse ist inzwischen auch eine Analyse mit 2 definierten GC-Methoden oder die Kombination mit einer massenspektrometrischen Methode möglich. Generell ist aus den 4 Einzelwerten (mit nur 2 Dezimalstellen hinter dem Komma) der Mittelwert auf 2 Dezimalstellen, ohne Rundung, zu bestimmen.

Alkoholanalysen in Kliniklabors. Nicht selten erfolgen im Rahmen klinisch-chemischer Routineanalysen auch Alkoholbestimmungen nach der ADH-Methode, die forensischen Anforderungen nicht genügen, da es sich in der Regel um Einzelmessungen nach der lediglich alkoholspezifischen ADH-Methode und um Serumwerte in g/l handelt. Zum Vergleich mit üblichen Vollblut(BAK)-Werten ist eine Umrechnung durch Division mit 1,23 erforderlich. Durch Kontamination z. B. mit iso- und n-propanolhaltigen Desinfektionsmitteln könnten Verfälschungen resultieren, sehr selten auch durch NADH-Bildung aus anderen Quellen (z. B. über erhöhte Laktat- und LDH-Spiegel bei Infektionen). Selbst bei erfolgreichen internen und externen Qualitätskontrollen entsprechen Richtigkeits-, Präzisions- und Identifizierungsanforderungen nicht forensischen Kriterien. Insofern ist eine ad hoc Unterstellung solcher Werte wie bei forensischer BAK nicht möglich, eine Überprüfung und Abwägung im Einzelfall ist generell erforderlich.

Eine entsprechende zufällige Information zu Alkoholwerten u. a. über freiwillig herausgegebene Krankenblattunterlagen ist möglich, ansonsten ist eindringlich auf die Schweigepflicht bei eventuellen Anfragen wie von Versicherungen, Behörden, Polizei und Gerichten hinzuweisen.

Eichfähigkeit. Eine BAK-Bestimmung ist naturgemäß nicht eichfähig, eine Eichung kann aber durch interne und externe Qualitätskontrollen ersetzt werden. Qualitätsstandards und Richtlinien für die forensische BAK-Bestimmung sind in den Akkreditierungsrichtlinien der DAkkS festgelegt (Deutsche Akkreditierungsstelle in Frankfurt, auf der Basis allgemeiner und spezieller Leitfäden, http://www.dakks.de).

Physiologische Ethanolkonzentrationen („endogener Alkohol") im Blut von alkoholabstinenten Personen liegen im Bereich von bis zu 0,75 mg/l (= 0,00075‰!). Mit üblichen ADH- und GC-Methoden ist endogener Alkohol nicht von unteren Nachweisbarkeitsgrenzen von bis zu etwa 0,1‰ zu unterscheiden und deshalb nur mit höher empfindlichen GC-Methoden wie der Begleitstoffanalyse abgrenzbar. Endogener Alkohol resultiert weniger aus intestinalen Gärungsvorgängen als aus einer reduktiven Bildung aus Acetaldehyd im intermediären Stoffwechsel. Vereinzelte Berichte über „endogene" Werte bis zu und über 0,8‰ durch mikrobielle Gärung (bei Hefepilzinfektion, „Meitei-sho"-Syndrom) blieben unbestätigt, sind diskussionswürdig und zumindest umstritten. Entsprechende Einlassungen oder Atteste bei Gericht sind als wissenschaftlich nicht haltbar zu bezeichnen (Gilg 2005, Logan 2000, Madea 2003).

44.3.4 Atemalkoholmessung/ Atemalkoholkonzentration (AAK)

Die Atemalkoholmessung stellt ein **indirektes Verfahren** zur Erfassung einer (systemischen) Alkoholisierung dar. Da zuvor eine Diffusion von Ethanol aus der Lungenstrombahn über alveoläre Trennwände in die Atemwege erfolgt, besteht eine Reihe von physiologischen, pathophysiologischen oder intendierten Einflussmöglichkeiten. Die Konzentrationsverhältnisse zwischen Atem- und Blutalkohol liegen im Mittel bei etwa 1:2.100, sodass eine AAK von 0,25 mg/l Luft etwa 0,525 ‰ BAK entspricht. Der im Owi-Bereich (Ordnungswidrigkeit nach § 24a StVG) unterstellte Konversionsfaktor von 1:2.000 mit der Folge „handsamer" Werte von 0,5 ‰ („=" 0,25 mg/l) wurde statistisch u. a. mit einer Besserstellung von AAK-Fällen um 5 % begründet. Teils erhebliche Schwankungen von etwa 1:1000 bis 1:3000 sind beschrieben. Mögliche Ursachen sind Störungen der Ventilation, Diffusion und Perfusion, besonders bei Hypo- und Hyperventilation (bis ca. 30 % höhere bzw. niedrigere Werte bei Vortestgeräten), Temperaturänderungen, andauernde Alkoholresorption, Mundrestalkohol, Regurgitation, Störsubstanzen u. a.

Derartige Einflüsse können vor allem bei **Vortestgeräten** eine Rolle spielen, deren Ergebnis dann polizeiliche Entscheidungsgrundlage für das weitere Vorgehen ist, nämlich keine Maßnahmen, beweissicherer Atemalkoholtest im Owi-Bereich oder – in aller Regel ab 0,55 mg/l – Blutentnahme. Als Messsensoren werden Halbleitersensoren (meist in Billiggeräten, ungenau, ggf. Reaktion auf ätherische Öle wie z. B. „Fisherman's Friend", „Eclipse" u. a.), Brennstoffzellen (typischerweise in Vortestgeräten wie von Dräger oder Envitec, eher unempfindlich auf ätherische Öle, ggf. jedoch auf andere Alkohole etc.) und Infrarotsysteme verwendet. Bei einer in Deutschland im Owi-Bereich als beweissicher erachteten AAK-Bestimmung mit dem bisher einzigen dafür zugelassenen Gerät „*Dräger 7110 Evidential*" sind derartige Einflüsse wie z. B. Mundrestalkohol weitestgehend ausgrenzbar, eine Spannbreite der Konversionsfaktoren ist allerdings auch hier festzustellen. Die Grundforderungen an die Gerätecharakteristika orientierten

sich dabei an der BAK-Analyse (z. B. 2 verschiedene Analyseverfahren bei sodann jeweils 2 Atemtests im Zeitabstand von mind. 2 und max. 5 Minuten, zuerst mittels Brennstoffzelle, dann mittels Infrarotverfahrens, zur Abgrenzung von Störsubstanzen, vgl. Lagois 2000). Nach den Beschlüssen des Bayerischen Obersten LG sowie des BGH ist das Ergebnis einer entsprechenden Atemalkoholmessung mit einem zugelassenen Gerät als standardisiertes Messverfahren im Owi-Bereich gerichtsverwertbar und beweiskräftig, falls keine Verfahrensfehler vorliegen. Danach reduzierten sich Einlassungen in foro meist auf nicht eingehaltene Wartezeiten (insgesamt 20 Minuten vor Testdurchführung) und Kontrollzeiten (10 Minuten, in Wartezeit enthalten), die – eigentlich nicht zulässige – Anwendung von (alkoholhaltigen) Mundsprays sowie Eichfragen oder Rundungsprobleme. Manipulationen beim Messvorgang sind gerätebedingt praktisch nicht möglich. Falsche – jedoch protokollierte – Eingaben des Geburtsdatums (Alters) oder Geschlechts können zu abweichenden Mindestanforderungen an Atemvolumina etc. und Verfälschungen führen. Grundsätzlich sind neben der fehlenden, exakten Konvertierbarkeit nach wie vor wechselseitige Benachteiligungen möglich. Raucher mit chronischer Bronchitis können z. B. tendenziell ggf. niedrigere AAK-Werte erreichen. In der (auch späteren) Absorptionsphase sind prinzipbedingt höhere AAK-Werte als BAK-Werte zu erwarten, da posthepatisch alkoholreicheres Blut über die Lunge und initial vor weiterer Distribution erfasst wird. Atemalkoholwerte sind in dieser Phase ggf. sogar noch höher als arterielle BAK-Werte (vgl. ◘ Abb. 44.2).

Eine AAK-Messung kann insofern zwar die zerebrale Alkoholwirkung in der Resorptionsphase ggf. besser widerspiegeln als eine peripher-venöse BAK, jedoch sind AAK-Werte in dieser Phase immer noch überhöht. Bisher ist für den Nachweis einer absoluten Fahrtüchtigkeit durch Alkohol eine BAK erforderlich. Es bleibt abzuwarten, ob und inwieweit juristische und grundsätzliche Bedenken von Rechtsmedizinern an der forensischen Beweissicherheit der Atemalkoholanalyse einer Anwendung im Straftatbereich bzw. § 315/316 StGB entgegenstehen (u. a. höhere Streubreiten im Vergleich zum Blutalkohol, Überhöhung in der Resorptionsphase,

Abb. 44.2 Realversuch mit Alkoholkonzentrationsverläufen in der Arm- und Fußvene mit nach Literaturangaben angenommenen Verläufen des Atemalkohols und der arteriellen BAK bzw. „Wirk-BAK" im ZNS (entsprechend einer „Anflutungswirkung" in der Resorptionsphase)

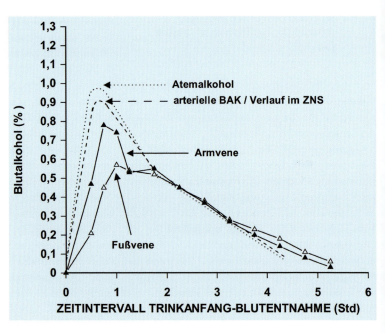

Störungen der alveolären Diffusion, wechselseitige Benachteiligung oder Besserstellung bei Atem- oder Blutalkoholtest, Rückrechnungsprobleme, fehlendes Beweismittel, keine Nachuntersuchungen auf Begleitstoffe, Drogen, Medikamente möglich, Identitätssicherung u. a. (vgl. Symposiumsbeiträge in Blutalkohol 2002, Bd. 39, Suppl. 2, 2–39; Madea 2003, Bericht 47. Verkehrsgerichtstag Goslar, Blutalkohol 2009, 135ff).

Die vielversprechenden Möglichkeiten von *alkoholsensitiven Anlass-/Zündsperren* (auch „*breath alcohol ignition interlock devices*", *BAIID*) wurden im Rahmen eines Symposiums des Bundes gegen Alkohol und Drogen im Straßenverkehr (BADS) 2004 ausgiebig diskutiert, Modellversuche laufen gegenwärtig.

44.4 Alkoholstoffwechsel – Resorption (Absorption), Distribution, Elimination

Abb. 44.3 zeigt die Grundlagen des Alkoholstoffwechsels am Beispiel eines Trinkversuchs. Details sind der weiterführenden Literatur zu entnehmen (Gilg 2005, Madea 2003, 2007, 2011). Nach der Widmark-Formel lassen sich theoretisch erreichbare, maximale BAK-Werte errechnen, welche als

Ausgangswerte für Alkoholberechnungen aus Trinkmengen herangezogen werden. Nach Formelumstellung sind ebenso erforderliche Aufnahmemengen zum Aufbau von BAK-Werten von beispielsweise 1 ‰ berechenbar (z. B. zur Therapie einer Methanol- oder Äthylenglykolintoxikation über Enzymblockierung durch hohe ADH-Affinität).

Elimination. Grundcharakteristika der Elimination ergeben sich aus **Abb. 44.4**.

Stündliche Alkoholabbauwerte (Ethanolelimination pro Stunde im peripheren Blut; forensische Eckwerte):
- Mindest-Abbau: 0,10 ‰/h
- wahrscheinlicher Abbau: 0,15 ‰/h (ggf. etwas höher, vgl. Dettling 2007)
- hoher Abbau: 0,20 ‰/h (entspricht nicht einem maximal möglichen Abbau).

Rückrechnungen von festgestellten BAK-Werten erfolgen jeweils unter Zugunstenbetrachtung zur Ermittlung einer Mindest-, wahrscheinlichen und maximalen Tatzeit-BAK. Die Berechnung der maximalen Tatzeit-BAK erfolgt mit einer Abbaurate von 0,20 ‰/h und zusätzlich einem Sicherheitszuschlag von einmalig 0,20 ‰, bei Alkoholikern mit möglicher metabolischer Toleranz ggf. 0,29 ‰/h plus Sicherheitszuschlag (forensisch anerkannte Kriterien, vgl. Hentschel 2006, 2010)

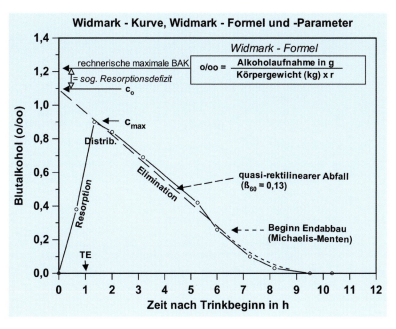

Abb. 44.3 Grundcharakteristika einer Alkoholaufnahme anhand eines Trinkversuchs. Widmark-Faktor r bei normaler Konstitution 0,7 für Männer und 0,6 für Frauen

Bei **metabolischer Alkoholtoleranz** durch Induktion des Cytochrom-P450-abhängigen *mikrosomalen ethanoloxidierenden Systems* (MEOS) im Rahmen eines massiven chronischen Alkoholmissbrauchs kommt es zu einem bis auf etwa 0,35 ‰/h erhöhten Alkoholabbau. Hinweisende Cofaktoren („*Marker*") für das Bestehen einer solchen metabolischen Toleranz, wie beispielsweise eine erhöhte γ-GT, sind bisher nicht bekannt.

44.4.1 BAK-Berechnung aus einer Trinkmenge

Die Ermittlung des theoretischen Maximalwertes erfolgt nach der Widmark-Formel. Der Reduktions/Widmark-Faktor ist durchschnittlich mit 0,7 bei Männern und 0,6 bei Frauen bei normaler Konstitution anzusetzen. Dann ist für die Berechnung der Mindest-, wahrscheinlichen und maximalen BAK jeweils das sog. Resorptionsdefizit von mindestens 10 % (bei gemischten Getränken etwa 20 %) und maximal 30 % abzuziehen ferner ein Alkoholabbau jeweils zugunsten zwischen Trinkbeginn und Vorfallszeitpunkt (Details in Gilg 2005, Madea 2003, 2007, 2011).

Bei **Nachtrunk** (Angabe einer postdeliktischen Alkoholaufnahme) sind nach der Widmark-Formel durch einen Nachtrunk erreichbare BAK-Werte jeweils zugunsten in Abzug zu bringen.

Funktionelle Alkoholtoleranz resultiert in relativ geringen psychomotorischen Ausfallerscheinungen bei höheren bis hohen BAK-Werten durch Adaptation des ZNS.

44.4.2 Alkoholunverträglichkeit („Antabussyndrom")

Eine Alkoholunverträglichkeit ist bei etwa 20 % der Asiaten genetisch durch einen Polymorphismus mit Defizienz der ALDH-2 (Aldehyd-Dehydrogenase 2) bedingt. Durch bestimmte Medikamente (sog. „Alkoholaversiva" wie z. B. Disulfiram/Antabus®) kann eine Alkoholunverträglichkeit induziert werden (medikamentöse Hemmung der ALDH-2). Dabei wird Ethanol durch die ADH zwar abgebaut, die Akkumulation von nicht abgebautem Acetaldehyd (vgl. Abb. 44.4) führt jedoch zu entsprechender Symptomatik (Flush-Syndrom mit Hautrötung, Übelkeit, Kopfschmerzen u. a.). Eine regelmäßige Einnahme von Alkoholaversiva wird eher selten als Therapieprinzip bei trockenen Alkoholikern zur Rückfallprophylaxe angewendet. Zur Umgehung fehlender Medikamenteneinnahme werden teils auch subkutane Depots von Tabletten z. B. in der

44

◻ **Abb. 44.4** Schematischer
Pfad der Alkoholelimination

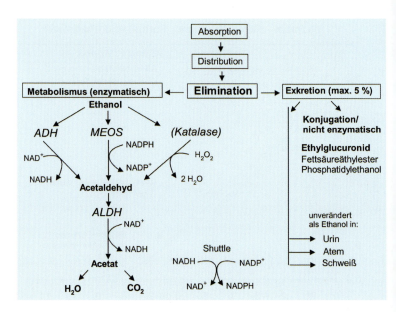

Bauchhaut angelegt, wobei eine nicht unumstrittene, jedoch eher psychische Wirkung durch Vermeidungsstrategie und negative Erwartungshaltung bei ansonsten fraglich ausreichender, kutaner Resorption anzunehmen ist.

Eine **Alkoholallergie** (Acetatallergie) kommt selten als allergische Reaktion auf das Stoffwechselprodukt Essigsäure vor.

44.5   Intoxikationen

Merke

Bei hoher funktioneller Alkoholtoleranz können *Trunkenheitssymptome bzw. psychophysische Ausfallerscheinungen* trotz hoher Promillegrade von > 2–3 ‰ gering ausgeprägt oder kaum abgrenzbar sein.

44.5.1   Tödliche Alkoholspiegel

Bei reinen Alkoholintoxikationen sind die erreichten BAK-Werte in erster Linie abhängig von Faktoren wie Alkoholtoleranz und Aufnahmemodalitäten (z. B. Hochprozentiges in kurzer Zeit auf leeren Magen, vgl. „*Kampftrinken*" und „*Komasaufen*"). **Tödliche**

BAK-Werte sind ab etwa 3 ‰ möglich, bei massiver Anflutung auch bei niedrigeren Werten. Nach Literaturangaben wurden **überlebte Alkoholintoxikationen** mit 3,5 ‰ bis zu 6 ‰ und mehr beschrieben (wobei sich in manchen Fällen die Frage nach der Verlässlichkeit der erhobenen Klinikwerte stellt).

Die Todesursachen bei einer reinen Alkoholvergiftung sind letztlich ein Versagen der Herz-Kreislauf-Regulation und Atemlähmung. Entscheidender sind alkoholassoziierte **indirekte Todesursachen** wie Erbrechen mit Aspiration (Eindringen von Mageninhalt in die Atemwege) bei alkoholbedingt reduzierten Schutzreflexen, Sturzfolgen u. a.

Als mögliche Todesursachen werden auch die **alkoholische Ketoazidose** (stoffwechselbedingte Übersäuerung des Blutes) (Nachweis über Aceton, β-Hydroxybutyrat, Acetoacetat, ggf. über Teststreifen, exakter und differenziell über Begleitstoffanalyse) und die **Hypoglykämie** (zu niedriger Blutzuckerspiegel, „Unterzuckerung") diskutiert. Letztere ist bei chronischer Alkoholisierung durch metabolisch bedingte Störung der Gluconeogenese möglich. Hintergrund ist eine durch den Ethanolmetabolismus vermittelte Hemmung anderer, NAD/NADH(Nicotinamid-Adenin-Dinukleotid)-abhängiger Systeme, hier Laktat-Pyruvat über die LDH, mit dann erniedrigtem Pyruvat und dadurch verringerter Gluconeogenese. Vorraussetzung ist jedoch Nahrungskarenz, typischerweise mindestens 12 Stunden.

Bei **Kindern (Jugendlichen)** sind Einzelfälle auch tödlicher Alkoholvergiftungen z. B. durch alkoholische Einläufe oder Umschläge beschrieben. Tödliche Alkoholvergiftungen bei Kindern können bei niedrigen BAK-Werten auch im Bereich von etwa 1 ‰ auftreten. Eine Unreife der alkoholabbauenden Enzymsysteme bei Säuglingen und Kleinkindern wird diskutiert.

44.5.2 Methanol-, Äthylenglykol- oder 1,4-Butandiolvergiftungen

Eine Intoxikation durch Methanol-, Äthylenglykol- oder 1,4-Butandiol kann iatrogen, akzidentell, suizidal oder homizidal bedingt sein. Neben klinischen Werten wie metabolischer Azidose und Anionenlücke erfolgt eine sichere Diagnose mit gaschromatographischen Analysen (s. o.). Die Therapie erfolgt entweder mit metabolismushemmenden Ethanolspiegeln im Bereich von 1 ‰ BAK zur Verhinderung der Bildung der eigentlich toxischen Metabolite wie Formiat, Oxalat oder GHB (in der frühen Phase, solange diese „Giftung" noch abläuft). Zugelassen und wirksam ist auch 4-Methylpyrazol (Fomepizol˚), mit dem Vorteil einer fehlenden zusätzlichen Stoffwechselbelastung durch Ethanol.

44.6 Alkohol und Sexualdelikte

Bereits Shakespeare' s Porter im Macbeth illustriert Alkohol und Sexualität treffend: „... *Lechery (Geilheit), Sir, it provokes, and unprovokes: It provokes the desire, but it takes away the performance*". Alkohol ist als Aphrodisiakum und Psychopharmakon bei Sexualdelikten häufig im Spiel, zur Kontaktanbahnung und zur Überwindung von Tabus, mit Hemmungsverlust und Zunahme sexuell aggressiven Verhaltens.

Moderater Alkoholkonsum steht nicht mit erektiler Dysfunktion in Verbindung. Andererseits gibt es Hinweise auf eine Abnahme der Spermienzahl mit erhöhtem Anteil abnormer Spermien sogar bei moderatem Alkoholkonsum, v. a. jedoch bei Abusus (Impotenz, Sterilität, testikuläre Atrophie, Gynäkomastie). Bei Alkoholabhängigen werden häufiger Li-

bidomangel und Erektionsstörungen angegeben. Die Alkoholwirkung bei Frauen und Männern wird situationsabhängig hauptsächlich als appetenzsteigernd beschrieben, bei Männern aber mit zunehmender Trunkenheit als potenzschwächend mit Erlahmen des Sexualtriebs bis zur Impotenz. Diesbezüglich differenzierende BAK-Werte sind erfahrungsgemäß individuell sehr unterschiedlich anzusetzen, wobei entsprechende systematische und experimentelle Untersuchungen kaum zur Verfügung stehen.

Die Schuldfähigkeit alkoholisierter Sexualstraftäter ist nach den grundlegenden Kriterien zu beurteilen (s. u.). Bei alkoholisierten Opfern von Sexualtätern ist ggf. die Frage in die Beurteilung mit einzubeziehen, inwieweit und wie klar Ablehnung und Widerstand unter Alkohol zum Ausdruck gebracht werden können.

44.6.1 Sexueller Missbrauch Widerstandsunfähiger

Eine reduzierte oder aufgehobene Widerstandsfähigkeit ergibt sich zum Beispiel durch hoch-/höhergradige, intendierte oder ausgenutzte Alkoholisierung des Opfers, und/oder Beibringung von Substanzen wie *„rape drugs"* oder K.O.-Mittel, mit der Folge drogenassoziierter Straftaten (DFC, *drug facilitated crime*) oder sexueller Übergriffe (DFSA, *drug facilitated sexual assault*).

Häufig verwendete und beobachtete Mittel sind:
– Alkohol, auch Alkohol alleine, besonders bei geringer Alkoholtoleranz
– schnell wirksame Benzodiazepine wie Flunitrazepam
– GHB (= „Liquid Ecstasy", auch γ-Butyrolacton oder 1,4-Butandiol als Vorstufe).

Gefährlich sind vor allem Kombinationswirkungen mit Alkohol, z. B. bei GHB oder γ-Butyrolacton oder 1,4-Butandiol als Vorstufe. Zumindest der Abbau von 1,4-Butandiol erfolgt über ADH, eine Abbauhemmung durch Ethanol ist komplizierend anzunehmen, bei Vergiftungen wurde eine Therapie mit Fomepizol˚ als ADH-Blocker beschrieben (Megarbane 2002). Nachdem auch GHB zumindest teilweise über ADH abgebaut werden soll, kann eine Hemmung durch relevante gleichzeitige Alkoholspiegel Wirkungsverstärkungen und -verlängerungen bedingen (Halbwertzeit von GHB sonst etwa 25–30 min). Damit einher gehen die besonders gefährlichen Kombinationswirkungen wie Übelkeit, Erbrechen, narkotische Effekte und Atemdepression bis zu tödlichen Zwischenfällen (Mußhoff 2008, Kugelberg 2010).

Sog. *„Poppers"* sind sexuelle Stimulanzien bzw. Rauschmittel mit stark gefäßerweiternder Wirkung, wobei auch tödliche Zwischenfälle beschrieben wurden. Die Rauschwirkung durch vorübergehende Gefäßerweiterung im Gehirn folgt innerhalb weniger Sekunden nach Inhalation der Dämpfe und hält für wenige Minuten an. Bei *„Poppers"* handelt es sich um Nitritester wie Isoamyl- und Isobutylnitrit, die zum Alkoholanteil und Nitritanteil gespalten werden. Ein Nachweis kann ggf. über das alkoholische Spaltprodukt durch Begleitstoffanalyse erfolgen, ggf. auch klinisch-chemisch über Methämoglobinbildung oder bräunliche Blutverfärbung.

44.7   Alkohol und Schuldfähigkeit

Eine generalisierende Promillediagnostik dient als erste Einstufung und Orientierung, wobei die festgestellte oder unter Zugunstenbetrachtung errechnete BAK eine der Grundlagen bei der Beurteilung der Schuldfähigkeit ist (bzw. **Einsichtsfähigkeit** und **Steuerungsvermögen** aus gutachterlicher Sicht).

Faustregel und Orientierung anhand (maximaler) Tatzeit-BAK-Werte:
– **< 2 ‰** beeinträchtigen in der Regel die Schuldfähigkeit nicht (ggf. jedoch bei Sturztrunk, Alkoholintoleranz u. a.).
– Bei **2 bis 2,5‰** kann eine erhebliche Verminderung vorliegen, die zwischen **2,5 und 3‰** in der Regel anzunehmen ist.
– Bei Werten **über 3‰** ist eine erhebliche Verminderung der Schuldfähigkeit anzunehmen und eine Aufhebung nur begründet auszuschließen.

Der BAK-Wert allein im Sinne einer generalisierenden Promillediagnostik kann nur orientierende Grundlage und Ausgangspunkt für die letztlich entscheidende Beurteilung im Sinne einer individualisierenden Psychodiagnostik sein.

44.8   Rauschformen, psychopathologische Diagnostik

Rauschformen können wie folgt klassifiziert werden:
– **„einfacher" Rausch** (in leichter, mittlerer oder auch schwerer Ausprägung der Symptome):
  • promillebezogene psychophysische Trunkenheitszeichen
  • Enthemmung
  • euphorische oder depressiv-dysphorische Stimmung
– **atypischer Rausch** (Syn.: abnormer, komplizierter Rausch, Intoleranzrausch):
  • Inkongruenzen zwischen BAK und psychisch-motorischen Ausfällen
  • vitale Erregung
  • inadäquate Affekte
  • „Alkoholintoleranz"
  • dysphorisch-aggressive Stimmung
  • wesensfremd anmutende Handlung (v. a. in Verbindung mit Ermüdung, Schädel-Hirn-Trauma, Krankheit u. a.)
– **pathologischer Rausch** (Existenz teilweise bezweifelt, extrem selten):
  • meist niedrige BAK
  • psychotisch gefärbter Rausch
  • wahnhafte Züge
  • Halluzinationen
  • kein Realitätsbezug
  • Desorientiertheit
  • Situationsverkennung
  • anfallartige vitale Erregung
  • unmotivierte Aggressionen
  • exzessive Affekte, Angst, Wut
  • umdämmerte Aktivität
  • verwirrte Erregtheit, „epileptischer Dämmerzustand"
  • charakteristisch: Terminalschlaf, komplette Amnesie.

Im Rahmen der **psychopathologischen Diagnostik** sind vor allem Primärpersönlichkeit, psychische Ausgangs- oder Reizsituation, affektive Vorgeschichte, Tat-Täter-Beziehungen, äußere Situation, Deliktart (unterschiedliche, deliktbezogene Hemmschwellen), Willensbildung, planmäßiges, zielstrebiges und fol-

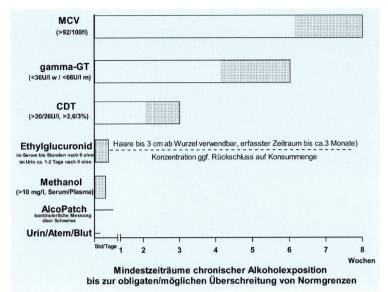

gerichtiges Verhalten und Handeln, Zustandsbild, Erinnerungsvermögen u. a. einzubeziehen. Eine Amnesie gehört dabei eher zu den unsicheren Kriterien (ggf. echte Alkoholamnesie, häufig eher Schutzbehauptung oder Verdrängungsreaktion).

Sexualdelikte. Auch und gerade die Beurteilung sexueller Hemmfähigkeit, Erregbarkeit und damit verbundener Verhaltensweisen muss nach individuellen, psychopathologischen Kriterien erfolgen.

44.9 Alkoholkonsummarker

Alkoholkonsummarker belegen in aller Regel Folgen aktueller, rezenter oder chronischer Alkoholaufnahme für klinische, klinisch-chemische und andere Parameter. ■ Abb. 44.5 gibt eine Übersicht über Alkoholkonsummarker, für Details ist auf weiterführende Literatur wie beispielsweise von Thierauf (2011) zu verweisen.

Forensische Alkohologie – Österreichische Gegebenheiten

M. Pavlic, W. Rabl

45.1   **Einführung**   – 516

45.2   **Alkoholphysiologie**   – 516

45.2.1   Blutalkoholkonzentration (BAK)   – 516

45.2.2   Atemalkoholkonzentration (AAK)   – 517

45.3   **Alkohol im Straßenverkehr**   – 517

45.3.1   Alkoholgrenzwerte   – 517

45.3.2   Messung der AAK im Straßenverkehr   – 517

45.3.3   Blutabnahme im Straßenverkehr   – 518

45.3.4   Forensische Bestimmung der BAK   – 519

45.4   **Alkohol im Strafrecht**   – 520

45.4.1   Relevante Bestimmungen bei alkoholbedingter Beeinträchtigung   – 520

45.5   **Der alkoholisierte Patient**   – 520

45.5.1   Klinische Bestimmung der Alkoholkonzentration   – 521

45.5.2   Ärztliche Schweigepflicht   – 521

M. Grassberger, E. Türk, K. Yen, Klinisch-forensische Medizin,
DOI 10.1007/978-3-211-99468-9_45, © Springer-Verlag Berlin Heidelberg 2013

45.1 Einführung

In diesem Abschnitt werden österreichische Besonderheiten bei der forensischen Alkohologie, insbesondere wichtige gesetzliche Regelungen, dargestellt. Augenmerk wird vor allem auch auf rechtlich festgelegte Verpflichtungen für klinisch tätige Ärzte im Zusammenhang mit Alkoholdelikten gelegt, um das korrekte Vorgehen in der Praxis zu erleichtern.

Das Kapitel ist als Ergänzung zum bisher Ausgeführten zu sehen, auf das an dieser Stelle verwiesen wird.

45.2 Alkoholphysiologie

Alkohol (synonym Ethanol, Ethylalkohol, Genussalkohol) wird zumeist in Form von Getränken oral konsumiert. Im menschlichen Körper erfolgt die Aufnahme rein passiv durch *Diffusion*. Die Zeitspanne, nach der konsumierter Alkohol vollständig resorbiert ist, ist abhängig vom Alkoholgehalt, von der Temperatur und vom Kohlensäuregehalt des Getränks sowie von der Verweildauer und der aufnehmenden Oberfläche. Im Gegensatz dazu spielt der Zuckergehalt des Getränks keine Rolle.

Hochprozentige Getränke sind nach etwa 20–30 min vollständig resorbiert, niedrigprozentige Getränke nach etwa 60 min, in extremen Einzelfällen nach bis zu 2 Stunden.

Der Großteil der Resorption erfolgt im oberen Dünndarm (große Oberfläche durch Zotten), während die Aufnahme über Magen (Barriere der Schleimhaut) oder Mundschleimhaut (Verweildauer) in der Praxis vernachlässigbar ist. Aufgrund der Reservoirfunktion des Magens ist insbesondere bei vollem Magen und nach Konsum hochprozentiger Getränke eine protrahierte *Nach-Resorption* möglich, die unter Umständen zu lebensgefährlichen Alkoholkonzentrationen führen kann. Eine durchgehende medizinische Überwachung ist daher bei hochgradig alkoholisierten Personen essenziell (Ausnüchterungszelle!).

45.2.1 Blutalkoholkonzentration (BAK)

Die Blutalkoholkonzentration (BAK) wird in der Einheit *Promille* angegeben, die naturwissenschaftlich definitionsgemäß eine dimensionslose Einheit darstellt („ein Tausendstel"). In Österreich wird jedoch, im Unterschied zu Deutschland oder auch der Schweiz, vom Gesetzgeber ein Promille mit einem *Gramm Alkohol pro Liter Blut (g/l)* definiert. Beide Promille-Definitionen (g/kg versus g/l) können unter Berücksichtigung des spezifischen Gewichts von Blut mit einem Faktor von etwa 1,055 umgerechnet werden.

Die Alkoholresorption ins Blut erfolgt in der sog. *Anflutungsphase*, in der alkoholbedingte Ausfallserscheinungen subjektiv am stärksten verspürt werden. Der Alkohol verteilt sich anschließend im wässrigen Kompartiment des Körpers, sodass das Verteilungsvolumen mit etwa 60 % des Körpergewichts bei Frauen und mit 70 % bei Männern angenommen werden kann.

Die Alkoholverstoffwechslung beginnt im Körper sofort, d. h. mit Zeitpunkt des Trinkbeginns. In der *Plateauphase* halten sich Resorption und Abbau die Waage, wobei die maximal erreichte BAK in der Praxis aufgrund des sog. Resorptionsdefizits 10–30 % unter der theoretisch errechenbaren BAK liegt.

Anschließend erfolgt die (aufgrund der Sättigung der Alkoholdehydrogenase ADH quasilineare) *Eliminationsphase*, die erst gegen Ende in eine, forensisch im Regelfall vernachlässigbare, Kinetik 1. Ordnung übergeht. In dieser Phase werden Alkoholwirkungen subjektiv nicht mehr so stark wahrgenommen (Unterschätzung des sog. Restalkohols). Alkohol wird mit einer durchschnittlichen Rate von 0,15 Promille pro Stunde aus dem Blut eliminiert. Während bei chronischem Alkoholmissbrauch in Extremfällen Abbauraten bis zu 0,3 Promille/h beobachtet werden können, sinkt der Wert auch bei schweren Lebererkrankungen nicht unter 0,1 Promille/h.

Für forensische Zwecke werden die normalen physiologischen Schwankungen mit Werten zwischen 0,1 und 0,2 Promille/h berücksichtigt, wobei Sicherheitszuschläge – wie in Deutschland üblich – in Österreich nicht angewendet werden.

45.2.2 Atemalkoholkonzentration (AAK)

Der aufgenommene Alkohol wird über die Blutbahn unter anderem ins Kapillarbett der Lungen transportiert, wo er entlang des Konzentrationsgradienten auch in die Alveolarluft diffundiert. Die daraus resultierende Atemalkoholkonzentration (AAK) korreliert daher in gewisser Weise mit der aktuellen BAK und stellt deswegen ebenfalls ein Maß für die akute alkoholbedingte Beeinträchtigung des Betroffenen dar. Die AAK ist naturgemäß deutlich niedriger als die korrelierende BAK und wird in der Einheit *Milligramm Alkohol pro Liter Ausatemluft (mg/l)* angegeben. Der Umrechnungsfaktor (Konversionsfaktor) ist großen individuellen Schwankungen unterworfen und kann bei einem Durchschnittswert von etwa 2100 bis 2200 Extremwerte von 1000 bis über 3000 erreichen. Bei forensischen Begutachtungen werden diese Schwankungsbreiten durch entsprechende Konfidenzintervalle mit Minimal-, Maximal- und Durchschnittswerten berücksichtigt.

45.3 Alkohol im Straßenverkehr

In Österreich werden Alkoholdelikte im Straßenverkehr, solange keine Unfälle mit Personenschaden vorliegen, rein *verwaltungsrechtlich* geahndet. Das Strafrecht wird davon nicht berührt. Zuständig ist daher die Bezirksverwaltungsbehörde in Zusammenarbeit mit den Organen der Straßenaufsicht (Polizei).

Die gesetzlichen Regelungen finden sich in der Österreichischen Straßenverkehrsordnung 1960 (StVO) sowie im Führerscheingesetz (FSG, beide www.ris.bka.gv.at/Bundesrecht). Im Zusammenhang mit Alkohol sind vor allem § 5 StVO und § 14 FSG von Interesse.

45.3.1 Alkoholgrenzwerte

Im Straßenverkehr unterliegen alle Fahrzeuglenker, auch Radfahrer, rechtlich festgelegten Alkohol-Grenzwerten (Übersicht unter www.kfv.at/fileadmin/webcontent/Fact_Sheets/Alkohol/Alkoholgrenzen_und_Rechtsfolgen_Tabelle_2011.pdf).

In Österreich sind im Verwaltungsrecht AAK-Werte den BAK-Werten grundsätzlich gleichgestellt und *gleichwertig*. Der Gesetzgeber hat dabei einen *Konversionsfaktor* von 2000 festgelegt, der somit unter dem physiologischen Durchschnittswert liegt. Ein AAK-Wert von beispielsweise 0,5 mg/l wird daher einer BAK von einem Promille (1 g/l) gleichgesetzt. Mit den resultierenden, relativ gesehen niedrigeren, AAK-Werten werden mögliche Unsicherheiten bei der AAK-Messung gerechtfertigt.

Für Probeführerscheinbesitzer, Berufskraftfahrer und Mopedlenker unter 20 Jahren gilt die 0,1-Promille-Grenze.

Für alle weiteren Kraftfahrzeuglenker gilt die 0,5-Promille-Grenze (Vormerkdelikt, Geldstrafe), wobei gestaffelt ab Werten von 0,8 Promille, 1,2 Promille und 1,6 Promille die Strafen jeweils zunehmend längeren Führerscheinentzug, höhere Geldstrafen und Nachschulungen bis hin zur verkehrspsychologischen Untersuchung umfassen.

Für Radfahrer gelten die o. a. Grenzwerte ab 0,8 Promille BAK bzw. 0,4 mg/l AAK, wobei die Strafen denen für Kraftfahrzeuglenkern entsprechen. Ein Führerscheinentzug erfolgt nach einem Urteil des Verwaltungsgerichtshofs im Erstfall (oder beim 1. Delikt) jedoch nicht mehr.

Der Versuch der Inbetriebnahme eines Fahrzeugs ist als Tatbestand bereits ausreichend.

Im Wiederholungsfall kommen strengere Strafen zum Tragen, wobei die Beurteilung von chronischen Rückfalltätern dem *Amtsarzt* unterliegt und auch weitere Untersuchungen, z. B. auf Alkoholgenussmarker, durchgeführt werden können.

45.3.2 Messung der AAK im Straßenverkehr

Die Polizei ist berechtigt, bei jedem Fahrzeuglenker jederzeit (also nicht nur bei Verdacht auf Beeinträchtigung) eine Überprüfung bzw. Untersuchung der Atemluft auf Alkohol durchzuführen. Eine Blutabnahme und nachfolgende Bestimmung der BAK sind routinemäßig nicht vorgesehen!

Der Lenker hat bei den Messungen mitzuwirken. Bei *Verweigerung* wird (nach entsprechender Aufklärung) eine Strafe entsprechend einem Alkoholisierungsgrad von 0,8 mg/l AAK (1,6 Promille

BAK) oder mehr und damit die Höchststrafe ausgesprochen.

Seit 2005 ist ein *Alkoholvortestgerät* im Einsatz (Alkoholvortestgeräteverordnung), das eine raschere und effizientere Überprüfung der AAK ermöglicht. Wird damit ein AAK-Wert von 0,22 mg/l oder höher gemessen, erfolgt für verwaltungsrechtlich gültige Messwerte eine Untersuchung der Atemluft an dafür zugelassenen Alkomatgeräten (Alkomatverordnung). In Österreich wird die Messung photometrisch mit Wellenlängen im Infrarotbereich durchgeführt, die ein Absorptionsmaximum für Ethanol aufweisen und daher inzwischen als ethanolspezifisch gelten können.

Nach einer grundsätzlichen Wartezeit von 15 min, die v. a. Verfälschungen durch Restalkohol in der Mundhöhle verhindert, erfolgt eine zweimalige Messung des Alkoholgehalts der Atemluft durch Einblasen in das Gerät. Werden keine zwei gültigen Messwerte erreicht oder differieren beide Werte um mehr als 10 %, ist die AAK-Messung rechtlich nicht verwertbar. Ansonsten wird der niedrigere der beiden Messwerte als der *„relevante Messwert"* definiert und herangezogen.

Von zahlreichen kolportierten Möglichkeiten einer Beeinflussung der AAK-Messung kann letztlich die vorangehende *Hyperventilation* als wirksam genannt werden (cave: Einstufung als Verweigerung!). Physiologische Unterschiede wie Körpergröße, Gewicht, Lungenvolumen, Vorerkrankungen der Lunge, Raucherstatus o. ä. können unter Umständen Einflüsse auf die Messergebnisse haben, werden jedoch aufgrund des angesetzten niedrigen Konversionsfaktors (s. o.) und der daraus resultierenden Besserstellung von AAK-Werten in Relation zu BAK-Werten akzeptiert.

45.3.3 Blutabnahme im Straßenverkehr

Grundsätzlich ist die Messung der AAK verwaltungsrechtlich ausreichend. In definierten Fällen ist jedoch eine Blutabnahme zur Bestimmung der BAK vorgesehen:

– Eine AAK-Messung ist „aus in der Person des Probanden gelegenen Gründen" nicht möglich (z. B. Lungenerkrankungen, Verletzungen).

– Die Polizei zweifelt das AAK-Messergebnis an (genauer: der Messwert liegt unter 0,4 mg/l (!), obwohl der Proband klinisch beeinträchtigt wirkt).

– Der Proband zweifelt das AAK-Messergebnis an und fordert eine Überprüfung.

In den ersten beiden Fällen ist die Polizei berechtigt, den Probanden zu einem im *öffentlichen Sanitätsdienst stehenden Arzt* zu bringen. Dazu zählen im Wesentlichen Sprengelarzt, Amtsarzt, Polizeiarzt sowie ein diensthabender Arzt einer öffentlichen Krankenanstalt. Dieser führt die Blutabnahme durch (s. u.), wobei im zweiten Fall vorher eine klinische Untersuchung durchgeführt werden muss, ob der Proband tatsächlich beeinträchtigt ist (ärztliche Aufgabe!).

Im dritten Fall muss der Proband ohne Begleitung von Polizeibeamten einen der oben angeführten Ärzte aufsuchen.

Klinische Beeinträchtigungsuntersuchung

Laut StVO ist der diensthabende Arzt in öffentlichen Krankenanstalten zu einer solchen Untersuchung *verpflichtet*. Rechtlich ist die Frage, ob auch nicht zur *selbständigen Berufsausübung* berechtigte Ärzte (Turnusärzte, Assistenzärzte) diese Tätigkeit vornehmen dürfen, umstritten bzw. nicht abschließend geklärt.

Wird davon ausgegangen, dass Ärzte in Ausbildung innerhalb der Krankenanstalt solche Tätigkeiten durchführen dürfen, für die sie bereits ausgebildet wurden, wird die Befunderhebung (Anamnese inkl. Orientierung, Größe, Gewicht, Blutdruck, Puls, Beurteilung der Pupillen/Bindehäute, Drehnystagmus, einfache Koordinationstests, Stimmung, Wachheitsgrad u. ä.) durchzuführen sein. Daraus Schlussfolgerungen zu ziehen, entspricht jedoch streng genommen einer gutachterlichen Tätigkeit und sollte vom Arzt in Ausbildung unterlassen werden.

Die praktische Erfahrung zeigt, dass unabhängig vom Ausgang der klinischen Untersuchung im Regelfall eine Blutabnahme durchgeführt wird. Rechtliche (negative) Konsequenzen sind soweit nicht bekannt.

Selbstverständlich hat die *Patientenversorgung*, insbesondere von Notfällen, Vorrang.

Der Krankenanstaltenträger ist verpflichtet, die entsprechenden Ressourcen zur Verfügung zu stellen. In vielen Ambulanzen liegen eigene Formulare auf, die zum Teil von den gerichtsmedizinischen Instituten zur Verfügung gestellt werden. Sind Polizeibeamte anwesend, werden von diesen meist die entsprechenden Unterlagen mitgebracht.

Vorgehen bei der Blutabnahme zum Zweck der BAK-Bestimmung

Analog zu oben Gesagtem ist der diensthabende Arzt *verpflichtet*, diese Blutabnahme durchzuführen, und muss der Krankenanstaltenträger die erforderlichen Ressourcen zur Verfügung stellen. Die Blutabnahme wird auch durch einen Arzt in Ausbildung rechtlich unbedenklich durchgeführt werden können.

Der Proband hat, wenn er durch die Polizei zum Arzt gebracht wird, die Blutabnahme durchführen zu lassen (Verfassungsbestimmung). Eine Verweigerung wird analog zum Höchstwert von 0,8 mg/l AAK (1,6 Promille BAK) oder mehr geahndet. Es ist nicht Aufgabe des Arztes, den Probanden zu einer Blutabnahme zu überreden oder sich auf eine, womöglich sogar physische, Auseinandersetzung einzulassen.

Vor Beginn der Untersuchung und Blutabnahme muss der Arzt die *Identität* des Probanden feststellen. In Frage kommen Lichtbildausweise (keine Bankomatkarte o. ä.), verlässliche Zeugen (Polizei), allenfalls auch die Anfertigung von Fotos oder eines Fingerabdrucks.

Die Blutabnahme soll aus einer peripheren Vene, im Normalfall einer *Armvene*, erfolgen. Im Fall von liegenden Infusionen ist möglichst der andere Arm zu wählen (Gefahr der Verfälschung) und die Punktionsstelle sowie Art und Lage der Infusion genau zu dokumentieren.

Die gängigen *Desinfektionsmittel* enthalten keinen Ethanol und können daher, insbesondere bei ausreichend langer Einwirkzeit, bedenkenlos angewendet werden (Ausnahme: Begleitstoffanalyse). Im Zweifelsfall kann eine Reinigung auch mit Wasser oder NaCl-Lösung erfolgen.

Für eine BAK-Bestimmung kann eine Mindestabnahmemenge von etwa 2 ml Blut ausreichend sein. Für allfällige Kontrolluntersuchungen oder Untersuchungen auf weitere Substanzen (Suchtmittel, Medikamente) wären 2 Blutröhrchen (2 x 9 ml) ideal. Für die BAK-Bestimmungen wird das Blut in einem neutralen *Serumröhrchen* asserviert. Zusätzlich soll ein mit *Fluorid* versetztes Röhrchen (z. B. zur Glukosebestimmung) verwendet werden, in dem Serumenzyme und damit der nachträgliche Abbau von verschiedenen Substanzen gehemmt werden.

Die Röhrchen müssen korrekt mit Namen des Probanden, Geburtsdatum sowie Tag und *Uhrzeit* (!) der Abnahme *beschriftet* werden.

Die Asservate können anwesenden Polizeibeamten direkt übergeben werden; ansonsten sind sie unverzüglich der nächstgelegenen *Polizeidienststelle* zu übermitteln, die diese dann an ein geeignetes Untersuchungslabor (häufig gerichtsmedizinische Institute) weiterleiten. Wichtig: entnommenes Blut nicht dem Probanden aushändigen; auch das Krankenhauslabor ist nicht involviert!

Wird ein Alkoholkonsum kurz vor der Anhaltung des Probanden, insbesondere großer Mengen in kurzer Zeit oder hochprozentiger Getränke, angegeben (*Sturztrunk*), oder wird ein Alkoholkonsum nach der Anhaltung geltend gemacht (*Nachtrunk*), so ist eine zweite Blutabnahme nach 30 bis 60 min, im Idealfall jeweils begleitet von einer Harn-Asservierung, zur Abschätzung der jeweiligen Alkoholresorptionsphase erforderlich.

45.3.4 Forensische Bestimmung der BAK

Da rechtliche Grenzwerte berührt werden, sind für forensische BAK-Bestimmungen strenge *Qualitätskriterien* anzulegen. Die Österreichische Gesellschaft für Gerichtliche Medizin (*ÖGGM*) hat entsprechende Richtlinien beschlossen (www.oeggm.com/oeggm-blutalkohol.html). Für forensische Zwecke müssen mittels zweier verschiedener *Analysemethoden* jeweils doppelte Messungen durchgeführt werden. Mindestens eine Methode muss eine gaschromatographische Methode sein (mit dieser werden einzelne in der Blutprobe enthaltene Substanzen durch Erhitzung in die gasförmige Phase gebracht, in einer Kapillarsäule anhand ihrer chemischen Eigenschaften aufgetrennt und anschließend spezifisch nachgewiesen bzw. quantifiziert). Aus den vier Ergebnissen wird der Mittelwert gebildet und unter Angabe der Messunsicherheit mit Ober- und Untergrenzen in Promille (g/l) angegeben. Erfolgt die Untersuchung aus Blutplasma, wird mit einem Divisor von 1,18 auf die Vollblutkonzentration umgerechnet.

45.4 Alkohol im Strafrecht

Kriminaldelikte und deren Ahndung sind im Österreichischen Strafgesetzbuch (StGB) verankert.

Für strafrechtliche Belange ist eine AAK-Messung aus forensischer Sicht als zu ungenau anzusehen. Hier kommt daher in jedem Fall die forensische BAK-Bestimmung zum Tragen. Da es sich bei der Blutabnahme um einen Eingriff in die körperliche Integrität handelt, kann diese, meist über Antrag der Staatsanwaltschaft (Journaldienst), nur im *richterlichen Auftrag* erfolgen. Der Proband hat die Blutabnahme zu dulden bzw. diese kann sogar erzwungen werden.

Für die Durchführung der Blutabnahme selbst sowie für die forensische BAK-Bestimmung gelten die gleichen Kriterien wie im Verwaltungsrecht.

Einer bewusstlosen Person darf grundsätzlich kein Blut zur Bestimmung der BAK abgenommen werden, jedoch können Reste von Blutproben, die aus medizinischen Gründen asserviert worden waren, sekundär gerichtlich beschlagnahmt und ausgewertet werden.

45.4.1 Relevante Bestimmungen bei alkoholbedingter Beeinträchtigung

§ 11 StGB Zurechnungsunfähigkeit

Wegen eines Delikts bestraft werden kann nur, wer in der Lage ist, das Unrecht seiner Tat einzusehen (*Diskretionsfähigkeit*) und nach dieser Einsicht zu handeln (*Dispositionsfähigkeit*).

Bei Alkoholisierungen ab 3 Promille kann bei normaler Alkoholgewöhnung von einer aufgehobenen Schuldhaftigkeit ausgegangen werden. Für eine Beurteilung müssen jedoch – vor allem bei Werten unter 3 Promille – individuelle Gegebenheiten berücksichtigt werden. BAK-Werte unter 2,5 Promille bedingen nur in seltenen Extremfällen eine Unzurechnungsfähigkeit.

Die individuelle Beurteilung erfolgt durch gerichtsmedizinische Gutachten, allenfalls in Zusammenarbeit mit der forensischen Psychiatrie.

§ 287 StGB Begehung einer mit Strafe bedrohten Handlung im Zustand voller Berauschung

Wer (auch fahrlässig) alkoholbedingt unzurechnungsfähig ist und in diesem Zustand eine strafbare Handlung begeht, wird deswegen bestraft (Freiheitsstrafe bis 3 Jahre oder Geldstrafe), jedoch nicht strenger als für die Tat selbst vorgesehen.

§ 205 StGB Sexueller Missbrauch einer wehrlosen oder psychisch beeinträchtigten Person

Auch hier obliegt die individuelle Beurteilung, ob beim Opfer eine vom Gesetzgeber für die Erfüllung des Paragraphen geforderte *tiefgreifende Bewusstseinsstörung* aufgrund einer Alkoholisierung vorliegt, dem (gerichtsmedizinischen) Gutachter.

§ 80 StGB Fahrlässige Tötung
§ 81 StGB Fahrlässige Tötung unter besonders gefährlichen Verhältnissen
§ 88 StGB Fahrlässige Körperverletzung

Fahrlässigkeitsdelikte sind häufige Delikte im Straßenverkehr (Verkehrsunfälle mit Personenschaden). Wird durch einen alkoholisierten Lenker ein Unfall mit Verletzten oder Todesopfern verursacht, kommt daher nicht mehr das Verwaltungsrecht, sondern das Strafrecht zum Tragen (Verbot der Doppelbestrafung). Obwohl bei jedem unfallbeteiligten Lenker mit Personenschaden, unabhängig vom Verschulden, eine AAK-Messung durchgeführt wird, ist für strafrechtliche Belange eine nachfolgende Blutabnahme erforderlich.

Besonders gefährliche Verhältnisse (§ 81 StGB wird sinngemäß auch für die fahrlässige Körperverletzung angewendet) bestehen alkoholbedingt dann, wenn der Lenker eine BAK von 0,8 Promille oder mehr aufweist. Die Bestrafung ist entsprechend strenger und umfasst im Fall von Todesopfern eine unbedingte Haftstrafe. Bei Blutalkoholkonzentrationen zwischen 0,5 und 0,79 Promille würde der Lenker strafrechtlich nicht wegen besonders gefährlicher Verhältnisse, jedoch verwaltungsrechtlich belangt.

45.5 Der alkoholisierte Patient

Die ärztliche Versorgung von verletzten Unfallbeteiligten bzw. Beteiligten an Kriminaldelikten hat naturgemäß Priorität vor weiteren Maßnahmen der Rechtspflege. Es ist auch keinesfalls Aufgabe des

Notarztes, Patienten Blut für forensische Zwecke abzunehmen.

45.5.1 Klinische Bestimmung der Alkoholkonzentration

Häufig wird angefragt, ob behandelnde Ärzte im Krankenhaus eine Alkoholbestimmung durchführen dürfen. Dies ist selbstverständlich aus medizinischen Gründen gestattet, wenn zum Beispiel eine (überwachungspflichtige) Alkoholintoxikation von anderen Syndromen (z. B. Gehirnerschütterung) abgegrenzt werden soll. Diese klinische Alkoholbestimmung wird im Krankenhauslabor durchgeführt, wobei hier nur ein Einzelwert mit zwar rasch durchführbaren, jedoch relativ ungenauen Analysemethoden bestimmt wird. Diese Ergebnisse sind daher lediglich als Richtwerte für klinische Zwecke zu sehen und entsprechen nicht den forensischen bzw. rechtlichen Anforderungen an die Beweismittelsicherheit!

Auf eine Angabe des konkreten Zahlenwertes im ärztlichen Befund sollte verzichtet werden, da dies eine Scheingenauigkeit vortäuscht, die häufig zu rechtlichen und versicherungstechnischen Problemen führt. Zudem wird in den meisten Labors eine Alkoholbestimmung im Blutplasma durchgeführt, deren Wert aufgrund des Wassergehalts um etwa 20% höher liegt als die BAK. Leider werden diese Ergebnisse häufig fälschlicherweise als BAK-Werte dokumentiert.

Anmerkung: Polizeibeamte können natürlich im Rahmen der StVO auch bei stationären Patienten eine AAK-Messung durchführen. Ist dies aus medizinischen (in der Person des Probanden gelegenen) Gründen nicht möglich, muss in öffentlichen Krankenanstalten der diensthabende Arzt eine Blutabnahme durchführen und die Probe den Beamten übergeben (s. o.).

45.5.2 Ärztliche Schweigepflicht

Für medizinische Zwecke erhobene Befunde und Diagnosen unterliegen selbstverständlich der ärztlichen Schweigepflicht (Ärztegesetz, StGB)! Der Patient kann den Arzt von dieser entbinden.

Auch die Schweigepflicht ist aufgehoben, sodass Staatsanwaltschaft oder Richter die Beschlagnahmung von Krankenunterlagen oder medizinischen Proben bzw. eine weitere Probenasservierung beauftragen können. Im Ermittlungsverfahren können auch für die Staatanwaltschaft tätige Polizeibeamte (Kriminalpolizei, Landeskriminalamt) Krankenunterlagen anfordern. Eine Rückversicherung über das rechtlich korrekte Vorgehen ist jedoch anzuraten.

Wird die Schweigepflicht vom behandelnden Arzt fälschlicherweise gebrochen, kann der Patient bei für ihn nachteiligen rechtlichen Folgen Regressforderungen an den Arzt stellen.

Toxikologische Untersuchungen im Rahmen der klinisch-forensischen Medizin

T. Stimpfl

46.1   Forensische Toxikologie in der klinisch-
forensischen Medizin   – 524

46.2   Mögliche Fragestellungen   – 524

46.3   Anamnestische Angaben und „Leitsymptome"   – 525

46.4   Untersuchungsmaterialien   – 525

46.5   Untersuchungslabor   – 529

46.6   Untersuchungsmethoden   – 529

M. Grassberger, E. Türk, K. Yen, Klinisch-forensische Medizin,
DOI 10.1007/978-3-211-99468-9_46, © Springer-Verlag Berlin Heidelberg 2013

46.1 Forensische Toxikologie in der klinisch-forensischen Medizin

Wenn auffällige Beeinträchtigungen der Gesundheit oder der Leistungsfähigkeit eines Patienten möglicherweise auf eine **Vergiftung** zurückzuführen sind, werden in der Klinik in der Regel chemisch-toxikologische Untersuchungen veranlasst. Solche Fälle können in weiterer Folge auch zu forensischen Fragestellungen führen, insbesondere dann, wenn eine mögliche Verletzung der Rechtsordnung damit einhergeht.

Der Verdacht, dass bei einer Person eine Vergiftung vorliegt, kann im klinischen Bereich durch Beobachtung von Anzeichen einer Vergiftung oder einfach nur durch einen entsprechenden Hinweis (z. B. durch Angehörige) entstehen. In solchen Fällen stehen die durchgeführten toxikologischen Untersuchungen primär im Zeichen der Ursachenklärung und dies natürlich in Hinblick auf evtl. notwendige lebenserhaltende Maßnahmen, wie z. B. Entgiftungsmaßnahmen oder die rechtzeitige Verabreichung eines passenden Gegenmittels (**Antidot**). Für die Klärung eines möglichen forensischen Hintergrundes spielen der Verdacht aus der Vorgeschichte des Falles bzw. polizeiliche Erhebungen eine wesentliche Rolle. Die schwierigsten Fälle sind jene, bei denen es keine Hinweise auf die Vergiftung anhand der Vorgeschichte gibt oder diese in der Ermittlungsarbeit übersehen wurden.

Mittels **chemisch-toxikologischer Untersuchungen** müssen alle körperfremden Substanzen, die eine Beeinträchtigung einer Person hervorrufen können, nachgewiesen werden. Darüber hinaus sollten diese Untersuchungen auch in der Lage sein, einen solchen Zustand möglichst sicher ausschließen zu können, um damit die weiteren Ermittlungen auf die richtige Spur zu lenken.

Diese Aufgaben benötigen neben fachlichem Wissen modernste technische Ausrüstung, die detaillierte Kenntnis der aktuellen Ermittlungsergebnisse, finanzielle Ressourcen, Unabhängigkeit, Zeit und vor allem sehr viel praktische Erfahrung.

Aus diesem Grund beschäftigt sich eine eigene wissenschaftliche Disziplin mit Fragen, die die Vergiftungslehre und die Rechtsordnung betreffen: die **forensische Toxikologie**.

Forensische Toxikologen bearbeiten solche Fragestellungen nach dem aktuellen Stand der Wissenschaft und interpretieren die analytischen Ergebnisse sowie die Auswirkungen auf den individuellen Fall in Bezug auf eine mögliche Rechtsverletzung im Rahmen eines Gutachtens.

46.2 Mögliche Fragestellungen

Vergiftung. Bei Vergiftungen im Rahmen der klinisch-forensischen Medizin kann man grundsätzlich zwischen absichtlich (vorsätzlich) und nicht mit Absicht (akzidentell) verursachten Vorfällen unterscheiden. Die Intensität der Vergiftungssymptome kann von nicht merklich bis zum Tod der betroffenen Person reichen; die ersten Anzeichen können akut oder verzögert einsetzen, auch das Zuführen von Substanzen über einen längeren Zeitraum (chronisch) kann zu einer Vergiftung führen.

Ein klassisches Beispiel für eine akute Vergiftung (möglicherweise mit einer anhaltenden Schädigung oder auch Todesfolge) wäre z. B. die Einnahme von Haushaltschemikalien, Medikamenten oder giftigen Pflanzen durch Kinder. In solchen Fällen handelt es sich häufig um Unfälle, eine Selbstbeibringung oder eine Beibringung durch Dritte ist jedoch auch in Betracht zu ziehen.

Bei der Behandlung von Patienten mit Arzneimitteln kann es zu einer Überdosierung mit entsprechend unbeabsichtigten Wirkungen der Arzneistoffe kommen.

Besonders gefährdet sind wieder Kinder, aber auch ältere Menschen wegen ihrer erhöhten Empfindlichkeit gegenüber körperfremden Substanzen.

Bestimmte Arzneistoffe (wie z. B. die herzwirksamen Glykoside, Digoxin und Digitoxin) bergen hier ein erhöhtes Risiko, weil sie eine geringe therapeutische Breite aufweisen, ihre Ausscheidung leicht beeinträchtigt werden kann und sie daher im Körper kumulieren. Probleme ergeben sich auch aus dem Umstand, dass sich bestimmte Substanzen auch zur missbräuchlichen Verwendung eignen.

Die eigentliche **Ursache der Vergiftung** kann beim Patienten selbst bzw. in seinem unmittelbaren Umfeld (z. B. bei der Dosierung), aber auch beim behandelnden Arzt oder bei dem das Arzneimittel ausfolgenden Apotheker liegen. Die letzten beiden

Fälle sind für die Rechtsprechung von besonderer Bedeutung (iatrogener = ärztlicher Behandlungsfehler, Verwechslungen und Fehlverabreichung im Krankenhaus oder in der Apotheke); der erste Fall kann für die Rechtsprechung ebenfalls relevant werden, besonders wenn ein solcher Zwischenfall absichtlich herbeigeführt wurde (Selbstmord, Mordversuch, Sterbehilfe, Münchhausen-Syndrom, Münchhausen-by-proxy-Syndrom).

Missbrauch. Ein besonderes Problem stellt die missbräuchliche Verwendung von Drogen, Arzneimitteln und Chemikalien dar. Auch hier kann es zu unabsichtlich verursachten Vergiftungen kommen, aber auch absichtlich herbeigeführte Vergiftungen (z. B. „K.O.-Mittel") müssen berücksichtigt werden. Bei K.O.-Mitteln handelt es sich um Substanzen, die besonders in Kombination mit Alkohol zur Handlungs- und Wehrunfähigkeit bei der betroffenen Person führen. Dies tritt oft in Kombination mit einer Amnesie auf, was die Aufklärung möglicher Gewaltverbrechen in diesem Zusammenhang weiter erschwert. Sexuelle Übergriffe und Raubdelikte wurden nach Verabreichung solcher K.O.-Mittel beschrieben.

Werden Substanzen missbräuchlich für den Eigenbedarf verwendet, ist häufig mit **Mischintoxikationen** zu rechnen.

Die im forensischen Kontext häufig gestellten Fragen lauten:

- Welche toxische/toxischen Substanz/Substanzen wurde/wurden aufgenommen?
- Wie wurde/wurden diese Substanz/Substanzen aufgenommen?
- Wann wurde/wurden diese Substanz/Substanzen aufgenommen?
- Angaben zum Patienten (Alter, Geschlecht, Körpergewicht, Erkrankungen, Medikation).

Die Beantwortung dieser Fragen hat akut Einfluss auf die Behandlung (mögliches Antidot); in weiterer Folge hängt möglicherweise die Aufklärung eines Kriminalfalles davon ab (in diesem Fall kommen auch noch die Fragen „von wem?" und „mit welcher Absicht?" dazu)!

46.3 Anamnestische Angaben und „Leitsymptome"

In manchen Fällen können **vergiftungsassoziierte Symptome** an Patienten beobachtet werden (◘ Tab. 46.1) bzw. werden Angaben zu solchen Symptomen von den Patienten oder anderen Personen gemacht. Diese Informationen können irreführend oder unvollständig sein, was zu Fehleinschätzungen (z. B. Dosis, zeitlicher Verlauf) führen kann. Mangelnder Kooperationswille oder vorsätzliche Irreführung des Arztes (bagatellisieren, dramatisieren) sind ebenfalls zu berücksichtigen. **Alle anamnestischen Angaben sind daher kritisch zu betrachten!**

Grundsätzlich können solche „Leitsymptome" nur als Hinweis gewertet werden. In kritischen Fällen sollten sie immer durch chemisch-toxikologische Untersuchungen untermauert werden!

> **Merke**
>
> Bei forensischen Fragestellungen kommt der umfangreichen **Dokumentation** des Falles, der Patientendaten, der Untersuchungsmaterialien und aller „Auffälligkeiten" eine besondere Bedeutung zu.

46.4 Untersuchungsmaterialien

Chemisch-toxikologische Untersuchungen in der klinisch-forensischen Medizin können nur erfolgreich verlaufen, wenn das richtige Untersuchungsmaterial in ausreichender Menge zur Verfügung steht. Es werden zumeist folgende Materialien untersucht:

- Blut/Serum/Plasma
- Urin
- Mageninhalt (bzw. Magenspülflüssigkeit)
- Asservate (Reste von Getränken, Speisen, Tabletten etc.)
- evtl. auch Haare.

Da jedes Untersuchungsmaterial bestimmte **Vor- und Nachteile** aufweist, sollen diese Untersuchungsmaterialien hier näher erläutert werden. Zunächst ist anzumerken, dass dem Arzt, der als erster mit

□ Tab. 46.1 Forensisch-toxikologisch wichtige vergiftungsassoziierte Symptome mit Beispielen für die mögliche Ursache (nach Ludewig & Regenthal 2007)

Symptome	Beispiele für die mögliche Ursache
akuter Herz-Kreislauf-Stillstand bzw. Herzrhythmusstörungen	Betablocker, Antiarrhythmika, Herzglykoside, Blausäure
Bewusstlosigkeit bzw. Vigilanzminderung (Beeinträchtigung der Aufmerksamkeit)	Alkohol, Schlafmittel, Psychopharmaka, Opiate
Krämpfe	Insektizide, Anticholinergika, Nikotin
Zyanose (bläuliche Verfärbung der Lippen und des Nagelbetts), Atemdepression	Opiate, Methämoglobinbildner
Lungenschädigung	Chlor, Phosgen
Bronchospasmus (Krampf der Muskulatur im Bereich der Atemwege)	Insektizide
anaphylaktischer Schock (Schocksymptomatik, verursacht durch allergische Reaktion)	Histamin
Hyperthermie (erhöhte Körpertemperatur)	Ecstasy, halogenierte Kohlenwasserstoffe
anticholinerges Syndrom (u. a. erhöhte Körpertemperatur, weite Pupillen, Herzrhythmusstörungen und Bewusstseinsstörungen)	Atropin
extrapyramidales Syndrom (u. a. Störung des Bewegungsablaufes durch Veränderungen an der Muskulatur)	Phenothiazine
malignes neuroleptisches Syndrom (u. a. Bewegungslosigkeit durch extreme Muskelsteife, erhöhte Körpertemperatur und Bewusstseinsstörungen)	Neuroleptika
Serotoninsyndrom (u. a. grippeähnliche Symptome, Zittern, Muskelzuckungen und Bewusstseinsstörungen, Angstzustände)	Kombination von SSRI mit Moclobemid (Monoaminooxidase-Hemmer)
blasenbildende Hautveränderungen	Barbiturate, Antibiotika
pseudoallergische Reaktion	Salicylate
Verätzungen der Haut und Schleimhaut	Säuren, Laugen
Rhabdomyolyse (Auflösung quergestreifter Muskelfasern)	Amphetamine, Heroin
Sehstörungen, Miosis/Mydriasis (verengte/erweiterte Pupille)	Heroin, Atropin
Hyper- oder Hypotension (erhöhter/erniedrigter Blutdruck)	Kokain
auffällige klinische Untersuchungsbefunde (z. B. Anionenlücke, Azidose, Hyper- und Hypokaliämie)	Methanol, Glykole, Salicylate
sonstige Auffälligkeiten (z. B. charakteristischer Geruch)	Alkohol, Blausäure, Insektizide
Halluzinationen	LSD
Amnesie (Gedächtnisstörung)	K.O.-Mittel

einem rechtsrelevanten Verdachtsmoment konfrontiert wird, eine ganz besondere Rolle im nachfolgenden Ermittlungsverfahren zukommt. Wird versäumt, das richtige Untersuchungsmaterial in ausreichender Menge und unter Berücksichtigung einer detaillierten Protokollierung zu asservieren, kann u. U. eine ordnungsgemäße Untersuchung unmöglich werden. Zu einem späteren Zeitpunkt (manchmal schon nach einigen Stunden) können die Substanzen, die zu einer Beeinträchtigung der betroffenen Person geführt haben, bereits aus dem Körper eliminiert (ausgeschieden) worden sein.

Zur Veranschaulichung werden im folgenden Abschnitt **„K.O.-Mittel"** als Beispiel herangezogen:

In K.O.-Mitteln kommen Wirkstoffe aus verschiedenen Substanzgruppen (z. B. Gamma-Hydroxy-Buttersäure/GHB, Benzodiazepine) zum Einsatz, um potenzielle Opfer gefügig zu machen bzw. zu betäuben. Diese Wirkstoffe werden zumeist alkoholischen Getränken beigemischt, was häufig zu einer Potenzierung der Wirkung beider Substanzen führt. Aus diesem Grund reicht eine niedrige Dosis von K.O.-Mitteln aus, um eine ausreichende Wirkung zu entfalten, gleichzeitig ist dadurch die Nachweisdauer der dem alkoholischen Getränk beigemischten Substanz sehr kurz. Die bekannteste Substanz aus der Gruppe der K.O.-Mittel ist GHB (auch bekannt als „Liquid Ecstasy"). Bei dieser Substanz setzt die Wirkung ca. 25–45 Minuten nach Konsum ein und hält mehrere Stunden an. Typische Symptome sind schlagartiger Erinnerungsverlust mit Zweifeln, dass der „Kater" bzw. das „Black-out" durch den (möglicherweise geringen) Alkoholkonsum verursacht wurde. Aufgrund des Betäubungszustandes des Opfers fehlen in der Regel Abwehrverletzungen; zum Tathergang können oft keine Angaben gemacht werden. Im Blut kann die Substanz (aufgrund der niedrigen und nur einmaligen Dosierung) nur ca. 5–8 Stunden nachgewiesen werden, im Urin ca. 12 Stunden. Die Untersuchung von Haaren eignet sich aufgrund der geringen Substanzaufnahme und der Vielzahl unterschiedlicher Wirksubstanzen nicht zum sicheren Nachweis von K.O.-Mitteln. Sind daher Verzögerungen bei der ärztlichen Untersuchung zu erwarten, sollte möglichst frühzeitig, u. U. noch vor allen anderen Maßnahmen, Blut und **in jedem Fall Urin** asserviert und gekühlt bzw. eingefroren werden.

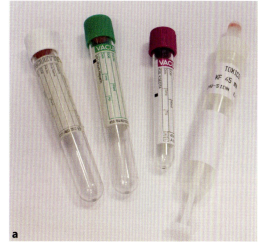

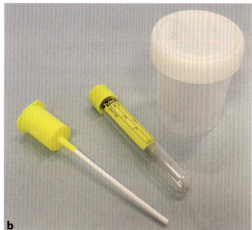

◘ **Abb. 46.1** Asservierungsgefäße für forensisch-toxikologische Untersuchungsmaterialien. **a** Blutabnahmeröhrchen (von links nach rechts: nativ, Heparin, EDTA, Kaliumfluorid). **b** Urinbecher, Urinröhrchen und Besteck zur Überführung von Urin in Vakuumröhrchen

Zu den einzelnen Untersuchungsmaterialien:

Blut. Das wichtigste Untersuchungsmaterial zum Nachweis und zur Beurteilung einer **akuten Beeinträchtigung** einer lebenden Person ist das Blut, da es sich dabei um eine Körperflüssigkeit handelt, die mit allen Teilen des Körpers in Kontakt steht und sich vor allem auch mit dem Zentralnervensystem (in den meisten Fällen der relevante Wirkort) in einem Gleichgewicht befindet. Zur Untersuchung kann Blut, in den meisten Fällen aber auch Plasma oder Serum, herangezogen werden. Unverändertes und nicht stabilisiertes Blut hat gegenüber den zuletzt genannten Untersuchungsmaterialien den Vorteil, dass auch Gifte, die z. B. den Sauerstofftransport an den roten Blutkörperchen beeinträchtigen (z. B. Kohlenmonoxid), nachgewiesen werden können. In speziellen Fällen ist eine Stabilisierung der Blutprobe für den sicheren Nachweis der Analyte nötig (z. B. Natriumfluorid-Beschichtung/Additiv für Kokain). In der Klinik sind meist verschiedene Probengefäße zur Asservierung von Blutproben verfügbar (vgl. ◘ Abb. 46.1); empfehlenswert wäre die Gewinnung mehrerer Röhrchen.

46

Urin. Im Gegensatz zum Blut steht der Urin (der sich in der Blase angesammelt hat) nicht im direkten Gleichgewicht mit anderen Teilen des Körpers. Damit eignet sich dieses Untersuchungsmaterial nicht zur Beurteilung einer akuten Beeinträchtigung. Es kann nur die **Aufnahme und Körperpassage einer Substanz** nachgewiesen werden. Gegenüber Blut hat Urin aber den Vorteil, dass im Regelfall eine höhere Konzentration der Substanzen sowie deren Metabolite (im Körper gebildete Abbauprodukte) vorgefunden werden. Damit ist eine mögliche Vergiftung im Urin länger nachweisbar als in einer Blutprobe. Bei Urinproben ist weiters zu berücksichtigen, dass nach der Körperpassage manchmal die Ausgangssubstanz der Vergiftung durch exzessive Metabolisierung nicht mehr nachweisbar ist.

Haare. Wie bei der Urinprobe gibt es auch bei Haarproben kein Gleichgewicht zu anderen Körperteilen. Die Substanzen werden in die Haare durch die Haarwurzeln, z. T. auch über den Schweiß, aufgenommen und dort abgelagert, ohne dass sie wieder in den Körper rückverteilt werden können. Eine Beurteilung der akuten Beeinträchtigung ist durch den Nachweis von Substanzen in den Haaren nicht möglich, das **Nachweisfenster** (◙ Abb. 46.2) erstreckt sich jedoch über Wochen, Monate und sogar Jahre – abhängig von der Länge der Haare. Damit sind Haare ein ideales Nachweismedium für **länger zurückliegende bzw. chronische Vergiftungen.** Dabei ist aber zu berücksichtigen, dass viele Einflussfaktoren das Ergebnis verfälschen können (z. B. die Behandlung der Haare durch Dauerwelle oder Färbung bzw. Bleichung). Weiters ist auch die Möglichkeit einer **Kontamination** zu beachten.

Mageninhalt. Im Mageninhalt bzw. der asservierten Magenspülflüssigkeit liegen peroral eingenommene Substanzen zumeist in hoher Konzentration vor. Dies gilt natürlich auch für entsprechende Asservate, wie Reste von Getränken, Speisen, Tablettenrückstände etc. Damit können durch die Untersuchung dieser Materialien wichtige Hinweise auf die mögliche Vergiftung, über die Art der Aufnahme des Giftes (den **Giftweg**) und in eingeschränktem Maß auch die verabreichte Substanzmenge erhalten werden.

Probengefäße und ordnungsgemäße **Begleitdokumentation:**

Zumeist werden Kunststoffgefäße verwendet, da sie relativ bruchsicher sind; für manche Fragestellungen, wie z. B. den Nachweis flüchtiger Verbindungen, sind Glasgefäße zu bevorzugen. Alle Probengefäße müssen dicht verschlossen werden. Ist die sofortige Übermittlung an ein Labor nicht möglich, sollten sie gekühlt (+ 4 °C) gelagert werden. Zum Transport sind die Gefäße den **Versandvorschriften** gemäß bruchsicher zu verpacken und möglichst rasch dem Labor zu übermitteln. Alle Probengefäße sollten permanent **mit folgenden Daten beschriftet** werden:
- Familienname
- Vorname
- Geburtsdatum
- Untersuchungsmaterial (inkl. Entnahmestelle)
- genauer Entnahmezeitpunkt
- entnehmender Arzt.

In einem **Begleitschreiben** sind zusätzlich folgende Daten anzuführen:
- Einsender (z. B. Krankenhaus/Klinik/Abteilung)
- Kontaktperson (Telefon, Fax, E-Mail etc.)
- möglichst aufschlussreiche Anamnese (Alter, Körpergewicht, Erkrankungen etc.)
- alle relevanten Hintergrundinformationen (Beruf etc.)
- sonstige Auffälligkeiten
- Untersuchungsauftrag.

Besonderes Augenmerk muss der Gefahr einer möglichen **Kontamination** des Untersuchungsmaterials geschenkt werden. Alle verwendeten Probensammelgefäße und die dazu verwendeten Instrumente müssen frei von jeder Verunreinigung sein. Viele Untersuchungslaboratorien empfehlen deshalb genau definierte Probensammelgefäße bestimmter Hersteller, da diese die Gefäße regelmäßig auf mögliche Störsubstanzen prüfen, die eine Analyse beeinträchtigen könnten. Eine Verfälschung der Probe ist möglich, wenn verschiedene Untersuchungsmaterialien in Kontakt kommen. Auch die Kontamination mit Asservaten, die bei der betroffenen Person gefunden wurden (wie z. B. Suchtmittel), kann massive Fehleinschätzungen bei der Beurteilung der Resultate zur Folge haben. Solche

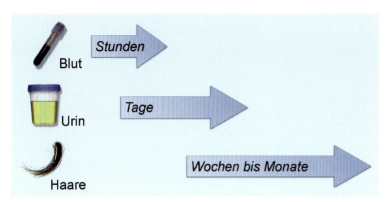

Kontaminationen erfolgen häufig beim Transport der Proben und es ist daher sicherzustellen, dass Proben mit hoher Substanzkonzentration (Pulverreste, Trinkgläser mit Anhaftungen, Mageninhalt, Urin etc.) nicht mit Proben mit zu erwartender niedriger Substanzkonzentration (Blut, Haare) in direkten Kontakt kommen.

> **Merke**
>
> Zu jedem Fall sollte frühzeitig eine möglichst **große Zahl an verschiedenen Untersuchungsmaterialien asserviert** werden.

46.5　Untersuchungslabor

Laboratorien, die chemisch-toxikologische Untersuchungen im Rahmen klinisch-forensischer Fragestellungen durchführen, müssen gewisse **Anforderungen** in Bezug auf die Qualität der Abläufe im Labor, der durchzuführenden Analysen und der fachlichen Kompetenz erfüllen (z. B. Zertifizierung bzw. Akkreditierung).

Unterschiedliche Laboratorien setzen unterschiedliche Untersuchungsmethoden und Analysengeräte ein. Bei der Beauftragung eines Labors muss im Wesentlichen geklärt werden, ob die gewünschte Fragestellung mit den zur Verfügung stehenden Ressourcen zufriedenstellend beantwortet werden kann. Es ist daher von großer Bedeutung, den **Untersuchungsauftrag** genau zu definieren.

Wenn eine bestimmte Untersuchung in einem Labor nicht durchgeführt werden kann, muss der Auftraggeber unverzüglich verständigt werden, damit die Untersuchung an anderer Stelle erfolgen kann; das übersendete Untersuchungsmaterial ist sicher und für weitere Untersuchungen geeignet zu verwahren und möglichst rasch zu retournieren bzw. an eine andere Untersuchungsstelle weiterzuleiten.

Es ist zweckmäßig, dass die Untersuchungslabors ihren Auftraggebern **Listen mit Untersuchungsparametern** und **Formulare zur Anforderung der Untersuchungen** (möglichst mit Angaben bzgl. richtiger Probennahme bzw. geeigneter Probengefäße) anbieten. Zu den Untersuchungsparametern sollten auch folgende Daten bekannt gegeben werden:
- angewendetes analytisches Verfahren
- Informationen zur Aussagekraft der erhaltenen Ergebnisse (z. B. hinweisgebende Verfahren)
- Nachweisgrenzen
- bei quantitativen Anaysen: Informationen zur Sicherheit der gemessenen Resultate.

46.6　Untersuchungsmethoden

Prinzipiell können bei der Untersuchungsstrategie zwei Ansätze unterschieden werden: **Zielanalyse und Suchanalyse** (Screening-Verfahren).

Zielanalyse. Bei der Zielanalyse ist der Analyt genau definiert (z. B. wurde er aus einer Liste von Untersuchungsparametern ausgewählt). In einem solchen Fall kann das Untersuchungsmaterial und die benötigte Menge sowie ein geeignetes Probengefäß und das angewendete analytische Verfahren (inkl. Angabe der Nachweis- und Bestimmungsgrenzen) genau definiert werden.

Suchanalyse. Bei Screening-Verfahren ist der Analyt a priori nicht genau definiert, weil unbekannt. In einem solchen Fall können mehrere Zielanalysen kombiniert werden (man spricht von einem „Multi-Target-Screening"). Das setzt natürlich voraus, dass man die möglichen Analyte entsprechend einschränken kann (z. B. Screening auf bestimmte Suchtmittel oder eine definierte Substanzgruppe wie Opioide, was auch Medikamente zur Substitutionstherapie einschließen würde). Bei der Kombination von Zielanalysen sind das Untersuchungsmaterial, das Probengefäß und die angewendeten analytischen Verfahren ebenfalls genau definiert.

Eine schwierigere Konstellation ergibt sich, wenn die möglichen Analyte nicht genau einzugrenzen sind (z. B. Vergiftungsverdacht ohne Hinweise auf die aufgenommene Substanz aus der Vorgeschichte). Man spricht von einem „General-Unknown-Screening". In einem solchen Fall muss systematisch geplant werden, welche Analyseverfahren in welcher Reihenfolge zum Einsatz kommen, um möglichst rasch und mit möglichst niedrigen Kosten die Ursache der Vergiftung aufzudecken. Eine wesentliche Fragestellung in diesem Zusammenhang ist auch, eine mögliche Vergiftung mit hoher Wahrscheinlichkeit auszuschließen. Für solche **systematisch toxikologischen Analysen (STA)** müssen alle verfügbaren Informationen, ein Maximum an unterschiedlichen Untersuchungsmaterialien sowie alle modernen Analysetechniken zur Verfügung stehen. Aus diesem Grund sollten derartige Aufgaben auch, nur von speziell ausgebildeten Fachleuten übernommen werden, da nur so Aussicht auf Erfolg und eine rationale und rasche Bearbeitung des Falles ermöglicht werden. Da einerseits immer neue Substanzen (Arzneistoffe, aber auch neue Designer-Drogen) auf den Markt kommen und andererseits die Techniken auf dem Gebiet der chemisch-toxikologischen Analytik laufend modernisiert werden, ist klar, dass hier ein dynamischer Prozess vorliegt, der auf wissenschaftlicher Basis bearbeitet und weiterentwickelt werden muss. Nur Untersuchungen auf dem neuesten Stand der Wissenschaft erfüllen die Ansprüche, die für die Beantwortung komplexer Fragestellungen gefordert werden müssen!

> **Merke**
>
> Der **Untersuchungsauftrag** sollte klar definiert sein.

In Bezug auf die **Aussagekraft der erhaltenen Ergebnisse** sind bei den eingesetzten Analysemethoden sog. „hinweisgebende Verfahren" von Methoden zu unterscheiden, die eine „zweifelsfreie Identifizierung" der Analyte erlauben.

Hinweisgebende Verfahren. Zur Durchführung von Screening-Untersuchungen kommen in der Regel zuerst Untersuchungen (z. B. immunologische Methoden) zum Einsatz, die möglichst rasch erste Hinweise auf vorhandene Substanzen bzw. Substanzgruppen liefern. Es ist zu beachten, dass solche Untersuchungen ein sehr limitiertes Spektrum an Zielanalyten erfassen („Drogenscreening" bedeutet im Regelfall nicht, dass alle möglichen Drogen gefunden werden können). Darüber hinaus können im Rahmen solcher Untersuchungen auch falschpositive bzw. falsch-negative Ergebnisse auftreten, da oftmals nur minimale oder gar keine Probenvorbereitung – und damit keine Abtrennung von Störkomponenten – durchgeführt wird. Aus diesem Grund kann kein gesichertes Ergebnis erhalten werden, man spricht daher von „hinweisgebenden Verfahren". Ein positives Ergebnis muss in solchen Fällen immer durch eine auf einem anderen analytischen Prinzip beruhende Methode, die eine „zweifelsfreie Identifizierung" ermöglicht, bestätigt werden. Dies gilt insbesondere für forensische Fragestellungen, da hier immer weitreichende Konsequenzen mit dem Ergebnis verbunden sind (z. B. Entzug der Fahrerlaubnis, Beschuldigung wegen eines strafrechtserheblichen Tatbestandes). Aus den eben genannten Gründen werden „hinweisgebende Verfahren" für die Klärung forensischer Fragestellungen nicht akzeptiert; daher kommt allen Methoden, die eine „zweifelsfreie Identifizierung" erlauben, eine besondere Bedeutung zu.

Zweifelsfreie Identifizierung. Für die Analyse auf Arzneistoffe, Suchtmittel und Gifte werden heute fast ausschließlich Methoden verwendet, die eine Trennung der Komponenten mittels **Chromatographie** und Identifizierung mittels **Massenspektrometrie** kombinieren.

Zur zuverlässigen Durchführung solcher Analysen ist zumeist eine aufwendige Probenvorbereitung (inkl. Extraktionsverfahren) nötig, um die Analyte von Störkomponenten (z. B. endogenen Substanzen wie Proteinen, Fettsäuren, Cholesterin) abzutrennen und gleichzeitig die Analyte, welche in sehr geringer Konzentration vorliegen, relativ zu den nicht abtrennbaren Verunreinigungen anzureichern (d. h. ihre Konzentration im Verhältnis zu den Störkomponenten zu erhöhen). Die anschließend eingesetzte Trennmethode (Flüssig- oder Gaschromatographie) erlaubt eine Trennung der verbleibenden Komponenten in der Probe, wobei in weiterer Folge jede einzelne Komponente mit Hilfe der Massenspektrometrie **zweifelsfrei (eindeutig) identifiziert** werden kann. Darüber hinaus erlaubt diese Technik auch die **quantitative Bestimmung**.

Die erhaltenen Messergebnisse müssen dann für den gegenständlichen Einzelfall entsprechend interpretiert werden (z. B. „Was bedeutet eine Konzentration x der Substanz y im Untersuchungsmaterial z für den vorliegenden Fall?"). Wenn quantitative Ergebnisse erhoben werden, sollte bei der Interpretation natürlich auch der mögliche Messfehler des eingesetzten Analyseverfahrens (**Unsicherheit des Messergebnisses**) berücksichtigt werden. In Einzelfällen kann eine Abschätzung der vorliegenden Konzentration durchaus ausreichen (Konzentrationsabschätzung wenn z. B. eine sehr große Menge einer Substanz im Magen gefunden wird). Bei Fällen, wo geringe Konzentrationsunterschiede zu unterschiedlichen Konsequenzen führen (z. B. Alkohol im Blut nahe einem Grenzwert mit der Frage: über oder unter 0,8 Promille?), wird man sehr hohe Ansprüche an das quantitative Ergebnis einfordern müssen; d. h. es können nur Analyseverfahren mit geringem Messfehler Anwendung finden und der mögliche Messfehler muss in der Interpretation der Ergebnisse berücksichtigt werden.

Fähigkeitsbeurteilungen aus medizinischer Sicht unter Berücksichtigung der deutschen Gesetzgebung

H. Bratzke

47.1   Hintergrund – 534

47.2   Verwahrfähigkeit – 534

47.3   Reisefähigkeit (Transportfähigkeit, Terminfähigkeit) – 535

47.4   Verhandlungsfähigkeit – 535

47.5   Haftfähigkeit (Vollzugstauglichkeit bzw. Vollzugsfähigkeit) – 536

47.6   Schuldfähigkeit im Strafverfahren – 536

M. Grassberger, E. Türk, K. Yen, Klinisch-forensische Medizin,
DOI 10.1007/978-3-211-99468-9_47, © Springer-Verlag Berlin Heidelberg 2013

47.1   Hintergrund

Mit zu den undankbarsten ärztlichen Aufgaben gehören die Beurteilung von Verwahr- und Verhandlungsfähigkeit sowie der Reise- und Haftfähigkeit, weil sie oft unter unzureichenden diagnostischen Möglichkeiten (z. B. Prüfung der Verwahrfähigkeit in der Zelle), dabei unter zeitlichem Druck und mit hoher Verantwortung erfolgen bei völlig unzureichender Bezahlung (unterste Stufe im JVEG [M1] mit 50 €/Stunde).

Die zu Untersuchenden sind zudem aufgrund ihres Zustandes häufig nicht kooperativ oder verfolgen durch Falschangaben, Aggravation und Simulation eigene Ziele.

Waren es zu früheren Zeiten in der Regel Amtsärzte, die mit diesen Untersuchnungen betraut wurden, so verteilt sich heute die Arbeit auf ein breiteres Spektrum von Ärzten, die entweder auf der Grundlage ihres Arbeitsvertrages (bei verpflichtender Übernahme solcher Tätigkeiten durch Krankenhäuser) zur Durchführung solcher Untersuchungen verpflichtet sind oder regelmäßig für Polizei und Gerichte auf freiwilliger Basis solche Untersuchungen durchführen bzw. als Rechtsmediziner mit diesen Fragen vor allem in schwierigeren Fällen beauftragt werden. Die mit solchen Untersuchungen verbundenen rechtlichen, standesrechtlichen, ethischen und finanziellen Fragen sind nur selten Gegenstand wissenschaftlicher Erörterungen.

Zu unterscheiden ist die Verwahrfähigkeit von der Haft- und Verhandlungsfähigkeit. Bei Letzteren handelt es sich nicht um medizinische Begriffe, sondern „um Ratschläge an die entscheidenden juristischen Instanzen" auf der Grundlage eines medizinischen Gutachtens.

47.2   Verwahrfähigkeit

Bei der Verwahrfähigkeit (= Gewahrsamstauglichkeit, Grundlage sind Länderpolizeigesetze) geht es akut darum, ob sich eine im polizeilichen Gewahrsam befindliche Person in einem Zustand befindet, der einer ärztlichen Behandlung bedarf oder ob nur ein vorübergehender „sich selbst heilender Prozess" vorliegt (i. d. R. Alkohol- bzw. Drogenintoxikation), der mit abnehmendem Rauschzustand zur Gesun-

dung führt. Anlass für die Polizei, einen Arzt zu rufen, sind erkennbare Krankheiten, Hilflosigkeit, erhebliche Auffälligkeiten im Verhalten und Angabe der Betreffenden, krank zu sein.

Aufgrund immer wiederkehrender **Fehleinschätzungen mit Todesfällen im polizeilichen Gewahrsam** (meist bei Alkoholisierung und Schädel-Hirn-Trauma sowie Opiatintoxikation) muss man sich der Gratwanderung derartiger Einschätzungen bewusst (und entsprechend haftpflichtversichert) sein. Auch wenn bei Festivitäten mit erhöhtem Alkoholkonsum in einigen Städten Sammelstellen für hilflose Personen eingerichtet wurden, in denen unter ärztlicher Betreuung der Rausch ausgeschlafen werden kann, werden nach wie vor hilflose Personen in den polizeilichen Gewahrsam gebracht und durch eine ärztliche Untersuchung die (bisweilen unzutreffende) Unbedenklichkeit attestiert. Um sich vor groben Fehleinschätzungen (mit juristischen Folgen wegen fahrlässiger Tötung) zu schützen, sollten folgende **Mindeststandards** eingehalten und dokumentiert (!) werden:

– Prüfen der Ansprechbarkeit
– Erhebung von Anamnese und Fremdanamnese (Polizei)
– Messung von Puls und Blutdruck
– Überprüfung der Reflexe (Augenprüfung auf Licht und Konvergenz)
– Untersuchung auf äußerlich sichtbare Verletzungen insbesondere am Kopf
– Atemalkoholtest (soweit durchführbar).

Die Beurteilung soll sich auf einen fest definierten Zeitraum („Kurzzeitprognose", maximal 24 Stunden) beschränken und es sind schriftlich dokumentierte Anweisungen zu geben, wie die Überwachung durch die Polizei zu erfolgen hat (Zeit, Umfang) und was zu veranlassen ist, wenn sich Auffälligkeiten ergeben (z. B. ungewöhnliche Schnarchgeräusche, Schnappatmung, Unerweckbarkeit, ungleiche Pupillen, Entzugssymptome). Im Zweifelsfall ist immer eine Einweisung in ein Krankenhaus bzw. psychiatrische Anstalt ggf. auch gegen den Willen des Betroffenen (auf der Grundlage des jeweiligen länderspezifischen Freiheitsentziehungsgesetzes) zu veranlassen. Besonders ist hierbei an eine erhöhte Suizidalität zu denken, die nicht selten z. B. bei Trunkenheitsfahrten mit Entzug der Fahrerlaubnis besteht.

47.3 Reisefähigkeit (Transportfähigkeit, Terminfähigkeit)

Unter Reisefähigkeit versteht man die körperliche Fähigkeit an einem Termin teilzunehmen, also sich von einem Ort (meist dem Wohnort) zum Ort der Verhandlung zu begeben. Einschränkungen bzw. eine Aufhebung der Reisefähigkeit sind dann gegeben, wenn z. B. aufgrund einer Erkrankung, Erschöpfung oder Gebrechlichkeit die Belastungen durch die Reise zum Terminort eine ernsthafte Gesundheitsgefährdung darstellen. In diesem Fall ist zu prüfen, ob die Verhandlung an den Aufenthaltsort des Angeklagten bzw. Zeugen verlegt werden kann und seine Wohnung oder auch das Krankenzimmer für diese Zeit zum Gerichtsraum erklärt wird. Ein Transport zum Gericht kann bei körperlichen Beschwerden (z. B. Gehunfähigkeit) mit einem Krankenwagen, ggf. auch unter ärztlicher Begleitung erfolgen. Es ist auch möglich, dass für die Gerichtsverhandlungen entsprechende Sitz- bzw. Liegemöglichkeiten geschaffen werden.

Gelegentlich wird von ärztlicher Seite eine nicht vorhandene Reisefähigkeit attestiert, wenn z. B. bei Abschiebungen das Verbringen in ein anderes Land gegen den Willen des Betroffenen schwerwiegende psychische Probleme (Depressionen, Suizidgefahr) auslösen würde. Gemeint ist hier das juristische Problem eines Abschiebehemmnisses und nicht das Problem der Reisefähigkeit. Nicht die Reise ist unmöglich, sondern die Furcht vor dem Ankommen am Reiseziel, mit einer durch die politischen Verhältnisse bedingten Lebens- oder Gesundheitsgefährdung.

47.4 Verhandlungsfähigkeit

Die Verhandlungsfähigkeit bedeutet *„die Fähigkeit eines Beschuldigten, in oder außerhalb der Verhandlung seine Interessen vernünftig wahrzunehmen, die Verteidigung in verständiger Weise und verständlicher Weise zu führen sowie Prozesserklärungen abzugeben und entgegenzunehmen"*; sie ist (abgesehen von Unterbringungsverfahren) Prozessvoraussetzung. Neben den intellektuellen Fähigkeiten kann die Verhandlungsfähigkeit auch eingeschränkt

oder aufgehoben sein, wenn die psychophysische Belastung durch das Gerichtsverfahren bei vorbestehenden Erkrankungen (z. B. therapieresistenter Hypertonus [Bluthochdruck]) zu einer ernsthaften Gefährdung der Gesundheit (z. B. durch einen Schlaganfall) führen kann. Allein die Möglichkeit (z. B. eines Herzinfarktes) reicht nicht aus, da dieser auch unter den täglichen Belastungen des Lebens jederzeit auftreten kann. Grundsätzlich ist auch nicht davon auszugehen, dass die Teilnahme an einer Gerichtsverhandlung als Angeklagter oder Zeuge generell ein Gesundheitsrisiko darstellt, vielmehr kann die Klärung eines länger dauernden belastenden Verfahrens auch „heilende Wirkungen" entfalten.

Zu sorgen ist ggf. während der Verhandlung für die **Anwesenheit eines Arztes**, der in der Lage ist, kritische Gesundheitssituationen zu behandeln bzw. rechtzeitig Vorboten einer schwerwiegenden körperlichen Beeinträchtigung zu erkennen und zu behandeln bzw. für den Abbruch der Verhandlung zu sorgen.

Eine dauernde Verhandlungsunfähigkeit besteht in der Regel bei **Demenzen** oder **schweren organischen Psychosen**. Vorübergehend kann die Verhandlungsfähigkeit bei **floriden Psychosen** oder bei **malignem Hypertonus** aufgehoben sein. In Einzelfall wird ggf. durch einen stationären Krankenhausaufenthalt zu überprüfen sein, ob die Medikation dem Krankheitsbild entspricht und regelrecht eingenommen wird.

Das **vorsätzliche Herbeiführen einer Verhandlungsunfähigkeit** (z. B. durch Weglassen der Medikation) kann juristisch als mutwillige Herbeiführung einer Prozessunfähigkeit gesehen werden, mit der Folge, dass die Verhandlung in Abwesenheit des Angeklagten durchgeführt werden kann. Die Verhandlungsfähigkeit kann aufgrund mangelnder körperlicher und/oder geistiger Belastbarkeit eingeschränkt sein, sodass eine zeitlich begrenzte Verhandlungsführung oder die Gewährung längerer Erholungspausen erforderlich werden kann.

Letztendlich handelt es sich bei der Verhandlungsfähigkeit um eine Rechtsfrage, wobei die juristische Entscheidung auf der Grundlage medizinischer (ärztlicher und/oder auch psychologischer) Untersuchungen und Gutachten vorgenommen wird und von medizinischer Seite die Gründe für das mögliche Vorliegen einer Verhandlungsunfähigkeit dargelegt werden müssen. Dazu gehören:

- Diagnose
- Ursache der Erkrankung
- voraussichtliche Dauer
- Therapiemöglichkeiten
- Angabe der individuellen Belastbarkeit bzw. Gefahr der gesundheitlichen Beeinträchtigung.

Ein ärztliches Attest bzw. Gutachten ohne nachvollziehbare Begründung ist für die juristische Entscheidungsfindung wertlos. Im Einzelfall können ärztliche Zeugnisse bei Verdacht auf ein „Gefälligkeitsattest" Nachforschungen nach sich ziehen und bei vorsätzlicher Falschbekundung eine Strafverfolgung zur Folge haben („Ausstellung unrichtiger Gesundheitszeugnisse zur Vorlage beim Gericht").

47.5   Haftfähigkeit (Vollzugstauglichkeit bzw. Vollzugsfähigkeit)

Bei der Haftfähigkeit handelt es sich um eine richterliche Entscheidung i. d. R auf der Grundlage medizinischer Befunde und Gutachten. Darunter wird die Fähigkeit verstanden, in einer Einrichtung des Strafvollzuges (Untersuchungs- oder Abschiebehaft, Strafvollzug) ohne besondere oder ernste Gefahr für Gesundheit und Leben zu leben. Außerdem soll der Betroffene in der Lage sein, Sinn und Zweck der Verbüßung einer Freiheitsstrafe intellektuell zu erkennen. Besteht dauerhafte Verhandlungsunfähigkeit, ist die Haftfähigkeit aufgehoben.

Nach der Strafprozessordnung ist die Vollstreckung der Freiheitsstrafe zwingend aufzuschieben, wenn „nahe Lebensgefahr zu besorgen ist" oder „der Verurteilte in Geisteskrankheit verfällt". Treten erst während der Haft schwerwiegende krankhafte Störungen auf, besteht kein zwingender Grund zur Unterbrechung der Strafhaft. Die Bedingungen sind in § 455 StPO (4) spezifiziert:

» Die Vollstreckungsbehörde kann die Vollstreckung einer Freiheitsstrafe unterbrechen, wenn der Verurteilte in Geisteskrankheit verfällt, wegen einer Krankheit von der Vollstreckung eine nahe Lebensgefahr für den Verurteilten zu besorgen ist oder der Verurteilte sonst

schwer erkrankt und die Krankheit in einer Vollzugsanstalt oder einem Anstaltskrankenhaus nicht erkannt oder behandelt werden kann und zu erwarten ist, dass die Krankheit voraussichtlich für eine erhebliche Zeit fortbestehen wird. Die Vollstreckung darf nicht unterbrochen werden, wenn überwiegende Gründe, namentlich der öffentlichen Sicherheit, entgegenstehen. «

Grundsätzlich ist in diesen Fällen zu prüfen, ob die Behandlung in einem Haftkrankenhaus erfolgen kann bzw. eine Einweisung in eine **psychiatrische Klinik des Maßregelvollzuges** möglich ist. Während der Haft festgestellte bzw. auftretende Persönlichkeitsstörungen, reaktive Depressionen, Suizidgefahr, Drogen-, Medikamenten oder Alkoholmissbrauch und deren Entzugserscheinungen sowie Klaustrophobie bedingen keine Haftunfähigkeit.

47.6   Schuldfähigkeit im Strafverfahren

Die rechtliche Verfolgung und Bestrafung einer sozial abweichenden Handlung sind an die Voraussetzungen der Vorbestimmtheit (d. h. die Handlung muss zum Zeitpunkt des Begehens normativ erfasst und strafbar sein), der Rechtswidrigkeit (entfällt z. B. bei Notwehr) und der Schuldfähigkeit gebunden.

Die Strafbarkeit entfällt, wenn zum Zeitpunkt der strafbaren Handlung die Fähigkeit, die Strafbarkeit des Handels einzusehen oder danach zu handeln, aufgehoben war. Normativ sind die Zustände, die eine Aufhebung der Strafbarkeit bedingen können, in § 20 StGB festgelegt:

» Ohne Schuld handelt, wer bei Begehung der Tat wegen einer krankhaften seelischen Störung, wegen einer tiefgreifenden Bewusstseinsstörung oder wegen Schwachsinns oder einer schweren anderen seelischen Abartigkeit unfähig ist, das Unrecht der Tat einzusehen oder nach dieser Einsicht zu handeln. «

Aus gutachterlicher Sicht ist zu prüfen, ob eines (oder mehrere) dieser Kriterien aus medizinischer (oder aus psychologischer Sicht) vorliegen und somit die Voraussetzungen für die Annahme des § 20 StGB gegeben sind. Die Entscheidung über die Schuldunfähigkeit obliegt der richterlichen Wertung und wird nicht vom Gutachter vorgenommen.

Unter einer **krankhaften seelischen Störung** werden im Allgemeinen auch hochgradige Alkoholisierungen („Vollrausch") und psychotische Episoden bei Drogen- oder Medikamenteneinnahme subsumiert. **Akute psychiatrische Erkrankungen mit Wahninhalt** bedingen in der Regel Schuldunfähigkeit, auch **akute stofflich ausgelöste Psychosen** (z. B. LSD-Rausch). Gutachterlich ist bei den sehr häufigen Fällen der Alkohol- und Drogenaufnahme zu prüfen, ob die Einsichts- und Steuerungsfähigkeit im seelisch-geistigen Sinne tatsächlich vollständig aufgehoben war oder sich noch Residuen für das Bewusstsein der Strafbarkeit der Handlung finden. In diesen Fällen kommt nur eine Verminderung der Schuldfähigkeit (i. S. des § 21 StGB) in Betracht.

Unter **tiefgreifenden Bewusstseinsstörungen** sind in erster Linie Affekttaten zu verstehen, deren Beurteilung in die Hand des erfahrenen (i. d. R. forensisch-psychiatrischen) Gutachters gehört. Eine vollständige Aufhebung der Schuldfähigkeit unter dem Einfluss einer Affektstörung bzw. Entgleisung ist eher selten und wird bei Tötungsdelikten zumeist verneint.

Schwachsinn wird dann zur Verneinung der Schuldfähigkeit führen, wenn neben der Verminderung der intellektuellen Fähigkeit (gemessen z. B. durch einen Intelligenztest) auch die Fähigkeit fehlt, den Unrechtsgehalt der Tat zu erfassen.

Grundzüge der forensischen Psychiatrie

R. Haller

48.1   **Einleitung** – 541

48.2   **Prinzipien der psychiatrischen Begutachtung** – 541

48.2.1   Durchführung der Begutachtung – 543

48.2.2   Aufbau des Gutachtens – 544

48.3   **Beurteilung der Schuldfähigkeit** – 545

48.3.1   Straftaten im Zustand voller Berauschung – 546

48.4   **Gefährlichkeitsprognose** – 547

48.4.1   Prognosebereiche – 547

48.4.2   Prognoseverfahren – 548

48.4.3   Moderne Prognoseinstrumente und Risikolisten – 548

48.5   **Glaubwürdigkeit** – 549

48.6   **Weitere strafrechtliche Gutachtensaufgaben** – 550

48.6.1   Sucht-/Betäubungsmittelgewöhnung – 551

48.6.2   Beurteilung der jugendlichen Reife – 551

48.6.3   Vernehmungs- und Verhandlungsfähigkeit – 553

48.6.4   Haftfähigkeit (Vollzugstauglichkeit) – 554

48.7   **Zivilrechtliche Fragestellungen** – 555

48.8   **Arbeits- und sozialrechtliche Fragestellungen** – 557

48.8.1   Berufsunfähigkeit und Invalidität – 557

48.8.2   Begutachtung „seelischer" Schmerzen – 558

M. Grassberger, E. Türk, K. Yen, Klinisch-forensische Medizin,
DOI 10.1007/978-3-211-99468-9_48, © Springer-Verlag Berlin Heidelberg 2013

48.9   Qualitätsstandards bei psychiatrischen Gutachten   – 560

48.10   Fehlerquellen psychiatrischer Gutachten   – 561

48.1 Einleitung

Die forensische Psychiatrie ist ein im Grenzbereich zwischen Medizin, Rechtswissenschaften, Kriminologie, Soziologie und Psychologie gelegenes Spezialgebiet der Psychiatrie, welches sich mit Fragen der psychiatrischen Begutachtung und der Behandlung psychisch kranker und gestörter Rechtsbrecher befasst. Den großen Überlappungsbereich zwischen Rechtssprechung und Psychiatrie abdeckend nimmt sie durch ihre Nähe zur Rechtsmedizin innerhalb der klinischen Gutachtensdisziplinen eine Sonderstellung ein. Die Gerichtspsychiatrie reicht aber auch weit über die medizinischen Wissenschaften hinaus, da die von Gerichten, Behörden und Parteien an den psychiatrischen Sachverständigen gestellten Fragen nach Beeinträchtigungen kognitiver und voluntativer Fähigkeiten die unlösbare Frage der Freiheit des menschlichen Willens berühren. Diesem im Lauf der Geschichte mit verschiedensten philosophischen, religiösen, psychologischen und naturwissenschaftlichen Argumenten bis heute diskutierten Problem begegnen Gesetzgeber und Rechtssprechung mit der Annahme, dass der rechtsmündige Mensch über seinen Willen frei verfügen kann, wenn nicht normativ festgelegte Störungen sein Einsichts- und Steuerungsvermögen aufheben. Im Nachweis oder Ausschluss solcher Störungen und der Beschreibung von deren Einfluss auf die konkreten Handlungen liegt das Hauptgebiet der forensisch-psychiatrischen Begutachtung.

Die Aufgabe der psychiatrischen Begutachtung stellt hohe Anforderungen an die Person des Gutachters. Er ist nicht nur verpflichtet, seine Expertisen unparteiisch und nach bestem Wissen und Gewissen zu erstellen und dem Gericht allfällige Befangenheitsgründe mitzuteilen, sondern er hat sich als unabhängiger Gehilfe des Gerichts allen Versuchen der Parteinahme, Funktionalisierung oder Instrumentalisierung zu widersetzen. Auch die Einhaltung der Kompetenzgrenzen gehört zur Unabhängigkeit und Unparteilichkeit.

Jeder Sachverständige muss in seinem Fach kompetent sein, den aktuellen wissenschaftlichen Kenntnisstand überblicken, die methodischen Standards der Begutachtung einhalten und die für ihn wichtigen rechtlichen Bestimmungen kennen. Gutachterlich tätige Psychiater müssen in Anbetracht der schweren wissenschaftlichen Fassbarkeit ihres Tätigkeitsbereiches erfahren, vertrauenswürdig und persönlich besonders gefestigt sein. Sie sollen fähig sein, die psychiatrischen und psychopathologischen Sachverhalte in einer allgemein verständlichen Sprache darzutun und haben Vertraulichkeit zu wahren, d. h. sie unterliegen keiner grundsätzlichen Offenbarungspflicht über alle bekannt gewordenen (intimen) Informationen.

Der ethische Rahmen der psychiatrischen Sachverständigentätigkeit wird nach einem Vorschlag der „American Academy of Psychiatrie and the Law" durch folgende Punkte vorgegeben: Der Gutachter muss sowohl bezüglich seiner fachlichen wie auch seiner persönlichen Kompetenz qualifiziert sein. Er soll vertrauenswürdig sein und die Grenzen seiner Aufgaben und seiner Möglichkeiten bedenken. Er muss den Probanden über seine Stellung, seine Funktion und seine Aufgaben informieren und diesen über seine Rechte (z. B. jenes der Aussageverweigerung) aufklären. Er soll für die Erstellung seiner Expertisen mit Ausnahme der Gutachten über verstorbene Probanden stets eine persönliche Untersuchung durchführen. Schließlich soll er innerhalb des vorgegebenen rechtlichen Rahmens Vertraulichkeit wahren.

Die forensische Psychiatrie hat in den letzten Jahren enorm an Bedeutung gewonnen. Die ehemalige Königsdisziplin der Psychiatrie, die während der kasuistischen Periode in der ersten Hälfte des 20. Jahrhunderts ihren Höhepunkt hatte, war lange Zeit eine Außenseiterdisziplin, ehe sie im Zusammenhang mit dem großen öffentlichen Interesse an Kriminalfällen, aber auch dem erhöhten Sicherheitsbedürfnis der Bevölkerung wieder großen Aufschwung erlebt hat. Man kann davon ausgehen, dass sowohl der Bereich der Begutachtung als auch jener der Behandlung und Unterbringung psychisch kranker Menschen eine Wachstumsbranche darstellen wird.

48.2 Prinzipien der psychiatrischen Begutachtung

Die an die forensische Psychiatrie gestellten Fragen der Einschränkung der rechtlichen Verantwortlichkeit durch Störungen der psychischen Funktionen beziehen sich auf zurückliegende Vorkommnisse

(z. B. Beurteilung der Schuldfähigkeit, Geschäfts- oder Testierfähigkeit), Einschränkungen im Ist-Zustand eines Individuums (z. B. Beurteilung der Selbst- oder Fremdgefährlichkeit, der Verhandlungs- oder Vollzugsfähigkeit, der Arbeitsfähigkeit) und Einschränkungen in Bezug auf die Zukunft (z. B. Beurteilung der Gefährlichkeitsprognose, der beruflichen Leistungsfähigkeit, der Notwendigkeit einer Betreuung).

Die psychiatrische Begutachtung bedient sich bei sämtlichen, zum Teil sehr unterschiedlichen Fragen aus den diversen Rechtsgebieten eines mehrstufigen Vorgehens. Im ersten Schritt wird eine psychiatrische Diagnose gestellt, welche im zweiten Schritt den normativen juristischen Krankheitsbegriffen zugeordnet wird. Der dritte Schritt befasst sich mit den Auswirkungen der festgestellten Störungen auf Einsichts- und Steuerungsvermögen.

Die **psychopathologische Diagnose** ist nicht nur für den Untersuchungszeitpunkt, sondern (retro- oder prospektiv) für den gesamten zu beurteilenden Zeitraum zu stellen. Maßgebend für die psychiatrische Beurteilung ist die psychopathologisch-syndromale Ebene, während die klinisch-psychiatrische Diagnose sekundäre Bedeutung hat.

Um ihrer Aufgabe gerecht zu werden, verwendet die forensische Psychiatrie zunächst die klassischen Methoden der psychiatrischen Untersuchung und Diagnostik. Im Gegensatz zur forensischen Psychologie, welche als empirisch fundierte Wissenschaft auf statistische Verfahren und Anwendungen standardisierter Tests abstellt, orientiert sie sich überwiegend an der Kasuistik und trifft Entscheidungen im Einzelfall. Im Vordergrund stehen die psychopathologische Befundung und die Verhaltensbeobachtung, die Erhebung der medizinischen und sozialen Anamnese und die Persönlichkeitsdiagnostik. Der psychische Befund beschreibt das Querschnittsbild der seelischen Verfassung zum Zeitpunkt der Untersuchung und das vom Probanden berichtete Erleben. In der Beschreibung des Verhaltens werden alle Beobachtungen, die der Sachverständige während der Untersuchung mit dem Probanden treffen kann, etwaige Auffälligkeiten in der Gesprächssituation und der Gesamteindruck festgehalten. Der psychopathologische Befund hat strukturiert zur Bewusstseinslage, Orientierung, zu Aufmerksamkeit und Gedächtnis, Sprachverhalten, formalem und inhaltlichem Denken, Sinnestäuschungen, Ich-Erleben, Affektivität und Emotionalität, Antrieb und Psychomotorik sowie Aggressivität, Suizidalität, Krankheits- und Problemeinsicht sowie Kooperationsfähigkeit Stellung zu nehmen. Die Persönlichkeitsdiagnostik bedient sich neben der klinischen Vorgehensweise bzw. der psychopathologisch-phänomenologischen Befundung häufig auch psychodiagnostischer Hilfsverfahren bzw. testpsychologischer Untersuchungen. Neben der oft unverzichtbaren somatoneurologischen Untersuchung kommen zusätzlich apparative, elektrophysiologische und laborchemische Untersuchungen zum Einsatz. Bei sozialmedizinischen Fragen sind häufig Subgutachten aus anderen Fachgebieten, z. B. Orthopädie, Unfallchirurgie oder Innere Medizin, erforderlich.

Um die diagnostische Genauigkeit zu erhöhen und die Transparenz des Vorgehens zu verbessern, erfolgt die Diagnostik nach den derzeit aktuellen Klassifikationssystemen ICD-10 und DSM-IV-TR. Sowohl die von der Weltgesundheitsorganisation herausgegebene internationale Klassifikation psychischer Störungen (**ICD-10**), welche sich im Kapitel V bzw. F den psychiatrischen Störungen widmet, als auch das im angloamerikanischen Bereich verbreitete diagnostische und statistische Manual psychischer Störungen (**DSM-IV TR**) lassen eine operationalisierte Diagnostik zu und verbessern sowohl die Diagnosesicherheit als auch den Sprachgebrauch unter Psychiatern und Juristen. Beide Klassifikationssysteme wurden aber nicht für den forensisch-psychiatrischen Bereich entwickelt und beziehen sich nicht auf die maßgebende psychopathologische Symptomatik. In der forensischen Psychiatrie werden die kleinsten Beschreibungseinheiten psychopathologischer Phänomene, die Symptome, zu Syndromen zusammengefasst, welche zentrale Bestandteile der gutachterlichen Befunderhebungen sind. Der entscheidende Schritt liegt aber in der Einschätzung des Ausmaßes, der Ausprägung und der Auswirkungen dieser Symptome, da nur Störungen von erheblicher Intensität von rechtlicher Relevanz sind.

In einem nächsten gutachterlichen Schritt wird eine „Übersetzung" der psychopathologischen Diagnose in die juristischen Begriffe vorgenommen, d. h. es erfolgt eine Zuordnung des medizinisch-

■ **Tab. 48.1** Juristischer und psychiatrischer Krankheitsbegriff	
juristischer Begriff	**Krankheitsbegriff**
Geisteskrankheit	– akute körperlich bedingte Psychose – manisch-depressive Erkrankung – Schizophrenie
psychische Behinderung	– mittelgradige und starke Intelligenzminderung (Imbezillität, Idiotie)
tiefgreifende Bewusstseinsstörung	– psychischer Ausnahmezustand (psychogener Dämmerzustand) – schwerer Affektzustand – qualitativ und quantitativ abnorme Berauschung – exogene Reaktionstypen
gleichwertige seelische Störung	– organische Wesensänderung – psychotisches Residualsymptom – Neurose und Persönlichkeitsstörung – sexuelle Deviation – Störung der Impulskontrolle (jeweils nur in schwerer Ausprägung)

psychiatrischen Befundes zu den normativen Merkmalskategorien der entsprechenden Paragraphen (siehe ■ Tab. 48.1). Diese Aufgabe kann nicht mit exakt-wissenschaftlichen Methoden allein, sondern nur bei Kenntnis der entsprechenden rechtlichen Bestimmungen mit allgemeiner und ärztlicher Erfahrung über die Auswirkung von Krankheiten und Befunden auf verschiedene Lebens- und Tätigkeitsbereiche gelöst werden.

Abschließend werden die konkreten Auswirkungen der psychopathologischen Symptomatik auf die kognitiven und voluntativen Funktionen beschrieben. Dabei werden die tatkausalen Auswirkungen der diagnostizierten Störungen auf das Handeln überprüft und gefragt, inwieweit sich diese auf die Selbstbestimmungsfähigkeit, auf Einsichts- und Steuerungsvermögen auswirken. Das biologische bzw. psychopathologische und das psychologische Stockwerk sind eng miteinander verbunden und beeinflussen sich gegenseitig. Die diagnostische Ebene verhindert eine Überbewertung psychologisch-situativer Gegebenheiten, die psychologische Ebene reguliert eine Dominanz rein „biologischer" Befunde. Die Beachtung dieser Systematik ist von großer Wichtigkeit und hilft, zahlreiche Fehler und widersprüchliche Auffassungen zu vermeiden. Die ansonsten bestehende Gefahr, dass z. B. jede motivisch nicht verstehbare und normalpsychologisch nicht nachvollziehbare Tat a priori als Ausdruck einer die Zurechnungsfähigkeit ausschließenden

psychischen Störung interpretiert oder dass beim Vorliegen einer leichten hirnorganischen Schädigung oder eines psychotischen Residuums jede Tat ohne Prüfung des inneren Zusammenhangs exkulpiert wird, kann damit minimiert werden.

Stets ist zu beachten, dass in den verschiedenen Rechtsgebieten ganz unterschiedliche Wahrscheinlichkeitsgrade verlangt werden, d. h. dass z. B. im Zivilrecht das Vorliegen von Geschäfts- oder Testierunfähigkeit bewiesen werden muss, während im Strafrecht schon bei Zweifeln am Diskretions- und Dispositionsvermögen keine Verurteilung zugelassen ist. Vor allem muss der Gutachter aber bedenken, dass ausschließlich das Gericht die rechtlichen Wertungen und Würdigungen vorzunehmen hat und die Beantwortung von rechtlichen Fragen und Verwendung von Rechtsbegriffen nicht in die Kompetenz des Sachverständigen fällt.

48.2.1 Durchführung der Begutachtung

Zu Beginn der Begutachtung wird der Explorand auf sein Recht, die Untersuchung zu verweigern, hingewiesen. Um nicht verständliche Erwartungen nach ärztlicher Hilfe zu nähren, tut der Untersucher gut daran, seine Rolle als neutraler Gehilfe des Gerichts hervorzustreichen. Sinnvoll sind Informationen über die Art der geplanten Untersuchung und Aufklärungen, dass die psychiatrische Begutachtung in erster Linie auf dem explorativen Gespräch und nicht (wie in der somatischen Medizin) auf apparativen oder laborchemischen Diagnoseverfahren beruht. Oft zeigen sich die Untersuchten enttäuscht, dass sie nicht „richtig" untersucht, sondern nur „ausgefragt" worden seien. Erst körperliche, testpsychologische oder apparative Verfahren erleben sie als eigentliche und maßgebende Untersuchungen.

Der erste Gesprächsabschnitt soll möglichst frei gestaltet sein. Der Sachverständige soll im Wesentlichen zuhören, sich mit Kommentaren und Ratschlägen zurückhalten, nur strukturierende Fragen stellen und die Gesprächsführung dem Exploranden überlassen. Die gesamte Exploration soll vom Untersuchten nie als Verhör, aber auch nicht als psychotherapeutische Sitzung empfunden werden; vielmehr soll der Explorand das Gefühl bekommen, dass ihm der Untersucher respektvoll und mit der nötigen Distanz begegnet, ihm gut zuhört und bemüht ist, seine Sichtweise zu verstehen.

Vor einer testpsychologischen Untersuchung ist eine differenzierte Aufklärung über Sinn des Experiments und Aussagekraft des angewendeten Verfahrens erforderlich.

Eine körperliche Untersuchung hat sich auf das notwendige Ausmaß zu beschränken und nach Art, Umfang und Belastung für den Untersuchten dem Gebot der Verhältnismäßigkeit Rechnung zu tragen. Notwendige internistische oder gynäkologische Zusatzuntersuchungen sind stets über einen Facharzt dieser Richtungen durchzuführen. Bei Kindern oder schwer behinderten Exploranden ist die Anwesenheit von nicht tatinvolvierten Begleitpersonen möglich, in allen übrigen Fällen soll die eigentliche Untersuchung ohne Anwesenheit dritter Personen abgewickelt werden.

Bei gutachterlichen Fragestellungen im Zusammenhang mit Sucht- und Drogenfragen ist oft eine Harnabnahme erforderlich. Dabei sind besondere Vorsichtsmaßnahmen vonnöten, da Drogendelinquenten nicht selten versuchen, das Ergebnis der Harnanalyse, sei es durch Wasserverdünnung des Harns, sei es durch verstecktes Mitbringen eines Fremdharns, zu manipulieren. Es ist zu gewährleisten, dass es sich bei der chemisch-toxikologischen Analyse tatsächlich um den Harn der untersuchten Person handelt. Im Zweifelsfall kann dies durch Bestimmungen der Temperatur oder des sog pH-Wertes gesichert werden.

Sollte sich im Verlauf der Untersuchung der Verdacht auf ein maßgebendes, nur durch zusätzliche apparative diagnostische Maßnahmen abzuklärendes Leiden ergeben, so ist deren rasche Durchführung in einem diagnostischen Institut oder bei einem entsprechenden Facharzt, z. B. in einem EEG-Labor oder bei einem Radiologen, zu veranlassen. Stellt sich bei der Anamneseerhebung heraus, dass sich der Untersuchte bereits in ambulanter oder stationärer nervenfachärztlicher Behandlung befunden hat, so sind mit Einverständnis des Untersuchten umgehend die entsprechenden Unterlagen zu beschaffen und im Gutachten zu berücksichtigen.

48.2.2 Aufbau des Gutachtens

Der Aufbau des Gutachtens sollte sich, ohne dass dadurch die individuelle Ausgestaltung eingeschränkt wird, an eine gewisse Schematik halten:

Neben den formalen Ausgestaltungen sind einleitend die Untersuchungsgrundlagen darzutun. Der Auszug aus den Akten soll zusammenfassend und neutral gehalten werden, eine umfangreiche Wiedergabe der Ermittlungsergebnisse ist nicht erforderlich. Hingegen sollen die mit Einverständnis des Untersuchten zusätzlich eingeholten ärztlichen Atteste, medizinischen Befunde, Arztbriefe und Krankengeschichten der besseren Nachprüfbarkeit halber ausführlich referiert werden.

Die Ergebnisse der allgemeinen Befragung, die vom Gutachter naturgemäß nicht überprüft werden können, werden am besten im Konjunktiv dargetan. Besonders wichtige Aussagen sind als wörtliche Zitate unter Anführungszeichen originalgetreu anzuführen.

Die allgemeine Exploration bezieht sich auf die Familienanamnese, die medizinische Vorgeschichte, den Lebenslauf einschließlich der sog. inneren Lebensgeschichte und auf die Angaben zu gutachtensrelevanten Fragen, sei dies nun eine Straftat, eine Vertragsunterzeichnung, eine Zeugenbeobachtung oder die Schilderung der Auswirkungen eines Leidens auf die Berufsunfähigkeit.

In einem gesonderten Gutachtensabschnitt werden die erhobenen Befunde, unter denen der psychopathologische Status eine Sonderstellung einnimmt, dargetan.

Im wichtigsten Teil des Gutachtens, nämlich bei der eigentlichen gutachterlichen Beurteilung, ist eine medizinisch-psychiatrische Diagnose sowohl für den Untersuchungs- als auch für den Tatzeitpunkt zu stellen. Diese können sich naturgemäß erheblich unterscheiden, da z. B. eine zur Tatzeit gegebene Drogenintoxikation einem bei der Untersuchung festzustellenden Abstinenzsyndrom gewichen oder ein damals gegebenes hochpsychotisches Zustandsbild bis zur Untersuchung abgeklungen sein kann. Die bei der Diagnosestellung nicht zu vermeidenden Fachausdrücke sollen verständlich gemacht werden und sind immer nach einem der gängigen Diagnosesysteme zu kategorisieren. Im Gutachtensteil werden die gestellten psychopathologischen Diagnosen in die entsprechenden Rechtsbegriffe „übersetzt" und die Auswirkungen der festgestellten Störungen auf die jeweilige Handlung beschrieben. Sinnvollerweise werden am Schluss die umfangreichen gutachterlichen Ergebnisse zusammengefasst.

48.3 Beurteilung der Schuldfähigkeit

Die Umstände, unter denen Schuldunfähigkeit (in Österreich als „Zurechnungsunfähigkeit" bezeichnet) angenommen wird, sind in allen modernen Gesetzgebungen ähnlich und betreffen im Wesentlichen kindliche Unreife, psychische Behinderung bzw. erniedrigte Intelligenz, akute bzw. schwere Psychosen und volle Berauschungen. Unterschiedlich sind lediglich die von den jeweiligen rechtspolitischen Trends geprägten gesetzlichen Bestimmungen, durch welche Zurechnungsunfähigkeit bedingende Zustände konkretisiert werden.

Mit psychischen Behinderungen sind nur solche Störungen gemeint, die mit schweren intellektuellen Mängeln verbunden sind, also schwere und schwerste Intelligenzminderung nach ICD-10. Bei mittelgradiger Intelligenzminderung ist in der Regel eine Minderung des Einsichtsvermögens anzunehmen, in manchen Fällen kann dieses auch aufgehoben sein.

Unter dem Begriff „Geisteskrankheiten" sind endogene und exogene Psychosen, u. U. extrem ausgeprägte Neurosen und Persönlichkeitsstörungen gemeint. Unter Schwachsinn werden nur die besonders ausgeprägten Formen der intellektuellen Behinderung, die schwerwiegende Auswirkungen auf Kombinations- und Urteilsvermögen (Diskretionsfähigkeit) haben, verstanden.

Der Begriff der „tiefgreifenden Bewusstseinsstörung" wird meist weiter gefasst und enthält neben den normalpsychologisch verständlichen, nicht krankhaften affektiven Ausnahmezuständen in einigen Gesetzgebungen alle Syndrome, die zu einer „vorübergehenden Trübung oder partiellen Ausschaltung (Einengung) des Bewusstseins von solcher Intensität führen, dass das seelische Gefüge des Betroffenen zeitweise außer Funktion tritt", also auch epileptische Dämmerzustände, Übermüdung, akute exogene Reaktionstypen sowie die durch Alkohol oder Drogen bewirkten vollen Berauschungen.

Als vierte Kategorie sind die anderen schweren, einem der vorgenannten Zustände „gleichwertigen" psychischen Störungen genannt, unter welchen schizophrene und organische Residualzustände, alkohol- und drogenbedingte Wesensänderungen, schwere Neurosen und Triebstörungen, pathologische Affekte sowie tiefgreifende Persönlichkeitsabnormitäten verstanden werden. Monomanien bzw. Störungen der Impulskontrolle begründen nur dann Zurechnungsunfähigkeit, wenn sie an eine der vier genannten Krankheitskategorien gebunden sind. Durch den in der forensischen Psychiatrie unabdingbaren psychopathologisch-phänomenologischen Ansatz ist es gut möglich, bei schwer ausgeprägten Symptomen von Störungen, die keine Behinderungen oder Geisteskrankheiten darstellen (etwa Neurosen oder Persönlichkeitsstörungen), einen Vergleich herzustellen und die Gleichwertigkeit mit der psychotischen Symptomatik im Sinne des psychopathologischen Referenzsystems zu beurteilen.

Den Begriff der „partiellen Zurechnungsunfähigkeit", nach welchem Zurechnungsunfähigkeit nur für bestimmte Delikte oder Deliktsgruppen möglich ist, kennen die meisten Strafgesetzgebungen, sodass bei Vorliegen einer organisierten Paranoia, z. B. eines Querulantenwahns, sehr wohl Schuldunfähigkeit für manche Straftaten attestiert und für andere, die mit dem Wahnsystem in keinem Zusammenhang stehen (z. B. Taschendiebstähle), nicht zugebilligt werden kann.

Die Beurteilung der Schuld- bzw. Zurechnungsfähigkeit erfolgt nach einer gemischten Methode, die nicht mehr ganz zeitgemäß auch als „biologisch-psychologisch" bezeichnet wird. Da die gerichtspsychiatrischen Krankheitsbegriffe aber nicht nur biologisch determiniert sind und der Gesetzestext bei der Anführung der vier Voraussetzungen der Schuldunfähigkeit auf die syndromale Betrachtungsweise abstellt, sollte besser von einer psychopathologischen Methode gesprochen werden. Das diagnostische Stockwerk nennt jene psychopathologischen Voraussetzungen, deren Vorliegen für die Annahme der Zurechnungsunfähigkeit erforderlich ist. Es beschränkt sich aber nicht auf die reine Diagnose einer der vier Kategorien, sondern berücksichtigt auch die Beurteilung von deren Schweregrad, wie die Ausdrücke „tiefgreifend" und „schwer" belegen. Bei nur knapp unterdurchschnittlicher Intelligenz oder einem leichten organischen Psychosyndrom ist diese Schwere ebenso wenig gegeben wie bei Normvarianten von Persönlichkeitszügen oder leichten bis mittelstarken Alkoholisierungen.

Die Festlegung auf einer syndromalen-psychopathologischen Ebene bietet den Vorteil, dass nicht nur einzelne psychische Krankheiten oder Zustände allein Schuldunfähigkeit bedingen können, sondern auch ein kumulatives Zusammenwirken mehrerer psychischer Störungen, z. B. eines depressiven Erschöpfungszustandes, einer mittelstarken Alkoholisierung, eines hochgradigen Affektes, die erst in ihrem Zusammenwirken einen Zustand der Zurechnungsunfähigkeit bewirken, Berücksichtigung finden. Zurechnungsfähigkeit oder Zurechnungsunfähigkeit sind keine definierbaren, mit naturwissenschaftlichen Methoden fassbaren medizinischen Befunde. Ihr Vorliegen oder Nichtvorliegen kann lediglich aus psychopathologischen, psychodynamischen sowie soziobiografischen Feststellungen und Interpretationen mit mehr oder weniger großer Sicherheit geschlossen werden.

Für die forensische Praxis hat sich in der Schuldfähigkeitsfrage die Orientierung am triadischen System der Psychiatrie bewährt, welches die psychischen Störungen in die drei Gruppen körperlich begründbare Psychosen, endogene Psychosen und psychische Variationen einteilt. Als Grundregel kann gelten, dass akute psychische Krankheiten, also akute körperlich begründbare und endogene Psychosen, die Verantwortlichkeit aufheben, während bei den psychischen Variationen und den leichten Restzuständen der exogenen und endogenen Psychosen lediglich eine Einschränkung von Diskretions- oder Dispositionsvermögen gegeben ist. Dieser Leitsatz dient aber nur als Orientierungsgerüst bzw. didaktisches Hilfsmittel, ohne dass seine Relativität im Einzelfall aus dem Auge verloren werden darf.

Im Strafrecht wird zwischen der **Diskretionsfähigkeit**, also der Fähigkeit, das Unrecht der Tat einzusehen, und der **Dispositionsfähigkeit**, welche sich auf das Steuerungs- bzw. Hemmungsvermögen bezieht, unterschieden. Wenngleich aus psychiatrischer Sicht eine exakte Abgrenzung zwischen den intellektuell-kognitiven und den voluntativen Fähigkeiten nicht möglich ist, kann man sagen, dass sich die Diskretionsunfähigkeit auf schweren Schwachsinn, wahnhaftes Denken und psychotisches Empfinden bezieht, während heftige Affekte, Persönlichkeitsstörungen, Wesensänderungen, hirnorganische Schädigungen und Einfluss von Rauschmitteln den Bereich des Dispositionsvermögens betreffen.

48.3.1 Straftaten im Zustand voller Berauschung

Sofern strafrechtlich relevante Handlungen unter Alkohol-, Medikamenten- oder Drogeneinfluss verübt werden, ist zu entscheiden, ob dadurch eine so schwere Beeinträchtigung ausgelöst wurde, dass das Steuerungsvermögen aufgehoben war. Dabei wird zwischen einem sog. „Vollrausch" und einem „pathologischen Rauschzustand" nicht unterschieden. Maßgebend ist vielmehr, „dass der Täter infolge einer Berauschung von Vernunft oder Verstand nicht entsprechend Gebrauch machen und daher den Sinngehalt seiner Handlungsweise nicht mehr überblicken und begreifen kann". Es wird nicht die gänzliche Aufhebung der Fähigkeit des Täters, willkürliche Handlungen durchzuführen, vorausgesetzt, sondern gefordert, dass Diskretions- oder Dispositionsfähigkeit abhanden gekommen sind. Gegenstand des Schuldvorwurfes ist nicht die in diesem Zustand verübte Straftat, sondern die vorsätzliche oder fahrlässige Herbeiführung des Rauschzustandes ohne Absicht auf eine Straftat und die damit generell verbundene Gefahr für die Allgemeinheit. Damit sinkt das Strafausmaß erheblich. Wird der Vollrausch absichtlich zur Begehung einer kriminellen Handlung im Zustand der Schuldunfähigkeit herbeigeführt, treten die Bestimmungen der *„actio libera in causa"* in Kraft.

48.4 Gefährlichkeitsprognose

In einer von Sicherheitsbedürfnissen und auch Wissenschaftsgläubigkeit, von Absicherungstendenzen und Angst, vor allem vor Andersartigem und Fremdem, geprägten Zeit, stellt die Erstellung von **Prognosebegutachtungen** eine enorme Wachstumsbranche im Bereich der forensischen Psychiatrie und Psychologie dar. Die Prognoseforschung hat in den letzten 20 Jahren große Fortschritte gemacht und zahlreiche Faktoren, die kriminelles Verhalten beeinflussen, identifiziert. Durch den qualitativen Fortschritt der Prognosegutachten ist es nunmehr möglich, Wahrscheinlichkeitsangaben für weitere schwere Straftaten zu machen.

Prognostische Entscheidungen sind aber immer umstritten und können nie jene Sicherheit, die man sonst bei wissenschaftlichen Fragestellungen fordert, erlangen. Prognosen sind in unserem Leben aber ständig erforderlich und haben im ärztlichen Bereich eine besondere Bedeutung. Ohne Krankheits- und Behandlungsprognosen wäre die Medizin nicht denkbar. Ebenso bilden Persönlichkeits-, Legal-, Rückfalls-, Gefährlichkeits- und Kriminalprognose unverzichtbare Bestandteile der Kriminologie und Strafrechtspflege. In der forensischen Psychiatrie gehört die Prognostik, welche in vielen Abschnitten des Straf- oder Unterbringungsverfahrens von Bedeutung ist, zu den wichtigsten, aber auch umstrittensten Aufgaben überhaupt. Umso erforderlicher ist es, prognostische Überlegungen nachvollziehbar, transparent und reproduzierbar zu gestalten, sodass die mit Vorhersagen betrauten Sachverständigen zu ähnlichen Ergebnissen kommen.

Prognosegutachten sind somit mit einer Reihe von methodischen Grundproblemen, welche über jene der Vorhersage generell hinausgehen, behaftet. Die Richtigkeit oder Fehlerhaftigkeit einer Prognose lässt sich nur bedingt überprüfen, da sich zu unrecht gestellte ungünstige Prognosen bei den weiterhin untergebrachten Patienten nicht beweisen lassen und die Ergebnisse nur auf die als günstig eingeschätzte Gruppe abstellen. Unfreiwillig durchgeführte Experimente in den USA, bei denen aus verfahrensrechtlichen Gründen als gefährlich eingestufte Straftäter aus hoch gesicherten psychiatrischen Spezialkliniken entlassen werden mussten („Baxtrom"-Fall, 1966 und „Dixon"-Fall, 1971), lassen jedenfalls den Schluss zu, dass das Rückfall- und Gewaltrisiko von psychisch gestörten Tätern überschätzt wird und die tatsächlichen Rezidivraten dieser Hochrisikopatienten wesentlich geringer sind, als allgemein befürchtet wird. Zudem liegt eine Gefahr für eine falsche ungünstige Prognose im statistischen Problem, dass die an sich selten auftretenden schweren Gewalttaten aufgrund ihrer geringen **Basiswahrscheinlichkeit** eine hohe Rückfallquote annehmen lassen.

48.4.1 Prognosebereiche

Die Legal- und Kriminalprognosen beschäftigen sich mit den Fragen, ob und mit welcher Wahrscheinlichkeit ein Mensch kriminell wird bzw. mit dem Gesetz in Konflikt kommt. Die Gefährlichkeitsprognose versucht, das von einem Menschen bzw. einer Gruppe von Menschen ausgehende hinkünftige Gefahrenpotenzial zu beschreiben. Die Domäne der Rückfallprognosen sind die allgemeinen und speziellen Umstände krimineller Rückfälle von Menschen, welche bereits ein Delikt begangen haben.

An den psychiatrischen oder psychologischen Gutachter werden in der Regel vier der folgenden Fragen mit prognostischer Relevanz gestellt:

Bei der **Einweisungsprognose** geht es um die Vorhersage der generellen Wahrscheinlichkeit eines kriminellen Rückfalls eines soeben angeklagten oder verurteilten Täters. Die Prognose basiert hier vor allem auf statischen Risikofaktoren und Basisraten für Rückfälligkeit in einer spezifischen Tätergruppe.

Bei der **Behandlungsprognose** vor und während der Unterbringung ist die Vorhersage, ob bei der betroffenen Person die Wahrscheinlichkeit eines Rückfalls durch eine Therapie deutlich verringert wird, gefragt. Zu berücksichtigen sind dabei dynamische, somit also veränderbare Risikofaktoren.

Daneben sind aber auch die protektiven Faktoren herauszuarbeiten und die Fragen adäquater Therapiemethoden und des für den jeweiligen Verurteilten passenden Therapiesettings zu erörtern. Eine einigermaßen verlässliche Behandlungsprognose hängt aber auch davon ab, ob ausreichend realistische Erprobungsmöglichkeiten erfolgt sind und wie diese ausgefallen sind.

Bei der **Lockerungsprognose** während der Unterbringung soll vorhergesagt werden, ob während der Lockerung Zwischenfälle zu befürchten sind oder wahrscheinlich ausgeschlossen werden können. Beurteilt werden hier in erster Linie wiederum akute dynamische Risikofaktoren, aber auch solche, die sich während der Lockerung ergeben bzw. durch die während dieser Phase gemachten Erfahrungen modifiziert werden müssen.

In der **Entlassungsprognose** soll die Wahrscheinlichkeit bzw. Unwahrscheinlichkeit eines Rückfalls erörtert werden. Hier ist das Ausmaß der Supervision maßgebend. Sofern es zu keiner supervidierten Entlassung kommen soll, ist in der Prognose vornehmlich auf statische Risikofaktoren und auf die Basisrate für Rückfälligkeit in einer spezifischen Tätergruppe – ident dem Vorgehen bei der Einweisungsprognose – abzustellen. Erfolgt jedoch eine Entlassung mit Weisungen und angeordneter Supervision, spielen wie bei der Lockerungsprognose in erster Linie akute bzw. sich ergebende dynamische Risikofaktoren die entscheidende Rolle.

Die einzelnen Prognosen beziehen sich somit auf unterschiedliche Problembereiche und müssen dementsprechend von verschiedenen empirischen Daten ausgehen. Es ist deshalb wichtig, dass die Begriffe richtig verwendet werden und die einzelnen Prognoseformen nicht einfach untereinander ausgetauscht werden können.

48.4.2 Prognoseverfahren

Am gebräuchlichsten ist die **intuitive Prognose**, welche auf einer rein gefühlsmäßigen Erfassung des Täters beruht und stark von der Erfahrung des Prognostikers und dessen psychologischem Geschick abhängt. Allerdings handelt es sich bei dieser nicht-methodischen Vorgehensweise eher um

eine „Prophezeihung" als um eine kriteriengeleitete Einschätzung.

Die **statistischen Methoden**, welche in zahlreichen Varianten zur Anwendung kommen, sind gruppenstatistische Wahrscheinlichkeitsaussagen auf Basis von biologisch-konstitutionellen bzw. anamnestischen Daten. Durch empirische Verallgemeinerung der medizinischen, psychologischen und sozialen Lebensläufe vieler einzelner Straftäter werden kriminogene Persönlichkeitsfaktoren erfasst und in Prognosetafeln zusammengefasst. Die bekanntesten Vertreter dieser besonders in den USA beliebten Verfahren, welche Anhaltspunkte für das „Basisrisiko", auf welchem sich die individuelle Einzelfallbeurteilung aufbaut, liefern gute Anhaltspunkte für das Basisrisiko, sind aber nicht in der Lage, allfällige Persönlichkeitsänderungen oder Behandlungserfolge zu erfassen. Die Basisrate ist aber, obwohl immer wieder Zweifel an ihrer Aussagekraft geäußert werden, Bestandteil verschiedener Prognoseinstrumente.

Die **klinische Prognose**, welche im Gegensatz zur statistischen auf den Einzelfall abstellt, berücksichtigt alle krankheits- und delinquenzanamnestischen sowie biografischen Faktoren, die während der Beobachtung und Behandlung des Probanden und in der therapeutischen Veränderung gewonnen werden, und versucht, daraus Schlüsse auf die Zukunft zu extrapolieren.

In der Praxis wird es zu einer kombinierten Anwendung der verschiedenen Prognosemethoden kommen, wobei Prognosetafeln dazu anleiten, wichtige Faktoren nicht zu übersehen.

48.4.3 Moderne Prognoseinstrumente und Risikolisten

Basierend auf Metaanalysen empirischer Arbeiten, auf Auswertungen von Expertenmeinungen, auf Literaturanalysen und Einzelstichproben wurde in den letzten Jahren eine große Zahl von Risikolisten und Prognoseinstrumenten mit unterschiedlichen Anwendungsbereichen entwickelt. Manche Instrumente sind für die Risikoeinschätzung der psychisch gesunden oder psychisch kranken Straftäter, andere bei allgemeiner oder sexueller Gewalttätigkeit, wieder andere für den Einsatz bei allgemeiner Kriminalität konzipiert. Bei ihrem Einsatz sollten stets die theoretischen Grundlagen, die Möglichkeiten und Grenzen der jeweiligen Aussagen und die Zielrichtung der Fragestellung berücksichtigt werden.

Kernstück der meisten Prognoseinstrumente ist die von Robert Hare entwickelte **Psychopathie-Check-Liste (PCL)**, die der Identifizierung von psychopathischen Persönlichkeiten nach dem amerikanischen „Psychopathy"-Konstrukt dient. Die Psychopathie-Check-Liste, welche nur von besonders geschulten, forensisch-psychiatrischen Personen angewendet werden soll, enthält neben gut operalisierten Merkmalsdefinitionen klinisch relevante Charakteristika und ermöglicht eine valide und reliable Datenerhebung. Die Struktur ist aus zwei Faktoren zusammengesetzt: Faktor 1 besteht aus Eigenschaften, die den affektiv-interpersonellen Bereich fassen, etwa manipulatives Verhalten, Egozentrizität, Gefühllosigkeit oder fehlende Fähigkeit zu Einsicht und Reue. Faktor 2 beinhaltet Eigenschaften, welche mit antisozialem und impulsivem Verhalten sowie instabilem Lebenswandel verbunden sind.

Die PCL ist konstruiert als Ratingskala mit 20 Items, welche in einem halbstrukturierten Interview abgefragt werden. Jedes Item wird mit einer 3-Punkte-Skala (0, 1, 2) gewichtet, sodass der Summenscore zwischen 0 und 40 liegen kann. Der Durchschnittsscore für nicht kriminelle Menschen liegt bei 5, jener von Straftätern bei 22 und der für Personen, die wegen eines Verbrechens verurteilt wurden, bei 30. Als „cut-off-point" gilt in der Forschung ein Score von mindestens 25.

Das bekannteste und bedeutendste Prognoseinstrument im eigentlichen Sinne ist der von Chris Webster entwickelte **HCR-20 (Historical Clinical Risk)**. Er sollte in Anbetracht der mangelnden Akzeptanz moderner Prognoseverfahren der Kliniken ein praktisch leicht anzuwendendes, übersichtliches Instrument darstellen, welches alle aus Literatur und Forschung bekannten Risikofaktoren enthält. Nach dem ersten Erscheinen 1995 hat es weite Verbreitung erfahren und ist inzwischen das weltweit am besten untersuchte Prognoseinstrument. Zwischenzeitlich liegt auch eine deutsche Version vor, die drei zusätzliche Merkmale enthält. Daneben sind nunmehr eine Reihe weiterer Verfahren im Einsatz, die zum Teil für spezielle Delikts- und Diagnosegruppen (z. B. Sexualstraftäter) entwickelt wurden.

48.5 Glaubwürdigkeit

Trotz aller Fortschritte bleibt die Beurteilung der Glaubwürdigkeit eines der schwierigsten Probleme der Sachverständigentätigkeit, zumal wirklich zufriedenstellende wissenschaftliche Methoden nicht existieren und sich die Ergebnisse einer Glaubwürdigkeitsbegutachtung kaum objektivieren lassen. Diese spielt sich zwischen den zwei Polen „In dubio pro reo" als eine der Grundlagen strafrechtlichen Denkens und jenem der Rechte der Opfer bzw. des Schutzes der Gefährdeten ab.

Während früher die allgemeine und spezielle Glaubwürdigkeit überprüft wurden, geht es heute um die Beurteilung der persönlichen Voraussetzungen des Zeugen, also seines Entwicklungsstandes, seiner familiären Situation, seines medizinisch-psychologischen Zustandes etc., sowie um die Glaubhaftigkeit der Aussage, welche nicht mit festen Kategorien zu fassen ist, sondern in erster Linie den situativen Kontext berücksichtigt.

Die in Glaubhaftigkeitsgutachten zu beantwortenden Fragestellungen beziehen sich auf die Aussagetüchtigkeit, die Aussagevalidität und -qualität sowie die sog. Zeugentüchtigkeit.

Die **Aussagetüchtigkeit** widmet sich der Frage, ob ein Zeuge die Fähigkeit hat, zu einem bestimmten Sachverhalt überhaupt eine Aussage zu machen, oder ob er durch Intelligenzmängel, Sinnestäuschungen oder Wahnvorstellungen gar nicht dazu in der Lage ist. Die Aussagevalidität schätzt den Einfluss von Störfaktoren, insbesondere von Suggestionseffekten ab. Darunter versteht man die „starke Beeinflussung des Denkens, Fühlens, Wollens oder Handelns eines Menschen unter Umgehung der rationalen Persönlichkeitsanteile".

Der zentrale Teil der Glaubhaftigkeitsbegutachtung besteht nach heutigen Standards in der Beurteilung der **Aussagequalität**, also der Analyse des Aussageinhalts mit wissenschaftlichen Methoden. Diese bezieht sich auf die Unterscheidung zwischen erlebnisbasierten und anders generierten Aussagen sowie jene zwischen realitätsgetreuer Darstellung und Irrtum. Im Wesentlichen kommen situationsbezogene Modelle, die eine spezifische Aussage betreffen, zur Anwendung. Dem gegenüber bezieht sich die allgemeine Glaubwürdigkeit auf situationsübergreifende personale Konstrukte.

Gericht und Gutachter müssen sich stets vor Augen halten, dass es bei Angaben über angezeigte Vorfälle und deren Beurteilung vier Möglichkeiten gibt:

1. Der Zeuge hat die angegebenen Vorfälle in der Realität erlebt und der Gutachter kommt, sei es aufgrund der Güte seiner Methoden oder infolge eines „Zufallstreffers", zum richtigen Ergebnis.
2. Obwohl der Zeuge tatsächlich betroffen war und reale Angaben über seine Erlebnisse macht, kommt der Experte zum falsch-negativen Entschluss.
3. Die Angaben des Zeugen weisen keinen Realitätsbeweis auf und der Sachverständige kommt in Übereinstimmung mit den Tatsachen zum gleichen Ergebnis, sei es aufgrund korrekter Anwendung der Methodik oder durch Zufall.
4. Schlussendlich könnte der Experte bei Angaben, welchen kein reales Erlebnis zugrunde liegt, zu einem falsch-positiven Ergebnis kommen.

Gegenstand der aussagepsychologischen Begutachtung soll also nach heutigem Verständnis nicht die allgemeine Glaubwürdigkeit, sondern die Glaubhaftigkeit der Aussage sein. Die erforderliche Bildung einer **Nullhypothese**, welche vom deutschen Bundesgerichtshof zu den Mindeststandards für Glaubwürdigkeitsgutachten zählt, geht davon aus, dass die Aussage des Probanden unwahr ist. Mit verschiedenen methodischen Vorgehensweisen, welche

sich des aktuellen wissenschaftlichen Kenntnisstandes zu bedienen haben, wird dann versucht, diese „Falschhypothese" zu widerlegen, und gemäß der klassischen Formulierung von Volbert (1995) sich der Frage zu stellen: „Könnte dieses Kind mit den gegebenen individuellen Befragungsumständen und unter Berücksichtigung der im konkreten Fall möglichen Einflüsse von Dritten diese spezifische Aussage machen, ohne dass sie auf einem realen Erlebnishintergrund basiert?". Die Nullhypothese ist erst zu verwerfen, wenn der zu prüfende Sachverhalt, also die Glaubhaftigkeit der spezifischen Aussage, mit den Fakten nicht mehr vereinbar ist. Im letzten Schritt werden mehrere Alternativhypothesen aufgestellt, die es zu überprüfen gilt und die solange aufrecht erhalten bleiben, bis sie mit Sicherheit widerlegt werden können (◘ Tab. 48.2).

48.6 Weitere strafrechtliche Gutachtensaufgaben

Im Strafrecht und den assoziierten Gesetzen ergeben sich für die forensisch-psychiatrische Begutachtung eine Reihe von zusätzlichen Aufgaben, unter denen die Beurteilung einer etwaigen Drogenproblematik, der jugendlichen Reife sowie der Vernehmungs-, Verhandlungs- und Haftfähigkeit die wichtigsten sind.

◘ **Tab. 48.2** Katalog qualitativer Merkmale nach Steller und Fiedler (1999)

Ausgehen von Nullhypothese	Aussage ist zunächst unwahr und muss widerlegt werden
hypothesenprüfendes Vorgehen	Aufstellen und Prüfen von Alternativhypothesen z. B. Übertragungshypothese
Kompetenzanalyse	Beurteilung der allgemeinen und sprachlichen intellektuellen Leistungsfähigkeit, Exploration der Kenntnisse über den Tatvorwurf, Erhebung der Sexualanamnese, Intelligenz- und Persönlichkeitstestung
Konstanzanalyse	Entstehungsgeschichte der Aussage analysieren; bei Mehrfachvernehmungen Übereinstimmung, Widersprüche, Ergänzungen, Auslassungen prüfen
Analyse der Aussagequalität	Anwendung der Realkennzeichen
Motivationsanalyse	Motive für Falschbeschuldigungen bedenken
Fehlerquellenanalyse	Anhaltspunkte für Suggestionen erfassen, Aufklärung der Entstehung und Entwicklung der Aussage, Berücksichtigung außenanamnestischer Angaben

48.6.1 Sucht-/ Betäubungsmittelgewöhnung

Die oft nicht einfache, zur Unterscheidung zwischen reinkriminellen und suchtkranken Rechtsbrechern wichtige Frage, ob bereits eine Ergebenheit oder Gewöhnung an Drogen vorliegt, kann mit Hilfe der von Waldmann (1975) vorgeschlagenen Einteilung beantwortet werden. Die zur Anwendung kommenden internationalen Klassifikationsschemata, welche zwischen „schädlichem Gebrauch" und „Abhängigkeit" unterscheiden, enthalten den Begriff der „Gewöhnung" nicht und sind deswegen nur bedingt zur Differenzierung heranzuziehen. Neben einer psychiatrischen Haupt- und Nebendiagnose nach der ICD-10-Klassifikation wurde deswegen jeweils das **Stadium der Drogenbindung** nach Waldmann (1975) festgelegt:

Das **1. Stadium** wird als „Drogenmotivation" bezeichnet und umfasst das neugierige Ausprobieren der Substanz. Bereits in diesem Stadium ist ein Abbau der Schranken gegenüber der Drogeneinnahme erfolgt und ein erster Schritt in die illegale Drogenszene getan.

Das **2. Stadium** wird als jenes der „Drogenerfahrung" bezeichnet. Es werden neuartige Erlebnisse unter dem Einfluss von Drogen gesucht. Die meisten Drogenkonsumenten sind von der Erweiterung ihres Erfahrungshorizonts begeistert. Es kommt zu einer allmählichen Umstrukturierung des Tagesablaufs. Die Konsumenten suchen nach Gleichgesinnten im Bekanntenkreis, häufig wird gemeinsam konsumiert.

Im **3. Stadium** tritt eine „Drogenbindung" ein, es entspricht der „Suchtmittelgewöhnung" im rechtlichen Sinn. Das bisherige soziale Gefüge löst sich auf, bei alltäglichen Konflikten wird die Flucht in die Drogen gesucht.

Als **4. Stadium** folgt die „Drogenkonditionierung". Der Drogenkonsum dient jetzt vorwiegend der Vermeidung von Entzugserscheinungen.

Die Annahme einer Suchtmittelgewöhnung, d. h. eines schädlichen Gebrauchs oder einer Abhängigkeit von psychotropen Substanzen, ist nur gerechtfertigt, wenn die Stadien 3 oder 4 erreicht sind. Sofern nur das Stadium der „Drogenmotivation" oder vereinzelte Probiererfahrungen vorliegen, wird keine Suchtmittelgewöhnung angenommen. Hier ist der singuläre Drogenmissbrauch als eine von mehreren delinquenten Ausdrucksformen von Menschen mit Störungen der Persönlichkeit und des Verhaltens zu interpretieren, ohne dass die Substanzeinnahme innerhalb der kriminologischen Abläufe eine maßgebende Rolle spielt. Bei gehäuftem Drogenabusus, welcher bereits zu erheblichen Auswirkungen auf Denken, Fühlen und Wollen geführt und Beeinträchtigungen der Lebensführung der Betroffenen zur Folge hat, wird eine bereits eingetretene Gewöhnung angenommen. Die Einteilung nach Waldmann lässt bei delinquent gewordenen Personen, welche auch Alkohol und Suchtmittel missbrauchen, einen klaren Ausschluss von noch nicht gewöhnten Personen (Stadium 1) und von bereits „Ergebenen" bzw. Süchtigen (Stadium 3 und 4) zu. Bei Drogenkonsummustern, die dem 2. Stadium nach Waldmann zuzuordnen sind, muss eine individuelle Differenzierung vorgenommen werden, nach welcher der größere Teil der sich in dieser Suchtphase befindlichen Personen als noch nicht „gewöhnt" zu qualifizieren ist.

48.6.2 Beurteilung der jugendlichen Reife

Jugendliche Straftäter werden privilegiert behandelt, da der Gesetzgeber davon ausgeht, dass ein noch nicht ausgereiftes Gehirn und eine noch nicht gefestigte Persönlichkeitsstruktur mit eingeschränktem oder aufgehobenem Selbstkontroll- und Steuerungsvermögen verbunden sind. Aufgabe des jugendpsychiatrischen Sachverständigen ist deshalb u. a. die Feststellung des Reifungsgrades.

Die strafrechtliche Begutachtung Jugendlicher, bei denen Geisteskrankheiten im eigentlichen Sinne noch kaum eine Rolle spielen, erfordert zunächst neben der Befassung mit den üblichen Schuldausschließungsgründen die Überprüfung, ob eine kindliche Hirnschädigung, eine früh beginnende psychische Fehlentwicklung, ein Hyperaktivitätssyndrom, eine jugendliche Neurose oder Reifungskrise vorliegen und inwieweit das delinquente Verhalten damit verstrickt ist.

Schädigungseinflüsse während Schwangerschaft, Geburt und ersten Lebensjahren können zu Störungen der Gehirnentwicklung führen, die nicht so schwer sind, dass erkennbare körperliche

Behinderungen resultieren, andererseits aber auch nicht so folgenlos vorübergehen, dass die höheren psychischen Funktionen nicht beeinträchtigt sind. Dies kann sich neben Verhaltensstörungen, Lernproblemen und Beeinträchtigung des Sozialgefühls in Delinquenzneigung äußern. Störungen in der Reizaufnahme und -verarbeitung disponieren etwa zu mangelnder Stress- und Frustrationstoleranz und begünstigen kurzschlüssige Handlungen. Betroffene Jugendliche können Reizsituationen schwerer widerstehen und bedenken die Folgen zu spät, sind aber nach der Tat über ihre eigenen Handlungen oft sehr bestürzt. Typische Delikte sind Diebstähle und kurzschlüssige aggressive Handlungen. Das Vorliegen einer minimalen zerebralen Dysfunktion, das bei bis zu 40 % der kriminellen Jugendlichen diagnostiziert wird, beeinträchtigt das Dispositionsvermögen, rechtfertigt aber nur in seltenen Fällen die Annahme einer Zurechnungsunfähigkeit. Eine wichtige Aufgabe des psychiatrischen Sachverständigen ist es, das Gericht über Art und Folgen dieser Störung zu informieren, weil behindertes Auffassungsvermögen, erschwertes Lernen und häufig verzögertes Reagieren beim Laien den Eindruck erweckt, es handle sich um einen besonders abgebrühten Kriminellen.

Risikoerhöhend bezüglich kriminellen Verhaltens sind psychosoziale Defizite, die aus Fehlen oder wiederholtem Wechsel der Bezugspersonen, aus Mangel an Zuwendung, Zärtlichkeit und Zeit oder aus Missbrauch und Konfrontation mit Gewalttätigkeit resultieren. Der neurotisch übersteigerte Wunsch nach emotionaler Zuwendung und oft versteckte Selbstwertzweifel begünstigen aggressive Verhaltensweisen, in denen der betroffene Jugendliche sich die Zuwendung erzwingen oder einen drohenden Beziehungsabbruch verhindern will. Der Anschluss an delinquente Subgruppen, in denen Zuwendung, Anerkennung, ja sogar Geborgenheit gesucht werden, führt zur Involvierung in typische Gemeinschaftsdelikte, unter welchen Aggressionshandlungen, Einbrüche und Drogendelinquenz dominieren. Schwerere psychische Entwicklungsstörungen und die daraus resultierenden Verhaltensweisen stellen nicht selten den Beginn einer kriminellen Karriere dar oder münden in einer überdauernden, dissozialen Persönlichkeitsstörung. Beim Vorliegen solcher früher psychischer Fehlentwicklungen ist die Zurechnungsfähigkeit in der Re-

gel vermindert, nur in seltenen Fällen aufgehoben. Angezeigt sind auf jeden Fall psychosoziale Therapiemaßnahmen, um die Gefahr einer Fixierung der negativen Umweltbeziehung zu unterbinden und eine positive Identitätsbildung zu fördern.

Zu den jugendlichen Neurosen und Reifungskrisen gehören auch aggressive Sexualdelikte, in denen sich psychosexuelle Störungen verdichten, sexuelle Verwahrlosung bei weiblichen Jugendlichen und sog. „symbolische Diebstähle", welche in auffälligem Widerspruch zur sonstigen Lebensführung stehen. Ein besonderes Beispiel für ungesteuert durchbrechende aggressive Handlungen, die in ihrer Schwere vorerst nicht zu verstehen sind, sind Gewaltdelikte gegen Homosexuelle. Diese Gewalttaten werden nicht nur aus der Überlegung, dass wahrscheinlich keine Anzeige erfolgen werde, vollführt, sondern es handelt sich um die überschießende neurotische Abwehr von unterdrückten homosexuellen Tendenzen, die durch die Annäherung angerührt worden ist. Eine solche explosionsartige Reaktion, die im Verhältnis zum vordergründigen Auslöser als ausgesprochen inadäquat erscheint, wird als Overkill bezeichnet und kann auch beobachtet werden, wenn ein leichteres Delikt aus Scham „ungeschehen" gemacht werden will.

Zu den typischen Straftaten Jugendlicher zählen Kaufhausdiebstähle, Eigentumsdelikte in Gruppe und Eigentumsdelikte an Verkehrsmitteln. Bei den Kaufhausdiebstählen spielen der im Verlauf des Heranwachsens sich entwickelnde Respekt vor dem Eigentum anderer, die mit zunehmender Freizeit steigenden Bedürfnisse nach immer Neuem, Neugierde und Abenteuerverhalten, aber auch die außerordentlich gesteigerte Versuchungssituation in modernen Großkaufhäusern eine Rolle. Bei **Gruppendelikten** sind die Abhängigkeit des Einzelnen von der Gruppe, Gruppenhierarchie und Gruppenzwang ebenso zu beachten wie das Phänomen, dass Gruppensituationen es ermöglichen, innewohnende Triebe und Aggressionen unter dem Schutz der Gruppennorm zuzulassen, während sie im individuellen Bereich unterdrückt und verborgen werden.

Im Gruppensetting kommt es zu Aggressionshandlungen, Sexualdelikten und Diebstahlshandlungen. Die zunehmenden unbefugten Inbetriebnahmen von Mopeds, Motorrädern oder Autos stehen nicht nur mit Verwahrlosungserscheinungen,

> ■ **Tab. 48.3** Marburger Richtlinien zur Reifebeurteilung (nach Esser,1991)

5. 1.	Realistische Lebensplanung versus Leben im Augenblick
6. 2.	Eigenständigkeit gegenüber den Eltern versus starkes Anlehnungsbedürfnis und Hilflosigkeit
7. 3.	Eigenständigkeit gegenüber der Peer-Gruppe und dem Partner versus starkes Anlehnungsbedürfnis und Hilflosigkeit
8. 4.	Ernsthafte versus spielerische Einstellung gegenüber Arbeit und Schule
9. 5.	Äußerer Eindruck
10. 6.	Realistische Alltagsbewältigung versus Tagträumen, abenteuerliches Handeln, Hineinleben in selbstwerterhöhende Rollen
11. 7.	Gleichaltrige oder ältere versus überwiegend jüngere Freunde
12. 8.	Bindungsfähigkeit versus Labilität in den mitmenschlichen Beziehungen oder Bindungsschwäche
13. 9.	Integration versus Eros und Sexus
14. 10.	Konsistente berechenbare Stimmungslage versus jugendliche Stimmungswechsel ohne adäquaten Anlass

sondern ebenso wie das Fahren ohne Führerschein mit dem Wunsch, erwachsen zu sein oder zumindest es den Erwachsenen gleichzutun, in Zusammenhang. Für die Praxis ist es wichtig, zwischen allein durchgeführten, wiederholten Autodiebstählen, denen in der Regel eine neurotische Fixierung zugrunde liegt, und den Autodiebstählen in Gruppen, bei denen das Prestigestreben innerhalb der Gruppe entscheidend ist, zu differenzieren.

Zur Beurteilung der jugendlichen Reife haben sich die bereits 1955 eingeführten, dann ständig weiter entwickelten **Marburger Richtlinien** bewährt (■ Tab. 48.3). Unter Beachtung anamnestischer Daten, des psychosozialen Befundes und der Ergebnisse der testpsychologischen Untersuchung wie auch außenanamnestischer Angaben wird die Reife bzw. Reifeverzögerung beurteilt. Die Anwendung dieser Reifekriterien hat sich sehr bewährt, stößt aber bei Jugendlichen mit Migrationshintergrund an gewisse Grenzen.

48.6.3 Vernehmungs- und Verhandlungsfähigkeit

Der Begriff der **Vernehmungsfähigkeit**, der die Fähigkeit voraussetzt, der Vernehmung zu folgen, Fragen in ihrem Sinngehalt aufzunehmen und in freier Willensentschließung Antworten zu geben sowie verständliche Angaben zu machen, ist weiter gefasst als jener der Verhandlungsfähigkeit. Nur wenn Bewusstseinstrübungen, etwa als Folge einer Alkohol- oder Drogenberauschung, akute Schizophrenien, Manien, Depressionen oder hirnorganische Verwirrtheitszustände vorliegen, ist die Vernehmungsfähigkeit zu verneinen. Vernehmungsunfähig sind auch körperlich schwerkranke Personen (z. B. nach einem akuten Herzinfarkt), denen ein anstrengenderes Gespräch nicht zugemutet werden kann. Generell ist die Vernehmungsfähigkeit nur über einen beschränkten, kürzeren Zeitpunkt aufgehoben.

Die **Verhandlungsfähigkeit** ist dann zu bejahen, wenn der Beschuldigte in und außerhalb der Verhandlung seine Interessen vernünftig wahrnehmen, seine Verteidigung in verständiger und verständlicher Weise führen sowie Prozesserklärungen abgeben und entgegennehmen kann. Er muss in der Lage sein, der Hauptverhandlung geistig zu folgen, also die Erklärungen anderer Verfahrensbeteiligter zu verstehen, Verfahrensbefugnisse auszuüben (etwa die eigenen Anliegen verständlich vorzubringen) und Verfahrenspflichten zu erfüllen. Die Fähigkeit, nur passiv an der Verhandlung teilzunehmen, genügt nicht, vielmehr muss der Beschuldigte seine Rechtsinteressen aktiv wahrnehmen können. Die psychische Leistungsfähigkeit muss somit in einem erheblichen Umfang gegeben sein. Verhandlungsunfähigkeit liegt bei schwerwiegenden körperlichen Krankheiten vor, bei denen die Teilnahme an der Verhandlung die unverhältnismäßige Gefahr einer wesentlichen gesundheitlichen Verschlechterung oder gar des Todes mit sich brächte oder bei denen prophylaktische bzw. sichernde Maßnahmen wie Anwesenheit eines Arztes bei der Verhandlung, Umstellung der Medikation usw. diesen Zustand nicht gefahrlos beseitigen könnte. Bei allen in Frage kommenden körperlichen Erkrankungen ist die Zuziehung eines internistischen Sachverständigen geboten, da der somatische Bereich Kompetenz und Kenntnisse des psychiatrischen Gutachters überschreitet. Auf psychiatrischem Gebiet bedingen akute exogene und endogene Psychosen bis zu deren Abklingen Verhandlungsunfähigkeit. Bei manisch-depressiven Personen ist die Verhandlungsfähigkeit in den symptomfreien Intervallen ebenso gegeben wie bei leichten schizophrenen Residualzuständen oder geringgradigen hirnorganischen Schädigungen. Da die psychische Leistungskapazität hier geringer anzusetzen ist, kann sich die Situation ergeben, dass bei einem chronisch psychotischen Menschen Zurechnungs- und Geschäftsfähigkeit zu verneinen, Vernehmungs- und Verhandlungsfähigkeit hingegen zu bejahen sind. Neurosen, Persönlichkeitsstörungen, sexuelle Deviationen, Suchtkrankheiten (mit Ausnahme der akuten Rausch- und Entzugssymptome und der drogeninduzierten Psychosen) heben die Verhandlungsfähigkeit nicht auf. Schwierigkeiten ergeben sich jedoch bei der Beurteilung von krankheitsbedingten Ausnahmezuständen wie Erregung, Angst oder Suizidalität, bei welchen es sich gewöhnlich um kurzfristige Störungen handelt. Hier ist der Arzt häufig nicht nur als Gutachter, sondern auch als krisenintervenierender Therapeut gefragt, der den Angeklagten beruhigen und die akut einschießenden Ängste und Widerstände abbauen soll. Jedes gutachterliche Statement zur Verhandlungsfähigkeit soll die konkrete Krankheitsdiagnose mit ICD-Nummer, die pathogenetischen Wurzeln der Erkrankung, deren voraussichtliche Dauer unter Berücksichtigung der Therapiemöglichkeiten und den Einfluss dieser Störung auf die Teilnahme an der Hauptverhandlung enthalten. Bei Verdacht auf bewusste Simulation ist dies dem Gericht ohne Umschreibung und Bagatellisierung mitzuteilen.

48.6.4 Haftfähigkeit (Vollzugstauglichkeit)

Haftfähigkeit, auch als Vollzugstauglichkeit bezeichnet, ist die Fähigkeit eines Beschuldigten oder Verurteilten, in einer Einrichtung des Strafvollzuges leben zu können, Freiheitsentzug ohne Gefahr für Gesundheit oder Leben zu ertragen und den Sinn und Zweck der Verbüßung einer Freiheitsstrafe zu erkennen. Die Begutachtung der Haftfähigkeit wird vor der Inhaftnahme, während der Untersuchungshaft, vor Antritt einer Freiheitsstrafe nach rechtskräftiger Verurteilung oder nach Beginn des Vollzugs erforderlich. Die Frage der Haftfähigkeit ist eine Rechtsfrage, dementsprechend ist der Begriff der Vollzugsfähigkeit auch nicht als medizinische Diagnose zu werten. Aufgabe des ärztlichen Sachverständigen ist es, krankhafte Befunde zu erheben und eine Diagnose zu benennen, die Auswirkungen, Prognose und therapeutischen Erfordernisse zu erörtern und die Gefährdungsmomente im Zusammenhang mit einer Inhaftierung aufzuzeigen. Bei Haftfähigkeitsuntersuchungen müssen immer der Wunsch nach Haftverschonung oder -entlassung, die Möglichkeiten der Aggravation und Simulation von Krankheitssymptomen sowie der mögliche Krankheitsgewinn berücksichtigt werden. Von behandelnden Ärzten und Therapeuten wird Haftunfähigkeit zu häufig attestiert, da hier zu sehr die Rolle des partnerschaftlichen Behandlers und Anwaltes des Patienten dominiert. Neben den moralischen und rechtlichen Problemen, die sich aus einer ungerechtfertigten Attestierung der Haftunfähigkeit ergeben, ist zu bedenken, dass jeder Haftaufschub für den Verurteilten eine zusätzliche Belastung darstellt, da das Damoklesschwert der bevorstehenden, nicht abgebüssten Freiheitsstrafe erheblichen psychischen Druck erzeugt und die Lebensqualität entscheidend verschlechtert.

Bei Geisteskrankheiten im eigentlichen Sinne, also bei körperlich begründbaren psychischen Störungen und schizophrenen oder manisch-depressiven Psychosen, liegt in akuter und schwerer Form auf jeden Fall Haftunfähigkeit vor. Bei leichteren psychischen Störungen wie organischen Psychosyndromen mit geringer Ausprägung, milden schizophrenen Residualzuständen oder nicht-psychotischen Störungen wie Neurosen oder Persönlichkeitsabnormitäten sollte die Frage der Haftfähigkeit von der Behandlungsbedürftigkeit abhängig gemacht werden. Ist eine stationäre Behandlung erforderlich, so sollten diese Patienten in psychiatrisch ausgestatteten Einrichtungen des Strafvollzugs oder in der Allgemeinpsychiatrie behandelt werden. Ist eine rein ambulante Maßnahme (z. B. sozialpsychiatrische Betreuung und Einnahme oraler Medikamente) ausreichend, kann dies in der Regel auch in der Justizanstalt geschehen. Obwohl jede Inhaftierung das Selbstschädigungsrisiko erhöht, begründen Suiziddrohungen allein noch nicht die Annahme einer Lebensgefährdung durch den Vollzug. Wenn eine suizidale Einengung Folge einer endogenen Depression ist oder im Rahmen einer neurotischen Entwicklung einen ähnlichen Schweregrad erreicht, ist die Verlegung auf eine Dauerüberwachungsstation erforderlich, sei dies innerhalb eines Vollzugskrankenhauses oder auf einer psychiatrischen Station unter Bewachung durch Vollzugsbeamte.

Bei Alkohol-, Medikamenten- und Drogenintoxikation zum Zeitpunkt der Festnahme oder – in Ausnahmefällen – während der Haftphase ist bis zum Abklingen des Rausches eine kontinuierliche Überwachung durch geschultes Personal, in schwerwiegenderen Fällen auf einer Entzugsstation, erforderlich. Auch ausgeprägte Entzugssyndrome bedürfen der intensiv-psychiatrischen Überwachung und Therapie und müssen in der Regel im Vollzugskrankenhaus oder auf der psychiatrischen Abteilung behandelt werden. Leichtere Abstinenzsyndrome lassen sich bei den heute gegebenen, hervorragenden medikamentösen Möglichkeiten meist auch in Haft befriedigend therapieren, sofern nicht aus der Vorgeschichte die Neigung zu epileptischen Anfällen während des Entzugs bekannt ist. Sofern andere Krankheiten, etwa Bluthochdruck oder koronare Herzkrankheit, geltend gemacht werden, ist die Frage der Vollzugstauglichkeit durch ein Haupt- oder Zusatzgutachten aus dem jeweiligen Fachgebiet zu beantworten.

48.7 Zivilrechtliche Fragestellungen

Unter den zahlreichen gutachterlichen Fragen, die sich im Zivilrecht stellen, sind jene nach den psychischen Voraussetzungen der Geschäfts- und Testierfähigkeit die wichtigsten. Dabei ergibt sich das Problem, dass im Zivilrecht bloße Zweifel an der Diskretions- und Dispositionsfähigkeit nicht genügen, sondern bei behaupteter Geschäfts- oder Testierunfähigkeit deren Vorliegen bewiesen werden muss. Dies bedeutet für den psychiatrischen Sachverständigen, dass seine gutachterlichen Schlussfolgerungen einen hohen Grad an Wahrscheinlichkeit erreichen müssen, was bei retrospektiver Beurteilung nicht immer möglich ist.

Geschäftsfähigkeit ist die Fähigkeit, rechtlich bindende Willenserklärungen abzugeben, etwa Verträge zu schließen. Geschäftsfähigkeit wird bei allen Erwachsenen ab dem 18. Lebensjahr vorausgesetzt, sofern nicht bestimmte psychische Störungen vorliegen, die zur Aufhebung führen können. Eine nach dem Schwierigkeitsgrad des Vertrags (bzw. Testaments) abgestufte relative Geschäfts-(Testier-)Unfähigkeit wird in der Regel ebenso wenig anerkannt wie eine gegenständlich begrenzte, partielle Geschäftsunfähigkeit, sodass ein Erblasser nur voll geschäftsfähig oder -unfähig sein kann. Abgestufte Geschäftsunfähigkeit meint, dass die Geschäftsunfähigkeit nur auf besonders schwierige Geschäfte beschränkt sei. Diese wird in der Regel verneint, d. h. eine Person ist geschäftsfähig oder sie ist es nicht. Hingegen wird die partielle Geschäftsunfähigkeit, bei welcher Urteilen und Handeln durch wahnhaftes Erleben in manchen Bereichen aufgehoben sein kann, von juristischer Seite in speziellen Fällen bejaht. Ein Mensch mit einem Querulantenwahn könnte z. B. hinsichtlich Eingaben bei Ämtern geschäftsunfähig sein, hingegen im Alltagsleben über normale Einsichts- und Steuerungsfähigkeit verfügen. **Testierfähigkeit** ist die Fähigkeit, ein Testament wirksam zu errichten, zu ändern oder aufzuheben. Sie ist ein Sonderfall der allgemeinen Geschäftsfähigkeit. Der Erblasser muss zur Vorstellung fähig sein, dass er ein Testament errichtet und welchen Inhalt das Testament hat. Er muss in der Lage sein, den Inhalt des Testaments zu bestimmen und auszudrücken, sich ein klares Urteil darüber zu bilden, die Tragweite der Testierung abzusehen und sich frei von Einflüssen Dritter zu entscheiden. Die an den psychiatrischen Sachverständigen gestellten Fragen beziehen sich meist auf die psychische Verfassung des Testators bei der Abfassung des Testaments, auf das Vorliegen von Auffassungs- und Bewusstseinsstörungen, auf die Einsichts- und Urteilsfähigkeit des Testators, auf seine Wissensbildungs- und Entscheidungsfähigkeit (womit seine kognitiven Fähigkeiten, die Gedächtnisleistungen sowie seine emotionale Kontrolle gemeint sind), auf etwaige Beeinflussbarkeiten durch Dritte sowie das Vorliegen eines „intervallum lucidum". Der psychiatrische Sachverständige hat nicht die Rechtsfrage zu entscheiden, sondern festzustellen, ob beim Erblasser zum Zeitpunkt der Testierung aufgrund psychischer Störungen die psychiatrischen Voraussetzungen der Testierfähigkeit gegeben waren oder nicht.

Um ein möglichst systematisches, nachvollziehbares Vorgehen zu gewährleisten, sind bei der gutachterlichen Beurteilung der Geschäfts- und Testierfähigkeit folgende Schritte erforderlich:

1. Diagnostische Feststellung einer psychischen Störung auf psychopathologischer Ebene
2. Bestimmung des Schweregrades dieser Störung
3. Feststellung, ob Einsichts- und Willensbildungsfähigkeit beeinträchtigt waren
4. Zeitliche Zuordnung zum Zeitpunkt der Vertragsunterzeichnung bzw. Testierung
5. Befassung mit der Frage, ob das, was im juristischen Kontext als „*intervallum lucidum*" bezeichnet wird, vorlag
6. Beurteilung der Suggestibilität bzw. Fremdbeeinflussbarkeit.

Entscheidend für die Einschätzung der Geschäfts- und Testierfähigkeit ist nicht die diagnostische, sondern die psychopathologische Ebene. Allein die Diagnose einer bestimmten Krankheit (z. B. Depression oder Demenz) sagt nichts aus über die Fähigkeit, die Bedeutung eines Rechtsgeschäftes zu erkennen und sich bei der Unterzeichnung von normalen Erwägungen leiten zu lassen. Maßgebend sind vielmehr Art und Schwere der psychopathologischen Symptomatik sowie deren Auswirkungen auf die Einsichts- und Willensbildungsfähigkeit. Vielmehr soll er feststellen, ob im konkreten Fall die normalpsychologische Bestimmbarkeit des Willens durch pathologische Determinanten außer Kraft gesetzt war oder nicht.

Cording (2005) nennt folgende psychopathologische Störungen, welche zu krankhaft bedingter Willensbeeinträchtigung führen können:

- qualitative und quantitative Bewusstseinsstörungen
- Orientierungsstörungen zur Person und zur Situation
- Aufmerksamkeits- und Gedächtnisstörungen, wenn sie verhindern, dass sich der für die Entscheidungsfindung erforderliche Sachverhalt vergegenwärtigen lässt
- Intelligenzeinbußen mit einem IQ unterhalb von 60
- formale Denkstörungen wie Gedankenabreißen, Ideenflucht, Denkzerfahrenheit, ausgeprägte Denkhemmung
- Halluzinationen oder wahnhafte Realitäts- und Personenverkennungen
- Fremdbeeinflussungserleben bzw. gravierende Ich-Störungen
- Affektstörungen mit pathologischer Affektdominanz
- schwere Persönlichkeitsveränderungen, z. B. bei chronischem Substanzmissbrauch, nach hirnorganischen Schädigungen oder bei Residualzuständen von Psychosen
- abnorme Fremdbeeinflussbarkeit (Unfähigkeit, frei von Einflüssen etwaiger interessierter Dritter zu handeln).

Eine pathologische **Suggestibilität**, also krankheitsbedingte Fremdbeeinflussbarkeit, kann angenommen werden, wenn eine erhöhte emotionale Ansprechbarkeit bei eingeschränktem kognitivem Kontrollvermögen vorliegt, etwa überschießende Dankbarkeit für kleine Gefälligkeiten, ausgeprägte Vertrauensseligkeit, Neigung zum schnellen Herstellen pseudofamiliärer Beziehungskonstellationen, Nichteinhalten der konventionellen sozialen Distanz (z. B. gegenüber Pflegepersonen). Es geht bei der pathologischen Beeinflussbarkeit nicht um die normalpsychologisch wirksamen Einflüsse Dritter und auch nicht um die Frage, ob irgendeine Drittperson versucht hat, den Testator zu beeinflussen. Der psychiatrische Sachverständige hat nur die Fähigkeit zu beurteilen, etwaigen Beeinflussungen durch kritisches Hinterfragen, vernünftiges Abwägen und Entwicklung eigener Gegenvorstellungen zu begegnen. Es muss sich um eine schwere psychopathologische Störung handeln, Kritikschwäche allein reicht nicht aus.

48.8 Arbeits- und sozialrechtliche Fragestellungen

48.8.1 Berufsunfähigkeit und Invalidität

Von den Sozialgerichten werden Gerichtspsychiater im Rahmen von Invaliditäts-, Berufsunfähigkeits- und Dienstunfähigkeits- sowie Unfallversicherungsverfahren herangezogen. Dem neuropsychiatrischen Sachverständigen kommt es oft zu, nach Einholung von internistischen oder orthopädischen Zusatzgutachten ein sog. **Gesamtgutachten** zu erstellen, d. h. die Feststellungen der Vorgutachter aus anderen Fachgebieten in sein Gutachten einzuarbeiten.

Aus dem Gutachten muss dann hervorgehen, welche Verrichtungen bzw. Leistungen der Kläger nicht mehr erbringen kann, in welchem Ausmaß leichte, mittelschwere oder schwere Arbeiten noch zumutbar sind, ob diese im üblichen Arbeitstempo verrichtet werden können etc. Die psychische Belastbarkeit soll in der Regel durch Leistungstests überprüft werden. Während akute organische Psychosyndrome während ihrer Dauer und in der Zeit der Rekonvaleszenz **Arbeitsunfähigkeit** bedingen, gestaltet sich die gutachterliche Beurteilung chronischer hirnorganischer Störungen differenzierter. Zunächst ist das Ausmaß der hirnorganischen Schädigung anhand der neuropsychologischen Ausfälle und der psychopathologischen Symptomatik zu bestimmen. Maßgebend ist dabei nicht das Ausmaß der organischen Schädigung, sondern jenes der konkreten Leistungsminderung. Weiters ist zu unterscheiden, ob es sich um einen Dauer- bzw. Defektzustand oder um eine progrediente Störung handelt. Bei chronischen organischen Psychosyndromen ist zu überprüfen, ob Umschulungsmaßnahmen möglich und sinnvoll sind. Der Erhalt der beruflichen Integration ist jedenfalls gegenüber einer Berentung zu bevorzugen. Auch bei alkoholbedingten Störungen ist zwischen reversiblen und irreversiblen Folgen zu unterscheiden. Insbesondere stellt sich die Frage, inwieweit sich Wesensänderung und hirnorganische Schäden durch eine Therapie bzw. durch Abstinenz zurückbilden. Arbeitsunfähigkeit ist bei akuten Intoxikationen, bei alkoholbedingten psychotischen Reaktionen, bei somatischen Komplikationen, bei ausgeprägten Entzugs- und Residualsyndromen gegeben.

Bei Medikamenten- und Drogenabhängigen ist zunächst festzustellen, ob eine psychische bzw. körperliche Abhängigkeit vorliegt und inwieweit diese zu psychopathologischen Störungen geführt hat. Bei Menschen mit schizophrenen Erkrankungen bedingen akute Symptome wie Halluzinationen oder Wahnideen vorübergehende Arbeitsunfähigkeit, während deutliche Negativsymptomatik mit Antriebs- und Konzentrationsstörungen generelle Arbeitsunfähigkeit bedingt, zumal diese Störungen meist dauerhaft sind. Auch bei Schizophreniekranken sollte eine Berentung als letzte Möglichkeit, erst nach Ausschöpfung aller Therapie- und Rehabilitationsmaßnahmen, in Betracht gezogen werden.

Während akuter affektiver Phasen ist Arbeitsunfähigkeit gegeben. Dabei ist zu beachten, dass die Phasen oft länger dauern als die floride Symptomatik und dass es häufig zu Nachschwankungen kommt, während der ebenfalls keine Arbeit zumutbar ist. Bei schweren, langdauernden oder hochfrequenten Phasen kommt es zu einer Minderung der Erwerbsfähigkeit, die oft eine Berentung erforderlich macht. Die Schweregradbestimmung der depressiven Episode kann nach den ICD-Kriterien erfolgen. Die meisten Probleme ergeben sich bei der Beurteilung von krankhaften Reaktionen, Neurosen und psychosomatischen Störungen. Hier sind die Divergenzen zwischen subjektivem Krankheitsgefühl und objektivem Befund am größten, ist die Abgrenzung zu Aggravation und Simulation besonders schwierig, ist ein großes Ausmaß an Chronifizierung zu erwarten und scheint der sekundäre Krankheitsgewinn besonders groß. Mit der Minderung der Erwerbsfähigkeit, einem in der gesetzlichen Unfallversicherung verwendeten Begriff, werden die krankheitsbedingten Einbußen an Fähigkeiten, sich im allgemeinen Arbeitsleben unter Ausnützung seiner körperlichen und geistigen Kräfte einen Erwerb zu verschaffen, in Prozent ausgedrückt. In der Beurteilung des Schweregrades einer vorfallsbedingten Störung können ähnliche Maßstäbe wie bei der Einschätzung seelischer Schmerzen zur Anwendung kommen. Die Beschreibung des Verlaufs sollte die Dauer der Störungen, Art und Umfang der Behandlungs- und Rehabilitationsmaßnahmen, die Kooperation und Compliance des Patienten sowie die Prognose beinhalten. Gegen eine Wiederherstellung der Erwerbs-fähigkeit sprechen Chronifizierung der körperlichen Folgen, komorbide psychische Störungen, Einbußen der Lebensqualität, gescheiterte Therapie- und Rehabilitationsmaßnahmen, aber auch „sozialer Krankheitsgewinn".

48.8.2 Begutachtung „seelischer" Schmerzen

In der Frage der Abgeltung psychischer Beschwerden und seelischer Störungen, welche infolge von Traumatisierungen körperlicher und/oder psychischer Art auftreten, hat sich in den letzten Jahren ein großer Wandel vollzogen. Während seelische Schmerzen zuvor nur anerkannt wurden, wenn sie in eine durch ein Trauma ausgelöste eigenständige psychische Erkrankung eingebunden waren, ist nunmehr in der Spruchpraxis der Gerichte eine Anpassung an internationale Vorgehensweisen festzustellen, sodass auch für rein psychische Reaktionen bzw. psychische Begleitstörungen von Traumen immer häufiger Schmerzengeld zuerkannt wird. Dieser Tendenz folgend, werden immer mehr Gutachten zu den Fragen der Kausalität zwischen Trauma und psychischen Störungen, der Art und Schwere von traumabedingten Reaktionen, über deren Dauer und Intensität in Auftrag gegeben. Dabei werden Fachärzte für Psychiatrie und Neurologie sowie klinische Psychologen mit der Erstellung der Expertisen betraut. Da die gutachterliche Einschätzung von seelischen Schmerzen methodologisch nicht exakt möglich ist und dem Sachverständigen viel Ermessensspielraum überlässt, ist es notwendig, gewisse Richtlinien bezüglich diagnostischer Zuordnung der psychischen Störungen, der Einschätzung ihrer Quantität und Dauer und ihrer Vergleichbarkeit mit körperlichen Schmerzen zu beachten. Der schwer fassbare Bereich des Seelischen macht eine systematische Vorgehensweise erforderlich, um eine möglichst große Einheitlichkeit innerhalb der gutachterlichen Schlussfolgerungen zu erzielen.

Bei der Beurteilung seelischer Schmerzen ist es erforderlich, das auslösende Ereignis nach objektiven Kriterien und nach dem subjektiven Erleben der zu begutachtenden Person zu beurteilen und die Verbindungen zwischen Ereignis und psychi-schen Störungen – die Kausalität – differenziert und nötigenfalls abgestuft herzustellen. Dann ist durch Erfassung der psychopathologischen Symptomatik eine Diagnose – sowohl nach medizinischen als auch nach rechtlich-normativen Gesichtspunkten – zu stellen. In einem weiteren Schritt soll versucht werden, die erfassten Störungen zu quantifizieren und ihre zeitliche Dauer festzulegen, ehe durch differenzialdiagnostische Überlegungen die gutachterliche Schlussfolgerung abgesichert wird.

Somit sind in der gutachterlichen Analyse folgende 4 Fragen zu klären:
1. Wie war der konkrete Ablauf des Ereignisses?
2. Wie hat die betroffene Person dieses äußere Ereignis subjektiv und emotional erlebt?
3. Liegt eine beschreibbare, kriterienorientierte, diagnostizierbare psychopathologische Symptomatik vor?
4. Wie ist gegebenenfalls die Kausalität zwischen Ereignis/Erlebnis und psychopathologischer Symptomatik zu begründen?

Bei der Überprüfung der Grundvoraussetzung, ob tatsächlich ein objektiv entsprechend schweres Auslöseereignis in der Vorgeschichte belegt ist, muss generell bedacht werden, dass viele Menschen im Laufe ihres Lebens mit sehr großen Belastungen fertig werden müssen. Alle epidemiologischen Studien belegen, dass nur wenige Menschen, die von einem belastenden Ereignis betroffen sind, eine psychische Symptomatik, etwa eine posttraumatische Belastungsstörung entwickeln. Es gibt keine äußere Belastungssituation, die regelhaft zu einer psychischen Traumatisierung mit entsprechenden Schmerzperioden führt, wie auch keine psychopathologische Störung allein auf ein belastendes Erlebnis zurückgeführt werden kann. Der zweite Schritt dient der Analyse der Interaktion zwischen Ereignis und Persönlichkeit. Dabei soll die Bedeutung des subjektiven Erlebens des Traumas aufgrund der Persönlichkeit, der Biografie und der Lebenssituation herausgearbeitet werden. Neben der Kausalität sind die Primärpersönlichkeit mit ihrer spezifischen Disposition und Vulnerabilität, der posttraumatische Umgang mit den Störungen und die individuellen Bewältigungsstrategien zu berücksichtigen. Leichtere Belastungsfaktoren, etwa Bagatellunfälle, können das Risiko für eine schwerere psychoreaktive Störung erhöhen, wenn bereits vor dem Unfall manifeste psychische Erkrankungen aufgetreten sind, wenn sich der Unfall in einer biografischen Umbruchsituation ereignet hat und wenn der Betroffene am Unfall völlig schuldlos war. Akute Belastungsreaktionen in der frühen Phase nach dem Unfall und überfürsorgliche Behandlung (welche zur Überzeugung führt, dass man tatsächlich schwere Folgen erlitten habe) erhöhen des Risiko.

Im dritten Schritt ist zu klären, ob im Sinne der **Adäquanztheorie** ein adäquater Zusammenhang zwischen dem belastenden Ereignis und den angegebenen Schmerzen besteht oder ob dieses als „wesentliche Bedingung" zum Auftreten der Störung beigetragen hat. Bei der Begutachtung ist es deshalb zunächst erforderlich, zwischen dem Schweregrad des traumatisierenden Ereignisses und seinen Folgen einen adäquaten Zusammenhang herzustellen.

Bei der Begutachtung seelischer Schmerzen ist es von größter Wichtigkeit, die sich nach dem Trauma einstellende psychische Symptomatik phänomenologisch sauber zu beschreiben und eine klare diagnostische Zuordnung vorzunehmen. Gerade die Psychiatrie, welche sich oft mit dem Vorwurf der unklaren, beliebigen Privatsprache konfrontiert sieht, sollte sich der Möglichkeit der ausgereiften diagnostischen Instrumentarien bedienen, um die diagnostischen Schritte nachvollziehbar und für das Gericht bzw. für weitere Gutachter überprüfbar zu machen. Schmerzensgeldgutachten, welche die Codierungen nach der Internationalen Klassifikation psychischer Störungen (ICD-10, Kapitel F) oder das Diagnostische und Statistische Manual Psychischer Störungen (DSM-IV) nicht verwenden, erfüllen heute nicht mehr den notwendigen Grundstandard. Bei aller Buntheit und individuellen Ausgestaltung des psychischen Beschwerdebildes muss es möglich sein, eine klare Diagnose zu stellen und Fälle von Simulation oder neurotischer Überlagerung abzugrenzen.

Die Symptomatik psychoreaktiver Störungen kann sich sowohl im psychischen wie im funktionellen somatischen Bereich äußern. Bei Traumatisierungen können folgende Störungen, klassifiziert nach ICD-10, auftreten: Akute Belastungsreaktionen (F43.0), posttraumatische Belastungsstörungen (F43.1), Anpassungsstörungen (F43.2) und Persönlichkeitsänderungen nach Extrembelastungen (F62.0) sind als direkte, unmittelbare Folgen von Traumen zu betrachten. Depressive Störungen (F38.8), Angststörungen (F41.8), Konversionsstörungen (F44), somatoforme Störungen (F45), Neurasthenie (F48.0), Entwicklung körperlicher Symptome aus psychischen Gründen (F68.0) sind häufig anzutreffende, in der Regel aber nicht auf einen einzigen Auslöser allein zurückzuführende Reaktionen.

Die Quantifizierung psychischer Phänomene und seelischer Störungen ist auch außerhalb der Schmerzensgeldbegutachtung ein methodologisch kaum lösbares Problem. Selbsteinschätzungsskalen sind als subjektive Angaben der Betroffenen unverlässlich, die Fremdbeurteilung hängt immer von den Angaben des Untersuchten ab, objektive neurophysiologische Quantifizierungsmethoden sind höchstens im groben Rahmen möglich. Bei der Quantifizierung seelischer Schmerzen kommen noch weitere Probleme hinzu, da die Überlappung mit körperlichen Störungen und die Abgrenzungen von traumaunabhängigen, vorbestehenden Persönlichkeitsabweichungen und von neurotischen Fehlhaltungen nicht einfach sind.

In der psychiatrischen Begutachtung hat sich deswegen die pragmatische Vorgehensweise, seelische Schmerzen mit körperlichen gleichzustellen, durchgesetzt. Dieser Vergleich der psychischen Beschwerden und Störungen mit leichten, mittleren und schweren körperlichen Schmerzen ist anhand der Quantifizierungsstufen über das ICD-Schema möglich, wobei leichtere Beschwerden wie Nervosität, Anhedonie und Ängstlichkeit leichten körperlichen Schmerzen gleichzusetzen wären. Ausgeprägte Depressivität, mittelgradige Angstzustände, erhebliche psychosomatische Störungen und gravierende Schlafprobleme wären mittelstarken körperlichen Schmerzen gleichzustellen. Schwere Melancholie, starke Defizite in den kognitiven Funktionen, Durchgangssyndrome und schwere neurotische Reaktionen entsprechen schweren körperlichen Schmerzen. Umstritten ist, ob im Falle der Bewusstlosigkeit auch Schmerzensgeld, etwa als Abgeltung des ideellen Schadens, zugesprochen werden soll.

Die Dauer der seelischen Schmerzen ist vor dem Hintergrund der abnehmenden Traumakausalität und der zunehmenden Persönlichkeitskausalität zu lösen, d. h. dass im Regelfall die seelischen Schmerzen bzw. die ereignisbezogenen psychischen

Störungen allmählich abklingen. Hier ist ein empirischer Vergleich mit ähnlich gelagerten Fällen bzw. mit den Ergebnissen von Verlaufsuntersuchungen psychischer Störungen erforderlich. Die Dauer der psychischen Beeinträchtigung ist in der Regel limitiert, wobei nach Dauerbelastungen (Kindesmisshandlungen, sexueller Missbrauch, Folter, Haft etc.) auch bleibende Persönlichkeitsveränderungen, welche eine permanente psychische Belastung darstellen und auch Krankheitswert erreichen können, möglich sind. Die ICD-Diagnostik bietet bezüglich der erfahrungsgemäßen Dauer von Belastungsreaktionen, posttraumatischen Belastungsstörungen und Anpassungsschwierigkeiten wichtige Hinweise, wobei bei extremen Über- und Unterschreitungen des dortigen Zeitrahmens genaue individuelle Begründungen angeführt werden sollten.

48.9 Qualitätsstandards bei psychiatrischen Gutachten

Um die Qualität psychiatrischer Gutachten zu heben, sind von verschiedenen Expertengruppen Richtlinien und Standards für psychiatrische Gutachten allgemein und für einzelne Fragestellungen (z. B. Schuld- bzw. Zurechnungsfähigkeit, Prognostik, Begutachtung von Sexualstraftätern) formuliert worden. In Deutschland hat sich eine Arbeitsgruppe beim Bundesgerichtshof auf eine Liste von Kriterien geeinigt, durch welche die formellen und inhaltlichen Mindestanforderungen psychiatrischer Expertisen erfüllt wären (siehe ◘ Tab. 48.4).

Diese Kriterien wurden für Begutachtungen von Persönlichkeitsgestörten und Sexualstraftätern sowie für die Verfassung von Prognosegutachten adaptiert und erweitert. Es ist zu erwarten, dass in Zukunft ähnliche Kriterienlisten auch für zivilrechtliche Fra-

---

◘ **Tab. 48.4** Formelle Mindestanforderungen an ein psychiatrisches Gutachten

- Nennung von Auftraggebern und Fragestellung

- Darlegung von Ort, Zeit und Umfang der Untersuchung

- Dokumentation der Aufklärung

- Darlegung der Verwendung besonderer Untersuchungs- und Dokumentationsmethoden (z. B. Videoaufzeichnung, Tonbandaufzeichnung, Beobachtung durch anderes Personal, Einschaltung von Dolmetschern)

- exakte Angabe und getrennte Wiedergabe der Erkenntnisquellen:
  - Akten
  - subjektive Darstellung des Untersuchten
  - Beobachtung und Untersuchung
  - zusätzlich durchgeführte Untersuchungen (z. B. bildgebende Verfahren, psychologische Zusatzuntersuchungen)

- eindeutige Kenntlichmachung der interpretierenden und kommentierenden Äußerungen und deren Trennung von der Wiedergabe der Informationen und Befunde

- Trennung von gesichertem medizinischen (psychiatrischen, psychopathologischen, psychologischen) Wissen und subjektiver Meinung oder Vermutungen des Gutachters

- Offenlegung von Unklarheiten und Schwierigkeiten und den daraus abzuleitenden Konsequenzen, ggf. rechtzeitige Mitteilung an den Auftraggeber über weiteren Aufklärungsbedarf

- Kenntlichmachung der Aufgaben- und Verantwortungsbereiche der beteiligten Gutachter und Mitarbeiter

- Beachtung der üblichen Zitierpraxis bei Verwendung wissenschaftlicher Literatur

- klare und übersichtliche Gliederung

- Hinweis auf die Vorläufigkeit des schriftlichen Gutachtens

Neben den formalen Kriterien sollen „kunstgerechte" psychiatrische Gutachten aber auch eine Reihe von inhaltlichen Mindestanforderungen enthalten (◘ Tab. 48.5), wobei aber dem Gutachter genügend Gestaltungsspielraum bleibt.

◨ **Tab. 48.5** Inhaltliche Mindestanforderungen an ein psychiatrisches Gutachten

- Vollständigkeit der Exploration, insbesondere zu den delikt- und diagnosespezifischen Bereichen (z. B. ausführliche Sexualanamnese bei sexueller Devianz und Sexualdelikten, detaillierte Darlegung der Tatbegehung)

- Benennung der Untersuchungsmethoden, Darstellung der Erkenntnisse, die mit den jeweiligen Methoden gewonnen wurden; bei nicht allgemein üblichen Methoden oder Instrumenten: Erläuterung der Erkenntnismöglichkeiten und deren Grenzen

- Diagnosen unter Bezug des zugrunde liegenden Diagnosesystems (i. d. R. ICD-10 oder DSM-IV-TR); bei Abweichung von diesen Diagnosesystemen: Erläuterung, warum welches andere System verwendet wurde

- Darlegung der differenzialdiagnostischen Überlegungen

- Darstellung der Funktionsbeeinträchtigungen, die im Allgemeinen durch die diagnostizierte Störung bedingt werden, soweit diese für die Gutachtensfrage relevant werden könnten

- Überprüfung, ob und in welchem Ausmaß diese Funktionsbeeinträchtigungen bei dem Untersuchten bei Begehung der Tat vorlagen

- korrekte Zuordnung der psychiatrischen Diagnose zu den gesetzlichen Eingangsmerkmalen

- transparente Darstellung der Bewertung des Schweregrades der Störung

- tatrelevante Funktionsbeeinträchtigung unter Differenzierung zwischen Einsichts- und Steuerungsfähigkeiten

- Darstellung von alternativen Beurteilungsmöglichkeiten

gestellungen wie Arbeits- und Erwerbsunfähigkeit, Bemessung seelischer Schmerzzustände oder Gutachten zur Frage der Geschäfts- und Testierfähigkeit entwickelt werden.

Mit der Einführung von Qualitätsstandards für forensisch-psychiatrische Gutachten ist mit einer Verbesserung der gutachterlichen Qualität und dadurch einer weiteren Vermeidung von Fehlern zu rechnen.

48.10 Fehlerquellen psychiatrischer Gutachten

Wie bei Begutachtungsvorgängen im Rahmen der übrigen medizinischen Disziplinen beruht auch die Erstattung von psychiatrischen Expertisen auf Materialauswahl, Befunderhebung und wertender Stellungnahme, welche Ermessensentscheidungen einen breiten Raum lässt. Auch bei gründlicher und kunstgerechter Durchführung der Begutachtung können Unterschiede in der Beurteilung auftreten, dies umso mehr, da die Psychiatrie nicht über jene naturwissenschaftlich exakte Methodologie verfügt, wie sie etwa bei der Feststellung von Blutgruppenmerkmalen oder bei der Abwicklung von DNA-Analysen zur Anwendung kommt. Dies liegt nicht

nur an Mängeln in der psychiatrischen Diagnostik, sondern in der methodologisch schwierigen Fassbarkeit psychischer Tatbestände.

In mehreren wissenschaftlichen Untersuchungen, die sich mit dem Gesichtspunkt der Zuverlässigkeit und den **Fehlerquellen** psychiatrischer Gutachten befassten, zeigten sich große methodologische und formale Mängel. An Fehlerquellen von Seiten des Gutachters standen oberflächliche Anamnese, schlechte Untersuchungstechnik, mangelnde differenzialdiagnostische Kenntnisse, Festhalten an früheren Diagnosen, Verwechslung von Befunden und Deutungen, voreilige Schlüsse („*Blickdiagnosen*") sowie Voreingenommenheit durch ideologische, emotionale und technikgläubige Daten im Vordergrund. Rasch (1967) beschreibt als ganz spezielle Fehlerquelle das sog. gutachterliche „*Verdammungsurteil*". Es werde dadurch ein von allen humanen Qualitäten entkleidetes Bild der Persönlichkeit entworfen, sodass der Eindruck entstehe, der Gutachter habe seinen Auftrag dahingehend missverstanden, möglichst viele negative Attribute auf den Probanden häufen zu müssen. In manchen Fällen spielen Gefühle der Sympathie oder Antipathie des Gutachters gegenüber dem Untersuchten eine nicht zu unterschätzende Rolle. Mancherorts wird die Gefahr einer Verschiebung der **Rollenidentität** des Sachver-

▣ Tab. 48.6 Fehler bei psychiatrischen Gutachten (nach Nedopil, 2008)

1. Auftragsannahme trotz mangelnder Kompetenz in Bezug auf die Gutachtensfrage

2. Unkritische Durchsicht der Akten

3. Fehler bei der Erhebung der Vorgeschichte:
   - Lücken in der Biografie
   - Auslassen von wichtigen Anamneseteilen, z. B. Sexualanamnese, kriminelle Karriere, Alkohol- und Drogenmissbrauch
   - Nichteinbeziehung früherer Krankengeschichten und Begutachtungen
   - keine Darstellung des subjektiven Erlebens und Empfindens des Probanden

4. Fehler bei der Befunderhebung:
   - unbegründetes Auslassen von Untersuchungen, z. B. körperlicher und neurologischer Untersuchung
   - Verzicht auf Untersuchungsmethoden, die eigentlich angebracht wären, z. B. psychologische Testung bei Minderbegabung, bildgebende Verfahren bei Demenz
   - oberflächliche und schematische Schilderung des psychischen Befundes

5. Wertungsfehler:
   - Fehlen einer verbindlichen klinischen Diagnose
   - Übersehen von differenzialdiagnostischen Schwierigkeiten
   - fehlerhafte Anwendung diagnostischer Begriffe wie Neurose, Psychopathie oder Persönlichkeitsstörung
   - keine Erörterung von Befunden oder Zeugenaussagen, die nicht zu den Wertungen passen
   - Verdecken von Widersprüchen
   - ungenügendes Wissen über den gesetzlichen Hintergrund der Fragestellung
   - Subsumtionsfehler bei der Anwendung der juristischen Krankheitsbegriffe
   - keine mehrstufige Schlussfolgerung
   - fehlende Darlegung des Zusammenhangs von diagnostizierter Störung und Gutachtensfrage
   - fehlende Alternativbeurteilung, obwohl sie geboten wäre
   - Unterlassen therapeutischer und/oder prognostischer Überlegungen, wenn solche angezeigt sind

6. Fehler bei der Darstellung:
   - fehlende Erläuterung der Fachterminologie
   - keine Trennung von Datenerhebung und Wertung
   - Charakterisierung des Probanden lediglich anhand der Tat
   - Tatbewertung (nicht aber Tatzeitpersönlichkeit) als zentraler Beurteilungsfaktor
   - wertende Darstellung der Anamnese und des Befundes

7. Interaktionsfehler:
   - Rollenkonfusion des Gutachters
   - Überidentifikation mit dem Auftraggeber

ständigen zugunsten einer Justizidentität befürchtet. Die Hauptfehlerquellen forensisch-psychiatrischer Gutachten lassen sich nach Anamnese, Befund, Abwehrhaltung und Übernahme von Prozessrollen unterteilen.

Erhebungen von Fehldaten in der Exploration kommen seltener vor, wenn man z. B. von der genauen Terminisierung von durchgemachten Krankheiten oder weniger wichtigen lebensgeschichtlichen Ereignissen absieht. Häufig ist hingegen der Verlust wesentlicher Daten der Vorgeschichte, vor allem durch mangelnde Exploration und Nichtbeziehung

früherer Krankengeschichten und Gutachten. Häufig ist die Beschränkung auf nur einen bestimmten Teil der Vorgeschichte, z. B. auf die Sexual- oder Suchtanamnese.

Die bei der Befundung am häufigsten gemachten Fehler sind das Auslassen der körperlich-neurologischen Untersuchung, das Fehlen wesentlicher Bestandteile des psychischen Befundes, insbesondere der testpsychologischen Ergebnisse, ferner widersprüchliche und sich gegenseitig ausschließende Angaben innerhalb des psychischen Befundes sowie Aufzeichnung von Vermutungen anstelle von Befunden.

Schließlich ergeben sich Fehler, wenn es dem Gutachter nicht gelingt, sich gegenüber dem Probanden neutral zu verhalten. Das Gutachten darf nicht durch Sympathie oder Antipathie beeinflusst werden. Besonders zu beachten hat der Gutachter sog. Übertragungen, die vom Probanden in die Untersuchung eingebracht und vom Gutachter durch Gegenübertragung beantwortet werden. Wenn ein zu begutachtender Jugendlicher beispielsweise dem Sachverständigen wie einem Vater begegnet, läuft dieser Gefahr, dies mit väterlichen Gefühlen zu erwidern und dadurch die erforderliche Unvoreingenommenheit zu verlieren. Hauptaugenmerk jeglicher psychotherapeutischer Ausbildung ist die Erkennung und Reflexion der eigenen emotionalen Einstellung dem Probanden oder Patienten gegenüber und die Regulierung ihres Einflusses auf die

diagnostische, therapeutische oder – in unserem Fall – gutachterliche Beurteilung (◘ Tab. 48.6).

Aus der Analyse von Gutachtenskollektiven zeigt sich, dass sich eine Reihe von negativen, gegen den Probanden gerichteten Affekten in den schriftlichen Gutachten deutlicher niederschlagen als besondere Sympathie, weshalb Heinz (1982) den Ausdruck „Abwehrhaltung" geprägt hat. Probandenbezogene Abwehrhaltungen können, wenn sie unerkannt bleiben, unbeabsichtigte negative Auswirkungen auf die Untersuchung haben. Abgewehrt werden dabei vor allem bestimmte Verhaltensweisen des Gegenübers, was besonders dann – so meinen die Psychoanalytiker – der Fall sein kann, wenn diese mit eigenen uneingestandenen Tendenzen oder unbewältigten Konflikten korrespondieren.

Die Bedeutung rechtsmedizinischer Befunde für die Rechtspsychologie am Beispiel von Prognoseinstrumenten für Sexual- und Gewaltstraftäter

N. C. Habermann

49.1   Hintergrund – 566

49.2   Prognoseinstrumente – 567

49.3   Konfrontation mit rechtsmedizinischen Befunden – 569

49.4   Weitere Anwendungsfelder – 569

49.5   Fazit – 570

M. Grassberger, E. Türk, K. Yen, Klinisch-forensische Medizin,
DOI 10.1007/978-3-211-99468-9_49, © Springer-Verlag Berlin Heidelberg 2013

49.1   Hintergrund

Ziel dieses Beitrags ist, die Bedeutung rechtsmedizinischer Befunde für das kriminalprognostische Gutachten über Sexual- und Gewaltstraftäter sowie für andere Anwendungsfelder der Rechtspsychologie aufzuzeigen. Es wird dafür plädiert, rechtsmedizinisches Grundlagenwissen künftig fest in der akademischen Ausbildung von Rechtspsychologinnen und -psychologen zu verankern.

Zum Verhältnis von Rechtsmedizin und Forensischer Psychiatrie lassen in modernen Lehrbüchern beider Disziplinen erhellende Ausführungen finden. Der Stellenwert der Rechtsmedizin in der **Rechtspsychologie** ist bisher jedoch allenfalls marginal beschrieben worden. Dies könnte damit zusammenhängen, dass Rechtspsychologie (Synonyme: Forensische Psychologie, Kriminalpsychologie) als eigenständiges Fach an den Hochschulen in Deutschland bisher nicht etabliert ist. Lehrstühle für Rechtspsychologie bzw. entsprechende Lehrveranstaltungen finden sich in Deutschland nur vereinzelt und nur im Zusammenhang mit anderen psychologischen Fachbereichen (z. B. Lehrstuhl für Rechtspsychologie, Psychologische Diagnostik und Persönlichkeitspsychologie an der Universität Kiel; vom Lehrstuhl Psychologie I getragenes Vertiefungsfach an der Univ. Erlangen-Nürnberg; Institut für Psychologie, Sozial- und Rechtspsychologie, Univ. Bonn). Auch in der postgradualen Weiterbildung zum „Fachpsychologen für Rechtspsychologie" (Frauen sind hier wie im Folgenden jeweils ausdrücklich mitgemeint), konzipiert von der Föderation Deutscher Psychologenvereinigungen, getragen von der Deutschen Psychologen Akademie, spielt die Rechtsmedizin keine nennenswerte Rolle: Im Curriculum (DPA, 2012) wird sie zwar als eine von fünf „Nachbarwissenschaften" aufgeführt; in der Praxis wurde und wird jedoch keines der angebotenen Seminare von einem Rechtsmediziner veranstaltet bzw. bei keinem der Dozenten ist eine entsprechende Fachkompetenz und Schwerpunktsetzung erkennbar.

Im Zuge des Bologna-Prozesses mit flächendeckender Einführung von Bachelor- und Masterstudiengängen kommt es in jüngster Zeit zu einer Neuordnung akademischer Qualifizierungsmöglichkeiten in Rechtspsychologie, erkennbar an mehreren gegenwärtig laufenden Akkreditierungsverfahren für entsprechende Masterstudiengänge. Die SRH Hochschule Heidelberg bietet als erste deutsche (private) Hochschule voraussichtlich ab Oktober 2012 ein **Masterstudium Rechtspsychologie** an; vergleichbare erste Angebote an staatlichen Hochschulen werden wahrscheinlich nächstes Jahr folgen (z. B. berufsbegleitender Master an der Univ. Bonn). Infolgedessen ist zu erwarten, dass die Rechtspsychologie als international expandierendes Anwendungsfach künftig verstärkt nicht nur originäre curriculare Inhalte, sondern auch ihr Verhältnis zu den unmittelbar angrenzenden Disziplinen bzw. Nachbarwissenschaften (re-)definieren wird. Dies betrifft insbesondere ihr Verhältnis zur Forensischen Psychiatrie, Kriminologie, Kriminalistik, Rechtssoziologie und Rechtsmedizin.

Ohne hier die Frage klären zu können, warum die Rechtsmedizin in der Ausbildung von Rechtspsychologen bisher keine oder allenfalls eine untergeordnete Rolle spielte, ist zu konstatieren, dass hier eine erhebliche Lücke klafft. Denn in der Praxis sind Psychologen, die Begutachtungen vornehmen, in verschiedenen Rechtsgebieten (z. B. Straf-, Zivil-, Familien-, Verkehrsrecht) häufig mit rechtsmedizinischen Befunden konfrontiert, die für das Gutachtenergebnis relevant sein können.

Da das umfassende Aktenstudium mittlerweile zu den sog. **„Mindestanforderungen für Prognosegutachten"** zählt (vgl. Boetticher et al., 2006), führt an der Sichtung, Analyse und korrekten Interpretation rechtsmedizinischer Befunde durch den forensisch-psychologischen Sachverständigen kein Weg vorbei. Wenngleich die Nichtbeachtung der Mindestanforderungen im Einzelfall noch keinen Rechtsfehler begründet, stellt ein bewusster oder fahrlässiger Verzicht des Gutachters auf die Sichtung und Auswertung nachweislich vorhandener bzw. grundsätzlich beschaff- und einsehbarer rechtsmedizinischer Befunde zu den (vermeintlichen) Tatbeteiligten (Täter und/oder Opfer) in jedem Fall ein Versäumnis dar, welches das Gutachten juristisch angreifbar macht.

Insbesondere in der **kriminalprognostischen Begutachtung von Sexual- und Gewaltstraftätern** – z. B. mit dem Auftrag einer Lockerungs-, oder mittelfristigen Rückfallprognose – finden sich in den Akten in vielen Fällen rechtsmedizinische Untersuchungsergebnisse, die für das Gutachten von erheblicher Bedeutung sein können (z. B. Art und Ausmaß von Verletzungen des Opfers oder der Suchtmittelintoxikation des Täters zum Tatzeitpunkt). Denn gerade für Delikte, bei denen eine Person attackiert und körperlich geschädigt oder ein entsprechender Versuch unternommen wurde, kommt rechtsmedizinischen Befunden der Stellenwert weitgehend objektivierter Tatsachen zu, mit denen der Täter oder Tatverdächtige vom psychologischen Gutachter in der Exploration auch konfrontiert werden sollte. Art und Weise der wahrnehmbaren psychischen Reaktionen des begutachteten Probanden auf den Vorhalt derartiger Tatsachen (z. B. Bagatellisierung, Leugnung, Beschuldigung des Opfers, Reue, Schuld- und Schamgefühle, Empathie) erlauben Rückschlüsse auf die Täterpersönlichkeit, deren Beschreibung und Erklärung zentraler Baustein der Prognose ist.

49.2 Prognoseinstrumente

Zu einem wichtigen Bestandteil kriminalprognostischer Gutachten ist besonders in den letzten 15 Jahren die Anwendung sog. **Prognoseinstrumente** geworden (vgl. Dahle, 2008a, 2008b). Zu den bekanntesten und in Deutschland am häufigsten verwendeten standardisierten Instrumenten speziell für Sexual- und Gewaltstraftäter zählen:

- Psychopathy Checklist – Revised (**PCL-R**; Hare, 2006)
- Historical-Clinical-Risk-Management 20 Item-Schema (**HCR-20**; Müller-Isberner et al. 1998)
- Sexual-Violence-Risk-20 Schema (**SVR-20**; Müller-Isberner et al., 2000)
- **Static-99** (Hanson & Thornton, 1999)
- Violence Risk Appraisal Guide (**VRAG**; Quinsey et al., 2006)
- Sex Offender Risk Appraisal Guide (**SORAG**; Quinsey et al., 2006).

Jedes dieser Instrumente hat Besonderheiten, doch in einer Gesamtbetrachtung lassen sich auch viele Gemeinsamkeiten hinsichtlich der Auswahl, Definition und Operationalisierung maßgeblicher Risikofaktoren feststellen (vgl. Nedopil, 2005). Im Folgenden wird beispielhaft dargelegt, wie rechtsmedizinische Befunde dazu beitragen können, die Ausprägung bestimmter Risikofaktoren zu beurteilen:

- Im VRAG/SORAG fordert eines der 12 Items dazu auf, „**Alkoholprobleme in der Vorgeschichte**" zu bewerten. Für folgende Feststellungen ist je 1 Punkt zu vergeben: Alkoholmissbrauch eines biologischen Elternteils, Alkoholprobleme als Teenager, Alkoholprobleme als Erwachsener, Alkohol in einem früheren Delikt involviert, Alkohol im Indexdelikt involviert. Bei 3 oder mehr Punkten fällt dieser Faktor negativ (d. h. prognostisch ungünstig) ins Gewicht. Rechtsmedizinische Befunde können dazu beitragen, mindestens die letzten drei Fragen zu validieren, sodass alleine aus diesen objektivierten Befunden die Prognose eines erhöhten Rückfallrisikos resultieren könnte – auch wenn der Proband selber (was in der Praxis häufig der Fall ist) Alkoholprobleme minimiert oder leugnet.

- Ein anderes Item des VRAG zielt auf den „**Verletzungsgrad des Opfers/der Opfer**", wobei nur für das Index-Delikt die schwerwiegendste Verletzung gewertet wird. Die Antwortkategorien erlauben eine Unterscheidung zwischen Tod des Opfers, Hospitalisierung, Behandlung und Entlassung sowie keine oder nur leichte Verletzungen. Paradoxerweise führen hierbei schwerere Verletzungen zu einem niedrigeren Punktwert und damit zu einer günstigeren Prognose, was inhaltlich schwer nachvollziehbar, statistisch aber gut begründet ist. Sofern sich bezüglich des Verletzungsgrades widersprüchliche Aussagen ergeben, kann der Anwender des Instruments seine Einschätzung am besten (validesten) aus der rechtsmedizinischen Untersuchung des Opfers ableiten.

- Im SORAG wird erhoben, ob **phallometrische Testergebnisse** auf deviante sexuelle Interessen hinweisen. Gutachter und Therapeuten, die sich für solche Befunde interessieren, brauchen einen Arbeitspartner, der über das entsprechende Inventar verfügt, z. B. ein rechtsmedizinisches Institut.

- Das SVR-20 erfasst ebenfalls eine Substanzproblematik und physische Verletzungen der Opfer, zielt mit anderen Items aber noch stärker auf Besonderheiten der Sexualität des Täters und des Sexualdelikts ab. Es wird z. B. erfasst, ob der Proband selber „**Opfer von Missbrauch,**

Misshandlung oder Vernachlässigung" war. In der Exploration von Tätern ist dies meistens eine heikle Frage, die oft ausweichend oder abwehrend beantwortet wird, sodass sich dieses Item selten valide beurteilen lässt. In manchen Fällen sind die Probanden jedoch als Kinder/Jugendliche nach Anzeige entsprechender Vorkommnisse (rechts-)medizinisch untersucht worden, sodass sich daraus validere Hinweise für Art und Ausmaß eigener Opfererfahrungen ergeben.

– Weitere Items des SVR-20 beschäftigen sich mit risikoassoziierten Aspekten der sexuellen Delinquenz. Sofern hier nach einer **„hohen Deliktfrequenz"**, **„multiplen Formen der Sexualdelinquenz"** und einer **„Zunahme der Deliktfrequenz oder -schwere"** gefragt wird, können die Ergebnisse rechtsmedizinischer Untersuchungen, die Aufschluss über körperliche und psychische, kurz- und längerfristige aus den Übergriffen resultierende Schäden bei den Opfern geben, den Beurteilungen dieser Risikofaktoren zugrunde gelegt werden.

– Das Static-99 zielt mittels rein aktenbasierter Erfassung der einschlägigen, gewalttätigen und allgemeinen Vordelinquenz, Merkmalen der/des Opfer/s sowie des Alters und Partnerschaftsstatus des Probanden auf die Einschätzung der Basiswahrscheinlichkeit sexueller und gewalttätiger Rückfälle. Hier können Befunde aus der rechtsmedizinischen Untersuchung geschädigter Personen besonders zur Beantwortung der Frage beitragen, ob sich beim Anlassdelikt **sexuelle und nichtsexuelle Gewalthandlungen** unterscheiden lassen (was prognostisch ungünstig ins Gewicht fällt).

Neben den aufgeführten Prognoseinstrumenten, die als derzeitiger **„State of the Art"** zur Überprüfung von Risikofaktoren bei Sexual- und Gewaltstraftätern angesehen werden können, gibt es zahlreiche weitere – teilweise in Entwicklung oder Erprobung an deutschen Stichproben befindliche – Instrumente, deren Einsatz im Einzelfall im Ermessen des prognostischen Gutachters liegt, der seine Auswahl stets begründen können sollte (zur Übersicht vgl. Dahle et al., 2007). Exemplarisch werden hier zwei weitere Instrumente aufgeführt, deren Anwendung besonders

bei sehr schweren bzw. motivational schwer verständlichen Sexual-/Gewalt-/Tötungsdelikten sinnvoll sein kann und für die rechtsmedizinische Befunde eine wichtige Basis zur Beurteilung prognostisch relevanter Merkmale darstellen können:

Von FBI-Mitarbeitern wurde bereits Anfang der 1980er Jahre ein dichotomes Modell zur Unterscheidung **organisierter vs. desorganisierter Sexual(serien)mörder** entwickelt (Hazlewood & Douglas, 1980). Neben Erfassung psychosozialer Merkmale aus der Vorgeschichte werden im Schwerpunkt zahlreiche Deliktcharakteristika einschließlich des Nachtatverhaltens erhoben. Hier können rechtsmedizinische Befunde direkt und indirekt zur Beurteilung der Merkmale und somit zur korrekten Klassifikation beitragen. Zu den direkt aufgrund rechtsmedizinischer Befunde beurteilbaren Merkmalen gehören z. B. Fragen nach dem Grad der Alkoholisierung des Täters, dem Waffengebrauch, der Benutzung von Fesseln, postmortalen Manipulationen am Opfer sowie aggressiven/sexuellen Akten vor, während oder nach der Tötung. Indirekt aus rechtsmedizinischen Ergebnissen hervorgehen könnten die Beurteilung des Planungsgrads deliktischer Handlungen, einer Depersonalisierung oder Erniedrigung des Opfers sowie eines kontrollierten vs. ängstlichen oder zufälligen Tatverhaltens.

Das **FOTRES** (Forensisches Operationalisiertes Therapie-Risiko-Evaluations-System; Urbaniok, 2007) ist ein komplexes, computerbasiertes Risk-Assessment-Instrument, das durch eine hohe Anzahl von Items den Einzelfall möglichst differenziert abbilden soll. Zentral ist dafür eine Hypothese des Anwenders zum Deliktmechanismus. Wesentlich umfangreicher und differenzierter als in allen anderen Instrumenten wird hiermit im Zusammenhang mit dem strukturellen Rückfallrisiko u. a. das **„Tatmuster"** erfasst. Diesbezüglich wird postuliert, dass sich aufgrund tatbezogener Informationen Plausibilitätsannahmen über Motivationshintergründe und Persönlichkeitsdispositionen anstellen lassen bzw. die Tat eine direkte und authentische „Aussage" des Täters über sein Tatverhalten und den Deliktmechanismus sei. In die Berechnung des „Tatmusters" gehen skalierte Beurteilungen von z. B. Tatausgestaltung, Waffeneinsatz, Gewaltbereitschaft, Sadismus, Tötungsbereitschaft, Entschlossenheit zur Tat, Progredienz und Permanenz sowie den Tatumständen ein. Für alle diese tatmusterassoziierten Elemente können Befunde aus rechtsmedizinischen Untersuchungen hoch relevante Informationen erbringen.

49.3 Konfrontation mit rechtsmedizinischen Befunden

Obige Beispiele mögen ausreichen, um zu verdeutlichen, wie sich rechtsmedizinische Untersuchungsergebnisse in Form von objektivierten Feststellungen zum Tatverhalten und zu den Tatbeteiligten *direkt* in Ausprägungen bzw. Gewichtungen von prognostisch relevanten Risikofaktoren niederschlagen können. Darüber hinaus können rechtsmedizinische Befunde auch *indirekt* für die Einschätzung von Risikofaktoren herangezogen werden, die mehr auf psychopathologische Auffälligkeiten eines Probanden abzielen, wie es z. B. in der PCL-R der Fall ist. Mit diesem international gebräuchlichen Instrument zur Erfassung des Konstrukts **„Psychopathy"**, das stark mit Rückfälligkeit assoziiert ist, werden z. B. Phänomene wie ein „erheblich übersteigertes Selbstwertgefühl", „pathologisches Lügen", ein „Mangel an Gewissensbissen oder Schuldbewusstsein", „Gefühlskälte oder ein Mangel an Empathie" oder eine „mangelnde Bereitschaft oder Fähigkeit, Verantwortung für das eigene Handeln zu übernehmen" erfasst. Derartige Items können schwerlich direkt erfragt werden, sondern für die Beurteilung als (teilweise) vorhanden müssen aus verschiedenen Quellen über verschiedene Situationen hinweg Hinweise für entsprechende Besonderheiten im Erleben und Verhalten des Probanden vorliegen. Die Konfrontation mit aus den Akten entnommenen Befunden ist eine der wichtigsten Methoden des psychologischen Gutachters, um besondere psychische Reaktionen des prognostisch begutachteten Probanden in der Untersuchungssituation unmittelbar festzustellen. Rechtsmedizinische Befunde gehören neben (bzw. im Zusammenhang mit) den Ergebnissen kriminalpolizeilicher Ermittlungen zu den „härtesten Fakten", die Gutachter in der Exploration gezielt einsetzen können, um bei Probanden Gefühle hervorzurufen. Erfahrene Gutachter wissen, dass gerade das Ansprechen – bzw. bei Minimierung oder Leugnung der Vorhalt – von zweifelsfreien deliktassoziierten Befunden, z. B. zu schweren Verletzungen des Opfers

oder zur Intoxikation zum Tatzeitpunkt, bei Probanden starke **emotionale Reaktionen** auslösen können. Gerade bei „psychopathischen" Tätern, die sich selbst unter Stress noch beherrscht und kontrolliert zeigen, lassen sich bei konsequenter Konfrontation mit ihrem Tatverhalten in vielen Fällen Reaktionen beobachten, die zumindest kurz „hinter die Fassade" blicken lassen. Diese Reaktionen genau zu beobachten und richtig zu interpretieren ist umso wichtiger, je deutlicher die Tat an sich auf persönlichkeitsstrukturelle Besonderheiten hinweist, wie es z. B. bei aggressiv-impulsiven oder sexuell-sadistischen Delikten oder einem „Overkill" (deutlich mehr als das zur Tötung „notwendige" Maß an Gewalt wird aufgewendet) der Fall ist.

Zusammengenommen wird deutlich, dass die Kriminalprognose in Bezug auf Sexual- und Gewaltdelikte im Hinblick auf sowohl **Tatverhalten** als auch die **Täterpersönlichkeit** von rechtsmedizinischen Befunden profitieren kann. Grundsätzlich liefern rechtsmedizinische Befunde zu den Tatbeteiligten – vermeintliche wie tatsächliche Täter und Opfer – einen wertvollen, oft unverzichtbaren Hintergrund zur Validierung inkriminierter, eingestandener oder (teilweise) geleugneter tatassoziierter Handlungen durch den psychologischen Sachverständigen. Insbesondere für die Beurteilung der subjektiven Einlassungen eines Probanden zum Tatverhalten sind rechtsmedizinische Befunde von großem Nutzen.

49.4 Weitere Anwendungsfelder

Abschließend soll der Blickwinkel über den skizzierten Beitrag der Rechtsmedizin zur Kriminalprognose hinaus mit Blick auf weitere populäre praktische Anwendungsfelder der Rechtspsychologie noch etwas erweitert werden. Im Bereich der sog. **Glaubhaftigkeitsbegutachtung** bzw. in der **Aussagepsychologie** spielen rechtsmedizinische Befunde mitunter eine gewichtige Rolle für das Ergebnis des psychologischen Gutachtens. Hintergrund solcher Gutachtenaufträge ist in der Regel eine Situation, in der es „Aussage gegen Aussage" steht; z. B. beschuldigt Frau X den ihr flüchtig bekannten Herrn Y, sie vergewaltigt zu haben. Herr Y bestreitet dies. Da Frau X sich in ihren Aussagen bei der Polizei in Widersprüche verstrickt und sich herausstellt, dass sie vor dem in Rede stehenden Delikt mehrmals einvernehmlich mit Herrn Y Sex gehabt hat, wird ein Glaubhaftigkeitsgutachten in Auftrag gegeben. Im Idealfall kann der Gutachter auf tatzeitnahe rechtsmedizinische Befunde der Untersuchung des vermeintlichen Opfers wie auch des Beschuldigten zugreifen (z. B. Art und Schwere eventueller Verletzungen, fundierte Hypothesen zum Zeitpunkt und zur Art der Entstehung, Grad der Alkoholisierung, „beiläufige" Bemerkungen zum subjektiven Tatgeschehen während der Untersuchung) und daraus Erkenntnisse gewinnen, die er seinen Alternativhypothesen zugrunde legt, bevor er mit der aussagepsychologischen Untersuchung der vermeintlich Geschädigten beginnt.

Bei familienrechtlichen Fragestellungen, z. B. zum **Umgangs- oder Sorgerecht**, stößt der rechtspsychologische Sachverständige mitunter auf rechtsmedizinische Befunde zu fraglichem **Kindesmissbrauch** durch ein Elternteil, was ebenfalls von großer Bedeutung für die Hypothesenbildung und somit für das Gutachtenergebnis sein kann. Auch Ergebnisse einer von Seiten der Rechtsmedizin vorgenommenen **Abstammungs-(Vaterschafts-)Begutachtung** sind für die Beantwortung derartiger Fragestellungen mitunter sehr relevant.

In der **Verkehrspsychologie** (Stichwort MPU – Medizinisch-Psychologische Untersuchung) und bei **waffenrechtlichen Begutachtungen** (z. B. wenn die zuständige Waffenbehörde nach § 6 Abs. 2 des WaffG Zweifel an der „persönlichen Eignung" zum Umgang mit Waffen und Munition ausgesprochen hat) sind wiederum rechtsmedizinische Befunde von Bedeutung, die einen etwaigen Suchtmittelmissbrauch mit hoher Wahrscheinlichkeit belegen bzw. ausschließen.

Eine besonders enge Schnittmenge zwischen Rechtsmedizin, Rechtspsychologie und weiteren deliktfokussierten Disziplinen (Polizei, Forensische Psychiatrie, Kriminologie) findet sich mit Blick auf die sog. **„Tathergangsanalyse"** bzw. **„Operative Fallanalyse"**, bei der es sich kurz gesagt um eine Adaption und Weiterentwicklung des ursprünglich aus den USA stammenden „Profiling" handelt (vgl. Hofmann & Musolff, 2000). Bei dieser Methode geht es darum, von dem am Tatort gezeigten Verhalten bzw. dem (rekonstruierten) Tathergang Rückschlüsse auf die Person des Täters bzw. die Täterpersönlichkeit zu ziehen und damit die polizeiliche Ermittlungsarbeit zu unterstützen. Die in diesem nach wie vor sehr kleinen, von wenigen Experten besetzten Anwendungsfeld zu beobachtende „konkurrenzlose bzw. synergetische Interdisziplinarität" kann Vorbild sein für das Zusammenfinden aller sich mit forensischen Fragestellungen befassenden Disziplinen auch in anderen Bereichen, ohne dabei die jeweilige Originalität aufzugeben.

49.5   Fazit

Obige Ausführungen legen die Schlussfolgerung nahe, dass die Rechtsmedizin in der Ausbildung von Rechtspsychologen in Deutschland künftig einen höheren Stellenwert einnehmen sollte, als dies in der Vergangenheit der Fall war, z. B. in Form eines fest im Lehrplan verankerten eigenen Moduls, das ein Rechtsmediziner durchführt.

Speziell im Bereich der Gefährlichkeitseinschätzung von Sexual- und Gewaltstraftätern liefert die Rechtsmedizin mit ihren vielfältigen Möglichkeiten, aus der Untersuchung der Tatbeteiligten und des Tatortes das Tatverhalten oder zumindest entscheidende Sequenzen mit geringer Fehlerwahrscheinlichkeit zu rekonstruieren, dem forensisch-psychologischen Sachverständigen eine wichtige Stütze für die Beurteilung bestimmter Risikofaktoren und damit für die Kriminalprognose an sich.

Anhang

Verwendete und weiterführende Literatur – 572

Anhang A – 593

Untersuchungsbogen für die erweiterte Verletzungsdokumentation – 593

Untersuchungsbogen für Opfer nach Sexualdelikt – 597

PEP-Dokumentationsbogen – 601

Anhang B – 603

Zuweisung an die Kinderschutzgruppe – 603

Meldung an den Jugendwohlfahrtsträger
über Gewalt an einem Kind oder Jugendlichen – 605

Dokumentation der Kinderschutzgruppe – 607

Zusammenfassende Beurteilung der Kinderschutzgruppe – 610

Anhang C – 612

Orientierungshilfe zur Interpretation medizinischer Befunde
in Verdachtsfällen von sexuellem Kindesmissbrauch (sog. „Adams-Schema") – 612

Anhang D – 615

Körperschema Kopf – 615

Körperschema Frau – 616

Körperschema Mann – 617

Körperschema Mädchen – 618

Körperschema Junge – 619

Körperschema Hände – 620

Körperschema Füße – 621

Körperschema Fußsohlen – 622

Körperschema weibliches Genitale – 623

Körperschema männliches Genitale – 623

Sachverzeichnis – 625

Autorenverzeichnis – 639

M. Grassberger, E. Türk, K. Yen, Klinisch-forensische Medizin,
DOI 10.1007/978-3-211-99468-9, © Springer-Verlag Berlin Heidelberg 2013

Verwendete und weiterführende Literatur

1. Geschichte und Aufgabenfelder der klinischen Rechtsmedizin

Constitutio Criminalis Theresiana (1769). Reprint der „Beylagen" aus der Originalausgabe. Heidelberg: Kriminalstik-Verlag (1986), S V–XII

Du Chesne A (2003) Begutachtungsprobleme bei indirekter Kopf-Hals-Beschleunigung im Low-velocity-Bereich. In: Brinkmann B, Madea B (eds) Handbuch gerichtliche Medizin 1. Springer, Berlin, Heidelberg, New York, pp 472–478

Geserick G, Schmeling A (2011) Qualitätssicherung der forensischen Altersdiagnostik bei lebenden Personen. Rechtsmedizin 21:22–25

Händel K (2003) Paolo Zacchia – der geistige Vater der Rechtsmedizin. Arch Kriminol 212:65–73

Herrmann B, Dettmeyer R, Banaschak S, Thyen U (2010) Kindesmisshandlung – Medizinische Diagnostik, Intervention und rechtliche Grundlagen, 2nd edn. Springer, Heidelberg, Berlin, New York

v Hofmann E, Haberda A (1927) Lehrbuch der gerichtlichen Medizin, 11th edn. vol. 1. Urban & Schwarzenberg, Berlin Wien, pp 31–274

Klein A, Rommeiß S, Fischbacher C, Jagemann K-U, Danzer K (1995) Estimating the age of hematomas in living subjects based on spectrometric measurements. In: Oehmichen M, Kirchner H (eds) The wound healing process – forensic pathological aspects. Schmidt-Römhild, Lübeck, pp 283–291

Kratter J (1912) Lehrbuch der gerichtlichen Medizin. Enke, Stuttgart

Lochte T (1913) Über Selbstverletzungen. Vierteljahrsschr Gerichtl Med III F 45 (Suppl):261–277

Mallach HJ (1996) Geschichte der Gerichtlichen Medizin im deutschsprachigen Raum. Schmidt-Römhild, Lübeck, pp 14–25

v Neureiter F (1935) Anfänge der gerichtlichen Medizin nach den Stadtrechten des deutschen Mittelalters. Dtsch Z Ges Gerichtl Med 24:1–7

Oehmichen M (ed) (1998) Maltreatment and Torture. Research in Legal Medicine. vol. 19. Schmidt-Römhild, Lübeck

Pollak S (2000) Die Rechtsmedizin als Anwalt einer humanen Gesellschaft. In: Villinger I, Riescher G, Rüland J (eds) Politik und Verantwortung. Festgabe für Wolfgang Jäger. Rombach, Freiburg, pp 391–396

Pollak S (2004) Ein Jahrhundert Deutsche Gesellschaft für gerichtliche Medizin sive Rechtsmedizin. Arch Kriminol 214:129–140

Pollak S (2004) Klinische Rechtsmedizin. In: Madea B (ed) 100 Jahre Deutsche Gesellschaft für Gerichtliche Medizin/Rechtsmedizin. Eigenverlag, Heidelberg, pp 870–903

Pollak S (2004) Körperverletzung. In: Brinkmann B, Madea B (eds) Handbuch gerichtliche Medizin. vol. 1. Springer, Berlin, Heidelberg, New York, pp 1267–1293

Pollak S (2004) Verletzung durch eigene oder fremde Hand. In: Brinkmann B, Madea B (eds) Handbuch gerichtliche Medizin. vol. 1. Springer, Berlin, Heidelberg, New York, pp 250–257

Pollak S (2004) Vortäuschung einer Straftat. In: Brinkmann B, Madea B (eds) Handbuch gerichtliche Medizin. vol. 1. Springer, Berlin, Heidelberg, New York, pp 1230–1238

Pollak S, Saukko PJ (2000) Clinical forensic medicine. Overview. In: Siegel JA, Saukko PJ, Knupfer GC (eds) Encyclopedia of Forensic Sciences. Academic Press, London, pp 362–368

Pollak S, Saukko PJ (2000) Defense wounds. In: Siegel JA, Saukko PJ, Knupfer GC (eds) Encyclopedia of Forensic Sciences. Academic Press, London, pp 374–378

Pollak S, Saukko PJ (2000) Self-inflicted injury. In: Siegel JA, Saukko PJ, Knupfer GC (eds) Encyclopedia of Forensic Sciences. vol. 1. Academic Press, London, pp 391–397

Pollak S, Saukko P (2003) Clinical forensic medicine. In: Atlas of Forensic Medicine (CD-ROM). vol. 19. Elsevier, Amsterdam

Püschel K (2004) Kindesmisshandlung. In: Brinkmann B, Madea B (eds) Handbuch gerichtliche Medizin. vol. 1. Springer, Berlin, Heidelberg, New York, pp 1153–1170

Reuter F (1911) Die Selbstbeschädigung und ihre forensische Beurteilung. Beitr Gerichtl Med 1:192–221

Schmeling A, Püschel K (2011) Forensische Altersdiagnostik. Teil 2: Juristische Grundlagen und aktuelle Entwicklungen. Rechtsmedizin 21:5–6

Schmidt O (1953) Gerichtliche Medizin in den ersten geschriebenen Rechten germanischer Stämme. Dtsch Z Ges Gerichtl Med 42:121–132

Strassmann F (1906) Verhandlungen der I. Tagung der Deutschen Gesellschaft für gerichtliche Medizin in Meran, 25.–28. September 1905. Vierteljahrsschr Gerichtl Med 3 F 31:205–217

Strassmann F (1910) Merkmale der behufs Vortäuschung fremden Angriffs bewirkten Selbstverletzungen. Vierteljahrsschr Gerichtl Med 3 F 39 (Suppl):3–16

Trube-Becker E (1964) Die Kindesmißhandlung in gerichtsmedizinischer Sicht. Dtsch Z Ges Gerichtl Med 55:173–183

Trube-Becker E (1987) Gewalt gegen das Kind, 2nd edn. Kriminalistik Verlag, Heidelberg

Trube-Becker E (1992) Mißbrauchte Kinder. Kriminalistik Verlag, Heidelberg

Wagner H (2000) Forensische Gerontologie – Bilanz und Prognose. Rechtsmedizin 10:45–50

Walcher K (1932) Über die örtliche Wirkung von Schlägen mit Stöcken, Ruten und dergleichen, mit besonderer Berücksichtigung des Auftretens von Doppelstreifen. Beitr Gerichtl Med 12:98–107

Werkgartner A (1938) Zur Bestimmung der stumpfen Hiebwerkzeuge aus dem Wundbefunde. Beitr Gerichtl Med 14:66–97

Ziemke E (1929) Über Kindesmißhandlungen und ihre rechtliche und soziale Bedeutung. Dtsch Z Ges Gerichtl Med 13:159–176

2. Phänomen Gewalt

Aebi MF et al (2010) European Sourcebook of Crime and Criminal Justice Statistics – 2010, 4th edn. Boom Juridische uitgevers, Den Haag

Harrendorf S (2007) Rückfälligkeit und kriminelle Karriere von Gewalttätern. Ergebnisse einer bundesweiten Rückfalluntersuchung. Göttinger Studien zu den Kriminalwissenschaften. vol. 1. Universitätsverlag, Göttingen

Haymoz S, Markwalder N, Lucia S, Killias M (2008) Kriminalitätsentwicklung in der Schweiz: Alles nur halb so schlimm? Crimiscope. vol. 37 & 38. UNIL, Lausanne

Heinz W (2010) Gewaltkriminalität in Deutschland – Mythen und Fakten. In: Lange H, Leffler T (eds) Kämpfen-lernen als Gelegenheit zur Gewaltprävention?!: Interdisziplinäre Analysen zu den Problemen der Gewaltthematik und den präventiven Möglichkeiten des „Kämpfen-lernens". Schneider Verlag, Baltmannsweiler, pp 11–76

Jehle J-M, Albrecht H-J, Hohmann-Fricke S, Tetal C (2010) Legalbewährung nach strafrechtlichen Sanktionen. Eine bundesweite Rückfalluntersuchung 2004 bis 2007. Forum Verlag Godesberg GmbH, Mönchengladbach

Schwind H-D, Baumann J, Schneider U, Winter M (1990) Gewalt in der Bundesrepublik Deutschland. Endgutachten der Regierungskommission zur Verhinderung und Bekämpfung von Gewalt. In: Schwind H-D, Baumann J (eds) Ursachen, Prävention und Kontrolle von Gewalt. vol. 1. Duncker und Humblot, Berlin, pp 1–286

Schwind H (2010) Kriminologie. Eine praxisorientierte Einführung mit Beispielen, 20th edn. Kriminalistik Verlag, Heidelberg

Van Dijk J (2008) The World of Crime. Breaking the Silence on Problems of Security, Justice, and Development Across the World. Sage Publications, Los Angeles

Walter M (2007) Gewaltkriminalität. In: Schneider HJ (ed) Grundlagen der Kriminologie. Internationales Handbuch der Kriminologie, vol. 1. De Gruyter Recht, Berlin, pp 551–585

3. Grundzüge der Verletzungsbegutachtung aus rechtsmedizinischer Sicht

Dettmeyer R, Madea B (2003) Sachverständigenrecht, Begutachtungsfragen, Versicherungsmedizin. In: Madea B, Brinkmann B (eds) Handbuch gerichtliche Medizin. vol. 2. Springer-Verlag, Berlin, Heidelberg, New York

Kauert G, Mebs D, Schmidt P (2006) Kausalität: Forensische Medizin, Toxikologie, Biologie, Biomechanik und Recht. Berliner Wissenschafts-Verlag

4. Klinisch-forensische Begutachtung im Deutschen Strafrecht aus juristischer Sicht

Albert I (2008) Innerfamiliäre Gewalt gegen Kinder. Würzburger Schriften zur Kriminalwissenschaft. vol. 27. Internationaler Verlag der Wissenschaften, Frankfurt a.M.

Arbeitsgemeinschaft Medizinrecht in der Deutschen Gesellschaft für Gynäkologie und Geburtshilfe (AGMedR der DGGG) Stellungnahme zur Rechtsfragen bei der Behandlung Minderjähriger, Stand: September 2006

Bohne S (2005) Die Rechtsstellung des Verletzten im Ermittlungsverfahren. Kriminalistik :166–174

(2006) Medizinische Maßnahmen zum Zwecke der Beweissicherung. In: Dettmeyer R (ed) Medizin & Recht, 2nd edn. Springer-Verlag, Berlin, Heidelberg, New York, pp 311–336

Dettmeyer R (2012) Kindesmissbrauch und Opferentschädigung – aus medizinischer Sicht. Der Medizinische Sachverständige 108:63–68

Dettmeyer R (2005) Prüfungsmodalitäten der Gewahrsamstauglichkeit. Internistische praxis 45:909–910

Dettmeyer R, Zedler B, Bratzke H, Flaig B, Parzeller M (2010) Ausgewählte verfahrensrechtliche Aspekte bei Gewalt gegen Minderjährige. Rechtsmedizin 20:200–210

Deutsche Akademie für Kinder- und Jugendmedizin e.V. (DAKJ) und Arbeitsgemeinschaft Kinderschutz in der Medizin (AG KiM) Empfehlungen für Kinderschutz an Kliniken. Stand: 08.12.2010. www.dakj.de

Doering-Striening G (1998) Begutachtung der Folgen von Vergewaltigungen – aus juristischer Sicht. Med Sach 94:87–90

Eidam L (2006) Die strafprozessuale Selbstbelastungsfreiheit am Beginn des 21. Jahrhunderts. Frankfurter kriminalwissenschaftliche Studien. vol. 97. Europäischer Verlag der Wissenschaften, Frankfurt a.M.

Eisenhardt U (2006) Das nemo-tenetur-Prinzip: Grenzen körperlicher Untersuchungen beim Beschuldigten am Beispiel des § 81a StPO. Frankfurter Kriminalwissenschaftliche Studien 99. Internationaler Verlag der Wissenschaften, Frankfurt a.M.

Fischer R, Gauggel S, Lämmler G (1994) Möglichkeiten neuropsychologischer Prüfung der Verteidigungsfähigkeit. NStZ 7:316–321

Geerds F (1991) Aufgaben und Probleme des Rechtsmediziners in Strafsachen. Arch Krim 187:28–38

Jung H (2000) Strahlenrisiken durch Röntgenuntersuchungen zur Altersschätzung im Strafverfahren. Fortschr Röntgenstr 172:553–556

Heide S, Stiller D, Kleiber M, Henn V (2005) Ärztliche Beurteilung der Gewahrsamstauglichkeit. Dtsch Med Wschr 130:1648–1652

Herrmann B, Dettmeyer R, Banaschak S, Thyen U (2010) Kindesmisshandlung – Medizinische Diagnostik, Intervention und rechtliche Grundlagen, 2nd edn. Springer-Verlag, Heidelberg

Lesting W (1992) Die Belehrungspflicht des psychiatrischen Sachverständigen über das Schweigerecht des Probanden. Recht & Psychiatrie 10:11–16

Mayer M (1990) Die Entnahme einer Blutprobe nach §§ 81a, 81c StPO zum Zwecke der Feststellung einer AIDS-Infizierung. JR Heft 9:358–364

Nevermann-Jaskolla U (2004) Das Kind als Opferzeuge im Strafverfahren. Würzburger Schriften zur Kriminalwissenschaft. vol. 15. Internationaler Verlag der Wissenschaften, Frankfurt a.M.

Parzeller M, Dettmeyer R, Bratzke H, Zedler B (2010) Körperliche Misshandlung und sexueller Missbrauch von Kindern und Jugendlichen. Rechtsmedizin 20:155–166

Parzeller M, Dettmeyer R, Flaig B, Zedler B, Bratzke H (2010) Straftaten gegen die sexuelle Selbstbestimmung und gegen die persönliche Freiheit von Kindern und Jugendlichen. Rechtsmedizin 20:188–199

Parzeller M, Zedler B, Bratzke H, Dettmeyer R (2010) Körperverletzung, Aussetzung und Verletzung der Fürsorgepflicht gegenüber Kindern. Strafrechtliche Aspekte anhand höchstrichterlicher Rechtsprechung. Rechtsmedizin 20:179–187

Parzeller M, Zedler B, Bratzke H, Dettmeyer R (2010) Tödliche Gewalt gegen Kinder. Strafrechtliche Aspekte anhand einschlägiger höchstrichterlicher Rechtsprechung. Rechtsmedizin 20:167–178

(2007) Richtlinien für das Strafverfahren und das Bußgeldverfahren (RiStBV). In: Meyer-Goßner L (ed) Strafprozessordnung – Kommentar, 50th edn. Verlag C.H. Beck

Rothschild MA (2005) Gewahrsamstauglichkeit, Vernehmungsfähigkeit, Verhandlungsfähigkeit. Rechtsmedizin 15:177–187

Schmidt P, Orlopp K, Dettmeyer R, Madea B (2002) Zur praktischen Anwendung des Injury Severity Score (ISS) in der forensischen Begutachtung. Arch Krim 210:172–177

Saternus KS (2000) Polizeilich angeordnete Blutentnahme. Internist 41:165–167

Schmeling A, Geserick G, Kaatsch HJ, Marre B, Reisinger W, Riepert T, Ritz-timme S, Rösing FW, Rötscher K (2001) Die Schätzung des Lebensalters. Empfehlungen für die Altersdiagnostik bei Lebenden im Strafverfahren. Kriminalistik (6):428–429

Schmeling A, Reisinger W, Wormanns D, Geserick G (2000) Strahlenexposition bei Röntgenuntersuchungen zur forensischen Altersschätzung Lebender. Rechtsmedizin 10:135–137

5. Klinisch-forensische Begutachtung im Deutschen Zivilprozess aus juristischer Sicht

Albrecht PA, Unger EM (2006) Strafrechtliche Kausalität: Vom Ende einer dogmatischen Leitfigur durch Informalisierung und Erosion des Rechts. In: Kauert G, Mebs D, Schmidt P (eds) Kausalität. Berlin

Blankenhorn C (2005) Die Neuregelung der Haftung des gerichtlichen Sachverständigen durch § 839a BGB, Regensburg. (Elektronische Ressource: http://deposit.ddb.de/cgi-bin/dokserv?idn=977335089&dok_var=d1&dok_ext=pdf&filename=977335089.pdf). Abrufdatum Nov. 2011

Dörfler H, Eisenmenger W, Lippert HD, Wandl U (2008) Medizinische Gutachten. , Spinger Medizin Verlag, Heidelberg

Ehlers APF (2005) Medizinisches Gutachten im Prozess, 3rd edn., C. H. Beck München

Herberger M et al (2010) Schuldrecht, 5th edn. juris Praxiskommentar BGB. vol. 2. , Saarbrücken

Janssen W, Püschel K (1998) Zur Frage der Gutachter-Kompetenz in der Beurteilung ärztlicher Behandlungsfehler (sog. Kunstfehler). MedR 16(3):119–121

Lehmann F (2010) Ausgewählte Entscheidungen zum Sachverständigen in Verkehrssachen aus den Jahren 2008/2009 – Teil I, DS 2010

Mazzotti I, Castro WHM (2009) Begutachtung von Verkehrsunfallfolgen: Schulterinstabilität. NZV 2:68–70

Metzger S (2008) Standards der Rechtsprechung an psychologische Gutachten im familiengerichtlichen Verfahren. FPR 6:273–278

Musielak HJ (2011) Kommentar zur Zivilprozessordnung: mit Gerichtsverfassungsgesetz, 8th edn. , Verlag Vahlen, München

Parzeller M, Bratzke H (2003) Gutachterauswahl und Gutachterkompetenz. Rechtsmedizin 13(5):301–305

Rauscher T (2008) §§ 1-510c, 3rd edn. Münchener Kommentar zur Zivilprozessordnung: mit Gerichtsverfassungsgesetz und Nebengesetzen. vol. 1. C. H. Beck, München

Säcke FJ (2009) Schuldrecht Besonderer Teil III, 5th edn. Münchener Kommentar zum Bürgerlichen Gesetzbuch. vol. 5. , München

Stegers CM, Hansis ML, Alberts M, Scheuch S (2008) Sachverständigenbeweis im Arzthaftungsrecht, 2nd edn. , Heidelberg

Vorwerk V, Wolf C (2011): Beck´scher Online-Kommentar ZPO, Stand: 1.6.2011, München

Zuck R (2010) Verfassungsrechtliche Rahmenbedingungen des zivilprozessualen Beweisverfahrens – Sachverständigenbeweis. NJW 2010:3622–3624

6. Klinisch-forensische Begutachtung im Österreichischen Strafrecht aus juristischer Sicht

Birklbauer A (2008) Körperliche Untersuchung und DNA-Analyse. ÖJZ 63:347–351

Birklbauer A (2010) §§ 117 Z 4 und 5, 118, 123, 124. In: Fuchs H, Ratz E (eds) Wiener Kommentar zur Strafprozessordnung. Manz, Wien

Bruckmüller K, Schumann St (2008/2009) Zur Beiziehung von Sachverständigen und PrivatgutachterInnen im Strafprozess, juridikum: 72 – 76

Burgstaller, Fabrizy (2002) §§ 83 ff. In: Höpfel F, Ratz E (eds) Wiener Kommentar zum Strafgesetzbuch, 2nd edn. Manz, Wien

Burgstaller, Schütz (2003) § 90. In: Höpfel F, Ratz E (eds) Wiener Kommentar zum Strafgesetzbuch, 2nd edn. Manz, Wien

Eder-Rieder M, Laubichler W (2008) Das forensisch-psychiatrische Gutachten. In: Diemath, Grabner, Kopetzki, Zahrl (eds) Das ärztliche Gutachten. Verlagshaus der Ärzte. , Wien, pp 295–340

Eder-Rieder M, Laubichler W (2008) Grundlagen und Praxis der Begutachtung von Verletzungen im Strafverfahren. In: Diemath, Grabner, Kopetzki, Zahrl (eds) Das ärztliche Gutachten. Verlagshaus der Ärzte, Wien, pp 243–276

Fabrizy E E (2010) Strafgesetzbuch (StGB) samt ausgewählten Nebengesetzen, Kurzkommentar 10. Auflage (2010) Manz, Wien

Fabrizy EE (2011) Kurzkommentar zur österreichischen Strafprozessordnung §§ 117 – 128, 11th edn. Manz, Wien

Grafl Ch (2008/2009) Die Rolle des Sachverständigen im Prozess, juridikum: 24 – 27

Hinterhofer H (2008) Sachverständigenbeweis. Bestellung, Auswahl, Rechte und Pflichten von Sachverständigen. ÖJZ 63:397–401

Hinterhofer H (2009) §§ 125 Z 1 und 2, 126, 127. In: Fuchs H, Ratz E (eds) Wiener Kommentar zur Strafprozessordnung. Manz, Wien

Holczabek W, Laubichler W (1987) Grundlagen und Praxis der Begutachtung von Verletzungen im Strafverfahren. ÖJZ 42:193–205

Krauskopf B (2011) Die ärztliche Anzeige- und Meldepflicht. Jan Sramek Verlag, Wien

Monticelli FC (2009) Beurteilung des Verletzungsgrades respektive Dauer der Gesundheitsschädigung in Theorie und Praxis in Österreich. RZ 87:8–11

Murschetz V (2000) Zwangsweise Eingriffe in die körperliche Integrität nach dem Diskussionsentwurf zur Reform des strafprozessualen Vorverfahrens – Zurück zum Inquisitionsprozess? AnwBl 62:8–12

Murschetz V (2000/2001) Die körperliche Durch- und Untersuchung von Beschuldigten und Zeugen im Strafverfahren: Was ist erlaubt?, JAP 11: 132 – 138

Philipp (2010) § 201 ff. In: Höpfel F, Ratz E (eds) Wiener Kommentar zum Strafgesetzbuch, 2nd edn. Manz, Wien

Reindl S (2007) Zur Zulässigkeit körperlicher Eingriffe im Strafverfahren. JRP 15:87–95

Schick PJ (1996) Sachverständiger und Richter – in Teamarbeit zur Wahrheitsfindung. Der Sachverständige 20:2–8

Schick PJ (2010) Virtopsy im Strafprozess. In: Dirnhofer R, Schick PJ, Ranner G (eds) Virtopsy – Obduktion neu in Bildern. Manz, Wien, pp 35–62

Schima K (1980) Der Sachverständige im Strafverfahren. RZ 58:253–258

Schirhakl Th (2009) im neuen Strafprozessrecht, Der Sachverständige. Der Sachverständige 33:146–154

Schuppich W (1991) Die besondere Stellung des Sachverständigen aus der Sicht des Verteidigers. Der Sachverständige 15:6–7

Stolzlechner H (2000) Überlegungen zur ärztlichen Verschwiegenheits-, Anzeige- und Meldepflicht. RdM 7:67–77

Tipold A (2009) §§ 125 Z 3 und 4, 128. In: Fuchs H, Ratz E (eds) Wiener Kommentar zur Strafprozessordnung. Manz, Wien

Tipold A, Zerbes I (2010) §§ 117 Z 2 und 3, 119 – 122. In: Fuchs H, Ratz E (eds) Wiener Kommentar zur Strafprozessordnung. Manz, Wien

Wegscheider H (1991) Verschwiegenheitspflicht des Sachverständigen. Der Sachverständige 15:8–14

Woratsch G (1991) Die besondere Stellung des Sachverständigen im Strafverfahren aus der Sicht des Richters. Der Sachverständige 15:3–5

7. Klinisch-forensische Begutachtung im Österreichischen Zivilprozess aus juristischer Sicht

Schumacher H (1999) Das Fachwissen des Richters, ÖJZ 132

Dolinar H (2001) Der Sachverständigenbeweis – eine rechtsvergleichende Analyse, Festschrift für Rainer Sprung, S 117

Fasching H (1993) Die Ermittlung von Tatsachen durch den Sachverständigen im Zivilprozeß, in Matscher-FS, S 97

Frieling G (1995) Einführung in die Thematik. In: Arbeitsgemeinschaft Rechtsanwälte im Medizinrecht e.V. (ed) Der medizi-

nische Sachverständige – Richter in Weiß? Carl Heymanns Verlag Köln

Fasching HW (1990) Lehrbuch des österreichischen Zivilprozessrechts. Lehr- und Handbuch für Studium und Praxis. Manz, Wien

Fasching HW, Konecny A (2011) Kommentar zur den Zivilprozessgesetzen III, 2nd edn. Manz, Wien

Schuhmertl C (2010) Die Erwartungen des Sozialrichters an das medizinische Gutachten. In: Staudinger R, Thöni M (eds) Das Medizinische Gutachten im Verfahren. Verlag Österreich, Wien

Hellbert K (2010) Verfahrensrechtliche Garantien im Zusammenhang mit medizinischen Gutachten im Zivilprozess. In: Staudinger R, Thöni M (eds) Das Medizinische Gutachten im Verfahren. Verlag Österreich, Wien

Wolf, Grager (2010) Das medizinische Sachverständigengutachten im außergerichtlichen Verfahren. In: Staudinger R, Thöni M (eds) Das Medizinische Gutachten im Verfahren. Verlag Österreich, Wien

Fraunbaum J, Plank ML (2010) Das medizinische Sachverständigengutachten im Leistungsstreit zwischen Patient und Krankenversicherungsträger. In: Staudinger R, Thöni M (eds) Das Medizinische Gutachten im Verfahren. Verlag Österreich, Wien

Hardt H (1995) Objektiver Behandlungsfehler und subjektiver Schuldvorwurf in der gutachterlichen Praxis. In: Arbeitsgemeinschaft Rechtsanwälte im Medizinrecht e.V. (ed) Der medizinische Sachverständige – Richter in Weiß? Carl Heymanns Verlag Köln

Jelinek W (1990) Der Sachverständige im Zivilprozeß. In: Aicher J, Funk BC (eds) Der Sachverständige im Wirtschaftsleben. LexisNexis Ard Orac

Koziol H, Bydlinski P, Bollenberger R (eds) (2010) Kurzkommentar zum ABGB. Springer, Wien

Delle-Karth (1993) Die Mangelhaftigkeit des Verfahrens im Berufungssystem des österreichischen Zivilprozeßrechts. ÖJZ :10 (50 ff)

Rüffler F (1995) Der Sachverständige im Zivilprozess. Verlag Österreich

8. Opferschutzeinrichtungen in Österreich und deren Aufgaben

Adressen aller Opferschutz- und Opferhilfeeinrichtungen in Österreich bei Gewalt im sozialen Nahraum. http://www.help.gv.at/ (zuletzt aufgerufen am 26.5.2012)

Aktionsgemeinschaft der autonomen Frauenhäuser http://www.aoef.at/ (zuletzt aufgerufen am 26.5.2012)

Bundesgesetz zum Schutz vor Gewalt in der Familie – GeSchG, BGBl. Nr. 759/1996, novelliert durch BGBl. I Nr. 146/1999 (in Kraft am 1.1.2000).

Bundesministerium für soziale Sicherheit und Generationen (ed) (2001) Gewalt in der Familie. Gewaltbericht 2001. Von der Enttabuisierung zur Professionalisierung. Eigenverlag, Wien

Dearing A (2006) Das Gewaltschutzgesetz – die stecken gebliebene Reform in Österreich. In: Gewaltschutzzentrum Steiermark (ed) Liebe geht nicht mit Gewalt. Bewährtes und Neues zu Opferhilfe und Opferschutz. Eigenverlag, Graz, pp 15–51

Einführungserlass des Bundesministeriums für Inneres vom 15.4.1997. Zahl: 3200/694-II/23/97

Erlass des Bundesministeriums für Inneres vom 30.6.2006. Zahl: BMI-KP/1000/0306-II/BK/3/2006

Honig M (1992) Verhäuslichte Gewalt. Mit einem Nachwort zur Taschenbuchausgabe: Sexuelle Ausbeutung von Kindern. (1. Auflage). Suhrkamp, Frankfurt am Main

Pizzey E (1978) Schrei leise. Misshandlungen in der Familie. Fischer Verlag, Frankfurt am Main

Sicherheitspolizeigesetz, BGBl. Nr. 566/1991 in der Fassung des Bundesgesetzes BGBl I/Nr. 158/2005.

Smutny P (2004) Das Recht des Opfers auf Schonung im Strafverfahren. In: Dearing A, Löschnig-Gspandl M (eds) Opferrechte in Österreich. Eine Bestandsaufnahme. Schriftenreihe Weisser Ring Forschungsgesellschaft. Studien Verlag, Wien, pp 71–79

9. Aufbau und Konzept von Kinderschutzgruppen an Krankenanstalten in Österreich

Bundesministerium für Gesundheit, Familie und Jugend (2011) Thun-Hohenstein L. (Hrsg.) Gewalt gegen Kinder und Jugendliche – Leitfaden für die Kinderschutzarbeit in Gesundheitsberufen. Download: http://www.kinderrechte.gv.at/home/upload/10%20news/leitfaden-kinderschutzgruppen-2011.pdf (zuletzt aufgerufen am 26.5.2012)

Thun-Hohenstein L (2005) Kinderschutzarbeit in Österreich. Wien Med Wochenschr 155(15-16):365–370

10. Aufgaben und Nutzen klinisch-forensischer Ambulanzen

Hochmeister M, Grassberger M, Stimpfl G (2007) Erstellung und Aufbau eines ärztlichen Verletzungsgutachtens. In: Forensische Medizin für Studium und Praxis. Wilhelm Maudrich Verlag, Wien, pp 110–112

Krebs N, Riener-Hofer R, Scheurer E, Schick P, Yen K (2011) Rechtsmedizin an Lebenden: Die erste österreichische „klinisch-forensische Ambulanz". RZ (Österreichische Richterzeitung) 01/2011.

Plattner T, Scheurer E, Zollinger U (2002) The response of relatives to medicolegal investigations and forensic autopsy. Am J Forensic Med Pathol 23(4):345–8

Pollak S (2004) Körperverletzung - Allgemeine Aspekte der rechtsmedizinischen Verletzungsbegutachtung. In: Brinkmann B, Madea B (eds) Handbuch Gerichtliche Medizin. Springer Verlag, Berlin, Heidelberg, New York, pp 1272–1274

Riener-Hofer R, Krebs N, Scheurer E, Schick P, and Yen K (2011) Die Ambulanz des Ludwig Boltzmann Instituts für klinisch-forensische Bildgebung in Graz. SIAK Journal - Zeitschrift für Polizeiwissenschaften und Polizeiliche Praxis 2/2011;76-82 und (engl.) SIAK Journal (international edition) - Zeitschrift für Polizeiwissenschaften und Polizeiliche Praxis 2011;105-114.

Seifert D, Heinemann A, Koch C, Franke B Weisser Ring (ed) (2007) Modellprojekt zur Implementierung eines Rechtsmedizi-

nischen Kompetenzzentrums für die Untersuchung von Opfern von Gewalt. Mainzer Schriften zur Situation von Kriminalitätsopfern. vol. 41., p 24

11. Anamneseerhebung – Ärztliche Gesprächsführung in der klinischen Rechtsmedizin

AG Medizinrecht im Auftrag der DGGG (2009) Leitlinie - Ärztliche Gesprächsführung, Untersuchung und Nachbetreuung von Frauen nach mutmaßlicher sexueller Gewaltanwendung. Frauenarzt 50(7):622–625

Banaschak S, Gerlach K, Seifert D, Bockholdt B, Graß H (2011) Forensisch-medizinische Untersuchung von Gewalttopfern - Empfehlungen der Deutschen Gesellschaft für Rechtsmedizin auf der Grundlage der Empfehlungen der Schweizer Gesellschaft für Rechtsmedizin. Rechtsmedizin 21:483–488

12. Die gerichtsverwertbare Dokumentation von Verletzungen

Banaschak S, Gerlach K, Seifert D, Bockholdt B, Graß H (2011) Forensisch-medizinische Untersuchung von Gewalttopfern - Empfehlungen der Deutschen Gesellschaft für Rechtsmedizin auf der Grundlage der Empfehlungen der Schweizer Gesellschaft für Rechtsmedizin. Rechtsmedizin 21:483–488

Graß H, Rothschild MA (2004) Klinische Rechtsmedizin - Aufgaben und Herausforderungen im Rahmen der medizinischen Betreuung von Opfern häuslicher Gewalt. Rechtsmedizin 14:188–192

13. Die körperliche Untersuchung von Tatverdächtigen im Rahmen des Strafverfahrens

Naeve W, Lohmann E (1973) Methodik und Beweiswert körperlicher Sofort-Untersuchungen lebender Personen nach Straftaten. Z Rechtsmedizin 72:79–99

Cina SJ, Collins KA, Pettenati MJ, Fitts M (2000) Isolation and identification of female DNA on postcoital penile swabs. Am J Forensic Med Pathol 21(2):97–100

14. Klinisch-forensische Fotodokumentation

Grassberger M, Schmid A (2009) Todesermittlung - Befundaufnahme und Spurensicherung. Ein praktischer Leitfaden für Polizei, Juristen und Ärzte. Springer, Wien, New York, pp 239–245

Nayler JR (2003) Clinical Photography: A Guide for the Clinician. J Postgrad Med 49:256–262

Verhoff MA, Gehl A, Kettner M, Kreutz K, Ramsthaler F (2009) Digitale forensische Fotodokumentation. Rechtsmedizin 19:369–381

Weiss SL (2008) Forensic Photography: Importance of Accuracy. Prentice Hall, New Jersey

15. Klinisch-forensische Spurenkunde und Beweismittelsicherung

Albrecht K, Schultheiss D (2005) Spermaspuren in der gerichtlichen Medizin. Ein historischer Rückblick über forensische Nachweismethoden. Der Urologe A 44(5):530–539

Beug HJ (2004) Leitfaden der Pollenbestimmung für Mitteleuropa und angrenzende Gebiete. Pfeil Verlag, München

Brüschweiler A (1987) Sicherung und Auswertung von Textilspuren. Kriminalistik :393–397

Brüschweiler W, Davatz A, Massacra A, Merki P, Schiesser S (2000) Spurensicherungsbehelf 2000 für kriminaltechnische Arbeiten. Wissenschaftlicher Dienst, Stadtpolizei Zürich

Bryant VM, Jones GD (2006) Forensic palynology: current status of a rarely used technique in the United States of America. Forensic Sci Int 163(3):183–197

Buchner R, Weber M. (2000). PalDat - a palynological database: Descriptions, illustrations, identification, and information retrieval. http://www.paldat.org

Daniel CR, Piraccini BM, Tosti A (2004) The nail and hair in forensic science. J Am Acad Dermatol 50(2):258–261

Grassberger M, Amendt J (2010) Forensische Entomologie. (In: Aspöck H (Hrsg) Krank durch Arthropoden) Denisia 30:843–860

Grieve M, Robertson R, Robertson JR (1999) Forensic Examination of Fibers. Taylor & Francis Forensic Science Series, London

Grieve MC, Wiggins KG (2001) Fibers under fire: suggestions for improving their use to provide forensic evidence. J Forensic Sci 46(4):835–843

Hochmeister M, Budowle B, Sparkes R, Rudin O, Gehrig C, Thali M, Schmidt L, Cordier A, Dirnhofer R (1999) Validation Studies of an Immunochromatographic 1-Step Test for the Forensic Identification of Human Blood. J Forensic Sci 44(3):597–602

Hochmeister M, Grassberger M, Stimpfl T (2007) Forensische DNA-Analytik und Spurenkunde. In: Forensische Medizin für Studium und Praxis. In: Wien, 2nd edn. Maudrich, Wien, pp 189–199

Hochmeister M, Rudin O, Meier R, Peccioli M, Borer U, Eisenberg A, Nagy R, Dirnhofer R (1997) Eine faltbare Kartonbox zur Trocknung und Aufbewahrung von mittels Wattetupfern gesicherten biologischen Spuren. Arch Kriminol 200(3-4):113–120

Hochmeister MN, Budowle B, Rudin O, Gehrig C, Borer U, Thali M, Dirnhofer R (1999) Evaluation of prostate-specific antigen (PSA) membrane test assays for the forensic identification of seminal fluid. J Forensic Sci 44(5):1057–1060

Inhülsen D (2007) Praxis der kriminalbiologischen Spurenkunde. In: Herrmann B, Saternus KS (eds) Kriminalbiologie. Biologische Spurenkunde, vol. 1. Springer, Berlin, Heidelberg, pp 15–54

Johnston E, Ames CE, Dagnall KE, Foster J, Daniel BE (2008) Comparison of presumptive blood test kits including hexagon OBTI. J Forensic Sci 53(3):687–689

Lederer T, Betz P, Seidl S (2001) DNA analysis of fingernail debris using different multiplex systems: a case report. Int J Legal Med 114(4-5):263–266

Lochte T (1938) Atlas der menschlichen und tierischen Haare. Schöps, Leipzig

Ogle RR, Fox MJ (1998) Atlas of Human Hair: Microscopic Characteristics. CRC Press, Boca Raton FL

Pfefferli P (2011) Die Spur: Ratgeber für die spurenkundliche Praxis. Kriminalistik 6. Auflage

Pye K (2007) Geological and Soil Evidence: Forensic Applications. CRC Press, Boca Raton Florida

Schyma C, Madea B (2010) Schussspurensicherung - Praktischer Umgang mit Schuss- und Schmauchspuren. Rechtsmedizin 20:123–136

Teerink BJ (1991) Hair of West-European Mammals: Atlas and Identification Key. Cambridge University Press, Cambridge

Tobe SS, Watson N, Daéid NN (2007) Evaluation of six presumptive tests for blood, their specificity, sensitivity, and effect on high molecular-weight DNA. J Forensic Sci 52(1):102–109

Vandenberg N, van Oorschot RA (2006) The use of Polilight in the detection of seminal fluid, saliva, and bloodstains and comparison with conventional chemical-based screening tests. J Forensic Sci 51(2):361–70

Wigger EBundeskriminalamt (ed) (1980) Kriminaltechnik – Leitfaden für Kriminalisten. BKA-Schriftenreihe. vol. 50. , Wiesbaden

Willerding U (2007) Zur forensischen Bedeutung pflanzlicher Makroreste. In: Herrmann B, Saternus KS (eds) Kriminalbiologie. Biologische Spurenkunde, vol. 1. Springer, Berlin, Heidelberg, pp 169–191

Woltmann A, Deinet W, Adolf FP (1994) Zur Bewertung von Faserspurbefunden mit Hilfe von Wahrscheinlichkeitsbetrachtungen. Arch f Kriminol 194:85–94

16. Klinisch-forensische Bildgebung

Ampanozi G, Zimmermann D, Hatch GM (2012) Format preferences of district attorneys for post-mortem medical imaging reports: Understandability, cost effectiveness, and suitability for the courtroom: A questionnaire based study. Leg Med (Tokyo) 14(3):116–20

Christe A, Oesterhelweg L, Ross S (2010) Can MRI of the neck compete with clinical findings in assessing danger to life for survivors of manual strangulation? A statistical analysis. Leg Med (Tokyo) 12(5):228–32

Christe A, Thoeny H, Ross S (2009) Life-threatening versus non-life-threatening manual strangulation: are there appropriate criteria for MR imaging of the neck? European Radiology 2009 19(8):1882–1889

Hergan K, Kofler K, Oser W (2004) Drug smuggling by body packing: what radiologists should know about it. European radiology 14(4):736–742

Malli N, Ehammer T, Yen K, Scheurer E (2012) Detection and characterization of traumatic scalp injuries for forensic evaluation using computed tomography. Int J Legal Med: (Epub ahead of print, DOI 10.1007/s00414-012-0690-x)

Mirzaei S, Knoll P, Lipp RW, Wenzel T, Koriska K, Kohn H (1998) Bone scintigraphy in screening of torture survivors. Lancet 352(9132):949-951

Persson A, Lindblom M, Jackowski C (2011) A state-of-the-art pipeline for postmortem CT and MRI visualization: from data acquisition to interactive image interpretation at autopsy.

Acta Radiol 52(5):522-536

Rutty GN, Boyce P, Robinson CE, Jeffery AJ, Morgan B (2008) The role of computed tomography in terminal ballistic analysis. Int J Legal Med 122(1):1-5

Sengupta A, Page P (2008) Window manipulation in diagnosis of body packing using computed tomography. Emerg Radiol 15(3):203-205

Stein KM, Bahner ML, Merkel J, Ain S, Mattern R (2000) Detection of gunshot residues in routine CTs. Int J Legal Med 114(1-2):15-18

Stricker K, Orler R, Yen K, Takala J, Luginbühl M (2004) Severe hypercapnia due to pulmonary embolism of polymethylmethacrylate during vertebroplasty. Anesth Analg 98(4):1184-1186

Thali M, Dirnhofer R (Hrsg) (2008) The Virtopsy Approach: 3D Optical and Radiological Scanning and Reconstruction in Forensic Medicine. London: Taylor and Francis, LLC.

Urschler M, Bornik A, Scheurer E, Yen K, Bischof H, Schmalstieg D (2012) Forensic Case Analysis from 3D Imaging Modalities to Interactive Visualization. IEEE Computer Graphics & Applications 32(4):79-87

Vilke GM, Chan TC (2011) Evaluation and management for carotid dissection in patients presenting after choking or strangulation. J Emerg Med 40(3):355-358

Vogel H, Schmitz-Engels F, Grillo C (2007) Radiology of torture. European journal of radiology 63(2):187–204

Yen K, Dirnhofer R, Ranner G (2008) Clinical Forensic Imaging. In: Thali M, Dirnhofer R (eds) The Virtopsy Approach: 3D Optical and Radiological Scanning and Reconstruction in Forensic Medicine. Taylor and Francis, LLC, London

Yen K, Schumacher H, Dirnhofer R (2008) Medical Malpractice. In: Thali M, Dirnhofer R (eds) The Virtopsy Approach: 3D Optical and Radiological Scanning and Reconstruction in Forensic Medicine. Taylor and Francis Group, LLC, London

Yen K, Vock P, Christe A, Scheurer E, Plattner T, Schön C, Aghayev E, Jackowski C, Beutler V, Thali MJ, Dirnhofer R (2007) Clinical forensic radiology in strangulation victims: forensic expertise based on magnetic resonance imaging (MRI) findings. Int J Legal Med 121(2):115–123

Yen K, Thali MJ, Aghayev E, Jackowski C, Schweitzer W, Boesch C, Vock P, Dirnhofer R, Sonnenschein M (2005) Strangulation signs: initial correlation of MRI, MSCT, and forensic neck findings. J Magn Reson Im 22:501–510

Yen K, Vock P, Tiefenthaler B, Ranner G, Scheurer E, Thali MJ, Zwygart K, Sonnenschein M, Wiltgen M, Dirnhofer R (2004) Virtopsy: forensic traumatology of the subcutaneous fatty tissue; multislice computed tomography (MSCT) and magnetic resonance imaging (MRI) as diagnostic tools. J Forensic Sci 49:799–806

17. Aspekte der Tatortbesichtigung in der klinischen Rechtsmedizin

Ackermann R, Clages H, Roll H (2007) Handbuch der Kriminalistik für Praxis und Ausbildung, 3rd edn. Boorberg Verlag, Stuttgart

Almog J (2006) Forensic science does not start in the lab: the concept of diagnostic field tests. J Forensic Sci 51(6):1228–1234

Büring A (1992) Die geistige und praktische Tatrekonstruktion im Lichte der kriminalistischen Denklehre. Boorberg Verlag, Stuttgart

Geerds F (1986) Fehlende und irreführende Spuren. Kritische Situationen der Spurensuche und ihre Konsequenzen für die Arbeit der Kriminalisten. Arch Kriminol 177:145–158

Grassberger M, Schmid H (2009) Todesermittlung. Springer, Wien, New York

Guth R (2005) Checklisten für den ersten Angriff. Boorberg Verlag, Stuttgart

Lee H, Palmbach T, Miller MT (2001) Henry Lee's Crime Scene Handbook. Academic Press, London San Diego

Leonhardt R, Roll H, Schurich FR (1995) Kriminalistische Tatortarbeit. Ein Leitfaden für Studium und Praxis. Kriminalistik Verlag, Heidelberg

Robinson E (2007) Crime Scene Photography. Academic Press, New York

Roll H, Clages H, Neidhardt K (2008) Tatortarbeit. Lehr- und Studienbriefe Kriminalistik/Kriminologie. Verlag Deutsche Polizeiliteratur,

Walder H (2006) Kriminalsitisches Denken, 7th edn. Kriminalistik Verlag, Verlagsgruppe Hüthig Jehle Rehm GmbH, Berlin

18. Blutspurenmuster-Verteilungsanalyse – Aspekte für die klinisch-forensische Praxis

Barni F, Lewis SW, Berti A, Miskelly GM, Lago G (2007) Forensic application of the luminol reaction as a presumptive test for latent blood detection. Talanta 72:896–913

Bevel T, Gardner RM (2002) Bloodstain Pattern Analysis. With an Introduction to Crime Scene Reconstruction, 2nd edn. CRC Press, Boca Raton, Boston, London, New York, Washington D.C.

Brinkmann B (1988) Expertisen an biologischen Spuren – Bestandsaufnahme, zukünftige Trends. Z Rechtsmed 100:39–54

Carter AL (2001) The Directional Analysis of Bloodstain Patterns – Theory and Experimental Validation. Can Soc Forens Sci J 34(4):173–189

Gardener RM (2002) Directionality in Swipe Patterns. J Forensic Ident 52(5):579

Grodsky M, Wright K, Kirk PL (1951) Simplified Preliminary Blood Testing. An Improved Technique and a Comparative Study of Methods. J Crimin Law Criminol Police Sci 42:95–104

James SH (1999) Scientific and Legal Applications of Bloodstain Pattern Interpretation. CRC Press, Boca Raton, Boston, London, New York, Washington D.C

Karger B, Nusse R, Bajanowski T (2002) Backspatter on the firearm and hand in experimental close-range gunshots to the head. Am J Forensic Med Pathol 23(3):211–213

Karger B, Rand SP, Brinkmann B (1998) Experimental bloodstains on fabric from contact and from droplets. Int J Legal Med 111(1):17–21

Klein A, Feudel E, Türk E, Püschel K, Gehl A (2007) Lumineszenz nach Luminolanwendung. Richtig- oder falsch-positiv? Rechtsmedizin 17:146–152

Larkin A (2006) 1. European Conference of IABPA, Netherlands, 15.-17.2.2006 (www.iabpa.org)

Laux DL (1991) Effects on luminal on the subsequent analysis of bloodstains. J Forens Sci 36:1512

Laux DL (2005) Principles of Bloodstain Pattern Analysis: Theory and Practice. In: James S, Kish PE, Sutton TP (eds) . CRC Press, Boca Raton, pp 369–389

Lytle LT, Hedgecock DG (1978) Chemiluminescence in the visualization of forensic bloodstains. J Forensic Sci 23:550–555

MacDonell HL (1993) Bloodstain Patterns. Laboratory of Forensic Science, PO Box 1111, Corning, New York 14830

Peschel O, Mützel E, Rothschild M (2008) Blutspurenmuster-Verteilungsanalyse. Zertifizierte Fortbildung. Rechtsmedizin 18(2):131–146

Pizzola PA, Roth S, De Forest PR (1986) Blood Droplet Dynamics - I. JFSCA 31(1):36–49

Pizzola PA, Roth S, De Forest PR (1986) Blood Droplet Dynamics – II. JFSCA 31(1):50–64

Quickenden TI, Creamer JI (2001) A study of common interferences with the forensic luminal test for blood. Luminescence 16:295–298

Weber K (1966) Die Anwendung der Chemilumineszenz des Luminols. Z Gerichtl Med 57:410

Wolson TL (1995) Documentation of Blodstain Pattern Evidence. J Forensic Ident 45(4):396

19. Allgemeine Klinisch-forensische Traumatologie

Asmussen PD, Söllner B (1993) Wundversorgung Band I - Prinzipien der Wundheilung. Hippokrates, Stuttgart

Becker K, Friedrich K, Rothschild MA (2011) Rekonstruktion von Verkehrsunfällen. Rechtsmedizin 21:561–573

Biegelmeier G (1986) Wirkungen des elektrischen Stroms auf Menschen und Nutztiere – Lehrbuch der Elektropathologie. VDE-Verlag, Berlin und Offenbach

Bockholdt B, Ehrlich E (2005) Der Sturz. Berliner Wissenschafts-verlag GmbH

Dickinson ET (2010) Mechanisms of Injury Related to Motor Vehicle Crashes. In: Riviello RJ (ed) Manual of Forensic Emergency Medicine – A Guide for Clinicians. Jones and Bartlett Publishers, Sudbury, Massachusetts

Dorion RBJ (2011) Bitemark Evidence – A color atlas and text. CRC Press Inc, Boca Raton, Fl

Grassberger M, Gehl A, Püschel K, Turk EE (2011) 3D reconstruction of emergency cranial computed tomography scans as a tool in clinical forensic radiology after survived blunt head trauma-Report of two cases. Forensic Sci Int 207(1-3):e19–e23

Haberda A (1923) Eduard R. v. Hofmanns Lehrbuch der gerichtlichen Medizin. Urban & Schwarzenberg, Berlin – Wien

Hyzer WG, Krauss TC (1988) The Bite Mark Standard Reference Scale - ABFO No. 2. J Forensic Sci 33(2):498–506

Kneubuehl BP, Coupland RM, Rothschild MA, Thali M (2008) Wundballistik - Grundlagen und Anwendungen, 3rd edn. Springer, Berlin

Lessig R, Benthaus S (2003) Forensische Odontostomatologie. Rechtsmedizin 13:161–169

Mattern R (2004) Verkehrsunfall. In: Brinkmann B, Madea B (eds) Handbuch gerichtliche Medizin. Springer, pp 1171–1214

Miltner E (2002) Verkehrsunfälle und Unfallrekonstruktion. Medizinische Aspekte. Rechtsmedizin 12:40–53

Yen K, Vock P, Tiefenthaler B, Ranner G, Scheurer E, Thali MJ, Zwygart K, Sonnenschein M, Wiltgen M, Dirnhofer Virtopsy R (2004) forensic traumatology of the subcutaneous fatty tissue; multislice computed tomography (MSCT) and magnetic resonance imaging (MRI) as diagnostic tools. J Forensic Sci 49(4):799–806

20. Häusliche Gewalt

Artus J (2007) Qualitative Untersuchung zur Rolle häuslicher Gewalt in der allgemeine-dizinischen Praxis. Dissertationsschrift, Universität Hamburg

Brückner M (1998) Wege aus der Gewalt gegen Frauen und Mädchen. , Frankfurt am Main

Brzank P, Hellbernd H, Maschewsky-Schneider U (2004) Häusliche Gewalt gegen Frauen: Gesundheitsfolgen und Versorgungsbedarf – Ergebnisse einer Befragung von Erste-Hilfe-Patientinnen im Rahmen der S.I.G.N.A.L. – Begleitforschung. Gesundheitswesen 66:164–169

Büchler A (1998) Gewalt in Ehe und Partnerschaft – Polizei-, straf-und zivilrechtliche In-terventionen am Beispiel des Kantons Basel-Stadt, Basilea, Ginevra, München

Bundesministerium für Familie, Senioren, Frauen und Jugend (Hrsg, 2004) Gemeinsam gegen häuslicher Gewalt – Forschungsergebnisse der wissenschaftlichen Begleitung der Interventionsprojekte gegen häusliche Gewalt, online

Fachstelle für Gleichstellung Stadt Zürich, Frauenklinik Maternité Stadtspital Triemli Zü-rich, Verein Inselhof Triemli Zürich (ed) (2007) Häusliche Gewalt erkennen und richtig reagieren – Handbuch für Medizin, Pflege und Beratung. Verlag Hans Huber, Bern

Fanslow JL, Norton RN, Spinola CG (1998) Indicators of Assault-Related Injuries Among Women Presenting to the Emergency Departement. Ann Emerg Med 32:341–348

Feldhaus KM, Koiol-Mc Lain J, Amsbury HL, Norton IM, Lowenstein SR, Abbott JT (1997) Accuracy of 3 brief screening questions for detecting partner violence in the emergency department. JAMA 277:1357–1361

Gelles RJ () Gewalt in der Familie. In: Heitmeyer W, Hagen J (eds) internationales Handbuch der Gewaltforschung. Westdeutscher Verlag GmbH, Wiesbaden

Godenzi A (1993) Gewalt im sozialen Nahraum. Helbing & Lichtenhahn, Basel/Frankfurt am Main

Grass H, Rothschild MA (2004) Klinische Rechtsmedizin. Aufgaben und Herausforderun-gen im Rahmen der medizinischen Betreuung von Opfern häuslicher Gewalt. Rechtsmedizin 14:188–192

Grass H, Rothschild MA (eds) (2005) Med-Doc-Card®.

Hagemann-White C, Bohne S (2003) Versorgungsbedarf und Anforderungen an Professi-onelle im Gesundheitswesen im Problembereich Gewalt gegen Frauen. Expertise für die Enquêtekommission „Zukunft einer frauengerechten Gesundheitsversorgung in Nordrhein-Westfalen, Osnabrück

Hellbernd H (2006) Häusliche Gewalt gegen Frauen: gesundheitliche Versorgung Das S.I.G.N.A.L.-Interventionsprogramm. Bundesministerium für Familien, Senioren, Frauen und Jugend (Hrsg.), Berlin

Jasinski JL (2004) Pregnancy and domestic violence. A review of the literature. Trauma Violence Abuse 5:47–64

Kavemann B (2000) Kinder und häusliche Gewalt – Kinder misshandelter Mütter. Kindesmisshandlung und Vernachlässigung 3:106–120

Kavemann B (2006) Handbuch Kinder und häusliche Gewalt. VS Verlag für Sozialwissenschaften, Wiesbaden

Müller U, Schrötle M (2004) Lebenssituation, Sicherheit und Gesundheit von Frauen in Deutschland. Eine repräsentative Umfrage zur Gewalt gegen Frauen in Deutschland, Bundesministerium für Familien, Senioren, Frauen und Jugend (Hrsg.), Berlin

Schwander M (2003) Interventionsprojekte gegen häusliche Gewalt. Neue Erkenntnisse - neue Instrumente. Schweizerische Zeitschrift für Strafrecht 121(2): (Bern: Stämpfli)

Schweizerische Gesellschaft fur Gynäkologie und Geburtshllfe (Hrsg., 2009) Leitfaden häusliche Gewalt – Verbesserung der Betreuung betroffener Frauen

Seifert D, Heinemann A, Püschel K (2006) Frauen und Kinder als Oper häuslicher Gewalt. Deutsches Ärzteblatt 103(33): A2168-A2173

Walker L (1983) the battered women syndrome study. In: Finkelhor D, Gelles RJ, Hotaling GT, Straus MA (eds) The dark side of families: Curent family violence research. Sage Publication, Beverly Hills

WHO (ed) (2004) Guidelines for medico-legal care for victims of sexual violence. WHO Geneva

21. Forensische Gerontologie – Gewalt und alte Menschen

Bayrischer Landespflegeausschuss (2006) Leitfaden „Verantwortungsvoller Umgang mit freiheitsentziehenden Maßnahmen in der Pflege". http://www.verwaltung.bayern.de/

Berzlanovich A, Kohls N (2010) Freiheitsentziehende Maßnahmen (FeM) in der Pflege von Menschen mit Demenz: Problem und Alternativen. In: Kruse A (ed) Lebensqualität bei Demenz. AKA Verlag, Heidelberg, pp 355–361

Berzlanovich A, Schopfer J, Keil W (2007) Strangulation im Sitzgurt - Tödlicher Unfall trotz sach- und fachgerechter Fixierung. Rechtsmedizin 7:363–366

Berzlanovich AM, Schöpfer J, Keil W (2012) Deaths due to physical restraint. Dtsch Ärztebl Int 109(3):27–32

Collins KA (2006) Elder Maltreatment – A Review. Arch Pathol Lab Med 130:1290–1296

De Vries OJ, Ligthart GJ, Nikolaus T (2004) Differences in period prevalence of the use of physical restraints in elderly inpatients of European hospitals and nursing homes. European Academy of Medicine of Ageing-Course III. J Gerontol A Biol Sci Med Sci 59(9):922–923

Evans LK, Cotter VT (2008) Avoiding restraints in patients with dementia: understanding, prevention, and management are the keys. Am J Nurs 108(3):40–49

Graß H, Walentich G, Rotschild MA, Ritz-Timme S (2007) Gewalt gegen alte Menschen in Pflegesituationen. – Phänomenologie, Epidemiologie und Präventionsstrategien. Rechtsmedizin 17:367–371

Greve W, Püschel K (1998) Misshandlung und Gewalt gegen alte Menschen. In: Gesundheit im Alter (Bericht zum 101. Deutschen Ärztetag, Köln, Kapitel VII, 93 – 98)

Hamers JP, Huizing AR (2005) Why do we use physical restraints in the elderly? Zeitschrift für Gerontologie und Geriatrie 38(1):19–25

Heinemann A (2006) Ältere Menschen als Opfer von Gewalt im häuslichen Umfeld. In: Ärztekammer Hamburg (Hrsg.) Leitfaden „Häusliche Gewalt". Hinweise zu Diagnostik, Dokumentation und Fallmanagement. http://kvhh.de

Hirsch RD, Nikolaus T (2005) Aspekte zur Gewalt im häuslichen Bereich und in Institutionen. Z Gerontol Geriat 38:1–3

Krause T, Anders J, Heinemann A (2004) Ursachenzusammenhänge der Dekubitusentstehung. Ergebnisse einer Fall-Kontroll-Studie mit 200 Patienten und Befragung aller an der Pflege Beteiligten. Kohlhammer Verlag, Stuttgart

Landesärztekammer Baden-Württemberg (2010) Gewalt gegen Alte. Leitfaden für Ärztinnen und Ärzte zum Umgang mit alten Patienten in Heimen und in der häuslichen Pflege, die von Gewalt betroffen sind. www.aerztekammer-bw.de

Landeshauptstadt München (2011): Beschwerdestelle für Probleme in der Altenpflege Betreuungsstelle des Sozialreferats - Empfehlungen zum Umgang mit freiheitsentziehenden Maßnahmen. http://www.muenchen.de/rathaus/Stadtverwaltung/Direktorium/Altenpflege-Beschwerdestelle/Publikationen.html (zuletzt aufgerufen am 26.5.2012)

Miles S (2002) Deaths between bedrails and air pressure mattresses. Journal of the American Geriatrics Society 50(6):1124–1125

Mohsenian C, Verhoff MA, Riße M, Heinemann A, Püschel K (2003) Todesfälle im Zusammenhang mit mechanischer Fixierung in Pflegeinstitutionen. Z Gerontol Geriat 36:266–273

Püschel K (2008) Elder abuse and gerontocide. In: Rutty GN (ed) Essentials of autopsy practice. Springer, London, pp 77–111

Püschel K, Heinemann A, Meier-Baumgartner HP () Gewalt gegen alte Menschen: Aus der Sicht der Rechtsmedizin. Geriatriepraxis 9(1,2):24–31

Schröder D, Berthel R (2005) Gewalt im sozialen Nahraum II. Schriftenreihe Polizei und Wissenschaft. Verlag für Polizeiwissenschaft, , pp 175–188

Wagner HJ (1999) Forensische Gerontologie - Interdisziplinäre Probleme und Aufgaben. Deutsches Ärzteblatt 96(47):A3032–A3034

Wagner HJ (2000) Forensische Gerontologie – Bilanz und Prognose. Rechtsmedizin 10:45–50

22. Kindesmisshandlung

Jenny C (2011) Child Abuse and Neglect: Diagnosis, Treatment, and Evidence. Elsevier, St. Louis

Herrmann B (2000) Der Stellenwert medizinischer Diagnostik bei sexuellem Kindesmissbrauch – schädlich, überflüssig oder sinnvoll? Eine Bestandsaufnahme für Deutschland. Kindesmishandlung und Vernachlässigung 2:112–122

Herrmann B (2002) Körperliche Misshandlung von Kindern. Somatische Befunde und klinische Diagnostik. Monatsschrift Kinderheilkunde 150:1324–1338

Herrmann B, Dettmeyer R, Banaschak S, Thyen U (2010) Kindesmisshandlung. Medizinische Diagnostik, Intervention und rechtliche Grundlagen, 2nd edn. Springer, Heidelberg, Berlin, New York

Matschke J, Herrmann B, Sperhake J, Körber F, Bajanowski T, Glatzel M (2009) Das Schütteltrauma-Syndrom. Eine häufige Form des nicht-akzidentellen Schädel-Hirn-Traumas im Säuglings- und Kleinkindalter. Deutsches Ärzteblatt 106:211–217

Sperhake JP (2010) Diagnostik und Management der Kindesmisshandlung. Kinder- und Jugendarzt 41:783–791

Sperhake JPHB (2008) Schütteltrauma (nicht-akzidentelle Kopfverletzung). Aktuelle Kontroversen. Rechtsmedizin 18:42–52

23. Kindesvernachlässigung

Block RW, Krebs NF (2005) Failure to thrive as a manifestation of child neglect. American Academy of Pediatrics, Clinical Report. Pediatrics 116(5):1234–1237

BM für Gesundheit, Familie und Jugend, Gewalt gegen Kinder und Jugendliche (2008) Leitfaden für die Kinderschutzarbeit in Gesundheitsberufen.

Child Maltreatment (1995 – 2008) US Department of Health & Human Services. www.acf.hhs.gov/programs/cb

Fegert JM, Frank R, Goldbeck L, Höhne D, Schepker R (2007) Leitlinien der Deutschen Gesellschaft für Kinder- und Jugendpsychiatrie und –psychotherapie zu Vernachlässigung, Misshandlung, sexuellem Missbrauch. Deutsche Gesellschaft für Kinder- und Jugendpsychiatrie und Psychotherapie u.a. (Hrsg.): Leitlinien zur Diagnostik und Therapie von psychischen Störungen im Säuglings-, Kindes- und Jugendalter. http://www.awmf.org

Frank R, Kopecky-Wenzel M (2002) Vernachlässigung von Kindern. Monatsschrift Kinderheilkunde 150:1339–1343

Herrmann B (2005) Vernachlässigung und emotionale Vernachlässigung von Kindern und Jugendlichen. Kinder- und Jugendarzt 36(6):1–7

Herrmann B, Dettmeyer R, Banaschak S, Thyen U (2008) Kindesmisshandlung. Medizinische Diagnostik, Intervention, rechtliche Grundlagen. Springer Verlag,

Hymel KP (2006) When is lack of supervision neglect? American Academy of Pediatrics, Clinical Report. Pediatrics 118(3):1296–1298

MAG 11 – Amt für Jugend und Familie, Jahresbericht 2009

Thyen U, Herrmann B, Frank R, Von Bismarck S (2008) Leitlinien der Deutschen Gesellschaft für Sozialpädiatrie und Jugendmedizin zu Kindesmisshandlung und Vernachlässigung. http://www.awmf.org

24. Münchhausen-by-proxy-Syndrom

AWMF online (2009) Kindesmisshandlung und Vernachlässigung. Leitlinien der Deutschen Gesellschaft für Sozialpädiatrie und Jugendmedizin. http://www.uni-duesseldorf.de/awmf/11/071-003

Bools CN, Neale BA, Meadow SR (1993) Follow up of victims of fabricated illness (Munchausen syndrom by proxy). Arch Dis Child 69:625–630

Craft AW, Hall DMB (2004) Munchausen syndrome by proxy and sudden infant death. BMJ 328:1309–1312

Denny SJ, Grant CC, Pincock R (2001) Epidemiology of Munchausen syndrome by proxy in new Zealand. J Pediatr Child Health 37:240–243

Freyberger HJ (1990) Der Arzt als invasiver Täter und getäuschtes Opfer. Psycho 16:73–80

Häßler F, Zamorsky H, Weirich S (2007) Unterschiede und Gemeinsamkeiten zwischen plötzlichem Säuglingstod (SIDS), Münchhausen-Syndrom by proxy (MSBP) mit tödlichem Ausgang und Infantizid. Zeitschrift für Kinder- und Jugendpsychiatrie und Psychotherapie 35(4):237–246

Hall DA, Eubanks L, Meyyazhagan S, Kenney RD, Johnson SC (2001) Evaluation of covert video surveillance in the diagnosis of Munchausen syndrome by proxy: lessons from 41 cases. Pediatrics 105:1305–1312

Hirsch M (1989) Der eigene Körper als Objekt. Zur Psychodynamik selbstdestruktiven Agierens. Springer, Berlin, Heidelberg, New York

Holstege CP, Dobmeier SG (2006) Criminal poisoning: Munchausen by proxy. Clin Lab Med 26:243–253

Krupinski M, Soyka M, Tutsch-Bauer E, Frank R (1995) Münchhausen-by-proxy-Syndrom: eine interdisziplinäre Herausforderung. Nervenheilkunde 14:348–356

Krupinski M (2006) Wenn Mediziner ungewollt zur Kindesmisshandlung verführt werden: Münchhausen-by-proxy-Syndrom. Wien Med Wochenschr 156:441–447

Krupinski M, Tutsch-Bauer E (2009) Misshandelte Kinder und als Missbraucher missbrauchte Ärzte: Münchhausen-by-proxy-Syndrom. In: Peschl O, Mützel E, Penning R (eds) Das Kind in der forensischen Medizin. Festschrift für Wolfgang Eisenmenger. ecomed Medizin, Verlagsgruppe Hüthig Jehle Rehm GmbH, , pp 381–394

Mayr J (1937) Handbuch der Artefakte. Fischer, Jena

McClure RJ, Davis PM, Meadow SR, Sibert JR (1996) Epidemiology of Munchausen syndrome by proxy, non-accidental poisoning, and non-accidental suffocation. Arch Dis Child 75:57–61

Meadow R (1977) Munchausen syndrome by proxy. The hinterland of child abuse. Lancet 2:343–345

Meadow R (2002) Different interpretations of Munchausen Syndrome by Proxy. Child Abuse Negl 5:501–508

Mehl AL, Coble L, Johnson S (1990) Munchausen syndrome by proxy: a family affair. Child Abuse Negl 14:577–585

Noecker M, Tourneur D (2005) Münchhausen-by-proxy-Syndrom. Familienrechtliche und forensisch-psychiatrische Aspekte. Das Jugendamt 78:167–175

Rosenberg DA (1987) Web of deceit: a literature review of Munchausen syndrome by proxy. Child Abuse Negl 11:547–563

Rosenberg DA (2002) Das Münchhausen-by-proxy-Syndrom: Falsches Spiel mit der Krankheit. In: Helfer M, Kempe R, Krugmann R (eds) Das mißhandelte Kind. Suhrkamp Verlag, Frankfurt am Main, pp 615–642

Samuels MP, Southall DP (1992) Munchausen syndrome by proxy. Br J Hosp Med 47:759–762

Schreier HA, Libow JA (1993) Hurting for Love: Munchausen by Proxy Syndrome. The Guilford Press, New York London

Schreier H (2004) Munchausen by Proxy. Health Care 34:126–143

Sheridan MS (2003) The deceit continues: an updated literature review of Munchhausen Syndrome by Proxy. Child Abuse Negl 27:431–451

25. Bildgebende Diagnostik bei Verdacht auf Kindesmisshandlung

Adamsbaum C, Méjean N, Merzoug V, Rey-Salmon C (2010) How to explore and report children with suspected non-accidental trauma. Pediatr Radiol 40(6):932–938

American College of Radiology. ACR Appropriateness Criteria - Suspected Physical Abuse - Child. Online: http://guidelines.gov/content.aspx?id=23828 (zuletzt aufgerufen am 26.05.2012)

American College of Radiology. ACR Manual on Contrast Media. Version 7, 2010. Online: http://www.acr.org/~/media/ACR/Documents/PDF/QualitySafety/Resources/Contrast%20Manual/FullManual.pdf (zuletzt aufgerufen am 26.05.2012)

Benz-Bohm G (2005) Kinderradiologie, Besonderheiten der Aufnahmetechnik und des Strahlenschutzes. Thieme Verlag, Stuttgart

British Society of Pediatric Radiology. Standard for skeletal surveys in suspected non-accidental injury (nai) in children. Online

Caffey J (1946) Multiple fractures in the long bones of infants suffering from chronic subdural hematoma. AJR 2:163

Carty H (1991) The non skeletal injuries of child abuse - part I. The brain. Year Book of Pediatric Radiology 3:17–24

Erfurt C, Hahn G, Roesner D, Schmidt U (2009) Pediatric radiological diagnostics in suspected child abuse. Der Radiologe 49(10):932 (934–941)

European Society of Urogenital Radiology (ESUR). ESUR Guidelines on Contrast Media. Online: http://www.esur.org/Contrast-media.51.0.html (zuletzt aufgerufen am 26.05.2012)

Hymel KP, Rumack CM, Thomas CH, Strain JD, Jenny C (1997) Comparison of intracranial computed tomographic (CT) findings in pediatric abusive and accidental head trauma. Pediatr Radiol 27:743–747

Image Gently Campaign – Society of Pediatric Radiology (SPR). http://www.pedrad.org/associations/5364/ig/index.cfm?page=364 (zuletzt aufgerufen am 26.5.2012)

Kleinman PK (1990) Diagnostic imaging in infant abuse. AJR 155:703

Kleinman PK (1998) Diagnostic Imaging of Child Abuse, 2nd edn. Mosby, St. Louis

Kleinman PK, Marks SC, Nimkin K, Rayder SM, Kessler SC (1996) Rib fractures in 31 abused infants: Postmortem radiologic - histopathologic study. Radiology 200:807–810

Kleinman PK, Marks SC, Spevak MR, Richmond JM (1992) Fractures of the rib head in abused children. Radiology 185:119–123

Kleinman PK, Shelton YA (1997) Hangman's fracture in an abused infant: Imaging features. Pediatr Radiol 27:776–777

Kleinman PK, Nimkin K, Spevak MR, Rayder SM, Madansky DL, Shelton Y, Patterson MM (1996) Follow-up skeletal surveys in suspected child abuse. AJR 167:893–896

Linton OW, Mettler FA (2003) National conference on dose reduction in CT, with an emphasis on pediatric patients. American Journal of Roentgenology 181(2):321–329

Lonergan GJ, Smirniotopoulos JG (2001) The child abuse referral and education (CARE) network. http://rad.usuhs.mil/rad/home/peds/abuse.html (zuletzt aufgerufen am 26.5.2012)

Melvine LD, Carey WB, Crochar AC, Gross RT (1983) Developmental-Behavioral Pediatrics. W.B. Saunders Company, Philadelphia

Merten DF, Radkowski MA, Leonidas JC (1983) The abused child: A radiological repraisal. Radiology 146:377

Oppelt B (2010) Pädiatrische Radiologie für MTRA/RT. Thieme Verlag, Stuttgart

Sato Y, Yuh WTC, Smith WL, Alexander RC, Kao SCS, Ellerbroek CJ (1989) Head injury in child abuse: Evaluation with MR imaging. Radiology 173:653–657

Sorantin E (2008) Soft-copy display and reading: what the radiologist should know in the digital era. Pediatric radiology 38(12):1276–1284

Sorantin E, Lindbichler F (2002) Nontraumatic Injury (Battered Child). Der Radiologe 42(3):210–216

SPR - Image Gently: How to Develop CT Protocols for Children. http://www.pedrad.org/associations/5364/files/Protocols.pdf (zuletzt aufgerufen am 26.5.2012)

Stöver B (2007) Diagnostic imaging in child abuse. Der Radiologe 47(11):1037–1048

U.S. National Institute of Heath: National Cancer Institute: Radiation Risks and Pediatric Computed Tomography (CT): A Guide for Health Care Providers. http://www.cancer.gov/cancertopics/causes/radiation-risks-pediatric-CT (zuletzt aufgerufen am 26.5.2012)

26. Verdacht auf sexuellen Missbrauch von Kindern

Adams JA (2005) Approach to interpreting physical and laboratory findings in suspected child sexual abuse: A 2005 Revision. APSAC Advisor 17:7–13

Adams JA (2011) Medical Evaluation of Suspected Child Sexual Abuse: 2011 Update. Journal of Child Sexual Abuse 20(5):588–605

Bange D (1995) Sexueller Missbrauch an Mädchen und Jungen. In: Marquardt-Mau B (ed) Schulische Prävention gegen sexuelle Kindemisshandlung. Gundlagen, Rahmenbedingungen, Bausteine und Modelle. Juventa, Weinheim München, pp 31–55

Christian CW, Lavelle JM, De Jong AR, Loiselle J, Brenner L, Joffe M (2000) Forensic Evidence Findings in Prepubertal Victims of Sexual Assault. Pediatrics 106:100–104

Cullen B, Smith P, Jeann B, Haaf RA (2000) Matched cohort comparison of a criminal justice system's response to child sexual abuse: a profile of perpetrators. Child Abuse Neglect 24:569–577

Debertin AS, Seifert D, Mützel E (2011) Forensisch-medizinische Untersuchung von Mädchen und Jungen bei Verdacht auf Misshandlung und Missbrauch. Empfehlungen der Arbeitsgemeinschaft Klinische Rechtsmedizin der Deutschen Gesellschaft für Rechtsmedizin 21: 479– 482

Deegener G (2006) Erscheinungen und Ausmaße von Kindes-misshandlungen in Deutschland. In: Heitmeyer W, Schröttle M (eds) Gewalt. Beschreibungen – Analysen – Prävention. Schriftenreihe der Bundeszentrale für Politische Bildung. , Bonn, pp 26–44

De Jong AR, Emmett GA, Hervada AA (1982) Epidemiologic factors in sexual abuse of boys. Am J Dis Child 136:990–993

Engfer A (2000) Formen der Misshandlung von Kindern – Definitionen, Häufigkeiten, Erklärungsansätze. In: Egle UT, Hoffmann SO, Joraschky P (eds) Sexueller Missbrauch, Misshandlung, Vernachlässigung: Erkennung, Therapie und Prävention der Folgen früher Stresserfahrungen. Schattauer, Stuttgart, pp 3–20

Fegert JM (2007) Sexueller Missbrauch an Kindern und Jugendlichen. Gesundheitsschutz 50:78–89

Fergusson DM, Lynskey MT, Horwood JL (1996) Childhood sexual abuse and psychiatric disorder in young adulthood: I. Prevalence of sexual abuse and factors associated with sexual abuse. J Am Acad Child Adolesc Psychiatry 34:1355–1374

Hammer K, Rauch E, Anslinger K (2006) Nachweisbarkeitsdauer der verschiedenen Samenflüssigkeitsbestandteile in Vaginalabstrichen post coitum. Rechtsmedizin 16(5):313–316

Herrmann B, Dettmeyer R, Banaschak S, Thyen U (2008) Kindesmisshandlung. Springer Verlag, Heidelberg

Rauch E, Graw M (2003) Rechtliche und rechtsmedizinische Aspekte bei Verdacht auf sexuellen Missbrauch. Gynäkologe 36:18–24

Schmid-Baumgärtel I, Altermatt St, Lips U (2003) Häufigkeit von Genitalverletzungen bei Knaben bezogen auf eine definierte Bevölkerungsgruppe. Paediatrica 14:35–42

Tröndle H, Fischer T (1999) Strafgesetzbuch und Nebengesetze, 49th edn. Verlag C.H. Beck, München (neubearbeitete Auflage)

Tutsch-Bauer E, Rauch E, Penning R (1998) Rechtsmedizinische Aspekte bei Verdacht auf sexuellen Mißbrauch. Dtsch Ärztebl 95:A-1027–A-1032

27. Sexualisierte Gewalt

Anderson S, McClain N, Riviello RJ (2006) Genital findings of woman after consensual and nonconsensual intercourse. J Forensic Nurs 2:59–65

Banaschak S, Gerlach K, Seifert D, Bockholdt B, Graß H (2011) Forensisch-medizinische Untersuchung von Gewaltopfern - Empfehlungen der Deutschen Gesellschaft für Rechtsmedizin auf der Grundlage der Empfehlungen der Schweizer Gesellschaft für Rechtsmedizin. Rechtsmedizin 21:483–488

Empfehlungen der Schweizerischen Gesellschaft für Rechtsmedizin zur forensisch-medizinischen Untersuchung von erwachsenen Opfern nach sexueller Gewalt, freundlicherweise übermittelt durch K. Gerlach (für die Autorengruppe) Rechtsmedizin Basel, 03-2009; http://www.sgrm.ch > Arbeitsgruppe körperliche und sexuelle Gewalt

Gahr B, Graß H, Ritz-Timme S, Banaschak S (2012) Klinisch-rechtsmedizinische Kompetenz in der Gewaltversorgung. Was leisten Institute für Rechtsmedizin in Deutschland, Österreich und der Schweiz? Rechtsmedizin, DOI 10.1007/s00194-012-0841-x

Kernbach G, Püschel K, Brinkmann B (1984) Extragenitale Verletzungen bei Vergewaltigung. Geburtsh u Frauenheilk 44:643–650

Kleemann WJ (2007) Vergewaltigung, sexuelle Nötigung, forensische Sexualmedizin. In: Madea B (ed) Praxis Rechtsmedizin, 2nd edn. Springer, Berlin, pp 259–264

Lincoln C (2001) Genital injury: is it significant? A review of the literature. Med Sci Law 41:206–216

Maguire W, Goodall E, Moore T (2009) Injury in adult female sexual assault complaints and related factors. Eur J Obstet Gynecol Reprod Biol 142:149–153

McLean I, Roberts SA, White C, Paul S (2011) Female genital injuries resulting from consensual and non-consensual vaginal intercourse. For Sci Int 204:27–33

Rauch E, Weissenrieder N, Peschers U (2004) Sexualdelikte – Diagnostik und Befundinterpretation. Dtsch Ärztebl 101:2682–2688

Riggs N, Houry D, Long G, Markovchick V, Feldhaus KM (2000) Analysis of 1076 cases of sexual assault. Ann Emerg Med 35:358–362

28. Vorgetäuschte Sexualdelikte

Burgheim J, Friese H (2006) Sexualdelinquenz und Falschbezichtigung: Eine vergleichende Analyse realer und vorgetäuschter Sexualdelikte. Verlag für Polizeiwissenschaft, Frankfurt am Main

Elsner E, Steffen W (2005) Vergewaltigung und sexuelle Nötigung in Bayern - Opferrisiko, Opfer- und Tatverdächtigenverhalten, polizeiliche Ermittlungen, justizielle Erledigung. München. Bayerisches Landeskriminalamt. 1. Auflage. ISBN 3-924400-16-4

Feist A, Ashe J, Lawrence J, McPhee D, Wilson R (2007) Investigating and detecting recorded offences of rape. London: Home Office Online Report 18/07, www.homeoffice.gov.uk/rds/pdfs07/rdsolr1807.pdf (zuletzt aufgerufen am 1.3.2012)

Frauen J (2008) Vorgetäuschte Sexualdelikte. Verlag für Polizeiwissenschaft, Frankfurt am Main

Harris J, Grace S. (1999) A question of evidence? Investigating and prosecuting rape in the 1990s. Home Office Research Study 196. London: Home Office, www.homeoffice.gov.uk/rds/pdfs/hors196.pdf (zuletzt aufgerufen am 1.3.2012)

HM Crown Prosecution Service Inspectorate. (2007) Without consent: a report on the joint review of the investigation and prosecution of rape offences. London: HMCPSI, www.hmic.gov.uk/media/without-consent-20061231.pdf (zuletzt aufgerufen am 1.3.2012)

HM Crown Prosecution Service Inspectorate/HM Inspectorate of Constabulary. (2002) The report on the joint Inspection into the investigation and prosecution of cases involving allegations of rape: a CPSI and HMIC joint thematic inspection

Ingemann-Hansen O, Brink O, Sabroe S, Sorensen V, Charles AV (2008) Legal aspects of sexual violence - does forensic evidence make a difference? Forensic Sci Int 180(2-3):98–104

Jordan J (2002) Beyond belief? Police, rape and women's credibility. Crim Justice 4(1):29–59

Kanin EJ (1994) False rape allegations. Arch Sex Behav 23(1):81–92

Kelly L (2010) The (in)credible words of women: false allegations in European rape research. Violence Against Women 16(12):1345–1355

Kelly L, Lovett J, Regan L (2005) A gap or a chasm? Attrition in reported rape cases. Home Office Research Study 293. London: Child and Woman Abuse Studies Unit, London Metropolitan University, www.homeoffice.gov.uk/rds/pdfs05/hors293.pdf (zuletzt aufgerufen am 1.3.2012)

Lisak D, Gardinier L, Nicksa SC, Cote AM (2010) False allegations of sexual assault: an analysis of ten years of reported cases. Violence Against Women 16(12):1318–1334

Manser TI (1991) Findings in medical examinations of victims and offenders in cases of serious sexual offenses - A survey. Police Surg 38:4–27

Norfolk GA (2011) Leda and the Swan--and other myths about rape. J Forensic Leg Med 18(5):225–32

Seifert D, Püschel K, Anders S (2009) Selbst verletzendes Verhalten bei weiblichen Opfern von Gewalt - Vorkommen in einem rechtsmedizinischen Untersuchungskollektiv. Rechtsmedizin 19:325–330

29. Standardisierte Untersuchung und Spurensicherung nach Sexualdelikt

Anderson S, McClain N, Riviello RJ (2006) Genital findings of women after consensual and nonconsensual intercourse. Journal of Forensic Nursing 2(2):59–65

Andresen H, Stimpfl T, Sprys N, Schnitgerhans T, Müller A (2008) Liquid ecstasy - a significant drug problem. Dtsch Arztebl Int 105(36):599–603

Fraser IS, Lahteenmaki P, Elomaa K, Lacarra M, Mishell DR, Alvarez F et al (1999) Variations in vaginal epithelial surface appearance determined by colposcopic inspection in healthy, sexually active women. Human Reproduction 14(8):1974–1978

Gray-Eurom K, Seaberg DC, Wears RL (2002) The prosecution of sexual assault cases: Correlation with forensic evidence. Annals of Emergency Medicine 39(1):39–46

Hochmeister MN, Whelan M, Borer UV, Gehrig C, Binda S, Berzlanovich A, Rauch E, Dirnhofer R (1997) Effects of toluidine blue and destaining reagents used in sexual assault examinations on the ability to obtain DNA profiles from postcoital vaginal swabs. Journal of Forensic Sciences 42(2):316–319

Jones JS, Rossman L, Wynn BN, Dunnuck C, Schwartz N (2003) Comparative analysis of adult versus adolescent sexual assault: Epidemiology and patterns of anogenital injury. Academic Emergency Medicine 10(8):872–877

Lauber AA, Souma ML (1982) Use of toluidine blue for documentation of traumatic intercourse. Obstetrics and Gynecology 60(5):644–648

Linden JA (2011) Clinical practice. Care of the adult patient after sexual assault. N Engl J Med 365(9):834–841

Loddo CM, Beike J, Rothschild MA (2009) γ-Hydroxybuttersäure (GHB) als K.O.-Mittel und sexuelle Delinquenz. Forens Psychiatr Psychol Kriminol 3:287–293

McCauley J, Guzinski G, Welch R, Gorman R, Osmers F (1987) Toluidine blue in the corroboration of rape in the adult victim. American Journal of Emergency Medicine 5(2):105–108

Pilz M (2005) Evaluierung eines neuen Spurensicherungs-Sets für Sexualdelikte. Diplomarbeit, Universität Wien, Fakultät für Lebenswissenschaften.

Riggs N, Houry D, Long G, Markovchick V, Feldhaus KM (2000) Analysis of 1,076 cases of sexual assault. Annals of Emergency Medicine 35(4):358–362

Sachs CJ, Chu LD (2002) Predictors of genitorectal injury in female victims of suspected sexual assault. Academic Emergency Medicine: Official Journal of the Society for Academic Emergency Medicine 9(2):146–151

Slaughter L, Brown CR (1992) Colposcopy to establish physical findings in rape victims. American Journal of Obstetrics and Gynecology 166:83 86

Slaughter L, Brown CR, Crowley S, Peck R (1997) Patterns of genital injury in female sexual assault victims. American Journal of Obstetrics and Gynecology 176(3):609–616

Sommers MS (2007) Defining patterns of genital injury from sexual assault: a review. Trauma Violence Abuse 8(3):270–280

30. Das männliche Opfer sexualisierter Gewalt – Befunde nach Vergewaltigung und homosexuellen Praktiken

Davies M, Rogers P (2006) Perceptions of male victims in depicted sexual assaults: A review of the literature. Aggression and Violent Behavior 11(4):367–377

El-Ashaal YI, Al-Olama AK, Abu-Zidan FM (2008) Trans-anal rectal injuries. Singapore Med J 49(1):54–56

Ellis CD (2002) Male rape - the silent victims. Collegian 9(4):34–39

Ernst AA, Green E, Ferguson MT, Weiss SJ, Green WM (2000) The utility of anoscopy and colposcopy in the evaluation of male sexual assault victims. Ann Emerg Med 36(5):432–437

Krahé B, Schütze S, Fritsche I, Waizenhöfer E (2000) The prevalence of sexual aggression and victimization among homosexual men. The Journal of Sex Research 37:142–150

Wall BW (2011) Commentary: Causes and Consequences of Male Adult Sexual Assault. J Am Acad Psychiatry Law 39(2):206–208

31. Medizinische Versorgung von Opfern sexualisierter Gewalt

Deutsch-Österreichische Empfehlungen (Aktualisierung Januar 2008) Postexpositionelle Prophylaxe der HIV-Infektion. Dtsch Med. Wochenschr 2009; 134:S16-S33 oder EUR J Med Res 13: 539-554

Robert Koch-Institut (2008) Mustervorlage zur Dokumentation einer medikamentösen HIV Post-Expositionsprophylaxe. http://www.rki.de/DE/Content/InfAZ/H/HIVAIDS/Prophylaxe/Leitlinien/PEP-Dokumentationsbogen_08.html (zuletzt aufgerufen am 26.5.2012)

Ständige Impfkommission (STIKO) am Robert-Koch-Institut (RKI) (2012) Empfehlungen der STIKO am RKI. Epidemiologisches Bulletin 30/2012. (www.rki.de > Infektionsschutz > Impfen)

Tolle MA, Schwarzwald HL (2010) Postexposure prophylaxis against human immunodeficiency virus. Am Fam Physician 82(2):161–166

Welch J, Mason F (2007) Rape and sexual assault. BMJ 334:1154–1158

World Health Organization (WHO) (ed) (2003) Guidelines for medico-legal care for victims of sexual violence. WHO, Genf

32. Weibliche Genitalverstümmelung – Hintergründe, Rechtslage und Empfehlungen für die medizinische Praxis

Asefaw F (2008) Weibliche Genitalbeschneidung. Hintergründe, gesundheitliche Folgen und nachhaltige Prävention. Ulrike Helmer, Königstein/Taunus

Bauer Ch, Hulverscheidt M (2003) Gesundheitliche Folgen der weiblichen Genitalverstümmelung. In: Terre des Femmes (ed) Schnitt in die Seele. Weibliche Genitalverstümmelung – eine fundamentale Menschenrechtsverletzung. Mabuse, Frankfurt am Main, pp 65–81

Catania L, Abdulcadir O, Puppo V, Verde JB, Abdulcadir J, Abdulcadir D (2007) Pleasure and Orgasm in Women with Female Genital Mutilation/Cutting (FGM/C). The Journal of Sexual Medicine 4(6):1666–1678

END FGM – European Campaign (2010) Abschaffung der weiblichen Genitalverstümmelung. Eine Strategie für die EU-Institutionen. Brüssel

Goesmann C, Kentenich H (2006) Empfehlungen zum Umgang mit Patientinnen nach weiblicher Genitalvertümmelung (female genital mutilation). Deutsches Ärzteblatt 103(5):285–287

Euler M (2002) Genitale Verstümmelung von Mädchen und Frauen. Situationsbericht aus dem Sudan. Missio. Internationales Katholisches Missionswerk e.V.. vol. 8. Fachstelle Menschenrechte, Aachen

Institut für Frauen- und Männergesundheit (ed) (2008) Female Genital Mutilation (FGM) – Weibliche Genitalverstümmelung. Leitfaden zum Umgang mit betroffenen Mädchen und Frauen. Wien

Ismail E (2000) Kampf der sudanesischen Frauen. In: Hermann C (ed) Das Recht auf Weiblichkeit. Hoffnung im Kampf gegen die Genitalverstümmelung. J.H.W. Dietz, Bonn, pp 91–100

Kalthegener R (2003) Rechtliche Regelungen gegen Genitalverstümmelung in Afrika. In: Terre des Femmes (ed) Schnitt in die Seele. Weibliche Genitalverstümmelung – eine fundamentale Menschenrechtsverletzung. Mabuse, Frankfurt am Main, pp 203–214

Krása K (2009) Weibliche Genitalverstümmelung in Deutschland im Vergleich zu anderen westeuropäischen Ländern – ethische und rechtliche Aspekte. In: Medizin, Ethik und Menschenrechte: Geschichte- Grundlagen- Praxis., S. 286-287; Vandenhoeck & Ruprecht, Göttingen

Lightfood-Klein H (2003) Der Beschneidungsskandal. Orlanda, Berlin

MA 57-Frauenabteilung Stadt Wien (ed) (2008) Sensible Berichterstattung zum Thema Gewalt an Frauen. Wien

Rymer J, Momoh C (2009) Managing the reality of FGM in the UK. In: Momoh C (ed) Female Genital Mutilation. Radcliffe Publishing Ltd., Abingdon, pp 21–28

Schnüll P (2003) Weibliche Genitalverstümmelung in Afrika. In: Terre des Femmes (ed) Schnitt in die Seele. Weibliche Genitalverstümmelung – eine fundamentale Menschenrechtsverletzung. Mabuse, Frankfurt am Main, pp 23–64

WHO/World Health Organization (ed) (2008) Eliminating Female genital mutilation. An interagency statement. World Health Organization, Genf

WHO Study Group on Female Genital Mutilation and Obstetric Outcome (2006) Female genital mutilation and obstetric outcome: WHO collaborative prospective study in six African countries. The Lancet 367:1835–1841

33. Folter – Praxiserfahrung aus Sicht des UNO-Sonderberichterstatters

Nowak M (2012) Folter: Die Alltäglichkeit des Unfassbaren. Kremayr & Scheriau, Wien

Office oft the United Nations High Commissioner for Human Rights, Geneva (2004) Istanbul Protocol - Manual on the Effective Investigation and Documentation of Torture and Other Cruel, Inhuman or Degrading Treatment or Punishment. Professional Training Series No. 8/Rev. 1 http://www.ohchr.org/Documents/Publications/training8Rev1en.pdf (zuletzt aufgerufen am 26.5.2012)

34. Folter – Methoden und Befunde

Amris K, Danneskiold-Samsøe S, Torp-Pedersen S, Genefke I, Danneskiold-Samsøe B (2007) Producing medico-legal evidence: Documentation of torture versus the Saudi Arabian State of Denial. Torture 17(3):181–195

Amris K, Rasmussen OV, Baykal T, Lök V (2009) The diagnostic value of clinical examination after falanga - A pilot validation study. Torture 19(1):5–11

Amris K, de Williams A (2007) Chronic Pain in Survivors of Torture. Pain – Clinical Updates 15(7):1–6

Amris K, Torp-Pedersen S, Rasmussen OV (2009) Long-term consequences of falanga torture - What do we know and what do we need to know? Torture 19(1):33–40

Danielsen L, Rasmussen OV (2006) Dermatological findings after alleged torture. Torture 16(2):108–127

Forrest DM (1999) Examination for the late physical after effects of torture. Journal of Clinical Forensic Medicine 6:4–13

Forrest DM (1995) Guidelines for the examination of survivors of torture. Medical Foundation for the Care of Victims of Torture. Ace Duplicating

Forrest D (1995) The physical after-effects of torture. Forensic Science International 76:77–84

Jaffé H (2008) How to deal with torture victims. Torture 18(2):130–138

Mandel L, Worm L (2007) Documentation of torture victims, assessment of the Start Procedure for Medico-Legal Documentation. Torture 17(3):196–202

Mandel L, Worm L (2007) Documentation of torture victims. Implementation of medico-legal protocols. Torture 17(1):18–26

Office oft the United Nations High Commissioner for Human Rights, Geneva (2004) Istanbul Protocol - Manual on the Effective Investigation and Documentation of Torture and Other Cruel, Inhuman or Degrading Treatment or Punishment. Professional Training Series No. 8/Rev. 1 http://www.ohchr.org/Documents/Publications/training8Rev1en.pdf (zuletzt aufgerufen am 26.5.2012)

Physicians for Human Rights (2005) Examining Asylum Seekers: A Health Professional's Guide to Medical and Psychological Evaluations of Torture. http://physiciansforhumanrights.org/library/reports/examining-asylum-seekers-manual-2005-1.html (zuletzt aufgerufen 26.5.2012)

Rasmussen OV, Amris S, Blaauw M, Danielsen L (2004) Medical physical examination in connection with torture - Section I. Torture 14(1):46–53

Rasmussen OV, Amris S, Blaauw M, Danielsen L (2005) Medical physical examination in connection with torture - Section II. Torture 15(1):37–45

Rasmussen OV, Amris S, Blaauw M, Danielsen L (2006) Medical physical examination in connection with torture - Section III. Torture 16(1):48–55

Sonntag J (2008) Doctors' involvement in torture. Torture 18(3):161–175

Ucpinar H, Baykal T (2006) An important step for prevention of torture - The Istanbul protocol and challenges. Torture 16(3):252–267

35. Selbstverletzung und Selbstschädigung

Altmeyer P, Paech V (2011) Enzyklopädie Dermatologie, Allergologie, Umweltmedizin, 2nd edn. Springer, Berlin

Banaschack S, Madea B (2003) Selbstbeschädigung. In: Madea B (ed) Praxis der Rechtsmedizin. Springer, Berlin, Heidelberg, New York, pp 268–273

Behrendt C, Goos M, Thiel H, Hengge UR (2001) Painful bruising syndrome. Hautarzt 52:634–637

Bonte W (2004) Selbstbeschädigung. In: Brinkmann B, Madea B (eds) Handbuch der gerichtlichen Medizin. vol. I. Springer, Berlin, Heidelberg, New York, pp 1215–1230

Grassberger M, Coester S, Köhler K (2005) An unusual cause for constipation. Wien Klin Wochenschr 117(255):7–8

Eckhardt A (1996) Artifizielle Störungen. Deutsches Ärzteblatt 93:1622–1626

Frank R (2005) Selbstverletzendes Verhalten. Monatsschrift Kinderheilkd 153:1082–1086

Heide S, Kleiber M (2006) Selbstbeschädigung – eine rechtsmedizinische Betrachtung. Deutsches Ärzteblatt 40:2627–2633

Hagemeier L, Schyma C, Zillhardt H, Noeker M, Bieber T, Madea B (2011) Gardner-Diamond syndrome: a rare differential diagnosis of child abuse. Br J Dermatol 164(3):672–673

Heide S, Kleiber M (2006) Selbstbeschädigung – eine rechtsmedizinische Betrachtung. Deutsches Ärzteblatt 40:2627–2633

Hildebrand E, Hitzer K, Püschel K (2001) Simulation und Selbstbeschädigung unter besonderer Berücksichtigung des Versicherungsbetruges. Verlag Versicherungswirtschaft, Karlsruhe

Kasten E (2006) Body-Modification. Psychologische und medizinische Aspekte von Piercing, Tattoo, Selbstverletzungen und anderen Körperveränderungen. Ernst Reinhardt Verlag, München und Basel

Kernbach-Wighton G (2004) Selbst zugefügte Verletzungen. Rechtsmedizin 4:277–294

Petermann F, Winkel S (2007) Selbstverletzendes Verhalten bei Kindern mit intellektueller Beeinträchtigung. Monatsschr Kinderheilkd 155:937–944

Pollak S (2004) Vortäuschung einer Straftat. In: Brinkmann B, Madea B (eds) Handbuch der gerichtlichen Medizin. vol. I. Springer, Berlin, Heidelberg, New York, pp 1230–1238

Pollak S (2004) Verletzungen durch eigene oder fremde Hand. In: Brinkmann B, Madea B (eds) Handbuch der gerichtlichen Medizin. vol. I. Springer, Berlin, Heidelberg, New York, pp 250–257

Saternus KS, Kernbach-Wighton G (1996) Römhild. Selbstbeschädigung. Forensische Bewertung und Therapiemöglichkeiten. Rechtsmedizinische Forschungsergebnisse. vol. 14. Schmidt, Lübeck

Seifert D, Püschel K, Anders S (2009) Selbst verletzendes Verhalten bei weiblichen Opfern von Gewalt - Vorkommen in einem rechtsmedizinischen Untersuchungskollektiv. Rechtsmedizin 19:325–330

Stöberl C, Musalek M, Partsch H (1994) Zum Problem des artifiziellen Extremitätenödems. Hautarzt 45:149–153

Willenberg H (2000) Heimliche Selbstbeschädigung. Psychotherapeut 45:325–336

Zinka B, Rauch E (2007) Selbst verletzendes Verhalten aus rechtsmedizinischer Sicht. Hautarzt 58:328–334

36. Der überlebte medizinische Behandlungsfehler

Dettmeyer R, Madea B (2003) Iatrogene Schäden, Behandlungsfehler und Behandlungsfehlerbegutachtung. In: Madea B, Brinkmann B (eds) Handbuch gerichtliche Medizin. vol. 2. Springer-Verlag, Berlin, Heidelberg, New York

Dettmeyer R, Preuß J, Madea B (2006) Rechtsmedizinische Behandlungsfehlerbegutachtung - Konsequenzen aus der im Auftrag des Bundesministeriums für Gesundheit und Soziales durchgeführten multizentrischen Studie. Rechtsmedizin 16:389–396

Madea B, Dettmeyer R (2007) Medizinschadensfälle und Patientensicherheit: Häufigkeit - Begutachtung – Prophylaxe. Deutscher Ärzte-Verlag, Köln

Meissner C, Grellner W, Kaatsch HJ (2009) Der ärztliche Behandlungsfehler - Charakteristik und Begutachtungspraxis. Schmidt-Römhild, Lübeck

Preuß J, Dettmeyer R, Madea B (2005) Begutachtung behaupteter letaler und nicht-letaler Behandlungsfehler im Fach Rechtsmedizin - Konsequenzen für eine koordinierte Medizinschadensforschung. Im Auftrag des Bundesministeriums für Gesundheit und Soziale Sicherung (BMGS). http://www.bundesgesundheitsministerium.de/fileadmin/redaktion/pdf_publikationen/forschungsberichte/Begutachtung-Behandlungsfehler-Rechtsmedizin.pdf (zuletzt aufgerufen am 26.5.2012)

Preuß J, Dettmeyer R, Madea B (2006) Begutachtung behaupteter letaler Behandlungsfehler im Fach Rechtsmedizin – Bundesweite Multicenterstudie. Rechtsmedizin 16:367–382

37. Aggression und Gewalt gegen Angehörige medizinischer Berufe

Abderhalden C, Needham I, Friedlie TK, Poelmans J, Dassen T (2002) Perception of aggression among psychiatric nurses in Switzerland. Acta Psychiatrica Scandinavica 106 Suppl. 412:110–117

AschG §3: http://www.arbeitsinspektion.gv.at/NR/rdonlyres/6B70F952-D5AE-4DBB-AE36-A0183E1B172A/0/ASchG.pdf (zuletzt aufgerufen am 26.5.2012)

Almvik R, Woods P (1999) Predicting inpatient violence using the Brøset Violence Checklist (BVC). Int J Psychiatr Nurs Res 4(3):498–505

Almvik R, Woods P, Rasmussen K (2000) The Brøset Violence Checklist (BVC): sensitivity, specificity and inter-rater realiability. J Interpers Violence 15(12):1284–1296

Almvik R, Woods P, Rasmussen K (2007) Assessing isk for imminent violence in the eldery: the Broeset Violence Checklist. Int J Geriatr Psychiatry 22:862–867

Breakwell M (1998) Aggression bewältigen. Verlag Hans Huber, Kempten

Broers E, de Lange J (1996) Agressie in de psychiatrie. NCGV, Utrecht, the Netherlands

Buckley P, Cookson H, Packham C (2006) Violence at work: Findings from the 2009/10 British Crime Survey

Cooper CL, Swanson N (2002) Workplace violence in the health sector: State of the Art. http://www.who.int/violence_injury_prevention/injury/en/WVstateart.pdf (zuletzt aufgerufen am 26.5.2012)

Dorfmeister G (2009) Dissertation Aggression, Gewalt und Deeskalation in Gesundheitseinrichtungen; St. Elisabeth Universität, Pressburg, SK

Geen RG (2001) Human Aggression. Open University Press, Buckingham

Grube M (2001) Aggressivität bei psychiatrischen Patienten. Der Nervenarzt 72(11):867–871

Hahn S, Zeller A, Needham I, Kok G, Dassen T, Halfens RJG (2008) Patient and visitor violence in general hospitals: A systematic review of the literature. Aggression and Violent Behavior 13(6):431–441

ILO – International Labour Office (2002) Guidelines for Addressing Workplace Violence in the Health Sector. International Labour Office, International Council of Nurses, World Health Organisation and Public Services International Framework, Geneva.

ILO, ICN, WHO, PSI (2002) Framework guidlines for adressing workplace violence in the health sector. Geneve, International Labour office. http://www.ilo.org/sector/Resources/codes-of-practice-and-guidelines/WCMS_160908/lang--en/index.htm (zuletzt aufgerufen am 26.5.2012)

Oud NE (1997) Aggression and psychitric nursing. Broens and Oud: Partnership for consulting and training. , Amsterdam

Oud N, Walter G (2009) Aggression in der Pflege. Hintergründe, Modelle, Assessment, Interventionen. Verlag Ibicura

Palmstierna T, Wistedt B (1987) Staff observation aggression scale, SOAS: Presentation and evaluation. Acta Psychiatr Scand 76:657–663

Richter D, Berger K (2001) Gewaltsituationen in der psychiatrischen Pflege. Psych Pflege Heute 7:242–247

Stefan H (2005) österreichische Pflegezeitschrift 08-09/05

Stefan H (2009) Dissertationsarbeit Aggression in der Pflege am Arbeitsplatz. St. Elisabeth Universität, Pressburg, SK

Stefan I (2008) Beschränkungsmaßnahmen in Psychiatrischen Abteilungen - Umsetzung von Beschränkungsmaßnahmen mit dem subjektiven Sicherheitsempfinden seitens der Pflegekräfte und Gründe für die Entscheidung, den Arbeitsplatz bzw. den Beruf zu wechseln. Masterthesis, Studiengang MBA für Health Care Management Wirtschaftsuniversität Wien

Tedeschi JT, Felson RB (1994) Violence, Aggression and Coercive Actions, 1st edn. American Psychological Association, Washington

38. Medizinische Aspekte Polizeilicher Zwangsmaßnahmen

ACEP Excited Delirium Task Force (2009) White Paper Report on Excited Delirium Syndrome. Report to the Council and Board of Directors on Excited Delirium at the Direction of Amended Resolution 21(08). http://ccpicd.com/Documents/Excited%20Delirium%20Task%20Force.pdf (zuletzt aufgerufen am 26.5.2012)

Basic Principles on the Use of Force and Firearms by Law Enforcement Officials (Adopted by the Eighth United Nations Congress on the Prevention of Crime and the Treatment of Offenders, Havana, Cuba, 27 August to 7 September 1990); http://www2.ohchr.org/english/law/pdf/firearms.pdf (zuletzt aufgerufen am 26.5.2012)

Bericht des Menschenrechtsbeirates (2004) "Einsatz polizeilicher Zwangsgewalt – Risikominimierung in Problemsituationen" Fixierungsmethoden – Lagebedingter Erstickungstod. http://www.menschenrechtsbeirat.at/cms15/mrb_pdf/thematische_berichte/2004_fixierungsmethoden.pdf (zuletzt aufgerufen am 26.5.2012)

Bozeman WP, Hauda 2nd WE, Heck JJ, Graham Jr DD, Martin BP, Winslow JE (2009) Safety and injury profile of conducted electrical weapons used by law enforcement officers against criminal suspects. Ann Emerg Med 53(4):480–489

Brown L, Takeuchi D, Challoner K (2000) Corneal Abrasions Associated with Pepper Spray Exposure. Am J Emerg Med 18(3):271–272

Bunai Y, Akaza K, Jiang WX, Nagai A (2008) Fatal hyperthermia associated with excited delirium during an arrest. Leg Med (Tokyo) 10(6):306–309

Busker RW, van Helden HP (1998) Toxicologic Evaluation of Pepper Spray as a Possible Weapon for Dutch Police Force: Risk Assessment and Efficacy. The. The American Journal of Forensic Medicine and Pathology 19(4):309–316

Bux R, Andresen, Rothschild MA (2002) Elektrowaffe ADVANCED TASER M26 – Funktionsweise, Wirksamkeit und Kasuistik. Rechtsmedizin 12:207–213

Chan TC, Vilke GM, Neuman T (1998) Reexamination of Custody Restraint Position and Positional Asphyxia. Am J Forensic Med and Pathol 19(3):201–205

Code of Conduct for Law Enforcement Officials (Adopted by General Assembly resolution 34/169 of 17 December 1979); http://www2.ohchr.org/english/law/pdf/codeofconduct.pdf (zuletzt aufgerufen am 26.5.2012)

Das S, Chohan A, Snibson GR, Taylor HR (2005) Capsicum spray injury of the eye. Int Ophthalmol 26(4-5):171–173

DeBard ML (2009) Identifying New Disease as Excited Delirium Syndrome Rejects Idea that Police Brutality Causes Deaths. Emergency Medicine News 31(11):3–5

Deutscher Bundestag, 16. Wahlperiode, Drucksache 16/11961 vom 13.02.2009 „Verwendung von Elektroschockwaffen durch Deutsche Sicherheitskräfte"

Di Maio TG, Di Maio VJM (2006) Excited delirium syndrome cause of death and prevention, 1st edn. Taylor & Francis Group, Boca Raton, Florida

Europäischer Kodex der Polizeiethik, Empfehlung Nr. 10/2001 verabschiedet vom Ministerkomitee am 19. September 2001.

Fieseler S, Zinka B, Peschel O, Kunz SN (2011) Elektrowaffe Taser® - Funktion, Wirkung, kritische Aspekte. Rechtsmedizin 21:535–540

Grant JR, Southall PE, Mealey J, Scott SR, Fowler DR (2009) Excited delirium deaths in custody past and present. Am J Forensic Med Pathol 30:1–5

Ho JD, Dawes DM, Heegaard WG, Miner JR (2009) Human research review of the TASER electronic control device. Conf Proc IEEE Eng Med Biol Soc 2009:3181–3183

Ho JD, Kroll MW (2009) TASER® Conducted Electrical Weapons: Physiology, Pathology, and Law. Springer, New York

Metzner FBFJ (2009) Neues Waffengesetz. Polizeispiegel Mai:20–24

Mash DC, Duque L, Pablo J, Qin Y, Adi N, Hearn WL, Hyma BA, Karch SB, Druid H, Wetli CV (2009) Brain biomarkers for identifying excited delirium as a cause of sudden death. Forensic Sci Int 190(1-3):e13–e19

Otahbachi M, Cevik C, Bagdure S, Nugent K (2010) Excited delirium, restraints, and unexpected death: a review of pathogenesis. Am J Forensic Med Pathol 31(2):107–112

Pollanen MS, Chiasson DA, Cairns JT, Young JG (1998) Unexpected death related to restraint for excited delirium: a retrospective study of deaths in police custody and in the community. CMAJ 158(12):1603–1607

Robb M, Close B, Furyk J, Aitken P (2009) Review article: Emergency department implications of the TASER. Emergency Medicine Australasia 21:250–258

Roberts JR (2007) Rapid Tranquilization of Violently Agitated Patients. Emergency Medicine News 29:15–18

Ross DL, Chan TC (2006) Sudden Death in Custody. Humana Press, New Jersey

Saternus KS, Kernbach-Wighton G (2003) Fixierung erregter Personen. Todesfälle in Klinik und Gewahrsam. Schmidt – Roemhild, Lübeck

Technische Richtlinie (TR): Reizstoff-Sprühgeräte (RSG) mit Oleoresin Capsicum (OC) oder Pelargonsäure-vanillylamid (PAVA) Stand: November 2008; S.1-16; Anlage 1, Polizeitechnisches Institut (PTI) der Deutschen Hochschule der Polizei

Vanga SR, Bommana S, Kroll MW, Swerdlow C, Lakkireddy D (2009) TASER conducted electrical weapons and implanted pacemakers and defibrillators.". Conf Proc IEEE Eng Med Biol Soc 2009:3199–3204

Vesaluoma M, Müller L, Gullar J, Lambiase A, Moilanen J, Hack T, Belmonte C, Tervo T (2000) Effects of Oleoresin Capsicum Pepper Spray on Human Corneal Morphology and Sensitivity. Invest Ophthalmol Vis Sci 41:2138–2147

Vilke GM, Bozeman WP, Chan TC (2011) Emergency department evaluation after conducted energy weapon use: review of the literature for the clinician. J Emerg Med 40(5):598–604

Wedding J, Claussen U (2005) Der Mehrzweckeinsatzstock MES/ Tonfa in der praktischen Anwendung. Boorberg Verlag, Stuttgart

Wetli CV, Fishbain DA (1985) Cocaine-induced psychosis and sudden death in recreational cocaine users. J Forensic Sci 30(3):873–880

Wissenschaftlicher Dienst des Deutschen Bundestages (2010) Pfefferspray – Wirkung und gesundheitliche Gefahren;„Aktueller Begriff" 24.11.2010

www.exciteddelirium.org, Homepage einer Arbeitsgruppe der Universität Miami mit ausführlicher Information für Mediziner und Exekutivbeamte inkl. Videobeispiele

Zollmann TM, Bragg RM, Harrison DA (2000) Clinical effects of oleoresin capsicum (pepper spray) on human cornea and conjunctiva. Ophthalmology 107(12):2186–2189

39. Bodypacking

Anders S, Heinemann A, Schmoldt A, Püschel K (2000) Tod im Drogenmilieu – „Dumping" und „Bodypacker". Rechtsmedizin 10:153–158

Bundesgerichtshof (2010) Zur Verantwortlichkeit eines im Beweissicherungsdienst tätigen Arztes für tödlich verlaufenen Brechmitteleinsatz gegen Drogen-Kleindealer. Strafverteidiger 30(12):678–683 (Urteil vom 29.04.2010 – 5 StR 18/10 (LG Bremen))

Europäischer Gerichtshof für Menschenrechte (Große Kammer) (2006) Rechtssache Jalloh gegen Deutschland; Individualbeschwerde Nr. 54810/00. Urteil: Straßburg 11. Juli 2006

Havis S, Best D, Carter J (2005) Concealment of drugs by police detainees: lessons learned from adverse incidents and from ‚routine' clinical practice. J Clin Forensic Med 12:237–241

Heinemann A, Miyaishi S, Iwersen S, Schmoldt A, Püschel K (1998) Bodypacking as cause of unexpected sudden death. Forensic Sci Int 92:1–10

Hohner M, Püschel K (2011) Kriminelle professionelle Bodypacker und harmlose "Schlucker". Arch f Kriminol 227(5/6):145

Hergan K, Kofler K, Oser W (2004) Drug smuggling by body packing: what radiologists should know about it. Eur Radiol 14(4):736–742

Laufs A, Weber D (1986) Juristischer Kommentar zum Body-Packer-Syndrom. Chirurg 57:277–278

Luck SA (2009) Der Einsatz von Emetika bei Ingestion von BTM-Containern aus medizinischer und strafprozessualer Sicht. Diss. Charité Berlin

Niewiarowski S, Gogbashian A, Afaq A, Kantor R, Win Z (2010) Abdominal x-ray signs of intra-intestinal drug smuggling. J Forensic Leg Med 17:198–202

Prabhu R, Ne'eman A, Bier K, Patel N (2008) Radiology of body packers: The detection of internally concealed illegal materials. Applied Radiology 37(5):26–28

Püschel K, Bachmann D (2007) Proving possession of drugs in so-called body stuffers. J Forens Leg Med 14:96–98

Püschel K, Schmoldt A (2003) Drogennot- und -todesfälle. In: Madea B, Brinkmann B (eds) Handbuch gerichtliche Medizin 2. Springer, Berlin-Heidelberg, pp 689–735

Schaper A, Hofmann R, Ebbecke M, Desel H, Langer C (2003) Kokain-body-packing. Seltene Indikation zur Laparatomie. Chirurg 74:626–631

Traub SJ, Hoffmann RS, Nelson LS (2003) Body packing – The internal concealment of illicit drugs. New Engl J Med 349(26):2519–2526

Vogel H, Haller D, Laitenberger C, Heinemann A, Püschel K (2006) Röntgendiagnostik des Drogentransports. Arch f Kriminol 218:1–21

Wittau M, Weber D, Reher B, Link KH, Henne-Bruns D, Siech M (2004) „Bodypacker" als chirurgischer Notfall. Chirurg 74:436–441

40. Forensische Altersdiagnostik bei Lebenden in Deutschland

Aggrawal A, Setia P, Gupta A, Busuttil A (2010) Age evaluation after growth cessation. In: Black S, Aggrawal A, Payne-James J (eds) Age Estimation in the Living: The Practitioner's Guide. Wiley-Blackwell, Hoboken, pp 236–266

Black S, Aggrawal A, Payne-James J (2010) Age Estimation in the Living: The Practitioner's Guide. Wiley-Blackwell, Hoboken

Cattaneo C, Obertová Z, Ratnayake M, Marasciuolo L, Tutkuviene J, Poppa P, Gibelli D, Gabriel P, Ritz-Timme S (2012) Can facial proportions taken from images be of use for ageing in cases of suspected child pornography? A pilot study. Int J Legal Med 126:139–144

Demirjian A, Goldstein H, Tanner JM (1973) A new system of dental age assessment. Hum Biol 45:221–227

Gabriel P, Obertová Z, Ratnayake M, Arent T, Cattaneo C, Dose M, Tutkuviene J, Ritz-Timme S (2011) Schätzung des Lebensalters kindlicher Opfer auf Bilddokumenten. Rechtliche Implikationen und Bedeutung im Ermittlungsverfahren. Rechtsmedizin 21:7–11

Jung H (2000) Strahlenrisiken durch Röntgenuntersuchungen zur Altersschätzung im Strafverfahren. Rofo 172:553–556

Kellinghaus M, Schulz R, Vieth V, Schmidt S, Schmeling A (2010) Forensic age estimation in living subjects based on the ossification status of the medial clavicular epiphysis as revealed by thin-slice multidetector computed tomography. Int J Legal Med 124:149–154

Lockemann U, Fuhrmann A, Püschel K, Schmeling A, Geserick G (2004) Empfehlungen für die Altersdiagnostik bei Jugendlichen und jungen Erwachsenen außerhalb des Strafverfahrens. Rechtsmedizin 14:123–125

Neyzi O, Alp H, Yalcindag A, Yakacikli S (1975) Sexual maturation in Turkish boys. Ann Hum Biol 2:251–259

Olze A (2005) Forensisch-odontologische Altersdiagnostik bei Lebenden und Toten. Habilitationsschrift, Charité – Universitätsmedizin Berlin, Berlin

Olze A, Schmeling A, Rieger K, Kalb G, Geserick G (2003) Untersuchungen zum zeitlichen Verlauf der Weisheitszahnmineralisation bei einer deutschen Population. Rechtsmedizin 13:5-10

Olze A, Schmeling A, Taniguchi M, Maeda H, van Niekerk P, Wernecke K-D, Geserick G (2004) Forensic age estimation in living subjects: the ethnic factor in wisdom tooth mineralization. Int J Legal Med 118:170-173

Olze A, van Niekerk P, Schmidt S, Wernecke K-D, FW Rösing, Geserick G, Schmeling A (2006) Studies on the progress of third molar mineralization in a Black African population. Homo 57:209-217

Olze A, van Niekerk P, Ishikawa T, Zhu BL, Schulz R, Maeda H, Schmeling A (2007) Comparative study on the effect of ethnicity on wisdom tooth eruption. Int J Legal Med 121:445-448

Parzeller M (2011) Rechtliche Aspekte der forensischen Altersdiagnostik. Rechtsmedizin 21:12–21

Parzeller M, Bratzke H, Ramsthaler R (2007) Praxishandbuch Forensische Altersdiagnostik bei Lebenden. Boorberg, Stuttgart

Ritz-Timme S, Kaatsch H-J, Marré B, Reisinger W, Riepert T, Rösing FW, Rötzscher K, Schmeling A, Geserick G (2002) Empfehlungen für die Altersdiagnostik bei Lebenden im Rentenverfahren. Rechtsmedizin 12:193–194

Schmeling A (2004) Forensische Altersdiagnostik bei Lebenden im Strafverfahren. Habilitationsschrift, Humboldt-Universität zu Berlin, Berlin

Schmeling A, Schulz R, Reisinger W, Mühler M, Wernecke K, Geserick G (2004) Studies on the time frame for ossification of the medial clavicular epiphyseal cartilage in conventional radiography. Int J Legal Med 118:5–8

Schmeling A, Grundmann C, Fuhrmann A, Kaatsch H, Knell B, Ramsthaler F, Reisinger W, Riepert T, Ritz-Timme S, Rösing FW, Rötzscher K, Geserick G (2008) Aktualisierte Empfehlungen der Arbeitsgemeinschaft für Forensische Altersdiagnostik für Altersschätzungen bei Lebenden im Strafverfahren. Rechtsmedizin 18:451–453

Schmeling A, Schmidt S, Schulz R, Olze A, Reisinger W, Vieth V (2010) Practical imaging techniques for age evaluation. In: Black S, Aggrawal A, Payne-James J (eds) Age Estimation in the Living: The Practitioner's Guide. Wiley-Blackwell, Hoboken, pp 130–149

Schmidt S, Fracasso T, Pfeiffer H, Schmeling A (2010) Skelettaltersbestimmung der Hand. Rechtsmedizin 20:475–482

Tanner JM (1962) Growth at adolescence. Blackwell, Oxford

Thiemann H-H, Nitz I, Schmeling A (Hrsg) (2006) Röntgenatlas der normalen Hand im Kindesalter. Thieme, Stuttgart

41. Forensische Altersdiagnostik bei Lebenden in Österreich

Greulich WW, Pyle SI (1959) Radiographic atlas of skeletal development of the hand and wrist, 2nd edn. Stanford University Press, Stanford

Demirjian A, Goldstein H, Tanner JM (1973) A new system of dental age assessment. Hum Biol 45:221–227

Kellinghaus M, Schulz R, Vieth V, Schmidt S, Schmeling A (2010) Forensic age estimation in living subjects based on the ossification status of the medial clavicular epiphysis as revealed by thin-slice multidetector computed tomography. Int J Legal med 124(2):149–154

Kellinghaus M, Schulz R, Vieth V, Schmidt S, Pfeiffer H, Schmeling A (2010) Enhanced possibilities to make statements on the ossification status of the medial clavicular epiphysis using an amplified staging scheme in evaluating thin-slice CT scans. Int J Legal med 124(4):321–325

Olze A, Peschke C, Schulz R, Schmeling A (2008) Studies of the chronological course of wisdom tooth eruption in a German population. J Forensic Leg Med 15(7):426–429

42. Forensische Altersdiagnostik am Lebenden in der Schweiz

Demirjian A, Goldstein H, Tanner JM (1973) A new system of dental age assessment. Hum Biol 45:221–227

Greulich WW, Pyle SI (1959) Radiographic atlas of skeletal development of the hand and wrist. Stanford University Press, Stanford

Kreitner KF, Schweden F, Schild HH, Riepert T, Nafe B (1997) Die computertomographisch bestimmte Ausreifung der medialen Klavikulaepiphyse – eine additive Methode zur Altersbestimmung im Adolszentenalter und in der dritten Lebensdeskade? Fortschr Röntgenstr 166:481–486

Schmeling A, Grundmann C, Fuhrmann A, Kaatsch HJ, Knell B, Ramsthaler F, Reisinger W, Riepert T, Ritz-Timme S, Rösing FW, Rötzscher K, Geserick G (2008) Aktualisierte Empfehlungen der Arbeitsgemeinschaft für Forensische Altersdiagnostik am Lebenden im Strafverfahren. Rechtsmedizin 18:451–453

Schmeling A, Schulz R, Reising W et al (2004) Studies on the time frame for ossification of medial clavicular epiphyseal cartilage in conventional radiography. Int J Legal Med 118:5–8

Tanner JM (1962) Growth at adolecence. Blackwelll, Oxford

43. Insektenbefall lebender Menschen – Zeichen der Vernachlässigung

Amendt J, Richards CS, Campobasso CP, Zehner R, Hall MJ (2011) Forensic Entomology: applications and limitations. Forensic Sci Med Pathol 7(4):379–392

Amendt J, Campobasso CP, Gaudry E, Reiter C, LeBlanc HN, Hall MJR (2007) Best practice in forensic entomology–standards and guidelines. Int J Legal med 121:90–104

Benecke M, Lessig R (2001) Child neglect and forensic entomology. Forensic Sci Int 120:155–159

Goff ML, Campobasso CP, Gherardi M (2010) Forensic Implications of Myiasis. In: Amendt J, Goff ML, Campobasso CP, Grassberger M (eds) Current Concepts in Forensic Entomology. Springer, , pp 313–326

Hall MJR, Wall R (1995) Myiasis of humans and domestic animals. Adv Parasit 35:257–334

Mielke U (1997) Nosocomial myiasis. J Hosp Infect 37:1–5

Sherman RA (2000) Wound myiasis in urban and suburban United States. Arch Intern Med 160:2004–2014

Smith DR, Clevenger RR (1986) Nosocomial nasal myiasis. Arch Pathol Lab Med 110:439–440

Zumpt F (1965) Myiasis in man and animals in the old world. Butterworths, London

44. Forensische Alkohologie – Grundlagen und Deutsche Gegebenheiten

Bonte W (1987) Begleitstoffe alkoholischer Getränke. Arbeitsmethoden der Medizinischen und Naturwissenschaftlichen Kriminalistik. Schmidt-Römhild, Lübeck

Dettling A, Fischer F, Bohler S et al (2007) Ethanol elimination rates in men and women in consideration of the calculated liver weight. Alcohol 41(6): 415-420, sowie Blutalkohol 2006, 43: 257-268 und 376-384

Eckert F (ed) (2005) Alkohol ABC und Recht 2005. Zimmermann, Balve

Eckert F (ed) (2009) Alkohol Jahrbuch 2009. Zimmermann, Balve

Fieseler S, Kunz S, Zinka B, Gilg T (2010) Forensische Probenentnahme. MMW Fortschr Med 152:1–6

Gilg T (2005) Alkoholbedingte Fahruntüchtigkeit. Beurteilung und Begutachtung in der forensischen Praxis, Teil I und Teil II. Rechtsmedizin 15:97–112

Hentschel P (2006) Trunkenheit – Fahrerlaubnisentziehung – Fahrverbot. Werner, Düsseldorf

Hentschel P, Krumm C (2010) Fahrerlaubnis und Alkohol. Nomos, Baden-Baden

Hüllinghorst R et al (ed) (2010) Jahrbuch Sucht 2010. Neuland, Geesthacht

Kröber HL (2001) Die Beeinflussung der Schuldfähigkeit durch Alkoholkonsum. Sucht 47:341–349

Krüger HP (1998) Fahren unter Alkohol in Deutschland. Fischer, Stuttgart, Jena

Kugelberg FC, Holmgren A, Eklund A, Jones AW (2010) Forensic toxicology findings in deaths involving gamma-hydroxybutyrate. Int J Legal Med 124:1–6

Lagois J (2007) Dräger Alcotest 7110 Evidential – das Meßgerät zur gerichtsverwertbaren Atemalkoholanalyse in Deutschland. Blutalkohol 37:77–91

Logan BK, Jones AW (2000) „Endogenous ethanol": „autobrewery syndrome" as a drunk-driving defence challenge. Med Sci Law 40:206–215

Madea B, Brinkmann B (eds) (2003) Handbuch gerichtliche Medizin. vol. 1/2. Springer, Berlin, Heidelberg

Madea B (ed) (2007) Praxis Rechtsmedizin – Befunderhebung, Rekonstruktion, Begutachtung, 2nd edn. Springer, Heidelberg

Madea B, Musshoff F, Berghaus G (eds) (2011) Verkehrsmedizin. Fahrsicherheit, Fahreignung, Unfallrekonstruktion. Deutscher Ärzteverlag, Köln

Megarbane B et al (2002) Treatment of a 1,4-Butanediol poisoning with Fomepizole. Clinical Toxicology 40(1):77–80

Musshoff F, Madea B (2008) K.-o.-Mittel. Rechtsmedizin 18(3):205–224

Musshoff F, Albermann E, Madea B (2010) Ethyl glucuronide and ethyl sulfat in urine after consumption of various beverages and foods – misleading results? Int J Legal Med 124:623–630

Reinhardt G, Zink P (1984) Der Verlauf der Blutalkoholkurve bei großen Trinkmengen. Blutalkohol 21:422–442

Schneider F, Frister H (2002) Alkohol und Schuldfähigkeit. Springer, Heidelberg

Singer MV, Teyssen S (2005) Alkohol und Alkoholfolgekrankheiten, 2nd edn. Springer, Berlin, Heidelberg

Statistisches Bundesamt (2009) Statistisches Jahrbuch für die Bundesrepublik Deutschland 2009: Straßenverkehrsunfälle. Kurzinformation zur Verkehrsstatistik. Alkoholunfälle im Straßenverkehr 2008. Metzler, Poeschel, Stuttgart (vgl. http://www.destatis.de)

Thierauf A, Große-Perdekamp M, Weinmann W, Auwärter V (2011) Alkoholkonsummarker. Rechtsmedizin 21(1):69–79

Verster JC (2008) The alcohol hangover – A puzzling phenomenon. Alcohol Alcoholism 43(2):124–126

45. Forensische Alkohologie – Österreichische Gegebenheiten

ÖGGM (2009) Richtlinien der Österreichischen Gesellschaft für Gerichtliche Medizin zur Bestimmung der Blutalkoholkonzentration. http://oeggm.com/assets/files/2009/oeggm_richtlinien_ba_20090320.pdf (zuletzt aufgerufen am 24.5.2012)

46. Toxikologische Untersuchungen im Rahmen der klinisch-forensischen Medizin

Ludewig R, Regenthal R (2007) Akute Vergiftungen und Arzneimittelüberdosierungen, 10th edn. Wissenschaftliche Verlagsgesellschaft, Stuttgart

Von Mühlendahl KE, Oberdisse U, Bunjes R, Brockstedt M (2003) Vergiftungen im Kindesalter, 4th edn. Georg Thieme Verlag, Stuttgart

Hochmeister M, Grassberger M, Stimpfl T (2007) Forensische Medizin, 2nd edn. Wilhelm Maudrich Verlag, Wien, pp 155–186

Peters FT, Mall G (2009) Klinische Symptomatik bei Vergiftungsverdacht. Rechtsmedizin 19:247–256

47. Fähigkeitsbeurteilungen aus medizinischer Sicht

Blaschke S (2005) Verhandlungsfähigkeit von Rheumapatienten. Rechtsmedizin 15(3):151–152

Dettmeyer R, Madea B (2000) Verhandlungsfähigkeit – medizinische Begutachtung und strafprozessuale Bedeutung. In: Rothschild MA (ed) Das neue Jahrtausend: Herausforderungen an die Rechtsmedizin. Festschrift für Volkmar Schneider. Schmidt-Röhmhild, Lübeck, pp 61–71

Elsing C, Schlenker T, Stremmel W (2001) Haft- und Gewahrsamsfähigkeit aus internistischer Sicht. Deutsche Medizinische Wochenschrift 126:1118–1121

Jordan W, Rüther E (2005) Verhandlungsfähigkeit bei Schlafstörungen. Rechtsmedizin 15(3):156–160

Lange B (2005) Verhandlungsfähigkeit postoperativer Patienten. Rechtsmedizin 15(3):141–142

Ludwig H-C (2005) Die Verhandlungsfähigkeit neurochirurgischer Patienten. Rechtsmedizin 15(3):138–140

Naeve W, Becker B (1973) Zur gerichtsärztlichen Beurteilung der Haft-, Verhandlungs- und Arbeitsfähigkeit. Archiv für Kriminologie 151(5/6):129–143

Rothschild MA (2005) Gewahrsamstauglichkeit, Vernehmungsfähigkeit, Verhandlungsfähigkeit. Rechtsmedizin 15(3):177–187

Rothschild MA, Erdmann E, Parzeller M (2007) Der Patient vor Gericht: Verhandlungs- und Vernehmungsfähigkeit. Deutsches Ärzteblatt 44:2667–2671

Stoppe G (2005) Die Verhandlungsfähigkeit des alten (multimorbiden) Patienten. Rechtsmedizin 15(3):143–147

Täschner KL (2003) Forensische Psychopathologie – Diagnostik und Begutachtung. In: Madea B, Brinkmann B (eds) . vol. 2. Springer, Berlin, Heidelberg, New York, pp 739–808

Westphalen S, Westphalen H, Emons G (2005) Verhandlungsfähigkeit und Schwangerschaft. Rechtsmedizin 15(3):153–155

Wille R, John K (1986) Termins- und Haftfähigkeit, Vernehmungs- und Verhandlungsfähigkeit. In: Forster B (ed) Praxis der Rechtsmedizin für Mediziner und Juristen. Thieme, Stuttgart, New York, pp 563–568

48. Grundzüge der forensischen Psychiatrie

American Psychiatric Association (2003) Diagnostic and Statistical Manual of Mental Disorders4 (DSM-IV-TR). Hogrefe, (Deutsche Übersetzung und Einführung von Saß H, Wittchen HU, Zaudig M, Houben I)

Athen D (1985) Syndrome der akuten Alkoholintoxikation und ihre forensische Bedeutung. Springer, Berlin, Heidelberg, New York

Boetticher A, Nedopil N, Bosinski HAG, Saß H (2005) Mindestanforderungen für Schuldfähigkeitsgutachten. Neue Zeitschrift für Strafrecht 25:57–63

Boetticher A, Kröber HL, Müller-Isberner R, Müller-Metz R, Wolf T (2006) Mindestanforderungen für Prognosegutachten. Neue Zeitschrift für Strafrecht 27(10):537

Böker W, Häfner H (1973) Gewalttaten Geistesgestörter. Springer Berloin, Heidelberg, New York

Cording C Müller J, Hajak G (eds) (2005) Die Begutachtung der „freien Willensbestimmung im deutschen Zivilrecht". Schriftenreihe Medizinrecht., pp 37–50

Dahle KP (2005) Psychologische Kriminalprognose. Centaurus :

Dilling H, Mombour W, Schmidt MH (1991) Internationale Klassifikation psychischer Störungen ICD-10. Huber, Bern

Dittmann V (1998) Die Schweizerischen Fachkommissionen zur Beurteilung „gemeingefährlicher" Straftäter. In: Müller-Isberner R, Gonzalez Cabeza S (eds) Forensische Psychiatrie. Forum, Goldesberg, pp 173–183

Fiedler P (2007) Persönlichkeitsstörungen. Beltz, Weinheim

Foerster K, Leonhardt M (2003) Diagnose und Differentialdiagnose der posttraumatischen Belastungsstörung. Der medizinische Sachverständige 99:146–149

Habermeyer E (2005) Kriterienkataloge: Ein Beitrag zur Qualitätssicherung in der Forensischen Psychiatrie. In: Schneider F (ed) Entwicklungen in der Psychiatrie. Springer, pp 375–386

Haller R (2008) Das psychiatrische Gutachen. Manz, Wien

Hare RD (1990) The Hare Psychopathy Checklist – Revised. Multi-Health Systems

Heinz G (1982) Fehlerquellen forensisch-psychiatrischer Gutachten: Eine Untersuchung anhand von Wiederaufnahmeverfahren. Kriminalistik-Verlag, Heidelberg

Jaspers K (1973) Allgemeine Psychopathologie. Springer, (Erstauflage 1913)

Kröber HL (2005) Forensische Psychiatrie – Ihre Beziehung zur klinischen Psychiatrie zur Kriminologie. Nervenarzt 76:1376–1381

Kröber HL, Dölling D, Leygraf N, Sass H (2009) Handbuch der forensischen Psychiatrie, Band. vol. I- IV. Steinkopff, Darmstadt

Lempp R, Schütze G, Köhnken G, (eds) (1999) Forensische Psychiatrie und Psychologie des Kindes- und Jugendalters. Steinkopf, Darmstadt

Leonhardt M, Foerster K (2003) Probleme bei der Begutachtung der posttraumatischen Belastungsstörung. Der medizinische Sachverständige 99:150–155

Marneros A (2006) Affekttaten und Impulstaten – Forensische Beurteilung von Affektdelikten. Schattauer, Stuttgart

Nedopil N (2005) Prognosen in der forensischen Psychiatrie – ein Handbuch für die Praxis. Pabst, Lengerich

Nedopil N, Dittmann V, Freisleder FJ, Haller R (2007) Forensische Psychiatrie. Klinik, Begutachtung und Behandlung zwischen Psychiatrie und Recht. Thieme, Stuttgart

Rasch W (1999) Forensische Psychiatrie. Kohlhammer, Stuttgart

Saß H (1983) Affektdelikte. Nervenarzt 54:557–572

Schneider K (1980) Klinische Psychopathologie. Thieme, Stuttgart

Steller M, Volbert R (1997) Glaubwürdigkeitsbegutachtung. In: Steller M, Volbert R (eds) Psychologie im Strafverfahren. Huber, Bern pp 12–39

Venzlaff U, Foerster K (eds) (2008) Psychiatrische Begutachtung. Urban und Fischer, München & Jena

Waldmann H (1975) Stadieneinteilung und Typologie jugendlicher Drogenkonsumenten. In: Waldmann H, Zander W (eds) Zur Therapie der Drogenabhängigkeit. Vandenhoeck u. Ruprecht, Göttingen

Webster C et al (1997) HCR 20, Deutsche Version. Haina

49. Die Bedeutung rechtsmedizinischer Befunde für die Rechtspsychologie am Beispiel von Prognoseinstrumenten für Sexual- und Gewaltstraftäter

Boetticher A, Kröber HL, Müller-Isberner R, Böhm KM, Müller-Metz R, Wolf T (2006) Mindestanforderungen für Prognosegutachten. Neue Zeitung für Strafrecht 10:537–544

Dahle KP (2008) Kriminal(rückfall)prognose. In: Volbert R, Steller M (eds) Handbuch der Rechtspsychologie. Hogrefe, Göttingen, pp 444–452

Dahle KP (2008) Aktuarische Prognoseinstrumente. In: Volbert R, Steller M (eds) Handbuch der Rechtspsychologie. Hogrefe, Göttingen, pp 453–463

Dahle KP, Schneider V, Ziehten F (2007) Standardisierte Instrumente zur Kriminalprognose. Forensische Psychiatrie, Psychologie, Kriminologie 1:15–26

Deutsche Psychologen Akademie (2012) Fachpsychologin/ Fachpsychologe für Rechtspsychologie BDP/DGPs. Online verfügbar unter: http://www.psychologenakademie.de/Curricula.php?id=20&filename=Rechtspsychologie.pdf (Zugriff am 23.04.2012).

Hanson RK, Thornton D (1999) Static-99. Improving actuarial risk assessments for sex offenders. User Report 99-02. Department of the Solicitor General of Canada, Ottawa

Hare RD (2005) Hare Psychopathy Checklist-Revised, 2nd edn. Multi Health Systems, Toronto

Hazelwood RR, Douglas JE (1980) The Lust Murderer. FBI Law Enforcement Bulletin 49:1–5

Hoffman J, Musolff C (2000) Fallanalyse und Täterprofil. BKA-Forschungsreihe. vol. 52. BKA, Wiesbaden

Müller-Isberner R, Cabeza SG, Eucker S (2000) Die Vorhersage sexueller Gewalttaten mit dem SVR-20. Institut für Forensische Psychiatrie, Haina

Müller-Isberner R, Jöckel D, Cabeza SG (1998) Die Vorhersage sexueller Gewalttaten mit dem HCR-20. Institut für Forensische Psychiatrie, Haina

Nedopil N (2005) Prognosen in der Forensischen Psychiatrie – Ein Handbuch für die Praxis. Pabst, Lengerich

Quinsey VL, Harris GT, Rice ME, Cormier CA (2006) Violent Offenders – Appraising and Managing Risk. American Psychological Association, Washington DC

Urbaniok F (2007) FOTRES. Forensisches Operationalisiertes Therapie-Risiko-Evaluations-System. Zytglogge, Bern

Anhang A

Untersuchungsbogen für die erweiterte Verletzungsdokumentation   Seite 1

Ort der Untersuchung:	Patient/in: (ggf. Klebeetikett)
Ärztin / Arzt: Tel.	**Geb.-Datum:** **Tel.:**
Zugewiesen von:	**Adresse:**
Beginn der Untersuchung: _____ ___ : ___ (Datum) (Uhrzeit)	Im Beisein von:

PATIENTEN BASISDOKUMENTATION

Körpergröße: Gewicht: Patient/in ist: ❏ Rechtshänder/in   ❏ Linkshänder/in

Psychische Verfassung   Bewusstsein   ❏ klar   ❏ leicht   ❏ deutlich   ❏ bewusstlos
bei Untersuchung: beeinträchtigt

                     Verdacht auf   ❏ Alkohol   ❏ Drogen- bzw. Med.-Konsum

Sprachliche Verständigung: ❏ fließend   ❏ gebrochen   ❏ Übersetzung notwendig
                                                     ↳ durch wen?

Besondere Gefahrenmomente für medizinisches Personal: ❏ ja   ❏ nein

ANGABEN ZUM EREIGNIS

Ort: ❏ Verursacher bekannt

Zeit: _____ (Datum)   ___ : ___ (Uhrzeit)   ❏ Verursacher unbekannt   Anzahl:

(ungefähre) Dauer des Vorfalls: _____

Möglichst genaue **Darstellung des Sachverhaltes**, Art der Gewaltanwendung/Gewalteinwirkung, subjektive
Beschwerden (Grundlage für klinische Untersuchung und gezielte Spurensicherung, Keine Suggestivbefragung!):

Gibt es **Zeugen** des Vorfalls (z.B. Kinder, Nachbarn)?   ❏ ja: ❏ nein   ❏ weiß nicht

↳ Falls ja, sind diese ebenfalls betroffen/verletzt?

Wurden **Tatmittel** (Werkzeug, Waffe) benutzt?   ❏ ja, welche: ❏ nein   ❏ weiß nicht

Wurde seitens des/der Geschädigten **Widerstand**   ❏ ja: ❏ nein   ❏ weiß nicht
geleistet?

Hat die Patient/in den Verursacher **gekratzt**?   ❏ ja: ❏ nein   ❏ weiß nicht

                                            ↳ Falls ja, Unterseite der Fingernägel der rechten und linken
                                               Hand mit je einem feuchten Wattetuper abreiben (DNA!).

Fand eine **Gewalteinwirkung gegen den Hals** statt   ❏ ja   ❏ nein   ❏ weiß nicht
(Würgen, Drosseln)?

                                            ↳ ❏ Stauungszeichen (siehe nächste Seite)
                                                ❏ Bewusstlosigkeit
                                                ❏ Schwindel
                                                ❏ Urin- und/oder Stuhlabgang
                                                ❏ Schmerzen im Halsbereich, Schluckbeschwerden

Wurde vor, während oder nach dem Vorfall Alkohol,   ❏ ja   wann, was, wieviel: ❏ nein   ❏ weiß nicht
Drogen- bzw. Medikamente eingenommen?

Handelt es sich um einen Wiederholungsfall?   ❏ ja   ❏ nein   ❏ k. A.

Untersuchungsbogen für die erweiterte Verletzungsdokumentation

Seite 2

SPURENSICHERUNG

Beschädigungen an der Kleidung (Foto!)? ☐ ja ☐ nein — **Kleidung sichergestellt**

Verunreinigungen der Kleidung (Blut, Erde etc.)? ☐ ja ☐ nein

Andere Spuren vorhanden? ☐ ja ☐ nein — ☐ ja ☐ nein

↳ welche: → einzeln in **Papiersäcke** verpacken u. Beschriften!

KÖRPERLICHE UNTERSUCHUNG

Kopf	Behaarte Kopfhaut (absuchen und abtasten, kahle Stellen?):	☐ o.B.
	Stirn-/Schläfenregion:	☐ o.B.
	Augen (inkl. Bindehäute!):	☐ o.B.
	Ohren (Rückseite!):	☐ o.B.
	Nase (Nasenöffnungen!):	☐ o.B.
	Wangen:	☐ o.B.
	Mund (Lippenrot, Zähne, Mundvorhofschleimhaut!):	☐ o.B.
	Kinn:	☐ o.B.

Liegen punktförmige Einblutungen (**Stauungszeichen**) vor? ☐ ja ☐ nein

↳ ☐ Haut der Augenlider
☐ Augenbindehäute
☐ Haut hinter den Ohren
☐ Gesichtshaut
☐ Mundvorhofschleimhaut

Hals	Vorderseite:	☐ o.B.
	Nacken:	☐ o.B.
Thorax	Mammae:	☐ o.B.
	Brustkorbvorderseite:	☐ o.B.
	Rücken:	☐ o.B.
Arme	Schultern:	☐ o.B.
	Oberarme (auch Innenseite!):	☐ o.B.
	Unterarme (Handgelenke):	☐ o.B.
	Hände:	☐ o.B.
Abdomen		☐ o.B.
Gesäß		☐ o.B.
Genital-bereich		☐ o.B.
Beine	Oberschenkel (Innenseite!):	☐ o.B.
	Unterschenkel:	☐ o.B.
	Füße:	☐ o.B.

☞ Ist ein **auffälliges Verletzungsmuster** erkennbar?   ☐ ja ☐ nein
(gruppierte oder geformte Verletzungen, Abdrücke, z.B. Schuhsohlenprofil, Reifenprofil, Doppelstriemen):

☞ **Schussverletzungen** exzidieren, markiert aufspannen und sicherstellen (siehe Beiblatt Erläuterungen!)

Untersuchungsbogen für die erweiterte Verletzungsdokumentation

Seite 3

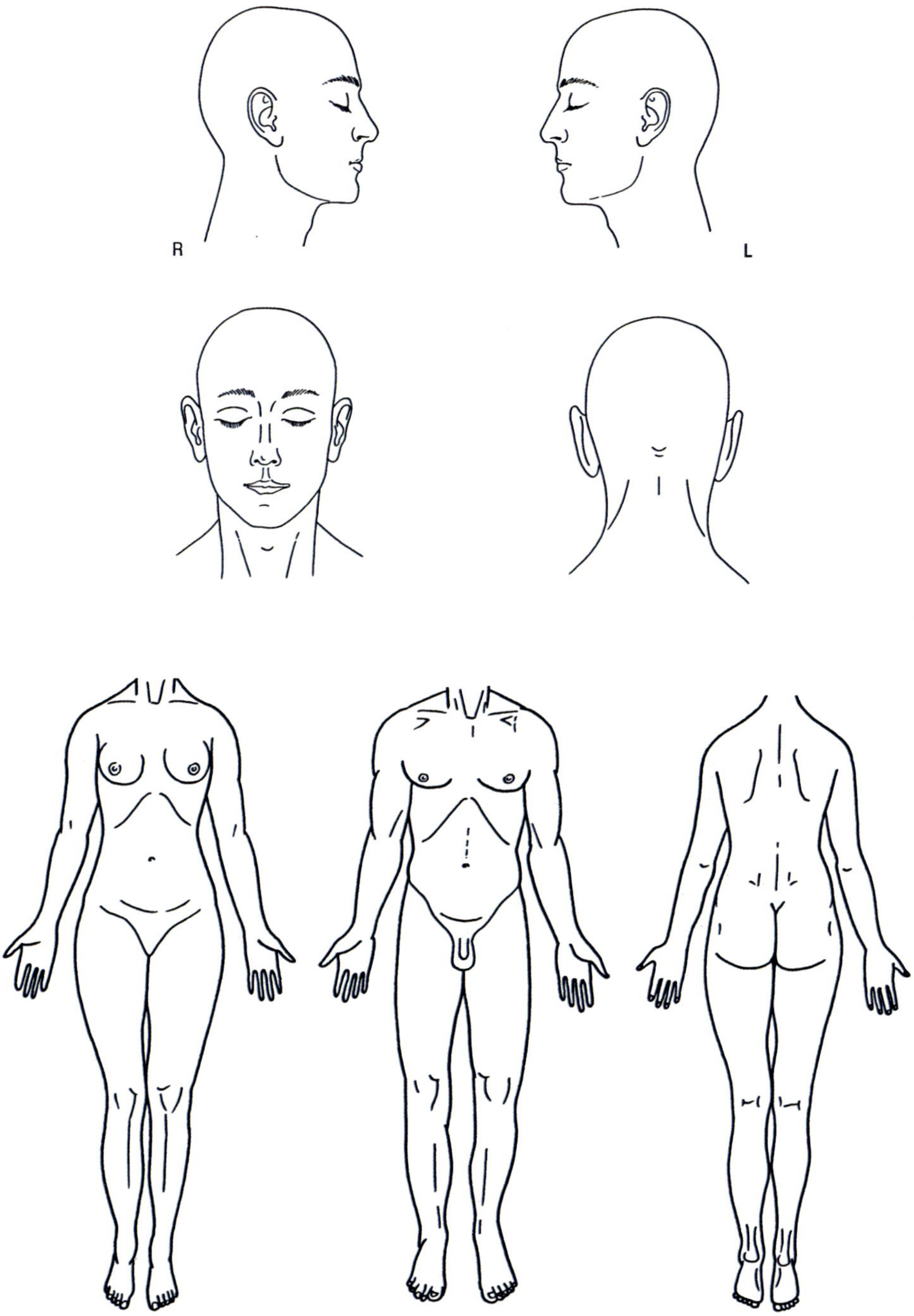

Untersuchungsbogen für die erweiterte Verletzungsdokumentation

Seite 4

Vorläufige medizinische Beurteilung:

Weiterführende Maßnahmen (z.B. Konsiliaruntersuchung, psychologische Beratung, Verständigung der Exekutive etc.):

Information über Opferschutzeinrichtungen erfolgt? ☐ ja   Bemerkungen:

Ende der Untersuchung: _____   Uhrzeit: _____ : _____   Unterschrift Ärztin / Arzt: _____

WEITERGABE DER BEWEISMITTEL

Asservate (Abstriche, Kleidung, Tatmittel, Projektile, Exzidate etc.):

Übergeben von: _____
(Blockschrift)
Datum und Unterschrift: _____ , _____

Übernommen von: _____
(Blockschrift)
Datum und Unterschrift: _____ , _____

FOTODOKUMENTATION

Wurde eine Fotodokumentation durchgeführt? ☐ ja ☐ nein   Anzahl der angefertigten Aufnahmen: _____
    ↳ wenn „nein", warum nicht:
    ↳ wenn „ja", wo archiviert:

Empfehlungen zur Untersuchung und Fotobasisdokumentation:

Untersuchungsbogen für Opfer nach Sexualdelikt

Seite 1

Ort der Untersuchung:	Patient/in:
Ärztin / Arzt: Tel.	**Geb.-Datum:** **Tel.:**
Zugewiesen von:	**Adresse:**
Beginn der Untersuchung: _____ ___ : ___	Im Beisein von:
(Datum) (Uhrzeit)	

PATIENTEN BASISDOKUMENTATION

Körpergröße: Gewicht: Patient/in ist: ❏ Rechtshänder/in   ❏ Linkshänder/in

Psychische Verfassung   Bewusstsein   ❏ klar   ❏ leicht   ❏ deutlich   ❏ bewusstlos
bei Untersuchung: beeinträchtigt

                                     Verdacht auf   ❏ Alkohol   ❏ Drogen- bzw. Med.-Konsum

Sprachliche Verständigung: ❏ fließend   ❏ gebrochen   ❏ Übersetzung notwendig
                                                                  ↳ durch wen?

ANAMNESE

Letzte Regelblutung: _____ (Datum)   Verhütungsmaßnahmen:

Aktuelle (gynäkologische) Beschwerden:

Letzter freiwilliger Sexualkontakt: _____   Mit wem: ❏ unbekannt
                                                            Wie: ❏ mit Kondom

ANGABEN ZUM EREIGNIS

Ort: ❏ Täter bekannt

Zeit: _____ (Datum) ___ : ___ (Uhrzeit)   ❏ Täter unbekannt   Anzahl Täter:

(ungefähre) Dauer des Vorfalls: _____

Möglichst genaue **Darstellung des Sachverhaltes**, Art der Gewaltanwendung/Gewalteinwirkung, subjektive
Beschwerden (Grundlage für klinische Untersuchung und gezielte Spurensicherung, Keine Suggestivbefragung!):

Orale Penetration	❏ ja:	❏ nein	❏ versucht	❏ weiß nicht
Vaginale Penetration	❏ ja:	❏ nein	❏ versucht	❏ weiß nicht
Anale Penetration	❏ ja:	❏ nein	❏ versucht	❏ weiß nicht
Andere sexuelle Handlungen: (z.B. Oralverkehr durch Täter an Opfer)				
Wurde ein Kondom benutzt?	❏ ja, Verbleib:		❏ nein	❏ weiß nicht

Untersuchungsbogen für Opfer nach Sexualdelikt

Seite 2

Wurden zur Reinigung Taschentücher oder dgl. verwendet?	☐ ja, was, Verbleib: ☐ nein ☐ weiß nicht
Hat sich Patientin / Patient zwischen Tat und Untersuchung abgewischt, gewaschen, geduscht; die Kleidung gewechselt, den Mund gespült; uriniert, Stuhlgang?	☐ ja, was: ☐ nein
Haben Sie Erinnerungslücken (von - bis)?	☐ ja ☐ nein ☐ weiß nicht
Wenn ja, Haben Sie eine Erklärung dafür?	
Haben Sie vor, während oder nach der Tat Alkohol, Drogen- bzw. Medikamente eingenommen?	☐ ja wann, was, wieviel: ☐ nein ☐ weiß nicht

UNTERSUCHUNG UND SPURENSICHERUNG

		Sichergestellt
Schritt 1	**2 Abstriche Oral** (mit zwei trockenen Wattetupfern)	☐ ja ☐ nein
Schritt 2	**Kleidung (insbes. Unterwäsche)** (einzeln in Papiersäcke verpacken u. Beschriften + Beschreibung des Inhalts	☐ ja ☐ nein
Schritt 3	**Spuren am Körper**	
	Erfolgte eine Ejakulation?	
	☐ ja, wohin: ☐ nein ☐ weiß nicht	☐ ja ☐ nein
	(Ejakulat auf Hautoberfläche am angegebenen Ort mit <u>einem feuchten Wattetupfer</u> abreiben)	
	Verklebte Kopfhaare vorhanden? (verklebte Haare abschneiden)	☐ ja ☐ nein
	Hat Sie der Täter irgendwo geküsst, geleckt, gesaugt, gebissen?	
	☐ ja, wo: ☐ nein ☐ weiß nicht	☐ ja ☐ nein
	(Speichelspuren auf der Haut am angegebenen Ort mit <u>einem feuchten Wattetupfer</u> abreiben)	
	Haben Sie den Täter gekratzt?	
	☐ ja ☐ nein ☐ weiß nicht	☐ ja ☐ nein
	(Falls ja, Unterseite der Fingernägel der re und li Hand mit <u>je einem feuchten Wattetupfer</u> abreiben)	
	Andere Spuren vorhanden ? (Spuren in Papiersäckchen sicherstellen u. Beschriften)	☐ ja ☐ nein
Schritt 4	**Körperliche Untersuchung / Verletzungen / Schmerzen** (Befunde wie Abschürfungen, Blutunterlaufungen, Kratzspuren auf Körperschemata dokumentieren. Nach Möglichkeit Fotodokumentation)	

Würgen / Drosseln ?   ☐ ja   ☐ nein   ☐ weiß nicht

Falls ja: Liegen punktförmige Einblutungen (**Stauungszeichen**) vor?   ☐ ja ☐ nein

↳ ☐ Haut der Augenlider   ☐ Augenbindehäute   ☐ Haut hinter den Ohren   ☐ Gesichtshaut

☐ Mundvorhofschleimhaut

Untersuchungsbogen für Opfer nach Sexualdelikt

Seite 3

Fotodokumentation: ☐ ja   ☐ nein

		Sichergestellt	
Schritt 5	**Anus und Rektum**		
	2 Abstriche Anus (mit zwei feuchten Wattetupfern abreiben)	☐ ja	☐ nein
	2 Abstriche Rektum (mit zwei feuchten Wattetupfern abreiben)	☐ ja	☐ nein
Schritt 6	**Gynäkologische Untersuchung**		
	Verklebte Schamhaare vorhanden ? (verklebte Haare abschneiden)	☐ ja	☐ nein
	Schamhaare ausgekämmt ? (Schamhaare - wenn vorhanden - mit Kamm auf Papierunterlage auskämmen)	☐ ja	☐ nein
	1 Abstrich äußeres Genitale (mit einem feuchten Wattetupfer abreiben)	☐ ja	☐ nein
	Tampon vorhanden ?	☐ ja	☐ nein
	Fremdmaterial vorhanden ?	☐ ja	☐ nein
	2 Abstriche Vagina (mit zwei trockenen Wattetupfern)	☐ ja	☐ nein
	2 Abstriche Zervikalkanal (mit zwei trockenen Wattetupfern)	☐ ja	☐ nein
	Abstriche für diagnostische Zwecke (STD) (an zuständiges Labor übermitteln)	☐ ja	☐ nein

Verletzungen im Genital- und Analbereich:
(Hautrötung, Schwellung, Blutunterlaufung,
Schürfung, Einriss)

Hymen:

Toluidinblau-Färbung: ☐ ja   ☐ nein

Fotodokumentation: ☐ ja   ☐ nein

Untersuchungsbogen für Opfer nach Sexualdelikt

Seite 4

			Sichergestellt	
Schritt 7	**Blut / Urin**			
	Serum für diagnostische Zwecke (HIV, Hepatitis B und C)		☐ ja	☐ nein
	(an zuständiges Labor übermitteln)			
	Nativblut für Alkoholkonzentrationsbestimmung		☐ ja	☐ nein
	Nativblut für chemisch-toxikologische Untersuchungen		☐ ja	☐ nein
	Urin für chemisch-toxikologische Untersuchung (ca. <u>30–50 ml</u>)		☐ ja	☐ nein
	Uhrzeit der Asservierung von Blut und Urin __ : __			

Schritt 8	**Diagnostik, Therapie**				
	Schwangerschaftstest (Urin)	☐ positiv	☐ negativ	☐ nicht gemacht	
	Pille danach	☐ ja	☐ nein	☐ Rezept mitgegeben	
	HIV-Prophylaxe begonnen / mitgegeben	☐ ja	☐ nein		
	Hepatitis B Prophylaxe verabreicht	☐ ja	☐ nein		
	Verabreichte Medikamente:				
	Aktuelle körperl. Gefährdung des Opfers ?	☐ ja	☐ nein	☐ unklar	
	Information bzgl. Opferschutzeinrichtung	☐ ja			

Ende der Untersuchung: _____ Uhrzeit: _____ : _____ Unterschrift Ärztin / Arzt: _____

Weitergabe der Beweismittel

Serum für diagnostische Zwecke (HIV und Hepatitis B, C)	☐ An _____
Nativblut und/oder Urin für chemisch-toxikologische Untersuchungen	☐ An _____
Blut für Alkoholkonzentrationsbestimmung	☐ An _____
Asservate/Abstriche für spurenkundliche Untersuchungen	☐ An _____

Männliches Opfer

	Sichergestellt	
1 Abstrich Glans, Sulcus coronarius und Penisschaft (mit <u>einem</u> feuchten Wattetupfer abreiben, Box „Abstrich Haut" beschriften)	☐ ja	☐ nein
1 Abstrich Peniswurzel und Haut Scrotum (mit <u>einem</u> feuchten Wattetupfer abreiben, Box „Abstrich Haut" beschriften)	☐ ja	☐ nein
2 Abstriche Anus (mit <u>zwei feuchten Wattetupfern</u> abreiben)	☐ ja	☐ nein
2 Abstriche Rektum (mit <u>zwei feuchten Wattetupfern</u> abreiben)	☐ ja	☐ nein

Verletzungen im Genital- und Analbereich:

Andere Verletzungen am Körper:

Fotodokumentation: ☐ ja ☐ nein

PEP-Dokumentationsbogen

ROBERT KOCH INSTITUT

Versorgungseinrichtung (Praxis/Ambulanz/Notfallaufnahme)

Stempel
(Einrichtung/
Adresse)

Name des Dokumentierenden: _____

Datum und Zeitpunkt der Konsultation: ☐☐ ☐☐ ☐☐☐☐
Tag   Monat   Jahr

☐☐ : ☐☐
hh   mm

Exponierte Person

Geburtsjahr: ☐☐☐☐   Geschlecht: ◯ männl. ◯ weibl. ◯ Anderes: _____

Herkunftsland/-region: _____   Bei ausländischer Herkunft: seit wann in Deutschland? _____

Expositionscharakteristika

Zeitpunkt der Exposition: ☐☐ ☐☐ ☐☐☐☐   Uhrzeit: ☐☐ : ☐☐
Tag   Monat   Jahr   hh   mm

Anzahl **vorheriger** potentieller Expositionen in den letzten 4 Wochen / 6 Monaten: _____ / _____

Art der Exposition:

◯ **Sexuell**   Partner: ◯ Fester Partner
◯ Konsensueller Gelegenheitspartner (bekannt)
◯ Konsensueller Gelegenheitspartner (unbekannt)
◯ Erzwungener Kontakt (Vergewaltigung)

Art des Kontaktes: exponierte Person hatte

◯ insertiven Analverkehr
◯ insertiven Vaginalverkehr
◯ insertiven Oralverkehr
◯ rezeptiven Analverkehr
◯ rezeptiven Vaginalverkehr
◯ rezeptiven Oralverkehr

⇨ ◯ mit Kondom
◯ ohne Kondom

⇨ ◯ abgerutscht
◯ geplatzt

◯ mit Ekakulation
◯ ohne Ejakulation

Risikosteigernde Faktoren bei Exponiertem (z.B. genitale Verletzung): _____

◯ **Parenteral**   Gemeinsamer Gebrauch von: ◯ Spritze ◯ Kanüle ◯ anderen Utensilien: _____

Akzidentelle Stich-/Schnittverletzung:

Instrument? _____
Herkunft des Instruments? _____
Tiefe der Verletzung? _____
Sichtbares Blut auf Instrument? _____

◯ **Andere** _____

Charakteristika der potentiellen Ansteckungsquelle

Geschlecht: ◯ männl. ◯ weibl. ◯ Anderes: _____

Betroffenengruppe: ◯ Männer, die Sex mit Männern haben (MSM)   ◯ Sexarbeiter
◯ i.v. Drogengebraucher   ◯ Heterosexuelle Kontakte
◯ Herkunft aus Hochprävalenzgebiet   ◯ unbekannt

Herkunftsstadt/-land/-region: _____

HIV-Status der potentiellen Ansteckungsquelle: ◯ bekannt   ◯ unbekannt

Letzte Viruslast   ▢▢▢▢▢▢▢
                   Kopien/ml   Datum: ▢▢ ▢▢
Letzter CD4-Wert   ▢▢▢▢   Tag   Monat
                   Zahl (µl)

◯ Laborwerte unbekannt

HCV-Status: _____   ◯ unbekannt   **HBV-Status:** _____   ◯ unbekannt

Ärztliche Risikobeurteilung: ◯ hoch   ◯ mittel   ◯ niedrig

PEP-Empfehlung: ◯ Ja   ◯ Nein

PEP-Regime	Startdatum	Vorgesehenes Stoppdatum	Tatsächliches Stoppdatum	Abbruchgrund
_____	▢▢ ▢▢	▢▢ ▢▢	▢▢ ▢▢	_____
	Tag Monat	Tag Monat	Tag Monat	

Bestehende Komedikation: 0 Wochen _____
                           2 Wochen _____

Interaktionspotential abgeklärt?   ◯ Ja   ◯ Nein   ◯ Nicht erforderlich
(Infos: z.B. www.hiv-druginteractions.org)

Nächste Vorstellung: ▢▢ ▢▢   (Testergebnisse der Baseline-Untersuchung)
                           Tag Monat

Kontroll-, Nachuntersuchungen:

	Datum	Verträglichkeit	Adhärenz	Serolog./mikrobiolog. Untersuchungen auf Infektionsparameter HIV/andere	Bemerkungen
2 Wo	▢▢ ▢▢ (Tag Monat)	◯	◯	◯	_____
4 Wo	▢▢ ▢▢ (Tag Monat)	◯	◯	◯	_____
~8 Wo	▢▢ ▢▢ (Tag Monat)	—	—	◯	_____
~12 Wo	▢▢ ▢▢ (Tag Monat)	—	—	◯	_____
~16 Wo	▢▢ ▢▢ (Tag Monat)	—	—	◯	_____

Empfehlungen:

	Komedikation	Fragen nach Verträglichkeit, Adhärenz	Laborunter-suchungen - Verträglichkeit	Mikrobiol./serolog. Untersuchung auf Infektionsparameter (HIV/HBV/HCV/ Syph./andere STI):
0 Wochen	✓		✓	(Ausgangswerte)
2 Wochen	✓	✓	✓	Gonokokken / Chlamydien
4 Wochen		✓	(✓)	Syphilis / HIV
~8 Wochen				Syphilis / HIV / HBV / HCV
~12 Wochen				HIV / HBV / HCV
~16 Wochen				HIV / HBV / HCV

Informationen und Nachfragen bei: Dr. Ulrich Marcus, Robert Koch-Institut, Berlin, Tel. (030) 18754-3467

Anhang B

Zuweisung an die Kinderschutzgruppe

Seite 1

| Name des Kindes | Geb. Datum | Aufnahmezahl | ☐ ambulant |
| | | | ☐ stationär |

| Postleitzahl, Wohnort | Straße, Haus-Nr. | Telefonische Erreichbarkeit |

Verdacht auf:

☐ körperliche Misshandlung   ☐ sexuelle Gewalt   ☐ Vernachlässigung

☐ seelische Misshandlung   ☐ Münchhausen-by-proxy

Wer brachte das Kind zur Aufnahme?: Name, Tel. Nr., welchen Bezug zum Kind?:

Falls bekannt: **Wer hat die Obsorge?:** Name, Tel. Nr., welchen Bezug zum Kind?:

Vorgeschichte:

Verletzung (Art, Lokalisation): BITTE im Piktogramm einzeichnen!

Verhalten / Erklärung des **Kindes:**

Erklärung der **Eltern,** Erziehungsberechtigten und/oder Begleitpersonen:

Laufende bzw. durchgeführte Maßnahmen / Sonstiges:

☐ Gefahr in Verzug

☐ Eltern informiert über die Zuweisung zur KSG

☐ Jugendwohlfahrt involviert (zuständig: Name, Magistrat/BH   )

☐ Jugendwohlfahrt informiert (zuständig: Name, Magistrat/BH   )
     Telefon: Fax:

☐ Anzeige erstattet

☐ Fotodokumentation der Verletzungen

☐ kinder- und jugendgynäkologische Untersuchung

☐ bisherige Untersuchungen:

Sonstiges:

☐ Keine Maßnahmen

Zuweisung an die Kinderschutzgruppe

Seite 2

Bitte Verletzungen in die Skizze einzeichnen!

Hinweise:

Säuglinge und Kleinkinder (0 – 6 Jahre):

Hämatome, Ekchymosen, Schwellungen, nässende Wunden und Schürfungen an Kopf und behaarter Kopfhaut, Gesicht, Hals, Schütteltrauma, Koma, Krämpfe, Griffmarken – Oberarme und seitlicher Thorax, unklare paroxysmale Episoden.

Schulkinder (6 – 14 Jahre):

Entsprechende Befunde an Gesäß, Rücken, Beinen sowie Damm, Genitalien, After, Oberschenkel und Unterbauch (letztere bes. bei sexuellem Missbrauch).

Jugendliche (14 – 18 Jahre):

Kopf, Hals sowie insbesondere an bedeckten Körperbereichen wie Schultern, Nacken und Oberarmen. Genital/Analbereich.

Skizze zum Markieren der Befunde:

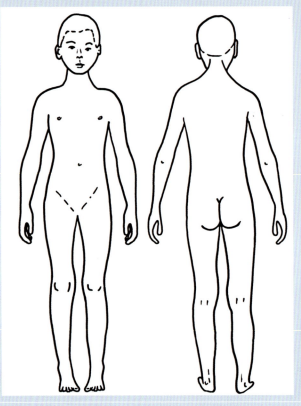

Beschreibung der Verletzung und ergänzende Bemerkungen:

Datum:

Name und Unterschrift des/der Zuweisers/in:

Meldung an den Jugendwohlfahrtsträger über Gewalt an einem Kind oder Jugendlichen
Seite 1

Grund der Meldung

☐ Vernachlässigung   ☐ Misshandlung   ☐ sexuelle Gewalt
(Zutreffendes ankreuzen)

Name, Adresse des Kindes: Geburtsdatum:

                                                            Telefon:

Name, Adresse der Begleitperson: Beziehung zum Kind:

                                                            Telefon:

Art der Gesundheitsbeeinträchtigung:

Was passierte laut Schilderung des Kindes (wann, wie oft, wer war daran beteiligt)?

Was passierte laut Schilderung der Begleitperson (wann, wie oft, wer war daran beteiligt)?

Worauf stützt sich Ihr Verdacht? (z. B. Art der Verletzung, auffälliges Verhalten des Kindes, widersprüchliche Schilderungen des Hergangs, Diskrepanz zwischen der Schilderung und der Art der Verletzung etc.):

Worin sehen Sie die weitere erhebliche Gefährdung des Kindeswohls?

Meldung an den Jugendwohlfahrtsträger über Gewalt an einem Kind oder Jugendlichen
Seite 2

Sonstige auffällige Beobachtungen:

Name, Adresse und Tel. der Eltern/Obsorgeberechtigten (soweit bekannt):

Zusätzliche Informationen:

Name, Beruf und Adresse/Beschäftigungsort, Tel. der Melderin/des Melders:

Datum / Unterschrift:

Dokumentation der Kinderschutzgruppe

Seite 1

Name des Kindes:

Geburtsdatum:

Zuweisungsdiagnose:

Familie:

Sozialstatus der Eltern: KM: KV:

I: Akademische Berufe

II: Leitende Angestellte

III N: Qualifizierte Angestellte mit nicht-manueller Tätigkeit

III M: Facharbeiter mit manueller Tätigkeit

IV: Minderqualifizierte Arbeiter

V: Ungelernte Arbeiter

Soziale Risikofaktoren (siehe Achse V MAS / ICD 10, siehe Leitfaden KSG)

Zur Vorgeschichte:

Beschreibung der Betroffenen:

Situation auf den ersten Blick (Aufnahme):

Medizinische Aufnahmediagnose:

Wie kam es zur Zuweisungsdiagnose?

❏ Diskrepanz Anamnese – Symptommuster

❏ Symptomatologie

❏ Hinweise von Schwestern / Personal

❏ Hinweise von außen (JW, Polizei, Nachbar, …)

Gegen wen richtet sich der Verdacht?

Nahe Angehörige § 54 ÄrzteG, Absatz 5, 2. Satz i.d.g.F.

❏ Mutter / Stiefmutter

❏ Vater / Stiefvater

❏ Sonstige nahe Angehörige:

Dokumentation der Kinderschutzgruppe

Sonstige Personen:

☐ Fremder   ☐ Freundeskreis

☐ Arbeitskollege/in   ☐ Schulkollege/in

☐ Andere:

Klinisches Bild:

Symptome: möglichst genaue Beschreibung, ganzheitlich (gesundheitliche Situation, psychische Verfassung, …)
(Siehe Piktogramm / Zuweisungsformular)

Symptommuster in Bezug auf Zuweisungsdiagnose (mehrere Kategorien möglich):

☐ Pädiatrisch – internistisch (z. B. Gedeihstörung)

☐ Dermatologisch (Condylomata, Dellwarzen, thermische Schäden, …)

☐ Gynäkologisch (Verletzungen, Perforation, Bakt., DNA)

☐ Traumatologisch (Weichteiltrauma, Frakturen, Hämatome, Schürfungen, …)

☐ Neurologisch (Anfälle, Blutungen, Bewusstseinsstörung …)

☐ Psychiatrisch (Suizidversuch, Depression, Bewusstseinsveränderung, …)

☐ Entwicklungsrückstand   ☐ Erworben   ☐ Angeboren

☐ Sonstige:

Durchgeführte Untersuchungen:

☐ MRI: Datum:

☐ CT: Datum:
                                                    Datum:
☐ Röntgen:
                                                    Datum:
☐ Ultraschall: Datum:

☐ Scan: Datum:
                                                    Datum:
☐ Gynäkologische Untersuchung:
                                                    Datum:
☐ Augenhintergrund: Datum:

☐ Konsile / welche: Datum:

☐ Psychologische Diagnostik:

☐ Fotodokumentation: welche:
wo (CD):

Ergebnisse und Bewertung der erhobenen Befunde im Sinne der Zuweisungsdiagnose:

Ergebnis vom:
Ergebnis vom:
Ergebnis vom:

Dokumentation der Kinderschutzgruppe

Seite 3

Beurteilung durch die KSG / Datum:

Bewertung des Verdachts auf:	Verdacht wahrscheinlich	Verdacht unwahrscheinlich	Verdacht bleibt offen
☐ Körperliche Misshandlung	☐	☐	☐
☐ Sexuelle Gewalt	☐	☐	☐
☐ Vernachlässigung	☐	☐	☐
☐ Seelische Misshandlung	☐	☐	☐
☐ Münchhausen-by-proxy	☐	☐	☐

☐ Andere Diagnose:
  Welche:

☐ Einmaliges Ereignis   ☐ wiederholte Ereignisse

☐ Ausmaß der Traumatisierung

Körperlich: ☐ leicht   ☐ mittel   ☐ schwer

Seelisch: ☐ leicht   ☐ mittel   ☐ schwer

Maßnahmen / Empfehlung der KSG:

☐ Gespräch mit Betroffenen / anwesend:

☐ Konfrontationsgespräch / anwesend:

☐ Gespräch mit sonstigen Einbezogenen:

☐ Weitere Befunderhebung / welche, wer:

☐ Weitere Anamneseerhebung (inkl. JW, …) / anwesend:

☐ Keine weiteren Maßnahmen

Zusammenfassende Beurteilung der KSG / Datum: in KG

Arztbrief / Datum: in KSG Dokumentation

Besprechung vom:
Besprechung vom:
Besprechung vom:

Datum / Unterschrift:

Zusammenfassende Beurteilung der Kinderschutzgruppe

Seite 1

Name des Kindes: **Geb. Datum:**

1. Befund Begründung der KSG Diagnose (inkl. Bewertung der vorhandenen Befunde und Anamnese):

2. Beurteilung

a) Bewertung des Verdachts auf:	Verdacht wahrscheinlich	Verdacht unwahrscheinlich	Verdacht bleibt offen
☐ Körperliche Misshandlung	☐	☐	☐
☐ Sexueller Missbrauch	☐	☐	☐
☐ Vernachlässigung	☐	☐	☐
☐ Seelische Misshandlung	☐	☐	☐
☐ Münchhausen-by-proxy	☐	☐	☐

☐ Andere Diagnose:
   Welche:

☐ Einmaliges Ereignis   ☐ wiederholte Ereignisse

☐ Ausmaß der Traumatisierung

Körperlich: ☐ leicht   ☐ mittel   ☐ schwer

Seelisch: ☐ leicht   ☐ mittel   ☐ schwer

b) Sicherheit des Kindes:

☐ Gefahr in Verzug
☐ Ausreichender Schutz des Kindes gewährleistet
☐ Bleibt offen

c) Klinische Diagnose nach MAS / ICD 10:

	Code	Text
Achse I Psychiatrische Diagnose		
Achse II Entwicklungsstörung		
Achse III Intelligenz		
Achse IV Körperliche Erkrankung		
Achse V Soziale Belastung		
Achse VI Soziales Anpassungsniveau		

Zusammenfassende Beurteilung der Kinderschutzgruppe

Seite 2

3. Durchgeführte Maßnahmen:

☐ Elterngespräch über den Verdacht   Datum:

☐ Konfrontationsgespräch mit: Datum:

☐ Information an die Jugendwohlfahrt   Datum:

☐ Gefährdungsmeldung an die Jugendwohlfahrt   Datum:

(Verletzungs-) Anzeige: ☐ ja   ☐ nein   ☐ aufgeschoben

Kopie der Verletzungsanzeige beiliegend   ☐ ja   ☐ nein

4. Empfohlene Maßnahmen:

☐ Vermittlung zu anderen Kinderschutzeinrichtungen

☐ Welche:

☐ Übergabe / Evidenzhaltung an / durch Jugendwohlfahrt

☐ Kinder– und Jugendanwaltschaft

☐ Psychologische Diagnostik / Betreuung

☐ Psychotherapeutische Betreuung

☐ Prozessbegleitung

☐ Fremdunterbringung

☐ Kontrollmaßnahmen:

   Wer:

   Wann:

   Wo:

Besprechung in der KSG am:

Bemerkungen:

Für die KSG:

Datum / Unterschrift:

Anhang C

Orientierungshilfe zur Interpretation medizinischer Befunde in Verdachtsfällen von sexuellem Kindesmissbrauch (sog. „Adams-Schema")

Ins Deutsche übertragene, sinngemäße Darstellung der aktualisierten Version von 2009, publiziert und kommentiert in: Adams JA (2011) Medical Evaluation of Suspected Child Sexual Abuse: 2011 Update. Journal of Child Sexual Abuse. 20(5): 588-605.

I. Befunde bei Neugeborenen bzw. häufige Befunde bei nichtmissbrauchten Kindern

(Befunde aus dieser Kategorie sind generell weder beweisend für das Vorliegen eines sexuellen Missbrauchs, noch widerlegen sie diesbezügliche Behauptungen des Kindes.)

Normvarianten

1. Periurethrale oder vestibuläre „Bänder" (radiäre Schleimhautleisten um die Urethralöffnung)
2. Intravaginale (längs verlaufende) Schleimhautfalten
3. Hymenale Höcker oder Buckel bzw. Vorsprünge
4. Hymenale Schleimhautanhängsel oder Reste des Vaginalseptums
5. Linea vestibularis (mediane nichtvaskularisierte Zone)
6. Hymenale Einkerbung/Spalte in der vorderen bzw. oberen Hälfte des Hymenalsaumes präpubertärer Mädchen in Höhe oder oberhalb einer (gedachten) 3 Uhr-9 Uhr-Linie (in Steinschnittlage)
7. Seichte/oberflächliche Kerben oder Spalten im unteren Abschnitt des Hymenalsaumes unterhalb einer (gedachten) 3 Uhr-9 Uhr-Linie
8. Externe hymenale Schleimhautleiste/Falte
9. Kongenitale Varianten des Hymens (u. a. Hymen semilunaris, H. an(n)ularis, H. septus, H. cribriformis, H. microperforatus, H. imperforatus und wulstartiges bzw. überschießend ausgebildetes Hymen)
10. Diastasis ani: glatter bzw. faltenfreier Bezirk in der Mittellinie des perianalen Gewebes (6- oder 12-Uhr-Position)
11. perianale Hautanhängsel
12. Hauthyperpigmentierung der Labia minora oder des perianalen Areals bei dunkelhäutigen Kindern.
13. Dilatation der Urethralöffnung bei Ausführung der (labialen) Traktionstechnik
14. „Verdicktes Hymen" (aufgrund Östrogenwirkung, Faltung des Hymenalsaumes, Schwellung bei Infektion oder infolge Traumas; Letzteres kann nur durch eine Follow-up-Untersuchung korrekt beurteilt werden).

Befunde durch andere medizinische Ursachen

15. Erythem (Rötung) des Genitalbereichs (aufgrund von Irritationen durch Reizstoffe, Infektionen oder entzündlichen Hautreaktionen)
16. Erhöhte Vaskularisierung („Dilatation präexistenter Gefäße") von Vestibulum und Hymen (aufgrund lokaler Reizungen oder als normales Muster in nicht-östrogenisiertem Zustand bzw. in hormonaler Ruhephase)
17. Labiale Adhäsionen/Synechien (Verklebungen bzw. Verwachsungen als Folge von Reizungen bzw. durch Reiben)
18. Vaginaler Ausfluss (Zahlreiche infektiöse und nichtinfektiöse Ursachen sind differentialdiagnostisch zu berücksichtigen. Abnahme mikrobiologischer Abstriche zum Erregernachweis sexuell übertragbarer Krankheiten oder anderer Infektionen)
19. Vermehrte „Brüchigkeit" der Haut/Schleimhaut der hinteren Kommissur / „posterior fourchette" (infolge Irritation, Infektion oder Traktion an den großen Labien durch einen Untersucher).
20. Analfissuren (in der Regel aufgrund von Stuhlverstopfung oder perianaler Irritation).
21. Venöse Stauung des Perianalbereiches (in der Regel lagerungsbedingt; auch infolge von Stuhlverstopfung)

Befunde, die als Missbrauch fehlinterpretiert werden können

22. Urethralprolaps
23. Lichen sclerosus et atrophicus
24. Ulcera der Vulva (können durch unterschiedliche virale Infektionen wie Epstein-Barr Virus und Influenza hervorgerufen werden sowie im Rahmen eines Morbus Behçet oder eines Morbus Crohn auftreten)
25. Ausbleiben der Mittellinienfusion in Form einer perinealen Furche
26. Rektumprolaps (häufig verursacht durch Infektionen wie z. B. durch *Shigella sp.*)
27. Komplette Dilatation des Sphincter ani internus und externus weniger als 2 cm im anterior-posteriorem Durchmesser mit Einsehbarkeit der Linea pectinata
28. Partielle Dilatation des Sphincter ani externus bei kontrahiertem Sphincter ani internus mit resultierenden tiefen Falten in der Perianalhaut, welche als Verletzungszeichen fehlinterpretiert werden können
29. Ausgeprägtes Erythem, Entzündung und Fissuren der Perianalhaut oder der Vulva im Rahmen von Infektionen mit Beta-hämolysierenden Streptokokken der Gruppe A

II. Nicht eindeutige Befunde: unzureichende oder widersprüchliche Datenlage bzw. fehlender Expertenkonsensus

Befunde dieser Kategorie können die konkreten Angaben eines Kindes hinsichtlich sexuellen Missbrauchs untermauern, sollten aber mit Vorsicht interpretiert werden, wenn keine diesbezüglichen Angaben gemacht wurden. Eine Meldung an die Jugendwohlfahrtsbehörde kann im Einzelfall angezeigt sein.

30. Tiefe Einkerbungen oder Spalten am hinteren/unteren Rand des Hymenalsaumes die mehr als 50 % der Hymenbreite ausmachen.
31. Tiefe Einkerbungen oder vollständige Spaltbildungen an der 3- und 9 Uhr-Position bei adoleszenten Mädchen.
32. Deutliche sofortige Analdilatation mit einem (anteriorposteriorem) Durchmesser von 2 cm oder mehr, bei Fehlen anderer prädisponierender Faktoren wie chronischer Verstopfung, Sedierung, Anästhesie und neuromuskulärer Störungen
33. Genitale oder anale Condyloma accuminata eines Kindes, bei Fehlen anderer Indikatoren von Missbrauch. Erstmalig auftretende Läsionen bei einem Kind älter als 5–8 Jahre können eher als Hinweis für eine sexuelle Übertragung gewertet werden)
34. Herpes Typ 1 oder 2 in der Genital- oder Analregion eines Kindes, bei Fehlen anderer Indikatoren von Missbrauch. Isolierte genitale Läsionen durch HSV-2 bei einem Kind älter als 4–5 Jahre können eher als Hinweis für eine sexuelle Übertragung gewertet werden.

III. Diagnostische Befunde für Trauma und/oder sexuellen Kontakt

Befunde dieser Kategorie stützen die Angaben eines Kindes hinsichtlich sexuellen Missbrauchs und sind hoch verdächtig auf sexuellen Missbrauch auch ohne diesbezügliche Angaben durch das Kind, sofern nicht eine eindeutige, rechtzeitige und plausible Erklärung für einen akzidentellen Verletzungsmechanismus durch das Kind und/oder dessen Betreuer vorliegt. Fotografien oder Videoaufnahmen der Befunde sollten von einem Experten auf dem Gebiet des sexuellen Kindesmissbrauchs zweitbegutachtet werden, um die Diagnose zu sichern.

Akutes Trauma (frische Verletzungen) des äußeren Genital- und Analbereichs

35. Akute Lazerationen oder ausgedehnte bzw. erhebliche Hämatome/Unterblutungen der Labien, des Penis, des Skrotums, des Perianalbereichs oder der Dammregion (entweder Folge eines unbeobachteten akzidentellen Traumas oder eines körperlichen und/oder sexuellen Missbrauchs)
36. Frische Lazerationen der „posterior fourchette" ohne Beteiligung des Hymens (muss von durchtrennten/dehis-

zenten labialen Adhäsion/Synechien oder ausgebliebener Mittellinienfusion (siehe # 25.) differenziert werden. Einrisse der „posterior fourchette" können auch Folge eines akzidentellen Traumas oder eines einvernehmlichen Geschlechtsverkehrs bei adoleszenten Mädchen sein.)

Residuen von bzw. heilende Verletzungen

(Diese seltenen Befunde sind nur schwer einzustufen, sofern keine vorangegangene akute Verletzung in derselben Region dokumentiert wurde.)

37. Perianale Narben (können die Folge anderer medizinischer Ursachen sein, z. B. M. Crohn, akzidentelle Verletzung oder vorangegangener medizinischer Eingriff.)
38. Narbe im Bereich der „posterior fourchette" oder Fossa navicularis (Blasse Areale im Verlauf der Mittellinie können einer „Linea vestibularis" oder labialen Adhäsionen/ Synechien entsprechen.)

Charakteristische Verletzungen für ein stumpfes penetrierendes Trauma (oder Kompressionsverletzung des Abdomens oder Beckens, sofern anamnestisch angegeben)

39. Ausgedehnte bzw. erhebliche Hämatome/Unterblutung des Hymens
40. Akute Lazerationen (partielle oder vollständige Einrisse) des Hymens
41. Tiefreichende perianale Lazerationen bis in den sphincter ani externus (nicht mit ausgebliebener Mittellinienfusion zu verwechseln)
42. Ausgeheilte vollständige spaltförmige Durchtrennung des Hymens: Ein Abschnitt des Hymenalsaumes zwischen 4 und 8 Uhr in dem das Hymen tief oder bis zur Basis eingerissen ist, sodass an dieser Stelle das Hymen vollständig zu fehlen scheint. Dieser auch als „vollständige Spaltbildung" bezeichneter Befund findet sich auch bei sexuell aktiven adoleszenten und jungen Frauen.
43. Fehlendes Hymenalsegment. Abschnitt in der hinteren (unteren) Hälfte des Hymens, breiter als die vollständige Durchtrennung, mit fehlendem Hymenalgewebe bis zur Basis (Bestätigung durch zusätzliche Untersuchungspositionen und -techniken erforderlich).

Das Vorliegen von Infektionen beweist einen Schleimhautkontakt mit infektiösen Körpersekreten; Kontakt höchstwahrscheinlich sexueller Natur

44. Nachweis von *Neisseria gonorrhoe* aus dem Ano-Genitalbereich oder des Rachens bei Kindern außerhalb der Neonatalperiode (Anm.: nach den ersten 28 Lebenstagen)
45. Bestätigung der Diagnose Syphilis (Lues), wenn perinatale Übertragung ausgeschlossen werden kann

46. Infektion mit *Trichomonas vaginalis* bei Kindern älter als 1 Jahr (positiver Nachweis in der Kultur oder lichtmikroskopisch im Nativpräparat des Vaginalsekrets)

47. Positiver Nachweis von Chlamydien aus dem Genital- oder Analbereich bei Kindern älter als 3 Jahre (Nachweis mittels Zellkultur oder gleichwertigem Verfahren; Anm.: DNA-Nachweis mittels PCR)

48. Positive HIV-Serologie wenn perinatale Übertragung sowie Übertragung durch Blutprodukte und kontaminierte Nadeln ausgeschlossen werden kann

Diagnostisch für sexuellen Kontakt

49. Schwangerschaft

50. Spermien- bzw. Sperma-Nachweis am Köper des Kindes

Anhang D

Fallnummer:	Name:
Untersuchungsdatum:	Sachbearbeiter:

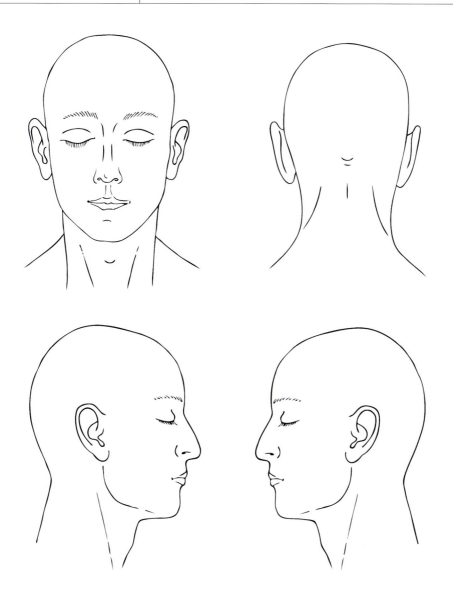

Anmerkungen:

Fallnummer:	Name:
Untersuchungsdatum:	Sachbearbeiter:

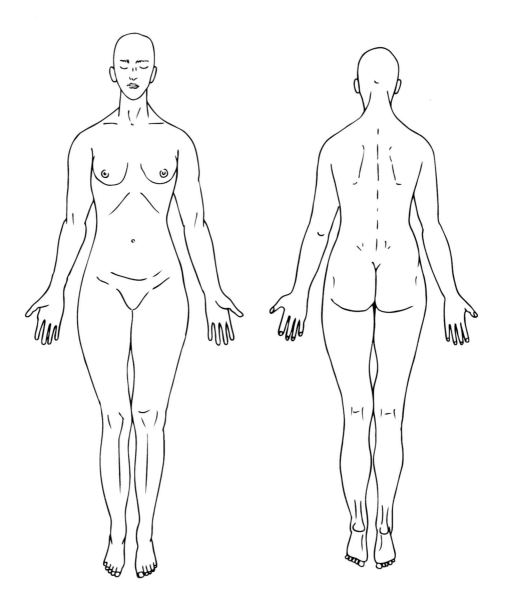

Anmerkungen:

Fallnummer:	Name:
Untersuchungsdatum:	Sachbearbeiter:

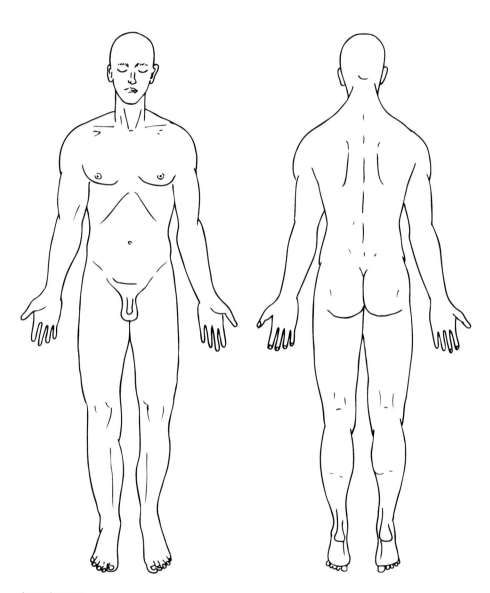

Anmerkungen:

Fallnummer:	Name:
Untersuchungsdatum:	Sachbearbeiter:

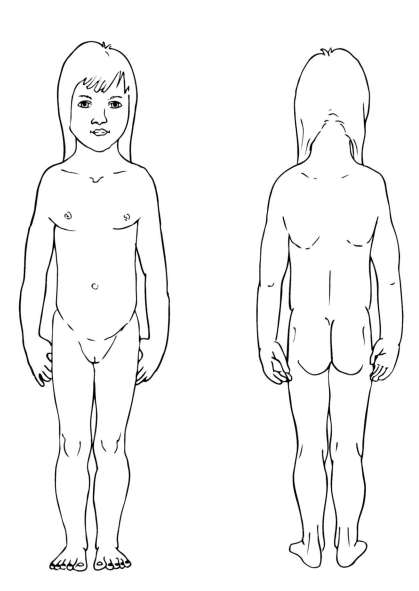

Anmerkungen:

Fallnummer:	Name:
Untersuchungsdatum:	Sachbearbeiter:

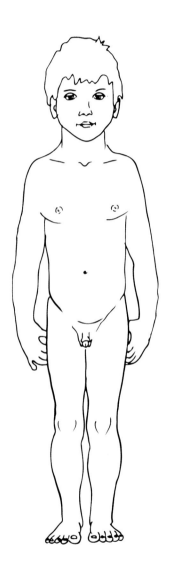 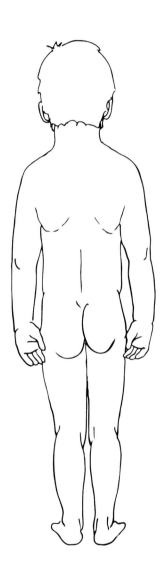

Anmerkungen:

Fallnummer:	Name:
Untersuchungsdatum:	Sachbearbeiter:

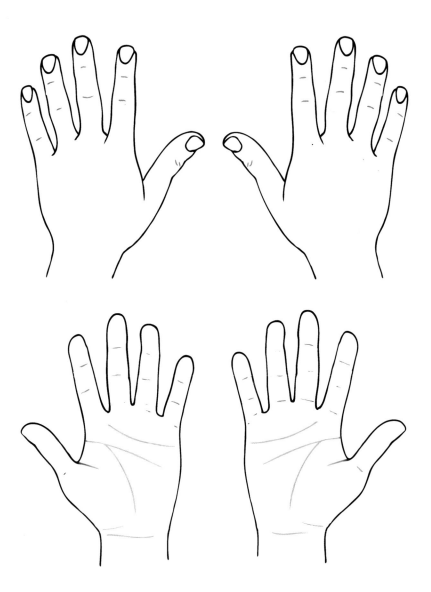

Anmerkungen:

Fallnummer:	Name:
Untersuchungsdatum:	Sachbearbeiter:

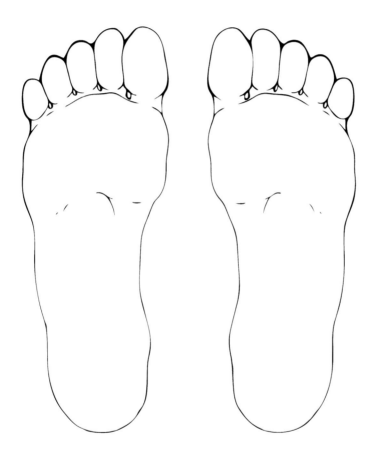

Anmerkungen:

Fallnummer:	Name:
Untersuchungsdatum:	Sachbearbeiter:

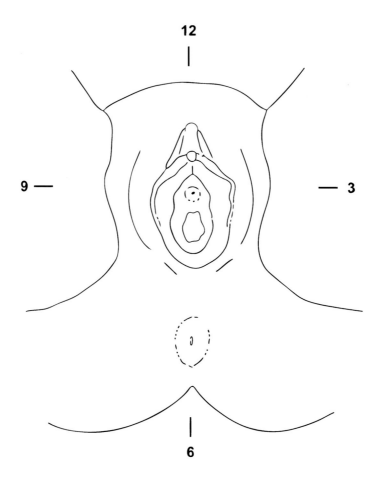

Anmerkungen:

Fallnummer:	Name:
Untersuchungsdatum:	Sachbearbeiter:

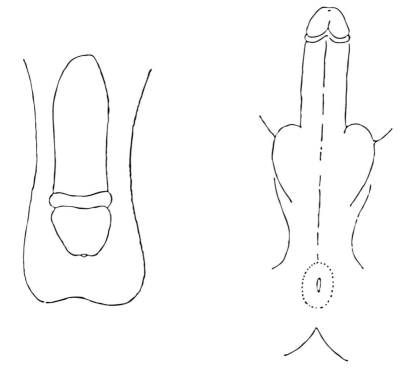

Anmerkungen:

Sachverzeichnis

Symbole

1,4-Butandiol 511
3D-Darstellung 154
3D-Rendering 198
4-Methylpyrazol 511

A

Abfassung des Gutachtens 29
Abkappung 201
Ablederung (Décollement) 223
Ablederungen 181
Ablehnung der Gutachtenübernahme 28
Ablehnungsgrund 76
Ablenkungsanzeige 328
Abriebspuren an den Schuhsohlen 223
Absorption 508
Abstreifring 206
Abtrennungen 181
Abwehrgreifverletzung 14, 202
Abwehrhaltung 563
Abwehrverletzungen 13, 121, 202, 393
actio libera in causa 547
Adäquanzprinzip 30
Adäquanztheorie 559
ADH-Verfahren 505
Affenschaukel 447
AGFAD 485, 488
Aggravation 408
Aggressionskurve 433
Agression am Arbeitsplatz 431
Aktenzeichen 110
Akute Belastungsreaktionen 559
Akzidentelle Hackverletzung 419
Alcopop 503
Algorithmus zur Thematisierung von Gewalt 233
Alibianzeige 328
Alkohol 501
Alkoholabbauwert 508
Alkoholallergie 510
Alkoholanalyse in Kliniklabors 506
Alkoholfreies Bier 502
Alkoholgehalt 502
Alkoholgrenzwert 517
Alkohol im Strafrecht 520
Alkohol im Straßenverkehr 501, 517
Alkoholintoxikation 510
Alkoholische Ketoazidose 510
Alkoholisierter Patient 520
Alkoholkonsummarker 513
Alkoholnachweis 504
Alkoholsensitive Anlass-/Zündsperre 508
Alkoholstoffwechsel/Resorption 508

Alkohol und Schuldfähigkeit 512
Alkohol und Sexualdelikte 511
Alkoholunverträglichkeit 509
Alkoholvortestgerät 518
Altersbestimmung 393
Altersdiagnostik 483
Alterseingrenzung 12
Alterspyramide 245
Altersrückdatierung 491
Altersschätzung der Frakturen 297
Altersschätzung von Blutunterlaufungen 188
Alterungsbedingte Veränderungen 260
Amputat 422
Amputation 420
Analfissuren 356
Analverkehr 352
Analverletzungen 323
Anamnese 339
Anamneseerhebung 110, 111, 235
Anfahr- oder Anprallverletzung 222
Anflutungsphase 516
Angemessenheit 440
Angemessenheitsprinzip 251
Anogenitale Befunde 259
Anonyme Spurensicherung (ASS) 319
Anoskopie 354
Anpassungsstörungen 559
Anschlussbehandlungen 364
Antabussyndrom 509
Antidot 524
Antragsdelikte 35
Antragung 117
Anus 344
Anzahl der Verletzungen 116
Anzeigepflicht 94, 277
Äquivalenzprinz 29
Arbeitsgemeinschaft für Forensische Altersdiagnostik (AG-FAD) 468
Arbeitsgemeinschaft Klinische Rechtsmedizin 6
Arbeitsunfähigkeit 557
Armhebel 441
Armstreckhebel 442
Art der Verletzung 115
Artifizielle Hauterkrankungen 410
Artifizielle interne Erkrankungen 410
Artifizielle Störung 284, 407, 408
Artifiziell induzierte Erkrankungen 407
Artifiziell induziertes Lymphödem 410
Arzneimittel 504
Ärztegesetz 94
Arztgeheimnis 80
Ärztliche Behandlung 75
Ärztlicher Rat 75

Ärztlicher Sachverständige 7
Ärztliche Schweigepflicht 40
Asparaginsäure 475
Aspiration 249
Asservatenliste 143
Asservierung entomologischen Materials 142, 496
Asylrecht 483
Asylverfahren 484
Atemalkoholkonzentration (AAK) 517
Atemalkoholmessung 507
Äthylenglykoldiol 511
Atlasmethode 490
Attest/Gutachten 239
Atypischer Rausch 512
Aufbau des ärztlichen Attestes 240
Aufklärung 340, 426
Aufklärungsquote 19, 20
Aufliegegeschwüre 249
Aufsteckblitz 130
Auftraggeber 101, 102
Augenbindehäute 116
Auslösephase 433
Ausnahmeregelung 94
Aussagequalität 549
Aussagetüchtigkeit 549
Ausscheidungskontrolle 465
Ausschusswunde 207
Autoaggressives Verhalten 404
Autoerotische Handlung 11, 407, 412
Autofokus 131

B

Backspatter 122
Bagatellverletzungen 114, 183, 193, 234, 334
BAIID 508
Ballonkatheter 345
Barotrauma 193
Basisrisiko 548
Basiswahrscheinlichkeit 547
Bastinado 394
Bauchlage 444
Baxtrom-Fall 547
Bedrohungsmanagement 89
Beeinträchtigung 121
Beeinträchtigungsuntersuchung 518
Befangenheitsgründe 75
Befindlichkeitsstörungen 238
Befragung 82
Befund 77
Befunde nach Drosseln 219
Befunde nach Würgen 217
Befunderhebung 235
Begleitstoffanalyse 506
Begleitverletzungen 203
Begutachtungsauftrag 102
Begutachtung seelischer Schmerzen 558

Begutachtungsgrundlagen 150
Behandlungsfehler 426
Behandlungsfehlervorwurf 426
Behandlungs- oder Operationsstandards 78
Behandlungsprognose 547
Behandlungsvertrag 97
Beinahe-Ersticken 390
Beinhebel 443
Bekleidung 160
Belehrung 110
Belichtungsfehler 138
Belichtungszeit 131
Beratungsstellen 233
Beratung von Auftraggebern 103
Bereitschaftsdienst 100
Beschleunigungsangebot bei kindlichen Opfern 39
Beschmauchung 207
Beschneiderinnen 370
Besichtigung 77
Betretungsverbote 87
Betreuungspersonen 267
Bettgitter 250
Bewältigung von Aggression 430
Bewegungsunruhe 252
Beweis 74
Beweisgegenständen 160
Beweismittel 140
Beweismittelsicherung 139
Beweisproben 142
Beweissicherung 10, 100
Beweiswürdigung 78
Bewusstlosigkeit 214
Bildgebende Diagnostik 293
Bildgebende Verfahren 219
Bildgebung 151, 189, 271
Bildqualität 128
Bildrauschen 138
Bildsensor 128
Bildserien 136
Bildunschärfe 137
Biologisches Alter 491
Biologische Spuren 334
Bissmarke 205, 271
Bissring 198
Bissspuren 124, 342
Biss- und Saugverletzungen 198
Bisswunden 272
Blende 132
Blendenzahl 132
Blitzgeräte 130
Blitzschlag 212
Blow-out-Fraktur 194
Blut 527
Blutabnahme im Straßenverkehr 518
Blutabnahme zum Zweck der BAK-Bestimmung 519
Blutalkoholkonzentration (BAK) 516
Blutentnahme 504, 505

Blutergüsse 185
Blutkruste 183
Blutspuren 122, 123, 145
Blut- und Urinproben 347
Blutungsneigung 186, 258
Blutunterlaufungen 185, 188, 248
Bodenschmutz 146, 342
Bodymodification 404
Bodypacker 458
Bodypusher 458
Bodystuffer 458, 460
Borderline-Persönlichkeitsstörung 404
Borderline-Syndrom 10
Botanische Reste 342
Botanische Spuren 146
Brandbeschleuniger 12, 123
Brandspuren 122
Brennweite 129
Brøset Violence Checklist 434
Brustkorbkompression 253, 444
Bubble 460
Bucket Handle Fractures 295
Bundesamt für Migration 488
Bundeskinderschutzgesetz (BKiSchG) 35, 278
Burn out 436

C

Capsaicin 450
Capsicum-Spray-Exposition 451
Carotid sleeper 217
Checkliste 115, 336, 337, 340, 342
Chemische Zwangsjacke 250
Chemisch-toxikologische Untersuchung 524
Chlamydieninfektion 359
Chronologisches Alter 491
Computertomographie 302, 306, 490
Computertomographie (CT) 150, 151, 152, 153, 154, 155, 156
Constitutio Criminalis Carolina 4
Cornelia-de-Lange-Syndrom 412
Corner Fractures 295
Cropfaktor 129

D

Dammregion 345
Darmperforation 354
Datenformate 134
Deckungsverletzungen 13, 203
Décollement 199
Deeskalationsmanagement 436
Defektwunde 201
Dehydratation 254, 255, 259
Dekubitus 254, 255, 257
Deliktmechanismus 568
Deliktsvortäuschungen 11
Dentin 475
Dermatozoenwahn 411

Desinfektionsmittel 504
Deutsche Gesellschaft für Rechtsmedizin 5
Diagnostisches und statistisches Manual psychischer
    Störungen 542
Diffuse Hirnschädigung 275
Digitale Kompaktkameras 128
Digitale Spiegelreflexkameras 128
Digitalfotografie 134
Diskretionsfähigkeit 546
Dispositionsfähigkeit 546
Dissimulation 11
Dissoziation 376
Distribution 508
Dixon-Fall 547
DNA-Abrieb 219
DNA-Analyse 342
DNA-Datenbank 349
DNA-Labor 349
DNA-Spuren 114, 143, 144, 160, 334
DNA-Spurensicherung 123, 253
Doctor-Shopping 408
Dokumentation 98, 114, 159, 161
Dokumentationsbogen 240
Dokumentation und Spurensicherung 100
Doppelblutentnahme 505
Doppelstriemen 271
Drogenbindung 551
Drogencontainer 459, 462
Drogenerfahrung 551
Drogenkonditionierung 551
Drogenkurier 458, 459
Drogenmotivation 551
Drogenpäckchen 459
Drogenschmuggel 463
Drosselmarke 215, 219
Drosselmarken 205
Drosseln 214, 218
Drosselwerkzeug 218
Druckgeschwür 256, 257
Drug Facilitated Rape 347
Dry Submarino 400
DSLR-Kameras 129
Dunkelfeld 18, 19, 23
Dunkelfeldstudien 20, 24
Dunkelziffer 318
Dunsung 206, 215
Durchschuss 206

E

Eduard von Hofmann 5
Egg Shell Fractures 298
Eichel 348
Einsatzplan 98
Einschussverletzung 207
Einsichtsfähigkeit 512
Einverständnis 340

Einverständniserklärung 340
Einweisungsprognose 547
Einwilligung 426
Einzelknochenmethode 470
Einzelverletzungen 236
Elektrische Gewalteinwirkung 238
Elektrofolter 211, 396, 398
Elektroimpulsgerät 452
Elektroschock-Distanzwaffe 452
Elektroschocks 398
Elektrothermische Gewalt 211
Elimination 508
Eliminationsphase 516
Elisabeth Trube-Becker 6
Emotionale Misshandlung 280
Emotionale Vernachlässigung 280
Endogener Alkohol 506
Entbindung 80
Entkleidungsverletzungen 203, 204
Entlassungsprognose 548
Entomologische Spuren 147
Entstehungsursache 182
Entwicklungsstörung 470
Entzug des Obsorgerechtes 85
Epithelmoräne 185
Erde 146, 342
Erfahrungssätze 74, 78
Erforderlichkeit 440
Erfrierungen 211
Erkennungsraster für Bodypacker 461
Erörterung des Gutachtens 81
Erstickungstod 445
Eskalationsphase 433
Ethnische Zugehörigkeit 473
Excited Delirium Syndrome 446, 448, 454
Exekutionshaltung 420
Exsikkose 254, 255
Extragenitale Begleitverletzung 10, 334
Extragenitale Verletzungen 329
Extragenitale Verletzungsmuster 203
Exzision 369

F

Fact-Finding-Missionen 381
factitious disorder by proxy 285
Fähigkeitsbeurteilung 533
Falaka 391, 394
Fallbesprechung 96
Fallgruppen in der klinischen Rechtsmedizin 6
Falschaussage 328
Falschbezichtigung 246, 328
Familiäre Gewalt 231
Farbänderungen 188
Farbauszugstafel 131
Faseranschmelzungen 225
Faserspuren 145, 161

Faustschläge 193, 194, 195
Fehldiagnose 426
Fehler bei psychiatrischen Gutachten 562
Fehler der Farbtreue 138
Fehlerhafte Medikation 247
Fehlerhaftigkeit 81
Fehlerquellen 561
Female Genital Cutting/Circumcision (FGC) 369
Female Genital Mutilation (FGM) 369, 373
Fesselspuren 204
Fesselungsverletzung 250
Fingerfrakturen 297
Fingernägel 342
Fingernagelkratzspuren 7, 185
Fingernagelkratzverletzungen 186
Fingernagelschmutz 123
Fingiertes Sexualdelikt 412, 414
Fingierte Straftat 412
Fingierte Verkehrsunfälle 412
Fisting 353
Fixierung des Kopfes 444, 445
Fixierung in Bauchlage 442, 443, 447
Fixierungsmaßnahmen 247, 256
Fixierungstechnik 250, 441
Fixierverletzung 203, 205
Fleischfliege 494
Fliegenmade 494
Fokus 131
Follikelhämatom 249
Folter 380, 381, 390
Foltermethoden 391
Folteropfern 7
Folterspuren 386
Fomepizol® 511
Forensische Alkoholanalyse 506
Forensische Alkohologie – österreichische
    Gegebenheiten 515
Forensische Altersdiagnostik 8, 468
Forensische Bestimmung der BAK 519
Forensische Entomologie 495
Forensische Gerontologie 261
Forensische Lichtquellen 159
Forensische Psychiatrie 5
Forensische Psychologie 566
Forensische Radiologie 150
Forensische Rekonstruktion 150, 190
Forensische Sexualmedizin 5
Forensische Toxikologie 524
Forensisch-klinische Begutachtung 235
Formen häuslicher Gewalt 229
Formspuren 12, 140
Formung 118
Fossa navicularis 345
Fotodokumentation 127, 136
Fotografien 268
FOTRES (Forensisches Operationalisiertes Therapie-
    Risiko-Evaluations-System 568

Fourchette 345
Fragetechnik 110
Frauenhäuser 90, 91
Freiheit des menschlichen Willens 541
Freiheitsberaubung 251
Freiheitsbeschränkende Maßnahmen 251
freiheitsentziehende Maßnahmen 252
Freiheitsentziehende Maßnahmen 250, 251
Fremdbeibringung im Einverständnis 414
Fremdenpolizeirecht 483
Fremdgefährdung 250
Fremdkörper 118, 192
Fremdmanipulationen 284
Fremdunterbringung 97
Frontzahntrauma 195
frozen watchfulness 266
Früherkennung 95
Frühwarnsignale 246
Führerscheinentzug 517
Funktionelle Alkoholtoleranz 509
Funktionelle Störungen 238
Fußgängerunfall 221
Fußsohlenebene 208
Fußtritte 195

G

Gamma-Hydroxy-Buttersäure/GHB 339, 511
Ganzkörperuntersuchung 320
Gardner-Diamond-Syndrom 409
Gebissentwicklung 490
Geeignetheit 440
Gefährdungssituation 348
Gefährlichkeit 111
Gefährlichkeitsprognose 547
Gegenstandsspuren 140
Gegenwehr 111
Geheimnisträger 278
Generationenkonflikte 244
Genitale Selbstverstümmelung 405
Genitalverletzungen 345
Genitalverletzungen bei Frauen 322
Genitalverletzungen bei Männern 323
Gerichtsverwertbare Dokumentation von Verletzungen 233, 235
Gesamtgutachten 557
Geschäftsfähigkeit 555
Geschlossene Verletzungen 181
Gesetz über das Verfahren in Familiensachen (FamFG) 37
Gesichtsproportion 474
Gewalt am Arbeitsplatz 430
Gewaltbereitschaft 230, 246
Gewaltbeziehung 230
Gewaltdelikte 16, 18, 19, 20, 21, 22, 23, 24
Gewalt gegen alte Menschen 244
Gewalt gegen den Hals 214, 237, 273
Gewalt im sozialen Nahraum 84, 88

Gewaltkriminalität 16, 17, 18, 19, 20, 21, 22, 24
Gewaltsame Gesundheitsschädigung 181
Gewaltsames Füttern 247, 248, 249
Gewaltschutzgesetz (GewSchG) 39, 257
Gewaltschutzzentren 86
Gewebebrücken 191, 192, 201
Glans penis 348
Glasknochenkrankheit 274
Glaubhaftigkeitsbegutachtung 569
Glaubwürdigkeit 392, 549
Gonorrhö (Tripper) 359
Graukeil 131
Griffspuren 188
Griffverletzung 248
Grünholzfrakturen 294
Gruppendelikten 552
Gurtmarke 225
Gurtsysteme 250
Gutachten 78
Gutachtenauftrag 28
Gutachtenerstattung 28
Gutachtensauftrag 77
Gutachtenserörterung 82
Gynäkologische Untersuchung 101, 344

H

Haare 145, 528
Hafteinrichtungen 383
Haftfähigkeit 536, 554
Halskompression 447
Hämatome 8, 187
Hämorrhoiden 259
Handfessel 444
Handgelenke 205
Handhebel 441
Handlungsempfehlungen 241
Handskelettentwicklung 470
Hangman's fracture 298
harmful traditional practice 370
Häusliche Gewalt 7, 227, 228
– Folgen und Symptome 231, 232
– gesundheitliche Folgen 232, 238, 241
– gesundheitsgefährdende (Überlebens-)Strategien 232
– Kompressionsblutungen 237
– körperliche Folgen 232
– psychische Folgen 232
– (psycho-)somatische Folgen 232
– Quetsch-Riss-Wunde 237
– reproduktive Gesundheit 232
– Risikofaktoren 230
– Schürfung 237
– Typische Verletzungslokalisationen und -befunde 237
– Umgang mit 231, 232
– Warnhinweise 230
Häusliche Pflege 246
Hautablederungen 199

Hautabschilferung 183
Hautabschürfungen (Exkoriationen) 183, 184
Hautartefakte 11
Hautdefekt/-durchtrennung 117
Hautdurchspießungen 198
Hauteinblutungen 189
Hautröllchen 185
Hautröllchenbildung 185
Hautrötungen 7, 192
Hautunterblutungen (Hämatome) 117, 269, 270
Hautvertrocknungen 195
HBV-Impfstatus 360
HCR-20 (Historical Clinical Risk) 549, 567
Head-Space-Gaschromatographie 506
Heckaufprall 224
Heilungsverlauf 183
Heimliche Artefakthandlungen 407
Heimliche (verdeckte) Selbstbeschädigung 406
Heimtücke 31
Heiserkeit 206, 342
Hellfeld 18
Hepatitis B (HBV) 359, 360
Hepatitis-C-Virus (HCV) 359, 361
Hiebwunden 202
Hinrichtungen 381
Hintere Kommissur 345
Hirnschwellung 275
HIV-PEP 363
HIV-Postexpositionsprophylaxe 361
HIV-Prophylaxe 362
Hochprozentiges Getränk 516
Hodensack 348
hog-tied-position 447
Homosexuell 354
Hospital-Hopper-Syndrom 408
Humane Immundefizienz-Virus (HIV) 359
Hundebisse 199
Hutkrempenregel 196
Hygiene 255
Hymen 345
Hypoglykämie 510
Hypothermie 258

I

Immersionsverletzungen 272
Impfungen 360
Impulskontrollstörungen 286
Indikation 426
Infantizide 290
Infektionswahrscheinlichkeit 361
Infibulation 369
Inkontinenz 400
Innere Verletzungsbefunde 150
Innere Verletzungsbefunde nach Angriff gegen den Hals 220
Innere Würgemale 154
Insassenunfälle 224

Insektenbefall 495
Institutionelle Gewalt 245
Interaktionen 364
Interessenabwägung 80
Internationale Klassifikation psychischer Störungen 542
Interpretation von Verletzungsbildern 239
intervallum lucidum 556
Interventionsschritte 241
Interventionsstelle Wien 87
Interviews mit Häftlingen 386
Intimsphäre 79
Intrakranielle Blutungen 259
Intrakutanblutung 189
Intrakutanhämatome 9
ISO-Wert 128
Istanbul-Protokoll 381

J

Jugendamt 276
Jugendwohlfahrtsträger 94
Julius Kratter 4

K

Kameratypen 128
Kampfverletzungen 121
Karotis-Sinus-Reflex 447
Kausalität 29
Kausalkette 30
Kausalzusammenhang 427
Keloid 213
Kennzeichnung 161
Ketamin 353
Kinderpornografische Bilddokumente 468
Kinderpsychiatrie 268
Kinderpsychologie 268
Kinderradiologe 294
Kinderschutzambulanzen 267
Kinderschutzarbeit 92
Kinderschutzzentrum 91
Kinder und Jugendliche 289
Kindesmissbrauch 570
Kindesmisshandlung 6, 9, 284, 294
Kindeswohlgefährdung 36, 291
Kindliche Risikofaktoren 281
Klavikulafrakturen 298
Kleidung 341
Kleinteams 96
Klinische Bestimmung der Alkoholkonzentration 521
Klinische Prognose 548
Klinisches Zusatzgutachten 427
Klinisch-forensische Ambulanz 100, 103
Klinisch-forensische Begutachtung 33
 – Anzeige- und Meldepflichten 34
 – Arten 34
 – Erwachsene Gewaltopfer 34
 – Minderjährige Gewaltopfer 35

– Rechtliche Vorgaben 36
– Veranlassung 34
– Vorbereitung des Gutachtens 36
Klinisch-forensische Bildgebung 149, 152
Klinisch-forensische Fotodokumentation 135
Klinisch-forensische Radiologie 155
Klitoridektomie 369, 371
Klitoris 344
Knebelung 220
Knochenbruch 259, 274
Knochenszintigraphie 303
Knöcherne Verletzungen 274
Knutschfleck 199
Kolposkop 346
K.O.-Mittel 511, 527
Kompartmentsyndrom 395
Komplikation 426
Kompressionsblutungen 237
Konfrontationsgespräch 95, 97
Konkurrierende Ursachen 30
Konsiliarsystem 96
Konsiliartreffen 96
Kontaktverbrennungen 12
Kontusionsblutungen 300
Kontusionsring 206
Kopfgriff 444
Körperliche Gewalt 229, 247
Körperliche und medizinische Vernachlässigung 280
Körperliche Untersuchung 114, 120, 342, 427, 470
– des Beschuldigten 40
– des Gewaltopfers 39, 40
Körperliche Verletzung 358
Körperliche Vernachlässigung 281
Körperproportionen 474
Körperschema 118
Körperschmuggel 461
Körpersekrete 140
Körperverletzungen 5
Körperverletzung mit Todesfolge 31
Kosten häuslicher Gewalt 241
K.O.-Tropfen 339, 347
Krankenakten 111
Krankenanstalten- und Kuranstaltengesetz 94
Krankenhausinfektion 496
Kratzer 184
Kratzverletzungen 121, 183
Kreislauf der Gewalt 230
Kriegsvergewaltigungen 318
Kriminalprognostische Gutachten 566
Kriminalpsychologie 566
Kriminalstatistik 16, 17, 21
Krise 433
Krisenintervention 91

L

Laboruntersuchungen 271
Lack 504

Lappenwunde 191
Latente Spuren 140
Lebensgefahr 216
Lebensgefährlichkeit 31, 214
lege artis 426
Leichenblutentnahme 505
Lesch-Nyhan-Syndrom 412
Lichtbogenverletzung 212
Lippenbändchen 204
Liquid Ecstasy 511
Lockerungsprognose 548
Lösungsmittel 504
Luminol 159
Luminol-Methode 142

M

Mageninhalt 528
Magenspiegelung 459
Magnetresonanztomographie (MRT) 150, 216, 302
Makrofotografie 129
Mangelernährung 254, 259
Marburger Richtlinien 553
Maria Theresia 4
Massenspektrometrie 531
Maßregelvollzug 536
Maßstäbe 135
Materialspuren 140
Mechanische Fixierung 250, 252
Medikamentöse Immobilisierung 250
Medizinische Gutachten 74
Medizinischer Sachverständiger 418
Mehrzweckeinsatzstock 449
Menschenbissverletzung 8
Menschenrechte 380
Menschenrechtsverletzungen 381
Merkmale der Selbst- und Fremdbeibringung 418
Metabolische Alkoholtoleranz 509
Metachronizität 295
Metaphysären Kantenabsprengungen 274
Metaphyseal translucency 296, 297
Methanoldiol 511
Mikroskopischer Spermiennachweis 346
Mikrospuren 141
Mindestalter 485
Mindestanforderungen für Prognosegutachten 566
Mindeststandard 534
Mischintoxikation 525
Missbrauch 287, 525
Misshandlung 491
Misshandlungsfolgen 392
Misshandlungsmethoden 390
Möglichkeiten der Spurenübertragung 141
Mongolenflecke 271
Monokelhämatom 186, 187, 194, 249, 269
Motive für das Vortäuschen einer Sexualstraftat 328
Motivprogramme 133
MPU 570

MRT 151, 152, 154, 155, 156
Multifaktorielle Untersuchungsmethodik 485
Münchausen-by-proxy-Syndrom (MbpS) 284
Münchhausen-Syndrom 284, 408, 409
Mundhöhlenabstrich 123, 124
Mündigkeit 484
Mundschleimhaut 116
Mundvorhofschleimhaut 204
Myiasis 494
– Erreger 494
– Klinik 494
Myoglobinämie 399
Myoglobinurie 399

N

Nachbehandlung 437
Nachbetreuung 437
Nach-Resorption 516
Nachtrunk 509, 519
Nahschusszeichen 207
NAI 294
Narbe 117, 394
Narbenbildung 212
Narbenschrumpfung 213
Nasenbeinfraktur 194
Nasenbluten 259
Nebenintervenient 79
Nebenwirkungen 364
Negativbefund 114, 137
Netzbett 250
Netzhautblutungen 275, 300
Netzhauteinblutungen 295
Neutralität 75
Neutralproben 143
Nicht akzidentelle Verletzungen 235
Non Accidental Injury 294
Nonverbale Gewaltandrohungen 431
Notfallkontrazeption 366
Nullhypothese 550
Nullstatus 360

O

Oberhauteinblutungen 117, 188, 190, 195
Objektiv 129
Objektiver Sachbeweis 349
Objektive Wahrheit 74
Offene Nasenbeinfraktur 194
Offene Selbstbeschädigung 406
Offene Verletzungen 181
Öffentliches Interesse an der Strafverfolgung 38
Offizialdelikt 35
Ohrfeigen 192, 193
Ökonomische Gewalt 229
Oleoresin Capsicum 450
Opferhilfe 84
Opferhilfeeinrichtungen 86

Opferhilfseinrichtungen 366
Opferschutz 84
Opferschutz durch Jugendwohlfahrt 85
Opferschutzeinrichtungen 83, 86
Opfer und Täter häuslicher Gewalt 228
Orthopantomogramm 490
Osteogenesis imperfecta 274
Östrogenmangel 253
Othämatom 194
Overkill 569

P

Painful-Bruising-Syndrom 409
Palästinenserschaukel 396
Palestinian Hanging 385
Papageienschaukel 396
Paraartefakte 411
Paranoia 545
Parasiten 494
Parierverletzung 202, 204
Pathologischer Rausch 512
PCL-R 567
pediatric condition falsification 285
Penisabstrich 123, 125, 356
Peniskranzfurche 348
Penisschaft 348
PEP 358
Perception of Prevalence of Aggression Scale 434
Perforierende Schädelkapselverletzungen 300
Personalien 110
Personenbeweise 140
Persönlichkeitsänderungen 559
Persönlichkeitsrechte 80
Persönlichkeitsstörung 404, 408
Persönlichkeitsstörung vom Borderline-Typ 406
Petechiale Blutungen 238, 400
Petechien 205
Pfählungsverletzungen 201
Pfefferspray 450
Pfeilelektrode 452, 453
Pflanzenpollen 146
Pflegebedürftigkeit 245
Pflegeeinrichtungen 256
Pharaonische Beschneidung 369
Phosphatesmo-Test 159
Phosphatesmo-Testpapier 141
Photogrammetrie 137
Physiologische Ethanolkonzentration 506
Picana 399
Pille danach 348, 366
Plateauphase 516
Platzwunde 182, 271
Plexus brachialis 397
Plexusschäden 398
Plötzlicher Kindstod 290
Polizei 158
Polizeilicher Opferschutz 85

Polizeiliche (Zwangs-)Maßnahme 440
Poppers 512
Portraitaufnahmen 136
Positionelle Asphyxie 445
Postexpositionsprophylaxe 338, 358
Posttraumatische Belastungsreaktion 437
Posttraumatische Belastungsstörung (PTBS) 238, 358, 366, 401, 559
Privatgutachten 75, 81
Probengefäß 528
Probierläsionen 420
Probierschnitte 202
Profiling 570
Prognosebegutachtungen 547
Prognoseinstrumente 548, 567
Pro-Kopf-Verbrauch 501
Promille 516
Promillegrenze 502
Protokollierung 81
Prozessbegleitung 85, 89, 349
Pseudoernüchterung 505
Psychiatrische Erkrankung 537
Psychiatrischer Sachverständiger 36
Psychische Gewalt 229
Psychologisches Gutachten 569
Psychopathie-Check-Liste (PCL) 549
Psychopathologische Diagnose 542
Psychopathologische Diagnostik 512
Psychopathy 569
Psychoreaktiver Störungen 559
Psychosomatosen 238
Psychosoziale Betreuung 348
Psychosoziale Unterstützung 88
Psychosoziale Versorgung 366
Pulverrückstände 124
Punktblutungen 117
Punktförmige Blutaustritte 117
Punktförmige Blutungen (Petechien) 273
Punktionsverletzung 455
Pychogene Purpura 409

Q

Qualitätssicherung 468
Quetsch-Riss-Wunde 237
Quetschwunden 190, 271

R

Rad der Gewalt 229
Radiologie 150, 155
Radiologische Untersuchungen 151
rape drug 511
Razemisierungsgrad 475
Rechtfertigungsnotstand 41, 328
Rechtliche Unterstützung 87
Rechtsgüterabwägung 277
Rechtsmedizinische Begutachtung 102

Rechtspsychologie 566
Regression 266
Reifebeurteilung 553
Reifenprofile 190
Reifenprofilspur 224
Reisefähigkeit 535
Reizstoff-Sprühgerät 450
Rekonstruktion 159, 421
Rekonstruktion des Tathergangs 161
Rekonstruktion des Unfallherganges 221
Rekonstruktive Experimente 419
Rekonstruktive Versuche 423
Rektoskopie 354
Rektum 344
Relevanztheorie 30
REM-Tabs 147
Rentenanspruch 468
Resorption 516
Retinablutungen 300
Retraumatisierung 401
Richtigstellung 81
Ringversuch 468
Rippenbrüche 276
Rippenserienfrakturen 297
Risikofaktoren 255, 567
Risikolisten 548
Riss-Quetsch-Wunden 190
Risswunden 271
Ritzverletzungen 11
Rohdatenformate 134
Rollenidentität 561
Röntgenuntersuchung der Hand 470
Röntgenverordnung 469
Rückfallprognose 566
Rückfallrisikos 567
Rückrechnung 508
Ruptur der Plantaraponeurose 395
Rutschphase 225

S

Sachbeweise 140
Sachverhalt 110, 111, 120
Sachverständigentätigkeit 29
Sachverständiger Zeuge 28, 29
Sakraldekubitus 256
Sattelverletzung 225
Sauerstoffmangel 400
Säuglings- und Kleinkindalter 289
Saugmarke 199
Saugverletzungen 199
Scapula alata 398
Schädelfrakturen 197
Schädelsonographie 302
Schädelverletzungen 248
Schadenersatzes 76
Schamhaare 145, 344
Schamlippen 344

Scharfe Gewalteinwirkung 199, 238
Schärfentiefe 132
Scheide 346
Scheidengewölbe 346
Schleudertrauma 224
Schleuderverletzungen 295
Schluckbeschwerden 206
Schlucker 463, 464
Schluckschmerz 342
Schlüsselbein 471
Schlüsselbeinverknöcherung 471
Schlussfolgerungen 74, 78
Schlüssigkeit 74
Schmauchspuren 122, 147
Schmauchspurensicherung 147
Schmeißfliege 494
Schmerzhaftes Ekchymosen-Syndrom 409
Schmerzperioden 78
Schnitt- und Hiebwunden 201
Schnittverletzung 202
Schrotschuss 207
Schuhe 124
Schuhsohlenabdruck 271
Schuhsohlenprofileindruck 196
Schuldfähigkeit 545
Schuldfähigkeit im Strafverfahren 536
Schürfrichtung 185
Schürfungen 237, 271
Schürfwunden 183
Schussentfernungsbereiche 207
Schussentfernungsbestimmung 207
Schussspuren 124
Schussverletzungen 206
Schusswinkelbestimmung 208
Schütteltrauma 300
Schütteltrauma-Syndrom 275
Schutz 95
Schutzkleidung 142, 159
Schwachsinn 537
Schwalbenschwanz 200
Schwangerschaft 324
Schwangerschaftstest 364, 366
Schwangerschaft und Stillen 364
Schweigepflicht 110, 277, 340
Schweigepflichtentbindung 340
Schwellung 117
Schwerer Körperverletzung (§ 226 StGB) 30
Scrotum 348
Seitenaufprall 225
Sekretspuren 143
Selbstbeibringung 202, 404
Selbstbeibringung von Verletzungen 329
Selbstbeigebrachte Ritzverletzungen 415
Selbstbeschädigung 404, 463
Selbstbeschädigung zur Erlangung eines rechtlichen
    Vorteils 413
Selbstmeldung 76

Selbstverletzendes Verhalten 271, 404
Selbstverletzungen 10
Selbstverletzung nach Vergewaltigung 331
Selbstverletzung zur Erlangung eines materiellen
    Gewinns 416
Selbstverletzung zur Erlangung eines psychischen
    Gewinns 404
Selbstverletzung zur Erlangung eines rechtlichen Vorteils 412
Selbstverstümmelung 417, 419
Sensibilitätsstörungen 397
Sensorempfindlichkeit 128
Sensorische Deprivation 390
Sexual Assault Nurse Examiner 349
Sexualdelikt 120, 334, 352
Sexual-/Gewalt-/Tötungsdelikten 568
Sexualisierte Gewalt 203, 229, 253, 318, 358
Sexualisiertes Verhalten 266
Sexual(serien)mörder 568
Sexual- und Gewaltstraftäter 566
Sexuelle Folter 387
Sexuelle Reifeentwicklung 470, 490
Sexuelles Reifezeichen 470
Sexuell übertragbare Erkrankungen (STD) 324, 359
Sexuell übertragbare Krankheit 358
Shaken-Baby-Syndrom 294
Simulanten 284
Situationsspuren 140
Skelettreifung 470
Skelettstatus 301, 302
Skelettszintigraphie 301
smashed heel 395
Smith-Magenis-Syndrom 412
SORAG 567
Soziale Gewalt 229
Soziale Risikofaktoren 281
Spät- oder Dauerfolgen 78
Spekula 322
Spekulumuntersuchung 346
Spermaspuren 341, 353
Spezifität der Verletzungen 294
Sphinkterrelaxation 344
Spirituosenmixgetränk 503
Spreizverletzung 205
Spur 140
Spuren 158, 159
Spurenkategorien 140
Spurenkontaminationen 341
Spurensicherung 142, 161, 236, 336
Spurensicherungsset 336, 337
Spurensuche 159
Spurenübertragung 141
Spurenverursacher 140
Stabile Seitenlagerung 447
Staff Observation of Aggression Scale-Revised 434
Standardaufnahmen 136
Standards 96
Static-99 567

Stationäre Pflege 247
Statistische Methoden 548
Stauungsblutungen 215
Stauungssyndrom 237
Stauungssyndrom des Kopfes 206
Stauungszeichen 217, 219
Steckschuss 206
Steinschnittlagerung 344
Steuerungsvermögen 512
Stich-Schnitt-Wunde 200
Stichverletzung 200
Stichwunden 199
Störung der Wundheilung 423
Strafgerichtlicher Opferschutz 85
Straf- und Bußgeldverfahren (RiStBV) 36, 38
Strafverfahren 485
Strafverfolgung 277
Strangmarke 215
Strangulation 12, 206, 214, 342
Strappado 396
Streitgegenstand 77
Streithelfer 79
Strommarke 211, 212, 392, 399
Stumpfe Gewalt 182
Stumpfe Gewalteinwirkung 236, 393
Sturz oder Schlag 259
Sturztrunk 519
Subarachnoidale Blutungen 300
Subdurale Blutungen 275
Subdurale Hämatome 300
Subgaleatische Hämatome 298
Submarino 400
Substantiierung 76
Suchtmittelgewöhnung 551
Suffusionen/Suggilationen 185
Suggestibilität 556
Suggestivfragen 267
Sunna 369
SVR-20 567
Symbolische Diebstähle 552
Syphilis (Lues) 359
Systematische Beschreibung 117
Systematisch toxikologische Analyse 530

T

Tagged Image File Format 134
Tampon 346
TASER® 452
Taserverletzung 455
Tatablauf 110
Täterbefunde 121
Täter-Opfer-Beziehung 24
Täterpersönlichkeit 567, 569
Tathergang 161
Tathergangsanalyse 570
Tätlich aggressives Verhalten 431
Tatort 158, 160

Tatortarbeit 158
Tatortsicherung 158
Tatortskizze 160
Tatortuntersuchung 158
Tatrekonstruktion 30, 161
Tatsachenbehauptungen 76
Tatverdächtige 18, 19, 20, 21, 22, 23, 120, 161
Tatverhalten 568, 569
Tatwerkzeuge 161
Technisches Hilfsmittel 449
Terminfähigkeit 535
Testierfähigkeit 555
Tetanische Kontraktion 399
Tetanusprophylaxe 358
Textilabdruckspuren 225
Textilfasereinschleppung 206
Textilmusterabdruck 190
Theorie der wesentlichen Bedingung 30
Thermische Gewalteinwirkung 238
Thermische Läsionen 272
Tiefgreifende Bewusstseinsstörung 537, 545
Tödlicher Alkoholspiegel 510
Toluidinblau 346, 347, 354
Tonfa 449
Tötungsversuch 115
traditional birth attendants 370
Trampelpfaden 158
Transportfähigkeit 535
Traumaforschung 84
Traumatische Alopezie 249
Treffen 96
Trennungssituationen 231
Trichomonadeninfektion 359
Trichotillomanie 411
Trommelfellruptur 193

U

Überfahren 223
Überrollungen 199, 223
Überrollungsverletzung 153
Übersichtsaufnahme 136, 301
Übertragungsspuren 125
Umgangs- oder Sorgerecht 570
Unerwünschte Schwangerschaft 365
Unfallhergang 270
Unfallphasen 222
UNO-Menschenrechtsrat 380
UNO-Sonderberichterstatter 380
Unschlüssigkeit 81
Unspezifische Vorproben 141
Unterarmwürgegriffe 217
Unterernährung 254
Unterkieferfraktur 184
Unterkühlung 211, 258
Unterlassungsdelikte 261
Untersuchung der Kleidung 123
Untersuchung des Tatverdächtigen 362

Untersuchungen 100
Untersuchung ohne Anzeige 102
Untersuchungsablauf 114
Untersuchungsbogen 110, 114, 115
Untersuchungsmaterial 525
Unverträglichkeitsreaktion 78
Urin 528

V

Vagina 346
Vaginalabstriche 334
Vaginale Läsionen 253
Vaginale Schleimhautatrophie 253, 259
Verätzungen 211
Verbal aggressives Verhalten 431
Verbrennung 12, 208, 394
Verbrennungsgrad 209
Verbrennungskrankheit 210
Verbrühung 12, 208, 211
Verdammungsurteil 561
Verfahrensbetreuer 37
Verfahrensgarantien 79
Vergewaltigung 390
Vergiftung 524
Vergiftungsassoziierte Symptom 525
Vergleichshaare 145
Vergleichsmaterial 143
Vergleichsproben 144
Vergleichszahnabdruck 124
Verhältnismäßigkeitsprinzip 440
Verhandlungsfähigkeit 535, 553
Verkehrsunfallopfer 11
Verletzungen 120
Verletzungen bei Verkehrsunfällen 221
Verletzungsalter 294, 394
Verletzungsbefunde 8, 334
Verletzungsbegutachtung 12, 27
Verletzungsbeschreibung 115
Verletzungsdokumentation 115
Verletzungsfall 359
Verletzungsfolgen und Lebensgefährlichkeit 30, 31
Verletzungsmuster 236, 343
Verletzungsmusters 110
Verleumdung 328
Vernachlässigung 253, 254, 280, 287, 495
Vernachlässigungsformen 256
Vernehmung des Gewaltopfers 39
Vernehmungsfähigkeit 553
Verpackung und Aufbewahrung gesicherter Spuren 143
Versandvorschrift 528
Verschluss von Mund und Nasenöffnungen 220
Versengung 13
Versicherungsbetrug 416, 417
Verurteilungsquote 21, 22
Verwackelungsfehler 137
Verwackelungsunschärfe 138
Verwahrfähigkeit 534

Verwechslungsmöglichkeiten von Befunden 262
Video 137
Viktimisierungs-Furcht-Paradoxon 244
Viktimologische Konstellationen 245
Visualisierung 150, 153
Volljährigkeit 484
Vollzugstauglichkeit 536, 554
Vorerkrankungen 111
Vorgetäuschter Überfall 414
Vorgetäuschtes Sexualdelikt 330
Vorproben 141, 159
Vorsätzliche Herbeiführen einer Verhandlungsunfähigkeit 535
Vortäuschen einer Notwehrsituation 412
Vortäuschen eines Überfalls 412
Vortäuschung 285
Vortäuschung einer Straftat 328, 412
Vortestgerät 507
VRAG 567

W

Waffenrechtliche Begutachtungen 570
Warnpflicht 77
Waterboarding 400
Wegweisung 85
Wehrlosigkeit 31
Weibliche Hypersexualität 371
Weisheitszahn 471
Weißabgleich 130
Weiterführende Untersuchungen 104
Weitwinkeleffekt 133
Werkzeuge 182
Wet Submarino 400
Widerlagerblutungen 215
Widerlagerverletzung 205
Widersprüchlichkeit 81
Wiederverurteilungsraten 23
Wiener Interventionsstelle 87
Winkelmaßstab ABFO Nr. 2 135
Wundabstrich 255
Wundgrund 118
Wundheilungsstörungen 213, 408
Wundmyiasis 494
Wundränder 118
Wundschorf 183
Wundwinkel 118, 192, 200
Würgemale 13, 205, 218
Würgen 214

Z

Zahnärztliche Untersuchung 471
Zahnbein 475
Zahndurchbruch 471
Zahnentwicklung 470
Zahneruption 471
Zahnmineralisation 471

Zahnreihenkonturenabdruck 206
Zervikalkanal 346
Zeugen 111
Zeugnisverweigerungsrecht aus persönlichen Gründen 38
Zigarettenglutverbrennungen 208
Zigarettenglutverletzungen 394
Zivilrechtlicher Opferschutz 85
Zollfahndung 461

Zungenbändchen 116
Zungenbisse 195
Zurechnungsunfähigkeit 545
Zuweisung 97, 101, 102
Zwangsgewalt 440
Zweiradunfall 225
Zyanose (Blausucht) 206, 215

Autorenverzeichnis

Dr. Jens Amendt
Institut für Rechtsmedizin Frankfurt
Forensische Biologie/Entomologie
Kennedyallee 104
60596 Frankfurt am Main
Deutschland
E-Mail: amendt@em.uni-frankfurt.de

Dr. med. Sibylle Banaschak
Institut für Rechtsmedizin
Universitätsklinikum Köln
Melatengürtel 60–62
50823 Köln
Deutschland
E-Mail: sibylle.banaschak@uk-koeln.de

Prof. Dr. med. Hansjürgen Bratzke
Institut für Rechtsmedizin Frankfurt
Kennedyallee 104
60596 Frankfurt am Main
Deutschland
E-Mail: bratzke@em.uni-frankfurt.de

Dr. med. Roman Bux
Institut für Rechts- und Verkehrsmedizin Heidelberg
Universität Heidelberg
Voßstraße 2
69115 Heidelberg
Deutschland
E-Mail: roman.bux@med.uni-heidelberg.de

Prof. Dr. Dr. Reinhard Dettmeyer
Institut für Rechtsmedizin Gießen
Frankfurter Straße 58
35392 Gießen
Deutschland
E-Mail: reinhard.dettmeyer@forens.med.uni-giessen.de

PD Dr. med. Anette S. Debertin
Institut für Rechtsmedizin der Medizinischen Hochschule
Hannover
Carl-Neuberg-Straße 1
30625 Hannover
Deutschland
E-Mail: debertin.anette@mh-hannover.de

Bakk.[a] Umyma Eljelede
Frauengesundheitszentrum FEM Süd
Institut für Frauen- und Männergesundheit
Kaiser Franz Josef-Spital/Sozialmedizinisches
Zentrum Süd
Kundratstraße 3
1100 Wien
Österreich
E-Mail: umyma.eljelede@wienkav.at

Dr. med. Florian Fischer
Institut für Rechtsmedizin der Universität München
Nußbaumstraße 26
80336 München
Deutschland
E-Mail: florian.fischer@med.uni-muenchen.de

Dr. med. Kathrin Gerlach
Institut für Rechtsmedizin der Universität Basel
Pestalozzistrasse 22
CH-4056 Basel
Schweiz
E-Mail: kathrin.gerlach@bs.ch

Prof. Dr. Thomas Gilg
Institut für Rechtsmedizin der Universität München
Nußbaumstraße 26
80336 München
Deutschland
E-Mail: thomas.gilg@med.uni-muenchen.de

Ao. Univ.-Prof. Dr. Christian Grafl

Institut für Strafrecht und Kriminologie der
Universität Wien
Schenkenstraße 8–10
1010 Wien
Österreich
E-Mail: christian.grafl@univie.ac.at

PD Dr.med. Dr. rer. nat. Martin Grassberger

Institut für Pathologie und Mikrobiologie
Krankenanstalt Rudolfstiftung inkl. Semmelweis
Frauenklinik
Wiener Krankenanstaltenverbund
Juchgasse 25
1030 Wien
Österreich
E-Mail: martin.grassberger@mac.com

Mag. Martina Gross

Klinische Psychologin, Systemische Psychotherapeutin
Wiedner Hauptstraße 90/9
1050 Wien
Österreich
E-Mail: praxis@martina-gross.at

Prof. Dr. phil. Dipl.-Psych. Niels C. Habermann

Fakultät für Sozial- und Rechtswissenschaften
SRH Hochschule Heidelberg
Ludwig-Guttmann-Straße 6
69123 Heidelberg
Deutschland
E-Mail: niels.habermann@fh-heidelberg.de

Univ.-Prof. Dr. Reinhard Haller

Medizinische Universität Innsbruck
Krankenhaus Maria Ebene
Maria Ebene 17
6820 Frastanz
Österreich
E-Mail: reinhard.haller@mariaebene.at

Dr. med. Eva Hassler

Ludwig Boltzmann Institut für Klinisch-Forensische
Bildgebung
Medizinische Universität Graz
Universitätsplatz 4/II
8010 Graz
Österreich
E-Mail: eva.hassler@cfi.lbg.ac.at

Dr. med. Sandra Hertling

Universitätsklinikum Hamburg-Eppendorf
Ambulanzzentrum Infektiologie
Martinistraße 52
20246 Hamburg
Deutschland
E-Mail: s.hertling@uke.uni-hamburg.de

Ao. Univ.-Prof. Dr. Fritz Horak

Univ.-Klinik für Kinder- und Jugendheilkunde
Allgemeines Krankenhaus der Stadt Wien
Medizinische Universität Wien
Währingergürtel 18–20
1090 Wien
Österreich
E-Mail: fritz.horak@meduniwien.ac.at

Mag. jur. Simone Kainz

Ludwig Boltzmann Institut für Klinisch-Forensische
Bildgebung
Universitätsplatz 4/II
8010 Graz
Österreich
E-Mail: simone.kainz@cfi.lbg.ac.at

PD Dr. med. habil. Petra Klemm

Fachärztin für Frauenheilkunde und Geburtshilfe
Wilhelm-Külz-Straße 3
07743 Jena
Thüringen
Deutschland
E-Mail: klemm@praenataldiagnostik-jena.de

Dr. med. Astrid Krauskopf

Institut für Rechtsmedizin Zürich
Winterthurerstrasse 190/52
8057 Zürich
Schweiz
E-Mail: astrid.krauskopf@irm.uzh.ch

Prof. Dr. med. Martin Krupinski

Universitätsklinikum Würzburg
Abteilung für Forensische Psychiatrie
Füchsleinstraße 15
97080 Würzburg
Deutschland
E-Mail: m.krupinski@klinik.uni-wuerzburg.de

Dr. med. Sebastian Kunz
IFFB Gerichtsmedizin und Forensische Neuropsychiatrie
Paris-Lodron Universität Salzburg-Linz
Ignaz-Harrer-Str. 79
5020 Salzburg, Austria
E-Mail: sebastian.kunz@sbg.ac.at

Referendar jur. Johannes Laux
Institut für Rechtsmedizin
Abteilung Medizinrecht
Kennedyallee 104
60596 Frankfurt
Deutschland

Dr. med. Jakob Matschke
Institut für Neuropathologie
AG Forensische Neuropathologie
Universitätsklinikum Hamburg-Eppendorf
Martinistraße 52
20246 Hamburg
Deutschland
E-Mail: matschke@uke.uni-hamburg.de

Dr. med. Dr. med. dent. Michael Th. Mund
Institut für Rechtsmedizin
Universität Zürich-Irchel
Winterthurerstrasse 190/52
8057 Zürich
Schweiz
E-Mail: michael.mund@irm.uzh.ch

PD Dr. med. Elisabeth Mützel
Institut für Rechtsmedizin der Universität München
Nußbaumstraße 26
80336 München
Deutschland
E-Mail: elisabeth.muetzel@med.uni-muenchen.de

Prof. Dr. Manfred Nowak
Ludwig Boltzmann-Institut für Menschenrechte
UN-Sonderberichterstatter über Folter 2004–2010
Freyung 6, 1. Hof, Stg. 2, Top 4
1010 Wien
Österreich
E-Mail: manfred.nowak@univie.ac.at

Assessor PD Dr. med. Dr. med. habil. Markus Parzeller
Institut für Rechtsmedizin
Klinikum der Johann Wolfgang Goethe-Universität
Kennedyallee 104
60596 Frankfurt am Main
Deutschland

Ao. Univ.-Prof. Dr. Marion Pavlic
Institut für Gerichtliche Medizin
Medizinische Universität Innsbruck
Müllerstraße 44
6020 Innsbruck
Österreich
E-Mail: marion.pavlic@i-med.ac.at

PD Dr. med. Oliver Peschel
Institut für Rechtsmedizin der Universität München
Nußbaumstraße 26
80336 München
Deutschland
E-Mail: oliver.peschel@med.uni-muenchen.de

Prof. Dr. med. Dr. hc. Stefan Pollak
Institut für Rechtsmedizin der Universität Freiburg
Albertstraße 9
79104 Freiburg
Deutschland
E-Mail: stefan.pollak@uniklinik-freiburg.de

Prof. Dr. Derrick Pounder
Centre for Forensic and Legal Medicine
University of Dundee
Dundee DD1 4HN
United Kingdom
E-Mail: d.j.pounder@dundee.ac.uk

Prof. Dr. med. Klaus Püschel
Institut für Rechtsmedizin
Universitätsklinikum Hamburg-Eppendorf
Butenfeld 34
22529 Hamburg
Deutschland
E-Mail: pueschel@uke.de

Ao. Univ.-Prof. Dr. Walter Rabl
Institut für Gerichtliche Medizin
Medizinische Universität Innsbruck
Müllerstraße 44
6020 Innsbruck
Österreich
E-Mail: walter.rabl@i-med.ac.at

Dr. Mag. jur. Reingard Riener-Hofer
Ludwig Boltzmann Institut für Klinisch-Forensische
Bildgebung
Universitätsplatz 4/II
8010 Graz
Österreich
E-Mail: reingard.riener-hofer@cfi.lbg.ac.at

Dr. med. Dipl. phys. Eva Scheurer
Ludwig Boltzmann Institut für Klinisch-Forensische
Bildgebung
Universitätsplatz 4/II
8010 Graz
Österreich
E-Mail: eva.scheurer@cfi.lbg.ac.at

Univ.-Prof. Dr. Peter Schick
Institut für Strafrecht, Strafprozessrecht und Kriminologie
Universitätsstraße 15, Bauteil B/III
8010 Graz
Österreich
E-Mail: peter.schick@uni-graz.at

Prof. Dr. med. Andreas Schmeling, MA
Institut für Rechtsmedizin
Röntgenstraße 23
48149 Münster
Deutschland
E-Mail: andreas.schmeling@ukmuenster.de

Dr. med. Ann Sophie Schröder
Universitätsklinikum Hamburg-Eppendorf
Institut für Rechtsmedizin
Butenfeld 34
20253 Hamburg
Deutschland
E-Mail: ann-sophie.schroeder@uke-hh.de

Univ.-Prof. RA Dr. Hubertus Schumacher
Institut für Zivilgerichtliches Verfahren
Universität Innsbruck
Innrain 52
6020 Innsbruck
E-Mail: hubertus.schumacher@uibk.ac.at

Dr. med. Katharina Schweitzer
Fachärztin für Kinder- und Jugendheilkunde
Lerchenfelderstraße 104/8
1080 Wien
Österreich
E-Mail: katharina.schweitzer@gmail.com

Univ.-Prof. Dr. med. Erich Sorantin
Medizinische Universität Graz
Klinische Abteilung für Kinderradiologie
Auenbruggerplatz 34
8036 Graz
Österreich
E-Mail: erich.sorantin@medunigraz.at

DSA Marina Sorgo, MA
Gewaltschutzzentrum Steiermark
Granatengasse 4
8020 Graz
Österreich
E-Mail: sorgo@gewaltschutzzentrum.at

PD Dr. med. Jan Sperhake
Institut für Rechtsmedizin
Universitätsklinikum Hamburg-Eppendorf
Butenfeld 34
22529 Hamburg
Deutschland
E-Mail: sperhake@uke.de

Dr. Harald Stefan PhD, MSc
Wiedner Hauptstraße 117/13
1050 Wien
Österreich
E-Mail: haraldstefan@gmx.at

Ass.-Prof. Mag. Dr. Thomas Stimpfl
Klinische Abteilung für Medizinisch-chemische
Labordiagnostik
Währinger Gürtel 18–20
1090 Wien
Österreich
E-Mail: thomas.stimpfl@meduniwien.ac.at

PD Dr. med. Elisabeth E. Türk
Asklepios Klinik Harburg
I. Medizinische Abteilung
Eißendorfer Pferdeweg 52
21075 Hamburg
Deutschland
E-Mail: elisabeth.turk@mac.com

Dr. med. Benedikt Vennemann
Institut für Rechtsmedizin
Medizinische Hochschule Hannover
Außeninstitut Oldenburg
Pappelallee 4
26122 Oldenburg
Deutschland
E-Mail: vennemann.benedikt@mh-hannover.de

RT Sabine Weissensteiner, MA
Medizinische Universität Graz
Klinische Abteilung für Kinderradiologie
Auenbruggerplatz 34
8036 Graz
Österreich

Mag.ª Hilde Wolf
Frauengesundheitszentrum FEM Süd
Institut für Frauen- und Männergesundheit
Kaiser Franz Josef-Spital / Sozialmedizinisches
Zentrum Süd
Kundratstraße 3
1100 Wien
Österreich
E-Mail: hilde.wolf@wienkav.at

Prof. Dr. med. Kathrin Yen
Institut für Rechts- und Verkehrsmedizin
Universität Heidelberg
Voßstraße 2
69115 Heidelberg
Deutschland
E-Mail: kathrin.yen@med.uni-heidelberg.de